U0920541

中国石化
SINOPEC

中国石油化工集团有限公司年鉴
CHINA PETROCHEMICAL CORPORATION YEARBOOK

2024

中国石油化工集团有限公司年鉴编委会　编

中国石化出版社
·北京·

图书在版编目（CIP）数据

中国石油化工集团有限公司年鉴 . 2024 / 中国石油化工集团有限公司年鉴编委会编 . -- 北京 : 中国石化出版社 , 2024. 12. -- ISBN 978-7-5114-7762-0

Ⅰ . F426.72-54

中国国家版本馆 CIP 数据核字第 2024PQ8745 号

中国石化出版社出版发行

地址：北京市东城区安定门外大街58号

邮编：100011　电话：（010）57512500

发行部电话：（010）57512575

http：//www. sinopec-press. com

E-mail：press@ sinopec. com

北京科信印刷有限公司印刷

*

787 毫米 ×1092 毫米　16 开本　53.5 印张　54 彩页　1422 千字

2024 年 12 月第 1 版　2024 年 12 月第 1 次印刷

定价：480.00 元

中国石油化工集团有限公司年鉴编委会

中国石油化工集团有限公司年鉴编辑部

地　　址：北京市东城区安定门外大街 58 号
邮政编码：100011
电　　话：（010）57512414
电子信箱：shanxd@sinopec.com

The Editorial Department of CHINA PETROCHEMICAL CORPORATION YEARBOOK

Add：58 Anwai Street, Dongcheng District, Beijing China
P.C：100011
Tel：+86-10-57512414
Email：shanxd@sinopec.com

编辑说明

一、中国石油化工集团有限公司年鉴（简称年鉴）是中国石油化工集团有限公司正式对外公布一定时期生产、经营、财务状况及有关数据资料的权威性出版物，向国内外公开发行。年鉴从 1988 年问世至今，已出版 29 卷。2024 年卷年鉴为第 30 卷。

二、2024 年卷年鉴全面、系统地记述了 2023 年集团公司在生产经营、深化改革、科技创新和企业管理等各方面的基本情况和重大事项，图文并茂，直观反映了集团公司及其所属企事业单位的新变化、新成果，为各级领导科学决策和科学管理提供依据，为集团公司内部和社会各界人士了解集团公司提供翔实、可靠、可鉴资料。

三、2024 年卷年鉴文前设有特载。共设 28 个栏目：大事记、总述、境内油气勘探开发、境内石油工程、炼油生产、化工生产、境内炼化工程、新能源、产品销售、资本和金融业务管理、国际化经营、重点工程建设、公用工程、健康安全环保、科研开发与管理、企业改革与管理、财务资本管理、组织人事管理、物资采购与管理、信息和数字化、内部监督、党的建设、宣传与企业文化、新闻与出版、企事业单位、人物、统计资料、附录。为便于读者查阅和检索，文前附中、英文目录，书后附企事业单位主题词索引和表题索引。

四、年鉴所收录的数据表中，空格表示该项统计数据不详，“—”表示无该项统计数据，“…”表示该项数据不足本表最小单位数。

五、年鉴中，中国石油化工集团有限公司简称集团公司，中国石油化工股份有限公司简称股份公司，两者统称中国石化或公司。

六、年鉴中插图由各单位提供，图片版权归各单位所有。

七、在年鉴的编纂和出版过程中，承蒙有关单位领导、专家、管理人员的大力支持和帮助，在此，谨向为年鉴提供稿件和资料、对稿件进行审读把关及给予年鉴各种帮助的人士，致以诚挚的谢意。对 2024 年卷年鉴存在的缺点和疏漏，诚请广大读者批评指正。

中国石油化工集团有限公司年鉴编辑部

2024 年 8 月

学习贯彻习近平总书记

2023 年 10 月 10 日，习近平总书记在江西考察期间亲临中国石化九江分公司，看望慰问干部员工并做出重要指示。这是习近平总书记两年内第二次视察中国石化，全系统倍感温暖关怀、倍受鼓舞鞭策，迅速掀起学习宣传贯彻热潮，在思想上对标对表、行动上紧跟紧随，全力推动习近平总书记视察九江石化重要指示精神落地见效，奋力谱写中国式现代化石化新篇章。

坚持真学深学系统提升 公司党组第一时间召开专题会议进行学习研讨，召开全系统干部大会对学习宣贯工作做出全面部署，深入开展全方位宣传、深层次解读，推动习近平总书记视察九江石化重要指示精神进企业、进车间、进队站、进班组，营造强大声势和浓厚氛围，迅速把干部员工的思想和行动统一到习近平总书记重要指示精神上来，进一步增强了坚定拥护“两个确立”、坚决做到“两个维护”的政治自觉。

视察胜利油田、九江石化重要指示精神

坚持精研细悟贯通理解 将贯彻落实习近平总书记视察胜利油田、九江石化重要指示精神与学习贯彻习近平新时代中国特色社会主义思想主题教育、落实中央巡视反馈意见紧密结合，围绕保障能源安全、提升炼化业务核心竞争力、加快数智化发展、推动绿色低碳转型等专题开展研讨，在加快转型升级、走新型工业化道路等多个方面形成共识，进一步明确了高质量发展的方向，拓宽了加快打造世界一流、迈向世界领先的思路。

坚持对标对表躬行实践 把习近平总书记的关注点作为破题奋进的着力点，明确重点督办事项，全力推动落实落地，习近平总书记高度关注的九江石化 150 万吨 / 年芳烃及炼油配套改造项目成功纳规，4 家企业获评国家智能制造示范工厂，8 家企业获评绿色工厂，沿长江企业废水排放量、化学需氧量、氨氮、氮氧化物等指标全面下降，切实推动习近平总书记关于“打造世界领先的绿色智能炼化企业”“破解化工围江”等重要指示转化为中国石化的生动实践。

用石化梦托起伟大中国梦

——热烈庆祝中国石化成立 40 周年

时间的长河穿越崇山峻岭，中国石化迎来了四十华诞。

40 年，在历史长河中只是短短一瞬，对中国石化来讲，却是沧海桑田。40 年前，伴随改革开放澎湃春潮，为用好当时国内一亿吨宝贵原油资源，党中央、国务院决定成立中国石油化工总公司，自此拉开了振兴我国石化工业的大幕。40 年来，我们始终以对党对国家对人民的赤诚之心，以“爱我中华、振兴石化”为己任，自觉肩负党和国家赋予的光荣使命，克服了许多难以想象的困难和挑战，在改革开发振兴、重组改制跨越、转型提质升级等各个历史阶段，进行了许多艰苦卓绝的探索和奋斗，为振兴我国石化工业、保障国家能源安全、增进民生福祉、完善中国特色现代企业制度、推进科技自立自强、巩固党的执政基础做出了功勋卓著、功不可没的历史性贡献，成功走出一条适应社会主义市场经济要求的国有企业改革发展之路。这条路，是红色基因代代相传、不忘初心、不移其志的铸魂之路，是为党和人民忠诚奉献、不辱使命、不负重托的振兴之路，是全体中国石化人风雨无阻向前进、苦干实干、勇攀高峰的奋斗之路。我们一定要沿着这条路走下去，一起迈向更加辉煌的未来！

40 年，对于人的一生来讲，已是中年不惑，对中国石化来讲，却是风华正茂正青春。今天的中国石化，正在以习近平同志为核心的党中央坚强领导下，沐浴着新时代的浩荡春风，为美好的生活夯基垒台、积势赋能。今天的中国石化，已经发展成世界第一大炼油公司、第二大化工公司、我国最大成品油和石化产品供应商，加油站总数位居世界第二，油气保障能力日益增强，科技创新实力明显提升，经营管理水平大大提高，党的领导党的建设更加坚强有力。今天的中国石化，稳居《财富》世界 500 强前列，各项事业展现出前所未有的勃勃生机和澎湃动力，实现高质量发展、建设世界一流企业其时已至、其势已成、其兴可待！我们一定要倍加珍惜来之不易的大好局面，走好脚下路，做好当下事，让我们的事业一天更比一天好！

40 年，既是承前启后、继往开来的里程碑，也是团结奋斗、砥砺前行的新起点。新征程上，我们有幸参与推进中国式现代化这项前无古人的伟大事业，有幸成为中华民族伟大复兴的追梦人，是时代的馈赠，也是莫大的光荣。生逢盛世就当不负盛世，生逢其时就当奋斗其时。梦想不会在敲锣打鼓中轻松实现，必须付出更为艰苦卓绝的努力。我们一定要团结团结再团结，努力努力再努力，登高望远、守正创新、苦干实干，以新担当扛起新使命，以新作为奋进新征程，以更高水平的振兴石化，助力中国式现代化的美好图景一步步变为现实，用石化梦托起伟大中国梦！

九万里风鹏正举，四十年腾飞跨越。让我们更加紧密团结在以习近平同志为核心的党中央周围，高举习近平新时代中国特色社会主义思想伟大旗帜，进一步奏响“爱我中华、振兴石化”时代强音，胸怀迈上领先的凌云志，勇当建设一流的主力军，向着打造具有强大战略支撑力、强大民生保障力、强大精神感召力的中国石化奋勇前进，奋力谱写中国式现代化石化新篇章，为实现强国建设民族复兴伟业再立新功、再创佳绩！

董事长致辞

董事长 马永生

2023 年是中国石化发展史上具有特殊重要意义的一年。这一年，习近平总书记亲临九江石化为公司高质量发展指明航向，这是两年内习近平总书记第二次视察中国石化，全系统倍感温暖关怀、倍受鼓舞鞭策。一年来，我们牢记习近平总书记殷切嘱托，以开展主题教育、接受中央巡视为强大动力，深入实施高质量发展行动，加快建设世界一流企业，化危机、闯难关、应变局、开新局，各方面工作取得新进步、呈现新气象。在还原政策性预算外因素后超额完成全年效益目标任务，国内油气产量当量、炼油加工量、乙烯产量、PX 产量、全员劳动生产率、研发投入均创历史新高，成品油产量、经营量、零售量等均创“十四五”以来最好水平，在全面贯彻党的二十大精神的开局之年、公司成立四十周年历史节点交出了一份质量很高、成色很足的成绩单。

我们在保障能源安全上建新功，增储上产势头良好 积极破解资源接续矛盾，加大保矿权拓矿权力度，大力推进七年行动计划，在超深、致密、非常规领域取得一批重大突破，“深地工程”打出亚洲陆上最深井，胜利济阳页岩油国家级示范区建设扎实推进，四川盆地发现新的亿吨级页岩油资源阵地，老油气田稳产基础更加稳固，增储增产增效降本再创佳绩。推进国际能源合作，签约卡塔尔北部气田扩能等项目，境外资产结构持续优化，国勘公司归母净利润、自由现金流实现“两个百亿元”目标。

我们在产业转型发展上建新功，提质升级取得突破 积极承接国务院国资委部署的战略性新兴产业和未来产业发展任务，坚定迈向中高端，着力巩固市场竞争优势。一批炼油结构调整、转型发展及整合退出项目加快实施，先进乙烯产能布局扎实推进，乙烯项目纳规数量创历年之最。充电业务明确顶层设计，“油气氢电服”综合加能站建设有序推进。炼化销走出去取得突破。库车绿氢示范项目建成投产，乌兰察布至京津冀地区氢气输送管道示范工程纳入国家规划。风光发电继续增长，地热供暖能力稳居世界第一，成功承办世界地热大会，CCUS 产业化取得突破，建成国内油气领域首个“源网荷储”一体化智慧能源系统，绿色低碳发展水平持续提升。资本金融积极支撑服务主业发展，产业转型升级引擎作用得到有效发挥。

我们在科技自立自强上建新功，创新成果不断涌现 奋力担当国家战略科技力量，主动融入国家科技创新体系，全国重点实验室建设数量居能源化工行业首位，页岩油气富集机理与高效开发全国重点实验室顺利重组，国家能源碳酸盐岩油气重点实验室正式揭牌。大力推动国家重点研发计划、“1025 专项”工程二期、“补短板”工程等专项任务攻关，加快原创技术策源地建设，完成基础研究中长期规划制订，陆相页岩油气、5G 智能节点仪、旋转地质导向钻井、高温测井、重油催化裂解、航空润滑油、液体橡胶、PVA 光学膜、氢燃料电池催化剂等一批关键核心技术取得重大进展，在全球专利 250 强居第 6 位、成为排名最前的中国企业。完成“工业互联网 + 安全生产”“北斗综合应用”国家试点示范项目，成为石化工业软件产业链“链主”。

我们在深化改革管理上建新功，发展活力持续释放 高质量完成国企改革三年行动任务、考核获评 A 级，全面启动改革深化提升行动，总部机构和职能设置持续优化，企业重组整合取得突破，专业化发展迈出新步伐，新型经营责任制加快构建。聚焦创建世界一流示范企业，健全完善战略型集约化财务管控体系，高质量推进司库体系建设，加强股权投资管理，深化资产分类评价，大力整治虚假贸易。积极稳妥应对资本市场变化，加强公司价值管理，以石化股份为代表的系统内上市公司质量明显提升，ESG 工作持续进步。积极推动困难老企业转型发展和扭亏脱困，历史性实现基本消灭亏损子企业目标。强化全面风险管理，持续深化法治合规建设，充分发挥审计、财务、法律、企管等职能作用，抓实重点领域风险防控，守住了不发生系统性风险的底线。持之以恒强“三基”，积极开展安全管理强化年和绿色低碳“补短板、强弱项”行动，总体保持安稳运行、清洁生产。

我们在全面从严治党上建新功，政治生态持续向好 认真学习贯彻习近平总书记关于党的建设的重要思想，以开展主题教育为抓手，坚持不懈用党的创新理论凝心铸魂，深入开展党的二十大精神轮训，党员干部政治判断力、政治领悟力、政治执行力不断增强。持续健全全面从严治党体系，不断完善混合所有制企业、境外机构党建工作方式方法，着力增强党组织政治功能和组织功能，连续 3 年在央企党建工作责任制考核中获评 A 档。紧扣事业发展需要选干部、配班子、聚人才，积极破解队伍接续难题，干部选拔任用工作总体评价为“好”的比例连年保持高水平，人才发展规划加快落地。坚持内增动力、外树形象，加强宣传思想文化工作，隆重简朴庆祝中国石化成立四十周年，在助力乡村振兴、抢险救灾等工作中模范履行社会责任，品牌建设能力连续 3 年位居央企第一，在中央单位定点帮扶考核中连续 6 年获得最高等次“好”的评价。坚持以严的基调正风肃纪反腐，加大案件查办力度，深化“靠企吃企”专项整治，提升巡视巡察质效，驰而不息纠“四风”树新风，风清气正、干事创业的政治生态巩固发展。

成绩来之不易，凝结着以习近平同志为核心的党中央的亲切关怀，凝结着上级部门、社会各界的指导帮助，凝结着广大客户和消费者的高度信赖，凝结着海内外合作伙伴的协作支持，凝结着公司全体干部员工的辛勤付出、奋进合力。在此，我代表公司董事会、管理层，代表公司全体干部员工，向所有关心、支持和帮助中国石化的朋友们表示衷心的感谢！

2024 年是新中国成立 75 周年，是实现“十四五”规划目标任务的关键之年，做好全年各项工作意义重大。我们将紧密团结在以习近平同志为核心的党中央周围，深入学习贯彻党的二十大精神和习近平总书记视察胜利油田、九江石化重要指示精神，聚焦增强核心功能、提高核心竞争力，突出抓好转型升级、经营创效、改革创新、风险防控、党的建设等各项工作，加快发展新质生产力，奋力开创高质量发展新局面，为强国建设、民族复兴伟业做出新的更大贡献，以优异成绩庆祝新中国成立 75 周年。

馬永生

总经理致辞

总经理　赵东

2023年是充满艰辛与挑战的一年，世界经济复苏乏力，地缘政治波动加剧，国际油价震荡下行，化工市场需求不振，不稳定不确定难预料因素显著增多。面对错综复杂环境，我们坚持以习近平新时代中国特色社会主义思想为指导，深入学习贯彻党的二十大精神和习近平总书记视察胜利油田、九江石化重要指示精神，全面实施高质量发展行动，全方位优化生产经营组织，全力推进提质增效稳增长，还原政策性预算外因素后，公司全年实现营业收入3.25万亿元、利润总额1170.69亿元、净利润966.29亿元，圆满完成国务院国资委“一利五率”指标，经营业绩保持央企前列。

我们精益求精抓运行，生产经营成果再创佳绩 国内上游大力落实七年行动计划，塔里木盆地顺北新区带、鄂尔多斯盆地深层煤层气等勘探取得重大突破，“深地工程”、胜利济阳页岩油国家级示范区建设高效推进。境外上游净利润和现金流实现“两个百亿元”目标，一批低无效资产实现干净退出。炼油坚持动态统筹资源，完成超低库存下的经济保供任务，紧贴市场形势优化产业链运行，全年加工原油量创历史新高。化工坚持一体协同创效，“一企一策”测算边际效益、优化装置负荷，三大合成材料及精细化工高附加值产品比例持续提升。油品销售大力保市场拓市场，协同炼厂以销定产、以产促销，在激烈竞争中巩固了市场份额。炼油销售、化工销售、催化剂、石油工程、炼化工程等业务均取得较好经营业绩。

我们双向发力抓发展，转型升级步伐全面加快 大力改造提升传统产业，加强与资源大省（区）合作，采取有力措施保矿权拓矿权；持续完善天然气产供储销体系建设，文 24 储气库、山东 LNG 三期等重点工程建成投运；安庆石化炼油转化工结构调整、海南炼化乙烯、巴陵石化己内酰胺产业链搬迁升级等建成投产，天津南港乙烯机械竣工，镇海二期、仪征化纤 PTA 等加快建设，乙烯项目纳规数量创历年之最；全面实施充电网络发展三年行动计划，充换电站、充电终端数量稳步提升。加快发展战新产业，风能、太阳能、地热能、氢能获批纳入集团公司拟培育主业；新疆库车绿氢项目建成产氢，乌兰察布至京津冀地区氢气输送管道示范工程项目纳入全国一张网，“源网荷储氢”一体化项目纳入国家第三批风光大基地，建成投运国内首条百万吨级二氧化碳长输管道；新增风光发电装机规模超 1000 兆瓦，新增地热供暖能力超 1200 万平方米，承办第七届世界地热大会受到各方赞誉。

我们自立自强抓创新，科技创新活力不断迸发 主动融入国家科技创新体系，牵建 4 家、参建 2 家全国重点实验室，数量位居能源化工行业前列。高质量推进国家战略科技任务攻关，原创技术策源地建设取得阶段性成效。关键核心技术攻坚成果丰硕，特深井钻完井工程关键技术加速突破，全球单机功率最大的电动压裂装备研制成功，全球首套 300 万吨 / 年重油催化裂解装置顺利投产，高性能液体橡胶工业装置首次国产化，PVA 光学膜首次实现商品化销售。完善新型科技攻关机制，“种子计划”“揭榜挂帅”“青年博士支持计划”“重点中试项目专项经费”等精准支持力度不断强化。扎实推进人工智能、“工业互联网 +”等 10 余项国家试点示范项目，公司成为石化工业软件产业链“链主”。

我们多管齐下抓改革，企业管理效能持续释放 巩固提升深化改革三年行动成效，接续启动改革深化提升行动，统筹优化总部机构和职能设置，大力实施战略性重组。完善“三基”工作组织和制度体系，基层管理标准化、规范化水平持续提升。公司被国务院国资委纳入创建世界一流示范企业名单，主要板块单位完全成本较预算和上年同期实现“双下降”；完成基本消除亏损子企业目标；完善常态化市值管理机制，有序实施集团公司增持和股份公司回购，9 家控股上市公司首次实现 ESG 披露全覆盖，上市公司质量显著提升。强化风控内控管理，公司在国务院国资委内控体系有效性抽查中获评 A 级。强化法治合规建设，完成 38 家直属单位首席合规官配备。高效统筹开展审计监督，审计质量评估位居央企 A 档第一。深入开展安全管理强化年行动、打好污染防治攻坚战，HSE 管理水平持续提升。

新时代承载新希望，新征程呼唤新担当。我们将坚持以习近平新时代中国特色社会主义思想为指导，深入学习贯彻党的二十大精神和习近平总书记视察胜利油田、九江石化重要指示精神，锚定目标抓落实，扛牢责任勇担当，以昂扬奋进姿态争创高水平经营业绩，积极培育和发展新质生产力，加快推进高质量发展、打造世界一流，以优异成绩庆祝新中国成立 75 周年。

组织机构

（截至 2023 年底）

中国石油化工集团有限公司

董事会

经理层

综合管理部（党组办公室、董事会办公室）

党群工作部（直属党委）

发展计划部（新能源办公室）

国际合作部（外事部、港澳台办公室）

集团财务部

企改和法律部

党组组织部（人力资源部、党组编制办）

健康安全环保管理部

审计部（党组审计办公室）

中国石油化工股份有限公司

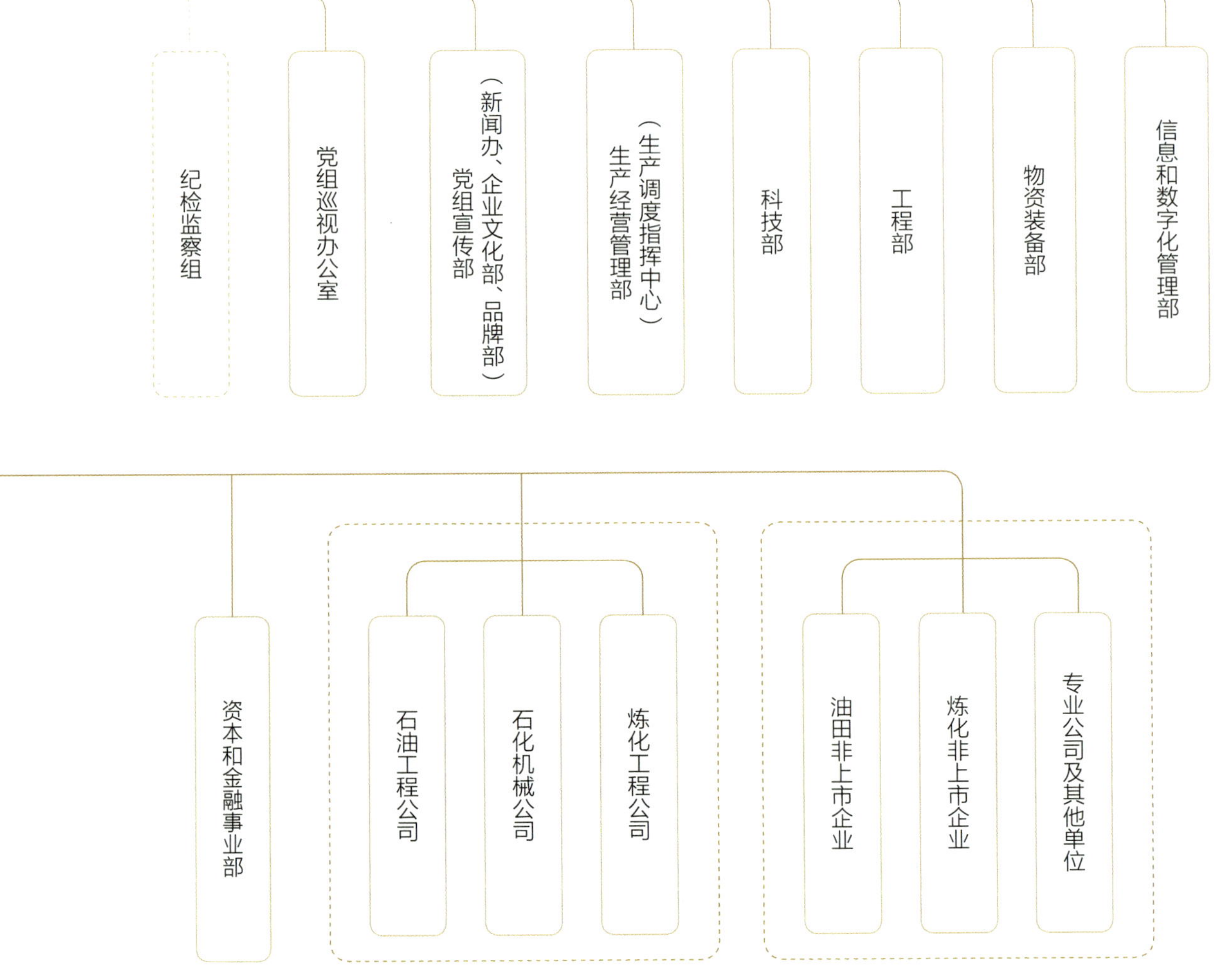
信息和数字化管理部
物资装备部
工程部
科技部
生产经营管理部（生产调度指挥中心）
党组宣传部（新闻办、企业文化部、品牌部）
党组巡视办公室
纪检监察组
专业公司及其他单位
炼化非上市企业
油田非上市企业
炼化工程公司
石化机械公司
石油工程公司
资本和金融事业部

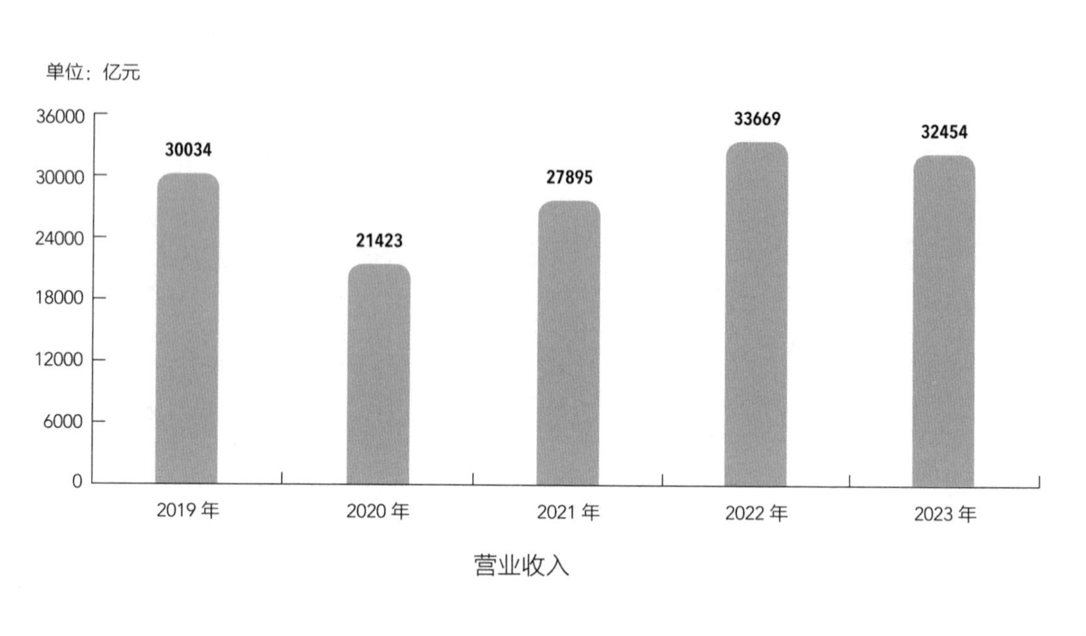

单位：亿元
36000
30000
24000
18000
12000
6000
0
30034
21423
27895
33669
32454
2019 年
2020 年
2021 年
2022 年
2023 年

单位：亿元
4000
3500
3000
2500
2000
1500
1000
500
0
3122
2977
3418
3509
3495
2019 年
2020 年
2021 年
2022 年
2023 年

营业收入

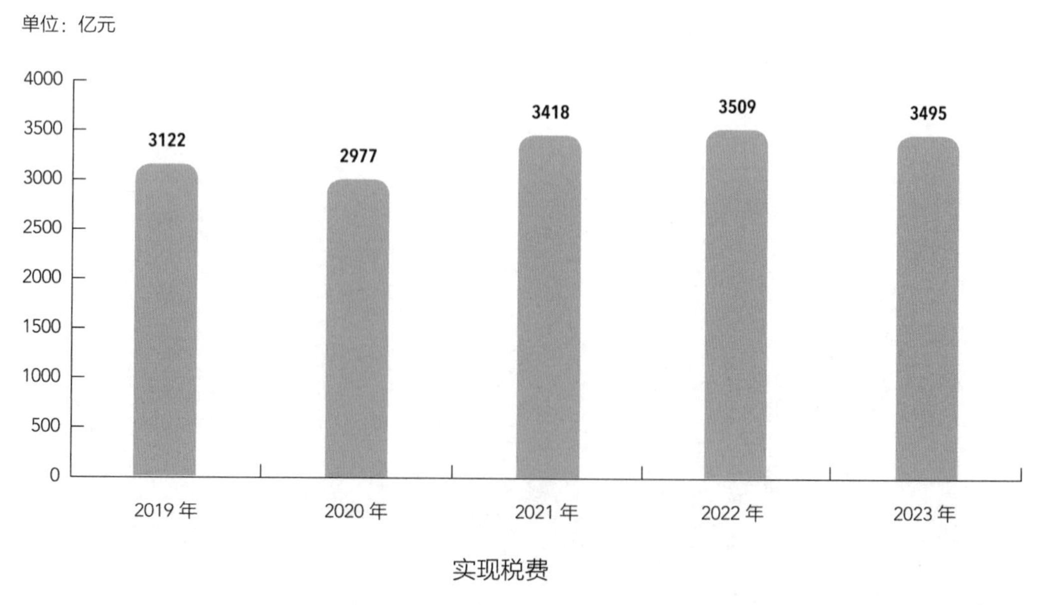

实现税费

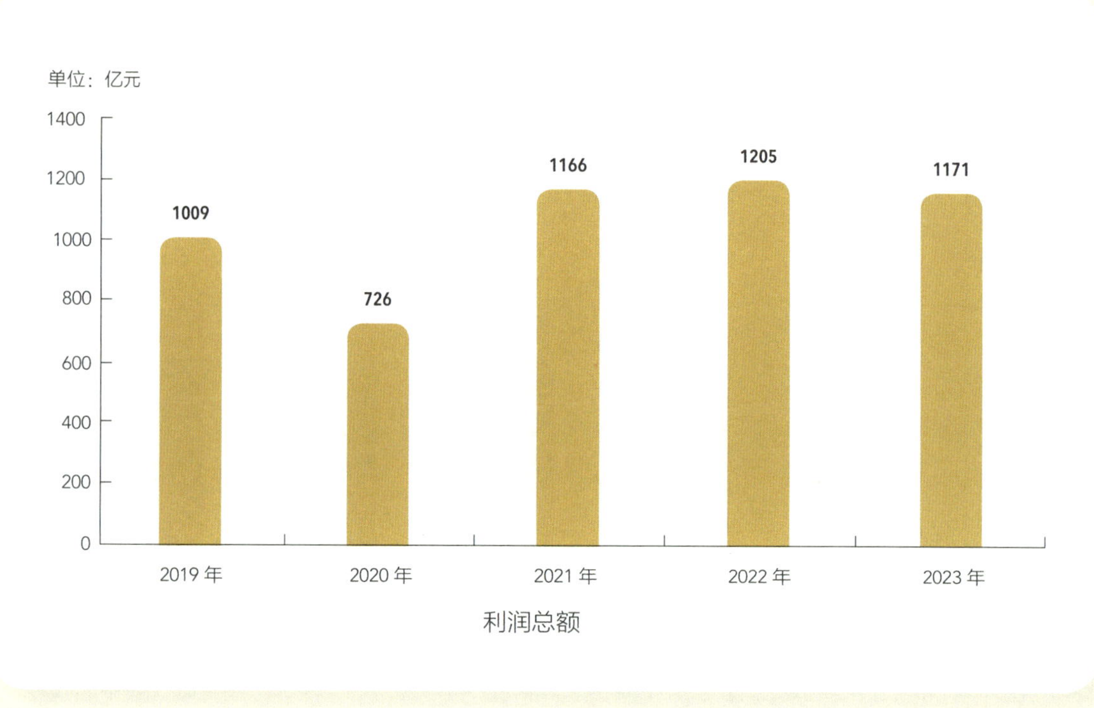

单位：亿元
1400
1200
1000
800
600
400
200
0
1009
726
1166
1205
1171
2019 年
2020 年
2021 年
2022 年
2023 年

单位：万吨
境内
境外
12000
10000
8000
6000
4000
2000
0
6892
3379
3513
6353
2839
3514
6344
2829
3515
6232
2700
3532
5954
2410
3544
2019 年
2020 年
2021 年
2022 年
2023 年

利润总额

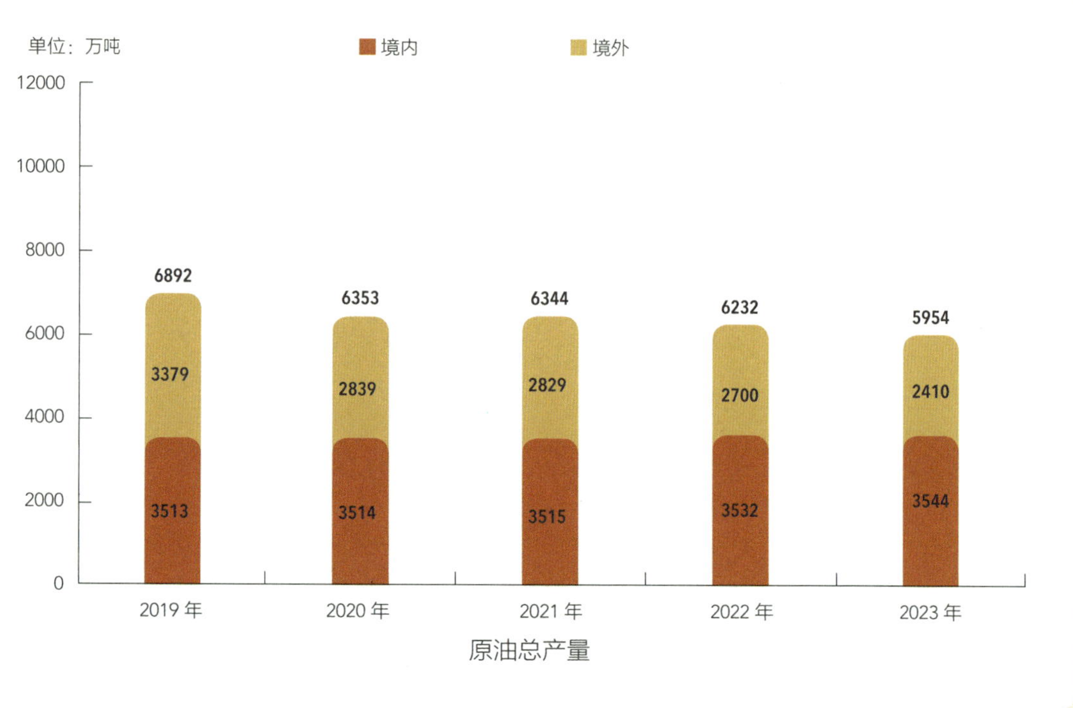

原油总产量

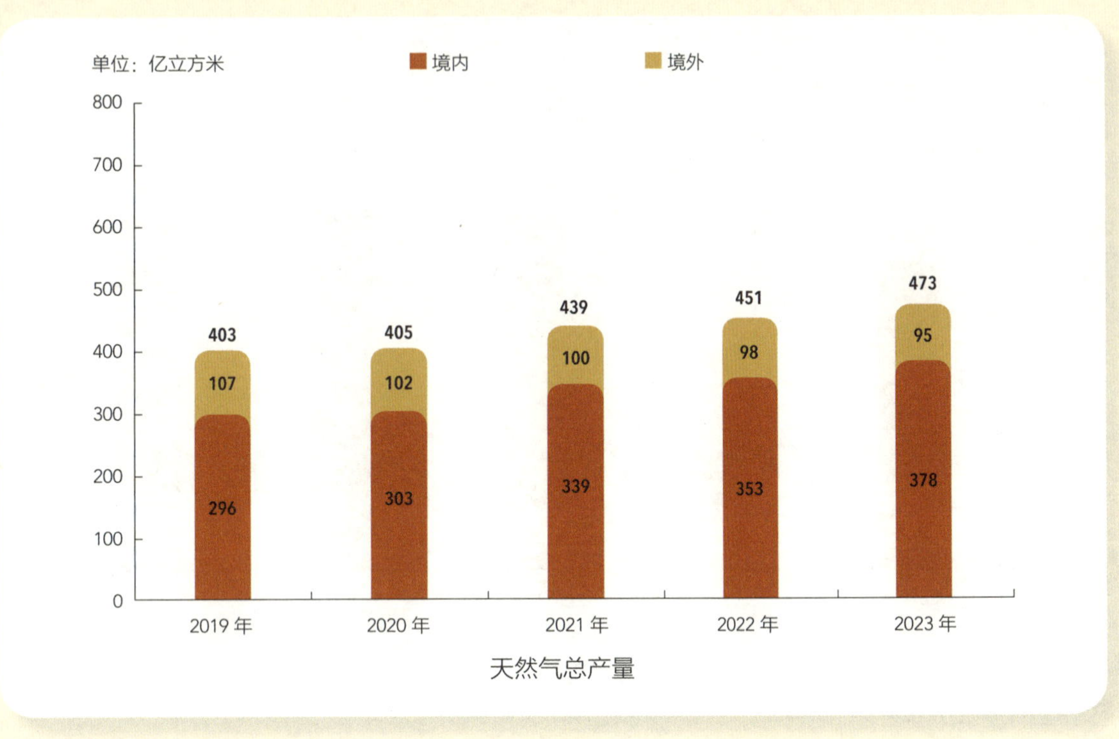

天然气总产量

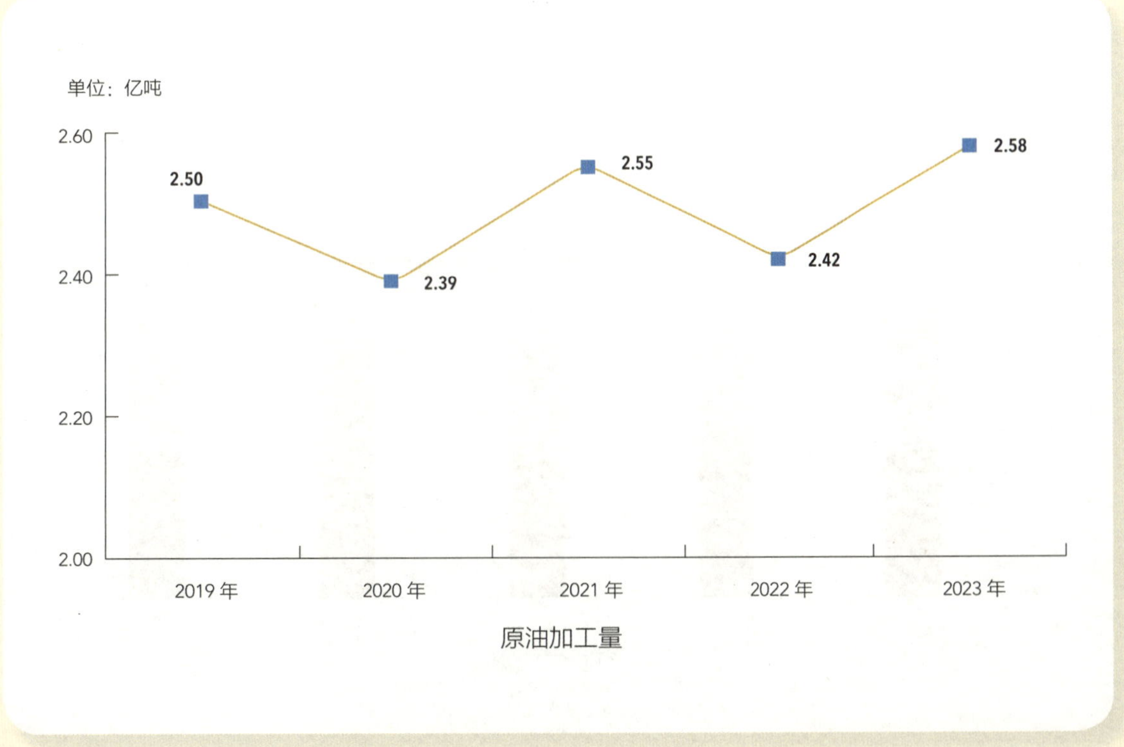

原油加工量

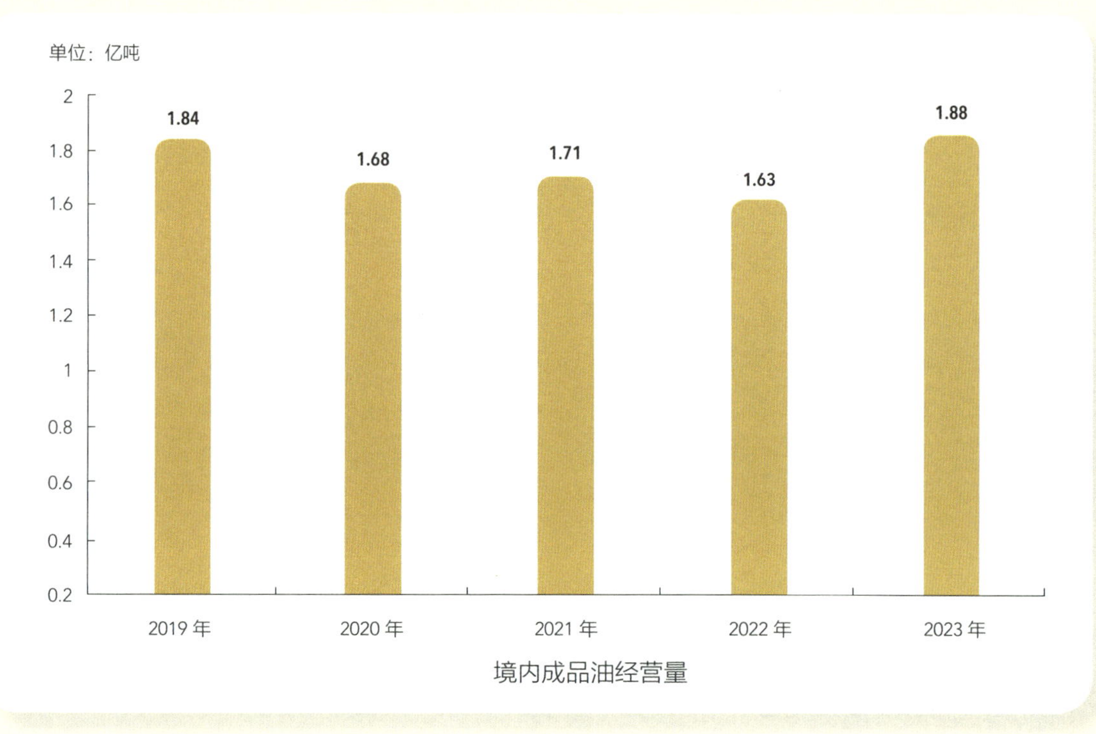

境内成品油经营量

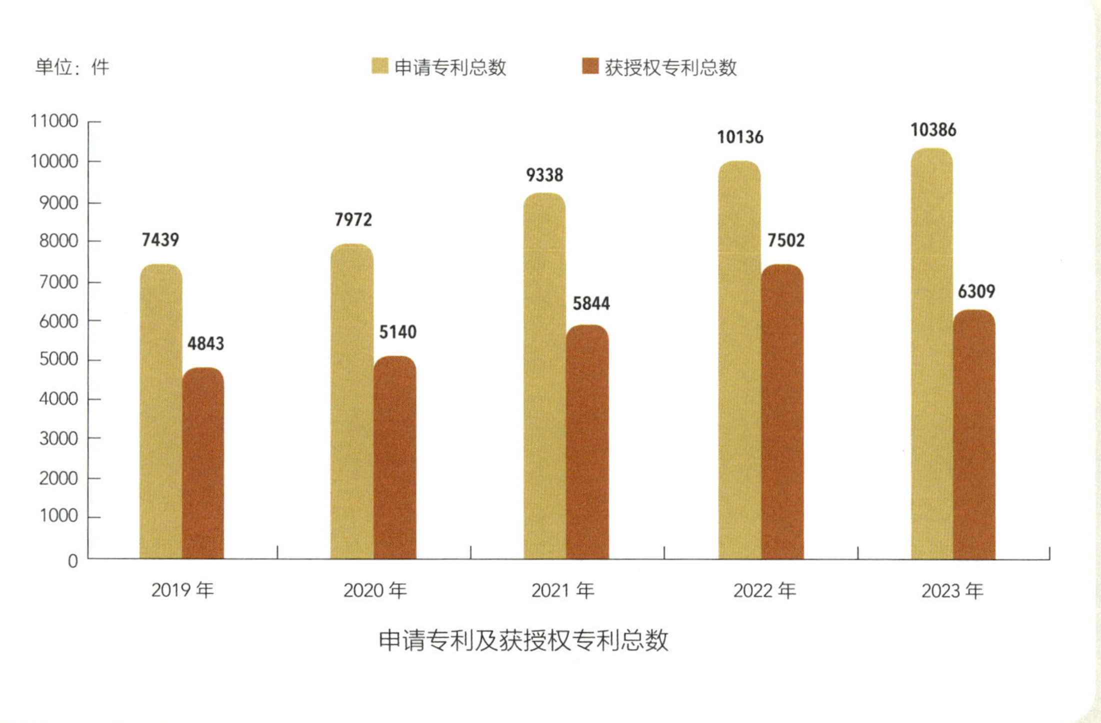

申请专利及获授权专利总数

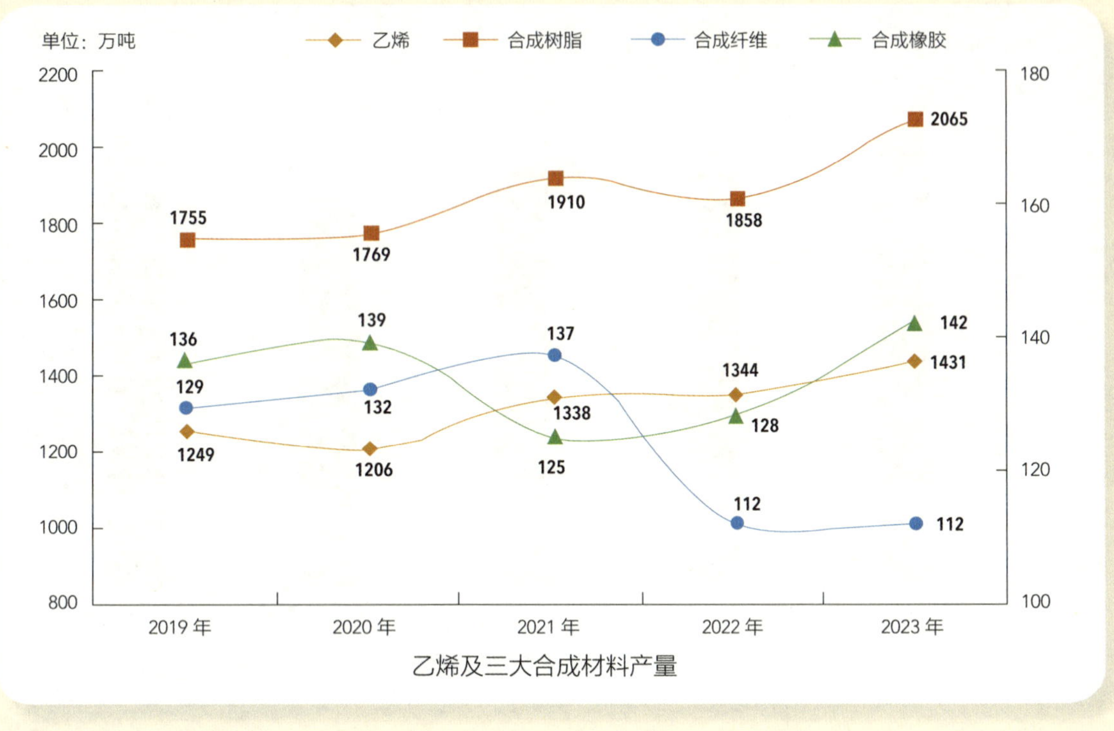

乙烯及三大合成材料产量

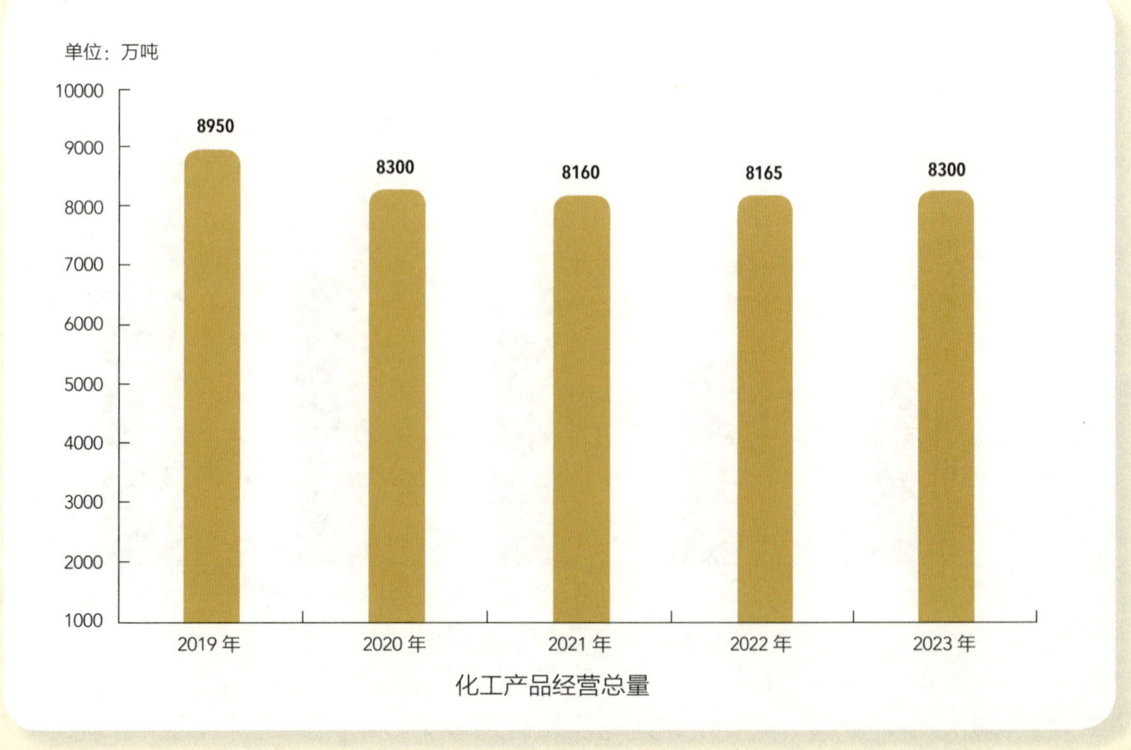

化工产品经营总量

2023 年，集团公司积极破解资源接续矛盾，加大保矿权拓矿权力度，大力推进七年行动计划，在超深、致密、非常规领域取得一批重大突破，“深地工程”打出亚洲陆上最深井，胜利济阳页岩油国家级示范区建设扎实推进，四川盆地发现新的亿吨级页岩油资源阵地，老油气田稳产基础更加稳固，增储增产增效降本再创佳绩。全年生产原油 3544.1 万吨、上产 11.8 万吨，生产天然气 378.1 亿立方米、上产 25.4 亿立方米，油气产量当量 6557 万吨，创历史新高。推进国际能源合作，签约卡塔尔北部气田扩能等项目，境外资产结构持续优化，境外上游净利润、自由现金流实现“两个百亿元”目标。图为中原石油工程公司塔里木分公司 80108 钻井队承钻的顺中 1 斜井施工现场

2023 年，集团公司石油工程业务全力保障勘探开发，奋力开拓内外市场，持续深化改革管理，全面超额完成奋斗目标任务。境内新签合同额 824 亿元、增加 14 亿元、增幅 1.7%，实现营业收入 800 亿元、增加 62 亿元、增幅 8.4%，均创出“十三五”以来最好水平。聚焦高质量发展，持续深耕中东、拉美、非洲等重点市场，首次进入沙特阿美探井服务市场。境外新签合同额 23.8 亿美元、完成合同额 22.6 亿美元。图为胜利石油工程公司施工的牛页一区试验井组

2023 年，集团公司炼油业务坚持动态统筹资源，完成超低库存下的经济保供任务，紧贴市场形势优化产业链运行。强化全产业链价值融合与创造，扎实推进“保安全、降成本、增效益”百日创效专项工作。全年加工原油 2.58 亿吨、增长 6.3%，生产成品油 1.56 亿吨、增长 11.3%。图为获评国家级智能制造示范工厂的福建古雷石化厂区

2023 年，集团公司化工业务狠抓专业管理提升工作，狠抓结构调整、降本增效和市场开拓，狠抓高质量发展、提升高附加值产品比例，较好地完成各项工作任务。全年实现化工产品经营总量 8300 万吨，生产乙烯 1431 万吨。图为镇海炼化 100 万吨 / 年乙烯装置（1# 乙烯装置）

2023 年，集团公司炼化工程业务坚持守正创新，优存量、谋增量、强基础、防风险，深入实施高质量发展行动，全力优化生产经营，在“产品卓越、品牌卓著、创新领先、治理现代”之路上跑出加速度，圆满完成各项目标任务。境内执行各类设计、咨询、EPC、施工项目 1003 个，新开工项目 747 个，中交项目 477 个。境外在 14 个国家开展炼化工程服务，全年新签合同额 30.5 亿美元，创历史新高；完成合同额 7.8 亿美元。图为福建联合石化溶剂脱沥青装置

2023 年，集团公司始终把握能源转型重要方向，以加快打造“中国第一氢能公司”为目标，积极推动氢能规划部署实施，研究布局氢能交通，重点推进绿氢炼化，高度重视科技创新，引领带动产业链健康发展，先行先试取得瞩目成果。按照化石能源洁净化、洁净能源规模化、生产过程低碳化的发展要求，积极谋划专项部署，大力推动绿电开发和消纳模式，以及风光发电业务规模化发展，探索项目投资收益、用能企业减碳降本、碳资产储备三方创效能力的有效提升途径。图为新疆库车绿氢示范项目

2023 年，集团公司面对重心下移、跌宕起伏的国际油价走势，面对新能源替代加速、传统能源增长乏力的转型大势，面对市场整治纵深推进但成果不够稳固的博弈局势，面对汽强柴弱、变化多端的市场趋势等严峻挑战，迎难而上、攻坚克难，坚持以市场为导向、以效益为中心，充分挖掘全产业链优势，向打造世界一流现代化综合能源服务商迈出坚实步伐。境内成品油经营量 1.88 亿吨、增长 15.8%，天然气经营量 625 亿立方米、增长 0.3%。图为北京石油分公司首座油氢综合加能站

2023 年，集团公司有序高效实施健康安全环保管理机构改革，以推进 HSE 管理体系有效运行为统揽，以“安全管理强化年”行动、绿色企业行动和 2030 年前碳达峰行动为主线，不断夯实集团公司安全生产根基，持续提升绿色低碳核心竞争力。万元产值综合能耗下降 2.2%，工业取水量下降 1.2%；主要污染物排放量全面完成国家下达的年度减排目标，未发生一般及以上突发生态环境事件。公司连续 13 年获中国低碳榜样称号，获颁全国健康企业建设典型案例；所属 5 家企业获石油和化工行业重点耗能产品能效“领跑者”标杆企业称号、9 家企业获水效“领跑者”标杆企业称号、8 家企业获评国家和石化行业绿色工厂称号。图为中原油田“双视频督查”安全管理现场

2023 年，集团公司奋力担当国家战略科技力量，主动融入国家科技创新体系，全国重点实验室建设数量居能源化工行业首位，页岩油气富集机理与高效开发全国重点实验室顺利重组，国家能源碳酸盐岩油气重点实验室正式揭牌。大力推动国家重点研发计划、“1025 专项”工程二期、“补短板”工程等专项任务攻关，加快原创技术策源地建设，完成基础研究中长期规划制订，一批关键核心技术取得重大进展，居全球专利 250 强第 6 位、成为排名最前的中国企业。完成“工业互联网 + 安全生产”“北斗综合应用”国家试点示范项目，成为石化工业软件产业链“链主”。图为第十建设公司制造的中国首台九轴全位置智能焊接机器人

2023 年，集团公司巩固提升深化改革三年行动成效，接续启动改革深化提升行动，统筹优化总部机构和职能设置，大力实施战略性重组。完善“三基”工作组织和制度体系，基层管理标准化、规范化水平持续提升。公司被国务院国资委纳入创建世界一流示范企业名单，主要板块单位完全成本较预算和上年同期实现“双下降”；完成基本消除亏损子企业目标；完善常态化市值管理机制，有序实施集团公司增持和股份公司回购，9 家控股上市公司首次实现 ESG 披露全覆盖，上市公司质量显著提升。强化风控内控管理，公司在国务院国资委内控体系有效性抽查中获评 A 级。强化法治合规建设，完成 38 家直属单位首席合规官配备。图为河南油田花园小站

2023 年，集团公司紧扣事业发展需要选干部、配班子、聚人才，积极破解队伍接续难题，干部选拔任用工作总体评价为“好”的比例连年保持高水平，人才发展规划加快落地。积极打造模范部门，持续建强堪当重任的高素质专业化干部队伍，更大力度建设能源化工领域重要人才集聚中心和创新高地，不断深化新一轮国企改革深化提升行动，政治引领和作风建设逐步提升，政治生态和组织人事工作持续向好。图为燕山石化为保证首都成品油和氢气市场稳定供应成立的青年突击队

2023 年，集团公司物资供应系统坚决贯彻党组决策部署，积极融入“一基两翼三新”产业格局，奋力投身高质量发展行动，全力保障物资供应，着力推进降本增效，持续提优采购管理，加速推进转型发展，采购管理水平和服务保障能力稳步提升，为集团公司生产安全平稳运行、项目高质高效建设提供坚强支撑。依托集团公司重点工程项目，启动重大装备国产化攻关项目 28 个，完成 17 个国产化攻关项目验收投用，与进口相比节约采购资金 1.7 亿元，资金节约率达 33%，关键装备自主可控能力持续提升。图为工程建设公司研发和设计的首台国产化四联换热器顺利出厂

2023 年，集团公司加快推进传统产业智改数转，持续深化数字技术和实体经济融合，积极发展新质生产力，坚定走好新型工业化道路。聚焦高质量发展，加快实施信息化“432 工程”，积极推进数字化转型、智能化提升工作，在提升数智赋能质效、推进重点项目攻关、健全管理体制机制、强化基础设施建设等方面均取得积极进展和新的成效，为公司转型升级、提质增效提供有力支撑。公司成为石化行业工业软件产业链“链主”，获多项国家级成果，信息和数字化工作继续走在央企前列。图为扬子石化智慧扬子管控中心

2023 年，集团公司坚持以严的基调正风肃纪反腐，加大案件查办力度，深化“靠企吃企”专项整治，驰而不息纠“四风”树新风，风清气正、干事创业的政治生态巩固发展。公司党风廉政建设和反腐败工作满意度提升至 98.09%，职工群众对纪检监察干部队伍作风形象满意度达 94.89%。以中央巡视整改为牵引，深化政治巡视，加强巡视整改和成果运用，强化上下联动贯通融合，不断夯实巡视工作基础，巡视利剑作用日益彰显。审计工作围绕公司发展大局，立足经济监督，聚焦主责主业，为公司高质量发展提供坚强审计保障。全年开展审计项目 1188 个，发现问题 9827 个，涉及金额 333 亿元。图为中国石化落实中央巡视整改动员部署会暨 2023 年党组巡视启动部署会

2023 年，集团公司以开展学习贯彻习近平新时代中国特色社会主义思想主题教育为重要抓手，聚焦在新征程上的新使命新任务，发扬党的自我革命精神，全方位、贯通式加强党的领导党的建设，体系化推进全面从严治党，为谱写中国式现代化石化新篇章提供坚强保证。认真学习贯彻习近平总书记关于党的建设的重要思想，坚持不懈用党的创新理论凝心铸魂，学习宣传贯彻党的二十大精神、习近平总书记视察胜利油田、九江石化重要指示精神等，认真落实“第一议题”制度，全力推动学习成果转化落地，以实际成效拥护“两个确立”、做到“两个维护”。持续健全全面从严治党体系，不断完善混合所有制企业、境外机构党建工作方式方法，着力增强党组织政治功能和组织功能，连续 3 年在央企党建工作责任制考核中获评 A 档。图为中国石化学习贯彻习近平新时代中国特色社会主义思想主题教育动员部署会

2023 年，集团公司坚持内增动力、外树形象，加强宣传思想文化工作，隆重简朴庆祝中国石化成立 40 周年，在助力乡村振兴、抢险救灾等工作中模范履行社会责任，品牌建设能力连续 3 年位居央企第一，在中央单位定点帮扶考核中连续 6 年获最高等次“好”的评价。全年共实施捐赠 281 项，支出 4.63 亿元。高质量建设“司机之家”“爱心驿站”，深入实施“情暖驿站 · 满爱回家”“中国石化光明号”健康快车“春蕾加油站”“微光计划”等公益项目，公司“党和人民好企业”形象越擦越亮。图为中国石化助力湖北打赢低温雨雪冰冻灾害应对处置攻坚战

目录

炼油生产 031

公用工程 093

财务资本管理 115

组织人事管理 127

物资采购与管理 141

信息和数字化 147

新闻与出版 178

新闻媒体

图书出版

企事业单位 188

油气和新能源板块

炼油和销售板块

化工和材料板块

资本金融和支持板块

人物 733

统计资料 740

附录 752

索引 769

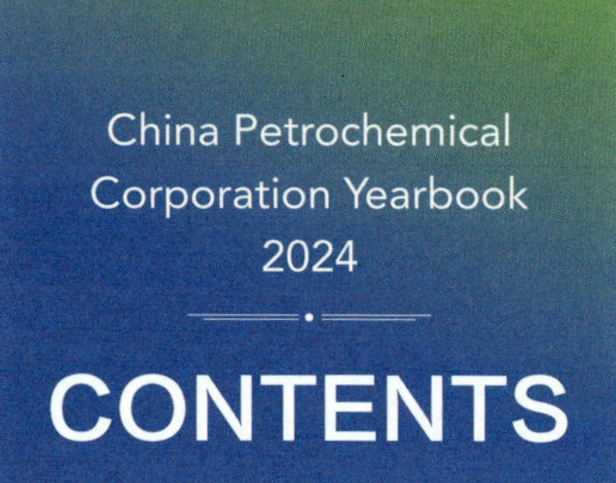
China Petrochemical
Corporation Yearbook
2024
CONTENTS

PETROCHEMICAL PRODUCTION

DOMESTIC REFINERY AND CHEMICAL ENGINEERING

NEW ENERGY

MARKETING

FINANCE & CAPITAL MANAGEMENT

ORGANIZATION AND PERSONNEL MANAGEMENT

MATERIAL PURCHASE & MANAGEMENT

INFORMATION & DIGITIZATION

INTERNAL SUPERVISION

DISCIPLINE SUPERVISION

LEADING PARTY GROUP INSPECTION

INTERNAL AUDIT

企业形象宣传专版单位名称

前插页

1：天津钢管制造有限公司
2：星展银行（香港）有限公司
3：瑞穗银行（中国）有限公司北京分行
4：包头北方创业有限责任公司
5：泽普林固体物料技术（上海）有限公司
6：南京大翼航空科技有限公司
7：无锡化工装备股份有限公司
8：四川川锅锅炉有限责任公司
9：威立雅（中国）环境服务有限公司北京分公司
10：中澳煤层气能源有限公司
11：立信会计师事务所（特殊普通合伙）
12：华锦阿美石油化工有限公司
13：北京瑞赛长城航空测控技术有限公司
14：天津中德工程设计有限公司
15：安徽实华工程技术股份有限公司
16：杭氧集团股份有限公司
17：湖北侨光石化装备股份有限公司
18：许继电源有限公司
19：无锡市英波化工有限公司
20：无锡市太湖防腐材料有限公司
21：哈尔滨天源石化工程设计有限责任公司
22：河北海川能源科技股份有限公司
23：烟台蓝德空调工业有限责任公司
24：美意（浙江）空调设备有限公司
25：上海化学工业区发展有限公司
26：浙江驿公里智能科技有限公司
27：武汉东海石化重型装备有限公司
28：四川中泽油田技术服务有限责任公司
29：四川省天然气投资集团有限责任公司

30：中集安瑞科工程科技有限公司

31：中信泰富特钢集团股份有限公司

后插页

1：中原油田

2：中石化石油工程技术服务股份有限公司

3：中国石化集团茂名石油化工有限公司

4：金陵石化

5：中国石化上海石油化工股份有限公司

6：中沙（天津）石化有限公司

7：中国石化扬子石油化工有限公司

8：扬子石化－巴斯夫有限责任公司

9：中国石化催化剂有限公司

10：中石化（北京）化工研究院有限公司

11：中石化碳产业科技股份有限公司

12：中石化广州工程有限公司

13：中石化炼化工程（集团）股份有限公司

中国石化 SINOPEC

大事记

2023

1月 JANUARY

1日

中国石化 3.07 万座加油站全面供应国VIB 汽油。

4日

中国石化发布十年来在石油工程领域培育形成的十大核心技术和十大特色产品。

12—13日

集团公司工作会议暨 HSE 工作会议在北京召开，会上宣布 2023 年在全系统组织开展“安全管理强化年”行动，发布《中国石化绿色低碳发展白皮书（2022）》。

2月 FEBRUARY

16日

中国石化宣布鄂尔多斯风光融合绿氢化工示范项目开工建设，该项目为全球最大的绿氢耦合煤化工项目。

20日

中国科协发布 2022 年“科创中国”系列榜单，中国石化 5 项研究成果入选。

21日

海南炼化 100 万吨 / 年乙烯项目龙头装置——乙烯蒸汽裂解装置投料开车成功。

3月 MARCH

16日

国务院国资委公布《创建世界一流示范企业和专精特新示范企业名单》，催化剂公司、润滑油公司、经纬公司入选。

4月 APRIL

7日

中国石化召开学习贯彻习近平新时代中国特色社会主义思想主题教育动员部署会。

同日

中央第十三巡视组巡视集团公司党组工作动员会召开。

10日

中国石化“西氢东送”输氢管道示范工程被纳入《石油天然气“全国一张网”建设实施方案》。

12日

中国石化与卡塔尔能源公司签署北部气田扩能项目（NFE）参股协议。

5月 MAY

11日

中国石化首获品牌建设领跑者称号，公司品牌价值达 3586.21 亿元，连续 7 年位居能源化工行业第一。

22日

中国石化与斯里兰卡电力和能源部签署关于成品油进口、仓储、分销和销售合作协议，标志着中国石化正式进入斯里兰卡成品油零售市场。

31日

中央农村工作领导小组通报 2022 年度中央单位定点帮扶工作成效考核评价情况，中国石化连续 6 年评价等次为“好”。

6月 JUNE

26日

中国石化获评国务院国资委 2022 年度中央企业改革三年行动重点任务考核 A 级。

28日

中国石化海外投资控股有限公司在北京揭牌。

30日

安庆石化 300 万吨 / 年重油催化裂解装置一次投料开车成功，该装置是国内最大的重油催化裂解装置。

7月 JULY

11日

齐鲁石化—胜利油田百万吨级 CCUS 项目二氧化碳输送管道投运。

13日

荆门石化火箭煤油首次出厂，中国石化在航天煤油应用领域实现零的突破。

15日

国务院国资委公布2022年度中央企业负责人经营业绩考核A级企业名单，中国石化等49家企业在考核中获评A级。

24日

集团公司召开庆祝中国石化成立40周年大会暨2023年中工作会议。

8月 AUGUST

2日

中国石化与英力士正式签署合作协议，双方以50%：50%股比设立合资公司，共同运营中国石化正在建设的120万吨/年天津南港乙烯项目。

3日

中国石化北斗运营服务中心检验检测实验室正式获中国合格评定国家认可委员会（CNAS）资质认可。

22日

天然气分公司青岛LNG接收站27万立方米储罐建成完工。该储罐由中国石化自主研发，是国内容积最大、首座完工的超大型液化天然气储罐。

30日

国内规模最大的光伏发电直接制绿氢项目——中国石化新疆库车绿氢示范项目全面建成投产。

31日

中沙石化26万吨/年聚碳酸酯（PC）项目在天津南港工业区投入商业运营。

9月 SEPTEMBER

6日

中国石化与内蒙古自治区政府签署共同组建油气勘探开发合资公司框架协议。

11日

中国石化召开学习贯彻习近平新时代中国特色社会主义思想主题教育第一批总结暨第二批部署会议。

15—17日

中国石化成功承办世界地热大会，张国清副总理出席大会并致辞。大会参展企业数量、展览面积、展示品类均创历届之最。

23日

涪陵页岩气田自投产以来累计产气量突破600亿立方米。

10月 OCTOBER

10日

习近平总书记在江西省九江市考察调研，来到中国石化九江分公司，在公司生产管控中心控制大厅和检验计量中心实验室，详细了解企业转型升级打造绿色智能工厂、推动节能减污降碳等情况，对企业开展科学检测、严格排放标准等做法表示肯定。

11日

集团公司党组传达学习贯彻习近平总书记视察九江石化重要讲话和重要指示精神。

16日

中国石化组织召开学习贯彻习近平总书记视察九江石化重要指示精神大会。

23日

中国石化与沙特阿美公司签署“延布炼厂+”项目合作谅解备忘录。

30—31日

共青团中国石油化工集团有限公司第二次代表大会在北京召开。

11月 NOVEMBER

3日

全球首套采用CHP法制备环氧丁烷的装置在燕山石化一次开车成功，产出合格的高纯度环氧丁烷产品。

4日

中国石化在上海举办第六届进博会主题论坛暨中国石化交易分团签约仪式。

10日

扬巴公司举行一体化2.8期扩建项目投产仪式。

17日

茂名石化炼油转型升级及乙烯提质改造项目开工。

同日

中国石化首座超级充换电综合能源站——安徽石油大众综合能源站在合肥投入运营。

24日

镇海基地150万吨/年乙烯及下游高端新材料产业集聚项目正式开工。

28日

中国石化首套医用级PGA（聚乙醇酸）新材料中试装置在扬子石化建成中交。

12月 DECEMBER

1日

中国石化与重庆市政府签署全面深化战略合作协议。

2日

中国石化获评十大中国“ESG榜样”企业。

15日

巴陵石化年产60万吨己内酰胺产业链搬迁与升级转型发展项目全线贯通，一次开车成功。

18日

甘肃临夏州积石山县发生6.2级地震，中国石化乡村振兴办公室紧急筹款200万元用于东乡族自治县抗震救灾。21日，再次向甘肃、青海地震灾区捐款3000万元，用于支持灾区救援和重建工作。

19日

中国石化发布2023年十大油气勘探成果。

31日

“深地一号”顺北油气田累计油气产量当量突破1000万吨，2023年油气产量当量达301.32万吨，标志着300万吨产能阵地建成。

总 述

2023年是中国石化发展史上具有特殊重要意义的一年。这一年，习近平总书记亲临九江石化为公司高质量发展指明航向，这是两年内习近平总书记第二次视察中国石化，全系统倍感温暖关怀、倍受鼓舞鞭策。一年来，中国石化牢记习近平总书记殷切嘱托，以开展主题教育、接受中央巡视为强大动力，深入实施高质量发展行动，加快建设世界一流企业，化危机、闯难关、应变局、开新局，各方面工作取得新进步、呈现新气象。全年实现营业收入3.25万亿元、利润总额1170.69亿元、净利润966.29亿元，圆满完成国务院国资委“一利五率”指标要求，经营业绩保持中央企业前列。国内油气产量当量、炼油加工量、乙烯产量、PX产量、全员劳动生产率、研发投入均创历史新高，成品油产量、经营量、零售量等均创“十四五”以来最好水平，在全面贯彻党的二十大精神的开局之年、公司成立40周年历史节点交出一份质量很高、成色很足的成绩单。

在保障能源安全上建新功，增储上产势头良好。积极破解资源接续矛盾，加大保矿权拓矿权力度，大力推进七年行动计划，在超深、致密、非常规领域取得一批重大突破，“深地工程”打出亚洲陆上最深井，胜利济阳页岩油国家级示范区建设扎实推进，四川盆地发现新的亿吨级页岩油资源阵地，老油气田稳产基础更加稳固，增储增产增效降本再创佳绩。推进国际能源合作，签约卡塔尔北部气田扩能等项目，境外资产结构持续优化，国勘公司归母净利润、自由现金流实现“两个百亿元”目标。

在产业转型发展上建新功，提质升级取得突破。积极承接国务院国资委部署的战略性新兴产业和未来产业发展任务，坚定迈向中高端，着力巩固市场竞争优势。一批炼油结构调整、转型发展及整合退出项目加快实施，先进乙烯产能布局扎实推进，乙烯项目纳规数量创历年之最。充电业务明确顶层设计，“油气氢电服”综合加能站建设有序推进。炼化销走出去取得突破。库车绿氢示范项目建成投产，“西氢东送”纳入国家规划。风光发电继续增长，地热供暖能力稳居世界第一，成功承办世界地热大会，CCUS产业化取得突破，建成国内油气领域首个“源网荷储”一体化智慧能源系统，绿色低碳发展水平持续提升。资本金融积极支撑服务主业发展，产业转型升级引擎作用得到有效发挥。

在科技自立自强上建新功，创新成果不断涌现。奋力担当国家战略科技力量，主动融入国家科技创新体系，全国重点实验室建设数量居能源化工行业首位，页岩油气富集机理与高效开发全国重点实验室顺利重组，国家能源碳酸盐岩油气重点实验室正式揭牌。大力推动国家重点研发计划、“1025专项”工程二期、“补短板”工程等专项任务攻关，加快原创技术策源地建设，完成基础研究中长期规划制订，陆相页岩油气、5G智能节点仪、旋转地质导向钻井、高温测井、重油催化裂解、航空润滑油、液体橡胶、PVA光学膜、氢燃料电池催化剂等一批关键核心技术取得重大进展，居全球专利250强第6位、成为排名最前的中国企业。完成“工业互联网＋安全生产”“北斗综合应用”国家试点示范项目，成为石化工业软件产业链“链主”。

在深化改革管理上建新功，发展活力持续释放。高质量完成国企改革三年行动任务、考核获评A级，全面启动改革深化提升行动，总部机构和职能设置持续优化，企业重组整合取得突破，专业化发展迈出新步伐，新型经营责任制加快构建。聚焦创建世界一流示范企业，健全完善战略型集约化财务管控体系，高质量推进司库体系建设，加强股权投资管理，深化资产分类评价，大力整治虚假贸易。积极稳妥应对资本市场变化，加强公司价值管理，以股份公司为代表的系统内上市公司质量明显提升，ESG工作持续进步。积极推动困难老企业转型发展和扭亏脱困，历史性实现基本消灭亏损子企业目标。强化全面风险管理，持续深化法治合规建设，充分发挥审计、财务、法律、企管等职能作用，抓实重点领域风险防控，守住了不发生系统性风险的底线。持之以恒强“三基”，积极开展安全管理强化年和绿色低碳“补短板、强弱项”行动，总体保持安稳运行、清洁生产。

在全面从严治党上建新功，政治生态持续向好。认真学习贯彻习近平总书记关于党的建设的重要思想，以开展主题教育为抓手，坚持不懈用党的创新理论凝心铸魂，深入开展党的二十大精神轮训，党员干部政治判断力、政治领悟力、政治执行力不断增强。持续健全全面从严治党体系，不断完善混合所有制企业、境外机构党建工作方式方法，着力增强党组织政治功能和组织功能，连续3年在央企党建工作责任制考核中获评A档。紧扣事业发展需要选干部、配班子、聚人才，积极破解队伍接续难题，干部选拔任用工作总体评价为“好”的比例连年保持高水平，人才发展规划加快落地。坚持内增动力、外树形象，加强宣传思想文化工作，隆重简朴庆祝中国石化成立40周年，在助力乡村振兴、抢险救灾等工作中模范履行社会责任，品牌建设能力连续3年位居央企第一。坚持以严的基调正风肃纪反腐，加大案件查办力度，深化“靠企吃企”专项整治，提升巡视巡察质效，驰而不息纠“四风”树新风，风清气正、干事创业的政治生态巩固发展。

2024年是新中国成立75周年，是实现“十四五”规划目标任务的关键之年，做好全年各项工作意义重大。中国石化将紧密团结在以习近平同志为核心的党中央周围，深入学习贯彻党的二十大精神和习近平总书记视察胜利油田、九江石化重要指示精神，聚焦增强核心功能、提高核心竞争力，突出抓好转型升级、经营创效、改革创新、风险防控、党的建设等各项工作，奋力开创高质量发展新局面，为强国建设、民族复兴伟业作出新的更大贡献，以优异成绩庆祝新中国成立75周年。

境内油气勘探开发

综述 | 油气勘探 | 油田开发 | 气田开发

采油气管理 | 油气集输 | 设备管理 | 基层管理

综述

2023年，集团公司国内上游坚持以习近平新时代中国特色社会主义思想为指导，扎实开展主题教育，深入学习贯彻党的二十大精神和习近平总书记视察胜利油田、九江石化重要指示精神，狠抓中央巡视整改、党组专项巡视整改，大力落实七年行动计划和“十四五”发展规划，全面开展增产降本创效攻坚行动，圆满完成年度各项工作目标任务，能源安全保障能力持续提升。

油气勘探取得新突破。加强“深地工程”、页岩油气、海域、深层煤层气等重点领域基础研究与技术交流，推进物探高质量发展，强化风险勘探、圈闭预探和一体化评价勘探，积极保矿权拓矿权，取得4项重大突破、9项重要突破、18项商业发现，全年落实油气探明储量2.05亿吨、2817亿立方米，超额完成三级储量任务。

原油稳增长态势良好。全面落实年度生产运行方案，紧贴产能上限组织运行，强化重点区域产销协调，加强胜利东部陆上、塔河西部、八面河、准西等区带潜力评价与目标论证，全年落实可动用储量4720万吨；强化地质工程一体化，高效推进济阳、塔河、准西、海上等产能建设，扎实推进页岩油立体开发试验，全年新建产能332.6万吨，增加45.4万吨，创2015年以来新高；加强油藏精细描述和建模数模，强化油藏分类精细治理，全年自然递减率、综合含水率分别稳定在10.4%和90.9%。全年生产原油3544.1万吨，上产11.8万吨，连续5年超七年行动计划。

天然气量效大幅提升。开发方面，全面落实天然气七年行动计划后三年实施方案，统筹抓好川气东送荆州段改线期间及特殊时段产销协调，加强产量结构优化，碳酸盐岩气藏加强普光、元坝等气田精细调整和控水治硫，加快川西、顺北气区等新区产能建设；致密气藏狠抓大牛地、东胜、川西中浅层等气田稳产，创新断褶裂缝体刻画技术和大规模体积压裂工艺，有效盘活沉寂多年的须家河组规模难动用储量；页岩气藏高效推进涪陵页岩气田立体开发调整，扎实推进常压及深层复杂构造区评建一体化，全年新建产能86.4亿立方米，增加12.4亿立方米；产量增长7.2%，高于全国1.4个百分点；生产天然气378.1亿立方米，上产25.4亿立方米。经营方面，圆满完成国家保供任务，自产气全产全销，管道气销售量稳价优，LNG一体化直供经营取得突破，全年销售天然气573.4亿立方米；加强储气能力建设，文24和孤中储气库、天津LNG接收站二期、山东LNG接收站三期建成投产，全年新增储气能力11.4亿立方米；储气库注气25.1亿立方米，形成工作气量26.5亿立方米。

工程保障有力有效。石油工程方面，开展基础管理、人才培养、井下特种作业队伍3项大调研和改进提升，完善均衡生产、市场化运行、“四提”共享机制，深化难动用储量合作开发，扎实推进32口示范井和5个示范区建设，强化技术迭代升级，全年平均钻井周期缩短5.6%、压裂效率提高11.8%、压后单井产能提高10.5%、复杂故障时效降低12%、工程成本降低3.4%；在动用钻完井队伍规模减少19支的情况下，多打钻井进尺109.4万米、多压裂新井119井次。地面工程方面，发布油田、常规气田、页岩气田等五大类标准化设计定型成果，建成投运国内首条百万吨级二氧化碳长输管道、国内首台27万立方米LNG储罐及顺北二区天然气处理厂，持续推进老油气田地面系统优化简化，加快设备设施完整性管理体系建设，完成井下作业自动化装备配套三年规划，建成12个设备精益管理示范基地，标准化设计覆盖率、工厂化预制率、设备利用率持续提高。采油气工程方面，开展工艺、注水、热采及井筒状况4项大调查和基础管理提升，推进6类25个示范区建设，深化井下作业“双提双降”、长寿命精细注采、稠油全流程提干提效和关停井复产治理，全年作业频次降低0.05，措施有效率和分注率均提高0.2个百分点。

经营降本成效显著。紧盯“一利五率”价值创造，建立健全战略型集约化财务管控体系，算好增产控本、提质降本、终端推价、管理提升效益账，全力打好增产降本创效攻坚战，狠抓十大降本增效项目，加强投资项目管控及统筹优化，百万吨／十亿立方米产能投资、发现成本和开发成本稳中有降，油气盈亏平衡点持续降低。

科技创新取得新进步。陆上油气勘探开发原创技术策源地建设扎实推进，页岩油气富集机理与高效开发全国重点实验室顺利重组，国家能源碳酸盐岩油气重点实验室正式揭牌，大幅度提高采收率、CCUS 等勘探开发关键技术攻关取得新突破，特深井钻完井、5G 智能节点仪、旋转地质导向、偶极声波远探测、高温测井等技术装备攻关试验取得新进展，自主研发的全球首套 175 兆帕压裂装备成功应用，全球单机功率最大的电动压裂装备成功研制，国内油气勘探开发数据标准发布实施，油气生产信息化平台（PCS）、勘探开发业务协同平台（EPBP）、勘探开发数据资源中心（EPDC）等项目加快推进，创新驱动作用有效发挥。

改革管理迈出新步伐。深化改革方面，扎实推进改革深化提升行动，西北油田入选国企改革“双百企业”。深化“三项制度”改革，任期制和契约化管理实现中层及以上领导人员全覆盖。搭建人力资源共享平台，强化外闯市场集中管理，5 家东部老油田外闯市场合同制员工达 2.4 万人。总结数智化条件下采油气基层单位标准化建设试点经验，组织完成建设模板编制。管理提升方面，深入开展对标世界一流企业价值创造行动，抓好与国际先进油公司及国内兄弟企业对标，组织胜利油田、西北油田、华北石油局等企业分别与国内同行先进单位开展对标提升，加强采油气厂组织效能对标，人均产量和管井数分别增长 4.5% 和 6.3%。修订发布油气田开发管理纲要，精细开发水平持续提高。“三基”工作方面，全面贯彻落实《中国石化“三基”工作管理办法》，组织开展第十届“五项劳动竞赛”评比，与时俱进完善“两册”管理，实现基层全覆盖，严格落实岗位责任制，加强技能人才培训，举办技能大师讲堂，基础管理不断加强。风险防范方面，修订完善井控、资质管理、地面工程、设备设施、检维修、信息化等 15 项管理制度，加强保障能源安全风险识别和统筹应对，严抓重点领域风险管控，依法合规和风险防范能力持续提升。

安全环保严抓不懈。全面落实“安全管理强化年”行动各项措施，严抓 HSE 大检查、设备大检查和井控检查，严格“6+3+3”系统性风险和重点环节管控，完成集团公司监管的重大风险和重大隐患治理任务，制定 12 项安全生产严管措施，开展承包商安全管理专项检查和专项审计，严抓脱硫站和清罐作业风险专项排查整治，坚决遏制安全生产事故。编制实施国内上游碳达峰行动方案，严格沿江沿黄沿海生态环境保护，强化绿色低碳“补短板、强弱项”，深入推进绿色企业行动计划和“能效提升”计划，抓好“无废企业”创建和甲烷控排，新东营原油库被认证为国内首座“碳中和”原油库，全年外购绿证绿电 4.9 亿千瓦·时、节能 18.6 万吨标煤、减碳 41 万吨、回收天然气 8.4 亿立方米。积极推进新能源融合发展，建成国内油气领域首个“源网荷储”一体化智慧能源系统，全年新增光伏发电装机 270 兆瓦、风力发电装机 35 兆瓦、余热年供热能力 23 万吉焦，油气生产绿电消纳占比提高至 20%。

（金　沙）

油气勘探

【概述】 2023 年，集团公司各油气田企业聚焦保矿权拓矿权、勘探突破、规模增储三大核心任务，持续加大高质量勘探力度，全年新增石油探明储量 1.55 亿吨、控制储量 5.25 亿吨、预测储量 5.62 亿吨；新增天然气探明储量 2817 亿立方米、控制储量 4273 亿立方米、预测储量 1.12 万亿立方米。截至 2023 年底，在全国 32 个陆上盆地和 5 个海域盆地拥有勘查区块 196 块，面积 36.52

万平方千米；8 个区块增列页岩气勘查矿种，增列面积 1.95 万平方千米；拥有开采区块 379 块，面积 4.16 万平方千米。

（赵　锐）

【常规勘探工作量】 2023 年共完成二维地震 840 千米、三维地震 5640 平方千米；完成风险井 9 口、进尺 2.99 万米，预探井 92 口、进尺 37.91 万米，评价井 144 口、进尺 56.87 万米，滚动勘探评价井 172 口、进尺 53.76 万米，合计探井 417 口、进尺 151.53 万米。

（赵　锐）

【常规油气勘探 2 项重大突破】 ①塔里木盆地顺北 6 号断裂带新领域勘探取得重大突破，顺北 6 斜井首次实现顺北中部地区北东向主干二级断裂带的重大油气突破，顺深 1 斜井开辟顺北中部断裂带间勘探新类型，顺北 6 号带 2023 年新增控制储量 7324 万吨油气当量，其中凝析油 2772.04 万吨、天然气 571.29 亿立方米，断裂带间新增预测储量 1.48 亿吨油气当量，其中凝析油 4466.1 万吨、天然气 1295.03 亿立方米。②四川盆地北部陆相致密油气勘探取得重大突破，巴中 1HF 井首次在四川盆地侏罗系河道砂岩领域试获超百吨稳定油流，评价落实川北地区凉高山组河道砂岩资源量油 1.1 亿吨、气 2400 亿立方米，开辟了新的规模增储阵地；部署元陆 2HF 井开展须二段孔隙型储层提产攻关，压裂后试获日产气 50.3 万立方米，标志着须家河组基质型储层产能攻关获重大突破，致密油气资源升级动用能力迈上新台阶。

（赵　锐）

【常规油气勘探 4 项重要突破】 ①准噶尔盆地哈山山前带风城组勘探取得重大突破，哈山 5 井在风城组准原地系统试获峰值日产油 95.8 立方米、气 6869 立方米，首次在准噶尔盆地山前逆掩带下取得重要突破，新增预测储量超 3063 万吨，有望开辟新的亿吨级增储阵地。②渤海湾盆地济阳坳陷博兴洼陷古近系深层油气勘探取得重要突破，高斜 86 井首次在洼陷带红层勘探取得突破并获高产，樊 42 井、樊 201 井等证实风暴滩坝沉积作用下较深水区域同样发育滩坝砂优质储层，新增石油预测储量 2751.23 万吨。③川西梓潼凹陷须家河组新层系天然气勘探取得重要突破，优选相对优质储层发育、源储配置条件有利的潼深 1 井须二段挖潜，须二段体积压裂测获天然气 7.22 万米³/ 日，新增天然气预测储量 670.73 亿立方米，落实有利区资源量 3605 亿立方米。④普光探区侏罗系大安寨段混积岩勘探取得重要突破，普陆 7 井试获日产气 3.75 万立方米、普陆 8 井试获日产气 8.2 万立方米，初步评价资源量 1371 亿立方米，落实天然气控制储量 528 亿立方米。

（赵　锐）

【常规油气勘探 17 项商业发现】 石油勘探方面，塔里木盆地顺北油气田 8 号断裂带中北段新增油气探明储量 2246.41 万吨、675.58 亿立方米，塔河油田奥陶系鹰山组内幕新增石油探明储量 3416.27 万吨，渤南洼陷罗家地区新增石油探明储量 1390 万吨，准噶尔盆地西北缘哈浅 1 区块新增石油探明储量 1406 万吨，济阳坳陷滩海地区新增石油探明储量 1038.67 万吨，塔河油田碎屑岩新增石油探明储量 516.6 万吨，鄂尔多斯盆地南部提交石油探明储量 1300 万吨，准中永进地区上报石油探明储量 515.27 万吨，东濮凹陷文濮结合部新增石油探明储量 522.68 万吨，春光探区白垩系新增石油探明储量 515.75 万吨，苏北盆地新增石油探明储量 173 万吨，海域涠西探区新增石油探明储量 560 万吨。天然气勘探方面，川西合兴场气田须二上亚段新增天然气探明储量 1330.12 亿立方米，川北巴中地区须家河组新增天然气探明储量 305.5 亿立方米，川东北普光地区须家河组新增天然气探明储量 133.2 亿立方米，松辽盆地查干花次凹新增天然气探明储量 253 亿立方米，西湖凹陷玉泉构造提交天然气探明储量 122.3 亿立方米。

（赵　锐）

【非常规勘探工作量】 2023 年完成二维地震 1044 千米、三维地震 666 平方千米；完成探井 80 口，进尺 39.39 万米。

（钱恪然）

【非常规油气勘探 2 项重大突破】①济阳页岩油新区新类型勘探取得重大突破，利津洼陷利页101HF 井试获日产油 201.3 吨，济阳页岩油全年新增三级储量 8 亿吨。②鄂尔多斯盆地大牛地深层煤层气勘探取得重大突破，阳煤 1HF 井在石炭系太原组 8 号煤层试获日产气 10.4 万立方米，新增预测储量 1226.58 亿立方米。

（钱恪然）

【非常规油气勘探 5 项重要突破】①四川盆地普光二叠系大隆组页岩气新层系勘探取得重要突破，雷页 1HF 井试获日产气 42.66 万立方米，首次在国内实现二叠系大隆组海相深层页岩气勘探重大突破，初步评价中国石化川东北矿权区内资源量 1.2 万亿立方米。②苏北盆地页岩油新区新类型勘探取得重要突破，海安凹陷海页 1HF 井在阜二段试获日产油 50.74 吨；高邮凹陷中高成熟度区带花页 7HF（R_o为 0.95%）试获日产油 52.3 吨，新增控制和预测储量 1.07 亿吨。③红星地区二叠系页岩气新层系勘探取得重要突破，红页茅 1HF 井、茅 2HF 井在茅口组分别试获日产气 6.45 万立方米、6.33 万立方米，新增茅口组预测储量 1183 亿立方米。④东营凹陷纯上亚段新类型页岩油勘探重要突破，牛庄洼陷牛页 2HF 井（R_o为 0.58%）试获日产油 46.8 吨，取得低演化新类型突破。⑤川东南浅层常压页岩气取得重要突破，坪地 1HF 井利用液力无杆泵加强排液，日产量由 0.8 万立方米上涨至 4.4 万立方米，新增预测储量 1192.79 亿立方米。

（钱恪然）

【非常规油气勘探 1 项商业发现】织金珠藏次向斜煤层气勘探取得商业发现，龙潭组提交探明储量 113.2 亿立方米。

（钱恪然）

【勘探效益】2023 年共预探圈闭 161 个，完钻 102 个，新获工业油气流圈闭 53 个，预探圈闭成功率 52%。常规油气勘探风险井有结论 9 口；预探井获工业油气流 53 口，成功率 52%；评价井获工业油气流 113 口，成功率 67.3%。非常规勘探风险探井获工业油气流井 7 口，成功率 77.8%；预探井获工业油气流井 18 口，成功率 90%；评价井获工业油气流井 20 口，成功率 100%。

（赵　锐　钱恪然）

油田开发

【概述】2023 年，坚持“精细油气藏认识、精准方案部署、精攻配套工艺、精算开发效益”开发理念，加强地震地质一体化、地质工程一体化、建模数模一体化、技术经济一体化，全力提升单井产能和可采储量，扩大效益建产规模，夯实老区稳产基础，油田开发保持良好态势。

油田开发资源动用情况。截至年底，各油田企业投入开发油田 228 个，动用石油地质储量 80.1 亿吨，当年新增动用储量 12651 万吨。井网、工艺条件下标定可采储量 20.9 亿吨，采收率 26.1%。

油田开发现状。截至年底，共有油水井数 76507 口，其中油井 55548 口、注水井 20959 口。油井开井 43018 口，油井利用率 87.8%，年均含水 90.8%，平均单井日产油 2.3 吨，采油速度 0.44%，剩余可采储量采油速度 12.5%，采出程度 22.7%；注水井开井 15326 口，水井利用率 85.7%，平均单井日注水 65.3 立方米，年注水 36281 万立方米，年注采比 0.92，累计注采比 0.82。

（潜欢欢）

【原油产量】2023 年，国内上游原油产量 3544.1 万吨，上产 11.8 万吨。各油田企业原油产量见表 1。

（潜欢欢）

表 1　　集团公司各油田企业原油产量　　万吨

油田＼年份	2023	2022	2021	2020	2019	2018
国内上游	3 544.10	3 532.30	3 515.40	3 514.40	3 513.10	3 505.60
胜利油田	2 345.10	2 340.30	2 340.30	2 340.10	2 340.50	2 341.00
中原油田	128.80	127.50	125.40	125.10	124.00	126.00
河南油田	113.00	114.50	114.30	120.00	130.00	136.00
江苏油田	107.00	106.20	105.00	104.00	106.10	113.20
江汉油田	69.00	68.60	68.10	68.10	68.10	68.30
西北油田	683.00	681.00	670.00	670.00	662.00	650.00
华东油气分公司	50.00	46.70	46.30	46.00	45.30	42.20
华北油气分公司	18.10	18.70	19.50	18.10	16.30	13.10
东北油气分公司	8.80	8.70	7.30	4.40	5.10	3.00
西南油气分公司	4.40	3.60	3.00	2.70	2.70	2.20
上海海洋油气分公司	17.00	16.50	16.30	15.80	12.90	10.60

【滚动勘探与油藏评价】 聚焦规模储量发现与动用，瞄准规模滚动勘探单元、勘探开发一体化区带、规模未动用储量，按照“强化基础研究、整体攻关评价、分步实施运行”的思路，深化“勘探与开发、地质与工程、管理与技术”一体化攻关，全年共实施滚动勘探及油藏评价井 173 口、开发准备井 71 口，落实可动用地质储量 4720 万吨。①强化老油田周边高效滚动增储。全年在东部复杂断块油藏、深层薄砂层岩性油藏、塔河碎屑岩油藏、春风沙湾组超稠油油藏等领域取得积极进展，43 个区块新增可动用储量 2334 万吨。②勘探开发一体化加快储量转化动用。全年在胜利油田滨县凸起南坡、博兴洼陷中深层孔店组河道砂、准西排 641-614 井区、塔河 12 区低井控次级断裂、八面河颗粒云岩等领域高质量增储，新增可动用储量 1132 万吨。③积极开展未开发储量评价。聚焦砂砾岩、滩坝砂、深层低渗、颗粒云岩等领域，开展滩坝砂压驱增能、砂砾岩大斜度井压驱注水、碳酸盐岩储层合理规模酸化措施先导试验，全年在利津滩坝砂、东营北带砂砾岩、拐子湖巴音戈壁组低渗、八面河碳酸盐岩薄互层等 8 个区带新增可动用储量 1255 万吨。

（潜欢欢）

【产能建设】 以大幅度提高单井产能为核心，强化多专业一体化优化，持续推动机制创新、技术创新，加大难动用储量效益建产力度，全年常规油效益建产规模增至 295.9 万吨，增加 29.6 万吨。①超前做好方案井位准备。坚持抓好产能建设方案井位的超前研究、超前部署、超前论证，持续推进井位储备库建设，各单位储备库动态井位保持在 1200 口井以上，为优化钻完井运行提供保障。②全力提高产建效果。聚焦多控储、提产能、增可采，加强井网、井型、井身轨迹等方案设计优化，迭代提升体积压裂、压驱补能等提产技术，平均单井产能和万米进尺建产能保持稳定。③持续扩大探明未开发储量效益建产规模。加大低渗、稠油、碳酸盐岩缝洞储量油藏描述和关键技术攻关试验力度，配套完善合作开发机制，实现探明未开发储量 50 美元 / 桶以下规模效益建产，2023 年在济阳滨 435、垦 119，塔河 12 区 - 于奇、托甫台等区块新增动用储量 6466 万吨，新建产能 95 万吨。

（潜欢欢）

【老油田精细开发】 加强油藏精细描述和建模数模，强化油藏分类精细治理，全年自然递减率、综合含水率分别稳定在10.4%和90.9%。水驱油藏加强井网完善、细分注水和流场调整，建成49个精细注水示范区，全年自然递减率10.2%，降低0.1个百分点。稠油油藏规模实施热采提效技术，全年油汽比稳定在0.57。塔河缝洞型油藏加强注氮气和单元综合治理，全年自然递减率15.3%，降低0.3个百分点。化学驱扩大应用领域及规模，全年产油319万吨、增油151万吨，均创近7年来新高。编制实施二氧化碳驱油发展规划，扎实推进胜利油田、苏北CCUS产业化示范工程，全年注入二氧化碳116万吨、增加52万吨，增油11万吨、增加3.9万吨。

（潜欢欢）

【油田开发管理】 ①修订发布《中国石化油田开发管理纲要》。根据新的开发形势、开发理念和管理要求，组织修订《中国石化油田开发管理纲要》并于2023年5月下发，逐步配套相关管理制度，组织企业结合实际细化制定相关管理办法或指导意见。②持续推进建模数模一体化推广及应用。组织起草油藏开发模型应用管理办法和技术指导意见，推进建模数模工作制度化、规范化；推动建模数模持证上岗，江汉油田、江苏油田2家单位推广资质取证，持证率由36%提升到45%；年覆盖储量增加0.5亿吨。③持续推进区块目标化管理。以提升区块开发效益为主线，突出开发、工程、财务的协同作用，突出成本管理与生产管理有机结合，组织各企业编制区块降本增效治理方案，并筛选16个典型区块进行重点审查、督导，推动目标区块无效变有效、有效变高效、高效再提效。

（潜欢欢）

气田开发

【概述】 2023年，聚焦少井高产、效益开发，持续加大四川盆地、鄂尔多斯盆地、塔里木盆地、松辽盆地不同类型气藏滚动勘探与气藏评价力度，全力推进川西气田、顺北二区、东海海域、綦江页岩气田等重点新区上产工程，大力攻关四川盆地须家河组难动用储量效益开发，加强普光气田、涪陵页岩气田、元坝气田、大牛地气田、东胜气田、川西中浅层气田等主力气田稳产工作，全年生产常规天然气272.1亿立方米，上产22.6亿立方米。

储量动用情况。截至年底，投入开发常规天然气田（藏）163个，累计动用天然气储量19812亿立方米，探明储量动用率48.60%，标定采收率37.90%。其中，气层气动用储量16022亿立方米，标定采收率40.02%；溶解气动用储量3790亿立方米，标定采收率28.93%；新增常规天然气动用储量1630亿立方米。投入开发页岩气田4个，累计动用页岩气储量6626亿立方米，储量动用率55.6%，标定采收率18.09%；新增页岩气动用储量558.3亿立方米。投入开发煤层气田1个，累计动用煤层气储量168亿立方米，储量动用率52.4%，标定采收率32.75%；新增煤层气动用储量5.2亿立方米。

气田开发现状。截至年底，共有常规天然气生产井5980口，开井4880口，开井率81.6%，平均单井日产气1.8万立方米；地质储量采气速度1.90%，采出程度24.30%；SEC储量替代率143%，储采比8.5。页岩气生产井1249口，开井1064口，开井率85.2%，平均单井日产气2.62万立方米；动用地质储量采气速度1.5%，采出程度10.3%。煤层气生产井1012口，开井855口，开井率84.5%，平均单井日产气0.13万立方米；动用地质储量采气速度2.44%，采出程度17.66%。

（刘庆彬　钱恪然）

【天然气产量】 2023年生产常规天然气272.1亿立方米，上产22.6亿立方米；生产非常规天然气105.9亿立方米，上产2.8亿立方米。

（刘庆彬　钱恪然）

【生产能力】 截至2023年底，国内上游常规天然气生产能力285.22亿立方米，其中气层气生产能力 269.59 亿立方米、溶解气生产能力 15.63 亿立方米。非常规天然气生产能力 109.48 亿立方米，其中页岩气生产能力 105.57 亿立方米、煤层气生产能力 3.91 亿立方米。

（刘庆彬　钱恪然）

【常规天然气开发进展】 ①加大滚动勘探与气藏评价力度，准备规模建产阵地，落实可动用储量 762 亿立方米。华北油气分公司深化东胜气田、富县区块和大牛地气田不同类型气藏地质认识，精细开展储层及含气性预测，加大适应性工程工艺技术评价力度，落实可动用储量 315 亿立方米。西北油田分公司勘探开发一体化加快顺北二区东扩评价，落实可动用储量 225 亿立方米。西南油气分公司加强川西须家河组Ⅱ类、Ⅲ类区和中江“非连续”隐蔽窄河道储层精细刻画，优选有利区开展评价，落实可动用储量 167 亿立方米。②持续扩大效益建产规模，加快推进规模上产工程，新建气层气产能 60.92 亿立方米，增加 15.47 亿立方米。ZZ 气田加强甜点精细刻画，推广应用长水平段水平井，强化储层保护，狠抓随钻跟踪调整，投产 10 口井高效建成 22 亿立方米产能。顺北二区勘探开发一体化统筹井网构建，加快 8 号和 6 号断裂带滚动评价建产，全年新建产能 5.2 亿立方米，整体建成 20 亿立方米产能。川西海相雷口坡组加快川西气田地面配套建设，加强试采井跟踪评价，加大外围滚动评价建产，全年新建产能 17.7 亿立方米，整体建成 20 亿立方米产能。③持续攻关难动用储量开发，四川盆地须家河组气藏效益开发取得新突破。加强地质综合研究，深化富集高产规律认识，创新应用分频重构叠前随机反演薄储层预测技术和多属性融合断褶裂缝体预测技术，有效裂缝预测符合率达 86.4%；针对裂缝相对欠发育的Ⅱ类、Ⅲ类区形成高应力储层大型压裂工艺，增产效果显著；加快推进新场－合兴场须家河组 5 亿立方米扩大先导试验和通南巴区块马 1 块、马 2 块效益建产，全年新建产能 4.8 亿立方米，生产天然气 12.1 亿立方米、上产 5.2 亿立方米。④狠抓主力气田精细开发调整和精细管理，川东北海相碳酸盐岩气藏保持百亿立方米持续稳产，鄂北气田、川西中浅层气田等致密气老区产量稳中有升。普光气田有序推进普光主体和大湾区块整体调整方案实施，加强零散未动用储量评价建产，全年新建产能 6.1 亿立方米；加大稳气控水治硫力度，全年无新增见水气井，亿立方米气水侵量从 4.2 万立方米降至 3.8 万立方米，实施硫沉积治理 362 井次、恢复气量 3.1 亿立方米。元坝气田精准实施调整井，精细老井管理，年产净化气 37.7 亿立方米，持续稳产 8 年，年末标定采收率 55.1%，较投产初期提高 6.6 个百分点。大牛地气田加强立体开发调整、精细老井分级分类管理，东胜气田持续推进分区块滚动评价建产、加大控水控递减力度，全年新建产能 9.6 亿立方米，保持 50 亿立方米稳产。川西中浅层气田高效实施中江气田隐蔽窄河道滚动建产和新场气田调整挖潜，全年新建产能 5.5 亿立方米，生产天然气 25.8 亿立方米、增加 0.6 亿立方米，实现 20 亿立方米以上稳产 19 年。

（刘庆彬）

【涪陵页岩气田开发进展】 强化建模数模一体化技术，建立涪陵气田不同地质条件页岩气分类调整新模式。①积极推进焦石坝北部三层立体开发，累计部署中部气层井 60 口，2023 年完试 28 口井，产建井平均可采储量 0.72 亿立方米，首年累产 1700 万立方米，达到效益开发目标。②稳步推进南部两层联合开发区模式可行性评价，4 口评价井平均可采储量 0.68 亿立方米，证实采用中上部联合开发基本实现储量效益动用，在此基础上共部署调整水平井 27 口。③东胜、白马复杂构造区强化精细构造分区评价，结合开发分区认识，形成差异化开发技术政策；东胜气田采用差异化压裂改造工艺，气井产能明显好于早期评价井，项目内部收益率 8.4%—8.6%；白马 12 口井 EUR 超 0.75 亿立方米。2023 年实施开发井 162 口，进尺 81.57 万米，投产 119 口井，新建产能 18.76 亿立方米；年产气达 87.5 亿立方米，上产 1.7 亿立方米。

（钱恪然）

【威荣页岩气田开发进展】 威荣页岩气田以提产、增效为核心，稳步推进二期产能建设。①强化气藏精细管理，推进低效井治理和控压生产，老井全年综合递减持续下降。②推广均衡压裂提升改造效果，在威页 26、27、28 平台应用效果良好，平均 EUR 达 0.63 亿立方米，增长 0.05 亿立方米。③套变、压窜得到有效控制，形成“精细优化 + 实时预警 +W 型井网 + 三控模式”的套变预防措施，套变率由 42.4% 降至 16.67%，套变影响率由 8.4% 降至 7.64%；强化“邻井监测 + 提前暂堵 + 压力屏蔽”防窜技术措施，避免恶性压窜，2023 年压窜影响产量由 2022 年的 5080 万立方米下降至 2100 万立方米。全年实施开发井 4 口，进尺 4.57 万米，投产 30 口井，新建产能 4.16 亿立方米；年产气 8.8 亿立方米。

（钱恪然）

【煤层气开发进展】 延川南煤层气田迭代提升有效压裂技术，开展扩大压裂规模、增大前置液比例、加大小粒径微缝支撑及高黏压裂液体系试验，动态半缝长由 125 米提升至 192 米；与 2022 年调整井相比，直井产能提升至 0.8 万立方米，内部收益率由 8.1% 提升至 9.6%。攻关薄煤层水平井提产技术，采用靶向精准压裂提高横向波及范围，改造非煤层段，实现储量充分动用。2023 年实施开发井 26 口，进尺 5.07 万米，投产 32 口井，新建产能 0.71 亿立方米，年产气 4.1 亿立方米。

（钱恪然）

采油气管理

【采油工程队伍】 截至 2023 年底，采油工程系统共有采油（气）厂 58 个、采油气工程服务中心（或油气井下作业中心）6 个、石油工程技术研究院 11 个，合计 82313 人。其中，采油（气）厂 61626 人，采油气工程服务中心（或油气井下作业中心）17657 人，石油工程技术研究院 3030 人。从队伍类型上看，采油工程一线及辅助队伍（队站）共有 1480 个、52749 人，采油（气）厂科研单位 91 个、4031 人。

（马玉生）

【重点工艺技术措施工作量及效果】 2023 年，各油气田企业共实施油气水井大修作业 1317 口井，成功 1281 口井，成功率 97.3%，平均修井天数 36 天。从大修工艺类型上看，主要以套损井修复、井下落物打捞、管柱解卡、复杂故障修复等复杂工艺为主，共实施 1160 口井，占成功井数的 90.6%。实施油气水井补孔改层措施 3134 井次，有效 2900 井次，有效率 92.5%；油气水井老井压裂 408 井次，有效 392 井次，有效率 96.1%；油气水井酸化 1339 井次，有效 1248 井次，有效率 93.2%；油井泵升级 655 井次，有效 568 井次，有效率 86.7%；油井防砂 1700 井次，有效 1563 井次，有效率 91.9%。

（马玉生）

【采油气工程综合管理】 2023 年，采油气工程重点围绕油气开发稳产上产，深化创新创效，深入推进水驱精细注采、稠油提干提效、深层控水补能和注采管柱“双五”延寿提升，狠抓井下作业“双提双降”行动，强化套损井治理、关停井效益复产，圆满完成年度任务。①精细注采，筑牢水驱稳产基础。持续加大注采完善力度，推进精细注采技术配套，打造长寿注采管柱，推进水驱油藏均衡长效动用，夯实稳产基础。全年检泵周期延长 50 天，分注率提高 0.2 个百分点，注水管柱检管周期三年以上占比提高 1.8 个百分点。治理套损井 554 口，恢复水驱控制储量 1300 万吨，增油 13.6 万吨，增气 300 万立方米，增注 320.7 万立方米。②提干提效，保障稠油效益稳产。持续加强全程热采提效、蒸汽流场调整、接替技术攻关，全年完成产量 486 万吨，增加 7 万吨，油汽比稳定在 0.57。井口注汽干度由 85.3% 提升至 88.3%，提高 3.0 个百分点。③控水补能，提高深层油气采收率。针对碳酸盐岩油藏高含水、水气驱替效率变差等问题，强化控水完井、堵水调剖等技术攻关应用，全年完成措施产量 59.92 万吨，有力保障塔河稳产和顺北上产。④高效排采，保障天然气持续上产。针对老区气田地层压力降低、井底积液严重、沉积堵塞等问题，完善差异化排液采气、沉积防治技术，全年排采增气 15.3 亿立方米。⑤优化运行，推进作业提速提效。围绕深化管理、装备配套、技术创效3条主线，强化机制建设与过程管控，加快快速作业装备及技术升级，确保各项指标稳中有升。全年维护作业频次下降0.02、措施有效率提高0.2个百分点。实施侧钻、大修、补孔等增产型工作量4424口井，增油79.3万吨。

（马玉生）

【井下作业工作量情况】 2023年，各油田企业共完成井下作业29694井次（不含投产投注井2901口），其中措施作业13499井次、维护作业16195井次。按井别分类，油井作业22291井次，其中措施9759井次、维护12532井次；气井作业1201井次，其中措施243井次、维护958井次；水井作业6202井次，其中措施3497井次、维护2705井次。油气水井年总作业频次0.48井次/口，年措施作业、维护作业频次分别为0.22、0.26井次/口。

（马玉生）

【井下作业施工能力】 一线井下作业队伍共488支16089人，其中小修队伍223支6573人，年作业能力22144口井；大修队伍33支1015人，年作业能力470口井；试油（气）队伍25支497人，年作业能力1065口井，测试队等其他辅助作业队伍207支8004人。

（马玉生）

【井下作业装备现状】 截至2023年底，各油田企业共有井下作业设备3153台，其中提升设备846台、压裂酸化设备453台、辅助设备1854台。使用年限10年以上设备1222台，5—10年931台，5年以下1000台，分别占设备总量的38.8%、29.5%和31.7%。后勤厂站61个，其中机修厂（车间）8个，年机修能力7810台；泵修厂（车间）10个，年泵修能力3140台；油管厂23座，年油管检测能力3200万米，年修复能力3050万米；抽油杆厂11座，年抽油杆检测能力720万米，年修复能力610万米。

（马玉生）

油气集输

【概述】 截至2023年底，油田原油集输处理系统共建有联合站117座、原油稳定装置33套、接转站245座、油库11座，原油储罐库容157万立方米。设计原油稳定能力4286万吨/年、原油外输能力8433万吨/年。2023年稳定原油1945万吨，原油外输量4116万吨。油田采出水处理系统建有污水处理站199座，设计含油污水处理能力5.6亿米^3/年，2023年处理含油污水4.4亿立方米。注水系统共有各类注水站749座、配水间2949座，2023年实际注水量3.6亿立方米，站出口水质达标率95.6%。

（黄业千）

【主要技术经济指标】 输油泵平均运行效率50%，管网效率73%，集输系统效率36.5%；注水泵平均运行效率74.8%，注水系统注水管网效率74.2%，注水系统效率55.4%。

（黄业千）

【海上油气开采设施及生产】 截至2023年底，海上油田（自营区块）共有各类海上采油平台122座。其中，中心平台6座、井组平台91座、单井平台25座；海底输油管线99条，总长611.1千米；海底输气管线15条，总长990.8千米；海底注水管线67条，总长116.2千米；海底电缆134条，总长441.9千米。2023年海上油气水井共1089口，开井972口。其中，油井651口，开井587口，年生产油364.3万吨、气1.61亿立方米；气井141口，开井102口，年产气39.28亿立方米、产油33.6万吨；注水井297口，开井283口，年注水量2254万立方米。

（马玉生）

设备管理

【概述】 截至2023年底，国内上游共有在册设备926710台（套），设备资产原值2014.09亿元、净值738.87亿元，设备新度系数为0.26，综合完好率97.33%，设备利用率90.34%。

（刘德生）

【油田设备状况】 各油气企业设备状况统计见表2。

表2 各油气企业设备状况统计

单位	在册设备数 / 台（套）	原值 / 亿元	净值 / 亿元	新度系数
集团公司	926 710	2 014.09	738.87	0.26
胜利油田分公司	717 451	1 048.31	312.67	0.30
西北油田分公司	33 767	910.61	32.99	0.35
天然气分公司	60 968	337.08	247.64	0.68
中原油田分公司	21 471	157.36	25.56	0.16
河南油田分公司	7 637	18.81	3.94	0.20
江汉油田分公司	11 873	26.34	5.48	0.23
江苏油田分公司	4 901	14.53	4.65	0.24
西南油气分公司	26 816	42.00	13.94	0.36
华北油气分公司	27 912	20.22	7.60	0.43
华东油气分公司	3 710	245.34	80.03	0.39
东北油气分公司	5 149	9.72	3.75	0.41
上海海洋油气分公司	2 219	0.91	0.23	0.26
勘探分公司	2 836	2.41	0.39	0.20

（刘德生）

【设备管理】 ①印发《中国石化国内上游设备设施管理办法》《中国石化国内上游设备设施检维修管理办法》，试行《国内上游设备设施完整性管理体系》。②全面完成井下作业自动化装备三年规划，机械化、自动化率达100%。③规范运维和检维修管理，圆满完成12项年度重点检修项目，编制申报酸性气田检修行业标准，发挥中国石化在酸性气田检维修领域的引领作用。④强化专业安全体系要素管理，16项动静设备、仪控等管理要素监测指标均处于可控范围，完成西南油气分公司元坝气田酸气管道硫化氢泄漏等3项集团公司级风险降级和1项隐患治理。⑤扎实推进设备管理信息化建设，编制完成国内上游设备设施完整性管理信息平台建设方案，胜利油田完成设备设施完整性管理系统试点建设。⑥持续推进标准化采购和国产化，完成管道、新能源设备等26项物资采购标准编制，实现大宗、关键物资全覆盖；攻关应用大排量抗硫压缩机组、高压注气压缩机、乙烷回收天然气膨胀/增压机组等国产化装备。⑦加强作业设备、注采设备、集输设备、海洋设备、检维修技术及国产化等6个技术系列39个重点方向攻关，进一步提升“四新”技术水平。⑧加快推进12项示范基地建设，胜利油田纯梁自动化作业示范基地累计完成作业工作量1034井次，劳动生产率提升 11%；中原普光酸性气田检维修管理示范基地形成管理“六册”、现场“七化”及检修“十要”等检修标准化体系。

（刘德生）

基层管理

【坚持推进改革深化提升行动】 扎实推进改革深化提升行动，聚焦增强核心功能、提高核心竞争力，13 家企业完成 617 项改革深化提升行动重点任务，西北油田入选国企改革“双百企业”，胜利油田、西北油田、中原油田、江汉油田 4 家企业被评为集团公司深化改革三年行动先进单位。推进基层劳动组织方式与生产运行模式变革，16 家基层试点单位机构精简 33.9%，全口径用工优化 15.7%，人均产量、人均管井数分别提升 26.4% 和 30.1%，编制数智化条件下采油气基层单位标准化建设模板，为全面做精油气生产单元奠定基础。持续“瘦身健体”，压减法人 3 户，管理层级、法人层级分别控制在 4 级、5 级以内。

（刘欣荣）

【持续强化对标管理】 深入开展对标世界一流企业价值创造行动，13 家企业完成 671 项任务。持续开展板块、企业、基层 3 个层面对标，采油（气）厂全口径人均产量、人均管井数分别增长 4.54% 和 6.31%，井下作业人均作业井次提升 6.9%。强化勘探、开发、工程技术等专业对标管理，通过案例分析、区块对标、油藏评价等方式明确相应业务的对标提升目标、提升措施，新增预测、探明储量稳步增长，2023 年效益建产 332.6 万吨，创 2015 年以来新高。推广胜利油田海上、西北油田、华北石油局与中国海油渤海油田、中国石油塔里木油田、中国石油长庆油田对标的典型经验，推进对标提升常态化、长效化。

（刘欣荣）

【坚持推进“三项制度”改革和人力资源优化】 搭建人力资源共享平台，强化外闯市场集中管理，胜利油田、中原油田、江汉油田、河南油田、江苏油田 5 家油田外闯市场合同制员工达 2.4 万人，与西北油田、天然气分公司、西南油气分公司等企业实现资源共享。深化“三项制度”改革，实现中层及以上领导人员任期制和契约化管理全覆盖，有效推进新型生产经营目标责任制。

（刘欣荣）

【扎实推进强基固本】 全面落实《中国石化“三基”工作管理办法》，推进企业强化基础管理措施落地见效，强化基层单位标准化管理，胜利油田、中原油田、江汉油田获评集团公司“三基”先进单位，12 家基层单位获评集团公司“三基”先进基层单位。与时俱进强化“三基”管理，修订《中国石化油气企业“五项劳动竞赛”管理办法》和国内上游“三基”工作基本要求，持续完善基础管理制度体系。扎实开展第十届“五项劳动竞赛”评比，评选出 37 个红旗（优胜）采油气厂（净化厂、销售中心）、196 个优秀基层单位，总结推广 78 项好经验好做法。坚持推进基层“两册”管理，提升基层制度化、规范化管理水平，推动基层岗位责任制落实落地。

（刘欣荣）

【强化存续业务与油气主业协同发展】 实施发（供）电、产（供）水、信息通信、工程及技术服务等与主业密切相关的业务一体化管理，推进技术设备升级和节能减排，提高服务质量和运行效率，为主业生产提供坚实保障。中原油田推进水务、污水处理、信息通信等 10 项业务实现一体化统筹，2023 年承揽内部项目超亿元。加快推进移交业务社会化和市场化，健全移交业务市场化运营机制，加快社区服务向油区生产服务、矿区办公服务的转型发展。胜利油田、中原油田、江汉油田等企业深化与地方政府、大型企业合作，推动商业、康养、教培、工业多元发展。

（刘欣荣）

【积极推进新能源融合发展】 加快新能源业务发展，推进风电、光伏发电、氢能源、储能体系建设，积极开展地热和工业余热利用，提升绿电使用占比，建成国内油气领域首个“源网荷储”一体化智慧能源系统。全年新增光伏发电装机270兆瓦、风力发电装机35兆瓦、余热年供热能力23万吉焦，油气生产绿电消纳占比提高至20%。胜利油田加快构建“热电氢储服”多能互补新能源产业格局，累计投产各类新能源项目175个，年节约标煤14.5万吨，碳减排53万吨。

（刘欣荣）

综述 | 石油地球物理勘探 | 钻井工程 | 测录井 | 井下特种作业

油田地面工程建设 | 机械制造 | 设备管理

综述

2023年，石油工程板块深入学习贯彻党的二十大精神和习近平总书记视察胜利油田重要指示精神，在集团公司党组坚强领导下，扎实开展主题教育，全力保障勘探开发，奋力开拓内外市场，持续深化改革管理，全面超额完成集团公司下达的奋斗目标任务。全年完成境内陆地二维地震2783千米、三维地震15273.5平方千米，钻井进尺1098万米，测井30780万标准米，录井进尺868万米，井下作业6959井次，工程建设完成合同额178.2亿元。全年新签合同额824亿元、增加14亿元、增幅1.7%，实现营业收入800亿元、增加62亿元、增幅8.4%，均创出"十三五"以来最好水平。实现利润总额9.3亿元、增加2亿元、增幅26.9%，净利润5.9亿元、增加1.1亿元、增幅23.8%，全面超额完成年度奋斗目标任务。

服务保障卓有成效。深化甲乙方一体化协同、全链条联动，推进"四提""五化"和难动用储量合作开发创出新水平，有力保障集团公司油气增储增产增效再创佳绩。"四提"工作成效显著。坚持一体化运行，高效组织生产，动态调控队伍，升级核心装备，做强技术支撑，强化示范引领，有力促进"四提"成果迭代升级，完成井平均钻井周期缩短率、压裂施工效率提高率、压后单井产量提高率、复杂故障时效降低率、钻井队伍动用率等指标持续优化，连续4年超额完成"四提"年度目标。重点工程优质高效，集团内27个二维、三维地震项目施工效率分别较计划提高33.2%和27.5%；32口示范井和5个示范区、48口重点井和54个平台压裂高效实施，牛页一区试验井组大平台钻井和压裂施工圆满收官；胜利、中原、川西等重点区域难动用储量合作开发创出佳绩，储量产量快速增长；地面建设打造10项"五化"工程和10项优化简化示范工程，施工周期平均缩短20%。装备升级提速加力，更新改造钻机40台，为181台钻机配置动力猫道等管柱自动化装备，配备高端核心装备150台（套），为勘探开发提供尖兵利器。合作开发走深走实，胜利石油工程公司与胜利油田合作模式升级到3.0版，实现从参与建产、合作建产到承包建产的跃升；西南石油工程公司与西南油气田在川西新场－合兴场须二气藏，通过合作开发变难动用为高效动用，助力发现千亿立方米超深层整装大气田。

市场质效全面提升。抓住市场回暖和工作量释放机遇，坚持保内争外、效益优先，纵深优化市场布局，有效提升市场质效。集团内部持续聚焦框架协议执行和勘探开发部署需求，深挖合作潜力、精准匹配资源，坚定不移控规模、精队伍、提效能，钻井队单队年进尺、压裂效率均大幅提高，服务保障质效进一步提高。集团外部坚持市场分类定级，加快退出低效无效市场，持续深化"中－中"合作，大力拓展优质规模市场，全年新签合同额和收入均增长4.4%。

科技创新蹄疾步稳。持续加大科研投入，用好"揭榜挂帅""赛马""种子计划"等科研新模式新机制，统筹抓好关键核心技术攻关突破、特色技术迭代升级、科技成果转化应用，创新成果、获授权专利、施工新纪录再创新高。科技支撑迈上新台阶，特深井钻完井关键技术加速突破，套管钻井、长筒取芯等特色技术试验应用良好，高温测井、套后测井等技术装备更趋成熟定型；"超高温高性能钻完井工具"等23项技术入选国务院国资委陆上油气勘探开发策源地研发任务表。37项产品入围集团公司优势产品目录，88项装备仪器实现规模化应用，产品产业化和科技成果转化产值达31亿元。技术先导迈出新步伐，经纬公司获批国务院国资委"创建世界一流专业领军示范"和"科改示范行动"企业；自研旋导持续迭代升级，规模化应用190口井、进尺22万米，承担胜利济阳页岩油国家级示范区70%的工作量，作为高端钻井技术装备入选国家能源局2023年全国油气勘探开发十大标志性成果；国家重大专项"北斗智能油田建设综合应用示范项目"培育出22个"石油化工＋北斗"应用场景；石油石化行业首家国家级产业计量测试中心——石油钻探仪器仪表产业计量测试中心建设高标准推进。数智发展取得新进展，坚定“数智油服”发展方向，推进井场采集决策一体化、钻完井数字孪生、地质工程一体化等数智系统深化融合应用，2项案例入选全国首批工业互联网平台创新领航应用案例和服务商企业案例。

改革优化纵深推进。坚持创新体制机制，推进精益管理，不断增强高质量发展的内生动力。落实国务院国资委“价值创造行动”部署和《中国石化加快建设世界一流企业实施方案》要求，28项改革任务提前完成。坚决落实党组领导的批示要求，研究制订精简机构、优化队伍、压实责任、压减管理成本工作方案，扎实推进4个方面18项措施，西南工区资源优化工作取得良好效果。大力推进项目化管理体系建设，加强SICP系统深化应用，实现“两池两库一平台”高效运作、有机协同。充分发挥董事会定战略、作决策、防风险作用，严格做好信息披露，积极回应资本市场关切，资本市场的认同度不断提高，石油工程公司获评2023年中国上市公司ESG百强和中国上市公司董事会优秀实践奖。

基础管理不断巩固。系统开展基层单位摸底调研，制定《石油工程基层单位规范管理及优化整合指导意见》，有序推进1775个基层机构标准化设置、规范管理及优化压减。组织编写13个石油工程主体工种教材，修订完善各类作业指导书168项、基层操作手册92项，狠抓基层员工素质能力和安全操作技能培训，基本功训练更加扎实。建立人力资源盘点分析常态化机制，持续推进人力资源管理调控重点从总量管控向效能提升转变，人力资源效能充分释放。完善全员绩效考核，进一步向科研人员和基层一线骨干倾斜，价值创造导向更加鲜明，队伍活力竞相迸发。大力开展“两金”、项目、纠纷案件等系列整治，纠纷案件数量和长期未关项目大幅降低、疑难“两金”清理取得良好效果。

安全环保总体平稳。深入贯彻落实安全绿色发展理念，坚持不懈强基础、补短板、除隐患、控风险，从严开展“安全管理强化年”行动，部署的100项重点工作任务及24项攻坚措施全面完成。紧盯8项重大风险、2个薄弱环节，从严从实现场隐患识别和风险防控；严格“两特两重”期间“6+16”高风险作业提级监管，确保节日和关键时期的安全平稳。大力开展老旧钻机改造升级和隐患治理，严格开展安全实操培训，促进本质安全提升。创新开展“五个不托底”排查、住井督查，大力整治“低老坏”和习惯性违章。深化绿色企业创建，严格固危废和废水处置合规管控，境内10家企业全部通过绿色企业创建复核验收，其中7家企业为A级。树牢“大井控、积极井控”理念，建立完善以各层级井控专家为核心的“点、线、面”网格化管控体系，强化重点井、高风险井源头设计审查和重要节点专家驻井，严格执行“疑似溢流停泵观察、发现溢流立即关井”，应急处置能力持续提升，井控风险始终受控在控。

（郭　昊）

石油地球物理勘探

【概述】 截至2023年底，集团公司地球物理系统共有一线队伍54支，其中地震队34支、非地震队8支、新业务队12支。从业人员6066人，其中合同制员工5160人、规范劳务派遣业务外包工849人、其他用工57人。在职员工中，具有教授级职称的22人、副高级职称的1366人、中级职称的820人，中高级职称占从业人员的36.4%。

（孙刚刚）

【主要装备】 截至2023年底，拥有数字地震仪主机58台（套），采集站66.1万道，其中508XT采集站14.66万道、428XL采集站21.28万道、节点仪器28.6万道、滩海采集站1.56万道，各类检波器88.83万串（只），可控震源156台，沙漠工程车340台。各类装备资产原值62.49亿元、净值20.17亿元，综合新度系数0.32。

（孙刚刚）

【采集工作量及实施情况】 2023年，共实施境内二维地震2141.60千米、三维地震6350.18平方千米。集团内部二维、三维平均日效分别提升33%和28%，六大探区全部创出新纪录，采集资料一级品率较合同要求提高4.1个百分点。

（孙刚刚）

【主要技术进步】 ①浅海OBN地震采集技术取得突破。胜利油田埕岛三维地震勘探项目是中国石化首次自主开展OBN节点地震采集，实现生产提速提效、节点自动化收放作业、多震源船协同施工、OBN数据快速合成4个重大突破，有效提升微小断裂、薄储集层的识别能力和岩性预测精度，推动中国石化浅海物探向更高勘探密度、更多采集数据、更高识别精度方向迈进。②南方山地二次地震采集攻关取得突破。开展山地单点高密度二次采集攻关，通过系统研究观测系统、优选井深药量、完善施工工艺、优化管理流程，形成一套适合南方山地二次采集的技术和工艺，有效提升马6井南三维地震勘探项目的精度，该项目新地震剖面的断层、组合样式刻画更加清晰，井震标定显示的井轨迹更加符合实际。③哈山极浅层地震采集攻关取得新成效。采用小道距、小线距、高覆盖接收，可控震源宽频激发，哈山三维地震勘探项目极浅层采集攻关成效显著，大幅提升盆地边缘区域地震勘探资料品质。④单点高密度地震采集技术应用更加广泛。攻关形成全区目的层三维观测系统参数论证、基于融合面的复杂地质体三维高效建模、基于OVT属性的宽方位地震观测系统设计等7项核心技术，助力单点高密度地震采集技术从陆地应用推广到海域应用，在集团部署实施的单点高密度项目占比达67%。⑤全节点地震采集技术实现规模化应用。节点仪的大规模应用，助力地震勘探实现从有缆采集到无缆采集的革命性突破，实现“更大道数、全方位”接收、更高炮道密度采集、“全时间、全空间”观测，在平原、水网、山地、黄土塬、浅海等多种地形地貌环境地震采集能力大幅提升。⑥可控震源地震采集技术迭代升级。通过优化信号扫描技术、升级质量监控系统，实现更强的低频能量和更低谐波畸变，有效解决黄土塬塬面区域和城镇区域地震采集资料缺失问题，施工风险大幅降低。⑦压缩感知技术实现新突破。应用地表障碍约束的非规则观测系统设计、曲波变换的数据重构等技术，在胜利探区青东海上首次实现1.5625米面元成像，达到规则高密度成像效果。⑧自动化、智能化装备研发取得新进展。自主研发的I-OBN取得预期试验效果，北斗推土机导航系统、船舶导航系统实现规模化应用，节点布放车、重载无人机等辅助装备加快向工业化应用迈进，I-Nodal升级到第二代并实现工业化生产。

（孙刚刚）

钻井工程

【概述】 2023年，集团公司钻井业务主要分布在石油工程公司的胜利石油工程公司、中原石油工程公司、江汉石油工程公司、西南石油工程公司、华北石油工程公司、华东石油工程公司6个地区公司和海洋石油工程公司等单位。钻井研究、专业技术服务及钻井施工单位共40家，其中陆地钻井公司20家、海洋钻井公司2家、钻井研究院3家、钻井技术服务公司11家、其他油田服务公司4家。钻井系统用工总量约5.15万人，其中合同制员工约2.96万人。

（黄立玫）

【主要装备】 拥有陆地钻机622台，其中电动钻机381台、机电复合钻机148台、机械钻机93台；海洋钻井平台10座，其中自升式8座、半潜式2座。各类顶驱452套；LWD（FEWD）154套，MWD438套；防喷器2943台，其中单闸板563台、双闸板1402台、环形978台；固井装备262台，其中水泥车244台、混浆撬18台；欠平衡装备旋转防喷器104台；空气压缩机79套。

（黄立玫）

【工作量】 2023 年，平均动用钻机 464.25 台，开钻井 3368 口，完井 3383 口，完成钻井进尺 1098.32 万米，其中集团公司内部市场完井 2438 口，进尺 779.68 万米；国内外部市场完井 192 口，进尺 81.29 万米。

（黄立玫）

【重点工艺井应用】 完成深井钻井 481 口，超深井（≥ 6000 米）钻井 277 口；完成定向井服务 2216 井次，其中水平井 813 井次；各类固井 7414 井次；常规欠平衡井 91 口，其中气体钻井 1 口。

（黄立玫）

【重点技术进步】 ①页岩油气工程配套技术日益完善。创新迭代形成低密度防塌油基钻井液、泡沫固井等页岩气钻井技术，多筒连续取芯、钻完井全过程精细控压技术等页岩油技术，“小井眼优快钻井、窄环空固井、水基钻井液体系”瘦身井钻完井技术系列。完成页岩气井钻井 216 口，钻井进尺 127.72 万米，完成井平均井深 5439.50 米，机械钻速 8.86 米 / 时，钻井周期 74.97 天；胜利济阳页岩油国家级示范区完井 55 口，平均井深 5797.60 米，平均机械钻速 12.93 米 / 时，平均钻井周期 67.67 天，施工质效大幅提升，其中丰页 1- 斜 2 井创中国石化单次取芯芯最长纪录（691.3 米）。②深井钻井配套技术获突破。攻关突破顺北工区异常高压安全钻进、超高温定向技术，集成应用“强化封堵 + 化学抑制”协同防塌、防斜打快等技术和自主研发的小尺寸全金属水力振荡器、脉冲式复合减阻工具，有效支撑“深地 1 号”勘探重大发现；创新形成西南工区精细控压、“泡沫 + 空气螺杆”防斜打快技术、“地质建模 + 定制化钻头设计 + 实时钻参精细优化”软硬结合一体化技术、高效堵漏等技术系列。全年完成超深井钻井 277 口，平均井深 6731.63 米，平均机械钻速 9.31 米 / 时，平均钻井周期 97.92 天，其中跃进 3-3XC 井创亚洲水平井完钻井深最深纪录（9432.55 米）。③经纬领航旋转地质导向系统持续扩大应用规模。攻关实现自研旋导最高耐温 165℃、耐压 140 兆帕，最大造斜率 15°/30 米性能突破，国产化率达 94.5%，首次实现在页岩油气藏、海上和滩浅海油气田、复杂结构井等全场景应用，全年应用 118 口井，钻井进尺 16.91 万米、累计钻井进尺近 20 万米，在丰页 1-6HF 实现“一井双靶”，创中国石化页岩油旋导作业井深最深（6683 米）、水平段最长（3055 米）、温度最高（154℃）纪录；丰页 1-2-A14HF 井刷新胜利济阳页岩油三开“一趟钻”进尺（3180 米）纪录。作为高端钻井技术装备入选国家能源局 2023 年全国油气勘探开发十大标志性成果。④钻井液技术取得新进展。攻关形成低黏度效应两性离子降滤失剂、梳型聚羧酸盐类降黏剂等为核心的西南深井超深井高温钻井液技术，确保福 1 井在最高井温 221℃情况下的顺利施工；从高温稳定性、涌漏同层、井壁稳定、流变性优化 4 个方面实现合成基钻井液体系的迭代升级，在胜利济阳页岩油国家级示范区应用 72 口井，15 口井完成三开“一趟钻”施工；生物质合成树脂降滤失剂 LDR-502，应用于 5 口温度超过 150℃深井超深井，其中顺中 1X 井四开井深 9316.27 米，钻井液密度 1.90 克 / 厘米^3，井底温度 201℃，电测期间钻井液静止时间均超过 120 小时，2 次电测均顺利到底，有效满足高温深井长时间静止对钻井液高温稳定性要求。⑤创造多项钻井新纪录。超深井钻井技术：中原石油工程公司施工的顺中 1 斜井创中国石化定向井最深纪录（9316.27 米）、元深 1 井创中国石化直径 139.7 毫米套管下深最深纪录（8866 米）。定向井钻井技术：胜利石油工程公司施工的顺北 84 斜井创中国石化水平井垂深最深（8937.77 米）。固井技术：西南石油工程公司施工的顺中 101 斜井井创中国石化水泥一次封固井段最长纪录（7753 米），华北石油工程公司施工的足 210 井创中国石化单级固井封固段最长纪录（7060 米）。

（黄立玫）

测录井

【概述】 集团公司测录井业务主要分布在经纬公司，有胜利测井公司、胜利地质录井公司、中原测控公司、江汉测录井分公司、西南测控公司、华北测控公司、华东测控分公司7家二级经营单位及上海海洋石油局特种作业分公司下的测录井业务。有测井、射孔队伍251支（裸眼测井队134支、生产测井队29支、射孔队88支），其中集团内部216支、国内外部30支、国外市场5支，用工总量5050人；录井队伍476支（综合录井队397支、地质录井队77支、其他录井队2支），其中集团内部426支、国内外部37支、国外市场13支，用工总量4489人。

（高瑞香）

【主要装备】 拥有测井系统321套（裸眼测井188套、生产测井39套、射孔94套）。井下仪器7067支，包括成像井下仪器445支、特殊井下仪器605支、常规井下仪器6017支。拥有主要录井设备1123台、平均新度系数0.30，其中综合录井仪482台、新度系数0.25，气测录井仪11台、新度系数0.03，地质录井仪147台、新度系数0.25，其他设备483台。

（高瑞香）

【工作量】 2023年，累计完成测井12827井次、30780万标准米，分别增加600井次、2761万标准米；射孔18084井次、115016米，分别增加3966井次、21498米；录井2928口、录井天数129526天，分别减少2口、5610天。

（高瑞香）

【主要技术进步】 持续开展测录井关键技术攻关，扎实推进特色技术规模化应用，“四提”成果不断显现。随钻测井方面，形成随钻测井仪器系列并自主可控，其中方位电阻率、方位伽马已规模应用，方位电阻率累计生产15套，现场应用55口井，储层钻遇率达98%，在永进3-平16井（井深6751米、井温140℃），无故障工作1069小时，仪器在复杂环境下的稳定性得到有力验证，中子密度完成8口井现场试验，测值与电缆测井值高度吻合，准确率大幅提高；随钻高速数据传输完成系统总装及水循环试验，系统脉冲器发编码调制算法、电机控制、解调解码等整体功能大幅提高，8bps解码正确率在90%以上，现场应用条件进一步成熟。裸眼测井方面，成像测井耐温、耐压等性能持续提升，其中200℃/172兆帕电成像测井技术在西北、西南应用4口井，测井资料合格性100%；200℃/206兆帕直推存储式测井仪器应用574口井，一次成功率达98.6%，在跃进3-3XC井创造亚洲最深水平井9432.55米测井纪录。测井工艺方面，过钻头存储式测井温压指标提升至175℃/140兆帕，累计应用近百口井，一次成功率98%，成为胜利济阳页岩油国家级示范区指定测井工艺；“牵引器+”平台成功拓展3类（工程测井、套后测井、生产测井）24项应用，年度作业657井次，牵引距离99.94万米，创造多项国内纪录。测井解释方面，形成“高温高压核磁共振+热解+驱替”“三联测”技术和各类复杂储层的配套综合评价技术，复杂储层解释符合率达93.6%，其中页岩油测录井评价技术在济阳、苏北等地区应用80余口井，解释符合率98.1%；碳酸盐岩测录井评价技术累计应用300余口井，支撑新深105等探井雷口坡组测试获高产气流。录井技术与装备方面，实现碳同位素分析技术、激光扫描共聚焦录井技术在南方页岩气、胜利东部页岩油规模化应用，地质甜点评价准确率达90%；井场一体化决策指挥中心成功应用20余口井，在牛页1区试验井组采用“1台决策仪+4台采集仪”同时开展4口井录井，有效助力提速提效降本；自动化岩屑采洗技术推广应用23口井，现场可靠性得到有效验证。

（张新华）

井下特种作业

【概述】 集团公司石油工程井下特种作业业务主要分布在胜利石油工程公司、中原石油工程公司、江汉石油工程公司、西南石油工程公司、华北石油工程公司、华东石油工程公司 6 个地区公司和海洋石油工程公司等单位，为油气田勘探开发提供试油测试、储层改造、修井作业、海上作业、稠油开采等专业的石油工程承包和技术服务。截至 2023 年底，全系统拥有员工 10681 人，专业队伍 290 支。

（曹　明）

【主要装备】 拥有各类主要生产设备 2100 台（套），有 2000 型及以上泵车 425 台，主要资产原值 86.5 亿元，新度系数 0.35。

（曹　明）

【作业工作量】 2023 年完成井下作业 6959 井次。

（曹　明）

【主要技术进步】 加强科技攻关、提升装备配置、强化示范引领，推进“四提”成果不断迭代提升，2023 年重点工区压裂效率提升 13.12%，勘探开发保障能力持续增强。①大平台工厂化和超高压压裂作业能力不断提升。迭代形成不同储层的多套压裂工艺、工具和压裂液体系，创新形成“工厂化”作业模式，持续提升压裂装备电动化、自动化水平，压裂施工效率大幅提高，其中胜利济阳页岩油国家级示范区牛页一井区 20 口页岩油井高效实施双机组电驱压裂，创造国内页岩油电驱单日压裂 11 段新纪录；綦页深 1 井首次采用 175 兆帕压裂装备和高压管汇，创最高压裂施工泵压 139.9 兆帕的世界纪录。②特深层试油气测试保障能力不断增强。发展形成以高温高压测试技术、高温高压完井技术、高温高压地面测试技术为核心的“三高井”试油气工程技术序列，有力保障“深地 1 号”累计发现 26 口日产千吨高产油气井；福 1 井创亚洲超深井测试温度（221℃）最高纪录。③重建井筒重复压裂技术助力页岩气增产稳产。创新形成页岩气重建井筒重复压裂技术，在涪陵页岩气田累计应用 6 井次，实现工艺自主化、产品国产化，突破国外“卡脖子”技术难题，整体达到北美先进水平，作业井压裂后产量恢复到初产的 75.1%，有效提高页岩气田储量采收率。④连续油管特色化技术实现规模化发展。连续油管作业队伍从单支队伍发展到 30 支，年施工能力达 1500 井次，形成页岩气、致密油气水平井射孔、井筒清理、复杂情况处理、产出剖面测试及连续油管侧钻、连续油管拖动压裂等 4 个系列 35 项特色工艺，其中连续油管侧钻技术实现 8 井次的现场应用，最长单井裸眼长度达 422.14 米，填补中国石化技术空白，整体技术达到国内先进水平。⑤油藏综合服务业务实现新跨越。围绕油气藏经营价值最大化目标，聚焦难动用储量合作效益开发，加快重点项目合作开发力度。胜利东部老区合作开发实现 1.0、2.0、3.0 三种合作模式的逐步跃升，合作目标从常规油气拓展到页岩油气、从新区建产拓展到老区调整；川西新场气藏变难动用为有效动用，“电成像 + 声波远探测”技术助力压裂精准选层，实现“少井高产”。2023 年累计动用原油储量、新建原油产能，累计动用天然气储量、新建天然气产能均创出历年新高，形成油气并举、常非共进的发展局面。

（曹　明）

油田地面工程建设

【概述】 集团公司油田地面工程建设系统有 3 家设计公司（石油工程设计公司、中原设计公司、江汉设计公司)、7家施工公司(胜利油建公司、中原油建公司、河南油建公司、江汉油建公司、江苏油建公司、胜利建工公司、中原建工公司)、1家监理公司(江苏监理公司)和1家管道技术服务公司(管道技术公司);共有从业人员12124人,其中设计板块2142人(17.66%)、油建板块7411人(61.13%)、建工板块2473人(20.40%)、监理板块98人(0.81%)。

(雷 朱)

【资质情况】 勘察设计及咨询资质:工程勘察综合甲级;海洋工程勘察甲级;石油天然气(海洋石油)、海洋行业(离岸工程)、建筑行业(建筑工程)、市政行业(给水、排水、城镇燃气、热力工程)工程设计甲级;环境(固体废弃物处理专项)工程设计甲级;消防设施工程设计专项甲级;工程测量、测绘(测绘航空摄影、摄影测量与遥感、海洋测绘、地理信息系统工程、界线与不动产测绘市政行业)资质甲级;环境工程(大气污染防治工程、水污染防治工程)专项设计甲级;桥梁工程、道路工程、电力行业、环境卫生工程、海洋行业(沿岸工程)、化工石化医药行业(化工工程)、机械行业(通用设备制造业工程、金属制品工程)、环境工程(大气污染防治工程、水污染防治工程)专项设计乙级;石油天然气、建筑、市政公用工程、建筑、水运(含港口海河工程)、电子信息工程(含通信、广电、信息化)等工程资信甲级;固定式压力容器规则设计;特种设备设计许可证(压力管道)GA类、GB类、GC类。

施工及制造资质:石油化工工程、建筑工程、公路工程、水利水电工程、市政公用工程施工总承包一级;机电工程、港口与航道工程、电力工程施工总承包二级;海洋石油工程、消防设施工程、钢结构工程、建筑装饰装修工程、防水防腐保温工程、地基与基础工程、公路路面工程、桥梁工程、电子与智能化工程专业承包一级;建筑机电安装工程、输变电工程施工专业承包二级;起重设备安装工程、环保工程专业承包三级;长输管道DD1、公用管道DD2、工业管道DD3、球形储罐RD2、第三类压力容器RD3、第一、二类压力容器RD4等无损检测资质;特种设备设计、制造许可证(压力容器)A1/A2/A3级、特种设备设计、制造许可证(压力管道)GB类/GC类;特种设备安装改造维修许可证(锅炉)A级/B级;曳引与强制驱动电梯A级/B级,自动扶梯与自动人行道C级、防爆电梯A级/B级的制造资质。

监理资质:建筑工程、石油化工工程、市政公用工程监理甲级;电力工程、机电安装工程监理乙级。

其他资质:通过ISO 9001质量管理体系、ISO 14001环境管理体系、QHSAS 18001职业健康安全管理体系认证。

(雷 朱)

【市场开拓】 2023年,国内市场承揽EPC项目34项,合同额41.28亿元。其中,年度最大单体EPC联合体项目——济青管道(章丘—胶州段)提升改造工程合同额15.2亿元;历时3年多跟踪对接,中标在下游市场历史上单体合同额最大项目——洛阳—新郑国际机场航煤管道EPC工程,合同额近9亿元;中标在国家管网市场合同额最大、里程最长标段——虎林—长春天然气管道二标段,合同额超14亿元,在国家管网市场以新模式创造新纪录。

(雷 朱)

【主要装备】 截至2023年底,拥有各类设备10168台(套),综合完好率99.91%,包括各类大型工程机械、大吨位起重机械、系列全自动焊机、大型定向钻机、直铺管作业设备、成套站场预制设备、海洋船舶、高压磨料射流水力切割设备、漏磁内检测器、系列管道维抢修设备、工程勘察设备和仪器仪表等。其中,拥有34个全自动焊机组,适用直径达到全球范围最大口径。定向钻可以承接超大管径1422毫米、超长距离3000米以上复杂地层大型定向穿越工程,2023年施工的水平定向钻穿越工程最长突破4000米;中国石化首台直铺管设备施工效率高、管道损伤小,最长铺管可达947米;带压封堵设备覆盖管径和漏磁内检测设备覆盖管径,能满足国内大多数长输管道口径施工需求;高压磨料射流水力切割设备可用于各种规格井口多壁复合管、导管架、栈桥、火炬桩单壁桩管拆除；滩浅海工程建设装备齐全，可建造浅海自升式平台、1 万吨级大型固定平台，为进一步服务业主，深拓市场奠定坚实的基础。

（雷　朱）

【主要技术创新】 截至 2023 年底，拥有省部级施工工法 66 项，获授权专利 776 件、软件著作权 96 项；参与 3 项国家重大专项科技项目，承担 3 项集团公司“十条龙”科技项目和 20 余项省部级重点研发项目；“枯竭气藏储气库地面工程关键技术与应用”等 2 个项目获集团公司 2023 年度科技进步三等奖、“复杂环境下油气长输管道自动化焊接关键技术及应用”获重庆市 2022 年度科技进步奖一等奖、“调峰用天然气液化 / 储配系统综合防灾关键技术研究及应用”获江西省科技进步二等奖。5 项成果通过集团公司科技成果鉴定，其中技术水平达到国际先进水平 4 项、国内领先水平 1 项。“石墨烯气凝胶、再生催化剂及其应用和富 CO_2 胺溶液的再生方法”通过集团公司组织的国际发明专利审查论证。参编的国际地热协会（IGA）标准《地热供暖推荐性做法》在 2023 年世界地热大会期间面向全球正式发布。1 家单位通过知识产权管理体系［中规（北京）］认定审核并获国家知识产权优势企业认定。

（雷　朱）

【重点工程】 2023 年，深入推行主动快速高效项目管理模式，持续完善项目管理体系，高效推进 101 个重点项目建设，客户回访满意度达 99.1%。顺北二区天然气处理厂全面推进“五化”模式，实施甲乙供物资采购统筹管理，设计、采购、施工深度融合，仅用 5 个月时间实现投产目标，节约周期近 20%。国内首条百万吨级、百千米二氧化碳密相输送管道齐鲁石化—胜利油田百万吨级 CCUS 示范项目二氧化碳输送管道工程一次投产成功，实现长输管道建设领域新的突破。西气东输四线 3 个标段强化组织、严格管控，实际毛利率较标前显著提升，创造并保持国内 1219 毫米管径单机组单日全自动焊接道口数量和项目部单日焊接长度新纪录。

（雷　朱）

【海洋工程建造与安装】 2023 年，高质量完成埕北 208 井组大幅提产能示范区工程，首次完成胜利海洋工程数字化交付，打造海上“五化”标杆并顺利完成投产。创新攻关“高频聚结分水 + 紧凑型密闭气浮”的高效短流程处理工艺及装备，在埕北 20C 平台首次应用。聚焦深水浮式海工装备领域，首次完成 AGOGO FPSO 上部模块详细设计项目，接续承揽 Baleine FPSO 上部组块 FEED 设计项目，实现海工业务突破。

（雷　朱）

机械制造

【概述】 集团公司机械制造业务涵盖石油工程、油气开发、油气集输及新能源应用等领域，形成钻井、修井、固井、压裂设备、特种作业设备、钻头钻具、完井工具、天然气压缩机、油气集输钢管、井口及地面装置、环保装备、海洋工程装备、氢能装备等特色技术产品系列，建有国家认定企业技术中心、院士专家工作站、博士后科研工作站、全国钻采专标委固压设备标准工作部、国家石油机械装备重点实验室等科研平台，具备牙轮钻头 4 万只、金刚石钻头 5000 只、螺杆钻具 3000 根、固压装备 300 台（套）、钻修设备 200 台（套）、大型压缩机 50 台（套）、高压管汇 20 万件、钢管 60 万吨的年产能力，市场覆盖全国各油气生产区域并出口 40 余个国家和地区，形成产品门类齐全、特色技术优势突出的油气和新能源装备研发、制造、销售和服务体系。

（田治明）

【螺旋焊管生产线更新改造效果初显】 2023 年 2

月 21 日，石化机械公司研制的管径 1820 毫米、壁厚 24 毫米大口径钢管顺利下线，突破此前可生产螺旋埋弧焊钢管最大管径 1626 毫米、壁厚 20.6 毫米的双极限，螺旋焊管各项性能指标及材耗控制均满足用户要求，无损检测合格率 100%。

（蔡　繁）

【为涪陵气田定制“瘦身井”可溶桥塞】 2023 年 3 月，石化机械公司为涪陵页岩气田用户定制的“瘦身井”可溶桥塞进行批量入井作业。该“瘦身井”可溶桥塞具有外径小、通过性强等特点，可提高泵送效率，降低高压力下泵送风险。

（朱　岩）

【首创“双机组”同步压裂新模式】 2023 年 6 月 18 日，国内最大规模页岩油“井工厂”牛页一区试验井组开启单平台“双机组”压裂作业模式，2 套电动压裂机组在 1 个平台同时对 2 口井进行储层改造，现场作业自动化水平高，施工效率提升 1 倍，开辟页岩油储层改造向低成本、高效率挺进的新路径，在国内外均属首次。

（陆英娜　谭宏中）

【中国石化氢能装备制造基地命名授牌】 2023 年 7 月 23 日，集团公司命名授牌石化机械公司为中国石化氢能装备制造基地。石化机械公司依托“超高压”结构技术、“超高硬”材料技术、“超高能”控制技术、“超高精”制造技术为核心的科技创新体系，实施氢能装备行动，全力打造氢能关键装备的研发、制造和服务基地，重点布局加氢、制氢等装备市场。有氢能装备领域相关专利 50 余件，2 项技术成果获中国石油和石油化工设备工业协会优秀创新成果奖。建成氢能装备制造与检测基地（一期），拥有 4 个生产装配与测试单元，具备年产 25 套加氢装备生产能力；建成高压气体装备综合测试中心，具备最高压力 150 兆帕氢能装备试验测试和检验评价能力。

（董晓林）

【为高含硫天然气开发提供国产压缩机】 2023 年 11 月 5 日，石化机械公司研制的高含硫压缩机在元坝气田完成 72 小时加载试运行，机组主要技术参数均达到设计要求，可满足酸性气体增压需求，现场工业性试验取得圆满成功，打破国外垄断。

（卢　鹏）

【钻机创国内陆上 7000 米钻机最大平移纪录】 2023 年 10 月 14 日，在苏北页岩油试验井组，石化机械公司 ZJ70DB 钻机采用液压推进方式，成功从溱页 1-1S05HF 井平移到相距 93 米外的溱页 1-1X02HF 井井口位置，创国内陆上 7000 米钻机最大平移纪录，对提高页岩油开发效率、推动钻井智能化升级、以高水平技术装备服务国家能源安全具有积极促进作用。

（石化机械）

设备管理

【概述】 截至 2023 年底，石油工程系统拥有主要专业设备 21238 台（套）、关键设备 3086 台（套），主要包括陆上钻机 622 台（套）、顶驱 478 台（套）、旋转导向设备 59 套、无线随钻仪器 267 台、2000 型及以上压裂车（撬）491 台（套）、连续油管设备 47 台、物探地震仪器 60 台（套）、可控震源 156 台、自动焊接设备 869 台、水平定向穿越机 21 台、海洋钻井平台工程设备 9 台（套）、海洋作业平台 7 台（套）。设备资产原值 599.40 亿元、净值 223.51 亿元，新度系数 0.37。有设备管理人员 1142 人、设备维修人员 1426 人。

（张　军）

【主要设备技术指标】 2023 年，石油工程主要专业设备综合完好率 99.34%，综合利用率 88%。2023 年石油工程主要专业设备技术指标见表 1。

表 1　2023 年石油工程主要专业设备技术指标

设备分类 / 技术指标	设备数量 / 台（套）	综合完好率 /%	利用率 /%	故障停机率 /%	新度系数
钻井设备	34 470	99.98	92.74	0	0.40
测录定设备	2 965	99.99	98.32	0	0.25
井下作业设备	3 509	99.93	89.97	0	0.35
物探设备	4 323	99.91	89.63	0	0.34
工程建设设备	2 272	98.22	88.28	0	0.34
海洋工程设备	938	99.35	95.26	0	0.54

（张　军）

【重大装备技术选型论证工作】 组织开展 2023 年度石油工程重大关键装备更新改造工作，加大装备更新和结构调整力度，逐步提高电动钻机、网电钻机、加强型钻机、现代型钻机配备比例。2023 年更新改造钻机 21 部、网电装置 6 套、压裂泵车撬 16 台、旋转导向仪器 6 串、自动焊设备 5 套、物探 OBN 节点 6100 支等。组织编制完善电驱动顶驱、电控系统、柴油发电机组、钻井泵等设备采购技术标准，持续提高装备配套标准化水平。

（张　军）

【设备大检查】 2023 年 3—5 月，根据集团公司统一部署，按照“四个聚焦”“三个重点”“一个专项”原则，对胜利石油工程公司、中原石油工程公司等 10 家地区（专业）公司及西北、西南等 6 个重点工区的 55 家专业经营单位、206 支基层队，进行设备大检查，发现问题 810 项，提出建议 327 条，并对相关单位设备管理情况进行总结讲评。截至年底，检查发现的 810 项问题已全部整改完毕。

（张　军）

【设备检测评估】 组织开展 2023 年石油钻机、修井机井架底座和整机检测评估分级工作，完成钻修井机检测 415 部，其中整机 193 部、井架底座 222 部。制定发布《钻机检测评定和整机评估分级管理规定》，结合钻井提速提效及大载荷施工对设备性能提出的新要求，规范钻机检测评定周期、安全使用、维护保养、报废判定和结果应用等各类标准，切实提升设备运行效率和质量，确保设备的本质安全。

（张　军）

【装备库建设】 ①实现“装备库”规范高效运行，推进“装备库”建设和规范运行，实施装备实时动态管理，调剂盘活富余装备，推进无效负效装备报废处置，进一步引领优势装备向一流队伍和优质市场聚集。2023 年调剂盘活各类装备 2631 台（套），其中跨地区公司调剂 80 钻机 1 台、内部租赁盘活 70 钻机 1 台、地区公司内部调剂钻机 15 台，装备结构、技术性能、保障能力和本质安全显著提升。②推进实施钻井关键装备电子标签和 MRO 物联网配套，完成国内 481 台再用钻机的 15817 个关键设备电子标签配套，实现装备基础信息、维保信息、调拨信息、检测信息等数据实时源头查询和采集，有效减轻基层负担，促进基础装备资料更加系统准确，提高了管理效能；完成 35 套 MRO 物联网配套，应用装备物联网、大数据、人工智能等技术，建立全面感知、实时监测、故障诊断、保障运行的装备数字化平台，进一步优化装备管理模式，实现“省心、省力、省时、省人、省钱”的管理目标，为油气勘探开发提供更强的装备保障。

（张　军）

炼油生产

综述

2023年，集团公司炼油业务坚持以习近平新时代中国特色社会主义思想为指导，牢牢把握“建新功”这个主题教育的落脚点，认真学习贯彻习近平总书记视察胜利油田、九江石化重要指示精神，深入开展高质量发展行动，统筹做好中央巡视问题整改“后半篇文章”，强化全产业链价值融合与创造，扎实推进“保安全、降成本、增效益”百日创效专项工作，补短板、强弱项、上台阶、开新局，生产经营业绩稳中有进、持续向好，在集团公司成立40周年之际交出一份写满担当与责任的成绩单。

巩固稳的基础，安全生产总体保持平稳。以“安全管理强化年”行动为抓手，推动安全生产防线更加稳固；加强重大风险管控和隐患治理，4项集团公司级重大风险降级销项；推进危险化学品安全专项整治，完成249套老旧装置1507项问题整改、整改率99.3%，设备带“病”运行、液化烃罐区、VOCs协同治理专项排查问题整改率分别达97%、82%和81%；推进承包商共享信息平台建设，开展事故“再分析、再学习、再反思、再落实”，加强特殊敏感时期重点企业安全驻守，全年炼油企业发生上报集团公司级生产安全事故1起，减少5起。以专业管理为支撑，推动安稳运行基础更加扎实；推进工艺平稳性体系建设与升级，27家企业上线运行报警信息提级管理系统，实现报警信息分级分类实时推送；试点标准化“手指口述”，装置运行更加平稳；第二批14家企业通过设备完整性体系验收，设备状态监测平台建设全面启动，设备故障维修率降低17个百分点；推进往复压缩机联锁、带压密封专项治理，装置可靠性指数保持97%以上的先进水平；推进检修全过程管理标准化，25家企业的253套装置顺利完成检修任务，一次开车成功；全年炼油装置累计发生二级及以上非计划停工降幅50%。以“三基”工作为突破，基层班组建设更加有力；深化“三标”手册应用，推进典型案例共享，推广以岗位责任制为核心的定时性工作清单、以“网格化”为基础的现场管理模式，做到以“三标”抓“三基”、靠“三标”强“三基”；坚持板块特色，初步形成一套炼化企业“三大员”岗位培训初阶课程体系。

把握进的主动，生产经营创效成果显著。推进原油贸、储、产协同优化，原油降本卓有成效；实施低库存运作，动态把握节奏，有效规避油价波动风险；主动应对高低硫价差缩窄市场变化，迪拜计价原油采购比例降低2.84个百分点；积极应对沙特官价贴水异常调整，沙特油提货量降低11.6万桶／日，国内资源供应提高172万吨，全年累计原油采购降本45亿元；加强原油物流运输协调，租船WS点比租船窗口期平均水平低3.57；优化油轮拼装、接卸153艘次，提高原油输转效率，实现物流降本10.5亿元；把握市场机遇，成品油增产创效益显著；顺利完成全国国Ⅵ B汽油质量升级，用足出口配额，拉动原油加工量2741万吨；动态测算分企业加工路线吨油贡献能力，灵活调整加工负荷，持续优化产品结构，全年加工原油2.58亿吨、增长6.3%、创历史新高，产能利用率达93.3%、提高6.5个百分点；发挥航煤产能布局优势，紧贴需求优化分企业航煤产量，增产增供创效，航煤产量、市场份额基本恢复至疫情前水平。产销一体化协同，产业链优化见实效；用好成品油内部市场化机制，加强炼销全产业链效益测算，优化调整汽柴油内贸配置，较年度计划向销售增供汽油188万吨、减供柴油146万吨，助力销售拓市扩销，实现炼销双盈；坚持炼化一体优化创效，低成本、有效益推进油转化，企业间累计互供化工轻油465万吨，有力支持化工降本增效；巩固深化天津、上海区域优化成果，着力推进南京、两湖地区协同发展，抓好石脑油、轻烃等资源区域互供，带动区域优化创效近3亿元。聚力“油转特”，带动新增长；把油转特作为创效盈利的突破点、增长点，特色产品经营量增长2.2%；特种油品均价高于常规产品38%，拉动产业链增效82亿元，昔日的炼油副产品不断被细分、提质、做精，成为高附加值产品。

笃定转的方向，炼油转型升级稳进并举。镇

海炼化1100万吨/年炼油项目建设提速，中韩石化、扬子石化结构调整项目进入生产准备阶段，石家庄炼化、洛阳石化等炼油转型发展项目开工建设，基地化建设与结构调整加快推进；长岭炼化、巴陵石化完成战略性整合重组，南阳能化炼油装置停运、专注特种蜡业务发展；成功中标斯里兰卡炼油项目，与英力士天津合作项目持续推进，“走出去”“引进来”双向发力，炼油产业结构调整凸显竞争优势。建成投产安庆石化300万吨/年重油高效催化裂解（RTC）装置，形成示范效应；针状焦“二次”攻关成果丰硕，金陵石化锻后焦成功试产UHP600超高功率碳电极；碳材料全产业链蓬勃发展，济南炼化等8家企业成功产出负极材料专用焦，齐鲁石化等3家企业具备低排预焙阳极焦生产能力；润滑油产业链竞争力不断增强，自主民用航空润滑油商业飞行应用超过1600小时；扬子石化无灰分散剂销量创新高，巴陵石化HSD-1型黏指剂攻克“卡脖子”难题，自主复合剂配方在多领域得到应用；特种油品技术持续进步，合成高温导热油比肩国际先进，动物疫苗白油通过禽类试验，科研助力转型升级支撑作用日趋凸显。在11家企业布局供氢中心，总能力达2.9万米^3（标准）/时；首个氢能产销一体化“微管网”项目建成投用，输氢成本大幅降低；全年高纯氢产品供应量超2100吨、增长25%；镇海炼化生物航煤产量首次达千吨级，规模化取得新突破，新能源业务开拓广阔前景。环保节能降碳紧跟时代趋势，环保在线仪表故障次数、总时长分别降低25%、24%；建设“无废企业”，投用燕山石化“蓝翠鸟”资源综合利用等示范工程；7家沿江企业污水回用率全部达60%以上；依靠技术设备节能、落实设计源头控能，炼油综合能耗止升回降4.1%，36%的炼油产能能效达到限额标杆值，提前两年达到国家要求；持续推进用能、用氢结构优化，吨油碳排放强度下降6.2%。

感悟新的内涵，高质量发展方向更加聚焦。认真学习、深刻领会、全面贯彻习近平总书记视察九江石化重要指示精神，在思想上对标对表、行动上紧跟紧随，深刻领悟高质量发展、打造世界一流的思想内涵，进一步增强了坚定拥护“两个确立”、坚决做到“两个维护”的政治自觉，打造现代化新型炼油产业体系、助力集团公司打造世界领先的信心和决心愈加强烈、更加坚定。把深入开展习近平新时代中国特色社会主义思想主题教育同中央巡视问题整改、同贯彻落实集团公司党组决策部署、同实施高质量发展行动结合起来，向习近平新时代中国特色社会主义思想要发展思路，向安全平稳生产要发展基础，向生产优化要质量效益，向转型升级要发展潜力，以更足的底气、骨气、志气推动炼油业务开辟新局面、展现新作为，在集团公司高质量发展进程中继续堪当大任、勇挑大梁。

（易　漾）

工艺技术进展

【常减压蒸馏】　截至2023年底，中国石化共有56套常减压装置，总加工能力为3.05亿吨/年。2023年共有52套装置投入运行，加工原油增加2680万吨，平均负荷率84.78%。原油平均硫含量1.58%，平均酸值0.46毫克（氢氧化钾）/克，API平均29.8。

装置运行经济技术水平。常减压装置的一次平均轻收降低0.3个百分点；总拔降低0.4个百分点。装置能耗降低0.24个单位。

新技术应用。扬子石化3#常减压完成实时优化（RTO）系统建设，包括在线分析和APC等配套子系统，实现日常在线运行。

（张红良）

【催化裂化】　截至2023年底，中国石化共有53套催化裂化装置，总加工能力达8797万吨/年。2023年共有49套投入运行，加工原料7860万吨，平均负荷率93%。加工能力200万吨/年以上催化裂化装置达18套。

装置运行经济技术水平。催化裂化装置掺渣比降低 2.1 个百分点，平均能耗 43 千克标油 / 吨。

新技术应用。安庆石化新建 300 万吨 / 年重油高效催化裂解（RTC）装置投产。Min-Coke 梯级孔催化剂在济南炼化、北海炼化、中科炼化应用；CO-CP 助燃剂在安庆石化、中科炼化应用。

（崔守业）

【延迟焦化】 截至 2023 年底，中国石化共有 34 套延迟焦化装置，年加工能力 4645 万吨。2023 年共有 33 套投入运行，加工原料 3959 万吨，平均负荷率 85.9%。共有高端碳材料装置 2 套。

装置运行经济技术水平。焦化原料残碳 21.01%，密度 1030.6 千克 / 米^3。焦化装置的总液收 63.49%，平均能耗 23.48 千克标油 / 吨。

新技术应用。金陵石化锻后针状焦成功产出 600 毫米大规格石墨电极，并在下游钢厂应用；九江石化、长岭炼化、中韩石化、荆门石化等企业成功试制负极材料专用石油焦；广州石化、北海炼化成功试制低排预焙阳极焦。

（崔守业）

【催化重整】 截至 2023 年底，中国石化催化重整加工能力达 3723 万吨 / 年。2023 年有 40 套催化重整装置运行，其中连续重整 35 套，平均负荷率 87.38%；半再生重整 5 套，平均负荷率 70.8%。

装置运行经济技术水平。连续重整装置能耗 65.72 千克标油 / 吨；半再生重整装置能耗 61.91 千克标油 / 吨。

新技术应用。系统内规模最大的连续重整装置——海南炼化 260 万吨 / 年逆流连续重整装置投产。

（张红良）

【S Zorb】 截至 2023 年底，中国石化 S Zorb 装置总加工能力达 4350 万吨 / 年。2023 年运行装置 31 套，平均负荷率 73.9%。

装置运行经济技术水平。S Zorb 装置原料硫含量为 254 微克 / 克，最高达 779 微克 / 克。产品硫含量为 4.0 微克 / 克，辛烷值（RON）损失为 1.1。能耗为 5.46 千克标油 / 吨，剂耗为 0.03 千克 / 吨原料。

新技术应用。洛阳石化、安庆石化、九江石化等装置使用多功能吸附剂 FCAS-FM，实现汽油降烯烃需求。

（崔守业）

【煤油加氢】 截至 2023 年底，中国石化煤油加氢装置总加工能力达 2608 万吨 / 年。2023 年有 31 套装置运行，平均负荷率为 85.61%。

装置运行经济技术水平。煤油加氢装置加工原料总硫含量为 0.18%，硫醇硫为 498×10^{-6}。产品硫醇硫为 5.36×10^{-6}，总硫为 475×10^{-6}，烟点为 25 毫米。能耗为 6.43 千克标油 / 吨。

新技术应用。以典型催化裂化柴油为原料生产清洁火箭煤油的加氢技术在荆门石化首次工业应用，产品的各项指标均满足 GJB-9629 火箭液体燃料标准。

（张红良）

【柴油加氢】 截至 2023 年底，中国石化柴油加氢处理装置加工能力达 9727 万吨 / 年。2023 年运行装置 52 套，柴油加氢装置平均负荷率为 77.52%。

装置运行经济技术水平。柴油加氢装置加工原料硫含量为 0.79%。精制柴油硫含量为 8×10^{-6}，十六烷值为 46.01。原料中催化柴油比例为 16.43%，焦化柴油比例为 17.54%，装置能耗为 8.95 千克标油 / 吨。

新技术应用。高抗氧型真硫化态催化剂在中科炼化 150 万吨 / 年柴油加氢装置工业应用，开工时间压缩至 1 天，开工过程简单、环保，产品质量满足国Ⅵ柴油标准的要求。

（张红良）

【蜡油加氢处理】 截至 2023 年底，中国石化蜡油加氢处理装置加工能力达 2555 万吨 / 年。2023 年运行装置 14 套，平均负荷率 89.71%。

装置运行经济技术水平。蜡油加氢处理装置原料硫含量为 1.76%，密度为 926.8 千克 / 米^3，总氮为 1841 微克 / 克。精制蜡油硫含量为 2253 微克 / 克，总氮为 857 微克 / 克，密度为 901.6 千克 / 米^3。加工原料中焦化蜡油比例为 19.42%，溶剂脱沥青油比例为 0.93%，精制蜡油收率为 94.45%，精制柴油收率为 3.52%。装置平均能耗为 7.1 千克标油 / 吨。

新技术应用。低堆比蜡油加氢处理催化剂 RN-510 在青岛炼化 320 万吨 / 年蜡油加氢处理装置工业应用，催化剂装填重量降低 20%，装置各方面性能与上周期基本相当。

（张红良）

【加氢裂化】截至 2023 年底，中国石化加氢裂化装置加工能力达 4466 万吨 / 年。2023 年运行装置 25 套（含安庆石化、长岭炼化催柴转化装置），平均负荷率 85.6%。

装置运行经济技术水平。加氢裂化装置处理原料密度为 899.6 千克 / 米 ^{3}，直馏蜡油比例为 80.33%，焦化蜡油比例为 1.83%，原料硫含量为 1.61%，总氮为 0.17%。轻石脑油收率为 6.03%，辛烷值为 78.9。重石脑油收率为 22.9%，芳烃潜含量为 45.34%。航煤收率为 22.96%，烟点为 26 毫米。柴油收率为 22.96%，硫含量为 2×10^{-6}，十六烷值为 58。加氢尾油收率为 20.15%，BMCI 值为 11.94，装置能耗为 22.38 千克标油 / 吨。

新技术应用。海南炼化 260 万吨 / 年加氢裂化装置投产，采用 FMN 最大量生产重整原料技术及配套 FBN 保护剂、FF-66 加氢精制催化剂和 FC-75 加氢裂化催化剂，全循环重石脑油收率不低于 69%，最高可以超过 72%。洛阳石化 150 万吨 / 年中压加氢裂化装置完成 3# 喷气燃料产品的适航审定，是中国石化首套获得该认证的循环流程蜡油中压加氢裂化装置。

（张红良）

【渣油加氢】截至 2023 年底，中国石化渣油加氢处理装置加工能力达 3774 万吨 / 年（含沸腾床、浆态床各 260 万吨 / 年）。2023 年运行装置 17 套，平均负荷率 97.21%。

装置运行经济技术水平。渣油加氢处理装置处理原料硫含量为 2.71%，氮含量为 0.49%，残炭为 10.66%，金属（Ni+V）含量为 70.4×10^{-6}，密度为 971.8 千克 / 米 ^{3}。装置能耗为 14 千克标油 / 吨。

新技术应用。大连石油化工研究院和催化剂公司生产的条形国产催化剂在镇海炼化引进工艺 H-Oil 沸腾床渣油加氢装置工业化应用。渣油加氢高稳定性催化剂级配在石家庄炼化工业应用，运行周期从原来的 15 个月左右延长至 20 个月。

（张红良）

【润滑油生产】截至 2023 年底，中国石化共有糠醛精制装置 10 套，总加工能力达 345 万吨 / 年，开工运行 8 套，负荷率 99.04%；酮苯脱蜡装置 9 套，能力 213.5 万吨 / 年，开工运行 9 套，负荷率 79.97%；白土补充精制装置 6 套，加工能力达 93 万吨 / 年，开工运行 6 套，负荷率 92.91%；加氢补充精制装置 1 套，加工能力达 10 万吨 / 年，负荷率 71.31%；润滑油加氢 - 老三套组合工艺装置 1 套，其中加氢改质总加工能力达 30 万吨 / 年，负荷率 100%；润滑油全加氢装置 3 套，其中加氢改制单元加工能力达 130 万吨 / 年，负荷率 83.17%，加氢降凝 / 精制能力 122 万吨，负荷率 91.72%；润滑油加氢异构装置 2 套，加工能力达 70 万吨 / 年，负荷率 65.85%。2023 年基础油综合收率降低 0.81 个百分点，综合能耗降低 7.32 个单位，综合物耗增加 0.06 个单位。

关键自主技术实现新突破。添加剂国产化自主化使用比例达 48%，较年初提升 6%，提升 14%。完成高黏度 mPAO 在风电、合成工业齿轮油等应用方案。合成型高温导热油完成 L-QD350 型式试验验证。实现液压油、5040A 船用气缸油、4012A 船用中速机油、移动式燃气发动机油、TSA/LF 长寿命涡轮机油多个大宗产品领域自主技术攻关突破，自主 TSA 涡轮机油在润滑油公司 5 个产地全部实现规模化应用。优化 HSD 型黏指剂工艺，提升质量，使用量达 750 吨，增长超 1 倍；高性能 HSD 完成 SP 级别发动机台架试验。自主技术降凝剂用量 835.9 吨，超上年同期近 3 倍，实现规模化应用。AF202 抗泡剂完成研制及试生产。

多领域全面协同发展。国产大飞机配套用油项目成功开展航线监控飞行，累计飞行 2000 小时，油品性能稳定。自主 CK-4 10W-40、经济型 CI-4 20W-50 柴油机油复合剂技术实现工业应用；SP 5W-30 自主技术产品获神龙汽车技术认可，C5 自主技术产品已经完成红旗技术认可，实现供货。全年自主 SP 复合剂用量 114 吨，CK-4 复合剂用量 163 吨，SN 复合剂用量 1178 吨。

技术认证成效显著。全年获高端 OEM 认证 50 项。获南高齿批准函，成为唯一获认可的国产润滑油品牌；最新规格气缸油 5040N（Ⅱ）获 MAN 认证并已配套；超级绝缘变压器油获中国电气装备集团认证并配套；氟油 4894 获行业龙头银川隆基认证并配套；新能源汽车减速箱油获行业龙头爱信、东风日产技术认可并配套；DCTF 变速箱油取得长城汽车技术认证；VS 75W-90 齿轮油取得国内前三城市地铁技术认证；HFC 氢燃料电池冷却液取得上海重塑、国鸿氢能技术认证。

高端产品持续开拓市场。重点新产品开发并投产 21 个，新产品收入增长 41%。与比亚迪合作开发 DM-i 混动变速箱专用油产品并获 OTS 临时批准认可，显著提升公司在新能源汽车变速箱油领域的影响力和竞争力；开发低黏化的 UTTO FE 液压传动制动三用油，拓展液压传动制动三用油产品线；针对工业机器人行星齿轮减速器的润滑需求，开发出具有良好的耐低温、耐高温性能和优异的极压性能的高性价比的机器人专用 SPI-W 润滑脂，有效推动工业机器人用润滑脂的国产化替代，扩大市场占有率。

科技创新能力明显提升。主动参研的“高速列车转向架轴承开发及应用”及“船用低碳零碳低速机技术集成验证”2 项工信部国家示范项目中标。主导制定的 ISO 国际标准获 ISO 立项批复，进入 CD 起草阶段。参与的热塑性弹性体技术创新中心获湖南省批复，牵头的新能源配套润滑材料工程研究中心获石化联合会认定。聚焦基础油、新能源汽车、船用油、金属加工液、合成油脂等领域打造 5 个专家领衔创新工作室，揭牌运行。

（羊依智）

装置达标和节能减排

【概述】 2023 年，中国石化 26 家炼油企业（不含福建炼化、巴陵石化）综合商品率升高 0.02 个百分点，加工损失率降低 0.01 个百分点，综合能耗下降 2.6 个单位，单因能耗下降 0.14 个单位，储运损失率同比持平。

（佟玉文）

【炼油达标】 2023 年，综合商品率、加工损失率、油转特收率、综合能耗、单因耗能、原油储运损失、吨油碳排放强度、吨油取排水等指标达到年度达标考核指标；受市场需求变化等因素影响，油转化收率未达到年度达标考核指标。

1. 专业达标

实现炼油专业保标的企业有 23 家：镇海炼化、青岛炼化、金陵石化、茂名石化、海南炼化、天津石化、齐鲁石化、扬子石化、燕山石化、高桥石化、塔河炼化、九江石化、长岭炼化、中韩石化、青岛石化、安庆石化、石家庄炼化、北海炼化、荆门石化、洛阳石化、济南炼化、胜利油田、沧州炼化。

2. 专业竞赛

大型炼厂排名第 1—6 位的企业是：镇海炼化、青岛炼化、金陵石化、茂名石化、海南炼化、天津石化。

中型炼厂排名第 1—3 位的企业是塔河炼化、九江石化、长岭炼化。

小型炼厂排名第 1 位的企业是沧州炼化。

3. 同类装置竞赛

常减压装置。48 套运行的常减压装置参与同类装置竞赛，排名第 1—10 位的是天津石化 3#、金陵石化 4#、青岛炼化、天津石化 2#、镇海炼化 3#、广州石化 3#、中科炼化、九江石化 1#、金陵石化 3#、中韩石化 2#。

催化裂化装置。47 套运行的催化裂化装置参与同类装置竞赛，排名第 1—10 位的是金陵石化 3#、安庆石化 3#、青岛炼化、长岭炼化 2#、金陵石化 1#、齐鲁石化 3#、天津石化 2#、九江石化 1#、上海石化 2#、中韩石化 2#。

加氢裂化装置。24 套运行的加氢裂化装置参与同类装置竞赛，排名第 1—3 位的是燕山石化高压、天津石化 2#、中科炼化。

延迟焦化装置。32 套运行的延迟焦化装置参与同类装置竞赛，排名第 1—6 位的是金陵石化

3#、镇海炼化 3#、上海石化 2#、中韩石化 2#、九江石化、青岛炼化。

催化重整装置。33 套运行的连续重整装置参与同类装置竞赛，排名第 1—6 位的是金陵石化 3#、中科炼化、长岭炼化、广州石化 2#、天津石化、湛江东兴公司。

渣油加氢装置。15 套运行的渣油加氢装置参与同类装置竞赛，排名第 1—3 位的是安庆石化、金陵石化 2#、天津石化。

S Zorb 装置。30 套运行的 S Zorb 装置参与同类装置竞赛，排名第 1—6 位的是：金陵石化 2#、天津石化 2#、长岭炼化 1#、上海石化、九江石化、青岛炼化。

硫黄回收装置。59 套运行的硫黄装置参与同类装置竞赛，排名第 1—10 位的是镇海炼化 8#、上海石化 3#、天津石化 2#、金陵石化 4#、齐鲁石化 5#、镇海炼化 6#、湛江东兴公司 2#、扬子石化 3#、安庆石化 3#、青岛炼化 3#。

（佟玉文）

【节能减排】 2023 年，炼油综合能耗降低 4.1 个百分点，单因能耗降低 1.8 个百分点。青岛炼化、广州石化等 8 家企业单因能耗达到国家能效限额标杆水平，胜利油田、清江石化和巴陵石化 3 家企业单因能耗超国家限额值。青岛炼化和广州石化获石化联合会原油加工行业能效“领跑者”称号。

加大绿色低碳管理力度。分规模制定能耗企业红线，修改完善能源绩效考核办法，强化强度和总量双控。推动中科炼化等企业争创能效“领跑者”，推动济南炼化与青岛炼化实施企地联合供暖。

严控企业新建项目能效水平。规范设计单位对九江石化、齐鲁石化、上海石化和天津石化等改造企业能效指标计算，优化新建装置能耗，改造企业单因能耗设计值控制在 7.5 千克标油 / 吨以下。

积极参加行业活动，推动提升行业整体水平。参与石化联合会组织的 2023 年能效“领跑者”、水效“领跑者”数据视频核查及现场核查。参加新版国标《炼化行业重点产品能源消耗限额》的编制工作。积极参与国家部委政策措施出台前的交流反馈工作。

狠抓“能效提升”项目，抓实节能效果。持续推进“能效提升”自主投资项目实施。2023 年，企业开展“能效提升”项目 321 项、节能折标煤 36.1 万吨，年度完成 130 项、节能折标煤 10.2 万吨。积极推进合同能源管理项目实施。全年实施项目 32 项，其中续建 25 项、新开 7 项，已完工 12 项，节能 2.7 万吨标煤。

多方位开展节能专项服务。组织对海南炼化、中科炼化和扬子石化等 4 家企业开展节能技术服务与节能监察。推动胜利油田和沧州炼化提升能效。委托节能公司开展专项服务，组织专家对节能措施研讨确认。利用检修帮扶机会推动装置停开工用能优化，开展洛阳石化、青岛炼化检修帮扶服务，协助企业做好开停工用能优化及推动检修期间节能措施的实施，降低停开工用能和提升检修后的能效。

推进能效对标数字化转型。积极推进节能精益管理，创新能效对标体系，建立起涵盖全厂综合能效指标、装置能效指标、公用工程能效指标等共计 205 项指标的炼油企业能效对标指标体系，推动能效对标管理。

（谢小华）

【环保治理】 2023 年，积极践行习近平生态文明思想和集团公司绿色低碳发展战略，从严环保依法合规管理，大力开展废水废气提标改造、VOCs 综合整治、固体废物“三化”提升等工作，推进环保治理向管理转变。全年未发生突发环境污染事件，外排工业废水平均达标率 100%，外排有控废气平均达标率 99.99%，COD、氨氮、二氧化硫、氮氧化物、VOCs 排放强度分别下降 9.9%、34.4%、2.8%、7.1% 和 11.8%。

持续推进环保合法性建设。系统分析环保检查及环保行政处罚典型案例，明确常见环保风险及管理要求，研究制定 18 项环保管理定时性工作，指导企业按计划落实专业管理责任，降低环保违法违规风险。继续从严环保超标及数据异常监管，超标次数减少 7 次，在线监测数据异常次数和总时长分别减少 27% 和 30%，单个点位平均故障数由 1.40 小时降至 0.87 小时。

开展水体风险防控及重点区域提升。组织涉水企业识别江河水体污染风险，推动实施污染防控措施 38 项。落实“长江大保护”“黄河大保护”工作要求，开展催化高盐水近零排放试点，实施污水提标改造、污水回用等措施降低外排水量，完善雨污分流设施。11 家企业基本具备 60% 的炼油污水回用能力，废水排放量减少 15.7%，确保不让一滴超标污水排入长江、黄河。

推进 VOCs 综合整治及异味管控。落实集团公司“补短板、强弱项”专项行动方案，推动实施 VOCs 应治尽治项目 123 项。落实国家和地方政府最新要求，有序推进 89 个储罐“全接液浮盘 + 二次密封”改造，更换使用 755 个“低泄漏呼吸阀”。组织污水系统 VOCs 治理技术交流，完善走航监测车、红外成像仪等动态监控设备，5 家企业被评为重污染天气重点行业绩效评级 A 级企业。

大力拓展固体废物“三化”措施。探索“点对点”综合利用途径，长岭炼化与巴陵石化实现“点对点”处理油泥、碱渣，荆门石化定向利用湖北化肥废润滑油、废变压器油，镇海炼化定向利用大榭石化废催化剂。建成投产燕山石化蓝翠鸟、济南炼化建筑渣土、胜利油田油泥热脱附等综合利用设施。全年减少危险废物外部处理处置量 3.6 万吨，工业固废综合利用率达 95%，7 家企业被评为无废集团先行先试企业，3 家企业被评为无废企业。

（常　田）

【节水减排】 2023 年，炼油企业工业水运行情况良好，加工吨原料油平均取新鲜水 0.41 吨、排污水 0.16 吨，吨油取水、排水指标保持低位。工业水重复利用率 98.3%，合格污水回用率 63.5%，循环水浓缩倍数 4.6，均达到较优水平。

继续推进节水减排工作。各企业积极开展水平衡测试，查漏堵漏；增加雨水回用设施，减少新鲜水用量；积极增上凝结水回用设施、污水深度处理设施；在合理范围内增加污水回用量；部分企业开展海水淡化替代新鲜水。

（朱　哲）

设备管理

【概述】 2023 年，炼油板块设备运行情况总体良好，炼油装置可靠性指数平均值 97.23%，达到先进水平；动设备故障维修率、千台静设备腐蚀泄漏次数、自控率等绩效指标持续向好。“五年一修”长周期试点工作进展顺利，经专家组评估，燕山石化、天津石化、中韩石化、镇海炼化、北海炼化 5 家企业试点装置具备继续长周期运行的条件。顺利召开 2023 年炼化企业设备管理工作会议，表彰 10 家先进单位、95 名先进个人。

设备完整性管理体系推广建设工作有序推进。第二批 10 家推广企业 2023 年上半年通过体系终期验收，塔河炼化等 4 家企业下半年体系再验收通过。对炼化企业开展设备专业技术服务，对高危泵和振动 CD 区泵治理、机泵在线监测配置、“多国牌”问题等情况进行专项检查。完善完整性体系文件，结合设备专业技术服务情况，修订缺陷管理程序和专业预防性维修策略文件，分区域推进设备完整性平台、缺陷信息系统标准化工作。在茂名石化、齐鲁石化等 7 家企业开展专业提升共建活动，共同推进设备完整性体系高效运行，提升设备管理水平。

全年共有 25 家炼油企业的 280 套装置计划检修，与 2022 年计划相比，企业数量持平，装置增加 12 套。全厂停工大修的企业有洛阳石化、青岛炼化、中科东兴、青岛石化 4 家；系列装置大检修的有金陵石化、镇海炼化、广州石化 3 家。海南炼化、扬子石化、清江石化全厂及塔河炼化 2# 系列、荆门石化 1# 系列装置实现“四年一修”。检修的六大类装置中，实现“三年一修”以上的装置共有 127 套、占比 97%，其中实现“四年一修”的装置有 101 套；镇海炼化 3# 系列装置配合 1# 乙烯检修改造，提前 1 年检修。

稳步推进检修管理中心建设。组织开展阶段性工作总结，推进检修标准化工作；试点检修第三方质量监督工作，编制质量监督工作方案；组织专家赴洛阳石化、青岛炼化、中科炼化、青岛石化、广州石化等检修企业开展技术服务，提出意见和建议 1000 余项。

（吕　伟）

【设备防腐蚀管理】 2023 年，炼油板块设备腐蚀情况问题持续保持较低水平，与设备腐蚀原因有关装置总部级非计划停工 1 次，与上年持平。推进油漆保温专项提升，组织炼化工程公司洛阳技术研发中心赴安庆石化、荆门石化、青岛炼化、洛阳石化 4 家企业，对 2022 年大修期间实施的油漆保温项目开展质量监督工作，试点工程项目油漆保温质量监督工作，印发质量监督工作通报并跟踪质量监督问题整改。推进以精准加注为代表的防腐蚀技术研究，常减压装置推广应用 15 套，计划在 5 套催化、焦化装置拓展应用。编制《中国石化炼化企业静设备管理规定》，把防腐蚀管理列为重点。开展泄漏管理提升，全面应用脉冲涡流扫查技术，累计发现减薄超过 20% 的 6455 处；推进地下管道、复合管线等防腐检测技术研发。

（周　昊）

【电气专业管理】 2023 年，组织炼化板块电气专业技术交流，对主电网结构、孤网运行、抗晃电、完整性体系建设、绝缘在线监测等 8 个课题进行探讨，并实地调研镇海炼化和独山子石化 2 家企业的电气专业管理情况。以“带电检测为主，在线状态监测相辅”为工作方针，积极推进炼油板块带电检测区域化服务工作。组织天津石化、茂名石化等 10 家企业的电气专家，对关键电气设备状态监测技术进行研讨并形成一致意见：在做好带电检测工作的基础上，主要推广 110 千伏及以上架空线路视频监测、6（10）千伏小电流接地系统母线绝缘监测、蓄电池内阻及容量在线监测、110 千伏及以上高压电缆在线监测、电气室温湿度等状态在线监测技术；结合企业实际情况和大修安排，选择性实施轨道式电气巡检机器人、高压开关柜、变压器、GIS、压板状态等在线状态监测。加快推进金陵石化、青岛炼化、安庆石化等电气状态监测平台和电气集控中心建设。为避免发生大面积停晃电、提高电气 ITPM 水平，印发《炼化企业电气预防性工作策略》和《炼化企业电气定时性事务工作要求》（2023 版）。为提高电气专业管理水平、建立健全总部电气专业管理规定，印发《中国石化炼化企业电气管理规定》和 9 个管理细则，涉及电力系统主网结构、电力系统运行管理及大面积停电应急管理、继电保护及安全自动装置管理、电气监控系统管理、电气状态监测平台管理、电气室标准化管理等方面。

（邢　勐）

【仪控专业管理】 全年未发生因仪控原因造成的二级及以上非计划停工。从企业抽调 27 名核心专家组成 6 个专家组，对 34 家炼化企业开展仪控专业技术服务。从设备、投资、生产、人事、企管、物资等全方位对企业设备完整性管理体系、组织架构、控制系统管理、仪表供电和单点联锁治理等相关环节进行全面诊断，真实反映企业在仪控专业管理存在的问题；改变以往只提建议的做法，明确提出整改要求，服务组共提出问题 1404 项、整改要求 945 余项，涉及较大 / 重大风险 233 项、较大 / 重大隐患 183 项。在天津石化对 2023 年炼化企业仪控专业技术服务、2022—2023 年度仪控专业管理工作进行总结，组织专家组对天津石化仪控状态监测平台进行验收。在天津进行仪控状态监测平台总部验收，实现对现场仪表、控制系统状态监测。印发《中国石化炼化企业仪控专业管理规定》，基本覆盖仪控专业全过程管理。为降低仪控设备重复性、突发性故障，提高仪控 ITPM 水平，印发《炼化企业仪控预防性工作策略》和《炼化企业仪控定时性事务工作要求》（2023 版）。组织开展单点联锁、仪表供电系统等隐患专项治理，确保 2026 年动态清零。

（邢　勐）

质量管理

【概述】 2023 年，中国石化持续加强质量管理，认真履行“质量永远领先一步”“质优量足，客户满意”的方针目标，充分发挥上中下游一体化的整体优势，推行上游企业要为下游企业服务、上道工序要对下道工序负责的质量管理和考核机制，践行“每一滴油都是承诺”的社会责任，用实际行动维护企业的信誉，赢得客户的信赖，打造中国石化良好品牌形象。全年，通过严格产品指标管理、质量风险排查与管控、异常数据和全过程产品质量管控，无特别重大、重大质量事故发生，出厂产品合格率 100%；在国家、各级政府部门质量监督抽查中，抽检合格率 100%，产品质量稳定，满足标准要求和用户使用要求。

（李爱文）

【产品实物质量】 2023 年，炼油产品实物质量总体稳定，按照国家标准、地方标准和出口协议标准要求，稳定供应汽、柴油产品。

汽油：按照《车用汽油》《车用乙醇汽油调和组分油》等国家标准、地方标准（京标）和出口汽油协议标准等产品标准生产汽油。

柴油：按照国家《车用柴油》《军用柴油》等国家标准、军用标准、地方标准（京标）和出口柴油协议标准等产品标准生产柴油。

（李爱文）

【产品质量管理】 2023 年，中国石化不断加强质量管理工作，形成具有中国石化特色的质量管理模式，全员质量意识不断提高。从体系建设、制度管理、全过程质量控制、风险排查与管控、质量改进及用户服务等方面，开展质量管理工作。全年出厂产品质量合格率 100%，未发生质量事故。

按照《质量管理体系有效性评价》对石家庄炼化、中天合创、塔河炼化、巴陵石化、长岭炼化、金陵石化、中科炼化、海南炼化、九江石化、齐鲁石化、济南炼化、中安联合 12 家炼化企业开展质量检查，查找薄弱环节及质量隐患，制定整改措施，跟踪落实整改情况完成闭环管理。围绕压实责任，提高质量管理体系运行有效性，全面提升企业质量管理水平。突出质量风险管理，全面构建风险防控体系，提升风险识别和管控能力。严格产品指标管理，进行月度统计分析和质量情况通报，狠抓全员、全过程质量控制，提高质量管理控制水平。做好亚运会期间质量管理，有效保障亚运会期间成品油保质、保量、稳定供应。组织开展“质量日”“质量月”活动，加强质量宣传、质量培训，提高质量意识，做好产品售后服务，提升客户满意度。聚焦客户，了解客户需求，解决客户困难，持续改进产品质量，满足客户使用要求。推进质量延伸服务平台、质量在线仪表等信息化智能化发展，利用信息化手段，监控产品质量数据，加强异常数据分析，做到及时提醒，提前预防，使质量管理由事后处理逐步向事前管控转变，提高质量管理的科学性和工作效率。

（李爱文）

原油资源及储运

【储运设施】 截至 2023 年底，中国石化共拥有原油长输管道 631 千米。炼化企业在用原油储罐 310 座。拥有货主、合资原油深水码头 13 座，25 万吨级以上原油泊位 21 座。

（张　泽　韩　冰）

【原油资源配置】 2023 年，中国石化炼化企业原油资源配置增加 1092 万吨，其中接收自产原油增加 104 万吨；接收中国石油原油增加 23 万吨、接收中国海油原油增加 151 万吨、接收进口原油增加 814 万吨。

中国石化以加工进口原油为主，2023 年进口原油占资源总量的 88%，进口原油品种 115 个，其中中东地区占 54.8%，西非地区占 15.9%，南北美地区占 22.6%，欧洲、大洋洲、东南亚等其他地区占比合计 6.7%；国内原油占 12%，其中自产原油占 11%、中国石油供原油和中国海油供原油合计占 1%。

（张　泽　韩　冰）

【原油资源运输】 2023 年，中国石化炼化企业原油资源进厂量增加 1212 万吨，其中管输与一程直靠进厂占原油资源总量的93.3%、增加989万吨，其他方式运输进厂占原油资源总量的6.7%（国内水运5.8%、火车0.4%、汽车0.5%）、增加223万吨。

（张　泽　韩　冰）

【原油采购成本】 2023年，中国石化发挥原油优化团队成员单位一体化协同作用，认真研判国际国内市场，坚持低库存运行策略，动态调整区域现货采购节奏，统筹开展原油市场运作。通过积极调整计价比例，引导市场贴水下行，实现整体降本创效。同时发挥装置潜力，加大高酸重质原油采购，捕捉现货市场机会，采购高性价比资源，控制沙特原油采购，应对官价贴水异常调整，实现炼化企业资源经济性保供。

（张　泽　韩　冰）

【滞期管控优化】 2023年，中国石化充分发挥一体化管理优势，克服码头靠泊各类异常事件、地炼油轮抢靠公共泊位以及大风、大雾等坏天气等因素影响，统筹协调，及时研判和应对各种突发情况，细化日常运行管理，从采购源头优化油轮拼装，提高一港接卸率。密切跟踪油轮到港时间、接卸和输转动态，加强滞期管控；加强与国家管网、石油销售公司、商储公司沟通，挖掘区域内管道和中转油库、商储库罐容潜力，提升中转效率；优化调整船速和卸货港顺序，提高码头接卸效率。通过强化管理，加强协调等措施，实现滞期时间下降480小时，降幅1.2%。

（张　泽　韩　冰）

【保障原油供应】 2023年，中国石化面对市场波动和原油供应挑战，一体化协同外贸代理公司、石油销售（商储）公司和炼化企业日常运行，提高原油运输各环节运行效率，满足下游企业加工需求，提升物流系统中转效率，降低滞期和运输成本。同时加强外部单位协调，一方面加强与港口企业业务沟通，解决企业油轮排队等靠问题，适时开通中奥码头原油中转业务，缓解甬沪宁企业低硫原油水路中转压力；另一方面加强与国家管网原油管输对接，协调发挥津沧线、鲁宁线和白石线等重点管线输送能力，配合管网加强冬季进口原油凝点监控，满足管道原油输送物性要求，保障管道安全输送。

（张　泽　韩　冰）

【加强原油储运损失管理】 2023年，持续加强原油途耗管理，强化到港原油接卸损失控制，着力解决原油末站交接计量工作中出现的问题，不断提升原油储运管理水平。全年原油储运损失率与年度控制目标持平。

（张　泽　韩　冰）

化工生产

综述

2023年，化工板块在集团公司党组坚强领导下，面对严峻的经济环境和激烈的市场竞争，狠抓HSE等管理体系建设和专业管理提升工作，狠抓结构调整、降本增效和市场开拓，狠抓高质量发展、提升高附加值产品比例，较好地完成各项工作任务，全年实现化工产品经营总量8300万吨，生产乙烯1431万吨。

提升HSE和专业管理水平。安全管理。认真落实“安全管理强化年”行动，建立“专业服务（检查）+体系审核”机制，上半年以专业服务为主，分动静设备、电气仪控、工艺技术、安全环保等专业，覆盖35家炼化企业；下半年HSE检查主要对专业服务提出的问题整改情况进行重点复核，强化专业安全职责，促进专业管理和体系审核深度融合。环保管理。落实绿色低碳“补短板、强弱项”专题行动方案，积极推进VOCs“应治尽治”项目，抓实长江、黄河流域生态环境保护，专项督查沿江企业水体风险。推进“无废集团”试点企业建设，顺利完成上海石化至仪征化纤跨省“点对点”转移微生物菌种工作，对跨省综合利用具有示范意义。工艺管理。结合化工装置生产特点，制定40类化工装置工艺报警标准化、规范化设置模板，指导企业抓好报警管理，切实提升工艺平稳性。设备管理。稳步推进设备完整性管理体系建设，进一步梳理设备分委会KPI指标，围绕指标偏差、各企业关键设备故障、设备事故事件等开展专题分析，成果由企业共享。

优化经营挖潜增效。建立石脑油储备库，在天津石化建立国内储备库容5万立方米，在洋山、珠海、洋浦建立保税储备库容43万立方米。发布《中国石化进口及储备石脑油管理办法（试行）》，打通进口保税资源“收储—保税罐—物流配送—企业”的复杂流程。灵活调整负荷，确保开满开足盈利能力好的装置，加大负边际效益装置降负荷、经营性停工执行力度。开展上海、天津、南京、两湖4个区域优化测算，抓住企业间互供物料关键点，撬动深度区域优化。分析区域内企业装置布局、原料需求、牌号分工和客户分布，按照企业、装置创效能力及整体效益贡献程度，优化原料互供和产品销售，做好原料采购、产品销售和物流统筹，减少跨区调拨成本。投产新建产能。海南炼化100万吨/年乙烯、巴陵石化60万吨/年己内酰胺项目建成投产；天津石化CHPPO装置打通全流程；古雷石化EVA装置顺利开工；海南巴陵17万吨/年苯乙烯类热塑性弹性体项目投产并实现产品出口；茂名石化5000吨/年液体橡胶装置开车成功，首次实现5G覆铜板用高性能液体橡胶的国产化。停役落后产能，上海石化1#聚酯、仪征化纤1#PTA、洛阳石化PTA和PX装置停役退出。

增产高附加值产品。完善“产销研用”工作体系，印发《化工新材料高质量发展“产销研用”工作体系及运行方案（试行）》，组织重点优势产品增产创效“揭榜挂帅”，鼓励产销研团队合力创新，加大考核激励力度，积极推进83个高端产品技术攻关。齐鲁分公司5000吨/年特种橡胶、茂名分公司1000吨/年POE、镇海炼化3000吨/年聚1-丁烯等装置实现稳定运行，市场开拓工作有序推进。上海石化实施碳纤维大丝束达标达产攻关，降低碳纤维生产成本；抓好百吨级高强中模碳纤维生产线稳定运行，推进SCF55产品（T800级）在高端应用领域开展客户试用和认证。仪征化纤加快推进4000吨/年对位芳纶技术攻关及工业放大，开发防弹头盔用对位芳纶等高端产品，推动高性能纤维基地建设。

强化成本费用管控。强化全面预算价值引领。抓好预算流程闭环管理，强化预算执行管控。利用预算信息系统分企业开展测算，依据测算结果做好总部效益指标分解。推进战略型财务预算管控工作。通过战略滚动预算，强化企业战略和长远意识，更加注重投资发展质量，引导资源向核心增值业务流动，促进关键财务指标改善和中长期效益目标实现。提质增效措施落实落地。连续4年开展提质增效工作，在提质增效系统中共享企业经营优化典型经验，全年发布优秀案例38个。

2023 年 8—10 月，组织开展“保安全、降成本、增效益”百日创效专项行动，分解创效目标，细化行动方案，抓住化工市场价格上涨的有利时机，较好完成行动目标。

着力提升企业管理。深入开展对标世界一流管理提升行动。发布 2022 年度与巴斯夫公司对标结果及 9 类主要化工装置对标标杆值，指导企业开展精准对标。进一步加强“三基”工作，举办炼化企业强化“三基”管理培训班，修订炼化企业“三基”工作标准，抓好“三标”建设。积极开展组织机构标准化研究和调研工作。编辑分发《炼油、化工事业部制度和规范性文件汇编（2023 年版）》。稳妥推进企业整合重组，有序进退，湖北化肥异地转型发展、岳阳地区炼化一体化改革工作取得显著成效。化工销售完成国贸和物流公司的组建。实现化工事业部海外业务管理工作向海投公司的顺利转移。

（黄志壮）

有机原料

【概述】 集团公司有机原料主要产品有乙烯、丙烯、丁二烯、苯、甲苯、二甲苯、环氧乙烷、环氧丙烷、环氧氯丙烷、苯酚、丙酮、丙烯酸和苯乙烯等。其中，乙烯、丙烯、丁二烯、苯、甲苯、二甲苯为基础有机原料，其余为主要中间原料。

集团公司主要有机原料生产能力见表 1。由表可见，间二甲苯、环氧丙烷、苯酚、丙酮和丙烯酸等的生产能力没有变化，乙烯、丙烯、丁二烯、苯、甲苯、混合二甲苯、邻二甲苯、对二甲苯、环氧乙烷、环氧氯丙烷和苯乙烯的生产能力有所增加。

集团公司的乙烯、丙烯、丁二烯等产品在中国大陆地区继续保持主导地位。

2023 年，化工板块全面实施高质量发展行动，全方位优化生产经营组织，全力推进提质增效稳增长，推动化工业务向低碳高质量发展；持续推进对标一流管理提升行动常态化，深入开展绩效评价，强化与先进产能对标，积极查找差距，促进指标持续提升；以习近平总书记关于安全生产的重要论述、习近平生态文明思想为指南，落实集团公司年度工作会议精神和“安全管理强化年”行动、绿色低碳“补短板、强弱项”专题行动方案要求，采取坚决果断措施，不断夯实安全环保生产基础，持续提升安全环保运行水平。

表 1 集团公司主要有机原料生产能力 万吨 / 年

产品名称 \ 年份	2023	2022	2021	2020	2019	2018
乙　烯	1 604.84	1 474.84	1 354.84	1 254.84	1 144.84	1 112.80
丙　烯	1 421.13	1 315.42	1 240.82	1 140.92	1 064.91	1 031.53
丁二烯	224.20	222.70	206.70	192.70	180.70	180.70
苯	669.00	630.13	591.97	578.07	555.82	555.82
甲　苯	345.89	344.47	305.40	258.02	196.19	196.19
混合二甲苯	579.00	558.05	514.99	473.16	386.20	373.20
邻二甲苯	57.52	46.52	46.52	46.52	46.52	46.52
间二甲苯	8.00	8.00	8.00	8.00	8.00	8.00
对二甲苯	713.92	692.42	580.42	583.41	583.91	483.91
环氧乙烷	275.65	235.65	225.65	194.25	157.25	146.45

续表

产品名称＼年份	2023	2022	2021	2020	2019	2018
环氧丙烷	77.50	77.50	62.50	62.50	62.50	62.50
环氧氯丙烷	3.10	2.60	2.60	2.60	2.60	2.80
苯　酚	75.75	75.75	75.75	75.75	75.75	75.75
丙　酮	46.04	46.04	46.04	46.04	46.04	46.04
丙烯酸	19.00	19.00	19.00	19.00	19.00	19.00
苯乙烯	403.60	365.00	325.00	253.00	253.00	242.30

（曾森洋）

【乙烯】 截至2023年底，集团公司生产乙烯的企业共19家，生产能力合计1604.84万吨/年（含中原石化和长城能化MTO装置），增加130万吨/年、增长8.81%，为海南炼化乙烯装置建成投产新增生产能力100万吨/年、镇海炼化1#乙烯扩能改造新增生产能力30万吨/年。

采用的生产技术主要有美国Lummus公司、美国S&W公司、中国石化与Lummus联合开发及中国石化自主开发的专利技术，其中中韩石化（生产能力110万吨/年）、中科炼化（生产能力80万吨/年）、古雷石化（生产能力80万吨/年）、镇海炼化（生产能力120万吨/年）、海南炼化（生产能力100万吨/年）、中原石化MTO装置（生产能力10万吨/年）、中天合创MTO装置（生产能力64.8万吨/年）、中安联合MTO装置（生产能力32.04万吨/年）均采用中国石化自主专利技术。

2023年，集团公司紧密结合油品市场变化，动态调整乙烯原料结构，全面开展运行优化、节能降耗等工作，在安排天津小乙烯、上海石化新区经营性停工，镇海炼化1#、上海赛科公司、上海石化新区、广州分公司、茂名分公司1#等5套装置大修，中科炼化、上海赛科公司、广州分公司3套装置消缺的情况下，全年累计生产乙烯1431万吨。

（曾森洋）

【丙烯】 集团公司丙烯产品分炼油丙烯和化工丙烯两大类，截至2023年底，生产炼油丙烯的企业共28家，炼油丙烯由炼厂气分装置生产；生产化工丙烯的企业共19家，化工丙烯主要由蒸汽热裂解装置和MTO装置生产。集团公司丙烯生产能力为1421.13万吨/年，增加106万吨/年、增长8.04%，其中安庆分公司新增生产能力61万吨/年、海南炼化新增生产能力45万吨/年。

（曾森洋）

【丁二烯】 截至2023年底，集团公司生产丁二烯的企业共16家，生产能力合计224.2万吨/年，增加1.5万吨/年、增长0.67%，其中扬子石化核减生产能力10万吨/年、上海赛科公司核减生产能力1.5万吨/年、海南炼化新增生产能力13万吨/年。

（张　燕）

【纯苯】 截至2023年底，集团公司生产纯苯的企业共30家，生产能力合计669万吨/年，增加38.87万吨、增长6.17%，其中安庆分公司新增生产能力4万吨/年、福建炼化新增生产能力5.2万吨/年、茂名分公司新增生产能力3.2万吨/年、海南炼化新增生产能力44.5万吨/年、九江分公司核减生产能力16.1万吨/年。

（苏　莹）

【甲苯】 截至2023年底，集团公司生产甲苯的企业共18家，生产能力合计345.89万吨/年，增加1.42万吨、增长0.41%，其中茂名分公司新增生产能力1.6万吨/年、海南炼化新增生产能力7.9万吨/年、镇海炼化核减生产能力8.1万吨/年。

（苏　莹）

【混合二甲苯】 截至2023年底，集团公司生产混合二甲苯的企业共20家，生产能力合计579万吨/

年，增加 20.95 万吨 / 年、增长 3.75%，其中荆门分公司新增生产能力 12 万吨 / 年、镇海炼化新增生产能力 7.5 万吨 / 年、安庆分公司新增生产能力 22.9 万吨 / 年、茂名分公司核减生产能力 1.5 万吨 / 年、高桥分公司核减生产能力 20 万吨 / 年。

（苏　莹）

【对二甲苯】 截至 2023 年底，集团公司生产对二甲苯的企业共 10 家，生产能力合计 713.92 万吨 / 年，增加 21.5 万吨 / 年、增长 3.11%，其中镇海炼化芳烃装置改造新增生产能力 21.5 万吨 / 年。

（苏　莹）

【邻二甲苯】 截至 2023 年底，集团公司生产邻二甲苯的企业共 6 家，生产能力合计 57.5 万吨 / 年，增加 11 万吨 / 年、增长 23.65%，其中海南炼化新增生产能力 11 万吨 / 年。

（苏　莹）

【间二甲苯】 截至 2023 年底，集团公司生产间二甲苯的企业只有 1 家，生产能力为 8 万吨 / 年，同比持平。

（苏　莹）

【甲醇】 截至 2023 年底，集团公司生产甲醇的企业共 4 家，生产能力合计 689.10 万吨 / 年，同比持平。

（佘振红）

【丁醇】 截至 2023 年底，集团公司生产丁醇的企业共 2 家，生产能力合计 35.50 万吨 / 年，同比持平。

（佘振红）

【辛醇】 截至 2023 年底，集团公司辛醇生产企业只有 1 家，生产能力 25.50 万吨 / 年，同比持平。

（佘振红）

【环氧乙烷】 截至 2023 年底，集团公司生产环氧乙烷的企业共 14 家，生产能力合计 275.65 万吨 / 年，增加 40 万吨 / 年、增长 16.97%，其中镇海炼化新增生产能力 20 万吨 / 年、海南炼化新增生产能力 20 万吨 / 年。

（张　燕）

【环氧丙烷】 截至 2023 年底，集团公司生产环氧丙烷的企业共 4 家，生产能力合计 77.5 万吨 / 年，同比持平。

（张　燕）

【环氧氯丙烷】 截至 2023 年底，集团公司生产环氧氯丙烷的企业只有 1 家，生产能力为 3.1 万吨 / 年，增加 0.5 万吨 / 年、增长 19.23%。

（张　燕）

【苯酚】 截至 2023 年底，集团公司生产苯酚的企业共 4 家，生产能力合计 75.75 万吨 / 年，同比持平。

（张　燕）

【丙酮】 截至 2023 年底，生产丙酮的企业共 4 家，生产能力合计 46.04 万吨 / 年，同比持平。

（张　燕）

【丙烯酸】 截至 2023 年底，集团公司生产丙烯酸的企业只有 1 家，生产能力 19 万吨 / 年，同比持平。

（曾森洋）

【苯乙烯】 截至 2023 年底，集团公司生产苯乙烯的企业共 18 家，生产能力合计 403.6 万吨 / 年，增加 38.6 万吨 / 年、增长 10.58%，其中安庆分公司新增生产能力 40 万吨 / 年、镇海炼化核增生产能力 1 万吨 / 年、燕山分公司核减生产能力 2.4 万吨 / 年。

（张　燕）

合成树脂

【概述】 截至 2023 年底，集团公司合成树脂总生产能力为 2296 万吨 / 年，增加 171 万吨 / 年。其中，聚乙烯生产能力为 987.92 万吨 / 年，增加 60 万吨 / 年；聚丙烯生产能力为 1034.68 万吨 / 年，增加81万吨／年；聚氯乙烯生产能力为60万吨／年，没有变化；聚苯乙烯生产能力为69.80万吨／年，没有变化；ABS树脂生产能力为20万吨／年，没有变化；其他树脂生产能力为123.60万吨／年，增加30万吨／年。各种合成树脂生产能力见表2。在合成树脂中，聚乙烯、聚丙烯两大品种占主导地位，截至2023年底，聚乙烯、聚丙烯两大品种的总产能为2022.60万吨／年，占集团公司合成树脂生产能力的88.09%。

2023年，集团公司合成树脂装置应对高油价带来的聚烯烃成本高企挑战，开展减少排放、产品质量攻关、拓销拓市等工作，装置技术经济指标完成良好，新建合成树脂装置实现一次投料试车成功。年内，海南炼化有1套30万吨／年高密度聚乙烯装置、1套30万吨／年线型低密度聚乙烯装置、1套30万吨／年聚丙烯装置、1套20万吨／年聚丙烯装置建成投产；古雷石化有1套30万吨／年EVA装置建成投产；安庆分公司有1套30万／年吨聚丙烯装置建成投产。

表2　集团公司合成树脂分品种生产能力　万吨／年

年份 / 产品名称	2023	2022	2021	2020	2019	2018
合成树脂合计	2 296.00	2 125.00	2 052.50	1 888.70	1 797.20	1 723.20
聚乙烯（PE）	987.92	927.92	897.92	837.92	796.42	761.42
低密度聚乙烯（LDPE）	154.62	154.62	154.62	154.62	154.62	154.62
高密度聚乙烯（HDPE）	443.30	413.30	383.30	323.30	281.80	281.80
线型低密度聚乙烯（LLDPE）	390.00	360.00	360.00	360.00	360.00	325.00
聚丙烯（PP）	1 034.68	953.68	925.68	840.68	790.68	751.68
聚氯乙烯（PVC）	60.00	60.00	60.00	60.00	60.00	60.00
聚苯乙烯（PS）	69.80	69.80	69.80	69.80	69.80	69.80
ABS树脂	20.00	20.00	20.00	20.00	20.00	20.00
其他树脂	123.60	93.60	79.10	60.30	60.30	60.30

（刘志武）

【聚乙烯】截至2023年底，集团公司有40套聚乙烯装置，总生产能力为987.92万吨／年、增加60万吨／年，其中单线能力最大的是镇海炼化线型低密度聚乙烯装置。40套聚乙烯装置中，LDPE装置有釜式法工艺2套、管式法工艺8套，HDPE装置有淤浆法工艺10套、气相法工艺5套、环管加气相法工艺1套，LLDPE装置有气相法工艺14套。

（刘志武）

【低密度聚乙烯】截至2023年底，集团公司LDPE生产装置生产能力为154.62万吨，没有变化。共有10套LDPE装置，其中燕山分公司1套采用日本住友化学釜式法工艺、1套为美国埃克森管式法工艺，上海石化2套都采用日本三菱油化管式法工艺，茂名分公司1套采用美国匡藤公司管式法工艺、1套为BASELL工艺，长城能化1套采用美国埃克森釜式法工艺、1套为美国埃克森管式法工艺，齐鲁分公司采用荷兰DSM公司管式法工艺，扬巴公司采用BASELL管式法工艺。

（刘志武）

【高密度聚乙烯】截至2023年底，集团公司HDPE装置生产能力为443.30万吨／年，增加30.00万吨／年。共有16套HDPE装置，其中燕山分公司、扬子石化装置采用日本三井油化淤浆法工艺，齐鲁分公司、福建联合石化采用气相流化床工艺，上海石化1套采用北欧化工环管加气相流化床反应器工艺技术、1套采用菲利浦环管淤浆法工艺，茂名分公司采用菲利浦环管淤浆法工艺，中科炼化采用道达尔公司双环管淤浆法工艺，上海赛科公司采用 bp 公司气相流化床工艺，中沙石化采用 INEOS 公司的双环管淤浆法工艺，海南炼化采用 LyondellBasell 公司的 Hostalen 釜式淤浆法工艺，中韩石化 2 套分别采用 INEOS 公司的双环管淤浆法工艺、LyondellBasell 公司的 Hostalen 釜式淤浆法工艺，镇海炼化 2 套分别采用气相流化床工艺、LyondellBasell 公司的 Hostalen 釜式淤浆法工艺。

（刘志武）

【线型低密度聚乙烯】 截至 2023 年底，集团公司 LLDPE 装置生产能力为 390 万吨 / 年，增加 30 万吨 / 年。共有 14 套 LLDPE 装置，其中天津分公司、齐鲁分公司、中原石化、茂名分公司、广州分公司、扬子石化、福建联合石化、镇海炼化各 1 套，采用美国 UCC 公司气相流化床工艺；中沙石化、海南炼化、中韩石化、中天合创、中安联合所属装置采用自主开发气相流化床工艺；上海赛科公司 30 万吨 / 年 LLDPE 装置采用 bp 公司的气相流化床工艺。

（刘志武）

【聚丙烯】 聚丙烯装置按生产方式可分为连续法和间歇法两大类。

截至 2023 年，集团公司聚丙烯生产能力为 1034.68 万吨 / 年，增加 81 万吨 / 年。其中，连续法聚丙烯装置生产能力为 1007.20 万吨 / 年，占集团公司聚丙烯总生产能力的 97.34%。共有 51 套连续法聚丙烯装置。生产工艺以环管法工艺为主，有 32 套环管法聚丙烯装置，占聚丙烯装置的 62.75%，其中 6 套为引进海蒙特环管技术，单线能力最大的为茂名分公司 17 万吨 / 年聚丙烯装置；26 套为国产化环管技术，单线能力最大为中安联合 35 万吨 / 年聚丙烯装置。其他 19 套装置中，5 套为三井油化釜式法聚丙烯工艺，6 套为 INEOS（原阿莫科）气相法聚丙烯工艺，2 套为“NOVOLENE”气相法聚丙烯工艺，3 套为“HORIZONE”气相法聚丙烯工艺，3 套为 BASSEL 公司的多区反应聚合工艺。

间歇法聚丙烯装置生产能力为 27.48 万吨 / 年。

（刘志武）

【聚苯乙烯】 截至 2023 年底，集团公司聚苯乙烯生产能力为 69.80 万吨 / 年。共有 6 套聚苯乙烯生产装置，均采用连续本体法工艺。其中，燕山分公司、广州分公司、茂名分公司、上海赛科公司各 1 套，扬巴公司 2 套。

（刘志武）

【聚氯乙烯】 截至 2023 年底，集团公司聚氯乙烯生产能力为 60 万吨 / 年，没有变化。生产 PVC 的企业只有齐鲁分公司 1 家。

（刘志武）

【ABS 树脂】 截至 2023 年底，集团公司 ABS 树脂生产能力为 20 万吨 / 年，没有变化。生产 ABS 树脂的企业只有高桥石化 1 家。

（刘志武）

【其他树脂】 集团公司生产的其他树脂包括乙烯醋酸乙烯共聚物（EVA）、聚碳酸酯（PC）等。截至 2023 年底，集团公司 EVA 生产能力为 80 万吨 / 年，增加 30 万吨 / 年，新增生产能力为古雷石化 30 万吨 / 年 EVA 装置。生产 EVA 的企业共有 5 家。

（刘志武）

合成橡胶

【概述】 截至 2023 年底，集团公司合成橡胶生产能力为 191 万吨 / 年，新增 17.5 万吨 / 年，用于生产热塑性弹性体和液体橡胶。集团公司仍是国内最大、世界第二大合成橡胶生产商，更是世界生产合成橡胶品种最齐全的生产商，生产品种覆盖丁苯橡胶、顺丁橡胶、SBS 热塑性弹性体（含 SIS、SEBS 和 SEPS）、丁基橡胶（含溴化丁基橡胶、聚异丁烯）、乙丙橡胶、丁腈橡胶（含氢化丁腈橡胶）和异戊橡胶七大类。

（徐忠亮）

【顺丁橡胶】 截至 2023 年底，集团公司顺丁橡胶生产能力没有变化。镍系顺丁橡胶方面，2023 年 10 月，扬子石化顺丁橡胶装置完成提升本质安全项目改造，恢复生产；齐鲁分公司顺丁橡胶装置丁二烯单耗、茂名分公司顺丁橡胶装置能耗继续保持国内领先。锂系顺丁橡胶（低顺橡胶）方面，高桥石化低顺橡胶产量再创历史新高。稀土顺丁橡胶方面，燕山分公司稀土顺丁橡胶装置产量创历史新高、能耗创历史最优，并新开发出高尔夫球专用料，产品结构进一步优化。

（徐忠亮）

【丁苯橡胶】 截至 2023 年底，集团公司丁苯橡胶生产能力没有变化。乳聚丁苯橡胶方面，齐鲁分公司坚持市场导向，环保产品产量再创新高，加工友好型乳聚丁苯橡胶的研究取得突破性进展，改性后的丁苯橡胶与白炭黑具有良好的相容性，可显著降低配方中的硅烷偶联剂用量；扬子石化成功产出高拉伸强度的乳聚丁苯橡胶新产品。溶聚丁苯橡胶方面，湖南石化（原巴陵石化）成功开发出连续法轮胎用 SSBR 成套生产技术，完成 5 万吨 / 年连续法 SSBR 工艺包编制；9 月在 SSBR 装置完成工业化试生产，产品综合性能达到设计要求，并顺利通过下游轮胎企业测试。

（徐忠亮）

【SBS 热塑性弹性体】 2023 年 4 月，海南巴陵热塑性弹性体装置一次开车成功，集团公司新增 12 万吨 / 年 SBS 生产能力。集团公司统筹规划、积极实施 SBS 产能差异化发展，湖南石化 SBS 生产能力向 SIS 和 SSBR 产品方向转型升级，燕山分公司 SBS 产能向星型低顺橡胶和官能化溶聚丁苯产品方向转型升级。

（徐忠亮）

【SEBS 热塑性弹性体】 2023 年 4 月，海南巴陵热塑性弹性体装置一次开车成功，集团公司新增 5 万吨 / 年 SEBS 生产能力，SEBS 总生产能力（实际生产能力）继续保持全球第一。

（徐忠亮）

【SIS 热塑性弹性体】 截至 2023 年底，集团公司 SIS 生产能力没有变化。湖南石化继续优化产品结构，在高档黏合剂、高档纸尿裤和高档标签纸等领域拓市扩销。

（徐忠亮）

【SEPS 热塑性弹性体】 截至 2023 年底，集团公司 SEPS 生产能力没有变化。湖南石化 SEPS 产品继续提高在润滑油黏指剂、光缆油膏和激光切割保护膜等领域的市场占有率。

（徐忠亮）

【丁基橡胶】 截至 2023 年底，集团公司丁基橡胶（含溴化）生产能力没有变化。

（徐忠亮）

【乙丙橡胶】 截至 2023 年底，集团公司乙丙橡胶生产能力没有变化。装置继续保持良好的生产态势。

（徐忠亮）

【氢化丁腈橡胶】 截至 2023 年底，集团公司氢化丁腈橡胶生产能力没有变化。采用自有技术的齐鲁石化 5000 吨 / 年氢化丁腈橡胶装置实现连续稳定运行，并根据下游用户需求，开发多个新牌号。

（徐忠亮）

【异戊橡胶】 截至 2023 年底，集团公司异戊橡胶生产能力没有变化。

（徐忠亮）

【液体橡胶】 2023 年 10 月，采用自有技术的茂名石化 5000 吨 / 年液体橡胶装置按期投产，首次实现 5G 高频覆铜板用高性能液体橡胶的国产化。

（徐忠亮）

【丁戊橡胶】 2023 年 1 月，湖南石化完成全球首次铁系梳枝丁戊橡胶万吨级工业化试生产。工业化产品得到下游轮胎企业的广泛认可，并开发高铁减震等领域的应用。

（徐忠亮）

合成纤维原料

【概述】 集团公司生产的合成纤维原料有精对苯二甲酸（PTA）、精间苯二甲酸（PIA）、丙烯腈（AN）、己内酰胺（CPL）、乙二醇（EG）5 个品种。截至 2023 年底，集团公司合成纤维原料生产能力为 820 万吨 / 年。

（朱　良）

【对苯二甲酸】 截至 2023 年底，集团公司 PTA 生产能力为 311.9 万吨 / 年。年内根据 PTA 市场情况，适时调整装置开停车，扬子石化、洛阳分公司 PTA 装置经营性停车。

（朱　良）

【丙烯腈】 截至 2023 年底，集团公司丙烯腈生产能力为 99 万吨 / 年。根据市场行情，集团公司 6 套丙烯腈装置运行负荷较低。安庆分公司 2# 丙烯腈连续平稳运行 1029 天，创国内同类型装置运行周期新纪录。

（牛克山）

【己内酰胺】 截至 2023 年底，集团公司己内酰胺生产能力为 120.9 万吨 / 年，增加 30 万吨 / 年。湖南石化己内酰胺产业链搬迁与升级转型发展项目装置建成投产，新建己内酰胺联合装置使用浆态床蒽醌法制高浓度双氧水、环己烯酯化加氢制环己酮等新技术，12 月联合装置全线顺利贯通并产出合格产品。

（牛克山）

【乙二醇】 截至 2023 年底，集团公司乙二醇生产能力为 329.86 万吨 / 年。

（朱　良）

合成纤维聚合物

【概述】 集团公司生产的合成纤维聚合物主要品种有聚酯（PET）、聚乙烯醇（PVA）、聚酰胺（PA6）、聚对苯二甲酸丁二醇酯（PBT）。截至 2023 年底，集团公司合成纤维聚合物生产能力为 361 万吨 / 年。

（朱　良）

【聚酯】 截至 2023 年底，集团公司聚酯生产能力为 339.33 万吨 / 年。

（朱　良）

【聚乙烯醇】 截至 2023 年底，集团公司聚乙烯醇生产能力为 29.83 万吨 / 年。川维化工公司研发生产的羧基改性产品、自有品牌分散剂系列产品性能得到用户认可。宁夏能化开发生产低甲醇产品。

（牛克山）

【聚酰胺】 截至 2023 年底，集团公司聚酰胺生产能力为 17.5 万吨，增加 9.8 万吨。石家庄炼化装置继续停工。8 月，湖南石化老区聚酰胺装置停工，9 月，新建装置陆续投料开车，开发生产丝线用共聚 PA6/66 等新产品，开展有色尼龙合成技术研究。

（牛克山）

合成纤维

【概述】 合成纤维的五大品种是涤纶、锦纶、腈纶、维纶、丙纶，俗称“五大纶”。集团公司拥有涤纶、腈纶、维纶、丙纶和超高分子量聚乙烯纤维和芳纶生产装置。截至2023年底，集团公司合成纤维生产能力为180.51万吨/年。

（朱　良）

【涤纶】 截至2023年底，集团公司涤纶短纤生产能力为130.6万吨/年。

（朱　良）

【腈纶】 截至2023年底，集团公司腈纶生产能力为21.8万吨/年。安庆分公司开发生产超细旦收缩型腈纶纤维、超柔腈纶纤维。上海石化研发生产细旦抗起球、有色抗起球等腈纶产品。

（牛克山）

【维纶】 截至2023年底，集团公司维纶生产能力为1.5万吨/年，减少0.15万吨/年。川维化工公司3S低温水溶纤维装置停工；高强高模纤维装置运行正常，产品性能提升。

（牛克山）

【碳纤维】 截至2023年底，集团公司碳纤维生产能力为0.76万吨/年。上海石化采用自有技术建设的1.2万吨/年48K大丝束碳纤维项目一期装置投产，3条氧化碳化线运行正常，生产出符合风电要求的专用料；百吨级高性能生产线试生产成功，产出合格高强中模SCF55产品（T800级）；SCF35级碳纤维装置实现达产达标运行。

（牛克山）

碳一化工

【概述】 集团公司碳一化工装置以煤、天然气、重质油为原料，主要生产氢气、一氧化碳、合成气、乙炔、合成氨、甲醇、丁辛醇、液体二氧化碳等产品，主要作为下游装置原料。

（佘振红）

【煤化工】 截至2023年底，集团公司有16套煤化工装置，其中煤制氢和煤制气装置共9套、煤制氨装置3套、煤制甲醇装置3套、电石及电石制乙炔装置1套。2023年，湖南石化水煤浆型煤制氨装置投产，粉煤型煤制氨装置停产。煤化工装置中，金陵分公司、茂名分公司、南化公司、九江分公司煤制氢，齐鲁分公司煤制气，南化公司煤制氨，以及宁夏能化、中天合创煤制甲醇8套装置采用引进的Texaco水煤浆气化技术；安庆分公司煤制氨装置采用引进的Shell粉煤气化技术；扬子石化煤制气、中安联合煤制甲醇、中科炼化煤制氢3套装置采用中国石化自有的SE粉煤气化技术；镇海炼化1#煤制氢、2#煤制氢装置均采用中国石化自有的SE水煤浆（热壁式）气化技术；湖南石化水煤浆型煤制氨装置采用中国石化自有的SE水煤浆水冷壁气化技术。

（佘振红）

【天然气化工】 截至2023年底，集团公司天然气化工装置主要分布在川维化工公司和扬子石化。其中，川维化工公司以天然气为原料制取乙炔，并利用联产的乙炔尾气生产甲醇，再以乙炔、甲醇为原料进而生产合原合纤等产品。扬子石化一氧化碳装置以天然气为原料生产一氧化碳、氢气和羰基合成气，为醋酸等下游装置提供原料；一氧化碳装置采用德西尼布天然气蒸汽转化技术、巴斯夫a-MDEA脱碳技术和空气产品公司深冷分离技术。

（佘振红）

【油制氢】 截至2023年底，集团公司仅镇海炼化有1套油制氢装置。该装置采用Texaco重油部分氧化气化技术和Linde低温甲醇洗技术，以炼油副产脱油沥青为原料制取氢气，供炼油装置作原料。

（佘振红）

化肥

【概述】 集团公司生产的化肥产品有合成氨、硫酸铵2个品种。截至2023年底，总生产能力为321.36万吨/年，增加66万吨/年。各化肥产品生产能力详见表3。

表3 集团公司主要化肥产品生产能力 万吨/年

产品名称＼年份	2023	2022	2021	2020	2019	2018
合成氨	147.50	127.50	157.50	157.50	157.50	157.50
硫酸铵	183.86	137.86	137.86	136.05	136.05	100.05

（佘振红）

【合成氨】 截至2023年底，集团公司合成氨生产企业有4家，生产能力合计147.50万吨/年，增加20万吨/年，湖南石化水煤浆型煤制氨装置投产、粉煤型煤制氨装置停产。除川维化工公司以副产氢为原料外，其他均以煤为原料；安庆分公司、南化公司采用托普索氨合成工艺，川维化工公司采用卡萨利氨合成工艺，湖南石化采用南京国昌氨合成工艺。

（佘振红）

【硫酸铵】 截至2023年底，集团公司生产硫酸铵的企业主要有8家，生产能力（实物量）合计183.86万吨/年（不含金陵分公司、中天合创、中安联合、中科炼化），增加46万吨/年。

（佘振红）

无机原料

【概述】 集团公司无机原料产品主要有硫酸、硝酸、盐酸、烧碱和精制盐5个品种。截至2023年底，集团公司无机原料总生产能力为378.38万吨/年，增加54.08万吨/年。各无机原料产品生产能力详见表4。

表4 集团公司主要无机原料生产能力 万吨/年

产品名称＼年份	2023	2022	2021	2020	2019	2018
硫　酸	227.50	178.00	178.00	178.00	138.00	123.00
浓硝酸	22.00	22.00	22.00	22.00	22.00	22.00
盐酸（折31%）	9.38	10.50	10.50	10.50	10.50	10.50

续表

产品名称＼年份	2023	2022	2021	2020	2019	2018
烧　碱	65.50	59.80	59.80	59.80	58.80	57.80
精制盐	54.00	54.00	54.00	54.00	54.00	54.00

（佘振红）

【硫酸】 截至2023年底，集团公司生产硫酸的企业共4家，生产能力合计227.50万吨/年，增加49.50万吨/年，湖南石化己内酰胺搬迁项目投产、老装置停产。

（佘振红）

【硝酸】 截至2023年底，集团公司生产硝酸的企业只有南化公司，浓硝酸生产能力为22万吨/年，同比持平。

（佘振红）

【盐酸】 截至2023年底，集团公司生产盐酸的企业共4家，生产能力合计9.38万吨/年（不含南化公司、齐鲁分公司），减少1.12万吨/年。

（佘振红）

【烧碱】 截至2023年底，集团公司生产烧碱的企业共4家，生产能力合计65.50万吨/年，增加5.7万吨/年。

（佘振红）

【精制盐】 截至2023年底，集团公司生产精制盐的企业只有江汉盐化工，生产能力为54.00万吨/年，同比持平。

（佘振红）

生物及精细化工

【概述】 集团公司有功能高分子材料、功能添加剂、专用化学品和生物化工4个大类及10个小类产品，详见表5。

表5　集团公司生物及精细化工产品

大类	小类	产品
功能高分子材料	黏合剂和涂料	双酚A型液体环氧树脂、双酚A型中高分子量固体环氧树脂、邻甲酚醛环氧树脂、双酚A酚醛环氧树脂、苯酚酚醛环氧树脂、风电用环氧树脂、水性环氧树脂、溴化阻燃型环氧树脂、复合材料用环氧树脂及稀释剂、固化剂、增韧剂等 VAE乳液、VAE粉体
	特种聚合物及其单体	聚醚多元醇、聚合物多元醇
	功能膜材料	超滤膜及管式、帘式膜组件、纳滤/反渗透膜、PVA光学膜
功能添加剂	合成材料助剂	橡胶防老剂（4010NA、4020、TMQ）、PVA分散剂、纳普®弹性纳米粒子（复合α成核剂、复合β成核剂、抗菌剂等）
	油品添加剂	润滑油无灰分散剂（T151、T154A、T154H、T161、T161C）
	油气田化学品	耐温抗盐表面活性剂、聚胺抑制剂、极压减摩剂、极压润滑剂、高效润滑剂、纤维类随钻堵漏剂、有机土、消泡剂、聚合醇封堵剂、黏土稳定剂、降压增注驱油用纳米乳液等

续表

大类	小类	产品
专用化学品	杀菌防腐剂	漂粉精（次氯酸钙）、强氯精（三氯异氰尿酸）
	特种溶剂	对二乙基苯（PDEB）、戊烷（聚烯烃用、发泡剂用、脱附剂用）
	精细化工中间体	一乙醇胺、二乙醇胺、三乙醇胺、异戊烯
生物化工	尼龙及单体	C_{12}/C_{13} 长链二元酸

（戴　珺）

【黏合剂和涂料】 主要有环氧树脂、醋酸乙烯－乙烯共聚乳液（VAE）等产品。

环氧树脂生产企业为湖南石化。2023 年，湖南石化加大在电子油墨、风电叶片、风电结构胶、舰船结构件、5G 电子封装、紫外光纤涂覆、碳纤维复合材料用环氧树脂体系复合材料等新兴应用领域推广，并在绝缘材料、煤矿开采及防腐涂料重工机械等领域实现产品首次应用突破。主要新产品包括 5G 通信基材用环氧树脂、复合材料用树脂体系（开发出复合材料电杆、碳纤维复合导线、抽油杆、船舶舰艇等领域用树脂体系）、水性环氧树脂（适用于地坪、金属防腐、美缝剂等领域）、功能型环氧树脂（氢化双酚 A 型环氧树脂、多功能团环氧树脂体系）、装饰用高透环氧体系（已经形成系列化产品，在工艺涂层等方面应用广泛，产品远销国外）。

VAE 乳液生产企业有燕山分公司和川维化工公司。2023 年，燕山分公司扎实推进高性能 VAE 乳液系列新产品开发和推广应用，以产销研一体化为基础，通过开展市场调研与分析研究，对标市场先进产品，完善工艺配方、优化工艺条件，持续开展高柔性防水涂料、自流平及黏接胶粉专用、高端复合黏接、阻燃板及造纸、高速卷烟用胶等应用领域的新产品开发生产。川维化工公司 VAE 乳液可生产 30 余个不同牌号的 VAE 产品，系列产品通过国家环境标志认证，为绿色环保产品。全年分阶段、分层级、应用场景式开发新品，树立 VAE 品牌，发挥产销研用优势，瞄准乳胶粉、纺织复合、D4 木工胶、高端防水领域。

（戴　珺）

【特种聚合物及其单体】 主要有聚醚多元醇（PPG）、聚合物多元醇（POP）。

天津资产分公司重点推广聚醚新产品聚合物多元醇 POP 系列及弹性体系列，低 VOC 产品稳定供应大型汽车企业，采用定制化生产亲水性弹性体、慢回弹产品，均已推向市场。

（戴　珺）

【功能膜材料】 主要有超滤膜及管式、帘式膜组件、纳滤 / 反渗透膜、PVA 光学膜。

截至 2023 年底，燕山分公司 4 万支 / 年纳滤 / 反渗透膜项目经过长期工艺技术调试、设备维护，具备苦咸水膜、纳滤膜、抗污染膜、海水淡化膜生产能力，生产稳定性及产品质量均得到较大提高。在系统内外推广应用取得成效，成功入围集团公司内部优势产品目录，已中标洛阳分公司水处理元件招标。膜组件在天津石化和沧州分公司建立示范工程应用，运行效果良好，与进口产品性能相当。

（戴　珺）

【合成材料助剂】 主要有橡胶防老剂系列产品和纳普®弹性纳米粒子，生产企业分别为南化公司和燕山分公司。

2023 年，南化公司防老剂 6PPD 专用贵金属催化剂工业应用试验装置继续平稳运行，催化剂性能稳定，实现反应温度和压力双降，原料、动力消耗降低，产品加热减量降低取得新突破，提升了绿色清洁工艺水平。全球十大品牌橡胶用户中有 9 家使用南化公司防老剂产品，销售比例占 20% 以上。

纳普®弹性纳米粒子（简称粉末橡胶）是中国石化开发的世界首创技术，并在燕山分公司建成千吨级装置，可生产丁苯、丁腈、丙烯酸酯、硅、丁苯吡、氯丁等 20 多个牌号产品，主要用于热固性树脂和热塑性塑料（聚酯、尼龙等）的改性。热塑性树脂领域，在燕山分公司汽车专用料及管材料、中天合创耐候膜领域实现工业化应用；

热固性树脂领域，在下游环氧树脂预浸料领域实现成功应用；其他应用领域，推进粉末丁苯橡胶在润滑脂中的应用，主要评价其降低动、静摩擦系数，以及减震效果，小试取得良好效果。

（戴 珺）

【油品添加剂】 主要产品为润滑油无灰分散剂，生产企业为扬子石化，产品牌号有 T151、T154A、T154H、T161、T161C 等。

2023 年，扬子石化无灰分散剂产销团队坚定"产品 + 服务"理念，进一步拓展产品定制服务，着力开展工艺优化创新，深挖牌号切换、节能降耗潜力，在产品质量、降本、产量提升等方面成效显著。

（戴 珺）

【油气田化学品】 主要有钻井助剂、注水压裂助剂和三次采油助剂 3 类 12 个产品，生产企业为南化公司。

南化公司围绕生产经营、挖潜增效，努力开发润滑剂、新型微乳表面活性剂等代加工新品种，2023 年推进新研发产品进行现场试验，签订内部优势产品互供框架采购合同，推进自研油田化学品在更多油田企业应用，助力气田企业增产创效。

（戴 珺）

【杀菌防腐剂】 主要有漂粉精、强氯精等产品，生产企业为江汉盐化工。

2023 年，"两精"产品坚持以价值创造为引领、市场需求为导向，强化产销深度融合，确保产销平衡和利润最大化。产品持续构建战略客户协同体系，采取区域市场宏观管理和客户分级精细管理相结合的模式，坚持"一单一议""一户一策""一区一案"的差异化营销策略，保证了经营任务完成。加大自有品牌建设，提升"两精"产品的知名度，增加客户黏度，稳固市场份额。

（戴 珺）

【特种溶剂】 主要产品为 PDEB 和戊烷。

PDEB 生产企业为扬子石化，主要用于吸附分离法生产 PX。2023 年，扬子石化积极拓展 PDEB 国内、国外市场，全力保障内部供应，PDEB 国内市场占有率继续保持第一。继续畅通出口通道，完成年度出口任务。

戊烷生产企业为上海石化，提供聚烯烃用、发泡剂用、脱附剂用等细分产品。其中，聚烯烃用戊烷满足极低水分指标要求，长期应用于上海赛科公司聚烯烃装置。

（戴 珺）

【精细化工中间体】 乙醇胺产品包括一乙醇胺、二乙醇胺和三乙醇胺，由中科炼化生产。

2023 年，中科炼化乙醇胺装置维持满负荷生产状态，下游产品覆盖广东、福建、湖南等市场，主要用于水泥助磨剂、表面活性剂、气体净化、金属清洁及加工等领域。全年装置产品根据市场变化灵活调整产品结构，加强产销协调，以销定产，确保产品满足市场需求，合理控制罐存。

（戴 珺）

【生物化工产品】 主要产品有 C_{12}/C_{13} 长链二元酸，生产企业为扬子石化。可批量生产供应合格的 C_{12} 二元酸精制产品，广泛应用于热熔胶、尼龙、防锈剂等领域。

（戴 珺）

节能降碳

【概述】 2023 年，化工板块万元产值综合能耗下降 0.1 个单位，节能率为 8.62%，节能量 574 万吨标煤，17 家企业万元产值能耗下降。万元产值碳排放强度下降 0.2 个单位，降碳率为 7.92%，减排量 685 万吨二氧化碳，18 家企业万元产值碳排放强度下降。

化工企业实施"能效提升"计划项目 41 个，总投资 5.1 亿元，年节能量 10 万吨标煤，年增效 3.2 亿元。芳烃低温热利用镇海炼化二期项目投用，PX 能耗下降 140 千克标油 / 吨，减排二氧化碳约 30 万吨 / 年；上海石化、天津石化一期项目投用，PX 能耗分别下降 10 千克标油 / 吨、25 千克标油 / 吨。南化公司实施制氢、合成氨联合优化，合成氨综合能耗达到行业标杆水平，减排二氧化碳约 50.9 万吨 / 年。

编写修订《中国石化化工企业 2030 年碳达峰路径研究（V2.0）》，开展化工板块、主要企业和重点装置碳排放分析。根据发展规划变化情况，结合未来拟投资项目、停运装置等因素，更新 2030 年前各年度二氧化碳排放量变化情况。

启动中国石化化工产品碳足迹研究工作。推动镇海炼化、茂名石化、仪征化纤、宁夏能化等企业产品碳足迹模型搭建工作，持续完善化工产品碳足迹核算方法规则。

镇海炼化、海南炼化、中天合创分获乙烯、PX、煤制烯烃行业能效“领跑者”称号。镇海炼化、湖南石化、安庆分公司、中科炼化和南化公司 5 家企业被评为 2023 年度化工节能先进企业。

（郭孟威）

质量管理

【概述】 2023 年，化工板块贯彻落实《中国石化 2023 年度质量工作要点》，积极开展“质量日”“质量月”活动，严抓化工产品等级品率和质量稳定性，推动产品供给向“产品 + 服务”转变，推动质量管理向“服务 + 管理”转变，提升化工产品品牌竞争力和客户满意度。化工产品质量总体稳定受控，出厂合格率 100%。

开展质量稳定性研究及交流，促进产品质量稳定性提升。开展合成树脂和合成纤维产品质量稳定性研究，组织合成树脂（2021—2022 年）和合成纤维（2022 年）产品质量稳定性研究项目结题验收和成果发布工作。

推进提质增效实施，促进产品质量提升。持续开展质量提升行动，通过实施“短、平、快”项目，帮助企业解决影响产品质量的“硬件瓶颈”问题。2023 年，将镇海炼化、齐鲁分公司、燕山分公司等 7 家单位的 19 个项目列入化工质量提升项目计划。优化质量管理措施方案，持续挖掘质量提升潜力。

做好标准化管理工作，促进标准化水平提升。组织完成《化工产品交接计量管理规范》《PX 装置用混合二甲苯》等 7 项中国石化一级企业标准复审工作。

组织检查、帮扶，促进企业质量计量管理水平提升。2023 年组织 4 个检查组，对中科炼化、海南炼化、齐鲁分公司等 12 家企业开展质量计量管理监督检查评价和帮扶工作。

推进专业信息化建设，促进质量管理信息化、智能化转型。组织试点企业开展 LIMS 国产化工作，推进中国石化炼化企业实验室执行系统（LES）建设，启动实验室智能化建设，完成中国石化炼化企业质量管理系统建设（QMS）和中国石化炼化企业在线分析仪表运行监控与管理系统项目验收。

（韩文旭）

【化工产品客户服务】 收集质量认证信息，助力服务效率提升。为了能够更加快速、便捷为客户提供产品认证信息查询服务，组织 37 家企业开展化工产品认证信息收集工作。

组织满意度调查，促进企业产品和服务质量改进。2023 年选取 SBS 和 EVA 两个化工产品，开展产品满意度调查工作，收集一手信息，了解客户真实需求。组织产品满意度调查情况发布会，从产品质量、产品使用性能、投诉处理等方面分析客户满意度情况，畅通客户反馈渠道，及时收集客户的意见和建议，进行产品和服务改进。

（韩文旭）

【质量培训】 举办化工分析检验及质量管理高级研修班，促进专业人员综合能力提升。在调研化工企业分析检验和质量管理实际情况的基础上，培训班采用集中授课、结业答辩和现场教学的教学方式，分 3 个阶段完成培训任务。

（韩文旭）

设备管理

【概述】 2023年，持续深化设备完整性管理体系应用，以设备关键KPI指标为引领，扎实开展专业技术服务，查找企业设备管理存在的薄弱环节，推进科研课题攻关，推广先进技术应用，结合专项排查和现场整治，进一步夯实设备本质安全，化工企业装置可靠性指数达97.48，处于行业先进水平。

（方紫咪）

【设备完整性管理】 加强设备完整性体系建设，稳步推进设备完整性管理。各炼化企业体系要素运行良好，成效显著。领导作用显现，全面支持设备完整性体系建设工作，建立专家团队、专业团队、可靠性团队和区域团队，构建并完善与本企业一体化的成套完整性体系文件，逐步实现将各体系要素管理贯穿于专业与技术管理中。同时通过完整性信息平台，提升设备管理工作的质量和检查监督力度。2023年上半年完成第二批14家企业的体系评审验收，11月对中天合创、宁夏能化2家煤化工企业进行体系验收。

（方紫咪）

【化工装置检修】 2023年，以打造标准化大检修流程为重点，全力抓好化工装置检修全过程的安全质量管控。各企业预防性维修比例平均值为85.57%，检修一次合格率平均值为98.90%。镇海炼化1#乙烯、上海石化2#乙烯新区，以及洛阳分公司的芳烃、PTA、聚酯等装置完成大检修任务。根据企业需要组织开展大修技术服务，对企业检修和技改项目统筹、检修方案编制、物资准备、检修队伍落实和质量控制体系建设等方面提出优化建议。5月、8月先后2次对中科炼化开展大修技术服务，提出服务建议186项；8月、10月先后2次对上海石化乙烯装置大修开展技术服务，提出服务建议163项。

组织编制《化工装置大检修管理标准化指导意见》，规范大检修策划、准备、实施、总结各个环节的工作内容和标准，在镇海炼化2023年上半年乙烯装置大修中充分应用，提高了大检修的整体管理水平，并在后续大检修企业中进行推广。

（方紫咪）

【专业管理】 推进设备专业制度修订，确保设备合规高效运行。承接《中国石化设备管理办法》，组织编制炼化企业设备专业管理规定，整合现存同类制度，编制技术规范。完成《炼化装置转动设备管理规定》《炼化企业电气专业管理规定》《炼化企业检修管理细则》《炼化企业更新管理细则》等制度的修订工作。针对老旧装置超设计寿命服役特种设备管理问题，与市场监管总局特种设备安全监察局和中国特种设备检测研究院共同研究，探索在系统管理设备风险的基础上，对超设计寿命服役特种设备施行分类管理的途径。督促企业认真贯彻落实《特种设备安全法》要求，完善制度体系，压实主体责任，不断强化特种设备管理，持续提升本质安全水平。

组织课题攻关脱瓶颈，开展专项治理消隐患。针对企业实际运行暴露出来的设备问题，组织多项科研技术攻关。开展EO/EG装置腐蚀与防护专题调研，提出防腐提升改进方案、环氧乙烷精制塔系统安全提升措施、乙二醇装置工艺防腐管理提升方案，初步完成SD工艺装置的选材导则。安排洛阳技术研发中心开展“绝热层下腐蚀检测评估控制技术研究与应用”研究，初步形成炼化企业乙烯装置保冷能效测试评价方案，并完成《中炼化保温保冷工程质量监督评价报告》。持续推进“乙烯原料重质化、多样化对乙烯装置设备长周期运行影响的研究”“石化大型挤压机长周期运行瓶颈问题研究及应对策略”等课题攻关。重点开展高危泵治理、C/D区泵治理、设备带“病”运行排查和治理等工作，同时稳步推进“部分企业主变容量不满足N-1”问题整改、单点联锁治理工作。

开展新建装置问题收集，加强空分专业管理。编制下发《空分专业管理规定》，整合《空分装置运行管理细则》和《空分装置技术经济指标评价细则》，凝练以往装置运行的经验教训。开展建设5—8年空分装置的运行问题收集，主要包括设计缺陷、采购质量不达标、运行初期管理不到位、操作和应急处置不当等情况。对故障原因、整改方案、下一步措施进行梳理总结，形成指导意见，提升新建空分项目的标准，加强装置运行管理，全面提升专业水平。

（方紫咪）

【设备大检查和技术服务】 持续开展专业技术服务，不断提升设备管理水平。在2022年试点进行设备专业服务工作的基础上，2023年全面开展设备专业技术服务。3—5月先后组织对35家炼化企业开展动静设备和电气专业技术服务、仪控专业技术服务。协助企业系统性排查在管理组织架构、完整性体系建设、预防性维护和定时性工作、专项管理等方面存在的问题，提出整改要求及建议。结合10月的HSE大检查，对企业的问题整改情况进行复核。

结合企业实际需要，组织系统内外专家开展设备故障分析，帮助企业消除装置瓶颈问题，提出长周期稳定运行管理建议。先后组织专家对中科炼化裂解气压缩机蒸汽透平主进汽阀泄漏、EO/EG装置工艺凝液泵结垢，上海石化1#聚乙烯装置二次机频繁停车等问题开展技术服务；组织宁夏能化热电运行部5#主变压器因油样异常原因分析，研究宁夏能化主网架构，优化系统治理方案；组织上海石化热电一站4#主变故障分析、1#芳烃装置DCS系统改造方案研讨。

（方紫咪）

【设备信息化】 加快设备域信息化建设，加快推进设备完整性管理系统总部端开发与上线工作。关键机组状态监测推广项目已完成80%。开展化工往复式压缩机状态监测配置完善，推动往复式压缩机状态监测系统框架招标。2023年，关键机组监测诊断中心共监测10家炼化企业347台离心压缩机组，共出具监测月报99份、节假日运行简报33份，共发现机组运行异常状态预警266台次，针对关键机组启停机过程开展过程监测469台次，为关键机组的平稳运行提供技术支持。

（方紫咪）

【设备节能】 2023年，共下达设备节能项目18项，投资估算5517万元，预计年节能量8851.75万吨标煤、二氧化碳减排量2.43万吨、节能效益1861.2万元。

（方紫咪）

【专业培训】 2023年，根据企业需要，举办装置检维修技术、动设备、静设备、电气、仪控、空分装置技术等培训班。通过针对性的培训，培养一批基础扎实、技术过硬的专业管理人才，在提升设备专业管理水平、提高检修维护质量、加强修理费管理、提高空分装置技术水平等方面，起到良好的促进作用。

（方紫咪）

达标管理

【工作组织】 化工达标管理工作按专业、分装置组织开展，包含专业达标和同类装置竞赛。专业达标方面，2023年涵盖乙烯、芳烃、有机化工、合成树脂、合成橡胶、合成纤维原料、合成纤维、碳一化工等8个专业、26家企业。同类装置竞赛方面，2023年覆盖乙烯、芳烃、乙二醇、苯乙烯、苯酚丙酮、丁二烯、MTO、醋酸乙烯、高压聚乙烯、低压聚乙烯、线型低密度聚乙烯、连续法聚丙烯（分化工和炼油两大类）、顺丁橡胶、SBS、PTA、丙烯腈、聚酯、涤纶短纤维、腈纶、己内酰胺、煤气化（分水煤浆气化和干粉煤气化两大类）等21类共计151套装置。

（马国锋　曾森洋）

【重点工作】 2023年，化工板块认真贯彻落实党组决策部署，坚持“基础＋高端”“化工＋材料”

战略，克服化工产能过剩、市场需求不振、同质化竞争加剧等困难和挑战，持续推动攻坚创效，推进对标一流管理提升行动常态化，深化专业达标和同类装置竞赛，发挥示范引领和“比学赶超”作用，调动企业、班组全员积极性，大力实施原料产品结构调整和装置运行优化，聚焦提质增效，着力节能降耗，提升精益管理水平，努力实现化工装置“安稳长满优”运行，有力推动化工板块迈向低碳高质量发展。

（马国锋　曾森洋）

【专业达标】 化工专业达标侧重生产运行的经济性，主要以物耗、能耗、损失率等技术经济指标的价值量化为主，重点体现实际完成与年度计划的差值，采用价值量化方式进行专业达标核算，体现效益优先的专业管理思路。2023 年，设置达标考核的 8 个专业中，乙烯专业 10 家企业达标；芳烃专业 6 家企业达标，九江分公司视同达标；有机化工专业 12 家企业达标，广州分公司、海南炼化、宁夏能化、中科炼化视同达标；合成树脂专业 14 家企业达标；合成橡胶专业 3 家企业达标，燕山分公司、扬子石化视同达标；合成纤维原料专业 3 家企业达标；合成纤维专业 2 家企业达标；碳一化工专业 8 家企业达标，镇海炼化、宁夏能化、中天合创、中安联合视同达标。

（马国锋　曾森洋）

【同类装置竞赛】 同类装置竞赛覆盖主要化工生产装置，以同类装置技术经济指标“比学赶帮超”竞赛为主，不同类型装置根据技术特点选取相应的考核指标，主要包括产量计划完成情况、物耗、能耗、损失率、非计划停工次数天数、长周期运行时间、产品质量、安全、环保及新产品和差别化等相关指标，通过同类装置对标改进推动整体技术经济水平提升。

2023 年，根据各类别装置考核规则和评分办法，共评选出优胜装置 42 套，其中镇海炼化 2#、中韩石化、茂名分公司分获乙烯装置前 3 名，镇海炼化、金陵分公司、上海石化分获芳烃装置前 3 名，镇海炼化 1#、茂名分公司 2#、镇海炼化 2# 分获乙二醇装置前 3 名，中科炼化、海南炼化、安庆分公司分获苯乙烯装置前 3 名，燕山分公司 2# 获评苯酚丙酮优胜装置，镇海炼化 2#、中韩石化 1#、茂名分公司 1# 分获丁二烯装置前 3 名，中原石化获评 MTO 优胜装置，上海石化获评醋酸乙烯优胜装置，燕山分公司 2#、茂名分公司 2#、上海石化 2# 分获高压聚乙烯装置前 3 名，茂名分公司、中科炼化、中韩石化 1# 分获低压聚乙烯装置前 3 名，天津石化、扬子石化、中原石化分获线型低密度聚乙烯装置前 3 名，燕山分公司 1#、上海石化 2#、镇海炼化 1# 分获化工连续法聚丙烯装置前 3 名，湖南石化、荆门分公司、九江分公司分获炼油连续法聚丙烯装置前 3 名，燕山分公司获评顺丁橡胶优胜装置，湖南石化获评 SBS 优胜装置，安庆分公司获评丙烯腈优胜装置，上海石化获评腈纶优胜装置，金陵分公司、镇海炼化 2#、中天合创分获水煤浆气化装置前 3 名，湖南石化、安庆分公司分获干粉煤气化装置前 2 名。

（马国锋　曾森洋）

计量管理

【计量管理与监督】 2023 年，化工板块贯彻国家计量法律法规，落实中国石化计量工作要求，加强计量基础管理和监督，做好在线校准、远程诊断、智能控制等先进技术交流与培训，推动计量自动化、智能化建设，不断提高计量管理水平。联合中国计量协会能源计控工作委员会，于 3 月下旬举办计量仪表在线校准规范宣贯培训，9 月下旬组织计量技术及管理提升工作交流会。

（韩文旭）

中国石化 SINOPEC

境内炼化工程

综述 | 生产经营管理 | 技术创新 | 企业管理 | 安全生产

综述

2023年，炼化工程板块坚持守正创新，优存量、谋增量、强基础、防风险，深入实施高质量发展行动，全力优化生产经营，在“产品卓越、品牌卓著、创新领先、治理现代”之路上跑出加速度，圆满完成各项目标任务，以稳健的经营业绩与切实的责任担当努力回报社会、回馈股东。

生产经营任务全面完成。积极应对市场形势，抓住机遇、精细管理、深化改革，实现收入562.21亿元、净利润23.36亿元，全年新签合同额802.52亿元，各项生产经营目标全面完成。

重点工程保障有力。强化过程管理，全力保障集团公司重点工程项目顺利实施，项目质量、安全整体受控。

（刘红叶　张　瑜）

生产经营管理

【概述】 2023年，炼化工程板块聚焦新使命新任务，做好顶层设计，明确高质量发展思路，并采取一系列行动，收获丰硕成果。

（刘红叶　张　瑜）

【境内市场开发成果量质齐增】 2023年，境内新签合同额约588.05亿元，市场持续保持全面竞争力。签订合同包括茂名石化炼油转型升级及乙烯提质改造项目、洛阳石化百万吨乙烯项目、镇海炼化扩建150万吨/年乙烯项目、山东滨华项目等一批项目的前端工程咨询和工程设计合同，以及多个大型园区项目的EPC总承包和施工合同。代表性新签合同包括北方华锦联合石化有限公司精细化工及原料工程乙烯、芳烃、聚丙烯等部分装置工程总承包合同，合同金额合计约156.61亿元；镇海炼化炼油和高端合成新材料项目多套装置EPC总承包合同，合同金额合计约34.05亿元；中国石油吉化转型升级项目乙烯装置EPC工程总承包，合同金额约31.73亿元；巴斯夫一体化项目多标段EPC总承包合同及施工合同，合同金额约17.55亿元；青岛炼化液化气安全提升项目EPC总承包合同，合同金额约13.53亿元；中国海油大榭石化升级改扩建项目聚丙烯EPC总承包合同，合同金额约16.73亿元。新签订新能源和新材料等新兴领域合同230个，新签合同金额约76.72亿元、增长65.0%，新兴业务持续加速拓展。

（刘红叶　张　瑜）

【重点项目建设稳步推进】 2023年，境内执行各类设计、咨询、EPC、施工项目1003个，新开工项目747个，中交项目477个。其中，天津南港乙烯项目（EPC）已中交；巴陵石化己内酰胺项目（EPC）已中交并投用；天津LNG（二期）项目（EPC）已中交并投用；山东LNG（三期）项目（EPC）已中交并投用；镇海炼化炼油和高端合成新材料项目（EPC）处于施工安装高峰阶段，总体进度逾70%；中国石油吉化转型升级项目（EPC）处于施工安装阶段，总体进度逾40%；龙口LNG项目（EPC）处于施工高峰阶段，总体进度逾70%；华锦项目（EPC）处于详细设计阶段；埃克森美孚惠州乙烯项目（BEPC）平稳顺利推进，获业主颁发“全球项目安全总裁奖”。

（刘红叶　张　瑜）

技术创新

【概述】 2023 年，炼化工程板块科技创新更加面向市场，立足价值提升，突出新型工业化引领，在石化主链技术、延链技术和工程技术上更加均衡发展。安庆石化 RTC、库车绿氢相继建成投产，标志着公司在油转化领域和以氢能产业链为代表的新能源领域获重大突破。新材料方面，PGA、POE 等一批中试装置陆续建成投产并向工程化快速迈进。成功开发的“多源固废零填埋无害化处理成套技术”在燕山石化建成中试，固体废物再利用率达 100%；在废水、废气和废催化剂处理，生物质掺烧，木质素高值化利用，CCUS 等技术上加强储备，初步形成集装置拆除、场地修复、资源利用为一体的全产业链服务能力。把项目管理一体化、精益设计、集约采购、工厂化预制、机器人焊接、工厂数字化、智能运维等创新课题作为新型工业化的重大专项统筹推进；RTC、乙烯、气化和热电等远程智能运维、在线模拟优化技术已经起步并初步获得业主认可，有望成为伴随工厂生命周期的全新业务形式。

（刘红叶 张 瑜）

【科技创新能力再攀高峰】 2023 年，炼化工程板块科技研发创效明显，新签各类技术开发合同 258 项，合同额合计达 4.2 亿元；技术许可与服务合同 100 项，技术许可和转化类合同额合计达 4.1 亿元，创历史新高。

工程技术创新紧密围绕公司战略及市场需求，重点科研项目稳步推进，关键核心技术攻关取得全新进展。年内，完成炼油及化工产业链及技术链梳理专项工作，为下一步精准开展“延链”“补链”“强链”工作奠定基础。设计、建设的中国首个万吨级光伏绿氢示范项目——新疆库车绿氢示范项目顺利产氢，成功实现绿氢生产到利用全流程贯通，标志着中国首次实现万吨级绿氢炼化项目全产业链贯通。该项目制氢规模达 2 万吨/年，为光伏发电绿氢产业发展提供了可复制、可推广的示范案例。聚焦传统技术转型和“双碳”目标，工程转化收获重大突破。全球首套 300 万吨/年 RTC（重油高效催化裂解）工业示范装置顺利投产，实现催化裂解技术的跨越式进步，为炼化企业从传统燃料型炼厂向化工型炼厂转型升级提供有力的技术支撑。已有 5 套重油催化裂解装置正在进行工程实施。设计、建设的中国石化首套医用级 PGA（聚乙醇酸）新材料中试装置在扬子石化建成中交，实现又一高端医用材料技术突破。设计、建设的国内首套 15 万吨/年 CHPPO 装置在天津石化顺利投产。

（刘红叶 张 瑜）

【专利申请保持良好势头】 2023 年，炼化工程板块新增专利申请 797 件，其中 574 件为发明专利、占比 72.0%；新增获授权专利 462 件，其中发明专利 233 件、占比 50.4%，专利质量持续优化。

（刘红叶 张 瑜）

【技术创新再结累累硕果】 2023 年，炼化工程板块在科技创新及工程建设领域获省部级及以上各类科技进步类奖项共计 33 项（次），其中“页岩气液化成套技术开发及工业应用”等 2 项课题获中国石化科技进步奖二等奖，“大型固定床加氢反应过程强化工程技术开发”获中国石化科技进步奖三等奖；“一种多管程乙烯裂解炉”获国家级专利银奖；获国家级优秀设计奖 2 项、国家级优质工程奖 10 项。

（刘红叶 张 瑜）

【数智赋能能力持续发力】 2023 年，炼化工程板块统筹构筑智能制造数字化基础。炼化工程业务域建设全面推进，完成信息化应用构架 2.0、全局 App 及数据资源目录设计，2 项数据治理成果入选中国石化百项优秀数据应用案例。数字化交付能力不断提升，天津南港、镇海基地等项目智能工厂设计取得突破，中科炼化、古雷石化等数字化交付项目顺利验收。智能化应用场景持续深化，扬子石化、仪征化纤等项目智能工地开发迭代升级，煤气化装置、设备防腐等领域智能化运维试点初见成效。

（刘红叶 张 瑜）

企业管理

【概述】2023 年，炼化工程板块治理水平稳步提升。董事会规范运作，公司治理持续强化，注重股东回报，加强与利益相关方沟通，扎实推进公司全面可持续发展。

（刘红叶　张　瑜）

【精益管理提升价值创造】项目层面，严格履约，更加注重项目质量、安全、进度和效益的多目标综合管控，在激烈的市场竞争中稳固项目盈利水平；埃克森美孚惠州乙烯项目高效推进，“国际规则 + 中国模式”有机结合，形成可贵经验。公司层面，坚持“一利五率”刚性考核，财务预算牵引和管控作用持续发挥，资金管控更加有效；完善各企业经营管理的个性化考核指标体系，引导企业服务全局，重点突破。

（刘红叶　张　瑜）

【工程建设能力不断加强】2023 年，炼化工程板块持续加强精益管理和项目资源统筹策划，围绕降本增效和质量提升，全力保障项目平稳运行；加强项目全过程管控，完善项目进度、收入、成本计划管理，做好项目关键指针过程评价，强化合同变更和过程结算管理，依法合规履约，有效防范生产经营风险；通过设计优化，提高工程效率和效益；通过标准化设计、模块化建造，提高设计和施工效率；强化战略分包商培育，分包资源执行能力和项目质量有效提高；组织管理对标，优化采购方案，采购议价和项目保供能力持续提升。

加大先进装备和技术的应用力度，推进自动焊和焊接机器人工业化应用，探索和推动标准化、自动化、数字化和模块化建造在工程建设上的实施，自动焊应用率提高 3 个百分点，无导轨爬行焊接机器人、九轴及六轴管道打底焊接机器人等工艺相继研发成功并实现工业化应用，工效和质量显著提升。开展智能化工厂车间技术研发，探索打造工厂化制造基地，推动数字化、智能化与工程业务的融合，积极引领工程模式创新。2000 吨级多水域移动式重载码头、5000 吨级门式起重机升级研发成功，大国重器支撑保障能力进一步提升。

（刘红叶　张　瑜）

【ESG 治理水平显著提升】2023 年，炼化工程板块积极探索 ESG 国际经验与中国实践相融合，不断建立健全 ESG 工作体系、夯实管理基础、提升披露水平，力求打造 ESG 绩效领先企业。①建立关键 ESG 绩效指标体系。覆盖温室气体排放、资源消耗、污染物排放、职业健康与安全、廉洁与反腐败等关键 ESG 绩效指标，并将安全、环保、合规经营等 ESG 绩效指标纳入主要管理人员和成员企业考核体系，以促进公司实现年度 ESG 目标。②建立完善的 ESG 信息披露机制。积极响应香港联交所 ESG 指引的修订，并从 2023 年 3 月起在 ESG 报告中新增“绩效报告”，实现对 12 个层面 48 项披露指针的逐条回应。在万得 ESG 评级中获 AA 级，并获万得颁发的“港股能源行业 ESG 最佳实践奖”。③初步建立 ESG 指针数据统计系统。建立覆盖全部成员企业的报送机制，不断提高 ESG 报告的信息披露质量，并首次开展 ESG 报告独立鉴证工作。

（刘红叶　张　瑜）

【人才队伍建设深入推进】2023 年，炼化工程板块坚持“人才强企”发展战略，加强人才队伍建设。创新多元化人才引进机制，深化校企合作，与高校联合实施“扬帆计划”。锻造高素质专业化管理人员队伍，推进公司经理层和中基层管理人员任期制和契约化管理，充分调动各级管理人员积极性和主动性，激发企业内生活力动力。完善专业工程师培养模式，开展“最强工程师”竞赛，以“理论加实践、学习加研讨、训练加考评”的赋能模式，精准培养专业工程师和设计工程师。按照“五懂五会五能”要求，抓实技能操作人员岗位技能培训和基本功训练，实施“师带徒”“以工代训”“技能比武”等措施打造“学习型”班组。持续开展年轻人才实践锻炼“墩苗计划”，让年轻人才在基层一线磨练中茁壮成长。实施人才梯队计划，开展业务领军、项目英才、未来人才和技能大师继任人才选拔，加快高层次人才培养，不断增强人才支撑引领发展的能力。

（刘红叶　张　瑜）

安全生产

【QHSE 保持良好态势】 2023 年，炼化工程板块以“安全管理强化年”行动、绿色企业行动、质量“低老坏”问题专项治理和“大干一百天”行动为主线，以审核推体系，以培训竞赛强能力，以检查督查抓落实，以风险管控筑屏障，续写安全绿色高质量发展新篇章。全年，实现累计 2.9 亿安全人工时，增长 15.8%，安全、优质、清洁生产形势平稳受控，未发生质量、环保事故事件。全年共获国家级质量奖 3 项、全国优秀焊接一等奖 6 项、国家级 QC 小组成果 4 项，惠州乙烯项目获业主颁发的“全球项目安全总裁奖”；绿企建设持续推进，9 家成员单位全部通过绿色企业复核，QHSE 管理业绩实现较大提升。

通过专项攻坚设备管理、严重违章行为、“三基”工作，不断夯实安全生产根基；通过识别设计、研发、制造源头风险，开展质量评估、调研、专项整治行动，持续提升质量安全管控水平；通过积极研发“模块施工”“整体组装”等新技术，推广应用“智能违章识别”“电子围栏”“焊接机器人”等新设备，为本质安全注入新动能。创新研发和集成应用 GD 系列高效率、低消耗、低排放的安全绿色生产工艺，大力推行绿色工地建设，协同攻关治理 VOCs 排放、危险废物处置等难题，实现绿色低碳核心竞争力持续提升。

（刘红叶　张　瑜）

新能源

综述 | 氢能业务 | 风光发电业务 | 地热／余热业务

综述

2023 年是全面贯彻党的二十大精神的开局之年，也是实施“十四五”新能源规划承上启下的关键之年，相较于规划制订初期，内外部环境更加严峻复杂，中国石化勇于面对机遇与挑战并存的市场形势，及时调整规划布局，持续推进可再生能源“四供”能力规模化发展，不断加强产业链“两融”协同共进，充分发挥科技创新的支撑作用，凝心聚力推动新能源产业高质量发展。

2023 年，中国石化始终把握能源转型重要方向，以加快打造“中国第一氢能公司”为目标，积极推动氢能规划部署实施，研究布局氢能交通，重点推进绿氢炼化，高度重视科技创新，引领带动产业链健康发展，先行先试取得瞩目成果。按照化石能源洁净化、洁净能源规模化、生产过程低碳化的发展要求，积极谋划专项部署，大力推动绿电开发和消纳模式，及风光发电业务规模化发展，探索项目投资收益、用能企业减碳降本、碳资产储备三方创效能力的有效提升途径。年内，代表中国首次承办的世界地热大会成功召开，聚焦全球地热领域热点发展趋势，分享地热能科技开发及创新成果，推动地热产业发展，持续提升中国石化地热品牌影响力。

（新能源办公室）

氢能业务

【着力打造氢能交通网络】 研究布局氢产业走廊，解决产业集群化发展和消纳场景搭建等问题，按照“三轴四区 N 线”的思路，近中期着力打造京津冀蒙、长三角、长江带、大湾区、郑汴洛濮等氢走廊示范线。以示范城市群为重点，以重要港口、物流场所、高速公路氢走廊、煤化工基地为依托，在全国重点城市适当超前部署建设加氢站。全年累计建成 128 座加氢站，年度氢气加注量约 3400 吨、增长 100%。香港首座面向公众的加氢站——中国石化香港凹头加氢站于 2023 年 11 月启动建设。依托 11 家炼化企业建成燃料电池用氢供氢中心，氢纯化和充装设施总能力合计 2.9 万米^3（标准）/ 时。积极探索站内制氢及微网输氢新模式，福州、广西分布式氨制氢加氢一体站、大连盛港加氢站站内甲醇制氢项目相继示范运营，并在浙江、四川、重庆和山东投营微管道输氢加氢示范站 4 座。

（新能源办公室）

【全面部署绿氢炼化】 按照“氢电一体、绿氢减碳”的发展方向，布局大型可再生能源发电—制氢—储氢—利用项目，开展风光耦合制绿氢技术及配套综合研究，形成开发利用模式，加快推进绿氢与炼化应用耦合。新疆库车绿电制绿氢示范工程项目建成投产，鄂尔多斯风光制氢一体化项目启动建设，积极推进乌兰察布绿电制氢项目及配套管道项目。同时，积极探索项目新模式、开展光伏直流离网制氢技术；充分参与标准制定、开展绿氢制储环节碳排放强度核算方法等研究工作。

（新能源办公室）

【新疆库车绿电制绿氢示范工程项目】 新疆库车 2 万吨 / 年绿电制绿氢示范工程于 2023 年 8 月底全面建成投产，该项目是全球首个大规模光伏发电直接制绿氢项目，所产绿氢供应塔河炼化生产绿色低碳成品油，替代已有的天然气制氢，每年可减少二氧化碳排放 48.5 万吨。项目主要包括光伏发电、输变电、电解水制氢、储氢、输氢五大部分，其中有装机容量 300 兆瓦、年均发电量 6.18 亿千瓦 · 时的光伏电站，年产能 2 万吨的电解水制氢厂，配套建设储氢规模约 21 万标准立方米及输氢管线、输变电设施等。

（新能源办公室）

【鄂尔多斯风光制氢一体化项目】 2023年2月16日，鄂尔多斯3万吨/年风光制绿氢一体化项目启动建设。项目位于乌审旗乌审召镇，制氢厂选址位于苏里格经济开发区图克工业园区内，包括风力发电工程、光伏发电工程和电解水制氢储氢工程3个部分，建设内容为风光总装机规模约700兆瓦、电解水制氢3万吨/年，预计年减排二氧化碳143万吨。

（新能源办公室）

【乌兰察布绿电制氢项目及配套管道项目】 乌兰察布10万吨/年风光耦合绿电制绿氢项目配套布局的纯氢长输管道示范工程已被纳入“全国一张网”实施方案。该项目起于内蒙古自治区乌兰察布市，终点分别位于燕山石化、天津石化和石家庄炼化，管道沿线设置站点预留周边潜在氢源接入、下载能力，用于替代已有的化石能源制氢，以及支撑管道沿线的交通、工业用氢等，助力实现沿线地区绿色低碳发展。该管道为中国第一条跨省区、大规模、长距离的纯氢输送管道，为今后中国跨区域氢气输送管网的建设具有战略性示范引领作用。

（新能源办公室）

【集中部署氢能科技】 中国石化氢能科技采取大兵团联合攻关模式，集中部署开展氢能重大科技攻关课题研究，成效显著。制氢方面，已具备兆瓦级电解槽膜电极制备能力及电解槽的组装能力，SOEC已形成千克级电解质合成方法，具备规模化放大潜力；储运方面，完成Ⅳ型储氢气瓶内衬一体成型工艺优化，制备出Ⅳ型储氢气瓶样品；用氢方面，氢燃料电池关键材料、催化剂等，已达到国外同类商业水平。

（新能源办公室）

【引领氢能产业链发展】 2023年，中国石化按照“科技支撑、产业引领、融通带动、开放合作”的总体思路，积极推进氢能应用现代产业链建设，在国务院国资委工作专班的领导下开展氢能产业布局研究；积极推进氢能应用现代产业链数据平台建设；成功举办氢能应用现代产业链高质量发展推进会暨专家咨询委员会成立大会、高质量共建粤港澳大湾区氢能产业链论坛、氢能参股企业高质量发展座谈会、氢能安全学术交流研讨会等多场产业高峰论坛；开展氢能专家咨询委员会对燃料电池示范城市群主要地区和产业链各环节的调研工作。大型绿电制绿氢项目及加氢站等基础设施的建设，带动一批国内企业积极加入氢能装备的研发，实现相关装备制造关键技术突破，推动装备大型化、制造成本下降，全力构建基础实力过硬、应用场景完善、产业环境良好的高质量氢能产业生态圈。

（新能源办公室）

风光发电业务

【扩大清洁电力规模】 ①推动实现胜利油田东营市垦东600兆瓦光伏、新疆库车1000兆瓦“源网荷储氢”一体化项目纳入国家第三批风光大基地。②努力实现光伏及风电规模化开发，提升集团公司清洁电力供给能力，山西古交185兆瓦、湖南岳阳市经开区125兆瓦、湖南岳阳市汨罗200兆瓦、天津63兆瓦海上光伏项目等集中式光伏项目进入建设阶段；胜利油田孤东管理一区106兆瓦光伏发电项目已投产。继续推动新星大荔50兆瓦陆上风电项目，以及海南、福建漳州等海上风电项目前期工作。

（新能源办公室）

地热/余热业务

【清洁供热持续做优做强做大】 积极推广“地热+”“余热+”等清洁供暖模式，立足京津冀及渤海湾盆地等优质资源，持续推进地热供暖业务发展。2023年，新建成地热供暖能力超1200万平方米、累计地热供暖制冷能力超9000万平方米，在河北、陕西、山西、山东4个省建成地热供暖能力均超千万平方米，建成多个数百万平方米规模的区域性地热供暖项目，为全国70余个市县的百万余户居民提供清洁供暖服务，年减排二氧化碳约470万吨，为北方地区冬季清洁取暖提供有力支撑，助力打赢蓝天保卫战。集团余热利用能力超4000万吉焦/年。燕山石化建成70万吉焦/年余热利用能力。积极向深部地热领域进军。按照国家统一部署，中国石化牵头负责未来空间产业中的深部地热资源开发与利用领域，并编制完成《中国石化培育发展未来产业实施方案》深部地热部分。中国石化首口地热科学探井福深热1井在海口成功开钻，该探井是中国第一口5000米深高温地热探井。

（新能源办公室）

【成功举办世界地热大会】 2023年9月，中国石化代表中国承办的第七届世界地热大会在北京成功召开，大会以“清洁地热 绿色地球”为主题，来自54个国家和地区的1400余名嘉宾前来参会，为全球清洁低碳发展贡献智慧和力量。

（新能源办公室）

产品销售

天然气销售 | 加油（气）站产品销售 | 炼油自销产品销售 | 化工产品销售

天然气销售

【概述】 2023年，集团公司经营天然气625亿立方米、增长0.3%，其中国内上游销售天然气573立方米、增长0.7%，低于全国平均降幅7个百分点。

（李广泽）

【经营质效大幅跃升】 坚持以市场为导向、以效益为中心，充分挖掘全产业链优势，有力推动天然气经营提质增效。①资源结构持续优化。全力统筹自产资源，将新增产能纳入“资源池”。成立资源外采工作小组，加大国内第三方资源外采力度，大幅降低“资源池”综合成本。合理安排中长约船期计划，抢抓窗口期补充现货资源，积极稳妥开展套期保值，成功应对国际油气价格波动风险。②市场经营卓有成效。全力抓好管道气市场优化，创新推出固定价、挂钩长约合同，进一步提高销售结构与“资源池”构成匹配度，资源创效增效水平不断提升。大力发展LNG加气站直供业务，构建“石化气—石化运—石化用”一体化直供经营模式，实现整体效益最大化。充分发挥自身综合优势，积极培育发展优质终端，全年推进终端项目43项、实施落地10项。③设施运营实现突破。加快推进由储运设施运行向储运设施运营转变，积极开展储运设施资产优化研究，坚定不移推进设施对外开放，创新开展储气能力经营，推出储气能力租赁、双买断、代储代输等多样化产品，全力提升储运设施创效水平。

（李广泽）

【设施布局日益完善】 坚持立足当前、着眼长远，按照资源、设施、市场相匹配的原则，统筹优化新建设施布局和在建设施节奏，均衡化设施格局加快构建。①精心绘制设施布局“新蓝图”。开展“十四五”发展规划中期评估，优化调整2023—2025年发展思路和发展目标，全面做好设施规划和投资节奏优化。持续完善鲁苏皖区域管道规划方案，加快顺北、红星、通南巴区块资源落实和外输通道可研论证，推动济青管道提升改造工程与淄莱线、青岛高压管网、青岛海底管道互联互通，全面畅通管网运行“大循环”。②加快推进项目建设“施工图”。统筹优化LNG项目建设，天津LNG一期获国家优质工程奖；青岛LNG世界最大、国内首台27万立方米LNG储罐顺利投用，国产化率超95%；天津LNG二期和青岛LNG三期4台储罐建成投用；广东华瀛LNG主体完工；烟台龙口、广西三期等LNG项目稳步推进。大力实施自有管道互联互通，山东东干线诸城—高密段建成投运，皖东北管道皖东支线主体完工，区域管网优势进一步巩固。持续完善支线管道项目，丁山页岩气外输管道完成“三查四定”，彭州石化供气专线、中原储气库群东部气源管道建成投产，合浦—博白—浦北、辛集—赞皇、南陵—繁昌等终端管道按计划推进。扎实推进储气库项目，金坛、黄场储气库全年累计造腔55.7万立方米。

（李广泽）

加油（气）站产品销售

【概述】 2023年，油品销售板块面对重心下移、跌宕起伏的国际油价走势，面对新能源替代加速、传统能源增长乏力的转型大势，面对市场整治纵深推进但成果不够稳固的博弈局势，面对汽强柴弱、变化多端的市场趋势等严峻挑战，迎难而上、攻坚克难，下半年全面开展“庆祝40周年，百日攻坚创效”专项行动，圆满完成年度主要目标任务，为庆祝中国石化成立40周年交出满意答卷，向打造世界一流现代化综合能源服务商迈出坚实步伐。全年，油气经营总量2.45亿吨、增长14.7%。

（王雨卿）

【油气经营稳步增长】 境内成品油经营量1.88亿吨、增长15.8%，其中零售量1.2亿吨、增长12.4%，境外经营量4649万吨、增长15%。天然气经营量56亿立方米、增长33.9%，其中LNG零售量28.6亿立方米、增长85%。利润总额281亿元，增长5.5%。

（王雨卿）

【全域营销效果显著】 明确主题连续造节，撬动节日消费，易享节营业额突破100亿元，爱跑燃动节带动98#汽油年销量超100万吨。开展加油卡充值营销，带动沉淀资金增长3%。实施“司机之家”、柴油送餐专项营销，以占比13%的柴油站贡献34%的柴油零售量。北京石油分公司等企业全力支持马拉松赛事营销，带动品牌汽油增量15.9万吨。

（王雨卿）

【易捷服务场景更加丰富】 扩大自有品牌家族，打造核心样板门店，建设统一企微平台，门店零售额增长13%。稳妥推进易捷服务“走出去”，承接内蒙古某军事基地保供任务，30天开设28家军营超市。湖北石油分公司、辽宁石油分公司开设7座校园店。建成综合汽服门店600座、汽服项目9556座，拓展新车销售，环保化工产品步入“百亿元俱乐部”，车生态发展路径逐步清晰。悦泰公司优化供应链降本近亿元。探索文创产品、美团外卖、特色中国、广告资源互换等新模式，渠道价值进一步凸显。

（王雨卿）

【改善客户体验成效明显】 落实服务提升长效机制，持续开展基层回归和机关体验行动，优化提升全国统一客服中心营销平台，客服接通率提高1个百分点，客户满意度提升至99%。规范业务流程，推行客户分级服务，直分销实现经营量6805万吨、增长22.3%。吉林石油分公司直分销柴油终端销售比例达65.3%、较2019年增长24.7个百分点。

（王雨卿）

【市场整治合力加速形成】 贸易和终端消费环节监管相继发力，加油机作弊专项整治纵深推进，全链条、全环节、多部门治理合力已经形成。广西石油分公司、云南石油分公司、广东石油分公司及华北区域企业客户回流效果显著。贵州石油分公司试点推广大数据监管模式，成为全国样板。

（王雨卿）

【天然气竞争力进一步提升】 协同推进资源合作，统筹资源130万吨、占LNG零售的66%，“石化气、石化运、石化销”一体化优势凸显。天津石油分公司、山东石油分公司、辽宁石油分公司实现LNG零售石化资源全覆盖。宁夏石油分公司新投营LNG站日均销量排名系统第一。

（王雨卿）

【线上平台不断拓展】 “易捷加油”权益会员突破1亿人，月活超6600万人，积分兑换带动易捷销售额14亿元。“石化钱包”充值金额1553亿元、增长52%，用户累计1.54亿人，线上平台交易额超7000亿元，一键加油交易额占机出零售交易的22%。福建石油分公司打造线上线下兑换专区，形成“增发积分”带动“效益增收”良性循环。

（王雨卿）

【国际化步伐稳健有力】 成功进入泰国、斯里兰卡零售市场，发展海外加油站175座。开拓菲律宾、澳大利亚直分销市场，首批成品油出口老挝，船燃业务挺进中东、巴拿马。香港公司经营总量2029万吨，海外“桥头堡”作用彰显。燃料油公司跻身新加坡三大船燃供应商。

（王雨卿）

炼油自销产品销售

【概述】 炼油自销产品主要由炼油销售公司、化工销售公司、润滑油公司及燃料油公司等专业公司统一销售。各专业公司坚持安全管理、合规经营，坚持以价值引领高质量发展，充分发挥中国石化一体化经营优势，实现自销产品的拓市推价。

（张　曼）

【润滑油】 2023 年润滑油脂销量 132 万吨、增长 8%，其中高档商品销量突破 100 万吨。细化开展基础油等 7 项专题调研，为科学推进“油转特”战略转型提供决策依据。持续推进自主技术原料应用研究，添加剂国产化率显著提升，系统内基础油资源产品覆盖率达 95% 以上。加强基础油内外统筹，出口总量增长 30%。率先推出自主新型低锂稠化技术，突破锂基润滑脂成本困局。全年申请专利 106 件，其中科技发明专利 103 件；全年获高端 OEM 技术认可 50 项，高端技术认证转化率达 60%，其中长城风电齿轮油获得南高齿的标志性认可。全年新产品开发并投产 21 个，增长 38%。在新加坡举办全球经销商大会，产品和服务进入全球 88 个国家和地区，海外实现销量增长 13%，量效齐增，再创历史新高。

（张　曼）

【燃料油】 全年实现燃料油经营量 3493 万吨、增长 14%。①国内保税油巩固持续稳定盈利新模式。统筹制定低硫船燃、MGO、高硫船燃 3 个品种专业化经营策略，加大质量流量计推广，打造海上流动加油站，发挥石化资源优势，全年实现 19 家炼厂“全产全销”石化低硫船燃 630 万吨、MGO54 万吨，经营量 905 万吨、占国内市场的 42%，处于领先地位。坚持实纸配合、合理摆布结构，全年低硫船燃现货贴水稳定在 40 美元 / 吨左右，实现效益 5.2 亿元，走出一条符合市场规律、持续稳定盈利的新路子。②内贸业务经营质量实现新提升。稳妥推进资源获取、原料供应、海警供油、内河船供油业务，实现江苏水上站当年划转、当年盈利、月经营保持在千吨以上，积极培育航运、科考、公务、船厂等内贸船加油稳定客户，新增终端客户 143 家，实施航道局等客户“燃油 + 滑油 + 油漆 + 缆绳 + 淡水 + 生活物资”打包供应，合作开展“燃润组合营销”，持续提升船舶一站式服务水平。完成全国首座分布式甲醇现场制氢设备投营、全国首例 B5 生物柴油水上站加注示范、全国首例集装箱船对船生物燃料加注、全国最大规模船对船生物燃料加注。

（李俊春）

【其他炼油产品】 ①经营规模做强做优做大，液化气经营量连续 7 年超千万吨，石油焦经营量近 2 年均超千万吨，沥青经营量增长 29%，硫黄经营量创历史新高，保供系统内企业乙烯原料增长 20%。全力稳定产业链供应链，保障民生用气、农资用肥，供应 19 个省（直辖市、自治区）民用气 320 万吨，供应国内 12 家重点化肥企业硫黄；积极应对异辛烷征收消费税影响，快速推动液化气价格回归合理水平；国际贸易增长 10%，硫黄、液化气实现首次自主进口；终端客户直销率提高 1.4 个百分点。②积极支持企业转型发展，高烯烃液化气、针状焦、负极专用焦、低排阳极焦等高端定制化产品销量增长 42%。联合企业推进“百日攻坚创效”专项行动，中科炼化轻烃基地开启运营，优化利用系统内催化油浆增效 2.47 亿元。

（张　曼）

【品牌建设】 根据《中国石化品牌引领行动实施方案》，聚焦“产品卓越、品牌卓著、创新领先、治理现代”，相继制订《长城润滑油品牌引领行动方案》及《长城润滑油品牌引领行动清单》并积极推动落实，建立健全品牌管理体制机制，统筹推进品牌融入、品牌驱动和品牌价值提升，全力服务集团公司“十四五”规划中打造世界一流润滑油品牌的战略部署，着力塑造品牌竞争优势，培育具有全球影响力的著名品牌。2023 年先后获杰出智造典范奖（国际智造节）、行业绿色典范奖（国际绿色零碳节）、杰出品牌形象奖（十二届财经峰会）。积极邀请市场监督管理总局品牌专家开展品牌调研和业务指导，完善品牌建设，积极参评 2024 年“中国品牌日”品牌价值榜单。

深入实施品牌引领行动，着力加强品牌过程管理，深化品牌业务融合，做好品牌价值传播，扩大品牌社会影响力，2023 年“东海牌”沥青品牌价值达 42.08 亿元，增长 186%。完善“东海牌”沥青全链条技术服务，举办“东海牌”低碳环保净味沥青技术论坛，先后在广州、上海完成“东海牌”净味环保沥青摊铺；推动“东海牌”沥青首次进入广东省交通集团项目，大力开拓山西路桥等直投工程项目，各项目中标价格高于主要竞争对手，“东海牌”沥青品牌溢价优势凸显。打通金陵石化 Hardgrade 硬质沥青出口流程，2023年沥青出口量增长 6%，销售至“一带一路”多个国家，持续提升“东海牌”沥青境外市场影响力。

（张　曼）

化工产品销售

【概述】 2023 年，化工产品销售板块加大统筹协同力度，保障原料稳定供应、生产后路畅通，全面深化改革提升管理，持续提升客户服务能力，创新客户服务方式，积极维护化工产业链平稳运行，推动绿色低碳发展，全面完成年度各项任务目标，高质量发展迈出坚实步伐。

（武　晶）

【服务企业】 加强全国“一盘棋”统筹管理、各区域协同联动，在原料、产品两端同向发力，坚决履行好服务生产企业主责主业。细化制订“一企一制”方案，提前布局市场优化，圆满完成海南炼化乙烯、湖南石化等新装置开车保供任务，助力新产能平稳入市。增强优质原料保障能力，有力支撑企业调整原料结构。以资源储备为重点，积极获取进口石脑油、轻烃等裂解原料，覆盖系统内 8 家企业，开启石脑油经营运作新局面。持续加强客户需求和市场商情研究，帮助企业动态优化排产，密切衔接下游客户，统筹做好产品出厂安排，保障企业装置平稳运行。提高应急保障能力，克服装置经营性停工、降负荷运行及突发情况等不利影响，多措并举实现原料平衡及产品补缺，保障市场资源供应。

（武　晶）

【服务客户】 坚持“以客户为中心”主线，实施营销与组织模式优化调整，提供“一对一、一站式、一揽子、全过程”解决方案，持续提升全员服务意识和能力，第三方客户满意度调查优于同行。建立客户服务标准化体系，实施全生命周期管理，整合客户档案和市场调研系统，完善客户分层分级政策。设立行业总监、大客户总监，梳理 14 个应用领域、100 余个细分行业，细化“一户一案”，充分调动产品、技术、物流、金融资源，主动顺应需求变化，为客户创造价值。开展产品定制化服务，共同探索配方优化、指标提升方向，新增 18 个产品定制化项目。深化业财融合，加大金融协同与服务创新力度，为多家中小型生产客户提供信用授信和供应链金融服务，形成与战略客户长期、平等、互信的商务合作模式。强化境内外资源调配能力，建立战略客户资源保障池，助力客户构建安全、有弹性的供应链。推进部分期货强关联品种点价业务，为客户降低加工成本、增强运作能力。着力提升技术服务和响应效率，高效解决售前、售中、售后各环节技术问题。协调企业、客户打通 14 条管输线路，有效降低物流成本，提升园区产业链一体化协同水平。

（武　晶）

【产销研用】 在完善产销研用体系方面发挥桥梁纽带作用，落实“油转化”“油转特”发展战略，协同生产企业、科研机构提升高附加值产品创新能力，带动工艺、工程技术提升。立足原创研发、顶替进口、定制化生产，与企业紧密配合，与科研机构密切互动，推动产品品质迭代和技术升级，推进新材料研发、加速产业化进程。将产品工程师、专家服务系统、产品知识库，融入合成材料新产品开发应用平台，实现客户信息收集、门径管理、科研开发、试用反馈和质量提升闭环管理。在加强战略客户合作延链补链方面发挥有力支撑作用，把好与战略客户合作第一关，“选准”战略客户，加快推进新能源、新材料科研成果转化。

（武　晶）

【绿色低碳】 在推动绿色低碳发展方面发挥引领导向作用，系统研究化工绿色转型方向，构建覆盖原料、生产、销售、科研、循环利用的绿色供应链体系。将绿色理念融入市场营销，引领上游供应商、下游客户、物流服务商共同践行绿色低碳发展。瞄准低碳环保化工产品领域，加速光伏、可降解、循环回收、汽车轻量化市场布局，引导企业生产绿色产品、科研单位研发绿色产品、客户使用绿色产品。

（武　晶）

【市场研判】 加强市场大势研判和产品市场预测，充分运用商情研究成果，应对市场大幅波动，合理调节合约、现货比例，强化内外部资源统筹，平抑生产波动影响，塑造中国石化供给稳健、可以信赖的履约交付能力。全面推广“石化 e 贸”正品竞拍、询比价采购，丰富价格形成机制，强化发现价格、拓展渠道功能。加强期现套保结合，利用金融衍生品工具对冲经营风险。建设自有化工产业链数据库，开发建设商情智能分析系统，快速实现市场跟踪、对标分析、智能预测，为销售节奏把控、营销策略优化和公司中长期规划提供科学支撑。

（武　晶）

【电商平台】 加快推进“石化 e 贸”数智化建设，坚持客户至上和业务驱动，全面启动“石化 e 贸 2.0”平台建设，着力提升信息化建设能力、业务变革与赋能能力，打造数据分析洞察、数字精准营销、卓越用户体验和统筹优化赋能平台。提升平台数字化、智能化技术驱动能力，建设“客户管理、商品管理、销售服务、履约服务、产业链生态赋能”五大领域数字化应用场景，推动营销理念变革和模式创新，助力差异化营销和服务价值提升。完善市场化机制，不断优化石化易贸公司经营管理模式，加快自主团队建设和人才培养，提升公司整体信息化水平。推动“石化 e 贸”品牌建设，打造一流商誉和品牌价值。

（武　晶）

【物流管理】 组织公司内部与行业专家，分别针对“罐车检验标准（常压、带压）”“物流运行监控中心管理标准”“第三方检查认证机构工作标准”“内部人员对物流服务商与运载工具日常检查工作标准”成立 4 个专题工作组，形成具有危险化学品特点的操作指南。通过信息化手段增强监管效能，召集业内主动安全技术实施单位，对弯道、交叉口超速行为及交通事故情况下自动报警实现方案进行研讨。物流平台主流程切换上线，按照“以客户为中心，以价值创造为目标”的总体要求，实现资源统筹、透明物流、竞标管理等从无到有的物流信息化突破，为物流业务开展提供重要支撑，实现物流平台与智能出厂系统的全面数据互通，大幅提升发货效率与客户体验。推广使用物流平台“在线教育”模块，督促承运商强化对驾押人员安全教育的有效性、穿透性，开展形式多样化的培训，从源头提高驾押人员职业素质。

（武　晶）

【催化剂产品】 催化剂产品加快推进新产品转化和国产化应用，实现安庆石化 RTC、金陵石化梯级孔、燕山石化制氢电解水阳极等催化剂新产品工业应用；完成中科炼化聚烯烃、上海赛科公司乙苯脱氢、镇海炼化沸腾床等催化剂国产化替代；组织广东石化催化裂化、惠州石化连续重整等项目催化剂首次装填及开工服务；丙烷脱氢、连续重整等催化剂首次获浙江石化、宁波中金等企业订单，实现对工艺捆绑进口催化剂首次国产化替代；液相乙苯催化剂首次在浙江石化 PO/SM 装置实现工业应用，煤焦油加氢催化剂先后中标陕西未来、国能宁煤等订单。大力实施空白市场“揭榜挂帅”，全年获 43 家系统外空白市场订单，系统外市场销售收入增长 61%。

（马玉婷）

中国石化
SINOPEC

资本和金融业务管理

【概述】 截至 2023 年底，集团公司资本金融企业包括中国石化财务有限责任公司（简称财务公司）、中国石化集团资本有限公司（简称资本公司）、中国石化盛骏国际投资有限公司（简称盛骏投资公司）、中石化产融控股有限公司（简称产融控股公司）4 家公司，负责对集团公司新兴产业的财务投资和各类金融服务业务进行专业化、集约化管理。

2023 年，资本和金融企业认真贯彻落实集团公司党组决策部署，扎实开展学习贯彻习近平新时代中国特色社会主义思想主题教育，自觉接受二十届中央第一轮巡视政治体检，全力提高服务能力、激发改革动能、防控业务风险，各项任务指标全面完成，实现利润总额 69.6 亿元，完成奋斗目标的 101.6%，未出现重大风险和违规事件，实现整体风险可控。

（董　建）

【产融结合路径持续拓展】 资金平台始终坚持金融服务实体经济的根本宗旨，积极落实金融供给侧结构性改革要求，持续优化调整资产配置结构，切实加强对集团公司重大战略、重点领域和薄弱环节的金融支持，致力于将境内外资金平台打造成为一流企业集团金融服务公司排头兵和央企领先、国际一流的企业财资中心。以信贷为切入点提高为主业提供服务的金融占比，全方位助力企业调整负债结构、优化资金运作、降低融资成本，两个资金平台累计为企业协同降本超过 26.3 亿元。境内外信贷资产日均规模分别达 1085 亿元和 75 亿美元，增加 105 亿元和 15 亿美元，贷款利率降低 34BP 和 15BP，内部贷款规模增长 17.6%。有效应对境外美元持续加息、境内市场利率连续下行、汇率剧烈波动等不利环境，稳慎开展集团现金管理服务，全年运作短期资金近 2000 亿元，取得优于同行的资金运作效益。加大金融产品和服务创新，境内研究制定绿色信贷指引，推出项目前期贷款、分离式保函、合同能源管理项目贷款、跨境人民币贷款等一系列金融服务产品；境外拓展东南亚、英国、美国等地区资金集中，开发煤炭业务信用证、泰铢存款及结算等新业务，金融服务质量进一步提高。财务公司构建结算运行分析、司库资产配置等六大管理支持量化模型，服务集团资金管理科学决策。盛骏公司围绕服务提升、经营稳定、风险防控等方面制定 6 类 49 项强化管理目标任务，初步构建以资产负债管理为核心的境外经营管理体系。

（董　建）

【转型升级动能愈发强劲】 产业资本致力于打造成为具有中国石化特色的一流产业资本投资公司，紧紧围绕集团战略和主业需求持续发力，支撑传统产业转型升级、加快战新产业布局，助力科技成果转化，为集团公司转型升级培育新动能、打造新引擎。在氢能、动力电池、储能、化工新材料、充换电、湿电子化学品等细分赛道布局，全年完成投资 30.7 亿元，其中投出 8.5 亿元“大手笔”项目，助力集团公司加速攻关“卡脖子”技术。投资质效进一步提升，全年直投项目立项 34 个，投决 20 个，通过 20 个，增长 82%，所投中科富海项目获央企投资协会“创新投资优秀案例奖”。充分发挥“内部投行”功能助推科技成果转化，已投资的安工装备、安工数联和石工智控 3 家项目公司均已顺利起步、运转良好。探索“内 + 内 + 外”项目挖掘和孵化策略，北京化工研究院 EPP 技术孵化顺利交割，石油化工科学研究院 PEM 制氢技术孵化完成投决。出台《中国石化资本助力科技成果转化常态化工作机制》，资本助力科技成果转化工作迈入常态化新阶段。强化投后赋能和资本运作，举办首届中国石化氢能参股企业高质量发展座谈会，逐一对接研究解决方案，切实为企业赋能。持续探索项目退出渠道，所持乐橘科技股权成功转给化工销售公司，走通了“资本先行探路、主业持续赋能”的路径。着力提升全生命周期管理效率，完成对资本公司投后管理和退出相关事项的授权，“投—管—退”审批决策权限和流程更加统一。稳慎推进氢能链长基金设立工作，恩泽基金顺利实施减资并完成第三期实缴。

（董　建）

【价值创造水平显著提升】 产业金融致力打造成为国内一流的产业金融业务管理平台公司，深入主业提供金融服务解决方案，多管齐下支撑服务主业发展，圆满完成产融控股公司首个完整经营年度收官。

期货业务。全年经纪业务累计成交金额 3622 亿元、增加 6.56%，集团主业企业国内期货交易份额提升至 73%，客户日均权益达 17.55 亿元，行业分类评级提升到 BBB。风险管理业务探索形成化工品点价、锁价，以及期货市场交割、产业链套保等 4 种业务模式，完成全球首笔合成橡胶套期保值业务。

保险业务。境内外业务保险统筹覆盖率达 93%。帮助境内企业降低保费支出 6019 万元，协助企业获保险赔款 4.19 亿元，其中新疆绿氢项目风灾损失获赔款 2 亿元，全年境内整体保费回流率 100.21%。顺利启动集团工程项目保险统保工作，首次直接参与承保国勘巴西、英国等低股比非作业者项目。

保理业务。成功落地石油工程、炼化工程、油品销售、石化国旅等新板块新领域保理业务首单，非国事客户新增投放超 8 亿元，累计年度投放规模 73 亿元、增长 30%。

年金业务。完成集团公司年金销售股权项目退出。理顺年金业务管理体制，提升年金投资主动管理能力，多维度管控年金投资风险，企业年金收益率较上年提升近 3%，总体收益率处于可比排名前列。

租赁业务。服务主业投放占比持续提升，正式签约建造 2 艘 LNG 运输船，实现 2 艘 5000 吨级沥青船成功首航，落地“新胜利三”海上钻井平台等 8 个石化产业链项目。

数智业务。促进线上产业金融场景融合，线上支付金额 1.98 亿元，实现产业链客户线上保理放款 10 亿元，团购网助力乡村振兴，实现消费帮扶金额超 2000 万元。

（董　建）

【风险管控屏障更加牢固】 扎实开展“安全管理强化年”行动，针对资本金融业务独特的风险偏好，组织制订《资本和金融业务风险合规管理提升方案》，完善资本金融业务风险预警指标，组织金融子企业深入开展金融板块业务风险问题专项治理，全面梳理金融资产状况和业务风险。对审计、内控、专项治理等问题整改情况进行“回头看”，落实问题整改和风险化解处置措施。编制下发《金融从业人员犯罪案例警示教育》材料，持续健全风险防控机制，守住不发生重大业务风险事件底线。积极迎接国务院国资委内控体系有效性抽查评价，综合评价得分 96 分、评级 A 级。资本公司积极探索风险管控新工具、新机制，建立 6 个一级风险因子及 21 个二级风险因子的投资风险量化管控模型。创新探索建立首家央企股权投资员工跟投制度，已完成 8 个项目跟投。盛骏公司主动应对美元利率和人民币汇率波动风险，积极应对俄乌、巴以地缘冲突对业务的影响，有力保障境外资产安全。2023 年，未发生重大风险事件，总体经营平稳有序。

（董　建）

国际化经营

综述 | 对外经济合作 | 国际贸易 | 外事管理

综述

2023年，集团公司外事工作以习近平新时代中国特色社会主义思想为指导，紧紧围绕落实党的二十大会议精神、习近平总书记能源安全新战略、习近平总书记视察胜利油田和九江石化重要指示及在第三届“一带一路”国际合作高峰论坛上的重要讲话精神，认真落实集团公司党组各项决策部署，紧扣公司三大核心职责，创新精进、勇毅前行、闯出新路，推动公司国际化经营迈出新步伐，取得新成绩。

（戚　鸣）

对外经济合作

【境外油气勘探开发】 2023年，境外油气生产稳中提质，经营业绩稳定向好，新项目开发聚焦核心区域，坚持推进低效无效资产处置，资产结构持续优化，境外上游净利润和现金流实现“两个百亿元”目标。全年完成二维地震采集872千米；探井和评价井52口，其中29口井获油气发现，成功率55.8%。在埃及、喀麦隆、安哥拉、澳大利亚等地区获多项勘探突破和商业油气发现，勘探新增2P储量和2C资源量1042.5万吨油当量，超额完成年度储量目标。全年投产新井497口，新建权益产能279万吨，境外权益油气产量3187万吨油当量，其中原油2409.27万吨、天然气94.85亿立方米。顺利签约哈萨克斯坦52区块，卡塔尔NFE、NFS等项目，为境外油气资源接续提供坚实保障。完成英国北海项目、Addax尼日利亚项目等交割工作。

截至2023年底，在全球23个国家投资44个油气勘探开发项目，已初步形成油气并举、海陆兼顾、常规非常规多样化的总体境外油气战略布局。

（戚　鸣）

【境外炼化与仓储】 2023年，盯住中东、俄罗斯—中亚地区的资源优势，充分利用政府间合作平台，加强中国石化炼化优势产业在该区域的产能配置，带动工程服务、自有技术和中国制造、中国标准、中国品牌的输出。与哈萨克斯坦签约Silleno项目入股协议，获项目聚乙烯装置EPC总承包的优先权和进入中国市场产品的包销权，为挖掘中亚资源洼地、持续巩固中国石化基础化工产业规模优势奠定基础。与沙特阿美公司签署延布炼厂+项目合作备忘录，利用沙特油转化的国家政策，实现延布炼厂的炼化一体化发展，提高延布炼厂未来的综合抗风险能力。中标斯里兰卡汉班托塔港炼油项目，为国家战略合作、拓展境外炼化业务进一步提供广阔平台。

截至2023年底，在全球6个国家和地区（含香港特别行政区）投资炼化和仓储项目8个，境外原油权益加工能力750万吨/年，境外聚烯烃权益产能68.85万吨/年，境外仓储权益能力约为161.3万立方米，境外润滑油脂权益能力12.5万吨/年，境外丁腈橡胶权益能力1.19万吨/年。

（戚　鸣）

【境外成品油销售】 2023年，聚焦东南亚和南亚市场潜力，轻资产发展To C业务，带动投资一体化发展。与泰国Susco成品油及航煤销售公司签署股权收购协议，已顺利交割25座加油站；获斯里兰卡150座加油站20年特许经营权，标志着中国石化在东南亚和南亚地区的国际化布局实现新突破。

截至2023年底，在全球4个国家和地区（含香港特别行政区）拥有加油站232座。

（戚　鸣）

【境外石油工程技术服务】 2023年，聚焦高质量发展，持续深耕中东、拉美、非洲等重点市场，首次进入沙特阿美公司探井服务市场。

截至 2023 年底，在 28 个国家开展石油工程技术服务，在执行合同 309 个，合同额 186.0 亿美元。全年新签合同 67 个，合同额 23.8 亿美元；完成合同额 22.6 亿美元。

（戚　鸣）

【境外炼化工程服务】 2023 年，巩固扩大中东区域等重点市场，高端工程业务屡获新突破，成功进入沙特阿美公司 FEED 和 PMC 短名单，首次中标承揽境外 PMC 项目，积极探索阿曼、阿联酋、埃及等国家的新能源项目开发。

截至 2023 年底，在 14 个国家开展炼化工程服务，在执行合同 86 个，合同额 73.2 亿美元。全年新签合同 54 个，合同额 30.5 亿美元，创历史新高；完成合同 28 个，合同额 7.8 亿美元。

（戚　鸣）

【境内国际合资合作】 2023 年，境内油气合资合作持续做好胜利埕岛西勘探开发产品分成项目、三交北煤层气项目，实施合作区块开发调整，成立新井运行项目小组，加强钻井、完井、采油、地面建设一体化、全过程管理，夯实稳产基础。截至 2023 年底，合作项目累计生产原油 858.62 万吨、天然气 2.03 亿立方米。

2023 年，境内中下游合资合作响应更高水平对外开放和"稳外资"要求，积极推动境内重点国际合资合作项目落实，助力中国石化炼化产业向高附加值领域发展。与英力士正式签署股东协议，双方成立对半合资公司，共同建设和运营以 120 万吨 / 年乙烯裂解装置为龙头的天津南港化工项目。

（戚　鸣）

国际贸易

【油气贸易】 2023 年，为确保稳定能源供应，持续加强与资源国、供货商的战略合作，努力从全球获取高性价比油气资源，推动油气国际贸易高质量发展。全年，油气国际贸易经营总量 3.43 亿吨，其中原油经营量 3.26 亿吨（进口量 2.27 亿吨、第三方贸易量 0.99 亿吨）、LNG 经营量 1667 万吨（折合 236 亿立方米）[进口量 1361 万吨（折合 192 亿立方米）、第三方贸易量 306 万吨（折合 44 亿立方米）]。

2023 年，成品油贸易围绕"一带一路"沿线，在巩固传统市场优势的基础上，加大新兴潜力市场开拓力度，经营量创 2020 年以来最高水平。全年成品油经营量 6072 万吨，其中进口量 581 万吨、出口量 2440 万吨、第三方贸易量 3051 万吨。

（戚　鸣）

【一般产品贸易】 2023 年，重点聚焦优质资源"引进来"和优势产品"走出去"，有效利用"两个市场、两种资源"，强化资源获取和配置能力，提升优势产品的成本竞争力和市场影响力。全年，化工品境外经营总量 788 万吨，贸易额 52.1 亿美元；润滑油境外经营总量约 22 万吨，贸易额 2.8 亿美元；燃料油境外经营总量 1592 万吨，贸易额 84.2 亿美元；炼油副产品境外经营总量 149 万吨，贸易额 5.3 亿美元；催化剂境外经营总量 2.6 万吨，贸易额 2.4 亿美元；设备材料境外贸易总额 1.6 亿美元；易派客国际站交易额 120.2 亿美元。

（戚　鸣）

外事管理

【重要外事活动和对外交流】 2023 年，坚决履行央企职责，主动服务好国家高质量发展和高水平对外开放，助力国家总体外交。积极参加第三届“一带一路”国际合作高峰论坛、中国—中亚峰会、博鳌亚洲论坛、中国发展高层论坛、全球贸易投资促进峰会、服贸会、进博会等主场外交活动。深度参与达沃斯论坛、印度二十国集团工商界峰会（B20）、世界可持续发展工商理事会（WBCSD）、终止塑料废弃物联盟（AEPW）等多边机制，聚焦提升中国石化和中国企业话语权，助力公司国际传播和品牌建设，为中国负责任大国形象贡献石化力量，展现央企担当。积极承办第七届世界地热大会，扩大公司新能源业务影响，广泛宣传公司清洁低碳发展形象。围绕重大项目、重点地区，公司领导与资源国政府和主要国家石油公司、国际石油石化公司加强对外交往顶层设计，积极开展境外业务调研和合作伙伴拜访，深入开展合作探讨，进一步拓展合作共识，迈出开放合作新步伐。与卡塔尔能源公司签署卡塔尔 NFE 项目参股协议，开创中国公司参与卡塔尔上游投资的先例；与沙特能源部和沙特阿美公司、沙比克公司等主要负责人深入会谈，进一步拓展对资源国的传统与新能源合作。

2023 年，集团公司层级对外交往活动共 243 场，其中党组领导出席活动 171 场，通过以更加开放的姿态深化对外合作，为公司国际化实现高质量发展创造良好条件。

（戚　鸣）

【因公出国（境）管理与服务】 深入做好因公出国（境）管理工作，保障重点团组出行，加强敏感国家（地区）团组行前教育，办好专办员培训班和外事处长座谈会，做好出国（境）制度宣贯。继续做好外国人来华管理工作，在遵守国家外交准则和相关管理规定要求的前提下，做好与企业的沟通，为合资企业和合作项目的外国人员往来提供更多便利，服务好公司各个层次的对外业务交往需求。持续推进外事综合应用系统建设，规范国际会议、因公证照管理和行前教育等外事业务流程，有序规范派出团组。强化“寓管理于服务”的大外事理念，进一步加大“放管服”力度，在出国（境）费用报销、证照申办等业务领域持续探索服务新招，提高办公效率、降低差旅成本。

（戚　鸣）

【境外公共安全管理】 持续构建境外项目风险防范化解长效机制。深入梳理境外项目风险防控工作流程图和薄弱环节，结合现有制度运行情况和境外项目风险防控实际需求，编制印发《中国石化境外项目全周期风险管理办法（试行）》，进一步强化投资经营、产权管理、法律合规、监督追责等相互支撑的境外项目风险防控制度体系。密切跟踪外部环境和风险形势变化，持续完善风险指标体系、风险识别评估标准研究，组织对境外 79 个国家开展评估，发布 4 期《中国石化境外高风险及敏感国家（地区）清单》。密切关注中美博弈纵深发展、乌克兰危机持续演化，做好涉俄、涉美工作机制运行，稳慎研判协调合作机遇和风险。建立国别风险信息数据库，完成 2018—2022 年度国别风险历史信息梳理，发布《国别风险信息提示》5 期及各类风险追踪、形势分析等 29 期。牵头组织 35 家国际化经营单位 433 个境外项目开展全面风险排查，针对高风险项目“一项目一策”制定风险化解处置举措，建立处置台账，稳妥有效防范化解风险隐患。

持之以恒做好新形势下境外公共安全管理。坚决落实“人民至上、生命至上”“危地不往、乱地不去”总体要求，统筹推进境外中方员工安全保障整改提升专项行动。密切跟踪国际安全形势，强化安防措施，完善方案预案，积极推进应急演练、专项培训、“北斗 +”解决方案等，持续提升境外项目人防、物防、技防水平，有效应对“4·15”苏丹内战、“7·26”尼日尔政变、“8·30”加蓬政变等突发事件，成功组织 75 名驻苏丹项目人员和 5 名驻尼日尔项目人员安全撤离，全力保障在外员工生命健康安全。聚焦高风险国家（地区）及重点领域安全风险，高质量开展安保措施匹配度评估和对标，做实境外公共安全巡检，加强境外员工身心健康管理，累计发布《中国石化境外公共安全风险状况评估报告》2 期，完成境外机构项目公共安全风险评估报告审批 207 份，组织高风险国家（地区）境外公共安全现场审计 4 次、应急演练 9 次，派驻中国籍医生前往沙特等 3 国项目现场开展医疗巡诊，组织境外公共安全应急管理培训等 75 期、共培训 5023 人。

（戚　鸣）

中国石化
SINOPEC

重点工程建设

综述

2023年，工程建设系统坚持以习近平新时代中国特色社会主义思想为指导，深入学习贯彻习近平总书记视察胜利油田、九江石化重要指示精神，全面落实集团公司党组决策部署，紧密围绕世界领先发展方略，始终胸怀“国之大者”，致力打造“国之重器”，以安全优质为基，将高质量发展、对标一流、守正创新、绿色低碳等理念融入工程管理和项目建设全生命周期，着力打造具有重要战略意义、行业领先的标杆工程，奋力打造世界一流中国石化工程建设品牌。

重点工程建设进展顺利。全年57个重点项目安全、质量、进度、投资总体受控。海南炼化乙烯项目一次开车成功，标志着海南乙烯工业实现零的突破，成为海南自贸港建设发展新“引擎”。安庆石化炼油转化工项目一次开车成功，通过增产轻质烯烃和芳烃原料以生产高附加值化工产品，为国内炼油企业应对产能过剩、实现转型升级探索出一条发展路径。库车绿氢示范项目建成投产，通过每年生产2万吨绿氢全部就近供应塔河炼化以替代天然气制氢，实现现代油品加工与绿氢耦合低碳发展，标志着中国绿氢规模化工业应用实现零的突破。巴陵石化己内酰胺产业链搬迁项目开车成功，标志着全球单套产能最大、技术领先的己内酰胺生产研发基地建成投产，为沿江重化工业绿色转型发展开辟新路径。年中，天津LNG工程二期3个储罐、山东LNG三期7#储罐（国内首台、最大罐容27万立方米储罐）相继成功投产，全面提升集团公司天然气保供能力。年底，天津南港乙烯、北京化工研究院南港基地等项目顺利实现机械竣工。东胜气田天然气提氦工程、龙口LNG、山东南干线等油气项目，镇海炼化1100万吨/年炼油及高端合成新材料、青岛液化气安全提升（顺酐和丁二酸）等炼化项目，上海浦东科研基地等科研辅助项目，正处于施工高峰期，现场实施有序开展。大牛地气田乙烷回收、高桥石化ABS装置升级改造等7个项目开展场平、临设搭建、土地征用等，扎实做好施工准备工作。中天合创绿色降碳升级改造项目开展总体设计，镇海炼化150万吨/年乙烯及高端新材料产业集聚项目、茂名石化炼油转型升级及乙烯提质改造等6个项目开展基础设计，正稳步有序推进。

“大兵团”作战合力进一步加强。工程建设战线充分发挥集团公司上中下游一体化及设计、采购、施工、开车“一体化”优势，攻坚克难，砥砺奋进，不断取得新成绩。工程部发挥牵头拿总作用，统筹集团资源，优化平衡，及时准确为工程建设项目提供“炮火支援”。发展计划部加快计划统筹和可研、设计审查，为项目快速启动创造条件。科技部大力推动新技术、新工艺、新材料、新标准“卡脖子”项目的科研攻关。物资装备部超前谋划并做好物资保供，为项目高质高效建设给足“弹药”。财务部全力做好建设资金保障。安全监管部和能源管理与环境保护部推动项目前期相关许可手续审批，助力项目顺利实施。信息和数字化管理部为工程建设数字化信息化转型把关助力。综合管理部持续跟踪落实重点项目督办情况。各事业部全力抓好工艺技术选择和生产准备。企改和法律部、审计部、纪检监察组精准助力，确保项目建设依法合规和阳光建设。党组组织部、党群工作部、党组宣传部引领统筹集团各类管理资源布局和党建、文化体系建设，为工程建设高质量发展强根铸魂。炼化工程公司、石油工程建设公司抽调精兵强将，组建优秀团队，积极服务公司项目建设。项目管理公司、质量监督总站充分发挥专业管理优势，为项目建设保驾护航。

“六化”建设成效显著。工程建设战线全面推广应用“六化”工作经验，油气和新能源板块“六化”等工程建设经验分享会议顺利召开。持续抓好油气田地面、油库、LNG接收站、油气长输管道等项目标准化设计成果落地，全面开展乙烯装置标准化设计工作。下发《工厂化预制指导意见》和《标准化工地建设指导意见》，上游地面工程、LNG工程因地制宜推广模块化建设；炼化工程公司在古雷项目裂解炉模块化施工的基础上逐步形成中国石化工程建（构）筑物模块化装配，管道、钢结构等专业工厂化预制、模块化安装模式，加快推进中国石化模块化基地建设，破解人口红利逐渐消失、现场安全质量管控难度大的工程建设管理难题。狠抓智能安全帽、智能吊装监控、人员轨迹追踪、坠落报警提示、“天眼＋地面”视频监控等智慧化管控手段的建立；建设智能工地指挥中心，深化建筑信息模型（BIM）应用，打造数字孪生工厂，助力工程建设全过程数字化转型。

（安飞一）

油气田地面工程

【西南油气分公司川西气田产能建设地面工程续建】 项目新建产能 19.8 亿立方米混合气，采用分散脱硫、分散制硫模式。项目包括 3#、4#、5#、6#4 座天然气脱硫站场（处理规模分别为 50 万、50 万、200 万、300 万米^3/日）；集输管道 4.5 千米；新建取水泵站 1 座，取水管线 6 千米；35 千伏电力线 41 千米，10 千伏电力线 21 千米；道路长度 8.8 千米；新建生产管理中心 1 座、应急救援站 1 座；外输管道线路全长 53 千米，沿线设置 3 座线路截断阀室和 2 座站场（外输首站、新场增压站），设计输气能力 13 亿米^3/年。地面工程总投资 48.72 亿元。截至 2023 年底，3#、4#、5# 脱硫站建成投产，6# 脱硫站具备投产条件。

（黄婉萍）

【华北油气分公司大牛地气田乙烷回收工程续建】 项目新建 600 万米^3/日乙烷回收装置 1 套、100 万米^3/日天然气液化装置 1 套，包括天然气脱碳、天然气增压、天然气脱水、制冷、凝液分馏、产品储运等单元，及配套公用工程。建成后日新增液化石油气 149 吨、稳定轻烃 50 吨，日产乙烷 355 吨、LNG1350 吨。项目总投资 9.21 亿元。截至 2023 年底，项目详细设计全部完成，正在办理土地手续及开工准备工作。

（黄婉萍）

【东胜气田天然气处理厂配套提氦工程新建】 项目新建 400 万米^3/日天然气提氦装置 1 套及相关公用辅助和厂外工程。工程是国内乃至全球首个全流程的膜分离提氦装置。项目建成后可年产高纯氦气（99.999%）132 万标准立方米。项目总投资为 4.58 亿元。截至 2023 年底，项目总体进度为 77.38%。

（黄婉萍）

【顺北二区部分地面基础设施建设工程新建】 项目新建处理规模 10 亿米^3/年 +10 亿米^3/年的天然气处理厂、外输及公共管线等。一期建成第一列 10 亿米^3/年天然气处理，预留一列 10 亿米^3/年天然气处理装置。项目总投资为 17.003 亿元，于 2023 年 10 月建成投产。

（黄婉萍）

储运项目

【天然气分公司天津液化天然气（LNG）项目二期、三期工程续建】 项目二期工程新建 1 个 3 万—26.6 万立方米 LNG 运输船泊位及相应工艺配套设施，新建 5 台 22 万立方米 LNG 储罐及配套设施。全站规模提高至 1080 万吨 / 年，项目总投资 47.10 亿元。项目于 2023 年 10 月建成投料，运行安全稳定。项目三期工程分为一阶段、一阶段提前实施部分、二阶段 3 个部分。其中，一阶段主要新建 5 台 27 万立方米 LNG 全容式低温储罐、火炬、BOG 系统及公用工程配套设施，扩建总变电站，并新增 1 座槽车充装站；一阶段提前实施部分主要包括新建管廊、地基处理等；二阶段主要建设 1 座冷热能交换站、1 套燃料气（BOG）外输设施。项目总投资 56.94 亿元。截至 2023 年底，项目总体进度为 75.82%，冷热能互换站基础施工完成，设备、钢结构及工艺管线安装。

（黄婉萍）

【天然气分公司山东液化天然气（LNG）项目三期工程续建】 项目三期工程是在项目一期、二期工程基础上对 LNG 接收站和码头泊位进行扩建，码头新增 1 座靠泊 26.6 万立方米 LNG 船舶的专用泊位，接收站新增 1 座 27 万立方米 LNG 储罐、10 兆帕气化外输系统、汽车装车设施及配套附属设施。三期工程建成后，接收站规模将增至 1100 万吨 / 年（最大物理能力 1400 万吨 / 年），总外输能力为 154 亿米 ^{3}/ 年，其中 LNG 汽车装车能力为 150 万吨 / 年。接收站工程投资 16.99 亿元，码头工程投资 4.02 亿元，储罐工程投资 8.31 亿元。截至 2023 年底，接收站和码头工程完成，储罐 8 月投用。

（黄婉萍）

【天然气分公司龙口液化天然气（LNG）项目续建】 项目新建码头工程拟将龙口港 27#、28# 两个散货码头改造为 1 个 26.6 万立方米 LNG 接卸码头，增加建设取排水口等配套设施；接收站工程建设 4 座 22 万立方米 LNG 储罐、工艺处理设施、火炬设施及其配套设施；电厂温排水取水工程主要建设 8.5 千米取水管道、取水泵房等配套设施。项目总投资 87.25 亿元。截至 2023 年底，项目总体进度为 69.85%，储罐内罐施工、充水实验。

（黄婉萍）

【天然气分公司广西液化天然气（LNG）项目三期工程续建】 项目三期工程新建码头工程、接收站工程 2 个部分。码头工程拟利用北海铁山西港区预留 LNG 第二泊位建设 1 座 26.6 万立方米 LNG 接卸泊位及相应的配套设施；接收站部分拟建设 4 座 LNG 储罐、站场工艺及其他配套设施，新增接收能力 600 万吨 / 年。项目总投资 94.64 亿元。截至 2023 年底，项目总体进度为 22.44%，储罐外罐施工。

（黄婉萍）

【华瀛液化天然气 LNG 续建】 项目一期新建 3 座 20 万立方米 LNG 储罐、1 座 21.7 万立方米 LNG 船舶接卸泊位、1 座工作船泊位及相关配套接卸、储存、加压、气化、外输等主要工程设施，LNG 最大处理能力为 600 万吨 / 年（其中气化后管道外输量 460 万吨 / 年、槽车外输量 100 万吨 / 年、LNG 转运船外输量 40 万吨 / 年）。截至 2023 年底，项目总体进度为 99.72%，储罐氮气置换。

（黄婉萍）

【扬子石化连云港原油商业储备基地工程续建】 项目新建 16 座 10 万立方米储罐及配套设施，总投资 22.15 亿元。截至 2023 年底，项目总体进度为 91.48%，储罐安装收尾。

（黄婉萍）

【天然气分公司山东管网东南干线工程续建】 南干线经过山东省日照、临沂、济宁、菏泽 4 个地市，管道全长 462.7 千米。其中，岚山分输清管站至汤头清管站段线路长度为 85 千米，设计压力 10 兆帕；汤头清管站至济宁站段线路长度为 290 千米，设计压力 10 兆帕。东干线全长约 484 千米，包含主干线 431 千米，设计压力 10 兆帕，以及支干线和联络线。项目总投资 162.55 亿元。截至 2023 年底，南干线已具备投用条件，东干线完成 81.48%。

（黄婉萍）

【天然气分公司皖东北天然气管道工程续建】 项目设“一干两支一联通”管道，线路全长约 281 千米，管道设计压力 10 兆帕，设计输气 46.6 亿米 ^{3}/ 年。途经滁州市和马鞍山市 2 个市 8 个县区，沿途共设有 7 座站场、9 座阀室，穿越铁路 5 处、高速公路 8 处，大中型定向钻穿越 40 处。项目总投资 29.63 亿元。截至 2023 年底，项目总体进度 89.12%，干线与皖北支线具备投产条件，皖东支线其中全椒—功桥段进度 96.10%，来安—全椒段进度 85.65%。

（黄婉萍）

新能源项目

【新星公司新疆库车绿氢示范项目续建】 项目新建 1 个 300 兆瓦光伏厂、1 座制氢规模 2 万吨/年制氢厂，以及配套的 220 千伏升、降压站和输电线路、输氢管线等。项目总投资 29.96 亿元。项目于 2023 年 6 月底产氢，8 月底全面建成投用。

（黄婉萍）

科研辅助项目

【上海赛诺佩克中国石化上海浦东科研信息办公综合基地项目续建】 项目建设用地 6.29 万平方米，总建筑面积 26.01 万平方米，其中地上建筑面积 15.75 万平方米、地下建筑面积 10.26 万平方米。地上部分建设 1#—5# 科研办公综合楼、1 座科技交流中心、1 座信息中心共 7 栋建筑物及配套区域的总图、道路、绿化、给排水、供配电、暖通等公用工程和辅助设施。项目总投资 47.33 亿元。截至 2023 年底，项目总体进度 98.00%，装修收尾。

（黄婉萍）

【海南赛诺佩克中国石化自贸大厦项目续建】 项目建设用地面积 1.13 万平方米，总建筑面积 10.91 万平方米，其中地上建筑面积 7.89 万平方米、地下建筑面积 3.02 万平方米（含商业设施 4000 平方米），主楼地上共 34 层，建筑密度 35%，容积率 7.0，建筑高度不超过 150 米，停车位 391 个。项目总投资 13.51 万元。截至 2023 年底，项目总体进度 82.77%，主体结构封顶。

（黄婉萍）

炼化项目

【镇海炼化 1100 万吨/年炼油及高端合成新材料项目续建】 项目新建 1100 万吨/年常压蒸馏、2 套 300 万吨/年催化裂解、560 万吨/年固定床渣油加氢等 11 套主要生产装置及辅助配套设施；高端合成新材料工程新建 60 万吨/年丙烷脱氢、40 万吨/年丙烯腈等 8 套主要生产装置及辅助配套设施。项目总投资约 416.4 亿元。截至 2023 年底，项目总体进度完成 70.54%，详细设计收尾，钢结构安装 91.3%，设备安装 65.5%，工艺管道安装 38.6%。

（宋 铎）

【镇海炼化 1# 乙烯装置原料轻质化适应性改造项目续建】 项目对原有 1# 乙烯装置中丙烯制冷压缩机和二元制冷压缩机进行改造，低压甲烷压缩机整体更换，新增分离单元（冷箱、干气脱重塔、干气碳二粗分塔等），汽油分馏塔、脱乙烷塔和乙烯精馏塔内件改造，新建 1 套 30 万吨/年 HDPE 装置及配套立体库。项目总投资 23.71 亿元。截至 2023 年底，项目结合大修改造同步完成。

（宋 铎）

【天津南港 120 万吨/年乙烯及下游高端新材料产业集群项目续建】 项目新建 120 万吨/年乙烯、60 万吨/年裂解汽油加氢、38 万吨/年芳烃抽提、10 万吨/年 UHMWPE、20 万吨/年 LAO、30 万吨/年 LLDPE、50 万吨/年 HDPE、10 万吨/年 POE、35 万吨/年 PP、13 万吨/年丙烯腈（含后处理装置）、30 万吨/年 ABS、13/4 万吨/年 MTBE/1- 丁烯等 13 套工艺装置及公用工程、辅助配套设施等。项目总投资 290 亿元。截至 2023 年底，项目机械竣工。

（宋　铎）

【催化剂公司天津新材料生产基地（一期）工程建设项目续建】 项目新建 10 条催化剂生产线，甲类储罐 14 座、丙类储罐 10 座，8 套装卸鹤管和 9 台装卸车泵，5 个自动化立体仓库，2600 吨 / 时循环水站 1 座，1 座 35/10 千伏总降变电站，3 座 10 千伏变电站，设置 10 台 2000 千伏安变压器等。截至 2023 年底，项目总体进度完成 97.13%，现场施工收尾，变电所受电成功。

（宋　铎）

【海南炼化 100 万吨 / 年乙烯及炼油改扩建项目续建】 项目新建 100 万吨 / 年乙烯、55 万吨 / 年裂解汽油加氢、16 万吨 / 年丁二烯抽提、10 万吨 / 4 万吨 / 年 MTBE/1- 丁烯、35 万吨 / 年芳烃抽提、30 万吨 / 年 FDPE、30 万吨 / 年 HDPE、80 万吨 / 年 EG/EO、30 万吨 / 年环管法 PP、20 万吨 / 年气相法 PP 共 10 套生产装置及配套码头；在炼油区新建 260 万吨 / 年加氢裂化装置、260 万吨 / 年连续重整装置、轻烃回收装置、2# 对二甲苯装置填平补齐 4 个单元及相应的公用工程和辅助设施等。项目总投资 281 亿元。截至 2023 年底，项目顺利投入运营。

（宋　铎）

【海南巴陵 17 万吨 / 年苯乙烯类热塑性弹性体项目续建】 项目新建 12 万吨 / 年 SBS 和 5 万吨 / 年 SEBS 等 2 套工艺装置及配套公用工程和辅助生产设施。项目总投资 19.2 亿元。截至 2023 年底，项目顺利投入运营。

（宋　铎）

【安庆分公司炼油转化工结构调整项目续建】 项目新建 300 万吨 / 年重油催化裂解（含双脱）、160 万吨 / 年气分、80 万吨 / 年芳烃抽提、40 万吨 / 年乙苯苯乙烯、30 万吨 / 年聚丙烯和 200 吨 / 时酸性水汽提等装置，将 80 万吨 / 年柴油加氢装置改造为 70 万吨 / 年裂解汽油加氢装置；对现有 400 万吨 / 年常减压、100 万吨 / 年延迟焦化、220 万吨 / 年蜡油加氢、200 万吨 / 年催化裂化 4 套装置进行材质升级改造。新建储罐 18 座（总罐容 7.75 万立方米）、空分空压站 1 座、制氮能力 1 万米^3（标准）/ 时等公用工程及辅助设施；新建供电系统、循环水场、中控室 1 座、系统变电所 1 座等系统配套。项目总投资 64 亿元。截至 2023 年底，项目顺利投入运营。

（宋　铎）

【扬子石化炼油结构调整项目续建】 项目新建 260 万吨 / 年渣油加氢、280 万吨 / 年催化裂化、150 万吨 / 年 S Zorb 催化汽油吸附脱硫、70 万吨 / 年气体分馏、2×15 万吨 / 年硫黄回收、170 吨 / 时酸性水汽提、440 吨 / 时溶剂再生、产品精制等装置及配套公用工程和辅助设施。截至 2023 年底，项目总体进度完成 100%，全面开展生产准备。

（宋　铎）

【中韩石化炼油结构调整催化气分联合装置及系统配套改建工程项目续建】 项目新建 280 万吨 / 年催化裂化装置（含脱硫脱硝除尘）1 套，1000 立方米气分原料球罐 4 座和 2000 立方米丙烷球罐 1 座，750 吨 / 时化学水处理设施和 8000 米^3/ 时循环水场各 1 座，110 千伏变电站及改造厂内供电系统、改造 2# 火炬系统等。项目总投资 18.7 亿元。截至 2023 年底，项目总体进度完成 99.89%，项目钢结构、设备安装全部完成，工艺管道安装 99.5%。

（宋　铎）

【仪征化纤 300 万吨 / 年 PTA 项目续建】 项目新建 300 万吨 / 年 PTA 装置 1 套，主要包括氧化单元、精制单元、溶剂和催化剂回收等；10 万米^3/ 时循环冷却水场，2 台 3 万立方米 PX 储罐及输送管线，污水处理设施等；配套建设 PTA 风送、甲醇制氢、脱盐水制水、液氮气化、110 千伏 /10 千伏变配电、中央控制室、成品包装及周转仓库等辅助设施。项目总投资 52.05 亿元。截至 2023 年底，项目主装置氧化一区、空压一区机械竣工，剩余主项施工收尾。

（宋　铎）

【巴陵石化己内酰胺产业链搬迁与升级转型发展项目续建】 项目新建 9 万米^3（标准）/ 时空分，18.9 万米^3（标准）/ 时煤气化、净化，33 万吨 / 年合成氨，66 万吨 / 年硫黄制酸 +3 万吨 / 年硫化氢制酸、配套低温热回收，2 套 12 万吨 / 年双氧水，2 套 20 万吨 / 年酯化法环己酮，8 万吨 / 年氧化法环己酮，2 套 30 万吨 / 年氨肟化，2 套 30 万吨 / 年己内酰胺，2 套 45 万吨 / 年硫铵，15 万吨 / 年聚合等装置，以及配套公用工程和辅助生产设施。项目总投资 139.4 亿元。截至 2023 年底，项目顺利投入运营。

（宋　铎）

【镇海炼化扩建 150 万吨 / 年乙烯及高端新材料产业集聚项目（乙烯部分）新开】 项目新建 150 万吨 / 年乙烯、80 万吨 / 年裂解汽油加氢、20 万吨 / 年丁二烯抽提、18 万吨 /6 万吨 / 年 MTBE/1-丁烯、40 万吨 / 年全密度聚乙烯（FDPE）、1#20 万吨 / 年聚烯烃弹性体（POE/α 烯烃）联合、35 万吨 / 年 LDPE/EVA（管式 + 釜式）、30 万吨 / 年聚丙烯、30 万吨 / 年辛醇、10 万吨 / 年环氧氯丙烷 / 双氧水联合和 10 万吨 / 年 2- 丙基庚醇等装置及配套原料产品罐区、全厂工艺及热力管网等公用工程和辅助设施。项目总投资 249.4 亿元。截至 2023 年底，项目工程采购基本完成，现场开展场地平整。

（宋　铎）

【茂名石化炼油转型升级及乙烯提质改造项目新开】 炼油部分新建 300 万吨 / 年催化裂解（RTC）联合、15 万吨 / 年 MTBE、8 万吨 / 年蜡膏蜡下油加氢、20 万吨 / 年环保橡胶油 4 套生产装置及公用工程、辅助设施；化工部分新建 100 万吨 / 年乙烯（停用 36 万吨 / 年 1# 乙烯）、50 万吨 / 年裂解汽油加氢、30 万吨 / 年芳烃抽提、14 万吨 / 年丁二烯抽提、40 万吨 / 年全密度聚乙烯、20 万吨 / 年 4# 聚丙烯、30 万吨 / 年 5# 聚丙烯、24 万吨 / 年双氧水、30 万吨 / 年环氧丙烷、50 万吨 / 年 ABS 等 10 套生产装置及配套原料产品罐区、全厂工艺及热力管网等公用工程和辅助设施。项目总投资 300.74 亿元。截至 2023 年底，项目场平施工完成 99.72%，拆除还建工程施工完成 73.48%。

（宋　铎）

【巴陵（金山）25 万吨 / 年热塑弹性体项目新开】 项目新建 25 万吨 / 年 SBC 装置，包括 14 万吨 / 年 SBS、5 万吨 / 年 SEBS 和 6 万吨 / 年 SIS 等装置。截至 2023 年底，项目总体进度完成 63.29%，桩基全部施工完，一级地管施工完。

（宋　铎）

【中科炼化新建 10 万吨 / 年 EVA 装置新开】 项目主要包括压缩，聚合，高压、低压分离，挤压造粒，脱气、产品输送，引发剂配置及注入，醋酸乙烯回收，冷冻水系统，粒料脱气尾气处理，包装等单元，配套建设循环水场、过氧化物贮存、醋酸乙烯储罐及给排水、消防、电仪等辅助设施。项目总投资约 20.4 亿元。截至 2023 年底，装置区基础土方开挖施工。

（宋　铎）

【南化公司福建古雷苯胺—橡胶助剂产业链项目新开】 项目建设 48 万吨 / 年硝基苯、30 万吨 / 年苯胺、4.4 万吨 / 年 TMQ、3 万吨 / 年 RT 培司、4.2 万吨 / 年 6PPD/IPPD、1.5 万吨 / 年 MIBK、6500 吨 / 年环己胺、8 万吨 / 年合成氨、27 万吨 / 年硝酸等 9 套生产装置及配套辅助生产设施。项目总投资 33.73 亿元。截至 2023 年底，项目初勘、测绘已完成。

（宋　铎）

【高桥石化 ABS 装置升级改造项目新开】 项目新建 1 条 7.5 万吨 / 年 ABS 生产线，主要包括循环液贮存、进料配制、聚合反应、脱挥、切粒、产品贮存包装、反应器冷导生油系统等单元。项目总投资 7.59 亿元。截至 2023 年底，基础设计编制完成，开展长周期、次长周期设备采购。

（宋　铎）

工程建设管理

【设计管理】 组织开展重点工程建设项目的设计管理工作，主要组织和参与大牛地气田乙烷回收工程、东胜气田天然气处理厂配套提氦工程、江汉盐化工精细化工及配套工程、东营商储工程、茂名石化炼油转型升级及乙烯提质改造、洛阳石化乙烯、湖南石化乙烯炼化一体化、广州石化安全绿色高质量发展技术改造、南化公司苯胺－橡胶助剂产业链、九江石化150万吨/年芳烃及炼油配套改造、催化剂公司天津新材料生产基地、北京化工研究院南港科研基地等重点工程建设项目的设计管理及检查协调。组织项目设计协调、技术拿总工作专项检查、设计统一规定审查，参加可研方案论证、重大装备国产化论证、工艺技术路线论证、工艺包鉴定、总体设计和基础设计审查、总体统筹控制计划审查等。检查落实设计条件，检查协调工程设计进度，协调装置（单元）之间的界面关系、设计与采购施工的界面关系等。及时协调解决设计过程中出现的问题，确保设计质量和进度。在项目启动初期，配合对接落实项目建设启动相关条件，指导建设单位编制《项目前期策划方案》及《项目总体统筹控制方案》；审查企业上报的工程设计采购方案，落实工程设计招标、设计委托等设计选商工作。在制度建设方面，组织开展《中国石化建设项目设计管理办法》《建设项目设计过程专项审查办法》《石油化工工程数字化交付执行细则》等制度及工作标准的修订工作。在技术基础方面，组织编制并发布《关于加强建设项目工程设计全过程管理的通知》和《关于提升建设项目部分设计标准的指导意见》，指导建设项目进一步提升设计全过程管理水平及相关设计技术标准。

（贾　楠）

【标准管理】 2023年，石油化工工程建设标准化工作，遵循“立足行业、服务企业、国际接轨”的工作方针，较好地完成全年各项任务。

标准体系建设工作。根据国家标准化改革实施要求和产业发展需求，加强工程建设标准的顶层设计、优化结构，提升全产业链标准，侧重氢能、二氧化碳等能源标准体系建设，整合原有相关标准形成起重运输、焊接等系列专题标准，打造具有技术权威、体系完善、更新及时的标准体系。以国家标准、行业标准建设为根本，进一步完善企业标准，为创建工程建设品牌做好技术支撑。2023年共完成工程建设标准立项35项，其中国家标准3项、行业标准23项（含3项英文版）、企业标准9项。

标准制修订工作。2023年共完成71项工程建设标准报批，包括《石油库设计规范》等4项国家标准、《石油化工合理利用能源设计导则》等34项（含1项英文版）行业标准、《成品系统设计规定》等33项企业标准报批并已发布。2023年公告批准的国家标准和行业标准目录见表1。

体系建设课题研究。按照集团公司全面推进高质量发展，加快建设世界领先洁净能源化工公司的要求，开展“中国石化炼化工程建设标准提升研究”。按课题开发目标所确定的4个主要研究专项有序推进，其中有2项推进较快：一是已完成《中国石化炼化工程标准执行表（2023版）》；二是《标准应用问题与标准对标研究》经课题综合组初审，对或尚需完善之处提出意见与建议，编制单位正在组织整改落实。

围绕新能源战略积极开展标准专项研究。积极推进氢能应用产业链工作。中国石化作为氢能链长企业，按照打造“中国第一氢能公司”的发展目标，主动承担加快发展氢能产业体系的职责使命，积极配合好国家部委有关氢能政策规划的落地，充分发挥中国石化在氢能制备和应用两个关键领域的优势，研究梳理现行氢能产业相关标准，结合氢能产业发展规划和工程建设实践经验，完成《氢能工程建设标准体系》编制。

表 1　　2023 年公告批准的国家标准和行业标准

序号	标准编号	标准名称	发布机构
1	SH/T 3220—2023	石油化工油品调合设施技术标准	工业和信息化部
2	SH/T 3221—2023	石油化工物料汽车装卸设施设计标准	工业和信息化部
3	SH/T 3222—2023	石油化工电气自动化系统设计规范	工业和信息化部
4	SH/T 3614—2023	X80 级钢管道焊接规程	工业和信息化部
5	SH/T 3134—2023	撬装式汽车加油站技术标准	工业和信息化部
6	SH/T 3203—2018	石油化工电加热系统设计规范（英）	工业和信息化部

（何轶奕）

【炼化工程造价管理】 主要工作包括工程造价管理制度建设、计价体系建设、工程建设项目投资过程管控、工程造价管理专项研究及工程造价管理信息平台建设。

建设中国石化上下游一体化工程造价管理制度。整合现行工程造价管理及投资控制 4 项制度，形成中国石化上下游统一的工程造价管理原则类制度，以及工程建设项目投资控制、计价依据管理、造价人员管理等实施类管理办法。

完善工程建设计价体系，强化动态管理机制，夯实全过程投资管控基础。发布《中国石化工程建设安全生产费计算方法和费率调整》《P22、P91 管道及组成件安装预算定额》《P22、P91 管道安装工程概算指标及主材费》及 2019 版安装定额、概算指标螺栓定力矩紧固动态调整文件。编制库车绿氢项目光伏发电部分补充定额、井类工程综合估算指标。全面修订《石油化工建设工程工程量清单计价办法》，完成“石化工程造价费用编码和数据集成研究及建设”课题。

对南港乙烯项目、南化公司苯胺—橡胶助剂产业链项目、茂名石化炼油转型升级及乙烯提质改造项目投资控制工作提供技术诊断及支持，协调解决项目计价问题，保障项目顺利实施。推进设计费人工时计费改革试点。

开展基础研究，对地基处理方案、保护层选材方案、防腐刷油方案、集中式伴热站、混凝土装配式管廊等有关“视觉形象工程”“防腐绝热质量提升”“六化”建设等管理提升方案进行投资对比分析，为设计选标提供技术经济研究数据。

推进投资管控平台建设，强化计价依据信息化管理。开展中国石化工程项目实施过程投资管控信息平台分阶段建设，第一阶段通过完善平台数据库结构、拓展平台计价功能和提升平台管理功能，已实现石化工程定额预结算文件编审、数据积累及炼化工程功能扩展，组织在齐鲁分公司上线试点应用。提升定额、指标及主材费等计价依据动态管理信息化水平，使计价依据的调整和测算更高效、快捷；创建工程造价人员管理信息平台，建立造价人员信息管理数据库和在线培训管理系统。

（蒋　炜）

【生产准备与投料试车】 2023 年，共有 3 座油气田地面工程、20 套炼化装置、1 套新能源设施、2 套油气储运设施建成投用（见表 2）。除中韩石化催化裂化装置（含双脱装置）受疫情管控、高温天气及施工场地紧凑未投产外，其余项目均安全平稳投产。

扎实开展重点项目生产准备工作，坚持生产准备工作前移，抓项目收尾及预试车管理，实现项目高标准机械竣工；坚持安全环保试车理念，全面推行开车前安全审查（PSSR），严格落实投料试车条件检查程序；坚持发挥“大兵团”作战优势，协调做好开车服务，实现安全绿色投产。为保证项目投料试车一次成功，2023 年重点加强过程管控，共组织总体试车方案审查 8 次、投料条件检查 14 次、试车现场服务团队 3 次、开车队及开车专家组 37 批。

（王　刚）

表 2 2023 年油气田地面工程、炼油化工装置和油气储运设施投产情况

序号		单位	名称	建设规模 / 万吨 · 年$^{-1}$	投产时间
一	1	西南油气分公司	川西气田地面工程 3#/4# 天然气处理站	2×50 万米^3（标准）/ 日	8 月 11 日
	2		川西气田地面工程 5#/6# 天然气处理站	（200+300）万米^3（标准）/ 日	2024 年 1 月 16 日
二	3	西北油田分公司	顺北二区天然气处理厂（一期）	10 亿米^3（标准）/ 年	5 月 31 日
三	4	胜利油田分公司	齐鲁石化—胜利油田 CCUS 二氧化碳管道输送工程	100	7 月 11 日
四	5	福建古雷石化	EVA 装置	30	5 月 11 日
五	6	海南巴陵化工新材料有限公司	SEBS 装置	5	5 月 21 日
六	7	天津分公司	南港乙烯热电装置	2×230 吨 / 时，10 兆瓦	11 月 14 日
七	8	安庆分公司	热电装置	410 吨 / 时，2×35 兆瓦	3 月 31 日
	9		空分装置	1 万米^3（标准）/ 时	4 月 3 日
	10		重油催化裂解装置（含气分、双脱装置）	300	6 月 29 日
	11		芳烃抽提装置	80	7 月 2 日
	12		乙苯苯乙烯装置	40	7 月 5 日
	13		聚丙烯装置	30	6 月 23 日
八	14	巴陵石化	热电装置	4×480 吨 / 时，3×50 兆瓦	7 月 24 日
	15		空分装置	9 万米^3（标准）/ 时（O_2）	11 月 17 日
	16		煤气化装置	3×1500 吨 / 时	11 月 25 日
	17		净化装置	18.9 万米^3（标准）/ 时（$CO+H_2$）	11 月 27 日
	18		合成氨装置	33	11 月 30 日
	19		酯化法环己酮装置	20	12 月 15 日
	20		双氧水装置	12	10 月 18 日
	21		己内酰胺装置	30	10 月 14 日
	22		聚合装置	15	8 月 17 日
	23		硫酸装置	66，3	11 月 28 日
九	24	中韩石化	催化裂化装置（含双脱装置）	280	12 月
十	25	天然气分公司	山东管网南干线天然气管道工程	96 亿米^3（标准）/ 年	11 月 15 日
	26		天津 LNG 项目二期储罐工程	3×22 万立方米	10 月 28 日

【QHSE 管理】 强化管理抓安全。全面加强各类工程机械管控，加强现场作业管理，全力防范和遏制事故发生。抓《加强工程建设项目安全管理的硬措施》常态化执行，有效保障“两特两重”期间的安全稳定，为庆祝集团公司成立 40 周年营造良好的氛围。截至 2023 年底，重点工程建设实现连续 26025.74 万安全人工时。

全面整治“低老坏”。狠抓“以包代管”“包而不管”，标准化工地建设全面开展，工程感官质量显著提高，大幅提升工程本质安全水平。改革工程创优的评比机制，强化过程创优和阶段性促优工作。

强化监督检查力度。常态化开展安全质量现场督查和视频巡查、QHSE 管理体系符合性评审，将问题消灭在萌芽阶段。2023 年，重点工程项目焊接（按焊口计）一次合格率 96.2%。严格质量约谈通报处罚机制，对触犯“红线”的问题始终保持“零容忍”态势，对触犯“红线”的单位持续进行施压和警示教育。

从严管理承包商。强化甲方监管责任，强势管理承包商，严格审核承包商 QHSE 体系，严肃处理违规承包商，坚决清退不合格承包商，营造风清气正的建设环境。

（远　征）

【工程招投标管理】 2023 年，中国石化电子招标投标交易平台在线完成采购标段 7950 个，其中招标采购标段 1940 个、非招标采购标段 6010 个；合同成交额 416.16 亿元，其中招标 369.41 亿元、非招标 46.75 亿元。招标投标办公室依法依规履行工程招投标监管职责，结合中国石化项目特点，持续规范工程招投标活动和工程建设市场秩序，全年直接监管工程采购 651 个标段，总中标额约为 204.49 亿元，公开招标率按金额计算达 99.30%。

高效审查重点工程项目的策划方案及招标公告，服务企业做好支持工作，全力保障重点项目顺利实施。按照党组关于中央巡视迎检及整改工作部署，扎实做好中央巡视迎检及组织整改工作。按照国务院国资委党委要求和党组工作部署，高质量完成违规违法获取工程项目专项整治工作。扎实推进工程招投标、承包商管理等制度修订工作，2 项制度初稿均已完成，编制起草完成《关于进一步规范工程发包工作的通知》，对工程发包模式、计价模式作出明确要求，积极推进两阶段招标试点工作。组织完成招投标三期信息系统的上线实施各项工作，加快推进智慧监督模块落地。成立中国石化建设工程招标标准文件及合同文本管理委员会，组织开展工程招标标准文件及合同文本常态化管理工作，建立完善有关工作机制。组织全系统招投标系统上线暨业务管理培训班，提升企业招投标业务人员专业素质能力，会同招标公司组织开展评标专家线上培训工作，录制培训视频，在线开展培训。

（杨　旭）

【石油工程造价管理】 2023 年深入开展以服务油气增储上产、推动降本增效提质、助力科技和管理成果转化为主要目标，打造一流为主要抓手的石油工程造价管理高质量发展“1234”行动，为国内上游高质量发展提供服务保障。

计价依据建设。完成试油气和压裂工程 2 项中国石化统一定额修编，新版压裂工程定额综合考虑页岩油（气）压裂技术和压裂大规模大排量的发展应用，兼顾先进性、适用性和差异性，能够满足不同油区、不同压裂工艺及生产组织形式的需要；新版试油（气）定额融合提升了原东部、四川盆地等 4 套不同的试油气定额标准，能够满足试油（气）新技术、新工艺和阶段日费的计价需求。组织完成华北老区、胜利老区钻井工程定额修编及江汉涪陵（瘦身井）、红星新区钻井工程定额编制。完善估概算指标体系，通过建立以石油工程典型井标准设计和历史项目数据为基础的石油专业工程估概算指标、增补修订油气田地面工程和长输管道工程估概算指标、编制海工工程估算指标，形成多元化、可灵活应用的造价指标体系，配套开发软件系统和移动端应用，实现估概算指标便捷查询和可研费用快速测算，为工程项目前期决策提供科学高效计价依据。开展专项定额和补充定额编制工作，编制完成工厂化预制撬装工程定额、气藏型储气库作业工程消耗量定额、浅海压裂酸化工程定额等 24 项补充定额编制。编制发布施工队伍资质评审收费价格、测算发布 21 款勘探开发云共享软件服务价格。

造价信息化建设。推进地面工程清单计价系统深化应用，完成系统在上游各企业上线工作；强化应用培训及应用情况调研，持续改进优化系统功能。以地面工程清单计价平台为基础，建成上下游一体化的工程建设实施过程投资管控平台，满足上下游各类工程估概算、招投标、预结算全过程计价文件编制需求，在齐鲁石化试点上线运行。探索推行设计预算一体化，依托清单计价平台数据化成果，构建工程技术参数与定额数据映射关系，通过不同区域设计数据、经济数据的联动，形成技术与经济相结合的多版本比选方案，实现工程设计与费用的同步优化，从源头优化投资。

（张　兴）

公用工程

热电 | 水务

热电

【概述】 2023 年，热电业务按照集团公司工作部署，不断夯实安全环保基础，持续提升安全可靠保障水平，稳步推进碳达峰行动，优化调整能源结构，提升能源利用效率，进一步提升热电运行水平和创效能力，践行绿色洁净战略，为打造世界领先洁净能源化工公司作出贡献。

（胡海翔）

【持续提升保障能力】 在满足主业用热需求的基础上，坚持保供第一、效益优先原则，提高热电装置运行平稳率，积极增加机组发电量，保证主业用电用热需求，全年完成发电量 348.57 亿千瓦・时、供热量 4.15 亿吉焦。

（胡海翔）

【强化专业安全】 严格落实国家能源局《防止电力生产事故的二十五项重点要求》及《锅炉安全技术规程》等相关标准，全面落实“总经理 2 号令”，深入落实 HSE 管理体系要素，切实将体系标准、要素融入专业管理，提升热电和电网系统安全运行能力。开展热电专业生产事故预防措施排查，督导中安联合、中天合创等企业开展锅炉、电气系统专项隐患分析排查和整治。

（胡海翔）

【提升电力可靠性】 对照发电设备可靠性评价规程，认真执行集团公司热电装置非计划停工管理办法，遏制误操作事件，落实锅炉防磨防爆技术措施，预防炉外管爆裂和煤粉闪爆等事故，开展超低排放改造后锅炉“安稳长满优”运行专项整治。

（胡海翔）

【稳步提升技术经济指标】 按照国家政策要求，到 2025 年平均供电煤耗降至 300 克标准煤 /（千瓦・时）以下，开展现役机组系统性节能诊断，提升能源利用效率。2023 年累计供电标煤耗指标为 294.53 克 /（千瓦・时），下降 3.52 克 /（千瓦・时）；供热标煤耗指标 37 千克 / 吉焦，下降 0.46 千克 / 吉焦，热电成本优势进一步发挥，有效提升主业竞争力。

（胡海翔）

【持续开展机组节能提效】 加快推进高桥石化等机组升级改造项目建设。落实集团公司与国家能源集团战略合作要求，推进煤电机组能耗达标工作进展；组织胜利油田、茂名分公司等企业专家研究安庆分公司、中科炼化等企业热电机组提效改造工作方案；开展 6 家企业热电机组节能诊断。

（胡海翔）

【严格电力技术监督】 贯彻落实国家、行业、集团公司电力技术监督政策法规和标准规程，建立定期查评和预（告）警机制，及时采取措施预防风险。加强与中国电力科学研究院等技术支撑单位合作，建设电力技术监督专业团队，提升专业素养和业务能力，发挥前瞻性作用。

（胡海翔）

【加强燃料管理】 及时跟踪分析煤炭价格、电力供需形势，强化煤炭采购、储运和使用全过程管控，优化配煤掺烧，严把煤炭入厂验收关，持续规范煤炭数量、质量验收方法和验收流程，2023 年入厂入炉煤热值差完成 150 千焦 / 千克年度目标，处于全国同行业先进水平。

（胡海翔）

【实施电厂信息化建设】 胜利油田、燕山分公司、镇海炼化、广州分公司等单位建成 SIS 项目，基于石化智云平台，面向国家、集团、企业、电厂 4 个层面，建设数据采集、分析与专业应用系统。同时，建成总部端电厂专业管控信息平台，对所有电厂的生产过程、运行情况进行实时监督和管理，为整体优化运行提供决策依据，在此基础上开展大数据分析和业务深化应用，持续提升专业管理效率。

（胡海翔）

【加快推进新项目建设】 安庆分公司、湖南石化新建热电项目顺利投产。推进贵州能化、齐鲁分公司等新建项目进展；对洛阳分公司乙烯项目热电和电力系统方案进行审查优化。九江分公司、上海石化等企业新建项目稳步实施。为推进新机组高标准建设，提升新建燃煤热电机组能效水平和发电能力，组织高效燃煤机组运行交流。

（胡海翔）

【开展机组灵活性改造】 提升锅炉、机组自动化控制标准及水平。开展煤电机组灵活性改造，提高供热机组深度调峰能力，通过热电解耦力争实现锅炉40%额定负荷连续运行能力。开展蒸汽系统整体优化攻关，乙烯裂解、炼油催化等炼化装置合理调整蒸汽运行参数，优化流程，降低综合消耗量。

（胡海翔）

【加速新能源电能替代】 积极开展碳达峰路径和新能源项目研究，结合企业实际，制定减排降碳总体目标，开展二氧化碳减排工作。利用灰场、屋顶等加快推进光伏发电项目；参加绿氢炼化专题研究交流和氢能重大科技项目攻关；起草CFB锅炉掺烧生物质技术指导意见及炼化企业光伏发电并网安全指导意见。组织镇海炼化、天津石化、中科炼化、湖南石化、广州分公司等企业开展生物质燃料掺烧研究并取得成效。

（胡海翔）

【推进电力市场化交易】 发挥一体化优势，依托联合石化公司，建设集团公司电力交易平台，集中统一制定交易策略和交易方案，保障全系统充分享受电改红利。加强与主力发电企业的战略合作，扩大绿电交易规模。优化发电负荷，保障生产用电需求，用好电力市场化交易、峰谷电价政策，控制外购电成本。

（胡海翔）

【加强现场专业服务】 组织专家团队赴扬子石化、燕山分公司、金陵分公司等企业开展热电专业节能降碳提效现场技术服务，研究优化热电机组挖潜提效改造技术方案。加强专业交流，实现技术取长补短、经验交流互通，审查洛阳分公司等企业热电项目可研报告，提出专业意见。

（胡海翔）

【确保机组达标排放】 落实集团公司“总经理1号令”要求，结合各企业锅炉工况和燃煤特性，专题研究锅炉低氮燃烧、SCR脱硝设施优化运行和技术改造措施，在不降低机组运行周期的前提下，实现重点企业、重点区域燃煤锅炉环保排放平稳达标，排放总量持续降低。

（胡海翔）

【深化资源化综合利用】 积极争取政策支持，深入开展电站锅炉协同处置固体废物工作，推广煤电＋耦合发电技术应用，包括生物质、污泥、废气发电等，提高各类资源综合利用能力。持续拓展粉煤灰、石膏、灰渣等资源化利用渠道，增强大宗固体废物综合利用水平。

（胡海翔）

【加强专业队伍建设】 2023年举办热电专家专题研讨班，组织25家企业专家学习研讨国家有关煤电机组节能减排政策、发展现状与形势；现代能源电力系统的建立，源网荷储一体化发展与应用；热电机组节能评估与技术诊断等内容，有力促进专业人才队伍建设。

（胡海翔）

水务

【概述】 2023年，水务业务认真贯彻落实集团公司年度工作会议精神，夯牢专业安全基础，全面提升水质管理，深挖节水减排和提质增效潜力，促进技术创新和进步，践行绿色低碳发展，推进水务数字化转型，为集团公司高质量发展贡献力量。

（仲　强）

【安全管理不断深化】 积极落实“安全管理强化年”“加强专业管理，强化过程安全管控”等要求，编制印发《中国石化水务系统固体废物管理规定》《中国石化水务装置应急处置管理规定》，进一步规范水务系统固体废物管理和应急处置管理。共识别出水务系统28类常见固体废物，明确其中15类危险废物的代码；针对人身伤害、突发环境污染、火灾爆炸、非计划停水、水质超标等11类典型事件，按照“135”原则编制相应的应急处置要点；对水务系统逐流程进行风险识别，识别出各类风险66项，编制针对性管控措施，指导企业规范管理，强化专业安全基础。

（仲　强）

【水质管理持续加强】 现场调研水质过程管理情况，督促企业加强水质过程管控，按照标准有关要求完善水质分析项目和频次；推广天津石化先进经验，配置智能水质分析系统，提高水质过程监控水平。全面完成集团公司水处理剂抽样和检验分析工作，持续加强水处理剂的采购、验收、使用和评价等全过程管理。2023年，新鲜水、循环水和化学水水质合格率在较高水平上均实现稳定提升，污水系统外排达标率100%，实现全年高质量供水和污水达标排放。

（仲　强）

【提质增效不断深入】 贯彻落实“保安全、降成本、增效益”专项行动方案要求，大力推进水务系统提质增效工作。从节能降耗、优化资源和增产增收等5个方面梳理出31项增效措施，完成增效目标的104.2%。全面推进冷却塔提效工作，截至2023年底，累计完成37家企业的1120座冷却塔测试，已总体完成相关测试工作。围绕冷却塔改造过程中存在的各种问题，组织专家制定《工业循环水冷却塔测试管理规定》，完成冷却塔内件采购有关技术文件的编制工作，确保冷却塔提效取得效果。

（仲　强）

【水资源利用效率稳步提升】 持续加大雨水、淡化海水、矿井水等非常规水资源利用，不断提升工业用水效率。结合国家标准和地方标准相关要求，强化对比分析，助力落后企业提高用水效率，2023年度各企业主要化工产品取水量均达到定额要求；落实工信部等四部委《关于印发重点用水企业水效“领跑者”引领行动实施细则的通知》要求，组织企业积极争创节水型企业和水效“领跑者”，镇海炼化和宁夏能化等5家企业分别获乙烯和煤制甲醇行业水效“领跑者”称号。

（仲　强）

【标准化建设持续深入】 持续加快推进标准化水场相关项目和措施落地，提升水务系统装备水平。截至2023年底，已启动标准化水场建设项目162个，涉及水场203个。完成《水中正磷酸盐和总磷酸盐的测定间断化学分析——磷钼蓝分光光度法》标准编写和送审；启动《循环水处理效果监控方法 第1部分：监测换热器法》标准修订申报工作。

（仲　强）

【绿色发展持续推进】 践行绿色发展理念，推进水务系统绿色低碳相关新技术应用。自养反硝化技术全国首次成功应用于工业污水处理，优化不同总氮浓度情况下的排泥频次和回流比，实现总氮去除率稳定达90%以上，运行成本降低40%左右。协调推进“高冷效低能耗环保型冷却塔的开发”科研项目试点建设，综合考虑冷却塔结构强度、改造时机等各因素，加快推进项目建设。持续推进水务专业“三废”治理工作，加快实施中韩石化炼油新鲜水排泥水回收项目和荆门分公司排泥水回收项目。

（仲　强）

【智慧水务正式启动】 在茂名分公司、扬子石化、洛阳分公司、齐鲁分公司和天津石化5家企业启动智慧水务试点建设，覆盖17套水务装置。通过机理模型研究、专家经验总结和智能读表取数等方式，确定新鲜水加药分析、循环水物料泄漏诊断、化学水运行专家诊断和污水工艺优化等10个智能应用场景，实现4个水务系统关键业务全覆盖，推进水务业务数字化转型发展。

（仲　强）

【专业技术服务取得实效】 深入企业现场开展调研帮扶工作，全年共开展技术服务18次，提出问题整改和运行优化建议231项，促进专业管理的提升。

（仲　强）

中国石化
SINOPEC

健康安全环保

综述 | HSE 管理体系运行 | 风险隐患管理 | 安全监督管理 | 公共安全管理
员工健康管理 | 能源及水资源管理 | 环境保护管理 | 碳达峰碳中和行动 | 绿化管理

综述

2023 年，集团公司坚持以习近平新时代中国特色社会主义思想为指导，贯彻落实习近平生态文明思想及习近平总书记关于安全生产重要论述，以及习近平总书记视察胜利油田、九江石化重要指示精神，突出目标引领，坚持问题导向，按照转观念、转方式、转作风、提升业绩、提升形象的工作思路，有序高效实施健康安全环保管理机构改革，以推进 HSE 管理体系有效运行为统揽，以安全管理强化年行动、绿色企业行动和 2030 年前碳达峰行动为主线，不断夯实集团公司安全生产根基，持续提升绿色低碳核心竞争力。

2023 年，集团公司万元产值综合能耗下降 2.2%，工业取水量下降 1.2%；二氧化硫、氮氧化物、化学需氧量、氨氮 4 项主要污染物排放量全面完成国家下达的年度减排目标，未发生一般及以上突发生态环境事件。公司连续第 13 年获中国低碳榜样称号，获颁全国健康企业建设典型案例；所属 5 家企业获石油和化工行业重点耗能产品能效“领跑者”标杆企业称号、9 家企业获水效“领跑者”标杆企业称号、8 家企业获评国家和石化行业绿色工厂称号。

（李俊伟）

HSE 管理体系运行

【全面强化安全环保责任落实】 持续优化集团公司 HSE 专业分委会运行，明确总部部门体系要素管理职责分工。组织编制落实全员岗位安全生产责任清单和工作任务清单。推行基层安全管理网格化，持续强化基层安全责任落实。做好各级 HSE 管理人员基本功培训，开展基层安全员竞赛，以赛促学、以学促用。组织做好“六五环境日”“全国生态日”“安全生产月”“职业病防治法宣传周”等专题宣传，举办“双碳”院士大讲堂、安全大讲堂、HSE 专题培训班，强化全员 HSE 责任意识。

（李俊伟）

【有力推动安全管理强化年行动】 印发实施行动方案和强化攻坚方案，细化分解 128 项本质安全提升举措和 53 项攻坚具体措施，明确职责分工。建立周检查、月督导、季小结工作机制，协调解决难点重点问题，有力推动各项措施落实。每月通报行动开展情况和存在问题，分享经验做法。全面完成安全管理强化年行动任务，强基固本效果逐渐显现。

（李俊伟）

风险隐患管理

【统筹推进风险管控和隐患治理】 组织开展老旧装置、装置带“病”运行、高危细分领域、中小油库、双防平台应用提升、海洋平台、陆上石油、环保设施安全风险等专项治理，推进重大事故隐患专项排查整治 2023 行动，按计划完成集团公司重点监管安全风险隐患的管控治理任务。完成双防平台提升建设，开展运行效果专项评估整治，推动双防排查与生产巡检融合。建设应用报警信息提级管理系统，强化异常处置、管控及风险源头治理。

（李俊伟）

安全监督管理

【持续强化承包商和直接作业环节管理】 修订承包商安全管理办法，试点开展承包商双向考核，优化承包商安全量化记分考核规则。加强高风险作业管控，落实危大工程巡回驻点督导机制。做好井控安全监管，建立重点井管控跟踪机制，全面组织开展陆上石油天然气安全风险整治。强化深井钻机等高风险作业管控，组织建设智慧安全工地管控系统，开展大检修专项督查和施工作业“四不两直”专项检查。建立远程视频查违章工作机制，上线运行全员“安全随手拍”平台。

（李俊伟）

【系统开展安全督查检查】 开展“4+4”安全督查，组建 8 个安全督查组，全覆盖监督检查和服务指导企业举一反三整改提升。开展年度 HSE 大检查，成立 28 个检查组对 97 家企业全方位深度体检，查找 HSE 问题及深层次管理原因，推进问题溯源和整改，提升管理效果。

（李俊伟）

公共安全管理

【不断强化公共安全管理】 加强油气安保及反恐防范工作，推动近 2.5 万个重点目标实现自评达标。圆满完成重大活动安全环保保障任务，受到国家有关部委高度肯定。加强危险化学品运输安全监管，完善顶层设计，开展运输安全专项督查，组织重点企业落实“两特两重”期间危险化学品运输安全保障方案。推进危险化学品运输风险监测预警系统部署应用，动态接入 700 余家承运商和近 1.3 万台车辆，实现承运商及其载具在线监控。加强防灾减灾能力建设，实施地质灾害风险全链条信息化、智能化管理，提前部署汛期自然灾害防范工作，分类分级落实针对性防治措施。

（李俊伟）

员工健康管理

【持续推进员工健康管理】 承接职业病防治法各项要求，制定《职业健康管理办法》，筑牢职业病防治工作根基。强化职业病危害管控和劳动保护，实行清单管理，督导推进噪声、粉尘超标场所的治理，推广配备阻燃服，加强劳保用品入库检验。推动群体性健康管理，健全员工健康管理网络，完善医疗点健康巡检和健康咨询功能，加强健康高风险人员筛查，做好“一人一策”健康干预，开展全员急救知识培训，配备 AED 4000 余台。持续推进健康企业建设，深化健康管理与服务，改善员工工作环境和劳动条件。

（李俊伟）

能源及水资源管理

【深入实施“能效提升”计划】 开展节能监察，核查项目节能效果，确保项目实施质量。2023 年，集团公司实施“能效提升”项目500项，节能86万吨标煤。推进注采输一体化节能提效、能量系统优化、余热冷能利用、设备能效提升等工程实施，不断提升用能效率。加快发展新能源，推进企业网电应用和设备电动化改造，开展生物质掺烧示范项目建设，稳步提高“绿电”交易量，实现用能洁净化。

（李俊伟）

【全面推进节水减排工作】 加强源头水管网治理，持续推进再生水、雨水、矿井水和苦咸水等非常规水资源综合利用，不断提高污（废）水资源化利用水平。2023年，非常规水资源替代新鲜水超过5500万立方米，增加60万立方米；污水回用率提升1.95个百分点。

（李俊伟）

【加大技术研发和推广力度】 发挥系统内技术、资源和人才优势，加快研发新工艺、新装备、新材料，“超大功率电动压裂装备应用技术”等多项节能节水技术入选国家及行业推广目录。积极推广绿色技术应用，在油田企业重点推广油田能源优化管控关键技术等，在炼化企业重点推广能量系统优化等节能节水成套技术。

（李俊伟）

环境保护管理

【统筹推进绿色企业建设】 持续完善绿色企业复核评价指标体系，以“送培训、送服务、促提升”为原则开展绿色企业现场服务，累计培训千余人。持续推进绿色基层建设，规范现场环保管理，提升全员绿色意识，营造浓厚绿色文化氛围，推动绿色发展理念落地生根。截至2023年底，绿色企业行动第一阶段计划确定的总体目标、具体指标及25项重点工作任务全面完成，113家企业全部完成绿色企业创建和复核分级，63家企业被评为A级绿色企业，绿色基层建设完成率超年度计划15个百分点，绿色企业行动第一阶段目标任务圆满完成。

（李俊伟）

【深入打好污染防治攻坚战】 组织召开集团公司生态环境保护大会，传达全国生态环境保护大会精神，积极推动污染防治攻坚战工作。组织召开长江流域重点企业生态文明建设与环境风险防控工作会、黄河流域企业生态环境保护工作会，全面部署重点流域生态环境保护工作。督导煤化工企业开展高盐水处理装置和杂盐分质改造，加快历史暂存高盐水达标处理、杂盐“点对点”及气化废渣综合利用。深入开展黄河流域“清废行动”，截至2023年底已完成历史填埋固体废物治理，累计清理90.4万吨固体废物。

（李俊伟）

【实施绿色低碳“补短板、强弱项”专项行动】 围绕挥发性有机物应治未治、江河水体污染风险突出等环保方面“低老坏”问题，开展“补短板、强弱项”专项行动，明确主要指标目标，确定重点工作任务，建立排查事项明细表，细化监督考核办法，形成排查治理清单。对重点区域15家企业开展现场帮扶检查，指导企业规范做好挥发性有机物治理与厂区异味管控工作，持续提升企业生产区域异味管控水平。

（李俊伟）

【积极推进“无废集团”试点建设】 建立“1企1案1表1清单”创建模式，打造12家“无废企业”创建样板，形成49项典型案例，新建成1座区域危险废物处置中心，2023年固体废物综合利用率达95%，取得经济效益1.63亿元。完成14项“白名单”“点对点”及集团内部设施共享、小微企业危险废物收集等政策探索试点，结合企业需求编制第二批试点清单。启动中国石化废塑料回收利用体系建设工作，配合北京市推进燕山石化废塑料回收再利用产业建设。建成“无废集团”信息化平台，打通危险废物全生命周期信息化监管。

（李俊伟）

【持续加强环境风险和应急管理】 修订完善水体环境风险防控、雨水监控及事故水储存、突发环境事件应急预案编制等技术要求。开展水体风险防控专项检查，对企业环境风险评估工作进行评估指导，推广码头管线接口防泄漏措施。线上评估10家企业突发环境事件应急预案，针对性提出环境应急预案编制建议。组织参与2023年国家海上溢油应急专项演练、山东省海上救援应急演练。完善环境应急物资区域共享机制，在易派客系统中增设应急物资“易应急专区”。

（李俊伟）

【不断强化环保依法合规管理】 持续开展环保依法合规月度排查，通过环保信息系统对企业排查情况进行月度跟踪分析，对重大环保问题加强督促指导。组织召开环保问题排查整改工作推进会，通报典型环保案例，组织企业举一反三排查整改。对24家企业开展环保专项督查，对10家炼化企业开展自动监测设施质量评估并组织周边企业观摩学习，对30家企业开展监督性监测检查，对4家企业开展排污许可现场核查，对20家企业开展建设项目环保合规核查，持续提升环保依法合规管理水平。

（李俊伟）

碳达峰碳中和行动

【有序推动碳达峰行动】 制订实施碳达峰年度工作计划，强化“双碳”督查考核，完成114个碳中和示范项目建设，国内首个百万吨级CCUS示范项目二氧化碳输送管道投入使用，推动江苏地区CCUS项目有序实施，组织参展上海国际碳博会，积极引领行业“双碳”工作。

（李俊伟）

【稳步实施温室气体减排】 推动炼化企业持续开展制氢、合成氨等装置排放的高浓度二氧化碳回收利用，油田企业有序开展二氧化碳驱油，2023年回收二氧化碳174.9万吨，驱油注入二氧化碳84.7万吨。持续推进油气田勘探开发甲烷监测评估试点深化工作，推动甲烷应收尽收再利用，年回收甲烷8.74亿立方米。开展碳数据质量提升专项行动，积极参与试点碳市场和全国碳交易，按时完成履约工作，2023年碳交易量992万吨、交易额约5.9亿元。

（李俊伟）

绿化管理

【有序开展义务植树活动】 通过沙漠植绿、长江岸线覆绿、黄河生态保护、员工认建认养、身边增绿、志愿服务等多种尽责形式，积极开展义务植树活动，不断提高义务植树参与度和综合尽责率。2023年，实现义务植树（含折算）201.9万株，企业尽责率连续多年保持在90%以上，相当于减排二氧化碳24.23万吨。

（李俊伟）

【积极参与国土绿化行动】 积极参与长江、黄河流域生态保护，连续多年在沿江岸线开展“打造最美长江岸线”“保护母亲河”等活动，累计完成岸线覆绿42.87万平方米。助力“三北”地区国土绿化和植被修复，累计铺设防沙治沙草方格约4100公顷，建设沙漠公路防护林58千米，开展荒漠绿化4780公顷；井场退出恢复植被达8715公顷。“中国石化塞罕坝生态示范林”项目完成建设和验收，共计实施生态造林1905亩（127万平方米）。2023年植树节上线中国石化“我为雪域高原植新绿”项目，助力拉萨南北山绿化工程建设，建设公益林地402亩（26.8万平方米）。

（李俊伟）

科研开发与管理

综述 | 知识产权

综述

2023年，集团公司紧密围绕产业转型发展需要，坚持“四个面向”，深入实施创新驱动发展战略，强化企业科技创新主体地位，奋力突破关键核心技术，统筹深化科技体制机制改革，推动创新链产业链深度融合，持续提升科技创新引领力、支撑力，开创科技创新工作新局面。

主动融入国家科技创新体系。牵头建设的全国重点实验室全部通过优化重组，国家能源碳酸盐岩油气重点实验室获批。新增3家国家专精特新“小巨人”企业，超大口径裂解气大阀等3个项目入选第三批能源领域首台（套）重大技术装备名单。聚焦新能源新材料领域，牵头建设氢能、特种纤维及其复合材料等创新联合体。深层海相碳酸盐岩理论技术创新等7项成果获自然资源科技奖，地震一体化软件 π 平台、48K大丝束碳纤维等7项技术入选《中央企业科技创新成果推荐目录》。

持续深化科技体制机制改革。催化剂公司、北京化工研究院、大陆架公司3家“科改企业”全部获评“标杆”称号，经纬公司入选2023年度“科改行动”扩围名单。持续完善新型科技攻关机制，启动“种子计划”试点，拓展创新源头供给；优化“揭榜挂帅”攻关机制，第二批项目启动攻关。持续实施青年博士支持计划，充分发挥青年科技人才创新作用。畅通科技成果转化路径，完善中试专项经费机制，有效提升企业承担中试的积极性、主动性。加速推动科研管理向创新服务职能转变，秉持“为科研人员减负、为科技管理赋能”理念，加快推进信息化管理平台建设，持续优化立项、考核、专家库等功能，推进科研管理与数字化技术深度融合，大幅减少科研人员事务性工作，有效提升科研管理效率。

加快推进关键核心技术攻关。强化战略引领、规划先行，系统梳理共性关键科学问题，编制完成基础研究中长期规划。聚焦产业发展重点领域，制订多个科技专项规划，持续加强重点领域科技发展顶层设计。全年共有8个“十条龙”项目“出龙”，一批关键核心技术工业化试验取得成功。①勘探开发技术方面。攻关断褶裂缝精细刻画与高效钻完井技术，支撑川西须家河致密砂岩气藏高效滚动建产。深化复兴地区侏罗系勘探开发理论认识，发现新类型陆相页岩油气藏。创新陆相页岩油立体井网开发模式及高效开发技术体系，实现从单井到井组、“3层楼”到“7层楼”的突破。②炼油与氢能方面。生物基系列产品通过全球可持续生物材料圆桌会议（RSB）认证。氢能全产业链技术研发加速推进，形成兆瓦级质子交换膜（PEM）制氢等系列技术，进一步夯实“绿氢”基础。③化工与材料方面。自主研发首套CHP（过氧化氢异丙苯）法制环氧丙烷装置成功投产。高性能液体橡胶工业装置开车成功，首次实现国产化。航空用碳纤维热塑性复合材料板材顺利下线。聚烯烃弹性体（POE）打通中试全流程，实现批量应用。④公用技术方面。推进长江经济带石化类场地污染治理技术研究与集成示范，成功建立可用于管控场地污染风险的大数据平台。

不断夯实质量计量和标准化管理。扎实开展“质量月”“质量日”活动，系统开展质量计量管理监督检查、产品质量监督抽查及阀门管件专项抽查，切实发挥监督检查效能。积极打造“三全一前”计量测试体系，获批建设石油行业第一家国家产业计量测试中心，持续强化计量技术机构建设。积极推进国际标准化工作，牵头发布2项ISO标准。

（祝庆敏）

知识产权

【概述】 2023年度，中国石化专利申请授权数量稳步增长，申请专利10386件、获授权专利6309件，发明专利申请数量和获授权数量分别占比84.7%和77.2%。累计申请专利突破11万件，获授权专利6.8万件。“一种多管程乙烯裂解炉”等5件专利获中国专利奖。“耐盐抗高温钻井液技术”“生物质乙醇制乙苯技术”等4个项目获第48届日内瓦国际发明展金奖。连续5年在央企专利质量排名中位列首位，专利综合优势继续保持央企领先。作为全国首批3家试点单位之一，率先完成创新与知识产权管理能力评级，成为国内首个评级结果为“系统级”的单位。

（祝庆敏）

企业改革与管理

综述 | 体制改革 | 企业管理 | 内控与风险管理 | 法治建设
合规管理 | 制度建设

综述

2023年，集团公司坚持以习近平新时代中国特色社会主义思想为指导，深入贯彻党的二十大精神和习近平总书记视察胜利油田、九江石化重要指示精神，深入实施高质量发展行动，加快建设世界一流企业，改革管理效能持续释放，风险防控底板更加牢固，“五位一体”法治工作格局统筹推进，为推进集团公司高质量发展提供有力支撑保障。

纵深推进改革成效显著。高质量完成深化改革三年行动任务，集团公司获评国务院国资委考核A级、5个单项指标排名第一。接续启动部署改革深化提升行动，统筹优化总部机构和职能设置，调整资本金融和支持板块内部管理关系，整合组建健康安全环保管理部，完善离退休工作管理与服务职能，组建化工销售国际贸易公司和化工物流公司，做实海投公司，明确新星公司新能源专业公司定位，优化调整科技开发公司、中东研发中心管理关系。大力实施战略性重组，岳阳地区炼化企业实现一体化整合，稳妥推进湖北化肥转型发展、南阳能化经营业务调整。完成38家培训机构整合调整，15家培训疗养机构积极实施转型康养服务改革，在京单位老旧小区综合整治工作统筹推进。

加快建设世界一流企业扎实推进。国务院国资委将中国石化纳入创建世界一流示范企业范围，公司实施方案获评A+，按照“三步走”战略部署，明确提升科技创新能力、价值创造能力、公司治理能力、资源整合能力、品牌引领能力5个方面重点任务。全面启动部署价值创造行动，聚焦效益效率、自主创新、转型发展、协同优化、深化改革、精益管理、共建共享7个方面重点任务，协调推进38项重点任务落实。加大力度狠抓“三基”工作，完善组织制度体系，加强培训交流和检查评价，基层管理标准化、规范化水平持续提升。

风控内控质效不断提升。坚持底线思维，围绕年度24项重大风险，强化动态评估和监控，推进风险防控措施落实落地。重大风险防控关口前移，持续推进重大经营风险管理指标体系建设及应用，监测预警作用初步显现。坚持“管业务必须管风险”，筑牢“三道防线”，抓好风险防范应对处置。强化内控设计有效性，持续完善两级内控体系建设。推进“三重一大”决策事项清单、党委决定事项清单、党委前置研究讨论事项清单与内控权限指引配套关联。公司在国务院国资委内控体系有效性抽查中获评A级。组织开展第二轮风控内控检查三年全覆盖，完成49家直属单位督导检查。开展第二届岗位练兵及业务竞赛，累计练兵57.2万人次，促进岗位人员能力全面提升。

法治合规体系建设不断完善。修订合规管理办法，设立配备集团公司（股份公司）首席合规官，组建总部部门合规管理员队伍，建立联席会议工作机制。在央企系统率先建立领导干部应知应会党规国法清单制度，健全完善领导干部年终述法长效机制。更新、发布2023年版企业生产经营所涉法律法规清单2967条、行政许可证照参考目录252条。依法依规履行重大合同项目前置评估、审查程序，法律人员全程参与合资合作、新能源投资、资本市场、资本金融等项目，出具重大项目合法合规性专项审查论证意见。合同专项治理取得实效，各企业补倒签问题合同占比降至0.12%。持续推进制度集成化、简约化，总部制度数量从年初的787项降至760项。完成安全生产管理领域现行制度的合规性、操作性、规范性综合评价。组织开展全系统“十四五”中期法治建设督导调研及合规管理有效性评价，79家单位获评A类及以上评价。

重点领域法治合规保障持续强化。坚持境外法律合规风险排查、联查联治机制，持续关注重大国际政治经济形势动态，提示法律风险，研究应对预案。强化出口管制、经济制裁、境外反腐败反商业贿赂合规管理，妥善应对美国SEC问询。近3年向国家市场监督部门申报的18项经营者集中申请，均顺利通过审查。强化知识产权法律保护，推动重大技术秘密维权案件取得实质性进展。加大“两金”法律清收力度，2023年法律清收应收账款和各类债权到账7.91亿元。持续防控环保法律风险，多起环保公益诉讼案件胜诉结案。依法维权清理假冒中国石化注册企业，有力维护公司品牌声誉。完善所属企业信用监测机制，做好日常商事管理服务。通过法律手段妥善处置群体性劳动争议案件，做好稳定和舆情风险防控。

法律纠纷案件“压存控增”成效显著。持续加大纠纷案件处置和督办力度，着力提升5000万元以上重大案件及案龄3年以上历史遗留案件办结率。全系统全年办结案件1264件，避免和挽回潜在损失492.7亿元，国务院国资委督办的8起重大案件全部销项，在办案件金额较上年度下降86.6%，59家单位法律纠纷案件数量实现清零，纠纷案件涉案金额降至10年来最低水平。

（李鑫轶）

体制改革

【深化改革三年行动得到国务院国资委高度肯定】 集团公司2022年连续第2年在国务院国务院国资委考核中获评A级，被评为国企改革大典型、公司治理示范企业、科技创新突出贡献企业等，多次在国务院国资委专题会上交流发言。“双百行动”“科改行动”在国务院国资委考核中综合排名第5位，7家企业中4家被评为标杆、3家被评为优秀；西北油田、燃料油公司、经纬公司新入围国务院国资委“双百企业”“科改企业”；催化剂公司、润滑油公司、经纬公司被纳入国务院国资委创建世界一流专业领军示范企业。2023年有5篇典型经验在国务院国资委国企改革行动简报印发。

（邢新丽）

【高标准启动部署改革深化提升行动】 集团公司坚持以习近平新时代中国特色社会主义思想为指导，深入贯彻党的二十大精神和习近平总书记视察胜利油田、九江石化重要指示精神，召开全系统大会，表彰深化改革三年行动先进集体和个人，高标准启动部署改革深化提升行动。印发实施方案和工作台账，直属单位结合企业实际制定工作台账，打通改革政策落地“最后一公里”。强化宣传引导，编制明白纸、口袋书、线路图，举办改革深化提升行动培训班，在《中国石化报》开辟“企业负责人谈改革深化提升行动”专栏，积极营造改革良好氛围。建立定期例会、季度督办、红黄绿运行等日常运行机制，截至2023年底，集团公司工作台账整体措施完成率31.4%。公司改革深化提升行动组织推进工作得到国务院国资委充分肯定，在国务院国资委专题推进会上被多次点名表扬。

（邢新丽）

【调整集团公司人民防空管理职能】 为进一步理顺集团公司人民防空管理职能，2023年4月18日，印发《关于调整集团公司人民防空管理职能的通知》（集团工单企〔2023〕34号），将集团公司人民防空办公室由总部后勤服务中心调整到安全监管部，安全监管部加挂集团公司人民防空办公室牌子，归口管理集团公司人民防空工作。

（邢新丽）

【组建健康安全环保管理部】 为更加突出HSE管理统筹职能、发挥一体化优势，2023年4月22日，印发《关于组建健康安全环保管理部的通知》（中国石化企〔2023〕114号），整合安全监管部和能源管理与环境保护部，组建健康安全环保管理部，不再保留安全监管部、能源管理与环境保护部。

（邢新丽）

【调整优化离退休管理职能】 为更好贯彻国家离退休工作相关政策，强化总部对离退休工作的管理，2023年5月8日，印发《关于进一步优化离退休工作管理和服务职能设置的通知》（中国石化企〔2023〕100号），将离退休工作部政策制定落实、集团公司关心下一代工作委员会办公室，以及集团公司离退休老领导、离休人员管理和服务协调等职能整合到党组组织部（人力资源部）；将总部和委托管理离退休人员的日常服务及离退休老领导、离休人员服务保障等职能整合到百川公司（后勤服务中心），百川公司加挂“离退休人员服务中心”牌子；不再保留离退休工作部。

（邢新丽）

【调整资本金融和支持板块部分单位管理关系】 为进一步优化资本金融和支持板块运行机制，加强专业管理和业务指导，2023 年 4 月 28 日，印发《关于调整资本金融和支持板块部分单位管理关系的通知》（中国石化企〔2023〕93 号），对资本金融和支持板块部分单位管理关系进行调整，明确境外代表处归口国际合作部管理，石化报社、石化出版社（经济出版社）归口党组宣传部管理，管理干部学院（中国石化党组党校）归口党组组织部（人力资源部）管理，工程质量监督总站（工程质量监测公司）、招标公司归口工程部管理，经济技术研究院（咨询公司）归口发展计划部管理，审计中心归口审计部管理，石化盈科公司归口信息和数字化管理部管理，海外发展公司归口集团财务部管理；国际事业公司归口物资装备部管理，与物资装备部继续实行“一套机构、两块牌子”管理模式。

（邢新丽）

【优化完善中国石化海外投资控股有限公司管理体制】 为进一步加强境外炼化业务项目投资和运营管控力度，有效防范风险，2023 年 3 月 31 日，印发《关于优化完善中国石化海外投资控股有限公司管理体制的通知》（石化股份企〔2023〕46 号），明确中国石化海外投资控股有限公司（简称海投公司）是中国石化境外炼化业务投资、建设、运营管理的专业公司，负责所投资项目的全生命周期管理，承担境外炼化业务投资和经营主体责任。海投公司投资的境内外项目作为下属单位，由海投公司直接管理。

（邢新丽）

【研究理顺新星公司新能源产业发展体制】 为加快构建“一基两翼三新”产业格局，推进新能源业务高质量发展，2023 年 10 月 26 日，印发《关于印发新星公司新能源产业发展体制机制改革方案的通知》（集团工单企〔2023〕58 号），明确新星公司作为集团公司新能源专业公司，是集团公司境内外新能源产业投资、建设、运营的主要平台，归口统筹组织实施集团公司新能源项目。12 月 19 日，印发《关于设立中石化新星新能源有限公司（中石化新星新能源研究院有限公司）的通知》（石化股份企〔2023〕266 号），明确股份公司出资设立中石化新星新能源有限公司（中石化新星新能源研究院有限公司），与新星公司按照“一套机构，三块牌子”管理。

（邢新丽）

【稳妥推进岳阳地区两厂一体化改革工作】 为贯彻落实中国石化世界领先发展方略和高质量发展行动要求，集团公司以实施岳阳地区乙烯炼化一体化项目为契机，同步推进岳阳地区两厂炼化一体化改革工作，研究制订“1+5”实施总体方案，先后分别于 2023 年 4 月 4 日、4 月 25 日履行党组会、董事会审批程序后实施。6 月 6 日，中石化湖南石油化工有限公司完成工商注册。10 月 23 日，资产重组实施方案通过党组会审议，10 月 26 日完成股份公司董事会审批，并按资本市场监管要求完成信息披露。2024 年 1 月 1 日，完成向中石化湖南石油化工有限公司出资资产交割，标志着湖南石化正式投入一体化运营。

（邢新丽）

【调整惠州市大亚湾华德石化有限公司管理关系】 为进一步统筹集团公司码头岸线资源，打造一流的专业化、国际化、市场化仓储物流平台，2023 年 3 月 20 日，印发《关于调整华德石化有限公司管理关系的通知》（石化股份企〔2023〕37 号），明确将惠州市大亚湾华德石化有限公司由广州石化委托管理，调整为由冠德国际投资有限公司直接管理。

（邢新丽）

【研究理顺信息化业务管理体制机制】 为加强集团公司网络和信息安全保障，优化完善信息化业务管理运行机制，推进信息和数字化管理部“管办分离”，成立信息技术中心，构建“管理＋运营＋建设”的信息化管理新架构、运行新模式。

（邢新丽）

【优化中东研发中心管理体制机制】 为更好支撑集团公司在中东地区高质量开展国际化经营，2023年12月12日，印发《关于优化完善中东研发中心管理体制机制的通知》（中国石化企〔2023〕233号），进一步明确中东研发中心是中国石化在中东地区上下游和新能源业务发展的技术研发中心、技术支持中心，对外技术交流与合作的窗口，上下游特色及优势技术和高端产品在中东地区拓展的一体化平台，由委托工程院按分院模式管理，调整为科技部按直属研究院模式管理。

（邢新丽）

【理顺科开公司管理关系】 为更好发挥科技开发公司在科技创新体系中的作用，加大技术许可、技术服务、技术咨询、技术收并购、科技投资等业务一体化管理，2023年12月13日，印发《关于调整科技开发公司管理关系的通知》（中国石化企〔2023〕234号），进一步明确科技开发公司为中国石化技术许可、知识产权运营的平台，不再委托催化剂公司管理，归口科技部按直属企业管理；公司名称不变，股权结构择机优化完善。

（邢新丽）

【重组设立中石化天津石油化工有限公司】 2023年5月16日，印发《关于天津分公司重组设立子公司的批复》（石化股份企〔2023〕79号），明确股份公司出资设立中石化天津石油化工有限公司，将天津分公司重组范围内的资产、负债及相关人员划转至子公司。天津分公司与天津石化有限公司按照“一套机构、两块牌子”管理。

（邢新丽）

【明确中石化国际能源投资有限公司授权决策事项】 为提升中石化国际能源投资有限公司决策效率，依法合规推进国际化进程，2023年11月21日，印发《关于明确中石化国际能源投资有限公司授权决策事项的通知》（中国石化企〔2023〕214号），比照国勘公司，从计划预算、投资、财务、人事、安全环保、外事、信息、审计8个方面对中石化国际能源投资有限公司进行授权。

（邢新丽）

【支持鼓励“科改企业”“双百企业”进一步加大改革创新力度】 为落实国有企业改革深化提升行动关于做精做深“科改企业”“双百企业”部署要求，以差异化、精准化政策支持打造更多基层改革创新样板和尖兵，2023年12月28日，印发《关于落实国务院国资委支持鼓励“科改企业”“双百企业”进一步加大改革创新力度的通知》（中国石化企〔2023〕246号），从精简审批事项、开展科技人才发展体制机制综合改革试点、深化董事会应建尽建等14个方面支持鼓励“科改企业”“双百企业”进一步加大改革创新力度。

（邢新丽）

【培训疗养机构改革初见成效】 集团公司15家培训疗养机构改革转型康养服务设施全部交由中国诚通承接，完成资产清查、机构撤销、人员安置等工作，部分机构完成适老化改造并投入运营，完成国务院国资委等部委任务目标。转型后将为社会增加近2000张养老床位，为积极应对人口老龄化国家战略贡献中国石化力量。

（汪海洋）

【在京央企老旧小区综合整治工作启动】 2023年1月，国务院国资委、国家发展改革委、财政部、住建部、国管局、北京市政府联合印发《在京中央企业老旧小区综合整治工作方案》（国资发改革〔2023〕9号），进一步加大在京央企老旧小区综合整治力度。集团公司成立工作专班，开展调研座谈，组织摸底调查，研究有关政策，编制印发《在京单位老旧小区综合整治工作方案》（中国石化企〔2023〕165号），明确整治内容、责任任务、支持政策、工作流程等。与中建城市改造专班签订合作框架协议，完成老旧小区体检、勘察等工作。逐一与有关企业对接编制综合整治项目计划，完成第一批老旧小区综合整治总体改造方案上报，并申报2024年度财政补助资金。

（汪海洋）

企业管理

【创建世界一流示范企业成效显著】 2023年3月31日，国务院国资委印发《关于将中国电子科技集团有限公司等10家中央企业纳入创建世界一流示范企业名单的通知》，中国石化被纳入创建世界一流示范企业（22家央企）范围。按照加快建设世界领先洁净能源化工公司三步走战略部署，编制《中国石化创建世界一流示范企业实施方案》，明确提升科技创新能力、价值创造能力、公司治理能力、资源整合能力、品牌引领能力5个方面重点任务，努力成为建设世界一流企业的“排头兵”“示范生”“先锋队”。在国务院国资委创建世界一流示范企业实施方案评估中，中国石化实施方案获评A+（第一档）。

（梁建锐）

【价值创造行动扎实深入推进】 以加快建设世界一流企业为战略牵引，以提升效益效率为主线，大力实施价值引领战略，聚焦效益效率、自主创新、转型发展、协同优化、深化改革、精益管理、共建共享7个方面重点任务，编制《中国石化对标世界一流企业价值创造行动实施方案》，全面启动部署价值创造行动。2023年3月24日召开全系统启动会，部署7个方面38项重点任务，自2023年1月至2025年3月开展价值创造行动。结合“以对标促达标、以达标促创标”要求，完善对标工作总体思路、重点任务和主要业务板块对标举措，对各企业编制的价值创造行动工作清单从内容、部署、对标等方面进行综合评估，巩固对标提升行动工作成效。3月3日，在国务院国资委价值创造行动启动会上，中国石化作书面交流。《中国石化实施价值引领战略推动高质量发展加快建设世界领先洁净能源化工公司》在国务院国资委《国有企业改革动态》、国企改革微信公众号发布。

（梁建锐）

【强基固本夯实“三基”工作】 成立以中国石化总经理为组长，公司有关部门（单位）为成员的“三基”工作领导小组，加强“三基”工作总体统筹，建立工作例会机制，总部层面基本建立以“三基”工作管理办法为统领、其他配套制度为支撑的“三基”工作制度体系，有力推进“三基”工作进入规范化管理快车道。制定印发《中国石化“三基”工作管理办法》《中国石化“三基”工作评价办法》，进一步提升“三基”工作的规范化、标准化水平。制定印发《关于基层单位界定的意见》，按照板块和企业类型明确基层单位界定标准，为进一步规范基层建设奠定基础。截至2023年12月31日，全系统共有基层单位8373家。先后举办2期“三基”工作培训班，总经理作专题讲座。召开“三基”工作现场交流会，通过奋进石化视频同步观看人数达7.4万人。加强“三基”工作的检查督促、评估评价与正向激励，在企业自评和申报的基础上，组织开展“三基”工作评价和先进推选，表彰“三基”工作先进单位20家、先进基层单位80家、先进个人147名，充分调动各层级抓“三基”工作的积极性、主动性和创造性。

（梁建锐）

【做精做优企业管理现代化创新成果评审】 组织中国石化第三十二届管理创新成果评选，印发《关于组织申报中国石化第三十二届管理现代化创新成果的通知》，围绕加快建设世界一流企业、开启高质量发展新阶段主题，明确申报重点内容、申报要求和申报方式，坚持择优申报，从严控制成果数量。建立创新成果信息平台，细化评审规则和评审程序，创新成果评审过程，增加成果答辩环节，邀请中企联、高等院校专家作为评委，进一步保障评审结果公开、公正、透明。2023年，评审出集团公司管理创新成果150项，其中一等成果10项、二等成果30项、三等成果50项、优秀成果60项。

（梁建锐）

【6项成果获评全国企业管理现代化创新成果】 中国石化6项成果获评第三十届全国企业管理现代

化创新成果，其中，“特大型石化集团基于长期价值量化模型的战略财务管控体系构建”成果荣获一等奖，“炼化企业以要素为牵引的制度体系融合管理”等5项成果荣获二等奖，获奖成果数量和质量均位居央企前列。至2023年底，中国石化累计获全国企业管理现代化创新成果96项。

（梁建锐）

内控与风险管理

【召开风控内控法治合规工作会议】 2023年3月24日，集团公司召开2023年风控内控法治合规工作会议，全面部署年度重点工作，进一步加强风险管控，深化依法治企，为全面迈上高质量发展新阶段保驾护航。会议以视频方式召开，各企业分管风控内控、法律合规工作的领导、部室负责人及业务骨干参加会议。

（吴雪琳）

【发布2023年版内控手册】 2023年1月6日，经集团公司党组会、第四届董事会第一次会议审议通过，中国石化内部控制手册（2023年版）发布实施。

（吴雪琳）

【成功举办第二届风控内控竞赛】 积极筹备举办第二届风控内控竞赛。各单位分管风控内控工作的领导带头、各级风控内控管理人员及业务骨干广泛参与，掀起风控内控大学习大练兵的热潮，岗位练兵人数达57.2万人次，有效提升风控内控人才队伍综合能力。

（吴雪琳）

【开展风控内控检查】 聚焦“强内控、防风险、促合规”，开展第二轮直属单位内控监督评价，对12家企业开展风控内控检查，并按照“六不放过”原则，进一步压实整改责任，实行问题销项管理。

（吴雪琳）

【首次接受国务院国资委内控有效性抽查评价】 2023年7—9月，集团公司首次接受国务院国资委内控有效性抽查评价，并获评A级，位居被检央企前列。

（吴雪琳）

【持续开展重大经营风险量化指标体系应用】 聚焦风险事前防范，优化阈值测算模型和风险指标数据库。加强风险指标预测和风险提示，指标测算结果纳入季度重大风险报告，及时通报集团公司重大经营风险量化指标监测情况，制定应对措施清单，监测预警作用初步显现。聚焦“压存控增”，大力推进重大经营风险事件处置，强化重大经营风险事件首报、续报和终报工作机制，多项重大经营风险事件妥善关闭。

（吴雪琳）

【专项风险防控稳步推进】 开展重大投资项目风险评估程序性审核“回头看”。跟踪近3年开展的重大投资项目的风险变化及有关应对措施落实情况。优化工作流程和管理机制，完善投资风险管理方法和工具，进一步规范投资决策阶段的风险评估，充分发挥监督、制衡，以及赋能作用。持续强化金融衍生品业务风险管控力度，开展金融衍生品业务专项风险排查，形成风险排查报告向管委会报告并落实整改要求。组织开展金融衍生品业务风险管理机制有效性、机构合理性、人员专业胜任能力评估。

（吴雪琳）

【加强重点业务领域法律风险防控】 围绕应收账款法律清收和直分销业务法律风险防控2个课题开展调研，编写指导案例及操作指引，以实践深化认识，以认识成果推动实践。加大“两金”法律清收全过程管理，应收账款法律清收模块与集团信用平台系统实现接口，按照T+1的时效将重大应收账款逾期信息及时推送相应法律处置人员，有效提升法业财融合的工作机制。召开板块法律清收督导会，指导30余家重点企业分类分级开展清收，全年通过法律手段收回应收账款到账7.91亿元。持续防控环保法律风险，经过持续努力，5起环境侵权公益诉讼基本胜诉结案。强化知识产权法律保护，一批重大知识产权维权案件取得重大阶段性进展。有效防范劳动用工和涉法涉诉信访风险，指导企业做好群体性劳动争议案件处置，配合信访维稳部门做好稳定和舆情风险防控。

（徐　阳）

【强化境外法律风险防控】 深化境外法律合规风险排查联查联治机制，持续关注美西方制裁动态、俄乌危机等重大国际政治经济形势动态，通过工作简报、专项报告等方式，不定期对重大风险和重要事项提示法律风险。完善出口管制、经济制裁合规信息模块建设。推进境外合规管理专项工作，统筹做好涉外业务活动合规调查，积极开展涉外法律合规培训，防控重大涉外项目法律风险。

（冯带龙）

法治建设

【开展“十四五”企业法治建设中期调研督导】 2023年，为贯彻落实国务院国资委法治央企建设有关要求，集团公司围绕企业法治建设“五个体系、五种能力”，组织对直属单位“十四五”企业法治建设及合规管理情况进行调研督导及评价考核，共评出A+类单位23家、A类单位56家、B类单位44家、B类以下单位16家。

（高振涛）

【持续加大重大纠纷案件处置】 大力提升重大案件及案龄3年以上历史遗留案件办结率，对17家单位的44件重大及历史遗留案件建立总部和发案单位两级负责制，2023年全系统办结案件1264件，避免和挽回损失492.7亿元。在办案件金额较2022年度下降86.6%，超额完成“涉案金额在2022年基础上再降10%”的年度目标。积极落实中央巡视整改工作要求，67件纳入巡视整改的涉外案件已完结10件。国务院国资委督办的8起重大案件全部销项。全系统纠纷案件金额已下降至近10年最低水平，纠纷风险敞口逐步收窄，为公司高质量发展奠定坚实基础。

（徐　阳）

【夯实法律纠纷基础管理】 贯彻落实国务院国资委《中央企业法律纠纷案件管理办法》，组织修订公司法律纠纷管理办法，并同步在内控手册中嵌入纠纷管理业务流程，健全完善法律纠纷案件管控长效机制。加强国务院国资委法律合规风险月报案件督办工作。持续提升法律纠纷案件信息化管控，优化司法大数据接收功能，针对全系统3000余家全资、控股、重点参股子企业实现全国法院立案信息T+3时效的纠纷立案数据推送及监控、预警服务。编印2023年版法律纠纷典型案例汇编，发布涉外纠纷、建设工程、贸易购销、金融诈骗、安全环保、加油站网点发展、劳动用工、合同纠纷和侵权纠纷9类34个案例。

（徐　阳）

【加强项目合法合规性论证】 源头参与重大涉外合同项目合规论证，全程服务卡塔尔北部气田扩能项目二期（NFS）一体化项目。印发《关于进一步加强中国石化重大项目合法合规性审查论证工作的通知》，严格项目合法合规性审核。全年参与古雷二期项目、英力士一揽子合作项目、聚力项目、春天项目、海油股份无偿划转项目、管网2次交易项目、南湖项目、上海石化全面技术改造和提质升级项目等各类重大项目论证158个。统筹反垄断经营者集中申报管理，中国石化近3年来申报的18项经营者集中项目，均顺利通过审批。强化资本市场项目法律服务保障，妥善应对股份公司和上海石化美国SEC问询事宜，协调做好向国务院国资委汇报沟通。加强中外合资企业管理模式顶层设计和治理架构研究。

（冯带龙）

【持续提升合同基础管理质效】 持续强化合同监管，合同专项治理取得实效。印发《关于进一步开展规范合同签订相关工作的通知》，组织 50 余家单位的 700 余人参加线上培训。持续督导企业整改内控巡视审计发现的合同管理问题，开展依法合规考核，试点应用应签未签和线下合同、企业标准文本在线检查方法，优化细化考核指标，组织共享服务公司按季度开展合同运行监控，指导企业及时整改，按季度下发合同管理情况通报。强化合同管理队伍建设，优化标准合同示范文本，组织和指导企业持续优化两级标准合同示范文本，修订完善物资采购、化工销售、房屋租赁等文本累计 1420 余份。持续做好机关合同审查工作。

（冯带龙）

【优化升级合同管理信息系统】 加强合同管理信息化建设，推进智能化、数字化合同应用。编制电子合同数字化转型方案，组织区块链电子合同全面上线实施，完善石化 e 签移动端功能，优化区块链存证功能，会同股份财务部在齐鲁石化开展支付类合同履约自动集成试点工作。持续深化合同系统应用，合同信息化向纵深推进。加强境外合同法律风险防范，扩大境外合同系统实施应用范围，完成新增 24 家单位境外合同系统上线，落实强“三基”工作要求，推动合同管理仿真培训平台建设。完成合同系统新项目立项，积极开展合同系统数据治理，组织梳理合同关键业务，制定业务对象、逻辑实体、主数据、数据元和指标数据标准，在数据服务平台注册，完成数据资产发布，数据治理成效显著。

（冯带龙）

合规管理

【举办总法律顾问（首席合规官）培训班】 2023 年 10 月 25—27 日，举办 2023 年总法律顾问（首席合规官）培训班，52 家直属单位总法律顾问（首席合规官）参加培训。首次采取企业与法学院校联合办学模式，充分发挥高校的教育资源优势和企业的培训组织优势，深入学习贯彻党的二十大精神，全面贯彻落实习近平法治思想，持续深化法治央企建设，有效提升总法律顾问（首席合规官）法治思维、合规意识和履职能力。

（高振涛）

【举办安全生产刑事合规专题法治讲堂】 2023 年 6 月 27 日，适值第 22 个全国安全生产月，集团公司举办安全生产刑事合规专题法治讲堂，邀请最高人民检察院专家作危害生产安全刑事案件办理专题讲座，通过对重大责任事故罪，强令、组织他人违章冒险作业罪，危险作业罪，重大劳动安全事故罪，不报、谎报安全事故罪等企业安全生产主要涉及的刑事犯罪作详细解析，并结合实际案例对有关监管要求及司法执法依据进行解读，帮助企业各级管理人员更好理解安全生产刑事责任、强化安全生产责任意识、筑牢企业安全生产防线。

（高振涛）

【承办新发展格局企业合规体系建设研讨交流活动】 2023 年 8 月 24 日，集团公司承办中华全国律师协会公司律师专门委员会新发展格局企业合规体系建设研讨交流会，最高人民检察院、司法部、国务院国资委、全国工商联等部委相关领导莅临发言，部分政府监管部门、企业代表、国内知名专家、学者、律师作主旨演讲，中国铝业集团、中国再保险集团、腾讯、百度等 60 多家企业总法律顾问、首席合规官、法务管理机构负责人、公司律师代表共 130 余人参加会议。

（高振涛）

【持续开展打击假冒国企专项工作】 2023 年，集团公司认真贯彻落实党中央、国务院有关决策部署，持续推进挂靠经营问题整治和打击假冒国企工作。印发《中国石化集团民企挂靠问题综合整治专项行动工作方案》《关于持续推进打击假冒国企行为行动的通知》等文件，建立健全企业投资经营、合规管理机制，持续推动“有名无实”挂靠经营问题整改，按时报送全级次企业名单，发现假冒国企 10 家、完成清理 5 家。

（高振涛）

制度建设

【建立领导干部应知应会党规国法清单制度】 2023 年 10 月 11 日，集团公司党组印发《关于建立领导干部应知应会党规国法清单制度压实法治建设第一责任人职责的通知》，深入贯彻落实党中央关于全面深化法治领域改革有关部署及中办、国办具体工作要求，明确建立健全领导干部年终述法制度、党委法治建设年度报告制度、应知应会党内法规和国家法律清单制度，结合公司生产经营实际列明领导干部应知应会党规国法 160 部，进一步压实企业法治建设第一责任人职责，推动强化领导干部尊法学法守法用法行动自觉。集团公司系国务院国资委首批制定相关清单制度的中央企业。

（高振涛）

【完成安全生产领域总部层面制度综合梳理评估】 2023 年，为健全完善总部层面安全管理制度体系，围绕制度合规性、操作性、规范性 3 个维度，对总部层面涉及安全管理制度组织开展综合梳理评估。对 12 个部门、90 项制度中存在的 140 项问题，与有关部门进行对接并整改落实，有效夯实公司安全管理合规根基，进一步扎紧制度笼子，强化源头把控风险能力。

（高振涛）

财务资本管理

综述 | 预算成本管理 | 资金管理 | 会计管理 | 资产股权管理
土地房产管理 | 价税管理 | 财务风险管理 | 总部财务管理 | 财会队伍建设
财务状况 | 资本运作管理

综述

2023年，面对错综复杂的生产经营环境，集团公司财务系统认真学习贯彻党的二十大精神，扎实开展主题教育，深入实施高质量发展行动，坚持价值引领，突出风险防控，抓牢预算牵引，深化成本管控，优化资金管理，推动公司创造更好经营业绩，实现高基数上的稳增长，以实绩实效庆祝公司成立四十周年，在围绕中心、服务大局中展现了难中有为、干中有成、稳中有进的财务担当。

（夏吉鹏）

预算成本管理

【财务绩效超额完成目标】 2023年，深入实施高质量发展行动，紧咬“一增一稳四提升”目标不放松，全方位推进提质增效，集团公司全年实现利润总额1170.69亿元、净资产收益率7.3%、营业现金比率5.8%、资产负债率51.1%、研发投入强度0.85%、全员劳动生产率127万元/人，还原缴纳矿业权出让收益和国勘公司首批股权无偿划入两项重大预算外因素，超额完成国务院国资委“一利五率”各项指标。

（卢　静）

【战略财务管控深化应用】 发挥财务管理价值导向和专业支撑作用，量化三个五年，规划一个五年，持续滚动三年，预算安排一年，典型做法获第三十届全国企业管理现代化创新成果一等奖。创造性开展战略财务滚动测算，完善产业链一体化测算模型，强化关键指标边界管控和硬约束，推动完成集团公司“十四五”中期评估和调整规划，持续深化应用战略财务的投资项目效益评价、资产分类评价、高质量发展指标评价、财务绩效指标评价、资金投入评价应用等一系列管理会计工具包。

（卢　静）

【战略成本弹性持续增强】 构建完善战略成本弹性管控机制，按照成本性态和弹性变动关系，摸清驱动因素和管控源头，优化战略成本弹性管控模型，确定各业务板块中长期单位成本战略管控目标。紧盯年初成本管控目标，通过优化运行、精益管理、深化改革等举措，强化大宗原料和燃动等重点成本优化，全年实现降本减费83亿元，超年初目标13亿元，主要板块单位成本实现比预算目标和上年同期双下降，强化期间费用管控，非生产性支出压降11%，管理性费用压降7.9亿元。

（卢　静）

【强化亏损子企业治理】 开展亏损子企业分类分年限动态管理，完善亏损企业治理常态化工作机制。对连续亏损三年以上的16户企业开展专项治理和督导帮扶。全年8户重点亏损企业实现扭亏为盈，全级次子企业亏损面降至3%，超额完成国务院国资委亏损户数亏损额双降10%任务，历史性实现基本消灭亏损企业目标任务。

（卢　静）

资金管理

【强化资金预算牵引】 持续做好生产经营和投资安排资金保障，强化滚动预算管理，推动年度目标落地。全年累计实现经营净现金流1890亿元，增加近600亿元；营业现金比率5.8%，提升1.9个百分点。强化全球资金集约管理，资金集中度保持96%的高水准，发挥资金池头寸调剂作用，内部资金平台日均吸收企业存款2450亿元、发放贷款1550亿元。探索建立资金投入评价体系，加强资金资源配置管理，限制资源流向盈利低、占资多、风险高的业务领域，促进资本布局的动态优化。

（张　莺）

【强化筹融资保障】 发挥规模和信用优势，聚焦产业转型支撑、美元加息应对，持续优化融资结构，降低资金成本。境内聚焦战略转型支撑，全年集中筹措低成本借款超千亿元，有力支撑科技创新、先进制造、绿色转型等项目资金需求。境外聚焦融资保障，利用内部贷款、银行贷款等多种方式，接续到期债务超30亿美元、置换贷款38亿美元、完成超60亿美元贷款利率调整，推动融资利率下降。全年公司综合融资成本率3.3%，其中境内融资成本约2.3%，继续保持央企领先水平。

（张　莺）

【强化资金结算管理】 优化票据池、跨境资金池等功能，有序推进人民币跨境使用，持续提升资金结算效率。强化“两金”占用管控，推进业财联合管控机制有效运行，组织与主要交易对手清理疑难应收账款1.5亿元、正常应收账款15.4亿元，坚持低库存运行策略，周转效率稳定在较高水平。持续推动票据集约化管理，年末应收票据规模实现三连降，较年初压降7%，节约财务费用超6亿元。持续提升跨境资金池功能，完成境内外资金平台本外币资金池升级，优化入池成员企业划分。人民币国际化使用规模继续提升，跨境人民币使用规模超5000亿元，四年来连创新高。

（张　莺）

【加强财务杠杆硬约束】 以财务承受能力为边界，优化公司整体资金投入安排，按照短期、中长期杠杆和现金流管控目标，测算公司可动用资金信用资源上限，作为年度三大计划编制的主要参考，推动杠杆管控与中长期发展规划、年度投资计划、生产经营安排有效衔接。完善全级次高负债企业业财联控机制，聚焦重点企业指标刚性约束，以创现能力为限严控投资支出，分类确定资产负债率约束边界和管控措施。2023年末，公司资产负债率51.1%，继续保持财务健康。通过提质增效、股权处置退出等方式，进一步夯实资产负债穿透质量，全级次高负债率子企业户数下降13%。

（张　莺）

【强化资金风险防控】 完善资金安全风险管控体系，建立健全企业自查、总部联查、共享协查的资金安全风险“大监督”体系，全年对145家境内外直属企业开展检查，其中境外企业占比52%，近三年实现直属二级企业全覆盖。制定2023版《资金安全检查操作指引》《资金管理案例汇编》，持续夯实资金管理制度基础。将防止拖欠管理纳入资金风险管控范畴，制订印发专项行动方案，对重点企业开展专项抽查。全年累计支付中小企业账款7464亿元、个体工商户账款66亿元，银行转账方式支付占比达86%。强化境外资金风险管控，制订境外应急结算预案，建立专项沟通机制，保障特殊时期结算路径畅通。探索构建境外资金风险管控指标库。完成石化国投注资及购汇，节约购汇成本超10亿元。

（张　莺）

【司库体系建设迈向数智新阶段】 持续推动司库体系建设优化提升，高质量高标准完成国务院国资委司库体系建设中期验收工作。持续加强数据治理，统一17项国资监管数据标准，完成资金单位、银行账户、资金结算数据标准成果发布及数据入湖。风险防控功能水平不断提升，完成线上资金风险排查工作清单提报、整改及反馈功能优化，提高资金风险排查效率和可视化程度。丰富预警事项，完成被动业务复核及时率预警、资金预算符合率预警等功能开发及应用。数智化转型逐渐深入，分析决策水平不断提升，组建第一批建模团队，探索搭建资金经营管理等5类模型应用，推动司库管理场景化、动态化和模型化。

（张　莺）

会计管理

【强化会计合规体系建设】 完善会计合规制度体系，制订《中国石化进一步加强财会监督工作实施方案》，促进财会监督工作质效提升。落实国务院国资委《中央企业财务决算审核发现问题整改和责任追究工作规定》要求，制订承接方案并修订相关制度，规范财务决算审核发现问题的整改和责任追究工作。修订《会计手册》，持续更新会计质量标准。推进合规风险排查常态化，巩固严肃财经纪律治理成果，开展会计合规自查，成立联合检查组对山东、江苏、西南、上海等片区 51 家企业开展线上检查，对 46 家现场检查。健全定期考评机制，按季度通报会计考评及检查情况。

（张晓光）

【加强会计政策研究】 充实政策团队研究力量，24 名财务人员进入研究团队，团队成员数量扩充到 40 人。跟踪会计准则、相关部委政策，结合集团公司财务重点工作及管理要求，确定重点研究课题 30 项。参与前沿国际会计准则和国际可持续披露准则的征求意见稿反馈工作，回复财政部新准则征求意见稿 9 项。

（张晓光）

【打造财务共享升级版】 加快建设境外财务共享，完成 275 个内账主体上线切换，沙特地区 9 套外账全面单轨运行。统一境外业务内账会计核算标准，组织编写 26 个国家会计核算指引。财务共享向参股项目延伸，在 114 家控股企业上线。持续提升会计报表质效，提升报表自动化率超过 10%。建立健全评价制度，组织编制财务共享服务评价管理办法，完善评价指标体系，有效评估共享实施效果，提升财务共享服务水平。

（张晓光）

【优化财务域信息化建设】 做好财务域顶层设计规划，组织完成财务域会计报告提升、境外企业财务共享实施项目可研报告评审和立项工作，启动项目建设。深入开展数据治理，资金方面完成 50 个资金外部指标盘点工作；风险方面完成对信用证、保函业务、信用风险指标完成数据标准编制；资产方面完成 38 个资产卡片字段整理及油田和炼化板块 10 家单位低效不动产数据梳理贯标工作。推动会计稽核数字化，完成稽核项目设计 15 个，涉及稽核场景 50 个。深化数电票试点，完成石化商旅平台数电票（铁路电子客票）接收功能上线，完成乐企平台直连及数电票开具方案设计，完成费用报销系统及共享自助系统 9 类电子凭证功能升级。

（张晓光）

【高质量完成 2023 年财务决算工作】 全面落实财政部和国务院国资委财务决算工作要求，强化组织运行、运维保障、审计协调，推进决算与重点工作衔接，开展重点企业决算会审，强化对会计师事务所的质询、评估工作，高质量完成 2023 年财务决算工作各项任务，获财政部、国务院国资委表扬。实施重点企业决算批复与问题整改闭环管理，健全防范会计虚假信息长效机制。

（张晓光）

资产股权管理

【完善资产股权管理制度建设】 进一步完善低无负效资产盘活处置长效机制，制定《关于深化资产分类评价促进资产经营提效的指导意见》。修订完善集团公司资产管理办法。落实投后管理职责，将参股股权管理工作纳入领导班子年度约束性指标考核。持续推进“两库一公开”体系建设，落实重大资产评估项目集团领导备案审批机制，动态调整集团公司资产评估机构审核专家库。

（韦统郡）

【推动资产经营创效】 全力推动资产盘活处置，全年累计调剂资产19851项、涉及资产原值55.33亿元，对外转让资产17244项、账面价值15.85亿元，盘活净损益12.06亿元，对外公开转让股权3项、回收资金4.04亿元。加大参股压减清退工作力度，全年清理退出参股股权27项，回收投资2.55亿元。

（韦统郡）

【深化资产分类评价约束应用】 持续开展2023年资产分类评价工作，修订完善分类评价标准，对低无负效资产实施提效清单管理，下达年度资产盘活清理计划，强化考核问效，全年累计盘活处置“两资”55.2亿元，超额完成全年计划。拓宽渠道加快盘活存量资产，加强与外部专业机构合作研讨，充分利用内外部交易平台开展盘活处置工作。组织开展“对标、追标”工作，加强对资产状态、资产周转率及资产收益等方面的监督考核。组织工程类和金融类企业实施资产分类评价系统上线，实现系统全面上线应用。

（韦统郡）

【持续加强参股管理】 动态更新中国石化参股股权管理清单，逐项落实股权管理主体。组织企业开展股权管理工作自评、股权统计分析和股权管理台账更新。实施参股评价，制订参股评价工作实施方案，建立参股评价指标体系及评价模型，完成853项参股评价。持续跟踪总部直管股权分红情况，全年收到投资分红4.19亿元、减资款5.56亿元。推进股权管理系统建设，设计搭建股权管理系统参股评价模块，完成股权在线监测功能上线。探索形成参股清退长效工作运行机制。

（韦统郡）

【完善产权全周期闭环管理】 开展产权登记问题整改回头看，编制产权登记工具书。组织开展产权登记年度分析，更新集团公司产权图谱，办理产权占有、变更及注销登记896项。推动茂名石化、燕山石化、辽宁经开公司完成出资人工商登记变更，彻底解决历史问题。推动已吊销未注销法人单位整改，通过清算注销、更正工商登记信息等方式整改已吊销未注销法人单位72户。强化评估备案管理，全年共审核备案资产评估项目326项，涉及资产账面值410.34亿元，评估值681.93亿元。全年资产（产权）处置类报告审增0.74亿元，收购非国有资产类报告审减22.22亿元。开辟评估备案绿色通道，做好岳阳地区炼化一体化改革资产重组、与国家管网二次交易工作等重大项目的评估备案工作。强化境外代持股权及特殊目的公司管控。紧盯挂靠经营问题专项整治，印发《关于严禁挂靠经营等有关工作的通知》，推动中石化集团内蒙古元宝山石油销售有限责任公司完成注销。

（韦统郡）

【规范国有资产交易流转处置】 对厦门博坦仓储有限公司股权协议转让决策事项履行集团公司程序。完成大连中石化物资装备有限公司、中石化新星华东公司和常熟水月山庄大酒店有限公司等3项股权划转事项内部决策。完成川维化工公司等3家企业“四供一业”及其他办社会职能分离移交项目无偿划转资产事项审批。完成湖北化肥分公司协议转让资产事项批复。协助完成润滑油公司等6家在京企业京牌机动车过户手续。

（韦统郡）

土地房产管理

【优化不动产管理运营机制】 出台《关于中国石化土地管理运营的指导意见》，修订《中国石化土地管理办法》，优化不动产集约化管理运营制度体系。建立土地处置项目预审机制，实现土地处置结果备案线上运行，土地管理工作不断优化、效率不断提升。开展不动产信息核查、交叉检查，加强不动产分类评价。明确一幅图基础定位，优化土地房产连片图层，提高系统可视化。

（荆立业）

【强化不动产主动经营】 加强不动产经营创效计划管理，做好持续性跟踪落实，全年不动产综合创效超 55 亿元。主动加强与央企专业化公司合作，促成集团公司与诚通集团签订《土地资源盘活战略合作框架协议》，山东石油白马山油库土地处置形成主动介入一级收储、慎重参与二级开发的新模式并取得实质性进展。推动与中化集团先正达农业板块合作，发展农用地绿色产业。通过土地一口价增值运作模式，推动重点土地搬迁项目实施，巴陵石化己内酰胺产业链搬迁阶段性补偿落实到位，谈判确立湖北化肥关停厂区搬迁补偿 3.2 亿元，实现最大权益。

（荆立业）

【推动办公用房优化】 制定《中国石化办公用房租赁管理办法》，加大办公用房统筹优化。搭建办公用房内部租金及物业费测算模型，形成公共区域分摊解决方案，构建办公用房管理新模式。开展集中办公区优化调配工作，组织完成北京亦庄办公基地两费测算及入驻协议签订，制订上海浦东科研办公综合基地内部运营方案，研究海南自贸大厦入驻模式。

（荆立业）

【开展不动产政策研究】 加大油气勘探开发临时用地政策争取，争取油气探采合一开发涉及临时用地使用期限由 2 年延长至 4 年。推进胜利油田、中原油田等 5 家油田企业废弃土地整治复垦工作，推动建设用地指标置换，完成中原油田 130 亩（8.67 万平方米）土地验收程序、胜利油田 287 亩（19.13 万平方米）土地验收入库，实现复垦收益近 3000 万元。加强公司制改制用地政策研究，研究并推动自然资源部、国务院国资委《关于推进国有企业盘活利用存量土地有关问题的通知》及相关政策落实落地，一地一策加快解决权属完善等遗留问题，截至 2023 年底，公司制改制权属变更完成率达 90%。

（荆立业）

价税管理

【争取财税政策落地见效】 推动完善成品油消费税征管政策，争取调整跨省天然气管输价格，年均降本超 15 亿元。协商调整航煤销售价格，增效 8 亿元。争取地下储气库垫底气财政补贴政策，增效 1 亿元。定期开展节税案例交流，全年享受企业所得税、增值税、资源税等优惠 108 亿元。取得财政专项资金 47 亿元，落实原油储备资金 132 亿元。境外企业获所在国各类税收优惠近 1 亿美元。完善成品油内部市场化价格机制，优化低硫船燃内部价格，制定沙特区域关联交易转让定价规定，优化关联交易流程，规范跨国经营行为。

（卢　静）

财务风险管理

【加强金融衍生品业务专业化管理】 开展衍生品资质三年定期核查。严格计划管理，组织完成商品类 35 家、货币类 17 家企业年度计划限额和风险指标审批，以及 3 家单位的年度计划调整工作。强化风险指标在线监控，及时提示企业开展自查，全年未发生重大风险事件。稳步推进国勘公司专项保值，助力国勘公司扭亏脱困。组织开展风险排查和季度抽查工作，督导企业完成问题整改。持续完善货币类衍生品系统功能。

（贾海晶）

【加强信用风险管理体系建设】 完成境外149个国家和地区5700多家交易对手系统上线。开发交易对手实时自动评级、线上风险排查、系统待办、预警等信息推送功能，梳理应收净敞口逻辑，拓展交易对手授信额度管控范围，整合系统和ERP授信功能，向GSN、电子招投标等采购系统推送信用风险数据，推进交易对手数据标准化。组织开展年度排查和注销（吊销）交易对手专项排查，督促企业强化问题整改落实。

（贾海晶）

【强化汇率利率风险管控】 持续优化完善利率汇率风险管理模块功能，完成对集团公司及12个重点企业、30余个国家与货币的实时跟踪、多维度展示。建立汇率风险压力测试标准化流程。制定金融风险预警指标体系，初步实现内部资金平台流动性风险、利率风险、投资业务风险等主要风险指标线上监控。逐月发布资金风险提示，动态分析市场情况，督促企业从压降风险敞口、做好资金筹划等方面加强汇率利率风险管理。组织开展季度汇率风险普查，更新一国一策汇率风险台账，制订针对性管控方案。开展金融业务风险排查，组织资金平台调整业务结构和资源配置。

（贾海晶）

【强化虚假贸易专项管控】 组织做好国务院国资委专项复核迎检工作，针对检查问题严格对账销号，确保问题整改落地见效。落实国务院国资委贸易管理“十不准”禁令，编写贸易业务规范管理规范，梳理特殊贸易情形清单，搭建集团公司贸易业务规范管理工作流程，组织贸易业务规范管理领导小组成立相关事项，进一步推动贸易业务管控的制度和流程保障。持续完善异常贸易智能监测模块，系统上线累计完成对961万笔采购、销售业务的排查，协助贸易企业建立线索排查机制，实现贸易业务全面监控。持续优化完善系统功能，提升识别异常贸易线索的准确性。编制异常贸易智能监测模块监测操作手册。

（贾海晶）

【严控各类投资项目风险】 严格固定资产投资审查，全年参与27项、785亿元的集团公司直属企业固定资产投资项目审查，19个项目可研报告获集团公司批复，对6个重大项目出具财务效益指标专项论证审查意见。推动可再生能源制氢、境外油气开发项目经济评价方法及参数编制，规范投资评价工作。对新能源项目碳价进行分析研究，梳理碳价走势，对新星公司新能源项目高估碳价提示风险。加强对境外项目管理，对国勘公司2个境外投资项目经济评价参数进行深入研究，提出合理建议。组织11家企业、21个境外项目开展财务绩效指标评价。

（贾海晶）

总部财务管理

【预算刚性约束进一步加强】 突出预算牵引，强化费用管控。加强预算内统筹优化，严控一般性支出，保障重点项目支出，精打细算压减非生产性费用。2023年发生总部日常经费比年度预算下降12%，其中部门工作经费比年度预算下降17%。

（王　元）

【个人所得税年度汇算清缴工作圆满完成】 编制汇算清缴操作手册，协助员工进行汇算清缴。为退休老同志现场集中办理个税申报，协助总部近500名员工办理纳税申报，圆满完成个税汇算清缴工作。

（王　元）

【住房公积金行业分支机构调整工作】 根据不同企业实际情况制订工作方案，每月与相关企业沟通联系，做好政策解释和督导工作，将各企业移交工作进展情况及时向住建部进行汇报，全力争取政策支持，确保企业员工个人利益不受影响，保障移交工作稳定顺利开展。

（王　元）

财会队伍建设

【打造学习型组织】 举办 2 期总会计师轮训，组织财务经理、财务骨干、外派财务人员专题培训，财会队伍知识结构持续优化。结合集团公司成立 40 周年活动，举办“讲财务事、学财务史、争当财务新标兵”主题征文，开展会计职业道德规范学习宣传活动。三年来，队伍规模精简 17%，学历提升、职称晋级等量化指标均超额完成，实现财务金融人才体系建设两步走的第一阶段目标，高品质人才发展生态加速蓄势添能。

（刘国红）

财务状况

【概述】 2023 年，集团公司合并报表实现营业收入 32453.88 亿元，实现利润总额 1170.69 亿元，实现利税 4325 亿元，实现净利润 966.29 亿元（其中归属母公司净利润 664.98 亿元）。年末，集团公司合并报表资产总额 27162.43 亿元，负债总额 13884.75 亿元，所有者权益 13277.67 亿元（其中归属母公司权益 9227.33 亿元）。

集团公司合并会计报表见表 1 和表 2。

（卢　静）

表 1　　资产负债表　　单位：百万元人民币

项目	2023 年	2023 年初（调整后）	2022 年末（调整前）	2021 年
流动资产：				
货币资金	225 863.75	230 343.11	230 343.11	271 061.34
交易性金融资产	32 479.51	33 541.39	33 541.39	28 462.29
应收账款	61 835.52	55 744.00	55 744.00	48 169.64
应收款项融资	4 919.40	5 589.25	5 589.25	8 427.88
预付款项	18 733.58	23 670.89	23 670.89	22 889.09
其他应收款	33 969.92	36 540.14	36 540.14	42 626.48
存　货	314 643.70	308 917.29	308 917.29	262 595.44
合同资产	27 563.16	26 280.58	26 280.58	24 534.74
一年内到期的非流动资产	5 379.00	15 293.76	15 293.76	2 655.37
其他流动资产	179 220.11	126 832.84	126 832.84	134 899.77
流动资产合计	904 607.65	862 753.25	862 753.25	846 322.05
非流动资产：				
其他债权投资	6 618.41	5 755.99	5 755.99	6 801.01
长期应收款	13 151.73	985.99	985.99	12 727.85
长期股权投资	235 954.09	233 539.71	233 539.71	200 676.86

续表

项目	2023 年	2023 年初（调整后）	2022 年末（调整前）	2021 年
其他权益工具投资	28 142.62	24 496.37	24 496.37	12 839.34
固定资产	641 346.73	593 115.43	593 115.43	570 452.47
油气资产	200 880.24	163 533.98	163 533.98	132 138.15
在建工程	203 534.33	217 816.18	217 816.18	173 719.01
使用权资产	41 078.06	40 243.07	40 243.07	37 968.79
无形资产	164 167.32	146 714.15	146 714.15	145 462.24
商　誉	8 656.82	8 649.03	8 649.03	10 778.94
长期待摊费用	21 728.48	19 766.56	19 766.56	17 102.58
递延所得税资产	26 260.20	24 350.88	21 857.52	21 355.56
其他非流动资产	220 115.88	204 118.54	204 118.54	229 738.64
非流动资产合计	1 811 634.89	1 683 085.90	1 680 592.53	1 571 761.42
资产总计	2 716 242.54	2 545 839.15	2 543 345.78	2 418 083.47
流动负债：				
短期借款	139 443.05	81 098.80	81 098.80	69 122.24
应付票据	40 977.51	21 936.96	21 936.96	22 519.10
应付账款	282 700.14	288 920.96	288 920.96	251 277.72
合同负债	162 687.20	157 231.68	157 231.68	150 022.24
应付职工薪酬	28 017.63	25 784.73	25 784.73	19 674.11
应交税费	45 452.67	38 369.60	38 369.60	88 726.08
其他应付款	119 231.65	135 773.10	135 773.10	114 365.70
一年内到期的非流动负债	58 871.60	75 830.15	75 830.15	49 318.49
其他流动负债	31 872.85	37 682.42	37 682.42	62 727.62
流动负债合计	909 254.30	862 628.40	862 628.40	827 753.29
非流动负债：				
长期借款	174 996.51	92 638.71	92 638.71	46 452.60
应付债券	137 266.11	163 791.63	163 791.63	201 133.83
长期应付款	49 789.82	13 597.64	13 597.64	18 117.64
租赁负债	24 545.48	25 213.41	25 213.41	23 382.95
长期应付职工薪酬	1 791.85	1 731.69	1 731.69	1 957.01
预计负债	58 532.25	51 898.18	51 898.18	44 077.43
递延所得税负债	14 957.69	8 970.69	9 773.15	9 192.79
其他非流动负债	17 341.45	9 014.50	9 014.50	12 377.47
非流动负债合计	479 221.17	366 856.46	367 658.92	356 691.72
负债合计	1 388 475.46	1 229 484.86	1 230 287.32	1 184 445.01

续表

项目	2023 年	2023 年初（调整后）	2022 年末（调整前）	2021 年
所有者权益：				
实收资本	326 525.11	326 423.92	326 423.92	326 093.75
资本公积	62 672.24	62 622.07	62 651.64	55 989.61
其他综合收益	−8 996.83	−6 120.04	−6 119.97	−11 822.24
专项储备	2 874.06	3 013.05	3 013.05	2 761.07
盈余公积	250 009.51	242 484.21	242 364.55	234 943.20
一般风险准备	2 936.10	2 816.91	2 816.91	2 303.82
未分配利润	286 713.13	282 616.43	280 720.12	237 583.54
归属于母公司所有者权益合计	922 733.32	913 856.55	911 870.23	847 852.75
少数所有者权益	405 033.76	402 497.73	401 188.23	385 785.71
所有者权益合计	1 327 767.08	1 316 354.29	1 313 058.46	1 233 638.46
负债和所有者权益总计	2 716 242.54	2 545 839.15	2 543 345.78	2 418 083.47

注：根据财政部《企业会计准则解释第 16 号》相关规定，公司对于 2022 年 1 月 1 日因适用该规定的单项交易而确认的租赁负债和使用权资产，产生应纳税暂时性差异和可抵扣暂时性差异，按照该规定和《企业会计准则第 18 号—所得税》的规定，对 2023 年报表期初留存收益及其他相关财务报表项目进行调整

表 2　利润表　单位：百万元人民币

项目	2023 年	2022 年（调整后）	2022 年（调整前）	2021 年
一、营业收入	3 245 388.23	3 366 865.58	3 366 865.58	2 789 498.71
二、营业总成本	3 152 515.15	3 272 326.15	3 272 326.15	2 665 562.10
其中：营业成本	2 707 654.17	2 840 169.21	2 840 169.21	2 239 760.38
税金及附加	276 468.44	266 782.27	266 782.27	261 695.02
销售费用	61 124.37	58 433.08	58 433.08	57 637.52
管理费用	72 963.98	74 990.46	74 990.46	75 246.96
研发费用	19 239.28	18 067.93	18 067.93	16 251.19
勘探费用	11 331.66	10 593.48	10 593.48	12 381.97
财务费用	3 733.25	3 289.71	3 289.71	2 589.05
加：其他收益	11 949.78	9 005.13	9 005.13	6 841.65
投资收益（损失以“－”号填列）	9 922.32	16 601.52	16 601.52	8 113.39
公允价值变动收益（损失以“－”号填列）	1 922.89	−1 169.03	−1 169.03	4 929.01
信用减值损失（损失以“－”号填列）	325.16	3 007.30	3 007.30	−11 090.98
资产减值损失（损失以“－”号填列）	−3 419.02	−10 162.19	−10 162.19	−13 798.94
资产处置收益（损失以“－”号填列）	5 332.93	1 766.25	1 766.25	1 976.22
三、营业利润（亏损以“－”号填列）	118 907.13	113 588.40	113 588.40	120 906.97
加：营业外收入	2 557.58	13 861.91	13 861.91	5 941.58

续表

项目	2023 年	2022 年（调整后）	2022 年（调整前）	2021 年
减：营业外支出	4 395.81	6 975.84	6 975.84	10 263.57
四、利润总额（亏损总额以“－”号填列）	117 068.91	120 474.47	120 474.47	116 584.98
减：所得税费用	20 440.39	24 361.34	25 235.61	28 557.78
五、净利润（净亏损以“－”号填列）	96 628.52	96 113.14	95 238.87	88 027.20
减：少数股东损益	30 130.26	30 594.09	30 278.75	34 385.84
六、归属于母公司所有者的净利润	66 498.26	65 519.05	64 960.12	53 641.37

资本运作管理

【油气管网资产二次交易完成交割】 推动解决管网资产重组后的管理界面交叉问题，实施完成二次资产交易，交易资产分布于 19 个省、直辖市，涉及资产 2.2 万项、交易总额 17.67 亿元、实现效益 6.77 亿元，进一步理顺管道资产管理运营关系，提升运营管理质量和效率。

（李　果）

【资源重组整合成效明显】 持续推进资产重组，助力产业布局优化调整，资源配置效率进一步提升。完成岳阳地区巴陵石化、长岭炼化 2 家企业资产重组，湖南石化实现一体化运营。将资本公司所持乐橘科技股权重组至化工销售公司，打通投管转全流程。完成商业保理公司、保险经纪公司、天津悦泰石化等股权重组。

（李　果）

【稳妥推进混合所有制改革】 梳理混改法规制度，开展适宜混改企业遴选评估，组织研究部分企业混改必要性可行性，完成混改试点阶段性总结、中央企业混改项目信息等国家部委部署的工作任务。

（李　果）

【实施聚力项目】 集团公司以 120 亿元、5.02 元/股认购股份公司 A 股注资，投向 LNG、氢能、ABS、POE、EVA 等新能源新材料方面的 5 个项目。聚力项目是中国资本市场近 3 年最大规模的控股股东注资，是全面注册制以来最大规模的股票增发。股份公司 A 股股价从项目启动至发行完成上涨 20%。

（郑子翔）

【推进常态化价值管理机制】 制订常态化市值管理方案，有序推进增持、回购工作，逐户逐市搭建 12 套价值评价模型，科学辅助决策。2023 年，9 户控股上市公司总市值综合增长率 26%，相较指数增长率 41%，市值上涨 1200 亿元。股份公司、炼化工程、上海石化、四川美丰 4 户上市公司实施回购 25 亿元并及时注销，集团公司启动 10 亿—20 亿元境内外增持计划。

（郑子翔）

【中国海油股权无偿划转至石化国投】 集团公司董事长专题会审议通过参与中国海油 A 股 IPO 战略配售有关事项，批准集团公司以全资平台（资产公司）出资 20 亿元人民币参与战略配售。出资于 2023 年锁定期已满，集团公司制定股权划转助力国勘公司转型方案。2023 年 10 月，集团公司董事长专题会审议批准将资产公司所持中国海油股权无偿划转至石化国投。11 月，集团公司出具《关于中国海洋石油有限公司股权内部无偿划转的通知》。12 月，集团公司向中国海油出具无偿划转告知函，完成上海证券交易所、中国证券登记结算、国务院国资委完成股权过户登记手续和国资备案程序。

（郑子翔）

【提高上市公司质量专项行动取得佳绩】 开展中国石化提高上市公司质量专项行动，成立由董事长任组长，总经理、总裁、总会计师等党组成员任副组长的集团公司提高上市公司质量工作领导小组，总会计师具体牵头负责，7 个部门和 5 个事业部组成 43 人工作专班，统筹开展工作。截至 2023 年底，集团公司 51 项任务进展均符合预期，其中 28% 的任务已完成或超计划。2023 年底，中国石化在国务院国资委提高央企上市公司质量中期督导中列央企第 3 位。

（郑子翔）

【加强上市公司基础管理】 制定《中国石化募集资金管理办法》，修订《中国石化上市公司国有股权管理办法》《中国石化上市公司重大事项和股东大会授权工作指引》。建立上市公司考核评价指标体系，2023 年全面实施，首次将市场价值实现因素纳入上市公司考核。加强全面注册制下的上市公司监管，全年完成重大事项审核 637 项，未发生资本市场重大事件和舆情。

（郑子翔）

【实施岳阳兴长增发引战项目】 集团公司董事长专题会审议通过岳阳兴长资本市场工作方案，推动上市公司高质量发展，通过非公开发行股票募集资金，加快推进惠州聚烯烃新材料项目和研发中心建设，引入市场化机构股东优化公司治理。2023 年 12 月，岳阳兴长完成上市 26 年首次定向增发，发行价格 15.8 元 / 股，满额发行股票 6161 万股、募集资金 9.73 亿元。2023 年，岳阳兴长向公司管理层发行限制性股票激励计划，是石油石化央企上市公司首家。

（郑子翔）

组织人事管理

综述 | 领导班子和干部队伍建设 | 人才队伍建设 | 薪酬与业绩考核
劳动用工管理 | 人才培训开发 | 总部人事管理 | 机构编制管理
综合与信息管理 | 离退休工作

综述

2023年，集团公司组织人事工作坚持以习近平新时代中国特色社会主义思想为指导，认真贯彻习近平总书记视察胜利油田、九江石化重要指示精神，全面践行全国组织工作会议精神和集团公司党组高质量发展战略，以坚持党的领导、加强党的建设为统领，扎实开展主题教育，压茬推进巡视整改，积极打造模范部门，持续建强堪当重任的高素质专业化干部队伍，更大力度建设能源化工领域重要人才集聚中心和创新高地，不断深化新一轮国企改革深化提升行动，政治引领和作风建设逐步提升，政治生态和组织人事工作持续向好，得到中央组织部、国务院国资委充分肯定，中国石化作为唯一一家央企代表在全国组织部长会议上作典型发言。

主题教育和中央巡视整改。锚定“学思想、强党性、重实践、建新功”总目标，扎实开展习近平新时代中国特色社会主义思想中国石化党员干部轮训，举办8期学习贯彻党的二十大精神专题研讨班，配合举办央企高管研修班，结合庆祝中国石化成立40周年，全面宣贯习近平总书记关于党的建设的重要思想、习近平文化思想等内容，推动学习成效转化为支持保障高质量发展的思路举措。全力履行好主题教育联络组相关职责，牵头组建第一批共84人的20个巡回指导组，第二批共209人的“30+1”巡回督导组，指导全系统统筹开展理论学习、调查研究、推动发展、检视整改、建章立制，开好专题民主生活会，提升主题教育整体成效。坚持把做好中央巡视及中组部选人用人专项检查配合支持、问题整改，作为重要政治任务抓实抓好，成立配合巡视工作专班，明确工作机制，坚持高质高效、各方协同，突出立行立改、边查边改，同题共答圆满完成配合巡视任务。全力做好巡视整改“后半篇”文章，针对中央巡视选人用人专项检查反馈问题，主动认领，专题部署，成立选人用人专项整改领导小组及办公室，“举一反三”制定100条整改措施，从严从细抓好整改落实，持续收获整改成效。

领导班子和干部队伍建设。全面贯彻落实全国组织工作会议精神，聚焦高质量发展战略布局和现实需求选好干部、配强班子。聚焦“资源接续”，充实部分油田和新能源企业、石油工程企业班子力量，使干部资源向“大上游”一体化发力；聚焦“动能接续”，成立碳科公司、海投公司、湖南石化等领导班子，组建广东高端材料研究院、大路工业园煤制烯烃项目筹备组，使干部资源向产业链中高端流动；聚焦“市场接续”，统筹推进区内区外销售企业干部调整优化，成立化销国贸、化工物流公司领导班子，使干部资源向创效主阵地集聚；聚焦“队伍接续”，坚持抓好年轻干部培养选拔这个根本大计，强化年轻干部使用，全年新提拔45岁左右干部占比54.9%，使干部资源向战略储备培养转变。坚持突出政治考察，在职位人选考察中对考察对象进行政治“画像”，结合年度综合考评同步开展领导人员政治素质反向测评，初步建立多维度政治素质考察体系。深入推进“能上能下”常态化，及时调整不适宜担任现职的党组管理领导人员，企业中层及以上领导人员任期内末等调整和退出比例连续三年保持在3%以上。强化干部政治监督和日常监督，完成党组管理的领导人员个人有关事项集中填报，重点查核一致率达99.24%。深入开展“违规获取境外身份”、政商“旋转门”、“逃逸式辞职”等问题专项整治和靠企吃企有关问题“回头看”，切实将严的基调一贯到底。认真组织开展2022年度干部选拔任用工作“一报告两评议”，高质量完成18家直属单位选人用人专项检查，发现并推动解决一批选人用人深层次问题，实现质效双升。持续做优离退休服务管理，结合老领导实际，积极开展主题教育，创新学习活动形式，赴雄安新区、中国石化科学技术研发中心参观，举办中美关系讲座等，积极发挥老领导老同志智库作用。

人才队伍和培训开发建设。深入贯彻中央人才工作会议、中央企业人才工作会议精神，全面推进集团公司人才工作会议精神和“十四五”期间及中长期人才发展规划落实。聚焦建强高层次人才队伍，设立并选聘首席工程技术大师，推动专家选聘进一步向科研单位、专业技术领域及生产企业倾斜，深化建设首席科学家工作室，举办首届中国石化专家论坛，成立中国石化咨询中心，大力引进海外高层次人才，在天津注册成立公司首个“人才飞地”，一批优秀人才获“国家卓越工程师”等称号。突出加强青年人才队伍建设，深化与帝国理工学院合作联合培养青年科技人才，扎实推进博士后引进与派出培养，启动实施“百舸千帆”青年人才实践锻炼计划，组织举办第三届青年科技精英赛，选拔优秀青年纳入“未来科学家”计划接续培养。围绕建强一线、保障生产，首次评审首席技师，举办技能人才创新成果发布活动和职工创新成果展览，评定命名首批中国石化技能人才创新工作室，全年举办集团公司级一类竞赛 9 项、二类竞赛 4 项，指导企业持续加大基本功训练力度，持续夯实基层一线人才力量。立足战略储备，落实保就业要求，连续 5 年高校毕业生引进计划数超 1.1 万人，2023 年引进高校毕业生近 1 万人。作为首批试点单位参与工程硕博士培养改革专项试点工作。持续加强教育培训统筹指导和顶层设计，编制《中国石化教育培训体系纲要》，修订《中国石化员工教育培训管理规定》《中国石化网络培训管理办法》，全年组织重点人才培训项目 54 个、培训 5139 人次。持续完善管理人员 8 个层级的递进式、系统化培训体系，系统提升管理人员综合素质和履职能力。组织构建新型能源体系、构建新型炼化一体化产业链专题研讨及专家人才培训班，持续提升各类专家的业务能力和专业素养。开展国际市场一体化、海外炼化一体化、地热技术国际合作等专题培训，举办外籍骨干员工业务培训班，持续抓好国际化经营战略预备队训练营。大力推进培训数字化转型，持续提升中国石化网络学院功能，全系统网络学习时长超 5000 万学时。

组织用工与薪酬业绩考核。进一步强化党管机构编制原则，优化整合党组组织部（党组编制办）机构编制管理职能，统筹机构、规格、编制、职数等集中统一管理，扎实推进制度体系建设。妥善处理好严控机构编制与满足发展需要之间的关系，推动机构编制资源精准投放，持续提升机构编制管理效能。滚动调整集团公司“十四五”用工总量规划，积极支持重点项目和重点企业用工增补。开展人力资源优化配置激励工作，平稳推动湖北化肥、河南油田南阳能化公司企业转型发展中实施人力资源优化配置和分流安置工作。试点推动企业新型学徒和引进社会化用工中成熟骨干招录工作，加大基层一线用工队伍建设力度。编制并宣贯 23 项劳动定员标准，推动形成覆盖全面、科学适用、保障生产的劳动定员标准体系。组织指导企业开展市场化用工机制建设自评估工作。系统健全薪酬考核管理制度体系，修订印发《党组管理的领导班子经营业绩考核管理办法》《人工成本管理办法》等 10 项制度及实施细则，抓好落地实施。高质量开展考核兑现工作，配合国务院国资委做好集团公司负责人经营业绩考核工作，2022 年度集团公司获中央企业 A 级第 2 名，创历史最好成绩；高质量完成 173 家单位（部门）经营业绩考核、1260 余名党组管理的领导人员年度和任期考核兑现工作，强化薪酬水平与业绩考核结果、岗位贡献联动，合理拉开领导人员收入差距。优化薪酬总量决定机制，抓实抓好工资总额管理，完善“效益联动、效率调节”工资总额决定机制，持续开展薪酬业绩对标工作，激励企业提质增效。健全创新激励保障机制，围绕科技攻关，加大清单任务保障力度，夯实政策“特区”，落实科技创新激励保障 5 个方面 22 条政策措施；对石化机械公司等 3 家单位实施中长期激励。加强内部考核分配机制建设，推行全员契约化管理，深化企业内部薪酬制度改革，指导 7 家单位建立健全内部薪酬制度。强化境外考核分配管理，建立国际化经营绩效考核机制，健全派出员工收入随汇率、物价变化的动态调节机制，推进税负平衡全面执行。

（杨应忠）

领导班子和干部队伍建设

【着力强化党的创新理论武装】 深入实施党的创新理论学习教育计划，组织参加习近平新时代中国特色社会主义思想中央企业党员干部轮训班，举办直属企业“一把手”政治能力提升专题培训班和集团公司中青年干部一、二、三班。丰富政治画像、反向测评、综合评估、实地访谈等政治素质考察考核措施，实现党组管理的领导人员政治素质和担当作为反向测评全覆盖，切实提高政治把关的科学性和精准度。集团公司作为唯一央企代表在2024年全国组织部长会议上发言，相关经验做法在《党建研究》《当代组工干部》刊发。

（张　风）

【着力锻造高素质专业化干部队伍】 坚持以体系思维、前瞻眼光加强干部队伍顶层设计，统筹各板块、各单位、各专业领导人员科学配置和资源优化，分层分类开展领导班子结构功能、新老接替、人岗匹配综合研判，不断增强选人用人工作的计划性、系统性和预见性。坚持“支撑战略、服务发展”主线，紧紧围绕集团公司实施高质量发展行动、建设世界一流企业等战略需要选好干部、配强班子，集团公司选人用人工作总体评价为“好”的比例连续3年保持在93%以上。

（张　风）

【着力巩固深化中国特色现代企业制度优势】 推动现代公司治理持续走深走实，巩固深化董事长（执行董事、分公司代表）、党委书记“一肩挑”领导体制，具备条件的直属企业和境外代表处实现全覆盖，合资公司“一肩挑”领导体制取得新进展。完善党委换届规范化常态化机制，严肃党委换届纪律，22家企业党委换届实现“应换尽换”。深化董事会建设分类指导，在“科改示范企业”“双百企业”建立外部董事召集人制度，稳步推进管理体系和管理能力现代化。重构任期制和契约化管理“1+3+2”制度体系，实现党组管理的领导人员和中层领导人员全覆盖。

（张　风）

【着力强化优秀年轻干部培养选拔】 深入实施领导人员梯队培养计划，滚动优化入库直属企业正职培养人选360余人、副职及高潜人才培养人选2900余人。组织开展财务领域专业水平综合测试，变“相马”为“赛马”，实现专业领域年轻干部系统性发掘储备。坚持把实践作为最好的课堂，充分利用援青援藏援疆、“西老革”挂职、乡村振兴定点帮扶、新建单位或重大工程项目等平台，选派优秀年轻干部进行“蹲苗”历练。坚持“使用是最好的培养、最大的激励”，全年新提拔45岁左右及以下干部占比54.9%。《中国石化领导人员梯队和年轻干部队伍建设分析研究》获中央组织部2023年组织工作选题统计分析报告优秀奖。

（张　风）

【领导班子和领导人员监督】 突出政治站位，高标准高质量做好中央巡视迎检及相关问题整改，及时办理中央巡视组转来相关信访反映问题，加强对“一把手”和领导班子监督，对查实问题严肃追责问责。抓好中央新修订的《领导干部报告个人有关事项规定》和《关于做好2023年领导干部集中报告个人有关事项工作的通知》学习贯彻，按照首次填报要求，完成1214名党组管理的领导人员集中填报、182名领导人员随机抽查及261名领导人员“凡提（任）必核”工作，重点查核一致率达99.24%、提升1个百分点。制订下发《中国石化开展政商“旋转门”“逃逸式辞职”问题整治工作实施方案》，组织直属单位深入排查处理违规问题。加大“违规获取境外身份”专项整治力度，建立健全境外机构（项目）人员管理的长效机制，实现不合规人员动态“清零”目标。常态化推进“能上能下”，及时调整不适宜担任现职的领导人员，做到优秀者优先“上”，不胜任者坚决“下”。承担“中央企业领导人员全方位管理和经常性监督”课题研究，获2023年度全国组织工作重点课题调研成果二等奖。

（张　风）

【选人用人监督】 修订印发《中国石化领导人员选拔任用工作监督检查和责任追究办法》，丰富完善监督检查重点内容，细化调整任前事项报告的情形，拓展监督检查和责任追究的范围。高标准开展党组巡视选人用人专项检查，规范专项检查工作流程，高质量完成18家直属单位选人用人专项检查，指导选人用人专项巡视组完成4家单位专项巡视。持续加强干部选拔任用管理监督系统建设和应用，定期开展网上巡检，推进日常监督由“事后监督”向“事前引导和事后监督相结合”转型。编印下发《中国石化干部选拔任用管理监督系统操作手册》，围绕选拔任用各环节业务制定标准化模板46个，全面规范直属单位选人用人基础工作。从严把关直属单位干部选拔任用报备事项，批复21家单位27名中层领导人员破格提拔事项，破格提拔下降75.7%，其他选拔任用事项审批下降71.8%。2022年度145家直属单位对“干部选拔任用工作的总体评价”和“加强干部全方位管理和经常性监督情况的评价”为“好”的比例分别为95.02%和95.44%，连续5年提升，再创历史新高。采取“线下+线上”的模式举办干部管理监督业务培训班，143家单位的618名中层副职及以下组织人事干部参加培训，进一步加深对制度政策的理解和把握。

（张　风）

【外部董事管理】 建立董事考核评价体系，开发上线董事会和外部董事管理信息系统，首次对182名由党组选（委）派的董事进行考核评价，对其中17名由已退出现职（退休）党组管理的领导人员和集团公司级专家担任的外部董事评定等级，激励董事发挥好应有作用，推动将制度优势转化为治理效能。实施专职外部董事任期制和契约化管理，组织13名专职外部董事签订工作绩效考核责任书。组织218名董监事及其他高级管理人员参加2023年国有企业公司治理与董监事履职能力提升网络培训班，为加强外部董事履职能力建设提供有力支撑。围绕“建设高素质专业化外部董事队伍”课题开展专项调研，多层次、多角度深入了解子企业外部董事队伍建设情况。

（张　风）

【干部人事制度改革】 制定下发《关于全面推进中基层领导人员任期制契约化管理、竞争性选聘和末等调整不胜任退出工作的通知》，组建工作专班全面推进中基层领导人员任期制和契约化管理工作，采取专题培训、制度预审、在线督办等方式，“一对一”指导直属单位做好岗位聘任、目标制定、考核评价、薪酬兑现、岗位退出等关键环节，对直属单位中层领导人员任期制和契约化管理办法、考核评价办法逐一审核反馈，如期实现中层领导人员全覆盖目标。持续推进竞争性选聘、末等调整和不胜任退出，集团公司管理人员竞争性选聘、末等调整和不胜任退出的比例分别达47.88%、6.34%。

（张　风）

人才队伍建设

【人才强企战略】 认真贯彻习近平总书记关于做好新时代人才工作的重要思想，深入贯彻中央人才工作会议和中央企业人才工作会议精神，全力推进集团公司人才工作会议精神和“十四五”期间及中长期人才发展规划落实。着眼创新人才引进、培养、使用、评价、激励模式，提出建设中国石化“人才飞地”和咨询中心、实施青年人才实践锻炼计划、大力引进优秀人才等思路举措，不断加大人才政策供给。聚焦国际化业务高质量发展、科技人才高地示范区建设，成立专项课题组攻关研究，提出“1+3”国际化人才制度体系、科技人才发展体制机制综合改革试点工作方案。

（何　锋）

【人才成长通道和领军专家队伍建设】 落实中央巡视整改要求，分类明确各层级专家职责定位，规范专家选聘的标准条件和程序，严格考核管理和绩效兑现，进一步改进和完善专家管理工作。优化领军专家队伍结构，将专家选聘向科研单位、专业技术领域和生产企业倾斜，严格控制集团公司级专家中总部部门人员的比例。截至2023年底，现聘集团公司首席科学家3人、首席专家21人、高级专家123人。

（刘　伟）

【高层次人才选拔培养】 做好各类人才称号遴选推荐，一批优秀人才获国家级称号或表彰。曾义金被评为中央企业优秀科技领军人才，王振东、姜祖明被评为中央企业优秀青年科技人才，张振连、焦义平、孙野被评为中央企业技术能手，聂红、高焕新获第三届全国创新争先奖，宋明水获李四光地质科学奖野外奖，臧艳彬、许孝凯获第32届孙越崎能源科学技术奖青年科技奖，4人入选自然资源部高层次科技创新人才工程（地质找矿方向）科技创新领军人才，张乐获聘“长江学者奖励计划”校企联聘学者。

（吕志亭）

【青年人才培养】 校企联合培养科技人才，累计选派19人到帝国理工学院攻读博士学位，2人学成归国并入职中国石化。组织第三届青年科技精英赛，遴选155个“项目＋人才”参加比赛，10名选手获中国石化优秀青年科技创新人才称号，被纳入“未来科学家”计划接续培养。聚焦青年人才实战化培养，实施“百舸千帆”青年人才实践锻炼计划，首批派出国内实践锻炼“百舸”人选123人、“千帆”人选239人，境外实践锻炼50人。

（何　锋）

【成熟人才引进配置】 批复25家单位引进系统外社会成熟人才140人，其中高层次人才48人、社会成熟人才61人、职业化员工31人；批复22家在京单位系统内人才优化配置89人。通过人力资源优化配置平台，发布54家单位422个岗位976人的招聘公告，有效提升人力资源优化配置效能。创新实施人才引进“双百计划”，择优引进8名新兴业务骨干人才。

（许　斌）

【职称评审】 以贯彻落实中央巡视整改要求，以及集团公司人才工作会议精神和中长期人才发展规划部署为主线，注重考察参评人的履责绩效、创新成果、实际贡献等，重点从加强资格条件及成果业绩的审核；扩大论文评阅专家范围，提升论文评阅的专业适配度；实施优秀引进人才职称评审直通车制度；设定量化评审基准线对职称评审工作进行改进完善。审核并批复14家单位提报的独立评审或联合评审委员会的换届请示，批复长城能化组建经济系列高级职称评审委员会。2023年，341人通过正高级职称评审，4292人通过高级职称评审，6111人通过中级职称评审，9159人通过助理级职称评审，1016人通过员级职称评审。

（许　斌）

【博士后工作】 燕山石化、润滑油公司申请设立博士后工作站，完成大连石油化工研究院、石油物探技术研究院、上海石油化工研究院3家单位博士后工作站名称变更工作。截至2023年底，有博士后工作（流动）站33个，在站312人；2023年出站44人，有36人出站后留在中国石化工作。承担省部级科研课题165项，博士后科研成果获省部级奖29项，申请专利392件，在核心期刊发表论文299篇。择优推荐4名第24批博士服务团成员。

（何　锋）

【职业技能等级认定】 按照新颁国家职业分类大典，完成《中国石化工种目录》修订，组织制定原油蒸馏工等18个职业的国家职业标准，完成炼油化工专业120个工种的认定题库修订工作。落实“新八级工”制度，拔高部分职业（工种）的最高等级，新增高级技师1428人、特级技师116人、首席技师91人。全年共组织认定6.31万人，合格4.52万人。合同制员工中技能操作人员持证率为88.0%，高技能人才占技能操作人员比例为56.4%。

（丁新兴）

【创新工作室】 召开职工创新工作室建设推进会，部署推动职工创新工作，为中国石化示范性职工创新工作室代表授牌，3家单位和2位工作室领衔人作交流发言，同步举办技能人才创新成果发布活动和职工创新成果展览。评定命名首批中国石化技能人才创新工作室76个，进一步激发广大技能人才创新创效热情。

（丁新兴）

【业务竞赛】 优化集团公司业务竞赛模式，推动竞赛比武由“精英赛”向“全员赛”转型，举办集团公司级一类竞赛9项、二类竞赛4项，参加7个工种的国家级竞赛。282名选手分获金、银、铜奖，有31人被授予中国石化技术能手称号，50人被授予中国石化青年岗位能手称号，43人晋升高级技师技能等级。组织第三届青年科技精英赛，10名选手获中国石化优秀青年科技创新人才称号，被纳入“未来科学家”计划接续培养。金陵石化孙刚等10人在国家级职业技能竞赛中获前3名，被授予全国技术能手称号。

（丁新兴）

薪酬与业绩考核

【高质量考核分配工作助力企业高质量发展】 坚持以习近平新时代中国特色社会主义思想为指导，贯彻落实习近平总书记视察胜利油田、九江石化重要指示精神，认真执行党中央、国务院决策部署和国务院国资委工作安排，牢牢把握“三个总”、聚焦“两个途径”、发挥“三个作用”的总体要求，健全完善考核分配制度体系，做实做优考核分配各项工作，切实发挥考核分配对高质量发展的引领保障作用。2023年，集团公司获中央企业2022年度考核A级第2名，创历史最好成绩，连续15年被国务院国资委评为考核分配工作先进单位。

（蒋　也）

【健全完善领导班子经营业绩考核机制】 结合国务院国资委第七次系统修订业绩考核办法，持续优化集团公司考核激励机制，修订印发《党组管理的领导班子经营业绩考核管理办法》及配套实施细则等“1+4”制度体系，突出服务国家战略、差异化分类考核，经营业绩考核精准性、有效性提升。深入学习贯彻习近平总书记关于品牌工作的重要指示精神，作为牵头单位探索建立国资央企品牌评价指标体系，研究提出品牌指标纳入中央企业负责人经营业绩考核的路径措施，为新时代国资央企进一步加强品牌建设、强化考核引导工作提供研究借鉴。

（蒋　也）

【全面推行领导人员任期制和契约化管理】 根据国务院国资委国企改革深化提升行动有关精神，对领导人员实行任期制和契约化管理全覆盖，制定印发《党组管理的领导人员任期制和契约化管理办法》《总师级领导人员绩效考核管理办法》《总部部门（机构）领导人员绩效考核和薪酬管理办法》《关于印发直属单位领导人员任期制和契约化管理“一协议、两书、两办法”参考模板的通知》4项制度，进一步加强任期制和契约化管理的制度建设。首次开展经理层成员任期考核，组织直属单位对612名经理层成员开展年度和任期考核兑现工作，强制拉开经理层成员间考核兑现差距，切实激励先进鞭策落后。

（蒋　也）

【持续优化薪酬总量决定机制】 修订印发《人工成本管理办法》，加强人工成本管控，促进企业提高人工成本投入产出率。抓实抓好工资总额管理，完善“效益联动、效率调节”工资总额决定机制，持续开展薪酬业绩对标工作，激励企业提质增效；推进工资总额市场化、差异化管理，对润滑油公司、石化机械公司、催化剂公司3家“双百企业”“科改示范企业”实施工资总额备案制管理，支持企业改革发展。

（蒋　也）

【深化内部分配制度改革】 制定印发《关于进一步加强津贴补贴和福利管理的通知》，组织企业进一步规范收入分配秩序。持续深化企业内部分配制度改革，指导国勘公司、西北油田、贵州能化、长岭炼化、济南炼化、南化公司、碳科公司7家单位建立健全内部薪酬制度，构建合理有序的收入分配格局。修订印发《全员绩效考核管理办法》，推行全员契约化管理，加大考核分配挂钩力度，全面激发队伍活力。结合企业承受能力，按照工效匹配原则，实施工资“提低”政策，加强收入保障精准“提低”，推动薪酬分配向基层一线员工倾斜。

（蒋　也）

【科技创新激励保障机制不断健全完善】 重点支持战略性新兴产业和未来产业发展科研任务，积极推动企业用好用足科技创新激励“政策包”“工具箱”，实现对科研骨干人才正向激励、精准保障。探索对国家和集团公司两级重点科研任务实施“清单管理”、给予专项支持，共涉及 71 家企业 132 项清单项目；对获国家科技奖等奖项、增选院士或引进国家级海外高层次人才取得重大实效的 34 家企业给予考核加分奖励；对承担基础研究项目多、国家级重点科研任务重的 4 家直属科研单位，给予工资总额额外上浮，多措并举保障企业科技创新发展内生动力强劲。

（蒋　也）

【加大中长期激励措施实施力度】 加快落实《关于中国石化中长期激励的指导意见》“1+6”制度体系，指导石化机械公司稳妥实施限制性股票激励计划，激励骨干员工 180 人、1466 余万股；组织实施催化剂公司超额利润分享兑现，激励骨干员工 90 余人；根据国务院国资委有关要求，指导北京化工研究院完善聚丙烯釜压发泡技术项目跟投方案并实施；探索对 10 个化工新材料领域优质项目实施销售利润提成、超额利润分享等创新型激励方式。

（蒋　也）

【做好激励性年金管理】 结合直属单位领导班子经营业绩考核分级调整等情况，修订印发《激励性年金管理办法》，强化效益效率导向，优化限制性条款，适度向科研骨干人员倾斜，更加突出激励的精准性和有效性。组织各单位（部门）开展 2022 年度激励性年金评选，年度激励人员 6.16 万余人，累计激励人员 54.18 万余人次，以严的制度、实的举措推动激励性年金评选走深走实，引导企业持续精准激励骨干员工，较好发挥激励性年金增动力、激活力、提效率作用。

（蒋　也）

【加强境外薪酬考核管理】 制定印发《境外单位经营业绩考核指导意见》，对境外单位实施分类分级考核管理，将境外单位领导班子成员纳入任期制和契约化管理实施范围，强化考核引领和激励约束作用。建全派出员工收入随汇率、物价变化动态调节机制，调整生活补贴系数、艰苦补贴系数和住房报销标准，提高风险补贴标准和伙食补助标准，保障派出员工生活质量。加大对境外人工成本的投入，分类调整提高各国际化经营单位派出员工薪酬水平，优化境内外同层级人员收入关系，促进境外薪酬分配格局更加合理有序。

（蒋　也）

劳动用工管理

【用工总量管理】 结合业务发展规划和经营管理计划，开展集团公司“十四五”用工总量规划中期评估及滚动调整工作，加大重点项目用工配置和重点企业用工增补支持力度。优化用工计划管理机制，突出用工计划前置牵引作用，建立用工计划滚动调整机制，加大基层一线用工队伍建设力度，推动建设更加精准、更加高效的用工总量管理机制。

（谭冬冬）

【人力资源优化配置】 优化盘活人力资源，组织系统内 71 家直属单位参与人力资源优化配置，累计上报人力资源优化配置项目 524 个，盘活用工 1.48 万人。推动湖北化肥、河南油田南阳能化公司等企业开展人力资源优化配置，加大空缺岗位资源投放，合理匹配岗位余缺，组织优化配置现场招聘会，盘活用工 600 余人，有效支撑企业转型发展，确保企业分流安置工作平稳运行。

（党玉涵）

【退役士兵安置】 认真对标军事政策制度改革和军人安置接收政策，按照国家要求以不低于企业新招录员工的 5% 接收安置退役士兵。2023 年，中国石化提供接收符合政府安排条件的退役士兵岗位 536 个，实际接收 100 人，士兵安置计划实际完成率由 2020 年的 15.4% 提高到 18.7%，连续 4 年稳步提升。

（党玉涵）

【劳动用工管理信息化建设】 建设并上线运行用工计划管理平台，组织单位通过平台编制上报年度用工计划，实现用工计划上报、校验、审核、下达全流程在线管理。持续优化劳动合同管理系统功能，实现系统一期和二期并轨融合运行，推进劳动合同管理数字化转型。

（谭冬冬）

【引进社会化用工中成熟骨干】 聚焦基层一线队伍接续问题，选取油田、石油工程、炼化、炼化工程四类生产经营企业，开展基层队伍员工配置专题调研。启动试点推进引进社会化用工中具有长期服务中国石化基层一线经验、具有较高技术水平的优秀成熟骨干工作。制定《引进社会化用工中成熟骨干人才实施细则》，探索建立长效机制，有序解决一线关键岗位青黄不接等结构性缺员问题。

（尹　刚）

【海外劳动用工管理】 指导境外代表处、海投公司等编制并落实“三定”方案。指导各海外单位加强海外员工管理，优化海外当地用工比例，加强派出员工有序轮换，以信息化为抓手，提升海外用工管理精准度，科学调控海外单位人力资源。截至 2023 年末，集团公司境外用工总量 3.4 万人，其中派出员工 7974 人（劳务合作派出 2133 人）、当地员工 2.6 万人、国际员工 23 人。

（尹　刚）

【市场化用工机制建设】 探索实施新型学徒制，指导扬子石化、西南石油局探索实施企业新型学徒制，编制工作指导手册，根据一线用工接替情况，指导有需要的企业稳妥做好企业新型学徒制的探索实施。组织指导企业开展市场化用工机制建设自评估工作，研究分析各直属单位“五化”工作进展和实施效果总结优秀企业做法和取得的实效，树立典型和标杆，推动市场化机制建设落地见效。

（杨　鹏）

【农民工管理】 贯彻落实党中央、国务院国资委和集团公司党组决策部署，以工程企业为重点开展集中整治拖欠农民工工资问题专项行动，组建农民工清欠专项检查小组，开展“四不两直”实地检查督导，指导各单位扎实推进农民工管理和保障工资支付工作，切实履行政治责任和社会责任。集团公司农民工总人数 24.7 万人（含外包和分包），未发生过拖欠农民工工资情况。

（杨　鹏）

人才培训开发

【教育培训管理】 坚持改革创新，大力加强培训保障能力建设。第一时间宣贯学习中央印发的《干部教育培训工作条例》《全国干部教育培训规划（2023—2027 年）》。结合学习党的二十大精神、习近平总书记对教育培训提出的一系列新要求，在总结集团公司 40 年教育培训经验的基础上，通过深入调研、组织专家工作坊等方式，编制《中国石化教育培训体系纲要》，组织修订《中国石化员工教育培训管理规定》《中国石化网络培训管理办法》。

（贯　凡）

【强化理论武装】 抓实党的创新理论教育，将习近平新时代中国特色社会主义思想作为主课必修课，高质量完成 1 万余名中层及以上领导人员学习贯彻党的二十大精神集中轮训，首次组织习近平新时代中国特色社会主义思想全集团党员干部轮训。抓深党性教育，将锤炼党性修养作为党校教学主要内容，开设理想信念、“五史”、党章和党纪党规等专题课程，让红色教育入脑入心。抓活石油精神石化传统教育，将石油石化工业发展史作为党性教育基础课，结合庆祝公司成立 40

周年，遴选开发一批优秀课程和案例。

（贾　凡）

【重点人才培训】 创新开展各类重点人才培训，全年共组织重点人才培训项目54个、培训5139人次。更加注重管理人员政治能力和履职能力“双轮驱动”，分层级、分岗位完善递进式、系统化培训内容，连续3年在中央党校举办“一把手”政治能力提升培训班，分段组织中青年干部培训班，实施改革创新领导力提升训练营。更加注重专家人才创新能力和专业素养“复合提升”，运用行动学习、跨界交流等开展领军人才培训，推广“集中授课—企业研修—结业答辩”回归式专家培训模式，实施“三新”领域战略预备队。更加注重技能人才工匠精神和岗位练兵“常态长效”，围绕提升基层一线员工岗位操作能力和应急处置能力，组织高技能人才、班组长示范培训，指导企业加强常态化练兵。更加注重国际化人才实训模拟和实战锻炼“循环培养”，对准国际化业务需求，组织国际化管理人才、专业人才、储备人才培训，整建制培养锻炼。

（李　强）

【培训基础建设】 构建完善党校体系，开展企业党校办学质量评估调研，新增设立5家党组党校分校，着力构建党组党校、党组党校分校和各企业党校协同联动、有机互补的工作机制。树立开放办学理念，建强专兼职师资队伍，大力推进领导专家、先进典型、优秀基层干部上讲台，与国内外培训机构强化合作交流，注重选聘优秀企业家、知名专家学者担任兼职教师。充分用好网络培训，大力推进培训数字化转型，采用迭代开发形式，持续提升中国石化网络学院功能，全系统网络学习时长超5000万学时，培训统筹和保障能力实现新跃升，干部员工自主学习氛围日渐浓厚。

（贾　凡）

【毕业生引进培养】 深入学习党的二十大精神和习近平总书记关于做好高校毕业生就业工作的重要指示批示精神，全面贯彻落实党中央、国务院“稳就业”“保就业”决策部署，科学编制下达2023年校园招聘计划11694人，毕业生引进计划数连续5年超1万人，招聘规模保持央企前列。聚焦集团公司发展战略，重点做好“三新”领域和基层一线急需紧缺专业毕业生引进工作，持续提升毕业生引进工作质效。采取线上线下相结合方式，组织开展2023年新入职员工集中培训，集团公司党组书记、董事长马永生为新员工讲授“入职第一课”。指导企业抓好青年英才“朝阳工程”落实落地，进一步细化新入职员工培训培养任务，帮助新入职员工尽快成长成才。作为首批试点单位参与工程硕博士培养改革专项试点工作，重点遴选一批一线优秀在职技术骨干进入专项攻读工程博士，2023年度围绕重点专业领域，与清华大学等国内知名高校联合培养非全日制工程博士，加快培养卓越工程师后备人才。

（卜　铎）

总部人事管理

【概述】 截至2023年底，总部直接负责组织人事管理的21个部门（机构）有内设机构176个，部门中层及以下定员1118个，其中中层领导职数384个、专业技术职位734个。实有中层及以下员工940人，其中现职中层领导人员318人、退出现职中层领导人员43人、部门各层级专家168人、业务人员411人。总部部门中层及以下员工平均年龄44岁，其中35岁以下占12.4%、36—45岁占48.2%、46—55岁占32.1%、56岁及以上占7.2%。从学历结构看，博士研究生占7.3%，硕士研究生占48.3%，大学本科生占43.8%。从职称结构看，正高级（教授级）占12.1%，副高级占70.7%。

纪检监察组下设6个工作局，共有中层机构24个，中层及以下编制72个。实有中层及以下人员59人，其中中层领导人员25人、专家8人、业务人员 26 人。

（王双恩）

【干部队伍建设】 按照打造政治过硬、适应公司改革发展要求、堪当建设世界一流重任的干部队伍要求，加强对干部员工队伍分析研判，不断夯实管理基础，系统抓好总部干部人才队伍建设工作。坚持标准程序，在对人选严格把关基础上高效组织中层领导人员选聘工作。先后启动发展计划部等 15 个部门中层领导人员选聘，共考察岗位人选 63 人，其中副提正 28 人、新提副 31 人、面向系统内企业选聘 4 人，干部竞争性选聘比例达 79.4%。总部 40 岁及以下干部占比 22.4%。按照集团公司关于任期制和契约化管理工作部署，及时印发《总部部门（机构）中层领导人员综合考评办法》，组织总部 21 个部门 320 名中层领导人员签订岗位聘任协议和绩效考核责任书，实现任期制契约化在总部中层领导人员中全覆盖，切实推动总部中层领导人员履职尽责、担当作为，激发队伍创新创效活力。

（冯洪祥）

【人才开发工作】 根据总部部门人才队伍建设情况和工作需要，严把人员引进首关，强化能力素质要求，为加快优秀年轻干部成长成才创造条件。先后组织综合管理部等 14 个部门通过全系统公开招聘或组织遴选方式选拔 47 人，完成工程部等 9 个部门共 27 名业务人员岗位晋升，积极为总部做好优秀人才储备。强化政治理论武装，完成党的二十大精神政治轮训，举办 4 期培训班，418 人参加培训；选派 25 名总部干部员工参加“百舸千帆”计划，接收企业 47 名干部员工到总部挂职锻炼，强化复合型人才培养。顺利完成职称评审工作，组织完成总部部门和 10 个在京单位 188 名参评人选材料审核、公示和送审论文评阅等工作，召开工程、经会审、政工系列推委会、评委会会议，向集团公司高评会推荐人选 39 名，高中级通过评审 81 人。

（崔子晗）

【薪酬考核工作】 按照国务院国资委考核分配局相关规定，结合任期制契约化要求，研究提出总部工资总额管理使用意见，坚持业绩导向，合理拉开差距，健全薪酬激励约束机制。研究提出部门中层和专业技术人员 2022 年度绩效奖金发放方案，指导部门做好奖金分配，坚持严考核硬兑现，组织完成发放工作。完成总部 2023 年工资总额预算申报及 2022 年度总部工资总额清算，同时根据人员变动、岗位调整等情况，及时做好总部中层及以下人员月度工资发放。完成国务院国资委内控检查组薪酬迎检工作，针对相关问题及时提供材料，做好解释说明。

（杨莹莹）

【专项工作】 着力强化服务意识，持续提升工作作风，坚持规范管理和真情服务，加强与各部门沟通，落实“马上就办、办就办好”，把实事办好、把好事办实。稳妥高效组织京外调干和解决夫妻两地分居工作。按照调配工作原则，准确把控工作节奏，结合实际情况公平公正分配京外调干指标，严把人选条件和申报材料关，严格落实工作程序要求，工作中积极加强与人社部沟通联络，2023 年工作得到人社部好评，在北京落户指标收紧的情况下，调配人选审批、指标下达方面得到大力支持。高质量完成转业军官接收安置工作。认真贯彻落实国家退役军人事务部安置政策和工作安排，精心组织制订工作方案，提高站位、担当作为，全程组织人选面试工作。针对锁定人选难、需多次发布面试补选公告和重新发布岗位等问题，抢抓工作进度，与目标人选做好情况沟通和政策解答。2023 年实现接收安置工作超计划指标一次完成，工作得到退役军人事务部书面表扬，接收的转业军官素质能力得到用人单位好评。着力做好集团公司定点帮扶县挂职干部轮换。积极贯彻落实中央乡村振兴战略部署和要求，组织完成挂职副县长和驻村第一书记接替人选的选拔、轮换工作。通过面试、考察，从总部部门和直属单位择优选拔 7 名集团公司定点帮扶县副县长挂职人选和 2 名驻村第一书记人选。经与各省组织部门沟通并报中央组织部审核同意，9 名挂职干部均已到任，同时完成上一届挂职干部考核。

（杨莹莹）

机构编制管理

【加强机构编制统一管理】 进一步强化党管机构编制原则，优化整合党组组织部（党组编制办）机构编制管理职能，成立机构编制管理室，统筹机构、规格、编制、职数等集中统一管理。

（周 颖）

【谋划机构编制顶层设计】 全面梳理集团公司机构编制管理工作历史沿革、运行现状，调研了解企业有关情况，增强对机构编制工作的规律性认识。着眼集团公司高质量发展战略需要，聚焦机构编制管理存在的问题，研究谋划当前和今后一个时期机构编制工作的总体思路和重点举措。

（周 颖）

【扎实推进制度体系建设】 收集整理中央及国家层面、集团公司层面现行有效的机构编制相关党内法规、制度办法、规范性文件，编辑形成《机构编制制度文件汇编》，为下一步制度体系建设奠定基础。研究党组机构编制委员会工作规则，从会议制度、审批权限、文件签发等方面，健全完善党组编委议事决策程序，提升机构编制管理制度化、规范化、科学化水平。

（周 颖）

【总部部门、事业部内设机构编制】 围绕支撑战略、服务发展抓好编制资源优化，坚持严控增量、盘活存量，把有限的编制资源用在刀刃上，从源头上有效控制总部机构编制膨胀。根据健康安全环保管理部整合组建和离退休管理职能优化实际，调整2家部门内设机构编制；强化设备管理组织领导和力量配备，成立设备管理领导小组，优化调整生产经营管理部及3家事业部内设机构编制；根据部门内部职能优化需要，动态调整6家部门内设机构编制。严格落实巡视整改要求，及时修订《总部机构编制管理办法》。

（周 颖）

【直属单位中层机构编制】 根据机构规模、职能职责等，研究明确4家新设立单位管理规格及中层机构编制设置；结合境外业务特点，研究核定8家境外代表处中层领导人员职数总量；根据企业改革发展实际，研究批复6家直属单位中层机构编制调整事项，共核增中层机构3个、中层领导人员职数12个。

（周 颖）

【总部常设议事协调机构】 根据集团公司深化体制改革需要及工作运行实际，及时成立或调整总部常设议事协调机构29个。截至2023年底，共有总部常设议事协调机构67个。

（周 颖）

综合与信息管理

【干部人事档案】 2023年，配合中央组织部选人用人专项检查，完成2019年之后新进班子领导人员的档案审核，共计526人。发布《关于进一步完善干部人事档案材料的通知》（中国石化组综〔2023〕161号），进一步做好干部人事档案的基础工作，更好地发挥干部人事档案在服务从严管理干部和精准科学选人用人中的重要作用。

（李乐涵）

【人力资源信息化建设】 积极推进人力资源域域长负责制各项工作落地，完成应用架构2.0版制定，包含10个子域、54项关键业务、173项一级子业务及261项二级子业务，覆盖集团公司总部、直属企业及下级单位各类人力资源业务。在人力资源管理域应用架构2.0的基础上，规划建设组织人事、招聘管理、石化e学3个App，实现人力资源业务纵向到底、横向到边的全业务覆盖。

遵循顶层设计，按照“一年见成效、两年成体系、三年全覆盖”的规划，新版招聘网站上线，系统应用性和稳定性大幅提升，有效支撑2023年集团公司秋季招聘工作。统筹推进“智慧组织人事”平台的建设，支撑干部选拔任用管理监督、外部董事管理、领导人员任期制和契约化管理等业务的线上运行，打造支持决策、强化赋能、服务员工的新型组织人事信息化体系，持续统筹推进人力资源域数字化转型工作。

（张玉乾）

【人力资源共享服务】 积极提升业务质效，全年共完成人员信息维护404万人次、薪酬计发及主数据维护6356万次、编制各类人力资源统计报表1.35万套，服务满意度99.92分。在商储公司、审计中心等8家企业试点实施HRBP模式，推进服务端口前移。全力推进“人才飞地”建设，完成公司设立注册，推进人才入驻。常态化开展薪酬市场对标，为“三项制度”改革评估、市场化用工机制改革评估、优化企业内部薪酬分配关系等工作提供数据决策支持。实施集团国际化人才、党务政工干部队伍、中原油田等10个人才盘点项目，人才盘点业务覆盖油田、炼化、油品销售、科研板块，支持人才强企战略实施。推进集团人力资源域信息化建设，试点承接系统业务运维。推动8个区域服务中心建设，持续提升社保年金、人事档案、培训考试等业务覆盖率。积极外拓市场，成功实施中粮人力资源信息化实施项目。

（孙军峰）

离退休工作

【概述】 按全口径统计，截至2023年底，全系统共有离退休人员500150人，其中离休人员1198人、退休人员498952人。企业已移交地方实行社会化管理的退休人员共有497328人，暂未移交地方的退休人员有1624人。内退人员22567人。2023年5月，集团公司进一步优化离退休工作管理和服务职能设置，将离退休工作政策制定落实、关心下一代工作委员会办公室，以及集团公司老领导、离休人员管理和服务协调等职能整合到党组组织部（人力资源部）；将总部和委托管理离退休人员的日常服务及集团公司老领导、离休人员服务保障等职能整合到百川公司，加挂“离退休人员服务中心”牌子，不再保留离退休工作部。集团公司离退休工作坚持以习近平新时代中国特色社会主义思想为指导，深入学习宣传贯彻党的二十大精神，认真贯彻落实全国老干部局长会议、全国关心下一代工作会议精神和集团公司工作会议要求，统筹做好离退休人员党的建设、发挥作用、服务保障、队伍建设等各项工作，为企业高质量发展作出积极贡献。

（汤　浩）

【思想政治建设】 按照集团公司党组统一部署，紧密联系实际，坚持线上线下相结合，通过集中宣讲、离退休干部网上专题报告会、支部学习、座谈交流、送学上门等多种形式，组织引导老同志认真学习党的二十大报告、党章和相关学习辅导材料，认真领会党的二十大精神实质和深刻内涵，深刻领悟“两个确立”的决定性意义，增强“四个意识”、坚定“四个自信”、做到“两个维护”。

（汤　浩）

【党建工作】 按照党中央部署和集团公司党组要求，开展学习贯彻习近平新时代中国特色社会主义思想主题教育，教育引导离退休党员始终保持共产党人的政治本色。开展贯彻落实《中国石化做好新时代离退休人员党的建设工作重点措施》专题调研，采取线上线下相结合的方式，重点了解各直属单位组织开展学习贯彻“重点措施”的基本情况、离退休党员和党组织建设基本情况、贯彻落实过程中主要做法等，并形成调研报告，针对性地提出意见建议，推动离退休党建工作进一步深入开展。组织评选推荐5名离退休党员为集团公司优秀共产党员，“七一”前夕受到集团公司党组表彰。

（汤　浩）

【开展为党的事业增添正能量活动】 按照全国老干部局长会议部署，持续开展“增添正能量·共筑中国梦”活动，组织离退休老同志开展“话传统、谈复兴、聚力量”专题调研，通过参加座谈访谈、作宣讲报告、撰写回忆文章等形式，引导老同志唱响主旋律、传播好声音、发挥正能量。组织离退休老同志积极参与庆祝中国石化成立40周年活动，让老同志切身感受到中国石化发展成就，请老同志现身说法，宣讲石油石化工业发展史、中国石化发展历程，结合亲身经历讲好石化故事，大力传承石油精神、弘扬石化传统。

（汤　浩）

【做好离休干部服务管理】 认真落实离休干部政治生活待遇，为离休干部提供亲情化、个性化的精准服务。全年走访慰问离休干部4923人次，组织体检994人次，开展精准服务4939人次，开展送学上门等活动3391人次。按照中央有关部署和集团公司要求，继续关心关爱退休人员，走访慰问退休人员10.8万人次，组织体检30.5万人次，开展帮扶救助2.6万人次，与社区街道开展党建共建、活动联办1106次，向老同志通报企业生产经营等情况587次。开展重阳敬老月活动，集团公司党组于重阳节当天在《中国石化报》头版向离退休老同志致慰问信，传递党组对老同志的关心关爱。在《中国石化报》以“岁岁重阳不老情”为主题刊发重阳节专版，展现广大离退休老同志为党的事业增添正能量的高尚情怀和幸福多彩的晚年生活。通过“石化离退休”公众号和微信群等多种媒体宣传企业开展敬老月活动情况，在全系统营造尊老敬老的浓厚氛围。

（汤　浩）

【认真做好关心下一代工作】 ①深入实施传承红色基因工程。认真学习贯彻中国关工委青少年党史教育经验交流会精神，围绕“老少同声颂党恩，携手奋进新征程”主题，以党史国史为重点，组织“五老”宣讲团深入企业基层、社区、学校，宣讲党史国史故事。7月开展“青少年党史学习月”活动，共有3万多名“五老”参与活动，受教育青年员工和青少年近10万人次。向中国关工委推荐“中原油田展览馆”为第6批“全国关心下一代党史国史教育基地”并获命名。②深入开展“传帮带”活动。围绕庆祝中国石化成立40周年，在青年员工入厂教育、重要时间节点、员工培训、榜样宣传等方面发挥“五老”优势，宣讲老一辈石油石化人艰苦创业、开拓进取、无私奉献的亲身经历和感人事迹，教育青年员工继承和发扬石油石化优良传统。积极配合有关部门向青年员工传思想、传技术、传作风，开展“导师带徒”“成长导师”“一对一结对子”等活动，助力青年员工岗位成才。③深入实施“五老”关爱下一代工程。积极开展“关爱明天、普法先行”青少年普法教育、家庭教育和关爱活动，努力为青年员工和青少年办实事解难事，为社区、社会和谐稳定贡献力量。加大关爱“五老”力度，10月开展“孝老敬贤月”活动，走访慰问“五老”1.3万人次，宣传“五老”典型432人次，营造尊重“五老”、爱护“五老”、学习“五老”、重视发挥“五老”作用的良好氛围。④不断加强关工委自身建设。全系统建有83家直属单位关工委、716个关工委分会、1853个关工委小组，10.6万名“五老”参与关心下一代工作。各级关工委坚持党建带关建，及时调整关工委工作班子，充实“五老”队伍，为关工委工作顺利开展提供有力保障。5月举办集团公司直属单位关工委常务副主任培训班，进一步提升关工委干部的政治理论水平和工作能力。开展片区研讨交流工作，展示工作特色、交流工作经验，相互学习借鉴，促进工作水平提升。

（汤　浩）

物资采购与管理

综述

2023年，集团公司物资供应系统坚决贯彻集团公司党组决策部署，积极融入“一基两翼三新”产业格局，奋力投身高质量发展行动，全力保障物资供应，着力推进降本增效，持续提优采购管理，加速推进转型发展，采购管理水平和服务保障能力稳步提升，为集团公司生产安全平稳运行、项目高质高效建设提供坚强支撑。

生产建设物资保障有力。统筹重点项目物资需求，全面完成物资保障任务，服务顺北油气田二区增储上产，助力新疆库车绿氢示范项目6月30日顺利产氢，保障天津南港乙烯项目高标准机械竣工。

采购降本增效成果显著。发挥集团化采购规模优势，深入推进物资采购优化和物流运行优化，通过紧密跟踪市场、深化战略采购、充分激活竞争、推进国产替代、做实内部互供、强化物流管控等方式，全年实现采购降本198.6亿元。

采购管理水平持续提升。制订印发《中国石化在加快建设世界一流企业中打造现代供应链管理体系实施方案》，明确工作目标、制定工作清单，加快打造精益供应链、协同供应链、国际供应链、智慧供应链、绿色供应链。在2023年国务院国资委中央企业采购管理对标评估中，中国石化连续9年位居央企前列。

供应链数字化转型进程加快。加强物资域顶层设计，深化跨域协同与信息共享，推进数据治理与应用，开发上线新版电子招投标平台，优化易派客平台功能和服务，进一步提升采购供应链数字化水平。

服务大局履行央企社会责任。深入落实工装专项工作，2023年专项采购工装数量增长33%。组织参加第六届进博会，与来自16个国家和地区的38家合作伙伴现场签约403亿美元。完成第七届世界地热大会展览招商，组织13个国家的237家企业现场参展，参展企业数量、展览面积、展示品类均创历届之最。

（杜　涵）

保供降本

【概述】 2023年，集团公司物资供应系统累计供应生产建设物资2712亿元，有力保障生产建设物资的安全、及时、绿色、经济供应。按专业类别划分，全年采购化工原料569亿元、化工辅料791亿元、材料303亿元、煤炭337亿元、设备及配件427亿元、电气仪表及配件286亿元。

（杜　涵）

【保障重点项目物资供应】 聚焦重点工程、大修项目需求，全面完成57个集团公司重点工程、7个重点大修项目及26项安全隐患和风险治理项目的物资保供工作。其中，助力川西气田、顺北二区地面工程、库车绿氢、海南炼化乙烯、安庆石化油转化等12个重点项目建成投产，保障7家企业的191套炼化装置全部按期完成检修并复产。通过保供例会、项目物资采购专项协调会和现场驻点服务等方式，全年协调解决重点工程物资保供工作中遇到的800多项难点问题。

（杜　涵）

【推进物资采购优化】 聚焦煤炭、钢材、化工原辅料等大宗物资和设备备件等关键物资，密切跟踪市场价格变化，综合施策，优化采购。2023年，煤炭、油套管、压缩机组等24个主要物资品种节约采购资金64.2亿元，资金节约率9.6%。其中，与国有大矿履行中长期合同，采购煤炭2898万吨，较市场价节约13.1亿元；向钢材战略供应商采购油套管、管线钢、大型储罐用钢板等大宗重要钢材 69.3 亿元，资金节约率 11.7%。建立完善中国石化物资采购价格指数模型，紧盯大宗关键物资，加强市场走势研判，寻得采购最佳时点。在确保满足项目需求的前提下，延期组织龙口 LNG 项目储罐用 9Ni 钢板开标，镍价相比原采购时点下降 5.5 万元 / 吨，降低采购成本 2718 万元。

（杜　涵）

【推进物流运行优化】 通过优化运输方式、推进物流招标、加强物流管控等措施，统筹推进物流降本，2023 年节约物流成本 1.1 亿元。其中，优化油套管、合金管及不锈钢管招标方案，将运费列入商务评标依据并控制报价上限，节约运费 1424 万元；梳理煤炭基地物流业务，提升物流作业效率、压缩滞港时长，降低港口作业物流成本 6662 万元；优化设备招标方案，对产品价格和物流费用分别报价，节约运费 893 万元。建强易派客易物流专区，上线运行移动端和小程序（物流商版、司机版、供应商版、采购商版），提升物流环节全程可追溯性。累计注册物流商 4483 家，超 10 万辆车辆接入易物流平台，2023 年“两大两高”（大件、大宗、高价值、高风险）物资物流信息透明化率达 60.3%。

（杜　涵）

【加快重大装备国产化攻关】 2023 年，依托集团公司重点工程项目，启动重大装备国产化攻关项目 28 个，完成 17 个国产化攻关项目验收投用，与进口相比节约采购资金 1.7 亿元，资金节约率达 33%，关键装备自主可控能力持续提升。其中，依托天津南港乙烯项目，实现国产 SIS 在百万吨级乙烯项目中的首次应用；依托青岛 LNG 接收站项目，安装投用国内首台 LNG 储罐专用桅杆起重机；高质量服务“深地工程”建设，完成 175 兆帕超高温超高压采气井口装置的国产化攻关。镇海基地和海南乙烯百万吨级乙烯 DCS、天津南港乙烯 60 英寸超大口径裂解气大阀顺利入选国家能源局首台（套）重大技术装备名单。截至 2023 年底，油气田勘探开发物资国产化率由“十三五”期间的 92% 提高至 97%，百万吨级乙烯由 87% 提高至 90.9%，大型芳烃由 92% 提高至 96%，LNG 接收站由 73.6% 提高至 93%。

（杜　涵）

集团化采购

【概述】 2023 年，集团化采购金额 2409 亿元，集团化采购率保持在 88.8%，其中总部直接集中采购、总部组织集中采购分别占年度采购总额的 22.1% 和 66.7%。集团化采购节约资金 176 亿元，资金节约率 6.8%、提高 0.1 个百分点。集团化采购中，框架协议采购占比达 87.1%，提高 2.5 个百分点。

（杜　涵）

【优化集团化采购运行】 做精关键重要物资总部直接集中采购。深化与国有大矿战略合作，2023 年煤炭中长期合同到货比例达 87.7%，提高 2.7 个百分点。推进大宗钢材战略供应商直供，油套管战略采购占比 71.8%，提高 0.5 个百分点。优化集团化采购物资目录，将新能源项目中的风力发电机组、电解水制氢单元设备调整为总部直接集中采购物资，发挥统筹优势，提升资源获取能力。做优大宗通用物资总部组织集中采购，优化调整 249 项组采物资采购团队。对 90 个组采物资品类试行开展协同采购，充分放大总部组织采购专业化效能。持续完善内部优势产品优选、培育、互供机制，组织签订 274 项内部优势产品框架协议，建立内部优势产品采购专区，全年共采购内部优势产品 83.9 亿元。与其他央企持续深化协同协作，有序推进 34 个品种联合采购、资源共享，累计联合采购物资金额 54 亿元，节约采购资金 4.5 亿元。

（杜　涵）

【整合采购需求延伸供应链条】 立足集团化采购的需求拉动作用，发挥集团公司上中下游一体化优势，开展供应链向上游延伸业务，推动中国石化自产产品的市场推广应用。2023年推动17家重包装膜供应商采购中国石化自产茂金属聚乙烯原料9849吨，增长3.1倍以上；同时，通过引入自产原料形成竞争，带动进口厂商降低茂金属聚乙烯价格，重包装膜采购成本进一步下降。持续拓展自产产品推介品种，面向集团化采购框架协议供应商，推动自产碳纤维在抽油杆、风机叶片上的应用，推动自产PGA材料在桥塞上的应用，以采促销、产销协同效应进一步放大。

（杜　涵）

【大力推动绿色采购】 全面确立绿色供应理念，推动绿色采购、绿色物流、绿色包装、绿色处置。修订发布《中国石化绿色物资采购目录》，优先采购通过认证的绿色产品。制订年度“能效提升”项目设备采购方案，全年采购能效二级及以上电机、变压器、日用电器占比分别达97%、98%和98%。制定发布炼化“三剂”绿色包装实施指导意见，集团公司49家企业化工原辅料绿色包装使用率达90%以上。联合中国质量认证中心发布电动机绿色评价标准，引导供应商开展绿色制造，提供绿色产品。完善绿色采购标准，提升电机、变压器、照明灯具等采购技术标准中的能效等级要求。优化绿色采购考核体系，将专用设备购置所得税减免、采购用能设备能效水平、绿色包装使用比例、绿色产品采购比例、废旧物资平台规范化处置等列入绿色企业评价指标。

（杜　涵）

招标采购

【概述】 严格遵守国家招标投标法律法规，确保依法必招物资100%实施招标，招标过程依法合规。2023年，集团公司物资招标采购规模1952亿元，其中公开招标规模1897亿元、占比97.2%。招标采购率86.7%，提升0.1个百分点。

（杜　涵）

【加强招标基础管理】 深入贯彻国家发展改革委等13部门《关于严格执行招标投标法规制度进一步规范招标投标主体行为的若干意见》，修订集团公司物资招标采购管理制度体系，涵盖1项综合制度、8项管理细则、12项操作规范、1项监督制度。发布7类31项物资招标条件设置负面清单，提升招标合规水平。持续优化招标采购模式，对直接接触高温高压、易燃易爆危险介质的物资，稳步扩大集中资格预审招标试点范围。对市场价格变动频繁的大宗原材料等物资，积极推广先选商、后竞价的框架协议竞争性报价招标。推进全生命周期总成本最低招标，在137项设备物资评标模板中，加入能耗、运维等评分项。优化招标采购流程，2023年平均招标时长进一步缩短至30.3天，3年累计降幅达22%。

（杜　涵）

【推进招标智能化建设】 自主开发上线新版电子招投标平台，整合招标、投标、开标、评标、定标与评标办法管理、评标专家管理、招标费用管理等功能，实现招标采购“一平台”。电子招投标平台与主数据管理、合同管理、档案管理系统高度集成，实现中标信息发布、采购合同签署、招标文件归档的全流程业务贯通；应用电子认证、云签章、区块链等技术，进一步提升招标数字化水平。加快推进招标文件标准化、结构化、数字化改造，修订12套招标文件模板，发布278项评标办法模板，嵌入平台实现规范应用。持续完善招标数字化监管体系，开发采购全流程管理监督平台，完善平台实时监控功能，推动招标监管从“事后监督”向“事中控制”和“事前预警”前移。完善招标异议投诉管理系统，实现异议投诉处理全程在线、公开透明。

（杜　涵）

电子化采购

【推进供应链数字化提升】 深化物资域全流程贯通应用，油品销售板块35家企业全面上线应用ERP物资供应管理模块，持续提升采购效能。推进物资域信息化标准模板编制，梳理发布覆盖物资供应管理、品类与采购策略管理、物资计划管理、供应资源管理、物资采购价格管理、物资采购管理、过程控制管理、物资储备及库存管理、结算管理共9个业务子域的181项采购供应链业务流程，全面嵌入采购与供应链信息系统刚性执行。加快推进物资域跨域协同与数据共享，与法律分域自动同步采购合同信息，提升合同处理效率；与炼油化工域共享原料煤采购、物流数据，助力煤化工全产业链运行优化。推进质量管控数字化，上线应用质量分级管理功能，实现监造、检验、验收等质量要求刚性执行。

（杜　涵）

【推进物资域数据治理】 以业务流程为主线、以应用需求为导向，完成物资域全域数据盘点，编制发布物资需求计划等11项关键业务的数据标准。深化数据资产价值创造，应用大数据分析工具，持续优化采购全流程管理监督平台监控指标，覆盖招标管理、询比价管理、框架协议管理、独家采购管理、采购价格管理等应用场景，实现多维度在线监控和自动预警，并对疑似异常实行核实、反馈、审核、核销的闭环管理。2023年疑似异常项数下降88.6%，在国务院国资委智能监管创新活动中荣获最高奖项“卓越应用奖”。

（杜　涵）

【建强供应链数字化平台】 完善易派客平台功能与服务，优化易派客与EC、ERP、CMIS系统的集成功能，平台上线商品数量达797万种，平台运行效率和服务效能进一步提升。建强平台采购专区，扩大易派客科研专区应用范围，覆盖8家集团直属科研院所和34家企业下属的59个研究院，提高科研物资采购效率。完善易派客应急专区，截至2023年底，集成121家供应商、17万条库存信息，推动应急资源共享互用。建强工业品电商国家技术标准创新基地，全年制修订1128项产品质量分级评价标准，其中14项升级为“领跑者”团体标准，标准引领效应持续放大。

（杜　涵）

采购管理

【推进采购管理对标提升】 贯彻国务院国资委采购管理对标评估要求，聚焦管理流程与运营、管理组织与体制、生态与可持续发展、数字化与新技术应用等方面，扎实开展央企对标，采购管理对标评估总分连续9年位居同组央企第一。赴国内外先进企业和研究机构调研交流，推动专业对标提升。分板块开展企业采购管理对标，江苏油田、金陵石化、燕山石化、胜利石油工程公司、炼化工程公司、山东石油分公司、江西石油分公司、安全工程研究院8家单位积极牵头组织，115家企业有序完成自查自评、分组交流和线上评估，提升物资供应“比学赶帮超”成效。

（杜　涵）

【加强供应资源管理】 截至2023年底，集团公司供应资源系统汇集供应商2.7万家，其中长期稳定交易供应商1.3万家，构建坚实可靠的供应资源体系。严格供应商资格审查，2023年完成318个物资品种的供应商资格审核标准修订，组织对1486家供应商开展现场审查，从源头防控供应风险。持续加大对违法违规供应商的惩处力度，全年处理违约供应商220家，在易派客平台公开发布处理结果，坚决维护诚信健康的供应生态。做实供应商履约动态评价，实行供应商星级管理，每月动态调整。全年共对 9472 家供应商提升星级级别，对 177 家供应商降低星级级别。推进供应商法人信用认证，截至年底，11109 家企业通过法人信用认证，依据信用等级变化情况，全年发布风险提示信息 137 项，有效防控供应资源风险。

（杜　涵）

【优化物资储备管理】 截至 2023 年底，集团公司供应物资总库存 86.8 亿元，其中常规储备物资 62.5 亿元、占 72%；特殊储备物资 19.8 亿元、占 22.8%；积压物资 4.5 亿元、减少 10%，占 5.2%、下降 0.6 个百分点，库存结构持续优化。钢材、“三剂”、机电设备及配件库存周转次数 15.7 次，增加 0.3 次，库存利用效率进一步提升。做强总部集中储备，21 个总部集中储备库涵盖煤炭、不锈钢管、合金钢管、阀门、DCS 备件、SIS 备件、压缩机备件、S Zorb 装置过滤器备件、离心泵备件等 20 个物资品类，储备备品配件 9.5 万余件（套），6 个煤炭集中储备基地全年配送煤炭 1621 万吨。强化区域联合储备，建强西南、西北、华北和内蒙古—山西 4 个油套管区域联合储备库，实现区域内企业库存资源共享，全年减少库存资金占用 6311 万元。推进与供应商库存资源共享，全年对 6406 个物资品种实行储物于商。

（杜　涵）

【强化供应质量管控】 聚焦物资全生命周期本质安全，从严抓实物资采购质量管控。修订印发《物资供应质量管理办法》《物资质量验收检验管理办法》《设备材料监造管理办法》，提升物资质量管理制度的科学性、严谨性、统一性。2023 年，A 类物资监造率达 100%，物资到货验收合格率达 99.54%。全年委托实施监造油田设备（含工机具）2.38 万台（套）、石化设备 4248 台（套）、阀门 9.1 万台、重要材料 23.3 万吨，组织开展 6 次“四不两直”监造工作质量巡检，发现并督促整改监造问题 35 项。完善覆盖企业、供应方、监造方的物资供应质量管理评价体系，对 23 家企业、297 家供应商和监造商开展供应质量管理评价，推进质量管理要求落实落地。对存在质量风险、发生质量问题的 18 家供应商开展“四不两直”检查，督促严格落实问题整改。修订发布油套管、石油钻机等 35 项采购技术标准，持续深化标准应用，源头落实质量管控要求。

（杜　涵）

【强化闲置废旧物资处置管理】 将闲置和废旧物资处置纳入供应链管理体系，健全管理制度、完善处置方式。发布《关于加强闲废物资处置管理全面推广应用易竞拍平台的通知》，要求废旧物资通过易竞拍专区对外规范处置；对积压存货等闲置物资处置，鼓励优先选用易竞拍专区。全年应用易竞拍平台处置废旧物资 12 亿元，增长 84.5%，平均溢价率达 25%。组建联合攻关团队，探索废旧电机绿色循环利用，对具备可利用价值的探索再制造，对不具备再制造条件的进行精细拆解，显著提升处置效益、降低环境污染。

（杜　涵）

【加强物资供应队伍建设】 截至 2023 年底，集团公司物资供应系统共有 8534 人，其中物资管理及采购人员 5541 人，占比 64.9%；供应服务人员（含仓储保管、配送、运输装卸、行政、安全、后勤等人员）2993 人，占比 35.1%。全年面向物资供应中基层管理人员和业务骨干组织培训 8300 余人次，面向 84 家企业组织专业评标专家培训近 4000 人次，进一步提升物资供应队伍能力素质。加大人才引进力度，2023 年各企业新进物资供应系统正式员工 594 人，为物资供应工作持续发展提供人力支撑。持续优化物资供应队伍结构，物资管理及采购人员中级以上职称比例达 68.3%。

（杜　涵）

信息和数字化

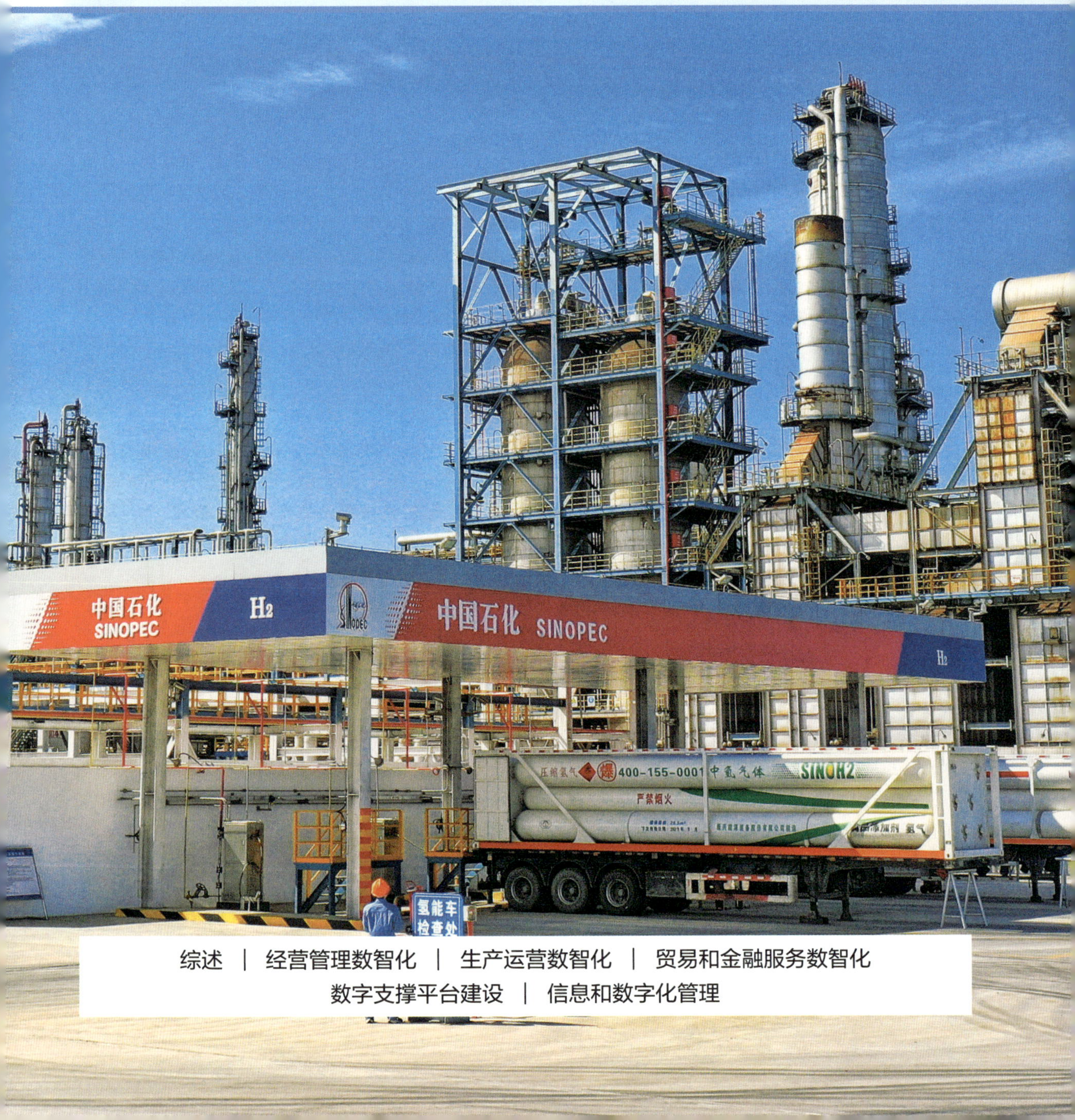

综述 | 经营管理数智化 | 生产运营数智化 | 贸易和金融服务数智化

数字支撑平台建设 | 信息和数字化管理

综述

2023年，中国石化深入贯彻习近平总书记关于网络强国的重要思想及视察胜利油田、九江石化重要指示精神，聚焦高质量发展，加快实施信息化“432工程”，积极推进数字化转型、智能化提升工作，在提升数智赋能质效、推进重点项目攻关、健全管理体制机制、强化基础设施建设等方面均取得积极进展和新的成效，为公司转型升级、提质增效提供有力支撑。公司成为石化行业工业软件产业链“链主”，获多项国家级成果，信息和数字化工作继续走在央企前列。

（王景涛）

经营管理数智化

【概述】 加快推进管理云建设，以ERP大集中系统为核心，整体推进战略与决策、风险与监督、财务、人力资源、物资供应、协同办公、党建、宣传、后勤服务等经营管理业务域数智化升级，提升了集团一体化管控水平和风险防范能力，促进了管理创新、效率提升。通过国资监管数智化提升专项行动第一阶段验收评估，名列央企前列。

（王景涛）

【深化ERP系统应用】 ERP大集中系统覆盖经营管理层90%以上的核心业务，流程标准化率达94%，支撑国家新政策、公司新决策快速落实。保障湖南石化一体化改革，完成企业信息化顶层设计和ERP等经营管理系统整合。开展ERP系统升级规划研究，完成未来ERP系统定位、架构升级及建设策略论证。

（王景涛）

【加强投资域融合应用】 加强投资与决策管控平台企业端应用，完成综合统计应用上线并在科研、销售板块推广。研究制订以数据融合与共享为目标的分板块“三大计划”融合方案。

（王景涛）

【加强风险与监督域数智化建设】 完成法治合规管理系统74项核心功能上线，完成合同智能化应用及“石化e签”电子签约平台在148家企业全面推广实施；深化应用业审融合大数据审计平台，提高了审计工作质量和效率；完成智慧监督系统3个业务领域廉洁风险监督模型上线，提升异常研判准确率，促进廉洁风险防范水平提高。

（王景涛）

【推进财务管理体系数智化升级】 手工报表自动化率提高10%；扩展财务稽核数据分析应用；构建司库运行管理和风险管理等5类87个分析决策模型；境外财务共享推广实现集团直属企业全覆盖。

（王景涛）

【推进人事、物资、综合协同域应用升级】 完成中国石化校园招聘网站升级改造；完善采购全流程管理监督指标，有效提升采购管理质效；融媒体管理运营中心实现145家企业上线应用；完成新一代公文系统架构升级，并在9家企业建设上线。

（王景涛）

生产运营数智化

【概述】 加快推进生产云建设，以智能运营为核心，稳步推进智能运营中心、智能化“田厂站院”建设，大力推动产业上中下游生产领域数智化升级，提升资源优化、生产协同、安全环保水平，促进提质增效、产业升级。承担人工智能、5G 等 10 余个国家试点示范项目和重点攻关任务，发挥行业智能化提升引领作用。

（王景涛）

【推进国家试点示范项目建设】 “石化行业智能制造公共服务平台”通过国家工信部验收，《石化行业智能制造标准体系建设指南》正式发布。成为石化行业工业软件产业链“链主”，组建基础物性数据库、流程模拟软件等 5 个创新联合体，开发了国产化乙烯装置生产实时优化软件。人工智能基础设施工程完成初步设计，开展行业大模型预研工作。“工业互联网 + 安全生产”试点任务全部完成，推动安全管理从事后监管向事前预警转变。“无废集团”试点完成 12 家企业上线，实现报废固体物料的全过程可视化溯源管理。“5G 基础设施建设及应用”项目完成智能仓储、智能巡检、泄漏动态监测、无人清罐机器人等试点应用上线，实现部分高危作业机器人替代，降低了安全操作风险，培育了石化盈科、安全工程研究院、大连石油化工研究院等系统内智能硬件研发、设计、制造能力。“工业互联网 + 设备”项目完成关键机组状态监控等功能在 10 家企业试点应用，泵群故障诊断准确率达 97%，实现互联网标识解析技术在设备及配件寿命管理等 7 个领域首次应用。“北斗智能油田建设综合应用示范”项目完成建设，在胜利油田等 5 家企业打造 22 个“石油化工 + 北斗”典型应用场景。

（王景涛）

【推进生产营运域数智化】 深化总部智能运营中心应用，加强采购、生产、销售等各专业数据汇聚，深挖数据价值，深化模型应用，搭建集团及油田、炼油、化工、销售各板块效益测算及资源优化模型，支撑跨业务、跨板块的运营分析和计划优化，实现资源合理配置，有效支撑集团层面协同优化和高效运营。完成智能运营中心 2.0 升级方案设计。

（王景涛）

【推进 HSE 管理域数智化】 完成报警信息推送在 42 家炼化企业上线应用，报警处置及时率提升 10% 以上，形成一套国际先进的重大危险源预警模型、直接作业环节 JSA 风险知识库、危险化学品车辆主动安全监控模型、部分高危作业机器化替代方案；完成 59 家企业碳统计和盘查功能上线，构建了碳足迹模型；研发涵盖油田抽油机井、炼化“动静电仪”设备的故障诊断系统。

（王景涛）

【推进供应链物流域数字化建设】 一体化物流平台在化工销售公司、炼油销售公司、燃料油公司等 11 家企业推广上线运行，实现物流业务全闭环、角色全覆盖、执行全透明、安全可追溯，优化资源提升效率每年可节省成本 1.2 亿元。

（王景涛）

【推进工程建设域数智化升级】 石油工程实现油田企业 480 余台钻机运行动态监控，完成钻井及压裂数字孪生、一体化压裂决策指挥系统试点应用。炼化工程完成中科炼化、古雷石化等企业工程项目的数字化交付，开展智能 P&ID、焊接机器人等智能化场景应用。

（王景涛）

【推进智能化田厂站院建设】 胜利海洋、江汉涪陵、西北油田 3 家智能油气田 1.0 上线运行，生产时率提升 25%，单井预警准确率 85% 以上，完成智能油气田 2.0 蓝图设计；广州石化、扬子石化、北海炼化、中科炼化、长岭炼化、古雷石化 6 家智能工厂 2.0 上线运行，实现化验、计量等部分业务“无人化”替代，实现 100 余套系统数据集成，有效消除数据孤岛；完成镇海炼化、中科炼化智能工厂 3.0 初步设计；新加油卡、充换电站信息系统全面推广，建成跨国经营零售管理平台。

（王景涛）

贸易和金融服务数智化

【概述】 推进服务云建设，完善提升集团统一的电子商务和客户关系管理平台应用，迭代升级易派客、“石化 e 贸”、石化商旅等专业电商平台，支撑数字服贸体系建设，促进新业态新经济发展。推进金融云建设，完善产融数智平台，提升产业金融服务能力，促进产融结合、跨界发展。

（王景涛）

【迭代提升电商服贸平台】 易派客平台强化采购过程管控，持续提升保供服务水平，累计交易金额突破 2.9 万亿元；“石化 e 贸”平台优化组织与营销模式业务流程，助力化工销售公司变革，平台全年成交量 6899 万吨；按照“油气氢电服”整体业务数字化提升规划，推进易捷服务平台建设；拓展石化商旅平台资源，上线“乡村振兴”专题，加强产业赋能，提供商旅服务 179.8 万人次。完成客户服务系统智能化升级，通过应用人工智能技术，提升智能在线、智能导航、智能外呼功能，智能机器人问答命中率达 86%，提升了客户服务体验。

（王景涛）

【完善产融数智平台】 提升统一支付跨平台服务能力，拓展线上金融服务，实现石化特色金融产品及服务全流程线上运营，个人养老金开户 1.3 万户，保理融资放款 8.3 亿元，有效支撑产业金融业务发展。

（王景涛）

数字支撑平台建设

【概述】 聚焦平台赋能、数据赋智，推进“石化智云”平台建设，提升信息基础设施能力，强化数据治理与共享应用，推动“数据 + 平台 + 应用”新模式落地见效，夯实数字化发展基石，打造产业升级新引擎新动能。

（王景涛）

【“石化智云”平台建设】 完善提升“石化智云”工业互联网平台，发布“石化智云”部署等系列规范，持续推进上云上平台工作，实现总部和企业 105 个项目云上开发与部署，部署效率提升 80%；完成“云边协同”课题研究和关键场景验证，形成“石化智云（炼化）云边协同”实施方案。

（王景涛）

【信息基础设施建设】 扩容云资源规模达 57 万核 CPU、81PB 存储，支撑集团公司 1700 余个应用系统云上运行。推进数据中心绿色节能，沙河数据中心累计节电 200 万千瓦・时。完成 8 家境外代表处网络链路加密建设，实现各代表处与总部重要业务数据加密安全传输；优化境内 18 个汇接中心网络性能，提升企业到总部网络链路性能和可靠性。完成昌平会议中心、和园、总部大楼等 30 间视频会议室改造，支撑集团级、部门级多场景视频会议需求。建成一体化 IT 运维服务系统，实现统建基础设施和信息系统在线管理，纳管总部和企业 IT 资产 16.6 万项。

（王景涛）

【推动数据治理工作】 建立健全数据治理体系，发布中国石化数据资源目录 1.0 版本，涵盖 105 个主题域、1845 个业务对象；完成国家数据分类分级标准验证，形成中国石化特色的数据分类分级标准；集团公司通过数据管理能力成熟度（DCMM）最高等级（第 5 级）贯标认定，成为石化行业首家获评单位。

（王景涛）

【推动数据分析应用】 数据服务平台共接入数据源系统490个，沉淀数据模型8万余个，提供数据服务7100余个，调用总量超过22.5亿次，有力支持总部、事业部和企业的数据分析应用。组织数据应用典型案例征集工作，从82家单位提交的144个案例中选出74个优秀案例，涉及大数据分析、人工智能、数字孪生等技术应用，以及风险监管、经营管理、智能制造、市场营销等多个领域的应用场景，营造了“发挥数据要素新价值，赋能石化业务新发展”良好氛围。

（王景涛）

信息和数字化管理

【概述】 结合集团公司“放管服”改革、强化风险管控等要求，持续优化信息化管理体系、运行机制，健全完善信息化制度体系、技术管理体系、软件工程造价体系、一体化IT运维体系、网络安全防御体系，提升信息化综合管控水平。

（王景涛）

【健全信息化管理体系】 形成以信息化“六统一”原则为核心的“135”管理体系框架，配套发布13项制度、39个规范，制订并落实信息化投入全口径管理方案，强化需求与计划统筹及软件工程造价、技术方案审查、项目质量把控、IT供应商管理。实现域长负责制机制长效运行，19个业务域完成信息化顶层设计、业务流程标准化、数据治理、深化应用等年度重点工作，促进了业务与信息化的深度融合。深化“放管服”改革，按照信息化业务管理体制优化调整方案，启动中国石化信息技术中心组建工作。强化业务监管，高度重视党组巡视、内部审计、内控检查发现的企业信息化问题整改，从顶层设计、流程优化、技术管控等方面入手，制定落实整改措施，督促企业加快问题整改、消除安全隐患。推动企业建立健全“两化”融合管理体系、数字化转型推进机制，2023年有11家企业通过“两化”融合管理体系升级版贯标认定，集团公司实施贯标企业数量累计达67家，排名央企前列。健全网络安全和信息化水平评价体系，镇海炼化、共享服务公司等21家单位年度评价结果为双A级。加大信息化培训与人才培养力度，全年统一组织各类培训20余次，累计培训7000余人次，有186人通过数据管理师（CDP）、数据治理工程师（CDGA）考试认证。

（王景涛）

【网络安全风险防控】 加强网络安全综合防御体系建设，增强云内横向防护能力，强化数据脱敏和防泄露管理；完善信息系统风险管控体系，开展“信息系统安全管理强化年”专项行动，组织集团公司第七届网络安全宣传周，线上线下参与人数超过90万人次，全年未发生重大网络安全事件和重要系统宕机事故。建立健全信创常态化机制，发布信创知识库和标准规范，完成新公文、数字档案馆、法制合规、石化通、石化邮等系统全信创改造，实现国产化办公软件、“石化窗”浏览器全面部署。

（王景涛）

【推动数实深度融合】 中国石化数字化转型、智能化提升工作取得多项成果，得到国家部委的充分肯定。中国石化成为石化行业首家获评数据管理能力最高等级（第5级）企业，数据应用案例获第二届中国大数据大赛工业互联网大数据创新应用一等奖。海南炼化、广州石化、扬子石化、古雷石化4家企业获评国家2023年度智能制造示范工厂，累计10家企业获评国家智能制造示范。中韩石化等6家企业入选国家5G工厂名录。石油工程公司等16家企业在国务院国资委首届国企数字场景创新专业赛中分获一、二、三等奖。天津石化等7家企业分获第六届“绽放杯”5G应用征集大赛全国总决赛二等奖和优秀奖。集团公司获第三届“网鼎杯”网络安全技术竞赛团体二等奖。

（王景涛）

内部监督

纪检监察

综述

2023年，在以习近平同志为核心的党中央坚强领导下，集团公司党组、纪检监察组深入落实二十届中央纪委二次全会部署，坚决扛牢管党治党政治责任，以全面贯彻党的二十大精神为主线，以开展学习贯彻习近平新时代中国特色社会主义思想主题教育和纪检监察干部队伍教育整顿为契机，以接受中央巡视、推进巡视整改为牵引，始终坚持严的基调、严的措施、严的氛围，坚定不移正风肃纪反腐，推动政治生态持续向好，党风廉政建设和反腐败工作取得扎实成效，为全面完成生产经营和改革发展目标任务提供坚强保障。集团公司党风廉政建设和反腐败工作满意度提升至98.09%，职工群众对纪检监察干部队伍作风形象满意度达94.89%。

（王　来）

持续推进政治监督具体化精准化常态化

【聚焦“国之大者”强监督】 聚焦贯彻落实习近平总书记重要指示批示精神，围绕端牢能源饭碗、统筹发展和安全、提升科研时间质效、助力乡村振兴等重点任务和部署要求，开展专项监督和课题调研，站位全局研提意见建议，有力推动党中央决策部署和党组工作要求落实落地，部分政治监督成果产生积极影响。

（王　来）

【聚焦中央巡视强监督】 纪检监察组与中央巡视组、集团公司党组同题共答，及时报告“活情况”、提出意见建议，协助配合工作得到中央巡视组高度评价；深入开展巡视整改监督，压实整改责任，严格审核“一方案三清单”，制订监督工作方案和台账，主动靠前监督，跟进压实责任，督促推动真改、实改、改到位。集团公司在国务院国资委党委召开的部分中央企业巡视整改推进会上作交流发言。

（王　来）

【聚焦“关键少数”强监督】 对直属单位和总部部门（机构）领导班子民主生活会进行全覆盖监督，对党组管理领导人员进行建“夹”画“像”，对直属单位政治生态情况进行综合研判，监督实效不断增强。

（王　来）

持之以恒纠“四风”树新风

【锲而不舍落实中央八项规定精神】 党组及时修订深入贯彻落实中央八项规定精神实施细则，带头严守铁规矩、硬杠杠。纪检监察组坚持从严监督执纪，紧盯节点纠“四风”，组织现场检查、交叉互查、突击检查263次。重点纠治违规吃喝、违规使用公车、违规收送礼品礼金等顽瘴痼疾，加大典型案例通报力度，释放了越往后越严的鲜明信号。

（王　来）

【深化整治形式主义官僚主义问题】 深化安全环保领域形式主义、官僚主义专项整治，严查各类

“低老坏”突出问题。连续5年压茬推进为基层减负，组织开展为基层减负专项调研督导，推进落实30项具体措施，大力纠治多头摊派任务、过多过急要材料、“一刀切”式落实等8个方面问题。严肃查处不作为、慢作为、乱作为行为，针对弄虚作假、工作流于形式典型问题，对相关责任人严肃追责、问责。

（王　来）

【严管厚爱激励干部担当作为】 加强经常性纪律教育，把党章党规党纪教育作为干部教育培训的必修课，推动纪法教育进课堂，重点加大年轻干部教育管理力度，警醒党员干部绷紧纪律之弦。对党员干部存在的问题早发现、早提醒、早处置，充分体现抓早抓小、严管厚爱。落实“三个区分开来”要求，健全容错纠错、澄清正名机制，发布典型案例加强指导，对不当问责情况坚决予以纠正，为受到不实举报的干部澄清正名。

（王　来）

一体推进不敢腐不能腐不想腐

【持续加大办案力度】 保持对腐败的压倒性力量常在，主动与地方监委联合办案，坚决查处陈遵江、段彦修、吴灿奇等一批重点案件，形成强大震慑。坚决惩治“影子公司”“影子股东”“逃逸式辞职”等新型腐败和隐性腐败问题，通过查办典型案件，深挖细查，堵塞漏洞，完善治理，推动企业政治生态不断净化。

（王　来）

【持续深化“靠企吃企”问题专项整治】 深入研究“靠企吃企”问题典型表现和特征，深化“靠企吃企”专项整治，推动制修订制度50余项；开展违规违法获取工程项目问题专项整治，对整治不力的及时约谈提醒，倒逼堵塞漏洞、补齐短板、完善制度，共发现问题80余个，完善制度70余项，促进提升依法合规经营水平。针对油品销售领域基层腐败易发多发问题，督促销售公司持续深化专项整治，一体推进问题剖析、风险排查、专项巡察和案件查处，取得明显综合治理效果。

（王　来）

【持续推进以案促教促改促治】 深入开展“严守纪律规矩弘扬清风正气”反腐倡廉教育月活动，召开警示教育大会，通报典型案例，制作警示教育片，编发违纪违法案件警示录，用身边事教育身边人。用好查办案件成果，强化对关键权力的制约和监督，促进建章立制、提升管理水平。结合典型案例深入宣贯新修订的职工处分规定，研究制定加强新时代廉洁文化建设的若干措施，教育引导干部员工遵规守纪、廉洁从业。

（王　来）

持续提升“大监督”工作质效

【突出强化统筹协调】 深化落实监督委员会办公室例会机制，对专项整治等涉及全系统的重点工作加强统筹运行，推动破解监督定位把握不准、力量统筹不足、信息共享不够、工作衔接不畅等问题。发挥日常监督重点任务清单牵引带动作用，探索开展项目化监督，推动监督下沉落地。统筹抓好新疆库车绿氢、巴陵石化己内酰胺和天津南港乙烯等项目监督检查，召开重点工程项目现场督查会，以高质量监督助推高质量项目建设。坚持以强监督倒逼强管理，持续强化安全生产监督执纪问责，推动“两个责任”一体落实，构筑安全生产“四道防线”。

（王　来）

【逐步完善运行机制】 深入开展提升“大监督”工作质效调研，系统总结“大监督”工作规律性认识和实践经验，制发《关于推进各类监督贯通协调 深化拓展大监督格局的实施意见》，从机制上促进各类监督力量整合、程序契合、工作融合。纪检监察、巡视、审计、组织人事、财会、法律等监督合力进一步增强，监督成效进一步显现。

（王 来）

【加快推进信息化建设】 坚持用信息化赋能“大监督”，推进各类监督信息化建设与应用。建成投用重点领域智慧监督系统（一期），制定重点领域网上监督工作办法，调整充实专兼职网上监督员，网上监督发现疑似问题 167 个、查实 72 个，成为发现问题线索的重要来源。

（王 来）

严管严治锻造纪检监察铁军

【着力强化政治素养】 坚持教育整顿与主题教育有机结合、紧密融合，系统部署推进 8 个方面 26 项重点任务，纪检监察干部队伍教育整顿扎实有效。把学习教育贯穿教育整顿始终，健全完善“五学联动”学习机制，统筹开展理论教育、党性教育、纪法教育、警示教育和革命传统教育。

（王 来）

【着力强化纪律作风】 逐级开展谈心谈话，组织开展个人自查，全面起底涉及纪检监察干部的问题线索，动真碰硬清理整肃队伍。加大严管严治、自我净化力度，教育引导纪检监察干部自觉接受最严格的约束和监督，坚守政治红线、纪律高压线、廉洁底线。

（王 来）

【着力强化履职本领】 坚持以案代培、以干代训，深化全员培训，选调 300 余名直属单位业务骨干到纪检监察组专案、专项工作跟班锻炼。举办直属单位纪委书记培训研讨班，直属单位纪委副书记、监督机构正职培训研讨班，审查调查业务实训班，案件审理业务研讨班，智慧监督系统应用业务培训班，组织开展 3 期纪检监察干部“学习交流大讲堂”，推动业务培训走深走实。

（王 来）

【着力强化管理监督】 深入开展违规办案行为、案件质量问题、重复举报化解不力、巡视信息管理不规范、借用人员管理不规范等专项整治，制修订《中国石油化工集团有限公司纪检监察组工作规则》《中国石化直属单位纪检机构案件审理工作办法》《中国石化纪检监察干部行为规范》等一批制度，进一步提升规范化、法治化、正规化水平。

（王 来）

党组巡视

综述

2023 年，集团公司深入学习贯彻党的二十大精神，深入开展学习贯彻习近平新时代中国特色社会主义思想主题教育，坚决贯彻落实习近平总书记关于巡视工作重要论述及视察胜利油田和九江石化重要指示精神，以中央巡视整改为牵引，与时俱进深化政治巡视，加强巡视整改和成果运用，强化上下联动贯通融合，不断夯实巡视工作基础，巡视利剑作用日益彰显，为纵深推进全面从严治党、全方位推动企业高质量发展提供坚强保障。中国石化在国务院国资委和中管企业持续深化巡视整改推进会及部分中央企业巡视整改推进会上 2 次作大会交流。

（张跃耀）

中央巡视整改紧密衔接贯通

【巩固深化十九届中央巡视整改】 全面梳理 4 年来落实中央巡视整改工作情况，进一步查找工作不足，完善整改长效机制，对安全生产、提升高端化工产品比例等方面问题深化制定提升措施。组建党建和生产经营 2 个专家评估组，对整改措施落实情况开展评估。深化“化解‘资源接续’矛盾任重道远”等方面整改重点，推动持之以恒做深做实整改。

（张跃耀）

【同题共答完成配合二十届中央巡视工作】 坚持“大配合、大服务、大保障”理念，统筹做好驻地服务保障、调阅资料提供、个别谈话协调、下沉调研安排等工作。配合中央巡视工作组织有序、推动有力、成果有效，得到中央第十三巡视组“有站位、有规矩、有温度”的高度评价。针对中央巡视组关注的“大企业病”和安全生产问题，调研形成的《关于防治“大企业病”的思考与建议》专题报告，被中央政策研究室《简报》连续 2 期刊载；呈送的《关于加强中管企业安全生产领域政治监督的调研报告》，得到中央领导批示肯定。

（张跃耀）

【全力推动二十届中央巡视整改】 中央巡视反馈后，党组高度重视、迅速行动，召开专题会议学习习近平总书记有关巡视整改重要讲话精神，研究部署整改工作。党组深入学习习近平总书记视察九江石化重要指示精神和中央巡视反馈意见，全面查找政治站位、思维方法、能力作风、工作实践等方面存在的突出问题与短板差距，认真研究制订巡视整改方案，建立“三个清单”，同步制订选人用人和内部巡视工作专项检查整改方案。党组召开落实中央巡视整改动员部署会，同步启动 2023 年党组巡视，以上率下，贯通延伸，全面推进中央巡视整改，推动全系统形成学重要指示、抓整改落实、开发展新局的生动局面。

（张跃耀）

党组巡视高质高效推进

【精心编制党组巡视工作五年规划】 对标中央巡视工作五年规划，紧扣服务国家重大战略、加快建设世界一流企业、履行中国石化“三大核心职责”等，制订《党组巡视工作规划（2023—2027年）》，明确今后五年党组巡视工作的目标任务、工作思路和主要举措。

（张跃耀）

【延伸开展 2022 年党组第二轮巡视】 聚焦“端牢能源饭碗”、践行安全发展理念、打造坚强总部，对 26 家单位（部门）党组织开展巡视。重点查找党组办公室等 5 个党组工作部门发挥“政治部、参谋部、指挥部”作用和落实党组决策部署“第一棒”的差距和不足，推动加强党的政治建设，提升领导力和执行力，打造国资央企巡视工作模范样板。

（张跃耀）

【深化推进 2023 年党组巡视】 采取板块轮动方式，主要围绕炼化板块企业，对 25 家单位（部门）打出“常规 + 专项 + 机动（境外）”巡视组合拳。将习近平总书记视察九江石化重要指示精神及中央巡视反馈问题推动落实情况，特别是炼化企业转型升级、突破“卡脖子”技术等制约企业高质量发展的突出问题，纳入巡视监督重点，突出巡视利剑利器作用，用好综合监督平台，以巡视工作实际成效践行“两个维护”。

（张跃耀）

党组巡视整改持续加压加力

【完善制度强化规范整改】 制定《关于进一步加强巡视整改和成果运用的意见》等“1+1+3”基础制度文件，规范整改全过程各环节责任主体的职能任务，形成支撑整改制度规范的“四梁八柱”。编制整改工作实务手册，分类梳理整改责任、关键节点步骤、工作文本模板，绘制整改工作流程图、运行表。

（张跃耀）

【常态长效强化系统整改】 采取“原组跟踪监督原单位”的形式，明确巡视组组长履行“不走的巡视组”组长职能，组内设立整改专岗，与直属单位建立常态化联系，实时指导督促整改落实。同步发挥被巡视单位纪委书记“不走的巡视组”副组长作用，确保从巡视到整改始终紧盯突出问题，做到“监督不断线”。

（张跃耀）

【多方联动强化协同整改】 党组巡视办公室、巡视组与纪检监察组、党组组织部协作配合，共同分析研判整改情况，协同“近距离”监督检查。结合落实习近平总书记对金融工作重要指示精神，对资本公司落实整改工作进行现场调研，推进深化整改任务落实，取得良好效果。

（张跃耀）

党委巡察质效切实巩固提升

【创新开展专家服务行】 探索“服务 + 检查 + 评估”一体运行机制，选派党委巡察专家嵌入党组巡视，同步对党委巡察工作进行专项检查。

（张跃耀）

【分层分类开展业务培训】 举办直属单位党委巡察组组长、副组长（骨干）培训班，聚焦重点难点问题，创新开展“2+3+N”（2 项必答题、3 项选择题、N 项自命题）研讨，促进互学互鉴。

（张跃耀）

【加强业务指导督导】 组织对中西部片区 17 家直属单位党委巡察工作进行专题调研，围绕破解制约巡察质效的内容，提出针对性建议，全面精准指导服务。

（张跃耀）

【强化典型引路示范推动】 汇编上游板块一批优秀课题成果，形成《直属单位党委巡察优秀调研课题选编》，深化研究成果综合应用。

（张跃耀）

巡视工作规范化水平显著增强

【深入开展纪检监察干部队伍教育整顿】 统筹采取讲党课、组织观看警示纪录片等深入开展学习教育，开展逐级多样谈心谈话，组织3轮个人自查事项报告，逐条逐项开展整改整治，突出实效推动巩固提升，巡视干部政治站位、廉洁从业意识显著提高。精心组织理论与实战培训。培训内容分层、对象分类，较好推动经验传承、新老人员接替。

（张跃耀）

【完善巡视工作运行机制】 及时修订《党组巡视工作领导小组工作规则》，制定《关于加强党组巡视机构与组织部门协作配合的实施意见》《关于进一步加强巡视巡察上下联动的实施意见》，进一步促进巡视巡察工作制度化规范化。

（张跃耀）

【加强巡视干部选配与管理】 制定《中国石化党组巡视组干部选拔配备管理办法（试行）》，明确巡视干部任职资格条件、选聘程序、日常管理、考核评价和结果应用。制定《党组巡视组组长、副组长绩效考核和薪酬管理办法》，落实领导人员任期制和契约制管理。按照“一正三副”配备新一轮党组巡视组负责人，每组配备1名70后副组长，实现新老搭配、专业互补、结构合理。

（张跃耀）

【巡视巡察信息化建设稳步推进】 强化巡视巡察管理系统应用和功能完善，加强巡视单机系统推广使用和实操培训。

（张跃耀）

内部审计

综述

2023年，集团公司审计系统紧扣集团公司党组、董事会决策部署，围绕公司发展大局，立足经济监督，聚焦主责主业，为公司高质量发展提供坚强审计保障。全年开展审计项目1188个，发现问题9827个，涉及金额333亿元，形成专题报告20份；促进增收节支25亿元，制修订制度845项、补办手续899项，处理处罚人员1661人次，主动融入“大监督”体系，移交线索12件。呈报专题签报14篇，推送重点问题513个，高质量实现到期整改率100%的目标。创新编制《中国审计手册》，制修订内部审计制度9项。实现以高质量审计促进集团公司高质量发展的一系列突破和创新，开创审计监督工作新局面。

（王箫晓）

专项审计和审计调查

【概述】 2023年，审计部门围绕公司发展大局，立足经济监督，聚焦主责主业，充分发挥“经济卫士”作用，高质量完成金融衍生品、金融子企业新开展业务风险管理、安全环保投入管理、资金风险、境外项目管理等专项审计或审计调查509项，促进公司治理效能更加有力有效。

（王箫晓）

【总部组织实施的专项审计和审计调查】 对金融衍生品业务管理情况进行专项审计，连续5年组织所有开展金融衍生品业务的41户企业全面开展自查，并对其中的22户企业2022年度金融衍生品业务管理情况实施重点抽查，审计发现部分企业在操作方案、会计核算、数据管理和制度授权等方面存在一些共性问题。组织对财务公司、盛骏公司、资本公司，以及产融控股公司管理的保险公司、保险经纪公司、浙石期货、实华租赁7户企业2022年新业务开展风险管理专项审计，揭示金融企业、资金管理机构的重点业务领域存在的重大风险隐患，及时发现和纠正违法违规问题，促进企业健康发展、规范运营。认真贯彻落实习近平总书记生态文明思想和关于安全生产、环境保护等重要指示批示精神，落实集团公司党组决策部署，开展安全和环保投入管理情况专项审计，组织全系统企业进行自查，结合经济责任审计项目对47户企业同步开展专项检查，对16户企业实施重点抽查，以安全环保问题为导向，深入检查安全环保投入的充足性、合规性、有效性，跟踪安全环保政策及重大决策部署的落实执行情况。组织全系统企业对资金风险管理进行全面自查，结合经济责任审计项目对47户企业同步开展专项检查，对江汉油田、燃料油公司等6户企业实施重点抽查，进一步加强资金风险防控工作，揭示资金管理中的违规问题，堵塞漏洞，防范化解资金管理风险。

（王箫晓）

【企业组织实施的专项审计和审计调查】 企业审计部门紧紧围绕中心，抓住影响效益的关键领域和环节，组织开展直分销管理、资金管理、信用管理、废旧物资处置、招标投标管理等专项审计或审计调查505项，收到较好的效果，促进了企业增收节支和精益管理。

（王箫晓）

经济责任审计

【概述】 2023年，审计部门贯彻落实《党政主要领导干部和国有企事业单位主要领导人员经济责任审计规定》，大力实施审计关口前移，持续推动事后审计向事中审计转变。全年开展经济责任审计240项。

（王箫晓）

【总部组织实施的经济责任审计】 总部对49户企业主要负责人开展经济责任审计。审计部门始终将所属企业主要负责人任职期间贯彻执行党和国家经济方针政策、集团公司党组决策部署，推动企业提质增效升级，经营管理国有资产、国有资源，防范化解重大风险等有关经济活动作为审计重点，加大对领导干部权力运行和责任落实情况的审计监督，促进领导人员进一步增强依法治企、从严管理的意识，为组织人事部门考核评价经营者提供重要依据。

（王箫晓）

【企业组织实施的经济责任审计】 企业审计部门在强化下属二级单位领导人员经济责任审计工作的基础上，开展对关键部室负责人、建设项目部负责人等履职情况的审计，全年开展经济责任审计191项，促进了企业领导及关键岗位人员依法依规经营和管理。

（王箫晓）

内部控制审计评价

【概述】 2023 年，审计部门为促进公司依法合规，推进内部控制体系建设，促进企业内控制度有效执行和规范企业经营管理，防范化解重大风险，对照《内部控制手册》和相关监督办法，开展风险内控审计评价 104 项。

（王箫晓）

【总部组织实施的内部控制审计评价】 总部在开展经济责任审计、金融风险审计过程中，同步开展内控审计评价，重点对 41 户企业开展内部控制审计评价工作，重点检查公司层面控制、安全管理、销售管理、货币资金、工程项目、物资采购等业务流程的设计和执行情况，提出改进内部控制的审计意见和建议，促使相关部门和企业进一步完善内控制度。

（王箫晓）

【企业组织实施的内部控制审计评价】 为促进企业有效执行内部控制制度，防范经营管理风险，企业审计部门组织开展内部控制审计评价 63 项，结合自身实际选择主要业务流程，开展内部控制审计评价工作，实事求是地提出审计评价意见和建议，促进了内控制度的有效执行和完善。

（王箫晓）

固定资产投资审计

【概述】 2023 年，审计部门为落实国家和集团公司对固定资产投资项目的监管要求，促进项目依法合规建设，提升投资效益，满足竣工验收需要，以及加大重大投资项目在建跟踪审计力度，及时发现问题，防范风险，全年共开展固定资产投资项目审计 263 项，为集团公司控制投资成本、提高投资效益作出贡献。

（王箫晓）

【总部组织实施的固定资产投资审计】 总部结合集团公司一类投资项目进展状况，对 58 个固定资产投资项目开展审计。其中，对 28 户企业开展 47 项固定资产投资项目竣工决算审计；对 10 户企业开展 11 项重大投资项目在建工程跟踪审计，促进项目依法合规建设，提升了投资效益。

（王箫晓）

【企业组织实施的固定资产投资审计】 企业审计部门开展固定资产投资项目 205 项，前移审计关口，加强过程监督，积极开展工程结算审计，为企业节约投资成本。

（王箫晓）

股权投资项目审计

【概述】 2023 年，审计部门为强化股权投资“投、管、退”全程管控，防范股权投资风险，提升股权投资收益，开展合资合作项目审计 26 项。

（王箫晓）

【总部组织实施的股权投资项目审计】 总部对 3 户合资合作项目情况开展审计，重点对合资合作项目（公司）“只投不管”，日常监管、派出高管人员履职不到位，长期亏损或盈利但长期不分红，关联交易不规范损害公司权益，安全、环保、资金等风险管控不到位、会计信息不真实等问题进行审计，有效维护股东权益，实现股东价值最大化。

（王箫晓）

【企业组织实施的股权投资项目审计】 企业审计部门以促进合资合作项目管理、防范投资风险和维护资产安全为目标，全年开展合资合作项目审计 23 项，促进防范了企业的经营风险。

（王箫晓）

信息化项目决算审计

【概述】 为落实信息和数字化工作“六统一”原则，强化对信息化项目的监管，严格执行投资计划，依法合规建设，规范开发运行，促进网络、系统和数据安全，总部对油田企业的勘探开发业务协同平台 EPBP 提升完善及深化应用项目开展决算审计，规范信息系统建设管理，促进了网络安全。

（王箫晓）

审计信息化建设

【概述】 2023 年，持续优化数智化审计环境，规范加强业审融合平台运行管理，确保系统安全、稳定、高效运行。顺利通过业审融合平台（一期）验收，做实数字化、网络化和拓展智能化，加速推进业审融合平台（二期）建设，优化审计信息化整体应用架构，推动审计方式由“经验为主”向“数据引领”转变。

（王箫晓）

【审计数字化转型取得新突破】 认真贯彻落实习近平总书记关于“科技强审”的重要指示精神，强化数字引领和数智赋能，全面推进“远程在线 +”审计，不断开创审计信息化高质量发展和数智化转型新局面，始终保持央企领先水平。①对标一流、一体推进，业审融合平台取得新进展。锚定“国内领先、世界一流”目标，科学编制《集团公司 2023 年审计信息化工作计划》；扎实推动“域长”负责制落实，持续优化数智化审计环境，高效保障系统安全平稳运行；业审融合平台建设接续发力，有效推动审计方式由“专家引导的手工经验为主”向“数据驱动的数字化集中分析应用”转变。②问题导向、靶向施策，数字化审计取得新提升。建立审计项目信息化应用报告、反馈机制，在实践中积极推动审计模型等查证工具应用验证、迭代更新；坚持全员应用，注重整体实效，集团层面审计项目全部实现“远程在线 +”审计，推动审计资源配置由“橄榄型”向“哑铃型”转变。坚持研究提升和积累沉淀，总结形成 33 个典型应用案例，并有 2 项入选中国石化百项数据应用优秀案例。③守正创新、研用结合，平台式审计取得新突破。以经济责任审计项目为载体，积极探索平台式审计。通过审计模型和模型实验室、业务信息系统及信息技术等方面的综合应用，推动审计模式由“有感审计”向“无感审计”转变。

（王箫晓）

审计管理工作

【概述】 2023 年，审计部门坚持守正创新，稳步推进审计资源集约化管理，持续深入对企业审计工作的管理督导，不断深化审计数智化应用，持续加强审计成果转化利用的力度，审计队伍素质能力得到全面提升。

（王箫晓）

【坚持政治强审，完善体制机制】 以习近平新时代中国特色社会主义思想为引领，深入学习贯彻党的二十大精神，及时下发《关于贯彻落实二十届中央审计委员会第一次会议精神的意见》，探索审计监督作用高效发挥的方法路径，切实把党的领导贯穿审计工作全过程、各环节。党组和董事会定期听取审计工作汇报，研究部署重点审计工作，推动解决重大审计问题整改。结合新形势新任务新要求修订印发《中国石化审计工作“十四五”发展规划执行情况和未来五年工作安排》，确保审计工作始终与党中央部署及党组要求步调一致、节奏同频。各企业党委均成立审计工作领导小组（审计委员会），权威高效的审计监督体制机制进一步巩固完善。

（王箫晓）

【坚持科学谋划，把准审计方向】 坚决做到党组工作部署到哪里，审计监督就跟进到哪里。科学统筹、提早谋划，历史上最早下发年度审计计划和审计工作要点。最早召开审计工作会议，确保审计系统第一时间把准审计方向和审计工作重点。紧盯党和国家重大方针政策及党组重要部署，及时编发《审计关注》6 期，指导审计系统始终与党中央方针政策、党组决策部署同频共振，确保审计工作不失焦、不偏航。

（王箫晓）

【坚持精准审计，强化使命担当】 立足“经济体检”，从倾向性、苗头性问题中发现潜在风险的“弱信号”，从经济监督中体现政治要求，把党中央的要求、党组和董事会的部署贯穿审计全过程。紧盯党组和董事会关心关注事项，聚焦重点领域、重大投资项目、高风险业务开展审计监督，全年向党组呈报高质量专题签报 14 篇，向分管领导、总部部门（事业部）推送审计发现的重点问题 513 项，以点带面、举一反三，为提升公司治理能力和风险防控能力提供决策参考和管理抓手，审计价值进一步彰显。

（王箫晓）

【紧扣落实战略部署强化监督】 坚持战略思维、目标导向，重点围绕落实党中央及党组决策部署目标不明确、措施不得力、成效不明显和有令不行、有禁不止的行为开展监督。在紧盯保障国家能源安全责任落实方面，围绕增储上产、绿色低碳等领域，推动国家重大方针政策在集团公司落实落地。在紧盯民企清欠方面，聚焦整治“两拖欠”问题，扛牢央企责任。在紧盯“三新”业务方面，及时揭示“三新”产业投资、成本风险和市场变化风险，提出建设性意见，在助推公司转型发展中发挥好审计保障作用。

（王箫晓）

【紧扣提升经营质量强化监督】 坚持系统思维、问题导向，围绕公司治理，揭示问题并提出建议，促进管理、提升价值。在紧盯权力运行和责任落实方面，不断加大对企业领导人员决策权、分配权、管理权、执行权的监督。重点揭示“三重一大”决策执行和效果方面等问题。在紧盯会计信息质量方面，重点揭示了违反财经纪律、会计核算不规范等问题。

（王箫晓）

【紧扣依法合规经营强化监督】 坚持法治思维，紧紧围绕物资采购、产品销售、金融业务等重点领域，严控资金、债务、外汇、信用、衍生品等风险敞口，全方位监督企业依法合规经营，坚决落实“违规违纪违法的事一件不做，违规违纪违法的钱一分不挣”。在紧盯金融子企业新开展业务方面，连续 2 年开展专项审计，重点揭示未在规定期限内完成投资结构调整目标、执行重要敏感岗位轮换制度不严格等问题。在紧盯股权投资和工程项目管理方面，重点揭示投而不管、投资超概算、多结算工程款、应招标未招标和招标流于形式等问题，其中石油工程建设公司开展分包结算等专项审计，年审减额 2.4 亿元。在紧盯采购与销售管理方面，重点揭示违规高价采购或低价销售、赊销管理不到位、非油品管理不规范等问题。

（王箫晓）

【紧扣重点风险隐患强化监督】 坚持底线思维、结果导向，围绕影响公司经营发展的重大风险隐患开展监督，牢牢守住不发生系统性风险的底线。在紧盯安全和环保投入管理方面，重点揭示安全环保资金投入使用不合规及未达预期效果、隐患应治理未治理、安全培训和应急演练弄虚作假、流于形式等问题。在紧盯金融衍生品业务方面，连续5年开展专项审计，重点揭示操作方案要素不全、执行不到位、衍生品制度条款不完善、授权管理不规范等问题。在紧盯资金风险管理方面，重点揭示违规借款、债权核销不规范、超信用额度赊销、预付账款清理不及时、提前支付工程款、合资公司长期未分红、承揽工程尽职调查不到位造成工程款回收困难等问题。在紧盯境外资金资产、项目管理和国际化投资经营方面，重点揭示重大股权投资项目未达预期效果，项目退出应对措施不完善、担保及保函监管不到位等问题。在紧盯内部控制和风险管理方面，重点揭示制度体系建设不完善、内控业务流程缺失、不相容岗位未有效分离、内控测试流于形式等问题，其中经纬公司坚持“审计力量下沉基层”，开展基层内部控制专项审计，有力推动“三基”工作提质增效。

（王箫晓）

【同题共答，推动审计整改及成果运用更加有效】 以钉钉子精神推动审计问题整改和成果应用，全力做好审计整改“下半篇文章”，打通审计监督“最后一公里”。通过整改，制修订制度845项、补办手续899项，处理处罚人员1661人次，实现到期整改率100%的目标。①健全完善整改长效机制。坚持“当下改”和“长久立”相结合，通过跟踪问效推动真改、实改、改到位。②健全完善整改日常机制。持续压实被审计单位的整改主体责任、主管部门的监督管理责任和审计部门的督促检查责任，建立健全全面整改、专项整改、重点督办相结合的整改工作机制，以“查”促“改”，组织整改“回头看”，严格整改结果审核，推动问题真整改、改到位。③健全完善贯通协同机制。主动融入“大监督”体系，充分发挥审计监督与其他监督贯通协同作用。通过将审计整改结果纳入党建考核、绩效考核、重点督办等方式，健全协调工作程序，完善沟通配合及成果共享机制。

（王箫晓）

【创新规范，推动审计管理工作更加科学】 持续推进审计工作标准化创新和规范化建设，加强对企业审计工作的督导，以先行示范标准全面提升审计管理效能。①强化制度创新，标准化规范化不断提升。历史上首次创造性编制完成《中国石化审计手册》，贯通国家和内部审计制度与业务流程，通用性和实用性相兼容，操作性和推广性相结合，提升了审计工作标准化、规范化水平。全年共制修订内部审计制度9项，将实体性规范和保障性规范一以贯之，全面契合审计工作的新理念、新思路、新措施。②强化督导创新，上下一盘棋统筹取得显著成效。先后分5个片区组织114户企业开展调研督导座谈研讨，找准了企业审计工作的痛点堵点。③强化理论创新，研究型审计成果丰硕。按照国家审计署要求，牢固树立“研究型审计是高质量审计发展的必由之路”理念，积极推进开放式审计、审计理论研讨和优秀审计项目成果共享。

（王箫晓）

【坚持实战训练，多措并举锻造审计铁军】 始终将人才强审、队伍建设作为审计高质量发展的头等要务。在央企中率先对标国家审计署，在南京审计大学举办第一期计算机审计中级培训班。全年举办各类培训9期，培训人员3027人次，结合审计大讲堂、导师带徒、岗位练兵、以审代练、区域研讨等方式提升审计人员专业本领，以全员竞赛、全员练兵的方式积极参与内控风控岗位练兵。坚持严的主基调，狠抓审计队伍作风建设，深入开展反腐倡廉教育活动。着力建设信念坚定、业务精通、作风务实、清正廉洁的高素质专业化审计队伍。

（王箫晓）

中国石化
SINOPEC

党的建设

党组自身建设
党建统战群团

党组自身建设

【加强党组自身建设】 带头学习宣传贯彻党的二十大精神，深入学习贯彻习近平总书记视察胜利油田、九江石化重要指示精神，认真落实“第一议题”制度，全力推动学习成果转化落地，以实际成效拥护“两个确立”、做到“两个维护”。高质量开展学习贯彻习近平新时代中国特色社会主义思想主题教育，举办读书班，讲授专题党课，领题开展调研，深入查摆问题，研究制订专项整治工作方案，用心办好实事项目。全面接受二十届中央第一轮巡视政治体检，与中央第十三巡视组同题共答，坚决贯彻习近平总书记“四个融入”要求，将中央巡视反馈意见细化具体化，制定针对性整改措施，高效推进整改落实，全力做好“后半篇文章”。带头落实全面从严治党主体责任，及时研究决定党的建设等各方面重大事项，专题研究落实全面从严治党主体责任情况，党组成员认真履行“一岗双责”，严于律己、严负其责、严管所辖，推动全面从严治党向纵深发展。

（张登宇）

【在完善公司治理中加强党的领导】 坚持“两个一以贯之”，把加强党的领导和完善公司治理统一起来，动态优化集团公司党组讨论和决定重大事项清单、“三重一大”决策事项清单、内控权限指引，同步嵌入总部决策信息系统，进一步厘清各治理主体权责界面。党组坚持把方向、管大局、保落实，加强实质性把关，2023 年经党组审议并提交董事会的集团公司“十四五”规划中期评估暨三年滚动规划、改革深化提升行动实施方案等议案全部通过并有效付诸实施。加强对直属企业分类指导，深化“清单—制度”联动机制，对决策制度文件开展联审，全面推进直属企业党委讨论和决定重大事项清单与“三重一大”决策事项清单有效衔接、实现并表，自上而下建立起多部门协同配合的工作机制，持续推进重要决策制度联动审核、同步完善，确保党委职权在公司治理中规范有效运行。

（张登宇）

党建统战群团

综述

2023 年，集团公司党组坚持以习近平新时代中国特色社会主义思想为指导，全面学习贯彻党的二十大精神，认真落实习近平总书记关于党的建设的重要思想和视察胜利油田、九江石化重要指示精神，以牢记嘱托、感恩奋进为强大动力，以开展学习贯彻习近平新时代中国特色社会主义思想主题教育为重要抓手，聚焦公司在新征程上的新使命、新任务，发扬党的自我革命精神，全方位、贯通式加强党的领导党的建设，体系化推进全面从严治党，为谱写中国式现代化石化新篇章提供坚强保证。在全国组织部长会议上，公司作为唯一一家央企代表作典型发言。公司连续 3 年在央企党建工作责任制考核中获评 A 档。

（刘　彬）

党建工作

【扎实开展学习贯彻习近平新时代中国特色社会主义思想主题教育】 集团公司党组深入学习贯彻习近平总书记关于主题教育的系列重要讲话和重要指示批示精神，牢牢把握“学思想、强党性、重实践、建新功”总要求，贯通推进理论学习、调查研究、推动发展、检视整改，以学铸魂、以学增智、以学正风、以学促干取得明显成效，公司两批主题教育工作得到中央高度肯定。在中央学习贯彻习近平新时代中国特色社会主义思想主题教育总结会议上，中国石化主题教育有关做法和成效获点名表扬。中央主题教育《简报》先后 10 次、中央联络三组《交流指导信息》先后 5 次刊发中国石化经验做法，位居央企前列。公司两批主题教育总体评价满意率达 99.5%。九江石化在国务院国资委“牢记习近平总书记嘱托 勇当强国兴企时代先锋”座谈会上作交流发言。

（刘　彬）

【持续优化党建工作考核】 组织开展公司 2022 年度党建考核工作，突出“三个不变”“四个强化”“五个不查”。在此基础上，2023 年度党建考核紧扣主题教育，坚持“突出重点、务求实效、简便易行”，切实做到“三个突出、三个增强”，即突出主题教育、增强考核的精准性，突出整改落实、增强考核的科学性，突出融合成效、增强考核的实效性。中央主题教育办联络三组《交流指导信息》第 9 期刊发中国石化优化改进党建考核的有关做法。

（刘　彬）

【深化直属单位党委书记抓党建工作述职评议】 在 2022 年度党建考核全面述职基础上，围绕“四个聚焦”“三个导向”“三个关键”，选取 26 家直属单位党委书记集中述职。总部部门（机构）、事业部党组织书记和各直属单位党委书记全部面对面参加会议，提升了感受认识，放大了述职效应。

（刘　彬）

【不断夯实基层党建根基】 研究制定《进一步规范炼化企业基层党支部设置及运行的若干措施》，明确规范调整基层党组织设置形式等 10 项具体措施。以油品销售、石油工程、炼化工程 3 个板块基层党组织为重点，组织开展党建专题调研，制定印发《石油工程公司加强一线基层党组织建设若干措施》《进一步提升油品销售企业基层党建工作质量的若干措施》。加强《科研单位党建工作与科技创新深度融合的若干意见》宣贯解读，开展党建工作与安全生产深度融合调研，进一步深化融合互促。以“数字化赋能智慧党建”为主题，成功举办中国石化第二届国企党建创新论坛。

（刘　彬）

【规范加强混改企业党建工作】 落实《规范和加强石化盈科公司党建管理实施方案》，组织专题调研现场会，按计划完成党组织关系转接、党员党组织信息维护等工作。针对混合所有制企业，研究制定《中国石化加强混合所有制企业党建工作的重点措施》。

（刘　彬）

【抓实抓细直属党建工作】 优化调整 6 个总部部门党组织设置，指导 20 个总部部门（机构）、5 个直属单位党组织完成换届选举或委员补选；首次开展“示范党小组”评选，推动总部部门（机构）和直属企业开展党建共建，印发《关于总部部门（机构）党组织外出开展主题党日有关事项的通知》，指导各部门用好主题党日载体。完成国务院国资委党委下达的 440 名发展党员计划，组织开展第 26 期、27 期入党积极分子培训班，对总部部门（机构）、专业公司和在京直属单位的 260 名重点发展对象进行集中培训。按照《规范和加强石化盈科公司党建管理的实施方案》要求，稳妥有序接转 507 名党员党组织关系，指导抓好发展党员、党内统计、党费管理等工作。按期完成党内统计工作，走访慰问困难党员群众、老党员老干部680人，向4家直属企业划拨50万元党费支持防汛救灾工作。梳理形成党总支（支部）委员会和领导班子集体议事决策事项清单模板，指导各部门研究建立对重大事项集体研究把关的机制。

（刘　彬）

【持续强化总部作风建设】 开展总部作风建设“回头看”，部署“四查四看”作风建设主题党日。制订《认真贯彻落实党组要求完善深化总部作风建设长效机制的工作方案》，成立工作专班，组织协调每月召开工作例会，督促完善抓总部作风体制机制。将总部员工群众关切的办公用房、车位等问题整治列入中央巡视反馈问题立行立改事项，抓好整改督促，推动成立中国石化大厦管理委员会，督促印发《总部员工文明礼仪行为规范》等4项制度，聘用总部作风建设监督员，加强办文办会的监督，推动总部部门作风建设再上新台阶。

（刘　彬　席金苗）

【扎实推进总部党风廉政建设】 加强政治监督，不断推进政治监督具体化、精准化、常态化，督促总部部门党组织严格落实“第一议题”制度，强化学习贯彻党的二十大精神，推动党中央决策和党组部署落实。深入开展党组巡视整改监督，形成书面审核意见。做实做细日常监督，动态更新领导干部廉洁情况“活页夹”，全面排查近三年填报情况，不断提升监督质效。突出“关键少数”教育，扎实做好年轻干部教育管理监督，组织30余名新提任干部赴北京市第一看守所开展警示教育，督促部门党组织开展任前廉洁谈话、配发廉洁教育书籍。常态化开展纪律教育，编发6期《新年纪律第一课》，编印《廉“节”提醒》等学习材料，加强关键节点廉洁从业教育，扎实开展反腐倡廉教育月活动，推进廉洁教育入脑入心。从严从实开展执纪工作，全年处置问题线索15件（含重复件），选调骨干力量参与纪检监察组专案，积极处置中央巡视移交问题线索。

（席金苗）

统战工作

【持续强化思想政治引领】 集团公司党组会专题研究统战工作，统战工作领导小组会及时传达学习有关会议精神，听取集团公司2023年统战工作开展情况及2024年工作思路汇报，部署下一步统战工作重点任务。首次将统战课程纳入学习贯彻党的二十大精神专题研讨班课程。在集团公司党建部门负责人培训班上，设置统战专题讲座，不断加强统战干部履职尽责、担当作为的能力本领。组织召开“学习贯彻二十大，团结奋斗新征程”主题座谈和在京党外代表人士座谈会、广泛凝聚团结奋斗思想共识。

（杜明阳）

【开展统一战线主题教育和主题活动】 按照中央统战部、国务院国资委党委统战部关于“凝心铸魂强根基、团结奋斗新征程”主题教育和“学习贯彻二十大，团结奋斗新征程”主题活动有关要求，制定印发《中国石化统一战线广泛开展“学习贯彻二十大，团结奋斗新征程”主题活动重点措施》并有效推进落实。通过石化党建平台统战子系统持续推广基层先进工作经验，刊发“基层动态”26条，各直属单位党委统战部门及时动员部署，组织推进，应用“石化统战之家”工作群切实做好引导推动、宣传交流、支持保障工作。

（杜明阳）

【深化建言献策载体平台建设】 指导14家党外代表人士建言献策工作室规范运行机制，开辟工作室网络矩阵，召开工作室领衔人座谈会，实时共享工作室建设经验成果。制定印发《中国石化“同心圆”云工作室管理办法》，压实责任分工，定期调度推进。鼓励有条件的直属单位组织创建本级党外代表人士建言献策工作平台。遴选优秀建言献策成果并汇编成册，提交集团公司统战工作领导小组会阅研，其中党外代表人士建言献策舒兴田院士工作室《关于国产磁共振波谱仪和电子顺磁共振波谱仪应用可行性调研报告》入选 2023 年国务院国资委统战代表人士优秀调研报告汇编。

（杜明阳）

【提升联谊交友质效】 深入落实《党员领导干部与党外人士联谊交友实施办法》，实现直属单位领导班子成员联谊交友全覆盖，鼓励有条件的直属单位开展统战部门负责人、所属单位领导班子成员联谊交友，进一步拓展覆盖范围。重视联谊交友工作质量，以问卷方式面向集团公司领导及直属单位党政正职联谊交友对象开展调研，结合实际丰富联谊交友内容，创新联谊交友方式，保证领导干部对自己的交友对象每年至少联络 1 次，全年累计 1355 名党员领导干部与 1551 名党外人士联谊交友。

（杜明阳）

【组织集团公司统战工作培训班】 党组统战部于 2023 年 5 月 9—12 日在原巴陵石化党校举办统战工作培训班，来自全系统的党外代表人士和统战干部共 50 余人参加学习交流。坚持理论和实践相结合，讲授国企统战工作方法艺术，介绍集团公司统战工作情况和主要做法、解读统战工作制度，有关直属单位分享经验做法。同时，把思想教育课从教室搬到现场，在韶山干部学院进行现场教学，集体参观毛主席故居、纪念馆等，通过沉浸式学习体验，进一步激活统一战线听党话、跟党走的红色基因。

（杜明阳）

【同心同德凝聚侨心侨力】 集团公司统战工作领导小组会议传达学习第十一次全国归侨侨眷代表大会有关精神，按照央企侨联要求，完成年度侨务信息统计工作，明确新侨身份界定，摸清归侨侨眷底数。推荐 2 名代表参加第十一次中央企业归侨侨眷代表大会，1 人当选为中央企业侨联第五届委员会委员，为更好地凝聚侨心、汇集侨智、发挥侨力打下坚实基础。

（杜明阳）

工会工作

【强化理论武装】 结合主题教育，广泛发动各级工会以主题班会、劳模工匠宣讲等形式打造新时代的“工人讲习所”，引导广大职工深刻领悟“两个确立”的决定性意义，增强“四个意识”、坚定“四个自信”、做到“两个维护”。深入学习宣传贯彻习近平总书记同中华全国总工会新一届领导班子集体谈话时的重要讲话精神，结合学习《习近平关于工人阶级和工会工作论述摘编》，组织工会干部培训班、座谈会，通过职工之家编发学习体会，引导广大工会干部自觉用党的创新理论武装头脑、指导实践、推动工作。

（谢梓峰）

【推进产业工人队伍建设改革】 深入研究、推动落实中华全国总工会、国务院国资委《关于发挥国有企业在产业工人队伍建设改革中示范作用的意见》，编制深化产业工人队伍建设改革文件汇编，开展深化产业工人队伍建设改革专项调研，研究制定贯彻落实意见的若干措施，推动落实产业工人思想引领、建功立业、素质提升、地位提高、队伍壮大等重点任务。

（谢梓峰）

【开展劳动竞赛】 持续推进镇海基地、西南地区“气大庆”建设、新疆地区油气勘探开发、百城万站、天津南港乙烯 5 项全国引领性竞赛，示范督导顺北二区地面工程建设。作为唯一受邀央企代表，在中华全国总工会“十四五”劳动和技能竞赛推进会上作经验交流。积极落实中华全国总工会“双 15 工程”部署任务，以“7+X”服务标准规范“司机之家”“爱心驿站”建设，推动 17 座“司机之家”、52 座“爱心驿站”获中华全国总工会、交通部表彰。截至 2023 年底，在全国已建成“司机之家”4098 座、“爱心驿站”6033 座，每年服务超 1970 万人次。

（谢梓峰）

【推动群众性创新】 评选命名第2批68个集团公司示范性职工创新工作室，召开集团公司职工创新工作室建设推进会，举办技能人才创新成果发布活动和职工创新成果展览，在京举办“科技创新·巾帼建功”故事分享会，参与组建石油石化女职工创新工作室联盟。180项成果获全国能源化学地质系统优秀职工创新成果奖，2项成果入选全国职工“五小”优秀创新成果。3家单位成果亮相第二届大国工匠创新交流大会。

（谢梓峰）

【弘扬劳模精神】 持续深化“中国梦·劳动美”主题宣传教育，在《中国石化报》、职工之家等媒体策划实施“五一劳动奖”专题报道，广泛宣传劳模工匠事迹。会同中国石油大学（北京）组织劳模工匠进校园活动，连续举办2期直属工会劳模疗休养。2023年，全系统涌现2个全国五一劳动奖状获奖单位、10名全国五一劳动奖章获奖个人、8个全国工人先锋号团队，评选产生179个中国石化工人先锋号集体。

（谢梓峰）

【强化民主管理】 指导各级工会组织认真落实《中国石化直属单位职工代表大会实施办法》，组织实施职代会质量评估，将评估结果纳入党建工作考核。指导湖北化肥、长岭炼化、巴陵石化在改革转型中，严格履行职代会审议程序。就《中国石化职工处分规定》履行民主程序，研究制定《中国石化直属单位厂务公开实施办法》，源头保障职工知情权、参与权、表达权、监督权。

（谢梓峰）

【深化职工关爱】 持续推动“书香石化、健康石化、温暖石化”建设，指导各级工会常态化开展送温暖活动，加大普惠制慰问力度，支持有关单位做好境外职工家庭走访慰问。管好用好集团公司帮扶救助金，给予困难群体大、帮扶救助金有缺口的29家单位资金支持1500万元。大力开展“职工书屋”建设，为总部和34家在京单位配置36台“智能共享书柜”，推动“全民阅读”进基层、进一线。组织直属工会第十八届职工羽毛球比赛，开展慢性病管理讲座，邀请医疗服务队走进“深地一号”工程现场。与乡村振兴办联合组织帮扶产品推介会，发动职工积极参与消费帮扶，全年完成消费帮扶超9000万元。

（谢梓峰）

【开展文体工作】 围绕庆祝中国石化成立40周年，举办“扬帆启新程”主题文艺演出，组织职工美术书法摄影展览。大力传承石油精神、弘扬石化传统，联合中国石油、中国海油、延长石油等单位共同开展“中华铁人文学奖”评审，16人获特别贡献奖、作品奖。组织2023年新春团拜会、世界地热大会文艺演出，开展第十六届职工文艺录像调演评审，组织摄影志愿者服务团走进“深地一号”、新疆绿氢建设现场。

（谢梓峰）

共青团和青年工作

【党组重视青年工作】 集团公司党组及时传达学习贯彻习近平总书记同团中央新一届领导班子成员集体谈话时的重要讲话精神，研究贯彻落实措施。党组领导专门同集团公司第二届团委委员集体谈话、出席第二次团员代表大会，党组对团委工作给予充分肯定，对各级团组织、广大石化青年和各级党组织提出希望要求。党组领导出席集团公司第三届青年科技精英赛、青年精神素养提升工程成果展示汇报暨青年演讲会、第八届青年外语风采大赛等团青重点工作活动，在全系统营造了浓厚的党建带团建氛围。

（刘政序）

【强化青年政治引领】 扎实开展团员和青年主题教育，研究制订实施方案，将开展情况纳入党组第二批主题教育巡回督导内容，通过召开座谈会、深入基层调研指导、印发部署推动重点工作通知等方式，指导基层团组织规范开展工作，相关经验做法在团中央、中央企业团工委团员和青年主题教育简报和中国石化主题教育简报刊发交流。纵深推进青年精神素养提升工程，召开公司青年精神素养提升工程成果展示汇报暨青年演讲会，编印《中国石化青年精神素养提升工程成果集》，凝练“新时代石化青年品格特质”，集团公司党组作为三家受邀央企党组之一，在“时代青年之问”论坛上作主题交流。全覆盖开展“青马工程”和青工政治轮训，“青马工程”的经验做法在团中央举办的 2023 年全国“青马工程”结业、开班式上作交流。

（刘政序）

【助力青年岗位建功】 深入开展“号手岗队”创建工作，动员引领广大石化青年在抗震救灾、抗击暴雪等“急难险重新”任务中发挥作用。规范加强青年安全生产示范岗创建工作，推动指导直属单位贯彻落实《中国石化青年安全生产示范岗创建活动实施细则》，激励引导石化青年在企业安全生产和“三基”工作中充分发挥生力军和突击队作用。年内，9 个青年集体获评全国青年文明号，10 个青年集体创建为全国青年安全生产示范岗，3 支青年突击队事迹入选全国优秀青年突击队案例。

（刘政序）

【服务青年成长成才】 举办集团公司第八届青年外语风采大赛，进一步培养和发掘国际化青年人才，21 名优胜选手脱颖而出，积极推荐获奖选手到国际化业务岗位历练成长，助力国际化业务发展。举办集团公司第三届青年科技精英赛，10 名优胜选手进入决赛，获中国石化优秀青年科技创新人才称号，纳入“中国石化未来科学家”计划进行培养。全力加强青年先进典型选树，通过积极选树推荐，胜利工程黄河钻井 70183SL 钻井队成为中国石化成立以来首次获中国青年五四奖章的青年集体。开展青年思想动态调研分析，就青年关心关注问题提出针对性措施建议专题呈报党组。

（刘政序）

【推进全面从严治团】 召开集团公司第二次团员代表大会，审议通过第一届团委工作报告，严格按照有关程序选举产生集团公司第二届团委。持续加强集团公司团委自身建设，首次将集团公司团委书记岗位作为部门正职管理，设立 2 名副书记、9 名常委。加强团干部队伍能力作风建设，认真履行团干部协管职责，按照党建带团建制度要求，对直属单位团组织书记人选严格把关，举办直属单位团组织书记专题培训班，开展直属单位团组织书记抓团建工作述职评议，压实团干部管团治团责任。

（刘政序）

宣传与企业文化

思想政治工作 | 企业文化建设 | 新闻宣传工作 | 品牌建设与管理 | 社会公益

思想政治工作

【理论武装“铸魂”】 2023 年，集团公司把开展主题教育与深学细悟习近平总书记视察胜利油田、九江石化重要指示精神统筹起来，创新“四进”学习模式，指导各企业原原本本学、联系实际学、深入研讨学、现场体验学，推进理论武装不断走深走实。严格落实“第一议题”制度，持续加强和改进直属企业党委理论学习中心组学习，定期编发学习安排、学习通报、学习参考，深入部分企业现场指导、旁听、点评，推动理论学习质量和效果双提升。发挥内外部媒体资源优势，在《人民日报》《求是》等媒体刊发党组或党组主要领导署名文章 7 篇，在《中国石化报》等媒体平台开设专题专栏，大力报道各级党组织和全体党员开展主题教育的学习收获、特色做法、突出成果和典型经验。督促各企业党委定期研究意识形态工作，分析意识形态领域风险，巩固“企业自查 + 线上巡查 + 总部抽查”“三查”机制，运用舆情管控“三分法”积极应对“高温高压”的外部舆论环境，牢牢掌握意识形态工作的领导权，为职业道德建设营造健康向上的氛围。

（王　丽）

【思想政治工作“强基”】 紧扣集团公司重要会议、重大改革、重点任务，持续开展“百千万”系列宣讲，常态化发布形势政策类解读文章，编发 16 万份“明白纸”到基层班组，教育引导干部员工认清形势、明确目标，真抓实干、力争排头。实施思想政治工作能力提升工程，开展系列专题培训，总结提炼基层实践案例，出版《新时代中国石化思想政治工作指导手册》，发挥“奋进石化”平台优势，加强线上调研和 EAP 服务体系建设，确保员工群众思想主流保持健康积极向上。

（王　丽）

企业文化建设

【概述】 中国石化以社会主义核心价值观为引领，传承石油精神、弘扬石化传统，着力奠定文化根基、增强员工认同、加强示范带动效应、提升全员文明素质，培育更具鲜明时代特征和中国石化特色的企业文化，为加快建设世界领先洁净能源化工公司提供坚强思想保证、强大精神力量和有利文化条件。

（冯春艳）

【系统开展企业文化评估】 通过对集团公司及直属单位企业文化情况进行资料调研、现场调研及访谈座谈、问卷调研，重点对集团公司企业文化理念和企业文化管理情况进行分析，查找问题，提出改进方向，为集团公司企业文化建设纲要修订及下一步企业文化建设工作提供依据。

（冯春艳）

【修订完善公司企业文化建设纲要】 对 2016 年印发的企业文化建设纲要进行修订完善，形成《中国石油化工集团有限公司企业文化建设纲要（2024 年版）》。新版“纲要”确定的中国石化核心价值理念包含企业精神、企业使命、企业愿景、企业核心价值观、企业作风五大要素。其中，企业精神：爱我中华、振兴石化；企业使命：为美好生活加油；企业愿景：打造世界领先洁净能源化工公司；企业核心价值观：人本、责任、诚信、精细、创新、共赢；企业作风：严、细、实。

（冯春艳）

【试点开展企业文化建设示范工程建设】 镇海炼化作为集团公司试点单位，获全国企业文化最佳实践企业称号，为集团公司对标一流企业文化建设示范工程和各直属单位企业文化建设实践积累有效经验。

（冯春艳）

【继续培育打造有影响力的企业文化教育基地】 截至2023年底，集团公司拥有国家工业遗产基地3个、国家科学家精神教育基地3个，中央企业工业文化遗产基地5个、中央企业爱国主义教育基地3个。

（冯春艳）

【持续做好重大典型选树宣传】 2023年，集团公司芳烃开发团队获评央企楷模；上海石化“满天星”志愿服务队获评全国最佳志愿服务组织。

（冯春艳）

新闻宣传工作

【概述】 围绕“三个打造”，聚焦讲好红色基因、绿色发展、蓝色科技和金色责任故事，全年共策划组织集团级重大活动10次，开展网络专题直播20场，发布新闻通稿150余篇，召开新闻媒体沟通会3次，媒体报道量超过72万篇，正面信息占比95.5%、上升0.6个百分点，90余次登上《人民日报》（22篇头版）、15次刊发新华社全网快讯和深度解读、362次登上央视（《新闻联播》26次），创历年之最。

（裴　瑜）

【讲好红色基因故事】 ①精心组织主题教育专题宣传。按照宣传引导方案，重要节点重点发布，《人民日报》、央视总台、主题教育官网等中央媒体宣传报道600余篇次。发布《深入开展主题教育 奋力谱写中国式现代化石化新篇章》《推动石油石化产业高水平科技自立自强》《奋力谱写中国式现代化石化新篇章》等署名文章。人民网“学思用、知信行”主题教育系列访谈，赵东和2名党支部书记围绕“中国石化：以主题教育新成效彰显国企担当作为新风貌”主题，谈学习感悟和经验做法，在企业内外引起热烈反响。②组织中国石化成立40周年成就宣传。在《人民日报》头版刊发通讯《全方位提升能源供给保障能力》；联合新华网发布“非凡四十年”专题，集中展示中国石化40年来高质量发展成效；创新制作“一键生成您的中国石化专属形象”“挖油吧，少年”互动游戏；与100余家央企、媒体、大V，共同发起微博话题“美好生活加油日”，助力中国石化品牌形象深入人心。③组织全国“两会”宣传。分4个主题向媒体记者推送文章素材，协调央视在驻地采访镇海炼化、中原油田、香港公司参会代表，累计刊发相关报道3470篇，其中《工人日报》关于姜志光的报道《培养更多年轻人走技能报国之路》获中宣部点赞。

（裴　瑜）

【讲好绿色发展故事】 ①持续推进“第一氢能公司”宣传。创新推出“西氢东送”纯氢长输管道工程名片，协同央视等主流央媒发布《“氢”装上阵》3期系列专题节目，借势库车绿氢示范项目投产，推出《“氢”风徐来 产业扬帆》等深度文章，相关报道阅读量、转发量、评论量再创新高。持续深度传播绿氢示范项目。“中国石化内蒙古绿氢示范工程开建”“我国首次实现万吨级绿氢炼化项目全产业链贯通”“我国绿氢规模化工业应用实现零的突破”迅速破圈成为行业热点。②打造“世界地热大会”宣传高光时刻。按照党组“全力办成一届高水平、让全球地热界人士难忘的盛会”要求，成立新闻中心，提前策划、打造热点，《人民日报》、新华社、央视新闻连续3天跟进播发大会盛况，《光明日报》《经济日报》等20余家境内主流媒体刊发报道3292篇，路透社、美通社、《每日邮报》等境外媒体刊发报道1579篇，中国石化新媒体平台总阅读量超663.6万人次，《中国石化成功打造“中国地热高光时刻”》获评2023年中国公共关系优秀案例。③借势推进CCUS宣传。主动设置议题，重磅推出马永生《建议将CCUS

项目纳入我国自愿减排机制》,《齐鲁石化－胜利油田CCUS项目管道投用》《我国最长二氧化碳输送管道》等新闻全媒体推送，中国石化CCUS成果亮相联合国气候大会，展示了中央企业推动CCUS产业发展的责任担当。④高规格举办“碳中和经济”论坛。联合清华大学举办第三届“碳中和经济”论坛，邀请300余名相关领域知名专家、学者、企业家开展深入研讨交流，新华网直播大会全程，观看人数超45万人次。

（裴　瑜）

【讲好蓝色科技故事】 ①策划打造“深地”名片。持续加大“深地工程”宣传力度，2次联合央视总台推出特别节目《挺进地下一万米》——“深地一号”大型直播报道，全景呈现中国石化“向地球深部进军”的生动故事和壮阔场景；央视《朝闻天下》《新闻直播间》等栏目合计滚动报道100余次，累计时长超300分钟；《人民日报》要闻版、新华社全网通稿、央视新闻联播集中发布，全媒体矩阵话题阅读量超过5亿次，微博话题最高排名热搜第2位。密集发布勘探开发标志性成果，引发行业关注。围绕深地工程川渝天然气基地、济阳页岩油基地等，持续发布《中国石化获浅层常压页岩气突破》《中国石化在重庆获深层煤层气突破》《中国石化在四川盆地发现300亿立方米气田》等新闻，获中央媒体联合力推，成为行业热点。②策划打造“高端新材料”名片。参与央视《化生万物》《栋梁之材》年度重点工业纪录片的拍摄，持续发布《中国石化发布自主知识产权的POE产品》《我国首套环氧丁烷装置成功投产》《我国高性能液体橡胶首次实现国产化》等重点新闻，讲好打造原创技术策源地的创新故事。③策划打造科普新名片。创新举办“一滴油的奇妙旅行”互动科普展，3个月展览期间累计接待企业团建、主题党日、学术交流等活动80余场，接待观众超17万人次，成为中国科技馆参观、游学热门“打卡点”，获中国科协、国务院国资委宣传局等相关部委高度评价，特别是全国科普日主场活动期间，得到国家领导人高度评价。中国石化获评2023年全国科普日活动优秀组织单位，“一滴油的奇妙旅行”大型互动科普展获评2023年全国科普日优秀活动。

（裴　瑜）

【讲好金色责任故事】 ①开展“中国石化在当地”新闻发布。指导广东、河北、上海等省区市直属企业开展20余场社会责任发布活动，区域传播此起彼伏，集中展示中国石化履行政治、经济、社会责任，为地方经济社会发展所作的重要贡献。②开展ESG宣传报道。以获评“中国ESG榜样”为契机，借助央视社会影响力，展示集团公司高度重视ESG管理和在ESG领域的卓越探索。③持续开展负责任的形象宣传。围绕“三夏”“三秋”、抗灾救灾、重要节假日和冬季供暖等能源保障，助力乡村振兴、春蕾加油站、健康快车、情暖驿站等公益活动做好宣传报道，展示公司负责任形象。

（裴　瑜）

【全力推进媒体融合，持续加强新媒体内容建设】 中国石化7个集团级新媒体账号（微信、微博、抖音、快手、视频号、今日头条、知乎），咬定“排名不降、粉丝不减”底线要求，聚焦重点、突破难点，取得一系列工作成果，实现高质量发展。2023年，全平台内容发布12961条，总阅读量9.2亿次，关注人数净增长超200万人。在“国资小新”发布的中国企业与中央企业新媒体指数榜单中，年度排名第4位。

（裴　瑜）

品牌建设与管理

【概述】 2023年，集团公司围绕党中央关于“加快建设世界一流企业”战略部署，落实国务院国资委品牌引领行动要求，聚焦打造一流品牌形象，系统化推进各项工作，品牌价值不断提升，国际传播成效愈发显著。品牌建设能力连续 3 年位居中央企业第一，品牌价值 3586.21 亿元，连续 7 年位居中国能源化工行业第一，获首批品牌建设“领跑者”称号。旗下业务品牌价值均有明显提升，“易捷”品牌价值 206.97 亿元，“易派客”品牌价值 100.12 亿元，“长城润滑油”品牌价值 84.38 亿元，“东海牌沥青”品牌价值 42.08 亿元，“中国石化机械”品牌价值 6.64 亿元。

（李冬平）

【深入开展品牌引领行动】 制订印发《中国石化品牌引领行动实施方案》，提出 20 项措施、35 项具体工作，列出工作清单，加强过程实施与管控，100 余家直属企业制订企业品牌引领行动实施方案，全力推动品牌逐渐融入改革发展全过程。召开集团公司品牌引领行动推进会，举办 182 人中层干部参加的品牌引领行动专题培训班，全面部署推进工作。

（李冬平）

【加强品牌管理体系化】 完善品牌管理组织体系建设方案。承担国务院国资委央企品牌累积考核课题研究任务和品牌增值、品牌价值排名等课题研究。积极推动落实将品牌课程纳入集团公司重点人才培训项目，提升品牌课程在多类培训项目中的覆盖率。

（李冬平）

【不断增强价值传播效能】 以品牌理念为引领，对公司品牌传播背景进行分析，制定“走向、走近、走进”三步走全球品牌传播策略，在全球语境下建立统一的公司品牌形象。精心筹备参加中国品牌博览会，全方位、高质量展示品牌形象，集团公司展厅成为参与人数多、关注度高、社会反响热烈的精品展厅之一。

（李冬平）

【持续探索品牌与业务融合】 母品牌建设方面，深入开展第二批品牌试点工作，积极探索品牌与业务融合路径，推动品牌建设工作从“试点”走向“示范”。子品牌建设方面，新能源、新材料领域高端品牌培育有所突破。完善“善解”可降解材料品牌授权制度，推进“G（Green）树脂”“抗菌树脂”商标注册及品牌打造，探索上游板块“油气绿色高效开发”解决方案品牌，助力提升品牌溢价能力。

（李冬平）

社会公益

【对外捐赠】 2023 年，集团公司共实施捐赠 281 项，支出 4.63 亿元。其中，向欠发达地区捐赠 34677.13 万元，向受灾地区捐赠 5060.15 万元，向公益救济和公共福利事业捐赠 5876.71 万元，向境外地区捐赠 682.67 万元。

（谢梓峰）

【助力乡村高质量振兴】 2023 年，集团公司坚决贯彻落实习近平总书记关于乡村振兴工作重要指示批示精神，持续加大帮扶资金投入，确保 8 个对口支援和定点帮扶县 2.52 亿元帮扶资金及时到位，较 2022 年增加投入 3600 万元。82 家直属单位积极配合地方政府加快对口帮扶地区项目实施进度，全年完成乡村振兴帮扶项目 150 项，累计投入资金 9440.23 万元。38 家直属单位持续开展教育帮扶项目，投入资金 3820.3 万元，较 2022 年增长 18.7%，成功打造一批远近闻名、家长放心、孩子热爱的“老百姓家门口的学校”。

（谢梓峰）

【积极应对自然灾害】 甘肃、青海发生地震后，集团公司第一时间向受灾地区红十字会捐赠 3000 万元，支援抗震救灾，为受灾群众提供生活保障。面对甘肃严重旱灾，第一时间向金昌市民政局捐赠 1842 万元，有力保障受灾地区农业灌溉和应急用水。河北暴雨发生后，河北石油及时开通抢险保供绿色通道，向受灾地区调配成品油、食品、饮用水等应急物资价值 161.95 万元，为受灾群众提供价值 50 万元的棉被，帮助解决过冬问题；抽调 20 余人组成白洋淀堤坝防汛工作组，积极落实雄安新区白洋淀苏果庄、东辛庄、西辛庄和朱各庄等堤段 24 小时防汛任务。北京暴雨发生后，北京石油第一时间启动应急预案，紧急调配小额配送车队连夜深入受灾较为严重的房山、门头沟区，为救灾及民众撤离车辆提供 24 小时油品服务，累计供油 500 余吨，在公司所属部分加能站设立免费补给点，为抢险救灾人员提供生活物资和药品；根据重点地区灾后重建和复工复产需求，安排 10 辆油罐车专线负责受灾地区加油站保供支持，确保所需油品稳定供应，彰显了“大国重器”顶梁柱的责任担当。

（谢梓峰）

【“司机之家”“爱心驿站”】 2023 年，集团公司新建“司机之家”512 座、“爱心驿站”618 座，截至 2023 年底在全国 31 个省市主干道累计建成功能完备的“爱心驿站”6033 座、“司机之家”4098 座。在 2023 年全国总工会和交通运输部组织的“最美工会户外劳动者服务站点”“暖心服务司机之家”评选中，集团公司 52 座“爱心驿站”获评“最美工会户外劳动者服务站点”、17 座“司机之家”获评“暖心服务司机之家”，有力彰显“党和人民好企业”形象。

（郑　斌）

【健康快车】 2023 年，“中国石化光明号”健康快车奔赴新疆巴州、山西晋城、广东韶关三地，为当地 3483 名贫困白内障患者免费实施复明手术，同时组织开展青少年爱眼科普活动。在山东临沂和湖北黄石捐建落成 2 所白内障治疗中心，为当地老百姓留下一座开不走的火车医院。在 2023 年中华健康快车基金会年度表彰典礼上，集团公司第 18 次蝉联最高荣誉——“光明功勋特别奖”。

（王李甜子）

【资源保供】 2023 年，集团公司全力保障杭州亚运会成品油市场供应，充分发挥成品油市场主渠道作用，建立“总部—大区—省公司”三位一体协同保供体系，有力保障亚运会能源供应；成立 24 小时应急指挥中心，上下联动撑起护航亚运“保护伞”；浙江石油分公司遴选 64 名青年志愿者，分赴亚运会场馆周边加能站，为员工指导服务规范标准，为外国宾朋提供多语种服务，在世界宾朋面前展现公司良好形象。

针对“三夏”“三秋”农业用油高峰期，保障资源供应，结合农业用油特点，垫高农业用油地区加油站油品库存，丰富油品供应方式，优化油品服务措施，设立保供站 1.1 万座，开辟加油绿色通道 1.6 万个。

（郑　斌）

【“情暖驿站·满爱回家”】 2023 年 1 月 7 日—2 月 15 日，集团公司在广东、广西、江西的 166 座加油站设立“情暖驿站”，面向所有返乡人员提供“1+10+X”近 20 种免费服务，包括应急药品、热水、简易维修、安全防疫等 10 项基础服务，以及代换机油、修车等多项个性化服务。服务春运返乡人员 1030 万人次；为春运返乡摩骑提供 2000 份爱心福袋，服务返乡摩骑 13.2 万人次，投入志愿者 9480 人。此外，中国儿童少年基金会携手公司“春蕾加油站”首次加入“情暖驿站”公益活动，为卡车司机及摩骑们的孩子赠送 3000 份儿童关爱礼包。

（郑　斌）

【微光计划】 2023 年，集团公司“微光计划”公益项目获评“中国广播创新金伙伴”优秀案例和 2023 年度十大华夏公益项目。在全国发起“寻找百名优秀乡村教师走出大山看亚运”活动，开展 2000 余家门店“集光行动”，组织 160 位优秀乡村教师走出大山参与公益研修活动，共享亚运盛会；上线微光计划公益平台，宣布微光公益品牌升级，正式加入中国石化公益品牌家谱。

（郑　斌）

【公益品牌影响不断扩大】 与中国儿童少年基金会继续推动“春蕾加油站”公益项目，建设女童成长友好空间、组建“石化春蕾班”、开展普通话推广等活动，获全国妇联充分肯定。支持延安精神基金会创办，助力“创青春”中国青年碳中和创新创业大赛，积极参与“中小科技馆共建行动”，助力科技强国建设。连续12年支持中国法律援助基金会“1+1”法律援助志愿行动，惠及中西部欠发达地区逾8万名群众。

（谢梓峰）

【境外公益美誉度显著提升】 切实履行党中央赋予在港中资企业“言商言政”双重职责，连续3年实施“至美有你”香港青少年及儿童成长资助计划，在香港理工大学设立“能源至净、生活至美”奖学金，受到香港特区政府、社会各界和受助家庭的广泛赞誉。积极参与“一带一路”合作共建，资助哈萨克斯坦曼吉斯套地区博物馆建设，促进双方文化交流。为喀麦隆远北地区、西南地区1.6万名居民提供洁净饮用水、捐赠妇产科和新生儿科医疗设备，为当地健康事业作出积极贡献。

（谢梓峰）

【青年志愿服务】 2023年，集团公司扎实推进青年志愿服务组织建设、机制建设和品牌建设，各直属单位及所属单位分别组建分队、支队，广泛招募广大石化青年通过“志愿中国”平台注册成为正式队员，动员广大队员积极参与助力乡村振兴、重大活动服务保障、社区志愿服务、公益奉献爱心、疫情防控等服务项目。截至2023年底，全系统共有3500余支青年志愿服务队、8.8万名青年志愿者。

（刘政序）

新闻与出版

新闻媒体
图书出版　石油石化类 | 经济管理类

新闻媒体

【概述】 2023 年，中国石化各媒体包括《中国石化报》《中国石化手机报》《中国石化》杂志、石化 V 视、中国石化新闻联播（电视）、中国石化新闻网、中国石化报微信公众号、中国石化新闻图片网、石化新闻客户端、集团公司官网、股份公司官网，以及中国石化微博、微信等官方新媒体，按照集团公司高质量发展行动部署，扎实开展“融合提升年”活动，始终将“内增动力、外树形象，融合创新、高效赋能”作为理念追求，以“快、准、新，严、细、实”的工作作风，奋力打造“央企领先的中国石化融媒体中心”，在提升新闻服务质量、加快媒体融合发展、优化管理运行机制、培育融合人才队伍等方面做了大胆探索和积极实践，高质量完成党组交给的各项新闻宣传任务。

全年出版《中国石化报》251 期，转发习近平总书记报道 117 篇，刊发党组领导报道 444 篇，策划制作专题 51 个；聚焦主题教育、中国石化成立 40 周年、高质量发展行动、乡村振兴、一线典型、文化润心等主题，开设专栏 20 余个，策划专题版面 100 多个；《能源》《市场》导刊出刊 100 期，专题 326 个；《中国石化》杂志出版 12 期，刊发 68 篇党组管理领导干部署名文章和 90 余篇业内高端权威专家署名文章；《中国石化手机报》发送 250 期 4900 余条；中国石化报微信公众号推送文章 460 篇，全年关注人数增长 12 万人，总数逾 28 万人；中国石化新闻图片网增加图片 4.2 万张；《中国石化新闻联播》播出 250 期近 4000 条；运营的多个短视频平台账号关注人数突破 400 万人，增幅达 20%，其中石化 V 视刊发短视频 860 条，日均浏览量超 10 万次，举办线上直播 51 场，总观看量 500 万人次。全年海外社交媒体账号策划推出 100 多项重点专题，累计阅读量 1.2 亿次，增长 13%，关注人数增长 15%。

在国务院国资委发布的 2023 年中国企业新媒体指数榜中，中国石化新媒体账号排名第四；在中央企业海外传播指数榜中，中国石化排名第一；中国石化微博获评中央网信办 2023 年度走好网上群众路线百个成绩突出账号。

（庞　炜）

【聚焦主题教育，宣传习近平新时代中国特色社会主义思想】 各媒体坚持把习近平新时代中国特色社会主义思想宣传贯穿始终，紧盯习近平总书记出席的重要活动、发表的最新重要讲话，按照“不过夜”要求，头条刊发权威报道，浓墨重彩做好习近平总书记视察胜利油田两周年特别报道和视察九江石化重大消息报道。开设主题教育专栏，第一时间宣传党组学习贯彻习近平总书记重要指示精神做出的部署，多次刊发党组书记、董事长马永生署名文章，并配发系列评论，解读党组部署要求，统一干部员工思想和行动。紧跟中国石化扎实开展理论学习、调查研究、推动发展、检视整改最新进展和做法成效，着力营造“学思想、强党性、重实践、建新功”的浓厚氛围，以媒体的力量推动主题教育深入扎实开展。

（庞　炜）

【聚焦高质量发展行动，诠释中国石化“振兴石化为中华”的央企担当】 全媒体以中国石化成立 40 周年总结启示、扎实开展主题教育、接受中央巡视推动反馈问题整改、实施高质量发展行动为契机，策划《石化荣光》《我们的 40 年》专栏，推出庆祝中国石化成立 40 周年特刊，制作中国石化形象展示片，在“深地一号”工程开钻和建成投产两个时间段，配合中央媒体做好直播宣传，取得现象级传播。以广而全的媒体融合传播，聚焦中国石化在保障能源安全、产业转型发展、科技自立自强、深化改革管理、全面从严治党等方面取得的新进步，重点宣传打造国家级绿色工厂、百万吨级 CCUS 示范项目、天津南港乙烯等重点工程建设、深化改革三年行动、安全管理强化年活动、“一带一路”、地热发展、乡村振兴的新成效，也进一步诠释中国石化在更高水平上“振兴石化”的庄严承诺。

（庞　炜）

【聚焦“强大精神感召力”，打造“感动石化”经典项目】 2023 年 7 月 6 日，“致敬四十年感动石化”颁奖典礼在集团公司总部隆重举行，从评选到颁奖的过程中，中国石化各媒体聚焦传承石油精神、弘扬石化传统，把先进性、代表性、时代性、真实性、共鸣性作为“立得住”的标准，把员工参与、企业推荐、总部指导、党组确定作为“信得过”的标尺，把立体融合传播、借助高端影响传播、借助主流媒体传播作为“传得开”的手段进行活动组织和宣传报道，全网直播观看量近200万人次，微信公众号推文全网点赞量达“10万+”，形成“破圈”传播。

（庞　炜）

【聚焦央企领先，推进中国石化融媒体中心建设】 中国石化坚持媒体主力军挺进网络特别是移动网络主战场，力量向新媒体转移，同时坚持纸媒体与新媒体并重，做强要闻，做深专题，做精电视新闻，推出电子书《记录石化》，改版《中国石化》杂志。注重新媒体新技术运用，首次采用8K超高清技术制作中国石化宣传片，实时分析传播效果、清晰了解读者取向的互动化传播得到更广泛实践。创新媒体融合机制，采集的所有音视文图，同步向各媒体提供，一体化传播，集团公司所有重大决策、项目、会议及人事变动，新媒体当日推出、其他媒体当日制作；从总部相关部门聘任首批特约评论员，进一步提高精准服务总部的质量和水平；积极向中办、国务院国资委和中央主流媒体推送优质稿件，推动石化媒体传播力提升和中国石化对外影响力增强。

（庞　炜）

图书出版

石油石化类

【《乙烯装置分离工艺与工程》出版发行】 该书是国家科学技术学术著作出版基金资助项目，于2023年1月出版发行。该书由王子宗、王振维主编，数十位专家参与撰写，深入系统地介绍乙烯装置分离技术各方面各环节的知识，集中了乙烯行业分离技术数十年来的研究成果。全书共25章，对现代乙烯技术的发展历史、分离工艺技术原理、国内外工艺技术的特点进行论述；对各工艺系统的控制与操作、关键设备进行细致的介绍；对乙烯装置涉及的塔器、换热器、冷箱、流体输送设备从原理、类型、计算和操作控制等各方面进行详细的阐述；对装置的仪表控制、设备布置、电气、安全、环保、分析化验等设计与生产的关注问题作详细的说明；阐述了配套设施如乙烯产品的储存方式、废碱处理、蒸汽系统、燃料系统、循环水系统、消防系统、给排水系统技术原理和设计方案；介绍了乙烯装置在节能降碳和环保方面的技术应用及效果。书中还介绍了其他制乙烯的方法，如甲醇制烯烃技术、催化裂解技术、烯烃催化裂解技术、合成气制烯烃技术等。该书内容全面、理论深度适中、系统性及指导性强，是国内第一本全面系统介绍乙烯装置分离工艺与工程技术的专著，对于从事乙烯技术研究开发的科技人员极具参考价值，也可指导乙烯装置生产一线负责操作运行管理的管理人员、技术人员和技术工人优化操作和运行管理。

（炼油化工出版分社）

【《石油化工加热炉设计手册》出版发行】 该书由加热炉各个方面的专家结合多年的工程设计实践经验，在总结国内外多年来加热炉设计的新标准、新材料、新结构等基础上完成的，是《石油化工设备设计手册》的姊妹篇。该书主要介绍石油化工加热炉的结构参数、设计方法、工艺计算及炉管系统计算、钢结构、炉衬相关计算方法，叙述结构设计、炉衬设计和空气预热系统的设计，介绍加热炉主要配件的选用要求，给出辅助燃烧室、酸性气焚烧炉、尾气焚烧炉和余热锅炉 4 个单体加热炉的设计方法，并综述了安全环保对加热炉的要求及设计时应遵守的规定。该书可供从事石油化工加热炉设计的技术人员学习，也可供高等院校相关专业的师生参考。

（装备综合出版分社）

【《中国石油石化安全生产与应急管理行业发展蓝皮书（2022—2023）》出版发行】 该书由中国应急管理学会、中国石油集团安全环保技术研究院有限公司、中国应急管理学会石油石化安全与应急工作委员会组织编写。该书集成中国应急管理学会、中国石油安全环保技术研究院与中国石油、中国石化、中国海油、国家管网等集团公司的专家团队，对涉及石油石化安全应急领域需求和未来发展趋势的重大问题和行业问题进行深入分析，运用专业分析方法提出关于企业和行业发展未来需求等重大问题的分析观点。全书分为重要论述篇、行业分析篇、行业展望和附录四部分。该书具有较强的权威性和时效性，对于理论研究者和实际工作者都具有一定的参考价值。

（装备综合出版分社）

【《消防员必读（第四版）》出版发行】 该书由中国石油化工集团有限公司安全监管部组织编写。该书以石化企业专职消防队伍为切入点，介绍消防队伍的职能定位、消防员的职业规划；从危险化学品应急救援需求出发，介绍危险化学品火灾爆炸基础知识、典型生产工艺和设备知识、厂区消防设施基础知识；从具体科目示例出发，介绍体技能训练、消防预案演练和装备器材操作等日常训练内容；从消防队伍工作实际出发，介绍灭火救援、气防救援和高风险作业监护等内容。

（装备综合出版分社）

【《学工宝典：一名老辅导员的"实话实说"》出版发行】 该书于 2023 年 9 月出版发行。该书紧扣"立德树人"根本任务，遵循新时代高校思想政治工作规律、教书育人规律、学生成长规律，坚持问题导向、目标导向、效果导向，因事而化、因时而进、因势而新，结合作者从事辅导员 20 余年的工作经历，积极探索新时期高校学生工作新方法、新思路、新措施，创新性推行高校院系学团工作"九个三"、班主任"八四"工作法、家访"八步曲"、辅导员开展科研"六步"法、辅导员养成并坚持的三十六个职业微习惯等实践工作机制；创造性地提出高校思想政治工作须做到"十个坚持"、新入职辅导员"十要"、辅导员必备"十大意识"、新任基层团委书记快速成长二十个秘诀，以及辅导员职业"三级六段"发展阶梯模型、辅导员核心素养提升"破圈模型"等理论体系。

（装备综合出版分社）

【石油石化行业标准、企业标准出版发行】 2023 年，石化出版社继续做好石化标准的出版和发行工作，包括国家能源局发布的石油产品行业标准、工信部发布的石化产品行业标准、中国石化发布的石化企业标准。全年标准出版 197 项，主要包括 SH/T 1842—2023《液体异戊二烯橡胶》等 13 项石化行业标准；NB/T 11147—2023《地热供热系统运行与维护规范》等 27 项能源行业标准；Q/SH 0832.2—2023《阻燃防静电服 第 2 部分：春秋装》等 157 项中国石化企业标准。

（装备综合出版分社）

【《油气储运学科发展报告蓝皮书（2018—2022）》出版发行】 该书由中国石油学会石油储运专业委员会和国家管网集团科学技术研究总院联合编著。该书从酝酿策划、框架设计到内容审定，全程得到多位院士的精心指导，同时邀请行业知名专家学者和相关科技人员对 2018—2022 年油气储运学科领域取得的新进展新成果、形成的新技术新方法、呈现的新理念新趋势进行系统总结、深入思考、全面展示，以期在引领行业创新发展、推动行业科技进步、培养行业科技人才等方面，更好发挥石油储运专业委员会作为行业重要学术性社会组织、国家管网集团科学技术研究总院作为行业唯一专业研发机构的平台和纽带作用。该书着眼于引领前沿创新活动，总结与传播最新成果，推动油气储运智能化、数字化和绿色低碳转型，提高管道设施运营效率和社会经济效益，助力油气储运学科可持续发展。全书分前沿与战略思考及专题研究报告 2 个部分，前者聚焦国际形势研判与国家战略部署，论述在国家能源发展战略框架下油气储运行业发展战略及重点专业方向的国内外现状、未来需求与发展趋势，以期为行业科技创新提供借鉴；后者聚焦近年油气储运行业科技创新重点攻关方向，梳理评述国内外研究进展与主要成果，提出尚待解决的问题，为下一步研究提供参考。该书还收集整理 2018—2022 年油气储运大事记，作为史料文献，为读者查询行业发展大事提供便利。

（装备综合出版分社）

【《人工智能电站典型技术应用》出版发行】 该书由国家能源投资集团有限责任公司董事长、党组书记组织编写，共收集典型项目案例 63 个，包括概述、基础设施与智能装备、智能发电平台、智慧管理平台、总结与展望 5 章。对建成安全可靠、高效灵活的智能电站，推动中国能源向清洁化利用、智能化生产和多元化供应的发展方式转变有着重要的实践指导意义。

（装备综合出版分社）

【《传承石油精神 弘扬石化传统》出版发行】 该书由中国化工学会石油化工档案专业委员会组织编写。该书深挖石油精神石化传统的时代内涵，介绍了石油精神、石化传统的渊源、传承、弘扬和代表性的楷模。主要内容包括石油精神的文化渊源与内核谱系、石化精神的内涵、石化企业精神和优良传统，以及石化传统在中国特色社会主义新时代的升华和石化战线上的各类英模人物，是献礼中国石化成立 40 周年的重要主题出版作品。

（装备综合出版分社）

【《页岩气高效开发井筒工艺技术》出版发行】 该书为页岩气开发相关专著，主要内容包括页岩气区域地质工程概况、钻井工艺技术、钻井液技术、水平井固井技术、测录井技术、压裂工艺技术、试气工艺技术、井控技术、井筒工程技术展望等内容。该书集页岩气钻完井、测录井、压裂试气等工程设计、工艺流程、实施案例、应用研究成果于一体，是中国石化焦石、南川、威荣、江东等页岩气开发区页岩气工程技术研究和工程实践最新成果展示，对页岩气开发工程技术从业者具有较强的适用性、指导性。

（勘探开发出版分社）

【《超深层油气藏钻完井复杂故障处理丛书》出版发行】 该书分为《钻井分册》《完测分册》两部，是西北油田分公司结合塔里木盆地勘探开发成效与现状，对近些年发生的钻完井工程复杂及故障处理进行深入研究、系统分析、经验总结的最近成果。丛书系统介绍钻完井作业过程中各类复杂及故障的发生经过、原因分析、处置手段、经验教训和建议，具有较强的指导性和实用性。同时，该书把“异常判断、事前预防、工具选择、处理方法”的内容切实落实到操作岗位，为现场基层管理人员和操作人员提供复杂及故障预防和处理操作技能，具有非常强的操作性和推广性。

（勘探开发出版分社）

【《跟着大师学创新》出版发行】 该书涵盖采油工、海洋采油工、集输、注水泵工、采气工（均含信息化），注采设备设施维护、保养、调整及辅件，井筒及故障排除，注采设备维保工具用具，油气回收节能降耗，信息化设备设施及维护工具用具，油井电器设施设备，油水井综合应用设备；海上平台注采输维护保养、注采输故障检测处理、注采仪器、仪表、注采工具、用具；集输注水，集输注水动力热力设备、工艺流程设施、工具、用具及辅件；陆上采气，采气井设备设施、自动化设备设施、故障检测处理等。学习该书可以全面掌握采油、集输等 5 个工种生产中容易遇到问题和解决问题的方式方法及工具用具的制作和创造，也可以掌握相关技术和启发创新的思路，从中了解中石化采油技术的发展历程。

（勘探开发出版分社）

【“油气田生产现场典型安全隐患图集系列丛书”出版发行】 丛书以油气田生产现场的各类安全生产典型问题为主要内容，针对不同场所、不同专业、不同岗位，分门别类地整理出各类现场在设备管理、人员操作等方面存在的典型问题，并配以图片说明，解释这些问题违反的规章制度、标准规范，以及可能产生的后果，简明扼要、直观清晰。该丛书所列的问题，全部来源于油田各生产现场，是现场真实存在的隐患。

（勘探开发出版分社）

【《新时代铁人精神之光——铁人王进喜与他的传人风采录》出版发行】 该书生动描述了铁人王进喜一生的辉煌业绩，真实展现了铁人王进喜一代代传人发扬“有第一就争，见红旗就抗”的顽强工作作风，高唱“我为祖国献石油”的主旋律，战天斗地、不畏艰险的铁军风采，使铁人精神绽放出新的时代光芒。该书共包含四章：第一章钢铁铸就的铁人，第二章新时期的铁人精神，第三章铁人精神薪火相传，第四章新时代的铁人精神。

（勘探开发出版分社）

【《中国石油化工集团有限公司年鉴（2023）》出版发行】 2023年卷《中国石油化工集团有限公司年鉴》（简称年鉴）于2023年11月出版，为出版的第29卷年鉴，共设29个栏目，全面、系统地记述2022年中国石化在生产经营、深化改革、科技创新和企业管理等各方面的基本情况和重大事项，图文并茂，直观反映中国石化及其所属企事业单位的新变化、新成果，为各级领导科学决策和科学管理提供依据，为中国石化内部和社会各界人士了解公司提供翔实、可靠、可鉴资料。

［企业文化与教育出版分社（年鉴出版分社）］

【《中国石油化工集团有限公司年报（2022）》出版发行】《中国石油化工集团有限公司年报2022》于2023年6月出版，分为中英文2个版本，主要介绍中国石油化工集团有限公司2022年组织机构、科技创新、生产经营、数字化转型、企业管理、公司治理、党的建设、企业文化和社会责任等方方面面的内容，是中国石化对外交流的重要资料。该书图文并茂，数据详实、准确，是各行各业了解中国石化不可缺少的重要文献资料。

［企业文化与教育出版分社（年鉴出版分社）］

【《中国石化简史》《中国石化大事记》出版发行】 2023年是中国石化成立40周年。集团公司党组部署编纂了《中国石化简史》《中国石化大事记》。《中国石化简史》以贯彻落实党中央决策部署为主线，简述公司改革发展历程，展现中国石化在保障国家能源安全、构建现代石化工业体系、改善人民群众生活、促进社会经济发展等方面的不懈探索和辉煌成就。《中国石化大事记》系统梳理中国石化40年来的发展脉络，重点反映在企业改革发展、生产经营、党的建设等方面作出的重大决策、召开的重要会议、开展的重要活动、实施的重大工程、取得的重大突破等，是客观、真实记录中国石化40年发展的重要历史文献。《中国石化简史》《中国石化大事记》是广大干部员工学习贯彻习近平新时代中国特色社会主义思想、党的二十大精神的重要载体，也是全面准确了解中国石化发展历史、增强历史主动精神的重要读本。

［企业文化与教育出版分社（年鉴出版分社）］

【《中国石化法律纠纷典型案例汇编（2023）》出版发行】 该书由中国石化企改和法律部组织编写，汇总了中国石化全系统近两年的典型案例，内容主要涉及涉外纠纷类案件、建设工程类案件、贸易购销类案件、安全环保类案件、知识产权类案件、加油站网点发展类案件、劳动用工类案件、侵权责任类案件和其他类案件，对预防此类案件的发生有着警示和预防作用。

［企业文化与教育出版分社（年鉴出版分社）］

【《每天一读〈民法典〉》出版发行】 学习《民法典》是贯彻落实习近平法治思想的重要举措。《民法典》已纳入“八五”普法规划，是广大干部员工尊法学法守法用法的重要内容。《民法典》条目丰富、包罗万象。为方便大家学习，中国石化企改和法律部选取与企业生产经营、干部员工日常生活紧密相关的条文，用浅显易懂的语言进行简要解读，以便于读者正确理解、掌握和运用。

［企业文化与教育出版分社（年鉴出版分社）］

【《“两论”的华东实践》出版发行】 中国石油工业以“两论《实践论》《矛盾论》”起家。在华东石油局60多年的漫漫征途中，“两论”犹如一面鲜红的旗帜，始终飘扬。一次创业，华东人依靠

“两论”，光耀江淮；二次创业，华东人依靠“两论”，圆梦松辽；三次创业，华东人依靠“两论”，跨越非常规；在高质量发展的新征程中，华东人依靠“两论”，朝着“常非并举、增能减碳、国内领先的现代化油公司”阔步前进。该书从“两论”的视角，以报告文学的形式，全景式地展现了华东石油局在页岩气、页岩油、煤层气勘探开发及CCUS、电动压裂等技术领域的创新历程，深刻而又生动地体现了“两论”对能源行业的巨大指导作用。

[企业文化与教育出版分社（年鉴出版分社）]

【《民法典典型案例评析（第二辑）》出版发行】《民法典》被称为“社会生活的百科全书”，是民事权利的宣言书和保障书，内容涵盖了生活的方方面面。中国石化各类员工群体日常工作、生活中涉及的民事活动，绝大部分都能在民法典中找到依据。该读本就《民法典》7编结合中国石化不同层次、不同性质、不同专业领域员工需求收纳100个“知识问答＋解读＋案例”，切实保障员工最关切的利益。

[企业文化与教育出版分社（年鉴出版分社）]

【《安全生产法典型案例评析》出版发行】 该书根据《中华人民共和国安全生产法》修订要点，选取对应的案例予以剖析。一方面能够帮助生产经营单位了解到新的规定对企业提出的新要求，从而更好地从事生产经营活动。另一方面，作为安全生产活动中的一份子，个人应当如何在安全生产中发挥个体作用及发生相关事故后，《中华人民共和国安全生产法》到底赋予了个人什么样的权利，以及如何去维护个人的权益。该书除了收入案例之外，还在其后增设法条链接及法条解读等板块，帮助读者将法条融入案例中进行学习和理解。

[企业文化与教育出版分社（年鉴出版分社）]

经济管理类

【《健全关键核心技术攻关新型举国体制研究》出版发行】 该书是2022年国家出版基金项目、“十四五”国家重点出版物出版规划增补项目，“中国经济新发展阶段”丛书，于2023年4月出版发行。该书作者为国家高端智库中国国际经济交流中心课题组。该书依据习近平总书记重要讲话精神和党的十九届四中全会会议精神，从关键核心技术攻关新型举国体制的基本内涵与战略意义出发，提出健全关键核心技术攻关新型举国体制的总体思路及实现路径，并进一步在理论和实践层面上，对完善关键核心技术攻关的政府引导机制、更好发挥市场机制、强化关键核心技术攻关的协同创新体系、构建世界级创新平台进行系统分析，具有重要实践参考价值。

[经管（学术）出版分社]

【《新视野：共建“一带一路”高质量发展》出版发行】 该书是2022年国家出版基金项目、“十四五”国家重点出版物出版规划增补项目，“中国经济新发展阶段”丛书，于2023年4月出版发行。该书作者为国家高端智库中国国际经济交流中心课题组。深入贯彻习近平总书记关于“一带一路”高质量发展的重要指示，结合近年国际形势特别是百年未有之大变局背景，对中国进入新发展阶段以来以更高水平开放推进“一带一路”更高质量发展进行深入系统研究，对推动“一带一路”高质量发展的主要思路、基本原则与路径，以及从“一带一路”贸易投资、数字“一带一路”、绿色“一带一路”、健康“一带一路”等方面实现高质量发展进行系统分析，并提出对策建议，具有重要实践参考价值。

[经管（学术）出版分社]

【《服务构建新发展格局，高质量推进现代流通体系建设研究》出版发行】 该书是2023年国家出版基金项目、“中国经济新发展阶段”丛书，于2023年4月出版发行。该书作者为国家高端智库中国国际经济交流中心课题组。习近平总书记在中央财经委员会第八次会议上指出，“流通体系在国民经济中发挥着基础性作用，构建新发展格局，必须把建设现代流通体系作为一项重要战略任务来抓”。改革开放特别是党的十八大以来，我国现代流通体系建设取得重要进展，在国民经济中的基础性和先导性作用不断增强。同时，新发展格局下我国现代流通体系中存在的问题也日益凸显，该书深入分析制约内外经济循环的关键难点和制度堵点，探索新发展格局下现代流通体系建设的新思路新路径，对于促进畅通国内国际双循环、建立新发展格局意义重大。

[经管（学术）出版分社]

【《通胀度量的政治经济学——基于法国案例的分析》出版发行】“国外马克思主义政治经济学译丛”之《通胀度量的政治经济学——基于法国案例的分析》出版发行。该书是法国调节学派代表人物弗洛朗丝·雅尼－卡特里斯（Florence Jany-Catrice）的新作，采用历史的、理论的、比较的方法来探索法国经济发展过程中通货膨胀度量的问题，客观地研究和看待通胀度量背后的数据逻辑、计算方法，以及度量方式演变过程中出现的新问题和矛盾，并对各经济学流派的基本思想及各种经济行为可能产生影响的方式进行总结概括。全书的主要观点是：通货膨胀度量不是纯粹的经济现象，还受政治关系和社会关系的影响。随之而来的政策启示在于要规范政府行为，最大限度地减少政府的寻租行为，保持国家与市场之间良好的互动关系。

[经管（学术）出版分社]

【《危机理论和西班牙经济大衰退》出版发行】“国外马克思主义政治经济学译丛”之《危机理论和西班牙经济大衰退》出版发行。该书是西班牙经济学家胡安·巴勃罗·马泰奥·托梅（Juan Pablo Mateo Tomé）的新作。该书通过西班牙经济的棱镜，为读者提供了对危机的理解，不仅因为西班牙是重要的欧洲国家，而且还是欧洲问题的焦点以及欧洲复杂工业化世界的代表。该书从关于危机的经济学理论入手，分析危机的基础概念和危机理论的演进，并梳理经典经济学中关于危机可能爆发的理论；并在基础上从马克思主义视角分析西班牙大萧条背后的利润、价格、劳动力问题；最后作者呈现围绕危机的各种争议，解释萧条发生的原因以及应采取的措施。

[经管（学术）出版分社]

【《AIGC 的未来：探索前景与市场机会》出版发行】 该书聚焦于近年来蓬勃发展的人工智能技术，尤其是人工智能生产（AIGC，即 artificial intelligence generated content）核心领域。该书共分为三大部分，系统而全面地探讨 AIGC 的技术背景、产业价值、应用领域及未来发展趋势。第一部分概述了人工智能与 AIGC 的发展历程与逻辑脉络，深入浅出地解析了其缘起与现状。第二部分则深入挖掘 AIGC 的产业价值及在关键领域的应用实践，从产业层面出发，多维度剖析 AIGC 如何在各领域创造价值、影响社会经济，为读者提供丰富的实际应用案例与深度洞察。第三部分则展望未来，客观全面地分析 AIGC 的发展前景、趋势及面临的挑战，以经济和社会双重视角，为读者揭示 AIGC 未来的广阔产业价值与无限可能。该书旨在为关注人工智能及 AIGC 发展的读者提供一本兼具理论深度与实践指导价值的参考读物。

[经管（学术）出版分社]

【《先进制造业文化：中国制造业转型升级的必由之路》出版发行】 该书紧密围绕先进制造业文化这一主题进行全面系统的分析和论述。作者作为一位从事企业技术和管理实务 40 多年的企业家，在企业经营管理过程中，对制造业经营管理的理解，包括企业技术创新、管理升级、文化进步，经历了一个从点到面、从浅到深、从自发到自觉的过程，深刻地认识到企业的成功最关键的作用是制造业文化的进步。深入分析了中国一般制造业企业普遍存在的问题以及问题背后的问题，从不同地域国家之间及从政府、社会、企业角度中去看文化对企业、制造业的影响，从而探索中国实现制造业强国最优赶超路径的新模式。

[经管（学术）出版分社]

【《影像胜利：胜利油田摄影艺术作品暨“快拍胜利”获奖摄影作品集》出版发行】 作品集由胜利油田摄影协会优秀摄影师在省、地、市的获奖摄影作品和胜利油田职工摄影的获奖作品和图片故事组成，摄影师通过摄影作品表达了对胜利油田的深情与热爱，让读者直观感受石油工业、石油工人的力与美，也展现了胜利油田人与自然的和谐相处，反映了胜利油田职工的工作和生活，记录了胜利油田的历史人文变迁。作品集是油田广大干部员工学精神、悟思想、见行动、促发展的生动实践，精心描绘了油田各战线各领域立足岗位干事创业的拼搏奉献精神。从不同的角度展现了当代石油各个战线和领域中对石油精神的发扬和广大干部员工在新时代奋发有为的精神风貌。这该书是胜利油田文化与摄影艺术的有机结合，也是对胜利油田发展历程的人文纪念。

（教育教材出版分社）

【《2024 长城润滑油月历》出版发行】《2024 长城润滑油月历》以综合展示中国石化润滑油有限公司的产品、服务、企业文化等内容为主，方便客户和合作伙伴在日常生活中使用月历功能的同时，了解长城润滑油公司的公司文化、远景目标、产品和服务。月历的设计以美观、实用和信息丰富为目标，以此吸引目标受众的注意力，提升品牌形象，同时也为客户提供便利的时间管理工具，加强品牌影响力和客户忠诚度。

（教育教材出版分社）

【《奋进者之歌——中国石化文学创作大赛获奖作品集》出版发行】 该书是中国石化作协组织的“牢记嘱托、再立新功、再创佳绩，学习贯彻二十大精神”文学创作大赛获奖作品集，其中报告文学 33 篇、散文 37 篇、诗歌 30 篇。作者来自胜利油田、石油工程、中原油田、江汉油田、洛阳石化、茂名石化、镇海炼化、天津石化、上海石化、河南油田等单位，通过访谈等形式，记录了石化员工甘于奉献、勇于担当的先进事迹，展现了昂扬向上的石化精神。

（教育教材出版分社）

【《零碳中国》出版发行】 该书通过对电动汽车政策、核能政策、可再生能源政策等内容的深入梳理和探讨，提出中国实现长期低碳发展的可行性路径，为中国能源行业及能源企业提供专业性指导建议。

（教育教材出版分社）

【《新时代银行金融服务创新》出版发行】 该书结合作者 24 年国有大型银行工作经历，从财富金融、跨境金融、供应链金融、科创金融、绿色金融、政务金融、数字化等方向出发，以组织管理、人力资源管理、风险管理的视角，推演中国式现代化银行的未来转型之路，以期助力金融业高质量发展，使金融业更好地支持实体经济发展。

（教育教材出版分社）

【《中国国有资产监督管理年鉴（2023）》出版发行】《中国国有资产监督管理年鉴》由国务院国资委主办、中国经济出版社出版发行，自 2004 年创办以来已连续出版 20 卷。年鉴是按年度全面、系统、客观记载我国国有经济运行、国有资产监督管理体制改革和国有企业改革发展的大型资料性年度出版物，内容丰富、数据翔实，共设重要经济文献、国有资产监督管理概况、各省（区、市）国有资产监督管理概况、中央企业改革与发展、国有资产统计资料、国有资产监督管理政策法规选编、国有企业党的建设成果概览、大事记、附录 9 篇内容，对指导、宣传中国国有资产监督管理工作及国有企业改革发展党建工作具有十分重要的作用。

（年鉴综合分社）

【《牢记嘱托 · 砥砺奋进——中国石化青年精神素养提升工程成果集》出版发行】 该书由共青团中国石油化工集团有限公司委员会主编，整理了工程启动一年来的学习材料、工程推进资料、各级单位学习成果等。共分为 5 个篇章，前 2 个篇章（党建引领和过程推动）为集团公司开展的相关工作成果和经验总结，后 3 个篇章（经验做法、认识体会、岗位建功）为部分单位和青年的优秀工作案例，图文并茂、循序渐进地将中国石化青年精神素养提升工程成果分阶段、分层次展现出来，希望给读者以经验借鉴和学习参考。

（年鉴综合分社）

【《中国油气与新能源产业发展报告（2022—2023）》出版发行】 该书由中国国际石油化工联合有限责任公司、中国社会科学院数量经济与技术经济研究院、北京大学能源研究院编著，兼具研究性和实用性，紧紧围绕世界油气产业和新能源产业发展变化，对后疫情时代的全球经济、石油产业、天然气产业、新能源产业、低碳市场、电力市场等进行深刻剖析，并提出问题，以期观大势、谋新局、创新篇，为行业人士和研究人员提供更多专业思考。报告的英文版持续版权输出，授予施普林格全球出版发行，具有较高的国内乃至国际影响力。

（年鉴综合分社）

【《数字孪生变革：引爆企业数字化发展》出版发行】 该书较为深入地研究了数字孪生技术及企业数字化变革的发展。在阐述数字孪生基本知识的基础上，以数字孪生的基本规律、五维模型和基础架构为切入点，阐述了数字孪生的企业数字化变革及应用，对智慧城市、智慧企业建设及其面临的挑战和发展进行了分析。不仅探讨了数字孪生的独特之处，还分析了数字孪生带来的积极作用与现实意义。同时，结合创新性典型案例，给出了数字孪生系统的应用范畴和实施参考，为国内外企业实施数字孪生技术及数字化变革发展提供了有益的参考。该书可供企业数字化转型实施人员，从事智能制造、智能建造、智慧城市、自动化、人工智能领域的技术管理人员，以及对数字孪生、工业物联网、工业 4.0、智能制造、数字化工厂等感兴趣的各界人士阅读参考，也可以作为管理科学、智能制造、人工智能、智能建造相关专业高年级本科生和研究生的参考教材。

（年鉴综合分社）

【《中国化学工程集团有限公司大事记（1953—2023）》出版发行】 该书记录自 1953 年成立以来，70 年里中国化学工程集团有限公司在党和国家的坚强领导下，艰苦奋斗、拼搏奉献、改革创新、跨越发展的光荣历程；集中展示 70 年来中国化学工程创造出的一个又一个工程奇迹，树立起的一座又一座历史丰碑；完整记录中国化学工程为构建中国独立完整的化学工业体系、满足人民美好生活需要和促进“一带一路”沿线国家经济发展作出的积极贡献。该书是中国化学工程集团有限公司 70 年艰苦创业史、改革开放史、海外开拓史、科技创新史的忠实记录，对讲好中国化学故事，继承和发扬中国化学人薪火相传塑造的以“爱国、团结、拼搏、求实、创新、奉献”为代表的红色基因和光荣传统，形成有中国化学特色的文化认同，激发广大干部职工干事创业的热情，具有十分重要的现实和历史意义，也为社会各界了解中国化学提供了有益参考。

（年鉴综合分社）

企事业单位

油气和新能源板块 | 炼油和销售板块 | 化工和材料板块 | 资本金融和支持板块

油气和新能源板块

胜利油田

【概况】 胜利油田是中国石化集团胜利石油管理局有限公司（简称胜利石油管理局）、中国石油化工股份有限公司胜利油田分公司（简称胜利油田分公司）的统称，主要从事石油天然气勘探开发、地面工程建设、油气深加工、矿区服务与协调等业务。工作区域分为东西两部分，东部主要分布在山东省东营、滨州、德州等8个市28个县（区）内及海上辽东东地区，主体部分位于东营市，包括渤海湾盆地的济阳、昌潍等5个坳陷；西部主要分布在新疆、青海、甘肃、宁夏4个省（自治区），涉及准噶尔、吐哈等6个盆地。胜利油田总部位于东营市济南路125号。

胜利油田是在20世纪50年代华北地区地质普查和石油勘探的基础上发现并发展起来的。1961年4月，位于东营构造上的华8井首获工业油流，标志着胜利油田的发现。1964年1月，中共中央批准组织华北石油勘探会战，胜利油田勘探会战和开发建设拉开序幕。1972年8月，改称胜利油田会战指挥部。1989年8月，更名为胜利石油管理局。1998年6月，国家进行石油石化重组，胜利油田由原中国石油天然气总公司划归中国石油化工集团公司。2000年5月，中国石化整合上市，将油田勘探开发核心业务组建成立胜利油田有限公司，2006年1月，变更为胜利油田分公司。2017年，进行公司制改造，成立胜利石油管理局有限公司。

截至2023年底，胜利油田有直属单位58个，其中胜利石油管理局有直属单位22个、胜利油田分公司有直属单位36个。用工总量8.51万人。发现油气田85个，累计探明石油地质储量57.87亿吨；投入开发油气田74个，累计产油13.17亿吨。

胜利油田主要技术经济指标和主要生产建设指标分别见表1和表2。

（兰　峰）

【高质量勘探】 2023年，胜利油田勘探系统紧盯新增三级储量目标，突出高质量、低成本、高产能、高效率，强化“精细评价、利器建设、强基固本、精益管理”四大工程建设，全力推进高质量勘探大突破，取得4个勘探突破和4个商业发现。东部探区在利津洼陷沙三下亚段页岩油新区、东营凹陷纯上亚段新类型页岩油和博兴洼陷古近系深层油气勘探取得重大突破，展示东部老区较大增储潜力；在渤南洼陷和滩海地区发现规模储量阵地，取得商业发现。西部探区在哈山山前带二叠系风城组新领域勘探取得重大突破，开辟规模增储新领域；在准西北缘稠油油藏和准中永进地区取得商业发现，夯实西部上产资源阵地。年内，胜利油田常规勘探新增探明石油地质储量5106.95万吨、控制石油地质储量6689.07万吨、预测石油地质储量9940.10万吨；页岩油勘探新增探明储量（集团公司内收）1.27亿吨、控制储量3.30亿吨、预测储量3.39亿吨。

（侯　飞）

【利津洼陷沙三下亚段页岩油新区勘探取得重大突破】 2023年，按照济阳页岩油“系统研究、分类评价、整体部署、分步实施”评价思路，系统落实利津洼陷有利岩相分布及含油性、储集性、可动性和可压性等参数，针对中等成熟度的黏土质混合页岩油战略拓展，部署钻探的利页101HF获日产油201.30吨、日产气3.10万立方米商业产能，新增预测石油地质储量2亿吨，溶解气地质储量263.05亿立方米，该井成功拓展济阳页岩油勘探新类型，落实10亿吨级储量新阵地。

（侯　飞）

【哈山山前带二叠系风城组新领域勘探取得重大突破】 2023年，通过构建重磁电震联合建模技术，建立复杂山前带逆冲推覆模型，开展源储一体化解剖，明确原始沉积充填特征，提出“哈山推覆体下发育规模源岩、规模储集体、复式成藏”新认识，发现玛湖东北次洼－哈山洼陷，估算资源量 11.90 亿吨。部署钻探的哈山 5 井在准原地二叠系风城组（井段 5115.40—5554 米）5 段压裂合试，获峰值日产油 95.80 立方米、日产气 6869 立方米高产工业油气流，首次在山前带准原地—推覆系统实现突破，新增预测石油地质储量 3063 万吨，评价有利资源量 3.58 亿吨，开辟规模增储新领域。

（侯　飞）

【新发现并命名马海东、新兴、新丰、新河 4 个油田】 2023 年，胜利油田资源勘探获得重大突破，相继发现马海东、新兴、新丰、新河 4 个新油田。

马海东油田，位于柴达木盆地北缘隆起马海－大红沟凸起之上，处于马北凸起东端，勘探面积 108 平方千米。2023 年新增含油面积 8.61 平方千米，控制原油地质储量 577.80 万吨，属于小型规模、低丰度、低产能、中浅层、中孔、低渗、低含硫、中质常规油储量。

新兴油田，上报的樊页平 1 区块位于东营凹陷博兴洼陷北部。估算樊页平 1 区块古近系沙河街组沙四上纯上次亚段中甜点段（E_2s_{41}CSZ），含油面积 103.01 平方千米，估算探明原油地质储量 1.27 亿吨，为中型、低丰度、中产能、中深层、特低孔、致密、轻质页岩油储量。

新丰油田，上报的丰页 1HF 区块位于东营凹陷东北部的民丰洼陷。估算层位为 E_2s_{41}CX1，含油面积 57.79 平方千米，新增控制页岩油地质储量 1.12 亿吨，为中型、低丰度、高产能、深层、特低孔、特低渗、轻质页岩油储量。

2023 年，胜利油田发现第 84 个油田——新丰油田。图为丰页二号台压裂现场（管　磊　摄）

新河油田，位于渤海湾盆地济阳坳陷东营凹陷牛庄洼陷。上报的牛斜 55 区块，储量估算层位为牛斜 55 区块 E_2s_{41}CS3，含油面积 87.80 平方千米，新增控制页岩油地质储量 2.18 亿吨，为中型、低丰度、中产、中深层、特低孔、特低渗、中质页岩油储量。年内上报的牛斜 124 区块，储量估算层位为牛斜 124 区块 E_2s_{41}CS3，含油面积 65.63 平方千米，新增预测页岩油地质储量 1.39 亿吨，为中型、低丰度、中产能、中深层、特低孔、特低渗、中质页岩油储量。

（侯　飞）

【效益开发】 2023 年，胜利油田聚焦规模稳产上产，大力实施“27231”工程（“2”：优化常规与非常规、新区与老区 2 个产能结构，“7”：打造 7 个产量增长点，“2”：筑牢整装、断块 2 个稳产阵地，“3”：推进 3 项开发基础工作，“1”：盈亏平衡点持续下降），扎实开展“开发基础管理深化年”活动，全力推进储量有效动用、存量结构优化、开发方式转换，开发质量效益不断提升，年内生产原油 2345.12 万吨、天然气 8.59 亿立方米，新增原油 SEC 经济可采储量 2809 万吨，储量替代率 125%。聚焦做大做优增量，坚持超前研究、超前部署、超前运行，持续拓展新区建产阵地，稳步加快页岩油开发评价，全力扩大老区调整规模，地质工程一体化提高产能建设质量和效益，全力推动提产、提质、提效，年内新建产能 189 万吨。聚焦提能量、控含水、降递减，深化稳产潜力调查，狠抓注水基础管理，加大投转注、压驱等注水补能力度，强化产液结构调整，开展精细注水示范区建设，地层能量持续提升，动液面回升 11 米；抓实稠油全过程“热管理”，推广老区加密及降黏开发技术，稠油油汽比提高 0.01；加快非均相驱等化学驱成熟技术推广应用，创新推广“3+2”（三次采油与二次调整协同增效）技术，抓实先导试验攻关，化学驱年增油 137 万吨、超计划 7 万吨。常规油藏自然递减率保持稳定，综合含水率实现零增长。

（张　宁）

【产能建设实现量质双升】 2023 年，聚焦规模效益建产，超前做好井位储备，统筹优化新老区产能结构，常态化推进示范引领，加大未动用储量合作开发力度，产能建设规模和质量实现双提升，新建产能 189 万吨、增加 28.80 万吨，常规单井产能达标率提升 8.91%。提升产能建设规模方面，超前储备井位，按照“油藏研究不停、方案编制不停、井位储备不停”，超前研究、部署、运行，年初逐单位对接分解月度井位储备计划，井位储备库动态保持在 1100 口以上。优化新老区产能结构，新区强化规模未动用区带攻关评价，稳步推进页岩油评价建产，新建产能保持在 100 万吨以上；老区加大稠油加密调整等技术应用，新增产能 84 万吨。提升产能建设质量方面，围绕加大未动用储量合作开发，做实地质工程一体化，充分发挥胜利油田分公司和胜利石油工程公司各自技术优势，通过大幅度提高单井产能实现效益最大化，年内完成合作区块 32 个，产能 30.51 万吨。常态化推进示范引领，筛选 24 个典型示范区，形成砂砾岩油藏大斜度井密切割压裂、低渗透油藏超前压驱差异化储层改造、全程油层保护钻完井一体化提产、疏松砂岩水平井及分支井 MRC 4 类大幅提产模式，投产油井 117 口，平均单井日产油 8.66 吨，超设计 12.70%。同时，强化监督监控，年初分单位制定单井产能及达标率提升目标，实施月度督导，由胜利油田分公司组织审查所有方案，抓实方案设计及实施全过程优化，开展多轮次迭代提升，陆上常规产能井平均单井产能提高 5.90%。

（张　宁）

【新能源产业发展】 2023 年，胜利油田坚持地热大开发、余热全替代、光伏大发展、氢储抓试点，首个百兆瓦级光伏电站、首个兆瓦级绿电制氢项目建成投产，年内新建光伏装机 151 兆瓦、清洁供热能力 25 万吉焦。国内首个源网荷储一体化智慧能源系统建成投用，支撑发供用协同降本、煤热新能源联营增效，开发单位全面推广柔性生产、度电单价降低 1%，胜利油田自发绿电全量消纳，油气生产用电绿电占比达 17%。

（兰　峰）

【CCUS 产业化规模化推广】 胜利油田高质量运营百万吨 CCUS 示范工程，国内首条百千米、百万吨级二氧化碳长输管道建成投产，莱 113 区块建设成为胜利油田首个产出气分离、液化、回注示范区，创新推进“水驱、压驱、气驱、气水交替”恢复地层能量模式，2023 年注入二氧化碳 47.20 万吨、增油 4.35 万吨。

（兰　峰）

胜利油田纯梁采油厂高 89 处理站是中国首个百万吨级 CCUS 示范工程的组成部分，该站创新应用全密闭一体化脱碳处理新工艺，实现绿色清洁生产（夏兆明　摄）

【专业化发展】 2023 年，胜利油田围绕人才、技术、装备、管理“四个一流”目标，全力培育技术优势、提升质量标准、打造效益增长点，探索与开发单位目标同向、合作共赢机制，加强发供用电、车辆运输、后勤服务等领域运营优化，作业、注汽、动态监测、地面维修内部市场工作量分别提高 6.8、3.3、0.8、9.5 个百分点，专业化产品及板块间互供实现利润 1.10 亿元。

（兰　峰）

【经营创效】 2023 年，胜利油田深入开展上产降本增收创效攻坚行动，强化生产、投资、财务预算“三大计划”协同优化和投资成本一体化统筹，抓实全员全要素全周期成本管控，推进目标分解到区块、决策优化到区块、核算管理到区块、分析评价到区块、考核兑现到区块“五到区块”和目标分解到单元、核算管理到单元、预警分析到单元、对标评价到单元、考核兑现到单元“五到经营单元”目标管理，深化胜利油田分公司、胜利石油管理局、胜利石油工程公司、石化总厂、经纬公司“五大板块”业务互供，物资贸易、信息运维、地面工程、药剂生产、产品制造“五大平台”协同创效，全年挖潜增效 29.30 亿元，盈亏平衡点降至 58.20 美元 / 桶，“一利五率”指标持续向好。

（兰　峰）

【QHSE 管理】 2023 年，胜利油田持续夯实安全绿色发展基础，风险防控能力得到有效加强。安全生产方面，深入开展“安全管理强化年”行动，全面压实主体、专业、监管“三个责任”，优化调整安全生产专委会设置和职责，推进“有感领导”实践行动，推动管行业必须管安全、管业务必须管安全、管生产经营必须管安全“三管三必须”落实到位。突出风险隐患治理，加强高风险作业提级管理，建立特殊作业、非常规作业、高风险施工清单化分级管控机制，开展承包商大起底大排查大整治、专项督导、燃气专项整治，油田级安全风险总值下降 13.50%。开展“加强基层管理、促进安全生产”专项行动，建立为基层减负赋能长效机制，强化实战化岗位练兵和应急演练，全员安全素质不断提升。节能减排降碳方面，制订黄河流域生态环境保护专项整治方案，实施“无废”油田“六大行动”（风险隐患排查治理、减污专项审核、固体废物源头减量、固体废物资源化利用、专项清废、绿色采购行动），推进危险废物日产日清和甲烷有偿排放管理，油泥产生强度、甲烷逸散强度分别下降 10% 和 15%，“无废企业”建设达到 A 级标准。全面推进能耗与碳排放联动考核，孤东 106 兆瓦光伏 UER 碳减排项目进入德国市场交易，新东营原油库被认证为国内首座“碳中和”原油库。

（兰 峰）

2023 年 10 月 20 日，胜利油田新东营原油库被认证为国内首座“碳中和”原油库。图为北京绿色交易所有限公司为胜利油田新东营原油库颁发“碳中和”原油库证书（朱克民 摄）

【改革管理】 2023 年，胜利油田持续完善管理体系机制，落实改革深化提升行动，推进聚焦价值创造、建设世界一流企业实施方案，强化制度识别与岗位落实，推行新型目标经营责任制，油藏经营价值持续提升，胜利油田分公司劳动生产率提高 6.80%。深化市场化运营，加快“大市场”管理体系和运营平台建设，探索小类业务集中招标采购模式，推进“技术 + 管理 + 品牌 + 平台”拓市创效，全年外部市场收入 24.60 亿元、增加 0.40 亿元，中高端项目占比 60%。

（兰 峰）

【科技创新】 2023 年，胜利油田聚焦打造技术先导型企业，持续加大研发投入，深化基础研究和技术攻关，加大成果转化、协同创新，创新驱动赋能更加有力。科技创新机制平台深化搭建，加快打造高层次实验、高水平开放合作、高效率成果转化平台，页岩油实验室获批全国重点实验室，CCUS、智能油田 2 个研发技术中心进入国家创新平台，碳捕集利用与封存等 2 个省部级实验室落户胜利油田，北京大学等 6 个“揭榜”攻关项目高效运行。关键理论技术加快突破，咸化湖盆页岩油富集规律、山前带复式立体成藏等理论认识不断深化，页岩油优快钻井、复杂敏感储层压裂等技术实现突破；高温高盐非均相复合驱技术再获新突破，自主研发的二氧化碳管道输送离心泵和密相注入泵填补国内空白，余热光热利用系列技术保持国内领先。“两化”深度融合，建成企业级数据湖，完成东营北带砂砾岩体勘探大模型构建，探井在线系统在集团公司上游 12 家企业推广应用，PCS 一级部署全面完成，海洋智能油田建设加快推进，工况智能诊断等技术广泛应用。胜利油田“两化”融合管理体系获工信部最高等级认证，入选国家数字化转型贯标试点企业。胜利油田有省部级重点实验室 16 个；开展科研项目 626 项，申请专利 741 件、获专利授权 437 件，获省部级以上奖励 27 项。

（兰 峰）

【人才工作】 2023 年，胜利油田坚持人才引领发展战略地位，深入贯彻落实中央、集团公司人才工作会议精神，将人才强企纳入油田发展战略，大力推进“五大人才方阵”建设。选聘油田首席专家 5 人、高级专家 10 人，直属单位首席专家（业务部门油田专家）32 人；18 人入选享受政府特殊津贴人员、CC 计划、国务院国资委青年科技创新人才、全国技术能手、泰山产业领军人才、齐鲁首席技师等省部级人才工程，胜利济阳陆相断陷盆地页岩油勘探创新团队当选自然资源部优秀科技创新团队。引进博士后 30 人、高校毕业生 669 人、系统内成熟人才 22 人，柔性引进高层次专家 2 人。抓好重点人才精准培养，举办 4 期高层次专家履职能力提升培训班、3 期院士大讲堂，组织注采输等 10 个领域 300 余名骨干人才深化培养，实施技能大师综合素质提升培训、青年技能人才培养计划。推荐集团公司评审正高级职称 42 人、高级职称 501 人，委托评审正高级职称 45 人、高级职称 241 人；晋升首席技师 11 人、特级技师 21 人、高级技师 190 人、技师 541 人。深化以赛促学、以赛促练，举办胜利油田第 22 届职业技能竞赛，胜利油田在全国及集团公司各类业务竞赛中，取得个人 8 金、9 银、9 铜及 4 个团体第一名的成绩。

（马圆圆　梁晓东）

【国企政治优势】 2023 年，胜利油田持续深化思想政治引领，严格落实“第一议题”制度，扎实推进两批主题教育，聚焦学习贯彻习近平总书记视察胜利油田、九江石化重要指示精神，举办系列活动，油田上下捍卫“两个确立”、做到“两个维护”更加坚定。深入开展“忆传统、强‘三基’、讲奉献、促发展”主题活动，完善转变观念更新理念、优良传统体系，发布胜利油田“十大优良传统”和重大标志性成果，强化正面舆论引导。实施“基层党建升阶行动”，开展常态化党建督导帮扶，统筹用好各年龄段干部，选优配强各级班子，强化人才培训培养，激发干事创业活力。扎实推进“清廉胜利”建设，深化拓展“大监督”体系，搭建“联学联动联改联督”平台，完成 4 轮次常规巡察和 4 个专项巡察，紧盯重点业务、工程开展专项监督，严肃查处“靠企吃企”等问题，召开警示教育大会，驰而不息纠“四风”树新风，政治生态和管理生态持续向好。

（兰　峰）

【企业文化建设】 2023 年，胜利油田组织“牢记嘱托担使命 高举旗帜向百年”新时期胜利价值观巡回宣讲百余场，举办中国石化成立 40 周年胜利油田企业文化故事会，奋进石化平台、中国石化胜利油田视频号、胜利油田职工 e 家 App 等平台同步直播，点击量突破十万次。组织 2023 胜利故事汇基层巡讲 5 场，油田 28 家直属单位 700 余人现场观看，持续让身边人讲身边事、身边事带动身边人。《我的名字叫大北》在中国石化进行网上巡讲，《这个“80 后”学了 60 年雷锋》获第 3 届中央企业优秀故事创作优秀奖，《微光如炬绽芳华》《怒海勇士》获山东省“中国梦・新时代・新使命”百姓宣讲大赛三等奖。强化阵地化传播，聚焦贯彻落实习近平总书记视察胜利油田重要指示精神，将习近平总书记视察路线固化提升，“端牢能源饭碗”首倡地入选第三批中国石化红色教育基地。组织评选油田爱国主义教育基地，全面盘点红色阵地资源，优良传统展厅入选第二批山东省职工爱国主义教育基地。

（翟晓晨）

【品牌建设】 2023 年，按照中国石化品牌引领行动要求，出台《胜利油田品牌引领行动工作方案》，明确油田品牌引领行动基本原则和重点任务，扎实推动油田品牌建设工作。探索上游板块业务品牌建设，成立油田业务品牌建设工作专班，加强油田业务品牌定位研究，开展商标注册申请，推进品牌与业务融合。持续深化品牌体验，5 月 10 日，策划组织“胜利运输、安全到家”品牌体验，邀请东营市相关政府部门、合作伙伴、新闻媒体现场体验胜利运输“安全到家”价值承诺。12 月 15 日，“易能问地”业务品牌通过集团公司品牌管理领导小组审议，要求胜利油田牵头打造集团公司上游企业油气绿色高效开发解决方案品牌。

（翟晓晨）

【和谐稳定】 2023 年，胜利油田认真践行以人民为中心的发展思想，常态化推进“我为群众办实事”，深化新型后勤服务管理体系建设，加快矿区优化改造提升，推进员工服务“一窗办理”，健全区域食堂服务网络，全面升级员工健康管理，完成惠民利民事项 300 余个。广泛开展群众性劳动竞赛，持续推进生产难题“揭榜挂帅”，加强创新工作室建设，为员工岗位建功搭建平台。深化平安油田建设，加大公共安全管理和涉油违法犯罪打击力度，平安稳定环境氛围持续巩固。

（兰 峰）

表 1　胜利油田主要技术经济指标　亿元

指标名称 \ 年份	2023	2022	2021	2020	2019	2018
工业总产值①	620.89	598.61	564.28	576.63	806.67	854.79
工业增加值	773.53	854.41	526.95	300.03	508.24	587.56
资产总计	2 001.96	1 759.11	1 573.74	1 591.98	1 639.36	1 234.83
流动资产	114.62	132.69	56.00	49.32	60.90	151.75
固定资产原值	4 682.84	4 441.33	4 220.01	4 059.60	3 923.35	3 822.30
固定资产净值	1 065.41	964.53	901.69	934.62	955.91	991.64
销售收入	1 030.96	1 216.66	883.78	664.85	838.99	888.50
实现利税	334.97	477.60	148.69	−25.48	142.79	84.40
税金（费）	204.93	274.27	157.12	102.17	141.72	191.61
综合能耗①/ 吨标煤·万元 $^{-1}$						
胜利石油管理局	2.965	2.963	3.057	3.376	3.534	3.649
胜利油田分公司	0.523	0.478	0.464	0.269	0.298	0.308

① 2020—2023 年产值计算采用 2020 年不变价，2018—2019 年采用 2010 年不变价计算

表 2　胜利油田主要生产建设指标

指标名称 \ 年份	2023	2022	2021	2020	2019	2018
原油产量 / 万吨	2 345.12	2 340.25	2 340.30	2 340.11	2 341.51	2 341.00
天然气产量 / 亿立方米	8.59	8.03	6.27	5.68	4.88	4.80
新增原油生产能力 / 万吨	189.04	160.20	157.00	152.00	155.39	144.30
新增天然气生产能力 / 亿立方米	0.53	0.70	1.22	0.97	1.02	0.49
新增探明石油地质储量 / 万吨	5 106.95	9 805.02	6 949.65	5 760.65	4 644.29	2 502.61
新增探明天然气地质储量 / 亿立方米	6.63	34.48	10.83	24.92	13.78	7.52
二维地震 / 千米	699.54	1 163.00	0	301.00	959.00	819.00
三维地震 / 平方千米	1 730.80	1 771.00	1 637.00	1 999.00	2 258.00	1 066.00
石油钻井 / 口	1 477	1 190	1 140	1 335	1 441	1 318
钻井进尺 / 万米	387.90	341.77	321.65	328.74	339.58	300.39
勘探投资 / 亿元	87.27	74.97	69.73	57.91	56.45	37.83
开发投资 / 亿元	184.94	146.58	121.74	105.91	129.12	101.94

中原油田

【概况】 中原油田是中国石化集团中原石油勘探局有限公司（简称中原石油勘探局）和中国石油化工股份有限公司中原油田分公司（简称中原油田分公司）的统称，实行一体化管理。主要从事石油天然气勘探开发、工程技术服务、油气销售、油气生产后勤保障、公用工程经营服务、房屋租赁、员工培训、宾馆餐饮等业务。勘探开发区域包括东濮老区、川东北工区、内蒙古探区，其中东濮老区地跨河南、山东2省6市13县（区），川东北工区普光气田位于四川省达州市、通南巴区块位于四川省通江县境内，内蒙古探区位于内蒙古自治区境内。

1975年发现中原油田，1979年投入开发。1982年3月，成立中原石油勘探局。2000年1月，重组为上市和非上市两部分，上市部分称为中原油田分公司，非上市部分称为中原石油勘探局。2012—2013年，完成石油工程专业化重组暨社区管理体制调整。2017年11月，中原石油勘探局进行公司制改制，更名为中原石油勘探局有限公司。2020年以来，全面落实国企深化改革三年行动，大力推进党的领导有效嵌入公司治理，持续深化油公司体制机制建设，加快推进专业化业务集成化、规模化发展，油气主业更加精干高效，专业化业务系统集成，初步形成信息化条件下的现代化油公司管理模式。截至2023年底，中原油田资产总额466.65亿元，净资产181.31亿元。设置中层机构61个，其中机关职能部门20个、机关直属单位5个，直属单位36个。合同制员工2.79万人。

2023年，中原油田有油气资源探矿权、采矿权54个，有总矿权面积1.57万平方千米；新增圈闭19个，其中新发现圈闭18个、评价后新增圈闭1个，总面积509.8平方千米。全年探明石油地质储量522.68万吨、天然气地质储量243.16亿立方米；生产原油128.81万吨、天然气68.87亿立方米、硫黄179.63万吨；实现收入218.56亿元，员工平均收入持续增长，全部完成集团公司下达的110项考核指标；原油、天然气盈亏平衡点分别控制在98.4美元/桶、970元/千米^{3}以下，油田整体考核盈利14.02亿元。获省部级以上科技进步奖13项，申请专利248件，获授权专利143件。获集团公司维稳工作先进单位、“大监督”工作先进集体、内部审计先进集体及河南省工会工作先进单位等省部级及以上荣誉102项，党建工作保持集团公司党建考核A档前列，中原油田总体呈现稳中有进、持续向好的发展态势。

中原油田主要技术经济指标和主要生产建设指标分别见表1和表2。

（李　丽）

【勘探取得4个突破和2个商业发现】 2023年，中原油田坚持拓资源、增储量、扩矿权，突出圈闭预探和风险勘探，强化勘探开发、地质工程一体化协同，取得4个勘探突破、2个规模储量商业发现。普光探区侏罗系大安寨段混积岩勘探取得重要突破，在混积岩气藏富集新模式指导下部署普陆7井、普陆8井、普陆9H井均获工业气流，初步评价资源量1371.34亿立方米，落实控制天然气地质储量565亿立方米，实现新层系、新类型重要突破。首次在四川盆地二叠系大隆组实现深层页岩气勘探突破，在二叠系非常规页岩气模式指导下，与勘探分公司联合论证部署雷页1HF井获高产工业气流，部署明1侧井中途点火，初步评价资源量7569.9亿立方米。东濮凹陷多层系、多类型勘探取得突破，部署文318井、濮7601H井、文319井、何302井均钻遇良好油层，其中文318井、文319井获高产工业油流，新增预测石油地质储量1311万吨，新增控制石油地质储量538万吨，形成2个千万吨级规模增储建产新阵地。通江－马路背地区侏罗系千佛崖组致密气勘探取得突破，部署实施首口侏罗系专探井马12H井获工业气流，初步评价资源量1548亿立方米，落实预测天然气地质储量502亿立方米，在通南巴地区发现侏罗系气藏。普光探区须家河组致密气勘探取得商业发现，部署老井试气

2 口、水平井 1 口，新增探明天然气地质储量 133 亿立方米。东濮文濮结合部勘探取得商业发现，落实探明石油地质储量 522 万吨，新建产能 1.8 万吨。

（李　丽）

【海相深层页岩气勘探获重大突破】 中原油田在四川盆地二叠系非常规页岩气模式指导下，与勘探分公司联合论证，部署实施雷页 1 风险探井。该井于 2022 年 7 月 25 日完钻，实钻水平段长 1315 米，水平段录井解释 11 层 1569.50 米。优选龙潭组井段 2651—5820 米分 22 段压裂测试，日生产天然气 42.66 万立方米。2023 年 10 月，雷页 1 井试采，采用 5000 米 ^{3}/ 车充装能力的 CNG，至 11 月 24 日充装生产 42 天，累计生产天然气 140.8 万立方米，压力保持在 54 兆帕。大湾 4 井、明 1 井、雷页 1 井 3 口井气体组分表明，吴家坪组以甲烷为主（96.55%），不含硫化氢；大隆组甲烷含量 87.8%—98.8%，局部高含硫化氢（8.08%）。通过新井钻探、取芯分析评价认为：高热演化背景下有机质孔、溶蚀孔隙发育，为深层页岩优质储层的形成奠定基础。多期构造变形叠加，多期裂缝发育，改善深层页岩储层的渗流能力。普光地区二叠系发育三套页岩层，评价有利面积 1116 平方千米，天然气资源量 1.3 万亿立方米。2023 年 12 月，“四川盆地二叠系大隆组海相深层页岩气勘探重大突破”获集团公司 2023 年度油气勘探重大发现奖一等奖。

（李　丽）

【普光探区侏罗系大安寨段混积岩勘探获重大突破】 2023 年，中原油田在川东北地区大安寨段，开展沉积模式、勘探选区评价等研究。在宣汉向斜、普光东向斜先后部署普陆 7 井、普陆 8 井、普陆 9H 井，其中普陆 7 井自流井组大安寨段泥页岩和介壳灰岩油气显示活跃，电解含气层 2 层 16.9 米、三类裂缝气层 2 层 1.4 米，孔隙度为 1.2%，渗透率 0.048 毫达西，具有长期供气条件，是油气勘探的新类型。对 3080—3115 米井段避灰射孔压裂，用 4 毫米油嘴、24 毫米孔板放喷求产，压力 17.13 兆帕，日生产天然气 3.75 万立方米，PVT 取样分析为高压低含凝析油凝析气藏。普陆 8 井在 2687—2741 米段加砂压裂，5 毫米油嘴、41 毫米孔板放喷求产，日生产天然气 8.16 万立方米。普陆 9H 井大安寨段解释气层 9 层 638 米，全烃含量最高达 85.7%，普光大安寨段新增控制天然气地质储量 528.5 亿立方米、凝析油 399.42 万吨。2023 年 12 月，“普光探区侏罗系大安寨段混积岩勘探重大突破”获集团公司 2023 年度油气勘探重大发现奖一等奖。

（李　丽）

【启动“十四五”后三年科技攻关】 2023 年，中原油田启动“十四五”后三年科技攻关，提高研发强度，研发经费增长 12.7%，研发投入强度 2.06%。优化攻关组织模式，融入集团公司创新联合体建设，统筹科技资源配置，探索实施矩阵式管理，成立攻关项目组和以专家、博士后为核心的基础研究团队，布局七大攻关领域，组建共性学科技术攻关团队 17 支，配套制定运行管理、考核激励等机制。坚持开放合作，实施矩阵管理，联合系统内外 22 家研究院所和高等学校，签订战略协议 12 个，组建共性学科攻关团队 17 支，攻克稠油冷采降黏等卡点 46 个，推动“大兵团”作战和“揭榜挂帅”攻关，推动形成“产学研用”深度融合的创新联合体。完成石油地质实验中心升级改造，新建石油工程实验中心，增强酸性气、非常规油气、提高采收率等基础研究能力。攻关高酸性气田长周期安全生产关键技术，整体达到国际领先水平，“普光 - 通江工区复杂气藏开发关键技术研究与应用”“入龙”集团公司“十条龙”项目。加强数据治理，推进油气生产、科学研究、决策指挥、业务流程数字化和智能化提升，建成油气藏协同研究中心、普光协同作战室，研究决策效率提高 30%。建成 4 个厂级指挥中心，探索“厂管班站”生产组织模式，油田整体人均管井数提高 12.4%。

（张淑红）

【中原储气库群建库关键技术及应用】 2018 年 1 月—2022 年 12 月，中原油田分公司与中国石化石油勘探开发研究院、中原石油工程公司等联合完成“中原储气库群建库关键技术及应用”项目，针对储气库静态密封性评价方法无法满足“存得住”的需要、复杂类型储气库存在如何确保“注得进”和“采得出”、储气库新钻井储层易污染等问题，形成一整套特大型气藏储气库建库关键技术并进行现场应用。该研究成果全面支撑中原储气库群7座储气库建设，其中卫11储气库创国内同类型储气库建设周期最短纪录；建成国内最大储气库群，库群规模达145.5亿立方米；形成的技术可全面支撑中国石化2035年建成300亿立方米调峰能力，推动国家中长期战略储气能力目标实现。2021—2023年，中原储气库群累计采气44.46亿立方米，实现季节调峰、干线突发事件应急供应90余次，新增销售金额38.53亿元，新增利润12.42亿元。该项目获2023年度集团公司科学技术进步奖一等奖。

（陶　岚）

【高酸性气田长周期安全生产关键技术研究与应用】 2020年1月—2023年12月，中原油田分公司与安全工程研究院等5家单位联合完成集团公司“十条龙”“高酸性气田长周期安全生产关键技术研究与应用”项目。该项目形成的技术、标准和规范成为国内酸性气田安全生产模板，推广应用到元坝、川西等酸性气田，普光分公司承揽中国石油西南油气田分公司铁山坡气田原料气委托加工项目。该项目实施以来，普光气田累计生产天然气245.41亿立方米、硫黄500.92万吨，利润101.44亿元，节约维修作业费用2.49亿元，新增中国石油来气加工创效4.8亿元/年。该项目获2023年度集团公司科学技术进步奖一等奖。

（张淑红）

2023年2月17日，普光气田采用核心技术“智能安全控制系统”的大湾403集气站远景（白国强　摄）

【高温硫化氢超深气井缓释型泡排剂的研制与应用】 2020年1月—2022年12月，中原油田分公司完成“高温硫化氢超深气井缓释型泡排剂的研制与应用”项目，针对普光气田开发中后期气井产水、积液进而停产，常规泡排剂在井深大于6000米时硫化氢含量高不适用等难题，开发超深井高效泡排剂及适应高含硫化氢气体的排液采气新技术。井筒缓释泡排剂在普光气田应用超深井5口，集输管道连续排液技术应用集输管线3条，工艺成功率100%，减少清管作业105次，增产天然气4500万立方米。该项目获2023年度集团公司技术发明奖二等奖。

（张淑红）

【自主研发静态磁聚焦阵列套变监测技术获PCT国际专利授权】 2023年，中原油田自主研发静态磁聚焦阵列套变监测技术获PCT国际专利授权，此项专利中文名称是“一种井下电磁测井仪”，意大利专利号112022000149982。针对普光气田高含硫气井及超深井的套变情况监测的难题，中原油田创新研制世界首套静态磁聚焦阵列套变监测仪，实现隔着油管对套管全井周进行三维扫描监测，并克服电磁场多维传导空间的多解性难题，首创静态磁聚焦阵列套变三维成像解释方法，填补油管内套变三维成像评价的空白。截至2023年底，该技术在普光气田应用10井次，准确监测套变状况，预防套管破裂引起重大事故，有效保障气田的安全平稳生产；该技术应用于储气库的井况监测，有效指导储气库水泥承留器坐封、验套、封堵等措施的实施，为老井安全利用及储气库高效建设提供强有力的技术支撑。

（张　雨）

【铁山坡气田原料气委托加工项目正式签约】 2023年4月21日，中原油田普光分公司（达州天然气净化有限公司）与中国石油西南油气田分公司川东北气矿合作的铁山坡气田原料气委托加工项目正式签约，3年合同金额12.8亿元。该项目是国家能源局推进国家天然气产供储销体系建设、保障国内天然气增产增供需求的重点项目。5月28日，铁山坡气田的高含硫天然气正式接入中国石化普光气田的输气管网及净化系统。6月2

日，铁山坡气田硫黄首次在天然气净化厂实现外运，当天装车外运硫黄 441.9 吨。至此，铁山坡气田天然气原料气在普光气田委托加工涵盖“天然气集输净化—硫黄生产—硫黄装车”整套工艺流程，标志着“中国石油—中国石化”在保障能源供应、促进油气行业发展方面进一步深化合作。

（张　雨）

【油田产能建设情况】 2023 年，中原油田开展“强基固本、提能增产”专项行动，新增原油 SEC 储量 156.98 万吨，超产原油 2.81 万吨，实现连续 4 年稳定增长。“滚评建”一体化推进区带评价，新增可动用储量 429 万吨，增加 52 万吨。加快储量效益转化，坚持“四精”建产理念，提升方案质量，优化工艺配套，百万吨产建投资下降 1.6 亿元，新井产能完成率 102%，新建产能 12.25 万吨。深化“五精”开发，创建油藏四级治理模式，加强“一块一策”管理，实施注水井、长期未检管井专项治理，分注率提高 1.6 个百分点，水驱动用程度提高 1.2 个百分点，油藏稳升率保持在 75% 以上，自然递减率连续 4 年控制在 10% 以内、保持上游领先水平。加大“三采”研究力度，实施中高渗油藏长周期气水交替驱、低渗油藏二氧化碳驱 8 个单元，复杂断块油藏二氧化碳吞吐 6 井次，年注气量 3.9 万吨，年增产原油 1.26 万吨，产量提升 30%。内蒙古拐子湖注水先导试验有序推进，“降黏剂＋二氧化碳”稠油冷采实现突破，先导试验井吉 2- 平 7 井进行单井吞吐试验，初期自喷日生产原油 7 吨，阶段累计增产原油 230 吨。

（张　雨）

【天然气储量替代率首次突破 100%】 2023 年，中原油田坚持常非并举、海陆并进、少井高产，深入推进海相稳产、通南巴上产、陆相攻关、东濮增产，新增天然气 SEC 储量 64.2 亿立方米，储量替代率首次突破 100%，超产天然气 2.87 亿立方米。强化老区控水控硫，高效完成普光主体、大湾区块调整方案，湿气增压试验显现增产空间，复合治硫技术大力推广，边底水推进有效控制，全年无新增水淹停产井，综合递减率保持在 9.21%，采收率提高 2.46 个百分点。紧跟勘探步伐，推动产能建设，老君新区建成，通南巴日产量同比翻番、达 40 万立方米，马 3 块深层高压致密气试获高产气流，边远气井依托 LNG 回收技术实现颗粒归仓，累计生产天然气 930 万立方米。东濮老区深化户部寨综合治理，加强凝析气藏注气保压开发，生产天然气 2.4 亿立方米、超产天然气 0.4 亿立方米。

（张　雨）

【“安全环保管理强化年”专项行动】 2023 年，中原油田持续推进安全环保工作巩固提升，开展“安全环保管理强化年”专项行动，强化管理，压实责任，保障油田持续高质量发展。行动包含坚持思想引领，强化安全文化培育；深化体系运行，压实安全环保责任；强化“三基”工作，夯实基层管理基础；聚焦本质安全，强化风险隐患管控；强化专业管理，从严过程安全管控；严抓现场监管，强化承包商及直接作业环节管控；突出科技强安，提升安全技术水平；推进绿色低碳，强化能源环保管控 8 项内容。截至 2023 年底，部署专项行动任务 96 项，整改隐患治理项目 29 项；严格直接作业环节监管，督查现场 1.04 万个，高风险作业数量下降 32%，查处“低老坏”问题 1277 项，“低老坏”行为发生率下降 52.5%，油田年度风险总值下降 15%；实施承包商短名单退出机制，强化外部承包商准入审查和业绩考核，查处承包商问题 1869 个，经济处罚 351 人、罚款 73.78 万元，停工整顿 8 家，承包商数量压减 60%。强化风险识别管控和隐患排查治理双重预防机制建设，应用集团公司双重预防数智化管控平台，线上上报问题隐患，隐患整改率 100%；强化风险承包督导，跟进月度施工风险识别管控，214 项月度施工风险全面受控。完成 HSE 和技术监督节能检查考核，检查基层队（站）515 个、生产施工现场和关键装置要害部位 323 个，查改安全问题 1220 项、公共安全问题 171 项、环保问题 269 项、技术监督问题 1493 项、节能减排问题 315 项。打好污染防治攻坚战，东濮老区全面实现钻井液不落地，工业固体废物综合利用率 96.5%；建成油田能源管控中心，优化地面工艺系统，推进碳中和示范站场建设，节能降碳指标控制在计划以内，绿色企业创建连续保持集团公司 A 档前列。健全完善质量管控体系，开展质量管理有效性评价，抓实设计、产品、运维等五大质量管理，外销产品合格率 100%，作业施工一次合格率 99.7%；强化质量改进创新，获省部级及以上优秀 QC 成果 20 项。

（李 丽）

【转型升级产业建设情况】 2023 年，中原油田分公司加快打造绿色能源供应体系，统筹推进战略新兴产业建设。储气库运营优化创效。加快提升储气库调峰能力，多类型储气库建设及运行关键技术达到行业领先水平，文 24 储气库建成投产，清溪等 5 座储气库超额完成注气任务，卫 11、文 13 西、白 9 储气库被评为集团公司优质工程，实现储转费收入 2.96 亿元，自营库容租赁创收 0.52 亿元。外部市场效益贡献稳步增长。持续做强“中原服务”品牌实力，高端业务占比逐步扩大，新增项目合同金额 4.5 亿元、增长 77.6%，边际效益率 68.7%，全年创收 15.6 亿元、保持年增幅超 10%。余热光伏实现协同降本。推动“集中 + 分布”光伏项目标准化建设，盘活土地 0.48 平方千米，全年新增光伏发电装机规模 50 兆瓦，累计装机规模 69 兆瓦，全年光伏发电 3978 万千瓦・时，绿电消费占比 17.5%，年减少电费支出 1300 万元。建成濮三中转站“余热 + 光伏”综合利用项目，年节气 140 万立方米。绿氢制取进入量产阶段。积极融入河南省郑汴洛濮“氢能走廊”产业布局，加大全产业链协调力度，国内首个兆瓦级 PEM 制氢项目形成工业产量，年累计生产氢气 116 吨，氢气纯度达 99.9995%，被评为河南省绿色低碳标志性项目。

（陶 岚）

2023 年 5 月 19 日，中原油田新建的 30 兆瓦光伏发电设备现场（马洪山 摄）

【文 24 储气库注气投产一次成功】 文 24 储气库位于河南省濮阳县文留镇，紧邻已建成投产的文 13 西、文 96 储气库，依托处于枯竭期的中原油田文中油田文 24 气藏建成，库容气量 5.51 亿立方米，工作气量 2.56 亿立方米，设计日注气量 160 万立方米，日采气量最大可达 300 万立方米。2023 年 4 月 3 日，中原油田文 24 储气库注气投产一次成功，标志着国内华北地区最大地下储气库群再扩容，总库容气量累计 127.62 亿立方米，工作气量累计 54.12 亿立方米，为华北地区、黄河流域的季节调峰、应急供气提供保障。截至年底，文 24 储气库第一周期总累计注气 1.24 亿立方米、采气 0.08 亿立方米。

（陶 岚）

【中原油田首套碟式太阳能集热系统投入试运行】 2023 年 11 月 26 日，中原油田首套碟式太阳能集热系统在文卫采油厂卫 40 号计量站投入试运行。该系统是油田首次应用光热 + 蓄热 + 谷电技术路线的“光电蓄”一体化综合利用试点项目，通过集热装置将太阳辐射能聚焦后转化为热能，加热井口来液，替代传统井口天然气加热炉或电加热设备，实现绿色能源的高效应用。集热装置采用双轴技术能全天候对太阳进行自动跟踪，提高太阳能聚光倍率和集热效率，谷电加热配合系统使用可 24 小时连续供能，系统采用智能化控制、信息化监测，年可节约电能 17.36 万千瓦・时，减排二氧化碳 99 吨。该项目的建成投产，为油田井场站库实现碳中和目标先行示范积累可行经验。

（陶 岚）

【党建引领保障】 2022 年，中原油田认真落实全面从严治党要求，扎实开展两批主题教育，全力推动党建优势向发展优势转化。构建“六学联动”理论学习机制，开展“1+9+N”调研活动，项目化分解改革发展任务，完成问题整改 86 项，在集团公司层面交流 3 次，在省部级以上媒体刊发经验做法 56 次。开展“推动三个稳增长・我们怎么干”大讨论，举办庆祝中国石化成立 40 周年系列活动，推动“四同四提”融合向基层延伸，建强基层党组织，提高支部书记履职能力，探索形成川东北工区、油气生产等区域党建共建特色做法。从严“四风”纠治和廉洁风险防控，严抓党组巡视、党委巡察问题整改。推进“一心三园四区”优化升级，完成前线食堂、大学生公寓提升改造，中原油田展览馆成为河南省爱国主义教育基地。健全“我为群众办实事”长效机制，依法依规化解信访遗留问题，办理实事 373 项，员工满意度 99.75%；强化员工健康管理，推进普惠服务，开展爱心帮扶等活动 1235 次，发放救助金、慰问金金额 960 万元；开展甘肃东乡教育帮扶，驰援河北涿州抢险救灾，彰显“党和人民好企业”形象。修订完善《民主管理工作实施细则》，职工代表大会审议通过涉及改革发展和员工切身利益的重要议案 3 项；推进“公开解难题、民主促发展”主题活动，采纳实施职工代表专项提案 123 件、专项巡视意见建议 149 条，提案处理率 100%、满意率 100%。

（张淑红）

2023 年 10 月 9 日，中原油田党员突击队在普光分公司天然气净化厂进行储罐受限空间作业（汪作庆　摄）

表 1　中原油田主要技术经济指标　亿元

指标名称＼年份	2023	2022	2021	2020	2019	2018
企业总产值①	184.39	204.90	186.07	145.85	169.58	140.06
企业增加值①	129.62	100.55	91.95	72.96	67.38	65.83
资产总计	466.65	414.28	398.73	380.98	416.44	279.24
流动资产	90.76	82.65	63.80	31.25	43.28	39.28
固定资产原值	434.78	417.74	391.55	392.00	384.97	359.36
固定资产净值	109.95	111.03	101.79	125.89	134.65	137.09
销售收入	218.56	216.37	199.38	127.91	151.97	149.84
实现利税	29.61	30.69	20.79	8.72	0.54	9.83
税　金	24.60	28.26	20.63	14.51	18.26	20.79
综合能耗②/吨标煤·万元$^{-1}$						
中原石油勘探局	0.071	0.079	0.094	0.104	0.241	2.32
中原油田分公司	0.685	0.665	0.655	0.589	0.60	0.597

①分公司企业总产值 / 增加值即工业总产值 / 增加值
② 2018 年数据为工业综合能耗，其他年份数据为综合能耗

（彭　露　任顺顺　马　珺）

表 2　中原油田主要生产建设指标

指标名称 \ 年份	2023	2022	2021	2020	2019	2018
原油产量 / 万吨	128.81	127.50	125.39	125.11	124.00	125.34
天然气产量 / 亿立方米	68.87	66.16	69.45	64.05	70.68	65.62
新增原油生产能力 / 万吨	12.25	8.66	8.03	10.20	9.55	7.74
新增天然气生产能力 / 亿立方米	7.30	7.03	4.88	4.62	2.93	1.05
新增探明石油地质储量 / 万吨	522.68	426.63	570.03	305.18	236.82	643.07
新增探明天然气地质储量 / 亿立方米	243.16	0	12.40	31.60	72.46	10.20
二维地震 / 千米	0	0	0	0	0	190.00
三维地震 / 平方千米	145.30	33.22	224.00	0	31.00	63.00
探井①/ 口	21	28	25	24	25	17
开发井①/ 口	56	43	23	37	31	14
勘探投资 / 亿元	10.38	10.06	9.72	7.22	7.99	6.82
开发投资 / 亿元	27.42	18.95	14.32	14.79	16.55	11.31

①探井、开发井均为完井口数

（张新科　曹延军　崔艳军）

河南油田

【概况】 河南油田为中国石化集团河南石油勘探局有限公司（简称河南石油勘探局）和中国石油化工股份有限公司河南油田分公司（简称河南油田分公司）的统称。其前身组建于 1972 年 5 月 1 日。1998 年，河南油田由中国石油天然气总公司划归集团公司。2000 年 1 月，河南石油勘探局和河南油田分公司分设分立。2012 年 9 月—2013 年 9 月，河南油田钻井公司、物探公司、油建公司等 7 个二级单位完成石油工程专业化重组，划归石油工程公司管理。2017 年 9 月，中国石化集团河南石油勘探局改制更名为中国石化集团河南石油勘探局有限公司。

河南油田是以油气生产为主，集油气勘探、开发、精蜡化工、施工作业、辅助生产和社会服务于一体的国有大一型企业；矿权范围地跨河南省南阳、驻马店、周口、漯河，陕西省咸阳、铜川、延安和新疆维吾尔自治区巴音郭楞蒙古自治州、伊犁哈萨克自治州 9 个市（州）。本部设在河南省南阳市宛城区油田五一路中段，其所属新疆采油厂注册地位于新疆维吾尔自治区巴音郭楞蒙古自治州焉耆回族自治县城。截至 2023 年底，河南油田有探矿权区块 11 个、面积 4023.21 平方千米，采矿权区块 8 个、面积 2074.66 平方千米。油气资源总量达 13.62 亿吨，发现 16 个不同类型的油气田，累计探明石油地质储量 4.05 亿吨、天然气地质储量 130.65 亿立方米，投入开发 16 个油气田，累计生产原油 9337.98 万吨、天然气 32.75 亿立方米。

河南油田实行勘探局、分公司一厂（中心、院）两级管理体制。截至 2023 年底，河南油田设管理部门 17 个、机关直属机构 5 个、分公司派出机构 1 个、二级单位 15 个，其中河南油田分公司下属 10 个、河南石油勘探局下属 5 个。有 134 个基层单位。全油田有党委 16 个，其中河南石油勘探局和河南油田分公司单位党委 15 个、移交单位党委 1 个，基层党总支 5 个，党支部 203 个（含直属党支部 2 个）；党员 5357 名，其中在职党员 4968 名、非在职党员 389 名。有合同制员工 8887 人（河南油田分公司 6035 人），其中有正高级职称的 44 人、高级职称的 2097 人、中级职称的 1196 人、初级职称的 740 人；享受政府特殊津贴的 4 人，集团公司突出贡献专家 7 人，获闵恩泽青年科技人才奖的 13 人，学术、技术带头人 3 人。有高层次技术、技能人才 148 人，其中高层次技术人才 81 人（油田首席专家 3 人、高级专家 17 人、专家 61 人）、高层次技能人才 67 人（集团公司技能大师 3 人、油田首席技师 11 人、主任技师 53 人）。

河南油田主要技术经济指标和主要生产建设指标分别见表 1 和表 2。

（郭运平　韩　伟）

【完成油气生产任务】 2023 年，河南油田新建产能 13.87 万吨，落实商业开发储量 343.27 万吨。生产原油 113 万吨（三采区块 29.08 万吨），其中老井自然产量 100.03 万吨、新井产量 6.34 万吨、措施增加产量 6.63 万吨。生产天然气 7713 万立方米，其中溶解气 2588 万立方米、气层气 5125 万立方米。年末综合含水率 94.01%，自然递减率 12.58%，稠油热采吞吐油汽比 0.19。

（郭运平）

【控制储量完成情况】 2023 年，河南油田计划新增控制石油地质储量 500 万吨，实际完成新增控制石油地质储量 803.93 万吨，完成年计划的 160.79%。新增储量地区：旬邑－宜君探区东湾 1HF 井区三叠系延长组长 7 段油藏划分为 1 个计算单元，新增含油面积 18.05 平方千米，控制石油地质储量 652.73 万吨，石油技术可采储量 52.22 万吨；付湾地区付浅 2、付湾 1 等井区古近系核桃园组油藏划分为 5 个计算单元，新增含油面积 0.82 平方千米，控制石油地质储量 151.20 万吨，石油技术可采储量 16.63 万吨。

（韩　伟）

【能源化工生产】 2023 年，河南油田能源化工加工原料油 17.03 万吨，生产产品量 17.89 万吨，销售产品量 18.87 万吨，实现经营收入 11.76 亿元。开发特种蜡新产品 7 个：NYTM-203 木材专用蜡、NYTS-206 号专用蜡、NYTS-207 号专用蜡、NYTX-208 号橡胶防护蜡、NYTX-209 号橡胶防护蜡、NYTX-212 号橡胶防护蜡、NYTZ-103 号复合蜡。特种蜡产品共有 27 个品种、143 个牌号。

（郭运平）

【科技创新】 2023 年，河南油田完善科研体制机制，推进科技铸剑工程，实施一体化攻关，开展科技攻关项目 82 项，其中集团公司级 20 项、油田级 62 项（铸剑项目 8 项）。完成科技项目 50 项。获省部级科技进步奖 6 项。其中，“复杂断块油藏化学驱提质增效关键技术及示范工程”“浅薄层稠油油藏高周期蒸汽吞吐后期高效开发关键技术”获河南省科技进步奖三等奖；“春光探区白垩系隐蔽油藏精细勘探技术与实践”获集团公司科技进步奖二等奖，“河南油田聚合物驱区块复合解堵技术研究”“泌阳凹陷薄层岩性油藏滚评建一体化效益开发关键技术”“碳纤维连续

2023 年 1 月 10 日，铜川油气开发公司 WT85 井台压裂施工现场（刘红欣　摄）

抽油杆深井举升关键技术研究与应用”获集团公司科技进步奖三等奖。评出河南油田2023年度科学技术奖励31项。申请专利120件，其中发明专利56件；获授权专利59件，其中发明专利19件。

（韩　伟）

【安全环保管理】 2023年，河南油田落实集团公司工作部署，推进“安全管理强化年”专项行动和绿色企业创建。开发应用十大体系管理工具，完善基层班站HSE工作手册，建立“一厂一策”审核实施细则。完成“安全管理强化年”专项行动部署的95项任务，两级领导承包的127项安全风险全面受控；落实油田级8项风险126项管控措施，风险总值下降18.50%；完成重点推进的隐患治理项目20项。完成绿色行动重点任务51项，绿色基层创建达标率100%，“无废企业”创建试点工作通过集团公司验收；推进光伏发电、风能发电、地热利用等新能源建设，优化绿色能源结构，促进油田清洁、绿色发展。落实HSE月度会、周工作会，加强重点问题溯源分析，加大视频督查、现场检查力度，在发现问题数上升17%的前提下，“三类问题”（重复性问题、普遍性问题、典型性问题）占比保持下降趋势。“3531”（三类问题、五个方面回归溯源分析、责任倒追三级、一事一通报）问题追踪模式在上游企业推广。

（郭运平）

【保效增效】 2023年，河南油田加大成本管控力度，成立三采、电费管控、燃料费管控等“十大保效增效”项目组，实现降本增效2亿元。燃料费管控项目组通过优化压减油汽比低于0.12的稠油产量0.50万吨，综合油汽比由0.17提升至0.19，降低燃料费1218万元。作业费管控项目组“坚持自己的活自己干”，整合闲置资源，盘活内部市场，清退外部队伍30支260人，引入社会化用工100人，增强内部作业服务保障能力，东部市场占有率提升至100%，减少外委作业费2000万元。电费管控项目组制订“峰谷分时”用电方案，创新实施优化选井条件、优化间开时间、优化间开时长、优化过程管控、降低提液单耗的“四优一降”工作法，累计减少电费497万元；加快光伏发电项目实施，推进风电合作项目，自建光伏项目4个、合作光伏项目2个、合作风电项目1个，年新增发电量6514万千瓦·时、节约购电成本1455万元。非生产性支出项目组扩大非生产性支出管理范围，下发《关于大力压缩非生产性支出的通知》，制定压降措施23项，将压降目标细化分解到各单位、各部门，全年节约非生产性支出380万元。

（韩　伟）

【工程建设】 2023年，河南油田完成工程项目投资13.89亿元，其中河南油田分公司完成投资13.68亿元、河南石油勘探局完成投资0.22亿元。河南油田分公司重点项目完成南阳、泌阳、春光、焉耆、渭北区域勘探钻井26口、进尺6.51万米；完成双河、井楼、古城、王集、春光、渭北等区块产能建设钻井107口、进尺18.49万米，建井133口，产能13.87万吨；完工投用“双河油田北块II4-5层系聚驱后非均相复合驱工程”“王集油田泌161、泌162断块非均相复合驱工程”“双河油田VII1-3层系聚微乳液驱先导试验工程”等16个工程项目，开工建设“江联3#5000立方米污水沉降罐隐患治理工程”“采油一厂第二批集输管线隐患治理工程”“双联污水脱硫塔隐患治理工程”等7个工程项目。河南石油勘探局重点项目完成“下二门原作业九队光伏发电项目”“双运小区场地光伏发电项目”“培训中心原驾校场地光伏发电项目”“原钻井实习工厂光伏发电项目”“钻井岩屑减量化处理工程”。

（郭运平）

2023年8月23日，河南油田水电厂员工开展光伏发电站施工作业（李如飞　摄）

【节能工程】 2023 年，河南油田加强节能技术推广应用，落实能效提升和碳减排项目，丰富节能降碳技术手段，运用管理节能、技术节能、工程节能、结构节能等方法，在机采、注水（聚）、注汽、集输、生产辅助、新能源利用等系统，实施“井楼油田注汽管网热采全程保干改造工程”“采油一厂高耗能落后电机更新工程”“新疆采油厂高耗能落后电机更新改造工程”等节能技术措施项目 29 项，节约标准煤 1.20 万吨，减少二氧化碳排放量 3.50 万吨，完成年度节能目标。

（韩　伟）

【新能源发展】 2023 年，河南油田加强矿区及周边地区风、光、热等资源普查评价和利用研究，为新能源项目部署奠定基础。推进风电、光伏发电、余热等新能源项目的论证、设计和建设，全年计划安排新能源项目 13 个，油田自行投资项目 4 个。制订实施计划，优化招标、采购、施工、投产环节，缩短采购周期，抓好建设与投运衔接，推动闲置资产盘活和项目建设创效。与国家电力投资公司开展生产用能替代、余热利用、储能等洽谈合作，与新星公司开展油田西部新能源合作开发，与中国船舶重工集团有限公司、国家电力投资公司、北京天润新能投资有限公司等开展风电项目合作洽谈，与新星公司等中央企业专业公司开展光伏发电合作洽谈，通过多家竞标，加大竞标让利力度，降低风电、光伏购电价格，加强与国内主要风电光伏厂商对接交流，获取技术支持，降低项目投资风险。坚持试点先行，推进多能互补应用，注重油气增产与新能源开发深度融合，构建多能互补、安全可靠的新型能源体系。优化完善油井“光热 + 伴生气 + 谷电 + 储热”多能互补技术方案和设计方案，研究光热、光电用能替代。

（郭运平）

【深化改革】 2023 年，河南油田推进深化改革提升行动，研究制定深化改革指导意见及相关配套方案，从 8 个方面提出 32 项重点任务措施，确保各项改革任务落地见效。推行油田机关部门“大部制、大办公室制”深化改革，管理部门和直属机构内设机构数由 130 个减少到 81 个，减少 49 个，压减 37.70%。编制印发深化采油厂直管班站改革指导意见，构建厂直管班站模式，推进采油厂厂直管班站深化改革。将采油厂科研“两所”（地质研究所、工艺研究所）除承担全厂管理类业务以外的其他科研相关业务人员对口划转到研究院和工程院，完善科研人员“双重管理”机制，完成科研人员一体化集中管理。坚持一体化统筹、专业化管理、市场化运作，明确发展定位，推进业务整合，压减直属单位 2 个，完成矿区业务改革调整。编制《南阳能源化工有限公司经营业务调整工作“1+N”方案》，完成装置“停 7 开 5”调整，在石化系统内分流安置人员 200 人，完成经营业务调整，奠定实现“油转特”专业化、差异化发展的基础。

（郭运平）

【外部市场开发与管理】 2023 年，河南油田外闯市场按照“提规模、调结构、增效益、防风险”工作思路，修订《外闯市场管理办法》《河南油田绩效考核办法》相关条款，完善《外部项目 HSE 督导检查》制度，激发员工外闯市场积极性，提升外部项目 HSE 管理水平。拓展规模市场，稳固西北市场、东北市场、石油勘探开发研究院等规模市场。组建西北油气服务项目部，实现对西北市场的统一组织、管理、协调，推进合作模式由劳务输出向业务大包和承揽转型。实施成建制开拓效益规模项目新路径，退出“零、散、小”和低效项目 20 余个，高附加值技术服务和社会服务项目占比保持在 60% 以上，优化外部市场结构。

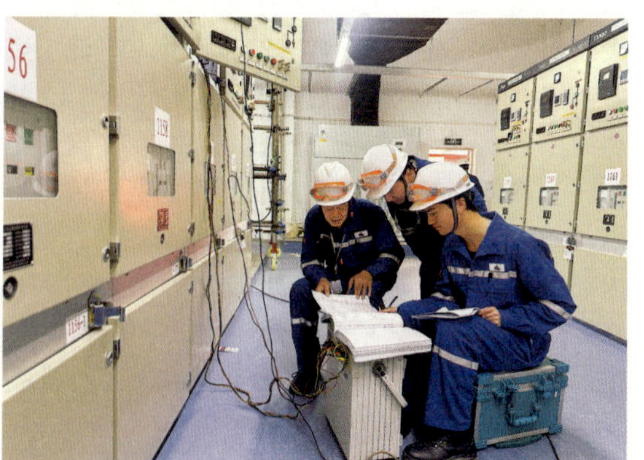

2023 年 11 月 23 日，河南油田水电厂外闯市场员工在广东省惠州市大亚湾石化区中海壳牌二期大修场地测试高压配电柜仪器仪表（李聚辉　摄）

开拓西北油田、辽河油田、延长油田高端市场。承揽系统内国际石油工程公司的“墨西哥 Ebano 区域三维地震体断裂和流体流动性综合研究”、石油勘探开发研究院的“哈萨克斯坦 TW 油田和加拿大 ELMworth、Brazeau 气田基础油藏描述研究”；系统外中国海油的“乌干达地质油藏技术支持”和洲际油气“阿尔巴尼亚 PM 油田开发技术支持”等海外高端油气技术服务项目，提升创效能力。

（郭运平）

【旬邑－宜君探区长 7 段致密油勘探成果】 2023 年，河南油田按照“去泥找砂，砂中找好砂”的思路，针对旬邑－宜君探区长 7 段开展波形指示 GR 反演、波阻抗反演等储层预测技术攻关，精细刻画有利砂体展布，落实多个岩性圈闭。利用渭北 4 井台，针对长 7_1 亚段、长 7_3 亚段分别部署东湾 1HF 井、东湾 1XHF 井，均钻遇厚油层。对东湾 1HF 井分 14 段 64 簇进行压裂，液量 2.37 万立方米，砂量 3297.18 立方米；液量返排率 1.10% 见油，采用螺杆泵投产，截至 12 月 31 日，稳定日产油 9.50 立方米，最高日产油 13.30 立方米，累计产油量为 955.50 立方米，取得长 7 段致密油勘探突破。在东湾 1HF 井区长 7_1 亚段新增控制储量 652.73 万吨，长 7_2 亚段、长 7_3 亚段发育多套厚层砂岩，成藏条件优越，在长 7 段 3 个亚段初步落实圈闭群 6 个，资源量 4628 万吨。

（韩　伟）

【油田开发成果】 2023 年，河南油田聚焦“储量动用、产量优化、效益提升”3 个重点方向，解放思想，创新攻关，完成产量效益指标。全年新增 SEC 经济可采储量 137.80 万吨，超年计划 23.80 万吨。加大渭北、春光区域水平井组的应用，在少钻新井 16 口的情况下，多产油 1.40 万吨。形成春光、张店两个百万吨增储阵地，落实可动用储量 343 万吨，超计划 143 万吨。优化调增新井、低成本水驱产量 1.60 万吨，调减高成本措施产量、稠油热采产量 1.20 万吨，原油总产量超计划 1 万吨。开展水驱提质增效示范区建设，拓展提升稠油热采效益途径，自然递减率控制在 12.60%，降低 0.95 个百分点。井楼中区热化学复合驱实验区，日产量由 7 吨升至 50 吨，采收率提高 18 个百分点。三采技术迭代升级，全年增油 14.50 万吨，三次采油增产进入第三个高峰期。

（郭运平）

【泌阳凹陷薄层岩性油藏滚评建一体化效益开发关键技术】 2023 年，河南油田针对泌阳凹陷岩性油藏有效储层厚度（3—5 米）远小于地震分辨极限，常规地震技术预测难度大，构造、圈闭精准落实难度大等问题，攻关泌阳凹陷薄层岩性油藏滚评建一体化效益开发关键技术。建立“井震尺度匹配定响应、地震属性聚类定趋势、波形累计差异反演定边界”的“三定”相控薄储层预测方法，3 米及以上厚度砂层预测符合率 85%；形成以井震两步法深度误差校正技术为核心的深度域地震资料解释技术，提高构造刻画精度，构造深度误差由 55 米缩小到 8 米以内，控藏断层井震误差由 35 米缩小到 11 米；形成岩性油藏矢量化井网、“井工厂”及薄层水平井效益开发技术，薄油层水平井钻遇率由 68% 提高到 91.30%，单井日产油量由 4.20 吨提升至 12.60 吨。该技术应用于泌阳凹陷古城、下二门、双河－赵凹等地区，形成泌 125-7、赵 91、下 37 等 6 个滚评建一体化增储建产示范区，实施井位 93 口，新增可动用石油地质储量 487 万吨，新增经济可采石油地质储量 119 万吨，新建产能 11.30 万吨，阶段累计产油量 11.20 吨，新增产值 3.86 亿元，钻井、采油、地面投资折耗费 9300 万元，原油操作成本 1.82 亿元，直接经济效益 1.11 亿元。

（韩　伟）

【技术推广应用】 2023 年，河南油田坚持科技产出效率，注重成果转化应用，结合油田攻关取得的科技成果后评估情况和现场实际需求，制定成熟技术成果转化应用目录，33 项成果应用效果明显，阶段增储 528 万吨，增油 5.90 万吨，增注 31 万立方米。推进复合热流体技术推广应用，在泌浅 10 区等区块实施 105 井次，阶段产油 1.19 万吨，阶段增油 5814 吨，吨油操作成本由 3765 元下降到 2032 元，阶段提高采收率 0.35%。研发的降黏复合驱技术先后在泌 276、春 2-04 等 5 个区块 10 个井组推广应用，阶段增油 5390 吨，形成一套可复制、可推广的降黏复合驱技术。

（郭运平）

【基础管理提升】 2023 年，河南油田坚持查短板、抓整改、促提升，推进基层管理水平提升。组织完成“三基”工作检查，整改复核问题 709 项。推荐 13 支队伍参加股份公司第十届“五项劳动竞赛”评比，河南油田分公司被授予优秀组织单位、采油一厂被授予红旗采油厂、采油二厂被授予优胜采油厂、采油一厂地质研究所等 11 个单位被授予金、银牌队伍称号；采油一厂、采油维修 1 队、稠油联合站 3 家单位典型做法在上游板块交流。开展“三基”工作考评和标杆推荐工作，向集团公司推荐先进单位 3 个；在集团公司“三基”工作评价中，采油维修 1 队被评为先进基层单位。开展对标提升行动，健全 3 级对标指标体系，细分 8 个专业领域 41 项重点工作，配套制定 142 项提升措施；在集团公司对标管理提升排名中，河南油田分公司 18 项指标有 9 项指标持续提升，河南油田勘探局 10 项指标有 6 项指标明显提升、综合排名由第 9 名提升到第 6 名；铜川油气开发公司在采油厂综合排名中位列第一，井下作业、公务公车在专业化队伍中均排名第三。

（郭运平）

【业务竞赛】 2023 年，河南油田组织开展井下作业、风控内控、基层安全 3 项专业竞赛，集输工、采油工、采油测试工、热注运行工、白土补充精制装置操作工、变电站值班员 6 项技能竞赛。各单位层层开展岗位练兵、培训选拔，300 余名选手参加决赛。53 名选手分获各专业、工种竞赛名次，并获油田技术能手称号；6 人被授予技师职业资格；郭亮、彭炜、李前、郑伟华、马飞、徐嘉、贺卫国、李新志、李林卿 9 人获业务竞赛优秀导师称号；采油一厂、采油二厂、采油气工程服务中心等 6 个单位获优秀组织单位称号。选派 10 名选手参加全国井下作业工具工和集输工竞赛，获个人金牌 1 枚、银牌 1 枚、铜牌 1 枚，河南油田获团体三等奖；组织 11 名选手参加集团公司井下作业专业和采油测试工竞赛，获个人铜牌 1 枚。

（韩　伟）

【大学习大讨论】 2023 年，河南油田以学习贯彻集团公司总经理赵东到河南油田调研讲话精神为重点，在全体干部员工中开展“推进老油田焕发青春，提升可持续发展能力，我们怎么干？”大学习大讨论。油田领导班子成员聚焦高质量发展的难点、痛点、堵点带头“领题”，带领分管部门、单位共同“答题”，对标讨论，查摆问题短板，剖析症结根源，传达关爱、凝聚共识、提振信心、校准方向、激发潜力。通过学习讨论，解放思想，打破勘探开发、科技创新等 5 个方面 22 条不合时宜的旧思想、老观念；细化形成油田“十四五”后 3 年的工作举措，明确 7 个方面 28 项具体任务和 4 个方面 16 项措施清单。通过大学习大讨论的开展，油田上下达成“老油田不老”“自立自强求生存”的共识，坚定“资源有限、创新无限”“油田下面找油田”的信心，增强端牢能源饭碗的志气，营造敢干、敢为、敢首创的氛围，提升队伍士气，推动各项工作稳中有进、提质提效。

（郭运平）

【教育帮扶】 2023 年，河南油田与集团公司综合管理部结对帮扶河南省信阳市光山县北向店乡初级中学，油田成立由党政正职为组长的帮扶工作领导小组。针对学校硬件环境差、课桌椅破旧等问题，添置学生课桌 300 套、教师桌椅 70 套，捐赠电脑 60 台、空调 33 台。举办“石化圆梦、扬帆启航”暑期研学活动，组织 38 名师生走进油田，开展团队建设和心理辅导，参观油田文化馆、河南油田发现井，到油田作业队、联合站、计量站，感受油田发展历程，体会石油人奉献精神，厚植爱国主义情怀。开展“手拉手、一助一”助学活动，组织 25 名中层干部与 25 名贫困学生现场结对认亲，捐赠书包、衣服、助学金，对贫困学生进行生活救助，心理关怀，实施全程式助学、跟踪帮扶，直至完成大学学业。开展“开学第一课”活动，奖励 10 名优秀教师各 1000 元和 30 名优等生各 500 元，组织油田劳模、优秀青年讲述石油工人感人故事和学习成长心得感悟，上“思政课”，涵养进取之心、砥砺奋斗之志。提升办学硬件条件，丰富校园文化建设，开展姊妹校结对共建，强化师资力量培训，设立教育激励和贫困助学专项基金，开展优才生帮扶、志愿支教、石油精神进校园等活动，把教育帮扶打造成示范工程、暖心工程和希望工程，以实际行动践行中国石化“党和人民好企业”形象。

（韩 伟）

2023年11月28日，河南油田与集团公司综合管理部为结对帮扶的河南省信阳市光山县北向店乡初级中学捐赠电脑、空调（石正文 摄）

【推进全面从严治党】 2023年，河南油田落实新时代党的建设总要求，坚持务实创新融合，加强政治优势转化，党建质量实效持续提升。健全党委“定”和“议”事项清单，确保“两清单”与内控权限指引有效衔接；在采油一厂、采油二厂推行党委书记全面负责制，推动党的领导在基层有效落实。思想引领持续发力，举办庆祝中国石化成立40周年系列活动，创办《油田手机报》，编发138期，学习宣传先进典型事迹，凝聚精气神，传递正能量，油田党校通过验收成为集团公司党校分校。优化调整基层党组织设置，推进党建工作与生产经营、科技创新、“三基”工作、安全环保深度融合，两个实践案例入选中国石化优秀案例。在全油田范围内实施17个中层副职职位和12个专家职位竞争性选拔，邀请集团公司18个部门和油气和新能源板块企业49名业务领域领导、专家全程参与，实施全封闭管理，促使一批优秀干部脱颖而出，提升选人用人公信度，调动干部人才队伍积极性。突出“严”的主基调，开展党性党纪党规教育，推进党委巡察、审计监督，深化公务用车、油料管理等专项整治，驰而不息纠“四风”、树新风，企业政治生态和管理生态持续向好。在2022年度集团公司党建考核中继续保持A档。

（郭运平）

表1 河南油田主要技术经济指标 亿元

指标名称＼年份	2023		2022		2021		2020		2019		2018	
	勘探局	分公司	勘探局	分公司	勘探局	分公司	勘探局	分公司	勘探局	分公司	勘探局	分公司
工业总产值	1.61	58.80	1.58	68.14	1.59	49.36	1.49	32.40	1.49	47.76	1.76	53.97
工业增加值	0.99	27.02	0.51	32.72	0.53	15.68	1.01	9.06	0.98	19.59	0.38	18.86
资产总计	22.8	112.99	23.28	104.51	18.80	94.32	20.37	90.26	24.12	102.51	23.29	59.04
流动资产	3.38	7.13	4.37	8.45	1.79	7.70	4.79	5.01	7.91	5.33	6.95	6.26
固定资产原值	16.96	409.24	16.32	391.07	16.41	378.14	16.67	370.02	16.76	359.89	18.44	347.20
固定资产净值	5.71	51.11	5.59	41.71	5.83	31.11	5.91	29.41	8.63	37.64	9.95	36.52
销售收入	12.76	58.86	13.40	61.41	12.53	43.93	11.93	32.04	12.55	39.13	13.9	44.19
实现税费	0.95	13.27	1.13	12.22	1.33	4.52	0.96	2.69	1.18	5.50	1.29	7.52
综合能耗/吨标煤·万元$^{-1}$	0.191	1.148	0.227	1.259	0.254	1.247	0.182	0.734	0.209	0.732	0.211	0.689

表 2　河南油田主要生产建设指标

指标名称 \ 年份	2023	2022	2021	2020	2019	2018
原油产量 / 万吨	113.00	114.51	114.31	120	130.01	136.01
天然气产量 / 亿立方米	0.77	0.69	0.82	0.88	0.91	0.84
新增原油生产能力 / 万吨	13.87	12.35	9.36	9.71	12.00	10.71
新增天然气生产能力 / 亿立方米	0.0194	0.02	0.01	0.02	0.09	0.01
新增探明石油地质储量 / 万吨	638.77	413.05	321.83	329.17	311.06	0
新增探明天然气地质储量 / 亿立方米	0	0.21	0.59	0	0	0
二维地震 / 千米	0	0	0	0	200.00	—
三维地震 / 平方千米	0	0	0	0	0	80.00
石油钻井 / 口	133	179	134	124	167	132
探　井	26	31	30	36	33	39
开发井	107	148	104	88	134	93
钻井进尺 / 万米	25.00	28.84	24.57	20.68	27.88②	23.39
勘探投资① / 亿元	3.34	3.85	2.98	3.30	3.56	4.01
开发投资 / 亿元	8.99	9.61	7.01	7.21	9.50	5.86

①勘探投资含滚动勘探投资部分
②数字有变动

江汉油田

【概况】 江汉油田为中国石化集团江汉石油管理局有限公司（简称江汉石油管理局）和中国石油化工股份有限公司江汉油田分公司（简称江汉油田分公司）的统称，是以油气勘探为主、盐卤化工配套发展的国有大型企业。江汉石油管理局组建于 1972 年 5 月，1998 年划归集团公司。2023 年，江汉油田有江汉、八面河、坪北、彰武 4 个油区，主要分布在湖北省潜江市、荆州市、仙桃市、松滋市，山东省寿光市，陕西省延安市，辽宁省阜新市。

2023 年，江汉油田扎实开展学习贯彻习近平新时代中国特色社会主义思想主题教育，聚焦油田“万千百”战略目标，高站位、高质量、高水平推进生产经营工作，资源勘探形势主动、油气生产稳中有进、盐卤化工产销双增、绿色低碳转型有力，经济运行保持持续向好态势，年产油气当量再破 700 万吨。全年生产天然气 73.31 亿立方米，其中页岩气 71.90 亿立方米、常规气 1.38 亿立方米。

江汉油田主要经济指标和主要生产建设指标分别见表 1 和表 2。

（王　冠）

【油气勘探开发】 2023 年，油气勘探取得 1 个重大突破、3 个规模发现、3 个重要进展，油气田自然递减、储量替代、运行效率等指标持续向好。全年完成新增石油探明储量 362.78 万吨，新增天然气探明储量 76.31 亿立方米，生产原油 116 万吨。

（王　冠）

【盐化工】 2023 年，江汉盐化工实现营业收入 14.23 亿元，账面盈利 4166 万元，产量产值均创历史新高。成功取得漂粉精产品 NSF（美国国家卫生基金会）和食品安全管理体系 HACCP 等国内外权威资质，通过湖北省经济和信息化厅食用盐换证审查。盐硝产品亮相中国石化首届后勤服务职业技能邀请赛，进入茂名石化、中原油田等 5 家单位后勤系统。与潜江市小龙虾产业发展促进中心共同研发水产养殖消毒剂，6 月首批“中国石化 SINOPEC”商标消毒剂发往海外。“两精”产品直营销量占比上升到 40%。

（王　冠）

【企业改革】 2023 年，江汉油田坚决贯彻执行油田党委改革管理决策部署，紧紧围绕油田年度重点工作安排，强化系统思维、创新管理、底线意识，扎实推进有序剥离整合涪陵页岩气公司、采气一厂产能建设相关业务职能，组建油气产能建设管理中心，实行产能建设投资集中管控、实施过程专业化管理。优化采气单位管理架构。实施“大部制”管理，涪陵页岩气公司机关部门由 16 个整合为 9 个；基层设置 5 个采气管理区，采气一厂撤销管理区，组建 3 个采气班站，后辅保障业务一体化管理，压减基层级机构 4 个，进一步提升基层组织管理效能和生产运行效率。在 2022 年清河、荆州示范区建设的基础上，组织优化内外操一体化运行流程，健全岗位工作标准与评价体系，形成标准化业务流程 107 项、操作规程 177 项，相关内容被纳入油田勘探开发事业部标准化基层单位建设模板。

（王　冠）

【科技创新】 2023 年，江汉油田科技系统强化知识产权全链条管理，为推动油田高质量发展开创新局面。全年承担股份公司级科技项目 36 项，安排油田级科技项目 105 项；获省部级科技奖励 5 项，申报国家专利 100 件（其中发明专利 45 件），发布 2 项页岩气行业标准，外输原油、天然气质量合格率 100%。

（王　冠）

【安全环保】 2023 年，江汉油田大力推进绿色企业行动，各项指标均达到集团公司考核要求，安全环保形势保持总体稳定，首次跻身集团公司绿色企业 A 级行列，获集团公司年度安全生产、节能降碳环保先进单位称号。全年建设光伏项目规模 31.4 兆瓦，发电并消纳 9056 万千瓦・时，占总用电量的 7.28%，增长 82%；降低购电成本约 2500 万元，收回被长期侵占土地资源 14.6 万平方米。同时，在盐化工探索风力发电业务，开展 50 兆瓦风电项目风机点位选址及报批等相关手续。通过“最小单元赋分法”，精准量化各单位体系运行状态，引进第三方技术咨询机构，完成 18 个机关部门和 20 个二级单位体系审核，不符合项数量下降 34%，全要素平均得分上升 5.6%，逐步推动体系运行从符合性向有效性转变。

（王　冠）

【企业管理】 2023 年，江汉油田严格执行制度 5 级审核审批流程，审核发布制度 62 项，形成覆盖 21 类业务、油田层面 379 项的制度体系。强化重大风险防控，组织评估出年度重大风险 5 项、制定应对措施 87 项，完善“两高一重”清单，对 4 家单位开展内控检查调研，定期组织召开油田风险例会，推进风险防控常态化、制度化、精准化。加强合规风险源头管控，建立油田法律法规适用清单和行政许可事项清单，明确适用法律法规 2986 项、行政许可事项 2326 项，有效防范生产经营法律风险。

（王　冠）

【队伍建设】 大力实施人才强企战略，着力建设结构优化、素质优良、作用突出的干部人才队伍。树立鲜明的选人用人导向，严格落实国企领导人员“20 字”要求，统筹抓好班子配备和干部优化调整，中层领导班子结构持续优化、整体功能进一步增强。抓好年轻干部选拔储备，有计划、分层次启用不同年龄的年轻干部，深化“千名干部下基层”实践锻炼、在油气生产单位探索见习基层副职管理模式，为年轻干部搭建成长历练平台，相关经验做法在集团公司《组织人事工作通讯》刊发。健全完善人才选聘管理机制，完善油田级专家管理体系，优化技能职位职数设置，规范油田职业技能竞赛，推动人才工作体系化、制度化。做好高层次人才选聘推荐工作，强化紧缺人才委托培养，1 人入选湖北省“楚天英才计划”创新型企业家，2 人通过集团公司高级专家评定，3 人享受湖北省政府津贴。

（王　冠）

【政治工作】 2023 年，江汉油田党委深化落实油田党的建设“六大工程”，体系化推进全面从严治党，全方位提升党建质量实效，认真贯彻“学思想、强党性、重实践、建新功”总要求，坚持以“五学联动”推进学习系统化，以“三必须”推进学习常态化，层层落实“第一议题”制度，通过读书班、中心组、“三会一课”等形式集中学习研讨 1600 余次，讲授专题党课 500 余次，推动了党的创新理论内化于心、外化于行。两级班子联系实际完成课题调研 108 个，剖析正反典型案例 47 个，采取“分工 + 领域”模式，深入基层一线征集合理化建议 643 条，有效解决 531 个制约高质量发展和员工群众关切的实际问题，助推油田各项目标任务高质高效完成。坚持以“三解一增”解决员工群众思想问题、生活难题、减负课题，累计办实事 376 项；创新“必检 + 自选”健康体检模式，用好社保公积金政策惠民便民政策，开通三甲医院就医绿色通道，给企业和员工群众带来实惠和便利条件。抓好整改整治，构建“1+8+4”清单化管理模式，2 批次检视出 193 项问题、27 项专项整治问题全部整改到位，一批发展所需、改革所急、基层所盼、民心所向的突出问题得到有效整改。油田 20 余次接受上级下沉督导，得到中央第二十巡回指导组、集团公司第七巡回指导组和第八、第十一、第十二、第二十九巡回督导组的充分肯定；有关做法先后 5 次在集团公司层面交流发言，8 次被集团公司主题教育简报刊发。部署开展“学习重要指示 抓实三项任务 交出满意答卷”专项行动，举办中层领导人员学习贯彻党的二十大精神政治轮训班，党员干部队伍的政治判断力、政治领悟力、政治执行力持续提升。修订完善江汉油田党委讨论和决定重大事项清单、“三重一大”决策事项清单，全年召开党委常委会研究重大事项 203 项，其中前置审议 79 项。

（王　冠）

【复兴侏罗系陆相页岩油气勘探开发关键技术通过集团公司审验】 复兴侏罗系陆相页岩油气勘探开发关键技术项目于 2020 年 12 月启动，项目运行过程中，坚持科研生产一体化运行，构建复杂山地、多层系页岩油气高效勘探开发管理模式。依托攻关成果，率先发现新型油气藏，落实 3 个大型勘探目标，提交探明储量油 2292 万吨、气 142 亿立方米，建成 2 个试验井组，建成 10 万吨以上年产能，支撑落实 10 亿吨油、万亿立方米天然气的增储阵地。为复兴侏罗系页岩油气勘探开发取得的重大突破，打开了四川盆地陆相页岩油气勘探开发新局面，对推动四川盆地页岩油气勘探开发起到了良好示范引领作用。2023 年 12 月，集团公司召开中国石化 2023 年度“十条龙”科技攻关工作会，以江汉油田分公司为牵头单位的“复兴侏罗系陆相页岩油气勘探开发关键技术”项目是上游板块 4 个项目之一，经“十条龙”科技攻关领导小组审定批准通过。

（王　冠）

【举办西藏班戈县中石化小学教师培训班】 2023 年 12 月 22 日，江汉油田举办的 2023 年西藏班戈县中石化小学教师培训班开班，来自班戈县 21 名教师参加培训。培训按照集团公司乡村振兴工作领导小组办公室的统一部署，落实江汉油田党委关于教育帮扶的工作安排，以“办好农民家门口的学校”为主线，发挥湖北教育大省的区域优势，聘请大专院校名师名家，结对油田属地省级示范小学，通过集中授课、跟岗培训、青蓝结对、资源共享、师生互动等方式，持续提升班戈县中石化小学的师资水平，共同为雪域高原打造“四有好老师”教师队伍。

（王　冠）

【红星地区二叠系页岩气勘探项目入选“中国石化 2023 年十大油气勘探发现成果”】 2023 年 12 月 19 日，江汉油田红星地区二叠系页岩气勘探项目入选“中国石化 2023 年十大油气勘探发现成果”，江汉油田按照“展开建南吴家坪组、突破三星茅口组”的思路，进一步扩大红星地区勘探成果。部署的红页 7HF 井、红页 3-2HF 井和红页 24HF 井分别在建南区块北部和南部获高产工业气流，形成千亿立方米规模增储阵地。红页 7HF 井测试获日产 32.35 万立方米高产工业气流，在埋深超过4500米的情况下，较前期4500米以浅探井测试产量提升1倍，实现深层—超深层页岩气的勘探突破。部署的风险探井——红页茅1井在茅四段钻遇优质页岩，测试获日产6.45万立方米工业气流，实现四川盆地继涪陵志留系龙马溪组、红星二叠系吴家坪组之后，又一个页岩气新层系勘探重大突破。

（王　冠）

【焦页6-2HF井累产创全国纪录登上央视】 2023年12月，涪陵页岩气田焦页6-2HF井累计产量突破4亿立方米，创全国页岩气单井累产最高纪录，中央广播电视总台《新闻联播》以《我国页岩气单井累产创新高》为题，对江汉油田进行报道。截至12月13日12时，该新闻被新华社、央视网、新华财经、光明网、《环球时报》等中央级及省市级媒体报道或转载453条；搜狐号、网易号、新浪财经等地方政务媒体及自媒体转载2004条；相关抖音话题位列热榜第3位，累计播放量1051.0万次；相关微博话题累计阅读量达45.6万次。

（王　冠）

焦页6-2HF井日常工作场景

【共青团江汉石油管理局有限公司第二次代表大会召开】 2023年12月7日，共青团江汉石油管理局有限公司第二次代表大会召开。江汉油田领导聂晓炜、王辉、李东方，团省委副书记林桢栋出席开幕式，江汉油田副总师、相关部门负责人及团员青年代表参加。

（王　冠）

【香港青年认知祖国考察团走进涪陵气田】 2023年9月8日，由香港中国企业协会主办、中国石化承办的“ISee·IKnow”香港青年认知祖国考察暨中国石化驻港单位员工“三爱”国情教育活动一行43人，到江汉油田涪陵页岩气田考察学习，通过多渠道交流、多领域交往，让香港青年深入了解国家发展，见证国家成就。

（王　冠）

香港青年认知祖国考察团走进涪陵页岩气田

【水杉牌食用盐亮相“中国品牌日”活动】 2023年5月10日，2023年“中国品牌日”活动在上海世博展览馆举行，全国约1000家品牌企业参展。江汉盐化工生产的水杉牌200克瓶装未加碘食用盐、精制碘盐、海藻碘盐、果蔬洗涤盐4种产品亮相会场中国石化展区。

（王　冠）

【中国石化核心产品目录再添新丁】 2023年4月26日，江汉盐化工收到集团公司化工事业部函，该公司产品次氯酸钙（钠法漂粉精）和三氯异氰尿酸（强氯精）被纳入集团公司核心产品目录，在国内外市场统一使用“中国石化”品牌进行推广宣传。

（王　冠）

【复兴地区凉高山组页岩油气勘探再获高产】 2023年4月，复兴地区凉高山组页岩油气重点勘探评价井兴页L1001HF井用4毫米油嘴放喷测试，获原油38.8米^3/日、天然气1.44万米^3/日的高产工业油气流；用6毫米油嘴放喷测试，获原油71.6米^3/日、天然气2.49万米^3/日的高产工业油气流；是继兴页L1HF井取得突破之后，通过深化勘探评价，落实宽缓向斜核部有利区取得的又一勘探战果。

（王　冠）

【八面河广北地区岩性油藏勘探获突破】 2023年4月，八面河油田勘探评价井广505斜井射孔投产，喜获10.2吨高产工业油流，预计新增优质地质储量30万吨，初步落实资源量200万吨。

（王　冠）

【江汉油田首批自有品牌消毒剂发往海外】 2023年3月16日，江汉油田盐化工湖北有限公司2辆满载56吨印着“JH-CHLOR”自有商标的漂粉精产品的集装箱货车缓缓驶出工厂，于当天经武汉港口出发，15天后抵达泰国，这是江汉油田盐化工自有品牌首次走出国门销往海外。

（王　冠）

表1　江汉油田主要经济指标　亿元

指标名称 \ 年份	2023	2022	2021	2020	2019	2018
工业总产值	173.33	166.61	142.08	117.94	125.58	123.13
工业增加值	147.08	133.95	105.20	82.50	95.54	96.57
资产总计	480.38	438.69	380.27	399.92	370.24	317.40
流动资产	83.86	69.94	36.97	34.06	16.43	15.84
固定资产原值	960.06	894.72	845.46	785.49	723.16	654.17
固定资产净值	278.73	257.65	252.50	292.77	280.88	261.91
销售收入	199.38	193.29	179.83	160.61	168.32	161.89
实现利税	59.40	62.28	18.35	24.71	32.73	20.41
税　金	16.78	26.44	14.26	8.39	11.01	11.87

表2　江汉油田主要生产建设指标

指标名称 \ 年份	2023	2022	2021	2020	2019	2018
原油产量 / 万吨	116.00	115.70	115.05	115.24	116.57	117.00
天然气产量 / 亿立方米	73.31	73.37	72.97	68.05	64.43	61.41
新增原油生产能力 / 万吨	8.11	7.11	7.54	9.21	9.30	9.81
新增天然气生产能力 / 亿立方米	12.22	10.65	16.06	14.89	8.94	5.13
新增探明石油地质储量 / 万吨	362.78	221.04	216.99	226.68	229.67	0
新增探明天然气地质储量 / 亿立方米	76.31	0.51	1 048.83		0.32	0
二维地震 / 千米	763.00	163.25	67.75	65.00	175.00	354.00
三维地震 / 平方千米	440.00	416.06	587.00	469.00	150.00	187.74
石油钻井 / 口	259	214	251	255	255	220
探　井	43	45	46	33	31	18
开发井	216	169	205	222	224	202

续表

指标名称 \ 年份	2023	2022	2021	2020	2019	2018
注水井 / 口	2	7	5	3	8	12
钻井进尺 / 万米	106.28	86.80	71.12	88.72	80.17	62.04
勘探投资 / 亿元	22.17	21.57	20.29	13.39	12.27	9.99
开发投资 / 亿元	52.11	50.58	56.17	62.48	47.80	33.43

江苏油田

【概况】 江苏油田是中国石化集团江苏石油勘探局有限公司（简称江苏石油勘探局）和中国石油化工股份有限公司江苏油田分公司（简称江苏油田分公司）的统称，是以油气勘探开发为主，石油炼制和盐卤盐硝开发生产综合发展的国有大一型企业。江苏油田组建于 1975 年 4 月 23 日；1998 年 7 月，划归集团公司；1998 年 11 月，安徽油田并入江苏油田；2000 年 1 月，设立江苏石油勘探局、江苏油田分公司；2012 年 12 月，剥离石油工程业务，设立江苏石油工程有限公司并独立运行；2017 年 9 月，中国石化集团江苏石油勘探局更名为中国石化集团江苏石油勘探局有限公司。主力油区分布在江苏、安徽 2 个省的 6 个地市 15 个县（市、区）58 个乡镇内，在广东、广西有部分探矿区块。江苏油田机关及主要科研单位设在扬州市经济开发区。

截至 2023 年底，江苏油田资产总额 104.71 亿元，其中固定资产净值 104.01 亿元。江苏油田分公司所属油气勘查、开采区块共计 53 个，总面积 1.96 万平方千米。其中，油气勘查区块 9 个，面积为 1.81 万平方千米；油气开采区块 44 个，面积为 1495.91 平方千米。累计探明油气田 38 个（含广东徐闻、广西百色油田），探明含油面积 295.17 平方千米，累计探明石油地质储量 3.14 亿吨、天然气地质储量 108.05 亿立方米（气层气 35.04 亿立方米）。投入开发油气田 38 个，动用含油面积 222.25 平方千米，动用石油地质储量 2.58 亿吨；动用含气面积 201.29 平方千米（气层气 20.91 平方千米），动用天然气地质储量 81.29 亿立方米（气层气 23.4 亿立方米）。累计生产原油 5194.94 万吨、生产天然气 17.85 亿立方米。

2023 年，江苏油田常规油气勘探新增探明储量（油气当量）420.2 万吨（原油 395.9 万吨，天然气 2.43 亿立方米）；新增控制储量（油气当量）533 万吨（原油 452 万吨，天然气 8.1 亿立方米）；新增石油预测储量 667 万吨。非常规页岩油勘探新增控制储量 3120.98 万吨；新增页岩油预测储量 2091.29 万吨。生产原油 107.0 万吨、天然气 4740 万立方米，吨油完全成本 3142 元；收入 75.58 亿元、利润总额 2.09 亿元。其中，江苏油田分公司收入 52.36 亿元、利润总额 2.29 亿元，江苏石油勘探局收入 23.22 亿元、利润总额 -2088 万元。

江苏油田主要技术经济指标和主要生产建设指标分别见表 1 和表 2。

（屈传刚）

【领导班子调整】 2023 年 3 月 3 日，集团公司党组以视频会议形式召开江苏油田干部大会，宣布调整江苏油田领导班子决定：免去方志雄江苏石油勘探局执行董事、党委书记，江苏油田分公司代表职务，办理退休手续；江苏油田党委和行政全面工作暂由江苏石油勘探局总经理、党委副书记，江苏油田分公司总经理钟志国主持；免去李宏江苏石油勘探局党委副书记、纪委书记、工会主席、监事职务，另有任用；徐庆任江苏石油勘探局党委副书记、纪委书记、工会主席、监事。9 月 15 日，集团公司党组以视频会议形式组织召开上游企业 4 家直属单位干部大会，宣布江苏油田领导人员职务任免的决定：钟志国任江苏石油勘探局执行董事、党委书记，江苏油田分公司代表；免去其江苏石油勘探局、江苏油田分公司总经理职务。10 月 30 日，江苏油田召开领导班子扩大会，受集团公司党组组织部委托，会议宣布何云任职决定：根据工作需要，经党组研究决定，何云任江苏石油勘探局党委常委，聘任何云为江苏油田分公司副总经理。

（屈传刚）

【油气勘探】 2023 年，江苏油田分公司勘探总投资 7.14 亿元，完钻各类探井 41 口，探井综合成功率 50%。加强深层低渗油藏隐性断层和储层预测研究，沙 85 斜、花 104 斜等井获稳定商业产能。攻关高邮凹陷戴南组隐蔽油藏，永安、肖刘庄等地区 7 口井试获工业油流。加强页岩油投产井回顾分析，深化技术迭代升级应用，花页 7HF 井峰值日产油 52.3 吨、预测单井 EUR4.6 万吨，投产 9 口井累产油超 8 万吨，“苏北盆地阜二段页岩油新区勘探重大突破”获集团公司 2023 年度油气勘探突破一等奖，入选中国石化十大油气勘探发现成果。2023 年底，广西壮族自治区环江－柳州、西林、向阳 3 个区块总面积 2919.09 平方千米的探矿权由勘探分公司流转至江苏油田分公司。

（屈传刚）

重点页岩油井——花 2 侧 HF 井生产维护

【油气开发】 2023 年，江苏油田分公司开发总投资 7.44 亿元，完钻开发井 67 口，新增可动用储量 227 万吨，新建产能 6.39 万吨。一体化推进高效区块滚动建产，启动富民－沙埝、唐港－闵桥 2 个产能建设项目，完成滚动勘探及油藏评价井部署 15 口，获工业油流井 12 口，合计新建产能 5.52 万吨。全年治理欠注井 104 口，水井的水质达标率、分注率、层段合格率得到提升，日增注水量 1460 立方米；实施各类流场调整工作量 1209 井次，年增油 3.95 万吨；推进沙 23、沙 20 东、韦 9 等 10 个单元老区井网层系再优化，覆盖动用石油地质储量 2430.3 万吨，单元整体采收率提高 1.3%；开展油井降躺专项治理，油井躺井率由 1.78% 降至 1.73%。规模应用二氧化碳驱、纳米乳液驱技术，年注二氧化碳 11.59 万吨、增油 2.4 万吨，年注入纳米乳液 50.7 万立方米、增油 1.65 万吨。全年江苏油田自然递减率、综合递减率分别降至 9.47% 和 3.97%。

（屈传刚）

产能建设井——富 17-01A 井投产

【炼油化工】 2023 年，扬州石化有限责任公司（中国石化持股 49%，扬州市江都区持股 51%）销售商品 60.03 万吨，销售收入 39.03 亿元；利润总额 2156 万元，增长 35.31%；入库税费金 6.91 亿元，增长 9.59%；加工成本 483 元 / 吨，比指标节约 13 元 / 吨。催化业务方面，加工原油 63.33 万吨，增长 2.80%；加工原料油 66.06 万吨，增长 3.57%。化工业务方面，生产丙烯 4.96 万吨、聚丙烯 3.44 万吨、MTBE 2.7 万吨，稀乙烯回收利用 2320 吨。化纤业务方面，生产复合纤维 2996 吨。销售业务方面，统配产品 37.83 万吨，直销产品 21.1 万吨，油气经营 1.1 万吨。年末资产总额 6.04 亿元，资产负债率 29.11%，所有者权益比年初增加 2356 万元，国有资产增值 5.82%。

（屈传刚）

【新能源建设】 2023年，江苏油田构建绿电为主、多能互补、源荷相济的“油气+新能源”清洁生产模式，在江都油区内初步建成“源网荷储”高比例绿能替代示范区，区域内绿电占比超过50%。全年新建风力发电机组5台18.5兆瓦、光伏电站58座13.27兆瓦，累计发电8513.6万千瓦·时。通过电网升级、电气化改造、储能优化、预警管控、运维提升等措施，全年绿电消费占江苏油田用电量的24.73%。

（屈传刚）

【科技人才】 2023年，江苏油田科技研发投入2.04亿元，组织运行科技计划项目104项，其中承担集团公司及以上科研项目15项、组织江苏油田科技项目86项、新增博士后课题3项。申请国家专利87件，获授权30件；登记软件著作权13件；申请中国石化专有技术2项。有26项科技项目通过验收，其中股份公司科技项目3项、江苏油田科技项目23项。全年为128人次、104人发放项目奖励23.5万元；为404人次、324人发放项目津贴189.48万元。开辟各类人才引进渠道，引进109名大学毕业生、4名博士后、2名成熟人才落户江苏油田。突出分级分类实战实训，在国家和集团公司业务竞赛中获4枚金牌、2枚银牌、5枚铜牌，田明劳模创新工作室、厉昌峰技能大师创新工作室入选中国石化首批技能人才创新工作室。

（屈传刚）

【改革管理】 2023年，江苏油田持续深化改革，开展机构和职能优化调整，机关部门由18个精简为16个；推进内部专业化重组，盘活用工244人，全面完成国企深化改革三年行动计划，获集团公司深改行动先进集体称号。聚焦增储增产增效，开展价值创造行动，成立勘探、开发等10个专业组，形成23项生产经营重点任务清单。强化“三基”工作，推行“机关+基层、部门+系统、干部+员工”全覆盖工作模式，推动精细管理向精益管理拓展。修订完善内控实施细则，调整业务流程54个、控制点417个，配套制度93项。推进依法合规体系建设，江苏油田获中国企业联合会AAA级信用评价，连续22年被评为江苏省守合同重信用企业。

（屈传刚）

【降本增效】 2023年，江苏油田推进业财融合，深化战略型集约化管控体系建设，做实项目可研论证和方案优化，精细成本动因分析和目标管控，全业务链风险投资管理水平不断提升。实施降低盈亏平衡点三年行动，推行“周跟踪、月评估、季分析”闭环成本管理模式，单位现金操作成本1412元/吨、比预算降低4元/吨。坚持专项治亏和精准创效双向发力，江苏油田分公司20个区块盈利面95%、经营现金流全部为正，江苏石油勘探局28项经营业务25项盈利、盈利面89.3%。争取绿色能源项目融资支持，加强低效负效资产管理，用好用足税收优惠政策，累计创效1.85亿元。

（屈传刚）

【市场开拓】 2023年，江苏油田外部市场收入17.2亿元，增长10.2%。工程施工服务扩大连续油管、气井带压作业、“采油代运行+”等业务，合计收入3.63亿元，增长12.7%；工程技术服务利用富余力量对外提供高附加值技术服务，累计收入3428万元；物业餐饮主动作为、精心服务，合计收入4.4亿元；仓储物流坚持开拓高端市场，收入2.13亿元；盐化工业务坚持以销定产、以产促销，收入2.37亿元；培训业务坚持精品课堂、特色培训，收入4200余万元；资产租赁加大对房屋土地、车辆设备等资产的出租管理力度，合计收入7550余万元。同时，江苏油田加大人力资源盘活力度，向外部业务总计输出员工500余人，取得收入4085万元。

（屈传刚）

【安全环保】 2023年，江苏油田加强HSE管理体系建设，全面完成75项“安全管理强化年”行动重点工作。系统开展隐患专项排查19次，实施隐患治理项目9项和安全技术措施97项，年度安全风险总值下降13.6%。构建“1+N+X”承包商制度体系，出台承包商严重违章从严处罚措施，4家承包商被纳入“黑名单”。开展综合检查3次、专项检查17次，开展危险化学品运输安全风险警示教育33次，查改各类问题1858项。强化环境风险及应急管理，动态识别与评估出环境因素270个、环境风险源490个。风力发电和光伏发电，完成燃气加热炉电气化改造10台，停用锅炉和加热炉81台。全年氮氧化物排放量34.35吨、二氧化硫排放量8.47吨，分别减少13.3%和7.0%。完成绿色企业基层创建工作，通过“无废企业”创建验收，在集团公司绿色企业复审中被评为A档，连续19年获评集团公司环保先进单位。

（屈传刚）

江苏油田推进绿色修井

【党建思想政治工作】 2023年，江苏油田高质量推动学习贯彻习近平新时代中国特色社会主义思想主题教育走深走实，一体推进理论学习、调查研究、推动发展、检视整改等重点措施，全面深入整改党组专项巡视、党建考核、审计反馈问题。严格落实“第一议题”制度，举办两级党委专题读书班及中心组学习研讨282次。深化“祛六气、兴六风”专项行动，对4家生产支撑单位开展常规巡察，对18家单位贯彻落实中央八项规定精神进行全覆盖专项巡察。组织庆祝中国石化成立40周年系列活动，发动全员“爱企三问”大讨论，举办多场“石油魂”报告会，“两馆两室两基地”成为中国石化红色教育基地。常态化推进为民服务，以“惠民八件事”为载体办好民生实事474件，组织7712人健康体检、752人健康疗养，扩大激励性年金范围标准、提升补充医保待遇水平、开辟大病就医绿色通道。积极履行中央企业社会责任，推进乡村振兴结对共建、慈善捐赠、青年志愿服务等社会公益活动。推动应急维稳向常态创稳转变，江苏油田大局总体保持和谐稳定。

（屈传刚）

表1 江苏油田主要技术经济指标 亿元

指标名称＼年份	2023	2022	2021	2020	2019	2018
工业总产值	47.83	52.36	36.49	26.55	38.51	43.29
工业增加值	36.19	42.36	24.76	11.25	22.87	24.61
资产总计	104.71	96.88①	72.81	92.27	78.22	69.69
流动资产	6.92	9.64	7.03	32.56	15.73	14.05
固定资产原值	330.68	309.43	293.81	284.96	286.72	300.59
固定资产净值	104.01	90.07	36.86	32.93	34.79	41.09
营业收入	75.58	78.81	58.46	43.01	62.45	67.32
实现利税	20.77	29.04	20.53	−1.74	1.38	7.68
税　金	18.88	18.81	10.89	8.29	10.64	13.37

①弃置费调整后重新计算的数据

表2 江苏油田主要生产建设指标

指标名称＼年份	2023	2022	2021	2020	2019	2018
原油产量 / 万吨	107.00	106.21	105.01	104.03	106.09	113.16
天然气产量 / 亿立方米	0.47	0.52	0.51	0.40	0.51	0.70

续表

年份 指标名称	2023	2022	2021	2020	2019	2018
新增原油生产能力 / 万吨	9.72	10.04	8.74	5.57	5.90	4.41
新增探明石油地质储量 / 万吨	395.90	427.60	308.03	213.54	159.53	67.80
新增动用石油地质储量 / 万吨	219.56	301.60	177.80①	151.44	149.18	163.53
二维地震 / 千米	40.00	—	—	—	—	42.81
三维地震 / 平方千米	163.80	136.60	266.35	292.00	40.00	70.20
完井 / 口	108	140	106	84	62	49
探　井	41	57	40	33	23	20
开发井	67	83	66	51	39	29
钻井进尺 / 万米	31.51	37.78	26.64	21.51	14.93	12.82
勘探投资 / 亿元	7.14	10.96	4.25	4.50	2.36	2.41
开发投资 / 亿元	7.44	7.20	8.49	4.39	3.53	3.55

①包含当年新增 153.24 万吨、复算增加 24.56 万吨

上海海洋石油

【概况】 中国石化集团上海海洋石油局有限公司（简称上海海洋石油局）和中国石油化工股份有限公司上海海洋油气分公司（简称上海海洋油气分公司）统称上海海洋石油，位于上海市浦东新区，是集团公司下属主要从事海洋油气勘探开发及工程服务的油田企业。上海海洋石油局主要承担油田企业基地、码头、房产的经营管理及公共服务职能，是矿区业务的利润中心和管理中心；上海海洋油气分公司主要在东海、南海、黄海等海域开展合作和自营勘探，并承担中国石化部分海外海域油气资源勘探开发项目的评价研究，同时代表中国石化参与管理东海平湖油气田、西湖油气田的开发生产。

上海海洋石油的前身为地质矿产部上海海洋地质调查局，组建于 1973 年 4 月，1997 年 1 月整体归入中国新星石油公司，2000 年 3 月随中国新星石油公司整体并入集团公司，2002 年 7 月，分别直属集团公司和股份公司管理。2009 年，按照集团公司要求，上海海洋石油局、上海海洋油气分公司实行“一体化”管理。2014 年，上海海洋石油有关海洋石油工程业务整合成立中石化海洋石油工程有限公司（简称海洋石油工程公司），随石油工程公司上市。截至 2023 年底，上海海洋石油局、上海海洋油气分公司、海洋石油工程公司实行一体化集中管理、专业化集约发展模式。

截至 2023 年底，上海海洋石油下设 13 个机关职能部门、4 个直属机构、4 个二级单位；有从业人员 684 人，在岗合同制员工 679 人，其中经营管理人员 152 人、专业技术人员 485 人，具有高级专业技术职称的 278 人。上海海洋油气分公司有勘查开采区块 32 个（含合作区块，中国石化为第一矿权人），探区主要分布在东海、南海、南黄海等海域，自营和联合勘查开采区块面积 8.37 万平方千米；自营探区有探明地质储量 1116 万吨油当量，控制地质储量 143 万吨油当量，预测地质储量 716 万吨油当量。合作探区有探明地质储量 4023 亿立方米气当量，控制地质储量 1739 亿立方米气当量，预测地质储量 5099 亿立方米气当量。探明油气田 20 个，投入开发油气田 14 个。

2023 年，上海海洋油气分公司生产份额原油

17 万吨、份额天然气 17.03 亿立方米；营业收入 57.37 亿元，利润总额 25.71 亿元。上海海洋石油局营业收入 1.54 亿元，利润总额 1161.16 万元。

上海海洋石油主要经济指标见表 1。

（闫子彤）

【领导班子调整】 2023 年 10 月 18 日，集团公司召开上海海洋石油领导班子调整会，决定周荔青不再担任上海海洋石油局党委书记、执行董事和上海海洋油气分公司代表职务，任一级协理员。总经理、党委副书记赵勇暂时主持党政全面工作。12 月 4 日，集团公司党组召开干部大会（视频会），宣读党组对上海海洋石油领导班子进行调整的决定：赵勇任上海海洋石油局党委书记、执行董事、上海海洋油气分公司代表，免去其上海海洋石油局总经理、上海海洋油气分公司总经理职务。

（闫子彤）

【高效勘探再获新突破】 2023 年，上海海洋石油完成探明储量 129.77 亿立方米气当量，完成年度计划的 260%，超 46.12 亿立方米气当量。涠西自营探明储量成功扩至 1116 万吨油当量，跨过开发动用储量门槛，为建成中国石化首个中深海自营油田奠定资源基础。海中预探井通过总部评审，一旦突破形成新的规模储量阵地，可与涠洲油田整体部署、一体开发。西湖合作复合油气藏勘探在玉泉、宝云亭东、秋月等地区获新成效。涠西、玉泉勘探成果均获集团公司 2023 年规模储量商业发现三等奖。招商区块研究部署高效推进，琼东南 64/07 区块提出首批 4 口井位建议，初步估测井控资源量 481 亿立方米，同步落实首口高温高压井施工准备工作。

涠 10 斜井测试作业（侯先杰　摄）

（闫子彤）

【效益开发再创历史新高】 2023 年，东海油气规模达 310 万吨油当量，开发连续 6 年实现超产，得到集团公司党组高度肯定。全年完成份额天然气商品量 17.03 亿立方米，完成年度计划的 131%，超 8.1 亿立方米。完成份额原油商品量 17.0 万吨，完成年度计划的 103%，超 0.5 万吨。天然气储采比 17.8，天然气盈亏平衡点 1514 元／千米^3。ZZ 气田高效开发支撑西湖产能再翻番，提前完成方案新建天然气产能 22 亿米^3/年目标，6 口井超过 100 万米^3/日，实现低渗巨厚非均质气藏高效开发，获集团公司 2023 年高效新区产能建设特等奖。H3a 低渗特低渗气藏有效动用实现重要突破，获集团公司 2023 年高效储量发现转化三等奖。宁波 19-6 整体评价、立体动用，滚评建一体化创树海域高效动用样板，获集团公司 2023 年高效新区产能建设二等奖。宁波 27-1 获集团公司 2023 年 SEC 储量优秀管理单位及优秀管理区块。HG 项目进入国家立项审批阶段。

（闫子彤）

【工程技术保障能力实现多项进步】 2023 年，大位移井技术支撑已建平台覆盖范围至 5 千米以上，达到国内领先、国际先进水平，有效支撑孔雀亭、宝云亭等已建平台调整井实施，累计增加零散储量动用 52.08 亿立方米，建成产能 4.15 亿立方米。全过程储层保护技术有效解决中低孔渗储层污染难题，应用 47 口井，裸眼完井表皮系数降低至 1，平均超产 46.7%。地面配套工程支撑合作区外输能力由 35 亿立方米提升至 45 亿立方米，“东海中深水平台‘五化’建设关键技术与实践”获集团公司 2023 年工程技术创新创效项目奖。

（闫子彤）

【科技创新引领支撑能力有效提升】 2023 年，上海海洋石油持续加大科研投入力度，科研经费合计 1.53 亿元，研发支出增长率 23%，在研各类科研项目 54 项，获集团公司科技进步奖三等奖 1

项。优化专利申报和管理体系，员工知识产权保护意识明显增强，申请专利41件，获授权专利12件，专利申请量增长率37%，专利数量创历史新高。开放合作创新取得新进展，加入中国石油大学（华东）深层油气创新联盟，成为深层油气全国重点实验室和海洋物探及勘探开发装备国家工程研究中心共建单位，领建海洋石油工程技术及装备分中心，合作创新平台建设初步落地。

（闫子彤）

【安全绿色发展保持良好态势】 2023年，上海海洋石油修订发布新版HSE体系手册，强化风险评估和隐患整治，做实过程管控与专业协同。与胜利油田、中原油田开展体系效能提升行动，借助高水平专家指导提升体系运行质量，持续补齐短板。压实领导包保和示范引领责任，领导承包九大风险，有效化解风险隐患，形成督查检查、隐患排查常态化机制。动态发布HSE风险清单，识别管控风险36项，实现风险总值由年初的216降为年末的125。依法合规落实隐患治理18项，统筹列支安全生产费用1781万元，整改闭环一般隐患436项。大力推进“绿色企业行动计划”和“能效提升”计划，完成15支基层队伍和绿色企业复核申报。

（闫子彤）

【改革管理纵深推进】 2023年，上海海洋石油深化改革提升行动阶段性目标全面完成，识别承接任务42项，细化措施251条，形成2023—2025年改革深化提升工作台账。重点领域改革措施落地，优化调整机关职能，组建涠洲采油厂筹备组，实施研究院机构改革，完善项目化管理体系建设，落实矿区业务“管办分离”，激发企业内生动力。对标一流价值创造行动高效推进，部署23项重点任务、62项提升措施，人工成本利润率、营业收入利润率等5项指标成为油田板块对标管理标杆值。勘探三号获评集团公司“三基”工作先进基层单位。风险防控有效提升，“五位一体”法治合规工作取得积极成效，合同管理排名由年初的46名跃升至16名，完成招投标专项治理，全年项目异议率为零。

（闫子彤）

【西湖合作项目实现高效运行】 2023年，上海海洋石油持续健全合作项目联管会和西湖作业公司管理机构两级管理体制，完善重大事项决策和管理2个方面12项运行流程，推进联合账簿和安全2项审计监管，合作项目管理更加规范、运营更加高效，中国石化方工程市场份额持续扩大，钻井、船舶服务等主体专业工作量占比50%以上。

（闫子彤）

【干部人才队伍建设不断完善】 2023年，上海海洋石油修订《中层领导人员公开招聘工作实施细则》等4项制度，完善干部管理制度体系。实现干部选拔“能竞则竞”，中基层竞争性选聘比例64.7%。组织召开上海海洋石油局首次人才工作会，系统谋划未来三年人才工作安排，修订《专业技术序列基层级职位管理实施细则》等3项人才选聘制度，畅通人才成长通道。

（闫子彤）

【“大监督”工作纵深推进】 2023年，上海海洋石油建立“四项工作机制”，7个专项治理完善修订制度21项，追缴各类欠款1900余万元。抓好日常教育和廉洁教育，严肃查处违反中央八项规定精神问题及关键领域违规案件，释放越往后越严的强烈信号，全年受理信访举报下降14%。坚持问题导向、风险导向，共完成5个经济责任审计项目，审计发现问题到期整改率100%。

（闫子彤）

【党建质量实效不断提升】 2023年，上海海洋石油全面落实高质量党建“六大行动”和营造“三个一流生态”部署要求，不断提升党建工作质量和实效，为高质量发展提供坚强保证。动态修订完善党委讨论和决定重大事项清单，全面压实管党治党责任，党委把方向、管大局、保落实的领导作用充分发挥；成功组织科技论坛、文化故事会等50周年系列纪念活动，进一步凝聚干部员工奋进新征程的正能量；展厅入选集团公司第三批红色教育基地，新时代文明实践基地初步建成；勘探七号获中国石化工人先锋号称号，特分油田化学作业部获上海市工人先锋号称号，李佳工作室获评上海市工匠创新工作室，“勘探225”轮获上海市青年安全生产示范岗评选小组第一名。

（闫子彤）

【积极履行中央企业社会责任】 2023 年，上海海洋石油主动履行中央企业社会责任，推进雷山县教育帮扶和崇明三星镇纯阳村城乡党组织结对工作。3 月，上海海洋石油局在首届中国乡村振兴论坛发表题为《山呼海应托“朝阳”》的主旨演讲。7 月，国家乡村振兴局党组成员、副局长黄艳调研中国石化教育帮扶工作，赴贵州雷山永乐小学实地查看帮扶情况，出席教育帮扶捐赠签约仪式，并充分肯定上海海洋石油局教育帮扶成果。

（闫子彤）

国家乡村振兴局党组成员、副局长黄艳出席教育帮扶捐赠签约仪式（杨　涵　摄）

【企业保持和谐稳定的发展环境】 2023 年，上海海洋石油持续推进民生工程建设，落实人才培养、关心关爱、办公保障等 5 个方面 16 件实事项目，东塘路基地运动场、停车场等配套设施进一步完善，商城路基地大物业整体外包落地运行，承租人才公寓有效解决新进大学生住宿问题，受到员工群众广泛好评。同时，上海海洋石油落实信访稳定责任，实现进博会等特殊时期零上访，获上海市“安康杯”竞赛三等奖，企业整体呈现和谐稳定的发展态势。

（闫子彤）

表 1　上海海洋石油主要经济指标　亿元

指标名称 \ 年份	2023	2022	2021	2020	2019	2018
经济增加值①	17.78	11.80②	−0.18	−2.45	−0.79	−38.34
上海海洋石油局	−0.09	−0.09	0.55	0.49	0.54	0.54
上海海洋油气分公司	17.87	11.89②	−0.73	−2.94	−1.33	−38.88
资产总计	181.29	169.48②	142.93	133.04	128.21	130.10
上海海洋石油局	2.87	3.03	3.28	2.91	2.42	2.23
上海海洋油气分公司	178.42	166.45②	139.65	130.13	125.79	127.87
流动资产	77.09	77.33	75.95	71.71	66.22	57.57
上海海洋石油局	0.60	0.63	0.74	0.73	0.77	0.65
上海海洋油气分公司	76.49	76.70	75.21	70.98	65.45	56.92
固定资产原值	17.72	17.55	17.48	16.26	16.19	16.17
上海海洋石油局	16.76	16.73	16.68	15.54	15.53	15.55
上海海洋油气分公司	0.96	0.82	0.80	0.72	0.66	0.62
固定资产净值	2.49	2.53	2.73	1.67	1.71	1.71
上海海洋石油局	2.25	2.37	2.51	1.47	1.51	1.56
上海海洋油气分公司	0.24	0.16	0.22	0.20	0.20	0.15

续表

指标名称 \ 年份	2023	2022	2021	2020	2019	2018
营业收入①	58.91	43.46	35.76	17.74	14.69	13.99
上海海洋石油局	1.54	1.30	12.48	0.90	0.92	0.82
上海海洋油气分公司	57.37	42.16	23.28	16.84	13.77	13.17
实现利税	32.53	22.24	5.14	2.64	-9.78	-53.8
上海海洋石油局	0.22	0.11	0.09	0.09	0.12	0.12
上海海洋油气分公司	32.31	22.13	5.05	2.55	-9.90	-53.92
税　金	6.70	3.61②	2.41	1.51	1.66	1.71
上海海洋石油局	0.10	0.07	0.05	0.02	0.06	0.07
上海海洋油气分公司	6.60	3.54	2.36	1.49	1.60	1.64

①指标名称调整
②数据因统计口径变化有调整

西北油田

【概况】 西北油田是中国石化集团西北石油局有限公司（简称西北石油局）和中国石油化工股份有限公司西北油田分公司（简称西北油田分公司）的统称，位于新疆维吾尔自治区境内，是中国石化油田企业之一，负责中国石化在塔里木盆地的油气田勘探、开发、销售及科研业务。本部机关设在新疆乌鲁木齐市，在巴音郭楞蒙古自治州轮台县建有前线生产指挥基地，油田主体位于巴音郭楞蒙古自治州、阿克苏地区境内，少部分油区在喀什地区、和田地区境内。投入开发的有塔河油田、顺北油气田、巴什托油田、雅克拉凝析油气田等 9 个油气田，累计生产原油 1.4 亿吨、天然气 391.5 亿立方米。截至 2023 年底，西北油田在塔里木盆地有登记区块 15 个、面积 52017.45 平方千米，开采区块 12 个，累计探明石油地质储量 18.03 亿吨、天然气地质储量 4356.49 亿立方米。2023 年油气生产当量达 970 万吨，再创历史新高。

西北油田前身是组建于 1955 年的华北地质局二二六队，1997 年 1 月整体归入中国新星石油公司，2000 年 3 月随中国新星石油公司整体并入集团公司，并于 2003 年 6 月整体划归集团公司、股份公司直属。2008 年 5 月，与勘探西北分公司整合重组，组合成新的西北油田分公司。2017 年 9 月，中国石化集团西北石油局改制为中国石化集团西北石油局有限公司。

截至 2023 年底，西北油田有中层机构 35 个，其中机关职能部门 17 个、直属机构 3 个、二级单位 15 个；合同制员工 3977 人，其中经营管理人员 747 人、占比 18.78%，专业技术人员 2873 人、占比 72.24%，技能操作人员 357 人、占比 8.98%。硕士研究生及以上学历 934 人、大学本科 2295 人、大专及以下学历 748 人。具有正高级职称的 58 人、副高级职称的 1097 人、中级职称的 1237 人。2023 年引进毕业生 161 人，重点院校、双一流学科占比 50%，研究生学历达 70%。新进站博士后 5 人，在站博士后 10 人，创历史最高水平。

西北油田主要技术经济指标和主要生产建设指标分别见表 1 和表 2。

（谢发红）

【领导班子调整】 2023 年 6 月 7 日，中国石化党组任〔2023〕110 号、石化股份任〔2023〕68 号分别下发《关于曹自成、胡文革职务聘任解聘的通知》，根据工作需要，经研究决定：曹自成任西北石油局党委委员、西北油田分公司副总经理；免去胡文革西北石油局党委委员、西北油田分公司副总经理职务。

12 月 4 日，集团公司党组以视频形式宣布对西北油田领导班子作出调整：王世洁任西北石油局执行董事、党委书记，西北油田分公司代表，中国石化新疆反恐领导小组组长；云露任西北石油局总经理、党委副书记，西北油田分公司总经理；免去张煜的西北石油局执行董事、党委书记，西北油田分公司代表，中国石化新疆反恐领导小组组长职务，在政协常委任期届满后办理退休手续；免去陈宗琦的西北油田分公司副总经理、西北石油局党委委员职务，另有任用。

（任天和）

【生产经营业绩】 2023 年，西北油田分公司生产原油 683 万吨，增产 2 万吨；生产天然气 36.1 亿立方米，增加 3.5 亿立方米；完成全年投资 111.13 亿元；营业收入 257.54 亿元，实现利润总额 80.91 亿元；实现工业总产值 256.35 亿元。油气产量当量连续 7 年实现稳定增长，达 970 万吨，增加 30 万吨，再创历史新高。全年，西北油田分公司缴纳各项税费（金）51.12 亿元，西北石油局缴纳各项税费（金）0.25 亿元。

（谢发红）

【油气勘探】 2023 年，西北油田以战略突破和规模增储为中心，大打油气勘探进攻仗，在重点领域区带取得“3 个勘探突破、3 个商业发现、2 个新进展”8 项油气成果。践行油气并举，加快天然气突破，夯实资源基础，高质量勘探持续推进，获中国石化油气勘探 7 项大奖。实施三维地震 2063 平方千米，新部署勘探井 18 口，接转探井 17 口，提前部署 2024 年度探井 3 口；完钻 26 口井，2023 年完成进尺 14.51 万米；完成各类测井施工 620 井次，测井一次成功率 99.19%，持续保持较高水平。完成测试井 22 口，其中顺北 6X、顺北 84X、顺北 12X 等 18 口井获工业油气流。勘探投资 32.7 亿元，完成年初计划的 100%。提交探明石油地质储量 6709.05 万吨、天然气地质储量 677.61 亿立方米、溶解气地质储量 15.03 亿立方米，探明油当量完成年初计划的 102.8%，探明储量发现成本、单井探明储量等指标保持上游领先水平。提交控制储量石油 2772.04 万吨（凝析油地质储量 2772.04 万吨）、天然气地质储量 1320.88 亿立方米，油当量完成年初计划的 101.7%。提交预测储量天然气 1442.46 亿立方米、凝析油 2508.86 万吨，油当量完成年初计划的 100.9%。2023 年新发现三级圈闭 27 个，新增圈闭面积 1505.96 平方千米，圈闭资源量石油 2.77 亿吨、天然气 3704 亿立方米，可采资源量石油 4670 万吨、天然气 1264 亿立方米。2023 年，保矿权、拓矿权工作取得积极进展，探转采 863 平方千米，评价优选Ⅰ类区 2.2 万平方千米，助力集团公司竞得区块 1 个、探矿权 501 平方千米。

（任天和）

【油气开发】 2023 年，西北油田油气产量当量连续 7 年实现稳定增长，油气储量替代率连续 8 年保持 100% 以上。顺北油气田建成 300 万吨油当量产能阵地，塔河油田产量保持稳定，新增动用储量 2580 万吨，创历史新高，单井能力保持稳中有升。各油气生产、科研单位统筹联动，保持油气产量“箭头向上”，油气 SEC 储量替代率达 125% 和 431%，获集团公司油气开发 9 项大奖。2023 年，强化推进顺北油气田“一区综合治理、4 号带注气提高采收率、6 号带—8 号带滚动增储上产”3 项举措，强化断控缝洞储集结构分类表征、储量分类评价与开发规律认识，实现快速增储上产，建成顺北地区 300 万吨级产能阵地。2023 年，西北油田原油开发上钻新井 145 口，工作量完成率 102.11%，实际完成进尺 65.23 万米，进尺完成率 101.72%，实际新建（增）原油产能 88.19 万吨；天然气开发实施新钻井 20 口，完成进尺 13.90 万米，实际新建（增）气藏气产能 4.57 亿立方米。依托大单元综合治理，持续扩大注水注气规模，主力单元递减率得到有效控制。塔河油田新增动用储量 2750 万吨，采收率提高 0.6 个百分点，自然递减率降低 1.5 个百分点，效益稳产态势持续巩固。碎屑岩领域滚动评价、老井挖潜加快推进，新建原油产能 7.1 万吨、天然气产能 1.4 亿立方米，落实一批增储上产目标。

（谢发红）

2023 年 9 月 30 日，国内首台万米修井机在西北油田 SHB5-5 井开工，此前顺北超深井以钻井机代替修井机作业的历史就此终结。图为开工仪式现场（李学仁　摄）

【重大油气突破】 2023 年，西北油田在顺北地区获 2 项重大油气突破。①顺北中部主干二级与次级断裂带勘探取得重大油气发现，落实顺北 6 号、10 号、6-1 号、4-1 号 4 个油气富集条带，新落实亿吨级增储区带。2022—2023 年围绕主干二级、次级断裂带先后部署探井 10 口、开发井 10 口，完钻井 9 口测试均获高产油气流，证实主干二级断裂为重要含油气条带，新增“控制 + 预测”储量达 2.1 亿吨油当量，是现实的快速增储上产阵地。②顺北中部内幕缝洞带顺深 1 斜井获高产油气流，实现断裂带之外内幕缝洞新领域的油气规模突破，开辟又一新的增储阵地。顺深 1 斜井侧钻经常规测试，初期最高日产原油 44.7 吨、天然气 131 万立方米，证实主要分布在鹰山组的内幕串珠领域具备规模成藏条件，估算资源量天然气 1500 亿立方米、凝析油 2000 万吨，资源潜力大，有望开拓全新资源接替阵地。

（任天和）

【重大商业发现】 2023 年，顺北 8 号带取得重大商业发现，整体探明凝析油地质储量 2246.41 万吨、天然气 675.58 亿立方米。顺北 8 号断裂带长度 116 千米（含分支断裂 30 千米），取得油气突破后，勘探开发一体化按不同部位、不同分段、评价深层、加密井控一体化部署勘探井 6 口、评价井 5 口、开发井 5 口，年内全部完成测试，其中 15 口井获高产油气流。顺北 84 斜井常规测试初期 14 毫米油嘴，日产油 496.4 吨、天然气 65.3 万立方米 ，刷新顺北油气柱高度新纪录。截至 2023 年 12 月 31 日，顺北 8 号带开井 7 口，日产原油 374.5 吨、天然气 75.98 万立方米，累计产油 12.78 万吨、产气 4.50 亿立方米。顺北 8 号断裂带持续油气发现表明：8 号带奥陶系碳酸盐岩整体含油气，油气柱高度大，深层油气资源丰富。2023 年中北段升级为探明储量，提交断裂长度 69.8 千米，提交探明天然气地质储量 675.58 亿立方米、凝析油地质储量 2246.41 万吨。

（谢发红）

【天然气产量持续增长】 2023 年，西北油田天然气开发以“四个一体化”为抓手，生产天然气工业气量 36.1 亿立方米，实现天然气产量持续增长。①勘探开发一体化。融合勘探评价与产能建设两个环节研究力量，评价井和产建井同步研究、同步部署，全年新建天然气产能 4.57 亿立方米，完成下达计划的 154%；②地质工程一体化。集智专家团队，重点对井网井距、井眼轨迹、提速技术等关键点一体化优化，产能提升 8.6%，产能符合率提升 13%；③生产运行一体化。加快产能建设运行节奏，梳理、明确新井运行各节点责任单位和责任人，实施表单化运行，同比前置手续办理缩短 2 天，强化潜力排队增效益，优化安排天然气井上钻，当年新井产能贡献率提升 3 个百分点；④地面地下一体化。提前启动集输管线建设，新井测试建产 10 天内即进入管网生产贡献产能，较计划提前 3 个月释放，顺北 6 斜井、顺北 61 斜井产能，多产气 0.34 亿立方米、凝析油 2.86 万吨。

（任天和）

【保效增效】 2023 年，西北油田聚焦核心绩效指标，持续开展保效增效活动，全力挖掘创效点，设立保效增效项目 10 项，配套建立保障项目落地的目标责任、组织运行、过程监管、考核激励机制，实现保效增效 4.55 亿元，完成年度计划 3.28 亿元的 138.94%。①开源增收方面，着力做好天然气推价增收增效，保障油田公司价格与周边价格同频共振，轻烃及液化气推价 10 元 / 吨，共实现经济效益 1.13 亿元；掺稀优化增效 1943 万元；网电钻机接入增效 1802 万元。②降本增效方面，狠抓全过程成本管控，通过增加 SEC 储量降折耗增效6074万元；提高注气作业方气换油率，加强现场管理，优化注气和修井作业费用，持续降低运输费、电费，严控非生产开支等多措并举，实现降本增效1.24亿元。③全面落实以项目管理为核心的投资管控体系，原油百万吨、天然气十亿立方米产能建设投资较计划降低0.6亿元和4.1亿元。

（谢发红）

【改革管理】 2023年，西北油田高质量完成国企改革三年行动任务，获集团公司先进单位称号，入选国务院国资委“双百企业”。全面落实改革深化提升行动，协同推进价值化绩效考核、高端高效市场打造，油公司活力效率持续释放，采油（气）厂组织效能位列集团公司上游板块前列。有序推进“三项制度”改革，全年不胜任退出、末等调整中、基层干部23人，解聘、降级专家4人；绩效增量的75%用于科研生产一线，营造良好干事创业氛围。持续夯实“三基”工作，完成“三标”“两册”（管理手册、操作手册）建设全覆盖，3个二级单位分别获先锋、红旗、优胜采油厂荣誉。强化全面风险管理，审计监督、法治建设成效明显，严守风险底线、保障合规经营。

（任天和）

【安全环保】 2023年，西北油田秉持安全发展、绿色发展理念，深入开展“安全管理强化年”行动、绿色企业行动，大力推进“科技强安”，实现“三零”目标，确保安全生产、清洁生产。修订HSE体系评分细则，细化293个审核项、521个审核要点，明确严重不符合项判定标准，深入开展体系全要素审核、不符合项验证审核、环保要素专项审核，发现不符合项1588项，严格分析整改，推动体系运行效能提升。扎实开展“安全管理强化年”行动，深化HSE体系高效运行，压实全员安全生产责任，上线双防“数智化”管控平台，严抓井控安全风险防控，开展承包商HSE体系符合验证，推广直接作业智能违章识别系统和电子作业票，确保安全平稳生产。压实安全环保责任，开展全要素、全覆盖现场审核；坚持降能耗、减损耗、控物耗、净减排方向，深化提升绿色低碳发展水平；坚持把基础工作摆在突出位置，全力补短板、强弱项。扎实推进绿色企业行动，推进37项重点任务、28个增绿项目落地，15个采油集输基层单位、57个钻井队、40个修井队达标创建，达标创建率分别达88%、83%和81%，通过集团公司绿色企业复审验收。从源头抓实环保依法合规，修订发布17类环保依法合规对照识别清单，开展外委实验室能力核查验证，对标对表排查，消除环境风险10项。从严抓实安全环保管控，获集团公司安全生产、节能降碳环保先进单位称号。深入推进绿色企业行动、“能效提升”计划，112个采油集输单位、钻修井队实现达标创建，能耗总量、强度实现“双控”。加快新能源项目建设，完成24.2兆瓦光伏并网发电，采购绿电3.02亿千瓦·时，新能源替代率6.85%。

（谢发红）

2023年6月26日，西北油田跃进3-3XC油井全景
（石立斌 摄）

【科技创新】 2023年，西北油田围绕油田发展关键领域技术难题，强化塔河、顺北等关键领域核心技术攻关，立项课题10个。强化组织管理，凝聚内外优势科研力量，固化“大兵团”攻关模式，石化重大项目、重点项目、重点工程均有序推进。“十条龙”科技攻关项目“顺北油田勘探开发关键技术攻关及应用”顺利“出龙”，重点科技项目完成结题11个，深地工程、原创技术策源地等重点工程持续推进，逐步完善“超深断控缝洞型油气成藏”理论，集成创新超深断控缝洞型油气藏开发评价技术体系，攻关形成“超深断控缝洞型油气藏地震勘探—工程技术”体系。顺北油气成藏理论与高效动用、塔河岩溶缝洞油藏提高采收率等关键技术取得新突破，超高温MWD仪器、高性能裸眼封隔器等新工具现场试验取得新

进展。成果有效转化率42%，成果贡献率68%。5项技术被鉴定为国际领先、国际先进，引领国内超深—特深层油气勘探开发，科技创新引领作用显著增强。聚焦现场“中短线”与“急难重”难题布局油田科研，完成34个自立科技项目的开题论证、任务书签订，预算经费1.05亿元。探索实施“揭榜挂帅”机制，借鉴中国石化上游“三大院”科技攻关模式，制订印发《油田科技项目“揭榜挂帅”实施方案》，为解决油田“卡脖子”难题和关键问题集聚优势科研力量。全年研发投入87946万元，成本指标25125万元，研发投入强度达3.41%，超额完成集团公司考核指标。

（任天和）

【党建工作】 2023年，西北油田认真学习贯彻习近平新时代中国特色社会主义思想，全面贯彻落实党的二十大精神和习近平总书记视察胜利油田、九江石化重要指示精神，从严落实“第一议题”制度，深入推进党的领导融入公司治理，严格执行请示报告制度，党委“把方向、管大局、保落实”作用有效发挥。加强干部人才队伍建设，推进中层干部梯队培养，引进博士后、系统内成熟人才各5人，建立高技能人才后备库，队伍结构更加合理。扎实推进“党建对标提升”专项行动，14个基层党委针对12个提升方向，聚焦75项内容制定200余个提升措施，推进3个方面11项举措。有序推进标准化规范化创建，验收标准化规范化党支部85个；命名第二批基层党建品牌5个，建立基层党建品牌库，制定《关于开展基层党建品牌创建工作的指导意见》。落实“三基本”与“三基”工作联动10条措施，党组织政治功能和组织功能不断增强。年内对党建考核排名靠后、基础相对薄弱的5家单位进行巡回指导。结成共建对子131个，对油田公司422个党员责任区、384个党员示范岗开展调研，下发推进“三基本”与“三基”工作有机联动10条措施，形成《“三基本”与“三基”有机联络案例》12个；深化全面从严治党，严格落实党风廉政建设主体责任，扎实开展政治监督，一体推进“三不腐”，从严查办信访案件，做实机关作风建设专项巡察整改，结合领导班子民主生活会和支部组织生活会深入查摆剖析问题根源、压实整改责任，推动问题整改率和措施落实率均达100%，受到集团公司巡察组通报表扬。完成11家党组织巡察工作、19家党组织整改评估，党组专项巡视整改措施完成率98.3%，营造风清气正、干事创业的良好政治生态。

（谢发红）

2023年7月30日，西北油田生产一线举行“学习二十大、领会新思想、保障国家能源安全”微党课竞赛

（杨建晖　摄）

【“深地一号”油气累产当量突破1000万吨】 截至2023年12月31日，“深地一号”顺北油气田油气产量累计当量突破1000万吨，其中原油588.84万吨、天然气51.73亿立方米。2023年，油气产量当量达301.32万吨，增长46.3万吨，原油、天然气产量均创历史新高，标志着300万吨产能阵地顺利建成。2023年5月1—2日，中央广播电视总台“五一”特别节目“深地一号”大型直播在央视综合频道和新闻频道滚动播出。5月2日，中央广播电视总台《新闻联播》头条推出《我国深地科学探索取得突破性进展》报道，将“深地一号”大型直播活动推向高潮。

（谢发红）

【乡村振兴】 2023年，西北油田贯彻落实集团公司工作部署，强化组织领导，巩固拓展脱贫攻坚成果，选派驻村人员38名，帮扶14个村，千方百计推进稳产业、保就业、增收入。全年投入资金682万元，开展项目15个，带动和促进南疆欠发达地区乡村全面振兴。重点帮扶学校9所，其中投入100万元用于中国石化结对帮扶学校，开展师资培训、校园文化升级、石化元素融入及教学设施改善。帮扶学校经过评估，教学质量从全县第 9 名提升至第 5 名。持续加大消费帮扶力度，购买 1300 万元的“特色消费”帮扶产品，其中西北油田援建的“兴科服饰”完成订单 850 万元，保障村民收入稳定。全年，西北油田乡村振兴工作在全国主流媒体上稿 100 余条（篇），其中中央广播电视总台 1 条、中国石化及省级地方媒体 30 条（篇），进一步提升中国石化的社会影响力和美誉度。

（任天和）

2023 年 6 月 1 日，西北油田青年志愿者在新疆柯坪县托万巴格勒格村小学，与 30 多名小学生开展“石榴籽 心贴心 共成长”青年志愿服务活动（刘红新　摄）

表 1　西北油田主要技术经济指标　亿元

指标名称 \ 年份	2023	2022	2021	2020	2019	2018
工业总产值	256.35	279.34	180.97	112.85	172.13	180.33
工业增加值	220.52	261.07	123.60	72.31	130.88	154.27
资产总计	426.09	394.72	356.71	337.10	326.04	337.75
西北石油局	11.11	10.89	10.76	10.75	10.64	11.11
西北油田分公司	414.98	383.83	345.95	326.35	315.40	326.64
流动资产	19.32	178.53	17.46	14.19	15.75	16.57
西北石油局	3.87	3.32	2.81	2.56	2.06	2.02
西北油田分公司	15.45	175.21	14.65	11.63	13.69	14.55
固定资产原值	1 345.88	1 422.75	1 165.83	1 087.07	1 053.10	1 008.35
西北石油局	12.70	12.56	12.51	12.11	12.12	11.75
西北油田分公司	1 333.18	1 410.19	1 153.32	1 074.96	1 040.98	996.60
固定资产净值	314.61	261.87	252.52	237.07	249.43	269.74
西北石油局	6.03	6.28	6.65	6.79	7.16	7.20
西北油田分公司	308.58	255.59	245.87	230.28	242.27	262.54
总收入	259.46	282.10	180.54	114.76	176.09	184.59
西北石油局	1.92	1.62	1.81	1.59	2.23	2.60
西北油田分公司	257.54	280.48	178.73	113.17	173.86	181.99
实现利税	132.47	187.29	36.43	11.50	51.89	68.65
西北石油局	0.44	0.35	0.29	0.60	0.24	0.47
西北油田分公司	132.03	186.94	36.14	10.90	51.65	68.18
税　金	51.37	70.20	19.45	10.47	32.31	37.26
西北石油局	0.25	0.25	0.18	0.23	0.20	0.39
西北油田分公司	51.12	69.95	19.27	10.24	32.11	36.87
综合能耗 / 吨标煤・万元 $^{-1}$	1.46	0.51	0.50	0.39	0.40	0.36

表 2 西北油田主要生产建设指标

指标名称 \ 年份	2023	2022	2021	2020	2019	2018
原油产量 / 万吨	683.00	681.00	670.00	670.00	662.01	650.03
天然气产量 / 亿立方米	36.10	32.60	22.24	19.10	18.02	17.42
新增原油生产能力 / 万吨	118.34	112.29	93.55	62.69	71.80	73.60
新增天然气生产能力 / 亿立方米	6.72	12.14	9.99	3.16	3.13	2.65
新增探明石油地质储量 / 万吨	6 709.05	8 223.45	9 379.92	5 853.74	4 885.32	5 050.00
新增探明天然气地质储量 / 亿立方米	677.61	1 232.06	205.28	102.41	130.69	142.56
三维地震 / 平方千米	1 563.00	2 015.00	2 066.00	1 364.00	2 228.00	1 033.00
石油钻井 / 口	207	94	117	84	95	93
探　井（含侧钻）	26	16	27	28	24	21
开发井	181	78	90	56	71	72
钻井进尺 / 万米	96.64	68.45	82.44	51.63	61.04	54.90
勘探投资 / 亿元	37.21	45.66	48.76	31.57	30.23	22.62
开发投资 / 亿元	66.89	64.14	57.56	44.01	39.41	29.59

西南油气田

【概况】 西南油气田是中国石化集团西南石油局有限公司（简称西南石油局）和中国石油化工股份有限公司西南油气分公司（简称西南油气分公司）的统称。西南石油局负责矿区（社区）管理与服务，西南油气分公司负责油气勘探、开发、销售业务。队伍主要分布在四川、重庆、贵州、云南、广西、湖南等地。西南油气田机关设在四川省成都市高新区吉泰路 688 号中国石化西南科研办公基地。

西南油气田的前身是组建于 1976 年的国家地质总局四川石油普查勘探指挥部，1983 年 3 月更名为地质矿产部西南石油地质局，1997 年 1 月更名为中国新星石油公司西南石油局，2000 年 3 月随中国新星石油公司整体并入集团公司，并于 2003 年 5 月调整为集团公司西南石油局和股份公司西南分公司。2007 年 3 月，西南石油局和西南分公司与中南石油局、中南分公司、滇黔桂石油勘探局、南方勘探开发分公司整合重组，组成西南石油局、西南油气分公司、石油工程西南公司。2009 年 12 月，石油工程西南公司划归西南石油局。2012 年 12 月，西南石油局石油工程物探单位全部划入中国石化西南石油工程有限公司和地球物理勘探有限公司。2017 年 9 月，中国石化集团西南石油局改制为中国石化集团西南石油局有限公司。

截至 2023 年底，西南油气田有机关职能部门 20 个、直属单位 23 个，用工总数 7172 人（合同制员工 5146 人），其中具有正高级职称的 54 人、高级职称的 1114 人。西南油气分公司有勘探区块 13 个，开采区块 27 个；累计提交探明天然气地质储量 15.59 万亿立方米（含勘探分公司勘探、西南油气分公司开发的区块内探明天然气储量 4884 亿立方米）；有气田 23 个，气井 2168 口，开井 2043 口，累计生产天然气 1043 亿立方米，累计生产原油 53 万吨。

西南油气田主要技术经济指标和主要生产建设指标分别见表 1 和表 2。

（崔家麒）

【领导班子调整】 2023 年 6 月 16 日，西南油气田召开干部大会，宣布集团公司党组对领导班子调整的决定：熊亮任西南油气分公司副总经理、西南石油局党委委员。

（崔家麒）

【主要指标完成情况】 2023 年，西南油气田新增天然气三级储量 5461 亿立方米，其中新增探明储量 827.6 亿立方米、控制储量 1430.2 亿立方米、预测储量 3203.2 亿立方米。新增 SEC 储量 108 亿立方米，储量替代率 126.7%，完成年度计划的 112%。新建（增）天然气产能 36.3 亿米^3/年，增加 14.6 亿米^3/年，增长 66.8%，保有天然气产能 105 亿米^3/年；生产天然气 92.02 亿立方米，上产 8.01 亿立方米，增长 9.5%；销售天然气 85.5 亿立方米，增长 9.6%；生产销售原油 4.36 万吨，增长 21%。西南油气分公司完成投资 99.38 亿元，增长 4.7%；实现利润 42.71 亿元，增加 16.04 亿元，增长 60.1%；盈亏平衡点 1040 元/千米^3，下降 111 元/千米^3。西南石油局完成投资 0.16 亿元；实现利润 2876 万元，增长 31.5%。

（崔家麒）

【油气勘探】 2023 年，西南油气田完成 2 个采矿权新立，新增采矿权面积 836 平方千米，探转采面积在国内上游排名第一。在深层陆相致密砂岩、超深层海相碳酸盐岩、深层页岩气三大领域持续突破，获集团公司勘探成果奖 5 项。合兴场须二气藏取得重大商业发现，勘探开发一体化累计探明储量 1330.1 亿立方米，是 2023 年全国提交探明储量数额第二大的气田，获集团公司规模储量商业发现特等奖，入选中国石化 2023 年十大油气勘探成果。永川龙马溪组新增页岩气控制储量 1104.7 亿立方米，新场雷口坡组评价勘探取得重要进展，新深 105 井测获无阻流量 249 万米^3/日，落实探明储量 500 亿立方米。资阳须五段评价勘探取得重要进展，落实探明储量 250 亿立方米。川南页岩气新区勘探取得突破，井研筇竹寺组新增页岩气预测储量 2532.5 亿立方米，林滩场龙马溪组落实预测储量 + 资源量 1866 亿立方米，培育 2 个千亿立方米页岩气增储目标。川西陆相勘探取得重大突破，整体落实资源量超 5000 亿立方米，其中侏罗系在龙门山前新区带和高庙子新层系落实资源量 1527 亿立方米、新增控制储量 254.9 亿立方米，梓潼凹陷须家河组新层系落实有利区资源量 3605 亿立方米、新增预测储量 670.7 亿立方米。资阳 2 井在二叠系、沧浪铺组和筇竹寺组发现好苗头，茅口组、栖霞组、沧浪铺组初步落实圈闭资源量 1165.6 亿立方米，筇竹寺组初步评价有利区资源量 4991 亿立方米。

（崔家麒）

【油气开发】 2023 年，西南油气田取得“1 个新局面、2 个新成效、2 个新进展”，获股份公司开发成果奖 21 项，连续获评 SEC 储量管理先进单位。新场 - 合兴场须二气藏Ⅱ-Ⅲ区、大邑须三常压气藏评价取得新突破，落实 13 亿米^3/年规模建产新阵地；打出多口日无阻流量超 100 万立方米的高产井，单井 EUR 为方案的 1.2 倍，年产量增长 78%，产能、产量首次双破 10 亿立方米，获股份公司高效新区产能建设特等奖。元坝气田保持产量、压降、水气比“三稳定”，年产气 37.68 亿立方米，连续 9 年保持高产稳产，稳产期较方案延长 3 年；实施滩相评价、礁相调整井 3 口，测获平均无阻流量 201 万米^3/日，落实滩相储量 69 亿立方米，新增经济可采储量 18.7 亿立方米，采收率 65.1%，较方案提高 15.1%。川西中浅层落实商业储量 60 亿立方米，打出 3 口日无阻流量超 100 万立方米高产井，投产井平均无阻流量提升 29%，高效建产 6.1 亿米^3/年，老井综合递减率 6.6%，年产气 25.8 亿立方米、增加 0.8 亿立方米，连续 19 年稳产 20 亿立方米以上。川西海相全面建成 20 亿米^3/年产能，新增日产量 200 万立方米。深层页岩气效益开发迈出重要步伐，首次实现油气资产不减值，老井综合递减率 26.5%、下降 9.2 个百分点，威荣新井平均 EUR 提高 500 万立方米，永川北背斜区、丁山盆缘带提产降本效果明显，支撑永川千亿立方米控制储量提交和丁山 5 亿米^3/年产建试验方案部署。

（崔家麒）

【工程技术】 2023 年，西南油气田工程“四提”成果显著，发布各类规定、推荐作法 22 项，构建“高效工程技术体系 + 甲方主导标准管理体系”，全工区故障率 0.32%，创最低纪录。川西中浅层钻井周期缩短 31.8%、压裂效率提升 36.3%、工程成本降低 7.9%、单井产能提升 31.7%，中江示范区实现 20 天完钻一口上沙溪庙组井、30 天完钻一口下沙溪庙组井。地质工程一体化推进页岩气钻完井提速降本，迭代升级均衡压裂、防套变、防压窜技术体系，钻井周期缩短 8.3%，压裂效率提升 12.5%，复杂故障率减少 86.2%，套变率由 42.4% 下降至 17.9%，压窜影响产量降低 50%。攻关形成安全精细控压钻井、多缝耦合压裂和高压高产气井带压完井技术，须家河组气藏平均钻井周期下降 46.4%。“五化”建设取得新成效，完成含硫气田标准化设计 2.0 版、非含硫气田标准化设计 3.0 版升级，大力推进一体化集成装置研发应用，4 种类型 15 台（套）集成装置广泛应用于各类场站，节约用地面积 24%，缩减现场工期 19%，川西气田实现采气脱硫同平台模块化集成，页岩气平台实现“以撬代站”。创新集成堵水、排水采气、储层净化、含硫井解堵、增压开采等采气工艺，增产天然气超 2.5 亿立方米，促进老井稳产增效。

（崔家麒）

【生产运行】 2023 年，西南油气田深入开展“奋战五个月，冲刺拼产量”专项行动，持续加强一体化统筹，深挖运行潜力，取得 3 个区块、149 口单井环评批复和 82 个井场规划选址意见，完成钻前施工 73 座井场，实施钻井 144 口，进尺 45.8 万米，新建站场 64 座、改扩建 50 座，新建管线 283 千米、电力线路 127.2 千米，投产新井 128 口，新建产能增长 67%，年产气突破 10 亿立方米。川西海相项目群 4 座脱硫站工程全面建成投产。新场—合兴场集输干线、川孝 113 增压站、中江集输南环线分批建成投运，川西集输管网输送能力提升 12%。加快丁山、永川、川东北陆相及外围区块试采井快速投产流程、LNG/CNG 站建设，实现新区及边远井及时投产外输。强化物资供应一体化统筹，践行五个“一线工作法”，将催交催造及质量管控延伸至物资生产制造的最前端，提前 90 天完成川西气田新增镍基设备保供任务。加强关键设备日常运行及异常监管，稳步推进设备完整性管理体系建设，做好设备设施维保维运维修和腐蚀防治，完成河坝气田首次停产检修、中京燃气 LNG 装置检修技改、元坝气田停产检修、净化装置尾气治理等任务。

（崔家麒）

【安全环保】 2023 年，西南油气田修订《HSE 管理体系手册》，建立“运行 + 监测 + 溯源”常态化运行机制，构建三级专业化管理队伍，对 139 名中层干部进行 HSE 履职能力评估，有效压实岗位安全生产责任。召开“事故就在身边，教训就在眼前”反思会，开展“3·6”事故“五回归”溯源分析，制定安全生产 27 条措施 125 项任务清单，开展“严管理、重执行”专项行动，堵塞安全漏洞。健全完善双重预防管理机制，识别公司级较大风险 7 项，落实风险管控措施 95 项，完成 3 项公司监管隐患、11 项政府督办隐患销项。制定绿色基层建设标准，绿色基层创建率 100%。完成东泰及大邑填埋场等 10 项较大环保隐患治理，未发生上报集团公司级环保事件。推进川西气田和元坝气田水处理设施改扩建、VOCs 治理等 13 个污染防治项目，废弃物妥善处置率 100%。建立能源管理体系，制订“碳达峰、碳中和”“甲烷控排”行动方案，实施“能效提升”计划，加强甲烷回收，年节约 1100 余吨标煤，回收天然气超 2 亿立方米，获评集团公司绿色企业。

（崔家麒）

【经营管理】 2023 年，西南油气田“一利五率”指标实现“一增一稳四提升”，位列股份公司第 7 名。高质量发展指标体系评价提升 8.6 个百分点，资本获利能力大幅提升。以投资、效益管控倒逼技术方案优化，新开项目立项 107 项，立项阶段优化投资超 2 亿元，常规气开发成本下降 1.6%，页岩气开发成本下降 3.9%。加强项目预结算审核，审减费用 1.12 亿元，完成投资 99.54 亿元，再创历史新高。实施差异化营销策略，LNG 及化肥用气价格上浮 40%，城市燃气价格上浮 17%，网上交易量增长 15%、价格上浮 48%，边远井价格上浮 15%，综合含税气价较预算提高 43 元 / 千米^3，增收 3.5 亿元。完成勘探损益优化、折旧折耗优化、重点成本降本减费目标，天然气盈亏平衡点、油气单位完全成本分别下降 111 元 / 千米^3、

95 元/吨，4 个区块盈亏平衡点低于 1000 元/千米^3，页岩气区块单井操作成本下降 32 万元。狠抓现金流管控，经营现金流再超 100 亿元；强化资金信用集约化管理，节约财务费用 0.64 亿元。用好用足国家财税政策，争取到清洁能源综合利用专项资金 3.48 亿元，落实政策节税 2.4 亿元。优化采购策略，强化价格管控，节约采购资金 1.3 亿元。

（崔家麒）

【科技创新】 2023 年，西南油气田整合系统内外科研力量，深化“揭榜挂帅”“赛马”科技攻关机制，强化院厂联合攻关，建立科技项目专家联系责任制，完善外协项目定期沟通交流和反馈机制，为科技创新提供有效保障。持续优化产学研协作模式，推动 2 项中国石化原创技术策源地建设，“深层新类型页岩气勘探开发创新基地”入选中国地质学会创新基地，是四川省首个获批的创新基地。牵头“十条龙”重点项目，实施科研项目 177 项，研发投入 3.44 亿元。10 项成果获评“整体国际先进”，1 项成果获评“2023 石油石化好技术”，获省部级科技奖励 9 项、四川省石油天然气科学技术奖 4 项、中国石化企业首次实施新技术奖 4 项、中国石化成果转化奖 8 项。1 个团队入选自然资源部高层次科技创新团队，1 个团队获评中国石化优秀创新团队，1 人获何梁何利基金科学与技术进步奖，1 人获四川青年野外地质工作贡献奖。申请中国专利 379 件，增长 34.4%；新增中国专利授权 185 件，国外发明专利授权 8 件。强化数据资源建设与治理质量，季度星旗榜信息化指标全部摘星。全面完成气田 PCS 上游建设推广任务，有力支撑 120 万项基层岗位作业高效运行。完成 IPPE 在 12 家油气田推广应用，实现上游石油工程业务集中统一管控，受集团公司及兄弟油田高度认可。

（崔家麒）

【改革管理】 2023 年，西南油气田制定 2023—2025 年改革深化提升行动工作台账，明确 55 项改革任务及路径措施、进度安排、完成标准、预期成果，被集团公司评价为“A+”。调整产能建设及勘探项目部和页岩气项目部职能职责及内设机构，理清与油气生产单位的工作界面。优化勘探开发及科研项目方案设计等 13 项业务管控流程，发挥专家审核把关作用。持续推进信息化条件下基层单位标准化建设，采气三厂在国内上游组织管理效能对标评比中连续 3 个季度位列第一。实施国星公司扁平化管理，压减基层机构 19 个，盘活 68 名员工融入主业。深入推进“管理提升年”“基础强化年”活动，建立完善基层单位“三基”工作标准和评价标准，推动管理提升与“三基”工作协同发展。抓实股份公司“五项劳动竞赛”评比验收，连续五届获评优秀组织单位。开设“制度大讲堂”专栏和制作宣贯视频，优化内控审批权限，完善重大重要经营风险防控季度排查机制，风控内控竞赛获油田及石油工程板块团体第 2 名，获评集团公司合规管理体系“A+”企业。修订承包商管理和考核制度，发布 37 项市场准入条件，严肃关键人员和设备变更，承包商管理更加规范。健全参股股权管理考核约束机制，合资公司发展潜力不断增强，确认投资收益 1.06 亿元，有效支撑油气主业发展。实施审计项目 45 项，揭示问题和风险 350 余项，促进增收节支 718 万元，川西气田开发建设项目通过集团公司跟踪审计。

（崔家麒）

【党建工作】 2023 年，西南油气田扎实开展学习贯彻习近平新时代中国特色社会主义思想主题教育，一体推进理论学习、调查研究、推动落实、整改整治、建章立制“五项重点措施”，获集团公司巡回指导组充分肯定。举办学习贯彻党的二十大精神轮训班，开展习近平总书记视察胜利油田、九江石化重要指示精神专题学习研讨，以增储上产的实际成效践行“两个维护”的自觉性不断提高。召开第二次党代会，开展党建调研督导，全面推广和规范“岗区队室”创建，推动党建有效融入“三基”、安全等工作。抓实干部“五大体系”建设，强化“任前体检”，强化梯队培养和挂职实践锻炼，完成中基层领导人员任期制和契约化工作。深入开展庆祝中国石化成立 40 周年系列活动，举办第二届道德标兵表彰会暨石油精神石化传统宣讲会，7 次登上央视新闻，获评四川省最佳文明单位，1 项成果获中央企业党建思想政治工作研究成果二等奖。一体推进“三不腐”，强化政治监督和日常监督，实施新一届党委巡察，开展纠治“四风”专项行动、纪检监察干部队伍教育整顿，深化机关作风建设，风清气正、干事创业的政治生态不断巩固发展。举办系列立功劳动竞赛和专项劳动竞赛，开展“名师带高徒”“劳模工匠一线行”“青”字号品牌等活动，3人获全国五一劳动奖章、四川技术能手等称号，3个工作室获评四川省、中国石化创新工作室，1名选手获全国第二届职业技能竞赛金牌，1个项目获中国青年碳中和创新创业大赛铜奖。扎实做好全国“两会”、成都“大运会”等特殊敏感时期维稳保障工作，解决2016年调整用工形式人员纳入企业补充保险范围管理等员工关心关切问题，应急服务367人次，帮扶非在职、协解人员1849人次、1415万元，完成贵州1843套房改房办证费用清退，成功化解历史遗留问题，得到集团公司党组充分肯定。举办“中国石化在四川”新闻发布会，持续做好乡村振兴定点帮扶、教育帮扶、消费帮扶，启动欠发达县域托底性帮扶，开展公众开放日、“心气”志愿服务等活动，获评2023责任犇牛奖。

（崔家麒）

表1　西南油气田主要技术经济指标　亿元

指标名称＼年份	2023	2022	2021	2020	2019	2018
工业总产值						
西南油气分公司	151.46	142.81	120.06	92.84	93.10	78.57
工业增加值						
西南油气分公司	113.26	81.07	62.76	56.01	52.85	44.60
资产总计						
西南石油局	23.27	22.70	23.22	23.21	24.17	25.08
西南油气分公司	452.46	342.99	318.65	375.15	348.03	327.63
流动资产						
西南石油局	6.59	5.95	6.96	7.30	7.35	7.79
西南油气分公司	67.90	8.11	20.65	35.27	7.82	3.61
固定资产原值						
西南石油局	19.55	19.43	19.09	18.86	19.87	19.89
西南油气分公司	784.89	701.54	632.80	619.93	603.64	585.65
固定资产净值						
西南石油局	9.57	10.01	10.34	10.56	11.54	12.08
西南油气分公司	224.35	184.98	165.19	220.21	236.40	258.58
销售收入						
西南石油局	21.97	34.28	22.54	18.96	24.89	23.91
西南油气分公司	150.61	143.51	122.94	93.61	93.24	83.67
实现利税						
西南石油局	1.32	1.21	1.04	1.93	1.03	0.99
西南油气分公司	47.28	34.79	−6.59	9.68	9.31	−11.32
税　金						
西南石油局	1.38	1.19	2.07	1.13	1.36	1.23

续表

年份 指标名称	2023	2022	2021	2020	2019	2018
西南油气分公司	19.67	15.88	12.09	9.22	8.91	8.90
综合能耗 / 吨标煤・万元 $^{-1}$						
西南石油局	0.03	0.03	0.04	0.04	0.03	0.04
西南油气分公司	0.68	0.65	0.66	0.84	0.90	0.92

表 2　西南油气田主要生产建设指标

年份 指标名称	2023	2022	2021	2020	2019	2018
完成二维地震采集量 / 千米	—	—	—	—	—	133.03
完成三维地震采集量 / 平方千米	260.00	286.00	521.02	331.09	—	437.49
完成钻井数 / 口	144	167	106	91	94	51
完成进尺数 / 万米	45.79	66.34	55.16	44.39	41.05	27.97
原油产量 / 万吨	4.36	3.60	3.00	2.70	2.69	2.18
天然气产量 / 亿立方米	92.02	84.01	80.01	67.14	66.21	61.45
新增天然气生产能力 / 亿立方米	36.32	21.45	17.56	14.11	5.29	2.94
新增天然气地质储量 / 亿立方米	5 461.01	3 489.87	1 949.78	2 503.07	2 002.47	3 419.21
勘探开发投资额 / 亿元	99.48	91.84	59.57	50.12	51.44	33.40

东北油气田

【概况】 东北油气田是中国石化集团东北石油局有限公司（简称东北石油局）和中国石油化工股份有限公司东北油气分公司（简称东北油气分公司）的统称，是中国石化在东北地区唯一一家从事石油天然气勘探开发研究的主体专业化油公司。本部机关位于吉林省长春市西安大路 4936 号。其前身成立于 1977 年，2000 年并入中国石化，2008 年 1 月 9 日，中国石化将其原东北分公司、东北石油局、勘探北方分公司、华东分公司吉林项目部腰英台油田重组为新的东北石油局暨东北油气分公司，按大一型企业管理，实行“一套班子、两块牌子”的管理体制。2017 年 9 月，中国石化集团东北石油局名称变更为中国石化集团东北石油局有限公司。

截至 2023 年底，东北油气田下设 8 个管理部门、6 个直属机构、5 个二级单位。共有正式职工 893 人，其中在岗合同制员工 868 人，管理人员 204 人，专业技术人员 545 人，技能操作人员 119 人；具有高级职称的 370 人（教授级职称 18 人），中级职称的 223 人，初级职称的 125 人。

截至 2023 年底，东北油气分公司辖有油气勘查与开采区块共 31 个，总面积约 1.36 万平方千米，分布在吉林省、黑龙江省和内蒙古自治区。其中，油气勘查区块 13 个，勘查面积约 1.23 万平方千米；油气开采区块 18 个，开采面积 0.12

万平方千米。油气总资源量 37.7 亿吨油当量。累计探明石油地质储量 1.05 亿吨，探明凝析油地质储量 0.06 亿吨，探明天然气地质储量 1220.25 亿立方米。

东北油气田主要技术经济指标和东北油气分公司主要生产建设指标分别见表 1 和表 2。

（贾为林　张瑞芬　王　森　张国军）

【领导班子调整】 2023 年 9 月 15 日，集团公司党组以视频形式组织召开油田企业领导班子调整大会，对东北石油局、东北油气分公司领导班子作出调整决定：赵磊任东北石油局总经理、党委副书记，东北油气分公司总经理。10 月 11 日，集团公司党组对东北石油局、东北油气分公司领导班子作出调整决定：李瑞磊任中共东北石油局有限公司委员会委员，东北油气分公司副总经理。

（胡春荣）

【勘探成果显著】 2023 年，东北油气分公司聚焦“保拓矿权、勘探突破、规模增储”三大核心任务，推动矿权登记，大力实施“351”资源拓展工程，取得“2 个重要突破、1 个新进展”的成果。其中，“松辽盆地长岭断陷新区勘探取得重大突破”获评中石化 2023 年十大勘探发现成果。全面完成勘探任务指标，探井成功率 62.5%，上升 8.7%，新增三级储量 418 亿立方米，超额完成年度任务。按照“立足吉林、北上龙江、南下辽宁、西进内蒙”的扩矿权思路，主动出击，积极作为，11 月，再次竞拍获得松辽盆地北部 2644 平方千米探矿权，截至 2023 年底，在黑龙江省矿权达 4638 平方千米，“十四五”净增矿权 2604 平方千米。在新层系上，长岭断陷查干花火山岩勘探取得重要突破。查 4 井压后试气获日产 5.2 万立方米高产气流，三级地质储量达 520 亿立方米。在新区带上，长岭断陷西部新区带勘探取得重要突破。北 1201 井压后日产气 5.6 万立方米、油 10.5 立方米，天然气圈闭资源量 570 亿立方米。在新类型上，梨树断陷陡坡带新类型勘探取得新进展。针对梨树断陷西部陡坡带部署梨 11 压后试气获日产 4.4 万立方米工业气流，连续稳压生产 17 个月，预探新扇体梨 13 井钻遇气层，初步证实陡坡带扇体叠合连片、整体含气，天然气圈闭资源量 580 亿立方米。在新领域上，陆相页岩气地质工程一体化取得新进展。通过开展页岩气勘探回顾性分析，落实有利资源量 1017 亿立方米。优选老井复试，3 口井获工业气流，实现压得开、连续加砂、连续生产，坚定商业突破的信心。

（张婷婷）

【效益开发稳产增产】 2023 年，东北油气田开发深入推进一体化改善产建效果，多措并举控制老区递减，抓好原油效益开发，油气开发效果持续改善。深入推进地震地质一体化刻画优质储层，地质工程一体化迭代储层改造工艺，有效储层钻遇率提升 6.1%，新建产能 3.09 亿立方米，当年新井产量 1.37 亿立方米，增长 69.6%，全年新增天然气 SEC 储量 16.3 亿立方米。金山气田通过叠前分角度叠加地震资料有效储层刻画技术、二氧化碳复合压裂降低储层水锁伤害技术，气井产能较前期提升 2 倍以上，实现经济有效开发，同时为梨树其他区域厚层型储层评价提供支撑。强化老区精益管理，细化落实“一井一策”，气藏井筒地面一体化发力，综合递减率 13%，实现综合递减率连续三年下降，下降 3.9 个百分点。油田开发坚持“低成本、要效益产量”的原则，抓好均衡压驱注水，共实施 14 个井组，新增水驱控制储量 95.7 万吨，累增油 0.8 万吨，含水率下降 2.3 个百分点，提高采收率 3 个百分点。

（郑天龙）

【数智化转型升级】 以前沿技术领跑：打造 5G 智能指挥中心，形成“智能监控、事前预警、专家会诊、远程协助、应急指挥、统筹管理”的一体化协同管控新环境；提升智能指挥，创新应用融合通信技术，推进 5G 智能指挥中心与防爆手机、智能头盔、各采油气厂生产指挥中心的连通，提升钻井、压裂、生产的远程指挥；支撑协同决策创效，通过远程会诊，精细监督，优化钻井工期 5 井次，节约工期 15.2 天；优化压裂液比例，节约压裂液约 700 立方米。为数据建设奠基：以“夯实基础年”为契机，开展数据建设工作；在底层架构方面，识别和梳理业务域 13 个、分域 10 个、子域 111 个、关键业务 513 个，在此基础上建设公司级应用架构，打造服务全局的数据资源中心；累计治理问题数据 20 万余条，高效、精准地支撑数字盆地、IPPE、5G 智能指挥中心等应用，高质量满足数据共享需求，进一步为业务赋能。让信息流程加速：拓展业务信息化应用范围，建设修理费劳务费等业财融合流程、井下作业费业财融合流程、厂级结算线上审批流程等六大模块 7 项主要工作流程及应用，优化业务流程、提高审批运行效率。为生产信息化护航：气田版 PCS 系统上线运行，覆盖龙凤山气田 6 座集气站、1 座采出水处理站、110 口生产井、40 条管线，井站巡检覆盖率 98%，气井开关井任务覆盖率达 95% 以上，实现巡检工作模式由“巡检 + 故障处理”向“监控 + 预维护”转变。

（徐超越）

【精益管理价值创造】 2023 年，东北油气分公司大力推进价值创造行动，以精益管理为抓手，强化全业务链全价值链降本增效。完善战略型集约化财务管控体系，加强重点费用控制，“一利五率”指标持续向好。深度挖掘产品端和市场端效益，经营碳资产，二氧化碳创效超千万元，形成新的效益增长点；充分利用储气库杠杆作用，深化“三代一拍一嫁接”营销模式，天然气经营效益再创新高。注重投资质量，推行地质、工程、运行、经济、能效“五位一体”优化，10 亿立方米产能建设投资大幅降低，天然气盈亏平衡点迎来下降拐点。

（赵明清）

【安全环保水平不断提高】 东北油气田认真贯彻习近平总书记关于安全生产重要论述和视察胜利油田、九江石化重要指示精神，按照集团公司年度 HSE 工作部署，以强化 HSE 基础管理为主线，以“安全管理强化年”和绿色低碳“补短板、强弱项”专项行动为抓手，持续深化 HSE 体系运行和安全管理“4+1”主题活动，全面开展现场 HSE 标准化建设、绿色企业建设、危险化学品专项整治、承包商专项整治，强化“双重预防机制”，夯实 HSE 管理基础，筑牢 HSE 防线，为东北油气田高质量发展提供坚强支撑。

（闫　晗）

【改革发展再上新台阶】 深入推进新一轮国企改革深化提升行动，油公司体制机制改革纵深推进。持续“瘦身健体”，压缩部门、压扁层级，率先完成“厂直管班站”改革，获集团公司肯定。推进“三项制度”改革，开展任期制和契约化考核，人均劳动生产率大幅提高。完善人才梯队建设，柔性引才引智，人才高地初步形成，科研能力明显增强。优化团队布局，“产建研”一体化模式有力支撑高质量勘探、高效益开发。5G 智能指挥中心推动生产运行模式和劳动组织方式变革，改革发展再上新台阶。

（赵明清）

【党建工作】 把学思想作为首要任务，把党员干部全覆盖作为基本要求，紧扣主题主线，围绕主责主业，精心组织领导，东北油气田领导班子采取“三学统筹”，各二级单位坚持“三个聚焦”，全体党员干部和团员青年读原著、学原文、悟原理，累计开展中心组理论学习和读书班 200 余期（次），领导班子成员和基层党支部书记讲专题党课 89 次，做到领导班子精读研学、中层干部熟读精学、普通党员通读细学，通过“看、听、讲、感、悟”不断深化理论学习成效。东北油气田领导班子实施“5+N+4”调研工作法，带头深入践行“四下基层”，以身入求深入，以找题引破题，形成调研报告 77 份。大力开展作风提升行动，明确“十种新风”，提出“35 个提倡和 36 个禁止”，坚决纠正形式主义、官僚主义等不正之风，践行“马上就办、办就办好”。成立“员工服务站”解决群众急难问题，建立绿色就医通道、更新职守用房、改善基层住宿和饮水用餐质量，累计为群众办实事 86 件，东北油气田上下共同书写高质量发展“五道题”，形成 12 个优化创新、效果突出的典型案例，全面完成各项任务目标，经营业绩创历史新高，在集团公司测评中，满意率 100%。在集团公司年度党建考核中获评 A 档。

（刘哲琪）

表 1　东北油气田主要技术经济指标①　亿元

指标名称 \ 年份	2023	2022	2021	2020	2019	2018
工业增加值	17.12	15.20	13.00	22.90	11.65	10.08
东北油气分公司	16.99	15.05	12.85	22.75	11.50	9.97
东北石油局	0.13	0.15	0.15	0.15	0.15	0.11
资产总计	69.81	61.52	60.99	54.56	57.22	48.89
东北油气分公司	67.38	58.95	59.04	52.64	55.26	46.94
东北石油局	2.43	2.57	1.94	1.92	1.96	1.95
流动资产	2.96	2.47	1.71	2.13	3.07	1.93
东北油气分公司	1.89	0.60	0.51	0.97	1.91	0.81
东北石油局	1.07	1.87	1.20	1.16	1.16	1.12
固定资产原值	184.12	168.80	162.55	147.46	133.22	124.19
东北油气分公司	183.21	167.89	161.58	146.49	132.13	123.09
东北石油局	0.91	0.91	0.97	0.97	1.09	1.10
固定资产净值	52.00	44.60	45.73	38.43	42.04	39.77
东北油气分公司	51.79	44.38	45.43	38.11	41.73	39.43
东北石油局	0.21	0.22	0.30	0.32	0.31	0.34
销售收入	23.68	23.19	20.13	14.97	17.29	13.86
东北油气分公司	23.53	23.04	19.98	14.82	17.14	13.74
东北石油局	0.15	0.15	0.15	0.15	0.15	0.12
实现利税	5.89	5.79	1.28	−11.34	2.29	1.97
东北油气分公司	5.84	5.74	1.24	−11.40	2.25	1.91
东北石油局	0.05	0.05	0.04	0.06	0.04	0.06
税　金	2.71	2.84	1.22	0.97	1.13	0.90
东北油气分公司	2.69	2.82	1.20	0.95	1.11	0.88
东北石油局	0.02	0.02	0.02	0.02	0.02	0.02
综合能耗 / 吨标煤 · 万元 $^{-1}$	0.511	0.545	0.54	0.63	0.50	0.54

①部分数据有调整

表 2　东北油气分公司主要生产建设指标

指标名称 \ 年份	2023	2022	2021	2020	2019	2018
原油产量 / 万吨	8.76	8.65	7.25	4.41	5.11	3.01
天然气产量 / 亿立方米	10.57	10.50	10.50	9.19	9.50	8.53
新增原油生产能力 / 万吨	0	1.04（凝析油）	1.25	0.95（凝析油）	0.99（凝析油）	0
新增天然气生产能力 / 亿立方米	3.09	1.54	3.50	2.75	1.84	1.12

续表

指标名称 \ 年份	2023	2022	2021	2020	2019	2018
新增探明石油地质储量 / 万吨	0	—	24.51（凝析油）	88.48（凝析油）	394.21（凝析油）	—
新增探明天然气地质储量 / 亿立方米	113.73	139.76	114.40	145.64	102.52	32.18
二维地震 / 千米	101.00	—	—	—	—	—
三维地震 / 平方千米	125.00	243.00	112.00	—	—	—
油气钻井 / 口	43	35	41	42	36	17
探　井	8	8	7	12	16	8
开发井	35	27	34	30	20	9
钻井进尺 / 万米	18.92	15.31	16.63	17.99	14.11	10.19
勘探投资 / 亿元	5.04	6.42	5.95	5.04	5.71	2.33
开发投资 / 亿元	11.55	8.54	10.39	10.07	7.47	4.33

华北石油局

【概况】 华北石油局是中国石化集团华北石油局有限公司（简称华北石油局）和中国石油化工股份有限公司华北油气分公司（简称华北油气分公司）的统称，总部位于河南省郑州市，是集团公司油田企业之一。其前身为组建于 1975 年 5 月的地质矿产部第二石油普查勘探指挥部，1997 年 1 月并入中国新星石油公司，2000 年 3 月随中国新星石油公司整体并入集团公司。2002 年 5 月，根据集团公司重组改制总体部署，成立中国石化新星公司华北石油局和中国石油化工股份有限公司新星华北分公司，2003 年 7 月分别划归集团公司、股份公司直接管理。2013 年 1 月，按照集团公司关于石油工程专业化重组和矿区（社区）管理体制调整的总体部署，对石油工程和社区板块进行分离，成立华北石油工程公司，实现油公司、工程公司和社区业务“三分开”。2015 年 3 月，中国石油化工股份有限公司华北分公司更名为中国石油化工股份有限公司华北油气分公司。2017 年 9 月，中国石化集团华北石油局完成公司制改制工作，公司名称变更为中国石化集团华北石油局有限公司。

华北石油局主要负责社区管理，有郑州、新乡、咸阳、榆次 4 个生活基地。华北油气分公司主要从事油气勘探开发、生产和销售业务，油气生产基地位于陕西省榆林市、延安市、咸阳市，内蒙古鄂尔多斯市，宁夏盐池县和甘肃省庆阳市、平凉市等地区。

截至 2023 年底，华北石油局配备有一套党政领导班子（成员共 7 人），下设 16 个职能部门、2 个直属机构、11 个二级单位。有合同制员工 2922 人，其中有教授级高级职称的 21 人、高级技术职称的 731 人。有探采区块 14 个，总面积 2.31 万平方千米，主体位于鄂尔多斯盆地，累计探明石油地质储量 2.61 亿吨、天然气地质储量 8458 亿立方米，保有天然气 SEC 储量 250.26 亿立方米，建成 3 个油气生产基地，累计生产油气分别为 474.55 万吨、605.14 亿立方米。

华北石油局主要技术经济指标和华北油气分公司主要生产建设指标分别见表 1 和表 2。

（李素蓉）

【领导班子调整】 2023年3月，李宏任华北石油局党委副书记、纪委书记、工会主席、监事。12月，张建伟任华北石油局党委委员、华北油气分公司总会计师。

（李素蓉）

【生产经营】 2023年，华北石油局完成投资47.94亿元，新增天然气探明储量570亿立方米、石油探明储量1333万吨，生产天然气50.59亿立方米、原油（含凝析油）18.06万吨，大牛地气田连续11年稳产30亿立方米，东胜气田致密含水气藏保持20亿立方米稳产，华北石油局天然气累计产量突破600亿立方米，实现考核利润24亿元。

（李素蓉）

【高效勘探】 2023年，华北石油局超额完成三级储量任务，获集团公司年度油气勘探重大发现奖3项。大牛地气田深层煤层气领域实现重大战略突破，阳煤1HF井试获10.4万米³/日高产，首次提交煤层气预测储量超千亿立方米，入选2023年全国油气勘探开发十大标志性成果、中国石化十大油气勘探发现成果，获集团公司勘探突破特等奖。盆地南部上古致密气取得重要突破，富县区块XF15-P1井喜获日产10.6万立方米；彬长区块C2-P1井稳定日产2.5万立方米，刷新单井产量纪录。东胜气田上古致密含水气藏勘探成果持续扩大，新召区带主体探明盆地北缘第2个超千亿立方米储量阵地；十里加汗区带锦7702X井试获5.5万米³/日高产气流，独贵加汗西部贵3

中国石化首口深层煤层气风险探井——阳煤1HF井压裂现场（李文昕　摄）

井试获工业气流。中生界断缝体油藏精细评价取得新成果，泾河2301H、南川1H等9口井试获工业油流。拓展发展空间取得新进展，落实集团公司与内蒙古自治区战略合作协议，积极推进与地方成立合资公司拓矿权；与延长石油开展对接谈判，推动富县矿权实质性回归；获煤矿压覆区233平方千米油气优先开采权。

（李素蓉）

【效益开发】 2023年，华北石油局大牛地、东胜气田两大稳产工程和鄂南油效益开发有序推进，超额完成油气产量任务，获集团公司年度高效开发奖8项。产建质量持续提升：高效推进高含水气藏滚动建产和老区加密调整，推行“一井一案”“一段一策”，推广压裂投产提速典型做法，组织冬季连续施工，超额完成“决战100天、产量上台阶”行动任务，全年新建产能9.5亿立方米，新井产能达标率103.2%，当年贡献产量5.5亿立方米，创历史新高。开发效果持续改善：强化气藏、井筒、地面、运行“四位一体”递减分因素分析和控制，建成控递减示范区5个，气田自然递减率降低2.3个百分点。优化措施结构，加强井筒治理，当年增产6100万立方米。

（李素蓉）

【工程保障】 2023年，华北石油局推行石油工程一体化大包，集成应用高性能PDC、大扭矩螺杆等提速工具和核心技术，示范井和示范区建设成效走在石化前列。做实一体化专家工作室，拓展应用示范成果，提升工程质量，工程复杂故障发生率下降29%，刷新16项指标纪录，超额完成“四提”目标。地面工程扎实推进。东胜21号集气站、大牛地5号脱硫站产建配套工程建成投运，施工周期刷新最短纪录。东胜集中处理站水处理扩能、主产区集气环网，大牛地提质增效、脱硫站互联互通等一批地面系统优化项目顺利实施，集输效能稳步提升。东胜天然气处理厂配套提氦工程总体进度达85%。大牛地乙烷回收工程开工手续办理取得实质性进展。全面完成“五化”指标，建成设备设施完整性管理体系，压缩机综合运行时率为99.61%。

（李素蓉）

【科技攻关】 2023年，华北石油局研发投入强度达2.18%，获省部级科技奖励8项、授权专利46件。科技管理体系持续完善，“揭榜挂帅”机制有效运行，重奖煤层气突破团队，广泛组织高水平技术交流25次，创新活力有效激发。关键技术攻关取得突破，迭代提升应用黄土塬全节点地震采集技术，早胜项目采集成效达到国内领先水平。创新深层煤层气富集规律认识，探索攻关大排量饱和加砂复杂缝网压裂等技术，助力新领域战略突破。加强盆地南部薄窄河道预测，攻关应用全过程储层保护和精准改造等技术，助力富县致密气产能重大突破。深化盆缘致密含水气藏分河道甜点描述，创新漏塌分治、升级排采工艺等技术，探索提产新方式，实施首口分支井，有力支撑东胜气田高效建产。推广建模数模剩余气表征，创新精准控窜压裂等技术，压窜井比例降至3.4%，有力支撑老区提高采收率。压返液重复利用技术攻关成效初显，利用率提高至20.2%。数字化转型提速推进，EPDC、EPBP考核位居国内上游企业前列，PCS全面建成投用，石油工程业务管控、采油气工艺管控、承包商管理（三期）、造价智慧平台等一批系统上线运行。

（李素蓉）

【经营创效】 2023年，华北石油局完善战略型集约化财务管控体系，持续保持规模盈利水平，公司“一利五率”指标整体良好。投资效能不断提升：加强投资项目管理，注重方案部署超前、投资批复及时、实施节奏提速，全年完成投资47.94亿元、增长24.5%，投资完成率为近三年新高，单井（项目）投资、发现成本、开发成本总体控制在计划指标内。挖潜增效成果显著：开展三年挖潜增效专项活动，持续推进投资高效、降本提效、科技创效、改革增效、管理促效“五大工程”，全年挖潜增效3.26亿元、完成计划的103%。狠抓天然气拓市推价，增收创效1.3亿元。优化物资采购，强化修旧利废，降本创效1.06亿元。加强财税优化管理，推进资产分类治理，实现创效9627万元。华延公司实现扭亏为盈。

（李素蓉）

【改革管理】 2023年，华北石油局承接制订公司加快建设世界一流企业和改革深化提升行动方案，年度重点任务完成率100%。持续完善油公司组织体系和运行机制，采气二厂标准化示范区通过现场验收，平稳有序完成公司后勤业务一体化改革和合资公司一体化管理调整，开展业务流程重构，完善“引管培退”市场机制，改革活力不断释放。完善“3+2”对标管理体系，持续对标长庆工作获集团公司主要领导批示肯定，公司5项对标长庆指标实现提升，获集团公司管理现代化创新成果奖2项，在国内上游第十届“五项劳动竞赛”和“星旗榜”评比中分别斩获奖项9项、夺旗2面、摘星11颗。基础管理持续强化，召开基础工作现场推进会，年度18项40条措施全部完成。修订公司“三基”管理办法，构建“三基”长效机制，选取试点开展“三标”班组达标活动，推进“两册”应用落地，采气一厂管理一区获集团公司“三基”工作先进基层单位称号。

（李素蓉）

【安全环保】 2023年，华北石油局深入开展“安全管理强化年”行动，全面完成8个专项行动、75项工作任务，首次同时获集团公司安全生产先进单位和节能降碳环保先进单位称号。安全生产保持平稳态势，修订公司管理体系手册，规范体系审核，整体符合率提高至91.2%；扎实开展风险承包，强化专业分委会履职，启动业务全风险管理试点，抓实隐患整改，推进承包商自主管理，本质安全水平持续提升。开展绿色低碳“补短板、强弱项”专项行动，推进挥发性有机物治

2023年6月17—18日，公司组织开展安全生产月应急演练大比武（孙燕庆 摄）

理，全面启动“无废企业”建设，“三废”达标处置率100%，绿色基层创建率100%，获石油和化工行业绿色工厂称号；编制公司油气勘探开发与新能源融合发展行动方案，加大清洁电力引入，首次获绿电消费证书，节能降碳指标控制在计划之内。持续完善“五位一体”合规管理体系，构筑合规管理“三道防线”，4项重大风险实现销项降级。加大专项审计监督力度，规范合资合作项目管理，有效防范经营风险；天然气管道特许经营权纠纷案和环境公益诉讼案终审胜诉。

（李素蓉）

【党建工作】 2023年，华北石油局持续完善“大党建”工作机制，构建“大部制”下全面从严治党体系，以10个项目为牵引推进党建重点工作全面落实，公司党建考核获评集团公司A档。

高质量推进主题教育。制订“54321”实施方案，坚持“五学联动”增智铸魂，突出“三个导向”正风促干，聚焦“学长庆、争一流”推动发展，在学思想、强党性、重实践、建新功上取得实实在在的成效，职工满意度达100%，先后在集团公司层面刊发信息和交流经验39次，第二批主题教育相关经验做法7次在集团公司主题教育简报交流，多次获集团公司巡回督导组表扬。

基层党建质量不断提升。持续推进“三基本”建设与“三基”工作有机融合，深化机关党建“一体两翼”建设，探索创建“一支部一品牌”，连续7年推行党支部书记培训取证，规范“岗区队”建设。

队伍建设有力有效。召开公司人才工作座谈会，系统谋划“十四五”及中长期人才发展规划。持续优化干部队伍结构，强化优秀年轻干部培养选拔，全面推进中基层领导人员任期制和契约化管理，开展基层领导人员作风建设轮训，将红旗渠干部学院作为公司党性教育基地，深化思想政治建设。搭建领军、拔尖、骨干、后备四级人才库，王文君创新工作室入选首批中国石化技能人才创新工作室。

政治生态持续向好。创新督办工作机制，完

公司党性教育基地签约暨揭牌仪式在安阳市红旗渠干部学院举行（苏铭凯　摄）

善“大监督”格局，建立“三横三纵”立体监督体系，强化政治监督，统筹推进中央巡视、党组专项巡视等反馈问题整改，常态化开展党委巡察，推动重大决策部署落实落地。深入开展“四查四整治”行动，强化“三不腐”一体推进，精准科学运用“四种形态”处理30人次。

幸福指数显著提高。完善“我为群众办实事”常态化机制，维修改造野外一线职工公寓98间，对郑州职工活动中心进行专项整治，协调地方为办公楼及生活区大门口加装减速带、警示牌，累计解决职工群众“急难愁盼”问题71件。广泛开展群众性劳动竞赛、青年联合攻坚等创新创效活动，2个基层集体获中国石化工人先锋号称号。以庆祝中国石化成立40周年、大牛地气田开发20周年为契机，组织开展形势任务教育宣讲，举办系列文化庆祝活动，大力宣传先进典型，天然气保供事迹被《人民日报》等主流媒体刊登。

（李素蓉）

【社会责任】 2023年，华北石油局积极做好甘肃锁南中学教育帮扶，协调专项资金1013万元改造学校硬件，组织困难优才生结对帮扶、教师跟岗培训、师生暑期研学和优秀青年驻校帮扶等活动，锁南中学2023年中考平均成绩、高中录取率分别提升23.66%和15.23%，获集团公司乡村振兴办公室感谢信。开展南阳市镇平县沙家村驻村帮扶，组织采购藜麦等帮扶产品110余万元，助力乡村振兴。

（李素蓉）

表 1　　华北石油局主要技术经济指标　　亿元

指标名称 \ 年份	2023	2022	2021	2020	2019	2018
工业总产值	89.46	104.42	89.88	63.42	67.25	57.28
华北石油局	0.56	0.62	0.49	0.37	2.12	0.62
华北油气分公司	88.90	103.80	89.39	63.05	65.13	56.66
工业增加值	67.94	83.43	67.84	53.07	50.77	46.31
华北石油局	0.39	0.35	0.29	0.11	0.19	0.33
华北油气分公司	67.55	83.08	67.55	52.96	50.58	45.98
资产总计	210.43	219.17	200.66	197.40	191.89	213.58
华北石油局	3.95	3.75	3.37	3.34	3.57	3.66
华北油气分公司	206.48	215.42	197.29	194.06	188.32	209.92
流动资产	31.42	50.89	36.07	8.99	6.02	17.15
华北石油局	2.52	2.34	1.94	1.87	1.98	2.05
华北油气分公司	28.90	48.55	34.13	7.12	4.04	15.10
固定资产原值	104.62	100.52	95.97	92.98	88.90	85.93
华北石油局	3.06	3.06	3.00	2.98	3.04	2.99
华北油气分公司	101.56	97.46	92.97	90.00	85.86	82.94
固定资产净值	42.25	41.79	41.75	45.33	46.23	47.77
华北石油局	1.22	1.25	1.29	1.29	1.42	1.46
华北油气分公司	41.03	40.54	40.46	44.04	44.81	46.31
销售收入	100.50	114.35	96.34	69.35	72.64	65.65
华北石油局	2.71	2.11	1.67	1.89	1.97	2.65
华北油气分公司	97.79	112.24	94.67	67.46	70.67	63.00
实现利税	57.80	52.59	20.06	10.94	7.64	4.58
华北石油局	0.26	0.38	0.21	0.40	0.09	0.19
华北油气分公司	57.54	48.13	19.85	10.64	7.55	4.39
税　金	9.66	4.77	3.59	3.03	3.38	3.22
华北石油局	0.25	0.31	0.21	0.18	0.18	0.19
华北油气分公司	9.41	4.46	3.38	2.93	3.22	3.03
综合能耗 / 吨标煤 · 万元 $^{-1}$	0.459	0.439	0.425	0.372	0.385	0.371
华北石油局	0.436	0.403	0.370	0.229	0.252	0.248
华北油气分公司	0.482	0.475	0.479	0.515	0.518	0.494

表 2　　华北油气分公司主要生产建设指标

指标名称＼年份	2023	2022	2021	2020	2019	2018
油气产量 / 万吨	419.83	415.88	425.58	396.97	368.91	336.05
新增油气生产能力 / 万吨	78.30	70.65	70.36	100.00	61.94	50.39
新增油气探明储量地质储量 / 万吨	1 168.43	433.99	4 210.21	4 459.97	3 612.24	—
三维地震 / 平方千米	710.00	480.00	821.00	156.00	333.00	284.00
二维地震 / 剖面千米	—	—	357.10	200.00	—	889.00
油气钻井 / 口	202	168	174	234	171	122
探　井	33	30	35	24	25	19
开发井	169	138	139	210	146	103
钻井进尺 / 万米	78.77	72.64	55.20	87.56	53.94	44.31
勘探投资 / 亿元	10.97	8.74	10.57	6.204	5.96	3.96
开发投资 / 亿元	29.24	25.88	30.96	32.70	21.74	19.32

华东油气田

【概况】 华东油气田是中国石化集团华东石油局（简称华东石油局）和中国石油化工股份有限公司华东油气分公司（简称华东油气分公司）的统称，是中国石化常规与非常规油气勘探开发的专业队伍，以页岩气、煤层气、页岩油、常规油勘探开发及 CCUS 全流程一体化为主营业务。办公地点位于江苏省南京市建邺区江东中路 375 号金融城 9 号楼。华东石油局前身为 1970 年 5 月 6 日成立的江苏省石油勘探指挥所，隶属地质部石油海洋地质局管理。1997 年 1 月纳入中国新星石油公司管理。2000 年 4 月，随中国新星石油公司整体并入集团公司。2003 年 5 月，华东石油局和华东油气分公司分别调整为集团公司和股份公司直接管理。2012 年 11 月 8 日，华东石油局石油工程专业队伍划出，成立中石化华东石油工程有限公司。2015 年 3 月 20 日，华东油气分公司开始运行油公司管理体制。2018 年生产油气 131.40 万吨，产量规模首次突破 100 万吨。2021 年生产油气 221.80 万吨，产量规模首次突破 200 万吨。2023 年生产油气当量 247 万吨，其中原油 50 万吨、页岩气 15.60 亿立方米、煤层气 4.10 亿立方米。

截至 2023 年底，华东石油局和华东油气分公司机关部门实行一体化管理，共设有职能部门和党群部门 14 个、直属单位（机构）4 个、所属二级单位 11 个（华东石油局 4 个，华东油气分公司 7 个），用工总量 1676 人；具有各类高级专业职称的 467 人、中级专业职称的 394 人，累计 3 人享受政府特殊津贴。华东油气分公司在在苏北盆地、下扬子海相、四川盆地东南缘的盆外褶皱区、鄂尔多斯盆地周缘拥有矿权面积 1.66 万平方千米，总资源量 45.50 亿吨油当量，探明储量 2.96 亿吨油当量。

华东油气田主要经济指标和主要生产建设指标分别见表 1 和表 2。

（刘　波）

【领导班子调整】 2023 年 7 月 27 日，华东油气田召开领导班子扩大会，宣布领导班子调整决定：经集团公司党组研究决定，楼江权任华东石油局总会计师、党委委员，华东油气分公司副总经理。12 月 4 日，集团公司党组召开华东油气田干部大会（视频），宣布领导班子调整决定：杨勤勇任华东石油局党委副书记、局长，华东油气分公司总经理；免去云露华东石油局党委副书记、局长，华东油气分公司总经理职务，另有任用。

（刘　波）

【生产经营指标再创历史新高】 2023 年，华东油气分公司新增常规油探明储量 207.27 万吨，页岩气提交探明储量 579 亿立方米，煤层气提交探明储量 113.11 亿立方米；生产 247 万吨油气当量，超产 19 万吨油气当量，其中生产原油 50.03 万吨、页岩气 15.61 亿立方米、煤层气 4.13 亿立方米。

（刘　波）

【保矿权拓矿权工作有力推进】 2023 年，华东油气分公司评价优选重庆、贵州、河南等一批煤层气、页岩油、页岩气有利区，开展“揭榜挂帅”，成立 8 个项目组，推进矿权增列登记。在重庆境内成功增列煤层气探矿权 3 块，总面积 5978 平方千米，资源量 8675 亿立方米。中国石化矿权内部流转竞得郎岱、安顺、凯里探矿权 3 块，总面积 2032 平方千米。新增南川东胜页岩气采矿权 261 平方千米。

（刘　波）

【页岩气增储上产取得新成果】 2023 年，华东油气分公司加强阳春沟地区保存条件与可压性评价，部署 8 口探评井，测试日产气 5.30 万—22.80 万立方米，实现不同埋深勘探突破。强化浅层页岩气吸附解吸机理与排采工艺攻关，优选老厂坪背斜坪地 1HF 井试验液驱无杆泵降压解吸，日产气从 0.70 万立方米上升至 4.50 万立方米，累产气 1530 万立方米，实现新区勘探突破。建立阳春沟地表－五峰底全层系模型，提升复杂构造区地质预测精度，开展压裂差异化改造，一次井网立体推进新区滚动建产，新建产能 4.50 亿立方米，单井 EUR 从 0.79 亿立方米提升至 0.85 亿立方米。强化老区挖潜，实施调整井 13 口，单井 EUR 0.76 亿立方米，两层立体开发井组采收率提升至 36%。试验二氧化碳竞争吸附提高采收率，单轮次注入二氧化碳 708 吨，阶段增产 124 万立方米，换气率 3.20，提高采收率 1.30 个百分点。强化深层页岩气高温高盐泡排剂研发应用、中深层积液治理及动态保压配产，老井综合递减率降至 19%。

（刘　波）

【煤层气新区新层系取得突破】 2023 年，华东油气分公司系统分析南川煤层气富集高产主控因素，在阳春沟背斜部署阳 2 井，攻关深部煤层气远支撑压裂工艺，试获日产气 1.30 万立方米，实现渝东南深层煤层气突破。系统评价晋中煤岩地质特征，攻关形成“高前置液拓缝长＋阶梯排量稳缝高＋组合粒径饱充填”压裂工艺，晋 2 井试获日产气 1.20 万立方米，取得重要突破。持续攻关延川南老区提产增效技术，新增产能 0.70 亿立方米。针对高应力区，加大前置液造缝，优化粒径组合支撑，单井产能提升至 0.80 万—1 万立方米；针对一次井网剩余气富集区，试验加密调整、重构井网，单井产能提升至 0.70 万立方米，为延川南老区效益稳产拓展新空间。

（刘　波）

【页岩油效益发展打开新局面】 2023 年，华东油气分公司深化苏北盆地不同凹陷页岩油形成条件和富集主控因素研究，评价一类有利区资源量 4253 万吨，优选曲塘次凹部署海页 1HF 井，试获日产油 50 吨，拓展苏北页岩油资源阵地。页岩油分区分类评价取得重要进展，构造稳定区投产 8 口水平井，5 口井单井累产油超万吨，其中溱页 2 井压力下降 9 兆帕情况下累产达 2.50 万吨，溱页 1 井组通过地质工程一体化攻关，实现井组立体开

2023 年 6 月 1—2 日，100 余名由投资者、分析师和媒体记者组成的调研团走进华东油气分公司页岩油示范区溱页 1 平台实地参观（沈志军　摄）

发正向干扰，基本落实效益开发技术政策；构造复杂区创新“直井 + 拟水平井”压裂开发新模式，分压合采与单层试采均获高产稳产，累产 0.90 万—1.60 万吨。沙垛 1 井压驱注入二氧化碳 1.70 万吨，日产油从 8.50 吨上升至 30 吨，阶段增油 5600 吨，提高采收率 3 个百分点，页岩油二氧化碳压吞提高采收率技术试验取得成功。

（刘　波）

【常规油挖潜获新提升】 2023 年，华东油气分公司深化赵庄区带沉积微相和构造样式分析，滚动实施探评井 3 口，新增探明储量 173 万吨。强化建模数模一体化研究，推进赵庄边水、底水油藏两套井网同步动用，新增产能 3.30 万吨。扩大气驱应用，全年注气 20.10 万吨，增油 4.20 万吨，其中茅山新增注气 0.90 万吨，日产油从 4.50 吨提高至 11.50 吨；试验特低渗油藏压驱—气驱协同驱油，在张家垛油田试验初见成效。强化水驱分级治理，推进水质提升与智能分注，水驱“三率”持续提升，自然递减率降至 10.50%。

（刘　波）

【CCUS 工作取得新进展】 2023 年，华东石油局捕集二氧化碳气 13.60 万吨，江苏泰兴黄桥二氧化碳装卸码头建设完成航道评价、岸线许可性评价工作，黄桥至张家垛 42 千米长输管道完成项目不可避让论证及安全预评价。统筹二氧化碳内外部市场需求，全年二氧化碳驱油应用 30 万吨。试验二氧化碳驱油产出气回收循环再利用技术，帅垛及草舍区块产出气回收 172 万立方米。推动华东 CCUS 品牌建设，华东石油局江苏华扬液碳有限责任公司成功申报江苏省专精特新中小企业。

（刘　波）

【科技成果保持增势】 2023 年，华东油气田获专利授权 44 件，其中发明专利 14 件，分别增长 2.90% 和 13.60%。集团公司科技立项 3 项，参与集团公司重大科技项目 1 项，3 项成果顺利通过集团公司科技成果鉴定，二氧化碳驱油和页岩气降本增效压裂 2 项成果获集团公司科技进步奖，“渝东南南川大型常压页岩气田发现及勘探关键技术”研究成果获自然资源部科技进步二等奖。《油气藏评价与开发》入编 2023 年版《中文核心期刊要目总览》，成为石油、天然气工业学科北大中文核心期刊。68 项创新点子中 30 项融入集团公司、华东油气田科技项目攻关内容，19 项同步转化为专利、软件著作权等知识产权。

（刘　波）

【数智化建设持续推进】 2023 年，华东油气分公司推动“信息化 +”为生产赋能，总结广山智能站库建设经验，实施北汉庄站库信息化无人化改造；试验油液监测压缩机故障预测技术，实现压缩机故障智能监测；率先推广石油工程业务管控平台（IPPE），实现设计、施工、监督和决策全过程协同；创新自建物联网平台，支撑仪控设备在线管理、实时监控。推进“信息化 +”为管理提效，推动华东油气田移动工作平台（手机端 App）建设，搭建 10 类 42 项业务办理及浏览模块，支持在线查询、业务掌上办理，有力支撑管理数字化转型。

（刘　波）

【油公司建设稳步推进】 2023 年，华东油气分公司优化信息化条件下标准化采油气厂建设模式，强化“组织效能评价”“星旗榜”过程管理，第三季度泰州采油厂在上游板块“综合排名”和“效益类指标”对标中重新排名第一，临汾煤层气分公司“人均管井数”、重庆页岩气有限公司“用工成本占比”“吨油气管理费”、采油气工程油服中心“井下作业业务综合排名”均位列同板块第一。围绕“管理高效”，推动“管办分离”，组建机关事务中心，编制两个工作清单，理顺职责流程，完成机关改革主体工作。强化承包商管理体系建设与运行，编制实施《市场管理办法》，明确 8 类 23 项发包业务归口管理，制定完成 31 类业务准入标准；建立承包商动态资源库，严格承包商考核，将 5 家考核不合格单位纳入黑名单，清出分公司市场。构建以业务为中心的标准成本管理体系，实现成本目标向业务前端延伸。加强 SEC 储量目标化管理，实施页岩气资产轻量化处理，SEC 储量与资产协同优化有效防范页岩气减值风险。获集团公司“管理性费用降幅”评比红星 2 颗和“投资计划完成率及投资回报”评比红星 1 颗，获评“十四五”企业法治建设中期及合规管理体系评价 A 类企业。

（刘 波）

【安全环保绿色低碳发展不断推进】 2023 年，华东油气田完成“安全管理强化年”90 项重点任务，其中 32 项形成固化机制。发布新版 HSE 管理体系手册，设置要素监测指标 73 个，完成 HSE 体系全要素审核和管理评审。部署应用重大危险源数智化平台、地灾监测预警系统，推进双重预防数字化、智能化、信息化管控。抓承包商和直接作业环节管理提升，开展 HSE 专项督导，全面排查作业现场风险隐患，从严“低老坏”问题整改销项。排查储罐、装卸等 8 类 VOCs 源项，开展油井放喷二氧化碳回注、测试气回收，推广页岩油气钻井高性能水基钻井液、拓宽废弃水基钻井液处置渠道，“三废”资源化利用率稳步提高。推动新能源建设，统筹“源网荷储”规划部署，初步形成“一光两风”新能源整体布局。实施绿色企业行动，绿色基层实现全覆盖，形成 36 项清洁生产技术，21 项清洁生产技术被纳入集团公司上游企业清洁生产技术汇编，持续保持集团公司绿色企业和石油石化行业绿色工厂称号。

2023 年 6 月 26 日，华东油气田组织开展公共安全、消防暨环境突发事件Ⅰ级演练。图为 CCUS 调峰中心演习现场（沈志军 摄）

（刘 波）

【华东石油局第五次党员代表大会召开】 2023 年 9 月 24—25 日，中国共产党中国石化集团华东石油局第五次代表大会在华东石油局办公科研中心召开。大会的主题是：高举习近平新时代中国特色社会主义思想伟大旗帜，全面深入贯彻党的二十大精神、习近平总书记重要讲话和重要指示批示精神，回顾五年来工作，分析当前形势，明确中长期发展目标，部署今后五年的重点工作，团结带领广大干部员工，高举思想旗帜，扛稳职责使命，奋力谱写油气田高质量发展新篇章，为保障国家能源安全再立新功、再创佳绩。姚红生代表中共中国石化集团华东石油局第四届委员会向大会作题为《高举思想旗帜 扛稳职责使命 奋力谱写新征程上高质量发展新篇章》的党委工作报告，杨猛代表中共中国石化集团华东石油局第四届纪律检查委员会向大会作题为《践行初心使命 忠诚履职尽责 为油气田高质量发展提供坚强保障》的纪委工作报告。大会通过各项议程，选举新一届党委委员和纪委委员。

（刘 波）

表 1 华东油气田主要经济指标 亿元

指标名称 \ 年份	2023	2022	2021	2020	2019	2018
工业总产值	54.31	49.00	41.32	29.68	31.16	26.52
华东石油局	1.63	1.85	4.09	1.33	1.23	1.04
华东油气分公司	52.68	47.15	37.23	28.35	29.93	25.48
企业增加值	45.33	43.59	27.56	18.76	22.01	17.80
华东石油局	2.99	2.64	2.77	2.35	2.01	2.08
华东油气分公司	42.34	40.95	24.79	16.41	20.00	15.72
资产总计	140.53	127.57	121.82	108.01	95.04	87.73
华东石油局	14.77	14.70	15.47	15.79	14.72	13.95

续表

年份 指标名称	2023	2022	2021	2020	2019	2018
华东油气分公司	125.76	112.87	106.35	92.22	80.32	73.78
流动资产	6.73	3.57	3.71	10.27	6.41	5.95
华东石油局	1.49	0.93	1.88	3.14	3.86	3.87
华东油气分公司	5.24	2.64	1.83	7.13	2.55	2.08
固定资产原值	263.28	229.22	194.26	177.35	143.89	123.04
华东石油局	17.94	16.52	16.46	16.05	6.66	7.01
华东油气分公司	245.34	212.70	177.80	161.29	137.23	116.03
固定资产净值	92.71	78.67	66.62	68.75	48.76	39.54
华东石油局	12.68	11.81	12.23	12.22	3.16	3.40
华东油气分公司	80.03	66.86	54.39	56.53	45.60	36.14
销售收入	59.78	57.60	42.50	34.12	34.57	29.63
华东石油局	6.30	9.86	5.20	4.72	4.70	4.10
华东油气分公司	53.48	47.74	37.30	29.38	29.87	25.53
实现利税	16.13	14.08	5.25	6.92	7.67	2.98
华东石油局	0.57	1.15	0.46	0.43	0.25	0.39
华东油气分公司	15.56	12.93	4.79	6.49	7.42	2.59
税　金	8.04	9.44	4.77	2.86	3.74	1.73
华东石油局	0.54	0.98	0.35	0.27	0.24	0.39
华东油气分公司	7.50	8.47	4.42	2.59	3.50	1.34

表 2　华东油气田主要生产建设指标

年份 指标名称	2023	2022	2021	2020	2019	2018
原油产量 / 万吨	50.03	46.71	46.31	46.01	45.34	42.20
页岩气产量 / 万立方米	156 139.00	138 412.00	135 797.00	106 931.00	80 994.00	54 280.00
煤层气气产量 / 万立方米	41 260.00	40 066.00	39 504.00	38 353.00	35 773.00	38 389.00
新增原油生产能力 / 万吨	9.31	3.60	4.19	1.81	4.42	6.10
新增页岩气生产能力 / 万立方米	66 732.00	63 052.00	68 121.00	45 354.00	21800.00	65 000.00
新增煤层气生产能力 / 万立方米	7 100.00	4 600.00	6 000.00	4 600.00	0	36 300.00
新增探明石油地质储量 / 万吨	207.27	209.57	238.3	236.21	216.47	0
新增探明页岩气地质储量[①] / 亿立方米	0	0	0	1 446.58	0	0

续表

指标名称 \ 年份	2023	2022	2021	2020	2019	2018
新增探明煤层气地质储量 / 亿立方米	113.11	—	—	—	—	—
二维地震 / 千米	0	0	0	355.00	0	10.00
三维地震 / 平方千米	202.00	50.00	806.00	245.00	95.00	100.00
钻井 / 口	116	121	117	93	125	76
探　井	30	21	17	26	30	33
开发井	86	100	100	67	95	43
钻井进尺 / 万米	41.39	40.53	37.10	29.25	31.65	20.55

① 2019 年新增探明页岩气地质储量 1117.47 亿立方米为中国石化内审数据，未下公报，故修改为 0。该数据统一在 2020 年储量公报中公布，故 2020 年新增探明页岩气地质储量 1446.58 亿立方米包含 2019 年的数据

勘探分公司

【概况】 中国石油化工股份有限公司勘探分公司（简称勘探分公司）是中国石化唯一勘探专业公司，肩负着中国石化能源资源战略发展重任，业务归口中国石油化工股份有限公司油田勘探开发事业部管理。勘探分公司位于成都市高新区吉泰路 688 号中国石化西南科研办公基地。

勘探分公司前身是南方海相油气勘探项目经理部，成立于 1999 年 5 月。2002 年 4 月，中国石化整合南方海相油气勘探项目经理部和滇黔桂油田分公司，成立南方勘探开发分公司。2007 年 3 月，原南方勘探开发分公司和原中南油气分公司勘探研究、勘探管理及部分相关业务人员整合重组成立勘探南方分公司，同年 8 月迁址成都。2014 年 7 月，中国石化批复同意更名为中国石油化工股份有限公司勘探分公司。

截至 2023 年底，勘探分公司实有合同制员工 462 人，在岗合同制员工 461 人，均为管理和专业技术人员，具有中级及以上职称的 381 人，在岗员工平均年龄 43 岁。

按照中国石化统一安排，勘探分公司主要负责所管理勘查区域内风险勘探，同时开展国内重点含油气盆地分析、矿权登记、投入不足区块评价、风险井平行论证等工作。截至 2023 年底，归属勘探分公司管理的有效油气探矿权区块 22 个，总面积 5.24 万平方千米，其中 3 个区块增列页岩气矿种，面积 1.12 万平方千米，横跨陕西、贵州、云南、广西、四川、湖南、重庆、新疆和西藏 9 个省（自治区、直辖市），总资源量天然气 17.18 万亿立方米、石油 23.41 亿吨（根据“十四五”资评初步评价）。

2023 年，勘探分公司部署探井 14 口，实施钻井 39 口，新开钻井 9 口。完成钻井进尺 5.88 万米，为年度计划的 102.68%。实施二维地震 281.83 千米、三维地震 254.5 平方千米，均为年度计划的 100%。完成测试 19 层，获工业油气流 12 井 14 层，探井成功率 71.43%。新增探明天然气地质储量 305.5 亿立方米、控制储量 324.61 亿立方米、预测储量 1909.37 亿立方米（气当量），页岩油地质储量 2292.58 万吨、溶解气地质储量 142.33 亿立方米，分别为天然气探明储量、控制储量、预测储量和页岩油探明储量年度目标的 153%、273%、162% 和 459%。完成投资

20.24亿元，控制在年度计划之内；持续保障科研投入，实际研发投入强度10.95%，位居集团公司前列。

勘探分公司主要经济指标和主要生产建设指标分别见表1和表2。

（姜智利）

【新区油气勘探获重大突破】 2023年，勘探分公司油气勘探取得“2个重大突破、2个重要突破、1个商业发现和一批新进展”的油气勘探成果，获股份公司油气勘探重大发现奖8项，连续6年被评为集团公司优秀勘探管理单位。2个重大突破：川北侏罗系河道砂岩油气勘探和四川盆地二叠系大隆组深层页岩气勘探取得重大突破。2个重要突破：川北须家河组致密砂岩气勘探和复兴侏罗系页岩油气、致密砂岩油气立体勘探取得重要突破。1个商业发现：发现勘探分公司第9个气田——巴中气田。一批新进展：特深层碳酸盐岩勘探和超深层页岩气勘探取得新的重大进展。

（姜智利）

【3项成果入选全国油气勘探开发十大标志性成果】 巴中1HF井、雷页1井的重大突破和巴中气田发现入选国家能源局发布的2023年全国油气勘探开发十大标志性成果。其中，雷页1HF井重大突破入选第四项标志性成果，巴中1HF井重大突破和巴中气田发现入选第六项标志性成果，勘探分公司油气勘探成果获业内权威认可。

（姜智利）

2023年3月28日，雷页1井试获日产42.66万立方米高产页岩气流。图为点火放喷现场

【发现2个新的千亿立方米级增储阵地】 2023年1月，巴中1HF井日产油126立方米、气5.77万立方米，是四川盆地侏罗系河道砂岩首次试获超百立方米高产稳定工业油流，创该领域四川盆地单井最高稳定日产油纪录，新增预测储量天然气721.12亿立方米、凝析油825.87万吨。4月，雷页1井试获日产42.66万立方米高产页岩气流，首次在国内实现二叠系大隆组海相深层页岩气勘探重大突破，实现页岩气勘探“走出志留系、走向新层系”的重大战略构想，有力支撑普光气田增储上产。川东北二叠系海相页岩气发育普光、南江、涪陵北等有利目标，资源量1.2万亿立方米，其中普光地区三套页岩有利面积达1116平方千米，资源量7569亿立方米。

（姜智利）

【致密砂岩油气勘探取得新突破】 2023年10月，元陆2HF井分段加砂压裂试获日产气22.06万立方米，无阻流量50.39万立方米，实现元坝之上找元坝的重要突破，元坝西部须家河组有望实现千亿立方米控制储量的升级动用，有力支撑川北须家河组致密砂岩气增储上产。

（张庆峰）

2023年10月16日，元陆2HF井试获日产22.06万立方米高产工业气流。图为压裂施工现场

【发现巴中气田】 2023年8月，由勘探分公司提交的巴中气田首期305.5亿立方米探明地质储量，通过自然资源部审定，标志着中国石化在四川盆地再添新气田，被中央广播电视总台《新闻联播》报道。

（张庆峰）

【特深层高温高压探井测试能力显著提升】 元深1井（中国石化四川盆地最深直井）、福1井完钻垂深分别为8866米和7244.6米，地层温度分别达到创纪录的210℃和220℃。针对两口井超高温高压测试工程难题，勘探分公司研选超高温高压永久封隔器、配套超高温高压井下测试阀、大直径厚壁油管，攻关稳定性满足230℃温度要求的抗高温测试工作液，并提升改造液高温缓蚀、缓速性能，攻克超高温射孔枪弹技术，工艺上采用“四阀一封”取代“两阀一封”，完成元深1井、福1井两口特深井超高温测试施工，均一次成功。

（朱　弘）

【超深层页岩气井工程技术水平显著提升】 綦页深1井为中国石化垂深最深的超深层页岩气井，完钻斜深6626米，完钻垂深4979.2米，钻完井和储层改造施工难度大。勘探分公司优选提速工具、优化钻井参数，按照“靶区动态设计＋旋转导向控制＋地面降温＋强封堵油基钻井液”技术方案，优质储层钻遇率100%。面对世界级压裂技术难题与挑战，研究制定“超高压＋大排量＋大规模＋强加砂＋多转向”技术思路，协同相关单位，创新开发180—175兆帕超高压大通径压裂管汇系统，研制175兆帕多功能页岩气压裂井口，采用高钢级、大壁厚高抗内压强度套管，高质量完成綦页深1井压裂施工，刷新中国石化页岩气井多项压裂施工纪录，为垂深4500—5000米页岩气勘探开发提供必要装备保障。

（朱　弘）

【高水平科研项目进展顺利】 2023年，勘探分公司承担的国家自然科学基金企业创新发展联合基金03课题“海相深层页岩气富集规律及开发机理”通过总部科技部验收，项目成果经专家鉴定总体国际先进、部分达到国际领先水平，获2023年度集团公司科技进步奖一等奖，“海相页岩气勘探攻关创新团队”入选自然资源部创新团队。2项集团公司“十条龙”课题通过总部科技部验收，2项股份公司重大科技项目课题通过中期检查，在陆相页岩油气、物探采集处理等领域基础研究和关键勘探技术方面取得积极进展，有力支撑四川盆地及周缘的油气勘探评价部署工作。

（魏全超）

【获塔西南9个流转矿权】 通过搜集资料、加强交流、专项研究，高效完成竞标材料，于2023年12月取得塔西南地区9个流转区块。勘探分公司按照“2+2+3”三步走的工作思路，扎实抓好塔西南油气风险勘探工作，打造四川盆地、塔里木盆地勘探突破、规模增储双引擎。

（吴　浩）

【三年羌塘盆地野外地质调查顺利收官】 2023年，由勘探分公司牵头的联合野外攻关团队完成羌塘野外地质调查任务，标志着为期三年的羌塘野外地质调查工作完美收官。三年来，羌塘联合野外地质调查团队在平均海拔5000米以上的高原上，累计耗时242天，行程超6万千米，观（实）测剖面62条，采样4900余件，安全、顺利、高效地完成全部野外地质工作，形成适用于高原的烃源岩评价体系和构造保存条件评价方法，在北羌塘新发现台缘礁滩白云岩有利储层，初步落实资源潜力和有利区带，为“十四五”后两年科考工作奠定坚实基础。

（吴　浩）

【超深层测井技术取得新进展】 2023年，勘探分公司开展超深层测井技术攻关，在福1井完成超高温常规电缆测井施工，优品率90.65%。克服超高温、复杂井筒和高温高密度钻井液性能不稳定等复杂情况，完成元深1井常规测井资料录取，电阻率三趟测井数据具有较好的一致性，声波数据通过缆测后资料品质明显提升，有力支撑超深层碳酸盐岩储层评价。

（张庆峰）

【物探技术支撑勘探生产】 2023年，勘探分公司首次在南方复杂山地针对复杂小断块开展二采技术攻关，马6井南三维二采项目采集资料品质较2017年通江三维资料一级品率提升5%。形成“层控、井控、断控、相控”深度域速度建模技术，川东南盆缘复杂构造带深度偏移成果构造及断裂空间归位精度明显提升。微地震监测有效支撑兴页 9 井、元陆 2HF 井、丁页 11 井及雷页 1 井侧钻水平井压裂工程工艺及参数优化，为压裂效果评价奠定良好基础。

（袁茂林）

【安全环保保持硬稳定】 2023 年，勘探分公司以“零伤害、零污染、零事故”为目标，严格执行“日会诊、周分析、月部署”工作制度，层层分解、压实安全环保责任，扎实开展“安全管理强化年”和“绿色企业”行动，提级“两特两重”时期安全环保管理，强化风险识别与管控、承包商与直接作业环节管理，以井控安全和环保依法合规为重点，提升本质健康、安全、环保水平，绿色企业复核成功实现提级升档，全面实现年度 QHSE 工作目标。

（王　玮）

【管理效能持续提升】 2023 年，勘探分公司强化企业管理体系建设，持续优化油公司体制机制，改革安全环保机构，健全工程项目安全环保靠前指挥、快速反应机制，提升环保管理水平；调整物探项目管理组织架构，进一步强化地球物理对目标评价和勘探部署的支撑；建立新的石油工程市场管理制度，加强项目管理、经济合同和制度建设的合规性审查。及时完善绩效考核体系，充分发挥考核“指挥棒”作用，完善“三基”工作机制，初步建成“基础工作 +”管理体系，健全对标提升长效机制，价值创造行动打表推进、效果显现，勘探分公司治理能力和管理效能得到新提升，世界一流企业建设初见成效。

（刘　帅）

【高质量党建引领保障高质量勘探】 2023 年，勘探分公司站在集团公司党建考核 A 档的新起点，深入落实集团公司“1355”党建工作思路，以学习贯彻习近平新时代中国特色社会主义思想主题教育为主线，坚持“学、调、研、改、促”一体推进，全员参与“重走勘探路、再找大气田”系列主题党日，党员干部队伍思想更加统一，党性更加坚强。作为集团公司唯一一家与 7 家中央企业同台展示的直属企业，在片区交流会上得到中央主题教育指导组的高度肯定。基层党支部“四化”水平显著提升，勘探成果同年两上《新闻联播》再创纪录，“1234”勘探模式主题劳动竞赛获人民网报道。勘探特色品牌建设不断深化，“5001 党建高地”品牌持续赋能羌塘盆地油气野外地质调查，“甲乙地党建共建”品牌保障打成井、打好井，零投诉、零矛盾。党委领导作用、党支部战斗堡垒作用、党员先锋模范作用更加彰显，党建工作质量不断提升，为勘探分公司高质量发展提供坚强引领和强大动能。

（姜智利）

2023 年 5 月 30 日，“重走勘探路、再找大气田”系列主题党日活动现场，党员干部面对党旗重温入党誓词

【加快建设高水平人才高地】 2023 年，勘探分公司持续优化干部队伍整体配置，中层干部平均年龄下降 1 岁，40 岁以下年轻干部比例由 19.6% 上升至 25.5%。创新模式打造平台，双向选派工程领域优秀年轻干部挂职锻炼，扎实推进首批“百舸千帆”计划实施，着力推动常态化跨单位、跨领域人才交流培养。落实“引育并重”人才机制，系统内引进工程、环保专业成熟型人才 4 人，逐步缓解工程技术人才队伍接替不足问题；打造新员工入职锻炼“1+3”培养模式，点、线、面结合助力新员工快速成长。择优推荐骨干人才参加各层次培训班 112 个 300 余人次，获评自然资源部科技创新团队 1 个、科技领军人才 1 人、青年科技精英赛分区赛第 6 名 1 人，队伍综合素质进一步提升。

（杨明龙）

表 1　勘探分公司主要经济指标　亿元

指标名称 \ 年份	2023	2022	2021	2020	2019
资产总计	13.06	12.74	12.42	12.87	14.83
流动资产	12.35	11.92	11.82	12.16	14.00
固定资产原值	2.41	2.66	2.43	2.36	2.53
固定资产净值	0.39	0.56	0.46	0.50	0.68
销售收入	20.26	22.50	23.08	17.79	18.83
实现利税	0.12	0.10	0.06	0.09	0.05

表 2　勘探分公司主要生产建设指标

指标名称 \ 年份	2023	2022	2021	2020	2019
新增天然气探明地质储量 / 亿立方米	305.50	1 459.68	773.67	789.90	408.53
新增天然气控制地质储量 / 亿立方米	324.61	514.88	822.98	311.36	421.28
新增天然气预测地质储量 / 亿立方米	1 909.37（气当量）	2 261.23	741.22	782.76	1 042.42
二维地震 / 千米	281.83	260.48	30.90	439.48	608.80
三维地震 / 平方千米	254.50	562.13	806.95	649.83	130.75
新开钻井 / 口	9	14	16	10	10
完井 / 口	13	14	16	10	7
钻井进尺 / 万米	5.88	8.07	8.74	6.20	6.00
勘探投资 / 亿元	20.24	22.66	23.05	17.89	18.79

天然气分公司

【概况】 中国石油化工股份有限公司天然气分公司（简称天然气分公司）成立于 2005 年 6 月，是中国石化直属负责天然气业务发展的专业化公司，与天然气有限责任公司、长城燃气投资有限公司实行“一套机构，三块牌子”。主要负责中国石化天然气管道、LNG 接收站、储气库等天然气储运设施建设与运行管理，天然气市场开发和销售经营管理，地方管网、终端销售合资合作管理。其中，天然气分公司侧重于生产经营管理；天然气有限责任公司侧重于合资合作和投资管理；长城燃气投资有限公司专注于终端项目开发和管理。

天然气分公司认真贯彻中国石化天然气发展战略，按照“资源、设施、市场、效益”相统一的原则，坚持系统化布局、集约化运营、协同化发展，加快储运设施建设，加大市场开发力度，加强生产经营管理，实现天然气业务的快速发展。除去向国家管网划转的 8300 千米天然气管道、北海 LNG 接收站、文 23 储气库等储运设施，天然气分公司有在运行天然气管道 3329 千米和青岛、天津 LNG 接收站 2 座，正在建设华瀛、龙口、广西三期、舟山 LNG 接收站 4 座，经营管理文 96、金坛盐穴、江汉黄场及中原文 13 西、胜利永 21 等 13 座储气库，具备 2315 万吨的自有 LNG 资源接卸能力和 51.63 亿立方米的储气调峰能力。依托自有储运设施和“全国一张网”，天然气分公司构建“公司—省级销售单位”两级销售体系，先后成立川气东送、华北、华南、山东、河南、河北等 15 家区域（省级）销售中心和江苏、湖南等 5 家省级合资公司，做实省级分销和终端零售业务，进一步提升市场竞争力和价值创造力。

截至 2023 年底，天然气分公司设 16 个本部部门（直属机构）和 30 家直属单位（生产工程单位 10 家、销售单位 20 家）；资产总额 1090 亿元，有正式职工 2119 人。2023 年经营天然气 454.7 亿立方米，国内市场份额为 11.5%，市场范围覆盖环渤海湾、长三角、泛珠三角等地区天然气需求旺盛区域和主要经济发达地区，涉及全国 29 个省（自治区、直辖市）。

（李广泽）

【采运储销一体协同，经营质效大幅跃升】 2023 年，天然气分公司坚持以市场为导向、以效益为中心，充分挖掘全产业链优势，有力推动天然气经营提质增效。资源结构持续优化。全力统筹自产资源，将上海海洋石油、江汉油田、西北油田、西南石油局等新增产能纳入“资源池”。成立资源外采工作小组，加大国内第三方资源外采力度，大幅降低“资源池”综合成本。合理安排中长约船期计划，抢抓窗口期补充现货资源，积极稳妥开展套期保值，成功应对国际油气价格波动风险。市场经营卓有成效。全力抓好管道气市场优化，创新推出固定价、挂钩长约合同，进一步提高销售结构与“资源池”构成匹配度，资源创效增效水平不断提升。大力发展 LNG 加气站直供业务，构建“石化气—石化运—石化用”一体化直供经营模式，实现集团公司整体效益最大化。充分发挥自身综合优势，积极培育发展优质终端，全年推进终端项目 43 项、实施落地 10 项。设施运营实现突破。加快推进由储运设施运行向储运设施运营转变，积极开展储运设施资产优化研究，坚定不移推进设施对外开放，创新开展储气能力经营，推出储气能力租赁、双买断、代储代输等多样化产品，全力提升储运设施创效水平。国际化经营迈出坚实步伐。将国际化经营作为事关未来发展的战略性举措，适时开展进口资源经营优化，实现资源合理配置；抢抓一切机会“走出去”，参加加拿大 LNG 国际会展、新加坡国际天然气技术展览会等国际会议，与部分国际资源商达成合作意向。

（李广泽）

青岛 LNG 接收站接卸 LNG 运输船

【市场保供扎实有力，品牌价值有效彰显】 2023 年，天然气分公司以强烈的政治担当做好天然气市场保供工作，坚决当好能源保供“顶梁柱”，守护千家万户“烟火气”，中国石化天然气“党和人民好企业”的品牌形象更加深入人心。2022—2023 年供暖季，累计向市场投放资源 207 亿立方米，完成国家发展改革委 196 亿立方米保供任务的 105.6%，收到各类感谢信 20 余封，得到国家发展改革委、地方政府、下游用户的充分肯定；春耕春播期间，坚决保障化肥生产，主动对接市场需求，向 6 家化肥企业供应天然气 12.5 亿立方米；迎峰度夏期间，在落实直供电厂 19.63 亿立方米合同基础上，向广东、浙江、四川等地增供发电用气 1.6 亿立方米，全力保障成都大运会、杭州亚运会期间市场用气需求；本轮供暖季，面对持续极端低温天气，紧急筹措资源，日均向北方地区供应资源超 9000 万立方米，国内市场单日供气量最高达 2.09 亿立方米，刷新历史纪录。

（李广泽）

【生产运行安全平稳，发展基础不断夯实】 2023 年，天然气分公司坚持统筹发展和安全，全力抓好 HSE 管理体系有效运行，连续 4 年保持“零伤害、零污染、零事故”，连续 3 年被评为集团公司安全生产先进单位，连续 3 年绿色企业复核为 A 档。本质安全底板愈发牢固。印发全员 HSE 责任制、岗位说明书和 HSE 责任清单、工作任务清单，初步构建具有石化天然气特色的安全管理网格化模式，进一步织密 HSE 责任网。开展工程建设领域大起底大排查大清理大整治行动，强化承包商资质审查和现场监管，严格奖惩考核，承包商、重大作业系统性风险值下降 31%。全面完成治安反恐一级目标达标验收，大力开展各级各类演练，有效增强基层抗灾应急能力。生产运行体系愈发高效。加快智能巡检机器人、自动分输等智能感知系统建设，推进调度管理向远程智能化管理目标迈进，扁平化、集约化的生产调度管理体系建设初见成效。加强设备完整性管理，扎实开展管道保护工作，深入开展预知性维修，实现设备设施“安稳长满优”运行。持续完善计量管理体系，天然气实流检定站建设加快推进。强化井控风险管理，井控本质安全得到全面提升。绿色健康底色愈发鲜明。积极推进绿色企业行动，青岛液化公司、天津液化公司获绿色工厂称号。加强环境风险评估和管控，未发生一起环保违规事件。有序实施“双碳”方案，深入开展“能效提升”计划，建成首个“碳中和”示范站。加强固体废物、危险废物全流程管理，完成集团公司“无废企业”现场验收。推进职业健康、员工健康、心理健康管理同向发力，青岛液化公司、天津液化公司、山东管道公司成功创建“健康企业”。

（李广泽）

山东管道公司“绿色场站”

【项目建设优质高效，设施布局日益完善】 2023 年，天然气分公司坚持立足当前、着眼长远，按照资源、设施、市场相匹配的原则，统筹优化新建设施布局和在建设施节奏，均衡化设施格局加快构建。精心绘制设施布局“新蓝图”。开展“十四五”发展规划中期评估，优化调整 2023—2025 年发展思路和发展目标，全面做好设施规划和投资节奏优化。持续完善鲁苏皖区域管道规划方案，加快顺北、红星、通南巴区块资源落实和外输通道可研论证，推动济青管道提升改造工程与淄莱线、青岛高压管网、青岛海底管道互联互通，全面畅通管网运行“大循环”。加快推进项目建设“施工图”。统筹优化 LNG 项目建设，天津 LNG 一期获国家优质工程奖；青岛 LNG 中国首座、全球容量最大 27 万立方米 LNG 储罐投用，国产化率 95% 以上；天津 LNG 二期和青岛 LNG 三期 4 台储罐建成投用；广东华瀛 LNG 主体完工；烟台龙口、广西三期等 LNG 项目稳步推进。大力实施自有管道互联互通，山东东干线诸城—高密段建成投运，皖东北管道皖东支线主体完工，区域管网优势进一步巩固。持续完善支线管道项目，丁山页岩气外输管道完成“三查四定”，彭州石化供气专线、中原储气库群东部气源管道建成投产，合浦—博白—浦北、辛集—赞皇、南陵—繁昌等终端管道按计划推进。扎实推进储气库项目，金坛、黄场储气库全年累计造腔 55.7 万立方米。

（李广泽）

青岛 LNG 接收站 27 万立方米 LNG 储罐（中国首座、全球容量最大的 LNG 储罐）正式投用

【治理体系不断健全，管理效能持续提升】 2023 年，天然气分公司以合规管理夯实经营基础，以精细管理激发内生活力，以科技创新集聚发展动能，持续推进公司治理体系和治理能力现代化，为高质量发展提供坚实支撑。依法合规治企走深

走实。组织开展内控、合同、制度合规检查，进一步筑牢合规管理“三道防线”，在集团公司“十四五”法治建设中期调研督导中获评A+成绩。加强合资合作项目前期论证和投后管理，强化外派高管履职培训和日常监督，认真开展合资公司管理提升专项行动，合资公司管理逐步规范。做深做实审计整改“后半篇文章”，审计监督治理效能充分彰显。深入开展招投标专项治理，招投标合规性有效增强。管理活力动力充分释放。同步推进对标世界一流价值创造行动、国企改革深化提升行动，年度各项目标任务全面落地。完善“三基”工作组织和制度体系，“三基”工作规范化、标准化水平持续提升。健全完善高质量发展指标运营体系，全面增强战略型集约化财务管控能力，公司“一利五率”保持较好水平。全面推进中基层管理人员任期制和契约化管理，完成中层领导人员“一协议两书”签订工作，进一步激发干部队伍干事创业热情。科技创新成效持续显现。天然气研究中心组建落地。完成第一阶段信息化、数字化、智能化顶层设计，持续推进“一中心、三平台”建设，加强“五化”成果推广应用，积极向数字化主导的现代化运营新模式转变。大力推进关键核心技术攻关，获集团公司科技进步奖二等奖1项、三等奖1项，取得授权专利24件。加强科技创新成果转化，智慧LNG接收站、智慧管道、智慧储气库等研究成果成功应用。

（李广泽）

天津LNG接收站电力巡检机器人

【围绕中心服务大局，党建工作成效显著】 2023年，天然气分公司认真贯彻集团公司党建工作“1355”总体思路，推动全面从严治党向纵深发展，党的建设质量全面提升。扎实开展主题教育。把高质量开展好学习贯彻习近平新时代中国特色社会主义思想主题教育作为首要政治任务，牢牢把握“学思想、强党性、重实践、建新功”总要求，聚焦主题教育根本任务、具体目标，一体推进理论学习、调查研究、推动发展、检视整改等重点措施，前后两批一以贯之、衔接联动，在以学铸魂、以学增智、以学正风、以学促干上取得明显成效，得到集团公司巡回指导组充分肯定。全面强化基层党建。着力提升基层党组织政治功能、组织功能，对标“三懂三会三过硬”要求，举办党支部书记、群团干部培训班，促进党建群团干部能力素质提升。坚持党员带班、支部带学、先锋带头，推动党的“三基本”建设与“三基”工作有机融合。持续深化“我为群众办实事”活动，大力推进“一堂一舍”标准化建设，员工获得感幸福感安全感进一步增强。充分发挥群团作用。举办第八届“我为发展显身手”业务竞赛，积极参加油田勘探开发事业部第十届“五项劳动竞赛”，7家单位、3名个人获奖项，2家单位分获红旗销售中心、五星级运销部称号。扎实推进青年精神素养提升工程，组织开展首届十大杰出青年评比表彰和英语风采大赛等活动，有效激励青年员工成长成才。日益建强干部队伍。加大年轻干部培养选拔力度，注重在艰苦环境和急难险重任务中历练干部。大力实施领航工程，组织中层干部前往深圳华为访学。积极开展竞争性选拔，竞争上岗比例达58.8%；刚性推进末等调整和不胜任退出。制订公司“十四五”期间及中长期人才发展规划，启动公司内部“人才涌流”计划，加快“1+3+N”培训阵地建设，各类人才队伍建设统筹推进。持续净化政治生态。全年紧盯重大工程项目、天然气销售、安全生产等重点领域、关键环节，深入推进政治监督，精准开展专项监督。全面加强党风廉政建设和反腐败斗争，持之以恒纠治“四风”，坚定不移惩治腐败，从严从实抓好巡视反馈问题整改落实。强化廉洁从业教育，构建“1+6”廉洁文化理念体系，持续营造廉荣贪耻的崇廉氛围。

（李广泽）

国勘公司

【概况】 中国石化集团国际石油勘探开发有限公司（简称国勘公司，英文缩写 SIPC）成立于 2001 年 1 月，本部设在北京，专门负责中国石化海外油气投资与经营。2015 年 12 月，经国务院领导批示，国务院国资委对国勘公司实施重组改制，引入诚通集团、中国国新两家新股东，分别持股 40% 和 30%，并按照《公司法》规定设立董事会、监事会规范运作。

截至 2023 年底，国勘公司共有 44 个项目分布在 23 个国家，其中在实施项目 41 个、在退出项目 3 个。在实施项目中，作业者项目 13 个（含掌控力强的联合作业项目），非作业者项目 28 个（含参股、掌控力弱的联合作业项目）。国勘公司 2P 权益储量 3.9 亿吨油当量，其中石油 2.6 亿吨、天然气 1582 亿立方米。

截至 2023 年底，国勘公司设有 17 个总部部门、23 个海外机构、3 个直属单位。共有正式员工 3691 人，其中中方员工 980 人、外籍员工 2711 人（占比 73%）。国勘公司党委所辖党总支 4 个、党支部 53 个，其中境外机构党组织 26 个（党总支 2 个、党支部 24 个），党员总数 787 名，占中方员工总数的 80%。

2023 年，国勘公司深入学习贯彻党的二十大精神和习近平总书记视察胜利油田重要指示精神，以提升国际化经营能力为牵引，坚持不懈抓好安全生产，统筹优化投资安排、开发部署、销售策略，持续防范化解经营风险，加大新项目获取和不良资产处置力度，各项工作平稳有序推进。

国勘公司主要生产经营指标见表 1。

（魏雨萌）

【HSE 管控水平实现再提升】 2023 年，国勘公司以实现“本质安全”为目标，稳步提升 HSE 体系化管理水平，有效保障各项工作安全平稳运行。扎实落实安全生产责任制，压实全员安全责任，进一步明确各层级安全生产职责界面，编制安全生产关键岗位“两个清单”。深化推动 HSE 精细化管理，制订基层安全管理网格化工作方案，将基层现场管理区域定格、定人、定责，构建横向到边、纵向到底的立体安全管理网络。进一步夯实公共安全管理，组织各海外机构升级安保方案，强化因公临时出国（境）团组公共安全风险防控，发布公共安全风险警示 24 次。全年 HSSE 实现近零业绩，国际安全和可持续发展评级（ISRS）达 7 级水平。

（魏雨萌）

【增储上产实现再提质】 2023 年，国勘公司持续加强勘探、开发、工程联动创效，深挖增储上产潜力。加快效益产能建设。强化地质工程一体化研究，多方联动优化井位部署，加快建产步伐，提高当期产量贡献，全年投产新井 480 口，当年产量贡献率 50%。深挖老区开发潜力，部署“采油工艺提升年”活动，通过老油田加密调整、精细注采、措施优选、扶躺井治理等方式，老油田综合递减率下降。加强精细构造解释，深化成藏规律研究，探索新区带新层系，在埃及、安哥拉、喀麦隆等项目取得 26 项勘探新发现，实现“箭头朝上”。聚焦打造优质工程项目，喀麦隆 Lima-15 井成功运用多项新技术、新工艺，钻完井创造多项纪录，关键指标明显提升，实现 2 项技术突破和 6 项技术成果，生产时效大幅提升，深层系勘探井钻井工程成功率 100%。

（魏雨萌）

【生产经营实现再提效】 2023 年，国勘公司动态跟踪市场形势，合理优化年度投资安排，强化成本费用精细化管控，不断优化原油销售，高质量冲刺全年奋斗目标。抓机遇深挖收益高、见效快的投资机会，同时兼顾中长期发展，适当调增加拿大 Wapiti、澳大利亚 APLNG 等项目配套投资，保障未来产量产能提升。进一步拓展业财融合广度深度，网格式分析挖掘成本动因，搭建弹性成本模型，矩阵式管理组建安哥拉、俄罗斯、澳大利亚等重点项目成本工作组，桶油操作成本低于奋斗指标。不断优化油气销售管理，根据油价走势，灵活应用 FPSO、油田储罐等储存能力，主动控制提油节奏、优化提油策略。妥善应对俄乌冲突影响，与燃料油公司组建合资销售公司，解决哈萨克斯坦项目原油内销模式变更问题。

（魏雨萌）

【结构调整实现再优化】 2023 年，国勘公司持续规范新项目工作流程，动态优化不良资产处置实施策略，资产结构进一步优化。不良资产处置方面，完成 3 个国务院国资委重点项目处置，国务院国资委确定的 12 个优先处置项目中，问题严重的 8 个通过“干净退出”或合同优化实现“止血”创效，余下 4 个每年仅需零星成本持有。新项目获取方面，聚焦中东北非、中亚环里海盆地、俄罗斯等目标区域，扎实推进业务布局，全年完成资产筛选超 130 个，重点评价项目超过 20 个，卡塔尔 NFE、NFS，哈萨克斯坦 52 区块等项目取得突破。2023 年是国勘公司实施扭亏脱困战略以来获取新项目数量最多、资源最多、质量最高的一年，为实现“十四五”期间资源接续目标奠定坚实基础。

（魏雨萌）

【风险化解实现再突破】 2023 年，国勘公司坚定不移推进存量风险化解，取得重大进展，进一步为实现决定性扭亏脱困扫清障碍。法律风险方面，多个重大案件取得重大胜利或阶段性有利进展，案件数量及涉案金额取得大幅“双下降”的突破性进展。债务风险方面，妥善应对美联储加息影响，提前筹划、多措并举，顺利完成到期长期贷款续接，实现债务规模连续 6 年硬下降；抓住 2023 年 LIBOR 退出转为 SOFR 有利时机，与现有银行展开全面谈判，大幅节约贷款期内利息支出。税务风险方面，主动出击，从源头防范税务风险，坚定不移化解历史税务争议，YL、尼子及哈萨克公司所涉几项搁置多年的税务争议取得实质性推动并取得进展，历时三年成功化解巴西 RSB 回贷架构存在的重大税务风险隐患。

（魏雨萌）

【公司治理效能实现再提升】 2023 年，国勘公司锚定世界一流企业建设，以新一轮深化改革为契机，坚持用国际标尺衡量自身，用国际惯例提升管理，公司治理质效显著提升。坚持和运用好改革三年行动积累的宝贵经验，推进实施改革深化提升实施方案，改革成效获集团公司高度肯定并作为整体优秀案例在系统内推广，3 人获深改先进管理者、先进个人称号。国际化经营管理水平迈上新台阶，具有国勘特色的国际化能力提升长效机制持续发挥作用，逐步建立起一套符合国际化经营特点的战略型集约化财务管控体系，通过国际安全和可持续发展评级系统（ISRS）7 级水平，达到行业领先水平；成为上游板块首家通过合规管理体系 ISO 37301 国际标准和 GB/T 35770 国家标准双认证的企业。赋能高层次人才培养，聚焦打造专业尖兵，生产、工程、安全管理等专业共 38 人取得 HSE Nebosh IGC 证书，其中一人获 2022—2023 年全球最佳学员奖；法律合规团队 11 人取得国际高级合规师证书，10 人取得 SHRM 高级证书，4 人取得期货从业资格证书等。

（魏雨萌）

【党建融合实现再深入】 2023 年，国勘公司以学习贯彻党的二十大精神为牵引，进一步统一思想和行动，不断推动中心工作取得新进展新突破。持续提升政治引领力，扎实推动学习贯彻习近平新时代中国特色社会主义思想主题教育走深走实，进而转化为干事创业的巨大内生动力。扑下身子、深入基层广泛开展调查研究，形成调研报告 49 份，整改问题清单 17 项，集团公司专项整治问题 1 项，不断提出真正解决问题的新理念新思路新办法。加快国际化人才方阵建设，打造领军、骨干、潜力人才“412”阵型，加强专家队伍管理，定制 35 岁以下员工全周期职业生涯发展档案，差异化制订青年员工实习培养方案。坚定不移正风肃纪反腐，高效推进集团公司党组专项巡视整改，完成党委巡察三年全覆盖，三年累计发现 263 个问题，实现 2021 年、2022 年整改事项全部关闭，有序推进 2023 年巡察发现问题整改。组织开展作风建设提升行动，发布专项提升方案和查摆清单，点名通报不严不细不实突出问题，严纪律纠“四风”成效凸显。

（魏雨萌）

表 1　　国勘公司主要生产经营指标

指标名称＼年份	2023	2022	2021	2020	2019	2018
勘探新增权益石油储量（2P+2C）/百万桶	64.60	55.90	58.80	40.30	87.42	32.58
勘探新增权益天然气储量（2P+2C）/亿立方米	20.00	21.00	40.70	21.60	53.15	58.30
权益油气产量/万吨	3 187.00	3 500.80	3 643.00	3 672.00	4 252.00	4 249.70

石油工程公司

【概况】 中石化石油工程技术服务股份有限公司（简称石油工程公司，英文缩写 SSC）是集团公司控股子公司。2012 年 6 月 28 日，集团公司实施石油工程专业化整合重组，成立石油工程公司。2014 年，集团公司实施仪征化纤股份有限公司（*ST 仪化 600871，仪征化纤 1033）重大资产重组，于 2014 年将石油工程资产置入仪征化纤，并将化纤业务置出，实现石油工程公司在上海、香港两地上市。

石油工程公司是国内产业链最完整、专业门类最齐全的石油工程综合一体化服务上市公司，秉承“服务客户、支撑油气、技术领先、价值创造”发展理念，大力实施“专业化、市场化、国际化、高端化、特色化”发展战略。拥有涵盖油气勘探和生产全产业链的技术研发支撑体系，拥有超过 60 年的经营业绩和丰富的项目执行经验，是一体化全产业链油服领先者，能够为高酸性油气藏、致密油气藏、深层超深层油气藏、页岩油气藏等各类油气田提供一体化服务。拥有国内领先的页岩气石油工程配套技术，形成深层储层的钻井、测录井、压裂试气、装备制造和工程建设等技术系列，关键核心技术基本实现国产化。截至 2023 年底，在中国 20 多个省（自治区、直辖市）的 500 余个区块开展油气工程技术服务；海外业务规模不断提高，在 30 多个国家和地区提供油田技术服务。

截至 2023 年底，石油工程公司设有国际石油工程公司、石油工程建设公司、地球物理公司和经纬公司 4 家专业公司，胜利石油工程公司、中原石油工程公司、江汉石油工程公司、西南石油工程公司、华北石油工程公司、华东石油工程公司、海洋石油工程公司 7 家地区公司。有合同制员工 6.34 万人（在岗合同制员工 5.61 万人）、劳务派遣工 409 人。在岗合同制员工平均 46 岁，具有大学本科及以上学历 2.41 万人，管理、专业技术、技能操作人员分别为 0.72 万人、2.51 万人和 2.38 万人，具有高级及以上技术职称的 1.30 万人，具有高级工及以上职业资格的 2.46 万人。

（郭　昊　何　骅）

【领导班子调整】 2023 年 4 月，张锦宏到龄退休，不再担任石油工程公司副总经理、党委委员职务（仍任集团公司首席专家）。2023 年 12 月，张建阔任石油工程公司董事、总经理、党委副书记；张从邦任石油工程公司副总经理（按大一型企业正职管理）、党委委员；袁建强到龄退休，不再担任石油工程公司董事、总经理、党委副书记职务；张永杰到龄退休，不再担任石油工程公司副总经理（按大一型企业正职管理）、党委委员职务。

（乔　璐）

【财务资产经营状况】 截至 2023 年底，石油工程公司资产总额 751.63 亿元，负债总额 671.4 亿元，所有者权益 80.23 亿元，资产负债率为 89.33%。

（潘　莉）

【“四提”“五化”工作全面提升】 2023年，石油工程公司在集团公司“三北一川”及东部老区完成井平均钻井周期缩短5.6%，复杂故障时效降低12%，压裂施工效率、压后单井产能分别提高11.8%和10.5%，工程成本降低3.4%，连续4年超额完成“四提”目标，其中顺北工区、胜利页岩油工区钻井周期分别迭代缩短33%和39%，“四提”成效显著。大力推进地面工程“五化”体系建设及成果应用，打造10项“五化”工程和10项优化简化示范工程，施工周期平均缩短20%，顺北二区天然气处理厂仅用5个月建成投用，周期缩短40%，成为地面“五化”工程新标杆。

（郭　昊）

【市场提质增效步伐加快】 2023年，石油工程公司突出量质并举，全力攻坚优质规模市场、加快退出低效无效高风险市场，市场运营质效有效提升。集团内部运行更加高效，统筹优化资源配置，集中公司95%的甲级队伍服务保障集团勘探开发，共同落实年度框架协议、“六不等”，加快推动投资释放、均衡生产，队伍保持高效运行。国内外部布局更加优化，坚持市场分类定级，深化“中-中”合作，大力拓展优质规模市场，主动退出低效无效民营市场，中国石油、中国海油、国家管网等三大规模市场新签合同额占国内外部新签合同额的70%，优质规模市场更加集中。海外市场质效更加凸显，在沙特、科威特、厄瓜多尔、墨西哥中标和新签一批优质长线项目合同，钻修井、物探、地面、油藏等业务统筹推进，经营业绩再创历史新高。

（郭　昊）

【科技创新创效成果显著】 2023年，石油工程公司及所属各单位聚焦制约勘探开发的工程技术瓶颈难题，加大研发投入，全年创施工新纪录419项，获省部级科技奖励29项、获专利授权539件，锻造了服务勘探开发的“尖兵利器”。自研旋导持续迭代升级，规模化应用190口井，国产化替代率和储层钻遇率大幅提高，综合成本持续降低；国内首口全过程套管钻井顺利实施，为老区降低工程成本、效益开发提供新路径；长筒连续取芯工艺在胜利页岩油累计取芯1.55万米，为储层精细刻画、地质甜点评价提供了第一手完整资料；高温测井、套后测井等技术装备更趋成熟，为支撑保障“深地工程”建设提供核心利器。管柱自动化装备、直推存储式测井仪等装备仪器实现规模化应用，产品产业化和科技成果转化产值创历史新高。石油工程一体化云平台（SICP）深化运行，井场采集决策一体化、钻完井数字孪生、地质工程一体化等系统融合应用，有效支撑钻完井实时优化与智能决策。

（郭　昊）

【改革管理效能持续释放】 2023年，石油工程公司改革管理统筹联动、互促并进，扎实推进项目化管理体系建设，大力实施项目部区域化整合、同质化业务合并、配套完善运行管理机制，进一步打破管理壁垒，压扁管理层级，抓实“人才池”“资金池”“物料库”“装备库”和“SICP系统”运行，促进人才、资金、装备、物料、信息等核心资源向项目聚焦，全方位提升核心要素资源的集中管控和调配能力，进一步提高管理效能。持续完善公司治理、加强市值管理，石油工程公司获评2023年中国上市公司ESG百强和中国上市公司董事会优秀实践奖。

（郭　昊）

【基础管理工作不断夯实】 2023年，石油工程公司出台“三基”工作管理办法及配套制度，明确组织领导、专业管理、经费保障等机制，推进“三基”工作常态化运行。系统性开展基层单位摸底调研，有序推进1775个基层机构标准化设置、规范管理和优化整合。抓好“两册”修订与执行落地，推动内部对标提升、金银牌队创建和标杆经验推广工作，基层基础进一步打牢夯实。大力推进“三挂钩”考核和“五比”竞赛，考出了压力动力，比出了干劲拼劲，基层发展活力更加充沛。健全法律、内控、风险、合规协同运作机制，形成事前制度规范、事中动态监管、事后监督问责、持续改进提升的管理闭环。开展疑难“两金”专项清理和历史纠纷案件专项整治，重大经营风险总体可控。

（郭　昊）

【安全环保井控严管严控】 2023年，石油工程公司从严开展“安全管理强化年”行动，全面完成重点工作任务和攻坚措施。紧盯重大风险和薄弱环节，严格“两特两重”期间22项高风险作业提级监管，重点风险得到有效防控。加大老旧钻机升级改造，严格开展安全实操培训，本质安全水平进一步提高。深入开展“五个不托底”排查、住井督查，大力整治“低老坏”和习惯性违章，安全基础管理进一步夯实。大力实施绿色环保管理，境内企业全部通过绿色企业创建复核验收。严格实行重点井、高风险井源头设计审查和重要节点专家驻井，井控风险始终受控在控。

（郭　昊）

【干部人才队伍建设持续强化】 2023年，石油工程公司持续推进人才强企战略，选优配强各级班子，配合集团公司完成地区（专业）公司班子的充实调整。认真落实集团公司“百舸千帆”计划，加强优秀年轻干部培养交流，推进各级班子年龄、专业结构持续优化。加强各类人才引进培养，高校毕业生引进计划落实率持续提升。具有技师以上技能等级人员持续增加，技术技能人才队伍不断壮大；全面推进领导人员任期制和契约化管理，深化干部竞争性选聘、末等调整，干部队伍活力持续激发。

（郭　昊）

【党建优势有效发挥】 2023年，石油工程公司扎实开展主题教育，公司党委研究制定18个方面重点工作、60项具体措施，大力推行“1个实施方案＋理论学习、调查研究、推动发展、检视整改4个运行计划表”为主要内容的“1+N”模式，推动主题教育各项工作走深走实。以庆祝中国石化成立40周年为契机，深入开展“三个在哪里”大讨论，持续抓好石油精神、石化传统教育，引导员工队伍传承红色基因，牢记“我为祖国献石油”初心，为油而战、逐油而进，不惧大漠风沙、激流险滩、崇山峻岭，挑战超深超长、高温高压、高寒高海拔，持续锤炼极端情况下的能源保供工程技术能力，涌现出以70183SL钻井队、东营原油库迁建工程BEPC项目部和张吉平、程献彬等一大批先进典型，锻造形成召之即来、来之能战、战之能胜的石油工程铁军队伍。扎实开展“当好主人翁、建功新时代、岗位创一流”主题劳动竞赛、群众性技术创新等活动，引导员工立足岗位建新功。加大“五小”投入，推进一线生活设施优化配置、“云问诊”等民生实事，不断改善一线员工的生产生活环境。加强特殊敏感时期盯防，压紧压实维稳责任，队伍大局保持稳定。

（郭　昊）

国际石油工程公司

【概况】 中国石化集团国际石油工程有限公司（简称国际石油工程公司）由集团公司出资于2003年12月成立，注册地北京。2012年，集团公司石油工程专业化重组，国际石油工程公司出资人由集团公司变更为石油工程公司。主要负责统一管理协调中国石化石油工程海外业务，重点包括市场开发、项目管理、支撑服务、绩效考核、财税管理、队伍建设等，承揽项目并组织石油工程企业实施。业务范围包括地球物理勘探、钻修井、工程建设、油藏综合服务和物流贸易等。2023年，石油工程在28个国家执行项目合同309个，合同额186.0亿美元，其中集团公司投资项下合同24个，合同额0.3亿美元，占总额的0.2%。期末实有境外作业队伍190支，其中钻井队109支、修井队55支、固井队2支、录井队10支、下套管队1支、泥浆队1支、硫化氢检测队1支、井场道路队1支、污水和岩屑回注队1支、洗井队2支、固控队1支、地面测试队1支、海工队伍1支、物探队3支。执行项目管理及施工的中方人员4968人，雇用外方人员16106人。

国际石油工程公司境外合同额见表1。

（杨　洋）

【领导班子调整】 12月4日，集团公司党组以视频会议形式宣布国际石油工程公司领导班子调整决定：张从邦任国际石油工程公司执行董事、党委书记，石油工程公司副总经理（按大一型企业正职管理）、党委委员，免去其国际石油工程公司总经理职务；免去张永杰国际石油工程公司执行董事、党委书记，石油工程公司副总经理（按大一型企业正职管理）、党委委员职务，办理退休手续。

（杨　洋）

【市场开发质量实现新提升】 深耕重点市场，紧盯优质项目，保持市场开发强势劲头。沙特市场，新签沙特阿美5部探井日费钻机项目、2部非常规日费钻机项目，成功通过连油酸液资审；续签沙特阿美S84三维采集项目1年合同；先后中标达曼市、胡富夫市、哈伊勒市的3个地面路桥项目。科威特市场，顺利签订18部钻修井机延期合同，完成录井服务老合同延期半年，以较好的商务报价中标KOC新一轮5+1年录井服务项目；取得全地形地震采集项目服务资质。厄瓜多尔市场，续签WAYRA钻完井总包项目和SACHA钻完井总包一期项目，中标SACHA钻完井总包二期项目；持续强化与斯伦贝谢战略合作，新续签AUCA油田钻机、SHUSHUFINDI油田修井机服务项目。墨西哥市场，议标IXACHI三维采集项目并顺利签署合同。石油工程项下贸易，江钻钻头项目在阿尔及利亚市场取得突破；长城润滑油成功进入哈萨克斯坦市场，在尼日利亚、沙特、科威特等市场累计销售额连续2年超400万美元。易捷卓玛泉顺利进入沙特、科威特市场。与阿尔及利亚签订4台国产景宏顶驱贸易合同。

（杨　洋）

【项目运行效率达到新高度】 坚持以业主指标需求为导向，以精细严格管理为抓手，努力提升施工效率和工作业绩，不断提高项目创效能力。沙特市场，累计开钻井口数、交井口数和总进尺数大幅提高，钻机日费率达99.2%；S84三维采集项目全年完成635万炮、5290平方千米生产任务，上交数据正确率100%、合格率100%；MIP地面项目获8000万安全人工时贡献奖、施工安全指数评分连续6个月优异奖。科威特市场，钻修井队日费率保持在99.8%以上极限水平，19支钻井队和30支修井队日费率100%；在KOC首次对所有承包商的全面考核中，6支钻修井队进入前10名，2支队伍分别获金牌队、银牌队称号。厄瓜多尔市场，I-L-Y地质工程一体化项目实现年产油159万桶，创历史新高；SACHA钻完井总包一期项目施工33口井，中靶率100%；常规钻修井项目日费率超99%。墨西哥市场，EBANO地质工程一体化项目累计生产原油193万桶；HUELITLI三维采集项目完成9.95万炮，连续生产2500万人工时无LTI。阿尔及利亚市场，5部钻机高效率组织启动，成为首家复工复产的国际钻井承包商。玻利维亚市场，施工的YOPE-X1井获重大油气发现，玻利维亚总统亲临井队祝贺。哈萨克斯坦市场，北布扎齐大包项目3支作业队伍在工区排名始终保持领先。乌干达市场，TILENGA地面项目获2000万安全人工时贡献奖；环保静音型自动化钻机项目顺利开钻、全面启动。

（杨　洋）

【HSE管理水平再上新台阶】 牢固树立安全发展理念，秉承“严细实”工作作风，以高水平的安全管理为公司高质量发展提供坚实保障。推动HSE制度体系有效运行，修订完善HSE制度体系，建立全员公共安全和HSE责任清单、工作任务清单，深入开展HSE要素关键指标监测、“安全管理强化年”行动、HSE风险评估和审计、体系审核等重点工作。扎实组织开展风险管控和隐患排查治理，加强对井喷失控和硫化氢泄露、境外公共安全等7类重大风险管控，强化直接作业环节监管。组织事故案例分享，开展隐患排查，完成顶驱导轨二次防护安装、钻台井架水平生命线安装、盘刹隐患排查、吊装隐患排查等专项治理。加强健康风险管理，全面开展健康适岗评估，累计评估5029人次，落实171名健康高风险人员监护措施，暂缓外派员工9名。在境外重点市场建立EAP工作室，纾解员工心理压力。加强公共安全风险管理，组织开展风险评估，增强安保力量和安保措施，做好应急准备，确保公共安全保持可控状态。在集团公司党组统筹协调下，圆满完成苏丹武装冲突事件应急处置，75名中方员工及时撤离。加强环境依法合规管理，严格遵守当地环境保护法律法规，识别环保法律风险，落实环保措施。

（杨　洋）

【经营风险管控取得新成效】 坚持系统思维和问题导向，持续推进规范化、标准化、制度化建设，以严的标准、细的制度、实的措施，全面加强风险防控各项工作。全面强化预算运行管控，强化重点项目预算执行过程动态管控，有效抑制汇率、油价震荡引起的效益波动，保证预算平稳运行。重点强化内控风险管理，发布独立完整版的内控手册，将各项业务内容统一转变为风险控制矩阵表单模式，内控管理全面性、专业性、适应性得到有效提升。着力强化财税风险防范，8 家境外机构实现内账共享系统切换，沙特外账共享试点单轨上线，财务管理标准化、规范化程度进一步提升。持续强化法律合规风险防范，按照 8 类 30 项法律合规风险清单，组织 22 个重点海外市场逐月对千余份项目合同开展排查，切实堵塞管理漏洞。攻坚推进法律纠纷案件处置，统筹内外部资源，制订“一案一策”工作方案，历史重大疑难案件处置取得良好效果。有序推进境外机构关闭清理，持续推进海外市场布局统筹优化，注销 SSK 公司和加蓬子公司，圆满完成集团公司法人压减任务。

（杨　洋）

【支撑服务保障展示新作为】 充分发挥统筹协调、平台支撑、监督检查等职能作用，不断提升工作效率、服务质量和管理效能。统筹抓好计划经营，组织做好“十四五”规划滚动计划和专项发展规划编制。全面发挥投资引领保障作用，重点支持海外优质市场所需设备投入。组织开展“境外违规投资经营”“境外恶性竞争”专项整治，完成现场督导检查与整改。高效开展资金管理，持续深化两级“资金池”建设，为地区（专业）公司置换资金 1640 万美元。持续强化资金账户监管，将境外机构 94 个账户纳入 TMS 实施集中规范管理，国际石油工程公司累计 6 次获集团公司资金集中考核流动红旗。合理开展税务优化，着力用好所在国税务优惠政策，通过办理境外已纳所得税境内分割备案，抵免境内汇算清缴应纳所得税额 7755 万元。推进担保业务降本增效，拓宽银行资源，实现保函费率下降和减免优惠，优化创效 300 余万元；通过保函置换税务预留款，节约资金成本 268 万美元。强化物流装备保障，组织 7 部非常规钻机国际海运招标，有效降低运输成本；积极协调集港清关运输，大幅缩短动迁周期。

（杨　洋）

【干部人才队伍呈现新活力】 持续加强干部人才队伍建设，推进人力资源优化配置，为公司发展提供有力组织保障和人才支撑。加强新时代干部队伍建设，坚持党管干部原则和正确选人用人导向，多维度全面考察了解干部，不断优化班子结构和配置效能。深入实施人才强企战略，牵头集团公司国际化人才队伍建设专项工作，努力推动“远航工程”落地见效。盘点分析人才队伍现状，合理设置竞聘职位，选聘专家 13 人，竞聘境外机构高级主管 7 人，有效畅通人才成长通道，新接收 2023 年毕业生 8 人。扎实推进“三能”机制建设，全面实施任期制和契约化管理，将中层领导人员全部纳入管理范围，完成“一协议两书”签订工作。持续提升人力资源管理质量，健全境外人力资源制度体系，组织境外人力资源政策法规和管理实践汇编。充分调研紧缺岗位需求，开展境内外分层级、分阶段、分专业轮岗。加快提升专业培训质量，牵头组织石油工程海外钻井液和固井技术专家培训班，对课程设计、师资、受训对象全面把关，培训取得良好效果。

（杨　洋）

【党建引领激活发展新动能】 加强理论武装，将开展学习贯彻习近平新时代中国特色社会主义思想主题教育和党的二十大精神作为首要政治任务，全面推动理论学习入脑入心、笃信笃行。大兴调查研究之风，领导班子围绕分管领域开展境外调研 7 次，专题民主生活会查摆梳理主要问题，制定整改措施，持续推动问题整改。坚持民主决策制度，全年召开党委会研究审议“三重一大”事项 85 个，不断在完善公司治理中加强党的领导。积极发挥监督委员会平台作用，聚焦重点项目工期进展、境外机构经营指标完成、重要事项决策等进行从严监督，探索构建“1+N+1”境外廉洁风险防控体系，课题获集团公司管理现代化创新成果优秀奖。抓好党支部建设，督促支部建立支委会议事清单，发挥基层党的领导作用。组织开展支部分类定级，召开支部书记述职会，有效提升党建与中心工作、党支部建设与“三基”工作的融合效果。发挥工团作用，召开公司一届一次职代会、第三次工代会，为公司员工及家属提供绿色就医通道服务，全年开展走访慰问2000余人次。强化宣传引导，发布国际石油工程公司20周年大事记暨纪念文集，参与央视大型纪录片《风从东方来》现场拍摄，视频作品《共建“一带一路”，架起友谊桥梁》获“一带一路”百国印记短视频大赛最高奖项。

（杨　洋）

表1　国际石油工程公司境外合同额　亿美元

指标名称＼年份	2023	2022	2021	2020	2019	2018
新签合同额	23.85	23.23	20.17	23.62	23.75	22.15
完成合同额	22.56	19.30	14.38	16.32	18.14	18.81

石油工程建设公司

【概况】　中石化石油工程建设有限公司（简称石油工程建设公司）总部设在北京，于2012年12月28日正式挂牌成立，是石油工程公司的全资子公司；下辖3家设计企业（石油工程设计公司、中原设计公司、江汉设计公司）、7家施工企业（胜利油建公司、中原油建公司、河南油建公司、江汉油建公司、江苏油建公司、胜利建工公司、中原建工公司）、1家监理企业（江苏监理公司）和1家管道技术服务企业（管道技术公司）。

石油工程建设公司是集团公司地面工程建设单位，是专业从事国内外陆地、海洋油气工程建设的技术服务商和工程承包商。提供油气田建设、长输管道、天然气处理、石油化工、节能环保、路桥市政、房屋建筑、压力容器制造等领域的工程建设服务，具有设计、施工、制造、安装、管道和场站运维保、监理、PMC及EPC“一揽子”总承包能力，业务范围遍布中国各省区的陆地、海洋及33个海外国家（地区）。截至2023年底，共有从业人员12124人，其中设计板块2142人（17.66%）、油建板块7411人（61.13%）、建工板块2473人（20.40%）、监理板块98人（0.81%）；共有享受政府特殊津贴人员3人，公司首席专家4人，集团公司突出贡献专家7人，集团公司三个层次学术技术带头人19人，闵恩泽青年科技人才奖18人；集团公司技能大师3人，全国技术能手6人，集团公司（省部级）技术能手55人。

石油工程建设公司主要经济指标和合同额指标分别见表1和表2。

（雷　朱）

【领导班子调整】　2023年3月31日，集团公司解聘臧卫东石油工程建设公司三级协理员职务，另有任用。11月19日，集团公司解聘靳辛石油工程建设公司三级协理员职务，办理退休手续。12月1日，集团公司任命王中红为石油工程建设公司执行董事、党委书记，席治国为石油工程建设公司总经理、党委副书记，杜广义不再担任执行董事、党委书记，办理退休手续。

（雷　朱）

【企业管理提档升级】　2023年，石油工程建设公司面对市场竞争激烈、风险因素增多等艰难形势，坚定推进“13336”工程、打好“六个攻坚战”，超额完成各项生产经营任务。全年累计新签合同额 225.25 亿元、收入 179.52 亿元、净利润 2.81 亿元、自由现金流 3 亿元，分别完成年度目标的 100%、102%、122% 和 300%，其中新签合同额、收入、利润总额、净利润均位居石油工程板块第一，所属单位全部盈利。石油工程建设公司先后获国家优质工程奖 4 项、全国优秀焊接工程奖 24 项、国家级优秀勘察设计 8 项，获评集团公司深化改革三年行动、“三基”工作、安全生产先进单位及“三项制度”改革 A 级企业，连续 3 年获评 A 级绿色企业，“五比五创”劳动竞赛被列为集团公司示范性劳动竞赛。所属 3 家单位获评国家管网优秀承包商，1 个基层单位获评中央企业青年文明号。

（雷　朱）

【党建引领持续强化】 2023 年，石油工程建设公司党委坚定不移推进政治优势转化，党建引领力持续提升。深化落实“三四三”学习法，学习习近平总书记重要讲话指示批示精神 111 次、开展研讨 12 次，党的创新理论有效转化。全覆盖推进中层领导人员任期制和契约化管理，全年末等调整、不胜任退出中基层领导人员 43 人。加强专家团队建设，选聘各类专家 26 人，引进博士后 6 人，获批国务院特殊津贴 2 人、集团公司首席技师 3 人、特级技师 1 人和技能人才创新工作室 3 个，1 个国家级技能大师工作室完成公示。开展基层党组织建设专题调研，总结基层党建工作典型做法 5 个，坚持“四同步、四对接”，组织成立 169 支党员突击队，实现党的工作全面覆盖。开展“未巡先改”现场督导，做深做实整改“后半篇文章”。深化“三不腐”一体推进，从严查处违规套取资金、违规给私车加油等典型案例。坚持党管意识形态，编发形势任务教育材料 4 期，刊发稿件 2700 余篇，《我国首个“西氢东送”管道示范工程纳入国家规划》首次以公司采访视角在中央广播电视总台《新闻联播》等栏目播出 21 次，公司品牌形象有力彰显。深化“我为群众办实事”，走访慰问项目部 326 个、慰问 1.2 万人次；深化“号手岗队”创建，1 项青年突击队经验入选全国优秀青年突击队案例，1 名员工获集团公司青年精神素养提升演讲比赛第 1 名。

（雷　朱）

【优质市场日趋成熟】 2023 年，石油工程建设公司深化落实“三三制”开发体系，坚持以现场换市场，优质市场日趋成熟。坚定执行“五不干”，主动放弃投标项目 54 个、107 亿元。牢记保障服务油气增储上产职责，集群承揽西南产能建设项目近 5 亿元，深耕中原市场承揽工作量超 9 亿元。攻坚油气管道主业，承揽西三线中卫—枣阳段站场工程、金坛储气库站场扩能工程等多个项目，其中虎林—长春天然气管道二标段 14 亿元，创国家管网单体合同额新纪录。连续 4 年站稳江苏高速市场，中标连淮高速改扩建项目 4.5 亿元。积极服务集团公司境外勘探开发，巩固优化中东、非洲、东南亚三大区域市场，全年新签合同额 7.5 亿元。充分发挥一体化优势攻关 EPC 项目，先后中标洛阳航煤管道工程 9 亿元、济青管道改造工程 15 亿元，分别为炼化市场单体最大和年度单体最大的 EPC 联合体项目。

（雷　朱）

【技术支撑持续巩固】 2023 年，石油工程建设公司加快氢气制储输用全产业链技术攻关应用，承担的“西氢东送”项目被纳入国家规划；推进完善 CCUS 强链补链，实现国内首条百万吨级、百千米超临界二氧化碳输送管道建成投产；自主研发连续熔硫工艺和装置并全部实现国产化，打破国外公司技术壁垒；研发长输管道钨极氩弧自动焊技术、PST 焊接技术，焊接工效显著提高。完成油气田、储气库、长输管道 3.0 版标准化设计迭代升级，形成页岩油、CCUS、煤层气、终端燃气标准化设计 1.0 版，参与的 4 项“五化”工作获集团公司油气高效开发工程技术创新创效奖。推广应用 SICP 地面工程项目管理系统，建成多项目智能工地平台，深化数字化交付、数智运维等业务探索实践。“石油石化油气田地面工程数字底座建设”参赛场景获国务院国资委“国企数字场景创新专业赛”一等奖。

（雷　朱）

【工程管理稳步提升】 2023 年，石油工程建设公司牢记保障国家能源安全崇高使命，坚定服务集团公司油气增储上产和重大项目建设责任，持续完善项目管理体系，大力推行主动快速高效项目管理模式，高效推进 101 个重点项目建设，客户回访满意度达 99.1%。顺北二区天然气处理厂全面推进“五化”模式，实施甲乙供物资采购统筹管理，设计采购施工深度融合，仅用 5 个月时间实现投产目标，继东营原油库迁建项目之后创造了新的奇迹。国内首条百万吨级、百千米二氧化碳密相输送管道齐鲁石化—胜利油田百万吨级 CCUS 示范项目二氧化碳输送管道工程一次投产成功，实现长输管道建设领域新的突破。西气东输四线三个标段强化组织、严格管控，实际毛利率较标前显著提升，创造并保持国内 1219 毫米管径单机组单日全自动焊接道口数量和项目部单日焊接长度新纪录。乌干达 TILENGA 项目超计划进度 8.64%，获乌干达矿业与石油商会金牌贡献奖。泰国电厂管线项目创造 36 英寸管道直铺管穿越施工一次顶进 804 米世界纪录。

（雷　朱）

【经营创效持续增强】 2023 年，石油工程建设公司强化“以项目养项目”导向，搭建单项目资金单元体系，在建项目资金实现线上监控。做实全员成本目标管理，创新“目标 + 超交利润 + 超交现金流”考核方式，挖潜增效 5.6 亿元。加强境外利率、汇率风险防控，回流资金 1 亿美元，美元付息债务首次清零；积极争取贷款政策，优化债务结构，节约资金 1200 万元。发挥“物料库”集采优势，节约采购资金 6391 万元，《年度采购策略》连续 4 年获评集团“优秀”等级。积极推进 200 万元以下自采改革，完成自主采购 319 单、3.3 亿元，节约资金 15%。建强“装备库”，开展设备租赁专项治理，租赁框架执行率 94%，盘活大型设备资源 91 台次，实现增效 1632 万元。

（雷　朱）

表 1　石油工程建设公司主要经济指标　亿元

指标名称＼年份	2023	2022	2021	2020
总资产	231.02	223.52	202.41	203.13
固定资产净值	16.88	16.45	14.10	12.38
营业收入	179.52	175.70	167.28	159.06

表 2　石油工程建设公司合同额指标　亿元

指标名称＼年份	2023	2022	2021	2020
新签合同额	225.25	253.03	178.00	160.80
国内集团内	130.13	135.97	104.00	97.90
国内集团外	87.66	64.62	71.82	56.10
国　外	7.52	52.44	1.78	6.80
完成合同额	179.89	175.70	161.87	159.80
国内集团内	90.04	89.20	78.03	90.70
国内集团外	70.96	71.84	77.52	54.60
国　外	18.89	14.66	6.32	14.50

地球物理公司

【概况】 中石化石油工程地球物理有限公司（简称地球物理公司）是集团公司从事物探业务的独立法人和利润中心，是石油工程公司的全资子公司，是以地球物理方法勘探油气资源为核心业务，集物探资料采集、处理、解释、技术研发、装备制造、油藏服务，以及井筒地震、节能环保、管道监测技术服务、北斗应用等业务于一体的国际化地球物理技术服务公司，本部位于北京市朝阳区吉市口路 9 号。

地球物理公司由胜利油田、中原油田、河南油田、江汉油田、江苏油田，华北石油局、华东石油局、西南石油局 8 家非上市油田企业的 10 家物探公司（大队），以及国际石油工程公司物探工程部整合重组成立，于 2012 年 12 月 21 日在北京注册，是集团公司参与国内外地球物理技术服务市场竞争的责任主体。

截至 2023 年底，地球物理公司下设综合管理部（党委办公室、调查研究室）、党群工作部（党委宣传部、党委统战部、纪检监督部、审计部、工会、团委、维稳办）、党委组织部（人力资源部）、财务计划部、经营管理部（法律事务部）、安全环保部、市场开发运行部（装备管理部）、科技信息部 8 个部门，设有国际业务发展中心、生产支持中心（物资装备中心）、科技研发中心、北斗运营服务中心 4 个附属中心，有胜利、华北、华东、南方、地理地质信息勘查 5 家分公司，在西部工区设立西部工区项目管理部。共有一线队伍 54 支，其中地震队 34 支、非地震队 8 支、新业务队 12 支。从业人员 6066 人，其中合同制员工 5160 人、规范劳务派遣业务外包工 849 人、其他用工 57 人。在职员工中，有教授职称的 22 人、副高级职称的 1366 人、中级职称的 820 人，中高级职称占从业人员的 36.4%。拥有数字地震仪主机 58 台（套）；采集站 66.1 万道，其中 508XT 采集站 14.66 万道、428XL 采集站 21.28 万道、节点仪器 28.6 万道、滩海采集站 1.56 万道；各类检波器 88.83 万串（只）；可控震源 156 台；沙漠工程车 340 台。各类装备资产原值 62.49 亿元、净值 20.17 亿元，综合新度系数 0.32。

地球物理公司主要生产经营指标见表 1。

（孙刚刚）

【领导班子调整】 2023 年 10 月 30 日，集团公司党组对地球物理公司领导班子作出调整：段乔红任地球物理公司党委副书记、纪委书记、监事，为工会主席人选。调整后的地球物理公司领导班子由宋明水、田新琦、奚修磊、张伟、胡来东、段乔红组成。

（孙刚刚）

【公司发展呈现良好态势】 2023 年，地球物理公司积极推动主题教育成果转化为高质量发展的新成效，聚力拓市场、促“三提”、推创新、抓整改，拼出了新活力、干出了新业绩、打开了新局面。全年新签合同额、收入、利润总额分别增长 48%、18% 和 199%，全面完成年度目标任务，员工收入同步保持合理增长。公司连续 2 年保持集团公司党建考核 A 档，连续 3 年保持绿色企业 A 档，获评集团公司年度安全生产先进单位、节能降碳环保先进单位，是石油工程板块唯一一家安全环保“双先进”企业。

（孙刚刚）

【物探支撑保障更加优质高效】 2023 年，地球物理公司坚持把推进项目提质、提速、提效作为提升服务保障能力的重要抓手，持续打造适应不同探区需求的特色技术、核心施工团队和定向技术攻关团队，大力推行“区域化管理、串行式施工、流水线作业”生产组织新模式，坚持不懈运用新技术、新模式、新方法支撑保障上游高质量勘探开发。完工项目资料一级品率 91.4%，较合同要求提高 4.1 个百分点。集团内二维、三维平均日效分别提升 33% 和 28%，六大探区全部创出新纪录。先后获集团公司油气勘探突破保障奖 13 项、油气勘探商业发现保障奖 3 项、油气勘探重大发现优秀项目奖 2 个，为油气增储上产作出积极贡献。

（孙刚刚）

【市场开发勇创新高】 2023 年，地球物理公司把做大市场、提高总量作为推进高质量发展的基础性工程，建立强有力的工作机制，优化全员激励政策，通过年初座谈会与季度例会蓄力推进、激励与月度通报双向驱动、干部带头与员工参与互动互促，客户总量增加一倍，集团外市场新签合同额增长 139%，超额实现集团内、国际、国内外部三个市场“6∶3∶1”的预期布局。全力深耕集团内市场，全年新签合同额增长 20%；大力推进国际市场扩量增收，新签合同额增长 217%，沙特 S84 项目实现第 5 年续签，阿尔及利亚 TRT 项目重获启动，墨西哥接续中标 IXACHI 项目，成为该市场最大的物探技术承包商；积极推进国内外部市场增量增效，新签合同额增长 63%，民企油气勘探、煤田勘探等业务量显著提升，井筒地震业务成为新的增长极，“梓潼模式”开辟了处理解释业务发展新路径，人力资源对外输出创收增长 86%。

（孙刚刚）

2023 年 10 月 30 日，地球物理公司胜利分公司完成新疆博源 1 三维项目，这是该公司多年来在国内外部市场斩获的合同额最大单（张广虎　摄）

【科技成果不断涌现】 2023 年，地球物理公司深刻领悟“把技术搞上去”的重要指示，坚定不移走创新路、吃技术饭。全年申请专利 78 件、获授权 31 件，登记软件著作权 44 项。“北斗助力智能化地震队建设”成果获国务院国资委专业赛二等奖，“可控震源宽频高效地震采集关键技术”“多功能无人机巡检技术及装备”“三维波动方程高精度正演模拟技术软件研发及应用”3 项成果获评集团公司科技进步奖，海量地震采集现场质控技术及 MassSeisQC V2.0 软件、东部老区高密度地震勘探技术 2 项成果达到国际先进水平。高密度、全节点、可控震源等成熟技术在更大范围推广应用，压缩感知、分布式光纤、井源地震等前瞻技术实现较快发展。埕岛项目作为集团公司自主实施的首个浅海 OBN 项目，攻关形成整套采集技术和工艺，成功打破外部技术封锁。通江马 6 井南三维拉开南方山地二次采集序幕，哈山三维极浅层采集攻关大幅提升盆地边缘资料品质。

（孙刚刚）

2023 年 8 月 17 日，地球物理公司勘探队员在埕岛三维地震勘探项目进行气枪震源放炮作业（张广虎　摄）

【人才队伍持续优化】 2023 年，地球物理公司加快实施人才强企战略，扩充科技研发中心到 100 人规模，建成北斗、国际 2 个研究所，北斗实验室成为石油石化央企首个国家认证的检验检测实验室。启动首批 40 人“百 +”挂职计划，引进 6 名成熟人才，选聘 11 名青年工程技术专家，表彰 42 名优秀青年人才，全面促进人才加速成长。公司执行董事、党委书记、总经理宋明水获授李四光地质科学奖，科技研发中心青年工程技术专家张剑获评自然资源部青年科技人才，新增公司首席专家曹国滨、集团公司技能大师陈治庆 2 人享受政府特殊津贴。

（孙刚刚）

【改革管理纵深推进】 2023 年，地球物理公司坚持把改革调整作为促进发展的关键一招，启动改革深化提升行动，部署 7 个方面 56 项重点任务，用力用劲提高核心竞争力、增强核心功能。加快转型发展，出台 2 个指导意见，推动武汉勘查公司整体转型和井筒地震业务高质量发展。调优管理机构，两级市场开发运行部加挂装备管理部牌子，强化装备管理职能；撤销 5 个国际大区、4 个低效无效国际项目部，建成 3 支境外物探预备队，推动国际业务高质量发展。优化人力资源，推动 23 个地震项目岗位有效替代，压减两级机关 40 人，落实净减员 349 人。加强制度建设和执行，编制首版独立内控手册，制定实施集团内地震项目、海外地震项目、国内外部市场项目等考核办法，开展 18 项制度“面对面”宣讲，制度建设取得新成效。

（孙刚刚）

【安全环保基础更加扎实】 2023 年，地球物理公司秉承安全环保就是最大效益的理念，牢固树立严抓严管的鲜明导向，持之以恒抓责任心养成、责任制落实、员工素质提升和科技强安建设，有力有效保障安全环保生产。狠抓责任心养成，扎实开展“安全管理强化年”行动，实施季度检查反思制度，开展中层干部亮履职 628 人次、基层干部晒“画像”312 人次，严格兑现安全风险抵押、会前安全教育 5 分钟等奖励 195 万元，管安全、保安全氛围越来越好。狠抓责任制落实，发布新版 HSE 管理体系手册，打造“隐患直报”网络平台，建立地震项目 HSE 风险矩阵，实施 12 项分包商员工开除规定，安全监管越抓越严。狠抓员工素质提升，建强专兼职安全培训师资队伍，大力开展实操训练，组织基层安全员业务竞赛，获集团公司石油工程板块基层安全员业务竞赛 1 金、2 铜的成绩，操作技能水平越提越高。狠抓科技强安，研发源驱动遥爆系统、民爆物品信息化管理平台，开展数码电子雷管起爆组网安全技术研究，推广安全距离药量自动设计系统，科技强安越做越实。

（孙刚刚）

【从严管理常抓不懈】 2023 年，地球物理公司坚持把从严管理作为高质量发展的硬实力，大力强化严的基调、严的措施、严的氛围。充分发挥项目审计监督作用，按照集团内项目、国内外部项目、国际项目“三步走”思路，年度实现对所有项目的审计监督全覆盖。充分发挥整改牵引作用，接续开展“整改提升年”行动、“整改提升深化年”行动，全力推进中央巡视整改工作，挂牌帮扶管理薄弱单位，严肃约谈问题突出单位，重点整治反复发生、边改边犯问题，举一反三推进内审外查发现问题全面销项。充分发挥问责警示作用，综合运用党纪政纪处分、诫勉谈话、通报批评、批评教育、谈话提醒、调离岗位、延长组织考察期等手段，加大问责力度，开展大范围的警示教育，以严惩严治倒逼作风提升、管理提升、效益提升。

（孙刚刚）

【党建引领更加有力】 2023 年，地球物理公司坚决落实“学思想、强党性、重实践、建新功”总要求，建立“1 个实施方案 +4 类任务清单 +5 项运行机制”组织模式，扎实开展学习贯彻习近平新时代中国特色社会主义思想主题教育。坚持把学懂弄通做实习近平新时代中国特色社会主义思想作为首要政治任务，严格落实“第一议题”制度，深入开展党的二十大精神轮训，持续提升党员干部的政治判断力、政治领悟力、政治执行力。广泛开展党建专家一线行、优秀党支部书记示范行，指导推动基层党建工作上水平。推进领导干部“正、严、勤、能、实、廉”能力建设，选人用人满意度再创新高。深化构建“大监督”格局，

2023 年 11 月 29 日，地球物理公司 SGC2138 队党支部组织党员先锋队攻坚陡峭山地放线，推进旺隆-凤鸣三维地震勘探项目高效运行（杨擎宇　摄）

深入开展纪检监督队伍教育整顿，举办知识竞赛，推送廉洁提醒，精准监督执纪问责，坚定不移推进全面从严治党。加强思想政治工作研究，开展学习提升行动，建成3个党外人士建言献策工作室，组织公众开放日活动，举办职工运动会，全面汇聚高质量发展强大合力。

（孙刚刚）

【民生福祉更有成色】 2023年，地球物理公司坚持以“发展企业，造福员工”为根本，全面改善一线生产生活条件，持续降低野外劳动强度，全力守护员工身心健康，努力实现员工薪酬福利合理增长。面对生产经营压力，谋划实施一系列“多挣钱、少花钱”有力措施，为保障员工根本利益夯实物质基础。严格兑现市场开发、项目创效等奖励6543万元，同步开展专项奖发放情况调研检查和整治，确保政策红利精准到位、落地见效。加快研发和应用节点布放车、重载无人机、全地形车等机械化、智能化装备，有效改善一线生产条件。投入1859万元在全探区推行“宾馆式建设、物业式管理、家政式服务”标准化营地建设，让一线员工吃上热乎饭、洗上热水澡、睡上舒适觉。配备卫生员、救护设施和药品，配发健康手环，立项整治检维修场所和山地钻机烟尘污染，开展帮扶救助733人次，竭尽全力办好民生实事。

（孙刚刚）

2023年11月，承担新疆巴开8井三维地震项目的地球物理公司SGC2113队落实“宾馆式建设、物业式管理、家政式服务”标准化营地建设要求，在新疆戈壁为员工营造出良好的工作生活环境（王跃辉　摄）

表1　地球物理公司主要生产经营指标

指标名称＼年份	2023	2022	2021	2020	2019	2018
国内二维地震/千米	2 141.60	2 946.46	1 487.16	2 094.29	4 339.51	5 463.45
国外二维地震/千米	641.25	1 990.05	1 167.15	561.06	4 638.76	9 266.55
国内三维地震/平方千米	6 350.18	7 018.55	8 341.89	5 900.82	6 102.75	5 942.84
国外三维地震/平方千米	8 791.34	8 770.99	8 256.73	10 555.71	4 129.13	4 511.16
收入/亿元	55.01	46.57	46.64	44.13	43.02	46.55

经纬公司

【概况】 中石化经纬有限公司（简称经纬公司）是由石油工程公司原所属12家整建制和13家非整建制单位整合而成的大一型企业，2020年12月19日在山东青岛注册登记，2021年4月16日挂牌成立，是国家高新技术企业、国务院国资委创建世界一流专业领军示范企业和科改企业。主营业务涉及测井、录井、定向井、射孔、技术贸易及技术研发、产品制造与销售、资料解释评价、油藏研究等领域，能够为陆地、海洋各种复杂条件下的勘探开发提供一站式油藏技术服务，致力于打造中国石化管理创新示范区、技术创新策源地、高新业务孵化器。

截至2023年底，经纬公司设有6个机关部门、2个机关直属机构、9个所属单位；下设二级党委10个，共有党员4388人；全口径用工总量10882人，其中合同制员工7960人、规范劳务派遣业务外包工 1592 人。资产总额 44.59 亿元，主要专业设备 3417 台（套），施工队伍 992 支，市场遍布国内 23 个省（自治区、直辖市）和海外 12 个国家。

经纬公司坚持科技立企、科技兴企，建有十大重点实验室、六大刻度井群、三大维保基地和国家级博士后科研工作站，拥有 985 名科研人员、10 支创新团队，形成特深层高温高压油气藏、非常规页岩油气藏、碳酸盐岩油气藏等 6 项集成配套技术，“经纬慧眼”随钻测井、“经纬东方”定测录导一体化等五大系列产品，以及测井数据采集处理控制、高时效快测、声波远探测等 26 项特色技术，实现“研产服用”一体化发展，为高质量勘探、效益开发提供技术保障。自主研发的旋转地质导向钻井系统、随钻方位电阻率边界探测、偶极声波远探测、“探索者”高端综合录井仪等多项技术整体达到国际先进水平，部分达到国际领先水平。

经纬公司主要技术经济指标及主要工作量完成情况分别见表 1 和表 2。

（付卫波　崔一诺）

【领导班子调整】 2023 年 9 月 15 日，集团公司党组对经纬公司领导班子作出调整：免去吴柏志经纬公司总经理职务，仍任执行董事、党委书记；潘军任经纬公司总经理、党委副书记。10 月 11 日，集团公司党组对经纬公司领导班子作出调整：龚利波任经纬公司总会计师、党委委员。

（付卫波　唐　林）

【服务保障能力明显提升】 坚持需求牵引、靠前服务，领导班子带队与 11 家油公司对接，汇整技术需求 95 项，联合组建创新攻关团队 3 个，开展联合攻关课题 28 项；发挥处解分中心和专家“一小时保障圈”作用，解决 50 余项勘探开发难题；开展过钻头存储式测井等成熟技术应用，缩短建井周期 1809.58 天、节约钻井费用 1.79 亿元；测井一次成功率、测井资料优质率、录井资料优良率、解释符合率、定向趟钻成功率、储层钻遇率分别提高 0.73、1.25、0.01、0.94、0.69 和 0.32 个百分点。加强资源整合、统筹调剂，建立高端仪器装备“三优先三必须”统筹机制，投入 4.6 亿元配套旋转导向、高温测井、高温 MWD 等高端仪器 556 台（套），调剂高温电成像、过钻头存储式测井仪等仪器装备 77 批次，利用率达 81.02%；建立东营修造、西南修保、西北维保三大维保基地，维保各类仪器 1257 支，保障油气高效勘探开发能力持续增强。突出标准构建、规范施工，建立 6 类油气藏特色技术体系，编制 5 个工区施工模板、14 个区块施工推荐做法、78 篇处理解释典型案例，推广“三图一表四作用”施工规范，系统构建测录定“学习曲线”和“经验曲线”，形成区域解释方法及标准规范。

（刘　伟　陈　禹）

2023 年 3 月 16 日，马永生董事长一行到经纬公司地质测控技术研究院胜利基地调研指导（王玉庆　摄）

【科技引擎作用更加突出】 深化对外战略合作，与东北石油大学签订战略合作协议；与中国石油大学（华东）开展石大—经纬二期项目，联合攻关页岩油可动性等 11 个专项课题；与清华大学开展地质测控技术产学研融合专项研究，共同攻关可控源等前瞻性基础课题；与东方理工大学合作攻关人工智能解释评价技术。创新科研体制机制，研发投入强度是重组前 3 倍，建成以青岛研发、胜利修造、成都和库尔勒维保为主体，机电液等研究所为支撑的“1+1+2+N”研发体系，梳理形成旋转导向、随钻测量和随钻测井、测井技术、录井工艺 4 个重点项目组，成立研发、制造、维保、实验、作业等 6 个生产中心，协同 3 个职能部门和 4 个业务支持中心，共同保障支持重点项目组研发攻关，加快推进产品研发及产业化进程。关键核心技术取得突破，经纬旋转地质导向钻井系统全面完成集团公司“十条龙”项目攻关目标，并入选 2023 年全国油气勘探开发十大标志性成果，在页岩油气、海油陆采等各类型场景累计应用190口井、进尺21.96万米；高温高压测井仪器260℃样机成功测试6口井，趟钻成功率92.6%、测井一次成功率98.3%；岩石物理实验研究创新高温高压核磁共振+热解+驱替“三联测”技术，助力复杂储层解释符合率提升至93.6%。科技创新成果丰硕，承担国家级课题8项、集团公司项目20项，获省部级以上科技奖励5项，申请专利201件、获授权108件。Log900网络成像测井仪器成功入选《2023年度第一批青岛市创新产品目录》；发布偶极声波远探测测井技术和随钻方位电阻率边界探测技术2项成熟技术。

（张风霄）

2023年8月24日，经纬公司召开测井新技术发布会，发布偶极声波远探测测井技术和随钻方位电阻率边界探测技术2项成熟技术（王玉庆　摄）

【市场开拓成效显著】 按照“成熟型、成长型、萎缩型、退出型”4种类型，对60余个市场动态评估、分类施策，全年创高指标新纪录265项，其中亚洲纪录4项、全国纪录17项、集团纪录22项，新签合同额58.1亿元、增长9.62%。做强集团内部市场，在临盘、东北、鄂北、北疆实施区域队伍托管和市场置换，促进一体化、规模化、集约化运行，提升市场开发效能；突出高端技术拓市增效，高端业务收入占比49.98%、增长9个百分点。做优国内外部市场，高效推进贵页司一体化服务项目，新开拓戴家田煤矿、中海沃邦定测录导一体化市场，跟踪重点项目300余个、中标率由70%提高至85.4%。做大海外市场，连续中标科威特5+1年录井项目，实现新老合同的无缝衔接；首次中标沙特海上级联供气项目，成为中国石化首次规模化进入沙特阿美海上市场的单位。

（暴春雨　刘长亮）

【安全环保更加巩固】 深化体系建设，完善公司QHSE管理体系手册，优化专业分委会设置，进一步理顺部门要素管理职责，强化要素运行管理；开展以领导干部履职能力评估、个人行动计划、HSE述职为主的领导引领力建设，全面完成“安全管理强化年”78项工作措施和32项攻坚任务。强化风险管控，梳理完善各专业21项共性风险及管控措施，修订QHSE行为负面清单152项，开展陆上石油天然气开采行业隐患排查、基层单位“五个不托底”排查和承包商、交通安全、直接作业环节“三个大起底”排查整治，实施刻度校验源和仪器内置源在线监测信息化建设项目，772枚放射源实现实时监控。强化监督检查，坚持全天候、全方位监管，“四不两直”开展日常及夜间督查，持续推行问题销项管理，有力保障生产平稳运行、托管工区平稳交接。强化正向激励，实施基层队月度“343”考核，评选公司级优秀诊断建议35条。强化环境保护管理，积极推进绿色项目创建工作，胜利测井山西项目部等12个项目部通过绿色基层验收，达标率100%，公司绿色企业复核A档。

（李志强）

【深化改革红利释放】 持续完善矩阵运营架构，围绕“公司管总、业务主建、区域管战、项目主战”运营架构，着力打造“以项目化管理为主体、测控院和处理解释中心为科技动力端”“以海外中心和物装中心为资源共享端”的“一体两翼”发展格局。大力实施“科改行动”，构建以“1个公司总方案，2项配套制度，9个专业经营单位改革工作方案”为主体的“1+2+9”工作框架，明确28项重点举措，细化80项体制机制类台账，定期跟踪督导，确保改革举措落地见效。坚持企业精细管理，持续深化制度建设，建立健全“立改废”机制，压茬开展两期“我为制度作诊断”活动，印制基层制度汇编1.0版本，制度建设稳步推进，两级制度执行力持续向好；获石油工程公司“比学赶帮超”评比红旗96面，其中公司层面17面、专业经营单位层面35面、基层队层面44面。管理创新成果丰硕，建立健全管理创新立项、考评、推广闭环机制，获石油工程公司管理创新成果3项；深化实施“三定”，被评为集团公司“三项制度”改革评估 A 级企业和深化改革三年行动先进单位；建立战略成本管控模型，成立 6 个挖潜增效项目组，制定 40 余项工作措施，全年挖潜增效 1.11 亿元。

（莫　超）

【党的建设不断加强】 深入贯彻落实新时代党的建设总要求，坚持不懈抓党建、强党建，全力塑造根强魂固的政治优势，为推动高质量发展提供坚强政治保证和组织保证，在集团公司 2023 年度党建考核中获评 A 档。政治建设持续巩固，全年召开党委会 27 次，研究发展规划、深化改革、党的建设议题 84 项。深入开展学习贯彻习近平新时代中国特色社会主义思想主题教育，认真学习贯彻习近平总书记视察胜利油田、九江石化重要指示精神，顶层设计“1+2+2+N”体系，开展“三进三解”大调研，公司层面形成 12 项调研成果，第二批确定调研课题 86 个，2 个正反面典型案例被推荐至集团公司；坚持“当下改”和“长久立”结合，修订完善制度机制 44 项，编发简报 33 期、成果 5 期、稿件 325 篇，集团公司简报 8 次刊登经纬公司特色做法。人才队伍发展壮大，172 名中层干部和中高层次专家参与政治能力提升集中轮训，41 名优秀年轻干部跨单位、跨专业双向挂职锻炼，举办第二届全员业务竞赛、2210 人参加练赛，引进集团公司“双百计划”人才 1 名，选聘石大经纬学者 1 人，入站博士 8 名，招录高校毕业生 99 名。连续 2 年获国家自然科学基金青年基金项目资助、获山东省智能制造（工业 4.0）创新创业大赛一等奖。基层党建做实做强，创建党员示范岗 126 个、党员责任区 97 个，开展党员先锋队活动 241 次，115 个党支部联建共建，创建 65 个具有经纬特色的党支部品牌，1 个党支部被评为青岛市五星级基层党组织，成为中国石化驻青岛企业唯一连续 2 年获该称号的单位。持续推进“三个三”融合工程，基层治理水平持续提升。党风廉政建设不断增强，一体推进“三不腐”机制建设，开展违反中央八项规定精神问题专项治理，持续深化“靠企吃企”问题专项整治，政治生态持续向好。思想文化工作成效显著，在中央广播电视总台、《人民日报》等核心媒体刊发报道 17 条，在《中国石化报》等省部（行业）级媒体刊发 650 余篇；持续开展“我为群众办实事”实践活动，扎实推进“经纬心泉”EAP 服务，实行菜单式、差异化查体，员工幸福指数持续提升。

（唐　林　崔一诺）

2023 年 4 月 19 日，经纬公司召开学习贯彻习近平新时代中国特色社会主义思想主题教育动员部署会（王玉庆　摄）

表 1　　经纬公司主要技术经济指标　　亿元

指标名称＼年份	2023	2022
工业总产值	58.49	52.77
工业增加值	28.31	27.02
资产总计	44.59	46.36
流动资产	22.77	25.52
固定资产原值	51.10	53.34
固定资产净值	13.64	13.33
销售收入	58.49	52.77
实现利税	2.66	3.28

续表

年份 指标名称	2023	2022
税　金	0.55	1.16
工业产值综合能耗 / 吨标煤·万元 $^{-1}$	0.023	0.025

（盖广点）

表 2　经纬公司主要工作量完成情况

年份 指标名称	2023	2022
测井 / 井次	12 880	12 302
射孔作业 / 井次	18 965	14 158
录井 / 口	2 897	2 896

（暴春雨）

胜利石油工程公司

【概况】 中石化胜利石油工程有限公司（简称胜利石油工程公司）于 2012 年 12 月 20 日注册登记，2013 年 1 月 4 日挂牌成立，是石油工程公司的全资子公司，位于山东省东营市东营区济南路 125 号。2021 年 3 月，按照集团公司改革部署，将测井、录井、定向井、随钻测控业务划转到经纬公司。截至 2023 年底，胜利石油工程公司设有机关部门 9 个、机关直属机构 3 个，设有专业经营单位党委 16 个、公司机关党委 1 个、基层党委（党总支）36 个、党支部 512 个，现有党员 10425 人（其中非在职党员 1811 人）；用工总量 19123 人（合同制员工 14501 人，规范劳务派遣业务外包用工 3005 人，非全日制用工 276 人，海外外籍员工 1341 人）。主要施工队伍 220 支，其中钻井队 139 支、井下作业队 81 支；主要专业设备 2544 台（套），其中陆上钻机 158 台、海上钻井平台 4 座（不含 1 座租赁平台）、海上作业平台 7 座、2000 型以上（不含 2000 型）压裂车（撬）156 台。可承担定向井、水平井、分支井、欠平衡井等各类井型施工，可提供从工程设计、钻井施工、井控、固井、完井到压裂、测试的综合一体化服务，被认定为国家高新技术企业。多年来，在全力保障集团上游勘探开发的同时，以技术服务开拓外部新市场、新阵地，构建形成“以胜利油田市场为主，国内外部市场、海外市场相辅相成、相互促进”的市场格局。

胜利石油工程公司主要技术经济指标及主要工作量完成情况分别见表 1 和表 2。

（单衍涛　张　磊）

【领导班子调整】 2023 年 7 月 21 日，集团公司党组以视频会议形式组织召开胜利油田、胜利石油工程公司干部大会，宣布党组决定：根据工作需要，经集团公司党组研究决定，孙永壮任胜利石油管理局有限公司执行董事、党委书记，胜利油田分公司代表，免去其胜利石油工程公司执行董事、党委书记，石油工程公司职工代表监事职务；胜利石油工程公司党政全面工作暂由张宗檩主持。9 月 15 日，集团公司党组宣布对胜利石油工程公司领导班子调整的决定：张宗檩任胜利石油工程公司执行董事、党委书记，石油工程公司职工代表监事，免去其胜利石油工程公司总经理职务；舒华文任胜利石油工程公司总经理、党委副书记。

（孙照玉）

【支撑保障上游】 2023 年，胜利石油工程公司与油田分公司、经纬公司深化一体化运行，建立井场和井位“双重预警”机制，探索实施模块化搬迁和标准化示范队建设，平均搬迁时效提高 4.06%，钻机平均利用率 93.28%、提高 2.37%。装备性能不断提升。全年投入资金 12.71 亿元，协同更新各专业装备，五缸高压泥浆泵、电驱压裂车组、变频振动筛等一批高性能设备推广应用，动力猫道实现国内运行钻机全覆盖，陆地运行钻机电动化率提升到 77.55%。提速提效持续扩大。迭代升级区块标准化施工模式，集成应用“强化参数”钻井、大扭矩螺杆等技术工艺，平均钻井周期缩短 7.3%，压裂施工效率提高 16.9%，复杂故障时间减少 20.1%，创出 50 项新纪录高指标。重点阵地保障有力。创新集成东营凹陷页岩油钻完井配套技术，牛页一区试验井组 20 口井顺利完成，钻井周期从 110 多天缩短到 30 天以内；丰页区块平均机械钻速从牛页井组的 16.6 米 / 时提高到 25.1 米 / 时，三开“一趟钻”占比提高到 30%，二开钻井周期创造 2.92 天新纪录；统筹推进难动用储量合作开发 1.0、2.0、3.0 三种模式，在胜利工区施工 306 口井，在西北工区崭露头角，全年动用储量 4500 万吨，新建产能 65.6 万吨，累计产油 86.5 万吨。

（司世涛）

国内首口全过程套管钻井施工井陈 23- 更 27 井顺利完钻（王　福　摄）

【科技创新成果转化】 2023 年，胜利石油工程公司健全完善“1+6”研发体系，与 25 所高校达成战略合作协议，与 4 所高校共建联合研究中心，与 5 所院校签订“揭榜挂帅”协议，石油钻探仪器仪表产业计量测试中心顺利通过国家评审，成为石油石化行业首个进入创建的国家级产业计量测试中心。关键核心技术多点突破，立项攻关“页岩油开发全自动钻井装备”等课题 161 项，连续油管侧钻、全电驱自动精细控压等工艺技术不断完善，高效破岩工具和提速技术实现重大突破，套管钻井及配套技术试验成功，干热岩地热开发利用前瞻性研究稳步推进。创新成果转化成效明显，建立健全成果转化考核激励机制，大力表彰 18 项科技成果、10 个科研团队、350 余名科研人员；膨胀尾管悬挂器完井等 25 项新技术实现产值 9.2 亿元。信息化建设重构升级，深入推进大数据、物联网、人工智能等新技术与井筒工程核心业务的深度融合，开展科学钻井远程决策支持平台、钻井全流程运营分析系统及“一站式”物供系统建设，迭代推广装备 MRO 物联网、智能坐岗、钻柱双向扭转等数智化产品，公司数智化转型迈出坚实步伐。

（杨春旭）

胜利石油工程公司成功承办中国石化 2023 年石油工程技术现场交流会（张　玉　摄）

【全产业链价值创造提升】 2023 年，胜利石油工程公司持续巩固西北油田、勘探分公司传统业务，拓展中国石油川庆压裂、大庆西南试气等项目，国内外部市场新签合同额 20.66 亿元、增长 2.79 亿元；巩固发展海外沙特、科威特规模效益市场，高效运行土库曼斯坦西部修井项目，海外市场新签合同额 2.04 亿美元，全面完成年度任务指标；大力开拓培训、检测、一体化提速等轻资产技服市场，国内外部技术服务市场新签合同额 5.38 亿元、增长 0.92 亿元。产品产业化规模稳中有升。建成史口化学助剂产业基地，升级威飞高端装备产业基地、河口化学助剂生产基地和井下工具加工制造车间，“胜利天工”品牌影响力持续增强，优势产品内部互供和对外销售规模不断扩大，全年实现收入4.86亿元、利润0.59亿元。资源优化创效深入推进。大力实施人力资源优化“九个再升级”系列措施，统筹盘活富余人员3011人，实现收入15.3亿元、利润0.36亿元，辅业后勤扭亏脱困“三年三步走”目标任务如期完成；加大资产分类评价创效力度，节约土地房屋持有成本1091万元，处置闲置资产变现收入4039万元；深化区域资源优化共享，推动弃置井、产品加工制造等11类20项优势产品和服务纳入互供范围，板块互供业务全年收入4.3亿元。

（谢　威）

【管理效能有效释放】 2023年，胜利石油工程公司推进任期制和契约化管理实现中层全覆盖，整合做实智能信息技术支持中心，优化调整海外工程管理中心职能，不断完善收入、利润、两金“三挂钩”绩效考核办法，公司发展活力动力不断增强。“三基”工作取得良好成效，构筑“1+2+10”总体工作框架，完善“一办抓总、三方联动、提级管理”运行体系，16项重点任务129项阶段性提升目标如期完成，基层基础管理全面加强，在石油工程板块“比学赶帮超”评比中位居各地区公司首位，被授予集团公司“三基”工作先进单位称号，并在集团公司“三基”工作现场交流会上作典型发言。成本资金管控有力有效，深化全链条全要素价值管理，全年挖潜增效10.47亿元，百元收入营业成本94.47元，其中探索实施压裂石英砂散装“公转铁”“公铁海”联运综合降本达15%，推广使用钻井泥浆泵高性能配件实现经济效益3685万元；强化“两金”源头和过程管控，深入开展长账龄“两金”项目专项治理，土库曼斯坦西部修井等重点历史欠款清收实现有效突破，公司“两金”平均余额34.21亿元，较控制指标节约0.79亿元。依法合规管理不断加强。扎实开展“守规则、防风险”管理提升行动，持续加强内控风控、合同和招投标管理，对15项重大重要风险和20项一般风险逐项制定预警指标和应对措施，强化采购、合同、招标等重点领域监督检查，公司经营风险受控可控。

（王　辉）

【安全绿色发展】 2023年，胜利石油工程公司持续开展QHSE管理体系审核，优化完善HSE专业分委员会运行机制，严格执行领导干部带班值班制度和安全引领力“十条措施”，与10家高风险单位“一把手”和271名基层单位“一把手”签订承诺书，全面推行基层安全管理网格化，制定实施全员安全责任“两清单”，各层级安全生产责任有效落实，被评为集团公司安全生产先进单位。风险隐患排查治理持续深化，统筹开展“五个不托底”专项排查和“四再”专项行动，大力实施司钻、吊装、“低老坏”3个专项整治，在全年4.58亿元投入计划的基础上，追加投入5400余万元，闭环式开展隐患排查治理，有效提升现场本质安全水平。员工安全素质能力全面提升，推广应用4套新版培训教材，配套开发100个标准化操作视频和31个警示视频，创新实施“一口井一总结一培训”工作机制和“铁军四强赛”，广泛开展“低头捡黄金”活动，累计评选出优秀建议105项、发放安全积累贡献奖1087万元，全员安全生产自觉性和积极性不断增强。重点领域关键环节监管从严从实，制定落实拆迁安作业“一表两清单”，创新开展“十队示范、百队提升”工程，现场管理水平有效提升；修订完善钻井和连续油管井控管理实施细则，投入近1600万元购置更新井控装置68台（套），确保井控安全；严格落实动平台作业全过程视频采集和远程传输实时监控，强化恶劣天气预警避险，保持海上安全平稳运行；对所有承包商进行市场准入复审和安全生产合格取证培训，承包商数量减少32家，16家承包商被列入“黑名单”“灰名单”；严格执行安全生产警示、约谈、责任考核和“一票否决”制度，大力整治安全领域形式主义、官僚主义，累计安全记分2403分、经济处罚392.65万元，保持从严监管的高压态势。节能环保工作扎实推

牛页一区试验井组二号电驱压裂机组成为国内页岩油单井组“双机组”压裂作业平台（李　佳　摄）

进，大力推进废弃物无害处理、循环利用，全产业链实施节能降耗，积极推广使用光伏、地热等清洁能源，在集团公司绿色企业复核中被评为“A 级”。

（严志英）

【政治优势保障有力】 2023 年，胜利石油工程公司高质量开展主题教育，构建第一批“1+4+5”和第二批“4+3+5”运行模式，贯通落实理论学习、调查研究、推动发展、检视整改、建章立制等重点措施，两批主题教育衔接联动、有序推进、卓有成效。干部人才队伍建设持续加强，树立“三重三看”选人用人导向，加大年轻干部培养力度，统筹用好各年龄段干部，干部队伍结构素质优化提升。完善人才“引育用留”机制，印发《公司科研团队工资总额单列管理实施办法》等 10 余项制度办法，成立公司博士后科研工作站和 6 个专业分站，举办 2 期油地校人才高地交流会，产业学院“胜利工程班”圆满开班，人才高地建设成效明显。基层党建质量实效巩固提升，构建高质量党建“六大体系”，制定支委“责任清单”，将党建考核与“三基”达标创建验收“一体运行、相互印证、互为关联”，公司党建规范化、精细化、体系化水平持续提升，在集团公司党建考核中连续位列 A 档。党风廉政建设纵深推进。建立完善涵盖领导班子、职能部门、基层单位 3 个层级的“大监督”体系，精准实施“红黄蓝”业务风险管控，严格落实中央八项规定精神，制定实施整治形式主义为基层减负 31 条措施，大力开展酒驾醉驾专项整治，坚持严的基调彻查违纪问题，营造了风清气正的良好氛围。群团稳定工作扎实有效，深入开展“夺六杯扛红旗创标杆争标兵”主题劳动竞赛，将竞赛单元向基层班组下沉，构建全员、全过程、全领域竞赛格局。加大典型选树宣传力度，70183SL 钻井队被评为中国青年五四奖章集体，管具四队获评全国青年安全生产示范岗。深化落实“我为群众办实事”长效机制，持续改善员工生产生活条件，推进员工收入与公司效益同步增长，累计支出 1150 余万元用于走基层访万家、困难帮扶、乡村振兴等民生工程，公司保持了和谐稳定的良好局面。

（王海琳）

胜利石油工程公司黄河钻井总公司 70183SL 钻井队被评为中国青年五四奖章集体、中国石化“美丽石化－清洁美丽基层”钻井队（尚思豪　摄）

表 1　胜利石油工程公司主要技术经济指标　亿元

指标名称 \ 年份	2023	2022	2021	2020	2019	2018
工业总产值	162.37	139.42	118.56	128.07	129.04	115.48
工业增加值	55.95	58.99	57.05	58.32	60.37	21.27
资产总计	133.47	113.49	107.59	121.40	123.29	115.92
流动资产	55.39	38.14	33.34	44.14	38.21	40.04
固定资产原值	143.68	141.88	141.00	152.20	148.96	146.65
固定资产净值	54.94	55.16	55.35	58.93	61.18	64.04
销售收入	170.31	148.72	137.08	145.06	149.28	126.67
实现利税	5.53	4.13	3.02	1.98	5.34	2.46
税　金	4.73	3.70	3.53	2.31	3.76	2.07
综合能耗 / 吨标煤・万元 $^{-1}$	0.131	0.140	0.160	0.216	0.218	0.220

表 2 胜利石油工程公司主要工作量完成情况

指标名称		2023	2022	2021	2020	2019	2018
钻井	开钻 / 口	1 385	1 316	1 190	1 218	1 296	1 292
	交井 / 口	1 372	1 229	1 174	1 204	1 323	1 267
	钻井进尺 / 万米	396.16	357.55	337.78	313.78	328.66	310.76
测录井	测井 / 井次	—	—	—	3 913	5 073	4 760
	射孔作业 / 井次	—	—	—	4 446	5 090	3 990
	录井 / 口	—	—	—	1 472	1 643	1 375
井下	维护作业（小修）/ 井次	544	593	595	1104	452	299
	措施作业						
	压裂 / 井次	458	407	527	495	371	283
	大修 / 井次	69	48	70	190	134	188
	侧钻 / 口	16	19	23	17	34	29

中原石油工程公司

【概况】 中石化中原石油工程有限公司（简称中原石油工程公司）于 2012 年 12 月 28 日成立，是石油工程公司的全资子公司，本部位于河南省濮阳市。中原石油工程公司主要从事油气勘探开发工程施工、技术维护及相关产业服务，业务涵盖钻井、固井、酸化压裂、试油气、油藏综合服务、钻井工程技术研究、石油钻采设备加工制造、钻完井液助剂研发生产及技术服务等专业。国内市场主要分布在中原、西南、西北、华北 4 个地区；海外市场主要分布在中东、非洲、中亚、南美的 10 个国家。非洲有苏丹、南苏丹、乍得、乌干达，中东有沙特、科威特、也门、阿联酋，中亚有哈萨克斯坦，南美有厄瓜多尔，是沙特阿美公司主要陆上钻井承包商，哈里伯顿、贝克休斯公司中东、北非重要合作伙伴，道达尔公司全球主要钻井承包商。

截至 2023 年底，中原石油工程公司资产总额 119.98 亿元，有主要专业设备 3355 台（套）、新度系数 0.36；下设机关部门 10 个，机关直属单位 2 个，直属单位 11 个，境外机构 7 个；全口径用工总量 19295 人，其中合同制员工 9731 人、规范劳务派遣业务外包工 3464 人、项目化用工 2817 人、海外当地员工 3283 人。2023 年，中原石油工程公司深入贯彻党的二十大精神和习近平总书记视察胜利油田、九江石化重要指示精神，认真落实集团公司党组决策部署和石油工程公司党委具体安排，以学习贯彻习近平新时代中国特色社会主义思想主题教育为主线，以安全管理强化年、故障复杂治理深化年、对标提升深化年、干部作风建设深化年 4 项行动为抓手，全力以赴抓市场调结构、抓安全夯基础、抓生产提效率、抓管理降成本、抓创新促转化、抓党建促融合，战风险、解难题，保持了稳中向好的发展势头。全年累计开钻井 1179 口，完井 1181 口，进尺 263.72 万米，实现新签合同额 117.71 亿元。被评为集团公司“十四五”法治及合规管理体系建设 A 类企业、集团公司 A 级绿色企业。

中原石油工程公司主要技术经济指标及主要工作量完成情况分别见表 1 和表 2。

（仲秀红）

2023 年 3 月 9 日，中原石油工程公司西南钻井分公司 70117 钻井队承钻的焦页 172-4HF 井施工现场
（邱　蕾　摄）

【领导班子调整】 2023 年 9 月，宋保健不再担任中原石油工程公司总经理（按大二型企业正职管理）、党委副书记、党委委员职务，任二级协理员。12 月，陈宗琦任中原石油工程公司总经理、党委副书记；班国任中原石油工程公司副总经理、党委委员。

（仲秀红）

【服务保障加力提效】 2023 年，中原石油工程公司始终心怀“国之大者”和集团大局，坚决当好服务勘探开发的主力军。持续提升运行质效，统筹优化资源，电动化更新改造钻机 7 部，50 型皮带传动钻机链条传动改造 12 部，设备故障停机率和关键物资保供率均创历史最好水平。坚持“六个超前”“四快两精”，加强与油公司的无缝对接、跟进服务，队伍动用率保持高位运行，完成井超周期率下降 12.45 个百分点。持续巩固“四提”成果，国内市场平均井深增加 392 米，平均机械钻速提高 10.9%，累计刷新工程新纪录和区域高指标 158 项，获集团公司油气勘探突破和商业发现工程保障贡献奖 10 项，获评优质工程井 75 口，“1”字号井、8000 米以深井、千吨井交付数量位居系统前列，施工的顺北 6-4X 井成为国内首口井深 8000 米以上、钻井周期百日内的油井。合作开发持续推进，加大与中原油田、淮南矿业合作力度，深入实施“区块 + 单井”合作模式，优选“地质 + 工程”双甜点部署开发井，新建产能 1.4 万吨，原油产量突破 2 万吨。

（仲秀红）

【市场开发优化取得实效】 2023 年，中原石油工程公司修订《市场开发管理实施细则》，强化标前论证和成本估算，调整 478 项内部劳务和产品价格，做好合同资产与合同外工作量追加结算，最大限度地实现从事前算盈到事后保盈的闭环管控。集团内部，配置精干队伍，优选精良装备，采用精湛技术，抓实年度框架合作协议落地，抓紧重点项目组织运行，助力甲方破解“资源接续”矛盾，新签合同额、钻井进尺分别增长 5.7% 和 15.3%。国内外部，落实“五优化、五不干”，果断放弃斯伦贝谢长和等 15 个项目投标，有序拓展中联煤层气等央企规模市场，择机开辟新疆创源、广西广投能源等优质地方市场，钻井进尺增长 1.8%、收入增长 9.8%，实现优化增效。海外市场，新续签合同额、钻井进尺、收入、净利润分别增长 14.07%、24.5%、14.4% 和 13.5%，其中新区块、新业务合同额突破 2 亿美元，领跑优势进一步巩固，连续 17 年跻身 ENR 全球最大 250 家国际承包商。首次进入沙特阿美气探井市场，通过酸液资审；首次赢得威德福大包井项目，实现与四大油服全面合作。乌干达项目新上 3 部钻机全部顺利开工，沙特 11 支队伍赢得甲方优秀评级，贝克休斯项目获甲方突出成就奖，科威特 11 支队伍在 KOC 公司综合排名位列前二十。

（仲秀红）

2023 年 8 月 22 日，中原石油工程公司与石化机械公司签订战略合作协议（袁旭光　摄）

【安全绿色发展根基不断夯实】 2023 年，中原石油工程公司坚持“史为鉴、预为先、防为主、治为要”，持续推进 HSE 管理体系融合运行，深刻汲取事故教训，不断提升安全生产思想认识，强化安全生产责任落实，全力防范化解风险，狠抓现场监

督检查，扎实推进“安全管理强化年”行动和绿色企业行动计划，安全绿色发展根基不断夯实。强化制度制定和执行，修订印发《生产安全事故事件管理细则》《全员 HSE 记分管理细则》等 4 项制度，修订发布公司 2023 版《HSE 管理体系手册》，分专业编制“三基”指南指引，完善体系要素与“三基”工作对照表，规范建立基层队 26 项 HSE 工作记录。加大“低老坏”现象和习惯性违章考核力度，对履职不力的 1005 人 HSE 记分 1429.5 分，其中提级管理层级记分 155 人、269.5 分，74 人在不同层级会议上作检查。加强示范引领，1140 名领导干部实施个人 HSE 行动计划，发现和解决问题 3682 个，公司和各单位领导班子成员月度两个半天视频观察查改问题 498 个。加强隐患排查治理，持续深化“交报询领”机制，扎实开展吊装、危险化学品、燃气等专项整治和重大事故隐患排查整治 2023 行动，常态化开展“五个不托底”排查治理，查改隐患 3773 个。开展“全员安全诊断”，评选奖励优秀诊断建议 1678 条、44.13 万元，推进隐患项目治理。从严现场过程监管，以拆搬安、下套管等高风险作业和岗位标准化操作为督查重点，落实高风险作业“四必查”，现场督查、视频观察 11876 个基层队和后勤场站，纠治违章 928 起，叫停作业 106 次。坚持 HSE 考核正向激励，修订发布《HSE 绩效考核与专项奖励细则》，月度 HSE 考核奖励 7000 万元，降档考核或否决 104 队次，取消项目部奖励 11 个次，下发 HSE 告知书 26 份，联合督导帮扶提升基层队 37 队次。坚持绿色发展，全面推进生态环境保护和“双碳”行动，强化“电代油”“气代油”等清洁能源利用，替代柴油 5.04 万吨，节约能耗 3.11 万吨标煤，减少废气排放 2 亿标准立方米，155 支绿色基层队通过复核创建验收，中原石油工程公司被评为集团公司 A 级绿色企业。

（仲秀红）

【科研攻关持续突破】 2023 年，中原石油工程公司突出内抓统筹、外抓协同，强化顶层设计，健全运行机制，11 个技术技能创新团队作用充分发挥，3 个技术中心顺利通过石油工程公司验收。注重科技创新转化，高效开展国务院国资委重大任务和羌塘盆地项目，参与“十条龙”攻关，新承担的集团公司 5 个科研项目和石油工程重大项目群进展顺利，申报专利 102 件（发明专利 55 件），获省部级以上科技进步奖 3 项，15 项重点科技成果转化创效 3400 余万元。加强现场技术保障，实施故障复杂治理深化年行动，抓实专家包保，抓好案例学习，抓严技术规范落实，形成通南巴“塌漏同治”、顺北“下套管防漏六步法”、塔河“三段制”钻井液技术等管用好用实用的特色模板，复杂时效下降 0.48 个百分点。积极开展等应力螺杆、泡沫水泥浆等“四新”推广，4 种核心助剂、2 种钻井液体系、8 种设备工具等一批新研制“利器”成功应用。推进产品产业化发展，高标准建成油田化学剂西南生产基地，15 种自研助剂产品上线易派客，“中原深地”“VDX”品牌建设高起点推进。16 种助剂和 4 种装备产业化发展取得明显成效，全年完成产值 2.55 亿元，提升 42%。

（仲秀红）

【企业管理持续向好】 2023 年，中原石油工程公司坚持向深化改革要动力、向精细管理要效益，持之以恒整合优质资源、补齐治理短板。深化改革蹄疾步稳，整合重组钻井一公司、三公司，压减各类机构 27 个、用工 504 人，优化盘活 463 人次，机关人员占比、机构运行费用占比分别降至 5.5% 和 4.1%。纵深推进“三项制度”改革，领导人员竞争性选拔和末等调整不胜任退出比例分别达 64.7% 和 3.3%；绩效考核作用凸显，亏损井数量、亏损额度分别减少 22.7% 和 31.1%。挖潜降本，开展对标提升深化年行动，实行目视化对标管理，累计获“比学赶帮超”流动红旗 75 面。建强全级次预算、单井写实、内部结算、税务管理 4 个系统，百元收入营业成本降至 92.69 元，退税金额刷新历史纪录。严细招标管理，推进以量换价，招标率创新高。推进“两金”项目化管理，现金流缺口收窄 6.14 亿元。统筹资产创效，压降设备租赁 1348 万元，节约房屋土地租金 736 万元，资产处置收益 6314 万元。“三基”工作守正创新，构建以基层建设“五聚焦五抓”、基础管理“五个标准化”、基本功训练“八个抓手”为主体的工作体系，分专业编制指南指引，分区域召开现场交流会，打造 11 支样板队，提炼 42 项经验做法，以点带面促进整体提升。中原石油工程公司被评为集团公司

“十四五”法治及合规管理体系建设 A 类企业。

（仲秀红）

【苏丹项目员工安全撤离】 2023 年 4 月 15 日，苏丹当地时间上午 9 时左右，苏丹首都喀土穆等多地突发大规模武装冲突，中原石油工程公司苏丹项目员工生命安全受到威胁。在集团公司安排部署下，中原石油工程公司第一时间启动应急预案，成立应急处置小组，积极与中国驻苏丹、埃及等使领馆联系，国内与国外协调联动、统筹推进，每小时进行一次信息沟通，制定紧急避险措施，规划最安全、最通畅的撤离路线，历时 20 天，75 名员工分 3 批，通过苏丹至埃及、苏丹至南苏丹等撤离路线，搭乘国际航班平安飞抵国内。

（仲秀红）

【党建质量持续提升】 2023 年，中原石油工程公司坚持把开展好主题教育作为首要政治任务，紧紧围绕“学思想、强党性、重实践、建新功”总要求，有机融合、一体推进理论学习、调查研究、推动发展、检视整改、建章立制 5 项重点措施，举办读书班 121.5 天，精准梳理典型案例 25 个，深入查摆问题 133 个，制定整改措施 300 条。成功召开第二次党员代表大会，选举产生第二届党委和纪委。认真落实新时代党的建设总要求，深入实施党建“365”工程，加快政治优势转化，以高质量党建引领保障公司高质量发展。干部人才队伍得到加强，坚持五湖四海、任人唯贤，动态调整中层领导人员梯队培养计划人选，加强见习副职、双向挂职跟踪培养，有序推进中基层领导人员任期制契约化管理。深入实施人才强企工程，补充选聘 21 名公司级专家，全国技术能手、石化名匠、铁军名匠等高技能人才增至 53 人，李元化、李伟伟工作室入选石化名匠、技能大师创新工作室。基层党建质量全面提升，深入实施“七抓”工程，推动“三基本”建设与“三基”工作深度融合，持续规范基层党组织设置，强化党支部分类定级管理，建立石化党建阅评长效机制，用好党员责任区管理、示范岗创建、项目攻关等载体，2 个集体被评为集团公司先进基层党组织，“六位一体”党支部工作实操培训体系获集团公司一等奖；实施“两表两单”，推进“三联三抓”，强化“四合四提”，境外党建工作质量有效提升；坚守党校“为党育才、为党献策”初心，统筹抓好理论教育、党性教育和专业化能力培训，先后承办各类培训班 115 期、培训 3934 人（次）。宣传思想文化成果丰硕，强化形势任务教育，加大舆论宣传和新媒体建设力度，加强意识形态管理，推进企业文化建设，积极开展典型选树，程献彬当选集团公司第七届感动石化人物，《石化铁军“1”字号井》被集团公司评为“十佳故事”，公司“文化润心”工作法入选《新时代中国石化思想政治工作指导手册》典型案例，铁军文化传承馆被评为集团公司第三批红色教育基地。政治生态持续向上向好，坚持严的基调，持续完善监督体系，统筹推进“靠企吃企”整治、合同管理等专项治理，推广外部项目“云监督”经验；扎实开展干部作风建设深化年行动，修订公司落实中央八项规定精神实施细则，坚持廉洁教育“每月一课”，持续巩固为基层减负成效，深化基层微腐败整治，信访举报量、越级举报量持续下降，公司政治生态持续向好。群团工作活力不断增强，深化“创树”劳动竞赛，举办青工钻井安全提速分析大赛、青年英语风采大赛，2 个集体获评中国石化工人先锋号，1 个集体获评河南省青年文明号；扎实开展“点亮微心愿”“四送五有”“走基层、访万家”“油嫂西南工区行”等活动，开通“云问诊”线上健康咨询服务和赴京就医“绿色通道”，为一线员工和困难群体发放款物 537.22 万元，完成结对教育帮扶任务，中原石油工程公司获河南省模范职工之家、厂务公开民主管理先进单位、创建和谐劳动关系示范企业、濮阳市信访工作先进单位等称号。

（仲秀红）

2023 年 10 月 31 日，中原石油工程公司、西南石油工程公司结对帮扶马边彝族自治县三河口镇中小学“朝阳助学”启动仪式举行（张琳琳　摄）

表 1　中原石油工程公司主要技术经济指标　亿元

指标名称 \ 年份	2023	2022	2021①	2020	2019	2018②
工业总产值	118.51	113.75	109.85	122.14	123.81	103.40
工业增加值	34.63	45.02	42.99	46.99	41.3	40.80
资产总计	119.98	127.23	116.88	118.02	115.01	108.63
流动资产	61.53	70.10	62.64	66.52	62.14	60.62
固定资产原值	110.81	108.65	103.15	109.24	106.56	105.02
固定资产净值	37.25	39.72	36.02	37.16	37.61	37.50
销售收入	118.51	113.75	109.85	122.14	123.81	102.99
实现利税	3.45	3.49	2.93	3.19	4.69	4.45
税　金	4.55	5.35	3.19	2.75	2.81	3.13
工业产值综合能耗 / 吨标煤・万元 $^{-1}$	0.300	0.312	0.344	0.361	0.378	0.384

① 2021 年全部数据含测录定业务
② 2018 年数据有调整

（燕晨龙　潘　涛）

表 2　中原石油工程公司主要工作量完成情况　亿元

指标名称 \ 年份		2023	2022	2021	2020	2019	2018
钻　井	开钻 / 口	785	777	622	641	787	726
	交井 / 口	787	729	657	668	774	677
	钻井进尺 / 万米	263.72	226.06	213.51	226.48	251.88	216.23
	海外大修井 / 口						
	开　工	394	338	204	212	256	199
	完　工	394	340	203	217	249	205
测录固井	测井 / 井次	—	—	—	2 392	2 446	2 891
	射孔作业 / 井次	—	—	—	1 962	2 148	1 785
	录井 / 口	—	—	—	319	297	284
	固井 / 井次	2 128	2 208	1 940	2 233	2 103	1 796
井　下	维护作业（小修）井次	321	375	292	254	366	452
	措施作业						
	压裂 / 井次	210	190	212	167	247	205
	酸化 / 井次	65	71	61	48	46	42
	大修 / 井次	41	43	47	50	47	53
	侧钻 / 口	32	29	16	34	37	27

（郭胜芳）

江汉石油工程公司

【概况】 中石化江汉石油工程有限公司（简称江汉石油工程公司）源于20世纪60年代末江汉油田勘探会战，2012年底经中国石化石油工程专业化重组，于2013年1月19日挂牌成立，是石油工程公司的全资子公司。截至2023年底，下设9个职能部门、1个机关附属机构和6个专业经营单位；有合同制员工3315人（在岗合同制员工3092人，其中管理人员457人、专业技术人员975人、技能操作人员1660人）。业务涵盖钻完井、井下特种作业、环保工程、特种运输、国际贸易等领城，先后参与江汉、胜利、中原、塔里木、鄂尔多斯、普光元坝等油气田和重庆涪陵国家级页岩气示范区建设，形成了以页岩气工程、深井超深井高温高压为代表的特色技术系列，具备页岩气工程设计施工一体化服务能力。被认定为国家高新技术企业，是中国石化石油工程页岩气技术中心、湖北省页岩气开发工程技术研究中心。被评为集团公司标杆企业，获全国科学技术进步奖一等奖、全国企业管理现代化创新成果一等奖、国家优质工程金奖等荣誉。

江汉石油工程公司主要技术经济指标及主要工作量完成情况分别见表1和表2。

（宋丽娟）

【领导班子调整】 2023年4月26日，集团公司党组召开视频会，对江汉石油工程公司领导班子作出调整：免去杨国圣江汉石油工程公司执行董事、党委书记职务，办理退休手续，江汉石油工程公司党政全面工作暂由李子杰主持。9月15日，集团公司党组召开视频会，任命李子杰为江汉石油工程公司执行董事、党委书记，免去其江汉石油工程公司总经理职务。

（宋丽娟）

【生产经营主要指标创新高】 2023年，江汉石油工程公司坚持以党的二十大精神为指引，深入学习贯彻习近平总书记视察胜利油田、九江石化重要指示精神，以学习贯彻习近平新时代中国特色社会主义思想主题教育为主线，全面落实集团公司、石油工程公司各项工作部署，扎实践行“端牢能源饭碗、支撑勘探开发、打造特色领先”职责使命，生产经营成效保持向上向好态势。钻井、压裂两大主体专业分别提前49天、32天完成年度生产任务，在钻井队压减6支的情况下，钻井工作量创“十三五”以来新高，压裂工作量创公司成立以来最好水平；全年实现收入58.12亿元、利润总额6020万元，同口径收入创历史新高，全员劳动生产率增长10.5%、稳居石油工程板块前列，队伍大局保持稳定。

（宋丽娟）

【服务保障有力有效】 深耕集团上游增储上产主阵地，与油气田企业联手强化一体化协作，大力实施工程“四提”，全力保障“深地工程”、红星500亿立方米增储工程、江汉老区稳产增产等重点工程建设，刷新亚洲陆上最深井（9432.55米）、国内陆上页岩气钻井周期最短（20.75天）等90余项新纪录高指标，助力顺北新领域、红星二叠系新层系页岩气、潜江凹陷碳酸盐岩勘探等一批油气重大突破发现，获集团公司上游8项工程保障贡献奖，共同实现4项中国石化2023年十大油气勘探发现成果。

（宋丽娟）

【助力“深地工程”获新突破】 适应勘探开发对象变化，提升深井超深井工程技术服务保障能力，攻克超深井大通径裸眼分段完井、超深小井眼压裂测试一体化等瓶颈，助力顺北油气田产能持续突破，累计施工“深地1号”工程61%的千吨井。其中，跃进3-6XC井刷新中国石化完钻井深大于8000米井钻井周期最短（114.4天）纪录，跃进3-3XC井刷新亚洲最深井斜深（9432.55米）和超深层钻井水平位移（3142米）2项纪录。在元坝15井、元陆2井等重点井破解元坝气田“三高”井测试难题，助力“深地工程·川渝天然气基地”建设扩大场面。在勘探分公司宁蒗1

井突破超深小井眼三联作测试世界级难题，夯实“三高”井测试技术领先优势。江汉石油工程公司被认定为武汉市“965”产业——未来“深海、深地、深空”产业链链主代表企业。

（宋丽娟）

江汉石油工程公司承揽钻井、测试及工具一体化服务的跃进 3-3XC 井

【高效推进集团公司“示范井工程”】 2023 年 8 月 9 日，江汉石油工程公司承钻的集团公司“示范井工程”——焦页 6-Z1HF 井顺利完钻，钻井周期 20.75 天，较设计钻井周期节约 41.17%，刷新国内陆上页岩气瘦身井钻井周期最短、国内陆上页岩水基钻井液日进尺最高等 9 项纪录，形成可复制、可推广的“示范井工程”技术及管理模式，为涪陵工区“瘦身井”型推广、进一步挖掘提速降本潜力提供了经验。

（宋丽娟）

【市场提质增效步伐加快】 统筹谋划市场开发与管理，大力优化市场结构，全年新签合同额 61 亿元、增长 7%。江汉内部市场坚持调配优势资源优先保障，钻井队伍动用率 95%、创历史最高，主体专业市场占有率稳中有升，获各类保障奖励 1 亿元；江汉外部市场聚焦优质规模，加快退出低效无效及资金难回收市场；海外市场坚定向高端战略转移，首次进入沙特测试市场，中标沙特阿美油井探井、非常规气井 2 个钻井项目，形成 3 亿元级规模市场。

（宋丽娟）

【科技创新能力持续提升】 坚持创新链、产业链、资金链、人才链一体化布局，积极探索“揭榜挂帅”攻关机制，启动科技型企业分红激励试点，深度激发科研活力，加快推进中国石化石油工程页岩气技术中心实验室建设，坚持高水平科研理想，参与国务院国资委“1025 专项”工程，承担 2 项集团公司“十条龙”项目，全年获专利授权 35 件，其中发明专利 8 件。江汉石油工程公司入围湖北省百强高新技术企业。

（宋丽娟）

【攻克重建井筒重复压裂关键技术国产化难题】 江汉石油工程公司大力开展自主创新，围绕井筒重建、重复压裂工艺、入井工具材料国产化等难题，突破 9 项关键技术、8 项关键工具及材料，实现重建井筒压裂工艺自主化、关键工具和材料国产化。累计应用 3 口井，平均口井恢复产量 56% 以上，其中焦页 5-1HF 井完成首口全国产化重建井筒重复压裂工程，试获 14.2 万米^3/日高产工业气流，恢复到初次压裂测试产量的 75.1%，达到国际先进水平，为加快该技术在中国页岩气领域规模化应用提供了重要经验。

（宋丽娟）

2023 年 3 月 9 日，江汉石油工程公司井下测试公司在焦页 5-1HF 井完成首口全国产化重建井筒重复压裂工程

【刷新国内陆上页岩气井工程施工新纪录】 2023 年 6 月 18 日，江汉石油工程公司 50785JH 钻井队施工的焦页 11-Z6HF 井顺利完钻，完钻井深 5475 米，水平段长 2725 米，单趟进尺 2814 米，创中国陆上页岩气井应用水基钻井液施工水平段最长纪录。该井的成功钻探进一步验证了高性能水基钻井液在页岩气井长水平段的实用性，为陆上页岩气井绿色高效勘探提供有效技术支撑。

（宋丽娟）

【扁平化管理成效初步显现】 积极适应石油工程板块扁平化管理、专业化发展需要，江汉石油工程公司在钻井专业试点推行直管基层队模式，将原有“公司—专业经营单位—项目部—基层队”四级管理压扁为“公司—专业经营单位—基层队”或“公司—项目部—基层队”三级管理，配套调整公司及专业经营单位机关附属设置、工区项目管理部职能，各层级实现权责利对等，两级机关人员优化压降 12.3%，管理效率明显提升。推进工区内各专业经营单位驻地、办公、专业、流程“四个集中”，资源配置进一步优化，管理成本有效压降，公司全员劳动生产率、人均创效水平排名石油工程板块前列。

（宋丽娟）

【稳步推进专业化发展】 2023 年，江汉石油工程公司按照“专业化发展、一体化服务”原则，全面整合固井、装备、管具业务，推行生活后勤服务集中管理。在服务能力提升的基础上，大力实施“外委转自营”，完善人力资源盘活、市场化运行机制，推动内部业务承揽和人力资源输出“双向激励”，健全内部市场价格体系和业务结算流程，累计优化盘活 194 人次，内部承揽业务创收 1478 万元，实现优质优价服务主体专业、全链条保障创效单元。

（宋丽娟）

【党的建设全面加强】 江汉石油工程公司党委充分发挥“把方向、管大局、保落实”作用，严格落实“第一议题”制度，扎实开展学习贯彻习近平新时代中国特色社会主义思想主题教育，公司典型经验在集团公司主题教育整改整治工作推进会上交流。持续推进党建“三基本”和“三基”工作融合发展，加大年轻党员和一线社会化用工骨干培养力度，1 个先进集体和 4 名党员受到集团公司“两优一先”表彰。抓好中央巡视反馈问题延伸整改，实施正风肃纪反腐专项治理，推动公司政治生态、管理生态持续好转，“网格化”“大监督”做法入选中国石化高质量党建引领保障高质量发展案例。

（宋丽娟）

【深入践行面向基层服务基层导向】 坚持以员工为中心，牢固树立基层导向，大力为员工办实事、解难题，用好用足安全生产费用，加快自动化装备配备，降低一线员工劳动强度，先后投入 3300 余万元实施基建维修、3400 余万元租赁办公生活用房，集中改善外部工区生产生活条件。坚持企业与员工同成长，广泛搭建劳动竞赛平台，在主力工区建立培训分站，开展“江汉工匠杯”最强操作技能竞赛，先后获湖北省劳动模范、创新工作室、青年文明号等省部级以上荣誉。建立考核分配向艰苦一线、创效单位、外部市场、科研团队“四个倾斜”机制，主体专业一线员工年收入增长 12%，新员工、项目化用工流失率实现“两个历史新低”，员工获得感、幸福感明显增强。

（宋丽娟）

2023 年 6 月 26 日，由江汉石油工程公司承办的第二届全国职业技能大赛石油钻井技术项目湖北省选拔赛暨湖北省第一届职业技能大赛、2023 年“湖北工匠杯”石油钻井工职业技能竞赛开幕

表 1　江汉石油工程公司主要技术经济指标　亿元

指标名称＼年份	2023	2022	2021	2020	2019	2018
资产总额	53.03	47.66	38.94	41.01	41.90	43.27
流动资产	22.84	22.46	15.95	17.90	18.60	21.60
固定资产净额	21.17	19.39	18.27	18.64	18.60	19.10

续表

指标名称 \ 年份	2023	2022	2021	2020	2019	2018
负债总额	39.86	34.99	27.12	28.38	29.90	32.59
营业收入	58.12	56.26	57.89	57.97	55.62	43.86
利润总额	0.60	0.70	1.15	0.91	2.36	1.32
综合能耗 / 吨标煤・万元$^{-1}$	0.214	0.220	0.225	0.234	0.236	0.242

表 2 江汉石油工程公司主要工作量完成情况

指标名称 \ 年份	2023	2022	2021	2020	2019	2018
钻　井						
开钻井 / 口	245	287	212	262	277	258
完成井 / 口	245	209	240	244	249	262
钻井进尺 / 万米	97.80	87.60	73.90	86.50	82.60	81.40
测录井						
测井 / 井次	—	—	—	1 079	1 049	940
录井 / 口	—	—	—	252	250	249
井下作业						
作业井 / 口	1 475	1 490	1 450	1 715	1 834	1 772
作业 / 井次	1 520	1 490	1 450	1 718	1 858	1 789
试油气 / 口	204	214	249	154	119	131
试油气① / 层	205	265	384	267	234	325

① 2018—2021 数据有修正

西南石油工程公司

【概况】 中石化西南石油工程有限公司（简称西南石油工程公司）是石油工程公司的全资子公司，于 2012 年 12 月 21 日注册登记，12 月 28 日挂牌成立。2021 年 3 月，按照集团公司改革部署，剥离测录定业务至经纬公司。具有钻完井、固井、井下作业、技术研发、井控、环保、热力供暖、管具加工与检测维修等较为完整的油气工程技术服务业务链，享有独立的对外经济贸易和承包工程经营权。本部位于四川省成都市，机关设 10 个部门和 2 个直属机构，下属 7 家专业经营单位和 1 个外派机构。

截至 2023 年底，拥有各类用工 6052 人，其中合同制员工 3215 人、规范劳务派遣业务外包用工 1651 人、境外劳务合作派出员工和当地用工 1186 人。设立机关党委 1 个、二级单位党委 7 个，共有党总支 10 个、党支部 134 个，党员 1864 名。施工队伍 130 支，其中钻井队 58 支，中国石化标杆队 1 支、金牌队 6 支、银牌队 11 支。石油工程装备 10675 台（套），原值 57.6 亿元、净值 21.74 亿元，设备新度系数 0.38，年钻井能力超 100 万米、压裂作业能力达 245 井次 2430 层次。拥有国家级科技奖励 1 项，省部级科技奖励 25 项；国家专利 310 件，其中发明专利 39 件，软件著作权 15 项。发展形成酸性气、致密气、深层页岩气三大勘探开发工程一体化服务技术体系，集成 40 余项钻完井核心及特色技术。构建形成“以集团内川渝市场为主，中国石油外部市场和海外沙特、科威特、厄瓜多尔三大市场协同并进”的市场格局。

2023 年，西南石油工程公司深入学习贯彻习近平总书记视察胜利油田、九江石化重要指示精神，扎实开展主题教育，统筹推进“六聚焦六提升”和党的建设各项工作，全面完成年度目标任务。完成钻井进尺 85.37 万米，为年计划的 118.57%；实现营业收入 62.5 亿元，完成年度计划的 109%，均创“十四五”以来新高。新签合同额 61.5 亿元，为年计划的 107.9%，净利润完成年度计划的 104%。

西南石油工程公司主要技术经济指标及主要工作量完成情况分别见表 1 和表 2。

（张　润　韩　涛）

【国内油气勘探开发服务保障坚实有力】 2023 年，西南石油工程公司坚持统筹资源、精准服务、提高效率，在全力保障集团内勘探开发的同时，适时调整各市场资源配置。高效组织生产运行，提前 43 天完成年度进尺目标，全年累计完成计划进尺的 118.57%，钻井时效 98.7%、压裂时效 77.36%、钻机和压裂设备动用率均达 88% 以上，均高于年度目标。集团内部强化保障，签订年度框架协议，西南油气分公司市场完成进尺 33.34 万米，进尺占比提高到 73.2%，井下作业市场份额保持 90% 以上，加快发展带压作业特色业务；勘探分公司市场以良好施工业绩巩固和扩大，钻井市场份额提高 20 个百分点；西北油田市场固井队连续 2 年业绩排名第一，修井队伍排名保持前列，油服业务新签合同额增加 1.15 亿元。集团外部树立品牌，强化中-中合作，共同履行保障责任，中国石油川渝市场新签合同额 11 亿元，钻井进尺占公司总进尺 14.47%；顺利完成广西地方页岩气市场试气工程，提前调研论证云南省钻井市场，进一步打响西南工程品牌。装备物资支撑有力，国内加强型、现代型钻机达 32 台、占比达 63%，动力猫道配备比率达 25%，顶驱覆盖率提升至 94%，钻机结构不断优化，自动化水平明显提高。复核 132 项技术标准，制定 12 项钻井助剂采购标准，关键环节协同管控，采购质效稳步提升，供应保障持续加强。优化物资采购方案，科学制定资格条件，招标采购达标率提高 29 个百分点。服务油气亮点纷呈，难动用储量合作开发成果显著，累计产气 7.89 亿立方米；江沙 351HF 井大规模压裂优质高效，创近年中江区块产量最高纪录；元坝 102-5H 井钻遇“一孔两期两礁”，实现元坝气田最深井产量新突破。

（张　润　韩　涛）

2023 年 5 月 16 日，由西南石油工程公司承担钻井和井下试气施工的新深 105 井，经分段酸化压裂测试改造，获日产 105.6 万立方米高产气流，取得新场雷口坡组天然气勘探重大进展（万大晖　摄）

【海外市场蹄疾步稳提质增效】 2023 年，西南石油工程公司坚持“做大沙特、做强科威特、提效厄瓜多尔”思路，锚定“打造海外业务半壁江山”目标，以钻修井为龙头带动产业链延伸，加大海外集中管控力度，持续放大海外发展优势，超额完成全年生产任务。三大工区钻修井机日费率保持在 99.5% 以上，获业主、国工分（子）公司奖励和表扬 33 项，其中科威特项目 11 支队伍获甲方无 LTI 奖励 706 万元，沙特项目收到沙特阿美 11 次表扬邮件。科威特项目完成 4 台钻机复审认证，SP983 成功续签 1 年合同，7 部钻修井机收到续签延期意向。沙特项目新中标 SP98 油井项目有序启动，2 台钻机收到续签延期合同 10 年意向。厄瓜多尔 SP248 成功续签合同，SP183、248 先后中标，实现钻井项目“保二争三”工作目标。

（张　润　韩　涛）

2023 年 4 月 15 日，集团公司党组书记、董事长马永生到西南石油工程公司沙特项目 SP31 井队调研慰问
（陆秋野　摄）

【工程“四提”再上新台阶】 2023 年，西南石油工程公司聚焦区域难题，实施“三位一体”技术网格化管理，落实“一区域一做法、一口井一设计、一开次一方案、一工序一措施”＋“一环节一总结”，平均机械钻速提升 21.34%，钻井周期缩短 9.3%，压裂综合效率提升 12.37%。川西中浅层大幅提速，以示范井工程技术体系为标杆，完善“预弯曲＋油基＋旋导＋漂浮下套管”技术，中江沙溪庙水平井平均钻井周期缩短至 40.5 天，缩短率 30.5%。川西须二提速关键技术应用成效明显，推广“控压钻井＋成膜强封堵钻井液”技术，释放钻井参数，提高钻井效率，平均钻井周期缩短 13.8%，钻速提高 10.8%，高质量完成新 8-5H 井等示范井施工。页岩气井钻井技术开新篇，深化应用“高效 PDC+ 旋导＋专用马达”，水平段最高日进尺达 580 米，威荣页岩气平均钻井周期再降 12.1%，自 201H62-6 井足 / 201H17-7 井天，分别创同区块最短钻井周期 68.85/77.85 天纪录。通南巴提速取得新进展，以“泡沫＋空气螺杆”工艺成功应对马 602 井浅表层井漏、高陡易斜和地层出水三大并存难题，全井钻井周期 150 天，较区域前期缩短 50%，新一轮井较前期平均钻井周期缩短 14.59%。压裂指标持续提升，应用井口快速插拔器、大通径一体化压裂管汇、自动输砂装置等先进装备，体积压裂综合效率提升 12.37%，新沙 21-61HF、威页 27 平台分别创压裂段数最高 5 段 / 日、拉链压裂效率最高 3.7 段 / 日 2 项纪录，桂融页 2-1HF 井创集团公司压裂排量每分钟 25 立方米最高纪录。

（张　润　韩　涛）

【技术创新能力进一步增强】 2023 年，西南石油工程公司聚焦“深地工程”和特色化业务发展，推进“卡脖子”技术攻关，开展科技攻关项目 76 项，获省部级科技奖 5 项，获集团公司科技进步奖一等奖 1 项，为公司成立以来获得最高科技奖励。超深层“完井封 +APR 两联作”测试工艺取得新突破，形成深地工程高温测试工作液技术，仁探 1 井酸压试气一次成功。特殊堵漏工艺取得新进展，平均单次失返性井漏漏失量降低 27.8%，处置时间缩短 32.6%。有效解决难动用储量地层压裂改造技术难题，新盛 201 井实现高压高产气井“小井眼暂闭”二次完井工艺突破。优化页岩气套变防控机制，全年套变率降低 89.3%。酸性气技术中心建设加快推进，实验室对外检测业务取得扩项，高温酸液体系在大庆川渝工区得到认可，自主研发小井眼测试封隔器模拟试验成功，填补行业空白。拓展产品产业化增收新途径，完成高温缓蚀剂、新型全可溶桥塞、两性离子降滤失剂等 6 项助剂产品备案及推广，全年创收 3270 万元。

（张　润　韩　涛）

【改革管理持续深化】 2023 年，西南石油工程公司高质量启动改革深化提升行动，工作台账被集团公司评估为“A”，年度 104 项改革举措全部完成。坚持“两个一以贯之”，在完善公司治理中持续加强党的领导，动态完善“两个清单”，及时修订《“三重一大”决策制度实施细则》，推动清单与决策制度联动调整、衔接一致，确保党委职权在公司治理中规范有效运行，全面发挥了党委“把方向、管大局、保落实”作用。完成海外业务集中统一管理，调整优化海外项目管理机制，实现资源共享、效率提高、质效提升。修订实施一批“进出、上下、增减”制度，推行领导人员契约化管理和任期制经营绩效考核，“三项制度”改革成效明显。完善内控体系建设，强化重点领域专项监督，内控有效执行率保持 98% 以上。大力推行通用业务集中招标，加大合法合规性审查，选商管理规范性明显提升。强化战略财务管控，发挥预算牵引作用，推动“三大计划”深度融合，推广钻井标准成本体系，试点开展成本专项治理，做细做实保效增效，百元收入营业成本减少 1.2 元，实现自由现金流为正，净资产收益率、营业现金比率持续提升，各项财务指标全面提升。

（张 润 韩 涛）

【安全环保态势平稳】 2023 年，西南石油工程公司以“安全管理强化年”行动为主线，全面提升安全环保水平，HSE 绩效考核获评石油工程公司“A”档。“安全管理强化年”行动 10 个方面 46 项重点任务和 107 项具体工作圆满完成，HSE 体系架构持续优化，过程绩效评价位列工程板块前列。压实现场安全网格化管理，强化 HSE 履职能力评估，各级安全责任压得更实。双防机制有效运行，5 类 65 项季度公司级安全风险和 18 项环境风险源有效管控，投入安全生产费 1.27 亿元，其中使用资金 3850 万元，专项治理隐患 36 项。直接作业环节管理更加严实，吊装作业、带压作业等专项治理取得成效，现场检查督查质量持续提高，问题数量不断下降。井控和防硫化氢管理有力有效，修订《井控管理实施细则》，编制《防喷立柱使用推荐作法》等 4 项井控企业标准；抓实井控“三大考验、四类风险”47 项管控措施落地执行，通过组建井控专家团队和构建分级响应处置机制，溢流均得到安全高效处置，连续 11 年保持井喷、硫化氢泄漏上报事故为零。绿色发展底色更加鲜明，制定实施“一方案两清单”，持续推进环保标准化建设，绿色基层队验收通过率 97.5%，获集团公司绿色企业复核“A”档。

（张 润 韩 涛）

【党建引领保障更加有力】 2023 年，西南石油工程公司坚持系统谋划、压实责任、建立机制、强化督导，两个批次学习贯彻习近平新时代中国特色社会主义思想主题教育扎实深入开展。成功召开第二次党代会，深化应用“党务实操体系”，推动“一党委一品牌、一支部一特色”建设与“党建 +”活动深入结合，开展基层党建专题调研、支部书记练赛和基层党建检查指导，基层党建整体提升、全面进步。宣传思想文化凝心聚力，“践行二十大 奋进创一流”宣讲活动深入开展，扎实开展庆祝中国石化成立 40 周年系列活动，凝炼形成“服务油气 共创美好”企业文化核心价值理念。接续实施人才强基、培优和拔尖三大计划，干部结构持续优化，梯队建设稳步推进，成功承办中国石化第一届专家论坛，“一池 + 三库”人才培养总体格局初步形成。邓永义、王琳工作室获集团示范性创新工作室命名。全员练赛多点开花，获国家一类竞赛铜奖 2 人，国家二类竞赛金奖 1 人、银奖 3 人、铜奖 1 人，集团公司竞赛银奖 2 人，屡创参赛团体和个人最佳成绩，涌现“全国技术能手”2 人。党风廉政建设持续加强，深化党委全面监督，精准实施专项治理，扎实推进巡视巡察和党建考核反馈问题整改，深入整治形式主义、官僚主义，政治生态持续优化。成功举办首届青年外语风采大赛，举办青工政治轮训、青年党员上讲台，团青工作活力持续增强。消费帮扶、教育帮扶务实推进，彰显了央企责任担当。

（张 润 韩 涛）

2023 年 10 月 31 日，西南石油工程公司结对帮扶乐山市马边彝族自治县三河口镇小学“朝阳助学”正式启动
（李洪 摄）

表 1 西南石油工程公司主要技术经济指标 亿元

指标名称 \ 年份	2023	2022	2021	2020	2019	2018
工业总产值	62.50	56.07	54.73	57.42	55.45	40.74
工业增加值	18.86	17.22	15.09	16.66	17.03	15.12
资产总计	64.12	64.01	63.53	59.42	55.41	51.15

续表

指标名称 \ 年份	2023	2022	2021	2020	2019	2018
流动资产	29.79	29.02	29.78	27.80	28.15	24.09
固定资产原值	62.37	61.50	58.74	60.19	58.10	56.96
固定资产净值	22.03	22.60	22.94	23.28	22.52	23.13
销售收入	62.50	56.07	54.73	57.06	55.45	40.75
实现利税	0.91	0.68	0.45	0.89	2.30	1.55
税　金	0.51	0.49	0.29	0.37	0.38	0.44
综合能耗 / 吨标煤・万元 $^{-1}$	0.218	0.220	0.220	0.234	0.238	0.241

表 2　西南石油工程公司主要工作量完成情况

指标名称 \ 年份		2023	2022	2021	2020	2019	2018
钻　井	开钻 / 口	188	151	159	229	271	273
	油田内部	84	60	81	79	84	81
	集团内	87	64	91	193	219	217
	集团外	19	16	17	3	3	1
	国　外	82	71	51	33	49	55
	交井 / 口	168	166	137	255	262	235
	油田内部	66	83	67	95	81	45
	集团内	70	86	83	216	208	185
	集团外	15	12	5	4	1	0
	国　外	83	68	49	35	53	50
	钻井进尺 / 万米	85.37	71.90	65.35	78.21	88.84	75.82
	油田内部	33.34	31.88	37.03	28.57	38.63	23.36
	集团内	35.58	33.47	42.79	66.78	75.10	62.95
	集团外	12.35	12.28	1.83	1.95	1.54	0.45
	国　外	37.44	26.16	20.73	9.48	12.2	12.42
	海外大修井 / 口						
	开　工	133	160①	145	129	158	59
	完　工	133	160①	145	129	158	59
测　井	测井 / 井次	—	—	—	977	904	673
	射孔作业 / 井次	—	—	—	680	588	45
	测井标准米	—	—	—	3 539.42	2 558.45	1 845.62
录　井	录井 / 口	—	—	—	246	286	198
	录井进尺 / 万米	—	—	—	86.69	104.01	69.40

续表

指标名称 \ 年份		2023	2022	2021	2020	2019	2018
井下	维护作业（小修）/ 井次	40	55	80	108	169	156
	措施作业						
	压裂 / 井次	137	119	122	154	126	150
	酸化 / 井次	19	46	53	44	31	20
	大修 / 井次	57	62	84	76	73	39
	侧钻 / 口	3	3	4	0	0	0

①数据有调整

华北石油工程公司

【概况】 中石化华北石油工程有限公司（简称华北石油工程公司）是石油工程公司的全资子公司，业务范围包括石油天然气开采辅助活动、工程技术研究与应用、油气藏综合研究与服务、地质设计等，是集钻完井、井下特种作业及相关业务技术研发服务为一体的石油工程专业化公司。公司注册地位于河南省郑州市中原区。

截至 2023 年底，华北石油工程公司有中层机构 17 个，其中机关职能部门 10 个、机关附属机构 1 个、所属专业经营单位 6 个。机关职能部门分别是：综合管理部（党委办公室）、党群工作部（党委宣传部、工会、团委、维稳办）、财务资产部、改革发展部（法律事务部）、党委组织部（人力资源部）、安全环保部、市场开发运行部（项目管理部）、技术发展部、装备管理部、纪检监督部（审计部），机关附属机构为物资管理中心。所属专业经营单位分别是：五普钻井分公司（鄂尔多斯工区项目部）、河南钻井分公司、西部分公司（深井超深井技术中心）、国际公司（外事办公室）、井下作业分公司、技术服务公司（致密油气技术中心）。专业经营单位职能部门 42 个，机关附属 5 个，项目部 16 个。

截至 2023 年底，华北石油工程公司拥有各类施工队伍 101 支，其中中国石化内部市场 70 支，主要分布在华北油气分公司和河南油田分公司、西北油田分公司等；国内外部市场 3 支，分布在山西、重庆；国外施工队伍 28 支，分布在尼日利亚、沙特、科威特、哈萨克斯坦、伊拉克 5 个国家。具有集团公司甲级队伍资质 26 支，乙级队伍资质 35 支，达标队资质 12 支，国际队伍资质 28 支，临时资质 4 支。拥有集团公司金牌标杆队 1 支、金牌队 5 支、银牌队 10 支。用工总量 3619 人，其中合同制员工 3201 人（在岗 2994 人，不在岗 207 人）、海外当地用工 418 人。

截至 2023 年底，华北石油工程公司设备在册总数 6451 台（套），共有主要专业设备 1714 台（套），原值 38.95 亿元、净值 11.86 亿元，新度系数 0.30。主要专业设备利用率 94.20%，完好率 99.96%。其中，2023 年新增设备 186 台（套），设备原值 1.56 亿元、净值 1.52 亿元。2023 年报废设备 613 台，设备原值 1.87 亿元。

华北石油工程公司主要技术经济指标及主要工作量完成情况分别见表 1 和表 2。

（台献民）

【生产经营】 2023 年，华北石油工程公司牢记“在经济领域为党工作”理念，坚持服务保障与质量效益并重，全年新签合同额突破 50 亿元大关，完成钻井进尺 142.73 万米，创历史新高，实现经营收入 46.56 亿元，主要经济指标企稳向好，保持稳步增长态势。

（台献民）

【服务保障勘探开发】 2023年，华北石油工程公司始终把服务保障勘探开发作为政治责任，聚焦稳油增气降本，助力“深地一号”顺北油气田建成300万吨产能阵地，大牛地气田年产气量超过30亿立方米。主动靠前强保障，积极与油田公司签订《钻完井工程保障合作框架协议》，建立月度交流机制，参加油田生产运行会、技术方案对接会、“四提”联席办公会，全面融入一体化运行，新签合同额增长12.7%，全年完成合同额提升13%。精准资源配置强保障，围绕老油田焕发新青春，春光工区启动3部钻机，调整1部钻机施工集团公司重点井——宝中1井，全力支撑保障河南油田勘探开发；华北石油局市场持续加大投入，新购50DB现代型钻机，配套升级50501HB钻井队，确保24台钻机服务保障规模不减、力度不降；西北油田市场投入公司首台80D自动化智能钻机、国内首部车载万米修井机，填补国内超深井修井机空白。优化组织运行强保障，推进生产提速、运行提效、能力提档，分区分类制定技术措施，强化超周期井预警预报，生产运行效率持续提高，在平均井深增加231.61米情况下，钻机月速、机械钻速提高11%和8.62%，“四提”目标区块平均钻井周期缩短6.85%，压裂效率提高12%。强化工程技术支撑强保障，建立基层技术管理、项目部技术支撑、专家团队技术保障一体化管理模式，狠抓优化钻井液体系、强化参数和标准化实施“三个关键”，完善4个施工区域提速模板，开展复杂故障专项整治，刷新施工纪录65项，故障复杂率下降43%。提升管理强保障，群策群力制订《鄂尔多斯工区提速提效工作方案》《新疆工区队伍业绩排名提升方案》，全力提升施工效率和施工业绩；鄂尔多斯工区平均搬迁周期缩短30.42%，队伍动用率97.44%、较目标高7.44个百分点；新疆工区获流动红旗19面，90103HB钻井队晋级井控A类队伍、4人新聘A类井控专家，工程质量优秀率由上半年的22.22%提升到下半年的42.11%，201压裂队连续19年排名第一。

（台献民）

【经营市场】 2023年，华北石油工程公司坚持把市场作为生命工程，强化经营市场意识，从战略高度谋划市场布局，持续优化调整国内外市场资源配置，市场竞争力、抗风险能力和创效水平持续提升。集团内部市场，华北市场发挥石油工程主力军作用，推进试气压裂“一体化”施工，阳煤1HF井实现深层煤层气日产10.4万立方米，对中国石化超万亿立方米深层煤层气资源的勘探开发意义重大；西北市场全链条投入“深地工程”建设，完成顺北85X井、顺北805X等超深井施工，顺北10斜井压裂获油气勘探新突破，对勘探开发10号条带规模储量发挥重要作用；河南油田市场巩固“一对一”服务保障职能，持续拓展页岩油勘探新阵地，张店3井取得油田夹层型页岩油勘探首次突破。国际市场，锚定国际市场“半壁江山”目标不动摇，不断优化资源配置，提升经济效益，经营收入占比42%；全力推动10部钻机合同续签，加快新项目启动，持续延伸服务链，SP70钻机中标沙特阿美油井探井3年合同，SP101队获签沙特阿美10年修井合同，创海外市场新签合同周期最长纪录。国内外部市场，中标中联煤压裂泵注服务3年20.7亿元项目，为公司历年来中标最大单体项目；首次进入国家管网平顶山储气库修井市场，签订12口井大修合同；西南页岩气市场压实项目主体责任，资金回收率100%，施工的足201H16-7井较平均周期提前13.32天；持续深化与海洋石油工程公司合作，签订3年技术服务合同，完成14口固井技术服务。

（台献民）

【科技创新】 2023年，华北石油工程公司强化科研攻关，加快成果转化，全力突破关键核心技术“卡脖子”难题，着力打造“公司整体规划，前瞻性研究和现场实用支撑两个层次，公司统筹组织、工区帮扶支持、现场技术服务三支团队，过程管理、人才培养、激励、考核四项机制”的开放共享创新体系（即“1234”体系）。构建全方位多层次开放合作格局，与中国石化石油工程技术研究院签订战略合作协议，打造“互为一体、互为依托”的深度战略合作伙伴关系；与中国石油大学（华东）等7所高校在化学助剂研发、防漏堵漏技术、实验室评价等方面深入开展技术合作与交流。加快关键核心技术攻关，围绕油气勘探开发中的关键难题和重大工程需求，开展超深井钻完井、复杂地层防漏堵漏、页岩油气压裂配套技术研究，自降解封堵剂解决致密气藏钻井时固相堵塞难题，防水锁剂解决致密气气藏钻井时液相圈闭问题；开展深层特深层安全钻井技术应用，顺北 8-5H 井四开目的层采用高效低摩阻抗高温聚磺钻井液，周期节约率 27.93%。持续提升科技引领力，施工的中国石化首口自研工具分支井——东胜气田新胜 1H 井，为后续气藏多层系合采开发和自研分支井工具推广应用提供重要借鉴；鄂北工区和南阳工区推广双向扭摆自动控制系统、水力振荡器、旋转防喷器、大扭矩螺杆和振荡螺杆，施工效率显著提升；开发基于复合发泡剂的可循环微泡沫钻井液体系，助剂加量由 7% 降至 4%，大幅降低成本费用。强化项目成果高效转化，开展致密气钻井提速提效集成技术应用，成果转化 7 口水平井，转化产值 3490 万元；低密度高强度水泥浆体系成果转化 540 吨，实现全封固井，固井质量优良；研发具有自主知识产权的解液锁剂，东北油气分公司龙凤山气田应用 9 口井，有效提高气井采收率。

（台献民）

【全面深化改革】 2023 年，华北石油工程公司持续推进改革深化提升行动，统筹队伍布局，压扁管理层级，加快推进项目化体系建设，着力提升精益化管理水平，不断增强高质量发展的内生动力。积极开展资源优化配置，统筹市场布局，以钻机置换重组方式，完成西北和华北 7 台钻机交接工作，改善专业经营单位管理分散格局，各单位分别集中力量，更好发挥市场主力军作用。不断优化项目化管理体制，推进五普钻井分公司与鄂尔多斯工区项目部一体化运行，巩固提升“六大保障”机制；西部分公司机关前移，业务部门直管基层，技术人员下沉基层，严格落实“点”“面”责任，强化现场支持保障能力。持续强化合规管理，健全完善决策层、管理层、执行层三级合规管理组织体系，明确业务部门、合规管理部门、纪检监督部门合规管理“三道防线”职责，梳理 32 个重要岗位合规责任，完善 15 个重要业务流程合规风险管控措施；对 10 类通用业务 107 个项目实施集中统一招标，对运输类业务首次实施公开招标，进一步规范招投标业务，有效降低成本。统筹推进降本增效，深化全员目标成本管控，细化制定 7 类 25 项措施，夯实专业经营单位、基层队管控成本主体责任，完成挖潜增效 5000 余万元。

（台献民）

【安全管理】 2023 年，华北石油工程公司坚定不移筑牢安全屏障，始终把安全作为一切工作的基础和前提，以“安全管理强化年”行动为主线，规范 HSE 管理体系运行，严格承（分）包商管理，筑牢井控安全防线，保持了安全生产平稳态势。聚焦日高风险管控，坚持直接作业直接监管，每天晨会发布日高风险监管重点，强化两级机关部门视频督查，发挥专业部门—督查大队—专业经营单位—基层单位联动效应，督促整改各类问题 2939 项，叫停作业 121 次，9345 项日高风险作业平稳有序，直接作业直接监管效能持续发挥。强化大数据分析应用，提升安全管理科学有效性，建立督查隐患问题大数据库，分工区、分单位、分工况、分专业进行系统性、趋势性研究，将问题细分为 21 类 111 种类型，找出规律性薄弱环节，有的放矢开展典型问题整治和薄弱点帮扶，精准实施风险管控。探索正向激励机制，培育正向激励安全文化，在“安全记分”基础上新增“安全积分”，累计正向安全积分 9294 人次，参与人数逐月增加，全员、全方位、全天候主动参与安全的氛围初步形成。开展针对性培训，提升全员安全意识和操作技能，举办“安全大讲堂”，公司领导讲授第一课，发挥“关键少数”履职示范作用；针对上半年故障多发的情况，下半年立即启动司钻岗位全覆盖培训，结合复杂故障案例和典型问题针对性培训，有效提升司钻技能操作水平和复杂故障预防处置能力。坚持依法合规，提升绿色低碳发展水平，积极推进网电、天然气等清洁能源应用，加大“电代油”和燃气动力改造技术推广力度，严格落实危险废物转运“联单”制度，全过程跟踪危险废物处置 236 次，合规处置油基岩屑等危险废物 3614.39 吨；71 支基层队通过绿色企业创建验收。

（台献民）

【党建与思想政治】 2023 年，华北石油工程公司对标对表扎实开展主题教育，主题教育经验做法被《中国石化报》等省部级以上媒体宣传，公司党委书记专题党课入选集团公司主题教育优秀党课。突出坚持党的全面领导，深化落实全面从严治党责任，把坚决做到“两个维护”作为最高政治原则和根本政治规矩，严格落实“第一议题”制度，深化“破题式”学习法，打造学习—研讨—决策—落实的闭环运行机制；完善“三重一大”决策机制，“两个一以贯之”有效落实。突出强基固本，着力增强政治功能组织功能，夯实基层基础，80个基层党组织按期进行换届，深化党支部标准化、规范化建设，推动支部“议事决策”规范化；严把支部书记选拔任用关，开展基层党支部建设专项检查，对3名不胜任支部书记调整岗位；深入开展“三基”强化提升行动，推进49项重点任务目标落地，将“三基”强化提升工作纳入各单位年底绩效考核，99102HB钻井队获集团公司先进基层单位称号。突出打造高素质干部人才队伍，为高质量发展蓄势赋能，树立选人用人正确导向，新提拔中层副职中36.4%出自基层一线，公开招聘中层领导人员3人，中层领导人员管理契约化，推进干部能上能下，有效激发内生动力；完善专家选聘制度，加大专家选聘力度，做好新员工职业生涯规划，提升安家费、设立青年公寓，实施基层技术人员技术激励、技能操作人员职业激励，授予21人技术标兵、4人技术能手荣誉称号，岗位大练兵表现优秀员工获评十岗百佳标兵；在2023年全国行业职业技能竞赛中，井下作业分公司张越获固井工竞赛银奖，实现奖牌突破。突出融入中心大局，持续巩固提升“大监督”质效，开展车辆租赁、运输费用、维修费用专项治理，促进规范管理、有效管控，风险防控能力进一步提升；用好石油工程公司党委巡察结果，建立巡察整改督查机制，机关部门、专业经营单位上下联动，推动问题真改实改；修订健全落实中央八项规定精神实施办法，设立作风问题举报箱，启动机关作风建设专项行动，签订机关作风建设承诺书，“服务基层、马上就办”成为机关干部员工的自觉遵循。突出汇聚团结奋斗力量，充分发挥统战群团工作优势，围绕正面价值引领，持续推动主流思想舆论巩固壮大，建立“忆传统、强‘三基’、抓实干、建新功”常态化宣讲机制，举办庆祝中国石化成立40周年暨华北铁军颂企业文化故事会；在省部级以上媒体发稿110篇、《中国石化报》一版7篇，提升了公司的影响力和美誉度；坚持全心全意依靠职工办企业，启动星级食堂和标杆宿舍创建活动，解决职工进京看病就医问题，为84名高血压、心脑血管疾病人员建档跟踪；强化党建带团建，推进青年精神素养提升工程和青年马克思主义者培养工程，抓实“号手岗队”品牌创建，开展“十大铁军杰出青年”“十大铁军青年标兵”选树活动，广泛汇聚青年员工力量。

（台献民）

表1　华北石油工程公司主要技术经济指标　亿元

指标名称 \ 年份	2023	2022	2021	2020	2019	2018
工业总产值	45.57	42.98	39.74	47.51	49.13	40.27
工业增加值	17.09	16.38	15.76	17.74	17.09	15.25
资产总计	44.71	46.90	45.04	44.07	42.67	40.22
流动资产	19.19	22.18	23.44	19.86	19.64	18.87
固定资产原值	46.23	45.92	44.42	53.68	51.58	49.96
固定资产净值	16.11	16.41	14.94	18.19	18.32	18.48
营业收入	46.56	42.59	39.46	46.02	48.00	39.33
实现税费	1.64	0.74	0.78	0.44	0.75	0.96
税　金	0.17	0.11	0.08	0.14	0.47	0.86
综合能耗/吨标煤·万元$^{-1}$	0.320	0.322	0.350	0.306	0.309	0.321

表 2　华北石油工程公司主要工作量完成情况

指标名称＼年份	2023	2022	2021[①]	2020	2019	2018
钻井 / 口						
开　钻	450	444	398	368	454	417
完　钻	444	447	403	376	442	418
钻井进尺 / 万米	142.73	127.02	105.60	106.36	123.19	106.54
测井、射孔 / 井次	—	—	—	3 090	3 086	1 563
测井 / 万标准米	—	—	—	4 824.80	4 791.53	3 446.00
录井 / 口	—	—	—	498	523	437
录井进尺 / 万米	—	—	—	150.71	163.12	134.21
井下作业 / 井次	1 510	1 289	1 225	964	1 262	883
试油、试气 / 口	60	52	47	123	240	203
压裂 / 口	447	416	416	351	425	275
压裂 / 层（段）	1 142	527	529	640	1 779	1 117

① 2021 年起，测、录、定业务剥离

华东石油工程公司

【概况】 中石化华东石油工程有限公司（简称华东石油工程公司）是石油工程公司的全资子公司，有 9 个机关职能部门和 1 个直属机构，下设 5 个专业经营单位（江苏钻井公司、六普钻井分公司、工程技术分公司、华美孚泰公司、科技发展分公司）、1 个辅业经营单位生产服务中心、5 个直属项目部［东北项目部、四川项目部、重庆项目部、国际业务项目部（海外业务中心）、难动用储量合作开发项目部（挂靠市场运行部管理）］，机关设在南京。

截至 2023 年底，华东石油工程公司用工总量 4930 人，其中合同制员工 2619 人、业务外包工 1099 人、海外其他用工 220 人、项目化用工 992 人。有资质队伍 86 支，其中钻井队 57 支（国内 55 支，国外 2 支），井下作业队伍 16 支（国内 10 支：酸化压裂队 3 支、连续油管队 2 支、试油气队 1 支、二氧化碳驱油队 1 支、大修队 2 支、侧钻队 1 支，国外 6 支），固井、下套管等配套专业队伍 13 支（固井队 5 支，单位资质 8 支）。国内主要分布在江苏、安徽、四川、重庆、吉林、海南、广西、山西、贵州等省（自治区、直辖市）；国外主要在阿尔及利亚、厄瓜多尔、泰国、玻利维亚、科威特等国家。资产总额 49.37 亿元，固定资产原值 39.36 亿元、净值 15.97 亿元，新度系数 0.40。

2023 年，华东石油工程公司全面开展学习贯彻习近平新时代中国特色社会主义思想主题教育，深入学习贯彻党的二十大精神和习近平总书记视察胜利油田、九江石化重要指示精神，认真贯彻集团公司党组决策部署，扎实落实石油工程公司安排要求，紧紧聚焦“服务保障勘探开发，推进公司高质量发展”主题，推动年度重点工作落实落地，较好完成年度目标任务。全年完成钻井进尺 119.49 万米，实现新签合同额 51.73 亿元、收入 41.07 亿元、利润总额 466 万元。其中，新签合同额和收入水平再创重组以来新高。

华东石油工程公司主要经济指标及主要工作量完成情况分别见表 1 和表 2。

（陈　超）

【服务保障贡献突出】 坚决扛稳扛牢核心职责，在服务保障阵地上站排头、立新功。支撑增储上产贡献突出，为江苏油田分公司油气产量创5年来新高、华东油气分公司油气产量增长10%、东北油气分公司落实超千亿立方米天然气增储阵地、丁山难动用储量合作开发取得突破作出积极贡献；有效推动集团公司“深地工程·川渝天然气基地”建设；获6项集团公司2023年工程保障贡献奖。一体化运行优势充分显现，主动加强与油气田分公司沟通，建立系列联合作战机制，共同做到“六个不等”，增强协同作战能力；丁山低成本开发合作运行模式取得良好成效，丁页2-1HF井压后获日产气55.2万立方米，创集团公司深层页岩气最高产纪录。“四提”指标再创新高，在集团内平均井深增加3.71%前提下，平均钻井周期缩短4.15%，故障复杂时效减少10.78%，综合压裂效率提高10.71%，平均机械钻速提高3.1%，共打破85项施工纪录；集团内平均机械钻速、钻机月速度、钻井周期均为公司重组以来最优水平，其中江苏工区花页7HF井刷新江苏油田完钻井深最深等4项施工纪录，东北工区首口平台井北201-42HF井刷新单日进尺最高等5项区块纪录，重庆工区胜页4-3HF井以17.99天刷新区块钻井周期最短纪录。装备保障有效增强，全年投产电动钻机4台，5000米及以上钻机顶驱配置率达100%，电动钻机占比提升至38%；70型钻机在南川工区年进尺首次突破2万米，打造了一批“尖兵利器”。科研攻关成效显著，全年开展公司级科技攻关项目47项、集团公司项目5项，科技经费增长超10%，1项成果获省部级科技进步二等奖，申请专利30件、获授权专利22件，成果转化产值3850万元。

（陈　超）

【市场质量持续提升】坚持效益为先、有进有退，加快优化市场布局，全年新签合同额增长7.98%。国内市场，集团内在提高生产运行效率上下功夫，按照紧平衡原则匹配钻机和队伍，东北油气分公司市场占有率提升至92.31%；集团内队伍动用率保持90%以上，新签合同额增长10.37%；集团外加大“治亏”“治散”，有序退出低效无效市场，由追求规模向聚焦效益转变。国外市场，加快复工复产，厄瓜多尔市场所有队伍满负荷运行，阿尔及利亚市场4部钻机全部复工，科威特市场成功启动中国石化海外首部9000米钻机，实现当年启动、当年投产、当年见效，海外市场全年实现收入增长57.51%，呈现出重点突破、滚动发展良好局面。特色业务，大力培育压裂、连油、试油试气、油气增产等一体化井下特种作业优势，积极发展信息、新材料、环保等新业务，承建石油工程公司信息技术支持中心，外销新材料值班房等产品，特色业务增收增效取得积极进展。

（陈　超）

【深化改革落实落地】坚持用好深化改革这个关键一招，深化项目化管理，持续激发经营活力，提升发展动能。全面完成深化改革三年行动303项清单措施、6项重点工作落实评价，高质量落实改革深化提升行动，推进中基层管理人员任期制和契约化管理，在集团公司“深化改革三年行动工作台账”质量评估中获评A级。出台项目部组建及分类定级办法，推动油气增产业务统一运营和江苏区域项目优化，成立难动用储量合作开发项目部；“四位一体”项目化管理体系建设获集团公司管理创新成果三等奖。有效发挥考核指挥棒作用，全年工效指标完成最好和较差的单位兑现率分别为127.6%和80.1%；钻井队单队人均兑现最高8.48万元，最低1.15万元。创新平台建设取得进展，石油工程公司信息技术支持中心在科技发展分公司挂牌成立，华美孚泰公司获批北京市创新型中小企业和北京市“专精特新”企业。

（陈　超）

【管理提效成果显著】突出价值引领，强化低成本管控，提管理、强“三基”，推动降本增效。以全面预算管理为抓手，强化预算刚性控制，进一步加强单井成本管控；不断优化投资结构，高质量完成钻机购置，提升投资的质量效益。聚焦适度规模，动态优化资源配置，全年国内压减施工队伍6支；聚焦资源共享，推进钻井队现场标准化、积压闲置资产盘活、现场直达物资验收等工作，库存周转率提升至21.91%；聚焦“保供降本”，“物料库”发挥以量换价优势，节约采购资金10.5%。狠抓基层强基础，制定“三基”工作管理办法，推进现场目视化管理、基层记录整合等工作，一项经验做法在集团公司“三基”工作培训班上作典型交流；推进基层优化整合，优化压减基层单位 3 个；加强基本功训练，参加全国钻井液工行业职业技能大赛，获团体三等奖，个人金奖 1 个、银奖 2 个。注重预防控风险，建立领导干部应知应会党规国法清单，压实法治建设第一责任人职责；用好法律手段，通过诉讼收回应收账款 516.1 万元；组织项目化管理风险排查，完成各级审计项目 9 个；强化税收风险管理，增值税留抵余额降至历史最低水平；开展“两金”专项清理，清理重点疑难“两金”1492 万元。

（陈　超）

【牢牢守住安全底线】 坚持把安全作为“天字号”工程，统筹发展和安全，进一步筑牢安全环保防线。扎实有效开展“安全管理强化年”行动，成立行动领导小组，推动落实 60 项重点任务；完成 HSE 体系审核和外审工作，制定安全生产责任和工作任务“两个清单”，推进网格化管理、安全风险抵押等工作；累计兑现 HSE 绩效 141.93 万元，对 303 人次安全记分 615 分；深刻吸取事故教训，加强事故单位专项帮扶，开展后勤场站专项整治，依规问责 12 人。进一步完善双重预防机制，动态辨识管控公司级重大、较大风险项 24 个，发布“风险提示”135 期，编制高风险作业风险管控指南 14 项，变更管理 53 次；组织开展“五个不托底”排查，共查改问题 65 项；投入安全生产费 5148 万元用于隐患项目治理，提升本质安全水平。强化承（分）包商全过程管控，取消承（分）包商入网资格 6 家，列入黑名单 3 家；加强对高风险作业现场督查和视频观察，加大危险废物、固体废物处置的过程监管，承运车辆卫星定位系统实现全覆盖。强化职业病危害管控和劳动保护，定期开展工作场所危害因素检测，为一线配备 AED25 台；强化资源消耗及主要污染物源头控制，华东石油工程公司获集团公司 A 级绿色企业称号。

（陈　超）

【全面从严治党纵深推进】 高质量推动学习贯彻习近平新时代中国特色社会主义思想主题教育，通过开展专题读书班、参观学习、专题调研、联学共建等多种形式，统筹推进理论学习、调查研究、检视整改等重点措施，取得扎实成效，有效推动发展，得到集团公司巡回指导组、督导组的肯定；认真对照中央巡视反馈意见开展自查整改，从严抓好集团公司党建考核、审计反馈等问题整改，以实际行动坚定拥护“两个确立”、坚决做到“两个维护”。严格落实“第一议题”制度，开展党委会“第一议题”学习 28 次，中心组学习 14 次、研讨 5 次；修订“三重一大”决策制度和“两个清单”，发挥好党委“把管保”作用；召开公司第二次党代会，明确打造“专特优”高质量新华东的奋斗目标，部署“三步走”高质量发展行动，描绘了符合华东工程特点特色的高质量发展之路，凝聚奋斗合力。组织开展基层党组织书记抓党建述职评议，同步开展党支部分类定级，强化履职能力培训，将发展党员的重心向一线倾斜；坚持党管人才，召开人才工作会，构建“一高四优六提升”工作格局，加大年轻人才培养，全年提拔中层领导人员 5 人；畅通基层骨干成长通道，钻井队 13 名队长和 2 名副队长被聘为副主任师，5 名队长书记被聘为主管；完善项目经理成长通道建设和后备干部队伍库建设，建立健全人才培养、使用等拴心留人机制，人才招不来、留不住、成长慢的问题得到明显改善。锲而不舍落实中央八项规定精神，重点整治安全环保领域形式主义、官僚主义问题，扎实开展“作风能力建设强化年”工作；加强对“一把手”和领导班子的监督，多措并举推动基层小微权力规范运行，发挥“大监督”合力，开展专项监督 3 项，组织全员学习宣贯《中国石化职工处分规定》，精准用好“四种形态”，一体推进“三不腐”，营造风清气正、干事创业氛围。

（陈　超）

【关爱员工落到实处】 坚持员工和企业共同发展，大力实施暖心工程，用心用情做好群众工作，维护和谐稳定。坚持内增动力、外树形象，开展主题宣传、成就宣传、特色宣传，在《中国石化报》的报道篇数、头条数再创新高；加强意识形态阵地建设，通过主题教育专题党课、“忆传统、强‘三基’、讲奉献、促发展”故事会等形式，深入开展形势任务教育；推进企业文化建设，印发文化手册，开展文化讲演，传播华东工程“好声音”；成立华东石油工程公司党委统战部，落实联谊交友等制度，将党外代表人士纳入主题教育，统战工作更加扎实。围绕“学习二十大、献礼四十年、喜迎党代会”主题统筹推动工会、团青工作，华东石油工程公司团委获评江苏省五四红旗团委；华东石油工程公司获评江苏省厂务公开民主管理示范单位；1 项成果获江苏省企业管理现代化创新成果二等奖；“陈亮劳模创新工作室”获评集团公司示范性职工创新工作室，40671 钻井队获评中国石化工人先锋号。用心办好民生实事，推进海外风险补贴标准优化调整、物业供暖补贴发放、激励性年金推荐、一线员工“云问诊”、邵伯办公基地搬迁等工作；对符合条件的 465 名特殊工种职工进行国家人社部信息备案，互助互济工作惠及职工群众 195 人次，关心关爱离退休老同志；压实信访维稳责任，确保稳定大局，在稳定发展的前提下兑现了民生承诺。

（陈　超）

表 1　华东石油工程公司主要经济指标　亿元

指标名称＼年份	2023	2022	2021	2020	2019	2018
企业增加值	11.98	11.86	11.66	10.34	11.66	7.11
资产总额	49.37	45.40	43.18	42.91	37.19	35.05
营业收入	41.07	40.49	36.19	35.24	33.84	23.34
海外市场收入	6.05	3.84	2.79	3.62	6.55	7.13
利税总额	0.54	0.50	0.50	−0.91	0.87	−1.71
利润总额	0.05	0.02	0.10	−1.41	0.33	−2.13

表 2　华东石油工程公司主要工作量完成情况

指标名称＼年份	2023	2022	2021	2020	2019	2018
钻井进尺 / 万米	119.49	127.23	111.06	98.91	99.34	71.48

海洋石油工程公司

【概况】 中石化海洋石油工程有限公司（简称海洋石油工程公司）成立于 2014 年 11 月，位于上海市浦东新区，是集团公司从事海洋石油工程服务的专业队伍，其业务范围涉及海洋钻井、海洋物探、船舶运输、特殊作业、海洋石油工程技术研究等。

海洋石油工程公司的前身为地质矿产部上海海洋地质调查局，组建于 1973 年 4 月，1997 年 1 月整体归入中国新星石油公司，2000 年 3 月随中国新星石油公司整体并入集团公司，2002 年 7 月直属集团公司管理。2014 年，上海海洋石油局有关海洋石油工程业务整合成立海洋石油工程公司，随石油工程公司上市，直属石油工程公司管理。

截至 2023 年底，海洋石油工程公司下设 11 个综合管理部门、1 个直属机构、4 个二级单位；有从业人员 1099 人，其中合同制员工 721 人、劳务派遣 378 人，另有业务外包 401 人。

截至 2023 年底，海洋石油工程公司大型装备主要有钻井平台 5 座，其中自升式平台 4 座［勘探二号（光租）、勘探六号、勘探七号、勘探八号］、半潜式平台 1 座（勘探三号）；地震物探船 1 艘（发现 6 号），海洋工程地质调查船 1 艘（勘 407）；多用途工作船 6 艘（自有船舶：勘探 225 轮、勘探 226 轮、东方勇士 2 轮；光租船：勘探 211 轮、勘探 212 轮、勘探 213 轮）、平台供应船 3 艘（勘探 311 轮、勘探 312 轮、勘探 313 轮），特殊作业服务技术系列基本完备。

2023 年，海洋石油工程公司实现营业收入 20.14 亿元，利润总额 4480.82 万元。

海洋石油工程公司主要技术经济指标及主要工作量完成情况见表 1 和表 2。

（闫子彤）

【海洋工程拓市能力迈上新台阶】 2023 年，海洋工程市场、产值规模连续 4 年保持增长，新签合同额 20 亿元、完成目标的 111%，完成合同额 22.06 亿元、完成目标的 122%。西湖合作市场方面，全年完成合同额 12 亿元，占年度市场份额的 60%，逐步培育形成自主可控的规模高效市场，勘探八号进入东海作业，TCP 射孔业务高效实施；传统市场方面，勘探三号、勘探六号中国海油湛江、渤海市场工作量保持稳定，勘探 211 轮、213 轮进入南海东部作业，深圳市场开拓取得新突破；海外市场方面，续签发现 6 号物探船光租项目，人员日费上浮 15%；紧密跟踪、加快推进东南亚海工市场及中东钻井市场等优质市场开发。

（闫子彤）

【海洋工程钻井项目连创多项纪录】 2023 年 1 月 28 日，ZZ-A11 井以 32.71 天钻井周期打破原中国海油 6001—6500 米水平井钻井周期最短纪录。2 月 1 日，NB19-6-A8 井以钻井周期 25.69 天，打破中国海油 6001—6500 米钻井周期最短纪录。3 月 12 日，ZZ-A12 井以钻井周期 28.32 天，创造中国石化与中国海油 6501—7000 米生产井（水平井）钻井周期最短纪录。4 月 3 日，ZZ-A3H 井以 20.46 天的钻井周期打破中国石化 5000—5500 米钻井周期最短纪录和中国海油水平井钻井周期最短纪录。

（闫子彤）

【TCP 射孔作业创多项纪录】 2023 年 2 月 1 日，特殊作业分公司采用水平井定向变孔密后效射孔工艺，高效完成 TCP（油管输送）射孔作业，射孔跨度 1066.2 米，有效射孔段长 862.2 米，检查射孔发射率 100%，打破中国海油一次射孔跨度最长、纯射孔段最长等多项纪录，同时创国内定向变密度后效射孔跨度最长作业纪录，达到国际先进水平。

（闫子彤）

千米超长跨度射孔作业创纪录（张　波　摄）

【海洋工程多件专利获授权】 2023 年 1 月 3 日，实用新型专利“快速拆装液压缸销的工装”获国家知识产权局授权。该装置能够在现场环境恶劣时实现快速拆卸液压缸销，做到即拿即用，极大提高工作的安全性与便利性。1 月 24 日，实用新型专利“水下定位单元的安装结构及水下勘探系统”获国家知识产权局授权。该装置解决了现有炮缆及 RGPS 等水下定位单元因相互触碰而容易损伤或损坏的问题。5 月 17 日，实用新型专利“一种海洋钻井平台燃烧臂的安装底座”获国家知识产权局授权。该装置可以满足燃烧臂在垂直方向和水平方向的收放操作要求，可解决各型平台存在的燃烧臂可操作性、兼容性问题。

（闫子彤）

【装备管理物资保障有力】 2023 年，海洋工程设备综合利用率 88.73%，综合完好率 99.05%，装备运行平稳。勘探四号、勘探六号完成招商区块更新改造，有序推动船舶结构更新。物资供应聚焦采购价值创造，实现采购降本 1459 万元，采购资金节约率约 13%，获集团公司物资供应质量管理优秀评价。

（闫子彤）

【1 个项目获上海市科技进步二等奖】 2023 年 5 月 26 日，工程院钻完井工艺所申报的“海上复杂地层工程地质精细描述与优快钻井关键技术及工业化应用”项目获 2022 年度上海市科学技术奖励大会科技进步二等奖。该所在复杂工程地质特征精细描述、优快钻井设计技术、井筒工况智能识别与控制、关键工具研发方面取得重大突破，形成“海上复杂地层工程地质精细描述与优快钻井关键技术”体系，实现工业化应用，有效提高钻

井效率，缩短钻井周期，降低东海勘探开发成本，助力海域油气勘探开发高质量发展。

（闫子彤）

【海域 OBN 地震项目创 3 项纪录】 2023 年 6 月 28 日，涠西 OBN 三维地震资料采集项目顺利完工，项目历时 88 天，完成三维满覆盖 131.59 平方千米，累计 490536 炮，最高日产 11136 炮。该项目是中国石化首次开展的海域 OBN 地震项目，首次采用三震源 OBN 作业施工技术，并创下国内已施工 OBN 地震项目中炮道密度最高、质控指标最高、日产炮数最高 3 项纪录。

涠西 OBN 作业进行时量检查（赵戌未　摄）

（闫子彤）

【勘探三号钻井平台获评集团公司“三基”工作先进基层单位】 2023 年 10 月 23 日，钻井分公司勘探三号钻井平台获集团公司“三基”工作先进单位表彰，同时，勘探三号作为 3 家先进基层单位代表之一，在集团公司“三基”工作现场交流会上进行交流发言，海洋工程“三基”工作经验探索及良好做法得以彰显。

（闫子彤）

【船舶分公司完成海上救援任务】 2023 年 1 月 5 日，船舶分公司管理运营的新润 3 轮海工船舶连续 74 小时，航程超 260 海里，进入温州海域全力进行救助，先后成功营救遇险人员 50 余名。

（闫子彤）

表 1　海洋石油工程公司主要技术经济指标　亿元

指标名称 \ 年份	2023	2022	2021	2020	2019	2018
资产总计	41.62	44.68	47.28	48.57	51.91	52.63
流动资产	9.12	9.36	9.30	8.48	8.57	7.13
固定资产原值	71.58	71.50	73.64	74.95	76.36	76.03
固定资产净值	32.21	35.08	36.65	39.47	42.52	45.32
销售收入	20.14	17.11	15.65	14.66	15.22	12.78
实现利税	0.94	0.53	0.42	0.32	0.44	−0.97
税　金	0.49	0.44	0.38	0.30	0.36	0.01
综合能耗 / 吨标煤・万元 $^{-1}$	0.043	0.054	0.096	0.130	0.170	0.110

表 2　海洋石油工程主要工作量完成情况

指标名称 \ 年份	2023	2022	2021	2020	2019	2018
钻井 / 口	47	26	28	28	39	21
钻井进尺 / 万米	16.11	10.55	9.56	9.21	11.51	6.50
测井监督 / 井次	29	19	10	14	13	7
录井 / 口	22	15	14	14	10	10
固井 / 口	34	13	6	1	2	10
试油井次 / 口	1	0	0	2	1	0
试油层数 / 层	1	0	0	3	2	0

石油勘探开发研究院

【概况】 中国石油化工股份有限公司石油勘探开发研究院（简称石油勘探开发研究院）是中国石化直属上游综合性研究机构。其前身是 20 世纪 50—70 年代国家地质部所属的石油普查大队实验室、石油地质综合大队 101 队、石油钻探技术研究队、石油地质中心实验室、石油物探研究大队、石油地质研究所、计算技术应用研究所等 7 家油气勘查研究单位，后经地矿部、新星石油公司两个历史时期，于 2000 年整体并入集团公司。2000 年 7 月 14 日，集团公司党组为强化油气勘探开发理论和技术的创新能力、形成上中下游完整的科技工作体系，正式组建成立石油勘探开发研究院，2009 年工程研究单位、物探研究所划出分别成立石油工程技术研究院、石油物探技术研究院。本部办公地为昌平区沙河镇百沙路 197 号院中国石化科学技术研究中心。

石油勘探开发研究院秉承“人才为本、创新为魂、技术立院、业绩立位”的办院宗旨，锚定建设世界一流能源研究院的愿景目标，坚守保障国家能源安全、担当国家战略科技力量的核心职责，按照“三部一中心”（中国石化上游发展战略及油气勘探开发参谋部、油气勘探开发技术支撑服务部、油气勘探开发技术研发和集成部、上游地质资料信息中心）的职责定位，承担着国家及中国石化重大项目的科技攻关和牵头组织、油气勘探开发基础理论及应用技术研究与集成、中国石化国内外油气地质基础研究、油气资源评价、勘探选区评价、中长期发展规划编制等任务，参与中国石化重大油气勘探开发科研项目和重大生产经营项目的设计审查、技术经济论证等工作，重点围绕西北地区（塔里木盆地、准噶尔盆地为主）、南方地区（四川盆地和周缘地区为主）、华北地区（鄂尔多斯盆地为主）、东部地区（渤海湾盆地、松辽盆地为主）、海域（东部海域为主）及海外业务，开展常规、非常规、新能源勘探开发技术研究与支撑工作。

石油勘探开发研究院有 5 个国家级重点研发机构、6 个中国石化重点实验室及一批具有国际先进水平的实验仪器设备。有实验仪器 1703 台（套），可以开展岩石矿物、地球化学、成烃成藏、岩石力学、相态分析、流动机理、化学剂评价等 430 项实验测试。主办《石油实验地质》《石油与天然气地质》《Energy Geoscience》3 份核心期刊和内部刊物《石勘党建》。

经过 40 多年的历史积累和 20 多年的改革发展，石油勘探开发研究院在海相碳酸盐岩油气藏勘探开发、致密油（页岩油）勘探、页岩气勘探开发、二氧化碳捕集封存及利用（CCUS）等理论技术方面具备领先优势，在资源评价与油气战略选区、成烃成藏地球化学技术、海外油气项目评价与勘探开发、弹性波地震成像、地质工程一体化压裂增产、稠油化学降黏冷采、复杂地质目标建模与数模等方面形成技术特色，为中国石化塔河油田与顺北油气田稳产上产、四川盆地 300 亿立方米天然气大发展、华北千万吨能源基地建设、东部老区稠油及海域效益开发、海外新项目收购和资产处置、海外在执行重点项目提质增效等发挥积极的科技支撑作用。累计获国家级科技奖励 15 项，省部级以上科技进步奖 221 项；申请专利 2580 件，获授权 1039 件；登记软件著作权 351 项；认定专有技术 172 项；制定国家标准 14 个、行业标准 36 个、企业标准 49 个。

2023 年，石油勘探开发研究院认真落实集团公司党组决策部署，立足“三部一中心”定位，锚定担当上游战略科技力量的重任，积极倡导“求是、创新、协作、奉献”文化理念，大力推行“五化”管理，党建质量持续提升，科技创新成效显著。科研上，1 人获集团公司科技功勋奖，获省部级以上各类科技奖 17 项、其中一等奖 8 项，申请中国发明专利 385 件，1 个全国重点实验室重组成功，1 个国家级创新平台申报成功。生产支撑上，被采纳风险井 4 口，牵头及参与完成方案编制 28 项，建议并被采纳开发井 127 口，助力卡塔尔 NFE 等 3 个海外项目成功签约，7 篇研究专报获党组领导签批，9 项油气勘探重大发现奖、5 项高效开发专项奖在上游勘探开发总结会上受到表彰。管理上，获评集团公司深化改革三年行动改革先进管理者和先进个人各 1 名、集团公司先进基层单位 1 个、“三基”工作先进个人 1 名。党建上，获评中央企业红旗团支部 1 个、中国石化工人先锋号 1 个，在集团公司党建考核中连续 6 年获“A”评价。

截至 2023 年底，石油勘探开发研究院共有 8 个机关处室、21 个科研单位，其中京外有无锡石油地质研究所，西北、四川、华北地区研究中心，合肥培训测试中心 5 个单位。用工总量 1242 人。博士 630 人，占比 51%；硕士 430 人，占比 35%；具有正高级职称的 134 人，副高级职称的 726 人；中共党员 940 人，占比 76%。有中国科学院院士 1 人，中国工程院院士 2 人，集团公司首席科学家 1 人、首席专家 1 人、高级专家 10 人。设有博士后科研工作站，在站博士后 38 人，累计出站 333 人。

石油勘探开发研究院 2023 年主要科研成果获奖及专利申请与获授权情况分别见表 1 和表 2。

（孔强夫）

【领导班子调整】 2023 年 6 月 13 日，受集团公司党组委托，石油勘探开发研究院召开干部大会，宣布对石油勘探开发研究院领导班子调整的决定：胡宗全任石油勘探开发研究院总地质师，免去其总工程师职务（仍任石油勘探开发研究院副院长、党委委员）；孙建芳任石油勘探开发研究院副院长、总工程师、党委委员。

（孔强夫）

【创新平台建设成效明显】 2023 年，石油勘探开发研究院页岩油气富集机理与高效开发全国重点实验室顺利通过重组，成功申请国家能源碳酸盐岩油气重点实验室。

（孔强夫）

【国家重大科技攻关有序推进】 2023 年，石油勘探开发研究院累计承担 50 余项国家科研任务攻关，承担企业创新发展联合基金集成项目数量创出新高。

（孔强夫）

【基础性研究取得新认识】 2023 年，石油勘探开发研究院持续开展页岩油气富集机理研究，明确页岩油具有“二元”富集特征，指导陆相页岩油选区评价与勘探突破。支撑四川海相页岩气、陆相页岩油等建模数模与方案优化，该项成果被列入 2023 年“十条龙”项目。

（孔强夫）

【前沿性探索研究获新进展】 2023 年，石油勘探开发研究院自主研发微痕量氦气精准测定技术；扎实推进海南深层地热资源富集规律研究，设计福深热 1 井钻遇高温花岗岩体。“致密油藏注二氧化碳开发基础研究及应用”获集团公司技术发明奖一等奖。

（孔强夫）

【强化勘探理论和技术攻关】 2023 年，石油勘探开发研究院支撑竞得中扬子荆门北等 7 个新区块，面积 5626 平方千米。全年提出五大重点领域 45 个重点突破区带，论证风险井 14 口，4 口井被油田勘探开发事业部采纳，论证井数与被采纳井数增长 56% 和 33%。

（孔强夫）

【原油开发支撑成效明显】 2023 年，石油勘探开发研究院研发戊二烯共聚物高效降黏抑凝剂，在罗家油田应用 16 口井，新井平均日产油提高 5.3 吨，老井措施后日增油 3.2 吨，该技术被全国石化行业企业科协联合会评为 2023 年度石油石化好技术。

（孔强夫）

【天然气开发支撑效果显著】 2023 年，石油勘探开发研究院参与完成国内上游开发方案 15 项，提交井位建议 83 口，被采纳 54 口井。与中原油田联合编制调整方案，获油田勘探开发事业部审查通过，新建产能 10.9 亿立方米，提高采收率 8.6 个百分点。在 NB19-6 气田落实可动用储量 80 亿立方米，建议 5 口井均获高产。

（孔强夫）

【智库作用持续彰显】 2023 年，石油勘探开发研究院 3 篇研究报告被国务院办公厅、中共中央办公厅采纳，7 篇研究专报获党组领导正面签批，有关矿权、CCUS、老油田综合储能业务发展 3 项建议被集团公司作为重点事项专题督办推进落实。

（孔强夫）

【优化运行机制】 2023 年，石油勘探开发研究院修订完善内部协作管理细则，优化定位，着力提升科研项目质量，外部审查项目一次性通过率 100%，科技部立项平均分以上项目数量增长 17%。

（孔强夫）

【加大海外勘探开发技术攻关力度】 2023 年，石油勘探开发研究院提出 35 个潜力区块获国勘公司采纳，助力哈萨克斯坦 52 区块，卡塔尔 NFE、NFS 等 3 个项目成功签约，建议井位 44 口，获采纳 32 口井，海外上游科技支撑作用持续增强。

（孔强夫）

【深入开展学习贯彻习近平新时代中国特色社会主义思想主题教育】 2023 年，石油勘探开发研究院累计开展读书班 10 期，累计开展调研 57 场次，基层党组织明确调研课题 28 个，5 次召开主题教育领导小组会议跟踪问效，推动完成 85 个问题整改，制定措施 171 条。

（孔强夫）

【人才强院工程扎实推进】 2023 年，石油勘探开发研究院新聘任集团公司级专家 4 人、院首席专家 4 人，组织干部调整 43 人次，新提任干部 10 人次，新提任干部 80% 以上为“80 后”，干部结构更加合理。

（孔强夫）

【宣传引导持续深化】 2023 年，石油勘探开发研究院获中央媒体新闻报道 32 篇（条）、宣传 8 条，在石化媒体宣传报道 134 篇，其中头版或头条 55 篇，着力讲好石勘故事、展示石勘精神。

（孔强夫）

【统战群青桥梁纽带作用持续增强】 2023 年，石油勘探开发研究院持续优化大健康管理、办公环境、便民服务，慰问困难员工 150 余人，协调解决住房配售问题 50 余项。144 名新入职员工搬进人才公寓。3 名青年进入集团公司青科赛前 10 名，被直聘为专家。

（孔强夫）

【企业发展内生动力持续增强】 2023 年，石油勘探开发研究院落实集团公司对标世界一流企业要求，确定 7 个领域 25 项对标任务。通过集团公司 HSE 大检查、绿色企业复核及 QHSE 管理体系审核认证，被评为 A 级绿色企业。

（孔强夫）

表 1 石油勘探开发研究院 2023 年主要科研成果获奖情况

序号	项目名称	奖项名称	获奖等级
1	页岩气多尺度渗流数值模拟方法	集团公司前瞻性基础性研究科学奖	一等奖
2	致密油藏注二氧化碳开发基础研究及应用	集团公司技术发明奖	一等奖
3	新一代油气开发技术研究与应用	集团公司科技进步奖	一等奖
4	中原储气库群建库关键技术及应用	集团公司科技进步奖	一等奖
5	大牛地复杂致密砂岩气藏高效稳产关键技术	集团公司科技进步奖	一等奖
6	深层海相碳酸盐岩建造改造成储理论技术创新及其应用	自然资源部科技进步奖	一等奖
7	缝洞型潜山油藏高效注水开发与提高采收率关键技术及应用	教育部科技进步奖	一等奖
8	新场－合兴场深层致密砂岩气富集规律与效益开发关键技术	集团公司科技进步奖	一等奖
9	四川盆地及外围寒武系和二叠系页岩气地质评价技术与应用	中国石油和化工自动化应用协会科技进步奖	一等奖

续表

序号	项目名称	奖项名称	获奖等级
10	泥页岩孔－缝系统分形机制与三维重构及含油气性机理	北京市自然科学奖	二等奖
11	油田采出水绿色低成本一体化处理技术	集团公司技术发明奖	二等奖
12	安哥拉深水浊积砂岩大型油田勘探关键技术及应用	集团公司科技进步奖	二等奖
13	含油污泥纳米乳液循环高效处理关键技术与应用	中国石油和化工自动化应用协会技术发明奖	二等奖
14	“十三五”全国油气资源评价	自然资源部科技进步奖	二等奖
15	直井多方位多级立体压裂关键技术与应用	山东省技术发明奖	二等奖
16	难动用储量测井评价技术及规模化应用	河南省科技进步奖	二等奖

表 2　石油勘探开发研究院专利申请与获授权情况　件

年份	国内专利		国外专利	
	申请数	获授权数	申请数	获授权数
2023	385	75	4	0
2022	383	153	3	1
2021	346	187	0	0
2020	219	145	2	5
2019	199	108	0	1
2018	199	98	1	1

石油工程技术研究院

【概况】 中石化石油工程技术研究院有限公司（简称石油工程技术研究院）成立于 2009 年 6 月，2022 年 2 月由股份公司分公司变更为全资子公司，定位是中国石化石油工程业务发展的参谋部、石油工程高新技术研发中心和国内外石油工程技术支持中心。主要任务是石油工程技术发展战略研究、基础前瞻性和重大项目研究、装备仪器软件等开发应用、信息及标准制修订、国外技术进展跟踪、重大项目工程技术支撑等。

石油工程技术研究院本部下设 7 个职能部门、14 个二级单位（含京外 2 个），设有博士后科研工作站，参建 2 个国家级重点实验室、2 个国家级研发中心，7 个中国石化重点实验室、2 个行业重点实验室，直属单位大陆架公司为国家高新技术企业。通过 CNAS 国家实验室认可，HSE 管理体系、ISO 9001 质量管理体系和 API 产品认证，主办中文核心期刊《石油钻探技术》。截至 2023 年底，用工总量 632 人，其中具有正高级职称的 83 人、高级及以上占 66%，博士占 33%、硕士占 43%。有全国创新争先奖 1 人，国家级“百千万人才工程”人选 2 人、突出贡献专家 1 人，享受国务院政府特殊津贴专家 11 人，中国石化优秀创新团队 11 个。

2023 年，共承担各类科研项目 156 项，申请中国专利 345 件（发明专利 342 件）、获授权 156 件（发明专利 154 件），申请 PCT 专利 7 件、境外专利 24 件，获省部级以上奖励 13 项。

石油工程技术研究院 2023 年主要科研成果获奖情况及专利申请与获授权情况分别见表 1 和表 2。

（闵文宣）

【高站位完成巡视整改工作】 石油工程技术研究院党委坚持以习近平新时代中国特色社会主义思想为指导，高站位、高标准、高质量抓好巡视整改工作，针对2022年党组巡视“回头看”反馈的4个方面10个问题，制定71条整改措施，将“当下改”和“长久立”相结合，系统梳理党组巡视“回头看”、党建考核、主题教育专题民主生活会及内审外查中的问题，一体推进统筹整改。建立“按月督导—季度推进”工作模式，组织召开9次巡视整改工作领导小组会议，整改措施完成率100%。完善建章立制，健全各类制度方案21项，形成相互衔接、相互配套的长效工作机制，不断巩固深化整改成效。

（阅文宣）

【首次获日内瓦国际发明展金奖】 2023年4月25—30日，第48届国际发明展在瑞士日内瓦举行，石油工程技术研究院专利“耐盐高温/超高密度钻井液及制备方法”首次亮相并获金奖。该专利技术团队通过多年攻关，攻克耐盐高温/超高密度钻井液及制备方法专利技术，大幅降低钻井液成本，有效解决陆上深井、超深井油藏勘探开发中高温超高压盐水层钻井液技术难题，充分发挥科技创新支撑引领作用，以科技力量促油气增储上产，为端牢能源饭碗、保障国家能源安全贡献力量。

（阅文宣）

【高密度全油基钻井液刷新最高温纪录】 2023年12月6日，石油工程技术研究院在中国石化重点探井且深1井深部复杂地层钻井液技术支持中取得重大进展，采用自主研发的高温高密度全油基钻井液技术解决高温（190℃—200℃）、高压（140—190兆帕）工况下技术难题，实现盐膏层的“专打专封”，保障超深井段的安全钻探，刷新中国高密度全油基钻井液现场应用最高温度（8719米，实测195.6℃）的石油工程纪录，为中国石化深地钻探提供坚实的技术保障。

（阅文宣）

【国内首套大尺寸封隔分级固井工具应用成功】 2023年8月15日，由石油工程技术研究院大陆架公司自主研发的国内首套直径365.13毫米大尺寸封隔式分级注水泥器，在国内首口万米深井深地塔科1井二开固井中应用成功，一级固井漏失情况下顺利实现坐封，二级固井水泥浆成功返至地面，成功打破国际技术垄断，全面提升行业影响力，履行好国家战略科技力量的责任担当。

（阅文宣）

【持续推动创新联合体建设】 2023年3月31日，中国科学院武汉岩土力学研究所—中石化石油工程技术研究院有限公司岩土力学与石油工程融合联合研究中心揭牌成立。该中心围绕国家战略需求，聚焦岩土力学与石油工程融合领域，针对复杂环境下复合岩土材料力学特性研究、页岩油气和干热岩压裂技术研究、地下大规模储氢基础理论与关键技术研究、盐穴压气储能基础理论与关键技术研究和二氧化碳封存基础理论与关键技术研究5个研究方向，重点突破一批具有自主知识产权的岩土力学与石油工程融合领域基础理论与技术，为中国石化绿色低碳发展提供强有力的支撑。

（阅文宣）

岩土力学与石油工程融合联合研究中心
Joint Research Institute of Rock and Soil Mechanics, and Petroleum Engineering Integration
中国科学院武汉岩土力学研究所-中石化石油工程技术研究院有限公司
Institute of Rock and Soil Mechanics, Chinese Academy of Sciences - SINOPEC Research Institute of Petroleum Engineering Co., Ltd
机构运行期：2023.03-2026.03

【获知识产权示范企业称号】 2023年12月5日，在武汉举办的2023全国石油和化工行业科技创新大会上，石油工程技术研究院获中国石油和化工行业知识产权示范企业称号，中国石化共有2家企业获该称号。

（阅文宣）

【全面推动科研体制机制改革】 石油工程技术研究院构建三级研发体系，配套打造“基础前瞻研究平台、技术产品研发平台、成果转化支持平台、科技服务协作平台”四大运行平台，完成22个机构的优化设置，优化研发流程，夯实科技创新根基，打通“科技攻关—成果转化—技术支持”链条，畅通成果转化渠道，汇智聚力强化科研攻关，进一步增强科技创新活力，为坚决扛稳“一部两中心”职责、深入推进高质量发展注入强大动力。

（闵文宣）

【首个科技孵化项目公司注册成立】 2023年7月12日，中国石化上游板块首个科技孵化项目公司——北京石工智控科技有限责任公司（简称石工智控公司）注册成立，7月19日在京正式举行揭牌仪式。该公司由石油工程技术研究院、经纬公司、恩泽基金共同出资成立，是产业资本助力集团公司科技成果孵化的重要成果。石工智控公司以近钻头伽马成像技术研发和服务为主营业务，定位成为专精特新的非常规油气勘探专用设备仪器与技术服务提供商，助力加快科研成果转化步伐。

（闵文宣）

北京石工智控科技有限责任公司揭牌仪式现场

【《石油钻探技术》影响力全面提升】《石油钻探技术》被全球规模最大的摘要和引文数据库Scopus数据库正式收录，并入选2023年版《中文核心期刊要目总览》。2023年9月24日，《石油钻探技术》创刊50周年座谈会暨油气与新能源技术战略论坛在京举办，全面总结经验、展望未来。经过50年的发展，该期刊办刊质量、行业认可度和期刊评价指标持续提升，国际化发展取得明显进展，新媒体出版锋芒初显，已经成为油气工程领域具有较大影响力和较高知名度的科技期刊。

（闵文宣）

【首次获安全考核和绿色企业复核“双A”】 石油工程技术研究院以习近平总书记关于安全生产的重要论述为指导，全面贯彻落实集团公司高质量发展行动要求，扎实开展“安全管理强化年”行动和绿色企业行动。结合科研生产实际，以推进QHSE管理体系有效运行为核心，探索运行轮值安全员机制，牢固树立安全环保依法合规意识，全力防范化解各类风险隐患，提升本质安全水平，建院以来首次获年度安全考核和绿色企业复核“双A”，以出色的安全业绩筑牢石油工程技术研究院高质量发展根基。

（闵文宣）

表1 石油工程技术研究院2023年主要科研成果获奖情况

序号	项目名称	奖项名称	获奖等级
1	基于钻井地质因素的优化钻井技术	集团公司前瞻性基础性研究科学奖	二等奖
2	注氮泡沫水泥浆固井关键技术与装备	集团公司技术发明奖	一等奖
3	川东南深层页岩气富集规律、关键技术与綦江页岩气田的发现	集团公司科技进步奖	一等奖
4	高酸性气田长周期安全生产关键技术研究与应用	集团公司科技进步奖	一等奖
5	超高温高密度钻井液关键处理剂研制与工业化应用	集团公司科技进步奖	二等奖
6	复杂油气藏智能调流控水技术创新及工业化应用	集团公司科技进步奖	三等奖
7	水平井随钻电测井多尺度成像关键技术与产业化应用	教育部高等学校科学研究优秀成果奖	二等奖
8	北极冷海复杂环境安全高效钻探关键技术与应用	中国海洋工程咨询协会海洋工程科学技术奖	特等奖
9	非常规油气藏长水平井快速成像探测关键技术与应用	北京市技术发明奖	二等奖

续表

序号	项目名称	奖项名称	获奖等级
10	油基钻井液用关键处理剂的研制与工业化应用	北京市技术发明奖	二等奖
11	复杂油气井泡沫固井技术创新及工业化应用	北京市技术发明奖	二等奖
12	海上复杂地层工程地质精细描述与优快钻井关键技术及工业化应用	上海市科学技术奖	二等奖
13	超深复杂地层井筒强化技术研究与应用	新疆维吾尔自治区科技进步奖	二等奖

表 2　　石油工程技术研究院专利申请与获授权情况　　件

年份	国内专利		国外专利	
	申请数	获授权数	申请数	获授权数
2023	345	156	31	6
2022	340	245	33	4
2021	332	247	8	3
2020	306	140	10	6
2019	305	190	6	2
2018	303	218	5	3

石油物探技术研究院

【概况】 中石化石油物探技术研究院有限公司（简称石油物探技术研究院）是中国石化石油物探技术发展参谋部、物探高新技术和核心技术研发中心、物探专业软件研发及推广中心和重大物探工程技术支持中心，是中国石化唯一从事油气地球物理技术研发的直属专业研究机构，位于江苏省南京市江宁区。

石油物探技术研究院设综合管理部（物资采购部）、党群工作部（党委办公室、党委宣传部、党委统战部、工会、团委）、党委组织部（人力资源部）、计划财务部、科研生产部（国际合作部、知识产权办公室）、技术推广部（HSE 管理部）、纪检监督部（审计部、法律部、内控办公室）7 个机关职能部门，设地震采集技术研究所、地震成像技术研究所、油藏地球物理研究所、地球物理软件研究所、物探战略规划研究所、地球物理实验中心、地震处理解释中心、地球物理信息中心、西北物探一体化支撑中心、基地综合服务中心 10 个单位，南京长城数智科技有限公司 1 个全资子公司。

石油物探技术研究院前身是 1977 年创建成立的国家地质总局石油物探研究大队，1983 年更名为地质矿产部石油物探研究所，1997 年建制更名为中国新星石油公司石油物探研究所，2000 年建制更名为中国石化石油勘探开发研究院南京石油物探研究所，2009 年 11 月 28 日组建成立石油物探技术研究院，2021 年 3 月企业管理规格调整为大一型，2022 年 7 月重组改制为子公司——中石化石油物探技术研究院有限公司。

截至 2023 年底，石油物探技术研究院有员工 501 名，有集团公司高级专家 1 名，院首席专家 9 名、高级专家 12 名、专家 35 人，享受国务院政府特殊津贴人员 3 人，海外高层次专家 4 人，集团公司突出贡献专家 4 人、闵恩泽青年科技人才奖14人，集团公司优秀青年科技创新人才3人，孙越崎青年科技奖3人，江苏省“333高层次人才培养工程”培养对象6人，中国石化优秀创新团队10个。主办出版国内第1份勘探地球物理专业科学学术期刊《石油物探》和国内第1份SCI检索的地球物理与工程专业英文科技期刊《Journal of Geophysics and Engineering》(JGE)。固定资产原值7.98亿元、净值2.7亿元。

2023年，石油物探技术研究院获省部级科技奖励8项、油气勘探重大发现奖4项。申请国内发明专利427件，申报涉外专利5族、通过科技部审查2族，获专利授权38件。实现营业收入6.01亿元，提前2年完成“十四五”“保5争6”规划目标。

石油物探技术研究院2023年主要科研成果获奖情况及专利申请与获授权情况分别见表1和表2。

（贾春梅）

【领导班子调整】 12月4日，集团公司党组以视频会议形式宣布领导班子调整决定：徐旭辉任中国石化石油物探技术研究院院长、中石化石油物探技术研究院有限公司董事会董事长，建议为中石化石油物探技术研究院有限公司总经理人选，仍任中国石化石油物探技术研究院党委书记。

（贾春梅）

【参谋服务显示度得到新提升】 2023年，石油物探技术研究院牵头编制中国石化物探专业高质量发展行动方案（2023—2025年），提出的“四升两降”目标为物探专业发展指明方向。首次牵头完成32口井的风险勘探圈闭可靠性评价审查，开展广深1井等4口风险井平行论证，联合申报的镇深1井被采纳。制定《陆上地震勘探数据处理操作手册》《地震资料解释通用操作手册》，建立“地震成效评价体系”并在胜利油田等4家油田推广应用。首次开展在矿权区块流转、勘探计划对接等方面的物探支撑，发布标准4项，参与制定全球地热领域首项行业标准。“三北一川”、海域攻关示范类重点项目采集设计参与率、关键参数采纳率100%，石油物探技术研究院参谋服务广度、深度持续提升。

（贾春梅）

石油物探技术研究院承办的中国石化2024年度地震勘探部署论证会在北京召开

【科技创新迈出新步伐】 2023年，石油物探技术研究院率先研发激光超声地震物理模拟实验技术，实现真实地表条件下地震模拟，整体达到国际领先水平。建成行业首套国际领先的超高温高压岩石物理综合实验平台，将原位地层温压条件下的实验能力从埋深5000米提升至12000米。跻身国家自然科学基金依托单位行列，成功牵头申报“高精度地震导向钻井关键技术及软件”集成项目。评测中心获TMMi3级软件评测资质认证，成为总部科技部软件验收测试指定机构。DAS实现技术方法、装备集成、布设工艺的完全自主可控，实现中国石化首个5000米级水平井套管外光纤完井，完成5口井压裂监测，被纳入集团公司2024年资本助力科研成果转化项目。Q-RTM、QgVA等成熟技术持续支撑生产扩大应用范围，波动方程近地表速度建模、最小二乘偏移成像等新技术持续迭代升级保持领先优势。

（贾春梅）

中国石化第一口光纤微测井下井

【产品研发推广取得新成效】 2023年，iSeisMountain新增沉放照明分析等功能，支撑涠西OBN等多个采集方案设计。π2.0平台稳定性、功能完备性、产品易用性大幅提升，PSTM、TTI-PSDM等核心模块全面对标商业软件，支撑9个项目近2000平方千米资料全流程应用，处理效果与商业软件相当，具备工业应用条件，入选国务院国资委《中央企业科技创新成果产品手册》。基于π平台的自动化智能化地震处理解释项目顺利“出龙”，12个智能化模块在6个区块开展示范性应用。NEWS新集成地层压力预测等模块，在10家单位新增部署179套，支撑系统内外多个工区的生产应用。依托国家“1025”专项支持，5G智能节点仪完成15000道设备量产，开展南方山地、东部平原等10个不同地表类型工区的生产应用，实现采集全节点实时质控阶段工作目标，推动地震采集工艺流程变更，启动实施全节点三维地震采集。

（贾春梅）

【重大工程支撑展现新作为】 2023年，石油物探技术研究院承担集团公司新采集和老资料处理40%以上工作量，凭借优质服务、过硬质量得到客户认可，西北油田、东北油气田、中原油田、伊拉克巴东石油4家企业致信感谢。全力保障“深地工程”，加强RTM等高精度成像自主技术应用，支撑顺北26口千吨井中的22口，占比85%；全程支撑亚洲陆上最深井跃进3-3XC井轨迹优化调整及油气突破。加强海域勘探开发支撑。深化致密砂岩储层预测技术在西湖凹陷中央背斜带、西部斜坡带的技术应用，全力支撑东海西湖70亿立方米产能建设。助力中江气田高效开发。创新研发保幅成像、QgVA含气性检测技术，实现优质储层钻遇率100%，含气性预测吻合率由70%提升至85%。支撑新领域实现突破。支撑阳煤1HF风险井论证部署，助力鄂尔多斯盆地深层煤层气勘探重大突破；应用综合物化探技术，支撑中国最深地热科学探井福深热1井的井位部署和后续岩芯测试跟踪工作，热储体顶面埋深预测误差2.3%，远低于5%的控制要求。

（贾春梅）

微地震压裂监测支撑国家深层地热科学探井50206ZY压裂现场

【改革管理提质增效】 2023年，石油物探技术研究院高标准启动改革深化提升行动、对标世界一流价值创造行动，“52+22”项改革任务举措扎实推进，均达到进度和质量要求。加强高质量发展指标运营动态评价，上线试运行全成本核算系统，业财融合力度不断加大。聚焦人才结构矛盾抓“三基”，实施“优秀项目长培育工程”，壮大一线骨干力量；突出向基层一线倾斜，全年绩效工资大幅增长，为留住优秀青年人才加码。落实“五天无会日”要求，设置科研助理专岗，科研人员时间精力得到充分保障。聚焦科研立项、资金配套、奖酬金提取等重点领域加强监督，深化以制度建设为基础、以风险管理为导向、以内控体系为平台、以合规管理为抓手、以法律支撑为保障“五位一体”法治工作格局，“十四五”企业法治建设中期调研督导获评A类企业。安全环保平稳运行，贯彻落实“安全管理强化年”行动，重点举措完成率100%，40项安全隐患实现闭环整改，HSE大检查、绿色企业复审结果均达到“A级”。

（贾春梅）

【干部人才队伍建设不断加强】 2023年，石油物探技术研究院修订完成中层领导人员公开竞聘、竞争上岗实施细则，进一步规范选拔程序。全年调整干部11人次，优化干部队伍结构。围绕“十四五”发展规划，印发《中长期人才发展规划暨2023—2025年滚动计划》。建立健全人才工作制度体系，制修订《专家管理实施细则》等5项人才制度。构建立体化引才渠道，高层次引才引智6人、CC入选2人，数量居集团公司首位。针对基层人才不足问题，实施“优秀项目长培育工程”，加快骨干人才队伍增量提质。

（贯春梅）

【党的建设稳步推进】 2023年，石油物探技术研究院强化政治思想建设，严格落实“第一议题”，坚持把党的二十大精神、习近平总书记视察胜利油田和九江石化重要指示精神联系起来学习、贯通起来掌握，夯实高质量发展思想根基。积极培育科研特色党建品牌，探索“三同步三结合”融合机制，促进党建与业务深度融合，《中国石化报》头版头条刊发经验做法。宣传工作成效明显，外宣稿件数量三连涨，在《人民日报》《科技日报》等主流媒体刊发多篇报道，企业知名度、美誉度有效提升。和谐企业建设持续深化，常态化开展“我为群众办实事”，院层面12项、支部40项实事落地见效，信访积案妥善化解，统战、保密等工作有序推进，科研生产软硬件环境持续改善，群众获得感幸福感不断提升。

（贯春梅）

【统战群团工作水平持续提升】 2023年，石油物探技术研究院组织开展统战工作主题座谈，10位党外代表人士为院高质量发展积极建言献策。开展“学思想，讲奉献，建新功”主题劳动竞赛，坚持融合导向，以赛促干、以赛育才。三届三次职代会17项提案全部落实，答复会代表满意率100%。常态化开展“走基层、访家庭”，入户走访27户，访谈交流400余次，帮扶困难职工13名。在办公楼配备AED，为全体职工购买石化易宝“普惠式百万医疗”保险，畅通紧急就医绿色通道。举办青马工程培训、青工政治轮训等，组织青年学术交流暨博士后论坛，激活青年政治、科技担当力量。开展“朝阳伴夕阳”志愿服务品牌活动，为社区老人送服务、送温暖。

（贯春梅）

【党风廉政建设与反腐败工作持续发力】 2023年，石油物探技术研究院制定年度党风廉政建设重点任务27项，明确监督要点52个，组织召开季度监督例会4次，定期听取重点监督内容进展汇报，压紧压实监督监管职能职责。制定《关于加强政治监督的实施意见》，聚焦中心工作明确15项具体化常态化监督内容，国家项目、一软一硬卡脖子技术攻关取得积极进展，推进“在科技领域为党工作”责任落实落地。开展规范图书资料费使用、重点工程廉洁观察等4个专项整治，规范处置信访线索3件，深化基层治理不良现象整治，以狠抓会风会纪为切口加强作风建设。

（贯春梅）

【持续推进文明共建活动】 2023年，石油物探技术研究院与盱眙县鲍集镇沈集村开展“城乡结对、文明共建”活动，拨付40万元资金援助厂房改造、电子显示屏购置，采购集团公司指定的消费扶贫产品29.4万元，为推进乡村振兴作出积极贡献。

（贯春梅）

表1　石油物探技术研究院2023年主要科研成果获奖情况

序号	项目名称	奖项名称	获奖等级
1	基于字典学习的压缩感知地震采集方法与高分辨率数据重建技术	集团公司前瞻性基础性研究科学奖	二等奖
2	基于波场曲面积分表征理论的鬼波压制技术	集团公司前瞻性基础性研究科学奖	三等奖
3	多源信息融合相控储层预测技术	集团公司技术发明奖	三等奖
4	π-Image高端地震成像软件产品及规模应用	集团公司科技进步奖	二等奖
5	储层流体的地震响应机理与高精度反演技术	集团公司科技进步奖	二等奖

续表

序号	项目名称	奖项名称	获奖等级
6	深层火山岩油气藏地震勘探关键技术及应用	集团公司科技进步奖	三等奖
7	基于 Spark 分布式计算的多分支复杂作业流技术及应用	集团公司科技进步奖	三等奖
8	裂缝型油气储层地震预测理论及关键技术	中国地球物理学会科技进步奖	一等奖
9	致密储层宽频地震成像及含气性定量预测	中国地球物理学会科技进步奖	二等奖
10	超深断控缝洞型储集体高精度成像关键技术及规模应用	中国石油和化工自动化应用协会科技进步奖	三等奖
11	复杂河道致密气藏高保真成像与含气性定量预测	中国石油和化学工业联合会科技进步奖	二等奖
12	面向小尺度微幅构造的高精度随钻地震成像与储层描述关键技术	中国石油和化学工业联合会科技进步奖	三等奖

表 2　石油物探技术研究院专利申请与获授权情况　件

年份	国内专利		国外专利	
	申请数	获授权数	申请数	获授权数
2023	427	37	2	1
2022	350	56	2	1
2021	217	98	1	5
2020	177	82	0	3
2019	175	86	0	0
2018	160	100	0	0

石化机械公司

【概况】 中石化石油机械股份有限公司（简称石化机械公司）是中国石化唯一的油气装备研发、制造与专业技术服务中心和首批创新型企业，2012 年底由中国石化机械制造业务专业化整合重组而成，2015 年 7 月在深交所整体上市（证券简称石化机械，股票代码 000852），截至 2023 年底，总股本 9.56 亿股，集团公司持股 51.73%。历经 70 多年建设，石化机械公司发展成为国内研发实力领先、产品门类齐全、具有一定国际竞争力的油气和新能源装备重要骨干企业。

石化机械公司下辖四机公司、江钻公司、钢管分公司、四机赛瓦公司（持股 65%）、三机分公司、氢能装备分公司（机械研究院）、世纪派创公司、天技服分公司、国际公司 9 家单位，主要分布在湖北武汉、荆州、潜江等地。设综合管理部（党委办公室、董事会办公室、保密管理办公室）、党群工作部（党委宣传部、维稳办、品牌部、统战部）、党委组织部（人力资源部）、财务计划部、企业管理部（法律事务部）、市场发展部、安全环保部（设备管理部）、纪检监督部（审计部、监事会办公室）、科技质量部、物资供应管理中心 10 个职能部门。

截至 2023 年底，石化机械公司用工总量 6589 人，资产总额 100.3 亿元，净资产 31.48 亿元。2023 年，石化机械公司实现营业收入 83.98 亿元、利润总额 1.2 亿元。

石化机械公司主要经济指标及主要产品指标分别见表 1 和表 2。

（田治明）

【装备支撑强劲有力】 把服务“国之大者”与“增强企之所能”统一起来，聚焦油气增储增产增效主战场，勇当装备主力军，取得一批有行业影响力、受到用户赞誉的成果。深地钻头钻具行业领先，破解超高硬、超高温地层世界级钻井难题，钻进亚洲陆上最深井，被誉为穿越万米的“功勋产品”，5 次登陆央视荧屏，助力用户创出一批亚洲和国内施工新纪录。世界首台万米修井机填补技术空白、提升作业效率，满足“深地工程”需求。连续满载 5000 型电动压裂装备升级提能，创世界最大规模压裂、双机组同步压裂提高效率 1 倍等纪录，助力胜利页岩油超产 50%。20 万立方米高含硫天然气压缩机安稳运行，支撑普光增压试验获成功、采收率提高 4.1 个百分点，相比进口降低设备和运维成本 30% 以上。修井装备、天然气技术服务批量推广，扩大了油气增产增效成果。承担中国首条自主建造海洋压裂船的装备配套任务，实现海洋水下井口商业化销售，推动高端海工装备“解卡”。获中国石化氢能装备制造基地命名授牌，投营加氢装备安稳运行，国内首座氨制氢加氢一体站装备、大排量供氢装备等项目高效交付，输氢钢管成功试制。

（田治明）

世界首台万米修井机填补技术空白、提升作业效率

【创新水平实现攀升】 加强胸怀高水平科技自立自强之志，高标准攻关“1025 专项”和“补短板”工程、集团公司“十条龙”等重点科研项目，支撑引领“四超”“三优四新五特色”技术和产业体系向前发展。单机功率世界最大的连续满载 8000 型电动压裂装备研制成功，首创双侧输入七缸压裂泵结构，继续走在行业前列。承压能力世界最强的 175 兆帕大通径压裂管汇投入应用，225 吨带压作业装备创出国内施工纪录，国内首台 90 兆帕液驱式氢气压缩机完成试验。8 吉帕高性能复合片、HA90 超高硬橡胶、长寿命压裂泵头材料等技术迭代升级，支撑钻完井工具、压裂装备技术性能再获提升，新一代混合钻头、耐高温螺杆钻具、高温高压封隔器等产品树立行业标杆。2500 型全电动一键固井装备投入应用，一键控制、能量管理、钻头钻具研选等技术更加成熟。新能源自动化修井机等成果获集团公司科技进步一等奖、技术发明一等奖、湖北省专利金奖，天然气压缩机研发团队获中国石化优秀创新团队称号。建成国内首个 150 兆帕高压气体装备综合测试中心、自动化钻修装备试验平台等科研设施，推动产品可靠性进一步提升。与胜利油田联合研发基地高效运行，创新桥头堡作用有力彰显。全年获专利授权 128 件，研发经费 4819 万元。

（田治明）

单机功率世界最大的连续满载 8000 型电动压裂装备研制成功

【订货业绩历史最好】 完善“战略布局、专业运作、项目管理、后方保障”的市场工作体系，“产品 + 服务”转型龙头高昂。国内市场推进用户回访合作事项清单化落实，实现订货 84 亿元、增长 8%，集团内部修井机、钻头钻具等产品份额提升，液气分离器等产品被纳入内部互供，中标中国石油金刚石钻头两年期 4 亿元、中国海油螺杆钻具三年期 2 亿元、中国海油高频焊管三年期 3 万吨等大额采购框架，中国石油修井机订货超 3

亿元，钻头钻具集采全部以良好成绩中标。国际市场走好借船出海、借城驻军之路，实现订货 11 亿元、同比翻番，取得泵类产品出口过亿元、非洲市场钻机订货过亿元、科威特和阿尔及利亚钻头采购框架 2.6 亿元等新突破。与 6 家国内重点用户签订战略合作协议，与国外伙伴达成一批市场技术合作新意向。5 项特色服务订货首次突破 30 亿元、增长 30%。强力推进转型发展，建立天然气提产、集输与净化、终端应用全链条技术服务体系，形成规模化发展新格局，收入增长 90%。研发压裂管汇机器人检测技术，服务上游千余支队伍，开展资质评审、提高设备本质安全水平，新增海洋装备检测等资质，检测服务收入三年翻番。

（田治明）

【保供能力不断增强】 发挥生产线数智化升级、精益生产叠加效应，“数智 + 精益”转型取得进步。集成用好信息系统和精益工具，推动拉动式生产，全年生产钻修装备 109 台、增长 63%，固压装备 192 台、增长 9%，钻头 2.4 万只，螺杆钻具超 5000 套，钢管 25 万吨，天然气压缩机 60 台。直缝焊管生产线多个工序实现机器代人，形成大口径螺旋焊管、抗酸高频焊管、输氢钢管等新产品制造技术，三类钢管制造能力全面提升。金刚石钻头数字化车间建设成效凸显，制造周期缩短 40%、单只钻头成本下降 8%。优化生产组织，革新工艺技术，螺杆钻具月均产量由 140 套提升到 240 套，制造周期缩短 20%，打赢了上产保供攻坚战。推进技术改造、精益改善，四机赛瓦公司泵壳月均产量由 30 台提升到 70 台。钻修装备大型结构件自动化焊接、高压管汇活动弯头自动化加工效率显著提升，制造技术取得新发展。

被誉为穿越万米的“功勋产品”——深地钻头钻具

（田治明）

【治理效能得到提高】 在连续 2 年获评优秀“双百企业”的基础上，务实重效实施改革深化提升行动。调整国际市场开发管理体制，扭转被动局面。单列管理氢能装备分公司，建立市场化运营机制，超额完成年度订货目标，打造新的市场主体迈出关键一步。实施股权激励计划首次授予，完善中长期激励机制。优化绩效考核制度，引导和激励各单位增强“三粮”观念、推动“三率”提升，实行分类差异化考核，打破上下博弈，增强增收增效内生动力。推进人力资源优化配置，全年转岗盘活用工 213 人。开展价值创造行动，深化法治合规建设和风控内控，百元收入营业成本得到下降，招标采购达标率提高 16 个百分点，采购降本 4751 万元，财务费用三连降、降幅 52%，存货总额四连降、降幅 26%，一年以上存货三连降、降幅 50%，自由现金流增加到 5.7 亿元、增幅 78%，法律清收疑难债权 1970 万元，冲回坏账准备 1997 万元。把“三基”工作与专业管理有机结合，夯实管理基础，获评集团公司“三基”工作先进单位。公司连续 2 年保持零事故、零污染、零伤害，9 项公司级安全风险实现销项或降级，噪声超标点位由 55 个减少到 21 个，涂装废气处理提标改造等污染防治有序实施，四机公司获评国家级绿色工厂。“两化”融合管理体系获国家工信部 3A 最高等级评定，上市公司信息披露连续 3 年获 A 级评价，靶向施治提升审计效能、规范工程建设项目管理等工作又有新进步。石化机械公司被评为集团公司深化改革三年行动（2020—2022 年）先进单位。

（田治明）

【打造特色取得进步】 坚定加强党的政治建设，深化理论武装，发挥“把方向、管大局、保落实”作用。紧扣事业发展需要加强领导班子建设，优化结构、增强合力，勇当发展“领头雁”。坚持“四重”导向，首次采取不设竞聘岗位方式公开遴选中层副职 8 名，跨单位、跨岗位交流调整中层干部 24 名，是公司组建以来干部交流融合力度最大的一年，竞争性选聘比例达 78%，40 岁及以下中层干部占比提升到 30%。抓好人才队伍建设，1 名员工获评首届中央企业技术能手，2 个工作室被命名为首批中国石化技能人才创新工作室。扎实开展党支部提档升级赛、党员责任区创建，党建工作与中心工作深度融合进一步加强，在推进高质量发展中充分发挥各级党组织和广大党员关键作用。坚持严管队伍，提升大监督质效，实现首轮党委巡察全覆盖，加大巡察整改、“管业务必须管监督”力度，开展纪检队伍教育整顿，驰而不息纠“四风”树新风，风清气正、干事创业的政治生态巩固发展。加强宣传思想文化工作和品牌建设，公司 11 次亮相央视，在石化媒体的显示度突破性提升，“智造大国重器”陈列馆被命名为中国石化红色教育基地，“六个一”文化工程稳步推进，“中国石化机械”专业化卓著品牌加快塑造。用心用情关爱员工，更新市场服务用车、改善驻外员工工作生活条件、历史性解决四机社区不动产权办证问题等实事广受好评。实施维稳项目化管理、区域化联防，保持了公司大局稳定，钢管小区搬迁涉稳难题化解取得积极进展。统战、群团、保密、乡村振兴定点帮扶等工作取得良好成绩。

（田治明）

“智造大国重器”陈列馆被命名为中国石化红色教育基地

表 1　石化机械公司主要经济指标　亿元

指标名称＼年份	2023	2022	2021	2020	2019	2018
总资产	100.44	99.40	81.20	82.10①	88.60	78.40
净资产	31.48	30.50	20.10①	19.60	19.50	19.20
固定资产	14.04	15.50	15.50	12.40①	13.30	12.90
营业收入	83.98	77.50	69.50	62.10	65.60	49.20
利润总额	1.20	0.76	0.60	0.49	0.63	0.49

①数据有调整

表 2　石化机械公司主要产品指标

指标名称＼年份	2023	2022	2021	2020	2019	2018
机械产品吨位 / 万吨	30.20	34.30	33.90	18.60	35.80	38.50
设　备	2.30	1.80	2.10	1.50	1.60	1.10
设备配件及工具	3.20	2.40	1.70	2.10	1.60	1.40
钢　管	24.80	30.10	30.10	15.00	32.60	36.00
机械产品产量						
钻修设备 / 台（套）	149	36	87	47	32	56
固压设备 / 台（套）	296	271	301	323	227	145
钻　头 / 只	24 208	29 713	27 073	25 081	29 354	32 306
天然气压缩机 / 台（套）	58	64	56	86	111	41

新星公司

【概况】 中国石化集团新星石油有限责任公司（简称新星公司）是中国石化的新能源专业公司，前身是原地质矿产部石油地质海洋地质局，2000年2月，整体并入集团公司。

新星公司积极贯彻党和国家能源安全战略部署，主动融入“碳达峰、碳中和”战略，认真落实中国石化“一基两翼三新”产业格局，坚持“地热领先行业、绿氢示范引领、绿电支撑需求”目标要求，积极构建“热氢风光”新能源产业体系，全力打造“技术先进、治理现代、质效一流、引领未来”的现代新能源企业。业务范围辐射北京、河北、陕西、天津等26个省（自治区、直辖市），涵盖100余个市（县、区）。

新星公司先后获中国节能减排领军企业、多能源综合利用奖、创新火炬奖、首都文明单位”等多项称号及荣誉。2021年，雄县地热项目被国际可再生能源机构列入全球推广名录。2022年，地热科普展被中国科协评为全国科普日优秀活动。2023年，《中国石化成功打造“中国地热高光时刻”》获公共关系优秀案例。

截至2023年底，新星公司机关共设14个部室，下设直属全资子公司12家、直属控股公司4家、直属参股公司2家、直属分公司6家。用工总量为1284人（不含中地海外），其中劳动合同制员工613人、合资公司合同制员工568人、职业雇员58人、劳务工45人。

新星公司主要技术经济指标及主要生产经营指标分别见表1和表2。

（徐　兵）

【领导班子调整】 2023年9月27日，集团公司党组宣布：免去党力强新星公司执行董事、党委书记职务，另有任用；新星公司党政全面工作暂由刘世良主持。10月13日，集团公司党组宣布：张明明任新星公司总会计师、党委委员。12月4日，集团公司党组宣布：刘世良任新星公司执行董事、党委书记，免去其新星公司总经理职务；栾和新任新星公司副总经理、党委委员。

（徐　兵）

【经营业绩】 全年实现收入61.22亿元，利润总额3.88亿元。其中，新能源板块实现收入19亿元，利润总额1.64亿元。新增供暖能力1243万平方米、收费面积938万平方米，累计建成供暖能力9600万平方米；新增光伏装机402兆瓦，累计701兆瓦，清洁能源发电量4.47亿千瓦·时；生产清洁能源折合标煤122万吨。

（徐　兵）

【地热＋业务】 2023年，地热资源勘探在京、津、冀、鲁、豫、陕、晋五省两市全面发力，持续攻关渤海湾盆地、鲁西隆起、南华北盆地、汾渭地堑系碳酸盐岩岩溶热储和砂岩孔隙型热储，共完成地热勘探物探项目9个，累计长度208.53千米，部署地热探井13口，总进尺2.31万米，勘探成功率实现100%。在山西运城临猗县、河南濮阳南乐县、天津津南区、开封西郊及陕西咸阳城区北部均获得勘探突破，为地热市场进一步发展奠定资源基础。全年完成雄安新区等38项矿权竞拍项目备案，天津东丽300万平方米、雄安新区400万平方米、石家庄炼化200万平方米等一批规模化项目开工建设，获无极县独家供热经营权，雄安新区高铁站片区、山西临猗能源岛2个百万平方米级项目顺利投运，燕山石化工业余热利用项目一期按时投产。

（徐　兵）

【绿氢业务】 统筹实现“6·30”并网产氢、“8·30”全面投产，成功实现规模化绿电制绿氢全过程建设运营示范，为后续绿氢项目设计提供宝贵经验和实测数据。乌兰察布风光制氢项目持续加速，完成可研、基础设计、政府核准备案、用地征地等手续，输氢管道示范工程被纳入石油天然气“全国一张网”建设，风光制氢及输氢管道两部分可研完成优化。鄂尔多斯风光制氢项目完成全部指标备案和核准，移交给中天合创的工作有序开展。取得绿电制绿氢开发指标 12 万吨 / 年，建成绿电制绿氢能力 2 万吨 / 年。

（徐 兵）

【绿电业务】 集团公司首个百兆瓦级风电项目——中原 112 兆瓦风电项目开工建设，山西古交、湖南岳阳、广西合浦等一批百兆瓦级光伏项目即将开工，福州 100 兆瓦光伏、漳州 1.2 吉瓦海上风电、大荔 50 兆瓦风电等大项目前期工作加速开展。全年新增光伏装机 402 兆瓦，累计 701 兆瓦，清洁能源发电量 4.47 亿千瓦・时。

（徐 兵）

【海外业务】 积极融入“一带一路”建设，成功建成尼日利亚哈代贾灌溉等海外民生保障工程，埃塞 - 吉布提供水项目入选联合国可持续发展目标企业实践案例。全年实现产值 4.83 亿美元，新签合同额 15.98 亿美元，创历史新高；实现收入 41 亿元，利润总额 4.43 亿元。组建国际新能源业务工作机构，与埃塞俄比亚、卡塔尔、冰岛等 8 个国家开展业务对接，国际新能源业务迈出坚实步伐。

（徐 兵）

尼日利亚卡齐纳州 Zobe 水厂项目

乍得环城路立交桥项目

【HSE 工作】 开展“安全管理强化年”专题行动，完善安全责任清单和网格化监管体系，推行会前 5 分钟安全警示教育，优化 HSE 管理体系运行监测和过程管控，安全强基固本进一步夯实。持续深化风险隐患双重预防机制，完成新疆绿氢业务双重预防数智化管控平台搭建。开展燃气安全、建筑安全、消防、夏防冬防、屋顶光伏、承包商及直接作业环节等风险识别和隐患排查，组织各单位落实问题隐患整改闭环销项。迎接集团公司安全专项督查和年度 HSE 大检查 2 次现场检查，完成公司级自查自改。开展承包商及直接作业环节专项排查，强化承包商强势监管，及时清退不符合条件的承包商，提升承包商队伍质量。加强公共安全和员工健康管理，动态跟踪重点建设项目“三同时”，全面强化环保过程管控和依法合规管理，抓好排污许可管理和隐患治理，顺利通过集团公司绿色企业复核。

（徐 兵）

【节能降碳业务】 圆满完成新星公司碳达峰行动阶段性任务，有效落实绿色低碳“补短板、强弱项”工作计划，顺利通过能源管理体系年度监督审核；积极推广节能技术应用，通过“能效提升”计划实现增收 570 万元、节能量 3660 吨标煤。完成地热供暖 CCER 方法学修订并提交生态环境部；深化掌握 CCER 机制最新管理办法；积极寻求碳资产变现途径，探索开发国际碳减排机制项目，省级碳普惠项目申报取得新进展。

（徐 兵）

【科技创新】 深化运用地球物理剖面解释成果等工具，成功开拓山西临猗地热田岩溶热储新区，河南南乐岩溶热储开发向城区东部规模化扩展；防砂和酸化解堵技术在大名、兰考、乐陵、商河有效应用，单井回灌量大幅提高。以“十条龙”氢能项目为抓手，开发形成绿氢生产先控系统，光伏波动性与电解槽动态响应等难题有效解决；创新运用电解制氢“保压维温停槽”运行方法，有效解决电解槽低负荷性能缺陷对生产运行电力结构和成本的影响，形成安全生产运行优化控制模型和策略，拓宽绿氢、炼化耦合利用应用场景。初步建成中国石化海上风资源平台，为开发海上风电提供数据支持；优化海上测风塔结构，海上风电前期测风成本有效降低。4 项成果分别获岩石力学学会技术进步一等奖、非金属矿工业协会科学技术一等奖、集团公司科技进步三等奖；全年申报专利 40 件，布局从“热”快速拓展至“氢风光”领域。地热能标委会年内发布行业标准 12 项、新立 6 项，累计发布 52 项，覆盖地热全产业链，行业标准体系基本建成。

（徐　兵）

【新能源体制机制改革顺利启动】 坚决贯彻集团公司党组关于新能源产业发展体制机制改革决策部署，成立专项工作机构，制订专项工作方案，细化配套措施，新设立的中石化（北京）新星新能源有限公司、中石化（北京）新能源技术研究院有限公司按时注册登记，地热业务整合重组全面启动，氢能管理部顺利组建，华东分公司试点先行，改革步伐有条不紊、铿锵有力。中地海外公司通过“瘦身健体、刮骨疗毒，深化改革、消除风险”四重改革，强力推进，优势资源更加集中。

（徐　兵）

【世界地热大会成功举办】 2023 年 9 月 15—17 日，支撑集团公司代表中国向全球奉献了一届高水平地热盛会。大会以“清洁地热、绿色地球”为主题，来自全球 54 个国家的 1417 名代表参会、237 家企业参展，首部国际地热行业标准成功发布，创下大会历届之最，获评中国公共关系优秀案例，成功打造“中国石化地热高光时刻”。

（徐　兵）

【新疆库车绿氢项目示范引领作用有效发挥】 积极贯彻集团公司氢能战略，建成全球最大光伏发电制绿氢项目——新疆库车 2 万吨 / 年绿氢示范项目，实现中国绿氢万吨级规模化工业应用零的突破，引领氢能产业链发展，带动国内制氢产业规模质量提升，助力集团公司履行氢能产业链链长职责，提升在氢能工业化应用领域的影响力和话语权。

（徐　兵）

【中萨公司股权转让工作圆满完成】 中萨公司股权转让工作圆满完成，收回资金 2000 万美元，牵头协调解决系统内企业清收债权 1820 万美元，有效保障海外投资安全。

（徐　兵）

【党建工作】 推进第一批、第二批习近平新时代中国特色社会主义思想主题教育，组织读书班，跟进学习领会习近平总书记重要指示精神，第一批主题教育读书班开到雄安新区现场，得到集团公司第二十巡回指导组充分肯定；坚持聚焦主题、求真务实抓调研，领导干部累计调研 77 次，解决基层难题 32 个，共检视形成 71 项问题，有针对性的整改措施 181 项。胜利召开公司第二次党代会，选举产生新一届党委、纪委班子，全面梳理总结 5 年来的成绩和经验，系统部署未来全面工作，为公司发展指明了方向、清晰了路径。规范落实“两个一以贯之”，推行《执行董事决定书》机制。新星公司获评集团公司 2022 年度党建考核 A 档，新疆库车绿氢示范项目光伏电厂获评中国石化工人先锋号，雄县地热站获评集团公司先进基层单位。

（徐　兵）

【新闻宣传】 全年在《人民日报》、新华社、中央广播电视总台等主流媒体和行业媒体发布报道 40 次。策划参与庆祝中国石化成立 40 周年系列活动，新疆库车绿氢示范项目、2023 年世界地热大会相关宣传入选中国石化 2023 年十大新闻事件，

“清洁地热 绿色地球”教育基地获评集团公司第三批红色教育基地，举办的企业文化故事会在线观看人数超2万人次，微电影《新星之光》感动人心。制订《中国石化新星公司品牌引领行动实施方案》，中地海外“一带一路”建设成果被中央广播电视总台《通向繁荣之路》播出，新星公司品牌知名度、美誉度有效提升。

（徐　兵）

表1　新星公司主要技术经济指标　亿元

指标名称＼年份	2023	2022	2021	2020	2019	2018
工业总产值	18.47	16.09	10.06	10.50	9.13	6.97
企业增加值	21.22	17.76	16.31	20.69	20.73	17.62
资产总计	199.50	181.02	140.91	128.92	135.49	136.24
流动资产	87.46	84.24	74.40	70.38	78.17	81.16
固定资产原值	129.50	93.51	82.85	74.84	72.39	64.79
固定资产净值	91.12	57.76	51.68	47.02	45.84	41.37
销售收入	61.22	62.85	52.38	43.75	50.21	57.92
实现利税	4.66	3.40	1.90	2.10	1.35	1.08
税　金	0.78	0.91	0.59	0.44	0.28	0.36
综合能耗 / 吨标煤·万元$^{-1}$	6.94	5.97	4.89	—	—	—

表2　新星公司主要生产经营指标

指标名称＼年份	2023	2022	2021	2020	2019	2018
新增供暖能力 / 万平方米	1 243.00	1 206.00	1 094.00	889.00	783.00	1 107.00
光伏发电装机容量 / 兆瓦	402.00	205.00	4.37	6.91	8.31	6.05
地热能利用量 / 万吉焦	1 250.60	1 216.83	1 045.59	1 324.15	795.70	641.25
太阳能光伏发电量 / 万千瓦·时	40 197.17	15 121.28	10 449.43	9 122.78	8 277.73	7 066.99
陆上风电发电量 / 万千瓦·时	4 416.96	4 477.13	105.27	—	—	—
光伏发电制氢 / 吨	2 358.93	—	—	—	—	—

炼油和销售板块

茂名石化

【概况】 中国石油化工股份有限公司茂名分公司（简称茂名分公司）、中国石化集团茂名石油化工有限公司（简称茂名石化公司）统称茂名石化。茂名石化始建于1955年5月，当初是开采油母页岩来炼制石油，是新中国“一五”期间156个重点建设项目之一，也是这个时期广东省唯一的国家级重点建设项目。单位始名为广东茂名页岩油厂筹建处，后更名为石油工业部茂名页岩油厂筹建处、石油工业部茂名页岩油公司筹建处，1964 年 5 月更名为石油工业部茂名石油公司，1975 年 5 月更名为广东省茂名石油工业公司，1983 年 7 月起正式划归中国石油化工总公司管理。经过近 70 年的发展，茂名石化成为中国石化综合性最强的炼化企业之一，原油一次加工能力 1800 万吨 / 年，乙烯生产能力 100 万吨 / 年。生产设施分布在茂名市、湛江市 2 个地级市共 9 个区县，有 89 套炼油和化工主体生产装置、7 台 CFB 锅炉及配套汽轮发电机组，同时拥有港口、铁路运输、原油和成品油输送管道及 30 万吨级单点系泊海上原油接卸系统，主要生产汽、煤、柴油，石蜡，道路沥青，合成树脂，合成橡胶等 300 余种石油化工产品。

截至 2023 年底，茂名石化下设 14 个机关部门、8 个二级单位、8 个业务中心及 7 家合资企业，党委下设 12 个基层党委、8 个党总支部、109 个党支部。用工总量 8045 人，在册合同制员工 7224 人，其中有正高级职称的 19 人、副高级职称的 553 人、中级职称的 1436 人。

2023 年，茂名石化加工原油 1842.32 万吨，生产成品油 1056.12 万吨、乙烯 104 万吨、化工产品 384.82 万吨；实现销售收入 1193.12 亿元（不含互供收入），创造利税 257.34 亿元，上缴税金 230.33 亿元，留存地方 17.65 亿元。公司建厂以来加工原油 51908.16 万吨，生产成品油 29084.7 万吨、乙烯 2205.52 万吨、化工产品 6670.72 万吨。

茂名石化主要技术经济指标及主要产品产量分别见表 1 和表 2。

（邵思远）

夜幕下的炼油厂区（柯裕清　摄）

【炼油转型升级及乙烯提质改造项目开工建设】 2023 年 11 月 17 日，茂名石化举办炼油转型升级及乙烯提质改造项目开工动员大会，集团公司党组书记、董事长马永生，广东省委常委、常务副省长张虎等领导出席，标志着总投资 300 余亿元的项目全面开工建设。茂名石化炼油转型升级及乙烯提质改造项目被国家发展改革委纳入《国家石化产业规划布局方案》，项目包括炼油转型升级和乙烯提质改造 2 个部分，共建 16 套生产装置和配套的公用工程及辅助设施。

（邵思远）

2023 年 11 月 17 日，茂名石化举办炼油转型升级及乙烯提质改造项目开工动员大会（柯裕清　摄）

【经济效益重回中国石化炼化企业前列】 2023 年，茂名石化坚持将生产经营顶格优化作为打赢争创效益攻坚仗的主要武器，紧盯市场变化，滚动事前算赢，灵活调整产销，狠抓关键创效指标和措施落实，效益重回系统前列，位居集团公司炼化企业第 2 名。

（邵思远）

【党建工作重回 A 档】 2023 年，茂名石化以党建重回 A 档作为年度工作目标之一，以主题教育为主线，遵循“强化党建 +‘七个第一’”发展逻辑，聚焦“务实、创新、融合”，突出“责任、质量、实效”，深入实施“1136”党建方略，全面加强党的建设，为打赢“六大战役”、实现安全效益发展重回中国石化炼化企业前列提供坚强保证，在集团公司年度党建考核中，茂名石化党建工作获 A 档。

（邵思远）

【安全生产】 2023 年，茂名石化着力建设以“安全为天”为核心的安全文化，压实以恪尽职守为中心的安全责任，规范以遵章守纪为底线的安全行为，夯实以设备完好为标准的安全基础，保证“1+5+2”（茂名石化安全生产“1 号令”+HSE 观察、JSA 分析、工作票制度、“手指口述”操作法、“网格化”隐患排查＋联锁报警、变更管理）工作要求有效落地，2023年公司级风险总值下降20.3%，消灭公司A级以上安全事故。

（邵思远）

【节能降碳】 2023年，茂名石化建成投用17个绿色环保项目，实现“三废”稳定达标排放和绿色检修；建成投用SBR污泥干化装置，打通上市部分与存续部分危险废物处置共享通道，固体废物综合利用率达98.57%；扎实开展装置能效对标提升，完成34个节能降碳项目，落实475项节能降碳措施，新增光伏装机容量25兆瓦，节能14.6万吨标煤，降碳36.5万吨，炼油单因能耗、乙烯能耗保持行业标杆水平，节约用水成效显著，被评为全国乙烯水效“领跑者”标杆企业。6月3日，茂名石化被广东省生态环境厅授予2022年度广东省减污降碳突出贡献企业称号，成为广东省18家工业领域方向“减污降碳突出贡献企业”之一。

（邵思远）

【科技创新】 2023年，茂名石化多种途径争取科研投入5.77亿元，首个省级重点实验室揭牌，科研中试基地基本建成；承担省部级以上科研项目89个，自主完成2个工艺包开发；获省部级以上科技进步奖9项，其中一等奖3项；申请专利70件，增加4件；研发生产26个新产品，超计划完成总部2个“揭榜挂帅”产品提量创效项目。

（邵思远）

【深化改革】 2023年，茂名石化做优体制机制，精简基层机构4个、班组8个、岗位20个，一线用工增加323人，在13个基层车间、运行部试点推行“精一岗”能力薪酬改革，中基层干部竞聘比例达66.1%，年度绩效末等调整、不胜任退出比例达3.26%，员工劳动合同期间解除率和期满终止率达4.1%，“三能”机制更加深化实化。

（邵思远）

【员工培训】 2023年，茂名石化压实各级党组织书记培训工作第一负责人的责任，持续加强“精一岗”基本功训练，着力做实“ABB角”机制，建成投用5个实训基地，高质量举办17期“三大员”、16期班组长履职能力提升培训班和175场实操培训，扎实开展学习专班、导师带徒、岗位练兵、盲抽比武、实战演练，基层员工能力素质明显提高。

（邵思远）

【100万吨/年汽油轻馏分优化利用装置建成投产】 该装置于2021年9月开工建设，2023年2月28日中交，采用中国石化自主开发的汽油轻馏分优化利用成套技术。2023年5月1日，茂名石化100万吨/年汽油轻馏分优化利用装置产出合格产品，一次开车成功。该装置投产后，可根据生产工况和“宜油则油，宜烯则烯”原则，从分子尺度对碳五、碳六组分资源进行优化管理，大幅提升轻石脑油资源的综合利用价值，实现乙烯原料、高辛烷值汽油调和组分“双优化”。

（邵思远）

【港口一区光伏项目并网发电】 2023年8月15日，茂名石化港口一区光伏项目并网发电，装机容量24.5兆瓦，年发电量可达3000万千瓦·时，远超港口一区用电量，全年所发绿电相当于减碳1.74万吨。

（邵思远）

【含氢干气提纯回收氢气（VPSA）装置建成投产】 该装置采用国内成熟的流程变压吸附氢提纯技术，于2021年10月开工建设，设计处理能力为5万米^3（标准）/时，以炼厂生产过程中产生的含氢干气和瓦斯气为主要原料，提纯分离出纯度大于99.0%的高纯氢气，直接送全厂氢气管网供下游装置使用，预计每月可回收高价值高纯氢气1100吨，使原本用作燃料的含氢干气等物料发挥最大价值，大幅降低二氧化碳排放。2023年9月20日，茂名石化含氢干气提纯回收氢气装置建成投产，产出合格氢气产品。

（邵思远）

【国内首套液体橡胶装置建成投产】 2023年10月1日，茂名石化5000吨/年液体橡胶装置产出合格产品——5G通信高频覆铜板用液体聚丁二烯橡胶，一次开车成功。该装置是国内首套液体橡胶装置，采用中国石化自主研发技术，其顺利投产标志着中国高性能液体橡胶首次实现国产化，为中国信息产业安全提供关键原材料支撑。该装置生产的产品具有介电损耗低、吸水性低、光热反应活性高等优异性能，广泛应用于手机、电脑、汽车、军工、航天等5G高频通信和婴幼儿、食品、化妆品等环保要求较高的柔性印刷领域。

（邵思远）

【1-辛烯共聚POE产品开发成功】 2023年3月，经过技术改造和反复攻关试验，茂名石化采用中国石化自主知识产权技术的POE中试装置成功产出1-辛烯共聚POE光伏专用料。该产品具有体积电阻率高、高透光率、水汽阻隔性能好等特点，可应用于太阳能光伏胶膜领域。

（邵思远）

【超高黏度指数mPAO产品开发成功】 2023年6月26日，茂名石化mPAO装置成功产出国内首个超高黏度指数新产品mPAO150，实现国内企业在该领域的重大突破。该产品具有超高的黏度指数、较低的倾点、良好的剪切稳定性，可以满足高度苛刻的使用条件，应用在风电、航天、航海、军事、高速列车等关乎国家战略发展的重要领域。

（邵思远）

【全国首个央企工业互联网平台协同推进机制试点项目上线】 2023年1月12日，中国石化设备域一体化应用（一期）建设项目在茂名石化上线。该项目由国务院国资委牵头，茂名石化作为试点单位，采用央企工业互联网平台协同推进机制，汇集茂名石化和中国电科、中国移动、机械总院、航天云网等企业技术力量联合攻关，依托5G工业互联网、人工智能等技术，开发挤压机状态监控、泵群状态监控、5G+新一代巡检等应用App，建立50种挤压机故障、15种泵群故障智能分析诊断模型，实现重要设备数据高频监测和故障诊断预警跨网传输，以及2套试点装置基于人员定位、劣势化趋势、数据自动比对的新一代巡检，助力提高设备长周期运行和现场安全管理水平。

（邵思远）

【借助数据挖掘工具解决业务痛点】 2023年，茂名石化借助数据共享分析平台、有格零代码和RPA机器人技术，成功开发计量差值数据比对、多场景覆盖和物资供应专业等App应用软件，实现贸易交接计量准确率100%、重点任务自动提醒、价格数据自动获取和结算单自动生成等功能，进一步提高工作效率。

（邵思远）

【红色教育基地入选中国石化红色教育基地】 2023年8月4日，茂名石化“南方油城”红色教育基地入选第三批中国石化红色教育基地。茂名石化红色教育基地包含茂名石化厂史馆、露天矿遗址、一蒸馏装置、裂解装置、净化水装置等具有代表性的企业发展标志性参观点，展示茂名石化建厂68年来的历史文化和在新中国石油石化工业发展中的重要作用与地位，是广东地区及港澳台等地区开展红色教育、爱国主义教育、科普教育、职工思想教育、环境教育的重要基地。

（邵思远）

【成功抗击台风“泰利”】 2023年7月17日，2023年第4号台风“泰利”在湛江南三岛沿海登陆，登陆中心附近最大风力为13级，茂名市紧急启动防风Ⅰ级应急响应，全市停课、停工、停运、停航。茂名石化提前谋划，积极应对，成功抗击台风“泰利”的袭击，实现安全稳定生产。

（邵思远）

【教育帮扶工作受好评】 2023年，茂名石化深入做好教育帮扶工作，投入100余万元帮助中国石化上塅希望小学改善办学条件，提高教师教学水平和学生综合素质，组织30个基层党（团）组织“一对一”“多对一”结对帮扶困难学生，为125名在校学生配置校服，结束该校办学90年来没有校服的历史。年底，该校在全乡7所小学教学质量评估和过程管理评估排名由帮扶前的第5名跃升至第2名，获评黄柏乡先进教学单位，被瑞金市教育系统授予瑞金市企地共建示范学校称号。茂名石化教育帮扶工作得到集团公司乡村振兴办充分肯定，在集团公司教育帮扶工作推进会、教育帮扶学校校长培训班上作经验交流分享。

（邵思远）

2023 月 11 月 19 日，茂名石化组织中国石化上垌希望小学学生开展中国石化教育帮扶“传承红色基因，争做新时代好少年”研学活动（谢　芳　摄）

【助力乡村振兴】 2023 年，茂名石化继续定点帮扶广东省茂名市茂南区袂花镇，选派 1 名干部担任乡村振兴办主任、1 名干部驻镇开展工作；春节期间组织慰问袂花镇的困难党员和困难群众，送上大米、花生油等慰问品；争取落实向袂花镇人民政府援建资金，帮助修复袂花镇龙湾村受台风及强降雨破坏的农业水利及防洪设施；抓好消费帮扶产品采购，春节和中秋两大传统节日采购消费帮扶产品共 489.61 万元、增长 8.92%，展示央企责任担当。

（邵思远）

表 1　茂名石化主要技术经济指标　亿元

指标名称 \ 年份	2023	2022	2021	2020	2019	2018
原（料）油加工量 / 万吨						
茂名分公司	2 051.35	2 057.02	2 189.05	2 198.94	2 183.36	2 051.49
工业总产值						
茂名分公司	1 162.57	1 268.79	1 063.64	829.90	1 030.97	1 059.67
茂名石化公司	18.60	16.77	16.44	17.12	15.55	16.12
工业增加值						
茂名分公司	232.41	197.01	341.23	270.23	276.21	342.95
茂名石化公司	5.04	4.22	3.57	8.36	8.55	9.02
资产总计						
茂名分公司	416.64	420.72	489.70	382.32	348.73	340.09
茂名石化公司	38.77	39.18	38.27	39.64	40.35	41.99
流动资产						
茂名分公司	123.48	144.41	225.55	154.10	138.69	130.43
茂名石化公司	10.89	10.26	10.59	10.65	10.18	9.73
固定资产原值						
茂名分公司	543.14	529.48	481.84	429.12	414.77	408.77
茂名石化公司	80.47	81.22	80.55	80.73	79.54	77.59
固定资产净值						
茂名分公司	174.25	181.31	153.86	118.16	118.17	128.17
茂名石化公司	20.99	22.90	24.05	25.88	31.54	31.50
销售收入						
茂名分公司①	1 160.31	1 281.31	1 079.53	826.50	1 045.23	1 065.67
茂名石化公司	32.81	30.65	30.38	30.04	30.81	32.26

续表

指标名称 \ 年份	2023	2022	2021	2020	2019	2018
实现利税[2]						
茂名分公司	253.82	348.72	343.98	276.24	344.06	420.11
茂名石化公司	3.52	4.34	2.43	6.07	3.93	4.82
税　金[2]						
茂名分公司	227.64	365.85	243.8	219.61	280.84	320.07
茂名石化公司	2.69	3.54	1.95	3.30	2.31	2.57
综合能耗[3] / 吨标煤·万元 $^{-1}$						
茂名分公司	0.951	0.834	0.906	0.522	0.533	0.551
茂名石化公司	1.214	1.126	1.176	1.254	1.279	1.284

①茂名分公司销售收入不含炼化互供
②茂名分公司实现利税和税金的数据为当年税金实际缴纳数，并含进口原油增值税
③ 2019 年及以前为 2010 年不变价万元产值能耗，2020 年及以后为 2020 年固定价万元产值能耗，2021 年及以后能源核算口径发生重大变化

表 2　　茂名石化主要产品产量　　万吨

产品名称 \ 年份	2023	2022	2021	2020	2019	2018
乙　烯	104.00	80.03	104.84	118.39	118.20	119.06
丙　烯	59.64	50.24	62.48	67.59	67.69	69.69
三　苯	96.87	84.66[1]	106.15	103.70	111.76	71.31
三苯（化工）	29.66	27.58[1]	36.32	39.61	35.47	37.26
三苯（炼油）	67.21	57.08	69.83	64.09	76.29	34.05
聚丙烯	60.32	49.22	64.46	68.40	69.09	69.40
聚乙烯	86.57	58.48	74.20	84.67	86.82	88.00
高压聚乙烯	38.64	28.95	34.95	37.38	35.59	36.38
全密度聚乙烯	16.00	7.27	11.30	11.34	13.86	14.75
高密度聚乙烯	31.90	22.26	27.95	35.95	37.37	36.87
丁二烯	14.14	10.25	13.03	14.81	14.47	14.67
MTBE	18.96	17.99	22.48	22.71	22.67	23.32
1- 丁烯	1.74	1.34	1.43	1.26	1.62	1.51
乙二醇	1.72	3.20	6.44	6.13	5.68	12.26
环氧乙烷	14.89	17.82	24.88	30.28	27.24	23.45
苯乙烯	0	1.63	10.03	12.13	12.78	11.11
SBS 橡胶	4.94	1.35	6.95	8.25	7.12	7.62
顺丁橡胶	9.50	7.77	7.93	9.25	9.53	9.05
液化气	84.06	81.44	77.44	79.48	88.18	74.93
液化气供外销	35.67	56.70	52.98	41.62	33.20	22.26

续表

产品名称＼年份	2023	2022	2021	2020	2019	2018
石脑油	176.33	179.16	236.90	243.11	187.68	214.45
成品油	1 056.12	1 020.64	1 010.86	1 018.81	1 221.48	1 159.73
汽　油	351.49	358.23	415.66	383.29	433.83	422.82
高标号汽油	145.04	139.72	167.28	160.09	157.08	150.31
煤　油	302.70	173.60	177.13	190.19	354.08	323.64
柴　油	401.93	488.81	418.07	445.33	433.57	413.27
润滑油基础油	42.96	43.12	44.61	31.45	35.91	37.78
石　蜡	1.82	1.69	2.89	2.30	4.93	4.26
燃料油	118.70	142.62	115.43	94.26	11.88	11.74
低硫重质船燃	58.80	88.99	59.09	62.82	0.21	0
沥　青	109.71	86.79	122.01	179.39	111.39	125.79
石油焦	73.42	89.87	73.53	79.37	77.54	70.66
硫　黄	26.12	27.68	28.53	22.96	22.01	20.22

①数据有更新

高桥石化

【概况】 中国石化上海高桥石油化工有限公司（简称高桥石化）成立于1981年11月，经过40年发展，成为中国石化重要的大型燃料-润滑油-化工型骨干企业。占地面积4.12平方千米（高桥老区3.82平方千米、漕泾新区0.3平方千米）。高桥石化炼油区域具备原油综合加工能力1300万吨/年，分别为800万吨/年的汽柴油生产系统和500万吨/年的润滑油生产系统。漕泾化工区域有苯酚丙酮、丁苯橡胶、ABS三套装置，具备50万吨/年的化工产品生产能力，电厂装机容量17.5万千瓦；共有50余套生产装置，主要产品有汽油、柴油、航空煤油、润滑油（基础油）、石蜡、白油、苯酚、丙酮、丁苯橡胶、ABS等。2000年和2007年，根据总部改革部署，先后成立中国石油化工股份有限公司高桥分公司和中国石化集团资产经营管理有限公司高桥分公司；2016年，根据提升调整工作需要，在上海自贸区注册成立中国石化高桥石油化工有限公司，实现“分转子”的改革。

2023年，高桥石化加工原油1030.39万吨，生产成品油622.31万吨、化工产品42.89万吨，发电量5.34亿千瓦·时，供热量588.94万吉焦；利润总额1.14亿元；营业收入601.85亿元。高桥石化连续4年获评集团公司安全生产先进单位，连续3年荣膺浦东新区经济特别贡献企业第1名。高桥石化共有中层机构29个，其中职能部门14个、直属单位5个、二级单位10个。高桥石化与

高桥石化连续3年荣膺浦东新区经济特别贡献企业第1名

德国巴斯夫、美国雪佛龙、日本三井等企业合作，建立15家合资企业；有改制企业10家；用工总量近3000人。

高桥石化主要技术经济指标及主要产品产量分别见表1和表2。

（刘宇婷）

【首次生产销售橡胶防护蜡】 2023年11月7日，高桥石化首次成功生产286吨橡胶防护蜡，12月6日，首批28吨橡胶防护蜡产品装运出厂。对照行业标准，成立攻关团队，依托现有原油和产品资源，通过调和成功生产出橡胶防护蜡，起到显著改善橡胶老化的作用，具有良好的市场应用前景。橡胶防护蜡的成功出厂，优化升级石蜡产品结构，提升产品竞争力，助力高桥石化产品价值赋能、提质增效。

（刘宇婷）

【成功生产涤纶低弹丝油剂满足终端客户需求】 2023年，高桥石化成功生产涤纶低弹丝油剂，并装运出厂，发往各终端用户。面对涤纶低弹丝油剂操作经验空白的现状，高桥石化专业技术团队积极配合装置人员不断摸索、优化工艺参数，寻找出质量与收率最佳控制比例，大幅缩短生产时间。该产品是高桥石化大力推进“油转特”开发生产的又一高附加值新产品，具有颜色水白、闪点高、气味低的特点，能满足下游纺丝企业的需求，具有广泛的市场前景。

（刘宇婷）

【100#工业白油稳定生产助力“油转特”工作上台阶】 2023年，高桥石化成功产出300吨100#工业白油，进一步丰富工业白油产品种类。专业技术团队从产品指标推原料配比，确定生产方案，各装置统筹协调生产操作，根据前期生产HVI II10重质基础油的经验，及时跟踪生产情况，保证操作调整一次到位，首次实现100#工业白油的稳定生产，助力高桥石化“油转特”工作再上新台阶。

（刘宇婷）

【自主开发ABS新牌号提升企业竞争力】 2023年，高桥石化化工部ABS装置技术人员充分发挥主观能动性，利用现有的技术和设备，经过两轮试验、数次工艺配方调整，成功开发出哑光级ABS 3381新牌号，在丰富ABS产品牌号的同时提升企业竞争力。哑光级ABS 3381新牌号主要应用于汽车材料的哑光性需求，可以满足消费者对产品表面更加柔和的高级感、减少镜面反射带来刺眼感的需求。

（刘宇婷）

【开发高性能低顺橡胶产品填补国内空白】 2023年，高桥石化成功生产出低顺橡胶A65AE新牌号产品。为推进新牌号产品工业性试生产顺利开展，高桥石化技术团队与北京化工研究院技术人员进行多次技术讨论，最终确定在化工部丁苯橡胶装置成熟牌号的基础上，通过调整关键配方等手段产出54.6吨符合A65AE优等品指标的橡胶产品。该产品具有凝胶含量低、回弹性好、动态性能和低温曲挠性能优异等特点，其综合性能与国际同类产品相当，具有良好市场应用前景。

（刘宇婷）

【与中国银行签署低碳战略合作框架协议】 2023年，浦东新区召开绿色金融发展暨气候投融资促进中心成立大会。高桥石化受邀参加成立大会，副总经理陶旭海代表高桥石化与中国银行上海市分行签署低碳战略合作框架协议，标志着高桥石化积极参与地方绿色低碳发展，与中国银行达成绿色金融方面的意向合作，共同赋能绿色未来。

（刘宇婷）

【中国炼油创新技术MIP工业化20周年研讨会在高桥石化举行】 2023年，中国炼油创新技术MIP工业化20周年研讨会在高桥石化举行。中国科学院院士、全国人大教科文卫委员会副主任委员李静海，中国科学院院士何鸣元、谢在库，中国工程院院士杨为民，中国化工学会副理事长兼秘书长方向晨等专家学者近百人出席活动。高桥石化被授予MIP技术开发特别贡献企业奖项。

（刘宇婷）

【为首艘国产大邮轮提供初装油】 2023年，中国首艘国产大型邮轮“爱达·魔都号”经过六天五夜1630海里的海上航行，稳稳靠泊在上海外高桥造船码头，完工试航显示验证项目全部达标。试航关键测试项目之一的主发动机“轻油—重油转换”试验通过验收，高桥石化以“每一滴油都是承诺”的质量理念与燃料油上海公司和上海石油分公司通力协作、密切配合，高效完成定制油品生产保供任务。该次采用的发动机重油是由高桥石化生产的低硫船用燃料油，标志着高桥石化低硫船用燃料油产品首次从外贸出口转向内贸，正式打通内贸出厂全流程，丰富贸易形式。

（刘宇婷）

圆满完成国产首艘大型邮轮“爱达·魔都号”发动机初装油定制

【集团公司第八届青年外语风采大赛在高桥石化举行】 2023年，集团公司第八届青年外语风采大赛半决赛、决赛在高桥石化举行。集团公司总经理、党组副书记赵东观看决赛，并为获奖选手颁奖。本届大赛由集团公司团委、党组组织部、国际合作部和关心下一代工作委员会主办，高桥石化承办，134家直属单位、3个总部部门逐级选拔推荐203名选手参与大赛。经过层层角逐，最终7名选手获金奖、7名选手获银奖、7名选手获铜奖。

（刘宇婷）

【全国职业技能竞赛获“两金一银一铜”】 2023年，在全国行业职业技能竞赛硫回收装置操作工竞赛决赛中，高桥石化获团体二等奖，炼油四部蔡文彬获个人金奖、炼油三部张鋆益获个人银奖、炼油四部黄扬获个人铜奖；在全国首届丁苯橡胶装置操作工竞赛中，化工部李娟获个人金奖。

（刘宇婷）

【成功举办第三届“最强操作”竞赛】 2023年，高桥石化举办以“让规范成为习惯，让习惯保障安全”为主题的应急处置比武，拉开第三届“最强操作”竞赛序幕。全年组织15个项目、27场竞赛，其中11项作为总决赛赋分。竞赛重点推动“工作”“培训”“竞赛”的互融互促，不断创新竞赛形式，提升竞赛的针对性有效性，加强成绩分析和结果应用，做到月月有赛事、处处设擂台、人人是选手，有效提升员工的技能水平。

（刘宇婷）

【开展百日创效专项行动全力争取更好经营业绩】 2023年，高桥石化开展“保安全、降成本、增效益”百日创效专项行动，为确保专项行动取得实效，制定安全环保、生产经营、增效创效、效益成本、产品质量5个工作目标，明确抓责任落实、抓安稳运行、抓原油采购、抓统筹优化、抓结构调整、抓精准营销、抓降本减费7个方面重点工作，并细化量化55项具体措施。各部门、各单位及时把专项行动指标及措施进行分解，将工作开展情况与高桥石化年度重点工作落实情况相融合，全力争取更好经营业绩。

（刘宇婷）

【分布式光伏发电项目全面建成并投用】 2023年，高桥石化分布式光伏发电项目全面建成并投用。该项目按照“总体规划、分步实施”的原则，在炼油办公区域、炼油海滨区域和漕泾化工部区域建设，总发电容量1508.55千瓦，预计年均节约标煤470.56吨、减少碳排放1256.39吨，可实现清洁能源应用的碳减排效益和社会效益。

（刘宇婷）

分布式光伏发电项目全面建成并投用

【参研集团公司“十条龙”攻关项目通过总部鉴定】 2023 年，高桥石化作为主要参研单位承担的集团公司“十条龙”重点科研攻关项目——“燃料电池车用氢气纯化及供应技术研发和应用”通过总部鉴定。专家组评议认为，该成套技术达到国际先进水平，标志着高桥石化科技创新迈出重要一步，为中国石化新能源战略转型、车用氢能源的发展奠定扎实的基础。

（刘宇婷）

【设备国产化攻关工作取得阶段性成效】 2023 年，高桥石化开展设备关键部件国产化攻关工作，针对国外进口备件采购费用高、供货周期长和技术壁垒等问题，重点推进完成化工部 ABS 装置平推流盘管搅拌底驱动反应器两套密封国产化的工作，试用效果良好，节省费用 320 万元，极大地缩短采购周期，消除该设备的“卡脖子”问题。同时，完成高桥石化首套 CCS 系统的国产化改造攻关，投用后运行正常，为后续 CCS 系统国产化奠定基础。

（刘宇婷）

【企业文化展示馆获评中国石化红色教育基地】 2023 年，高桥石化企业文化展示馆获评中国石化“敢为人先、产业报国”主题红色教育基地。企业文化展示馆依托丰富的历史实物、图文展陈，再现高桥石化从上海炼油厂“01 工程”，到新中国第一个跨行业、跨部门联合的大型经济体，再到世界首套 MIP 工业装置，实现中国炼化发展史上诸多“从零到一”突破的辉煌历程，展现高桥石化敢于突破、先试先行的奋斗精神和历史贡献。

（刘宇婷）

表 1　高桥石化主要技术经济指标　亿元

指标名称＼年份	2023	2022	2021	2020	2019	2018
原油加工量 / 万吨	1 030.39	1 050.33	904.76	1 030.60	1 075.43	868.04
工业总产值	598.94	691.57	456.74	411.01	528.45	471.51
炼　油	562.52	648.21	410.91	375.13	492.06	433.76
化　工	34.83	45.60	47.55	36.57	37.75	38.97
资产总计	334.25	395.93	375.61	342.77	377.44	316.70
流动资产	185.21	239.91	162.53	110.20	132.80	127.45
固定资产原值	194.65	190.01	187.91	185.05	180.75	173.49
固定资产净值	38.52	37.61	40.17	44.72	46.46	44.48
销售收入	601.56	690.19	462.24	402.28	519.43	472.72
实现利税	103.05	149.72	125.91	108.70	126.08	134.73
税　金	100.74	110.16	87.35	100.86	100.68	98.69

表 2　高桥石化主要产品产量　万吨

产品名称＼年份	2023	2022	2021	2020	2019	2018
汽　油	218.42	226.72	201.96	225.49	260.73	205.52
煤　油	122.98	102.85	95.23	117.42	153.96	111.09
柴　油	280.90	291.77	213.78	292.45	312.49	263.93
石油芳烃	6.55	6.24	6.59	6.44	7.43	5.94
润滑油基础油	29.10	27.52	27.20	27.56	25.93	21.88

续表

产品名称＼年份	2023	2022	2021	2020	2019	2018
商品原料油	22.44	24.63	29.18	33.57	35.47	22.84
石　蜡	12.25	12.53	12.19	13.58	13.31	10.06
石油焦	72.35	75.34	53.83	62.51	69.16	55.51
合成橡胶	7.29	8.21	7.69	7.45	7.03	6.93

金陵石化

【概况】 中国石油化工股份有限公司金陵分公司（简称金陵分公司）和中国石化集团金陵石油化工有限责任公司（简称金陵石化有限公司）统称金陵石化，位于南京市东北郊，占地面积 778.93 万平方米。金陵石化成立于 1982 年 1 月，1983 年 7 月划归中国石油化工总公司。

金陵石化主要从事石油炼制及石化产品的加工生产和销售，拥有炼油、芳烃、热电、烷基苯等大型生产装置 70 余套，原油加工能力 1800 万吨 / 年，是中国石化第三大原油加工基地和亚洲主要的洗涤剂原料生产基地，有金陵亨斯迈、江苏金桐等合资企业 6 家，在华东及沿江地区石化产业布局中占有重要位置。

金陵石化生产石油产品 50 余种，是华东及沿江地区成品油、液态烃、石油苯、烷基苯等产品的主要供应商之一，也是江苏地区乙烯、聚丙烯、合成纤维、新型环保材料等产业的原料供应基地，是南京市首家销售收入突破千亿元的工业企业。产品除供应华东市场外，还远销全国各地，并出口至美国、加拿大、日本等 30 余个国家和地区。

截至 2023 年底，金陵石化下设 14 个职能部室、8 个专业化管理中心、9 个生产运行部、1 个工厂。在职职工总数 5264 人，其中具有正高级（教授级）职称的 8 人、副高级（高级）职称的 380 人、中级职称的 954 人。

金陵石化主要技术经济指标及主要产品产量分别见表 1 和表 2。

（杨文雅　王　炜）

【领导班子调整】 2023 年，集团公司发文调整金陵石化领导班子：6 月，陈雷震任二级协理员，不再担任金陵分公司副总经理，金陵石化有限公司党委常委、委员。10 月，陈岗担任金陵分公司副总经理、金陵石化有限公司党委常委；杨雅婷担任金陵分公司总会计师、金陵石化有限公司党委常委。

（杨文雅　王　炜）

【经营业绩再创佳绩】 2023 年，金陵石化生产经营平稳，经营效益蝉联中国石化炼化生产企业第一。全年加工原油 1778.1 万吨，生产汽、煤、柴油合计 1020.3 万吨，实现营业收入 1110.76 亿元、税金 163.55 亿元、整体盈利 31.15 亿元。其中，金陵分公司实现利润 28.95 亿元（炼油板块盈利 23.94 亿元，化工板块盈利 5.01 亿元），金陵石化有限公司实现利润 2.2 亿元。

（杨文雅　王　炜）

【风险防控一体统筹】 2023 年，金陵石化深化 HSE 体系内审外查成果运用，扎实开展“安全管理强化年”行动，公司级重大风险值下降 12%。开展安全督查“123”行动，优化电子作业票使用，现场作业更加标准化。梳理更新装置 PSSR 检查表，完成 2434 张流程图修订和 110 台密闭采样器整改，单装置小时平均报警数稳定在 0.8 次水平；强化设备完整性管理，CD 区机泵整治率、废旧及断头管线拆除进度、带压堵漏夹具消除率均稳步提升，获评中国石化设备管理先进企业。严格“三大纪律”，落实好“五懂五会五能”“手指口述”和“135”应急处置，员工 HSE 能力素质稳步提升。

（杨文雅　王　炜）

【绿色发展稳步推进】 全方位开展 VOCs 溯源分析，创新组织现场嗅辨，LDAR 抽检泄漏率低至 0.14%、延迟修复点减少 34%，获石油炼制绿色发展先进水平企业、江苏省绿色领军企业称号。狠抓节能降碳，实施 25 项能效提升项目，二次装置直、热供率分别提升至 82.4% 和 87.1%，炼油单因耗能、煤化工能耗创历史新低；光伏发电并网，回收利用二氧化碳 20 万吨，认购绿电 1.75 亿千瓦·时、位列江苏市场首位。

（杨文雅　王　炜）

【CCUS 示范项目建成投产】 2023 年 1 月 10 日，金陵石化举行 10 万吨 / 年 CCUS 示范项目投产暨二期启动仪式。该项目充分发挥中国石化驻苏企业上中下游资源与技术优势，将金陵石化水煤浆装置副产的高浓度二氧化碳回收利用，供江苏油田气驱提高原油采收率，实现变排为注、变废为宝。项目一期投资 5000 余万元，于 2022 年 7 月 20 日开工建设，2023 年 1 月 10 日顺利投产，每年可捕集利用与封存二氧化碳 10 万吨。在一期投产的基础上，双方正式启动二期 20 万吨 / 年 CCUS 项目建设工作，并谋划通过水路、已有穿江管线等方式，消除江南江北运输成本堵点，实现绿色低碳、资源利用和经济效益最优化。

（杨文雅　王　炜）

10 万吨 / 年 CCUS 示范项目建成投产（张　兴　摄）

【“Hardgrade”沥青出口澳大利亚】 2023 年 6 月 22 日，金陵石化首次产出 3000 吨“Hardgrade”标准沥青并出口澳大利亚，进一步拓展特种沥青的海外市场，全力提升产品市场竞争力。

（杨文雅　王　炜）

首次产出“Hardgrade”沥青并出口澳大利亚
（张　兴　摄）

【成功完成金陵石化史上最大规模吊装作业】 2023 年 8 月 10 日，金陵石化煤化工净化装置技术改造项目吸收塔成功吊装就位，高 96 米、重达 675 吨的吸收塔在 4000 吨起重机的牵引下缓缓升起，实现“塔起灯亮”，该次吊装作业是金陵石化历史上规模最大的一次吊装作业。

（杨文雅　王　炜）

【环保型重蜡月销量首次突破 1 万吨】 2023 年 7 月，金陵石化环保型重蜡销量超 1 万吨，环比增长 38%，创单月销量历史新高。

（杨文雅　王　炜）

【“金宛”品牌产品亮相“易享节”特色商品展销会】 2023 年 9 月 8—10 日，金陵石化“金宛”品牌全新高端洗衣凝珠、洗衣液、餐具洗涤剂、洗手液四大系列 12 款单品亮相第六届“易享节”特色商品展销会。经历多年创新研发，该次推出的全新洗化产品线，标志着金陵石化重新建立从煤油、液体石蜡、烷基苯、磺酸等传统洗化中间产品，到液洗、凝珠等新型终端产品的全产业链，实现集团公司“洗涤化工”特色产业强链补链延链。

（杨文雅　王　炜）

“金宛”品牌全新系列洗涤产品亮相“易享节”特色商品展销会（张　兴　摄）

【高纯度正己烷首次销往烟碱生产行业】 2023年7月起，金陵石化抢抓煤制油企业受原料征收消费税的影响，正己烷装置逐渐减产、停产，市场资源锐减，供不应求的机遇，结合成本端走势及市场供需情况全力做好推量推价工作，高纯度正己烷（＞99.5%）单价突破14000元/吨，环比增长40%，创历史新高；通过细分市场、“一品一策”，推广医药、色谱、试剂等行业应用，深化新市场挖潜，产品首次销往烟碱生产行业。

（杨文雅　王炜）

【光伏发电项目成功并网发电】 金陵石化认真践行绿色低碳发展理念，利用职工停车场、体育馆和办公楼楼顶近3.2万平方米用地，与新星公司合作开展4.2兆瓦分布式光伏发电项目，于2023年10月全部正式并网并发电。该项目全年发电量约400万千瓦·时，按照发电煤耗平均300克/（千瓦·时），每年可节约标煤1200吨，降低碳排放约3000吨，是金陵石化实现“碳达峰碳中和”的又一次重要实践。

（杨文雅　王炜）

【党建融合一体深化】 坚持学思用贯通、知信行统一，扎实开展主题教育，切实把理论学习、调查研究、推动发展、检视整改等贯通起来、一体推进。贯彻落实集团公司党组决策部署，认真执行“三重一大”决策制度和内控权限指引，确保各治理主体权责清晰、运作高效。干部人才队伍持续优化，公开竞聘48个中基层领导岗位，2023年动态调整干部104人，4名干部入选“百舸千帆”实践锻炼，6人取得首席、特级技师职业技能等级。持续深化“五个一”活动，组织“立足岗位作贡献”“建言献策促发展”等主题党日活动，引导党员主动担当作为、争当先锋模范。扎实开展“苦干实干强‘三基’、提质提速创标杆”大讨论活动，举办庆祝中国石化成立40周年企业文化故事会，金陵石化历史陈列馆入选中国石化红色教育基地、江苏省科普教育基地。坚持“三不腐”一体推进，启动新一轮党委巡察，组织全员学习职工处分规定，筑牢思想防线。扎实开展工会组织建设年活动，常态化开展三项品牌劳动竞赛，持续推进职工创新工作室创建，完成19家职工创新工作室评比验收，表彰职工创新成果41项。举办“青马工程”培训班，加强青年骨干人才队伍建设。组织实施阅江台单身公寓投用、35#路出新、公园修缮等126个办实事项目，员工获得感持续提升，金陵石化获评南京市幸福企业。

（杨文雅　王　炜）

表1　金陵石化主要技术经济指标　亿元

指标名称＼年份	2023	2022	2021	2020	2019	2018
原油加工量/万吨	1 778.10	1 726.10	1 802.22	1 677.39	1 770.12	1 800.61
工业总产值	1 049.80	1 145.27	912.13	671.45	889.75	1 020.11
炼　油	924.80	1 002.3	801.23	597.20	792.56	879.08
化　工	121.90	139.83	106.11	70.87	93.70	135.36
其　他	3.02	3.14	3.29	3.38	3.49	5.67
工业增加值	215.70	211.55	276.15	213.59	228.13	291.61
资产总计	313.19	317.18	373.19	297.26①	266.29	261.58

续表

指标名称＼年份	2023	2022	2021	2020	2019	2018
流动资产	143.96	147.24	198.20	118.15①	85.87	104.16
固定资产原值	322.57	317.4	312.07	306.85①	302.60	291.13
固定资产净值	95.88	99.22	104.93	111.22①	116.70	117.37
销售收入	1 110.76	1 188.75	958.56	697.93①	933.15①	1 009.37
实现利税	185.53	189.46①	258.09	170.48①	191.53	247.53①
税　金	163.55	164.42①	205.36	159.93①	165.87	202.90①
综合能耗②/吨标煤·万元$^{-1}$	0.40	0.40	0.40	0.42①	0.29	0.28

①数据有调整

②万元产值综合能耗，2020 年前以 2010 年不变价格计算，2020 年以后以 2020 年不变价格计算

表 2　　金陵石化主要产品产量　　万吨

产品名称＼年份	2023	2022	2021	2020	2019	2018
汽　油	430.90	421.83	456.75	425.15	476.37	475.67
煤　油	211.70	165.47	162.03	185.63	256.48	253.93
柴　油	377.70	357.91	351.48	367.66	404.80	415.96
溶剂油	0.44	0.64	0.55	0.71	0.99	1.03
石脑油	98.52	126.22	152.23	130.80	126.01	137.01
商品燃料油	99.64	23.43	126.72	93.33	17.44	5.40
液化气	58.23	58.86	57.06	55.33	72.21	86.64
石油焦	61.31	70.44	60.35	51.70	52.51	76.80
沥　青	140.44	122.69	131.18	130.43	141.10	100.45
苯类合计	103.64	120.99	106.79	104.16	97.24	116.79
烷基苯	22.40	23.21	20.60	22.25	20.46	20.51
轻　蜡	27.48	25.52	25.17	28.67	29.09	29.48

福建炼化

【概况】 福建炼油化工有限公司（简称福建炼化）是由股份公司和福建省石油化学工业公司各出资50%合资设立的具有独立法人单位资格的大型炼油化工一体化企业，位于福建省泉州市泉港区。其前身福建炼油厂始建于 1989 年 1 月。福建炼化设 8 个机关部门，有 1 家代管单位、6 家合资公司。本部职工总数 172 人，其中本科及以上学历的职工 159 人。

福建联合石油化工有限公司（简称福建联合石化）是由福建炼化、埃克森美孚中国石油化工公司、沙特阿美亚洲有限公司按 50%：25%：25%比例合资建设的大型石油化工一体化企业，

总投资 319.85 亿元，占地 478.70 万平方米。于 2007 年 6 月成立，2009 年 11 月投入商业运营，2013 年底完成脱瓶颈改造，有 1400 万吨 / 年炼油、110 万吨 / 年乙烯裂解、100 万吨 / 年芳烃、90 万吨 / 年聚乙烯、67 万吨 / 年聚丙烯、部分氧化 / 汽电联产装置（IGCC）等 30 套炼油及化工联合装置，主要加工沙特原油，生产汽油、柴油、聚乙烯、聚丙烯、对二甲苯、工业用纯苯、丁二烯等石化产品。

福建古雷石化有限公司（简称福建古雷石化）是由福建炼化与台方石化联合体投资的旭腾投资公司按 50%：50%的比例合资建设，于 2016 年 11 月完成工商注册并举行揭牌仪式，负责建设运营海峡两岸合作投资最大的石化项目——古雷炼化一体化工程一期项目。该项目于 2017 年 12 月正式开工建设，2021 年 8 月投产。主要装置包括 100 万吨 / 年乙烯、55 万吨 / 年裂解汽油加氢、35 万吨 / 年芳烃抽提、13 万吨 / 年丁二烯抽提、30 万吨 / 年乙烯醋酸乙烯树脂（EVA）、10 万吨 / 70 万吨 / 年 EO/EG（环氧乙烷 / 乙二醇）、60 万吨 / 年苯乙烯、35 万吨 / 年聚丙烯、10 万吨 / 年热塑性弹性体（SBS）和配套码头、热电、空分等。2017 年 7 月 16 日，福建古雷石化与福建漳州港口有限公司按 49%：51%的比例合资成立福建漳州古雷石化码头有限公司。

福建炼化林德气体有限责任公司（简称福林气体）由福建炼化与林德气体（香港）公司按 50%：50%的比例合资建设，于 2008 年 8 月正式成立，2010 年底正式投入商业运营，主要为福建联合石化和泉港石化园区提供专业气体产品。

福建福华气体有限公司（简称福华气体）由福建炼化与联华实业投资香港有限公司按 50% ：50% 的比例合资建设，于 2018 年 3 月正式注册成立，2021 年 2 月正式投入商业运营，主要为福建古雷石化和古雷石化园区提供专业气体产品。

中石化化工销售福建有限公司（简称化销福建）由福建炼化与化工销售公司按 10%：90%的比例合资设立，于 2012 年 4 月正式挂牌成立。

福建省福橡化工有限责任公司（简称福橡化工）由福建炼化与福建省石油化学工业公司按 49%：51%的比例合资建设，于 2011 年 5 月正式成立，由于市场竞争等因素持续亏损，双方股东决定全面停产。

福建炼化主要技术经济指标及主要产品产量分别见表 1 和表 2。

（刘　威）

【领导班子调整】 2023 年 4 月 26 日，集团公司党组召开视频会议，宣布调整福建炼化领导班子。经集团公司党组、福建省委共同研究决定：张西国任福建炼化董事长、党委书记，福建联合石化董事长、党委书记，福建古雷石化副董事长，免去其福建古雷石化总裁、党委书记，古雷炼化一体化项目管理部总经理，福建炼化副总经理职务；赵天星任福建古雷石化董事、总裁、党委书记，古雷炼化一体化项目管理部总经理，仍任福建炼化董事、总经理、党委副书记，福建联合石化董事、党委副书记；免去刘向东福建炼化董事长、党委书记，福建联合石化董事长、党委书记，福建古雷石化副董事长职务，待政协委员任期届满后办理退休手续。

（刘　威）

【狠抓 HSE 管理体系有效运行】 2023 年，福建炼化完成 HSE 管理体系手册（2023 版）修订发布，细化测量指标 127 项，补充更新三级文件 86 份。按照“写所做的、做所写的”和“本人制定、上级审核”的原则，对照安全生产责任清单，制定全员岗位安全生产工作任务清单 436 项。实现权属合资公司、代管企业 HSE 管理体系审核全覆盖，协调集团公司专家对福建联合石化 OIMS 管理体系开展为期 1 周的外审，完成 6 个要素的审核任务，有效增进集团公司体系管理经验与 OIMS 体系管理经验互融互促；组织对福建古雷石化 HSE 管理体系审核开展全过程观察；完成对福林气体、福华气体安全生产标准化体系的第二方全要素审核。

（刘　威）

【开展提质增效行动】 2023 年，福建炼化组织公司及权属合资公司实施提质增效项目 88 个，累计创效 11.87 亿元，有力推动在严峻的市场形势下连续 9 年完成股份公司调整下达的效益目标。在原油（料）采购上，福建联合石化首次用足 17% 非沙特原油采购比例，抓住机会采购现货原油 164 万吨，类比沙特原油降本 2.55 亿元；福建古雷石化抓住市场有利时机采购石脑油、丙丁烷、煤炭等原（辅）料，降本 1.62 亿元。在运行优化上，福建联合石化灵活调整轻烃回收装置轻石脑油干点，不断优化化工原料去向，增效 0.9 亿元；福建古雷石化探索裂解炉长效优化机制，提升效益 0.21 亿元。

（刘　威）

【推进泉州泉港、漳州古雷两个基地协同发展】 福建炼化聚焦做强做优做大，按照“1+1>2”“市场化”“透明化”的原则，设定“四个场景”，推动两个基地主要权属合资公司福建联合石化、福建古雷石化签订《协同发展战略合作框架协议》，每月定期召开工作例会，围绕原料产品互供、物流设施互用、人力资源互助、库存物资互备和管理信息互享 5 个方面开展协同优化。建立统一的 PIMS 优化模型，加强统筹测算、推动整体优化，做好产销计划和采购安排。2023 年，协同采购丙丁烷/液化气 12.5 万吨、互供甲苯 2.43 万吨，有力促进降本增效；同时，开展各专业技术专家资源协同、安全管理及财务管理共建共享，推动优势互补、共赢发展。

（刘　威）

【福建联合石化芳烃联合装置创效作用有效发挥】 2023 年，福建联合石化充分发挥芳烃联合装置脱瓶颈改造后优势，通过实施降低甲苯和碳九外甩量、提高歧化负荷、优化异构化反应温度压力参数、加强低温热压缩机组保养维护等措施，优化生产操作，落实节能措施，推进精细管理，确保装置高负荷平稳运行，努力实现效益最大化。全年生产对二甲苯 87.11 万吨、增长 8.37%，装置综合能耗下降 2.24%、能效指标获选福建省能效“领跑者”标杆，息税前利润增长 5.3%，实现产量高、效益好、能耗低的目标，创历史最佳水平，有力促进福建联合石化化工板块效益位列中国石化系统内第一。

（刘　威）

2023 年 8 月 8 日，福建联合石化芳烃联合装置能效指标获选福建省能效“领跑者”标杆（张　磊　摄）

【福建古雷石化 EVA 装置安全投料试车一次成功】 2023 年 5 月 11 日，古雷石化 EVA（乙烯-醋酸乙烯树脂）装置安全投料试车一次成功，标志着福建古雷石化化工生产装置全部投入运行。EVA 装置于 2019 年 3 月开工建设，2022 年 10 月中交，设计产能 30 万吨/年，是国内单条管式法产能最大的生产线之一。装置主要以乙烯为生产原料，其产品可用于制作功能性涂覆、食品包装内膜、光伏发电应用的特殊薄膜等。装置投产后，持续开展长周期稳定运行攻关，总结出（1+1+1）×N 的牌号轮换排产规律，运行水平不断提升，全年产出 5 个牌号、14.74 万吨 EVA 产品，高 VA（28%VA）产品比例达 59.1%，产品实现全产全销，增效超 5 亿元，助力企业扭亏减亏。

（刘　威）

【大力推进拓市扩销】 2023 年，福建炼化树牢“以客户为中心”的经营理念，紧贴市场，密切产销衔接，努力提供优质高效产品服务。福建联合石化自营产品产销率超 100%，柴油、航空煤油销量增长超 30%，举办疫情后首次客户座谈会；福建古雷石化加大产品在园区内销售力度、增效 0.51 亿元，与化销华南分公司进行价格回顾和谈判，产品均价提高 115 元/吨，持续开展好向台湾地区产品销售工作；福林气体成功开发 2 家新长约客户，提升年度效益 5%；福华气体液氩产品出口新加坡、菲律宾等“一带一路”国家。

（刘　威）

【推进科技创新工作】 2023 年，福建炼化持续做好《福炼科技》编发；完成“沸腾床与溶剂脱沥青组合技术开发”项目的审批及合同签署，并按照进度计划推进相关工作。福建联合石化、福建古雷石化聚烯烃新专用料比例提升至72%，达高质量发展指标中的优秀水平；开发聚烯烃新产品7个，其中抗菌料1100N-A填补国内市场空白。福建联合石化成立研发中心，加强产品开发研究，投入研发费用3.31亿元、增长26.3%；按要求推进包装膜回收循环利用试点工作。福建古雷石化成立研发中心，加强科技开发工作统筹协调，首次完成研发费用梳理归集。

（刘　威）

【推进古雷炼化一体化工程二期项目】 该项目经过可研优化调整，拟新建1600万吨/年炼油、150万吨/年乙烯、200万吨/年芳烃等30余套炼化装置及公用工程系统配套等，报批总投资711.44亿元（不含可抵扣增值税），2023年12月29日获纳规批复。按照主项目+南7#项目、热电项目、油品化工品码头项目3个部分分开推进核准工作。总体设计前期工作完成初稿和内审，开展十多种工艺路线比选及优化配置；现场准备完成项目选址性勘察，与园区共同成立前期工程项目联合指挥部，配合开展海砂矿产资源开采“两权合一”招拍挂等事宜；成立项目联合指导委员会及商务、技术工作组，对合资合同关键条款、原油供应协议等进行10轮商谈。

（刘　威）

【党建质效不断提升】 党建统筹管理迈出新步伐，坚持统分结合、优化整合、协同联合，制订实施一体化统筹福建古雷石化党建工作方案，健全完善党建工作领导小组及办公室运行机制，促进大福炼党建工作上下贯通、左右融通，形成工作合力。融合互促见到新成效，聚焦安全生产、提质增效等重点工作，深化“五抓五促”党建引领，福建联合石化通过开展“学习贯彻二十大、提质增效再出发”党建主题实践活动，深化“一区两岗”建设，有力推动党建工作沉到基层一线，融入生产经营中心工作；福建古雷石化大力开展“四梁八柱”党建融合特色平台建设，推动优化操作、技术进步、查患排险、精细管理等专业工作水平不断提升。

（刘　威）

【巡视巡察不断深化】 福建炼化持续抓好2021年集团公司党组巡视反馈问题整改，强力推进，实现整改完成率100%。举一反三抓好2023年中央巡视集团公司党组反馈问题整改，制订工作方案，建立问题清单、任务清单、责任清单，抓好跟踪推进。制订公司党委巡察工作五年规划（2023—2027年）和2023年工作计划，加强统筹谋划，构建巡察监督全覆盖格局。2023年，首次对福建古雷石化4个党组织开展党委巡察，组织对福林气体党总支开展巡察“回头看”。扎实做好巡察“后半篇”文章，建立健全“改初沟通指导，改中重点督办，改后把关督促”闭环监督机制，压紧压实被巡察单位党组织整改责任，强化巡察成果运用。

（刘　威）

【强化监督工作】 福建炼化深化运用“知、督、促”工作机制，构建全面“知”精神、精准“督”落实、联动“促”长效的监督闭环工作机制，“点面结合、分类施策”开展监督，推进政治监督具体化、精准化、常态化。“面”上全面梳理习近平总书记对福建工作及石油石化行业，特别是习近平总书记1999年在福建工作期间到福建炼化调研的指示精神和2009年祝贺福建炼油乙烯一体化项目投产贺信精神，建立健全监督台账。“点”上按照“选题立项、清单实施、过程把控、晾单评晒”的工作流程，运用看态度、看措施、看落实、看效果、看举一反三的“五看”工作法，聚焦安全生产、提质增效、项目建设等35项福建炼化年度重点工作，通过监督委员会平台，开展“打深井”式监督，发现并督促整改问题42项。

（刘　威）

【劳模创新工作室建设取得实效】 福建联合石化深化“一平台三阵地”建设，张肇宏劳模工作室升级改造电气实训区，培训功能进一步完善；黄小滨劳模创新工作室通过“中国石化示范性职工创新工作室”复核，并建成投用安全文化体验馆；吴良江实训基地按照“四展室一走廊”布局，完善文化传承阵地建设，建成青年精神素养提升教育实践基地。各工作室形成“劳模创新工作室+实训基地+主题展馆”阵地新格局。2023年，各工作室持续开展创新实践和课题攻关，共产生99

项职工“五小”创新成果和 2 件国家专利，全年开展员工、承包商技能和安全培训 1 万多人次。劳模创新工作室有关经验做法在中国石化职工创新工作室推进会上展示交流。

（刘　威）

【承办“中国石化在福建”社会责任报告发布会暨媒体公众开放日活动】 2023 年 11 月 23 日，“中国石化在福建”社会责任报告发布会暨媒体公众开放日活动在福建古雷石化举办。发布会上，驻闽企业首次联合发布社会责任报告，全面展示驻闽企业在强化党建引领、奉献洁净能源、践行绿色低碳、勇担社会责任等方面的实践和成果。自 2012 年以来，驻闽企业为福建经济发展供应超 6000 万吨成品油，纳税总额达 1056 亿元。发布会后，与会媒体参观福建古雷石化中心控制室、企业展厅，就社会责任、智能化建设、提质增效、绿色低碳发展等内容进行现场采访。

（刘　威）

2023 年 11 月 23 日，“中国石化在福建”社会责任报告发布会暨媒体公众开放日活动在福建古雷石化举办
（苏　哲　摄）

【荣誉奖项】 2023 年，福建炼化及权属合资公司获多项集体、个人荣誉。3 月 15 日，福建联合石化获福建省“匠心杯”石化产业数字仪控技能竞赛团体一等奖，陈超获个人一等奖。3 月 23 日，福建联合石化获评国家级绿色工厂。4 月 25 日，福建联合石化员工吴良江被授予福建省劳动模范称号。4 月 27 日，福建古雷石化生产运行部化工一部获全国工人先锋号称号。10 月 30 日，福建联合石化员工张肇宏登上中国能源化学地质工会发布的“身边的大国工匠”宣传榜单。11 月 24 日，福建古雷石化获评国家级智能制造示范工厂。12 月 20 日，福建联合石化炼油一业务团队加氢裂化班组参加“万华杯”首届全国化工和医药行业班组职业技能竞赛获团体一等奖，该班组被授予优秀班组称号，钱程被评为优秀班长。

（刘　威）

2023 年 11 月 24 日，福建古雷石化获评国家级智能制造示范工厂（董　铭　摄）

表 1　福建炼化主要技术经济指标[①]　亿元

指标名称 \ 年份	2023	2022	2021	2020	2019	2018
原油加工量 / 万吨	981.25	894.24	933.59	938.12	1 035.03	878.01
资产总计	125.91	121.16	146.72	141.49	133.46	122.60
流动资产	37.29	19.01	14.64	15.82	17.88	8.16
固定资产原值	2.69	2.72	3.15	3.22	3.20	3.19
固定资产净值	1.38	1.46	1.63	1.74	1.81	1.91
销售收入	801.31	796.36	547.12	431.57	619.73	572.60
实现利税	−11.67	−18.73	10.20	2.90	5.15	16.45
税　金	0.18	0.22	0.28	0.22	0.23	0.26
炼油综合能耗 / 千克标油·吨$^{-1}$	60.45	75.26	60.97	56.71	55.79	61.78

①资产总计、实现利税、税金为福建炼化本部数据，原油加工量、炼油综合能耗为福建联合石化数据，其余指标包含福建联合石化、福建古雷石化；分置运营后，福建炼化本部没有工业产品生产，无工业总产值，企业集团工业总产值未做统计

表 2　　福建炼化主要产品产量　　万吨

产品名称＼年份	2023	2022	2021	2020	2019	2018
汽　油①	156.48	162.70	144.28	148.52	179.97	156.08
柴　油①	241.84	171.10	117.00	171.68	246.89	183.25
航空煤油①	98.96	77.55	109.46	101.85	127.32	102.50
石脑油①	265.89	244.33	249.20	254.21	268.10	216.72
液化气②	2.26	2.71	13.98	20.70	23.48	25.01
燃料油①	17.62	27.08	8.14	7.83	9.62	7.57
硫　黄①	16.60	15.57	15.22	16.08	16.60	15.40
丙　烯②	107.20	103.58	81.35	67.48	68.29	57.07
聚丙烯②	94.37	93.15	71.61	62.93	63.73	51.72
乙　烯②	184.19	178.47	142.15	116.39	121.67	100.86
聚乙烯①	81.78	74.31	90.40	88.21	94.23	79.17
对二甲苯①	87.11	80.39	68.41	75.19	82.14	67.44
苯②	64.4	62.38	53.67	42.64	42.85	38.81
丁二烯②	24.02	23.92	19.81	15.58	15.58	12.75
乙二醇②	87.08	97.80	53.47	34.28	42.51	37.09
环氧乙烷②	21.07	21.79	15.50	16.35	10.64	4.79
苯乙烯③	65.16	66.69	22.97	—	—	—
热塑性弹性体③	9.17	7.77	1.17	—	—	—
EVA③	14.53	—	—	—	—	—

①福建联合石化数据
②福建联合石化、福建古雷石化数据
③福建古雷石化数据

长岭炼化

【概况】 中国石油化工股份有限公司长岭分公司（简称长岭分公司）和中国石化集团资产经营管理有限公司长岭分公司（简称长岭资产分公司）统称长岭炼化，坐落在湖南岳阳风景秀丽的洞庭湖畔，北临长江，南靠京广铁路，与武广高速铁路、107 国道、京港澳高速公路、三荷机场相邻，水陆空交通便利。

长岭炼化前身为长岭炼油厂，始建于 1965 年，1971 年 5 月建成投产。2000 年 4 月，按照集团公司整体重组改制的要求，炼油主业部分重组改制为中国石油化工股份有限公司长岭分公司，存续部分改制为中国石化集团长岭炼油化工有限责任公司。2007 年 5 月，按照体制转换的要求，中国石化集团长岭炼油化工有限责任公司改制为中国石化集团资产经营管理有限公司长岭分公司。2023 年 5 月，集团公司宣布成立中石化湖南石油化工有限公司筹备组，长岭炼化和巴陵石化正式进入岳阳地区两厂一体化发展改革实施阶段。

2024年1月1日，长岭炼化相关资产、业务及人员完成交割，正式并入中石化湖南石油化工有限公司一体化运营。截至2023年底，长岭炼化共有员工2927人（其中长岭分公司2230人，长岭资产分公司697人）。

长岭炼化拥有炼油化工生产装置30套，原油一次加工能力1150万吨/年，拥有13万吨/年聚丙烯、20万吨/年改性沥青、10万吨/年乳化沥青、10万吨/年环氧丙烷生产能力，是中南地区重要的石油化工产业基地。主要生产汽油、柴油、航煤、石脑油、液化石油气、“三苯”、沥青、环氧丙烷、乙酸酯等60余种产品，有17种产品获省部级以上优质产品称号，其中出口轻柴油和6#抽提溶剂油获国家金质奖，石油甲苯、二甲苯和120#溶剂油等产品获国家银质奖。“东海牌”改性沥青铺上奥运会国家体育场鸟巢的主跑道；高铁专用乳化沥青成功应用于武广高铁建设，实现高铁专用乳化沥青的国产化，打破日本、德国的垄断。10万吨/年双氧水法制环氧丙烷装置拥有完全自主知识产权，打破国外技术垄断，填补国内空白。

2023年，长岭炼化共加工原（料）油893.62万吨（其中原油758.32万吨），生产汽油、航空煤油、柴油产品总量586.75万吨，完成营业收入566.49亿元，上缴税金89.43亿元，实现利润10.41亿元、吨油利润277.79元，利润总额、吨油利润均排名沿江企业第一，分别排炼化板块第10名和第11名，在集团公司党建考核中保A进位，获炼化企业经济效益优胜单位、集团公司安全生产先进单位、中国石化绿色企业等荣誉称号。

长岭炼化主要技术经济指标及主要产品产量分别见表1和表2。

（殷智斌）

【一体化发展有力有序推进】 长岭炼化上下坚定信心决心，以挑战“不可能”的意志推动前期工作，实现乙烯项目纳规核准，创造同类项目最快纪录。2023年6月11日，湖南省政府、集团公司联合印发《关于申请岳阳地区100万吨/年乙烯炼化一体化项目由储备项目转为规划项目的函》（湘政函〔2023〕67号），向国家发展改革委、工信部申请项目纳规。7月17—18日，受国家发展改革委产业司委托，《石化产业规划布局方案》实施工作小组办公室（石油和化学工业规划院）在岳阳组织召开中国石化岳阳地区乙烯项目储备转为规划项目评估会，认为项目方案科学可行，前期工作准备充分，具备储备转规划条件。9月12日，国家发展改革委正式印发《关于将中国石化岳阳地区100万吨/年乙烯炼化一体化项目由储备项目转为规划项目的复函》（发改办产业〔2023〕735号），岳阳乙烯项目正式纳规。9月16日，湖南省发展改革委正式下发《关于核准中国石化岳阳地区100万吨/年乙烯炼化一体化及炼油配套改造项目的批复》（湘发改工〔2023〕616号），岳阳乙烯项目正式核准。项目总体设计于4月完成编制，7月上报集团公司总部，12月完成炼油配套改造工程总体设计审查。

（殷智斌）

【一体化改革蹄疾步稳推进】 领导班子带头解放思想，各部门积极响应，全体员工顾全大局，“一家人、一条心、一起干”，全面推进两厂体制机制融合、队伍融合、信息化融合、文化融合。2023年4月4日，《岳阳地区炼化一体化改革实施总体方案》及其5个子方案经集团公司党组会审议并原则通过。4月25日，经集团公司董事会审议通过。5月18日，经职工代表大会投票表决，204名代表参会，全票通过改革方案。5月24—27日，集团公司总经理、党组副书记赵东带队，到岳阳地区两厂开展炼化一体化发展改革专题调研，宣布成立中石化湖南石油化工有限公司（简称湖南石化）筹备组，邬智勇和王妙云任筹备组组长（邬智勇同时担任湖南石化执行董事），颜刚任副组长，周立新、陈斌、罗昕、胡腾飞、李建峰、李楚新、张红星7人任筹备组成员（李建峰同时担任湖南石化监事）。5月31日，湖南石化筹备组正式运行，召开第一次例会，建立湖南石化筹备组议事规则及例会制度。6月6日，中石化湖南石油化工有限公司经岳阳市云溪区市场监督管理局核准，完成工商注册登记，取得营业执照。7月完成第一批“5+1”综合管理职能部门和IT服务中心整合，12月完成第二批“7+3”经营管理职能部门和有关业务中心整合。

（殷智斌）

【HSE 工作实现新进步】 2023 年未发生上报集团公司事故。安全始终守牢底线，深入推进“安全管理强化年”行动，抓好 HSE 体系运行，加快“双防”平台建设，推进风险值管理，强化承包商和直接作业环节管理，对严重违章实施“一停二罚三清退”，不断提升安全总能力。环保质量不断提升，建立环保依法合规排查整治机制，推进“双碳”行动，加快“无废企业”建设，实施污水管网可视化、雨污分流等隐患治理改造，绿色企业成色更足。健康管理得到强化，用好体检结果，建立员工健康管理信息系统，有力提升全员自我健康管理意识。

（殷智斌）

【经营效益排名沿江第一】 抓好装置平稳运行，高效完成换剂消缺等装置检修，深入推进工艺平稳性、设备完整性体系建设和有效运行，开展装置长周期运行技术攻关，为做大总量创造条件。有力推进一体化运作，优化原油加工安排，打通加氢重油、油浆等物料互供流程，深入开展百日创效专项行动，优选低价优质原油资源进厂，最大程度提高原料性价比和产品盈利能力。强化成本管控，推进成本优化攻关，搭建弹性成本管控模型，降损降耗增效、税收优惠创效、盘活资产提效等工作成果丰硕。全年加工原油 758.32 万吨，生产成品油 586.75 万吨，实现销售收入 558.01 亿元、利税 99.85 亿元、利润总额 10.41 亿元，经营效益继续保持沿江企业第一。

（殷智斌）

【转型升级成效显著】 转型项目建设加快推进，100 万吨 / 年连续重整装置开工建设，油浆综合利用、渣油 FITS 加氢、航空煤油管道等一批“强链延链、固链补链”项目加快落地、中交、投产，特色优势产业初具雏形。科技创新发力提速，建成渣油 FITS 加氢侧线试验装置，总部“十条龙”攻关项目——LCO 制 BTX 项目完成催化裂化单元适应性改造基础设计，HPPO 技术能耗、物耗、环保等方面的竞争力显著提升，开发预浸油沥青、低标号防水沥青、高标号防水沥青等多个化工新产品新牌号，智能工厂建设提质升级，联合研发的第三代仿生智能巡检机器人投入现场运行，机泵群智能诊断及预防性维护、爬壁机器人水力除锈研究与应用智能制造场景获评国家 2023 年度智能制造优秀场景。

（殷智斌）

【企业治理效能不断提升】 强化依法依规经营，推进制度体系与内控风控融合，加强法律审核把关、风险评估、招标选商等工作，聚焦安全环保、工程建设、经营创效等重点领域，深化审计监督，抓好内审外查发现问题整改，推动“三基”工作标准化，管理体系不断完善。全面启动国有企业改革深化提升行动，探索推进设备一级化管理，“三能”机制建设不断深化，经理层成员任期制和契约化管理常态化运行，并向中层管理人员延伸，薪酬分配体系更加完善，绩效考核导向作用充分发挥。

（殷智斌）

【全面从严治党纵深推进】 深入开展学习贯彻习近平新时代中国特色社会主义思想主题教育，牢牢把握“学思想、强党性、重实践、建新功”的总要求，长岭炼化主题教育工作受到集团公司的充分肯定。党的领导全面加强，主动认领、认真抓好中央巡视集团公司党组反馈问题整改，完成党组巡视“回头看”反馈问题整改，引领推动党建考核进档进位。思想文化育人润心，开展庆祝中国石化成立 40 周年系列活动，大力弘扬石油精神和石化传统，提炼湖南石化企业文化，以一种文化凝聚共识。基层党建基础夯实，开展“三带三促”活动，发挥基层党组织“七大作用”，推进党的“三基本”建设与企业“三基”工作融合互促。人才成长步伐加快，建立健全“三支队伍”梯队人才库，推进高层级人才竞争性选聘和“人才挑战”机制，通过“炼塔杯”技术比武等形式，以赛促练，在国家、总部业务竞赛中获 3 金、2 银、5 铜，创造历史最好成绩。政治生态持续向好，组织政商“旋转门”“逃逸式离职”摸排，开展领导干部经商办企业专项治理，政治监督和经济监督一体推进。和谐局面切实巩固，常态化推进“我为群众办实事”，推广 EAP，群团活力显著增强，长岭炼化活力艺术团登上中国石化成立 40 周年文艺演出舞台。

（殷智斌）

表 1 长岭炼化主要技术经济指标 亿元

指标名称 \ 年份	2023	2022	2021	2020	2019	2018
原油加工量 / 万吨	758.32	709.48	648.72	701.35	743.91	752.05
工业总产值	558.39	556.19	410.50	351.31	448.93	475.92
炼　油	556.41	550.29	401.09	338.19	441.27	466.29
化　工	13.42	14.74	14.78	13.12	7.65	9.63
工业增加值	114.76	126.76	133.21	123.44	133.02	144.80
资产总值	86.01	87.99	86.53	82.65	81.56	88.99
流动资产	25.22	25.78	23.75	21.35	15.88	17.03
固定资产原值	138.97	136.22	134.39	129.87	123.61	123.27
固定资产净值	39.57	43.21	47.75	49.36	48.38	53.25
销售收入	558.01	559.24	408.17	342.30	445.24	476.00
实现利税	99.85	104.14	97.40	87.68	97.26	117.07
利　润	10.41	11.38	13.33	−6.52	5.98	15.96
税　金	89.43	94.68	84.32	90.70	92.53	104.44
综合能耗 / 千克标油·吨 $^{-1}$	60.86	65.24	62.27	67.92	65.33	65.98

表 2 长岭炼化主要产品产量 万吨

产品名称 \ 年份	2023	2022	2021	2020	2019	2018
汽　油	280.72	251.80	242.70	257.22	280.12	278.62
柴　油	210.02	197.70	178.26	210.75	219.22	211.37
航空煤油	96.01	63.93	72.36	67.78	98.85	85.44
商品液化气	73.38	74.18	63.89	71.17	67.12	68.89
乙烯料	55.79	43.05	52.20	53.20	61.80	53.10
石油焦	35.52	32.78	28.10	25.78	31.18	35.42
“三　苯”	20.96	22.63	16.65	22.94	19.29	26.14
聚丙烯	10.74	13.01	11.36	12.63	13.22	13.77
环氧丙烷	9.38	9.22	7.04	7.46	2.91	3.11
乙　苯	9.09	8.87	6.54	8.85	7.52	8.39
工业硫黄	5.76	5.77	5.13	5.71	5.58	5.87
沥　青	13.97	5.58	10.45	9.23	10.69	11.77

广州石化

【概况】 广州石化是中国石油化工股份有限公司广州分公司（简称广州分公司）与中国石化集团资产经营管理有限公司广州分公司（简称广州资产分公司）的统称，其前身广州石油化工总厂成立于1973年6月18日。厂区占地面积445万平方米，主要生产装置60余套，是华南地区重要进口原油加工基地和国Ⅵ标准清洁燃料生产基地。主要石油产品有汽油、柴油、航空煤油、液化气等60种，化工产品有聚乙烯、聚丙烯、聚苯乙烯三大类70种。

经过50余年持续发展，有原油综合加工能力1275万吨/年，乙烯生产能力22万吨/年；有29.9万千瓦自备热电站，是华南地区重要的进口原油加工基地、清洁燃料和高端基础化工材料生产基地，是中国石化在粤港澳大湾区唯一特大型炼化企业。2023年加工原油1103.90万吨、生产乙烯20.23万吨，盈利21.48亿元。

广州石化设有13个管理部门、4个职能中心、3个专业中心和8个作业部。截至2023年底，在册职工3961人，其中具有正高级职称的11人、副高级职称的353人、中级职称的667人，专业技术人员969人，技能操作人员2322人。

广州分公司主要技术经济指标见表1，广州资产分公司主要经济指标见表2，广州分公司主要产品产量见表3。

（邓　筱）

【领导班子调整】 2023年6月15日，受集团公司党组委托，广州石化召开干部大会，广州分公司代表、党委书记田宏斌宣布广州石化领导班子补充调整决定：王龙任广州分公司副总经理、党委常委。调整后的广州石化领导班子由田宏斌、刘琤、李群友、李立宁、董雪林、张勇、王龙组成。

（邓　筱）

【生产经营】 2023年，广州石化加强全流程优化，实施优化项目87项，创效2.21亿元。做大原油加工量和化工商品总量，提高高标号汽油和化工高附加值产品比例，油转化率12.14%、油转特率19.75%。坚持效益导向优化产品结构，合成树脂K9930、M2750等产品增效1400万元。积极拓市增销，高抗冲聚丙烯K9930、K8327出口东南亚，聚乙烯7042首次出口欧洲，首次实现来料加工复出口老挝。推进财务转型，建立全价值链动因分析模型、弹性成本管控模型、装置模拟利润考核体系，开辟战略成本管控新路径。加强费用监管考核，12项非生产性费用压降12.96%。“保安全、降成本、增效益”百日创效专项行动累计降本创效3.8亿元。“一利五率”居炼化企业前列，广州分公司全年盈利19.33亿元（含海外），炼化合计效益在炼化企业排名第五，广州资产分公司盈利2.15亿元，排名位居存续部分炼化企业第一。

（邓　筱）

【安全生产】 2023年，广州石化扎实开展“安全管理强化年”行动。抓牢抓实领导干部责任意识增强和HSE履职能力提升，持续完善双重预防机制，推动风险降值降级。实行领导人员JSA分析包保制，强化承包商和直接作业环节安全管控。持续深化设备完整性体系应用，及时消除设备运行隐患，老旧装置设计合规性不符合项整改完成率95%，重大安全隐患实现清零。开展老旧管线埋地管线专项治理，更换管线75条、逾4万米。制定炼油Ⅰ系列大修和化工区消缺安全环保专项管控措施，全面守牢大修安全环保底线。

（邓　筱）

【绿色低碳】 广州石化强化预警管理，自主开发建立可燃（有毒）气体报警系统，零报警天数267天，创历史最高水平。稳步推进“无废工厂”创建，危险废物产生量同口径下降3.1%，固体废物综合利用率93.4%，创历史最高水平。实施2030年前碳达峰行动方案，全年综合能源消费、燃动能耗、产值能耗、排放总量分别下降9.9%、

9.3%、5.1% 和 11%。获评集团公司 2023 年度绿色企业评审 A 级、“无废集团”先行先试 A 级示范企业。连续 5 年保持广东省、广州市环境信用绿牌企业；连续 7 年获评集团公司节能环保先进单位；第 8 次获评石油和化工行业重点产品能效“领跑者”标杆企业；位居生态环境部环境工程评估中心 2022 石化行业绿色发展水平评估炼化一体化企业绿色发展先进水平榜首。

（邓　筱）

【转型升级】 2023 年，广州石化制订实施高质量发展行动方案。安全绿色高质量发展技术改造项目除 RTC 装置外均完成基础设计批复，长周期设备采购完成率 48%。新建重整联合装置、渣油加氢装置桩基工程施工完成 96%。完成新建 MTBE 项目基础设计、氢燃料电池供氢中心扩能改造项目详细设计。推进氢能二期项目建设。

（邓　筱）

【科技创新】 2023 年，广州石化实施科技创新三年行动方案，承担集团公司重大科技项目 7 项、广东省科技项目 2 项，完成 6 项科技项目研发，2 项科技成果获省部级科技进步奖。聚焦“油转特”，研发生产预焙阳极用石油焦、低排预焙阳极焦及净味环保沥青，完成净味环保沥青铺路试验。开发高刚聚丙烯 HJ706 和茂金属聚乙烯 mPE3806R 等 8 种塑料新产品。车用高抗冲高模量聚丙烯 K9930 成为丰田、埃安等汽车品牌供应商口碑牌号。均聚注塑料 CJS700 模量和冲击出色，在华南地区同类产品中受到高度认可，整体市场占有率第一。全年树脂新产品专用料比例累计达 82.92%，顶替进口产品产量 8.1 万吨。

（邓　筱）

【数智化建设】 2023 年，广州石化贯彻落实习近平总书记视察九江石化重要指示精神，全面对标对表九江石化数智化建设，制订数字化转型实施方案。有序推进“4+X”信息化项目群建设，推广应用智能化巡检等先进技术赋能管理提升。获评工信部 2023 年度智能制造示范工厂称号、“两化”融合体系 AAA 等级评定证书。

（邓　筱）

【深化改革】 2023 年，广州石化全面开展全员日常考评，探索“薪酬总额”管理，建立并实行“以岗位定级为基础、以多劳多得为依据、以绩效考核为牵引”的薪酬分配机制，实现薪酬“能增能减”。持续深化用工改革和优化，人均劳效提升 35 万元 / 人、增长 118%。全面推行中基层领导人员任期制和契约化管理，稳妥完成华德公司管理关系移交，消防队伍用工改革走在集团公司试点前列。获评 2022 年度中国石化直属单位“三项制度”改革评估 A 级企业。

（邓　筱）

【党建网格化管理】 2023 年，广州石化聚焦现场 5S 管理、“异味”治理、“跑冒滴漏”“低老坏”等突出问题，做实“美丽厂区、绿色石化”“无异味工厂”等党建工作，建立 159 个机关基层党建共建责任区，实行直属党组织、党建共建责任区“双清单双目标”管理，推动机关寓管理于服务，常态指导帮扶基层精准落实，联动推进装置安稳长满优运行，实现“1+1 > 2”聚合效应，构建“资源共享、优势互补、互相促进、共同提高”党建工作新格局。炼油 I 系列大修改造及化工区消缺期间，推行党建共建责任区与安全三级网格“并网”运行，通过加强直接作业环节安全监管和现场文明施工管理，实现安全绿色效益大修。

（邓　筱）

【监督贯通协调】 2023 年，广州石化强化政治监督，高站位高质量抓实中央巡视反馈问题整改，政治生态评价结果良好。健全全面从严治党责任体系。梳理明确 617 个岗位 2174 个风险环节廉洁风险权责清单，组织“遵纪守法 杜绝酒驾醉驾”警示教育主题党日，1742 名党员签订《拒绝酒驾醉驾承诺书》。推进构建监督贯通协同。统筹用好监委会工作调度、力量调配，建立《加强贯通融合提升“大监督”综合效能工作机制》，不断提升“大监督”综合效能；探索开展安全绿色高质量发展技术改造项目“室局企”联合监督，紧盯招投标、现场管理等关键环节，发现问题 58 项，提出监督建议 53 条。组织误操作、大修改造等专项巡察和防腐保温专项治理，为经营发展建设提供监督保障。

（邓　筱）

【“大健康”品牌建设】 2023年，广州石化实施职工健康“123”管理体系（“1”即一人一策健康管理指引压实责任；“2”即健康大讲堂、职工健康小屋两个抓手；“3”即分级、红黄预警、曲线数据跟踪三个管理监督）。健康小屋增设“名医问诊”，建立员工健康档案592份并跟踪管理，复查、跟踪年度体检异常人员281名，对16名极高危人员进行管控干预。全年疑似心血管疾病高危人员下降55.9%，未发生职工在岗期间非生产性死亡事件。

（邓　筱）

【企业民主管理】 2023年，广州石化加强以职代会为基本形式的企业民主管理，健全职工代表提案闭环管理机制，67条职工代表意见建议高质量完成办理。深化“解决小诉求 凝聚大力量”工作，开展“小诉求信息服务”二期项目建设并上线，全年417项职工诉求办结率100%。3月30日，作为中国石化唯一一家二级单位在中国能源化学地质工会五届二次全委会作书面经验介绍。《“三解”小诉求，凝聚大力量》案例入编《新时代中国石化思想政治工作指导手册》。创建《民主管理季度简报》，完成工作服集中洗涤、石化生活区职工文体设施修缮整治、厂区职工生活配套改善、加强和规范职业健康管理、发挥文体协会作用等实事。

（邓　筱）

【建厂50周年】 2023年，广州石化聚焦“开启黄金五年，铸就光荣梦想”主题，举办建厂50周年暨高质量发展方案报告会、企业之星评选、“忆传统、强‘三基’、讲奉献、促发展”为主线的企业文化故事会、职工书画艺术作品展及摄影采风等系列活动，以及建厂50周年暨家庭日、羽毛球混合团体赛、篮球赛、乒乓球混合团体赛等系列文体活动，引导职工积极投身洁净能源和转型升级“双示范”企业建设。

（邓　筱）

6月18日，广州石化举办建厂50周年暨高质量发展方案报告会。图为“开启黄金五年 铸就光荣梦想”启动仪式
（黄敏清　摄）

表1　广州分公司主要技术经济指标　亿元

指标名称 \ 年份	2023	2022	2021	2020	2019	2018
原油加工量／万吨	1 103.90	1 138.29	1 172.81	1 212.98	1 186.01	1 261.37
工业总产值	617.19	718.80	570.28	476.96	586.05	636.02
工业增加值	168.93	163.73	195.60	179.91	180.68	211.82
资产总计	218.03	201.81	267.95	237.76	218.14	188.81
流动资产	116.26	106.43	167.64	133.42	108.69	118.85
固定资产原值	230.81	235.01	235.11	232.62	224.28	221.83
固定资产净值	38.94	45.26	47.96	52.28	51.62	56.95
主营业务收入	603.25	715.95	559.37	463.01	579.65	628.99
实现利税	131.71	126.32	159.42	153.12	143.62	180.70
税　金	109.98	117.48	124.20	142.45	123.98	140.51
综合能耗／吨标煤·万元$^{-1}$	0.79	0.60	0.58	0.41	0.39	0.39

表 2　广州资产分公司主要经济指标　亿元

指标名称＼年份	2023	2022	2021	2020	2019	2018
资产总计	7.36	7.92	5.98	5.94	5.95	5.91
流动资产	3.22	3.65	1.68	1.33	1.22	1.00
固定资产原值	5.60	5.54	5.55	6.69	6.69	6.69
固定资产净值	3.80	3.85	3.97	4.27	4.38	4.55
主营业务收入	3.71	3.77	2.93	3.34	4.31	5.29
实现利税	2.57	2.92	−0.70	0.52	0.53	0.23
税　金	0.41	0.42	0.29	0.21	0.26	0.15

表 3　广州分公司主要产品产量　万吨

产品名称＼年份	2023	2022	2021	2020	2019	2018
汽　油	245.55	269.44	294.05	307.38	313.46	303.56
煤　油	172.42	129.25	148.13	146.43	205.23	197.32
柴　油	307.21	330.39	282.74	371.01	346.00	363.60
沥　青	53.74	31.48	66.73	72.57	70.85	64.06
乙　烯	20.23	21.96	20.62	22.45	20.77	22.52
聚乙烯	17.32	19.29	18.31	19.61	17.30	19.52
聚丙烯	36.90	38.76	36.81	39.69	36.52	37.76
聚苯乙烯	6.72	6.59	6.24	6.80	6.25	6.61

洛阳石化

【概况】 中国石油化工股份有限公司洛阳分公司（简称洛阳分公司）和中国石化集团资产经营管理有限公司洛阳石化分公司（简称洛阳资产分公司）统称洛阳石化，是集团公司直属的油、化、纤一体化石油化工企业。

洛阳石化前身是国家第五个“五年计划”期间批准建设的单系列 500 万吨 / 年洛阳炼油厂，1978 年开工建设，1984 年部分建成投产，1993 年建成 500 万吨 / 年炼油工程，2000 年建成化纤产业链，2010 年形成 800 万吨 / 年炼油能力。“十三五”以来，先后建设投用 1000 万吨 / 年炼油结构调整、日照—濮阳—洛阳原油管道、洛阳原油商业储备基地等一系列调整及配套项目，2021 年底原油综合加工能力达 1000 万吨 / 年。截至 2023 年底，有炼油、化工、化纤装置 39 套及相应的油品储运设施、公用工程，资产总额 148 亿元。代管库容 160 万立方米的洛阳原油商储基地。百万吨乙烯项目、洛阳—新郑国际机场航空煤油管道项目在建设阶段。主要产品有汽油、柴油、航空煤油、对二甲苯（PX）、精对苯二甲酸（PTA）、涤纶短纤维、聚丙烯等 30 余个品种 50 余个牌号。

截至 2023 年底，洛阳石化共设 13 个部室、6 个中心、9 个运行部；用工总量 3768 人，其中合同制员工2601人；具有正高级职称的7人、副高级职称的336人、中级职称的431人、初级职称的392人。洛阳石化党委下设直属党组织17个、二级党支部38个，共有在职党员1244人。

洛阳石化主要技术经济指标及主要产品产量分别见表1和表2。

（李新影）

【生产经营】 2023年，洛阳石化加工原料油665.87万吨，其中加工原油598.21万吨。生产炼油产品616.05万吨，其中汽油171.61万吨、柴油166.16万吨、航空煤油71.16万吨、化工轻油93.72万吨；生产化工、化纤产品102.33万吨；营收379.3亿元；剔除减值等因素后整体亏损3.9亿元。

（李新影）

【本质安全水平不断提升】 2023年，洛阳石化始终坚持高压严管，持续强化HSE管理体系有效运行，深化双重预防体系建设，扎实开展“安全管理强化年”行动、重大危险源隐患排查治理、全员应急能力提升，抓实安全作业“网格化”管控，较大风险总值下降40.9个百分点，通过集团公司消防安全专项评估、集团公司年度安全督查，连续5年实现安全生产，获集团公司2023年度安全生产先进单位称号。

（李新影）

【绿色发展底线持续筑牢】 2023年，洛阳石化锚定生态优先、绿色发展目标，围绕打造黄河流域绿色发展标杆，扎实推进环保三年提升行动，积极推进污染防治和异味治理，启动“无废企业”创建，开展绿色企业创建行动，稳步推进黄河水厂二期建设，完成绿色清洁文明大检修、高噪声场所治理。外排污染物全部实现达标排放，绿色企业创建通过集团公司绿色企业现场审核，1800万吨/年炼油扩能改造工程（一期）通过竣工环保验收。

（李新影）

【装置大修改造完成】 2023年5月15日—7月8日，洛阳石化完成装置检修改造。该次检修涉及全厂27套主要生产装置、8个辅助系统及公用工程单元，除常规检修5384个项目外，还包括炼油结构调整项目遗留问题整改9项、固定资产投资项目186项，以及百万吨乙烯项目开工配套及甩头项目，总投资8.6亿元。检修后可实现装置优化提升、短板缺陷消除、安全风险降级。检修首次引进第三方安全监督，同时通过建立三级安全管理网格、加大承包商管理力度、加强外来施工人员安全教育、开展违章行为专项治理等措施，实现“无污染、无扰民、无投诉、无事故”的管理目标。

（李新影）

【科技创新项目成果丰硕】 2023年，洛阳石化坚持科技创新引领，大力组织科技攻关和技术创新，重点攻关成果丰硕。国家“1025”专项“高品质原液着色聚酯原位法连续聚合技术应用”项目通过国家科技部验收，产品特黑丝获中国绿色产品称号；承担的中国石化科研项目“高硫石油焦制备柱状活性炭工业侧线试验”顺利完成；参与的“医用防护高分子材料关键技术开发及应用”项目获集团公司科技进步奖一等奖；完成聚丙烯专用料碳足迹研究并通过第三方认证，PPH-YJ40X成为国内首款完成产品碳足迹、全生命周期核查和国内认证的功能型非织造布专用PP树脂。全年获专利授权6件。

（李新影）

【洛阳市绿色石化及先进材料产业研究院揭牌成立】 2023年10月10日，洛阳市绿色石化及先进材料产业研究院（简称产业研究院）揭牌仪式在洛阳石化举行。产业研究院由洛阳石化牵头组建，成员单位涵盖研究院、设计院、炼厂、新材料企业及高校，实行“公司+联盟”形式，集研发、中试、产业化、工程化于一体，实行企业化管理、市场化运作，有充分的人、财、物等自主权，独立运营。产业研究院的成立处于洛阳石化百万吨乙烯项目落地开工、洛阳石化对新发展阶段科技创新需求迫切的重要时期，对洛阳石化开辟科研成果转化新赛道、撬动科技体制机制新变革、激发科技原始创新新动能，为产业链条完整、具有核心竞争力的中西部重要高端石化产业基地、绿色石化先进材料产业基地提供科技支撑，具有重要意义。

（李新影）

【百万吨乙烯项目积极推进】 2023年5月27日，洛阳石化百万吨乙烯项目暨绿色石化先进材料产业基地开工动员大会召开，标志着项目正式进入开工建设阶段。10月17日，总投资105亿元的第一批产业链8个项目在孟津先进制造业开发区集中开工。11月1日，乙烯项目炼油配套工程基础设计获总部批复。12月22日，百万吨乙烯项目及炼油配套工签订首单设备采购技术协议，项目长周期设备订货工作进入实施阶段。

（李新影）

【改革管理协同并进】 2023年，洛阳石化高质量推进改革深化行动、对标价值创造行动，获集团公司深化改革三年行动（2020—2022）先进单位称号。“三项制度”改革持续深化，中层及班子成员任期制和契约化管理实现全覆盖，多维度、立体化薪酬激励机制持续完善。完成乙烯项目定员计划编制。合资合作顺利推进，根据集团公司意见及授权，启动“分公司转子公司”体制调整，洛阳石化代表集团公司与河南神马国兴产业投资有限公司签订合资意向协议，资产清查、证照变更等事项稳步推进。

（李新影）

【人才强企深入推进】 2023年，洛阳石化继续坚持树立重实绩、重实干的选人用人导向。开展竞争性选聘及多维度“上挂下派”，持续开展高层次人才选聘和大学生引进，干部人才队伍结构进一步优化、素质进一步提升。全年提拔中层领导人员6名、交流中基层领导人员13名、跨序列晋升交流10人；引进、选聘专家以上高层次人才4名；大力实施青年英才“朝阳工程”，100名毕业生全部签订“一徒三师”协议。

（李新影）

【党建引领保障作用持续彰显】 2023年，洛阳石化持续深化政治、组织、纪律、思想、和谐企业建设，党建引领保障作用持续彰显。深入学习贯彻习近平新时代中国特色社会主义思想、习近平总书记视察九江石化重要指示精神，不断推动措施落实。持续完善“三重一大”决策“制度＋清单＋机制”管理，党委“把方向、管大局、保落实”作用全面贯穿决策、监督、执行各环节。实施“组织力上台阶工程”，聚焦安全环保、“两场硬仗”、提质增效、防冻防凝等重点工作，开展“同创共建”、党员攻关等活动，优化“双先指数”管理，推进党政深入融合。开展“作风能力建设年”活动，干部职工精神面貌焕然一新。开展庆祝中国石化成立40周年主题宣传、劳模先进事迹报告会，进一步凝聚人心。强化政治监督，统筹开展项目招标、工程签证等“大监督”项目，加强重要业务领域廉洁风险防控，持续巩固风清气正、干事创业的良好氛围。

（李新影）

【第八次党代会胜利召开】 2023年9月23—24日，洛阳石化召开第八次党代会。会议审议通过杜平安所作的题为《肩负使命 接续奋斗 奋力谱写新征程 洛阳石化高质量发展新篇章》的党委工作报告。会议选举产生中国共产党中国石油化工股份有限公司洛阳分公司第八届委员会和中国共产党中国石油化工股份有限公司洛阳分公司纪律检查委员会。杜平安为中国共产党中国石油化工股份有限公司洛阳分公司第八届委员会书记，王家纯、张勇为副书记；张勇当选中国共产党中国石油化工股份有限公司洛阳分公司纪律检查委员会书记，张帅当选副书记。

（李新影）

【党委巡察利剑高悬】 2023年，洛阳石化党委按照“系统化谋划、专业化部署、机制化推进”要求，坚持问题导向，深化政治巡察，打好“组合拳”，采取“机动＋专项＋‘回头看’”巡察方式，高质量完成安全环保机动巡察、煤炭管理专项巡察和近五年巡视巡察整改“回头看”，发现问题51个、立行立改32个、制定措施86条、完善制度1项；推动第一轮常规巡察56项遗留问题全部整改，实现第一轮巡察全覆盖、问题全闭环。

（李新影）

表 1　洛阳石化主要技术经济指标　亿元

指标名称＼年份	2023	2022	2021	2020	2019	2018
原料油加工量 / 万吨	665.87	686.61	771.91	711.88	549.47	694.68
工业总产值	384.43	431.87	373.36	272.82	300.53	357.90
炼　油	349.43	385.36	331.32	248.16	276.57	323.99
化　工	35.00	46.51	42.04	24.66	23.97	33.91
工业增加值	86.36	97.48	117.05	92.82	80.96	106.55
资产总计	153.86	141.56	150.87	123.24	106.18	77.30
流动资产	53.28	48.60	54.18	28.14	23.49	32.09
固定资产原值	219.97	212.81	204.00	192.03	161.34	156.93
固定资产净值	68.56	69.02	67.96	60.29	32.92	32.94
销售收入①	379.30	430.92	374.35	274.36	300.13	325.19
实现利税	71.29	75.37	101.83	78.87	74.12	90.62
税　金	77.21	79.23	94.72	86.92	73.36	85.77
综合能耗② / 吨标煤・万元 $^{-1}$	1.08	0.69	0.71	0.50	0.47	0.49

①包括洛阳资产分公司
②从 2021 年起万元产值能耗改为 2020 年固定价

表 2　洛阳石化主要产品产量　万吨

产品名称＼年份	2023	2022	2021	2020	2019	2018
92# 汽油	116.18	117.55	128.41	122.48	115.62	125.73
95# 汽油	55.43	55.44	77.02	71.16	58.96	61.38
98# 汽油	—	—	—	—	1.63	5.78
3# 喷气燃料	71.15	42.36	54.48	56.19	62.71	66.66
0# 柴油	164.38	195.59	187.89	187.00	156.01	170.77
−10# 柴油	1.78	0.73	1.55	1.48	2.54	1.89
2# 燃料油	—	—	—	—	—	5.75
炉用燃料油	—	3.79	3.40	1.31	3.80	2.11
船用轻质燃料油	—	—	0.77	2.13	—	—
化工石脑油	6.85		15.09	12.29	11.28	14.24
戊烷发泡剂	3.65	2.21	—	—	—	—

续表

产品名称 \ 年份	2023	2022	2021	2020	2019	2018
热拌用沥青再生剂	6.73	2.23	—	—	—	—
石油醚	3.78	5.21	4.80	2.37	2.09	6.65
商品重油	—	—	1.01	—	—	0.11
沥　青	2.53	4.61	18.03	19.70	15.84	13.99
液化气	48.56	58.11	66.13	56.83	45.06	51.22
丙　烯	15.44	18.89	22.38	18.63	13.36	17.20
硫　黄	7.93	8.48	6.63	4.91	4.66	5.35
液　氨	0.60	0.47	0.50	0.42	0.33	0.35
聚丙烯	14.72	18.45	21.72	17.69	13.29	14.92
纯　苯	7.22	9.75	10.31	7.25	5.98	8.47
1# 石油甲苯	13.15	12.33	12.19	2.79	0.96	—
石油混合二甲苯	8.88	—	—	0.09	—	—
对二甲苯	5.69	16.22	14.74	11.53	10.71	14.21
邻二甲苯	1.38	3.30	3.74	0.80	0.98	2.80
工业用碳十粗芳烃	1.74	2.64	—	—	—	—
精对苯二甲酸	3.31	16.93	18.15	17.35	15.91	19.91
聚　酯	2.05	8.92	10.91	10.26	9.32	10.86
涤纶短纤维	1.80	8.75	10.78	10.18	9.19	10.79

青岛炼化

【概况】　中国石化青岛炼油化工有限责任公司（简称青岛炼化）成立于2004年，是中国石化、山东省、青岛市共同出资设立的特大型石油化工联合企业（出资比例为85%：10%：5%）。青岛炼化位于青岛经济技术开发区重化工园区，总占地290万平方米，毗邻青岛港，位置优越，配套完备，交通便捷。青岛炼化是中国石化系统内单套装置规模最大、体制机制最新、用工定员最少的炼化企业之一，1000万吨/年大炼油项目是中国批准建设的第一个单系列千万吨级炼油项目，总投资125亿元，于2008年6月正式投产。青岛炼化采用较为先进的管理体制机制，组织机构扁平，采用两级管理组织架构，设8个机关职能部门、5个直属机构、8个二级单位；职工数量800余人。

青岛炼化工艺路线采用“焦化+CFB锅炉+催化”方案，主要加工进口高硫原油，截至2023年底，青岛炼化原油综合配套加工能力达1200万吨/年，有22套生产装置和相应的公用工程及辅助设施，每年可生产汽油、煤油、柴油成品油800余万吨，生产聚丙烯、苯乙烯、混苯、硫黄等各类石化产品200余万吨。车用汽油、柴油质量可全部达到国Ⅵ标准。

青岛炼化主要技术经济指标及主要产品产量分别见表1和表2。

（王鑫磊）

【董事、监事变更】 2023年6月30日，青岛炼化以书面形式召开2023年第二次股东会会议，审议批准关于变更青岛炼化监事的议案，同意山东省丝路投资发展有限公司委派闫乃福担任青岛炼化监事，刘书君不再担任青岛炼化监事。8月31日，青岛炼化以书面形式召开2023年第三次股东会会议，审议批准关于变更青岛炼化董事的议案，同意青岛国信实业有限公司委派郭艳清担任青岛炼化董事，代杰不再担任青岛炼化董事。

（王鑫磊）

【检修改造圆满完成】 2023年5月16日—7月5日，青岛炼化完成第四次检修改造。该次大检修是青岛炼化开工投产后项目最多、范围最广、深度最大的一次系统性检修改造，参与人员超过1.2万人，检修项目3392项，同步实施技术改造项目67项。青岛炼化深入贯彻“安全、绿色、优质、文明、廉洁、节约”的检修理念，高标准起步、高质量统筹，较计划55天提前5天完成检修改造，实现“零伤害、零污染、零事故，一次开车成功”的预定目标。

（王鑫磊）

青岛炼化重整装置能效提标改造项目现场（刘　强　摄）

【经济效益名列前茅】 2023年，青岛炼化紧密围绕效益最大化目标，实施8个方面82项攻坚创效措施，累计增效6.3亿元。全年加工原料油972.33万吨（原油958.11万吨），销售产品872.84万吨，销售收入557.95亿元、利润23.76亿元、税金113.06亿元，超额完成利润指标，利润总额、吨油利润等各项指标在集团公司炼化板块继续保持领先。

（王鑫磊）

【生产经营持续优化】 2023年，青岛炼化坚持市场导向，增产增销发泡剂、碳十粗芳烃、低硫石油焦等高附加值产品；灵活调整沥青排产，打通沥青下海流程，首次出口印度尼西亚。主动应对东北市场乙醇汽油紧张局面，紧急产销92#乙醇汽油；抓住航空市场复苏契机，加大航空煤油产销力度，完成社会保供任务。高效做好产销衔接，深化统销产品“保量提价”和自销产品“一品一策”，液化气、硫黄、聚丙烯等产品价格高于集团公司平均销售价格，氢气产销量保持增长，丙丁共聚系列产品销量实现提升。

（王鑫磊）

【安全生产保持稳定】 2023年，青岛炼化开展“安全管理强化年”行动，实施“领导干部安全行动计划”，发挥“关键少数”的关键作用，推动“三管三必须”落实落地。推进隐患治理项目，作为山东省“双重预防机制”建设首批试点企业，“双防平台”试点通过验收，在山东省化工和危险化学品企业分级分类评估中，成为青岛市唯一一家评估结果为蓝色的化工企业。全链条抓实承包商安全管理，协助承包商完善QHSE管理体系，形成承包商自我监督长效机制。制定高风险作业标准，明确重点环节管理要点，推广使用电子作业票，推行“网格化”管理模式，大检修安全管理经验获国务院安委办推广，青岛炼化获评中国石化安全生产先进单位。

（王鑫磊）

【应急管理全面抓实】 2023年，青岛炼化坚持理论学习与实操培训相结合，相继建成投用安全实操培训基地、装置实操培训基地，安全培训转入实战阶段，“人人会应急”有了培训保障。修订完善 195 套应急处置方案，成功举办第十六届消气防运动会，圆满承办青岛市西海岸新区应急处置联合实战演练，应急指挥中心顺利投用，应急管理能力显著提升。勇于承担社会责任，积极开展“公众开放日”“安全咨询日”等社会活动，协助地方处理 15 起企外危险化学品险情，青岛炼化消防中心获评青岛市应急先锋队称号。

（王鑫磊）

【环保管控更加有力】 2023 年，青岛炼化推进“绿色企业行动计划”和“无废工厂”建设，修订绿色企业行动计划两清单，强化污染物总量控制，外排废水、废气达标率 100%，加热炉外排烟气氮氧化物平均浓度达到超低排放水平，固体废物实现“日产日清”，合规处理处置率 100%。青岛炼化顺利通过石化联合会绿色工厂复核，连续 5 年以 A 级水平通过中国石化绿色企业评审，成为山东省内唯一一家石油炼制绿色发展先进水平企业。

（王鑫磊）

【节能降碳稳步推进】 2023 年，青岛炼化抓好装置停开工用能优化，检修氮气、蒸汽用量分别比 2019 年下降 1 个百分点和 4.5 个百分点。实施 7 个“能效提升”项目，完成光伏发电 236 万千瓦·时、减排二氧化碳 0.13 万吨，实现办公用电零碳排；全年炼油综合能耗 57.61 千克标油 / 吨、吨油碳排放 0.351 吨，连续第 11 年蝉联石化联合会能效“领跑者”标杆企业榜首，被中国工业经济联合会评为中国工业碳达峰领跑者企业，连续 3 年获评石化联合会水效“领跑者”标杆企业，获评中国石化节能降碳环保先进单位。

（王鑫磊）

青岛炼化光伏停车场（刘 强 摄）

【专业管理持续提升】 2023 年，青岛炼化优化工艺操作，强化“三小”管控，八大类装置工艺指标合格率提高至 99.82%，操作平稳率提高至 98.3%，工艺平稳性一期推广项目通过验收。生产装置安全平稳运行，炼油专业达标竞赛在集团公司连续 12 年排名前三，常减压、催化裂化、加氢处理等 7 套装置进入同类装置竞赛前 3 名。强化检验计量管理，原油储运、出厂计量实现零损失，产品质量合格率保持 100%，青岛炼化获评沥青生产优质企业。深化设备完整性体系建设，抓实 KPI 指标管理，实现设备完好率 99.91%、自控率 99.27%。启动覆盖全区域、全专业的“5S”管理提升行动，通过强化组织领导、过程管控和示范引领，推动精益管理在青岛炼化落地生根，青岛炼化被中国设备管理协会评为设备管理标准化建设标杆单位，获评中国石化设备管理先进企业。

（王鑫磊）

【科技创新成果丰硕】 2023 年，青岛炼化深化军企、校企、院企战略合作，围绕高质量发展推进科技创新，在研科研项目 41 项，丁二酸“十条龙”科技攻关、聚丙烯改性项目有序推进，2 个工业侧线试验项目获批复，大排量液驱氢气充装压缩机成功在青岛炼化实现工业应用；全年科技研发投入 1850 万元。申报科技成果奖励，获中国石化科技进步奖 3 项、山东省科技进步奖 1 项、青岛市科技进步奖 3 项，申请专利 13 件。

（王鑫磊）

【信息应用创新创效】 2023 年，青岛炼化大力推进数字化转型，报警信息推送、综合应急响应、装置检修等系统按时投用效果良好，管理体系、电子作业票等系统焕新升级，5G 应用场景突破 20 个，RPA（机器人流程自动化）应用场景达 38 个。青岛炼化 3 个信息案例摘得国家级奖项，信息化水平在中国石化获评 A 档，网络安全水平连续 8 年保持 A 档，获评山东省“两化”融合优秀企业。

（王鑫磊）

【转型发展有力推进】 2023 年，青岛炼化推进能源转型，加快实施氢能加供中心项目，超前布局水面光伏及绿氢制加一体化项目。锚定力争目标，推动顺酐、丁二酸项目由“百日攻坚”迈向“冲刺中交”，实现项目施工与生产筹备高标准同步推进。迅速启动液化气安全提升（综合利用）项目，并完成可研编制。发挥青岛市高端化工产业链链主企业表率作用，统筹各方力量，整合区域资源，完善合作机制，推进董家口化工新材料基地项目可研编制，启动炼化一体化项目论证，着眼长远推动青岛炼化迈向更高质量发展。

（王鑫磊）

【改革管理成效显著】 2023 年，青岛炼化开展改革深化提升行动，有序实施 52 项改革举措，启动对标世界一流价值创造行动，全面落实 40 项对标任务，“三项制度”改革在中国石化连续 2 年获评 A 级。首次试运行业务外包考核，精准实施大检修和攻坚创效专项考核，系统完善绩效考核“三体系”，实现“绩效考核”向“绩效管理”转变。不断优化薪酬分配机制，导向作用更加明显。持续抓好合规管理体系建设，内控体系有效运行，合同管理规范高效，审计监督不断加强。以离任经济责任审计、管理体系外审为契机，通过剖析管理原因、抓实问题整改，促进管理提升。

（王鑫磊）

【人才活力全面释放】 2023 年，青岛炼化纵深实施“人才强企”战略，招聘毕业生 55 人，引进化工专业等紧缺成熟人才 50 人，成立首批 3 个专家工作室，推选 3 人参加“百舸千帆”跨单位实践锻炼，青岛炼化专家赵延庆获青岛拔尖人才称号。首次印发强化“三基”工作实施方案，持续打造“信得过”班组品牌，通过选树典型、分析评价、改进提升，实现闭环管理，青岛炼化获评中国石化“三基”工作先进单位。深化“1+3+N”培训体系，推行岗位资格培训，提升全员能力素质，青岛炼化技能等级认定通过率 74.7%，创历史最高水平，6 名员工在国家、山东省及中国石化技能竞赛中斩获佳绩。

（王鑫磊）

【党建工作不断加强】 2023 年，青岛炼化深入学习贯彻党的二十大精神，扎实开展学习贯彻习近平新时代中国特色社会主义思想主题教育，不断提升党建工作质量与实效，继续保持中国石化党建考核 A 档。深化“支委直联”工作机制，推动基层党组织建设向规范化、高质量不断迈进，意识形态阵地管理和舆情管控不断加强；组织“中国石化在青岛”社会责任发布会，热烈庆祝中国石化成立 40 周年，全面启动庆祝青岛炼化成立 20 周年系列活动，通过全员参与提炼企业核心文化理念，汇聚起攻坚克难、争先创优的强大合力。抓实日常廉洁教育、纪法警示教育和纪律作风监督，“清廉青炼、干净干事”理念更加深入人心。建立“我为群众办实事”长效机制，用心用情为基层减负担、为群众办好事，让企业发展成果惠及全体员工。

（王鑫磊　刘　煜）

表 1　青岛炼化主要技术经济指标[1]　亿元

指标名称＼年份	2023	2022	2021	2020	2019	2018
原油加工量 / 万吨	958.11	1 047.42	1 118.24	1 073.38	931.15	1 160.97
工业总产值	561.52	649.97	517.81	361.13	399.89	536.35
工业增加值	142.22	129.46	168.01	103.96	85.33	139.83
资产总计	213.93	224.37	238.07	175.65	189.51	201.74
流动资产	157.45	184.65	193.23	121.76	125.15	132.73
固定资产原值	169.78	165.99	163.93	162.96	159.23	157.34
固定资产净值	27.92	28.51	34.94	43.85	50.67	59.06
销售收入	557.95	659.56	518.25	359.12	398.90	538.26

续表

指标名称 \ 年份	2023	2022	2021	2020	2019	2018
实现利税	130.88	118.26	163.45	89.48	80.43	140.94
税　金	113.06	102.59	126.34	91.69	69.74	105.30
综合能耗 / 千克标油·吨 $^{-1}$	57.61	57.41	56.05	56.04	55.34	55.30

①数据有调整

表 2　青岛炼化主要产品产量　万吨

产品名称 \ 年份	2023	2022	2021	2020	2019	2018
汽　油	274.02	299.60	340.72	297.93	273.38	343.03
柴　油	244.72	285.44	280.93	271.97	211.09	251.76
煤　油	125.74	82.04	84.67	123.17	144.00	188.59
液化气	69.18	82.85	85.07	80.66	68.33	84.22
石脑油	13.67	19.72	27.73	22.86	12.60	14.02
商品石油焦	44.07	51.64	48.31	39.31	45.60	64.35
发泡剂	11.73	11.92	8.63	7.17	4.46	8.62
混合二甲苯	28.14	31.37	26.79	30.20	21.82	29.37
硫　黄	16.62	19.54	18.86	18.21	17.18	20.99
聚丙烯	17.64	22.22	22.51	21.55	15.86	20.02
苯乙烯	6.72	7.78	8.79	8.77	6.84	8.61

石家庄炼化

【概况】 中国石油化工股份有限公司石家庄炼化分公司（简称石家庄炼化分公司）和中国石化集团资产经营管理有限公司石家庄分公司（简称石家庄资产分公司）统称石家庄炼化，位于河北省省会石家庄市东南 25 千米处，其前身石家庄炼油厂始建于 1978 年，1983 年建成投产，同年 7 月 1 日划归中国石油化工总公司。1997 年采用局部改制方式募集发起设立石家庄炼油化工股份有限公司，上市筹集资金投入到当年河北省人民政府与中国石油化工总公司合资设立的石家庄化纤有限责任公司（简称石家庄化纤公司），共同建设石家庄 5 万吨 / 年己内酰胺工程。根据集团公司改革重组的统一部署，2006 年注销石家庄炼油厂，注册成立石家庄资产分公司，2007 年注册成立石家庄炼化分公司。2009 年 5 月，根据“一企一制”的整体要求，石家庄化纤公司整体、石家庄资产分公司部分资产和人员被整合并入石家庄炼化分公司。

截至 2023 年底，石家庄炼化共设机关职能部门 12 个、直属机构 6 个、二级单位 9 个。在职职工 2254 人，其中具有高级职称的 243 人、中级职称的 324 人、初级职称的 258 人。

石家庄炼化原油加工能力 800 万吨 / 年，己内酰胺生产能力 20 万吨 / 年，有炼油生产装置 28 套、化工生产装置 11 套、环保治理设施 18 套，主要产品涵盖汽油、柴油、航空煤油、己内酰胺、聚酰胺切片等30余个品种和牌号。

参股2家合资公司：河北康石新材料有限公司，由中国石化与武汉有机实业有限公司以49%∶51%的股比共同出资设立，成立于2019年1月14日。河北隆科新材料有限公司，由中国石化与浙江扬帆新材料股份有限公司以49%∶51%的股比共同出资设立，成立于2021年3月7日。

石家庄炼化分公司主要技术经济指标及主要产品产量分别见表1和表2。

（黄俊慧）

【安全环保管理再上新台阶】 石家庄炼化组织"六个全员"大讨论，落实"安全管理强化年"行动计划，HSE管理体系有效运行。各级领导干部参加安全检查600余人次，全面推行施工作业和流程动改"6+N"模式，实现安全作业4.79万次。推进绿色企业建设，获评集团公司B档绿色企业。全年组织公司级演练4次、运行部级286次，消防救援支队在第三届全国危险化学品安全生产应急救援技术竞赛中获原油储罐火灾综合处置团体项目金牌。获挪威船级社颁发的7级安全评级证书，安全生产管理工作为先进水平。

（黄俊慧）

【装置运行水平持续提升】 2023年，石家庄炼化实现两个合资公司顺利投产，统筹渣油加氢等装置停工换剂，完成焦化装置满负荷标定。工艺平稳性体系达到A级先进水平等级。修订完善《工艺技术管理办法》等27个相关制度。优化凝结水系统治理，水务专业再获水效"领跑者"标杆企业称号。MES总体排名进入总部前3名，加工损失率由0.48%降至0.45%。设备完整性管理体系通过总部验收，5S管理提升装置面貌与工作环境。特种设备取证率100%，定期检验率100%，无超期使用的特种设备。

（黄俊慧）

【经营质效优化取得新成效】 2023年，石家庄炼化多措并举降本增效2.82亿元，其中原油及天然气采购降本约0.92亿元；节约蒸汽费用200余万元，降低天然气成本250万元、氮气成本300万元；节约物资采购资金8448万元，节省电费约319万元；提高聚丙烯差别化率，增效866万元；产销戊烷发泡剂，增效2524万元；沥青增效523万元；优化高价值汽油调和组分，增加异辛烷出厂量，创效120万元；非生产性费用压减872万元；拆卖一体处置装置，实现资金回流1273万元；落实各项财税政策、争取财政补贴，创效2589万元，申请新建职工公寓专项奖补助资金796万元。

（黄俊慧）

【深化节能降碳取得新突破】 2023年，首次发布企业碳排放管理办法，扎实开展绿色低碳"补短板、强弱项"专项行动、碳达峰"八大行动"，开展碳数据质量提升工作，实现碳资产价值最大化。2023年投用能效提升项目5项，实现节能549吨标煤/年。推进能源洁净化，提升绿电占比，完成绿电交易50万千瓦·时。持续推进"三废"减量，碱渣量减少20%，含油、含盐系列污油量保持在历史较好水平。优化装置生产，增产氢气152吨，缓解氢气不足。改进新区低温热系统运行，降低工业综合能源消费量2471吨标煤。加强保温治理降低热损失，节约费用800万元/年。

（黄俊慧）

【抓实"三基"提升管理效能】 石家庄炼化建立全员培训管理和责任体系，推动"训战赛考"一体化，提升一线操作技能。实现24小时不间断巡检，全年巡检挂牌督查96次。推行全员ABC区分机制，全面实施组织绩效ABC区分机制。强化体系管理培训，全年共310名管理人员取得内审员资格。深化改革三年行动48项、对标世界一流管理提升行动52项重点任务全部完成。

（黄俊慧）

【绿色转型发展项目稳步推进】 2023年2月25日，石家庄炼化绿色转型发展项目开工仪式在绿色转型发展项目新征地块现场隆重举行；3月6日，集团公司总部批复绿色转型发展项目可行性研究报告；8月16日，由总部工程部在石家庄组织召开绿色转型发展项目建设推进会；9月4日，总部批复绿色转型发展项目管理组织机构；9月12—14日，总部在石家庄召开绿色转型发展项目总体设计审查会；12 月 25 日，总部批复绿色转型发展项目总体设计。

（黄俊慧）

石家庄炼化绿色转型发展项目开工仪式

【科技创新发展实现新突破】 石家庄炼化加快实施数据库国产化替代，完成 7 万点数据的采集、1108 张流程图的绘制。实施电子巡检与“双防”排查 App 融合项目，推进“无废集团”系统上线，助力“无废企业”建设。太阳能光伏发电系统成功并网投用。作为牵头单位，异壬醇成套技术攻关成功进入中国石化“十条龙”攻关项目。延迟焦化装置成功试产低硫石油焦，首次批量生产 300 吨 Y24-C 抗菌聚丙烯产品，完成 PPH-MN18 高模量注塑料开发试产，聚丙烯产品竞争力大幅提升。

（黄俊慧）

【全力支援地方抢险救灾】 2023 年 8 月，京津冀地区突遇洪涝灾害，其中保定地区最为严重，河北涿州受洪水影响，民生保障紧迫。石家庄炼化迅速部署，与大区公司及省市石油公司对接，摸清灾区油品需求，按照短缺程度排定优先级，并积极协调铁路部门调配空车；克服高温、雨水等不利天气的影响，24 小时不间断调车、装车，争取最短时间将油品运抵灾区。8 月 1—15 日，累计向保定发运汽油 140 车、柴油 84 车，合计 1.20 万吨，全力保供抢险救援用油。8 月 11 日，接到河北省相关部门紧急指令后，石家庄炼化高度重视、紧急安排部署，消防救援支队携带防化服、空气呼吸器、气体检测仪等装备，连夜驱车百里赶往救援地涿州市。

（黄俊慧）

石家庄炼化油品保供灾区

【深入开展乡村振兴工作】 2023 年 11 月 28 日，石家庄炼化与平山县西柏坡中学结对帮扶暨委托石家庄市第十七中学师资培训签约仪式在西柏坡中学举行，进行石家庄炼化结对教育帮扶学校揭牌，与平山县教育局、石家庄市第十七中学、西柏坡中学签署相关协议。向定点乡村张家口市蔚县柏树乡卧羊台村实施捐赠 15 万元实施乡村振兴项目，聘请帮扶专家开展“农户 + 合作社 + 线上线下消费点”常态化销售当地农产品经营帮扶，为村民和村集体合作社增收 70 余万元；进行消费帮扶达 330 余万元。

（黄俊慧）

石家庄炼化与平山县西柏坡中学结对帮扶暨委托石家庄市第十七中学师资培训签约仪式在西柏坡中学举行

【党建政治优势有力发挥】 2023 年，石家庄炼化深入开展学习贯彻习近平新时代中国特色社会主义思想主题教育。组织党员围绕生产经营、安全环保等工作中的重点难点开展攻关 44 项。以整治酒驾醉驾为切入点，组织廉洁教育及警示教育，提升全员廉洁自律意识。推进整改中央巡视党组反馈问题、2022 年党组第二轮巡视突出共性问题检视自查 33 项。获 3A 级河北省诚信企业称号。获全国原油储罐火灾综合处置一等奖。

（黄俊慧）

表 1　石家庄炼化分公司主要技术经济指标　亿元

指标名称＼年份	2023	2022	2021	2020	2019	2018
原油加工量 / 万吨	630.33	589.12	483.95	546.71	618.66	614.16
工业总产值	400.58	400.58	258.82	233.65	340.78	361.05
工业增加值	101.41	98.51	90.20	89.05	105.83	119.07
资产总计	103.13	111.03	111.88	114.12	124.11	128.88
流动资产	42.70	42.84	36.88	35.52	38.70	38.96
固定资产原值	167.77	166.16	169.52	168.06	164.62	166.04
固定资产净值	63.91	69.63	77.27	65.95	69.68	77.21
销售收入	394.84	399.4	259.87	232.61	336.61	351.63
实现利税	86.64	84.44	74.15	71.55	89.89	104.00
税　金	89.31	84.30	69.64	76.43	87.09	90.92
综合能耗 / 吨标煤・万元$^{-1}$	0.479	0.468	0.475	0.33	0.31	0.32

表 2　石家庄炼化分公司主要产品产量　万吨

产品名称＼年份	2023	2022	2021	2020	2019	2018
汽　油	197.84	184.11	160.25	170.39	199.36	199.09
煤　油	61.72	33.78	36.04	49.77	64.53	58.29
柴　油	172.26	174.40	118.66	143.52	162.65	164.62
燃料油	8.77	11.22	17.50	18.61	21.10	13.69
液化气	50.92	49.99	34.13	45.88	45.08	54.29
硫　磺	7.49	8.00	5.76	6.07	7.86	8.02
精丙烯	17.93	18.41	14.35	16.61	18.12	18.08
聚丙烯①	18.61	19.24	15.05	17.55	19.08	18.83
石油焦	23.66	19.73	2.44	0.19	13.84	21.88
沥　青	11.56	0.09	27.51	20.14	8.68	0
己内酰胺	—	—	7.10	9.72	10.02	11.08
硫　铵	0.08	12.21	10.67	14.48	14.78	16.69
切　片	—	—	1.13	2.17	2.18	2.19
苯	5.44	4.91	4.78	5.72	5.70	5.54
甲　苯	12.53	11.87	8.55	11.48	11.34	10.54
二甲苯	12.83	12.94	15.17	18.15	17.91	18.25

①聚丙烯产量未含带料加工量

荆门石化

【概况】 荆门石化是中国石油化工股份有限公司荆门分公司（简称荆门分公司）和中国石油化工集团资产经营管理有限公司荆门分公司（简称荆门资产分公司）的统称，是国家“三线”建设时期的战备炼油厂，1970 年正式动工建设，1983 年由石油工业部划归中国石油化工总公司。荆门石化是燃料油、润滑油、特种油生产手段齐全、灵活性较大的企业之一，是国内特种油品开发的领先者和华中地区最大的润滑油、石蜡、特种油生产基地，生产区占地面积 4.61 平方千米。设有机关部室 13 个、业务中心 6 个、运行部 7 个；在岗员工 3312 人，其中管理人员 266 人、专业技术人员 655 人、技能操作人员 2391 人。在役生产装置 47 套，其中燃料油系统 20 套、润滑油系统 16 套、环保装置 7 套、化工装置 1 套、公用工程装置 3 套。主要加工仪长线、南阳、江汉、长庆原油和春风原料油，生产燃料油、润滑油基础油、石油蜡、石油焦、石油沥青、液化石油气、聚丙烯、特种油品系列等 20 余个品种 100 余个牌号的产品。

荆门石化主要技术经济指标及主要产品产量分别见表 1 和表 2 。

（曹春芳　王克文）

【转型发展】 2023 年 6 月 10—12 日，集团公司党组书记、董事长马永生到荆门石化开展专题调研，明确“打造中国石化转型升级标杆企业”目标。荆门市全力支持荆门石化转型发展升级项目纳入湖北省产业发展规划。荆门石化加强“专精特新”发展战略统筹谋划和顶层设计，加快推进“油转特”项目工作，深化“产销研用”一体化改革，协调设立“专精特新”公司。魏荆新线建成投用，2# 高档白油加氢装置建成投产，相变蜡试生产全流程打通。原油资源实现高水平一体化统筹，新疆春风油、长庆油、南阳高含蜡油等特种油品生产资源向荆门石化集中。加强与地方产业发展战略协同，发挥化工产业“链长”作用，深化与荆门化工循环产业园合作，推进设立烷基化项目合资公司，推进与荆门市、中国石化新星湖北公司新能源三方合作。

（王克文　黎　坚）

集团公司党组书记、董事长马永生在荆门石化开展专题调研

【生产经营】 做实 650 万吨 / 年综合配套能力，稳定非石蜡基原油、拓展石蜡基原油，优化调整产品结构、提升高价值产品产量，落实节能举措、促进能效提升，加强产销协调、畅通产品后路。2023 年加工原（料）油 596 万吨，创历史新高。炼油能耗、单因耗能等技术经济指标创历史较高水平。营业收入 412 亿元、税金 80.61 亿元、利润 5.22 亿元，利润总额在中国石化沿江企业中排名第 2 位，年缴税费持续名列湖北省工业企业第四、荆门市第一，被评为中国石化 2023 年度炼化企业经济效益优胜单位。全年特种油品销售总量超 66 万吨，拳头产品 68#、100# 高档重质白油产销量增长 50%，高档白油比例达 62%，国内市场占有率得到进一步巩固。

（王克文 黎 坚）

荆门石化 2# 高档白油加氢装置建设项目启动

【安全环保职业健康管理】 聚焦坚决打赢安全环保保卫战，深入开展“安全管理强化年”行动。持续开展危险化学品安全专项整治和安全风险治理，完成重大事故隐患专项排查和老旧装置排查问题整改。深化“双防”平台建设和专业融合应用，建成工艺、质量报警信息推送机制，设备完整性管理体系建设通过集团公司验收。开展绿色低碳“补短板、强弱项”专项行动，推进无异味工厂建设。持续开展绿色企业创建工作，绿色基层创建率 84%。持续开展清污分流和污污分治，污水回用率 64%。完成“无废企业”建设，污油泥热脱附装置实现长周期运行。2023 年外排污水达标率、外排有控废气达标率、固体废物合规处置率均达 100%。首个光伏发电项目一次并网成功发电。完成全年碳管理及碳履约任务，盈余配额创效 740 万元。获评集团公司 2023 年网络安全 A 级企业。

（曹春芳　王克文）

【科技进步】 召开荆门石化第六次科技大会，全面部署“十四五”科技工作。实现 2# 高档白油加氢装置当年设计、当年建成投产并一次试车成功。开展合成型高温导热油产品质量提升及系列产品开发攻关任务，推动工业白油转产涤纶低弹丝油剂产品，食品级白油、环保型橡胶填充油产量进一步提高。开展液氨产品质量攻关，获工业产品生产许可证。推动热（直）供料深度利用，累计热（直）供料比例达 92.36%。完成氢气管网优化、凝结水优化利用等 26 个能效提升项目，年节能量 2.7 万吨标煤。荆门石化获集团公司质量管理先进单位称号。

（王克文　黎　坚）

【深化改革】 持续深化改革提升行动，实施《荆门石化改革深化提升行动工作方案（2023—2025）》，深入开展“价值创造”行动暨“精益管理见效年”活动，纵深推进“三项制度”改革，完善“三能”机制，全面推行中基层领导人员任期制和契约化管理，持续推动薪酬分配改革。“提质增效”超额完成创效目标。持续推进机电仪、检验计量、通信业务综合改革。持续深化法治合规建设，抓实重点领域风险防控。获集团公司深化改革三年行动先进集体、企业法治建设先进集体等称号。

（刘　军）

【党建工作】 牢牢把握开展习近平新时代中国特色社会主义思想主题教育总要求和目标任务，聚焦坚决打赢安全环保保卫战、经济效益攻坚战、转型升级开局战，一体推进理论学习、调查研究、推动发展、检视整改、建章立制等重点措施，举办读书班活动 7 次，开展专题研讨 70 余次，确定 47 个课题案例开展专题调研，推动解决问题 94 个，“我为群众办实事”130 个事项全部完成，30 项整治整改问题、119 条措施完成率 100%，推动学习宣传贯彻党的二十大精神和习近平总书记视察胜利油田、九江石化重要指示精神走深走实，切实把主题教育成果体现到高质量发展的成效上。举办庆祝中国石化成立 40 周年企业文化故事会，开展“三对两转一强”大讨论，每周进行作风建设大讲评，强化党的“三基本”建设和企业“三基”工作融合互促，推动党的政治优势转化为发展优势。

（王克文　黎　坚）

【队伍建设】 完善“十四五”人才发展规划，抓实“四大员”培训和技能操作人员能力提升，夯实岗位练兵、师带徒、实操训练、应急演练等基本功训练，成功举办荆门石化首届“最强操作”业务竞赛，大力培养支撑打造中国石化转型升级标杆企业的高素质人才队伍。积极响应和落实集团公司关于异地转型发展企业人员优化配置的决策部署，顺利吸纳南阳能化、湖北化肥等企业共计 99 名员工入职荆门石化。在第十四届全国石油和化工行业职业技能竞赛中，荆门石化代表队获机修钳工项目团体三等奖。荆门石化获湖北省

荆门石化首届最强操作竞赛

“工匠杯”会计职业技能大赛三等奖。付胜利创新工作室被评为中国石化示范性职工创新工作室。郭振恩获聘集团公司首席技师，特级技师付胜利当选为全国人大代表，高级技师张智勇被授予湖北省带徒名师称号。

（王克文　黎　坚）

【社会责任】 持续助力乡村振兴工程，2023 年投入 370.52 万元，用于乡村振兴教育帮扶、三峡对口支援、消费帮扶和所在地公共福利事业。乡村振兴教育帮扶工作被中央广播电视总台国际在线、《工人日报》等央媒报道，相关经验在集团公司专题工作会上作典型交流发言。稳步推进改善性住房项目建设，开展住房建设进度和质量巡视活动，维护购房员工权益。在省市主流媒体发布年度社会责任报告，开展公众开放日活动 9 次，向社会展示荆门石化党和人民好企业形象。

（王克文　黎　坚）

表 1　荆门石化主要技术经济指标　亿元

指标名称＼年份	2023	2022	2021	2020	2019	2018
原（料）油加工量 / 万吨	596.36	450.53	560.37	532.19	532.96	500.65
工业总产值	383.41	303.70	294.59	223.65	274.12	270.28
资产总值	97.68	92.24	86.18	92.33	92.73	80.49
流动资产	23.70	19.71	12.82	15.44	16.09	20.09
固定资产原值	142.81	132.28	128.92	126.22	110.78	96.16
固定资产净值	53.92	52.58	54.29	56.57	47.39	36.71
销售收入	412.32	337.18	335.03	249.41	298.51	295.15
实现利税	84.30	62.51	82.25	74.52	76.01	78.22

表 2　荆门石化主要产品产量　万吨

产品名称＼年份	2023	2022	2021	2020	2019	2018
汽　油	191.62	143.73	190.21	174.67	184.05	169.30
柴　油	132.10	97.43	117.22	129.68	131.47	134.11
煤　油	54.03	32.41	38.09	36.57	44.49	32.54
石油焦	12.56	11.92	15.42	20.62	25.22	24.98
聚丙烯 / 丙烯	14.85	11.04	15.14	12.43	13.55	11.56

九江石化

【概况】 中国石油化工股份有限公司九江分公司（简称九江分公司）和中国石化集团资产经营管理有限公司九江分公司（简称九江资产分公司）统称九江石化，地处江西省九江市东郊，占地面积 3.68 平方千米，是江西省唯一的大型石油化工企业。公司前身为九江炼油厂，1975 年经国家批准筹建，1980 年 10 月建成投产，1991 年 10 月更名为中国石化九江石油化工总厂，1998 年更名为中国石化集团九江石油化工总厂。2000 年，根据中国石化整体重组改制部署，九江石油化工总厂主要经营性业务划入集团公司上市部分，组建股份公司九江分公司。2007年，非上市部分设立九江资产分公司。2010年，按照总部统一部署，九江石化退出化肥做大炼油。2014年，九江石化与盈德气体香港有限公司合资合作成立石化盈德合资公司。2015年，完成油品质量升级改造，原油一次加工能力达1000万吨/年。2022年，建成投产89万吨/年芳烃项目。2023年，150万吨/年芳烃及炼油配套改造项目可研报告获集团公司批复，并成功纳入国家产业规划，向炼化一体化转型发展迈出关键一步。

截至2023年底，九江石化共有机关部室13个、专业中心6个、运行部10个，用工总量2232人。有原油一次加工能力1000万吨/年，主营业务有炼油、化工生产经营，主要生产装置有常减压、催化裂化、连续重整、延迟焦化、汽柴油加氢、吸附脱硫、渣油加氢、加氢裂化、煤制氢、聚丙烯、苯乙烯、烷基化、芳烃等；主要产品有汽煤柴油、化工轻油、“三苯”、液化气、石油焦、聚丙烯、苯乙烯、烷基化油及芳烃类产品等。

九江石化主要技术经济指标及主要产品产量分别见表1和表2。

（王立强）

【习近平总书记亲临九江石化视察】 2023年10月10日，习近平总书记视察九江石化并作出重要指示，对中国石化及石化行业发展寄予殷切期望，勉励企业要大力推进数智化改造、绿色化转型，奋力打造世界领先的绿色智能炼化企业。全体干部员工倍感温暖关怀、倍受鼓舞鞭策，迅速掀起学习宣传贯彻热潮，在思想上对标对表、行动上紧跟紧随，进一步增强坚定拥护“两个确立”、坚决做到“两个维护”的政治自觉。

2023年，九江石化坚持把学习宣传贯彻习近平总书记视察九江石化重要指示精神作为首要政治任务，通过党委会、党委中心组学习等多种形式第一时间传达学习；将学习总书记重要指示精神作为各级党组织、各级领导干部必修课，分层分类抓好学习培训。研究制订《深入学习贯彻习近平总书记视察九江石化重要指示精神实施方案》，部署6个方面19项具体措施。建设红色教育基地精神堡垒，组织全覆盖大宣讲，开展全员“重走总书记视察路线、重温总书记殷切嘱托”学习活动，推动重要指示精神入脑入心。

（王立强）

九江石化红色教育基地精神堡垒（郭俊秀　摄）

【生产经营稳中向好】 2023年，九江石化面对疫情转段后的各种不确定、不稳定性因素，坚持稳中求进工作总基调，统筹发展与安全，全方位优化生产经营，全力推进提质增效稳增长。全年加工原（料）油888.97万吨，其中原油766.52万吨，实现营业收入541.18亿元，再创历史新高；实现利润4.69亿元，完成全年效益目标并保持全级次核算主体盈利；“一利五率”指标实现国务院国资委提出“一增一稳四提升”的目标。上缴税费突破116亿元，连续8年位居江西省前列。

（王立强）

【安稳运行风险受控】 2023年，九江石化深入开展“安全管理强化年”行动，抓实安全环保专项整治、重大隐患排查整治等重点工作，HSE体系有效运行。落实全员安全责任，编制“两个清单”、推行安全网格化管理、重大危险源安全包保。抓实重点关键环节，推广直接作业环节“两表”，上线电子作业开票系统。强化风险管控和隐患排查治理，完成26项安全隐患治理项目。加强职业健康和公共安全管理，成功获批国家危险化学品应急救援基地。全年未发生公司级和上报集团公司安全事故、公共安全事件，安全风险总值下降43.1%，生产安全异常事件数量下降79.5%。

（王立强）

【绿色发展扎实推进】 2023 年，九江石化坚定不移走生态优先、绿色发展之路，打造绿色企业亮丽名片，持续开展“油不落地、气不上天、污不入土”行动，COD、氨氮等 13 项废水排放指标达到世界一流水平，污水回用率提高至 61.3%；稳步推进“双碳”工作，有机废物资源化利用项目投入运行，积极引入绿电使用，投用 2 套光伏发电站，绿电替代率超 20%，位列炼化企业首位。全年未发生环境事件，入选江西省减污降碳协同增效试点企业，获评集团公司 A 级绿色企业、“无废企业”和节能降碳环保先进单位。

（王立强）

九江石化全貌（郭俊秀　摄）

【优化攻关有力有效】 2023 年，九江石化以市场为导向，开展“保安全、降成本、增效益”百日创效专项行动，健全完善生产经营协调联动机制，做好炼油芳烃一体化优化，推动全链条增效。全年轻质油收率 84.13%（增长 4.49%），高附加值产品收率 92.14%（增长 2.52%），综合商品率 95.91%（增长 1.42%），生产成品油 566.69 万吨（增长 17.02%），主要技术经济指标持续向好。注重研究市场、服务市场，组织市场调研 40 余次，开发新产品近 10 个，聚丙烯产品出口多国。

（王立强）

【科技创新成效明显】 2023 年，九江石化主动融入国家科技创新体系，推动创新驱动发展，第三代芳烃技术“十条龙”科技攻关项目顺利“出龙”；离子液烷基化装置推进技术提升改造，实现 60% 负荷稳定运行。持续加大研发投入力度，加快新产品研发，成功开发新牌号聚丙烯、锂电池负极焦等新产品，高价值功能沥青、加裂馏分高附加值产品研究取得阶段性成果。九江石化获省部级、行业协会科技奖 2 项。

（王立强）

【降本压费效果良好】 2023 年，九江石化推进战略成本管理，落实“全员、全过程、全要素”成本管控机制，实施“割尾巴促提升”行动，持续提升战略型集约化财务管控质量。全年降本增效 2.26 亿元，炼油完全加工费 308.70 元 / 吨（下降 37.35 元 / 吨），化工产品完全加工费 729.56 元 / 吨（下降 345 元 / 吨）；开展强势节能、精益节能，炼油综合能耗 62.39 千克标油 / 吨（下降 7.36%）；芳烃装置对二甲苯产品综合能耗 253.95 千克标油 / 吨，为集团公司同类装置最好水平。管理运行成本下降近 4%，其中 12 项非生产性费用下降近 20%。

（王立强）

【转型升级步伐坚定】 2023 年，九江石化 150 万吨 / 年芳烃及炼油配套改造项目可行性研究报告获集团公司批复，创造项目审批用时最短纪录，并成功纳入国家产业规划、获江西省发展改革委核准；低压蒸汽发电、气分装置改造、焦化装置提标改造、人员集中场所隐患治理等一系列支撑安全绿色高质量发展的“六大升级”项目可研获批；九江市浔阳区热电联产项目、污水汽提改造项目基础设计获批并开工建设，89 万吨 / 年芳烃项目完成竣工验收和集团公司创优复评。

（王立强）

【改革管理效能持续释放】 2023 年，九江石化高质量完成国企改革三年行动任务，全面启动改革深化提升行动。优化调整组织机构职责及管理权限，完善任期制和契约化管理机制，“三项制度”改革持续深化。持之以恒强“三基”，出台管理办法，实现制度化管理，获评集团公司“三基”工作先进基层单位。抓实重点领域风险防控，坚持法治能力建设，严格合规风险排查整改，守住了不发生系统性风险的底线，法治合规工作获评集团公司 A^{+}。推进对标管理提升，抓实 189 项管理提升重点工作，关键绩效指标评价体系支持全面完成年度目标任务。

（王立强）

【数智化转型成果丰硕】 2023年，九江石化按照“数据＋平台＋应用”模式，稳步推进智能升级建设，获评工信部“数字领航企业”；参与共建的国家流程制造智能调控技术创新中心获科技部批准；“两化”融合管理体系保持AAA级评定；数字化交付及创新应用案例获国务院国资委首届国企数字场景创新专业赛二等奖，获评工信部智能制造优秀场景。成为集团公司首批4家智能工厂3.0试点企业，获网络安全和信息化水平评价双A级企业。

（王立强）

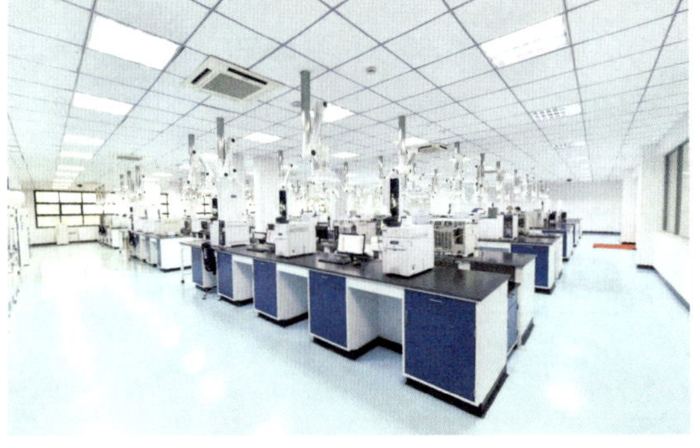

九江石化化验分析室全貌（郭俊秀 摄）

【党建工作质量稳步提升】 2023年，九江石化扎实开展学习贯彻习近平新时代中国特色社会主义思想主题教育，毫不动摇坚持和加强党的全面领导，持续夯实基层组织基础，深化务实创新融合抓党建，制定《九江石化2023年党的建设工作要点》。深化“双示范”创建，加强基层党支部标准化规范化建设。严格执行党的组织生活制度。保障发展党员质量，班组党员力量覆盖质量持续提升。严格执行“三重一大”决策制度、党委前置研究讨论重大经营管理事项清单管理办法，把党的领导落实到公司经营管理、改革发展各方面全过程。

（王立强）

【干部人才队伍活力迸发】 2023年，九江石化聚焦事业发展选干部、配班子、育人才，持续优化各直属单位领导班子结构，制订领导人员梯队培养计划实施方案，加快后备人才培养。全年调整28家单位146名领导干部，40岁以下中层领导干部占比19.3%，35岁以下基层领导干部占比27.4%。全面实施领导人员任期制和契约化管理。畅通人才成长通道，全年选聘专家和首席技师6人，2人当选享受政府特殊津贴人员。突出分层精准培训，员工整体素质持续提升。谋划建设青年发展型企业，做实师带徒、导师制、号手岗队等青字号品牌活动，试点青年班组长助理、青年管理人员赋能行动。

（王立强）

【全面从严治党纵深推进】 2023年，九江石化认真履行全面从严治党主体责任，压实第一责任人职责和“一岗双责”，促进党委主体责任和党政同责责任有效落实。深化作风建设，出台作风建设“1+5”系列文件，持续纠治形式主义、官僚主义问题，深化为基层减负。系统推进党风廉政教育，抓好靠企吃企整治。健全完善监督体系，巩固深化政治巡察。全面接受党组巡视政治体检，聚焦问题即知即改、立行立改。认真开展纪检监察干部教育整顿，着力锻造忠诚干净担当的纪检监督铁军。

（王立强）

【和谐稳定局面持续巩固】 2023年，九江石化坚持以人为本，深入推进“我为群众办实事”实践活动，解决员工急难愁盼问题81个。深化困难帮扶救助，累计发放困难补助、帮扶救助资金114.39万元，提供补充、互助医疗补助399.46万元。深化产业工人队伍建设改革，获评九江市产改先进试点单位，成为中华全国总工会第三批提升职工生活品质试点单位。成功召开第九次团代会。压实维稳责任，确保特殊敏感时期和谐稳定。抓实保密和国家安全、档案、统战、武装、平安建设、离退休工作，形成上下同心、共谋发展良好局面。连续9年保持全国文明单位殊荣。

（王立强）

【社会责任积极践行】 2023年，九江石化积极履行社会责任，定点帮扶修水县新湾乡回坑村，文明帮建九江市浔阳区金鸡坡街道石化社区，全年投入资金90万元，实施帮扶项目4个。大力开展消费帮扶，消费帮扶资金共计 141.11 万元，其中购买定点帮扶村农副产品 73 万元，树立了党和人民好企业形象。

（王立强）

表 1　九江石化主要技术经济指标　亿元

指标名称 \ 年份	2023	2022	2021	2020	2019	2018
原油加工量 / 万吨	766.52	718.94	666.66	701.88	786.60	766.59
工业总产值	536.94	512.57	365.20	309.73	444.84	456.60
炼　油	487.42	527.45	342.36	291.33	418.94	429.84
化　工	52.21	59.85	22.84	18.40	25.90	26.76
工业增加值	141.71	119.74	120.53	113.47	160.01	157.39
资产总计	126.00	130.13	126.90	121.21	117.43	122.98
流动资产	24.16	19.50	12.33	22.29	17.85	23.95
固定资产原值	204.43	202.48	168.77	164.09	162.84	158.12
固定资产净值	86.28	95.66	70.71	77.80	88.79	92.94
销售收入	541.18	513.50	374.21	306.98	443.41	457.38
实现利税	122.51	103.42	104.12	91.15	124.90	142.98
税　金	117.86	102.72	94.50	99.79	116.10	122.74
综合能耗 / 吨标煤・万元 $^{-1}$	0.732	0.704	0.527	0.38	0.37	0.36

表 2　九江石化主要产品产量　万吨

产品名称 \ 年份	2023	2022	2021	2020	2019	2018
$98^{\#}$ 汽油	—	—	—	0.65	0.05	—
$95^{\#}$ 汽油	62.87	57.73	61.61	67.63	62.40	61.41
$92^{\#}$ 汽油	179.55	152.77	136.08	143.34	181.90	176.65
柴　油	259.76	237.54	203.65	236.69	293.81	289.44
煤　油	62.28	36.20	45.73	54.24	70.73	67.15
燃料油	14.45	15.78	28.00	17.65	8.09	1.41
液化气	30.02	44.55	42.68	43.89	42.70	42.81
沥　青	1.54	0.93	5.48	7.07	8.44	8.34
聚丙烯	11.17	11.26	9.75	10.42	11.34	11.21
苯　类①	73.79	53.83	21.51	25.10	24.79	19.88
硫　黄	6.47	5.78	5.59	5.75	6.21	6.35
石油焦	31.63	31.00	28.97	32.38	32.11	34.69
石脑油	34.67	43.06	37.84	26.74	35.34	39.99
戊烷发泡剂	—	—	4.33	12.57	12.21	12.28

① 2022—2023 年苯类含对二甲苯

济南炼化

【概况】 中国石油化工股份有限公司济南分公司（简称济南分公司）和中国石化集团资产经营管理有限公司济南分公司（简称济南资产分公司）统称济南炼化，始建于1971年，1975年投产，1983年划归中国石油化工总公司，1998年留转至集团公司，2000年根据重组改制方案，企业进行主辅分离，主业即进入股份公司，成为济南分公司；辅业部分于2006年11月经过体制转换，成为济南资产分公司。

济南炼化位于山东省济南市历下区，占地面积2.4平方千米，地处胜利油田、中原油田之间，自备铁路与胶济线相连，厂区南北有济王路、309国道和济青高速公路，距济南遥墙国际机场15千米，地理位置优越，交通运输四通八达。

截至2023年底，济南炼化固定资产原值94.95亿元，现值29.00亿元，有常减压、催化裂化、柴油加氢、蜡油加氢、润滑油加氢、S Zorb、逆流连续重整、润滑油系列、聚丙烯等30余套主要生产装置，可生产汽油、柴油、液化气、航空煤油、石油焦、聚丙烯、硫黄、润滑油基础油等50余种产品，产品出厂合格率始终保持100%。在岗职工人数1542人，其中各类专业技术人员271人，具有正高级职称的5人、副高级职称的237人、中级职称的261人。

济南炼化主要技术经济指标及主要产品产量分别见表1和表2。

（孙丽颜）

【领导班子调整】 2023年10月12日，受集团公司党组组织部委托，济南炼化召开领导班子扩大会，济南炼化代表、党委书记夏季祥宣读集团公司党组决定：蒙毅任济南炼化副总经理、党委委员。12月5日，集团公司党组召开济南炼化等6家企业领导班子调整视频会，宣布济南炼化领导班子调整决定：温传忠任济南炼化代表、党委书记，免去其济南炼化总经理职务；免去夏季祥济南炼化代表、党委书记职务，待政协委员任期届满后办理退休手续。

（孙丽颜）

【吨油利润居中国石化炼化企业首位】 2023年，济南炼化深入实施高质量发展行动，以“学习贯彻党的二十大精神，对标一流推进高质量发展”主题行动为总抓手，统筹抓实42项重点任务156项具体措施，聚力攻关“节能、创效、转型”三大任务，实现提质增效稳增长新突破。原料油加工量首次突破550万吨，利税总额再破百亿元，工业增加值创历史新高，吨油利润居炼化企业首位，利润总额创历史新高，获评中国石化2023年度炼化企业经济效益优胜单位，以优异成绩庆祝中国石化成立40周年。

（孙丽颜）

济南炼化员工认真巡检、精细操作保平稳创效益
（罗　龙　摄）

【获评中国石化设备管理工作先进企业】 2023年9月19日，在集团公司召开的2023年炼化企业设备管理工作会上，济南炼化获评中国石化设备管理工作先进企业。2023年，济南炼化以推进设备完整性体系建设为主线，多措并举夯基础、强管理、促提升，切实加强设备全生命周期管理，狠抓设备维护管理与成本费用控制，着眼长远抓好人才队伍建设，体系化思维不断深化，专业化管理不断增强，设备运行可靠性不断提升，为装置安全平稳运行、企业优化创效提供坚强保障，在集团公司年度检查评比中设备管理评级为A档。

（孙丽颜）

【获评中国石化“无废集团”先行先试示范企业】 济南炼化作为中国石化首批“无废集团”试点企业，立足黄河流域中心城市型炼厂区位，严格落实黄河流域“清废行动”部署，探索落地固体废物能减尽减、可用尽用、应分尽分举措，固体废物规范化、减量化、资源化、无害化水平显著提升。近三年，危险废物内部综合利用 1.94 万吨，危险废物处置费用下降 28.41%，污泥整体减量化 80% 以上，“三剂”绿色包装采购率保持 98% 以上，液态烃碱渣、污水处理浮渣、机泵润滑废油、采样油等 100% 综合利用，建筑垃圾综合利用率 73%，高质量高标准完成先行示范创建任务，获评中国石化“无废集团”先行先试示范企业。

（孙丽颜）

济南炼化花园式、无异味、无废厂区（罗　龙　摄）

【环保型橡胶增塑剂提质升级改造项目获批】 2023 年 4 月 26 日，济南炼化环保型橡胶增塑剂提质升级改造项目可行性研究报告获集团公司批复，项目采用“糠醛精制—酮苯脱蜡—ARE 溶剂精制”组合工艺技术，主要建设内容包括利旧 35 万吨 / 年糠醛精制装置抽出液加热炉等建设 70 万吨 / 年糠醛精制装置、10 万吨 / 年酮苯脱蜡装置改造为 17 万吨 / 年酮苯脱蜡装置、35 万吨 / 年糠醛精制装置改造为 15 万吨 / 年 ARE 装置，相应配套系统完善改造。项目总投资控制在 2.10 亿元以内。

（孙丽颜）

【胜利原油加工适应性改造项目获批】 2023 年 9 月 1 日，为承接胜利原油就地加工任务，集团公司同意济南炼化实施胜利原油加工适应性改造项目。主要建设内容为润滑油原料预处理、常减压装置、2 套催化裂化装置、延迟焦化装置、润滑油系列装置、溶剂脱沥青装置相关部位材质升级改造，同步开展干气制氢装置消瓶颈改造及系统配套改造。项目总投资控制在 3.89 亿元以内。

（孙丽颜）

【聚丙烯高强度土工布专用料实现顶替进口】 从 2021 年起，济南炼化、北京化工研究院、化工销售华北分公司成立联合攻关小组，开展高强度土工布专用料开发研究，聚力解决国产化替代难题。经过广泛开展市场调研，对接研判客户需求；强化技术攻关，研发专用催化剂及产品助剂；针对聚丙烯产品实际情况，优化工艺参数，调整催化剂及助剂配方，跟踪下游客户试用反馈，于 2023 年 8 月，实现高强度土工布专用料 YU18D、YU28G 产品定型。该产品分子量分布窄、可纺性优异、单丝强度高，产品性能指标达进口特种树脂同等水平，填补国内高端土工布专用料产品空白，可用于生产强度高、耐酸碱、耐磨，且耐腐蚀、耐霉变、具有良好透水及过滤性能的聚丙烯长丝土工布，下游产品可广泛应用于铁路、公路、机场等交通基础设施及农业水利工程领域。2023 年，济南炼化累计生产销售高强度土工布专用料 1351 吨，增效明显。

（孙丽颜）

【高性能涂覆级聚丙烯专用料开发成功】 2023 年 1 月，由济南炼化、北京化工研究院、化工销售华北分公司联合开发的高性能涂覆级聚丙烯专用料 PPH-Y60 生产成功。该专用料熔融指数高达 60 克 /10 分，具有很高的溶体流动性、良好的力学性能及加工性能，可应用于非织造布、服装面料、地毯丝、医用手术用品等领域，市场前景较好。2023 年，济南炼化累计生产销售涂覆级专用料 11806 吨，增效明显。

（孙丽颜）

【环保型橡胶增塑剂销量创历史新高】 环保型橡胶增塑剂是生产出口级汽车轮胎的重要原料，加入后可让轮胎更柔韧、可塑性更高。济南炼化是国内首家能够连续稳定生产 A1820 环保型橡胶增塑剂牌号的企业，其产品经权威机构检测，芳碳含量达22%以上，产品质量和使用性能与进口产品相当，填补国内相关产品空白，在全国芳香基橡胶增塑剂市场影响力与日俱增。2023年，济南炼化产销研各环节联动，克服装置操作可调范围窄、操作条件调整复杂、产品质量变化敏感等不利因素，稳妥拓宽理想组分来源，整体优化加工流程，橡胶增塑剂产量再次突破2万吨、创历史新高，效益显著。

（孙丽颜）

【航空煤油占济南机场市场份额创历史新高】 2023年，济南炼化抓住济南遥墙机场航空煤油需求持续旺盛的有利时机，成立增产航空煤油攻关小组，开展航空煤油增产创效班组竞赛，跟踪分析装置高负荷下关键指标控制、不同原料终馏点操作条件控制，稳步提高航空煤油原料终馏点、反应温度、反应压力等操作苛刻度，最大限度优化增产航空煤油，统筹做好管输与火车发运衔接，航空煤油产量提高65.38%、占济南遥墙机场消费量比例提至79.24%，创历史新高。

（孙丽颜）

【炼化企业首套分盐技术污水除盐项目建成投用】 2023年4月，济南炼化催化烟气脱硫污水除盐项目建成投用。该项目率先采用机械压缩蒸发结晶MVR技术，通过适度预处理、充分减量化、高效深度浓缩、强制循环结晶等流程，实现降低废水含盐量、分制高纯度结晶盐、回收利用产品水的目标，对实现高含盐废水近零排放和资源化利用有借鉴意义。经标定，污水处理场总排污水含盐量满足地方政府全盐量排放限值要求，装置产出的净水用作循环水场补水、废水回收率98%，同时还可产出高品质硫酸钠产品。

2023年4月，济南炼化催化烟气脱硫污水除盐项目建成投用（罗　龙　摄）

（孙丽颜）

【建筑渣土综合利用项目建成投用】 2023年6月15日，济南炼化建筑渣土综合利用项目建成投用。该项目是集团公司建筑垃圾源头分拣利用示范性工程，加工处理能力为100吨/时，配套建设建筑垃圾筛分、除土、除杂、破碎、分类、利用设施及综合利用暂存场，能够产出0—5毫米、5—15毫米、15—31.5毫米3种再生粗细骨料产品，分别用于筑路施工、桩基填料、水泥掺料或制备路牙石、铺装砖等。2023年分拣利用建筑垃圾2万余吨。

（孙丽颜）

【VOCs治理装置建成投用】 2023年6月19日，济南炼化罐区VOCs（挥发性有机物）治理RTO（蓄热式氧化）装置一次开车成功，治理后的排放气满足设计要求，有机污染物去除效率99%以上，厂界监控点VOCs浓度稳定达标。该装置加工能力为4万米^3（标准）/时，采用先进的蓄热氧化燃烧工艺，将罐区尾气、装车油气、火车刷车尾气等有机废气加热到800℃以上，使废气中的挥发性有机物氧化分解成二氧化碳和水，氧化过程中产生的热量被陶瓷蓄热体“贮存”起来，用于预热新进入的有机废气，从而节省升温燃料消耗，降低运行成本。

（孙丽颜）

【实现地下水“零取用”】 2023年8月22日，济南炼化1#、6#自备井永久封停，2#—5#井应急备用，以地下水“零取用”再助节水保泉、节水保黄。继2021年底引入市政中水作生产用水，地下水及黄河水取水量年均减少350万吨后，济南炼化与济南水务集团合作，引入自来水作为厂区生活用水。截至2023年底，有6眼地下水源深水井同步关停，每年再减少地下水开采208万吨。于此同时，加快实施市政中水优化利用改造，5月以来中水小时取水量再提高50吨。

（孙丽颜）

【现场标准化 7S 管理扎实推进】 2023 年，济南炼化把推行 7S（整理、整顿、清扫、清洁、素养、安全、节约）管理作为强“三基”、保安全的切入点，按照标准先行、专业融合、全员参与的实施路径，大力开展“7S+”活动，组建培养骨干人才“头雁阵列”，49 项目视化管理标准有序达标，设备标准化、操作标准化、检修现场标准化融合推进，现场安全管理、环境整治、“三基”管理联动提升。

（孙丽颜）

济南炼化炼油二部 7S 管理示范泵区（高立敏　摄）

【连续 2 年获评集团公司党建考核 A 档】 2023 年，济南炼化党委以习近平新时代中国特色社会主义思想为指导，抓住开展主题教育重要契机，持续深化大党建工作格局，以高质量党建引领保障全年目标任务高质量完成。强根铸魂讲政治。第一时间学习宣传习近平总书记重要讲话和重要指示批示精神 143 条，召开党委会前置研究讨论和审议决定议题 100 项，将党的领导贯穿于谋战略、定政策、推发展实践中。引领保障提质效。以“学习贯彻党的二十大精神，对标一流推进高质量发展”主题行动为牵引，明确 42 项重点任务和 156 项具体措施，高于达标指标、奋斗指标设置 15 项党建引领目标，统领保障全年各项目标任务顺利完成。固本强基筑堡垒。与时俱进抓“三基”、持之以恒提“三力”（领导引领力、制度执行力、员工素质力）、打好培训攻坚战，持续深化基层党建“三基本”建设与石油传统“三基”工作联动融合，助推提升基层党建工作质量实效。人才强企蓄后劲。持续深化“三项制度”改革，完善优化岗位、能力、绩效“三挂钩”的薪酬分配体系，抓实领导人员任期制和契约化管理，45 岁及以下中层正职比例 19.35%，40 岁及以下中层副职比例 22.5%，“90 后”基层干部比例 6.4%。凝心聚力亮形象。加强“忆传统、强‘三基’、讲奉献、促发展”教育，开展“安康杯”等主题劳动竞赛，创新“青年创新创效讲评赛”等“青”字号活动，做深 EAP 员工帮助计划，举办全民健身活动，以高质量宣传报道聚人心树形象，凝聚团结奋斗的强大合力。正风肃纪促清廉。健全完善“大监督”运行机制和工作模式，高度重视中央巡视反馈问题认领整改，高质量开展两轮党委巡察，督促制定整治形式主义为基层减负措施 27 条，持续巩固风清气正、干事创业的良好政治生态。

（孙丽颜）

表 1　济南炼化主要技术经济指标　亿元

指标名称＼年份	2023	2022	2021	2020	2019	2018
原油加工量 / 万吨	545.44	503.28	459.33	488.28	528.17	441.40
工业总产值	352.04	352.38	244.46	208.59	272.87	244.61
工业增加值	113.75	106.45	90.50	91.11	94.91	84.34
资产总计	69.10	62.46	80.21	69.16	65.67	59.13
流动资产	26.74	19.73	35.49	26.35	20.53	17.25
固定资产原值	94.95	92.91	91.58	88.94	91.16	86.36
固定资产净值	29.00	31.43	33.09	33.83	38.08	38.80
销售收入	351.19	351.86	244.89	209.87	280.08	242.43
实现利税	102.69	96.36	83.07	80.31	89.13	76.90
税　金	85.24	79.48	70.30	75.41	82.79	69.61

表 2　　济南炼化主要产品产量　　万吨

产品名称＼年份	2023	2022	2021	2020	2019	2018
汽　油	199.18	182.33	165.95	169.39①	186.28	142.22
柴　油	142.56	135.32	114.56	128.62	138.97	136.71
沥青料	11.42	4.07	11.51	14.68①	18.61	15.38
液化石油气	37.35	37.84	33.41①	32.81	33.15	22.42
润滑油基础油	8.91	10.54	5.40	9.83	10.01	10.81
聚丙烯	11.75	12.07	10.51	11.58	11.51	9.53
化工轻油	4.20	4.03	2.58	4.37	7.52	7.40

①数据有调整

沧州炼化

【概况】　中国石油化工股份有限公司沧州分公司（简称沧州分公司）暨中国石化集团资产经营管理有限公司沧州分公司（简称沧州资产分公司）统称沧州炼化，位于河北省沧州市，始建于1971年，1975年10月建成投产，建厂初期生产规模50万吨／年。1984年1月1日，沧州炼化正式划归中国石油化工总公司。2000年1月，按照集团公司统一部署，企业资产重组为上市部分中国石油化工股份有限公司沧州分公司和存续部分中国石化集团沧州炼油厂。2007年8月，存续部分沧州炼油厂体制转换为沧州资产分公司。2009年7月，中国石化集团资产经营管理有限公司与日本东丽精细化工株式会社合资组建沧州东丽精细化工有限公司（简称TFCC），委托沧州资产分公司代为管理。2021年7月完成资产重组，存续部分生产经营性业务资产全部注入上市部分。

截至2023年底，沧州炼化有在职职工1175人，离退休职工988人；有职能部室11个，业务中心4个，基层单位5个；党支部21个，在职党员649人。

截至2023年底，沧州炼化资产总额47.48亿元，原油一次加工能力350万吨／年。主体装置有350万吨／年常减压装置、120万吨／年催化裂化装置、120万吨／年延迟焦化装置、160万吨／年和60万吨／年两套汽柴油加氢装置、40万吨／年连续重整装置、30万吨／年气体分馏装置、5万吨／年MTBE装置、2万吨／年两套硫黄装置、2万米^3（标准）／时制氢装置、8万吨／年苯抽提装置、6.72万吨／年混合二甲苯装置、90万吨／年S Zorb装置、12万吨／年干气脱硫、30万吨／年液化气脱硫、200吨／时溶剂再生、70吨／时污水汽提、7万吨／年小本体聚丙烯。TFCC主要装置为1万吨／年二甲基亚砜装置。

沧州炼化主要产品有汽油、柴油、石脑油、燃料油、石油苯、液化石油气、聚丙烯、石油焦、食品级硫黄及液硫等。TFCC主要产品是电子级和医药级二甲基亚砜。

沧州炼化主要技术经济指标及主要产品产量分别见表1和表2。

（吕昕桐）

【领导班子调整】　2023年12月5日，集团公司党组对沧州炼化领导班子进行调整，胡佳任中共沧州炼油厂委员会书记、沧州炼油厂厂长，聘任为沧州分公司总经理。

（吕昕桐）

【生产经营】　2023年，沧州炼化加工原（料）油276.79万吨，营业收入173.89亿元，利润合计4.91亿元，上缴税费43.71亿元，效益总额在集团公司炼油企业排第 15 名。全年累计吨油完全费用 396.07 元，比集团公司下达指标低 3.93 元。全年累计吨油利润 172 元，在集团公司炼油企业排第 6 名。在炼油事业部“比学赶帮超”活动中获红旗 68 面，创历史最高水平。

（吕昕桐）

【转型发展】 2023 年，沧州炼化投资 1.5 亿元，完成往复式压缩机隐患治理、全厂工业电视隐患治理、2# 栈台三道自动定量充装系统改造等项目。推进新技术应用，全年研发费用支出 775.59 万元、增长 13.3%，实施 9 个科技开发项目，光伏发电项目一期全面完成，获专利授权 2 件。推进“油转化”“油转特”，开发聚丙烯管道粉料、管道粒料及餐盒料。推进信息化建设、数字化转型，建设 5G 专网，应用移动视频监控、安全风险评估等信息技术，先进控制系统应用进入 A 档行列；推进信创工程，新建硬件资源 100% 采用信创技术。

（吕昕桐）

2023 年 6 月，沧州炼化与新星公司合作实施的分布式光伏发电项目并网发电，年可提供绿电 98 万千瓦·时（于铁洪 摄）

【安全生产】 2023 年，沧州炼化开展“安全管理强化年”行动，98 项重点工作任务全部完成既定目标，安全生产许可证顺利延期换证。修订 HSE 管理体系手册，完善安全生产责任清单和工作任务清单，开展要素监测审核。抓实风险分级管控和隐患排查治理，风险总值从年初的 206 降至 174。保持直接作业环节和承包商管理高压态势，规范施工作业预约管理，深化“督查 + 服务”管理模式，开展全员安全纠违，严查各类违章及问题。加强公共安全和应急管理，常态化开展三级应急演练 291 次，完成重大活动、重要会议安全保障工作。大力推进健康企业建设，健康危险因素检测合格率 100%，未出现职业病病例。

（吕昕桐）

2023 年 4 月 27 日，沧州炼化联合沧州市新华区政府、新华区应急管理局开展罐 513 顶遭雷击起火事故企地联合应急演练（于铁洪 摄）

【绿色低碳】 2023 年，沧州炼化持续打好污染防治攻坚战，二氧化硫、氮氧化物排放量分别比集团公司下达指标低 10.04% 和 10.54%。深化绿色企业建设，扎实开展绿色低碳“补短板、强弱项”专项行动，在 2023 年度绿色企业评审中被评为 B 级，绿色基层创建率 91.3%。推进节能降耗减碳，综合能耗降至 73.74 千克标油 / 吨，单因能耗降至 8.48 千克标油 / 吨，连续 5 年获沧州市节能目标考核“超额完成”等级称号。

（吕昕桐）

【企业管理】 2023 年，沧州炼化开展建设世界一流企业行动，确定 50 项对标提升目标。深化财务转型，制订三年财务战略管控方案，开展财务费用攻关，年度关键财务绩效指标全面完成；应用 RPA 机器人程序和工会共享系统，自主开发建设装置班组核算系统，推进财务数智化、会计智能化。抓实“三基”工作，新班组建设二期逐步落地，5S 管理全面推行。提升物资供应管理水平，在集团公司炼油企业物资供应管理绩效评比中排名第一。健全合规管理体系，强化重点业务、重点岗位和高风险人员风险管控，在“十四五”企业法治建设中期调研督导及合规管理体系有效性评价中被评为 A 类。

（吕昕桐）

【深化改革】 2023年，沧州炼化推进改革深化提升行动，细化53项改革任务、168项具体措施。巩固“三项制度”改革成果，薪酬结构、标准和等级体系进一步优化，全员绩效合约表全面实施，部分安保岗位实现业务外包，在集团公司“三项制度”改革评估中获评A级。

（吕昕桐）

【党建工作】 2023年，沧州炼化召开第八次党代会，完成党委换届，部署未来五年重点工作。党委理论学习中心组集中学习24次、专题研讨17次，“理响沧炼”理论宣讲团深入基层宣讲26场。注重激发队伍活力，加大干部常态化交流及多岗位锻炼力度，完善“三支队伍”职位地图，改进人才选聘和评价方式。推进宣传思想文化工作，创新开展“学讲论干”四步法闭环式形势任务教育，召开企业文化建设推进会，举办庆祝中国石化成立40周年企业文化故事会、王卿先进事迹报告会，推行“四必清、五必谈、六必访”工作机制。强化基层党建，推广党小组与班组融合共建，党小组长和班长“一肩挑”比例提升到73.7%。坚持从严管党治党，抓实违反中央八项规定精神问题专项治理，推进“三不腐”，开展大修改造准备工作及安全生产等专项监督，组织反腐倡廉系列活动。增进职工福祉，开展群众性劳动竞赛和“青”字号活动，帮扶救助困难职工38人次、23.8万元。

（吕昕桐）

【社会责任】 2023年，沧州炼化积极履行社会责任，帮助泊头市后八尺高村建设生态农业日光温室，购买帮扶产品50.45万元，协助地方政府开展消防救援工作，组织“无偿献血”“跟着河长去巡河”“消防安全知识进社区”等特色志愿服务活动。

（吕昕桐）

2023年4月12日，沧州炼化志愿者到学校开展消防知识宣传（于铁洪 摄）

表1 沧州炼化主要技术经济指标 亿元

指标名称 \ 年份	2023	2022	2021	2020	2019	2018
原油加工量/万吨	268.31	257.14	205.83	256.22	266.12	270.98
工业总产值	173.96	177.64	113.77	117.32	146.66	150.29
沧州资产分公司	0	0	2.30	5.19	5.49	5.57
沧州分公司	173.96	177.64	111.47	112.13	141.17	144.72
工业增加值	54.60	48.09	44.07	48.12	47.80	46.58
沧州资产分公司	0	0	0.48	1.20	0.94	0.62
沧州分公司	54.60	48.09	43.59	46.92	46.86	45.96
资产总计	47.48	39.81	45.18	44.55	43.37	42.49
沧州资产分公司	2.47	2.15	2.30	3.52	3.58	3.82
沧州分公司	45.01	37.66	42.88	41.03	39.79	38.67
流动资产	22.38	14.17	18.46	19.08	17.15	16.29
沧州资产分公司	1.36	0.98	1.08	0.35	0.43	0.63
沧州分公司	21.02	13.19	17.38	18.73	16.72	15.66

续表

指标名称 \ 年份	2023	2022	2021	2020	2019	2018
固定资产原值	58.33	57.35	51.32	51.42①	49.80	45.66
沧州资产分公司	1.90	1.92	1.92	6.07	5.76	5.58
沧州分公司	56.43	55.43	49.40	45.35①	44.04	40.08
固定资产净值	18.67	20.27	16.49	18.27	21.37	19.21
沧州资产分公司	1.05	1.10	1.13	2.70	2.63	2.54
沧州分公司	17.62	19.17	15.36	15.57	18.74	16.67
销售收入	173.43	178.30	116.83	116.90	145.91	151.20
沧州资产分公司	0.37	0.37	2.76	5.80	5.95	6.12
沧州分公司	173.06	177.93	114.07	111.10	139.96	145.08
实现利税	48.38	43.76	40.80	42.01	40.76	44.25
沧州资产分公司	0.27	0.22	0.31	0.45	0.24	−0.08
沧州分公司	48.11	43.54	40.49	41.56	40.53	44.33
税　金	44.44	41.55	34.57	43.08	40.63	41.41
沧州资产分公司	0.11	0.12	0.10	0.18	0.12	0.12
沧州分公司	44.33	41.43	35.93	42.90	40.51	41.29

①数据有修正

表 2　沧州炼化主要产品产量　万吨

产品名称 \ 年份	2023	2022	2021	2020	2019	2018
沧州资产分公司						
聚丙烯	—	—	2.42	5.88	5.61	5.50
氮　气	—	—	0.94	2.23	2.41	2.12
净化风 / 万立方米	—	—	5 322.84	13 800.36	15 191.57	12 086.50
沧州分公司						
汽　油	93.83	84.02	71.52	87.19	89.42	75.79
柴　油	96.83	94.04	68.64	87.54	91.44	86.68
石脑油	3.10	2.22	1.01	1.99	5.00	23.20
液化气	20.17	19.68	15.15	19.39	18.77	18.01
石油焦	22.38	22.01	17.71	22.39	23.83	24.85
硫　黄	1.48	1.54	1.09	1.50	1.55	1.69
燃料油	6.16	5.86	9.52	12.30	13.29	12.86
聚丙烯	6.32	6.26	2.42	—	—	—

润滑油公司

【概况】 中国石化润滑油有限公司（简称润滑油公司）是股份公司全资子公司，前身是中国石油化工股份有限公司润滑油分公司，是集研发、生产、销售和服务为一体的专业化润滑油公司。2002年5月，股份公司按照“统一计划安排、统一资源配置、统一市场开拓、统一品牌形象、统一产品开发”的原则，对润滑油业务专业化重组，成立润滑油分公司；2014年3月4日，在润滑油分公司基础上改制成立润滑油公司。润滑油公司总部位于北京市海淀区安宁庄西路6号。

2023年，润滑油公司调和能力190万吨/年，包装油脂生产能力167万吨/年，生产和销售包括内燃机油、工业油、船用油、金属加工液、润滑脂和合成润滑油脂等21类、2000余个品种的“长城”润滑油脂产品。

截至2023年底，润滑油公司用工总量3292人，合同制用工3156人，其中在岗合同制用工2956人，专业技术人员1893人，博士学历41人、硕士588人、本科1163人，具有高级专业技术资格的人员443人（正高级20人）。

润滑油公司主要技术经济指标见表1。

（钱志勇）

【治理结构】 深入推进新时代中国特色现代国有企业治理制度建设，不断完善党委“把方向、管大局、保落实”，董事会“定战略、作决策、防风险”，经理层“谋经营、抓落实、强管理”。深化落实董事会专门委员会运行机制，强化议案审议有效性。将党委副书记纳入“任期制、契约化”管理。持续完善董事会授权管理，持续巩固“四单联动”协同机制，探索完善董事会授权事项清单内容。不断推进在强化企业治理过程中加强党建工作向基层延伸。

（钱志勇）

【深化改革】 高质量完成深化改革三年行动，被评为国务院国资委深化改革三年行动优秀企业，10余项指标居于中央企业领先水平。成功入选国务院国资委“专精特新”暨创建世界一流专业领军示范企业。不断优化任期制、契约化管理，固化改革成果。深化岗位标准化管理提升行动，完成机关及业务中心岗位管理标准化。创新实施全口径人工成本管控运行。优化各业务线条“一主三辅”考核机制，推动差异化考核，联量计酬考核和精准激励，充分发挥考核“指挥棒”作用。开展省级销售机构“回头看”与海外代表处评价工作。

（钱志勇）

【国际化经营】 润滑油公司依托集团公司强大影响力不断提升SINOPEC润滑油品牌知名度与认知度，产品销往海外88个国家和地区，2023年海外销量增长13%。其中，持续增强与系统内单位合作力度，与兄弟单位共同推进中国石化国际市场布局和国际品牌传播，全年合作业绩再创新高，销量增长30%。始终重视中资企业合作，全年合作数量突破200家，实现“一带一路”73个国家和地区的贸易合作，销量增长28%。在新加坡隆重举办新品发布会暨全球经销商大会。来自世界各地的60余家企业和机构的100余位重要客户代表和经销商代表与会。

（钱志勇）

2023年9月8日，润滑油公司在新加坡隆重举办新品发布会暨全球经销商大会（冯洁泳　摄）

【绿色企业】 以绿色企业提升工作为抓手，多措并举推进润滑油公司绿色环保低碳发展，2023年温室气体排放当量降低，提前完成“十四五”目标，采用绿色基础油，使用光伏等绿色能源，加强新能源汽车产业发展所需节能型低碳、环保型低碳、长寿命低碳、全寿命低碳等全领域低碳润滑产品和技术的研发，不断推出绿色润滑新品，获集团公司绿色企业复评 A 级。坚持巩固“六化”改革和管理提升成效，压实责任，不断完善生产运营、绿色环保、质量安全等专业管理工作机制，有效提升管理质效。以“一方案两清单”和“三基”工作为抓手，系统推进“安全管理强化年”行动和质量管理，全年未发生直属单位级及以上生产安全环保事故及公共安全事件。QHSE 管理体系运行效能进一步提升，接受各级监管机构质量抽检 100% 合格。对标世界一流培育具有全球影响力的著名品牌，2023 年先后获杰出智造典范奖（国际智造节）、行业绿色典范奖（国际绿色零碳节）、杰出品牌形象奖（十二届财经峰会）。

（钱志勇）

2023 年，润滑油公司进一步加强智能化绿色工厂建设，润滑油北京有限公司成为中国石化在华北地区自动化程度最高、设备最先进的润滑油生产基地。图为智能化生产流水线（佟 炜 摄）

【科技创新】 坚持科技自立自强，通过科技创新平台建设，不断完善科研体制机制，持续提升科技引领支撑能力。推进“科技创新创效能力提升”主题行动，有效发挥科技强支撑、重引领作用，2023 年获南高齿风电齿轮油等高端 OEM 技术认可 50 项，环保型轧制液等 21 个新产品走上市场。推进集团公司“油转特”工作部署，增强供应链韧性和技术掌控力。强化科技与供应联动，有效促进关键原材料纾困。推进技术服务体系建设，有效提升专（兼）职技术服务团队素养和技术服务能力，全年新开发示范案例 241 项，赋能客户价值创造典型案例 150 余项，有力支撑润滑油公司全品类经营和高端进口替代。在江苏井井盐穴压缩空气储能发电系统国家示范项目上，中国石化长城润滑油自主技术 L-QD340 高温合成导热油获应用证明。

（钱志勇）

【工程建设】 完成南港项目真空预压地基处理，提前完成南港项目开工报告，于 7 月 18 日开工。组织编制冬季施工方案，落实冬季施工措施，定期检查特殊作业情况，施工质量情况。基础油罐体制作按计划完成，推进管廊基础制作和管线预制，其他施工方面除含氟油生产厂房外其他建筑物进一步推进框架结构施工，综合地管总图竖向全场道路按计划积极推进。

（钱志勇）

【市场开发】 强化“价值营销、全品类经营、借势发展”模式，提出打造“润滑管理”优势，面对复杂多变的市场形势，及时调整经营策略，构建营销转型新格局，各大类商品线均实现销量增长。深化全品类经营，推进区域化优势的发挥，省级机构销售的商品数量稳步提升，合成油脂和含氟油脂连续 5 年实现增长。深化与石油公司合作，有效推进商客开发、渠道下沉和厂站联盟“生态圈”建设，2023 年石油公司润滑油脂销量增长 21%，深化大客户开发，推进新兴领域开发，系统内国产化替代和老客户挖潜，全年大客户油脂销量增长 10%。

（钱志勇）

2023 年，润滑油公司与销售公司及易捷公司密切合作，联合部署，推进润滑油新零售业务。图为 3 月 8 日，易捷公司某网点宣传推介长城润滑油产品

【庆祝中国石化成立 40 周年】 组织开展基层党建创新案例评比活动，在《中国石化报》刊发 40 周年润滑油业务发展业绩专版。编撰出版《中国石化润滑油有限公司志（2002—2022）》。举办“牢记总书记嘱托，凝聚中国石化润滑油青年创新奋进力量”主题演讲比赛、全品类经营劳动竞赛以及一系列群众欢迎的文体活动。举办“庆祝中国石化成立 40 周年”企业开放日活动。

（钱志勇）

【党建工作】 坚持党建引领，扎实开展主题教育，把开展主题教育与推进观念思维变革结合起来，与落实生产经营重点工作结合起来，与巩固管理提升成果结合起来，不断破解影响润滑油公司高质量发展的瓶颈点、堵点。坚持政治监督，高质量完成党组巡视迎审工作，围绕润滑油公司年度重点工作，实施“大监督”闭环管理，有效解决全品类经营、数字化转型及智能化提升等 22 个系统性问题，促进企业创效能力提升。坚持严的基调，把党风廉政建设同经营工作同部署、同推进、同落实、同检查，贯通落实“一岗双责”要求。深化审计监督，强化审计问题整改，细化风险内控管理，保障年度经营工作稳步推进。大力实施“幸福工程”，系统推进“三体系一平台”建设，用心关爱服务员工，深入关怀青年成长，员工幸福感、满意度不断提升。2023 年再次进入集团公司年度党建考核 A 档企业。

（钱志勇）

表 1　润滑油公司主要技术经济指标①　亿元

指标名称 \ 年份	2023	2022	2021	2020	2019	2018
工业总产值	170.82	157.02	166.08	141.43	136.78	136.06
工业增加值	22.53	22.35	22.12	28.62	23.78	22.97
资产总计	87.67	92.99	93.11	90.11	92.19	92.47
流动资产	43.52	49.22	47.29	44.25	47.57	57.94
固定资产原值	52.77	51.53	49.61	48.58	48.10	44.24
固定资产净值	21.67	22.14	22.67	23.69	25.30	23.37
销售收入	168.79	158.99	165.96	155.89	196.18	181.90
实现利税	8.67	8.47	7.29	14.99	14.24	11.79
税　金	5.16	6.05	5.25	6.97	8.07	6.67
综合能耗 / 吨标煤・万元 $^{-1}$	0.014	0.014	0.012	0.013	0.015	0.015

①部分数据有调整

青岛石化

【概况】 中国石化青岛石油化工有限责任公司（简称青岛石化）位于青岛市李沧区，占地 0.94 平方千米，厂区临近黄岛油港，与黄岛油港、青岛港码头分别有输油管线相连，自备铁路专用线与胶济铁路相连，厂外公路与济青、青兰、青银高速公路相接。青岛石化前身为创建于 1962 年的青岛市手工业管理局炼油厂，1966 年 4 月改名为青岛石油化工厂。2000 年 12 月，青岛石油化工厂整体划转集团公司，企业名称先后为中国石化集团青岛石油化工厂、中国石化集团青岛石油化工有限责任公司，2009 年 3 月正式成为股份公司全资子公司，并更名为现名。

截至 2023 年底，青岛石化下设 11 个机关职能部门、4 个直属机构和 6 个二级单位。资产总额 33.32 亿元。在册合同制员工总数 797 人，其中在岗合同制员工 756 人。原油一次加工能力 500 万吨 / 年。生产装置主要包括 500 万吨 / 年常减压蒸馏、160 万吨 / 年延迟焦化、140 万吨 / 年重油催化裂化、100 万吨 / 年汽柴油加氢精制、60 万吨 / 年柴油加氢精制、60 万吨 / 年催化汽油选择性加氢脱硫、25 万吨 / 年催化重整、20 万吨 / 年及 15 万吨 / 年气体分馏、7 万吨 / 年聚丙烯等 16 套。产品主要有汽油、柴油、低硫船用燃料油、石脑油、石油焦、石油液化气、车用液化气、丙烷、丙烯、聚丙烯、工业硫黄、纯苯、MTBE 等近 20 个品种。

青岛石化主要技术经济指标及主要产品产量分别见表 1 和表 2。

（徐彩滨）

青岛石化装置大景

【生产经营再创佳绩】 2023 年，青岛石化加工原（料）油 375 万吨（原油 313.73 万吨），生产低硫船用燃料油 149.78 万吨，产品产销量 355 万吨，营业收入 197.63 亿元、利润 5 亿元，上缴税金 25.16 亿元，主要技术经济指标持续提升。

（徐彩滨）

【装置大检修顺利完成】 2023 年装置大检修任务重、时间紧、难度大，面对大战大考，青岛石化成立检修改造指挥部，充分发挥各级引领力，压实检修网格责任，紧盯关键线路、严抓过程管控。编制三大方案提前实施小接管检查、定点测厚、阀门盘根检查，消除设备隐患 67 处。明确重点项目 16 项、关键线路 3 项，用关键线路带动整体进度。加强隐蔽验收，强化质量管控，焊接一次合格率 99%。落实绿色检修，停工期间首次采用错峰吹扫，大幅降低用汽量的同时提高密闭吹扫效果，实现“气不上天”“油不落地”。践行“主题教育见行动、检修改造建新功”，青岛石化上下齐心协力、共同努力，比原计划（54 天）提前 4 天完成任务，实现“零伤害、零污染、零事故，一次开车成功”总体目标。

（徐彩滨）

青岛石化 2023 年装置大检修吊装作业

【转型发展迈出实质步伐】 9 月，股份公司发展计划部以《关于开展董家口化工新材料基地项目前期工作的函》（石化股份炼函〔2023〕23 号），正式批复青岛石化与青岛炼化开展董家口化工新材料基地项目前期工作，青岛石化转型发展项目迈出实质步伐。

（徐彩滨）

【安全工作总体受控】 2023 年，青岛石化扎实推进“安全管理强化年”行动，抓好 8 个方面 115 项工作落地。强化安全引领力建设，抓实 HSE 体系运行，推进安全管理网格化，修订体系制度 34 个，完成体系内审，抓实问题整改。开展重大事故隐患专项排查整治，抓好老旧装置问题整改，风险总值由 173 降至 133，下降 23%。新增智能巡检机器人，完成“双防”平台建设。会同地方政府开展应急演练，提升企地联动能力。强化治安反恐防范，确保重要节点公共安全受控。

（徐彩滨）

青岛石化引进智能巡检机器人

【专业安全管理加强】 2023 年，青岛石化把报警管理作为强化安全管理、提升“三基”管理的重要抓手，开展工艺报警管理提升攻关，建立“日通报、周分析、月总结”机制，工艺报警总数、前十报警时长分别下降 93.5% 和 96.5%，管理提升成效明显。深化设备完整性管理体系运行，狠抓定时性事务和预防性维修策略执行，转动设备故障维修率由 4.78% 下降至 2.53%。加强装置运行末期生产异常监控和管理，全年未发生装置非计划停工，上报异常波动下降 71%。

（徐彩滨）

【承包商和直接作业严抓严管】 2023 年，青岛石化落实“7+1”制度，对承包商和直接作业环节保持严管高压态势，每天发布督查日报，对现场问题曝光考核。检修期间检查问题 927 项，考核承包商 12 万元，清退并列入黑名单 28 人。

（徐彩滨）

【绿色发展和全员健康持续推进】 2023 年，青岛石化深入践行绿色发展理念，推进依法合规排查治理和污染防治攻坚任务落实，加强停修开全过程环保管控，全年废气、废水排放达标率和检修期间危险废物合规处置率均达 100%。加强全员健康管理，落实“一人一档”健康干预措施，完成职业病危害综合风险评估。

（徐彩滨）

【优化创效成绩显著】 2023 年，青岛石化加强市场预测研判和效益跟踪测算，积极争取配置计划、做大总量，保持装置平稳高效优化运行。制定攻坚创效措施 64 项 93 条，跟踪落实考核；细化指标分解，完成百日创效目标。优化原油选择，积极争取杰诺、阿塔普等高性价比油种，保证胜利原油供应，落实希皮尔等机会油种，实现原油优化降本 3.09 亿元。保持低库存运行，踏准采购节奏，库存运作降本 1.03 亿元；优化滞期管控，全年发生滞期 497 小时，降低 863 小时、下降 63.5%，比总部控制目标低 505 小时。紧盯市场抓优化，全年召开优化会 31 次，测算方案 165 个，形成优化建议 380 条，增效 1.03 亿元。

（徐彩滨）

【成本费用管控从严从紧】 2023 年，青岛石化持续强化预算执行，提升经济活动分析广度深度，以周为单位做好效益测算，将生产经营情况价值化，为生产计划调整、产品结构优化提供数据支撑。从严从紧管控费用，将 42 项费用指标在总部批复基础上压降 3490 万元；深化全员成本管理，修订班组经济核算活动方案，新增 3 项考核指标，实现吨效益、吨能耗“班核算”“日展示”“月评比”。吨油利润（134 元）比年度预算（49 元）高 173%，单位完全费用（313.23 元 / 吨）较总部调整后指标（316 元 / 吨）低 2.77 元 / 吨，财务费用（-453 万元）连续 4 年为负，资产负债率 60.19%，控制在国务院国资委管控指标 65% 以内。

（徐彩滨）

【对标提升态势良好】 2023 年，青岛石化全面启动对标世界一流企业行动，确定建设世界一流企业清单 36 项、价值创造行动清单 30 项，全年跟踪落实、进度受控。常态化对标对表，针对总部 89 项指标逐一查短板、促提升；与沧州炼化联合对标，确定对标指标 104 项；开展“比学赶帮超”活动，制订竞赛方案 13 项，在总部炼油板块“比学赶帮超”活动中连续获红旗。参加总部平稳率评比的 4 套 A 类装置共获奖牌 140 枚，其中金牌 74 枚，创历史最高水平。综合商品率 95.16%，出厂产品质量合格率继续保持 100%；炼油综合能耗 50.91 千克标油 / 吨，减少 3.75 千克标油 / 吨，进入板块前 3 名；吨油取水 0.37 吨，较总部平均水平低 7%，青岛石化获炼油行业水效“领跑者”标杆企业称号。

（徐彩滨）

【“三基”工作持续夯实】 2023 年，青岛石化持之以恒强“三基”，制定 29 项提升措施，开展制度“双诊断”和基础资料专项整治，实施 5S 管理提升行动。聚焦人的本质安全，强化基本功训练，制定标准化“晨会”流程，建立技能培训矩阵，抓实副班集中学习，利用大检修开展精准培训，广泛开展“每天一题”“班前喊话”，通过不打招呼演练、空呼器佩戴比赛、消防技能培训等形式检验全员应急能力。

（徐彩滨）

【科技攻关、投资管理、信息化建设取得实效】 2023 年，青岛石化加大科技攻关力度，完成甲醇制烯烃等 5 个科研开发项目实施，通过技术攻关解决生产运行问题。加强投资项目全周期管理，提高审查质量，投资完成率 99%。推进信息化建设，首家完成 LES 国产化建设，入选智能制造优秀场景名单，获评 2023 年 5G 工厂。

（徐彩滨）

【一体化管理体系有效运行】 2023 年，青岛石化完成“两化”融合管理体系贯标，开展一体化管理体系内外审。深化全面风险管理，发布青岛石化 2023 版内控实施细则，开展合规管理体系有效性评价并通过复评。

（徐彩滨）

【深化改革取得实效】 2023 年，青岛石化制定发布改革深化行动工作台账，明确 30 项重点任务、187 项改革措施。修订“三重一大”决策事项清单，明晰权责边界，持续完善国有企业现代公司治理。动态优化“三定”方案，对检验业务进行整体优化，减少班组 1 个、定员 10 人；在作业部设置专职安全监护岗位，保障安全生产。构建岗位胜任力模型，全面实施班组竞争上岗。推进业务外包，实施日照油库巡检业务系统内外包、仓储业务外包；系统内招聘专业技术人员 5 名、技能操作人员 8 名，全部补充一线岗位，缓解总体缺员，改善队伍结构。

（徐彩滨）

【政治建设持续加强】 2023 年，青岛石化认真落实“第一议题”，把开展主题教育作为首要政治任务，与贯彻落实习近平总书记视察胜利油田、九江石化重要指示精神结合起来，开展 3 次专题辅导，举办支部书记、支委素质能力提升培训，推动先进理论武装常态化长效化。主要负责人带头讲专题党课，班子成员结合学习体会、工作实际开展宣讲。充分认清巡视整改政治责任，青岛石化党委专题研究制订配合党组落实中央巡视整改工作方案，抓好 6 个方面整改重点。抓好重大事项请示报告，做到应报必报。

（徐彩滨）

【党建质效不断提升】 2023 年，青岛石化认真贯彻“1355”党建工作总体思路，持续推进党建“十四五”规划落地，构建大党建格局，压实管党治党责任。研究确定“赋能聚力、同心前行”年度主旋律，推进“三三”党建实施计划，开展党建研究课题“揭榜挂帅”活动，融入中心提升党建实效。成立检修改造党员突击队、青年突击队，总结推广先进支部经验，抓实党员量化考核，用好党员责任区、党员攻关等载体，推动支部“两个作用”发挥。提升季度党建岗检质量，完成支部书记抓党建述职评议，发挥考核“指挥棒”作用，基层党建质量实效进一步提升。

（徐彩滨）

【人才队伍建设进一步加强】 2023 年，青岛石化认真贯彻集团公司人才工作会议精神，深入推进人才强企，着力打造忠诚干净担当的高素质专业化干部人才队伍。全面推行领导人员任期制和契约化管理，首次开展中层次人才挑战竞聘、重新竞聘，盘活人才机制、激发队伍活力。把政治标准作为首关，把党员身份列为选聘重要条件，新提拔基层干部13名，其中竞争上岗选聘4人。落实集团公司“百舸千帆”计划，选派2名优秀青年人才赴兄弟企业挂职锻炼，接收3名青年人才交流，组织5名年轻干部内部轮岗交流，打造复合型人才。完善技能人才成长通道，中高层级技能操作职数由38个增加到44个。推进技能人才三级攻关创新，开展课题攻关53项，取得创新成果18项。

（徐彩滨）

【政治生态持续向好】 2023年，青岛石化坚持“严”的主基调，抓牢监督执纪问责和作风建设，完善“大监督”体系，推动重点监督常态化，全年落实监督事项25件，把好审计监督关。制订廉洁检修方案，落实4个方面8项措施。聚焦关键节点，对窗口单位“基层微腐败”情况进行暗访，每季度对驻外单位监督检查。组织对32名党政正职集体廉洁谈话，13名新提拔干部任前廉洁谈话，开展基层“守纪律、讲规矩”廉洁宣讲。强化“马上就办”，推动精文减会，进一步为基层减负。扎实推进党委巡察，青岛石化政治生态持续向好。

（徐彩滨）

【宣传文化和群团等工作质量不断提升】 2023年，青岛石化坚持正确舆论导向，强化意识形态管控，加大内外宣传力度，讲好青岛石化故事，连续34年保持省级文明单位称号。举办庆祝中国石化成立40周年企业文化故事会，以“责任、进取、务实、奉献”的青岛石化精神持续激发奋进力量。“云开放”与“探秘智慧能源”相结合举办公众开放日活动8期，累计参与240余万人次。加强关心关爱，落实“走基层、访万家”常态化机制，全年走访慰问员工及家属743人次；关注心理健康，持续做好EAP工作。强化保密、维稳责任落实，加强统一战线工作。坚定落实“依靠”方针，强化民主管理，保障员工合法权益。召开第七次团员大会，加强自身建设，持续提升团青工作质量。

（徐彩滨）

表1　青岛石化主要技术经济指标　亿元

指标名称＼年份	2023	2022	2021	2020	2019	2018
原油加工量／万吨	313.73	347.95	355.50	266.67	268.61	260.27
工业总产值	196.82	251.75	192.26	112.88	144.27	141.22
工业增加值	36.03		56.09	34.98	49.36	53.87
资产总值	33.32	49.76	53.19	31.38	42.26	36.40
流动资产	20.44	35.85	37.95	15.01	25.29	17.82
固定资产原值	51.21	50.23	49.69	48.41	48.02	47.11
固定资产净值	9.35	10.46	11.86	12.33	13.45	14.71
销售收入	197.63	251.09	193.09	111.06	144.50	142.65
实现利税	30.17	39.16	45.76	23.89	48.76	38.11
税　金	25.16	29.94	36.60	29.19	48.31	34.70
综合能耗／吨标煤·万元$^{-1}$	0.353	0.328	0.333	0.269	0.313	0.278

表 2　青岛石化主要产品产量　万吨

产品名称＼年份	2023	2022	2021	2020	2019	2018
汽　油	73.94	79.33	95.09	72.85	95.43	95.28
柴　油	71.80	73.19	74.43	59.83	86.41	72.72
低硫船用燃料油	149.78	167.51	155.98	92.94	0.22	—
石脑油	8.26	10.49	9.25	11.35	6.79	4.43
出口柴油	—	—	—	—	—	8.43
苯	1.08	1.22	1.36	0.85	1.07	1.28
燃料油	3.78	11.37	6.64	9.18	9.54	3.95
石油焦	19.60	20.69	19.61	17.49	25.71	27.86
硫　黄	0.86	1.17	1.11	0.76	1.60	1.54
液化气	14.20	16.63	17.40	15.47	18.90	17.74
车用液化气	2.81	4.22	4.32	2.88	5.15	5.00
丙　烯	2.38	4.21	3.30	1.87	2.71	0.91
聚丙烯	5.88	6.94	6.98	4.97	6.11	6.28

北海炼化

【概况】 中国石化北海炼化有限责任公司（简称北海炼化）于 2011 年 12 月由中国石化与北海市人民政府共同出资组建。北海炼化地处广西北海市铁山港区临海工业区，南临北部湾铁山港码头，距北海市区约 40 千米，是中国石化在西南地区唯一的炼化企业。

北海炼化原油加工能力 640 万吨 / 年。主要产品有汽油、柴油、航空煤油、石脑油、石油苯、液化气、聚丙烯、沥青、硫黄、石油焦等。主要装置有原料预处理、连续重整、催化裂化、延迟焦化、气体分馏、S Zorb、柴油加氢、蜡油加氢、干气制氢、聚丙烯等 20 余套，配备环保、公用、储运等辅助系统。主要关联设施有 320 万立方米原油商业储备基地，湛江—北海原油管道，北海—昆明、大理成品油管道及吞吐能力 150 万吨的铁山港石化码头。

北海炼化设有 9 个职能部门、3 个业务中心和 5 个运行部，代管商储北海分公司，并纳入北海炼化一体化管理体系。截至 2023 年底，北海炼化有合同制员工 803 人，平均年龄 42.1 岁。在岗员工 795 人，其中管理人员 80 人、专业技术人员 184 人、技能操作人员 531 人。北海炼化党委下设 17 个党支部，党员 394 人。

北海炼化完整准确全面践行新发展理念，围绕中国石化“打造世界领先洁净能源化工公司”愿景目标，积极融入中国石化“一基两翼三新”产业格局和广西向海经济发展战略，持续推动高质量发展。2023 年，加工原油 668.75 万吨，营业收入 459.30 亿元，上缴税金 154.21 亿元。原（料）油加工量（719.97 万吨）突破历史纪录，全员劳动生产率在集团公司炼油企业排名第一，吨油利润排名第二，单位完全费用排名第三，利润总额排名第四。“一利五率”指标完成良好，主要经济指标继续保持集团公司炼油板块前列，经营创效持续位列第一方阵。

2012—2023 年，北海炼化累计加工原油 6929 万吨，营业收入 3951 亿元，利润总额 189 亿元，上缴税金 1474 亿元。纳税额连续多年保持北海市第一、广西壮族自治区第二，为地方经济社会发展作出积极贡献。先后获全国五一劳动奖状、国家绿色工厂、全国厂务公开先进单位等省部级以上荣誉30余项。

“十四五”以来，北海炼化以“巩固拓展炼油创效优势，探求推进绿色化工转型”为企业发展思路，发挥“技术新、流程短、资产轻、氢效高、成本低、人员精”的企业特点，健全、完善、稳定生产经营优化、原油采购优化、生产经营重要事项分析决策工作机制，实施“5个1亿”创效，保持盈利能力；通盘考虑行业发展趋势、地方发展规划，精准对接上下游产业链和市场需求，论证建设有竞争力的特色化工装置，生产适销对路的高端化工产品。充分利用好北海丰沛的绿电资源、独特的冷能资源，探求绿色能源和化工耦合发展，力求走出适合北海炼化的“专精特新”之路。

北海炼化主要技术经济指标及主要产品产量分别见表1和表2。

（覃辉平）

【领导班子调整】 2023年3月2日，集团公司党组以视频会议形式召开北海炼化干部大会，宣布对北海炼化领导班子调整决定：李继炳任北海炼化执行董事、党委书记，免去其北海炼化总经理职务；免去张忠和北海炼化执行董事、党委书记职务，办理退休手续；免去麦郁穗北海炼化副总经理、党委委员职务，任二级协理员。调整后的北海炼化领导班子由李继炳、蒋文军、韦巍、陈力平、杜玉山组成。

6月13日，集团公司党组以视频会议形式召开北海炼化干部大会，宣布北海炼化领导班子调整决定：蒋文军任北海炼化总经理、党委副书记；朱维、李卫军任北海炼化副总经理、党委委员。调整后的北海炼化领导班子由李继炳、蒋文军、韦巍、朱维、陈力平、杜玉山、李卫军组成。

（覃辉平）

【安全环保形势稳定】 2023年，北海炼化践行“发展决不能以牺牲安全为代价”的理念，把安全环保作为重中之重，优先考虑、优先安排。坚持抓实安全生产。全面推行“会前安全教育5分钟”，提升安全生产意识。坚持体系思维，推进HSE管理体系有效运行。分解落实各项行动措施，深入开展“安全管理强化年”行动。突出“聚焦现场、服务基层”，发动管理和专业技术人员深入现场，发现各类问题1437项。倡导“我为安全办实事”，号召中层以上管理人员每月做一件对安全生产有价值的实事，累计完成116项。建立岗位安全生产责任清单和工作任务清单，推行安全管理网格化，安全生产责任制有效夯实。严格落实双重预防机制，推进安全风险清单管控，公司级6项安全风险，风险总值从151降至107，下降29%。严格管控直接作业环节，坚持周统筹日通报，高风险作业数量由日均38项减少到22项，下降42%。从严承包商管理，规范执行考核，建设“5S”标准化现场，现场管理水平进一步提升。聚焦平稳运行，抓实专业管理，持续完善应急预案，做实应急演练，妥善处置生产异常和险情，本质安全水平进一步提升。2023年北海炼化安全生产整体受控，未发生上报事故。有效提升绿色水平。持续推进绿色企业建设，绿色基层创建实现100%，获评集团公司A级绿色企业。建设“无废企业”，形成固体废物、危险废物贮存、转运、处置日常运转机制；实施固体废物循环再利用，建筑垃圾再利用率81%；推进危废减量化，全年减少危险废物处置2141.34吨。建设“无异味工厂”，建立公司和运行部两级VOCs异味清单。推进环保隐患治理，高质量完成1#催化脱硝和动力锅炉B炉低氮燃烧器火嘴改造，烟气氮氧化物平均排放浓度由113.7毫克/米^3（标准）降至50毫克/米^3（标准），年氮氧化物排放总量下降约60%。持续推进节能降耗，全厂炼油能耗持续下降，减少碳排放9.7万吨。积极参与绿电交易，扩大绿电使用量，全年交易绿电915万千瓦·时，使用光伏发电3317万千瓦·时。2023年各项环保排放指标达标，未发生一般及以上环境污染和生态破坏事件，北海炼化绿色低碳发展水平持续提升。

（覃辉平）

【生产经营平稳创效】 2023年，北海炼化坚持稳中求优、价值引领，保持生产经营联动，统筹优化装置运行和经营创效，生产经营再创佳绩。抓好生产平稳运行。分析装置运行中后期特点，策划制订针对性方案。计划源头管控采购适合油种；生产突出风险控制，有效落实 147 项管控措施；设备加强专业管理，全面实施预防性维修。装置平稳率由 97.42% 提高至 97.80%，全年未发生上报总部级非计划停工，主要设备运行指标全部达标，无上报集团公司重大设备事故。有效管控重大生产变更，1# 催化脱硝改造和装置消缺提前 3 天高质量完成，实现“生产经营要稳定、现场施工要安全、装置开工要顺利”预期目标。做好应急处置，2# 催化大油气线和 1# 催化外取热器泄漏险情发现及时、处置果断、结果受控。抓实大修准备，完成大修计划下达、管理路线表编制、长周期配件清单确认和 34 项同步改造项目论证。抓好生产经营创效。统筹市场、计划、原料、物料、过程、产品、物流等信息，联动经营、生产、操作三个层次优化，用好生产经营优化、原油采购优化、生产经营重要事项分析决策三个工作机制，全方位打造创效环境。科学编制生产经营计划和原油资源计划，最大化争取原油加工量和成品油配置量，全年原油加工量超年度计划 2.89%，汽油、煤油、柴油产销超年度计划 4.21%。做实“5 个 1 亿”，充分发挥催化能力，累计加工外购蜡油 23.53 万吨，创效 1.36 亿元；扩大航空煤油产量，全年生产航空煤油 27.97 万吨，增加 19.68 万吨，增效 1.59 亿元；增产高标号汽油，全年高标号汽油销量 60.16 万吨；优化原油采购，原油结构优化创效 3692 万元，原油市场运作及衍生品交易创效 4260 万元；实施节能降耗，全厂炼油能耗实现 63.71 千克标油 / 吨。推进持续攻坚创效，完成“保安全、降成本、增效益”百日创效专项行动，降本增效 0.15 亿元、减费增效 0.49 亿元、优化增效 1.63 亿元。

（覃辉平）

【改革管理持续深化】 2023 年，北海炼化坚持“两个一以贯之”，持续深化改革攻坚、管理提升和风险管控，取得积极成效。推进深化改革。贯彻集团公司工作部署，编制方案，全面启动改革深化提升行动。推进中基层领导人员任期制和契约化管理改革。纵深推进“三项制度”改革，持续优化完善劳动、人事和薪酬分配制度，获评集团公司“三项制度”改革 A 级企业。深化体系融合。扎实推进“三基”工作与一体化管理体系融合，“三基”工作创标稳步推进。以业务架构为基础，全面完成现有制度文件优化整合，制度数量由 541 个精简到 195 个，精简率 63.96%；制度字数由 230 万字精简到 120 万字，精简率 47.83%。采用“大岗位”制，重构岗位设置，岗位数量由 283 个减少到 157 个。明确岗位职责、岗位权限、工作目标等 10 项管理要素，完成岗位职责与 HSE 职责融合。系统防控风险。建成合规管理体系，成为中国石化首家通过 GB/T 35770—2022 和 ISO 37301 双标准认证的炼化企业。杜绝“未批先建”，建设项目“三同时”执行率 100%。强化业财融合，规范合同税率，开展资金风险检查，组织信用风险评价，严格管控风险敞口，战略财务风险管控能力有效提升。加强审计监督，控制费用损失风险，全年审减 3378.98 万元，审减率 15.13%；督促推动审计问题整改 42 项，增收节支 3648.84 万元。

（覃辉平）

【创新发展步伐坚定】 2023 年，北海炼化坚持创新驱动发展理念，努力开拓创新发展新局面。技术攻关取得新成果：全面实施焦化密闭除焦长周期运行、设备设施外部腐蚀、仪表故障早期预警等十大攻关，为中后期稳定运行提供重要保障。推进润滑油脂国产化应用，国产化替代率 98.94%。开展生产攻关，成功产出低排阳极用石油焦。承担集团公司重点科研项目，PDH 中试装置建成投运。推进环保攻关，电渗析胺液净化废水处理工业应用研究获得成效。全年申请发明专利 4 件。智能化建设取得新突破：双重预防系统、报警信息推送等 10 个信息化项目上线运行。“两化”融合管理体系通过工信部认证。智能工厂 2.0 项目通过集团公司验收，获评广西智能制造标杆企业。仓储管理系统获国家版权局登记，填补北海炼化著作权类无形资产的空白。加强仪表自控提升系统管理，装置自控率由 92.86% 提高到 99.37%，在系统内处于领先水平。重点项目取得新进展：40 万立方米成品油储备基地施工建设按计划有序推进；5 万吨级石化码头开工条件有序落实。航空煤油铁路出厂、高标号汽油铁路出厂、老厂土壤修复、污水回用和提标改造等项目取得实质进展。全年完成投资 8.32 亿元。

（覃辉平）

【队伍建设创新推进】 2023 年，北海炼化务实面对干部人才队伍现状，坚持从实际出发，先立后破，有序应对“断层”“盖层”挑战。持续加强培训，提升能力。加强干部人才队伍建设。以“优化结构、加快培养、有序接替、引导进取”为目标，守正创新，制定实施《“十四五”期间加强人才队伍建设的若干措施》，2023 年选拔任用领导干部 27 人、专业技术干部 20 人、主管技师 3 人。考虑用工需求，争取用工总量，引进应届毕业生 27 人。抓住机会、主动对接，引进系统内成熟人才 19 人。提升干部人才队伍素质。落实培训资源，建成投用培训中心和安全实操培训基地。组织岗位练兵，举办首届职工技能大赛。抓实基础，完成“五懂五会五能”手册编制和题库建设。开展三项岗位资格认证，121 人通过“三大员”岗位资格考试考核，158 人次取得技能操作人员上岗证，459 人次通过复审，130 人通过职业技能等级认定，12 人取得技师资格，6 人通过高级技师考核。落实三大培训计划，全年完成培训 71 项，培训 6000 余人次。

（覃辉平）

【党建工作更加有力】 2023 年，北海炼化坚决扛稳管党治党责任，聚焦“方向”和“动力”，坚持总体统筹谋划，以高质量党建引领保障高质量发展。扎实开展主题教育。把主题教育当成重大集中的党建实践，策划实施方案，组建工作专班，模块化推进运行，推动主题教育见行动见实效。学习党的二十大精神，体认中国石化的新使命新任务，集中群众智慧，提出“打造中国石化好企业”目标愿景，系统定义其基本内涵、主要目标、内在追求、路径要点和原则要求，北海炼化有了共同愿景引领。紧扣高质量发展主线，探索高质量发展路径，统筹当下和长远，形成“巩固拓展炼油创效优势，探求推进绿色化工转型”发展思路。把主题教育和年度十大重点工作、党建工作要点相结合，引领干部员工学思想、强党性、重实践、建新功，有力推动各项工作任务完成。各基层党组织团结带领广大党员，充分发挥战斗堡垒和先锋模范作用，高质量提前完成 1# 催化改造消缺，有序应对“6·9”特大暴雨、台风“泰利”等恶劣极端天气，为生产平稳运行提供坚强保障，炼油二部获评中国石化工人先锋号，公用工程部获评广西壮族自治区工人先锋号。持续加强党建工作。以“12345”党建工作思路为基础，系统谋划年度党建工作要点，为全年党建工作明确方向。修订“三重一大”决策制度，贯穿党委“定”“议”清单和内控权限指引，党的领导作用发挥更加规范。北海炼化党委立足“打造优秀班子”，认真贯彻民主集中制、党委工作规则等制度，班子成员严管所辖、分工履职、团结和谐，党委整体工作效能进一步提升。加强组织建设，精心筹备，顺利召开第一次党员代表大会，选举产生新一届党委班子和纪委班子；突出政治素质和群众评价，选聘 5 名基层党支部书记，发展 11 名党员。建设向好政治生态。针对“观念落后”“责任落空”“精神不振”“自律不严”等问题，正风肃纪促“严细实”，着力改进作风，打造优秀队伍，干部员工“依法合规、守纪尽责”的意识得到增强，精神面貌有新的改观。坚持严的基调不放松，组织“学处分规定、促廉洁从业”专题教育，持续深化“靠企吃企”专项整治，加强廉洁风险制度管控，持续开展党委巡察，严肃监督执纪问责。坚决反对形式主义、官僚主义，向没有价值的活动开刀，减文、减会、减事、减活动、减材料、减流程，努力减轻基层和骨干人员负担。北海炼化风清气正、干事创业的政治生态进一步稳固。努力推进共建共享。职工收入实现增长。改善工作生活环境，改造中控室新风系统，治理卫生间异味，更新更衣柜，更换阳光海岸 1#、2# 楼电梯和部分宿舍空调，进行东门停车场改造。关爱员工身心健康，为 121 名女职工购买“两癌”保险。开展红十字救护员培训，258 名员工取得资格证。倡导体育锻炼，羽毛球、气排球、“体质提升运动会”等各类活动蓬勃开展。2023 年，北海炼化获评北海市健康企业。汇聚各方工作合力。各级工团组织围绕中心工作，积极开展劳动竞赛，创建“工人先锋号”“巾帼文明岗”，为推动企业发展贡献力量。统战、维稳、治安保卫、国家安全和保密、档案管理、后勤服务等各项工作齐头并进，汇聚企业攻坚克难、团结拼搏、踔厉奋发的强大合力。

（覃辉平）

【正风肃纪促“严细实”】 2023 年 3 月 15 日，北海炼化召开党风廉政建设和反腐败工作会议，深入学习贯彻党的二十大和习近平总书记在二十届中央纪委二次全会上重要讲话精神，对 2022 年党风廉政建设和反腐败工作进行全面总结，对 2023 年的主要工作进行安排部署。

（覃辉平）

【党委纪委换届选举】 2023 年 12 月 28 日，北海炼化隆重召开第一次党代会。125 名党员代表、特邀嘉宾及列席人员出席会议。集团公司党组发来贺电。北海炼化执行董事、党委书记李继炳作题为《汇聚正能量，专注高质量，为打造中国石化好企业而团结奋斗》的党委工作报告。北海炼化纪委书记陈力平作题为《牢记初心使命，强化监督执纪，为打造中国石化好企业提供坚强保障》的纪委工作报告，全面总结北海炼化纪委过去 5 年的主要工作，提出今后 5 年北海炼化党风廉政建设和反腐败工作的总体要求和目标任务。会议审议通过党委工作报告和纪委工作报告，选举产生中共中国石化北海炼化有限责任公司新一届委员会和纪律检查委员会。新一届党委班子由李继炳、蒋文军、韦巍、朱维、陈力平、杜玉山、李卫军组成。新一届纪律班子由陈力平、李文勇、郭兵、李建威、熊碧华组成。

（覃辉平）

12 月 28 日，北海炼化第一次党代会隆重召开

【北海成品油储备基地项目开工建设】 2023 年 8 月 22 日，中国石化北海成品油储备基地项目开工仪式举行。该项目是北海炼化巩固拓展炼油创效优势重点项目。项目建成投产后可极大提高成品油储存保障能力、提高应对市场的灵活性；增加原料和产品水路进出，降低营运成本，抵御市场经营风险，提升企业竞争力。同时，也将进一步促进铁山港区及北海市的开发和建设，完善港口配套设施，为北海市经济发展作出积极贡献。

（覃辉平）

【中国石化 PDH 中试装置在北海炼化一次开车成功】 2023 年 12 月 6 日 17 时 18 分，北海炼化丙烷脱氢（PDH）中试装置丙烷成功引入反应器，产品改去 1# 催化，标志着丙烷脱氢中试装置一次投料开车成功。该装置是中国石化首套自主知识产权的丙烷脱氢中试装置。项目建设规模 1000 吨 / 年，采用自主开发的脱氢催化剂，丙烷转化率和丙烯选择性高。项目的开工成功对打破国外 PDH 技术垄断，形成中国石化自主知识产权 PDH 技术和未来北海炼化 PDH 装置建设具有重大战略意义和现实意义。

（覃辉平）

12 月 6 日，北海炼化丙烷脱氢中试装置一次投料开车成功

表 1　北海炼化主要技术经济指标　亿元

指标名称＼年份	2023	2022	2021	2020	2019	2018
原油加工量 / 万吨	668.75	636.80	674.23	469.33	636.02	640.17
工业总产值	459.95	473.50	383.08	214.86	358.40	375.00
工业增加值	133.36	143.07	160.86	88.55	119.93	152.14
资产总计	183.07	169.54	193.96	153.35	180.92	171.37
流动资产	134.97	123.43	146.95	108.92	140.28	130.09
固定资产原值	84.86	82.89	79.16	66.16	63.31	61.88
固定资产账面价值	36.28	39.21	40.61	33.33	34.51	37.44
销售收入	458.08	473.46	384.75	214.20	358.12	376.06
实现利税	175.87	181.32	171.94	100.69	170.68	181.34
税　金	154.21	160.74	139.72	93.24	154.32	152.44
综合能耗 / 吨标煤・万元 $^{-1}$	0.285	0.289	0.290	0.212	0.177	0.198

表 2　北海炼化主要产品产量　万吨

产品名称＼年份	2023	2022	2021	2020	2019	2018
汽　油	257.25	240.88	252.75	161.90	224.64	225.96
98 # 汽油	1.13	0.33	1.40	1.91	3.60	3.46
95 # 汽油	59.09	59.09	76.72	52.41	65.68	63.22
92 # 汽油	197.03	181.45	174.64	107.58	155.36	154.68
0 # 柴油	241.27	237.59	240.81	183.62	267.34	258.88
3 # 喷气燃料	27.97	8.29	10.14	7.85	13.33	15.20
化工轻油	7.46	8.91	7.37	3.50	3.34	4.16
燃料油	8.56	18.74	8.89	—	2.70	1.50
液化石油气	47.62	46.19	49.05	30.33	40.64	42.09
商品干气	2.97	1.02	1.10	1.77	2.59	1.49
聚丙烯	15.03	15.61	16.19	12.14	15.63	16.46
石油苯	3.20	2.91	3.08	2.14	3.16	3.30
石油焦	50.21	49.06	48.07	35.03	52.36	51.12
工业硫黄	7.22	6.76	6.96	4.82	6.94	6.73
沥　青	8.63	1.55	23.21	21.70	3.95	11.61

塔河炼化

【概况】 中国石化塔河炼化有限责任公司（简称塔河炼化）地处新疆库车市，是中国石化在西北五省（自治区）唯一的炼化企业。其前身是筹建于1994年的地方股份制企业——新疆塔里木油气化工有限公司，1998年11月被西北石油局全资收购，2003年12月整体划转股份公司，2004年4月13日设立中国石油化工股份有限公司塔河分公司（简称塔河分公司）。2012年6月25日，股份公司对塔河分公司进行改制，与新疆阿克苏地区共同出资组建塔河炼化。

截至2023年底，塔河炼化有炼油生产装置18套，原油加工能力500万吨/年，焦化处理能力340万吨/年，汽油、柴油混合加氢精制能力270万吨/年，催化重整能力60万吨/年，二甲苯生产能力52万吨/年，A级沥青生产能力40万吨/年，汽油异构化能力30万吨/年，航空煤油生产能力30万吨/年，硫黄生产能力8万吨/年。塔河炼化以加工塔河油田重质原油为主，可生产汽油、柴油、3#喷气燃料、沥青、石油液化气、石油焦、硫黄、二甲苯等10余种产品，产品通过企业铁路专用线销往全国各地。

截至2023年底，塔河炼化有领导班子成员6人，副总工程师1人，安全总监1人；设5个机关部门、3个业务中心、4个生产作业部。在册员工1238人，其中教授级高级工程师1人、教授级高级会计师1人，具有高级职称的53人、中级职称的176人、初级职称的419人；高级技师20人、技师52人，高级工396人、中级工354人、初级工77人。

塔河炼化主要技术经济指标及主要产品产量分别见表1和表2。

（刘希军　方淑琴）

【领导班子调整】 2023年6月12日，中共中国石化党组印发《关于免去张怀玺同志职务的通知》（中国石化党组任〔2023〕149号），鉴于年龄原因，免去张怀玺的中共中国石化塔河炼化有限责任公司委员会委员职务；股份公司印发《关于解聘张怀玺职务的通知》（石化股份任〔2023〕98号），鉴于年龄原因，解聘张怀玺的中国石化塔河炼化有限责任公司总会计师职务，任二级协理员。调整后的塔河炼化领导班子由丛煜、盖金祥、纪英顺、冯兵、高宏义、曹杰组成。

（刘希军　方淑琴）

【生产经营】 2023年，塔河炼化紧盯年度指标任务，以攻坚创效为主线，贴近市场优化生产经营，提升运营质量和效益，生产经营任务全面完成。全年加工原（料）油470.16万吨、增加39.53万吨，营业收入238.11亿元、增加5.96亿元，应缴税费60.17亿元、增加4.88亿元，利润总额12.37亿元。坚持开展小指标竞赛活动，部分技术经济指标再创佳绩，吨油完全费用275.07元、降低18.76元，油转化率3.37%、提高0.36个百分点，综合能耗53.48千克标油/吨、降低1.08个单位，单因能耗8.00千克标油/吨、降低0.08个单位，吨油取水0.35吨、降低0.06个单位。油转化率、综合能耗、单因能耗、吨油取水均创塔河炼化历史新水平。炼油专业竞赛排名位居中国石化炼油企业第8位、中型炼油企业第1位。股份公司授予塔河炼化2023年度炼化企业经济效益优胜单位、“比学赶帮超”优胜单位2项称号。

（刘希军　方淑琴）

【连续3年获评中国石化安全生产先进单位】 2023年，塔河炼化树牢“发展决不能以牺牲安全为代价”理念，坚决守住安全底线。深入推进安全网格化管理，压实全员安全生产责任。制定29项主要工作任务、109项具体强化措施，扎实开展“安全管理强化年”行动，全力防范化解重大风险隐患，全面提升本质安全水平。各级领导深入基层开展检查、调研、座谈96次，查出问题67项；参加班组安全活动71次，提出措施建议61项，形成浓厚的“领导带头引领、员工自觉关注”安全生产氛围。强化安全风险管控，5项重点管控风险实现降级销项，风险降值率

21.21%。开展危险化学品和重大隐患专项排查整治，重点完成西区汽油储罐更换浮盘等 6 项隐患治理，各级地方政府、集团公司和塔河炼化内部安全检查问题和隐患整改率 97.74%。动员广大员工“低头捡黄金”，全年奖励安全卫士 328 人次，8 项隐患得到及时整治。强化公共安全管理，完成新疆维吾尔自治区防范恐怖袭击一级重点目标达标验收，治安维稳事件为零。开展职业病危害检测 862 点次，无超标点位，职业病危害因素监测率、有效防控率 100%。塔河炼化连续 3 年获评中国石化安全生产先进单位。

（刘希军　方淑琴）

【连续 2 年获评中国石化节能降碳环保先进单位】 2023 年，塔河炼化认真贯彻落实污染防治思想，坚持绿色低碳发展理念，持续推进“绿色企业行动计划”和绿色基层建设，完成 18 项绿色任务、11 项绿色项目和西区储运绿色装置创建，绿色装置创建完成率 76.16%。开展挥发性有机物治理专项行动，重点完成二甲苯和成品汽油储罐密封及浮盘改造，减少无组织排放。积极开展“无废企业”建设，最大限度实现危险废弃物减量化、资源化、无害化，全年化工原辅料绿色包装使用率 99.52%。实施 2# 污水场及储运西区地下污水可视化改造，治理新专线焦炭密闭区域地面环境，降低环境污染风险。中国首个规模化绿电制氢项目全容量并网，全部替代原来的天然气制氢，实现现代油品加工与绿氢耦合低碳发展，全年使用绿氢超 2000 吨、减少二氧化碳排放 14 万吨。塔河炼化连续 2 年获评中国石化节能降碳环保先进单位，连续 3 年在中国石化绿色企业复审中获评 A 档。

（刘希军　方淑琴）

塔河炼化绿色装置（曾　悦　摄）

【挖潜降本措施有力有效】 2023 年，塔河炼化开展“保安全、降成本、增效益”百日创效专项行动，实现利润 1.7 亿元，较目标增加 26%。优化产品结构，增产二甲苯、95# 汽油等高价值产品，增效 7000 余万元。优化物资采购招标，及 MTBE 资源避峰采购与运输，节约采购成本 4500 余万元。新增 9 个中类物资品种储物于商，减少库存物资占用 5680 万元。规范处置低效无效资产，回收资金 560 万元。挂牌交易抵债别墅，盘活资产 438 万元。持续深化资金预算管理，财务费用较集团公司批复降低 4076 万元。落实节能整改措施，优化全厂蒸汽伴热系统运行，冬季伴热蒸汽耗量降低 10%。优化运行高效节电设备，电单耗降幅达 2.7%。优化运行两套污水深度回用设施，全年回用中水 49.45 万吨、增加 2.83 万吨。开展消防水查漏堵漏，处理漏点 22 处，泄漏量最高降幅达 16.5 吨 / 时。

（刘希军　方淑琴）

【持续深化依法合规经营】 2023 年，塔河炼化强化制度识别转化，承接集团公司制度 101 项，制修订 85 项，同步废止 85 项。修订内部控制手册，确保与内控权限指引、“三重一大”决策事项清单衔接一致。全面推进改革深化提升行动、对标世界一流企业价值创造行动，改革深化提升行动确定 7 个方面重点工作、36 项改革任务、248 条改革举措；对标世界一流企业价值创造行动明确 7 个工作领域、32 项重点任务、97 条提升举措。修订“三基”工作实施细则，找准着力点，持之以恒强“三基”。规范开展风险评估，识别形成并严格落实 24 项重大风险管控措施，守住不发生重大风险事件的底线。严抓合同日常管理，未新发合同纠纷案件。积极推进公司股权合资重组，正式签署三方《股权重组合资意向书》。持续推进契约化管理，实现领导人员“一协议、两书”签订全覆盖。深化运用新一代协同办公平台，实现经费审批、公务用车申请、印章使用审批等办公业务线上办理；整合 MES、能源管理、绩效管理等系统数据，在数据资源中心平台实现共享，有力发挥数据赋能优势，将基层减负工作落到实处，进一步提高工作效率。

（刘希军　方淑琴）

【科技创新】 2023 年，塔河炼化创新工作室开展攻关课题 14 个，申报新疆维吾尔自治区创新成果 278 项。相继开展“万吨级废旧地膜连续热裂解试验装置”“电解水产氧供加热炉富氧燃烧碳捕集技术应用”“高含盐塔河原油加工整体解决方案”3 项重点科技课题研究。塔河炼化作为组长单位，联合新疆大学、大连理工大学新疆研究院、新星公司、大连石油化工研究院等单位，开展新疆维吾尔自治区重点领域重大项目“石油化工与‘绿氢’耦合关键技术研发与应用”课题研究，以独特的资源禀赋为基础，打造风光绿电基地支撑区域经济绿色低碳发展。

（刘希军　方淑琴）

【万吨级废塑料连续热裂解工业示范项目可行性研究报告获批复】 2023 年 8 月 2 日，塔河炼化万吨级废塑料连续热裂解工业示范项目可行性研究报告获批复，抵扣增值税后，项目总投资控制在 1.45 亿元以内。主要工程内容包括：新建废塑料连续热裂解装置，仪表、电气和系统配套设施。新建废塑料连续热裂解装置设计规模 3.51 万吨/年，主要包括两系列预处理、加热及反应、残渣处理及冷渣、清渣水处理等 4 个单元。仪表、电气控制室利旧 1# 中控室，机柜放置在 1# 中控室的机柜间内，设置独立于 DCS 以外的 SIS 紧急停车联锁保护系统；新建 10 千伏变电所 1 座。配套新建废塑料储存间 1 座，公用工程等辅助配套依托炼厂现有设施。项目实施后，具备年处理废塑料 3.51 万吨、生产裂解油品约 3 万吨的能力。

（刘希军　方淑琴）

【队伍建设】 2023 年，塔河炼化广开门路“引人才”，结合人才队伍现状，对标系统先进企业，修订《高校毕业生引进管理细则》；加快建设校企合作新模式，先后与中国石油大学、新疆大学、塔里木大学、阿克苏地区工业职业技术学院达成校企合作意向，引进高校毕业生 106 名，进一步夯实人力资源基础。因材施教“育人才”，组织各级各类人员参加党的二十大精神培训班、青年干部培训示范班、专业技术研修班、集团公司班组长示范班等，全年开展公司级培训 75 次、单位级培训 314 次，累计培训 3 万余人次；组织开展职业技能鉴定，新增高级技师 3 人、技师 4 人、高级工 91 人、中级工 144 人，各类人才综合素质进一步提升。精心谋略“用人才”，向新疆维吾尔自治区安全生产协会推荐副理事长 1 名、石化统计分会第 5 届理事 1 名、中国石化软科学研究专家库专业技术人才 10 名。申报第 2 批“2+5”重点人才计划，1 人被评为新疆工匠；11 名员工被认定为库车市急需紧缺人才，授予龟兹绿卡。坚持同等条件下优先选拔使用政治过硬、发展潜力大、员工群众认可度高的优秀年轻干部，选拔任用中层正职 1 人，交流任职、调整中层领导 7 人。

（刘希军　方淑琴）

【党建引领保障有效】 2023 年，塔河炼化党委扎实开展主题教育，牢牢把握“学思想、强党性、重实践、建新功”总要求，重点学习贯彻习近平总书记视察胜利油田、九江石化重要指示精神和主题教育必读书目，深刻领悟“两个确立”的决定性意义、坚决做到“两个维护”。坚持党对一切工作的领导，动态调整《党委讨论和决定重大事项清单》，明确党委“定”的事项 49 项，“议”的事项 47 项；修订“三重一大”决策制度实施细则及事项清单，建立决议事项督查督办闭环管控机制，推动党的政治优势转化为治理效能和管理效能，党委引领作用进一步发挥。党委成员带头讲团结，既认真落实党建责任清单和分管领域重点工作，又积极配合其他班子成员工作，敢于求同存异，围绕大局出主意、想办法、谋发展；带头深入所在支部和基层联系点调研、讲党课、指导民主生活会、参加主题党日和各类学习，“一岗双责”履行进一步加强。不断丰富“党建+”形式，紧紧围绕原油性质恶化导致电脱盐运行困难、污油库存量居高不下、汽车装车鹤管不能保障成品油及二甲苯高效出厂等难题，开展专题调研、专项整治，将党组织的政治优势、组织优势和群众工作优势转化成为破解各项难题的具体方法。基层党组织用好“党员示范岗”“党员责任区”载体，扎实开展“低头捡黄金”、党员带头查隐患行动，保障装置安全稳定生产，干部员工实实在在感受到党建引领的真理力量和实践伟力。

（刘希军　方淑琴）

【纵深推进从严治党】 2023年，塔河炼化坚持协同联动提升大监督合力，突出问题导向，建立“一季度一主题”工作机制，修订《成员单位日常监督重点事项》，推动整改问题80余项，实现“环环相扣、协同联动”的良好效能；制定《各党组织纪检委员工作任务清单》，明确3个方面19项重点工作任务，督促各党组织精准开展日常监督，推动“大监督”向基层延伸拓展；聚焦承包商管理、物资采购等关键领域强化日常监督，将纪检、巡察、审计发现的3个问题移交相关单位核查、督导整改，提升监督综合治理效能。坚持一体推进“三不腐”高压态势，对违规违纪违法问题“零容忍”，受理信访件2件，给予政纪处分1人；对安全生产、环保事件进行调查，经济考核20人，兑现7万余元；对履行教育监督管理不力的领导人员进行处理，诫勉谈话2人，责任约谈5人，提醒谈话3人；做实以案促改，找准腐败案件背后的体制性障碍、机制性梗阻、制度性漏洞，提出管理建议4条，推动完善管理制度3项；有效运用监督执纪“第一种形态”，组织各单位开展廉洁谈话256人次；深入开展反腐倡廉教育月活动，分层级宣讲《中国石化职工处分规定》，从严治党更加符合要求。驰而不息纠“四风”树新风，坚持每季度开展机关作风测评，对退步较大、差评反映较多的单位要求限时整改，进一步提高机关部门的工作效能和工作执行力；持续推进安全环保领域形式主义官僚主义问题整治，对违反作业安全纪律问题责任人开展责任约谈；在节假日期间，对各级领导人员在岗值守、履责担当情况开展监督检查8次，督促干部将责任落到实处。

（刘希军 方淑琴）

【宣传思想文化工作有声有色】 2023年，塔河炼化聚焦思想教育、新闻宣传、文化建设，做到再引导、再出彩、再深入，实现宣传思想文化工作再提升。持续深化形势任务教育，通过印发宣讲提纲、口袋书、明白纸和播放视频等形式，不断深化形势任务教育；第一时间组织全员收看习近平总书记视察九江石化新闻报道，开设学习精神热点专栏、新闻报道专题，制作发布“学习精神党员谈”“学习精神劳模说”“学习精神青工议”“学习精神班长论”系列学习短视频4期，发布“学重要指示、谱发展新篇”系列推文7篇，推动学习精神落地见效。持续加大新闻宣传力度，坚持“内聚人心、外树形象”，选聘特约通讯员27名，紧扣主题教育、生产经营、攻坚创效和中国石化成立40周年等重点工作，及时宣传公司党委决策部署、工作进展、经验做法和实践成效，全年累计上稿内宣1085篇、外宣241篇，《我国工业领域规模化减碳取得新突破》等新闻，在央视等主流媒体传播。举办庆祝中国石化成立40周年企业文化故事会，8位宣讲员生动分享企业建设发展中的新老故事，积极推进基层文化和专项文化建设，大力弘扬石化传统；开展“我与石化共成长”主题征文活动，组织106名青年员工参观红色教育展馆，引导干部员工传承红色基因，凝聚奋进新征程的磅礴伟力。

（刘希军 方淑琴）

塔河炼化举办庆祝中国石化成立40周年企业文化故事会
（曾 悦 摄）

【“高质量发展调研行”大型主题采访活动走进塔河炼化】 2023年5月29日，由新华社、中央广播电视总台、《经济日报》《中国日报》、中国新闻社、《新疆日报》、新疆广播电视台7家中央和省级媒体新闻记者组成的采访团走进塔河炼化，开展“高质量发展调研行”主题采访活动，以实地采访、现场体验的形式，深度感受新疆能源产业高质量发展的生动场景。

（刘希军 方淑琴）

【和谐企业建设】 2023年，塔河炼化召开第四届第五次职工代表大会，职代会各专门委员会依法履职尽责，充分维护职工的合法权益。全年召开

7 次团（组）长联席会议，审议通过倒班公寓和倒班宿舍分配建议方案、进一步规范员工就餐费用管理方案等涉及职工权益的事项 9 个。职代会征集提案 56 件，确定立项提案 7 件，年内办结 5 件，其余需投入资金的 2 件正在实施。贯彻法律新规、用好地方政策，新增职工子女护理假，申报社保补贴 358 万元，保障职工切身利益。落实薪酬晋档机制，762 名员工薪酬正常晋档、12 名员工奖励晋升。厂前区实施景观广场亮化工程，维修秋季广场园路，安装 40 余盏路灯，新增绿化面积 1.22 万平方米；更换食堂、宿舍楼空调 84 台，持续改善员工住宿生活环境。积极为员工解难题、办实事，先后办理 169 套人才公寓分配、增设机动车停车位、安装 4 组新能源汽车充电桩、打通大病进京就医绿色通道、坚持举办暑期子女托管班、投放 7 个移动式智能共享书柜、开设特色美食窗口等 60 项实事好事。相继开展单身青年交友联谊活动 4 场次，9 对青年步入婚姻殿堂。坚持开展“走基层、访万家”活动，在春节、中秋节等重要节日慰问劳动模范、在岗员工、驻村工作人员等 600 余人次，生产装置抢维修期间慰问员工 341 人次，开展夏季送清凉 5 次、发放 19 万元的防暑降温物品，进一步增强员工的归属感。拨付帮扶救助金 3.01 万元，精准帮扶困难员工 2 人。充分发挥文联体协优势，坚持举办迎新年职工长跑、新春游园、春节晚会、篮球夏令营、“激情夏日”等系列品牌活动，让职工在工作之余缓解疲劳、享受生活。3 首原创歌曲分别获中国石化第 15 届职工文艺录像调演综合类二等奖和三等奖。培育选树先进示范典型，质量计量检验中心获评中国石化“三基”工作先进基层单位，炼油第一作业部 1# 常压焦化装置获中国石化工人先锋号称号；炼油第一作业部获新疆维吾尔自治区模范职工小家称号，炼油第二作业部加制氢装置三班获新疆维吾尔自治区工人先锋号称号。开展 8 次公众开放日活动，参与近 500 人次，展示驻疆中央企业好形象。

（刘希军　方淑琴）

【履行社会责任】 2023 年，塔河炼化响应党中央“六稳”“六保”工作要求，录用毕业生 106 人，依托绿氢项目等帮助当地居民就业 449 人次。按照中国石化和地方政府工作部署，持续落实教育帮扶、消费帮扶和乡村振兴举措。教育帮扶方面，持续开展党支部与班级“手拉手”结对帮扶、引入优势教育资源志愿支教等重点工作，资助建设农民家门口的优质学校，打造教育帮扶的特色品牌。消费帮扶方面，全年购买 135.82 万元的帮扶产品；参加中国石化主办的乡村振兴产品展览推介会，帮扶新疆库车市英吐尔二村推介“纸皮核桃”。乡村振兴方面，全年捐赠资金 335 万元；驻村工作队开展法制宣讲 118 场次，化解矛盾纠纷 307 件，解决村民困难诉求 780 项，真心帮扶促进企地和谐稳定。塔河炼化驻村工作典型经验获新疆维吾尔自治区、阿克苏地区发文推广，公司知名度进一步提升。响应国务院国资委“工装援疆”行动，在新疆采购工装 2000 余套。持续提升“司机之家”的服务水平，有效解决等待装油司机休息难、就餐难、喝水难等实际困难，获得良好赞誉。

（刘希军　方淑琴）

塔河炼化与新疆岳普湖县也克先拜巴扎镇中心小学结对教育帮扶，资助建设农民家门口的优质学校（曾　悦　摄）

表 1　塔河炼化主要技术经济指标　亿元

指标名称 \ 年份	2023	2022	2021	2020	2019	2018
原油加工量 / 万吨	453.61	420.02	456.16	420.04	470.15	418.12
工业总产值	237.06	235.61	190.50	135.37	189.05	173.28

续表

指标名称 \ 年份	2023	2022	2021	2020	2019	2018
工业增加值	79.59	74.33	79.96	74.89	78.27	69.63
资产总计	86.14	83.85	90.73	84.80	83.90	84.62
流动资产	55.71	50.74	56.86	48.03	45.14	43.72
固定资产原值	78.17	76.45	73.49	71.86	71.16	69.56
固定资产净值	25.43	28.19	29.47	31.60	36.93	35.63
销售收入	238.11	232.15	192.63	133.16	189.77	174.03
实现利税	72.54	68.03	75.04	67.44	71.08	61.03
税　金	60.17	55.29	60.93	56.32	62.38	55.43
综合能耗 / 千克标油・吨 $^{-1}$	53.48	54.56	53.87	55.01	53.74	57.11

表 2　塔河炼化主要产品产量　万吨

产品名称 \ 年份	2023	2022	2021	2020	2019	2018
汽　油	70.93	57.91	60.35	54.54	58.12	45.46
3# 喷气燃料	27.96	14.68	21.18	16.80	18.28	12.74
柴　油	198.73	197.49	215.51	200.73	226.57	197.02
石脑油	—	—	—	—	0.07	0.57
重整生成油	—	—	—	—	7.33	16.36
沥　青	10.72	8.32	8.41	14.35	18.54	19.01
重交沥青	—	—	0.78	1.03	1.78	—
石油焦	106.45	102.93	111.28	98.03	107.78	97.59
硫　黄	4.25	4.06	4.47	4.03	4.45	4.08
商品液化气	13.63	11.84	12.41	11.69	13.01	12.08
二甲苯	15.31	12.64	12.15	10.39	6.70	—

炼油销售公司

【概况】 中国石化炼油销售有限公司（简称炼油销售公司）是中国石化下属全资子公司，成立之初为中国石化沥青销售分公司，2012 年 6 月 28 日正式挂牌更名。炼油销售公司全面负责中国石化系统内液化气、石油焦、沥青、硫黄、异辛烷、石蜡等产品的统一经营，业务涵盖产品研发、市场营销、物流运作、客户服务等领域，2018 年以来年平均经营量为 3800 余万吨。

炼油销售公司本部位于上海市，在上海（自贸区）、荆门、达州设有 3 家子公司，在青岛设有 1 家合资公司，分别在广州、天津、武汉、南京、成都、青岛设有华南、华北、华中、华东、西部、山东 6 家区域代表处，在中国石化系统内资源企业设有 28 家驻企业办事处，与中国石化大连石油化工研究院成立中国石化炼油特殊产品应用技术中心，与苏交科集团股份有限公司联合共建新型道路材料国家工程研究中心。

炼油销售公司拥有合同制员工 433 人，其中中国石化突出贡献专家 4 人、闵恩泽青年科技人才 5 人。2016 年，炼油销售公司沥青创新团队获评中国石化优秀创新团队。2022 年，炼油销售公司高端炭材料应用技术攻关创新团队获评中国石化优秀创新团队。2023 年，炼油销售公司首次获中国石化安全生产先进单位称号。

炼油销售公司旗下“东海牌”沥青品牌价值达 42.08 亿元。

（陈熙平）

【领导班子调整】 2023 年 6 月 13 日，集团公司党组组织部宣布集团公司党组关于炼油销售公司执行董事、党委书记调整的决定：任家军任炼油销售公司执行董事、党委书记；鉴于年龄原因，王彪不再担任炼油销售公司执行董事、党委书记职务。

（赵　睿）

【本质安全有力夯实】 2023 年，炼油销售公司扎实开展“安全管理强化年”行动，构建承运商安全闭环管理机制，全面实施承运车辆审核认证，建立合规车辆“运力池”，上线数字物流安全管理平台，本质安全水平全面提升，圆满完成全国“两会”、杭州亚运会、上海进博会等重大活动安全保障任务，首次获中国石化安全生产先进单位称号。

（刘文友）

【生产经营再创佳绩】 2023 年，炼油销售公司充分发挥营销产业带动优势，全力支持企业做强做优做大，公司经营质效显著提升，实现营业收入约 1136 亿元，利润总额约 9 亿元、增长 9.5%，全面完成“一利五率”考核指标要求，连续 2 年获评中国石化炼油“比学赶帮超”优胜单位。

（刘　学）

【科技服务能力不断增强】 2023 年，炼油销售公司参与和承担总部科研项目 21 项，自主和联合开发专利 12 件，申请专利 11 件。成立首个创新工作室——“黄婉利工作室”。全年研发经费投入强度增长 7.76%。与生产企业和科研院校联合开展科技攻关，推动石油焦进入高端预焙阳极领域，助力电解铝行业节能减排、绿色发展。2013—2023 年，炼油销售公司共承担科研项目 131 项，其中国家级 1 项、集团公司级 88 项、公司级（自筹项目，在炼油部备案）42 项。

（高冰梅）

【企业发展向绿色化进军】 2023 年 7 月 5 日，中国石化“东海牌”净味环保沥青在广州市政道路摊铺施工，是继北京、上海之后，中国石化净味环保沥青在中国第三个城市的成功应用，推动中国公路施工主要建材率先满足绿色环保要求，助力国家“双碳”目标实现，也是中国石化净味环保沥青在南方地区省会城市应用的零突破。

（刘　学）

【完善市场化运营机制】 2023 年 9 月 1 日，炼油销售公司优化产品经营模式，租赁中科轻烃基地正式投入商业运营，全方位保障华南地区客户需求，进一步增强炼油企业抗市场风险能力。积极拓展国际资源渠道，抢抓市场机遇，实现工业气、硫黄首次自主进口，推动国内外一体化经营。积极应对异辛烷征收消费税影响，保障炼油企业原料供应。

（刘　学）

【党的建设引领保障】 2023 年，炼油销售公司牢牢把握主题教育总要求和目标任务，把学和做结合起来、查和改贯通起来，一体推进各项重点措施落实，扎实开展两批主题教育，为民办实事 13 项，解决问题 101 个。2 月 2—3 日，炼油销售公司先后召开 2023 年党委工作会议、二届一次职工代表大会，深入学习贯彻党的二十大精神和习近平总书记视察胜利油田重要指示精神，全面部署公司“党建全面提质年”和高质量发展各项工作，动员全体干部员工跑出新时代党的建设加速度，奋力开辟“国内领先、国际驰名”一流专业化销售公司新赛道。

（黄春峰　方天舒）

【品牌价值持续提升】 2023 年 5 月 11 日，炼油销售公司“东海牌”沥青再次上榜“2023 中国品牌价值评价信息”，品牌价值达 42.08 亿元，增长 65%。

（杜益军）

【企业荣誉再获佳绩】 2023年是炼油销售公司获集团公司荣誉最多的一年。分别获集团公司党组颁发的“牢记嘱托、再立新功、再创佳绩，迎接学习贯彻二十大”主题行动先进单位称号；首次获评中国石化质量管理先进单位、炼油“比学赶帮超”优胜单位；高端炭材料应用技术攻关创新团队获中国石油化工集团有限公司优秀创新团队称号。

（陈熙平）

【教育帮扶起步有力】 2023年9月10日，炼油销售公司以“办好老百姓家门口的学校”为主线，与贵州省遵义市习水县回龙镇中心小学签订《中国石化教育帮扶学校协议书》，启动乡村振兴朝阳助学行动，按照“教育质量明显提升、教师队伍能力明显提升、学生综合素质明显提升、学校管理水平明显提升”的帮扶目标，从关爱学生、培养师资、校园文化三个层面着手对回龙镇中心小学开展立体式帮扶。

（陈熙平）

中科炼化

【概况】 中科（广东）炼化有限公司（简称中科炼化）是中国石化在新时代建设的标志性炼化一体化项目。2009年10月项目定址广东省湛江市东海岛，2011年3月正式获国家发展改革委核准，2018年4月EPC单位开始进场，2019年12月底项目实现工程交接，2020年9月30日项目打通全流程，中科炼化正式进入生产运营阶段，从EPC进场到全面开车成功用时29个月。中科项目成为中国石化历史上首个炼油化工同步建设、同时开工的项目。项目一期规模为1000万吨/年炼油、80万吨/年乙烯，主要包括20套炼油装置、10套化工装置及相应公用工程、储运和配套设施，主要生产国Ⅵ汽油、柴油、航空煤油等油品及聚乙烯、聚丙烯、环氧乙烷、乙二醇、EVA等化工产品。一期建设用地435万平方米，项目经竣工审计后的总投资为378.99亿元。

2020年7月1日，中科炼化与湛江东兴公司完成一体化资产重组，由中国石油化工股份有限公司持股100%变更为持股90.3%，中国石化盛骏国际投资有限公司持股9.7%。2021年12月23日，机构和人员实现整合，合并后炼油加工能力1500万吨/年、化工加工能力80万吨/年。

截至2023年底，中科炼化分为本部和分部两个生产区，其中本部设置10个管理部门、8个生产运行部和4个保障中心；分部设置5个管理部门、11个生产车间、1个商储油库和1个中心。在册员工2587人，其中具有正高级职称的8人、高级职称的169人、中级职称的596人。

中科炼化主要技术经济指标及主要产品产量分别见表1和表2。

（刘夏甜）

【领导班子调整】 2023年7月，方云不再担任中科炼化党委副书记、委员、纪委书记、工会主席、监事，另有任用。8月，朱华周不再担任中科炼化党委委员、总会计师，任二级协理员。

（刘夏甜）

【经营效益保持稳健】 2023年，中科炼化顺利完成“一利五率”指标任务，全年加工原（料）油1394万吨，生产乙烯75.66万吨，营收894.65亿元，缴纳税费253亿元，实现利润8.19亿元，全员劳动生产率在系统内保持领先，获评集团公司2023年炼化企业经济效益优胜单位。

（刘夏甜）

【安全生产责任全面压实】 2023年，中科炼化深入贯彻习近平总书记关于安全生产的重要论述，统筹高质量发展与高水平安全，扎实开展“安全管理强化年”行动，不断加压发力、深化落实，牢牢抓住安全生产责任制这个“牛鼻子”，组织签订安全生产责任书，编制实施全员安全生产“两个清单”，安全生产责任网进一步织密扎牢。建立基层安全管理网格，构建区域全覆盖、责任无盲区的基层现场安全管理工作机制，基层安全责任明显强化。举办11期“安全教育大讲堂”活动，严格落实“会前安全教育 5 分钟”要求，“一厂出事故、万厂受教育”机制运行更加有效。

（刘夏甜）

中科炼化厂区一角（林江海　摄）

【设备风险隐患治理效果明显】 2023 年，中科炼化践行“一切事故皆可避免”的理念，以开展危险化学品安全专项整治、重大事故隐患排查整治 2023 行动为切入点，压茬推进装置设备带“病”运行、液态烃罐区等专项整治，东兴分部老旧装置 26 项问题通过大检修实现 100% 整改，风险防控和隐患治理双重预防机制运行有效，安全风险总值降低 14.73%。以设备完整性管理体系为依托，不断加强定时性事务管理，74 项 KPI 指标达标率 100%，往复机组故障率、大机组故障维修率、化工区域加热炉热效率系统内排名第一。中科炼化获评集团公司炼油“比学赶帮超”优胜单位、化工提质增效优胜单位。

（刘夏甜）

【多措并举实现降本增效】 2023 年，中科炼化灵活调整原油采购策略，优化采购品种和节奏，降本 2.03 亿元。抢抓“量价齐升”机遇，实现成品油高产高销，内贸汽柴油累计创效 3500 万元。坚持整体效益最大化，深化本部—分部物料互供，创效 3.1 亿元，吨乙烯原料成本在集团公司排名第一。抓住分部大修有利时机，压减原料和半成品库存 4.74 万吨，实现高油价下低库存运行，释放效益 1.52 亿元。强化园区互联互通，环氧乙烷、碳五、碳九等管输园区量 13.4 万吨，增效 531 万元。着力做好 POX、渣油加氢双系列同时停工换剂工作，避免大量氢气放空，创效约 1.02 亿元。

（刘夏甜）

【千方百计推动拓市】 2023 年，中科炼化坚持盯住市场和现场两端，畅通生产要素流动，实现逆势突围。打通脱固催化油浆、异辛烷、裂解汽油等系统内互供流程，累计创效 4100 万元。本部航煤顺利保供深圳机场 1.83 万吨，成功保住分部国内市场份额。航煤热销鹿特丹、澳大利亚等海外市场，实现一次性装载 9 万吨，创中国石化单船单港最大航煤装载量纪录，累计出口 60.74 万吨、增长 37.74%。小中空料 HD5502ZK 和共聚料 SP179 等 17 个新开发牌号稳定投放市场，进一步拓宽聚烯烃产品市场竞争力。

（刘夏甜）

【全力以赴促进合规经营】 2023 年，中科炼化严肃财经纪律，推动整改 9 项资金风险问题，有效消除税务风险隐患。发挥审计“经济卫士”作用，高质量完成自销产品管理、技措技改项目、紧急需求物资专项审计，推动问题立行立改。公司在法治建设中期督导验收评比中名列前茅，相关做法多次获总部企改和法律部刊载。用好重点领域、重要岗位和重要业务流程合规的“三张清单”，实现安全生产法律法规的条款识别转化 1523 项、转化制度 399 项。

（刘夏甜）

中科炼化码头（林江海　摄）

【深化企业治理效能有效释放】 2023 年，中科炼化坚持体系思维，用好“硬措施”，抓好“软招数”，全面启动改革深化提升行动，坚持以功能性改革为主，兼顾制度性改革，推动价值创造行动与改革深化提升行动紧密融合，积极探索建立价值创造运行链条，精细梳理改革深化提升行动工作任务，以工作实效论英雄。坚持从基层班组、基层单位、专业管理部门三个维度入手，逐步构建以“五星班组”建设、“对标提升”竞赛、“三基”工作考评为一体，问题管理平台为牵引的“3+1”“三基”工作管理体系，用工作实效回答了三个层级如何开展“三基”工作的实际问题，基层单位管理效能持续提升，“三基”工作品牌基本形成。中科炼化获评集团公司“三基”工作先进单位。

（刘夏甜）

【创新赋能发展成效显著】 2023年，中科炼化以顶替进口、迈向高端为目标，4个产品顶替进口，新专产品占比78.07%。国产聚丙烯催化剂在20PP装置实现工业应用，成功打破多区循环反应工艺进口催化剂垄断局面和技术壁垒。EVA装置连续运行66天，创造国内同类型高压釜式法装置运行最长纪录。特色产品PPH-MH20完成UL黄卡认证建档，填补了系统内同类产品UL黄卡认证的空白。

（刘夏甜）

【数智化建设提速增质】 2023年，中科炼化“工业互联网＋安全生产”试点建设项目19个App全面上线应用，顺利取得“两化”融合管理体系贯标AAA级认定，中国石化首套IPC技术在裂解装置成功试用，中国石化首个智能油库管理系统全面上线应用。“数字孪生的智能乙烯工厂”“智能工厂3.0”等项目稳妥推进，“机器人巡检”“违章作业视频AI识别”等智能应用场景建设有力有效，进一步培育发展新动能。

（刘夏甜）

【干部人才队伍建设持续深化】 2023年，中科炼化深入贯彻落实习近平总书记关于做好新时代人才工作的重要思想，认真践行新时代党的组织路线，以培育一流人才队伍为目标，扎实做好选贤任能、强基固本、育才聚才各项工作。坚持把政治标准摆在首位，健全领导干部履职评估机制，让干部选拔使用管理更加有序。大力实施人才强企战略，突出示范引领作用，评选出公司级5名“突出贡献专家”、3名“中科名匠”、6名“技术能手”。强化重点人才选育培训工作，选派各类人员643人参加集团公司各类培训班，深入开展班组长、“三大员”强基培训班，全方位提升各类人才政治能力、业务能力、综合能力。开发完成全国首套乙烯装置“沉浸式”操作培训系统，有效提高仿真培训的针对性和实效性。组队参加全国催化裂化装置操作工技能竞赛，获团体赛银牌、个人赛金牌和铜牌，实现“首年夺银、次年摘金”竞赛目标。

（刘夏甜）

【和谐企业建设】 2023年，中科炼化追寻习近平总书记视察湛江足迹，组织开展“沉浸式”专题读书班，重点围绕“推动高质量发展行动”等开展专题研讨，碰撞思想、相互启发。聚焦公司发展难点，公司班子成员主动领题调研，确定88个调研课题，11项调研成果固化形成制度或机制。关注员工群众“急难愁盼”问题，实施“十大民生工程”，办成食堂伙食改进、“爱心妈妈小屋”建设等147件实事，员工群众获得感、幸福感不断增强。

（刘夏甜）

【党建“现场化”成效不断加强】 2023年，中科炼化遵循“一切为了生产、一切围绕生产”思路，深入推进党组织生活、管党治党责任、组织力提升等五项“现场化”工作，持续巩固拓展“三基本”建设和“三基”工作融合路径。按照“红黄绿”风险等级重新划分党员阵地512个，在推进中心工作中发挥服务保障作用。建立“一看就是党员”评价机制，实施“3+3+N”主题党日模式，推动党员先锋模范作用充分发挥，促进党性教育向生产现场延伸，把党建资源和力量向生产现场集结。

（刘夏甜）

【政治生态向上向好】 2023年，中科炼化推行“滴灌式”精准监督，每季度重点监督1—2个项目，以全周期管理方式推进年度7项重点监督工作落实见效。以“常态化＋专题式”季度廉洁教育为基础，创新开展“送廉洁课到基层”活动，有效构建“立体式”廉洁教育体系，“一点小意思都不行、一包方便面都不收”廉洁从业氛围更加浓厚。深入开展查纠形式主义、官僚主义问题表现专项工作，查找问题表现 38 项，有效推动纠治“四风”持续深化。

（刘夏甜）

【思想教育持续深入】 2023 年，中科炼化用好“六位一体”媒体集群，扎实开展“杜绝非计划停工”“培训是员工最好的福利”等专项活动，刊发形势任务教育材料 24 期，形势任务教育不断深化。坚持典型引领，全年共选树各类先进典型 200 余人，全方位展现广大干部员工攻坚克难、奋发有为的精神风貌。

（刘夏甜）

【群团工作再上台阶】 2023 年，中科炼化常态化开展主题劳动竞赛，创新推进分部“七比七赛摘七星”等 22 项特色劳动竞赛，全力为中心工作保驾护航。创建劳模创新工作联盟，年度立项 28 个课题，在示范引领、创新攻关、带徒传技等方面发挥积极作用，尹建明工作室被命名为中国石化示范性创新工作室。以团员和青年主题教育为契机，充分发挥青年突击队作用，广大团员青年主动投身生产一线，积极参加“净滩”“守护红树林”等志愿活动，不断擦亮中科青年亮丽名片。

（刘夏甜）

【社会责任履行有力】 2023 年，中科炼化结对泸溪县合水完小开展教育帮扶，“手拉手暖校护航行动”稳步实施，教育帮扶成效初步显现。硇洲镇产业帮扶产品火山羊、火龙果被确定为湛江市消费帮扶指定品牌，硇洲小学、港东小学教学设施提升工程顺利完工，消费帮扶 107.85 万元，获评广东省“千企帮千镇、万企兴万村”爱心企业，获湛江市扶贫济困“紫荆杯”银奖。

（刘夏甜）

表 1　中科炼化主要技术经济指标　亿元

指标名称 \ 年份	2023	2022	2021	2020
原油加工量 / 万吨	1 354.68	1 390.97	1 438.07	795.59
工业总产值	896.28	1 004.41	805.98	351.84
工业增加值	231.74	221.93	294.48	142.40
资产总值	480.39	520.92	497.70	463.99
流动资产	120.00	142.33	97.84	86.63
固定资产原值	449.72	443.18	424.09	382.14
固定资产净值	315.24	336.23	345.07	318.30
销售收入	894.65	993.01	816.00	377.50
利　税①	173.84	255.77	257.71	162.66
税　金①	168.18	251.04	218.70	127.34
综合能耗 / 吨标煤 · 万元 $^{-1}$	0.898	0.745	0.789	0.836

①中科炼化利税和税金的数据不含海关增值税

表 2　中科炼化主要产品产量　万吨

产品名称 \ 年份	2023	2022	2021	2020
汽　油	414.29	442.07	462.72	266.48
煤　油	74.61	51.55	30.56	—
柴　油	412.27	442.60	454.83	282.68

续表

产品名称＼年份	2023	2022	2021	2020
燃料油	62.23	60.41	84.01	56.88
液化气	56.83	56.62	66.52	40.45
化工轻油	178.78	208.61	232.18	51.56
混合二甲苯	29.73	27.41	29.21	6.99
乙　烯	75.66	83.46	81.75	14.14
丙　烯	57.05	60.52	60.67	27.35
石油苯	11.03	10.46	9.79	6.15
乙二醇	30.10	37.95	40.30	6.34
环氧乙烷	15.33	19.45	19.18	—
一乙醇胺	2.03	2.02	1.92	—
高密度聚乙烯	31.21	30.18	31.67	6.33
聚丙烯	69.55	74.62	73.55	25.79

联合石化公司

【概况】 中国国际石油化工联合有限责任公司（简称联合石化公司，英文缩写UNIPEC）成立于1993年，是股份公司的全资子公司，是中国石化的油气大宗商品国际贸易专业平台，主营原油、成品油（含化工轻油）、LNG贸易，与实货贸易相关的仓储物流和配套衍生品业务，以及碳、电交易。经过30年发展，联合石化公司与全球100多个国家和地区的近2000家交易对手建立长期合作关系，贸易量接近4亿吨，贸易额超过1万亿元，成长为具有较强国际竞争力的油气贸易公司。截至2023年底，联合石化公司本部共有11个职能部门和5个直属机构，在境外有5个分支机构，在境内有2个口岸公司和1个合资公司，有来自20多个国家和地区的约950名员工。

联合石化公司以打造世界领先能源大宗商品国际贸易公司为愿景，围绕集团公司上中下游一体化协同创效服务平台定位，聚焦产业链核心竞争力提升，持续提升一手资源获取能力和终端市场占有能力，不断深化依法合规治企，抵御风险、应对危机、经营创效和协同增效的能力稳步增强。2023年，联合石化公司贸易总量3.96亿吨，贸易额1.53万亿元，集团外收入约占集团公司营业收入的18%，账面利润首次突破100亿元大关，协同产业链降本增效109.5亿元，连续3年在集团公司党建考核中获评A档。

（杨国丰）

【进口原油保供持续创新】 2023年5月1日，随着“AFRAFURA”号油轮驶离墨西哥萨利纳克鲁斯港（Salina Cruz），联合石化美洲公司顺利完成租用VLCC满载装运墨西哥原油的创新尝试，也是该港口首次实现VLCC连续装载作业，与传统半载后加一次过驳的运输方式相比，可节省进口原油物流成本约300万美元，进一步拓展美洲资源保供优化空间。9月27日，一批沙中原油成功放行结关，标志着联合石化青岛公司顺利通过集团财务公司保函以差额担保模式通关。使用集团财务公司保函对应征税款的差额部分进行担保放行，不需再缴纳现金作为保证金，可进一步帮助企业节省资金成本。

（常桂彬　洪祥议　逄　震）

【成品油进出口渠道不断拓展】 2023 年 6 月 27 日，8 辆满载柴油的油罐车驶出云南省西双版纳傣族自治州磨憨口岸，标志着广州石化首批成品油成功进入老挝市场，助力广州石化实现成品油老挝市场出口“零”的突破。9 月 3 日，内贸船“始信峰”轮在洋山港完成石脑油提货，标志着联合石化公司帮助上海赛科公司完成首船洋山库区保税石脑油进口，确保生产平稳。10 月 28 日，青岛炼化来料加工复出口沥青船“志求”轮在青岛红星码头顺利装货，并驶往印度尼西亚，这是联合石化公司协助青岛炼化首次通过来料加工形式出口沥青，为进一步拓宽沥青海外市场和出口渠道奠定基础。

（李韵文　石圣洁　白云龙　徐玉晶）

【LNG 业务稳步较快发展】 2023 年 2 月 7 日，联合石化新加坡公司与阿曼 LNG 公司在阿曼首都马斯喀特正式签署 LNG 采购约束性关键条款。根据协议，联合石化公司将于 2025—2028 年，以 FOB 方式每年从阿曼采购 100 万吨 LNG。该合同的签署标志着联合石化公司成为阿曼 LNG 的首个中国买家，同时也是联合石化公司首次签署 LNG 自营 FOB 中约资源，对做大做强天然气自营贸易、提升天然气资源保供能力有重要意义。9 月 8 日，AP LNG 项目船“中能温州”轮驶入深圳 LNG 接收站，接卸 1.48 万吨 LNG 货物入保税仓库，成为联合石化公司首票以保税方式进口的 LNG 资源，标志着联合石化公司打通保税进口 LNG 的全流程，丰富 LNG 进口通关模式，为 LNG 贸易方式多样化提供有益借鉴。

（王佳跃　陈晓黎　熊森泰　姜玲飞　张　宁）

【境内码头安全平稳接卸】 2023 年 3 月 7 日，联合石化公司下属冠德公司日照实华码头突破潮水限制，引导 30 万吨级满载船舶“凯湘”轮乘低平潮抵港，顺利直靠油 7 泊位，首次实现低平潮靠泊满载 VLCC。此次日照实华码头靠泊克服潮水对生产的制约，为“两头潮”靠泊 VLCC 满载船积累实战经验，可大幅减少进口油轮的港口滞期时间。12 月 6 日，“爱琴海”轮成功在联合石化公司下属冠德公司青岛实华码头 90# 泊位完货，标志着国内首台进口输油臂对接系统正式投用。该系统是青岛实华码头 2023 年无人化、自动化本质安全研发的重点项目，可取代人工操作，使作业效率提升 30% 以上，并具备紧急停止功能，能实现对现场突发情况的快速处置，减少作业安全风险，平均每次操作可节电约 3 千瓦·时，满足节能减排发展需求。

（劳颖琳　王振宇）

【积极探索境外仓储新能源项目】 2023 年 3 月 14 日，联合石化公司下属冠德公司在境外的合资企业 VESTA 公司通过公开招标，选定荷兰（绿）合成氨行业专业工程公司 Proton Ventures BV 作为 VTF 绿氨项目可研及前端工程设计服务商并对外发布公告，研究范围涵盖翻新储罐、改扩建配套码头、铁路装车设施及未来扩建可能性。项目计划 2025 年下半年建成投用。VESTA 公司积极应对能源转型、探索新能源发展之路，与德国大型能源企业 Uniper 合作开发 VTF 绿氨项目，计划在西北欧创建首个绿氨枢纽 Greenpoint Valley。

（王睿通）

【人民币结算范围进一步扩大】 2023 年 8 月 11 日，联合石化公司本部和新加坡公司协同配合，完成首单代理出口成品油跨境人民币收款，打通出口成品油业务在境外将美元兑换为人民币的跨境运作，并实现汇兑收益 4.47 万美元，为下一步大规模开展出口成品油业务的人民币结算奠定基础。9 月 27 日，联合石化公司完成与印尼国家石油公司的首笔人民币结算，拓宽人民币跨境结算通道、进一步丰富资金运作方式，有助于实现跨境人民币业务量与效益双增长。9 月，联合石化英国公司将与振华石油签订的美元结算天然气合同改为人民币结算，不仅有助于提升双方经营效益、节约相关财务费用，还打通境外天然气业务采用人民币结算的新方式，成为欧洲首笔以人民币结算的天然气业务。12 月，联合石化亚洲公司通过积极谈判，促使交易对手同意使用人民币支付原油货款，这是亚洲公司首单使用人民币向外方交易对手支付货款，实现人民币国际化的重要进展。

（许莎莎　韩敬音　李莞佳　陈　琦　王嘉琦）

【ERP 系统功能持续提升】 2023 年 4 月，联合石化公司完成口岸公司 ERP 系统提升和本部全国总保函集中统一管理同步上线，实现口岸公司与本部数据联通共享，口岸公司可以实时引用本部贸易及执行信息进行通关，本部部门可以对口岸公司保函使用情况进行实时动态监控，双向打通业务数据流，避免信息重复录入，提高数据利用效率和工作效率。4 月，联合石化公司 ERP 系统应收账款逾期预警功能上线，该功能将应收款项管理办法的三级预警要求嵌入系统。为适应新业务发展需求，联合石化公司组织专业人员开发 ERP 系统碳交易功能模块，于 3 月完成主数据初始化，4 月打通碳交易模块自营业务及代理服务业务从备付金、交易录入、执行、结算及财务全流程，5 月初正式上线投用。

（吴晓燕　毛森毅）

【加强流程化管理】 2023 年 3 月，联合石化公司发布本部层面的工作流程汇编。工作流程汇编是“我为制度做诊断”活动的一项重要工作，形成 240 条涵盖业务和管理线条的工作流程，是制度流程具体化的重要载体，也是指导业务合规开展的重要文件，对于践行“按制度管人，用流程办事”要求，促进员工以规范行为高标准履职有重要意义。

（刘　园）

【“大监督”出实效】 联合石化公司聚焦中后台向前端赋能，推动以监督手段帮助业务解决痛点，较好实现管理提升和“初小”防范重大风险，在 2023 年 2 月召开的集团公司党风廉政建设和反腐败工作会议上，获中国石化“大监督”工作先进集体称号，这是联合石化公司成立以来首次获此殊荣。3 月 9 日，中央巡视办内部网站全文刊发联合石化公司境外巡察工作经验做法。

（李浩天）

【抓实安全管理强化年行动】 2023 年 2 月 28 日，联合石化公司召开“安全管理强化年”行动启动会，根据集团公司安全相关要求，结合安全生产管理特点，部署 6 类 19 项具体工作。3 月，联合石化公司抽调码头专家和相关专业人员组成 HSE 检查组，陆续对境内 6 家合资码头公司开展年度股东 HSE 交叉检查，推动各单位相互查找问题和不足，在码头公司间形成“比学赶帮超”的良好氛围，实现整体安全管理水平提升。3 月 8 日，联合石化英国公司组织开展集团公司一般 B 级事故应急演练。演练背景为模拟一艘油轮在新加坡海峡航行时与 LPG 船发生碰撞，出现人员伤亡和火灾。通过此次演练，进一步回顾和梳理应急管理各环节规定和要求，发现内部在信息通报、媒体应对、人员调配方面存在的不足并提出改进措施，达到优化应急管理的目的。10 月 17 日，联合石化公司下属冠德公司的合资企业 FOT 公司联合富查伊拉石油工业区消防队、市政消防局等专业消防机构，开展罐区夜间火灾应急演练。这是 FOT 公司首次实施夜间模拟火灾消防训练，也是富查伊拉石油工业区自成立以来首次油库主动开展的联合消防演练，获园区的高度认可。

（李文君　胡雪松　丁　耀　欧阳忠滨）

石油销售公司

【概况】 中石化石油销售有限责任公司（简称石油销售公司）于 2020 年 9 月 9 日在北京注册成立，是股份公司的全资有限责任公司，归口炼油事业部管理。石油销售公司按照“安全平稳、保障供应、优化降本、协同高效”的工作方针，负责管网改革后原油储运设施保留资产的承接及管理，为相关区域企业办理原油集中采购和销售业务，履行与国家管网衔接原油管输计划及运行协调职能。截至 2023 年底，石油销售公司拥有油库 9 座、库容 828 万立方米，连接曹妃甸、天津、青岛、董家口、日照、宁波、舟山、湛江 8 家公共码头和国家管网 30 余条原油管道，直接为系统内京津冀、鲁豫、甬沪宁、沿江和华南区域 20 家炼化企业服务，是炼化企业原油资源供应链上的关键环节和重要纽带。下属 9 家分公司均采用委托管理模式，分别由天津石化、青岛石化、上海石化、镇海炼化、扬子石化、中科炼化 6 家企业代管。下属 1 家控股子公司（持股 51%），为连云港实华原油码头有限公司，受托管理股份公司 2 家子公司，分别为舟山实华原油码头有限公司（持股 60%）和唐山港曹妃甸拖船有限公司（持股 18%）。

石油销售公司主要经营指标见表 1。

（苏 祺）

【领导班子调整】 2023 年 6 月 7 日，根据工作需要，经股份公司研究决定，解聘任家军中石化石油销售有限责任公司总经理职务。

（苏 祺）

【资源保供】 2023 年，石油销售公司充分发挥一体化管理优势和纽带作用，动态平衡企业资源需求，灵活安排管输作业计划，提高原油储运系统整体运行效率，有力保障企业资源稳定供应。全年协调串换管输原油资源 150 余批次、700 余万吨，解决企业因加工量调整、船期推迟等引起的资源短点。全年组织协调商储资源应急出库 90 余万吨，协调企业间资源串换 20 余万吨，切实做好台风、雨雪冰冻等极端天气下资源保供。

（于 帅）

【生产经营】 2023 年，石油销售公司抢抓机遇、踔厉奋发，坚决扛牢能源保供重任，克服油价宽幅震荡等市场不利因素，超额完成全年各项生产经营任务，实现公司成立以来最好效益，为集团公司高质量发展作出突出贡献。石油销售公司全年输转原油 1.37 亿吨，实现利润 9.9 亿元。

（张宏明）

【服务企业】 2023 年，石油销售公司牢固树立“一盘棋”的大局观，灵活运用原油、储罐资源，向炼化企业提供优质服务。按照“管住两头、理顺中间、协同管控”工作思路，紧盯重点区域和重点环节，制定 5 个方面 13 项管理措施降低损耗，全年原油损耗率为 1.72‰。建立日常运行跟踪和快速协调反应机制，及时调整油轮靠泊和接卸方案，加强突发情况应对，有效降低滞期费和一程运费。全年在 8 家公共码头接卸量增加 5.7% 的情况下，滞期时间缩短 9.6%。因企制宜优化混合配输方案，按照油品物性实施分储分输和顺序输送，实现京津冀和沿江高低硫、轻重质原油配比输送。协调国家管网为华北、沿江企业输送海洋原油 29.7 万吨、沙重阿曼等 37 万吨，实现企业降本 1.24 亿元。优化原油运输拼装，提高一港接卸率和码头接卸效率，全年优化 10 船次，减少企业原油滞期和运费约 0.5 亿元。

（于 帅）

【安全环保】 2023 年，石油销售公司层层压实 HSE 责任，高效完成各层级安全生产责任书签订和“两清单”编制工作。建立“线上 + 线下”监督检查机制，通过现场检查、视频监控平台定期巡查等多种形式，切实加强现场安全生产监督，全年开展 HSE 检查调研 40 余次，实现所有库区的全覆盖。着力推进安全风险管控降级，全年风险总值降低 48%。牢固树立“安全环保投入不设上限”理念，扎实推进隐患排查治理，全年投入治理资金 1.5 亿元。督促代管企业将库区纳入绿企一体化创建，公司所属 22 个库区全面完成绿色油库创建工作。

（李晓东）

【储罐大修】 2023 年，严格执行年度储罐大修计划，加强储罐退运、伴洗、检修和投用衔接，对库区开展现场督导和技术服务，实现工期优化控制目标。全年完成储罐大修 69 台，新开储罐大修平均净工期 119 天，均创历史最高水平。

（巫红军）

【风险防控】 2023 年，石油销售公司按照“五位一体”工作格局，持续加强内控风控管理，以审计监督、问题整改为抓手，促进依法合规经营。高效组织储罐大修等 8 个审计任务，发现问题 98 项，涉及金额 3.9 亿元。推动完成北海、海南等 5 家分公司经理经责审计和舟山实华股权审计。狠抓审计问题整改和结果应用，系统梳理共性问题 132 项，做到举一反三、源头治理，实现内审外查问题按期整改率 100%。持续加强风控内控管理。按照具象化标准识别评估公司重大、重要风险，完善内控穿行测试流程，建立资金内控检查常态化机制，确保防范化解重大风险抓在日常、融入经常。

（弥斌斌）

【深化改革】 2023 年，石油销售公司坚持年度重点工作和深化改革任务相结合，一体推进深化改革提升、对标一流价值创造行动和公司“三基”建设，强基固本提升管理。根据管网改革总体部署，各部门通力配合，围绕改革攻坚任务，按期完成二次资产交易及交割工作，实现资产处置收益近 5 亿元，缴纳税费 2.2 亿元。修订公司“三重一大”决策制度、党委研究和决定事项清单和内控权限指引，确保权限事项保持一致，运行规则清晰。修订公司执行董事专题会、总经理办公会制度，厘清各决策主体的权责边界，有效提升决策效率，公司治理结构日益完善。狠抓“三基”管理提升，加强党支部建设，着力推动基层党支部议事决策制度规范化，突出党建中心工作融合互促，组织开展党员示范岗、党员责任区创建活动，促进党支部及党员作用发挥。扎实开展安全教育培训，组织开展库区“三大员”专业培训和“最强库区”技能竞赛，营造了勤学习、争先进、做标杆的浓厚氛围。

（李 成）

【党的建设】 2023 年，石油销售公司以习近平新时代中国特色社会主义思想为指导，深入学习贯彻党的二十大精神、习近平总书记视察胜利油田和九江石化重要指示精神。按照集团公司党建工作“1355”总体思路，充分发挥党委“把方向、管大局、保落实”的领导作用，强根铸魂抓党建，厚植优势谋发展，切实把党的政治优势转化为企业发展优势。高质量组织开展学习贯彻习近平新时代中国特色社会主义思想主题教育，制订主题教育实施方案，明确 19 项工作任务，全面开展调研活动，形成工作专题报告 14 篇。广泛开展思想政治工作，大力弘扬石油精神石化传统，坚持用正面主流意识占领员工思想阵地，确保意识形态阵地内容始终坚持正确方向，深入实施青年精神素养提升工程，凝聚起青年积极投身公司发展广泛共识。综合研判人才队伍，识别各线条、各层级优秀年轻干部，分层分类建立后备人才库。以“百舸千帆”计划、导师带徒活动为抓手，实施挂职锻炼、双向交流，多措并举拓宽人才成长通道。落实“我为群众办实事”长效机制，积极为员工创建“筑家圆梦”条件，开展住房货币化资料收集、补贴测算，解决 3 名京外员工和 1 名家属异地户口问题，为所有京外员工办理工作居住证。

（李宗蔚 裴 佩 苏 祺 张菲菲）

表 1 石油销售公司主要经营指标

指标名称 \ 年份	2023	2022	2021
原油销售量 / 万吨	3 991.00	3 578.19	3 983.86
原油中转量 / 万吨	14 394.00	13 221.00	13 483.00
营业收入 / 亿元	1 760.00	1 759.61	1 313.17
利税总额 / 亿元	10.76	9.74	6.34
利 润	9.91	2.65	2.04
税金及附加	0.85	7.09	4.30

北京石油分公司

【概况】 中国石化销售股份有限公司北京石油分公司（简称北京石油分公司）是中国石油化工股份有限公司在京直属大型销售企业，位于北京市。北京石油分公司的前身是成立于 1950 年 4 月的北京石油集团有限公司，1998 年 9 月，成建制划转集团公司。2000 年 2 月，成立中国石油化工股份有限公司北京石油分公司。2006 年 12 月，非上市部分成立中国石化集团资产经营管理有限公司北京石油分公司，2009 年 7 月实行上市与非上市一体化管理。2014 年 12 月，公司名称变更为中国石化销售有限公司北京石油分公司。2019 年 1 月，公司名称变更为中国石化销售股份有限公司北京石油分公司。

北京石油分公司主营范围包括汽油、柴油、航空煤油、润滑油和其他石化产品的批发、零售、直销配送和仓储业务，便利店、快餐、洗车等非油品业务，积极发展加氢、充电、光伏等清洁能源终端业务，承担着首都成品油市场近 60% 的供应任务，每天为 30 万名车主、2000 余家企事业单位提供优质服务。

截至 2023 年底，北京石油分公司资产总额 169.16 亿元，员工 5100 余人，有在营油库 3 座、储油罐 28 座、总库容 27.8 万立方米，其中汽油罐 23 座、罐容 19.8 万立方米，柴油罐 5 座、罐容 8 万立方米。有 1 条环北京成品油管道及 1 条航空煤油管道，其中成品油管道长 151.4 千米、设计运载量 285 万吨 / 年，航空煤油管道长 98.3 千米、设计运载量 160 万吨 / 年。有在营加油站 489 座（自营 407 座、参控股站 64 座、特许经营 18 座），加气站 45 座、加氢站 6 座（在营 4 座）、充电站 35 座，易捷便利店 474 个、洗车网点 109 个。

2023 年，面对复杂多变的形势，北京石油分公司紧紧围绕中国石化“一基两翼三新”产业格局，谋划制订高质量发展路线，奋力打造首都“油气氢电服”综合能源服务高地。完成油气经营量 382.37 万吨；非油品基础品类营业额 13.87 亿元，报表利润 1.75 亿元。获销售公司“比学赶帮超”年度红旗 8 面。

北京石油分公司主要经营指标见表 1。

（张　鹏）

【油品业务经营创效平稳恢复】 2023 年，北京石油分公司优化资源运作，科学把控外采节奏。拓宽资源渠道，完成燕化检修、铁路运力下降、极端暴雨天气等特殊时期保供任务。推动“打非治违”，配合市税务局推广税控系统，市场秩序逐步改善。零售业务大力实施客户召回、互动、增值、升级四项计划，全员备战竞赛比武，开展岗位练兵，现场服务水平和客户满意度明显提升。不断优化经营策略，科学开展点对点竞争，精心组织“爱跑品牌日”“周六油惠日”等活动，为零售经营创效奠定基础。

（张　鹏）

【网络根基总体稳固】 2023 年，北京石油分公司在营直营站 459 座，网点占有率 49%，自营销量较兄弟单位相对市场占有率 81%，基本保持市场平稳。从新形势、新模式中挖掘发展潜力，克服重重困难，全年完成 31 座加能站发展任务，其中新租赁站 1 座、续租 17 座、股权收购 1 座、首发集团特许经营合作 8 座、长停站复业 4 座，补充完善网络布局。

（张　鹏）

【新能源业务快速发展】 2023 年，北京石油分公司多次召开充电业务推进会，统一思想认识，克服畏难情绪，坚定信心决心，不断优化业务流程，成立工作专班，召开誓师大会，加快推动实施。一方面，充分利用自有土地，或多方租赁土地、停车场等，加快自建自营；另一方面，积极探索租赁、收购、租转购等模式，加大发展力度。

（张　鹏）

首座自营充电站“石化易电”在广泽桥加能站建成投用

【数智化支撑更加凸显】 2023 年，北京石油分公司不断深挖数据价值，赋能运营分析，优化风控模型。完成新加油卡系统上线运行，加能站现场业务平稳过渡。推广电信翼支付、建行联动 POS

及聚合支付，提升客户体验的同时降低财务费用。推广“我要买油”App应用，数字化自提出库比例提升至100%，一键送油配送比例提升至97.6%。上线新能源管理平台，实现充电业务运营、结算、监控等功能的线上管理。全面推广二次物流集中智能调度模块，统一规范调度业务流程。上线站级运维平台，提升运维保修和故障处理效率。运用“双防”“企安安”平台进行油库风险等级评估，助力日常隐患排查治理。开展油库消防机器人测试，探索巡检机器人应用，提高油库应急处置能力和效率。

（张　鹏）

【新技术研发实现突破】　2023年，北京石油分公司深入贯彻落实集团公司“打造一流创新能力”“勇攀科技高峰”有关精神，高质量完成“十条龙”科研项目并顺利“出龙”，智能加油机器人获集团公司“整体技术达到国际先进水平，建议推广应用”的鉴定意见。注册成立易嘉油合资公司，持续推进相关技术研发与产业化，以优异成绩获评销售企业2023年“年度十大创新事件”。迅速开展标准加油机、充电桩以及售卖机、茶咖机等智能终端设备研发工作，标准加油机成功试制认证样机，充电桩在北京8个区域10座站点部署72台（套）145条枪试点应用，智能终端设备在北京部分易捷便利店、充电场站部署试点，形成一定产能。

（张　鹏）

【易捷服务业务持续推进】　2023年，北京石油分公司进一步深化改革，成立易捷服务中心。强化门店分类分级运营管理，推动门店业务，完成朝阳门易捷体验馆改造，提升站外店管理水平。推出扫码购功能，水饮节在店内搭建专属商品卖场，优化商品触达模式，切实做好门店零售。组织召开供应商大会，动态优化商品结构，优选适销商品，打造重点商品和核心商品，全年商品汰换率39%。坚持用足用好“年货节”“养车节”“水饮节”“易享节”，推动烟草网配，持续做大团销业务，大力开发餐饮、广告等业态，提升经营业绩。

（张　鹏）

【加强安全环保及数质量管理】　2023年，北京石油分公司获2020—2022年北京市安全生产先进单位称号；获集团公司2023年度安全生产先进单位称号，安全生产实现“二十连冠”。大力推进“安全管理强化年”行动，层层压实安全责任。组织开展“百强安全班组”评比，基层班组安全能力建设不断加强。试点应用“一书两卡”工作法，总结推广安全管理经验。强化现场作业管理，开展高风险作业项目施工方案HSE审查，严格承包商和承运商考核，严肃处置违章行为。加大职业健康保护力度，确保员工健康安全。积极推进绿色发展，抓好环保设施运行维护，建立环境风险清单，实润加油站入选集团公司清洁美丽基层。严格履行“每一滴油都是承诺”，油品抽检合格率100%，质优量足品牌形象进一步彰显。

（张　鹏）

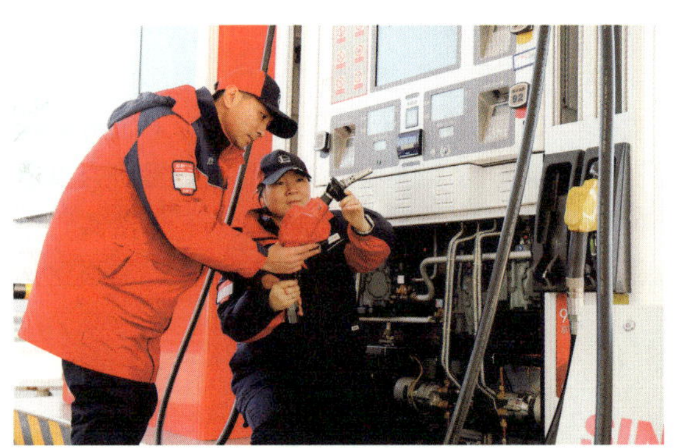

深入推进“安全管理强化年”行动

【价增强值引领作用】　2023年，北京石油分公司持续开展“我为创效作贡献、我为降本想办法”专项提升工作，坚持效益最大化抓好经营管理，完善绩效考核方案，北京石油分公司上下算账意识、利润导向意识逐步强化。围绕全业务链提质增效，深入推进业财融合，研究开发零售、直分销、外采等各环节评价模型，实时平衡“资源账、效益账”，抓好充值营销、外采优化、站外店管理、单站吨费等专题分析，财务支撑引领作用不断增强。强化资产管理，全面开展资产清查，规范不动产权证，推动闲置资产新增盘活创效。开展员工宿舍租赁情况调查分析，优化中介选取，加强费用管控，收到初步成效。牢固树立“过紧日子”思想，切实抓好降本减费工作。

（张　鹏）

【深化改革和管理】 2023年，北京石油分公司优化调整部分组织机构和有关管理职能，持续提升改革管理效率。持续推进“十条龙”科技攻关项目，新一代加油机械臂项目“出龙”。推进数智化站库建设，在营油库全部纳入智能化油库管理平台。组织开展“三基”工作自查评价，抓好基层库站制度转化，大兴区公司获集团公司“三基”工作先进基层单位称号。风险防控进一步加强，深入开展资金、税务、发票、加油卡、合同、信访稳定等风险排查，强化网络发展、合资合作、新能源业务等重大项目法律审核。突出合资企业“三会”作用，开展股权、产权管理评价，合资合作规范化水平进一步提升。强化依法合规管理，做好诉讼纠纷处置，在“十四五”企业法治建设中期调研督导及合规管理体系有效性评价中获评A类。

（张　鹏）

【发挥党建政治优势】 2023年，北京石油分公司修订“三重一大”事项清单和党委前置研究事项清单，落实党委“把方向、管大局、保落实”作用更加坚实。扎实推进基层党建工作，加强党支部书记队伍建设，深化“一支部一品牌”创建，基层党组织战斗堡垒作用更加突出。落实“百舸千帆”计划安排，不断完善年轻干部培养使用机制。认真落实人才强企工程，抓好人才引进和教育培训，不断提高专业人才、技能操作人才能力素质，人才队伍结构趋于合理。持续拓展“大监督”格局，组织召开警示教育大会，巩固“清风BJSY”微信群教育功能，扎实开展反腐倡廉教育月活动，推动全面从严治党向纵深发展。扎实推动巡视巡察整改，加大信访举报线索处置力度，对酒驾醉驾、泄密等行为严肃执纪问责，“三不腐”机制更加巩固。

（张　鹏）

召开学习贯彻习近平新时代中国特色社会主义思想主题教育动员部署会

表1　北京石油分公司主要经营指标

指标名称 \ 年份	2023	2022	2021	2020	2019	2018
成品油销售总量/万吨	382.37	322.27	412.40	364.10	512.67	536.00
零售量	264.67	228.00	303.98	250.70	353.60	324.00
销售收入/亿元	334.46	309.05	314.20	229.42①	363.26①	388.64①
利润/亿元	1.75	1.65	2.73	−3.50	5.00	7.22
吨油费用/元	649.00	707.00	600.00	680.00	440.00	387.00
资产总额/亿元	169.16	154.26	155.00	160.00	166.00	151.00
加油站总数/座	544	555	575	572	568	567
特许经营加油站数	18	19	21	8	10	8
在营油库数量/座	3	4	5	6	6	7

①数据有修正

天津石油分公司

【概况】 中国石化销售股份有限公司天津石油分公司（简称天津石油分公司）是中国石油化工股份有限公司所属销售企业，主要经营成品油、润滑油、燃料油、氢气、天然气、工业脱销尿素的零售、直销、批发业务以及电动汽车充电和其他非油品业务，是天津地区最大的成品油经营企业。天津石油分公司设11个职能部室、6个专业中心、5个分公司，全口径用工规模3600余人；资产总额88.81亿元。2023年，天津石油分公司聚焦“十个高质量”发展目标，党建考核连续2年获A档，员工收入实现增长。在销售公司城市型地市级公司2023年度“两力”评价中，综合竞争能力西南分公司排名第四、海河分公司排名第六；发展进步能力滨海分公司排名第一、西南分公司排名第二。一年来，累计夺取“比学赶帮超”红旗38面，其中年度红旗6面，红旗总数较2022年同期增加10面。获评销售企业“安全管理强化年”行动A档第一；安全体系审核排名销售企业第九；首次获评集团公司节能降碳环保先进单位；获评集团公司设备大检查A档企业、A级绿色企业、集团公司数质量检查结果优秀单位、法治合规A类企业；连续2届集团公司审计先进集体；首次获天津市审计先进单位称号；国税总局纳税信用A级企业。

天津石油分公司主要经营指标见表1。

（赵　莹）

【领导班子调整】 3月14日，集团公司党组宣布对天津石油分公司领导班子调整的决定：张树忠担任天津石油分公司纪委书记，杜道林不再担任天津石油分公司纪委书记。5月5日，集团公司党组宣布对天津石油分公司领导班子调整的决定：许渝峰不再担任天津石油分公司副总经理，另有任用。8月2日，集团公司党组宣布对天津石油分公司领导班子调整的决定：梁斌担任天津石油分公司总会计师，楼江权不再担任天津石油分公司总会计师，另有任用。10月11日，集团公司党组宣布对天津石油分公司领导班子调整的决定：薛光海担任天津石油分公司副总经理。调整后，天津石油分公司领导班子由佟德健、高望、梁斌、李春波、张树忠、薛光海组成。

（赵　莹）

【组织机构调整】 调整非油品配送中心管理职责至物流中心，引入AGV地狼智能物流搬运系统，非油品仓储配送效率和损耗管理进一步提升。合并东北分公司和武清分公司，成立海河分公司。明确界定相关部室和专业中心关于新能源业务管理职责。设立市场研究中心，取消原打非治违办公室。

（赵　莹）

【改革深化提升行动】 组织开展2023—2025年天津石油分公司改革深化提升行动，承接改革任务53项，细化改革措施177项，着力促进党的建设、经营创效、品牌建设、深化改革、创新驱动、资产优化等方面工作取得新成效。

（赵　莹）

【全力做好巡察配合及整改工作】 11月3日—12月15日，接受销售公司党委巡察，92条立行立改问题全部整改完毕，得到销售公司巡察组的肯定。

（赵　莹）

【竞赛比武获奖】 零售服务提升竞赛比武决赛中收获金、银、铜牌各1枚，其中天津石油分公司以区内第2名的成绩获金牌企业称号。直分销“百日竞赛”获区内第7名。

（赵　莹）

【易捷服务量效提升】 易捷基础品类完成额增长45%，全国排名第一，较2019年增长61%；易捷营业利润增长89%，区内排名第二，较2019年增长237%。

（赵　莹）

【易捷探索构建新业态】成功开业肯德基、德克士、易捷咖啡、来一杯奶茶等品牌门店共 8 座；保险业务销售排名全国第二。

（赵　莹）

【拓展氢能源网络】取得销售公司加氢站发展年度先进红旗 1 面、季度红旗 3 面；加氢站网点占有率和销量均排名销售企业第一。《构建加氢站全要素管理推动加氢业务规范化运行》入选销售企业 2023 年度“十佳基层工法”。

（赵　莹）

【绩效考核结果全面应用】同级人员收入拉开差距，不同职级人员收入产生适当比例交叉，各级干部员工薪酬收入差额达 1.2—1.8 倍，实现薪酬“能增能减”。年度考评结果作为职务晋升、人才推荐、挂职交流、降职降薪的重要参考指标以来，有 2 名中层正职干部降至副职、2 名中层副职干部降至助理、2 名助理级人员降至主管，实现岗位“能上能下”。两级机关、一线岗位员工结构得到进一步优化，人均劳效连续 3 年增长，实现人员“能进能出”。2023 年末，大口径用工人数较 2019 年末减少 1294 人，多维度考核经验成效获党组领导充分肯定并批示向全系统推广，获评集团公司 2022 年度“三项制度”改革 A 级企业。

（赵　莹）

【强化合资企业管理】围绕“去存量、控增量、降低效、增优质”工作思路，推动合资企业“五个一批”治理，即“清算退出一批”“规范治理一批”“承包经营一批”“盘活创效一批”“标杆示范一批”。

（赵　莹）

【促成打非治违首例刑事判例】推动危险作业罪判罚 1 例，取保候审 1 例；首次以非法经营罪立案 8 起，抓获 42 人，采取刑事强制措施 13 人，对不法分子形成有力震慑。

（赵　莹）

【加快数智化转型】开发自动日结程序，2023 年节省 2.4 万工时；创新研发分公司和加油站 KPI 动态管理模块、预算管理系统、证照管理系统、易捷业务公开平台、信息设备资产管理平台。

（赵　莹）

【与天士力大健康产业投资集团签订战略合作协议】2 月 8 日，天津石油分公司与天士力大健康产业投资集团签订战略合作协议，天士力授权天津石油分公司为“国台”酒及“帝泊洱”茶珍在中国石化易捷渠道总经销。

（赵　莹）

天津石油分公司与天士力大健康产业投资集团签约仪式现场

【积极履行社会责任】携手天津市南开中心小学，对青海省泽库县尼桑堂完全小学开展线上送课、线下研学等帮扶活动；为夏季达沃斯论坛提供油品赞助及保障服务；为宝坻区八门城镇鲁家铺村和江石沽村修建配套基础设施，助力乡村振兴；建设“司机之家”24 座、“爱心驿站”106 座、“爱警驿站”123 座、“青年之家”400 余座，彰显中央企业责任担当。

（赵　莹）

青海省泽库县尼桑堂完全小学师生研学

表 1 天津石油分公司主要经营指标

指标名称 \ 年份	2023	2022	2021	2020	2019	2018
成品油销售总量 / 万吨	234.30	209.90	220.50	206.20	237.46	253.80
零售量	175.70	147.50	174.80	175.70	195.71	196.50
销售收入 / 亿元	209.06	195.63	173.80	131.92	178.00	195.00
吨油费用 / 元	542.00	608.00	506.00	618.00	553.00	506.00
在营加油站数 / 座	413	428	473	467	474	476

河北石油分公司

【概况】 中国石化销售股份有限公司河北石油分公司（简称河北石油分公司）本部位于河北省石家庄市，机构前身成立于 1947 年 11 月。1998 年 6 月 27 日正式划归集团公司。2000 年 5 月 23 日，按照集团公司企业重组改制精神，其主营业务重组成立河北石油分公司，其存续部分称中国石化集团河北石油有限责任公司。后者于 2006 年更名为中国石化集团资产经营管理有限公司河北石油分公司。2014 年按照中国石化混合所有制改革部署，变更为中国石化销售有限公司河北石油分公司；2019 年按照股改要求，变更为中国石化销售股份有限公司河北石油分公司。

河北石油分公司是河北省成品油市场供应主渠道，主要经营全规格的汽油、柴油、润滑油（脂）以及天然气、氢能、非油品、光伏发电、充换电业务。

截至 2023 年底，河北石油分公司下辖 12 个二级单位、9 家合资公司，省公司本部内设 14 个职能部门、4 个专业机构；自有在营油库 10 座，油库总容量 52.02 万立方米，汽油 22.1 万立方米，柴油 28.4 万立方米，乙醇 1.52 万立方米；在营加油站 1527 座，易捷便利店 1516 座，销售网络覆盖河北城乡各地；资产总额 133 亿元，用工总量 10263 人。河北石油分公司党委下辖二级党委 13 个、党支部 213 个，在职党员 2869 人。

河北石油分公司主要经营指标见表 1。

（朱　青）

【经营管理水平跃升】 锚定市场、优化现场、紧盯客户、深化改革、坚守底线，经营数据全面飘红，圆满完成各项目标任务，创造河北石油分公司 9 年来最好业绩。2023 年经营总量 513 万吨，增长 32%；利润 3.3 亿元；资产盘活收益 1.8 亿元，创历史新高，财务状况大幅好转，经营质量明显提升。获销售公司“比学赶帮超”红旗 50 面，增加 24 面，排名销售系统第九；8 家市公司进入销售公司“两力评价”先进单位。获评集团公司绿色企业 A 级单位，维稳工作排名集团公司第五。

（朱　青）

【深化体制机制改革】 按照“一体化统筹、专业化运作”的思路，实现易捷公司独立专业化运营，设立战略客户部、质检中心、配送中心，重新划分 14 个职能部门和 4 个专业机构职能，组建检维修、信息系统运维、质量监督检测、数字化运营等专业队伍，推动实现专业化管理。压缩层级、职权上收，片区由 166 个减至 89 个，减少基层领导职位 62 个，分流优化用工 151 人。

（朱　青）

【持续提升创效能力】 精准优化资源运作，强化外采创效能力，库存运作创效 0.75 亿元，外采创效 14.5 亿元。通过生产经营调度指挥中心，统筹开展物流调运一体化运行，深挖物流创效潜力，配送吨油降费 16.8 元。强化营销服务，提升专业化营销能力，统筹实施套餐营销、充值营销、新站开业营销、抽奖营销等一系列丰富多彩的营销活动，300 座站单站增量超过 1000 吨，万吨站达 12 座。推进低无负效治理，亏损站减少 305 座，减亏 1.5 亿元。推动历史遗留问题解决，有效化解历史积案。紧盯资产盘活创效，组建专班推进微水油库等重点项目，上市和存续部分合计创效 1.8 亿元。

（朱　青）

【大力实施客户开发计划】 组建服务示范队，开展巡回培训，夯实基础服务，拓展增值服务，深化推进客户忠诚计划，现场服务水平实现本质提升，客户评价大幅改善。推动直分销业务体制改革，设立电话热线，实行电话直销，开展拉网式客户走访，2023 年完成销售 132.3 万吨，增长 27%，直分销规模创历史新高。成立战略客户部，高品质运营客户服务中心，精细客户分级，紧盯总部级、省级头部客户重点公关，大力推进客户拜访、客户关怀、客户联谊等行动，加强新客户开发和老客户维护及服务，全年新开发客户 1.7 万个，拉动客户充值 10 亿元，带动增量 50 万吨。

（朱　青）

【打造优质现场服务】 提升现场服务，完成 1500 余座站翻新维护，打造 900 座标准化门店，设立检维修中心，逐站开展清洁维修、治破治旧，整洁干净、通透明亮的加油站新形象不断涌现。扎实做好易捷门店销售，推动商品换新，打造定制商品，实施门店标准化运营、专业化督导，统筹全年“排浪式”营销活动，设立易行馆、甄酒馆、易捷折扣店，畅通尾货商品处理机制，百万营业额门店达 464 座，基础品类营业额 19.4 亿元，增长 24%，区内排名第三。拓展增值服务，开展“擦、续、收”“随手送”“试吃试饮”等特色服务，建成自动洗车 310 座，成功开发简餐、饮品、洗衣等新项目，顾客忠诚度、复购率、满意度稳步提升。

（朱　青）

【强化干部人才队伍建设】 加强干部队伍建设，2023 年选拔中层干部 18 名，4 年来新提中层竞争选聘 100%、2/3 以上到基层任职；大力培养、大胆使用优秀年轻干部，现任中层干部中“80 后”占比 42%，地市公司一把手“75 后”达 67% 以上，年龄结构不断优化。推动新旧党校顺利移交，分批组织辅导班、读书班、研讨班，提升干部政治能力、领导能力；立足业务需求，突出培育关键人才，全年办班 57 期，覆盖干部员工 2998 人次；完善站长任期责任制，社招高素质后备站长，推动站长优胜劣汰，站长队伍僵化局面逐步打破；社招信息化、数字化人才，大力引进电气、设备等新能源专业毕业生，逐步补齐紧缺人才。选拔基层骨干到炼厂跟班学习，出台奖励机制，鼓励各级干部员工自学考证、成为专家。推动人力资源向一线倾斜，非库站人员压缩 20%，一线人员增加 6%；减少低无效用工，全年减少用工 657 人，人均经营总量较 2022 年提升 34%；深挖用工潜力，实行条线间、单位间人力资源共享，开展员工跨地市、跨县区调配，组织养车管理员、核心示范站经理等内部选聘，加油站结构性余缺问题逐步解决。持续完善以即时绩效、经济目标责任制为主体的薪酬分配体系，加大卓越激励，补充完善新增业务、重点业务即时激励标准，基层员工收入增长 14%，一线活力得到全面激发。

（朱　青）

【不断提升网络质量】 不断优化重点区域网络布局，2023 年投营 5 座加油站、9 座加气站；完成 66 座高速品牌合作续签，保障年 20 万吨经营规模稳定。加快新能源网络布局，编制《河北石油新能源战略发展规划》，长远规划新能源发展目标及方向。高效布局充电网络，新建充换电站 245 座、充电车位 1709 个；累计建成光伏 146 座，实施“光储充智能微电网”项目，首座光储充一体站投营；推进与大连石油化工研究院铁基液流储能电池技术研发；建设 LNG 加气站 28 座，加气能力超 350 吨 / 日，天然气计划完成率区内排名第一。

（朱　青）

【全面加强党的领导】 坚持以习近平新时代中国特色社会主义思想强根固魂，推进党的二十大精神和主题教育学习宣贯，强化理论学习，大兴调查研究，深化检视整改，高质量召开专题民主生活会。围绕中国石化新战略、新使命，统筹研究网络、营销、服务、品牌、激励、安全、风控、科技等影响企业生存发展的大事要事，牢牢把控企业前进方向，以高质量党建引领高质量发展。第一时间学习贯彻习近平总书记视察胜利油田、九江石化重要指示精神，全面贯彻新发展理念，投身京津冀一体化协同发展，支持雄安新区建设，持续巩固油气供应能力，牢牢守住安全环保底线，加强与地方战略合作，扎实做好乡村振兴，在洪水围城等大灾大考中挺身在前，服务大局的政治担当持续强化，彰显党和人民好企业形象。逐项推进干部选拔、客户开发、数字化转型、万吨站打造、低无负效站治理等重大事项，坚决杜绝虚假贸易，推动资源向一线倾斜，关心帮扶困难职工，充分激发全体员工干事创业积极性，和谐企业建设成效明显，党的领导更加坚强有力。主动靠前落实中央巡视问题整改，大力实施“走访察解”，稳步推进“雁阵”计划，开展“卓越服务”下基层活动，组建文艺宣传队，“党建 +”工作模式不断丰富，万吨站党支部持续增加。2 座站被授予河北省工人先锋号，18 座站被授予河北省青年文明号。

（朱　青）

【全面推进从严治党】 有效运行大监督机制，纪检监督、财务稽核、审计监督等监督合力持续增强；深入开展政治监督，对加能站站长、支部书记、年轻干部等基层关键岗位开展全覆盖式廉洁教育，全省累计开展谈心谈话 1535 人次；对加能站站长在岗率开展专项监督，采取定期督导，不定时抽查等措施，加能站站长在岗率始终保持 99% 以上，推进全面从严治党向基层延伸。开展职能检查，深化“靠企吃企”专项整治，狠抓经商办企业等问题纠治，对全省中基层以上领导、客户经理、片区团队及站长共计 2727 人开展违规经商办企业面对面复核，现场签订廉洁承诺。持续加压整治基层“微腐败”，驰而不息纠治各级干部作风问题，深入推动“纪律教育年”活动，推动廉洁教育向“重点”“一线”延伸。组织 17 批次 794 名干部员工参观监狱、红色革命基地，编制领导干部党风廉政建设学习教材 1 部，制作四个线条岗位标准化教育课件。全面推行干部公开竞聘，领导人员任期制和契约化管理，开展述职和绩效面谈，干部异地交流、交叉任职、考核评价成为新常态，风清气正、干事创业的良好政治生态不断巩固。开展纪检队伍教育整顿，落实周五政治学习日，开展多形式学习教育 149 次；制定下发《纪检监督干部应知应会学习手册》，开展 3 个轮次纪检监督干部自我检视，着力提升纪检队伍政治素养及业务本领。

（朱　青）

【持续提升安全环保水平】 深入推进“安全管理强化年”活动，认真抓好安全管理网格化工作。推进油库标准化建设，开展油罐及管线隐患治理，推广油库发油作业“十联锁”技术，开展油库安全环保合规性排查，编制下发《油库 HSE 标识规范及应用手册》；深化油库双防数智化平台应用，上线电子作业票、视频智能识别，实现违章抓拍、报警联动功能，防范承包商施工、承运商运输安全风险。组织中层干部驻库办公，深入一线开展风险识别和整改，累计驻库办公 46 人次。推动 LNG 加气站保运投营，制定下发《河北石油分公司 LNG 加气站保运标准化手册》，实现 8 座 LNG 加气站保运投营。践行“绿色低碳”发展，建立环保依法合规排查机制，开展全省库站环保合规性专项排查；严格危险废物全过程监管，对危险废物运输、处置单位经营资质进行提级审核。鼓励基层水循环再利用，推进照明自动控制等节能技改，淘汰空气能等高耗能设备，吨油水电费下降 20%。

（朱　青）

【依法合规防范经营风险】 开展制度常态化学习，建立合规管理委员会，强化业务合法合规性审查，严格合同审批，依法合规招标采购，提高风险防范能力。充分使用法律武器为企业保驾护航，通过诉讼解决积案 51 件，避免和挽回损失 4200 余万元。开展虚假贸易专项排查，持续提升依法经营水平。

（朱　青）

2023 年 10 月，河北石油分公司生产经营调度指挥中心上线运营，利用数字化平台，对经营和管理开展实时监控、调度、预警和指挥，逐步实现物流调运一体化、业务流程可视化、应急处置标准化和异常处理专业化

【积极履行社会责任】 2023 年 7 月 29 日—8 月 1 日，保定涿州市遭遇洪水围困，河北石油分公司全体干部员工上下同心、众志成城，积极参与抗洪抢险，全力保障抢险救援用油。省市公司领导班子及党员干部冲锋在前，河北石油分公司机关及相邻县区成立 12 支共 118 人的党员先锋队赶赴现场帮扶。7 月 29 日—8 月 30 日，涿州 5 座在营站累计供应油品 1309 吨，其中免费供应汽柴油 9.4 万升、价值 73.3 万元，顺利完成保供任务，最大程度降低灾情损失，得到应急管理部、地方政府以及当地群众的高度赞誉。积极参与社会公益，服务广大户外劳动者，打造司机之家 182 座，爱心驿站 401 座，6 座被授予全国最美户外站点称号。扎实推进乡村振兴工作，组织开展“央企消费帮扶迎春”活动，派驻 21 个乡村振兴队，2 个受到当地政府的表彰。

（朱　青）

表 1　河北石油分公司主要经营指标

指标名称＼年份	2023	2022	2021	2020	2019	2018
成品油销售总量 / 万吨	505.60	401.80	439.00	466.00	597.36	586.70
零售量	344.54	269.50	295.60	336.00	450.85	456.03
销售收入 / 亿元	430.71	364.15	309.34	287.70	414.72	405.26
利润 / 亿元	0.66	0.61	-6.50	-8.80	-14.54	-14.98
吨油费用 / 元	497.00	570.00	636.00	612.00	506.00	463.00
加油站总数 / 座	1 527	1 580	1 661	1 707	1 796	1 796

山西石油分公司

【概况】 中国石化销售股份有限公司山西石油分公司（简称山西石油分公司）本部位于山西省太原市万柏林区大王路 8 号，前身为成立于 1951 年的中国石油公司太原支公司，伴随管理体制多次变更，企业几经更名，1991 年改为山西省石油总公司，1998 年整体上划集团公司，2000 年 10 月重组改制为中国石油化工股份有限公司山西石油分公司，按照中国石化油品销售系统改革重组安排，2014 年更名为中国石化销售有限公司山西石油分公司，2019 年更名为中国石化销售股份有限公司山西石油分公司。

山西石油分公司为中国石化在山西唯一的，也是山西省最大的成品油销售企业，承担着成品油资源配置、供应的主要任务，主营汽油、柴油、煤油、天然气、充换电及易捷服务业务。

山西石油分公司下辖 11 个市分公司、111 个县（区）公司，截至 2023 年底，用工总量 7354 人，共有在用油库 12 座、在营加油站 1248 座、加气站 23 座、充电站 146 座、换电站 6 座（重卡换电站 5 座）、非油品便利店 1172 座，资产总额 100 亿元。

山西石油分公司主要经营指标见表 1。

（王喜梅）

【领导班子调整】 2023 年 6 月 7 日，股份公司决定聘任贾文利为山西石油分公司总经理。山西石油分公司领导班子由冯东明、贾文利、韩祥峰、邓红平、王剑、李萍 6 人组成，冯东明负责山西石油分公司全面工作。

（王喜梅）

【主要经营指标持续进步】 2023 年，山西石油分公司全面完成总部下达的年度任务，主要经营指标全部实现正增长。成品油经营量计划完成率 103%，增长 11%，其中机出零售计划完成率 100%、增长 24%，增幅排名区内公司第三、前进 14 名；直分销计划完成率 107%，增长 1%。易捷服务基础品类营业额计划完成率 103%、增长 15%，利润计划完成率 108%、增长 22%。天然气销售计划完成率 145%，增长 78%。报表利润计划完成率 151%、排名区内公司第一、增长 5%，当期利润计划完成率 674%、排名区内公司第一、增加 2.7 亿元、增长 386%。

（王喜梅）

【成品油直分销再创新高】 2023 年，山西石油分公司坚持“扩销托市”总体策略，成品油直分销量增长 3%、再创历史新高。直销深化战略合作，加大市场开发力度，终端客户规模占比 82%、销量占比 75%，高于区内平均水平；分销通过“自主定价”“以站代库”“社会加油站集采”等营销措施，深度参与市场竞争，客户规模增长 48%。

（王喜梅）

【成品油零售首次正增长】 2023 年，山西石油分公司坚持“坚守枪量、保护价差、服务取胜”零售策略，持续强化“基地 + 阵地”、全要素竞争策略，深耕零售客户，汽油积极开发“四车”客户、柴油重点拓展“五类”市场，在吨油营销投入华北省市最低的情况下，零售自 2013 年来首次实现正增长，增量 32.5 万吨。

（王喜梅）

【完成新加油卡系统切换】 2023 年 3 月，山西石油分公司完成新加油卡系统切换，这是 2004 年推广中国石化加油卡系统以来的首次切换。新加油卡系统推进系统集成、多级账户、线上审批、营销管理、发票及报表应用等功能，实现实名验证、云发卡、无卡支付和全国统一优惠结算。

（王喜梅）

【易捷服务主题营销成绩显著】 2023 年，山西易捷服务公司着力调结构、强门店、优营销，效果显著。强化商品询比价和汰换率，提高商品适销度、创效力，高毛利商品占比提升 8.9%。提炼“五步工作法”，打造样板店、以点带面，提升客户进店率。“新春狂欢节”销售增长 31%、排名区内第二，“易享节”店庆日营业额增长 105%、排名区内第二。

（王喜梅）

【天然气量效创历史最好水平】 2023 年，山西石油分公司围绕“强终端、扩规模”策略，加速终端网络布局、在营加气站点增长 229%，突破资源直供瓶颈，推动 LNG 经营发展走出困局。全年天然气销售计划完成率 141%，经营量增长 78%，价差收入提升 53%，经营量效创历史最好水平，获销售公司 3 面天然气月度先进红旗，1 面天然气经营年度进步红旗、1 面加气站投营年度先进红旗。

（王喜梅）

【首座高速路加气站投营】 2023 年 1 月 20 日，山西石油分公司与山西省交通开发投资集团有限公司合作建设的长晋高速高平服务东区加气站正式投营。该站每天可为 100 余辆重卡提供加气服务，是山西石油分公司首座高速路加气站。

（王喜梅）

【重卡换电成果案例入选销售企业 2023 年度“十大创新事件”】 2023 年，山西石油分公司在国（省）道低无负效加油站点推行重卡换电业务，累计发展推进重卡换电站 7 座，建成 5 座，投营 4

座，初步形成重卡换电局域网络，新发展重卡换电站占销售系统发展总数的近 60%，重卡换电成果案例入选销售企业 2023 年度“十大创新事件”。

（王喜梅）

【首座大型快充电站建成投营】 2023 年 10 月 30 日，山西石油分公司首座大型快充电站清徐中辽西充电站建成投营。该充电站位于太原市清徐县金谷路，采用“石化易电”最新形象设计，设置分体式直流充电桩 240 千瓦（1 拖 4）4 台、120 千瓦（双枪）2 台，总功率达 1.2 兆瓦，可同时为 20 辆车提供充电、补电服务，单路最大输出电流可达 250 安，是普通单枪最大输出功率的 3—4 倍，最快可以 30 分钟将电动汽车充满电。

（王喜梅）

【改革深化提升三年行动全面启动】 2023 年，山西石油分公司认真贯彻落实集团公司改革深化提升行动部署要求，聚焦“两核三做”目标，制订三年改革深化提升行动方案，明确完善山西石油分公司治理体系、健全市场化经营机制、推进易捷服务商业模式创新等 5 个方面 50 项重点任务，确立时间表、路线图、责任人，全面启动改革深化提升三年行动。

（王喜梅）

【获集团公司第三十二届管理现代化创新成果优秀成果】 2023 年，山西石油分公司接续深化县公司改革，贴近市场谋划经营策略，服务经营优化管理措施，激发活力搭建激励体系，以从严巡站管理、业绩考核，推动县区公司“铁三角”履职尽责，以“比学赶帮超”“两力”评价推动县区公司争先创优，以减负赋能、优化服务推动县区公司聚精会神抓经营谋发展，全年盈利县区公司增加 24 个，实现模拟利润增长 215%。“基于‘1+2+N’管理模式打造销售企业深化县区公司改革样本”创新成果获集团公司第三十二届管理现代化创新成果优秀成果。

（王喜梅）

【首座“以站代库”加能站投营】 2023 年 6 月 9 日，山西石油分公司首座“以站代库”加能站长治分公司潞城片区店上站投营。该站周边社会站点密集，2021 年 4 月因销量低被迫歇业，2023 年长治分公司将店上站现有加油机更换为大流量加油机代替油库发货，增加小吨位配送车、实行承运商招投标管理、建立在线配送售后评价体系，为客户提供 90 天免费代保管、清理油罐等“2+6+X”增值服务。“以站代库”运行半年，店上站日销量由不足 0.06 吨提升至 8 吨，成交客户达 39 户。

（王喜梅）

【首次推行加能站自主管理模式】 2023 年 7 月，山西石油晋城分公司在 9 座自营加能站首次试点推行“自主管理”模式。成立加油站站务管理小组，以共同价值观和企业目标为引领，推行员工自我管理、自我激励、自我约束，厘清站长与站务管理小组工作职责，加能站日常性事务交由民主选举的站务管理小组处理，给予站务管理小组成员考核奖惩分配、营销策略制定等职权，以“KPI 评价 + 油 PIN 积分”“薪酬激励 + 职业晋升”“英雄奖 + 慧眼奖”等多种激励奖励模式，立体化评价运行效果。

（王喜梅）

【战略客户管理案例获销售企业 2023 年度优秀管理案例】 2023 年，山西石油分公司与 30 家重点企业签订战略合作协议、签约战略客户带动油品销售 8.3 万吨、带动非油品销售 600 余万元，享受合作方战略客户待遇为企业降本节费 350 余万元，“创新‘总—分—总’战略客户管理模式，协作共赢共享发展新机遇”管理案例获销售企业 2023 年度优秀管理案例。

（王喜梅）

【油品损溢 RPA 机器人助力企业管理】 2023 年，山西石油分公司自主研发的 3 款油品损溢 RPA 机器人在系统内油库和加油站投入使用。RPA 机器人可以实时监测油罐车运输和加油站地罐交接异常损溢，自动采集损溢数据、异常信息、加工生成加油站损溢报表，实现市、县、站三级损溢数据分析对标。“构建 RPA 机器人助力油品损溢管理”项目获山西石油分公司首届创新创效大赛一等奖。

（王喜梅）

【中国石化“光明号”健康快车首次深入乡村振兴点开展“糖网”筛查】 2023 年 8—9 月，中国石化“光明号”健康快车抵达山西晋城期间，为晋城市、县 1043 名白内障患者实施免费复明手术，山西石油分公司同步在全省 277 座“爱心驿站”“司机之家”启动“光明向未来、至美新生活”爱眼护眼大型公益活动。中国石化“光明号”健康快车运行以来首次下车深入到乡村振兴点开展医疗帮扶救助，为长治、朔州、忻州等乡村振兴帮扶点村民开展免费“糖网”筛查、提供糖尿病眼病健康管理指导，彰显“党和人民好企业”品牌形象。

（王喜梅）

2023 年 9 月中国石化“光明号”健康快车在长治沁县定昌镇合庄村乡村振兴点开展“糖网”筛查

【4 座“爱心驿站”获评全国总工会“最美工会户外劳动者服务站点”】 2023 年，山西石油分公司运城城区华源站、运城永济中山站，大同友谊南街站，晋城凤台路站 4 座“爱心驿站”获评全国总工会 2023 年“最美工会户外劳动者服务站点”。山西运城石油分公司也是销售企业系统内唯一同时获评 2 个“最美服务站点”的市分公司。

（王喜梅）

【保供运城垣曲冰冻灾害电力抢修】 2023 年 12 月 13 日晚至 16 日晚，山西运城垣曲县低温雨雪冰冻极端天气导致高压输电线路故障，造成全县大面积停电，各地抢修复电应急救援和应急物资运送车辆陆续驰援垣曲。山西运城石油分公司全力做好应急保障支援，紧急调拨负号柴油资源，开辟绿色加油通道，提供快速加油、“送油上门”及餐饮等服务。电力抢修期间，累计服务应急发电车辆 700 余车次，累计保供油品 300 余吨，被当地政府授予冰雪灾害油品保供先锋企业。

（王喜梅）

2023 年 12 月，山西运城石油分公司全力保供运城垣曲冰冻灾害电力抢修

表 1　山西石油分公司主要经营指标

指标名称 \ 年份	2023	2022	2021	2020	2019	2018
成品油销售总量 / 万吨	368.10	332.96	316.00	326.00	364.00	395.00
零售量	195.00	162.55	194.00	207.00	238.00	273.60
销售收入 / 亿元	312.93	294.01	230.79	195.75	246.53	277.45
利润 / 亿元	0.77	0.73	0.05	−6.49	−9.80	−13.50
吨油费用 / 元	481.00	456.00	492.00	531.00	445.00	430.00
在营加油站总数 / 座	1 248	1 232	1 239	1 250	1 317	1 385

上海石油分公司

【概况】 中国石化销售股份有限公司上海石油分公司（简称上海石油分公司）系销售公司直属在沪大型成品油、非油品销售企业。其前身系创建于 1953 年 10 月的中国石油公司上海分公司。经历年业务调整，名称变更，1983 年，其煤炭经营业务划归上海市燃料公司后更名为上海市石油公司。1995 年 11 月，上海市原区县石油公司行政业务统一集中管理后成立为上海市石油（集团）有限公司。1998 年 9 月，上海石油（集团）有限公司成建制划归集团公司并更名为中国石化上海石油（集团）公司。1999 年 8 月，原中国石化华东销售公司高桥石油站等经营性资产划入中国石化上海石油（集团）公司。2000 年 2 月，中国石化上海石油（集团）公司主辅分离，改制上市，主营业务部分组建为中国石化股份有限公司上海石油分公司，辅助业务部分组建为中国石化集团上海石油有限责任公司（后更名为中国石化集团上海石油资产分公司）。2014 年 5 月，中国石化股份有限公司上海石油分公司更名为中国石化销售有限公司上海石油分公司。2019 年 2 月，中国石化销售有限公司上海石油分公司更名为中国石化销售股份有限公司上海石油分公司。

上海石油分公司主营汽油、柴油、天然气、燃料油、润滑油及其他化工化纤产品的零售。经营日用百货便利店、食品餐饮、烟草零售、医疗器械、药品零售、酒类批发等，具备站用加氢及储氢设施销售、消防器材销售、化工石油设备管道安装建设工程、自有房屋租赁、汽车清洗服务等经营资质，涉足社会民生的各个关键领域。

2023 年，上海石油分公司完成成品油经营量 547.42 万吨，其中汽油 313.06 万吨、柴油 234.36 万吨，销售天然气 1354.22 万立方米；销售收入 472.5 亿元、利税 13.0 亿元、利润总额 9.2 亿元，上缴税费 6.4 亿元。在集团公司层面，获评“三项制度”改革评估 A 类企业、法治建设中期调研督导及合规管理体系有效性评价“A+”类企业，并连续 2 年获集团公司安全、环保“双先进”称号；在销售公司层面，获评年度创新先进企业，获销售企业“比学赶帮超”年度红旗 7 面、季度红旗 15 面、月度红旗 9 面。

上海石油分公司主要经营指标见表 1。

（郑珉磊）

【庆祝上海石油分公司成立 70 周年】 2023 年，上海石油分公司举办庆祝公司成立 70 周年系列活动，发布《勇毅前行 接续奋斗》宣传片、制作《为美好生活加油》纪念画册。9 月 27 日，上海石油分公司在本部 204 会议室召开庆祝上海石油成立 70 周年大会，董事长、党委书记、分公司代表丁春生与全体上海石油人共同回顾艰苦创业、矢志奋斗，在保障市场供应、引领新能源发展、担当社会责任中的难忘瞬间，为推进上海石油高质量发展谋篇布局。

（郑珉磊）

庆祝上海石油分公司成立 70 周年大会现场

【企业本质安全水平不断提升】 2023 年，上海石油分公司坚持安全为先，强体系、严执行、重治理。围绕“安全管理强化年”一个主线，全年 9 个方面 30 项重点工作有序落实落地。用好“外部检查、内部督导”两个抓手，推动 HSE 管理体系落地见效。开展“迎亚运、保进博”反恐、消防、比武练兵三大演练，有力保障“两特两重”、极端天气等特殊时期的安全稳定。打好“蓝天、碧水、净土、降碳”四大战役，践行习近平总书记“绿水青山就是金山银山”绿色低碳发展理念，全力做好长江重点流域生态环境保护。

（殷 颖）

【主营业务创效能力日趋稳固】 2023年，上海石油分公司坚持效益为重，重统筹、深挖潜、抓节流。强化采销联动和量价把控，全年实现成品油销售547.42万吨，与2021年比直分销经营规模增长9%，实现稳量增效；深化易捷“五进工程”，全年基础品类营业额增长34%，“易享节”期间以3.54亿元的营业额排名销售系统第五，实现拓市增效。牢固树立“一切成本皆可控”理念，全年利润9.2亿元，吨油费用372元，实现节流增效。全年落实各项财税优惠减免、补贴及资金缓缴总计7564万元，有效缓解经营压力，实现支持增效。

（般　颖）

【企业内部运行效率更加高效】 2023年，上海石油分公司坚持管理为基，优体制、强“三基”、防风险。结合实际编制2023—2025年改革深化提升行动工作台账，明确六大任务、36个方面、123项改革任务措施，首年改革任务完成率100%，优化体制促改革的成效持续显现。驱动“三基”工作与专业管理有机融合，持续推动管理创新，夯实“三基”促发展的根基更加稳固。深入践行习近平法治思想，进一步健全风控内控及合规体系建设，着力防范化解系统性风险，防范风险促合规取得实质性进展。

（般　颖）

【转型发展战略优势逐步增强】 2023年，上海石油分公司坚持发展为要，稳存量、拓增量、走新路。初步遏制租赁、联营成本逐年上升的势头，整体吨油租赁成本增长6.9%、吨油承包费增长0.8%，存量维系成本得到有效控制。配合重大工程建设动迁明确“拆一还一”加油站3座，协调落实8座动迁站保留、争取15座站继续经营，新发展投营加油站8座，增量网点拓展实现有效接续。按照“多快好省”原则积极发展充换电、光伏业务，全年发展充电车位1151个、光伏项目12座，上海石油分公司向“油气氢电服”综合能源服务商迈进的步伐更加坚实有力。

（般　颖）

青卫油氢合建站为城市公交巴士加注氢气

【高质量党建引领保障企业高质量发展作用更加凸显】 2023年，上海石油分公司坚持党建引领，聚合力、促融合、重监督。坚持把提质增效作为发挥党组织作用的切入点，聚焦5个方面15项党建重点工作，深入实施“三融四化”基层党建工作法，扎实推进“锚定一流勇担当，攻坚创效建新功”活动，积极开展“机关服务基层，党员冲锋在前”帮扶行动，做深做实“党建指导员”机制，党员覆盖率100%。各基层党组织与政府、部队、企业开展党建共建55对，建成“党群服务站”32座，党建融合的“新样板”作用愈加凸显。坚持把宣传统战群团工作作为凝聚合力的关键点，严格落实意识形态工作责任制，充分发挥上海石油分公司融媒体工作室和“报网微端屏”宣传阵地作用，激发干部员工传承石油精神、弘扬石化传统的爱党爱企热情。坚持把监督执纪问责作为涵养良好政治生态的发力点，深入推进大监督工作融入公司治理体系，助推作风建设常态化、长效化，求真务实、清正廉洁的新风正气持续充盈，全面从严治党实现向纵深发展。

（般　颖）

表1　上海石油分公司主要经营指标

指标名称 \ 年份	2023	2022	2021	2020	2019	2018
成品油销售总量 / 万吨	547.42	448.08	556.89	522.85	543.64	545.40

续表

指标名称 \ 年份	2023	2022	2021	2020	2019	2018
零售量	416.59	335.96	436.87	426.13	440.59	437.90
销售收入 / 亿元	472.50	410.26	417.60	324.13	390.69	411.59
利润 / 亿元	9.20	9.07	10.58	7.33	9.66	10.00
吨油费用 / 元	384.00	453.00	373.00	355.00	334.00	313.00
资产总额 / 亿元	188.64	179.20	176.13	172.25	171.46	136.86
在营加油站总数 / 座	581	581	603	598	590	590
在营油库数量 / 座	4	4	4	4	4	4

江苏石油分公司

【概况】 中国石化销售股份有限公司江苏石油分公司（简称江苏石油分公司）成立于 1953 年，1998 年划入集团公司。主营成品油、天然气、氢能、电能、易捷服务等业务，是江苏省成品油供应的主渠道。下辖 14 家地市级公司及中石化壳牌（江苏）、江苏高速能源等合资公司。资产总额 426 亿元。在岗员工 1.7 万人。在营加油（气）站 2613 座（加气站 52 座）、充（换）电站 460 座、易捷便利店 2281 个、洗车网点 1017 座、综合汽服网点 57 座。建成加氢站 12 座。在营油库 17 座，库容 148 万立方米。

2023 年，江苏石油分公司以习近平新时代中国特色社会主义思想为指引，在集团公司、销售公司的科学指导下，积极响应“加快建设世界一流企业”号召，实现安全平稳运行，取得良好经营业绩。

江苏石油分公司主要经营指标见表 1。

（葛康玲）

【主营业务】 2023 年，江苏石油分公司实现成品油经营总量 1625.5 万吨，零售量 1264.9 万吨，直分销量 360.7 万吨，天然气量 29.3 万吨。易捷服务营业收入 46.4 亿元。吨油费用区内公司最低，利润 33.04 亿元。

（葛康玲）

【安全环保平稳运行】 2023 年，江苏石油分公司获评集团公司安全生产先进单位、节能环保先进单位、首批“无废企业”，连续 4 年取得 A 级绿色企业称号。扎实开展“安全管理强化年”行动，做实安委会、分委会，HSE 体系关键要素指标提升率 5%。落实“十大风险”分级管控，降级减值 42.3%。投入 1.5 亿元，完成 45 项隐患治理销项。打造战略承包商 38 个，规范施工方案“三步走”，深化施工现场“网格化”管理。开展承运商专项治理，风险预警系统“四率”接入 100%，置换更新 79 台老旧车辆。编制全员岗位安全生产责任“两清单”，深化“油站周周行、油库大讲堂、施工直播间”机制，推进“一标准四张卡、军事化交接班”。开展挥发性有机物治理、水体风险防控等专项提升行动，稳步实施 18 座油罐浮盘改造，提升环保自检能力。推进绿色低碳“补短板、强弱项”，新增 7 座“碳中和”加油站，碳排放总量下降 7%。

（葛康玲）

【经营效益稳步增长】 资源上，坚持“提效能、提效益”，科学把握“进销存、量价效”，强化敞口管理，统筹进销平衡，配置资源消化量列销售板块第二。直分销上，坚持“稳终端、稳市场”，提升终端客户开发能力，成交终端客户 8861 户、增加 523 户。实现省储油销售 13 万吨。实现航煤销售 17.7 万吨。统筹 31 座“以站代库”站点运营，终端客户配送比重提升至 51%。全面启动集团客户开发工作。保持对“自流黑”的高压打击态势，市场整治成效持续巩固。协助查处“自流黑”2043 个。零售上，坚持“强统筹、强营销”，丰富站际统筹内涵，优化资源配置，挖掘网点潜力，形成量化评价模型。新增全品种经营站点 16 座，优化 24 小时在营站 462 座，推进区域调剂用工。推进加能站功能升级，打造明星站 15 座、品牌亮化 162 座。汽油价稳量增，价格到位率保持在 98% 以上，自营机出汽油增长 12.5%。爱跑 98 销量 15.6 万吨，排名全系统第一。柴油强化竞合，转化自建罐客户 438 户，新增销量 4.4 万吨。建立营销委员会，构建一体化营销机制，优化聚惠会员日、积分洗车、新车赠券等营销。新增权益会员 353 万人，活跃会员 667 万人。开展劳动竞赛，强化现场管理，差评率下降 34.3%。

（葛康玲）

强化加能站现场管理，提升基层员工服务标准

【能源网络加快布局】 油网络，新增投营加油站 35 座，完成储备项目 31 个，完成督办消解 5 项，南通江海、江阴东江油库顺利投产，槐泗油库主体完工。气网络，加快构建 LNG 加注站网络，新建 LNG 加气站 10 座，其中开业 7 座，LNG 零售量增长 142%。扩展稳定天分直供资源，深化海油加气站项目合作，直供资源比例提升 223%。开发终端大客户 5 个，月均成交量 3000 吨。氢网络，积极参与地方氢能产业规划，新建 2 座加氢站，宿迁氢能产业配套项目稳步推进，常州氢湾、扬州公交示范项目上线。电网络，加快大客户合作，推进规模化拓展、多地段延伸。新建 276 个充电场站、充电车位 3027 个，其中投营 2118 个；充换电量 6445 万千瓦・时、增长 55%，成为中国石化首家充换电量超亿千瓦・时企业。全面启动电能业务，试点“光储充”一体化、“微电网”建设，探索 V2G 应用。新建光伏项目 80 座，累计装机总容量达 11 兆瓦，发电突破 1000 万千瓦・时，降本超 700 万元。

（葛康玲）

具有“综合能源＋综合服务”功能的扬州渡江加能站

【易捷服务稳中提质】 持续稳规模、调结构、强门零、增毛利，实现基础品类销售额 55 亿元、增长 15%。毛利率达 31%，提高 5 个百分点。“家生活”持续提质，精耕门店运营，门零销售额 35 亿元、增长 45%。四大核心品类销售增长 23%。打造综合能源服务旗舰店 43 座，肯德基、汉堡王品牌合作站 7 座，Tims 咖啡联名店 28 家。新增 10 座站外店，站外店销售额 3985 万元、增长 184%。开发“终端企业购”新客户 1336 家，B 端销售 3 亿元。精心承办第六届“易享节”，历届规模最大，实现较好效果。店庆日销售额 7.9 亿

第六届“易享节”直播现场

元，夺得板块冠军。“车生态”加速启动，打造自营汽服品牌。洗车网点达 1017 座，建成销售系统最大的自营洗车网络。建设维保小店 39 座、综合汽服 18 座。车生态销售额 11.9 亿元，增长 17.4%。

（葛康玲）

【改革管理持续深化】 获评集团公司深化改革三年行动先进单位、“三基”工作先进单位，连续 3 年获集团公司管理现代化创新成果一等奖。“成品油行业规范发展”课题研究，获评国务院国资委全国企业管理现代化创新成果二等奖。成立合规管理委员会，形成合规管理负面清单，常态化开展合规检查、内控自查、专项审计，建立问题整改责任闭环管理机制。优化制度体系，精简在用制度 48 项。完成年度法人压减 7 户。增强纠纷管理能力，消减存量案件 16 件、增量案件 11 件。战略型集约化财务管控体系建设取得实质性进展，高质量发展指标评价运营机制全面提升，经营现金流增长板块排名第一。利用保函、票据、大额存单等实现增效 1400 万元。推进 50 座低效负效站提质增效，清理 61 项已支出未完结项目、盘活资产 2.97 亿元，收回政府拆迁补偿款 3.7 亿元。解决 15 项历史遗留问题。完成投资扭亏清退任务。深化“互联网运营中心”运行，完成新加油卡、新能源平台、便利店系统等项目建设；发挥数字化先锋队作用，举办首届数字化创新大赛，推进 RPA 应用与业务相融合；打造中和路智慧站、江海智能油库等一批数字化库站。

（葛康玲）

首届“青春由我　数创未来”数字化创新大赛：数字化人才展示创新成果

【党建工作强化引领】 连续 8 年获集团公司党建考核 A 档，获评集团公司宣传思想先进单位。第一批主题教育总体评价满意率 100%。谋划部署“1136”党建体系。①政治引领更加鲜明。牢牢把握主题教育总要求，一体融合推进落实各项措施，主题教育专题党课获评集团优秀。落实重大事项请示报告制度，集团公司党组领导 2 次批示给予肯定。②基层党建更加巩固。优化党群纪检部和县公司党群纪检岗设置。推动党委特色、支部品牌创建，2 个案例入选集团公司优秀党建案例。③企业文化更加浓厚。聚焦中国石化成立 40 周年、江苏石油成立 70 周年，出版系列文化丛书。建设 5 座学“习”加能站，获评集团公司红色教育基地。④为民服务更加务实。解决员工群众急难愁盼问题 120 项，司机之家建设运营获全国总工会高度肯定。井冈山黄坳小学石化教学楼建成投用。“春蕾加油站”正式揭牌。⑤人才强企更加深化。持续推进任期制和契约化管理，范围扩大至中层领导人员。加强新能源、新业务、新技术人才队伍建设，开展新能源、车生态人员集中招聘，强化综合汽服人员配备和培训。组织中等规模加能站经理、地市公司零售经理和业务骨干新业务轮训。油库安全员、油品计量工、税务专业技术比武获团体第 1 名。⑥监督质效更加明显。聚焦转型发展、安全生产强化政治监督，深化“大监督”上下联动工作机制，统筹抓好 10 个领域“靠企吃企”问题专项整治。开展廉洁教育，持续打造“零违规”示范基层。

（葛康玲）

帮扶井冈山黄坳小学石化教学楼建成投用

表 1 江苏石油分公司主要经营指标

指标名称 \ 年份	2023	2022	2021	2020	2019	2018
成品油销售总量 / 万吨	1 625.50	1 479.40	1 620.80	1 541.80	1 639.30	1 579.05
零售量	1 264.90	1 156.00	1 286.50	1 246.70	1 299.60	1 283.50
销售收入 / 亿元	1 415.21	1 352.97	1 229.86	953.44	1 173.90	1 191.50
利润 / 亿元	33.04	32.40	33.00	38.60	34.90	38.02
吨油费用 / 元	324.00	347.00	310.00	299.00	283.00	271.60
加油（气）站总数 / 座	2 613	2 678	2 627	2 675	2 695	2 564

浙江石油分公司

【概况】 中国石化销售股份有限公司浙江石油分公司（简称浙江石油分公司）前身为建于 1950 年的中国石油公司杭州支公司。1985 年成立中国石油化工销售公司浙江省石油公司。1990 年更名为浙江省石油总公司。1998 年 8 月与省内各地（市）、县石油公司成建制划转集团公司。2000 年 4 月更名为中国石油化工股份有限公司浙江石油分公司。2014 年 5 月更名为中国石化销售有限公司浙江石油分公司。2019 年 1 月更名为中国石化销售股份有限公司浙江石油分公司。

浙江石油分公司主要经营成品油、天然气、氢能源以及加油站便利店非油品、洗车和餐饮等，同时开展充电业务，是浙江省内最大的综合能源服务商。本部位于浙江省杭州市上城区望江街道富春路 158 号，截至 2023 年底，设 17 个职能部门和 3 个直属单位，下辖 11 家分公司和 2 家合资公司，员工总数 16511 人，其中委托经营公司员工 11049 人。有定位油库 20 座，油罐容量 158.07 万立方米；铁路专用线 3 条，油库码头 9 座；各类加油（气）站等终端网点 2094 座，其中纯加气站 38 座，加氢站 10 座；累计建成分布式光伏发电站 240 座；累计布局充换电站 626 座，其中换电站 9 座。浙江石油分公司充分利用建成的浙赣、甬台温、金嘉湖、镇杭等成品油管道，年累计输送成品油达 1291 万吨，管输比例达 75.7%。

2023 年浙江石油分公司营业收入 1453.3 亿元。连续 8 年获销售企业党建工作年度先进红旗，累计 9 次在集团公司党建考核中获评 A 档企业。

浙江石油分公司主要经营指标见表 1。

（舒志国）

【经营目标】 2023 年，浙江石油分公司面对异常严峻的市场形势，以深入开展主题教育为主线，坚决贯彻落实集团公司党组的决策部署和销售公司的工作要求，以超常规举措应对多重困难挑战，完成年度各项任务目标，全年共销售成品油 1720 万吨，其中零售 1242 万吨、直分销 478 万吨；销售天然气 3.54 亿立方米；非油品营业收入 40.9 亿元；氢气加注量 604 吨。充换电量 2715 万千瓦·时，光伏发电量 658 万千瓦·时。实现报表利润 39.53 亿元，取得销售公司“比学赶帮超”年度红旗 22 面，利润和红旗总数均居销售系统第一，连续第 11 年被评为标杆企业。

（舒志国）

【零售经营】 2023 年，浙江石油分公司以销售公司“百日行动”为契机，开展“抢市场、抢客户”竞赛，精选三类重点站，开展“一站一策”大对标，全年督查 838 站次，推动整改提升。深化“一站一策”专家组蹲点帮扶，278 座站延长营业时间，184 座站提升通过率。做精赋能体系，“站长站”培训 4021 人次，开设站长论坛，交流重点难点工作。全力做好杭州第 19 届亚运会保供，“一城一策”制订保供预案，设立4座外事保供站、60座重点保供站，服务赛事车辆6000车次，保障油品供应。亮化提升加油站，选树省级服务明星示范队，通过巡回教学，把服务做到极致，受到政府有关部门致信表扬。

（舒志国）

【直分销经营】 2023年，浙江石油分公司面对复杂形势，坚持以市场为导向，通过精准经营运作、灵活调整策略、深化机制改革、调整销售结构等举措，全年实现直分销销量增长10.2%。坚持以效益为中心，统筹好三种资源，灵活把握进销存，深挖资源创效潜力，踏准采购节奏，扩大采批价差，提升库存运作成效，多创效3.3亿元。深入市场调研，加强市场研判，地毯式调研客户超3.5万家，发展新客户2696家，找回流失客户2187家。

（舒志国）

【非油业务】 2023年，浙江石油分公司加快商业模式转型，推动易捷服务向会员制转型，正式发布“易捷便利会员店”，开发权益会员1032万名。引入市场化工具辅助商品迭代，以全网低价为要求倒逼供应链能力提升，完善以会员为主体的营销体系，推动消费转化率大幅提升。积极拓展新兴业态，新增自营洗车网点59座、咖啡网点17座。加大B端市场开发，实现企业购5247万元。员工分销实现机关员工100%注册，分销商品1408万元。

（舒志国）

2023年亚运会期间，浙江宁波石油分公司亚运重点保供站——象山爵溪加能站党员志愿者戴姣丹热情地为外国友人服务（俞晓丹　摄）

【天然气业务】 2023年，浙江石油分公司首创产能预售模式，提前锁客锁量，主动参与竞争，扩大终端用户，全年新增直分销客户48家，实现价差收入3377万元。引进优质天然气供应商，参与资源竞拍，拓展采购渠道，提升储气库资源运作成效。

（舒志国）

【新能源建设】 2023年，浙江石油分公司积极推进新能源建设，制定“七个先”发展策略，发展充电终端3552个，其中站外2186个，累计在营充电终端4552个、增长285%。投营加氢站4座，累计10座。建成光伏发电项目70个，余电上网比例达41%。在营综合供能站达2094座，其中具备新能源加注功能的710座，增长69%。

（舒志国）

【降本增效】 2023年，浙江石油分公司首创浙石化车单自提，收紧资源，降低运费。优化直分销配送机制，通过招投标降低吨油配送运费20%。优化物流运行，加强产销衔接，开辟福炼发运温台，有效缓解实物缺口。打破区域限制，扩大管输辐射半径，减少库库中转，开辟12条物流优化通道，全年物流优化创效6217万元。易捷服务重新招标配送中心承运商，减少低效广告投入，加强门店库存管理，减少商品损耗，合计降本节费1164万元。

（舒志国）

【打非治违】 2023年，浙江石油分公司组建两级专班，争取省市政府领导批示22次，政企联合加大市场整治力度，推进税控平台普及，协助专项行动245次，查处加油机作弊54站次，配合政府打击黑加油点92个、流动车807辆，收缴罚没油1127吨，进一步净化成品油市场。

（舒志国）

【精益管理】 2023年，浙江石油分公司紧盯创效目标，优化价差收入预算，强化战略成本管理，深化区域重点费用对标，试行站级费用标准化，吨油费用位于系统最低水平。强化现金流管理，增效3600万元；低无负效网点提效57座；积极争取政府相关部门支持，多争取资产补偿3217万元；通过公开竞拍，资产转让、出租平均溢价

261%；争取各类政策优惠 9425 万元。开展重点领域、新业务专项风险排查，强化风控内控检查。深化专项审计，抓实问题整改，增收节支 3080 万元，完善制度 22 项。推进“谁的业务谁普法”，出具《法律意见书》127 份，推动发案率持续走低，新发案件无败诉。

（舒志国）

【安全环保】 2023 年，浙江石油分公司深入开展“安全管理强化年”行动，修订体系手册，立废并改安全环保制度 16 项。常态化开展视频督查，落实“7+1”作业许可标准，网格化加强现场管理，抓实“一书两卡”、安全教育，完善数智化安防平台，有效应对台风影响，确保安全无事故。开展安全排查 5 万余站次，加强安保力量和应急演练，严格落实 24 小时值守和每日“零报告”，全力护航平安亚运。全覆盖巡检油气回收，严格环保达标排放，在主要办赛城市投营 3 座加氢站，全力护航绿色亚运。抓实油品数质量，检测外采油 784 批次，严防油品质量风险。接受各级抽检 825 批次，全部合格。加强炼厂计量比对，补回超耗油品 85.6 吨。开展零售损耗对标帮扶，连续 12 年实现“零损耗”，降耗 1221 吨。

（舒志国）

【深化改革】 2023 年，浙江石油分公司推进改革深化提升，修订油站定员标准，实施油库大班组运行，站、库人均劳效分别提升 3.2% 和 9%。完善绩效考核，加大创效控费类指标考核力度，推行任期制和契约化管理，实现中层全覆盖。组建新能源科技分公司，推进易捷地市公司综合改革。推进数字化和科技赋能。初步搭建全省数据池，开发“一站一策”大对标、浙石快服、大客户管理平台，推动“四率”可视化对标，初步建成智能化风险预警平台。开展科技项目 16 个，累计取得国家专利 17 件。

（舒志国）

【队伍建设】 2023 年，浙江石油分公司把党的领导深度融入公司治理，推进 5 家分公司“一肩挑”领导体制，实现分公司新领导体制全覆盖。组织选拔 3 名中层正职，竞聘产生 12 名中层副职，上年度干部选拔任用总体评价好的比例达 100%。公开选聘 1 名首席专家、8 名专家，促进专家作用有效发挥，1 名高级专家享受 2023 年国务院政府特殊津贴。大力推进干部人才轮岗交流，150 余人跨单位实践锻炼。分层分类组织培训班 2235 期，培训 6.9 万人次，党员干部和技能人员实现全覆盖。

（舒志国）

【党建工作】 2023 年，浙江石油分公司高质量推进主题教育，举办读书班 12 期，开展专题调研 63 项，解决群众急难愁盼问题 251 个。得到中央第二十巡回指导组高度肯定。推进“1+3+N”党建体系，征集高质量党建案例 15 篇，3 篇入选集团公司优秀案例。开展“锚定一流勇担当，攻坚创效建新功”活动，组织党员干部基层帮扶 4000 余人次。提升一线班组党员比例，加油站自有党员覆盖率提升 20%。

（舒志国）

【宣传文化】 2023 年，浙江石油分公司成功举办中国石化成立 40 周年企业文化故事会、主题成就展、书画摄影展等庆祝活动，全力做好护航亚运宣传报道，彰显中央企业责任担当。在主流媒体发布重磅报道 40 余篇，内外宣新媒体成绩居销售系统前列。持续做好工人先锋号、最美工会户外劳动者服务站点、全国最美司机之家典型选树。开展“岗队号手赛”，累计落地 21 个青年创新项目，设立“青年之家”67 座。

（舒志国）

【纪检监督】 2023 年，浙江石油分公司以大监督为平台，全方位开展政治监督，深入推进“靠企吃企”专项整治，持续优化完善监督体制机制，监督治理效能更加提升，一体推进不敢腐、不能腐、不想腐，多措并举倡树新风弘扬正气，持续提升监督执纪质效，打造的具有浙江石油辨识度的“清廉浙石”廉洁文化品牌，入选集团公司高质量党建引领保障高质量发展案例。

（舒志国）

【社会公益】 2023 年，浙江石油分公司与北山镇党委共同谋划，不断做实民宿和游艇两个产业帮扶项目，结对村——湖东村全年经营性收入达

50 万元、增长 60%，位居北山镇前列。利用中央企业消费帮扶 App 平台及易捷优势，不断做大消费帮扶，全年累计帮销地方特色农产品 1.02 亿元。联合杭州二中白马湖学校，重点开展送课送教下乡和跟岗学习活动，文地小学全年考试成绩均列全乡第一。出资对学校教学楼、教室、走廊等处进行全新改造，学校面貌焕然一新。借助白马湖学校资源，新建一座占地约 90 平方米，藏书 5000 余册，配备先进教学设备的爱心图书馆。持续推进工会户外劳动者服务站点建设，建成投营爱心驿站 535 座、司机之家 316 座。

（舒志国）

表 1　浙江石油分公司主要经营指标

指标名称 \ 年份	2023	2022	2021	2020	2019	2018
成品油销售总量 / 万吨	1 720.00	1 606.00	1 667.00	1 617.00	1 635.00	1 564.80
零售量	1 242.00	1 172.00	1 216.00	1 169.00	1 180.00	1 141.20
报表利润 / 亿元	39.53	40.02	40.61	40.08	34.50	33.32
吨油费用 / 元	328.81	334.50	317.00	322.00	274.00	276.00
加油（气）站总数 / 座	2 094	2 078	2 073	2 094	2 070	2 085

安徽石油分公司

【概况】 中国石化销售股份有限公司安徽石油分公司（简称安徽石油分公司）本部位于安徽省合肥市。其前身为 1952 年组建的中国石油公司安徽支公司，1985 年成立中国石化销售公司安徽省石油公司，1991 年在地方政府的支持下组建安徽省石油总公司。1998 年 6 月，省内各级石油公司整体划转集团公司管理，2000 年改制重组为中国石化股份有限公司安徽石油分公司，2009 年升格为大 I 型（正局级）企业，2014 年重组为中国石化销售有限公司安徽石油分公司，2019 年 1 月更名为中国石化销售股份有限公司安徽石油分公司。

安徽石油分公司是安徽省内最大的成品油销售企业，主营汽柴油、航空煤油、天然气和非油品业务，加氢、充换电等新能源业务加快发展。截至 2023 年底，本部设 12 个管理部门、3 个专业中心，下辖 16 个市级分公司及高速石化、滁宁石化、安徽中粮生化等合资公司；用工总量 8322 人，其中合同制员工 4077 人；总资产 186.1 亿元，资产负债率 52.1%；在营油库 14 座，库容总量 61.04 万立方米；铁路专用线 6 条，接卸油码头 3 座，公路发油台 15 座；在营加能站 1630 座、便利店 1309 座。

2023 年，安徽石油分公司获销售公司标杆企业称号，综合绩效考核在销售板块排名第一。连续 5 年保持集团公司绿色企业称号，连续 9 年保持集团公司党建 A 类企业。连续 4 届获安徽省文明单位，连续 7 年获安徽省十大服务行业最满意供油公司并蝉联历届“金口碑奖”，连续 4 年获安徽省十佳履行社会责任最满意企业称号。

安徽石油分公司主要经营指标见表 1。

（邢大金）

【领导班子调整】 2023 年 3 月 2 日，集团公司以视频形式召开安徽石油分公司干部大会，宣布安徽石油分公司领导班子调整，查显双任安徽石油分公司代表、党委书记。6 月 13 日，卢叶春任总经理、党委副书记。7 月 21 日，孙志勇任总会计师、党委委员。

（邢大金）

【经营量效规模】 2023 年，安徽石油分公司经营量效创历史最高水平，全年成品油经营量 720 万吨，增长16%。零售量556万吨，增长18.4%。直分销量164万吨，增长8.5%。天然气销售2亿立方米，增长55.7%。易捷服务基础品类营业额20.4亿元，增长11%。报表利润13.3亿元，绝对额、完成率均居销售板块第五，当期利润19.5亿元，绝对额位居销售板块第五。

（邢大金）

【零售经营】 2023年，安徽石油分公司以百日攻坚行动为抓手，落实“七项基本工作法”，零售规模、效益、服务实现新提升。开展“新春狂欢节”“爱跑燃动节”活动，抓实“满百减二”“新客立减”会员营销，促进汽油零售大幅增长，全年汽油零售量367.8万吨，增长20%。深化“千站亮剑”策略，强化“六进”走访，实现柴油零售188.4万吨，增长15%。开展零售竞赛比武活动，创新实施“心服务”流程，推动全员练兵，“服务贴心、环境暖心、管理放心”成为一张亮丽名片，客户满意率上升至98.2%。不断提升加能站形象，落实形象亮化772座，实施提量改造34座，累计投营司机之家143座、爱心驿站270座。

（邢大金）

【直分销经营】 2023年，安徽石油分公司坚持量价互动，把握销售节奏，细化客户管理，开展差异化营销，实现稳价增量目标。以“2+6+X”高价值服务模式为内容，制订服务方案，规范服务流程。加强客户分类分级管理，完善客户评价体系，增强客户画像功能，提升客户开发维护能力，全年新增开单客户1767个，实现销量19.8万吨，占有效销售的19.3%。

（邢大金）

【易捷服务】 2023年，安徽石油分公司紧扣市场需求，强化商品汰换管理，精简地市自采业务，大力培育易臻选古井贡酒徽天下系列产品及市场爆品、大单品，自有品牌商品销售增长13%，环保化工商品的量效支撑力进一步提升。抓实主题营销、油非互促、线上营销，推动门店、场景多端营销融合，汽服、充换电运营、B端客户开发、线上销售实现新突破，易捷服务销售结构持续优化、经营质量不断提高、利润突破1亿元。聚焦业态丰富完善，全省汽服站点达569座，“易捷·京东养车”累计投营15座，打造首座安徽易捷授权钣喷中心，落地4座汽车销售展厅，建设核心门店134座，新开甄酒馆15座。

（邢大金）

【综合能源服务体系建设】 2023年，安徽石油分公司调整发展思路，注重投资回报，加大轻资产发展，推进加能站改造提升，巩固传统网络优势，全年新投营加能站60座，其中轻资产发展21座。贯彻总部“打造国内头部充电平台，充电领域第一直营平台”的战略部署，将充电站建设作为重要发展任务，以超常力度抢滩布点，强势进入充电市场，充电业务实现突破式发展，全年建成投营充换电站211座、充电车位2433个，累计建成充换电站338座、充电车位2893个，全年实现充电量2399万千瓦·时。合肥大众综合加能站的成功投营，在系统内外发挥示范引领和带动作用。推进LNG站点建设，全年新投营16座，累计投营36座，全年LNG销售1.3亿立方米，增长151%。遵循“应装尽装”的原则，新建成光伏站124座，累计建成506座，实现光伏发电847万千瓦·时、碳减排8445吨。全年氢销售185万立方米，增长74%。

（邢大金）

合肥大众综合加能站全景

【安全环保】 2023年，安徽石油分公司认真贯彻集团公司HSE工作部署，开展“安全管理强化年”行动，强化“三管三必须”落实，严格执行领导干部“现场2小时”安全引领，推进安全网格化、“一书两卡”工作法，健全违反21条硬措施处罚问责机制，深化HSE正向激励，HSE

管理体系实现有效运行。深化双重预防机制建设，落实危化品安全风险管控，推进隐患排查治理，完成 19 项销售公司级隐患整改任务。开展“三违”整治专项行动，强化施工作业和基层现场督查，编制“7+1”制度口袋书，落实承包商“黑名单”和清退机制，高风险作业得到较好管控。强化承运商管理，加大现场督查和视频检查，推进直分销承运商全省招标，堵塞管理漏洞。抓好污染防治攻坚战项目整治，开展绿色企业行动，稳步推动碳达峰碳中和，增强绿色企业建设能力。

（邢大金）

【风险防范化解】 2023 年，安徽石油分公司严格油品“国标 + 内控”检验要求，加强 LIMS 系统运行，发挥库站自动化计量系统作用，在总部和地方政府年度抽检中油品质量 100% 合格。聚焦重点业务和关键环节，开展资金、税务、业务风险排查，杜绝虚假贸易发生。梳理完善易捷服务业务流程，增强合规经营教育引导，有效预防、化解经营风险。统筹项目实施，强化审计揭示问题整改，全年完成审计项目 21 个，发现问题 694 个，当年问题整改率 100%。

（邢大金）

【体制机制改革】 2023 年，安徽石油分公司坚持“两个一以贯之”，落实安徽石油分公司党委会议事规则，修订完善“三重一大”决策制度、党委前置审议和决定事项清单，推进党的领导与公司治理有机统一。牢牢把握国企深化改革的总体要求，适应发展新形势，调整优化省公司部门职能，健全大业务、大支撑、大监督经营管理体制。鼓励地市公司探索大部制改革，铜陵公司先行先试，内设机构由原先的 10 个减少为 5 个，成为精干高效管理机构的典范。

（邢大金）

【人才队伍建设】 2023 年，安徽石油分公司坚持党管人才原则，选优配强班子正职，优化班子结构配备，推动干部交流，先后对 13 家地市公司领导班子和 7 个省公司部门负责人共计 31 名领导人员进行调整，中层领导人员平均年龄由年初的 48.3 岁降至 47.5 岁，地市公司领导班子“80 后”覆盖率由年初的 37.5% 提升至 75%。加大教育培训力度，全年支出教育培训费 1025 万元，增长 46.5%。同步推进管理和专业人员能力素质培训，强化技能操作人员基本功训练，专业技术任职资格和技能等级认证通过人数均创近年最好成绩，竞赛比武获总部团体奖 2 项，个人奖金牌 1 枚、银牌 3 枚、铜牌 1 枚。

（邢大金）

【主题教育】 2023 年，安徽石油分公司党委牢牢把握“学思想、强党性、重实践、建新功”的总要求，全省系统 166 个党组织和 2300 余名党员参加主题教育，将理论学习、调查研究、检视整改、推动发展融合贯通、一体推进。分批开展主题教育读书班，累计参加 114 人，汇总研讨交流材料 360 篇。省市公司党委书记带头、党委班子成员专题跟进，处级以上干部讲授专题党课 108 次。践行“四下基层”要求，着眼解决实际问题，形成高质量调研报告 72 篇和正反案例分析报告 35 篇。高质量开展专题民主生活会，推动主题教育检视问题、调查研究发现问题、销售公司党委巡察反馈问题和民主生活会查摆问题一体整改。学习贯彻习近平总书记视察九江石化重要指示精神，第一时间召开党委理论中心组扩大会议专题学习，制订专项实施方案，明确任务措施，狠抓落实落地。

（邢大金）

安徽石油分公司学习贯彻习近平新时代中国特色社会主义思想主题教育读书班开班式

【基层党建】 2023 年，安徽石油分公司进一步推进基层党建提质增效，召开党建工作推进会，创新党建载体，落实“五有”党建工作法和“五比五促”工作要求，把加强党建工作贯穿企业改革发展全过程，涌现一批卓有成效的党建品牌。提升党组织的影响力和组织力，全省自有加能站党员覆盖率提高15个百分点。

（邢大金）

【管党治党】 2023年，安徽石油分公司压实全面从严治党责任，推动党委主体责任、纪委监督责任、党委书记“第一责任人”责任和班子成员“一岗双责”的有效落实。完善“大监督”工作格局，发挥监督委员会统筹协调优势，建立监审联动机制，强化对易捷服务、招投标、投资发展、资金管理等重点领域和关键环节的监督，部署“靠企吃企”突出问题专项整治。全面接受销售公司党委对16个地市公司的巡察“政治体检”，认真落实巡察反馈问题整改，整改完成率91.6%。出台省公司机关作风建设“九条措施”，提出“六破六立”要求，改进文风会风，整治形式主义、官僚主义，引导党员干部扬正气树新风。一体推进“三不腐”，精准运用监督执纪“四种形态”，加强廉洁警示教育，加大《职工处分规定》宣贯，教育广大党员干部知敬畏、存戒惧、守底线，政治生态更加清明。

（邢大金）

【和谐企业建设】 2023年，安徽石油分公司加大宣传高质量发展成效，传播安徽石油好声音，合肥大众综合加能站的宣传在系统内外引发广泛关注和强烈反响。举办首届创新大赛，评选18项优秀创新成果，激发广大员工的创新活力。举办“庆祝中国石化成立40周年”文艺汇演，提升企业凝聚力。履行社会责任，参加中央企业乡村振兴产品展览会，对接销售乡村振兴产品720万元。强化信访维稳责任和工作措施落实，推动矛盾纠纷化解，落实“真困难、真帮助”，维护和谐稳定的良好局面。

（邢大金）

表1　安徽石油分公司主要经营指标

指标名称＼年份	2023	2022	2021	2020	2019	2018
成品油销售总量/万吨	720.00	620.50	614.50	636.24	662.70	635.10
零售量	556.00	469.60	487.00	486.68	505.70	496.38
销售收入/亿元	622.61	565.53	463.06	392.88	468.59	463.78
报表利润/亿元	13.30	12.71	10.52	14.08	9.30	6.82
吨油费用/元	373.00	415.00	402.00	349.00	325.00	328.00
加能站总数/座	1 838	1 810	1 784	1 811	1 776	1 657

福建石油

【概况】 中国石化销售股份有限公司福建石油分公司（简称福建石油分公司）的前身为福建省石油总公司，成立于1952年10月13日。1998年7月成建制划归集团公司。2000年3月，重组为中国石油化工股份有限公司福建石油分公司。2007年7月24日，成品油业务划入由中国石化和埃克森美孚、沙特阿美合资成立的中石化森美（福建）石油有限公司（简称中石化森美公司）。福建石油分公司和中石化森美公司两家公司合称福建石油。2014年6月，中国石化销售业务重组，中国石油化工股份有限公司福建石油分公司更名为中国石化销售有限公司福建石油分公司。2019年1月，中国石化销售有限公司股改，中国石化销售有限公司福建石油分公司相应变更为中国石化销售股份有限公司福建石油分公司。

2023 年，福建石油省公司机关设 17 个职能部门，其中 13 个职能部门实行合署办公；下辖 9 个地市分公司和 1 个高速联营公司。截至 2023 年底，福建石油用工总量 1739 人，离退休 2666 人，代理制加油站用工 5191 人。在营加油站 1136 座，油库 10 座（库容 33 万立方米）。

2023 年，福建石油成品油销售总量 585.84 万吨，完成计划 97.00%。报表利润 22.81 亿元，完成计划 105.3%，利润总额在销售公司位列第四。获销售公司优秀企业荣誉，各线条获销售公司“比学赶帮超”红旗 56 面，其中年度红旗 11 面。有 3 家地市公司进入区内地市级公司综合竞争能力前 50 名。

福建石油主要经营指标见表 1。

（张若虞）

【资源统筹不断优化】 做好与福建联合石化产销良性互动，共同应对市场变革，2023 年接收配置资源供应量增长 13%，柴油折让金额 3.31 亿元，市场化规模达历史新高。

（张若虞）

【“大零售”格局持续建立】 成立零售优化专班，“一站一策”抓运营，实现新增销量 7.5 万吨。不断提升现场服务水平，日常考评位列全国第三，视频检查保持全国第一，客户差评率由年初的 0.6% 下降至 0.2%。2023 年零售销量提升 8.8%。

（张若虞）

【直分销进一步做优做实】 高质量组织开展直分销百日竞赛活动，在销售公司综合考评排名区内第四。深入开展“强终端、优服务、促发展”主题营销活动，2023 年新增终端客户 1078 个，终端销售占比 76%，提高 14.9 个百分点。全年直分销量提升 14.0%，绩效考核排名区内第三。

（张若虞）

【易捷服务质效提升】 打造“省—市—县—门店”专业化运营团队。通过贯穿全年的造节营销，实现主题活动销售额 3.3 亿元，增长 45%。2023 年易捷服务报表利润 1.32 亿元，完成率位列区内第二；营业收入 11 亿元，增幅位列区内第三。

（张若虞）

【线上营销蓬勃发展】 吸收第三方资源 8333 万元，线上平台交易额达 282.1 亿元，权益会员规模达 555.4 万人，较 2022 年翻了一番，其中活跃会员占比 73%，每两个来中国石化加油的客户，就有 1 个权益会员。积分带动非油品营业额 1.6 亿元。互联网绩效考核在销售公司排名第一。

（张若虞）

【网络布局更加优化】 新增投营站点 16 座，完成多年遗留的 4 个加油站项目投营，消除投资风险，提升约 1.8 万吨的年增量。与高速集团公司紧密合作，提前锁定 5 座高速优质站点。续租站点 6 座，巩固年销量 4.38 万吨。完成加油站提质增效综合改造项目 195 个，任务完成率 275%。

（张若虞）

【新能源发展稳步推进】 融入“电动福建”战略，通过“自投自建”与“平台拓展”相结合，全力推动充电项目站内站外同步发展，初步构建起覆盖全省的充换电网络。2023 年新发展充换电站 100 座，建成充电终端 1863 枪，完成年度确保任务的 143.3%。累计充换电量 1742 万千瓦·时、服务 99.1 万车次，在福建市场占有率提升至 2.3%。完成光伏项目 50 座，新装光伏面积 8567 平方米，新增装机容量 1637 千瓦。

（张若虞）

【历史遗留问题逐步解决】 莆田留仙油库、福州杜坞油库、漳州东山径口油库等侵占资产完成清收工作。全方位开展资产盘活创效专项行动，完成东坑油库、魁岐油库、福清办公楼等 15 项积压项目的处置与安置，得到销售公司表扬。2023 年 26 宗闲置资产得到盘活，超额完成盘活 30% 的年度目标，增加年租金收入 400 万元。不动产权证规范率 90%，排名销售企业第一。存续部分实现利润 1.32 亿元，增长 451%，创历史新高，排名销售企业第二。

（张若虞）

【安全环保态势平稳】 完成安全生产强化年95项任务，成功抵御“杜苏芮”“海葵”等多年未遇的超强台风。“网格化管理”积极推进，实践经验被销售公司推广。创新建立未遂事件分享机制，有11个案例被集团公司采纳分享。连续5年被集团公司评为A档绿色企业，连续13年被福建省政府评为安全考核优秀单位，连续22年被集团公司评为安全生产先进单位。

（张若虞）

2023年超强台风“海棠”袭闽期间福建石油党员、团员突击队支持受损站点复营

【体制机制更加完善】 “以奋斗者为本”的体系作用充分发挥，不断用好用活绩效述职、末位淘汰等机制，“以业绩定收入，向市场要效益”的争先进位积极性在全系统浓厚营造。县片区经理末位淘汰率11%以上、站长末位淘汰率6%以上。不同地市公司同职级员工月绩效工资高低差距达2.3倍，省公司同职级员工月绩效工资高低差距达1.3倍。全力破除“大企业病”，坚持“瘦机关、强一线”，推动省市公司两级机关机构精简14个，实现人员统筹使用，提升效率效能。

（张若虞）

【改革二次物流】 组建省级物流调度中心，通盘统筹推进物流优化，2023年全省运距核减约500千米，一、二次物流运杂费较预算节约2700万元。

（张若虞）

【管理创新亮点纷呈】 建立以价值创造为核心的集约化采购体系，2023年较进度节约采购成本5967.77万元。深耕司库开源节流，资金创效增加1300万元。聚焦创新驱动，全年获管理创新案例5项，排名销售企业前三。1项科技项目入围省部级荣誉，1个项目获2023年度销售企业科学技术进步奖二等奖，取得2件国家发明专利，有3项管理优化一周期创效2995万元，当年节约费用1032万元。

（张若虞）

【“三基”工作持续夯实】 着力锻造培训体系，厦门培训中心顺利落地，省公司培训直播间顺利建成，67个站长站成为一线经营管理人才的“黄埔军校”。针对性开展业务线条矩阵式培训，501个项目、912期培训、5万余人次创历史新高。发动全系统干部员工参加集团公司“岗位练兵”“技术比武”，参与人数超3000人次，参赛中层干部达20人，集团公司安全技能竞赛获销售企业团体铜牌，决赛个人三金二银，再创历史佳绩。零售专业竞赛比武获销售企业铜牌企业称号。首次进入集团公司风控内控决赛，获销售板块前六。泉州晋江片区作为销售板块基层单位唯一代表，在集团公司作“三基”经验交流。

（张若虞）

【组织力持续提升】 省市公司党委成员共讲授专题党课89次，累计举办读书班74天，专题研讨86次。围绕“四下基层”，创新构建“6+3+2”“中方＋外方”的调研工作模式，省市分公司领导班子成员累计开展基层调研144次，完成领题调研报告40篇，提出解决对策措施200余条。组织党支部书记培训班14期，参训人员达359人次。开展支部书记基本功培训和考试，通过率100%。加能站自有党员覆盖率82%，提升23.23%，5000吨以上加能站自有党员覆盖率保持100%。开展“机关服务基层，党员冲锋在前”帮扶行动，累计服务基层600余人次，帮助基层解决实际问题183项。

（张若虞）

【持续推进人才强企】 加强各年龄段干部的培养使用力度，向总部推荐1名国际化人才，3人赴销售公司机关挂职，选派5名省公司机关员工赴基层挂职锻炼。持续开展中层副职公开竞聘工作，5名干部通过层层选拔，走上中层管理岗位。

（张若虞）

【从严治党不断深入】 加强跟踪监督、过程监督和精准监督，依托“大监督”，推动各线条自查发现的 92 个问题整改，制（修）订制度 76 项，深化制度流程化运用，新增、优化业务流程 86 个，提升制度执行刚性约束力度。强化巡视巡察问题整改，确定整改问题 27 项，整改措施 73 条，完成问题整改 22 项，分年度项目均在整改期限内完成。抓实销售公司党委巡察问题整改，制定整改措施 705 个，完成问题整改 296 项，完善修订制度规定 13 项。一体推进不敢腐、不能腐、不想腐，全年给予党政纪处分和组织处理 23 人次，其中开除党籍 1 人、诫勉谈话 7 人次、提醒谈话 7 人次、批评教育 8 人次。

（张若虞）

表 1 福建石油主要经营指标[①]

指标名称 \ 年份	2023	2022	2021	2020	2019	2018
成品油销售总量 / 万吨	585.84	545.10	559.80	529.99	565.00	549.95
零售量	363.52	334.27	343.39	341.38	398.12	383.87
销售收入 / 亿元	503.94	494.39	410.67	326.06	402.37	407.08
利润 / 亿元	22.81	23.84	20.03	20.69	17.63	19.40
费用总额 / 亿元	23.61	20.70	22.30	20.59	21.78	19.71
吨油费用 / 元	402.00	380.00	396.00	386.00	384.00	357.00
加油站总数 / 座	1 136	1 132	1 125	1 119	1 123	1 100

①合并后的数据去除中石化森美公司和福建石油分公司重复计算部分

江西石油分公司

【概况】 中国石化销售股份有限公司江西石油分公司（简称江西石油分公司）前身为江西省石油总公司，成立于 1950 年 10 月，是江西省专营成品油的国有大型企业，1998 年 10 月成建制划转集团公司。非上市部分于 2007 年 4 月转制为中国石化集团资产经营管理有限公司江西石油分公司，由股份公司托管。2014 年 5 月，按照改革重组步骤安排，中国石油化工股份有限公司江西石油分公司更名为中国石化销售有限公司江西石油分公司。2019 年 3 月，根据销售公司股改事项安排，中国石化销售有限公司江西石油分公司更名为中国石化销售股份有限公司江西石油分公司。江西石油分公司主营成品油销售、储运及便利店等非油品业务，是江西省成品油供应主渠道。截至 2023 年底，下辖 11 个市级分公司、1 所党校（销售公司技能培训中心）、1 个全资子公司、98 个县（区）分公司，实行省、市二级分公司管理。在营加油加气站 1477 座，在营油库 15 座、总库容量 66.11 万立方米。资产总额 164.4 亿元。在岗员工人数 7663 人。

江西石油分公司主要经营指标见表 1。

（郑浩然）

【领导班子调整】 12 月 1 日，毛陆军不再任江西石油分公司代表、党委书记。仲伟任江西石油分公司代表、党委书记。

（郑浩然）

【主要经营任务圆满完成】 江西石油分公司在集团公司党组坚强领导下，以主题教育为引领，弘扬“爱我中华、振兴石化”主旋律，迎难而上、攻坚克难，圆满完成年度主要目标任务。获销售企业年度“优秀企业”“创新先进企业”“百日攻坚行动”优秀组织单位、成品油零售先进单位、充电业务发展先进单位称号。在销售企业“比学赶帮超”工作中，获“利润、费用管理、零售经营、互联网业务、充电站投营、HSE 管理、数质量管理、党建工作、纪检监督”9 面年度先进红旗；赣州、上饶、宜春公司分列销售企业“综合竞争能力”第 12、第 35 和第 44 名，鹰潭公司位列销售企业“发展进步能力”第 16 名。

（郑浩然）

【油气氢电服协同发展】 江西石油分公司采取既利当前、更惠长远的举措，继续保持省内最大加油加气网络、最大洗车服务平台，同时建成省内主营公共充电桩网络，年度充电量排名跃升至省内第三，转型发展、内生优势持续巩固，为庆祝中国石化成立 40 周年交出满意答卷，向打造世界一流现代化综合能源服务商迈出坚实步伐。2023 年实现油气经营总量 684.4 万吨、增长 17%，较 2019 年增长 10.3%，其中零售量 544.4 万吨、增长 17.5%，较 2019 年增长 10.6%。天然气经营量 3479 万立方米、增长 51%，其中 LNG 零售量 230 万立方米、增长 90%。充电量 2303 万千瓦・时，光伏发电量 311 万千瓦・时。营业收入 14.1 亿元，报表利润 1.36 亿元、增长 4%。

（郑浩然）

【新能源接续能力不断增强】 江西石油分公司以“建成省内充电市场绝对头部运营商和第一直营平台”为目标，“站内”为主、带动“站外”，打造智慧化“光储充荷云”项目，接入“石化易电”平台，完成 61 座县域综合体充电站设计方案对接工作，全省充电一张网和第一直营平台初具规模。与特来电合作，开展互联互通，成为中国石化唯一双向互通企业，日均充电量占江西省市场份额 20%，在销售企业中率先成为省级主营充电运营商。探索氢能业务，与东方电气成立合资公司，实现强强联合、优势互补。

（郑浩然）

【市场整治合力加速形成】 江西石油分公司持续加大打非治违力度，成功推动修水全县加油站安装税控云平台运行。配合做好加油机作弊专项整治，全链条、多部门治理合力加速形成。

（郑浩然）

【风险防控体系持续完善】 江西石油分公司坚持固本强基，推行“基层安全网格化”管理，开展“一书两卡”工作法试点，获评销售公司安全管理强化年 A 级企业。2023 年开展各类油品检测 2.4 万批次，合格率 100%，质优量足品牌形象进一步彰显。开展成品油虚拟库存等重点业务风险排查，资金监管系统自动清账率提升至 96%，客户自助开票率超 96%。

（郑浩然）

【内生动力不断增强】 江西石油分公司改革深化提升工作方案被集团公司评估定级为 A 档，建设世界一流工作在集团公司工作专刊作经验交流。数字化、信息化建设提速，建立全省信息化“大运维”体系，实现互联网运维 + 运营体系融合。全面实施“一键班日结”，做好新能源业务数智化支撑，有效推进数智化转型工作。财务价值引领作用凸显，落实成本费用过程管控，吨油商流费比目标节约 24 元。争取减免政策，享受各类财税优惠 8340 万元。全力推进资产盘活，闲置资产处置收益 1.06 亿元。经营创效质量提升，当期利润 14.1 亿元，利润规模位列销售企业第 7 位。经营现金流 16 亿元，创历史新高。

（郑浩然）

【网络发展蹄疾步稳】 江西石油分公司坚持走多元化、内涵式、低成本、轻资产发展之路，新投营加油站 33 座、加气站 4 座。发展充换电站 212 座、累计 254 座，充电终端建成 2324 个、累计建成 2581 个。打造易捷核心门店 204 座。

（郑浩然）

【全力彰显社会责任担当】 江西石油分公司积极履行社会责任，服务江西地方经济，发布社会责任报告，对外展示中央企业担当，获评江西社会责任企业。派出 70 余名人员、捐赠 575 万元，在全省 70 个乡村开展乡村振兴工作。积极在 1 所学校、协助配合兄弟企业在 4 所学校，共同开展教育帮扶。组织销售扶贫商品赣南脐橙 1200 余万元。持续开展“情暖驿站”大型公益活动，在南昌、赣州、抚州建设网约车“司机之家”，服务新就业形态劳动者。

（郑浩然）

【党建工作质量不断提高】 江西石油分公司坚持政治引领，主题教育成效明显，一体推进理论学习、调查研究、推动发展、检视整改，深入基层开展调查研究，以学铸魂、以学增智、以学正风、以学促干取得良好成效。一线班组党员覆盖率提升 20%，持续深化党员责任区、党员示范岗建设，发挥党员先锋模范作用。宣传思想工作有声有色，举办庆祝中国石化成立 40 周年系列活动，举办中国石化在江西社会责任发布会，讲好赣鄱大地的石化故事，全方位擦亮石化品牌形象。人才支撑能力得到加强，组织参加总部竞赛比武，零售、安全、数质量线条共计获团体和个人 3 金 3 铜的成绩，获集团公司“业务竞赛优秀组织奖”。全面从严治党持续深化。主动认领并及时整改中央巡视集团公司党组反馈问题，系统推进集团公司党组巡视“回头看”、销售公司党委巡察反馈问题整改，深化“靠企吃企”专项整治，严肃查处违规违纪问题，加强廉洁文化建设，纠四风、树新风，政治生态明显好转。

（郑浩然）

表 1 江西石油分公司主要经营指标

指标名称 \ 年份	2023	2022	2021	2020	2019	2018
成品油销售总量 / 万吨	682.00	583.40	574.63	588.80	618.80	605.80
零售量	542.80	463.20	473.75①	488.60	492.00	482.40
销售收入 / 亿元	578.60	526.57	430.74	366.94	443.43	448.62
利润 / 亿元	9.20	6.53	7.81	10.70	5.65	1.00
吨油费用 / 元	375.00	410.77	418.29①	385.00	357.87	351.02
加油站总数 / 座	1 477	1 472	1 424①	1 422	1 535	1 484

①数据有修正

山东石油分公司

【概况】 中国石化销售股份有限公司山东石油分公司（简称山东石油分公司）始建于 1953 年，位于山东省济南市，1992 年 11 月被山东省政府确定为正厅级单位，国有大型一类企业。1998 年 6 月划转中国石油化工集团公司管理，2014 年 3 月油品销售业务重组更名为中国石化销售有限公司山东石油分公司，2019 年 2 月更名为中国石化销售股份有限公司山东石油分公司。

山东石油分公司是山东省内最大的成品油销售企业，经过 70 年的发展，业已形成布局合理、功能完备、流向通畅、保障有力的成品油营销网络，经营范围主要包括成品油、天然气、氢气的销售、储运、充换电和非油品等业务。截至 2023 年底，山东石油分公司下辖 17 个市公司、138 个县公司（片区）。共有在营加油站 2584 座（其中自营站 2417 座），加气站 22 座、加氢站 9 座，油库 16 座（库容量 128 万立方米）。参控股合资公司 52 家。全省二级党委 17 个、党总支 3 个、党支部 246 个，党员 5204 人。企业资产总额 244 亿元，用工总量 16883 人。

2023 年，山东石油分公司累计销售成品油 849.8 万吨、增长 10%，销售天然气 2.95 亿立方米、增长 135%，非油品全口径营业额 25.8 亿元、增长 20%，实现报表利润 2.41 亿元。

山东石油分公司主要经营指标见表 1。

（张 雪 禚虹阳）

【领导班子调整】 2023 年 4 月 10 日，集团公司党组决定许渝峰任山东石油分公司党委委员、副总经理。调整后的领导班子由吴劲松、冯云、高军、许渝峰、王彦兴、吕呈兴、刘岩组成。

（张 雪 禚虹阳）

【企业发展呈现稳中向好】 在中国石化成立40周年、山东石油分公司成立70周年之际，面对跌宕起伏的油品价格、清洁能源的加速替代、能源行业的竞逐先机等复杂形势，全体干部员工以主题教育为抓手，大力实施“六大战略”，推动企业党风政风呈现新风尚、改革发展呈现新成效、经营管理呈现新气象、干部队伍呈现新面貌，高质量发展迈出坚实步伐，获第二十届山东财经风云榜山东十大创新力企业、山东高质量发展企业优秀案例等荣誉。

（张 雪 禚虹阳）

【零售竞争优势逐步凸显】 山东石油分公司打造零售竞争新优势，精准营销水平进一步提升，汽油营销由线下转为线上、由分散转为会员，柴油营销由直降转为综合、由普惠转为一户一议，认真落实七项基本工作法，零售市场占有率提升0.4个百分点。新增权益会员431万名、完成任务的216%，会员积分带动营业额2.1亿元，新开发、回流客户170万名，综合持卡消费比例63.5%、提升4.2个百分点，增加万吨站14座，高标号汽油占比42.1%、提升1.4个百分点，客户差评率下降五成。

（张 雪 禚虹阳）

【直销分销强力支撑经营】 山东石油分公司按照“保住基本盘，做大增量盘，做活竞争盘”原则，抓好波段营销，打造差异化服务体系，与客户建立多元化合作关系，紧盯客户刚性需求和库存变化，精准掌控销售节奏，扎实开展“百日竞赛”活动，直分销规模居销售系统前列，客户规模连续5年保持增长，标准化管理模式初见成效。

（张 雪 禚虹阳）

【资源运作效能充分发挥】 山东石油分公司着力提升资源运作协同力，强化目标库存运作和统筹调度平衡，应用进销调存跨周期平衡表，全面降低资源成本。打造战略供应商关系，临淄配送点正式投营，实现外采地炼直发。开展全口径物流优化，节费创效1.87亿元。

（张 雪 禚虹阳）

【易捷服务平台初具规模】 山东石油分公司夯实易捷服务基本功，推行门店分类分级试行标准及专人专管模式，单店日均零售额增长39%。引入省采供应商57家，店均SKU增加52个。搭建山东易捷商城线上营销入口集成平台，“养车节”和“易享节”企微社群营销均位列销售企业首位。丰富汽车品牌资源，营业额增长122%。新增自建洗车机62座，增长57%。

（张 雪 禚虹阳）

【天然气量效实现双提升】 山东石油分公司做实市场调研，做细资源统筹，做精营销组织，天然气销量和毛利均实现翻番。成为LNG直供业务首批试点单位，LNG零售增幅和直供资源数量均位居销售企业首位。

（张 雪 禚虹阳）

【打非治违取得明显成效】 山东石油分公司推动省发展改革委牵头成立成品油行业专项整治专班，协调推动政府出台省市级政策文件130份，参与查处非法加油站、黑窝点等252处，11市启动加油站智慧监管云平台建设，社会加油站罚没及补缴税款超5亿元，成品油市场环境得到净化。

（张 雪 禚虹阳）

【网络竞争能力不断增强】 山东石油分公司统筹布局、细算效益，灵活运用多种发展方式布局重点和战略位置加油站，维护终端网络控制力，发展加油站36座、投营29座，续租28座。巩固扩大LNG网络覆盖面，发展加气站7座，投营5座。突出内涵挖潜，改善形象提质增效，综合改造油气站526座。

（张 雪 禚虹阳）

【油品储运项目稳妥推进】 山东石油分公司改造重点储运项目41个，周村储备库转入正式生产，童海油库顺利投产。完成双防平台建设，推进“十一联锁”等革新技术应用，实现油库关键环节实时监测。梳理全省油库设备情况，有效推行油库月度设备检维修计划。

（张　雪　禚虹阳）

【新能源业务加速拓展】 山东石油分公司超进度完成“氢进万家”国家课题中期考核，投营加氢站 3 座，淄博“微管网”加氢站为省内首座管道输氢到站示范项目、中国石化首座炼油销售一体化“微管网”加氢站。大力布局充换电网络，建成充换电站 265 座、新增充电车位 2608 个。拓展分布式光伏工程，新建光伏发电项目 62 个。

（张　雪　禚虹阳）

【数字化转型提质提速】 山东石油分公司制定数字化转型规划，打造数字化“2353”工程。构建数据湖、数据治理框架，试运行营销数据分析平台。上线公文系统综合审批流程，启动资产运营和设备检维修平台建设，开发在线考试、非油品预售系统，提升运行支撑能力。完成 SDWAN 网络升级，757 座加能站实现无线网络覆盖。

（张　雪　禚虹阳）

【安全环保和数质量管理基础得到强化】 山东石油分公司扎实开展“安全管理强化年”活动，完成 18 项重点任务。编制推行“两个清单”，实施网格化、“一书两卡”新举措。重点管控安全风险全部降值降级，完成销售公司级隐患治理。绿色基层创建率超 90%，启动油库碳中和评价认证。加强油品质量管理，各级抽检合格率 100%。强化油品损溢和超耗索赔管理，加大库站进货超耗索赔力度。大力推进科技创新，申报发明专利 5 件、实用新型专利 3 件。

（张　雪　禚虹阳）

【企业治理体系不断完善】 山东石油分公司完善内控实施细则，印发 4 部重点领域专业合规管理指引，获评集团公司合同管理 A 级企业。提升诉讼纠纷管理水平，挽回和避免损失 4587 万元，完成市公司总法律顾问配备。在销售系统率先完成全部新业态经营范围增项，获评集团公司“十四五”企业法治建设中期调研督导及合规管理体系有效性评价 A⁺ 企业。开展专项审计 14 项、各项审核 2071 项，促进增收节支 1.15 亿元，获评集团公司审计工作先进单位。

（张　雪　禚虹阳）

【价值管理潜力不断释放】 山东石油分公司全面落实归口管控主体责任，开展近 5 年成本费用穿透分析，实现降本增效 6 944 万元。引入营销资源 8700 万元，享受税收优惠 1.6 亿元，自由现金流增加 14.5 亿元。深入开展资产攻坚创效年活动，出租负效站 32 座，综合资产盘活创效 1.8 亿元，负效站出租数量、单站租金均居销售企业首位。

（张　雪　禚虹阳）

【改革发展潜能有效激发】 山东石油分公司启动改革深化提升行动，工作台账获评集团公司 A⁺ 企业。扎实推动县区公司改革，研究制定指导意见。编制仓储业务、检维修、油库定编定员等改革方案，为推进油库管理、库站检维修专业化改革明确方向。深入推进用工制度改革，用工优化幅度位居销售系统首位，人均劳效提升 28%。动态管理站内用工，“一站一策”实现最优配置。通过培训提升、转岗分流、跨域共享等方式，提升队伍活力。推进中层领导人员任期制和契约化管理，中层管理人员业绩兑现差距达 27.8%。推动考核到人、即时激励分配模式，1546 座站上线运行即时绩效系统。

（张　雪　禚虹阳）

【人才队伍建设成效凸显】 山东石油分公司持续营造风清气正选人用人环境，选人用人总体评价“好”的比例较上年度提高 12.7%。选派 30 名基层干部跨市公司交流挂职、11 名统招毕业生到省公司锻炼，建立梯队培养人才库，中基层领导人员末等调整、不胜任退出比例达 3.4%。增强培训实效，承接总部培训 13 期，组织省内培训 93 期。

（张　雪　禚虹阳）

【党的建设质量显著提升】 山东石油分公司将学习宣传贯彻习近平总书记视察胜利油田、九江石化重要指示精神作为首要政治任务。落实“第一议题”制度 27 次，开展中心组理论学习 17 次，细化党委议事决策和前置研究审议内容。完成第

一、二批主题教育、团员和青年主题教育规定动作。探索“党建 +”模式，开展系列党建共建活动。累计建设“标准 + 红色 + 服务”特色党支部169个，组织党支部书记及党务人员培训3次，“6907工程”入选中国石化第三批红色教育基地。

（张　雪　禚虹阳）

【全面从严治党纵深推进】 围绕推动党的二十大精神、党中央重大决策部署贯彻落实开展政治监督。巡视整改取得明显成效，常规巡视整改措施完成率94.1%，巡视“回头看”整改措施完成率86.1%，处理遗留问题线索58条，“1260项目”完成闭环管理1003项，化解信访存量问题11件。开展市公司专题民主生活会全覆盖监督，指出各类问题95条。深入开展反腐倡廉教育活动，引导干部员工严守纪律规矩、弘扬清风正气。

（张　雪　禚虹阳）

【企业发展合力不断凝聚】 严格落实意识形态责任制，抓好宣传思想文化工作及品牌建设，发表新闻稿件1365篇。以“砥砺奋进70载，踔厉奋发谱新篇”为载体，开展一系列庆祝山东石油成立70周年活动，激励广大干部员工凝心聚力推动企业高质量发展。召开工会第一次会员代表大会，帮扶困难员工1794人次。争创第一个省级青年安全生产示范岗，在各类劳动和技能竞赛中获4金、5银、7铜。

（张　雪　禚虹阳）

【央企责任担当充分彰显】 2023年，山东石油分公司履行央企责任，开展对口联系村帮扶项目16个，新建爱心驿站155座、司机之家29座。与省政府联合开展农业用油保供，设立500余座保供站点，开通绿色通道，开展惠农营销和便农服务，全年销售农业用油1.08万吨，提升80%。

（张　雪　禚虹阳）

表1　山东石油分公司主要经营指标

指标名称 ＼ 年份	2023	2022	2021	2020	2019	2018
成品油销售总量 / 万吨	849.82	769.81	770.15	785.69	950.63	964.20
零售量	531.32	441.59	498.81	547.08	684.71	718.90
销售收入 / 亿元	720.61	679.72	579.84	479.73	657.97	698.98
利润 / 亿元	2.41	0.44	0.42	0.61	−4.00	−26.96
吨油费用 / 元	458.00	514.00	502.00	456.00	381.71	369.36
加油站总数 / 座	2 584	2 602	2 672	2 653	2 708	2 621
自营加油站数	2 417	2 443	2 486	2 484	2 554	2 489

河南石油分公司

【概况】 中国石化销售股份有限公司河南石油分公司（简称河南石油分公司）位于河南省郑州市，是中国石化销售股份有限公司在河南省的唯一成品油销售分支机构。前身为1950年7月成立的中国石油贸易分公司郑州分公司，1998年划归集团公司，2000年5月，集团公司以独家发起方式设立中国石化股份有限公司后，注册成立中国石油化工股份有限公司河南石油分公司，2014年随中石化销售股份公司混合所有制改革变更为现有名称。截至2023年底，河南石油分公司共设17个日常管理部门，下辖 19 个市分公司和 108 个县分公司，共有合同制员工 8289 人；有在营加油站（点）1877 座、加气站 40 座（加气母站 1 座）、“易捷”便利店 1755 座，在用油库 20 座，库容 87.33 万立方米；资产总额 182 亿元。

河南石油分公司主要经营汽油、煤油、柴油、天然气的批发、零售及便利店等非油品业务。

河南石油分公司主要经营指标见表 1。

（韩　笑）

【领导班子调整】 2023 年 6 月 13 日，集团公司党组决定：杜予斌任河南石油分公司代表、党委书记，李秀山任河南石油分公司总经理、党委副书记。

（王　慧）

【巩固零售终端占有】 2023 年，河南石油分公司机出零售量 500.7 万吨，规模区内排名第六。完成销售公司累月任务的 102.82%，区内第二。零售机出增长 22.7%，区内排名第四，其中汽油增长 36.3%、区内排名第二。零售汽油综合价差 0.15 元／升，柴油价差 0.40 元／升。汽油因时施策抓春运、抓暑期，固化“3+X”营销，会员规模增加 264 万人；推动网格化营销，累计开发成功 795 个客户，成功率 16%；柴油坚持“三大法宝”，日均贡献 55% 销量；推动 50 座站开展司机之家加油送餐、60 座站坚持开展国省道统一营销，提升增值服务。获销售竞赛比武活动银牌企业称号，获评销售公司百日攻坚创效专项行动零售先进单位，获销售公司“比学赶帮超”红旗 9 面。

（何鸿耀）

【非油品量效双增】 2023 年，河南石油分公司坚持“做实门店保量效、大宗商品保规模”工作思路，建立市场导向下的商品优选机制，着力基础品类和新业务拓展，抓好“五大”特色节日营销，打造 222 座核心门店，门店运营水平不断提升，基础管理持续向好，经营规模及效益均大幅提升。全年非油品基础品类营业额 20.47 亿元，增加 3.6 亿元，增长 21%，区内排名第六；全成本毛利 8194 万元，增长 473%，区内排名第二。“易享节”创下单月销售 2.74 亿元、店庆日 5 天 1.38 亿元等多项历史最高纪录，获总部最佳销冠、增量贡献等多个奖项。开发定制专属品牌“石化联心”牌化肥，统筹资源，运用客户开发六大策略，销售化肥 11400 吨，系统排名前列。建设 3 个散装尾气处理液中转仓，完善 557 座加注站网络体系，打造 121 个服务区、国道散液主力站点，实现年销售额 1.9 亿元，毛利额增加 924 万元，系统排名第三。新建汉堡王 1 座、易捷咖啡 5 家、蜜雪冰城 2 家、千味央厨自提点 2 个，实现餐饮类销售额 705 万元；在南阳油田、华北石油局、洛炼开设生鲜头部品牌双汇连锁店 3 座，新增销售额 530 万元。

（黄　静）

【高效推进网络发展】 2023 年，河南石油分公司着力提升市场占有和投资回报，实现营销网络高质量高水平发展。开辟能源转型发展新赛道。建设充电场站 281 座（充电桩 3157 个），累计建设充电站 422 座、充电桩 3609 个；建设加氢站 3 座；建成投用光伏 60 座。新增投营加能站 36 座（含 LNG 站 2 座），新发展加能站 36 座（含 LNG 站 3 座），共盘活存量资产（投资）3.16 亿元；续租加油站 43 座，稳定可研销量约 7.76 万吨／年；优化退租低无负效加油站 12 座、清理高风险他有他营站 14 座。新取得加能站建设用地 7 宗（含土地规范 4 宗），其中股份 5 宗、合资 2 宗；低成本置换或起拍价取得土地 7 宗。推进资产盘活取得新成效，近三年共盘活闲置土地 119 宗（151.2 万平方米）；2023 年取得总部土地处置批复 19 个（79.1 万平方米），完成 103 宗名称不规范土地权证的更名。网络基础管理再提升，执行投资计划 5.38 亿元，实现投资计划执行率、形象进度符合率 2 个 100%。获销售公司“比学赶帮超”月度红旗 1 面、季度红旗 3 面、年度红旗 2 面。

（梁　博）

【安全环保生产根基更加稳固】 2023 年，河南石油分公司深入开展“安全管理强化年”行动、“危险化学品安全专项整治”等专项工作，全面推进安全“12345”和环保“六项”重点工作落地，实现年度 HSE 主要工作目标，保持 HSE 平稳运行态势。获集团公司安全生产先进单位、节能降碳环保先进单位称号，被评为集团公司A级绿色企业、中国石化“无废集团”先行先试B级示范企业。在中国石化基层安全员竞赛暨油库全员安全技能竞赛中获团体银牌；在河南省“安全河南杯”安全生产知识竞赛中获安全生产示范单位称号。

（宋义波）

【践行每一滴油都是承诺】 2023年，河南石油分公司以“质优量足、客户满意”为目标，全面筑牢“技防 + 暗访 + 督查”多维度数质量风险防控体系，持续提升库站“进—储—运—销”全环节数质量管理水平，全力践行“每一滴油都是承诺”。接受集团公司和各级政府部门质量监督抽查2207样次，合格率100%；在集团公司油品分析工职业技能竞赛中获团体第2名；洛阳油库匠人创新工作室获中国石化示范性职工创新工作室称号。

（杨邦举）

【转型落地盲点消除】 2023年，河南石油分公司坚持“一个平台三个点”数字化转型部署，抓顶层设计绘蓝图，抓落地见效磨利剑，完成“可视可控可管”第一阶段的盲点消除，全面启动“能用会用善用”第二阶段的数字应用。完成新加油卡系统、新能源信息管理系统、成品油智能配送系统、承运商车辆管理系统、危险化学品运输管理系统和一体化运维平台6个系统的建设与推广，提升人力资源系统、海信便利店系统、加油卡查询系统和基础设施云平台等6个系统，低代码自主完成直分销客户走访打卡、部室绩效考核、零售大客户营销等功能开发，成立ERP管理中心和各市分公司ERP工作组，数业融合机制进一步完善，数字应用水平持续提升。获集团公司网络安全和信息化水平双A级企业称号，获销售公司“比学赶帮超”季度红旗1面。

（陈祝春）

【深化改革激发动力活力】 稳步推进改革深化提升行动，全面完成集团公司下达的改革任务。突出契约化管理改革，推动市公司领导班子和省公司机关中层干部“人人肩上有指标，凭业绩挣薪酬”分配机制落地。突出高质量发展导向，推动县级公司职能岗位优化、零售部主任和县级公司经理提级考核；加大一线员工绩效薪酬投入，增加6500万元，有效激发全员挖潜增效、扩量增效积极性；深化“五员”用工优化体系，用工总量减少2.6%，人均劳效提升至650吨。

（马 原）

【全面推进高素质专业化干部队伍建设】 2023年，河南石油分公司牢牢把握“打造高质量人才队伍培育体系”的组织人事工作战略目标，深化“百千万”工程，激发队伍活力动力。举办中层干部学习贯彻党的二十大精神培训班3期、青年干部培训班1期；推进中层干部任期制和契约化管理，与119名中层领导人员签订“一协议、两书”；探索“四化协同”年轻干部培养机制，组织中层助理公开竞聘，聘任中层助理8人，储备人才5人，“80后”占比77%，选拔优秀人才5人到市公司任职。启动加能站后备经理千人培养计划，进入后备经理储备库人员1049人，年度使用率12%。启动管理人员职称提升计划，职称申报人数及通过率创历年来新高。

（王 慧）

【依法合规管理能力得到提升】 深入贯彻集团公司依法治企工作部署，坚持法律、制度、合规、内控、风控“五位一体”协同推进，运营质量和风险防控能力进一步提升，获评集团公司“十四五”法治合规工作A⁺企业。合同综合管理排名销售系统第三，依法维权效果明显，财审监督作用有效发挥，合资运营管理日趋规范，网络和信息系统安全稳定运行。全年结案80件，为企业挽回或避免经济损失2224余万元。纠纷土地维权取得新突破，6宗土地维权案件取得进展。驻马店汝南油库土地胜诉，完成资产盘活；平顶山宝丰东三环站征收与政府达成补偿协议；舞钢乔庄站办理不动产权证；漯河孟庙油库完成土地盘活；濮阳清丰京开站土地取得有效突破；新乡获嘉龙泉站土地侵权案胜诉。

（车子明）

【企业形象进一步彰显】 河南石油分公司连续17年开展“三夏”保供服务行动，积极应对“三夏”烂场雨灾情，送油到田间地头，助力群众增产增收；销售脱贫地区农副产品超过 2000 万元，选派 89 名专职人员帮扶 58 个村，投入帮扶专项资金 64 万元，推动信阳光山北向店初级中学纳入集团公司乡村振兴重点帮扶对象，助力乡村振兴。打造“司机之家”“爱心驿站”超过 600 座，获河南省优秀中央驻豫企业、河南社会责任企业奖等荣誉。

（孙小华）

【有效助力乡村振兴】 2023 年，河南石油分公司发挥企业优势，强化服务意识，有效助力乡村振兴。加强消费帮扶，参与“央企消费帮扶迎新春”“国企乡村振兴周”等活动，加大帮扶产品采销力度，省市公司工会统一采购江西赣南脐橙 73.86 万元；全省系统帮助销售脱贫地区农副产品 1883.83 万元，采购东乡藜麦 243.42 万元。加强产业帮扶，协调农业部门进行技术支持，推动产业项目落地见效，年度累计投入产业帮扶资金 34 万元。加强教育帮扶，通过捐赠助学金、学习用具等方式缓解就学压力。加强乡村治理，帮助帮扶地区改善人居环境，助力加快基础设施建设，年度投入资金 16 万元。16 家市分公司承担 58 个村的帮扶任务，选派专职帮扶工作人员 89 人，年度投入专项资金 64 万元。

（胡　鹏）

【和谐奋进生态进一步形成】 坚持把高质量党建引领推动高质量发展贯穿始终，充分发挥红色引擎作用，统筹推进“庆祝 40 周年、百日攻坚创效”行动和“锚定一流勇担当，攻坚创效建新功”活动高标准组织、高质量开展。统筹抓好统战、工会和共青团工作，1.1 万名员工办理大病医疗保险，646 名困难员工和 388 名困难子女入学得到帮扶，企业凝聚力、向心力、影响力进一步增强。郑州扬子路等 3 座站获评一星级全国青年文明号集体，洛阳仓储物流部、郑州第一经营部分别获团中央青年安全生产示范岗、优秀青年突击队表彰。

（马　原）

【与中原油田签署战略合作协议】 2023 年 5 月 31 日，河南石油分公司与中原油田在郑州签署战略合作协议，在新能源光伏、充电、氢能业务发展，非油品业务、党建及培训等方面展开战略合作，推动各自能源结构优化调整、加快企业转型高质量发展。

（马　原）

河南石油分公司与中原油田签署战略合作协议

【与河南省检验检测研究院集团签署战略合作协议】 2023 年 6 月 30 日，河南石油分公司与河南省检验检测研究院集团（简称豫检集团）在郑州举行战略合作协议签署仪式，双方在油品计量质量检验、新能源领域尤其是氢能检验检测业务发展及技术培训等方面展开深度合作，加大在资源、人才、技术、市场等方面的优势互补、信息共享、互利共赢，共同为谱写新时代中原更加出彩绚丽篇章作出更大贡献。

（马　原）

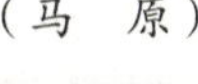

河南石油分公司与河南省检验检测研究院集团签署战略合作协议

【与开封市人民政府、石油化工科学研究院签订三方协议】 2023 年 11 月 15 日，开封市人民政府、中国石化石油化工科学研究院、河南石油分公司在开封签署战略合作协议，政企三方就化工领域合作、氢能技术发展、科技创新成果等方面达成共识。

（马　原）

【与平顶山市政府签署战略合作协议】 2023 年 11 月 20 日，河南石油分公司与平顶山政府进行工作会商并签署战略合作协议。政企双方就新能源发展、成品油经营、易捷服务和乡村振兴等领域进一步深度合作进行交流座谈并达成共识。

（马　原）

【与太保寿险河南分公司签署战略合作协议】 2023 年 12 月 26 日，河南石油分公司与太保寿险河南分公司在郑州签署战略合作框架协议。根据协议，双方在新业务拓展、资源供应、品牌宣传等方面展开深度合作。

（马　原）

表 1　河南石油分公司主要经营指标

指标名称 \ 年份	2023	2022	2021	2020	2019	2018
成品油销售总量 / 万吨	723.60	615.60	626.20	689.90	765.20	762.50
零售量	500.70	455.40	472.10	514.40	602.80	618.00
销售收入 / 亿元	614.00	545.00	465.40	421.00	530.00	548.90
利润 / 亿元	1.60	1.58	1.20	1.10	2.10	−5.85
吨油费用 / 元	429.00	521.00	493.00	429.00	399.00	390.00
在营加油站（点）总数 / 座	1 877	1 851	1 716	1 969	1 874	1 851
在营加气站总数 / 座	40	51	61	60	56	51
在营加氢站总数 / 座	4	1	—	—	—	—

湖北石油分公司

【概况】 中国石化销售股份有限公司湖北石油分公司（简称湖北石油分公司）位于湖北省武汉市，前身是成立于 1953 年的湖北省石油总公司。1998 年 7 月整体划归集团公司管理，2000 年 4 月按照中国石化整体重组上市要求，改制为中国石油化工股份有限公司湖北石油分公司；2008 年原武汉石油集团股份有限公司（深交所上市公司）退市后并入湖北石油分公司。2015 年 1 月按中国石化推进销售企业混合所有制改革要求，变更为中国石化销售有限公司湖北石油分公司；2019 年 3 月变更为中国石化销售股份有限公司湖北石油分公司。

湖北石油分公司是湖北省成品油销售的主渠道企业，主要经营成品油和天然气的销售、储运以及便利店等易捷服务业务，经营服务网络覆盖湖北省所有地区，下辖武汉、宜昌、荆州等 13 家市州分公司和 5 家专业公司，96 个县级公司和零售片区，承担着湖北省成品油资源配置和市场供应的主渠道责任。截至 2023 年底，公司资产总额 180.5 亿元，资产负债率 59%，全口径用工总量 10087 人。在营油库 13 座，库容 57 万立方米；在营加能站 1915 座（其中加气站 55 座、加氢站 5 座）。2023 年公司成品油经营总量 753 万吨，天然气销量 1.26 亿立方米，非油销售额 34.86 亿元，报表利润 4 亿元。

湖北石油分公司主要经营指标见表 1。

（金　山）

【领导班子调整】 2023年6月20日，张军任湖北石油分公司党委委员、副总经理。2023年9月7日，向浩萍不再任湖北石油分公司总经理、党委副书记，调出另有任用。

（金　山）

【油气底盘不断夯实】 2023年，湖北石油分公司坚持稳增长、提份额，实现成品油总量753万吨、增长11%，规模创历史最高。机出、汽油等核心指标稳定在销售系统前列。完成钱包沉淀资金4.6亿元，排名区内第二。深化交叉营销，全年吸纳第三方营销资源5625万元、增长45%；持续推进打非治违，4地税控云平台上线，成品油行业协会实现全省全覆盖。开展天然气提质增效专项行动，持续推动CNG稳量推价、LNG扩销降耗，实现销量1.26亿立方米、增长45%，LNG经营量增幅全国第一；差价收入提高50%，负效站点减少60%。紧盯优质站点、战略要点发展网点，推动LNG加气走廊谋篇布局，建成投营加能站24座，新建LNG站5座，储备项目8个，油气网络优势进一步巩固。

（金　山）

【氢电业务加速加力】 2023年，湖北石油分公司在氢能建设方式上求创新，发展效果上争领先，全年新建加氢站3座，办理证照3座，实现全省领跑。武汉革新大道站氢能源全年销售54吨、日均148千克，实现华中地区"第一张加氢证"、市级财政补贴双突破。坚持外部为先、质量优先，新发展充电车位2007个，集成上线场站171座、终端1543个。全年完成充电量394万千瓦·时，服务车辆12.79万次，实现营收312万元，毛利率21%；单枪日均充电108千瓦·时，日充电量峰值突破13万千瓦·时，单枪日均充电服务费16.2元，度电服务费0.14元。围绕用电量大、新改扩建、多业态、办公场地四个优先，新发展光伏发电站85座，并网发电50座。

（金　山）

【易捷服务量效双升】 2023年，湖北石油分公司制定易捷服务"358"时间节点和"469"发展目标，大力推进易捷服务高速度、高质量发展，完成基础品类销售额34.86亿元、增长22%，完成毛利额6.18亿元、增长21%，量效规模均排名全国第四。"易享节"实现总营业额8.64亿元，夺得尖兵突击、易享全能、最佳销冠多项荣誉。持续做实门店，打造核心门店200座，实现零售毛利5.1亿元、增长23%。建设投营站外店5座，易捷首家校园折扣店在中国地质大学（武汉）开张，易捷首座校园综合服务体在长江大学投营。重点商品销售成效显著，打造长留香亿元级单品，燃油宝、尾气处理液、卓玛泉等自有品牌销量稳步提升。

（金　山）

【HSE管理再上台阶】 2023年，湖北石油分公司坚持"严之又严、细之又细、铁面无私、吹毛求疵"的安全理念，以"安全管理强化年"行动为抓手，确保安全生产稳中向好，获评集团公司年度安全生产先进单位。深入推进绿色企业行动，细化制定碳达峰21项任务，绿色库站覆盖率达92%，被集团公司评为A级绿色企业。将拆除后的王家河油库码头打造成长江大保护教育基地，受到主流媒体和社会大众的高度评价，品牌故事片《洄游》获"第三只眼看中国"优秀作品奖。建立信访工作联席会议机制，超前安排部署，细化工作措施，圆满完成集团公司交办的3项积案化解任务，全省系统信访量下降56%，确保重大敏感节点"五个不发生"。树牢"一切风险皆可控"的理念，抓源头控增量，抓过程减存量，抓新业务降总量，确保安全、环保、计量、质量、稳定、资金、舆情、合规"八大风险"可控在控。

（金　山）

【企业管理实现突破】 2023年，湖北石油锚定标杆企业加压奋进，综合绩效考核区内第五；"百日攻坚"区内第三，被销售公司评为先锋单位；"比学赶帮超"勇夺红旗58面，刷新历史纪录。全方位引导各类资源向价值创造流动、各项措施向价值创造聚焦，深入开展全员创效活动，实现报表利润4亿元、增长21%。深化业财融合，降本增效成效明显，全年商流吨油费用391元，较预算节支3元，下降20元。战略客户部、融媒体中心改革全面完成，仓储中心、检维修中心改革搭好框架，三项制度改革评估首次获评集团公司A级企业，获销售公司改革示范企业称号。自助加油走在全国前列，谷城经验得到高度肯定。持续提升损耗管理水平，油库保管损耗区内第六，加油站零售综合损耗区内第三。持续化解纠纷案件，结案 22 件、挽损 8981 万元，合同管理“五率”指标综合排名稳居销售板块前二，合规管理体系有效性评价获评集团公司 A⁺，依法合规管理水平不断提升。

（金　山）

【党的建设持续加强】 2023 年，湖北石油分公司以“主题教育”为统领，牢牢把握“学思想、强党性、重实践、建新功”的总要求，引导广大党员干部切实把党的创新理论转化为政治自觉、思想自觉、行动自觉。湖北石油分公司作为 20 家单位之一在集团公司主题教育总结大会上作书面经验交流。制订“一办法两意见”配套方案，完善党建考核细则，月度党建指导意见深度融入中心工作，基本制度持续优化；成立易捷公司党委，累计设立万吨站党支部 16 个，基本组织得到加强；实现支部书记轮训率、取证率 100%，新增党员 313 人，加能站自有党员覆盖率提高至 66%，基本队伍全面壮大。推进“头雁领航”“专家赋能”“骨干强基”“优才培育”四大工程，11 人通过高级职称评审，36 人取得中级职称资格、增长 64%，15 人获高级技师资格、位列销售企业第二。策划“长江大保护、主题教育、攻坚创效”等宣传主题，在中央及省级主流媒体发声 330 余篇，获评销售企业宣传先进单位，被中国石化报社授予优秀记者站，被湖北广播电视台评为融媒共创伙伴。系统推进党风廉政建设，扎实开展“靠企吃企”10 个领域专项整治，高标准迎检中央巡视组调研、销售公司党委巡察“回头看”，以“五个更加”“三有四必”持续完善“大监督”格局，完成加能站廉洁建设分类定级，严的主基调更加鲜明。

（金　山）

【社会责任扛稳扛牢】 2023 年，湖北石油分公司深入推进阿其克乡初级中学教育帮扶，开展师资培训、线上游学、研学夏令营、“一对一”结对等活动，共同“办好老百姓家门口的学校”。持续支援 84 个对口帮扶村，投入帮扶资金 276 万元，被湖北省委省政府授予首届湖北慈善奖，被湖北省红十字总会授予湖北省红十字博爱奖。新建司机之家 53 座、爱心驿站 149 座，为荆楚大地人民美好生活加油，武汉菱角湖、襄阳环城站被评为全国最美工会户外劳动者服务站点。

（金　山）

表 1　湖北石油分公司主要经营指标

指标名称＼年份	2023	2022	2021	2020	2019	2018
成品油销售总量 / 万吨	753.00	676.00	676.20	578.40	713.80	724.72
零售量	580.80	527.90	532.60	465.14	578.90	589.35
利润 / 亿元	4.00	3.30	2.00	−7.57	1.37	0.08
销售收入 / 亿元	652.92	619.01	515.74	373.93	519.00	539.65
吨油费用 / 元	391.00	411.00	405.00	438.00	353.00	341.00
加能站总数 / 座	1 915	1 924	1 926	1 912	1 990	2 257

湖南石油分公司

【概况】 中国石化销售股份有限公司湖南石油分公司（简称湖南石油分公司）位于湖南省长沙市湘春路 113 号。其前身为成立于 1950 年 7 月的中国石油公司长沙分公司，1998 年 7 月整体划归集团公司，2000 年 2 月随同集团公司重组改制和主辅分离，分设为中国石油化工股份有限公司湖南石油分公司（上市公司）和中国石化集团湖南石油总公司（存续公司）。后者于 2007 年改组转制为中国石化集团资产经营管理有限公司湖南石油分公司（简称资产公司湖南石油分公司），2009 年 7 月，资产公司湖南石油分公司交由湖南石油分公司托管。2014 年 5 月 14 日，按照集团公司对销售公司实施改革重组的要求，公司名称由中国石油化工股份有限公司湖南石油分公司更名为中国石化销售有限公司湖南石油分公司。2019 年 4 月，更名为中国石化销售股份有限公司湖南石油分公司。

湖南石油分公司下设 14 个地市级分公司、103 个县级公司；省公司机关设立 16 个部门（中心）。截至 2023 年底，用工总量 10600 人；资产总额 226 亿元；在营加油站 1906 座、油库 21 座、易捷便利店 1651 座、车用加气站 20 座、加氢站 3 座、充电枪 2900 把，是湖南省成品油经营主渠道企业。主要从事成品油的销售；法律法规允许的石油制品、润滑油、化工产品销售、储存；车用燃气经营；非油品（烟酒、饮料、百货、食品、汽车用品、润滑油、其他服务）销售业务。

2023 年，销售成品油 862.52 万吨，易捷服务营业收入 23.2 亿元；销售收入 730.05 亿元、利润总额 4.56 亿元，上缴税费 7.84 亿元。

湖南石油分公司主要经营指标见表 1。

（夏良春）

【发挥中央企业作用直接助力经济增长】 坚持发挥集团公司一体化优势，统筹进销平衡，确保全省系统成品油稳定供应，获评湖南省生活必需品应急保供骨干企业。突出以油库、加能站为中心辐射周边，深入挖掘细分行业用油需求，向客户提供储罐清洗、设备维修、重点客户跟车送油、油库参观培训等超值服务，进一步为各行业经营生产加油助力。2023 年成品油经营总量首次突破 800 万吨，共销售成品油 862 万吨，增量超过 100 万吨，增长 15%；营业收入首次突破 700 亿元，达 730 亿元，增长 8.8%。在销售系统“庆祝 40 周年，百日攻坚创效”专项行动中，完成各项攻坚目标，勇夺先锋单位称号。

（夏良春）

【坚持依法合规推动行业规范发展】 主动参与地方成品油储备，承担约 70% 的建储任务。举办首届“携手并进、一路同行”大客户答谢会，郑重作出“六项承诺”，开启新时代“以客户为中心”的经营新局面。牵头成立湖南成品油流通协会，履行会长单位职责，大力宣传行业法律法规，发布抵制非法成品油经营倡议书。配合政府监管、公安执法，协助开展成品油领域“打非治违”，推动成品油市场监管常态化，促进全省 60% 地区实现“税控平台”全面覆盖应用，配合检查加油站 3374 家、加油机 1.13 万台，查处加油机作弊案件 106 件，为营造公平有序的行业环境贡献企业力量。

（夏良春）

【精准对接民生提升服务水平】 深入开展加能站全员岗位练兵，大力推进“五减一免一聚焦”为基层减负活动和“治破治旧”改造，促进站容站貌和客户体验持续改善，在销售企业零售竞赛比武中获评铜牌企业。与银行、保险、通信、科技等领域的 16 家品牌企业开展跨界合作，实施知名餐饮“一市一店”计划、洗车网点“双百计划”和尾气处理液“5+375 计划”，打造“汽车生活驿站”，满足消费者一站式、多元化的消费需求。持续助力乡村振兴，落实专项帮扶资金 486 万元，承接乡村振兴定点帮扶项目 78 项，教育帮扶凤凰县思源实验学校。持续开展“湘品出湘”，通过易捷平台销售湖南名优特色商品 1.05 亿元。持续打造“司机之家”和“爱心驿站”，2023 年为卡车司机、环卫工人、外卖小哥等户外劳动者提供免费服务超 1 万人次。

（夏良春）

【提升投资质量打造现代综合服务体】 大力推进“五型物流”体系建设，深化储运设施破瓶颈，中方油库治理项目完工投油，七里山油库管道上载、长沙水运码头投用。着力发展新能源，新投营加气站 2 座；建成充电车位 2241 个，其中上线充电车位 1572 个；建成光伏发电设施 79 座，其中并网 67 座，年发电量可达 600 万千瓦・时。狠抓易捷头部门店示范推广，强化线上线下联动，易捷到车销售额增长 226%，直播销售增长 120%。深化科技在车用能源领域应用，承接集团公司“十条龙”科研攻关项目，助力“新一代人工智能加油站成套技术”项目出龙，累计申报发明专利和实用新型专利14件。

（夏良春）

【夯实“三基”提升公司本质平安水平】 开展“安全管理强化年”行动，闭环落实安全环保隐患专项整治275项，从严强化承包商管理，持续运用“视频监控＋四不两直”工作法，全天候强化对施工重大作业、库站装卸作业等高风险、高后果作业的过程监管，湖南石油分公司始终保持安全稳定运行。大力推进“绿色企业”提质增绿，组织生态红线区经营设施再排查，加大环保应急物资储备力度，参与地方大型安全环保联合演练20余次，深入开展节能减排，2座加油站取得“碳中和”认证。通过质量管理体系第三方监督审核，接受系统内外抽检5300次全部合格，省公司中心化验室获评石化标委会合作实验室。

（夏良春）

【深化体制机制改革持续激发内生动力】 深入推进机构改革，完成省会地区机构重组和资产管理部门重组，压减地市级分公司1个、机关部门1个，重组后长沙公司基层管理干部精简24%、一线员工人均薪酬增长11%。推行中层领导人员任期制和契约化管理，修订完善干部能上能下管理办法，建立“人力资源池”机制，实现18名管理干部“入池”；开展加能站操作员职业技能等级认定，组织在岗及后备站经理资格取证19期，按照一线员工30%比例培养站经理梯队。推行全员绩效二次分配，强化一线员工联量薪酬考核，人均零售量增长8.5%，人均经营总量增长12%。

（夏良春）

【加强党建工作推动优势转化】 突出务实、创新、融合加强党建，实现在营库站党员“全覆盖”、参股合资公司全部“党建入章”。出台领导人员能上能下管理办法，通过公开竞聘遴选中层副职干部11名，选人用人风气导向持续向好向善。创新“漫画说纪”等廉洁警示教育方式，组织“关键少数”714人次前往监狱接受现场警示教育，举办《中国石化职工处分规定》专题辅导讲座和知识竞赛，干部员工“学规定、用规定、守规定”意识持续增强。扎实开展形势任务宣讲，举办企业文化故事会，牵头驻湘企业开展“中国石化在湖南”主题宣传，顺利将湘西十八洞加能站打造为中国石化红色教育基地，加大保障供应、优质服务、乡村振兴等传播力度，促进“党和人民好企业”形象更加深入人心。

（夏良春）

表1 湖南石油分公司主要经营指标

指标名称 \ 年份	2023	2022	2021	2020	2019	2018
成品油销售总量 / 万吨	862.52	751.22	705.19	763.76	762.80	750.00
零售量	622.47	557.30	556.85	600.40	594.88	587.60
销售收入 / 亿元	730.05	670.78	537.41	461.55	553.45	558.00
报表利润 / 亿元	4.56	3.32	0.70	10.02	6.11	0.09
吨油费用 / 元	387.00	408.00	438.00	385.00	384.00	371.00
在营加油站总数 / 座	1 906	1 886	1 862	1 818	1 736	1 649

广东石油分公司

【概况】 中国石化销售股份有限公司广东石油分公司（简称广东石油分公司）前身是成立于1950年6月的中国石油贸易公司广州分公司。1961年11月更名为广东省石油公司。1992年8月改组为广东省石油企业集团公司。1998 年 7 月，广东省石油企业集团公司及其属下的 116 家市、县公司整体划归集团公司。2000 年 3 月，重组为股份公司广东石油分公司和广东省石油企业集团公司。2014 年 5 月，更名为中国石化销售有限公司广东石油分公司。2019 年 8 月，更名为中国石化销售股份有限公司广东石油分公司。

截至 2023 年底，广东石油分公司下设 14 个职能部门和 1 个工作专班（新能源发展管理办公室），以及 21 家地市分公司和 2 家专业分公司（仓储分公司、广东易捷分公司），用工总量 21793 人。在营加油站 2297 座，易捷便利店 2170 座。在营油库 29 座，油罐容量 182 万立方米；铁路专用线 5 条，油库码头 10 座。资产总额 467.93 亿元。设立二级党委 22 个，党支部 211 个（其中万吨站党支部 12 个），在职党员 4095 人。

2023 年，广东石油分公司营业收入 1507 亿元。连续 8 年被评为集团公司直属单位领导班子及党建考核 A 档，多次被评为集团公司安全生产先进单位、节能环保先进单位、维护稳定工作先进集体，并获首批中国石化绿色企业称号。

广东石油分公司主要经营指标见表 1。

（王　倩）

【攻坚创效】 2023 年，面对错综复杂的外部环境和多重挑战叠加的严峻考验，广东石油分公司坚持把高质量发展作为首要任务，在主题教育政治洗礼中加快推进“油气氢电服”综合服务商建设。全年实现油气经营总量 1757.4 万吨，增长 5.6%，销售规模继续稳居系统第一；易捷服务基础品类营业额 48.9 亿元，增长 20%；天然气 12.2 万吨，氢气 272.4 吨；实现报表利润 25.81 亿元。

（王　倩）

广东石油广州东明三路综合加能站

【易捷服务】 2023 年，广东石油分公司聚焦客户需求做好转型文章，积极探索营销新模式，持续丰富服务新业态，做强做优易捷服务。打造 1155 座样板示范门店，“百万门店”突破 1400 座；开展“爆款”系列营销活动，高效组织“易享节”营销，店庆日期间实现营业额 5.8 亿元；严守依法合规经营底线，加强仓储物流供应保障，做优做实门店品类销售，全年基础品类营业额增加 8.2 亿元，实现利润 7.5 亿元，增长 25%。线上业务实现内外双延伸。一方面“引进来”，聚焦流量应用、多媒体和社群活动，提高会员权益感知，促进引流拉新，“易捷加油”会员累计注册 1349 万人，其中权益会员 906 万人。另一方面“走出去”，系统内首家上线美团“易捷到家”服务，累计开通门店 418 家，销售额超 3000 万元，获 2023 年度易捷服务营销模式创新成果奖。

（王　倩）

【充电业务】 2023 年，广东石油分公司成立新能源领导小组和管理办公室，专人专班统筹推进建站运营各项工作，完善全省系统充电“一张网”布局，全年上线 473 个“石化易电”网点、3568 个车位，“城区—国省干道—乡镇”三级充电网络初具规模，覆盖广东近 90% 县级行政区，日均充电量超 30 万千瓦·时，日均服务费超 5.5 万元，均位居系统第一。

（王　倩）

【氢能业务】 2023 年，广东石油分公司在广州市黄埔区建成全国首座加氢仿真实训基地，依托佛山、广州、东莞、深圳等地 9 座油氢合建站，日加氢能力超过 5000 千克，全年加氢量 154 吨，初步构建环大湾区氢能续航网络。广东石油分公司充分发挥广州石化、茂名石化两座供氢中心资源优势，建成华南首座氢气质量分析实验室，通过整体谋划网络布局、应用场景拓展、标准把控、制度建设、人才建设“一盘棋”，打造“制储运加用”一体化氢全产业链优势。

（王　倩）

2023 年 10 月 9 日，全国首座加氢仿真实训基地在广东揭牌成立

【安全环保】 2023 年，广东石油分公司以“安全管理强化年”行动为抓手，推进“三基”工作与管理体系相融合，强化风险管控和隐患治理“双重预防”机制，抓实高风险作业、承包商和承运商管理，切实提升应急处置能力，经受住严峻安全形势、极端天气多发等考验，有效保障企业安全平稳运行，获评集团公司安全生产、环境保护及“三基”先进单位称号。坚持创新赋能，加强技术攻坚，自主研发 8 项绿色科技成果，高效推进污染防治，获广东省生态环境厅高度认可，通过集团公司绿色企业复核，继续保持绿色企业 A 档称号。

（王　倩）

【数质量管理】 2023 年，广东石油分公司完善全业态、全过程的数质量管理，实现全产品质量合格、全环节损溢合理受控，在集团公司数质量大检查中取得销售系统总分第 1 名，2 项创新成果取得销售公司科技进步奖二等奖。

（王　倩）

【管理提升】 2023 年，广东石油分公司对标国企改革深化提升行动要求，打造以市公司、县公司、站三级样板工程为核心的“三基”提升长效机制，拓展各专业线条样板复制推广，以点带面提升管理水平。优化体制机制，纵向横向全面梳理各层级各线条管理职责，聚焦现场督导强化县区公司职责，进一步减负赋能，提升公司整体协同运作效率。优化运营模式，组建运维、人力资源、财务等专业化共享平台，整合粤东汕头、揭阳和潮州三家分公司，建立合资企业“1+X”立体化协同管理体系，加速管理效能提升。优化权责体系，构建业务全覆盖、流程全闭环的决策体系，精准对接业务发展需求，动态增减“制度库”，推进制度规范、检查标准和操作指引“三统一”。

（王　倩）

【风险防控】 2023 年，广东石油分公司聚焦重点业务开展合规管理专项整治，严禁虚假贸易，完善风险发现闭环管理机制，一批重大法律纠纷妥善处理化解，避免或者挽回损失 7.8 亿元，团队专业管理水平不断提升，获集团公司风控内控业务竞赛总决赛团体赛一等奖。常态化开展经营质量审计，全面分析挖掘分公司经营管理降费增效空间，同时加大任中经济责任审计力度，发挥审计监督作用，全年审减 6403 万元，获集团公司审计工作先进单位称号，在销售公司内审监督考核排名第一。

（王　倩）

【队伍建设】 2023 年，广东石油分公司牢牢把握“党管干部、党管人才”原则，有序推进“159”人才强企工程，加强领导班子顶层设计和科学配备，严抓基层干部选用规范，选人用人满意度连续 5 年保持 100%。以样板引领促进靶向培养，近 140 名干部人才在省市公司间双向交流锻炼，完善专家管理机制，打造统招毕业生全生命周期管理体系，推出三大提升计划实现全员综合素质提高 9%，连续 3 年稳居销售企业人才强企考核前列。

（王　倩）

【数智应用】 2023 年，广东石油分公司围绕“增强竞争优势、提升管理效能、防范经营风险、减轻基层负担”四个重点，全面推动数字化转型发展。构建以“大数据应用中心”为核心，市县公司共享共用大数据“驾驶舱”、大数据智慧看板的大数据管理系统，深度挖掘销售、客户、竞争市场等沉淀数据价值，全力打造智慧新零售体系。通过建设库站级物联网应用、多场景无感支付等信息化平台，开发油气回收集中式在线监测系统、AI 接卸油系统、智能手环跳枪提醒功能，完善

RPA 数字化劳动力平台，有效解决基层管理的各类痛点，持续提升管理效能。

（王　倩）

【党建工作】 2023 年，广东石油分公司以习近平新时代中国特色社会主义思想为指导，深入贯彻落实党的二十大精神和习近平总书记视察胜利油田、九江石化重要指示精神。高质量开展学习贯彻习近平新时代中国特色社会主义思想主题教育，省市两级领导班子讲授专题党课 92 次，共形成 94 项调研成果和 44 项典型案例，其中“样板工程打造”作为销售企业唯一案例入选集团典型正面案例。同时跟踪抓好检视整改，形成 8 项长效机制，连续 10 年获集团公司党建考核 A 档，第一批主题教育评估总体评价满意率 100%。

（王　倩）

【品牌建设】 2023 年，广东石油分公司着力推进品牌引领行动，自 2012 年起连续 11 年开展“情暖驿站”公益活动，累计服务超过 458 万名返乡摩骑和近 5780 万名春运返乡人员；开展“中国石化光明号”健康快车项目，累计为 1301 例低收入白内障患者成功实施复明手术。聚焦教育、产业、消费三大主题开展精准帮扶，重点打造广东石油“朝阳助学”特色品牌，成立“小邮箱”驻校支教服务队，全年累计安排 11 批 23 名志愿者驻校超 6100 小时，帮助建成梅州南礤村 530 米“石化光伏长廊”、茂名宋村 8 万平方米“千禧果基地”等产业项目，为推进乡村振兴作出积极贡献。广东石油分公司连续 13 年获评集团公司宣传思想工作先进单位，是唯一一家连续 2 届获评感动石化人物的销售企业。

（王　倩）

广东石油佛山龙山加油站返乡摩骑领取免费加油礼包

表 1　广东石油分公司主要经营指标

指标名称＼年份	2023	2022	2021	2020	2019	2018
成品油销售总量 / 万吨	1 745.17	1 650.10	1 718.34	1 674.90	1 733.32	1 686.01
零售量	1 274.78	1 232.00	1 280.38	1 201.20	1 285.49	1 331.46
报表利润 / 亿元	25.81	26.87	25.40	21.65	33.70	34.44
报表吨油费用 / 元	466.70	490.00	447.49	412.59	391.77	379.36
在营加油站总数 / 座	2 297	2 299	2 351	2 356	2 347	2 272

广西石油分公司

【概况】 中国石化销售股份有限公司广西石油分公司（简称广西石油分公司）位于广西壮族自治区首府南宁市，前身是成立于 1952 年的广西壮族自治区石油总公司，1998 年划归集团公司，1999 年按照集团公司重组改制、主辅分离的原则，组建广西石油分公司。2009 年整合上市、非上市部门职能，推进一体化管理改革。2014 年根据集团公司油品销售业务重组工作部署，变更为中国石化销售有限公司广西石油分公司。2019 年根据销售公司股改要求，更名为中国石化销售股份有限公司广西石油分公司。

截至 2023 年底，广西石油分公司设 14 个职能部室和3个专业中心，下辖14个地级分公司和99个县公司（片区），组建联营公司50个。主要经营汽油、柴油、天然气、氢气和润滑油的批发零售，以及光伏、充换电、加油站便利店非油品业务等。共有在岗员工9101人（含委托管理站），拥有在营加油站1453座、便利店1224座，在用轻油油库13座、总库容61.2万立方米；资产总额171.94亿元，全年完成固定资产投资7.1亿元。

2023年，广西石油分公司销售成品油734.67万吨，其中零售549.23万吨、直分销185.44万吨；销售天然气2.09亿立方米；非油基础品类营业额20.74亿元；全年实现销售收入635.37亿元，报表利润11.83亿元。

广西石油分公司主要经营指标见表1。

（唐倩倩）

【领导班子调整】 2023年7月28日，赵稳勇任广西石油分公司副总经理、党委委员。12月5日，李力波任广西石油分公司代表，党委书记，免去其广西石油分公司、广西石油总公司总经理职务；免去苏云河广西石油分公司代表、广西石油总公司党委书记职务，仍任广西壮族自治区第十三届政协委员。调整后，广西石油分公司领导班子由李力波、赵稳勇、何瑞、莫淑新、陈春华组成。

（唐倩倩）

【成品油业务】 2023年，广西石油分公司围绕稳量、增效、保份额的目标，利用大数据平台强化市场分析研判，优化资源运作，加强直零联动，市场主导地位进一步提升。持续深化运用“2+6+X”高价值服务模式，发挥“油管家团队”优势，加强对平陆运河等重点项目、终端客户的开发和维系，客户黏性不断提高。扎实开展“百日攻坚创效”“直分销百日竞赛”等活动，加大第三方资源引入力度，开展“会员日”“爱跑98”营销活动，提前布局节假日旺季抢量，积极协调竞合关系，一户一价精准施策，客户跟踪维护不断强化。做好厕所改造、形象亮化等品牌提升工作，增量提质效果明显。

（唐倩倩）

【非油品业务】 2023年，广西石油分公司围绕“人·车·生活”，聚焦“快消”场景打造、商品力提升、动销率提高、造节营销、供应链优化管理等方面工作，全面提升便利店运营能力。积极拓展新业务，捆绑客户用气需求推进B端重卡销售实现突破，成功推进自有品牌商品在外部渠道销售，激活权益会员开展积分兑换，带动营业额有效增长，特别是联合中化开展农资化肥销售，仅6个月销售额达1723万元，毛利额179万元，成为新的效益增长极。全年基础品类营业额20.7亿元、增长10%，全成本毛利规模位居区内企业第4名。

（唐倩倩）

【新能源业务】 2023年，广西石油分公司全力推进“油气氢电服”综合能源服务商转型发展，全年新增加气站2座，充电站109座、自营平台上线充电枪数突破1000个，光伏站102座、累计装机总功率突破10兆瓦，加氢站1座、累计建成6座。天然气销量规模首次突破2亿立方米大关。牵头筹备广西氢能产业联合会，引领广西氢能产业发展，在南宁振兴站建成全国首座商用分布式氨分解制氢加氢一体站，解决了氢能行业终端用能成本过高等卡脖子问题，获社会各界的广泛关注以及央视新闻、《人民日报》等多家主流媒体的连续报道。

（唐倩倩）

【网络建设发展】 2023年，广西石油分公司转变发展理念，突出投资重点，统筹做好巩固传统网络优势、新能源发展、提量改造、已支出未投营推进等工作，不断提升投资管控水平和网络发展质量。全年投营加油（气）站53座，取得加油站建设用地7宗，完成加油站综合改造373个，成功续租加油站11座，清理历史遗留已支出未投营项目8个、盘活沉淀资金1.3亿元。

（唐倩倩）

【创效能力】 2023年，广西石油分公司推动全面挖潜增效工作，梳理经营创效、降本节费增效、资金资产创效、改革创新及效率提升等四大板块的措施67条，实现累计创效8.6亿元，其中零售让利压减创效1.76亿元、外采创效0.99亿元、物流优化创效 0.95 亿元、资产盘活创效 0.52 亿元、西部大开发所得税优惠减免 2.68 亿元。

（唐倩倩）

【打非治违工作】 2023 年，广西石油分公司坚持把“打非治违”作为企业的“饭碗工程”和“最优营销方案”，创新构建出三级联动、二套机制、一个闭环的“三二一”工作法，持续推动打非治违工作向纵深推进，配合政府部门开展打击行动 789 次，查获非法油品 3117 吨。不断加大对广西成品油零售终端数据实时采集监控系统的深化应用力度，协助政府部门运用大数据模型对非法资源进行溯源跟踪取证，打击加油机作弊行为，截至 2023 年底，广西民营加油站带票比率已提高至 70%。

（唐倩倩）

【安全环保】 2023 年，广西石油分公司围绕“零伤害、零污染、零事故”HSE 目标，开展“大脚板走基层”、库站全员履职能力网格化、职能部门月度工作任务清单、问题责任人溯源分析等工作，将安全文化、安全措施固化成型，同时将“一书两卡”“电子作业票”等科技强安手段较好地融入作业环节，“低老坏”问题发生率大幅下降，获集团公司 A 级绿色企业、节能环保先进单位等荣誉，安全环保工作平稳向好。

（唐倩倩）

【合规管理】 2023 年，广西石油分公司构建“五位一体”法治合规体系，推动企业合法合规经营。广西石油在合规管理体系有效性评价中被评为 A⁺，位列集团直属企业前 20 名。油品购销合同纠纷风险得到有效处置，避免损失 6900 万元。商标字号打假卓有成效，29 座违规使用“中国石化”标识站点落实整改。

（唐倩倩）

【投营中国石化首座“易捷 + 电”综合服务站】 2023 年 2 月 14 日，中国石化首座“易捷 + 电”综合服务站——广西柳州城站（一期）投营。该项目盘活废弃老油库闲置土地，保留油库工业风貌，增设自主运营“超级充换电城”及易捷驿站，打造具有石油石化特色的“综合加能站 + 油库”休闲度假新业态。该项目为销售系统将“沉没资本”变成企业转型的重要资源提供范式，获集团公司第三十二届管理现代化创新成果一等奖。

（唐倩倩）

投营中国石化首座“易捷 + 电”综合服务站

【建成全国首座商业化分布式氨分解制氢加氢一体站】 2023 年 12 月，全国首座商业化分布式氨分解制氢加氢一体站在广西南宁建成，日供氢能力 500 千克，实现站内制、储、销一体化，大幅度降低终端用氢成本和加氢站建设成本，推动“氨 - 氢”经济发展取得重要突破。该项目采用中国石化完全自主知识产权的分布式氨分解制氢成套技术，生产过程中无固废、废水、尾气污染，在 480℃下氨分解转化率大于 99.5%，为中国探索分布式站内制氢加氢技术路线的开发与研究提供了重要技术途径和商业化路径，为更好保障国家能源安全开辟全新的“氨—氢”赛道。

（唐倩倩）

全国首座商业化分布式氨分解制氢加氢一体站

【跨区域合作】 2023 年 7 月，广西石油分公司和中铁交通投资集团有限公司，在广西南宁成立合资企业——中铁石化能源有限公司，锚定河南、山东、山西等7个省份的12条高速路段近60座网点开展合作经营，“总对总”创新推动“高速公路+能源供应”业务一体化、规模化、专业化发展。10月底，河南洛阳新伊高速4座加油站作为首批跨区域合作站点投营，获良好收益。中铁合资合作的创新模式获销售企业“十大创新事件”。

（唐倩倩）

【边贸业务】 2023年，广西石油分公司按照集团公司“向海外市场要出路”的要求，立足“东盟桥头堡”区位优势，积极探索开拓东南亚市场。12月，在习近平总书记对越南开展国事访问、视察广西之际，广西石油分公司在做好大量前期工作的基础上，抢抓中越两国发展战略对接机遇，成功将易捷商品通过边境口岸销往越南，标志着广西石油分公司打通与越南的边贸、正贸业务渠道。

（唐倩倩）

【人才队伍建设】 2023年，广西石油分公司召开首次人才工作会议，制订广西石油人才队伍建设发展方案。借助外部师资、专家力量，高质量完成中层干部能力提升培训，首次举办县公司（片区）经理综合能力轮训，开展新能源专项业务培训班，人才队伍素质能力进一步提升。全面落实集团公司深化改革三年行动部署和三项制度改革要求，畅通“三能”机制，获中国石化深化改革三年行动先进单位称号。

（唐倩倩）

【党建工作】 2023年，广西石油分公司顺利召开第一次党员代表大会，高站位开展主题教育。创新“4423”工作机制，切实把主题教育成果转化为现实生产力，经验做法获中央主题教育第四十四巡回指导组的充分肯定。基层党建不断夯实。打造万吨站党支部，建立134个党小组，推动14家地市公司党委176个党支部标准化、规范化、信息化建设进一步提升。党建引领攻坚创效成效明显。开展“机关帮扶基层，党员冲锋在前”行动，在双节、易享节期间组织全区党员帮扶基层活动超3000人次，较好缓解基层压力。

（唐倩倩）

【社会责任】 2023年，广西石油分公司联合自治区商务厅、人民网，开展“农村防疫公益行动”，收到良好社会效益。将龙川中学教育帮扶工作打造成为公益特色品牌，在集团公司直属单位乡村振兴帮扶工作成效考评中被评为“好”，在自治区乡村振兴定点帮扶工作考核中被评为“好”。

（唐倩倩）

广西石油帮扶龙川中学

表1 广西石油分公司主要经营指标

指标名称 \ 年份	2023	2022	2021	2020	2019	2018
成品油经营量/万吨	734.67	663.03	674.28	682.26	699.04	675.74
零售量	549.23	513.33	539.64	533.56	537.83	507.90
销售收入/亿元	635.37	606.29	512.26	421.47	502.35	511.22
利润/亿元	11.83	11.73	10.40	13.21	9.04	6.83
吨油费用/元	363.01	383.49	374.33	346.08	339.32	305.81
加油站总数/座	1 453	1 430	1 393	1 349	1 306	1 278

海南石油分公司

【概况】 中国石化销售股份有限公司海南石油分公司（简称海南石油分公司）位于海口市滨海大道177号。其前身中国石油公司广东省海南公司创建于1953年，1988年海南建省后，挂牌成立海南省石油总公司。1998年9月成建制划转集团公司。1999年7月，集团公司将海南省石油总公司和海南经济开发有限公司的部分资产重组。2000年实行主辅分离，主业成立中国石油化工股份有限公司海南石油分公司，辅业为中国石化集团海南石油总公司（简称海南石油总公司）。2006年，海南石油总公司整体转制为中国石化集团资产经营管理有限公司海南石油分公司（简称海南石油资产分公司）。2014年6月，中国石油化工股份有限公司海南石油分公司更名为中国石化销售有限公司海南石油分公司。2019年2月，按照销售公司改制上市要求，中国石化销售有限公司海南石油分公司更为现名。

海南石油分公司主营汽油、柴油、天然气、燃料油、润滑油及其他化工化纤产品的零售，日用百货便利店经营，汽车清洗服务，销售预包装食品、散装食品、乳制品的经营，零售保健食品、卷烟、雪茄烟等，是海南省成品油供应主渠道，销售网络覆盖海南省陆、海两域。

截至2023年底，海南石油分公司资产总额46.88亿元，有油库4座（库容16万立方米）、在营加油（气）站309座（含合资、他有他营）、液化气站24座，用工总量2583人，马村—洋浦成品油管道112.4千米，马村油库—美兰机场航空煤油管道55千米。海南石油分公司机构设置为15个机关部室（专业中心）、18个市县公司、5个合资公司和1个直属单位。

海南石油分公司主要经营指标见表1。

（李苏芮）

【领导班子调整】 2023年6月7日，于永生不再担任海南石油分公司常务副书记、党委委员职务，另有任用。7月3日，崔勇不再担任海南石油分公司党委副书记、党委委员、纪委书记、工会主席职务，任海南石油分公司二级协理员。10月11日，周永任海南石油分公司党委副书记、纪委书记、工会主席。新一届领导班子成员由李炜、黄河、黄新、蔡文东、舒东鲁、周永6人组成。

（李苏芮）

【经营情况】 2023年，海南石油分公司全方位宣传公司70年发展历程和辉煌成就，进一步汇聚干部员工扛起“两个领军企业”新使命的磅礴力量，以高质量主题教育为引领，以“112100”总体目标为牵引，在新能源高渗透严重冲击中突围突破、奋勇攻坚，争创多项指标新突破，取得鼓舞人心的经营业绩。全年成品油经营总量202.44万吨（含航空煤油），报表利润3.77亿元。经营总量、零售量、天然气销量、非油营业额指标均创近年新高。

（李苏芮）

【产业转型】 2023年，海南石油分公司牢牢端稳能源饭碗，巩固传统业务稳盘固局，拓展新兴业务培育动能，推动单一站点向综合站点转型提质。坚持发展质量和效益，坚定不移抢占重点位置、空白区域网点，提前完成加油站硬投营7座，竞拍优质网点储备用地4块，成功新租5座、续租3座。把握能源转型大势，不断深化新能源发展思路，形成从跟跑、并跑到领跑的发展路径，全年新增充电车位1353个，累计投营1563个，建成具备投营条件的加氢站2座，海南永万加能站“光储充放微电网”试点运行，与大唐公司合作的“光电氢储充一体化”项目通过立项，在“百日攻坚创效”专项行动中，获评新能源发展先进单位。中国石化自贸大厦累计连续安全人工时200万小时，提前实现塔楼核心筒封顶目标，获评海南省QC成果一等奖、国家级AAA文明工地。马村油库—美兰机场二期航空煤油管道于11月中旬正式开工建设。

（李苏芮）

海口永万加能站（陈元平　摄）

中国石化自贸大厦（傅启标　摄）

【风险防控】 2023 年，海南石油分公司以“三基”工作为抓手，从严从实强化合规管理，持续抓牢抓实安全环保底线和经营管理红线。以安全管理强化年为主线，认真落实“三管三必须”“四必”要求，严格压实安全生产责任制，推动各级领导人员深入安全联系点、重要风险点开展安全观察和检查，常态化加强风险识别和隐患排查治理，强化承包商和直接作业环节监管，全年实现安稳运行，在省政府年度应急管理工作考核中，连续 9 年获评优秀企业，在考核的 19 家重点企业中位居第一。持续加强排污许可管理、地下水日常监测和固废危废合规处置，推进服务区、海边站点环保隐患治理，再获集团公司年度绿色企业评审 A 级，有效巩固创绿成果。抓内控制度有效执行，常态化推进资金、发票、税务、信用、虚假贸易风险排查整改，专项规范不动产权证办理，压茬推进涉企法律法规识别和合规性评估，提升经营合规风险管控能力，在集团公司合规管理体系有效性评估中获评 A 档。

（李苏芮）

【改革创新】 2023 年，海南石油分公司聚焦重点难点推动改革攻坚，推动体制机制更加完善，为长远发展注入新的动力和活力。优化小站委托管理，整合 191 座站为 94 个区域管理，推动单人承包多站模式，推进黄金酒店经理层任期制和契约化管理，不断提高运营效率、激发潜力。提前完成中基层领导人员任期制契约化管理，实现管理迈向市场化全覆盖。率先在销售企业推行岗位价值评估，科学完善“三定”编制，规范员工岗位任职资格，为初步构建“职位 + 岗位 + 能力”薪酬体系、推动“一岗一薪”“易岗易薪”打下基础。完善散装油线上登记系统、液化气管理系统、加油站即时薪酬系统、新能源管理信息系统，推进油库智能化改造、加油站智慧化建设，有效推进管理创新上水平。

（李苏芮）

【人才建设】 2023 年，海南石油分公司持续优化队伍结构，为高质量发展赋能智力支撑。深化年轻干部培养选拔，打造高素质专业化干部队伍，实现 2 名梯次人才重点培养计划落地，竞争性选拔中层助理以上人员 4 人。制订人才跟班培养和青年英才“蓄能计划”方案，系统推进专业技术序列队伍建设，选聘专家 2 人、主任师和高级主管 8 人、副主任师和主管 6 人；初、中、高级职称评审共通过 21 人，创历史最好成绩。紧扣“五懂五会五能”，推进全员素质能力提升工程，员工职业技能通过率和任职规范达标率“十四五”期间年度提升不低于 10%。

（李苏芮）

【党建工作】 2023 年，海南石油分公司认真开展主题教育，坚持理论武装和学思践悟，扎实开展读书班、专题党课、辅导讲座，深入学习习近平新时代中国特色社会主义思想深刻内涵、核心要义，跟进学习贯彻习近平总书记视察九江石化重要指示精神，聚焦重点难点问题开展专题调研，有效推进主题教育走深走实。坚持贯通运用“党建 +”“抓书记、书记抓”工作法，深化“组织亮动能、党员亮身份”机制和先锋指数机制，在攻坚创效、服务提升安全生产等方面开展党员责任区、党员示范岗等创先争优活动，成立 33 支党员突击队、170 个党员示范岗、22 支青年志愿服务队，两级机关帮扶基层 158 座站次，党建政治优势转化更加明显。坚持政治生态净化，聚焦主题教育、“靠企吃企”专项整治、销售公司巡察“回头看”问题整改、纪检监督干部教育整顿、“微腐败”等重点任务开展专项监督，筑牢监督防护网。以精文减会瘦群为切入点，开展“2.0”版为基层减负，发文减少 5.2%，工作群解散 63 个，严格会议计划管理，持续改善机关作风，不断巩固基层减负成果。

（李苏芮）

【成立 70 周年庆】 2023 年，海南石油分公司以“壮丽七十载　贯彻二十大 奋进新征程”为主题，举办海南石油分公司成立 70 周年系列活动。

（李苏芮）

海南石油分公司 70 周年庆文艺汇演（陈元平　摄）

【首座站外充电站投营】 2023 年 10 月 12 日，海南石油分公司首座站外充电站三亚机场路充电站成功并网投营。

（李苏芮）

三亚机场路充电站（陈元平　摄）

【首座液冷超充设备正式启用】 2023 年 12 月 24 日，海南石油分公司首座液冷超充设备正式在海口永万加能站启用，实现“一秒一公里”极速补能。

（李苏芮）

海口永万加能站液冷超充设备（陈元平　摄）

表 1　海南石油分公司主要经营指标

指标名称＼年份	2023	2022	2021	2020	2019	2018
成品油经营总量 / 万吨	202.44	174.60	183.80	146.30	154.40	161.40
零售量	129.85	111.90	123.80	110.30	119.10	123.08
销售收入 / 亿元	182.11	167.81	145.98	102.74	123.18	133.67
利润 / 亿元	3.77	3.80	3.40	3.22	3.10	3.40
吨油费用 / 元	408.00	408.00	384.00	366.00	363.00	344.00
加油（气）站总数 / 座	309	313	306	294	289	306

上海化学工业经济技术开发区

上海化学工业经济技术开发区是国家级经济技术开发区，位于杭州湾北岸，规划面积 29.4 平方千米，是以石油化工为主导产业的专业开发区，建成以乙烯为龙头的循环经济产业链、以化工新材料为特色的高端产业集群，成为全国集聚知名跨国化工企业最多、主导产业产品链关联度高、安全环保管理严格、资源循环利用水平领先的化工园区，是国务院规划的国家七大石化产业基地之一，被评为国家新型工业化产业示范基地、国家生态工业示范园区、国家低碳工业园区试点单位、中国智慧化工园区试点示范单位，连续多年排名全国化工园区榜首，蝉联全国唯一“高质量发展卓越化工园区”称号。

化工区创新中心

化工区生态湿地

化工区中法水务公司

化工区安悦苏伊士公司

上海赛科

2023 年，上海化工区全口径实现销售收入 1542.04 亿元，完成工业总产值 1342.78 亿元；固定资产投资 67.59 亿元；区内注册企业利润 72.33 亿元，上缴税金 80.37 亿元；万元产值能耗 0.624 吨标准煤。招商引资创十年来新高，全年完成 90 个项目备案及核准，其中 2 个项目在上海全球投资促进大会上完成签约。安全形势总体平稳可控，全年未发生一般及以上的安全生产事故。环境质量保持优良，区域环境空气中挥发性有机物（VOCs）、二氧化硫（SO_2）、硫化氢（H_2S）、氨气（NH_3）浓度分别为 54.5、6、2.5、10.4 微克 / 米 ^{3}，处于近年来最好水平区间。数字化转型全力推进，华谊新材料入选中国化工行业首家“灯塔工厂”，氯碱化工入选工信部 2023 年度智能制造示范工厂揭榜单位名单。

天津中德工程设计有限公司

智慧加油站的应用

WHO
我们是谁?

WHY
为什么选择我们?

智慧油库的研发

综合能源加注的港湾

HOW
怎样保持竞争力?

WHERE
我们的方向在哪?

未来新型能源的探索

企业资质

公司具有化工石化医药行业（石油及化工产品储运）专业甲级、市政行业城镇燃气工程专业乙级、工程设计电力行业送电工程专业乙级、工程设计电力行业新能源发电专业乙级、工程设计电力 行业变电工程专业乙级、建筑行业建筑工程乙级、工程咨询单位乙级资信（石油天然气）、压力 管道设计资格。

公司业绩

公司参与了中国石化销售企业油库建设及中国石化销售企业智慧化油库建设等标准的编制，先后完成中国石化销售企业300余座油库、几千座加油（气）站及上百座新能源加注站设计及总 承包工作。

公司电话： 022-24155220
副总经理 娄井杰 18602601835

天津市河东区大直沽五号路7号
公司邮箱： tjzd@oildepot.cn

杭氧集团股份有限公司

杭氧 HANGYANG

HANGZHOU OXYGEN PLANT GROUP CO.,LTD.

世界一流的空分设备和低温石化装备供应商
中国气体产业的开拓者和引领者

■国家科学技术进步奖**一等奖**

■石化重大装备首台套国产化**先锋**

■国内百万吨级大型乙烯冷箱市场占有率***排名第一***

杭氧集团股份有限公司（下称杭氧）于1950年建厂，2010年在深圳证券交易所上市（股票代码：002430），是世界一流的空分设备和低温石化装备供应商，中国气体产业的开拓者和引领者。

杭氧是国内第一台空分设备的制造者，大型、特大型空分设备产量和销量全球第一，神华宁煤十万等级空分设备被誉为“大国重器”，总体技术达到国际领先水平；乙烯冷箱等低温石化产品国内市场占有率领先，“复杂原料百万吨级乙烯成套技术研发及工业应用”项目获国家科技进步奖一等奖。在石化重大装备领域具备自主创新技术水平，扛起了引领中国低温石化装备产业发展大旗。

杭氧历获创建世界一流专业领军示范企业、全国制造业单项冠军示范企业、国家服务型制造示范企业、中国质量奖提名奖、国家科学技术进步奖等殊荣。

中国石化宁波镇海炼化有限公司1100 万吨/年炼油和高端合成新材料项目60 万吨/年丙烷脱氢装置

江石油化工有限公司10万等级空分设备

杭州西部应急气源站4500立方米LNG贮槽

福建福华气体有限公司4万米³(标准)/时空分装置

集团邮箱： hygroup@hangyang.com

乙烯冷箱、CO/H_2深冷分离装置、H_2S深冷提纯装置、合成气深冷分离提取LNG装置、液氮洗冷箱、烷烃脱氢深冷分离装置、氢气提纯及加氢站：

电话： 0571-85869320

邮箱： jinkj@hangyang.com

空分设备、成套部机、调试维护：

电话： 0571-85869701、0571-85366166

邮箱： mali@hangyang.com

常压贮槽、真空贮槽、水浴式汽化器、其他压力容器：

电话： 0571-86395666、0571-89029660

邮箱： tank1@hangyang.com

湖北侨光石化装备股份有限公司

湖北侨光石化装备股份有限公司（湖北侨光）创建于1984年，位于湖北省仙桃市彭场镇太子湖工业园，占地面积约106000平方米。

湖北侨光是中国石化、中国石油、中国海油三大集团公司的资源市场成员厂和一级供应网络单位，并与中石化石油化工科学研究院有限公司和中石化工程建设公司等石化央企单位建立了长期的横向技术合作，主导产品有吸附塔格栅内件、加氢反应器内件、重整反应器内件、塔内件、炉内件等。

湖北侨光2009年参加中国石化“芳烃技术”攻关团队，获中石化工程技术公司和独家授权许可，生产中国石化自主知识产权成套芳烃生产技术核心装备——吸附塔格栅内件，已完成17套相关工业装置的生产应用。此外，湖北侨光还获中石化石油化工科学研究院有限公司授权生产高效加氢反应器内件、蒽醌法制双氧水反应器内件、萃取塔盘等塔内件，在国内反应器内件生产领域名列前茅。

湖北侨光现有员工82人，其中具有高级职称人员7名，高级技工15名。于2002年通过ISO9000质量体系认证，拥有国家级高新技术企业证书，建有市级企业创新中心、市级校企联合创新中心。2024年3月与中石化石油化工科学研究院有限公司共建了”高端电子材料和装备制造联合实验室”，并于2022年获批工业和信息化部国家级高精特新“小巨人”企业。

许继电源有限公司

许继电源有限公司成立于1994年，公司位于河南省许昌市中原电气谷新能源产业园。公司占地面积达2.9万平方米，公司产品覆盖电力电源、电动汽车充换电、光储充、特种电源、机器人、船舶岸电、电能质量治理等高新技术领域，拥有“国家能源局主动配电网研发中心”“河南省智能充电技术重点实验室”“国家电网公司电动汽车充换电技术实验室”等省部级创新平台，拥有CNAS认可的环境和电磁兼容试验能力，具备国际先进的电动汽车充电系统试验研究体系。

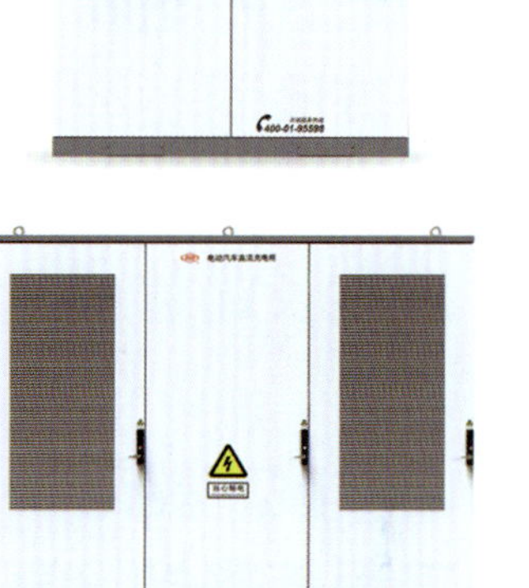

分体式群控直流充电机

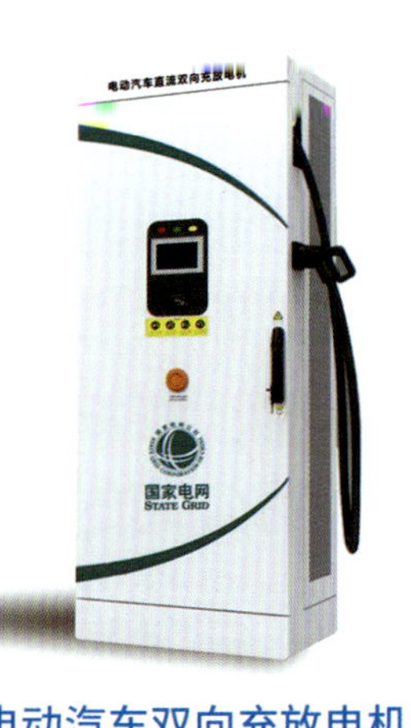

电动汽车双向充放电机

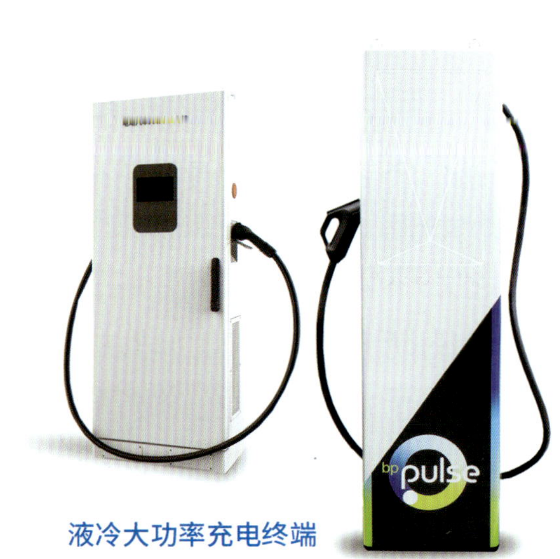

液冷大功率充电终端

产品覆盖电力电源、电动汽车充换电、光储充、特种电源、机器人、船舶岸电、电能质量治理等高新技术领域

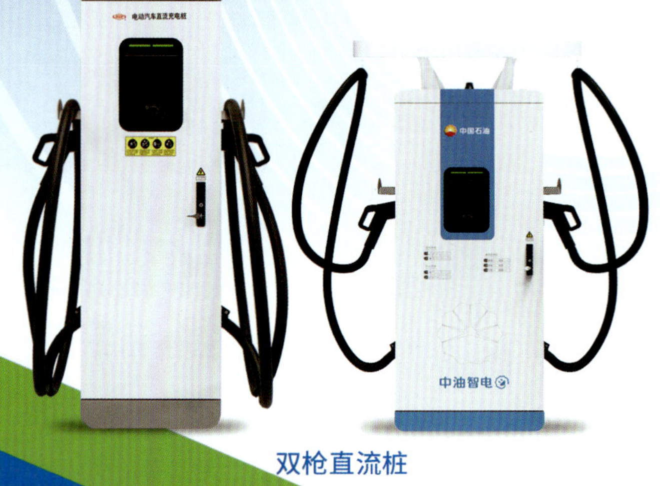

双枪直流桩

小功率充电桩

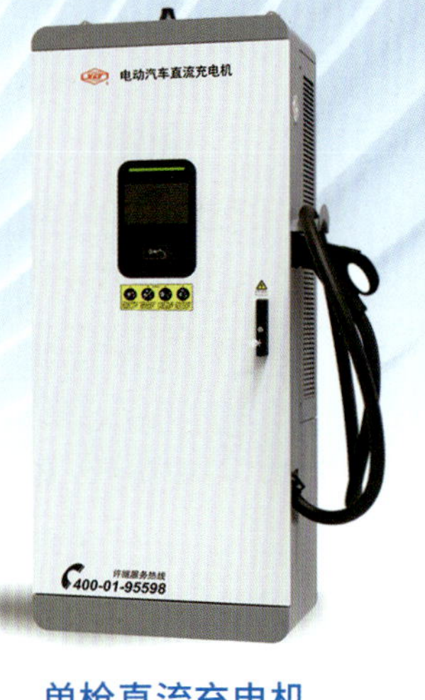

单枪直流充电机

原油储罐新型长效环保涂料
中国石化联合开发产品

原油储罐浮顶受钢板变形、高温、长期积水、盐分腐蚀等因素影响，涂层在短期内发生失效，造成严重的钢板穿孔乃至更换浮盘，损失巨大。由中国石化与云湖涂料联合开发的新型长效环保涂料有效的解决了以上问题，目前在国储库、商储库、炼化企业等大型油罐上陆续推广使用，得到了一致好评。同时依托此技术形成了各类储罐包括壁、内壁的新型长效环保涂料的综合解决方案，助力达成中国石化防腐绝热质量提升目标．新建15年，检维修10年。

储油罐浮顶上表面

- 环保型石墨烯环氧富锌底漆
- 环保型纤维改性环氧云铁中间漆
- 环保型氟改性复合涂料

储油罐内壁

- 无溶剂耐油导静电涂料
- 无溶剂环氧耐油绝缘防水涂料
- 无溶剂环氧酚醛涂料

储油罐外壁

- 高固环氧富锌底漆
- 高固环氧云铁中间漆
- 高固脂肪族聚氨酯面漆

哈尔滨天源石化工程设计有限责任公司

集团简介

天源石化集团是集咨询设计、智能智慧、运营服务、运维保障为一体的高新技术企业。集团总部位于哈尔滨市，在北京、上海、广州、沈阳、武汉、西安、济南、乌鲁木齐、重庆、昆明、合肥、成都设有分公司，在各省会城市设有常驻办事处，并在美国、澳大利亚、阿联酋等国家设立5家海外子公司。集团具有化工石化医药行业专业甲级、油气加工专业乙级、油气库专业乙级、建筑工程乙级、电力行业变电工程乙级、电力行业新能源发电乙级、电力行业送电工程乙级、石油化工工程施工总承包二级、电子与智能化工程专业承包二级等资质，通过质量管理、环境管理、职业健康与安全管理、信息安全管理、信息技术服务体系认证。

发展历程

2003年 成为中国石油一级供应网络会员商；

2004年 评为黑龙江省质量诚信企业；

2010年 完成中国石油12项行业标准编制；

2011年 入围中国石油一级工程设计和施工单位名单；

2012年 获得中国石油健康安全环境管理体系认证；

2017年 中国石油加油站建设标准；

2020年 通过国家高新技术企业认定，通过质量管理体系（ISO9001）、环境管理体系（ISO14001）、职业健康与安全管理体系认证（ISO45001）；

2021年 通过黑龙江省企业技术中心认定；

2022年 通过黑龙江省专精特新企业认定，通过CMMI ML3评估，并通过信息安全管理体系（ISO27001）、信息技术服务体系（ISO20000）认证。

创新能力

集团专注于技术创新，组建研发中心、设计中心和产品试制基地，拥有专业研发和设计人才团队，其中博士、硕士、高级工程师等高级人才104名，积极参与并引领国内石化储运行业新技术发展，技术创新取得丰硕成果，共计获得专利118项，软件著作权78项，完成加油站、油库设计咨询6万余座，编制各类标准66项，打造出中石化江西麦庐综合能源站、安徽合肥大众和北京酒仙桥充电站、海南临高服务区综合商业体、工业大道数字化高精度BIM设计加油站等一批设计精品，研发出数字化油库、光储充并检一体化系统等深受客户好评的爆款产品。

配套图片

综合能源站

杭州南星桥

充电站-安徽大众

中石化海口工业大道

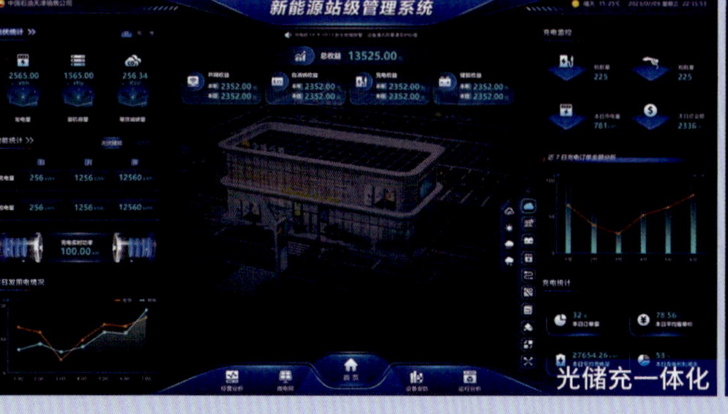

光储充一体化

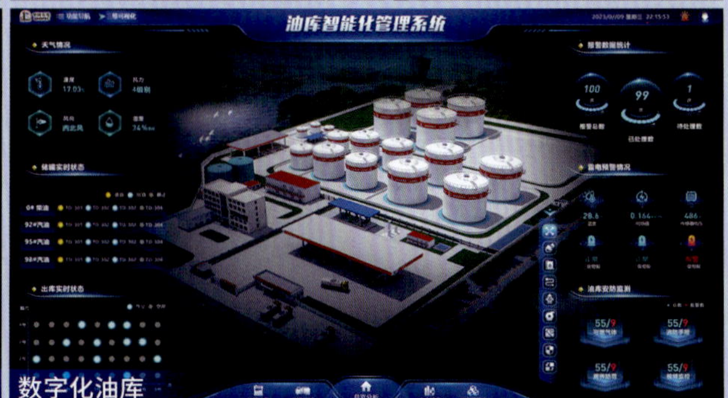

数字化油库

石家庄元南站形象提升改造项目

迎宾加油站

万全油氢合建站

海川集团

海纳百川 厚德载物

海川集团

海川集团，注册资金壹亿元整，是能源零销终端集研发、设计、施工、设备、广告形象标识装修、投资运营服务为一体的高新技术企业，专业从事加油站、加气站、油库、充（换）电等能源销售终端及新能源（加氢、光伏）的全产业链一站式服务。截至目前业务范围已经覆盖28个省、自治区、直辖市。

海川集团投资运营版块是集团董事长提出的在油、气、氢、电全生态链发展规划中，在能源零销终端竞争日益激烈、市场监管、税务管控、环境保护等各方面严格监管情况下，传统的经营模式已经无法满足当前市场的需求情况下成立。业务范围包括：能源行业项目投资，品牌形象策划，内外管理，线上、下营销等业务。通过打造自主品牌、数字化智慧系统、营销策划团队（智慧大脑）、新媒体运营四个模块组合，搭载互联网、大数据、人工智能AI等技术形成一套易复制、可推广的运营管理体系和方案。

“海川能源”为我们的品牌，目前实际经营加油站十余座，线上营销服务加油站近百座。我们的理念：油+非油+会员体系=海川能源为您的高品质生活加油！为爱加油！

河北海川能源科技股份有限公司

河北海川能源科技股份有限公司成立于2010年，是海川集团旗下专业从事能源终端产业链工程设计的公司，注册资本金5000万元。公司拥有化工石化医药行业（石油及化工产品储运）专业甲级、化工石化医药行业（化工工程、炼油工程）专业乙级、市政行业（城镇燃气工程、热力工程）专业乙级、电力行业（新能源发电、变电工程、送电工程）专业乙级、建筑行业（建筑工程）乙级、轻型钢结构专项乙级、建筑幕墙专项乙级、建筑装饰专项乙级设计资质、工程咨询单位乙级资信资质、特种设备压力管道设计许可证等。

海川能源是一家致力于能源服务领域，集工程项目咨询、设计、研发、管理于一体的技术服务型公司。公司主营业务涵盖加油（气、氢）站、油（气）库、市政燃气及热力工程、建筑工程、新能源发电及送变电工程的全过程工程设计及技术咨询服务。

公司现有职工近三百人，其中中、高级工程师、注册人员占比50%以上。公司业务覆盖范围达到28个省市地区，先后成立了江苏分公司、陕西分公司、海南分公司、山东分公司、上海分公司。

海川1号

地址：石家庄市裕华区谈固东街150号1号商业楼 电话：0311-89251168 网址：www.hai-chuan.net

因蓝 | 而蓝

工业余热回收 / 区域供暖供冷 / 工艺低温冷却解决方案

- 绿色环保制冷剂；
- 民族品牌，离心压缩机及机组自主设计制造；
- 可用于能源站区域性供暖供冷、生产工艺节能降碳改造和低温冷却；
- 以中深层地热水、中水、油田回注水、工业余热等作为冷热源；
- 标准型、高温型、特高温型、低温型，适用各种工况；
- 特殊工况可订制，达到最优的应用效果。

离心热泵（制冷）机组

工业余热回收

中深层地热水梯级利用

中水海水利用

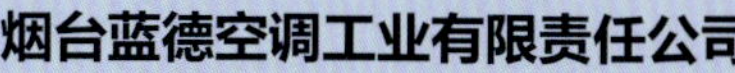

烟台蓝德空调工业有限责任公司

地址：烟台市莱山区蓝德路3号　　网址：http//www.landac.net.cn
电话：0535-6726582 6726583　　邮箱：market@landac.net.cn　　服务热线：400-6582531

包头北方创业有限责任公司

包头北方创业有限责任公司隶属于内蒙古第一机械集团股份有限公司，是中国兵器工业集团公司重点发展民品制造企业。围绕兵器工业集团和一机集团发展规划，公司确定“一核心两支撑”发展战略，铁路货车为核心主业，战略性新兴产品和集装箱、压力容器为支撑业务。多年来，公司始终保持稳健发展势头。

公司拥有完备的铁路货车和机械制造保障体系，先后通过EN15085、TSI、EC、CRCC、IRIS、ISO9001、ISO14001、ISO45001以及AAR等认证。2019年公司被评为全国机械行业先进集体，是国家“专精特新”小巨人企业、高新技术企业、内蒙古自治区十大科技名牌企业、内蒙古自治区企业技术中心和研发中心。

公司目前拥有200余人的科技人才队伍，具有铁路车辆整车、转向架及相关配件的研发设计能力。成立30多年来，相继研制了敞车、罐车、平车、棚车、漏斗车等覆盖60吨级到100吨级的全系列车型，累计向国内外市场提供了近10万辆铁路货车整车产品。产品市场覆盖大洋洲、亚洲、非洲、北美洲、欧洲、南美洲等部分国家和地区。

GL70型沥青罐车

该车用于运输沥青介质，采用整体保温人孔等新型保温结构及保温性能良好的保温材料，提高了保温性能；采用改进型保温旋塞阀，提高密封性和可靠性；加热装置采用火焰加热方式。可实现上装下卸作业。

GL70型沥青罐车（电加热方式）

该车主要用于运输沥青介质，采用电能驱动加热系统，较火焰加热卸料效率提升30%，成本降低40%，加热卸料过程无废气排放，清洁环保，能够更好的满足用户对沥青罐车的使用要求，符合国家绿色、环保战略的发展规划。可实现上装下卸作业。

GN70型粘油罐车

该车用于运输原油、润滑油、重柴油等化工介质，装卸方式为上装下卸，可利用地面装卸设施成列装卸，罐体底部设置蒸汽加热系统，罐体采用斜底结构，卸净率高。

C80型铝合金运煤敞车

该车是运煤专门敞车，能适应既有自动化装载机煤炭装载作业要求，与现有翻车机及附属设备相匹配，实现不摘钩连续翻卸作业，并且能够适应解冻库的要求。

经过多年的建设发展，公司已建成行业领先水平的中梁、底架、侧墙、端墙、车体、涂漆等生产线。拥有各类机械、动力设备1120余台（套），各类检测设备60余台（套），轮轴、车体制造等关重制造工序、检测工序配置了由意大利、美国、德国等国家进口的车床、镗床、磨床、焊接机器人、红外光谱仪、热失重分析仪等先进设备。具备年产整车10000辆生产能力；压力容器具有A2级设计制造资质；非标装备有前沿的设计手段和强大的加工制造能力。

聚焦发展、展望未来，北方创业始终坚持党的领导，履行社会责任与担当，以市场需求为牵引、以科技创新为动力，以优质服务为宗旨，以体系化管理助推高质量发展，全面打造一流铁路车辆研发制造企业。

GHA70型醇类罐车

该车用于运输甲醇、乙醇等醇类介质及与其物化性质相近的轻油类产品，装卸方式为上装上卸，罐体采用斜底结构，具有容积大、卸净率高等特点。

GQ70型轻油罐车

该批车为国铁集团批量采购用车。监造完毕，整装待发。用于运输汽油、煤油、柴油等轻油类介质，可使用地面装卸设施进行成列装卸作业，装卸方式为上装上卸。罐体采用斜底结构，卸净率高。

调径变矩式抽油机

该产品是在常规油梁式抽油机的基础上演化而成，它不仅保持了常规机结构简单、工作可靠、操作维护方便等优点，还具有运转平稳、节能、综合效率高等优点，是一种较理想、较先进的地面采油设备。

GXLD20型电加热沥青罐式集装箱

该产品作为危险货物的运输装备，实现了一箱多用的功能。该罐箱实现了电加热技术、多段弧罐体技术、大容积封头技术等应用，具有低成本、智能化、人性化、绿色环保等技术优势，满足公路、铁路、水路的运输设备与移动式储存库使用，该罐箱可逐步取代既有火焰加热方式的沥青罐式集装箱。

20英尺重油罐式集装箱

用于装运重油及与重油物理、化学性能相似的货物，具备加热及保温功能。该箱在标准限界内达到了容积最大化，适用装载多种密度的重油类介质，解决低密度介质装载亏吨问题。

X70型集装箱专用平车

该车运输单箱总重≤35吨、外形尺寸符合ISO0668规定的两个20英尺（1英寸≈0.3米）集装箱或一个40英尺集装箱。车体两端采用固定式锁闭装置、车体中间采用推拉翻转式锁闭装置。推拉翻转式锁闭装置采用改进型F-TR锁、具有良好的抗空箱倾覆性能，提高了安全性。

泽普林固体物料技术（上海）有限公司

泽普林集团（Zeppelin GmbH）创立于1950年，由生产出世界上第一台硬式飞艇的齐柏林飞艇制造有限公司发展而来。现已成为全球具有实力的物料处理系统行业供应商和领导者，业务覆盖石油化工、轮胎橡胶、塑料加工、食品加工工厂等领域。

1988-1998年，为加强在国际设备制造市场上的运作，泽普林（Zeppelin）在石油化工的主要市场（比利时、意大利、印度、新加坡、美国）创立了分公司。目前，泽普林集团已经在五大洲建立了分公司。

自1992年至今，泽普林分别收购了AVT设备和销售技术有限公司、Motan Materials Handling 有限公司、mht Ludwigsburg公司、FAT Filtertechnik公司、Reimelt-Henschel公司和KOKEISL-Dosiertechnik公司，使得集团全面跨入PVC加工和配混市场，掌握了固体物料技术设备制造核心领域的气力输送技术，具备了橡胶加工和塑料配混方面的专业能力，可以建立自己的过滤技术产品线用以开发生产工艺中的过滤器特种用途，进一步增强了在计量技术领域的专业能力。并将之前的业务领域扩展到食品加工技术、混合技术和液体加工技术。

2010年，为适应需求逐渐旺盛的石油化工行业与不断发展的中国市场，泽普林固体物料技术（上海）有限公司成立。

泽普林固体物料技术（上海）有限公司位于上海市嘉定区，拥有强大的工程设计团队和先进的产品制造能力，形成了销售—工程设计—制造—安装运行—售后服务一套完整的组织架构。以大型聚烯烃固体物料气流输送系统设计以及成套设备供货为主，兼顾化工行业其他固体物料处理工程系统和各种其他小型工程系统及配套能力。自主开发制造相关配套非标设备，并且形成了系列化和规模化。截止2023年底，泽普林上海公司已在国内各地交付运行或即将交付运行的大型风送装置已达百余套，各类大型料仓总计超过1000台。并与中国石化等其他众多大型石油化工类企业建立了良好合作关系。

目前，泽普林固体物料技术（上海）有限公司主营固体物料输送、混合、分离、除尘等系统成套设计、供货以及对旧装置设备进行全方面升级优化，装置生产上的消缺改造业务，以及料仓设计及制造、物料清洁单元、冷却器、气体调节装置AQU、旋风分离除尘器、固体物料掺混和均化设备核心部件设计及制造、各类过滤元件、倒袋设备和卸袋设备、混料机和摇罐器及其他非标设备。

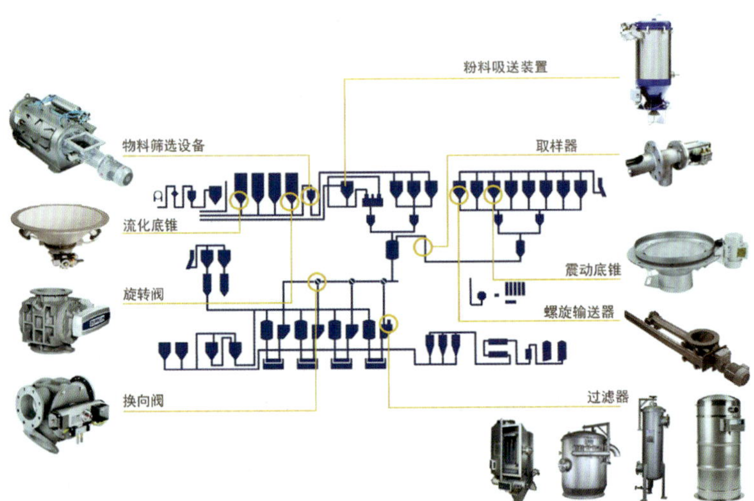

此外，为更好地提供客户服务，泽普林固体物料技术（上海）有限公司在以上海为中心在全国几大片区均建有售后服务中心（新疆地区办事处，陕西内蒙地区办事处，东北地区办事处，华东华南地区办事处），可以及时对用户提供快速反应及优质的现场服务。我司可在收到贵公司售后要求后24小时内到达现场提供现场服务及保修期服务。

成立以来，泽普林始终秉承着精益求精、客户至上的经营理念，以匠心生产每一个产品。在未来，我们也将秉承初心，在固体物料技术领域中开拓出新的天地。

地址：上海市嘉定区兴文路1058号　　邮箱：shu.feng@zeppelin-china.com

电话：021-6733 9807　传真：021-6733 9998　　网址：www.zeppelin.com

灵隼ZT-3VS

远度固定翼
ZT-25V

大疆机场

石油化工行业应用

大翼航空的空地协同无人系统应用方案在石油化工行业具备应对复杂环境的能力，可快速、高效地巡检管道，及时发现安全隐患。系统能采集图像数据并分析、定位问题；搭载气体检测设备实时监测泄漏，迅速传输信息启动应急响应，减少事故损失。同时，系统还能定期监测周边环境，评估污染情况。该系统提高了行业安全性和效率，降低了生产成本和风险。

发展方向

展望未来，大翼航空将继续秉承“开放、专注、服务”的宗旨，加强与石油化工行业的合作，提供贴合实际的解决方案。公司将加大研发投入，推动无人机、物联网、北斗系统等技术创新，为石油化工行业数字化、智能化升级贡献力量。

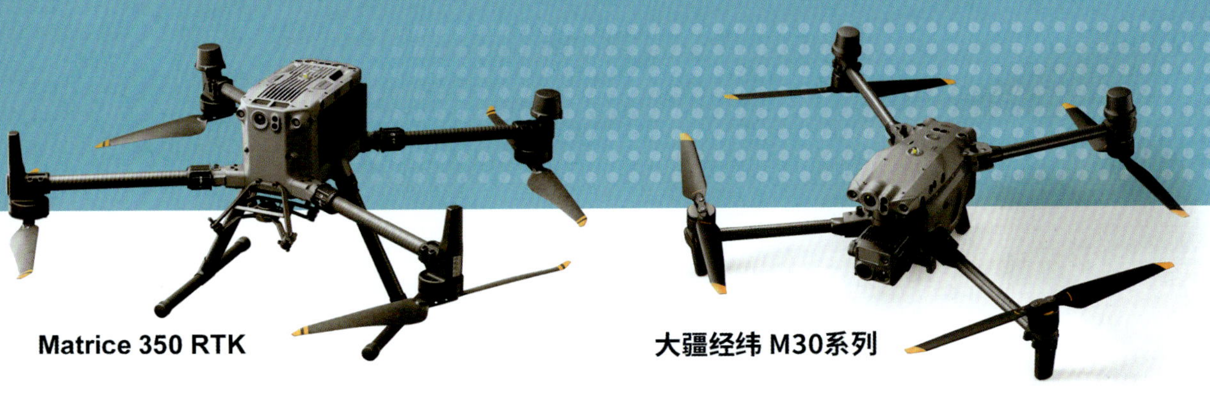

Matrice 350 RTK

大疆经纬 M30系列

四川川锅锅炉有限责任公司

全厂航拍图

数字化大厅

公司简介

四川川锅锅炉有限责任公司位于天府之国“成都”，是世界500强北京建龙重工集团有限公司的全资子公司。公司始建于1968年，是首批取得国家A级锅炉制造许可证的八家企业之一，专业从事高效节能锅炉及辅助设备的研发、设计、制造、安装及运营服务，并获“中小型锅炉高效节能技术国家地方联合工程研究中心”“国家企业技术中心”“国家高新技术企业”“国家服务型制造示范企业”“国家智能制造优秀场景”等国家级企业荣誉称号。

公司秉持“为客户创造价值、为员工建设美好、为社会改善环境”的企业使命和“利人惠己、永续经营”的经营理念，致力于发展成为“工业绿色能源高效清洁利用的引领者”。

设备展示

全球舞台，尽显风采

公司坚持绿色发展理念，先后开展了国内多个重大装备首台套的研发和国家及行业标准制定的工作。产品遍布全国各省、市、自治区，并出口德国、日本、印尼、巴基斯坦、哈萨克斯坦、印度、马来西亚、阿尔及利亚等国家，市场营销范围覆盖欧亚，并在德国建立了独立的销售渠道。

工业绿色能源高效清洁利用的引领者

千锤百炼，产品精魂

荆门石化280万吨催化裂化双压余热炉

燃气（油）锅炉

拥有多年燃气（油）锅炉的开发研制经验，有10多项专利技术，锅炉效率高，超低排放，满足纯烧、掺烧多种燃料需求，产品涵盖75吨/时—680吨/时系列。主要业绩：中国石化镇海炼化4×410吨/时燃气锅炉和2×220吨/时燃气锅炉、海南炼化410吨/时燃气锅炉、中油阿克纠宾油气3×330吨/时燃气锅炉、齐鲁石化300吨/时燃气锅炉、中韩石化300吨/时燃气锅炉、古雷石化260吨/时超高压油气锅炉、吉林石化2×220吨/时超高压油气锅炉、湖南长岭石化90吨/时角管炉等。

煤粉炉

1980年开始煤粉炉的研发，通过多年的积累，形成了65吨/时—1217吨/时、蒸汽压力参数覆盖中压至亚临界的系列产品。拥有可调水平浓淡不均等周界风燃烧器、三次风低NO_x燃烧器等二十余项专利技术。主要业绩：中国石化巴陵项目4×480吨/时、260吨/时煤粉炉、齐鲁石化2×410吨/时煤粉炉、四川维尼伦240吨/时煤粉炉、金陵石化2×220吨/时煤粉炉、天津石化2×220吨/时煤粉炉、独山子石化2×220吨/时煤粉炉、中泰石化160吨/时煤粉炉、新疆天盈石油化工130吨/时煤粉炉、中国石油河南分公司75吨/时煤粉炉等。

中石化巴陵4×480吨煤粉炉

催化裂化余热炉

1990年开始从事催化余热锅炉的设计及制造工作，技术先进成熟。余热锅炉配套业绩从60万吨到480万吨催化裂化装置及CO补燃，蒸汽压力参数覆盖低压、中压及高压，可实现一台锅炉产两种不同参数的蒸汽，并具有余热锅炉模块化设计及制造的业绩及能力。主要业绩：中国海油惠州炼化480万吨催化裂化余热炉、大连石化350万吨催化裂化余热炉、上海石化350万吨催化裂化余热炉、中化泉州340万吨催化裂化余热炉、荆门石化280万吨催化裂化双压余热炉等。

镇海炼化4×410吨/时燃气锅炉

制氢加氢装置余热炉

配套业绩有8万米³（标准）/时、10万米³（标准）/时制氢装置转化气余热炉，蒸汽压力参数覆盖低压和中压。主要业绩：克拉玛依6万吨/年加氢装置转化气余热炉、独山子石化8万米³（标准）/时制氢装置转化气余热炉、中国海油惠州炼化10万米³（标准）/时制氢装置转化气余热炉等。

重整装置余热炉及其他石化产品

配套业绩有60万吨、120万吨余热炉，蒸汽压力参数为中温中压。主要业绩：辽河石化60万吨/年连续重整装置余热炉、四川石化炼化一体化工程120万吨/年连续重整装置余热炉。其他石化产品有硫磺回收装置及外取热汽包等压力容器等。主要业绩：乌鲁木齐炼化4万吨/年硫磺回收装置（尾气焚烧炉）、大庆石化外取热汽包、连排定排、大港石化高温取热炉等。

古雷石化260吨/时超高压油气锅炉

加入威立雅的生态转型计划

为工业现场客户提供坚实的环境方案保障

2006年，**威立雅与燕山石化建立合作**，服务范围从现场的工业废水处理扩展到了燕山石化整个水循环的运营、维护和升级。威立雅利用创新的方案、尖端的技术提供高质量的工艺水供应，满足各工业单元不同的标准需求，实现全年经处理污水平均达标率100%，并且持续提升现场的污水回用率，帮助燕化实现降碳和资源再利用，确保地区的生态用水未来。

依赖于超标准水处理技术和达到世界最严格排放标准的稳定水质，威立雅与燕山石化携手将8万平方米的氧化池演变成为一处湿地公园，并面向公众开放。生态友好的水资源吸引并滋养着整个牛口峪湿地的生态系统，孕育着多样物种超过200余种，包括数类IUCN红色名单的濒危物种。牛口峪湿地，作为全球实践案例，被世界可持续发展工商理事会、商业自然联盟、世界自然基金会等多家机构联合收录在**《企业生物多样性保护案例集》**中。

中澳煤层气能源有限公司

中澳煤层气能源有限公司（以下简称中澳公司）是一家从事致密气及煤层气勘探开发一体化的能源公司，于2005年7月在澳大利亚珀斯注册，并于2006年7月在国家工商总局获准在中国境内从事煤层气、天然气勘探、生产经营活动。

中澳公司、中国石油天然气集团有限公司和中国石油化工股份有限公司合作的三交北项目，根据产品分成合同合作勘探开发山西省吕梁市临县天然气资源，中澳公司和中联煤层气有限责任公司（中海油全资子公司）合作的临兴项目，根据产品分成合同合作勘探开发位于山西省吕梁市临县和兴县的天然气资源。

其中与中国石油天然气集团有限公司和中国石油化工股份有限公司合作的三交北项目西区总体开发方案2019年9月已通过评审并在国家能源局备案。建产年生产规模3亿立方米。

与中联煤层气有限责任公司合作的临兴西及临兴东尚义区项目储量报告已经获得自然资源部批准。临兴项目总体开发方案一期已于2021年2月通过评审并在国家能源局备案，建产年生产规模14亿立方米，二期方案已通过评审并于2023年12月在国家能源局备案，建产年生产规模5亿立方米。

中澳公司持有的三交北及临兴西、临兴东尚义区项目是山西省自然资源厅挂牌推动的省十大重点油气项目。

中澳公司在致力推动山西省增储上产三年行动规划工作的同时，积极履行其企业社会责任。参与当地精准扶贫项目帮扶项目所在地乡镇钻探水井、建立图书室和教育发展项目。

不忘初心、砥砺前行。中澳人将继续努力为中国国家油气事业以及当地社区可持续发展做出贡献！

集气站

双钻机现场作业

BDO 立信

华锦阿美石油化工有限公司

华锦阿美石油化工有限公司（HAPCO）成立于 2019 年 12 月，立足于满足国内市场对中高端产品和依赖进口产品的需求，以国家鼓励支持的化工新材料和高端精细化工产品为重点发展方向，以建成集约化、高端化、差异化、智能化、绿色化的国内领先、世界一流石化及精细化工产业基地为目标。

公司正在建设的精细化工及原料工程项目，是由中沙两国元首见证签约并推动的中沙全面战略合作项目，被纳入国家第二届“一带一路”国际合作高峰论坛成果清单和国务院部署重大利用外资项目工作专班协调范围，已列入《国家石化产业规划布局方案（修订版）》和《国务院支持东北振兴若干重大政策举措的意见》并获得政府核准批复。项目建设选址位于辽宁盘锦辽东湾国家级经济技术开发区，是辽宁沿海经济带主轴上重要的节点，具备与大连、营口沿海一线产业相互呼应、协调发展的基础优势，公路、铁路、海运交通运输便利，物流条件优越。项目总投资 837 亿元，主要建设内容包括新建 1500 万吨 / 年炼油、165 万吨 / 年乙烯等 32 套生产装置及配套设施。项目投产后，预计年销售收入 1000 亿元以上，对促进辽宁乃至东北地区经济发展、振兴东北老工业基地具有积极的意义。

乙烯装置

业主码头

电话：0427-3336666
传真：0427-3337666
邮箱：huajinaramco@hapco.com.cn
地址：辽宁省盘锦市大洼区中华南路 9 号

建设现场全景

北京瑞赛长城航空测控技术有限公司

公司系北京长城航空测控技术研究所（航空工业634所）的控股子公司，隶属于中国航空工业集团（AVIC）,是从事易燃易爆环境和特种环境和特种环境测控系统及测控设备研究、发开与制造，并提供监测、管理、控制一体化的整体解决方案（技术支持、工程服务、软件开发）的高新技术企业，公司产品服务中国石化40余年，是多项储罐自动计量国家标准和规程的起草单位之一。

数字化生产 智能化安防 智慧化运营

公司设计的油库智能化系统响应中国石化销售公司《油库智能化建设标准》，将油库分散的自动子系统和仪表，结合物联网、大数据、人工智能等技术进行一体化整合、实现油库生产作业自动化、全监控智能化、业务管控一体化的数智化建设目标。

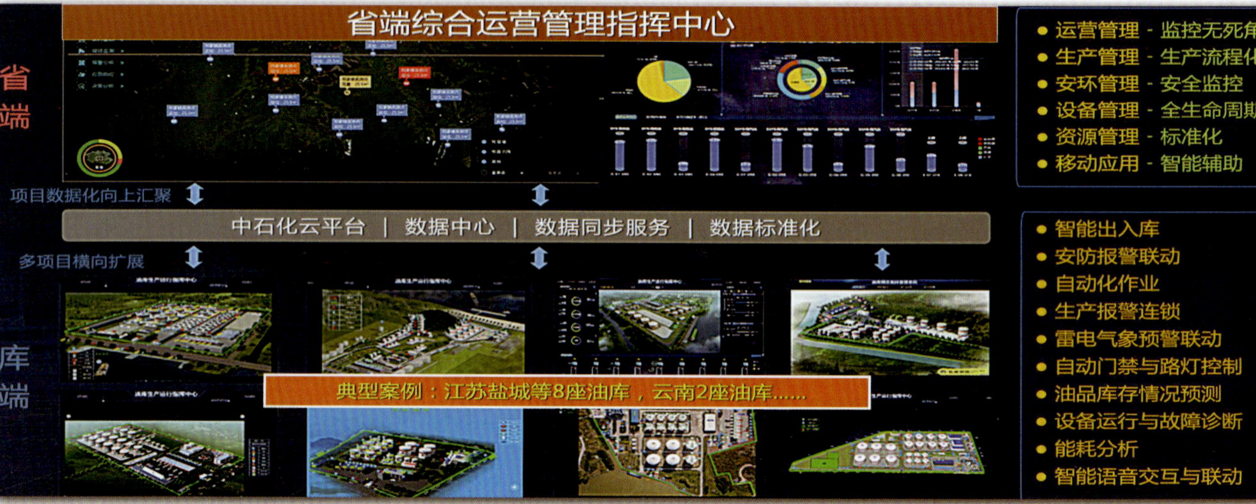

安全连锁 紧急切断 SIS系统

随着国务院安委办、应急管理部对于危化品生产经营单位安全管理要求的提升，以及《化工和危险化学品生产经营单位重大事故隐患判定标准（试行）》推出，公司响应政策要求，采用SIS理念设计的安全连锁系统，通过液位开关、SIS系统PLC(iec508 SIL2)、安全继电器、电动阀及系统软件实现高低液位报警与生产运行装置阀门机泵的连锁联动，满足《GB/T 50770-2013石油化工安全仪表设计规范》，根据SIL定级要求，经过回路验算确保SIF回路满足安监标准。

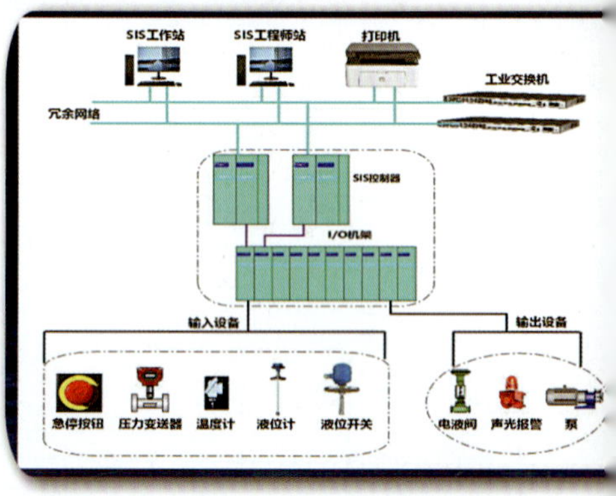

储运测控 自动计量 油气回收

石油石化储运自动化产品主要有：油库储运自动化控制系统、油库储运安全监控系统、储罐自动计量系统（含液位仪、密度计、温度计、罐前处理器以及自动计量软件；油库储罐计量方面是6项国家标准、1项国家计量检定规程起草单位之一）、标准表法全自动在线计量检定系统、油气回收在线监控系统、VOCS在线监测系统。

北京瑞赛长城航空测控技术有限公司
公司地址：北京市北京经济技术开发区隆庆街甲10号 业务咨询：李植楠 18518073897/ 010-67861086

浙江驿公里智能科技有限公司

浙江驿公里智能科技有限公司是一家集研发、智能制造、销售、运营于一体的高科技公司。公司致力于发展无人化产业，推动行业生产效率变革，实现让技术为人服务的使命。目前公司已获专利200多项，其中发明专利50多项。产品包括“A0"系列智能水枪、“A1"系列智能洗车机器人、“A3、A5"系列无人龙门式洗车机、“A7、A9"系列无人隧道式洗车机及驿公里能源臂等。

自2018年与中国石化各省市公司开展合作以来，全国已累计落站4000余座，覆盖198座城市，大大提升了加油站综合服务水平和市场竞争力，已成为中国石化忠实可靠的合作伙伴。

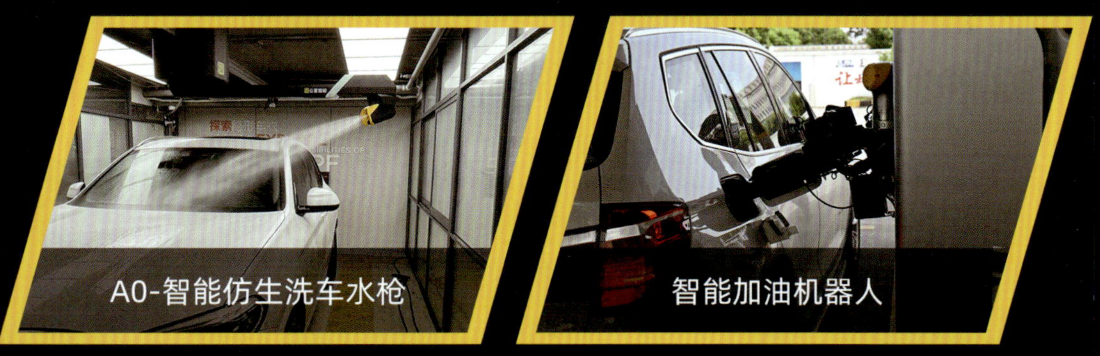
A0-智能仿生洗车水枪

智能加油机器人

中国石化易捷新形象
隧道式无人值守洗车机

中国石化易捷新形象
龙门往复式洗车机

中泽油服 为国家油气勘探开发事业贡献力量

四川中泽油田技术服务有限责任公司是经中国石油化工集团公司批准，由中国石化西南石油局有限公司与四川泽英油田技术服务有限责任公司合资组建的混合所有制油气田专业技术服务公司。公司成立于2016年，总部位于四川省成都市高新区。

公司现有员工4200余人，其中石油工程、资源勘查工程、油气储运工程等主干专业研究生学历32人，大专及以上学历1900人。同时，获全国五一劳动奖章1人、四川省五一劳动奖章2人、四川工匠1人、获成都市五一劳动奖章1人、成都工匠8人、高新工匠16人，中高级职称管理人员56人，高级技师100人，中、高级工共559人。

公司践行“走出去，强起来”战略，国内业务项目主要分布在川、渝、滇、黔、湘、陕、甘、新等8个地域，国外项目主要分布在科威特、沙特等地。经过八年的蓬勃发展，公司整体构建了“两主一支多元”业务格局，以油气采集输一体化、油气田专业技术服务为两大核心主业，以油气化工领域高端人才服务为业务支撑，配套土建、环保、电力承装修试等多元业务板块。业务覆盖油气采输、管道巡护、钻前钻后、钻井工程、工程测井（动态监测）、地质录井、大小修井及相关专业领域，具备高压、高含硫气田油气采输、净化作业和稠油开采的生产操作能力。

点赞2023 我喜爱的中国品牌

中泽油服

二〇二三年五月十日

四川技能大赛

2021年四川省中国石化系统职业技能竞赛

优秀组织奖

四川技能大赛职业技能竞赛组委会

二〇二一年十一月

近年，公司科技创新成果丰硕，累计取得国家新型实用发明专利28项、获独家授权代理技术2项，荣获成都市高新区第四届创新创客大赛二等奖，科创成果转化成效显著。

作为中国石化混改的试验田，中泽公司一直奉行“以技能为基础、以技术为支撑、以创新为驱动”的发展理念，以安全、优质、专业服务为核心，专注提升服务品质，致力打造成国内一流油气田专业技术服务公司，为国家油气勘探开发事业贡献中泽力量。

四川中泽油田技术服务有限责任公司

四川省天然气投资集团有限责任公司

加快打造省内一流、国内领先的

天然气投资全产业链企业集团

NATURAL GAS
INVESTMENT GROUP

储气调峰气罐

苍溪吉通LNG工厂

四川省天然气投资集团有限责任公司（以下简称四川省天然气集团）是四川能投集团与中国石化集团2012年8月注资10亿元组建的四川省属天然气全产业链综合能源国有投资平台公司，肩负“川气富川、气化川”使命，聚焦“城市燃气经营、天然气运输、LNG全产业链、氢能源、智慧能源”等主营业务，业务覆盖内外9个市（州）、34个县（市、区），服务居民和工商业用户超60万户，服务人口近1000万人，协同全省余个产业园区、30余个县区投资建设天然气基础设施及产业项目。截至目前，四川省天然气集团总资产逾66元，累计天然气管线总长度逾5900千米，年营业收入逾32亿元，是四川省极具影响力的天然气全产业链专运营商之一和气、电、氢能源一体化的综合能源公司。

仁寿加气站

天然气管道建设

大运会专车到站加氢

贵州石油分公司

【概况】 中国石化销售股份有限公司贵州石油分公司（简称贵州石油分公司）位于贵阳市南明区解放路21号，主营成品油、天然气、非油品销售，是贵州省最大的成品油经营企业。前身为贵州省石油总公司，1998年划归集团公司。2000年，组建中国石油化工股份有限公司贵州石油分公司。2019年，更名为中国石化销售股份有限公司贵州石油分公司。

截至2023年底，贵州石油分公司共设有14个职能部门和4个专业中心，下属9个市（州）分公司，共有员工11263人（在岗8639人、离退休2211人）；在营加油站1311座，在营成品油油库10座（管道下载油库6座），总库容43.67万立方米；在营易捷便利店1167个，非油品物流配送中央仓1座。资产总额163.03亿元。

2023年，贵州石油分公司成品油销售总量628.5万吨，其中零售474.4万吨、直分销154.1万吨。非油品基础品类营业额16.49亿元，天然气销量16042万立方米。利润11.21亿元。获国家实用新型专利授权3件、外观专利1件；获集团公司第三十二届管理现代化创新成果2项；获集团公司业务竞赛优秀组织奖，在各类竞赛比武中获5枚金牌、1枚银牌和2枚团体奖牌；获销售系统年度标杆企业称号，获“比学赶帮超”月度、季度红旗共56面，获年度红旗10面。位列“贵州100强企业”第5位。

贵州石油分公司主要经营指标见表1。

（施延吉）

【领导班子调整】 2023年10月，集团公司党组对贵州石油分公司领导班子进行调整：张杰不再担任贵州石油分公司党委副书记、纪委书记、工会主席，李雪慧任贵州石油分公司党委副书记、纪委书记、工会主席。调整后，贵州石油分公司领导班子由张家顺、罗洪战、赵军、张景、张琦、李雪慧6人组成。

（施延吉）

【配合市场整治】 2023年，贵州石油分公司把握贵州省成品油综合整治契机，配合开展整治行动332次，罚没非法油料2000吨。协调政府在毕节首家上线非介入涉税加油站数据采集系统，推动成品油一体化服务监管平台运行，该模式得到国家部委认可，为破解加能站数据采集难题贡献贵州经验。

（施延吉）

【成品油经营】 2023年，贵州石油分公司抢抓成品油市场机遇，攻坚创效，扩销增量。深挖战略客户合作潜力，实施“1+N”穿透式客户管理，加大工程、客运、旅游等客户开发力度，新开发客户6889户，增量15.4万吨。开展直分销百日竞赛，规范业务流程，压实客户走访责任，新增直分销终端客户680户，增量6.1万吨。细化零售七项工作法提量措施，深化SaaS系统多场景运用，42座潜力站、竞争站销量增长22.8%。开展“爱跑98”营销推广，销量增长26.4%。深化异业合作，省地联动引入政府酱酒、契税等“提振消费”资源，开展加油卡充值券分期免息等活动，全年引入营销资源4.4亿元，带动消费8.9亿元。以零售竞赛比武为抓手，加强岗位练兵，升级现场服务，300余座站点完成“六个一”定制化升级，打造85座“客户服务示范站”，获销售企业零售竞赛比武铜牌。

（施延吉）

【天然气经营】 2023年，贵州石油分公司持续扩大天然气规模，与上游LNG生产企业合作，点对点开展加气站直供，共同拓展下游终端市场。全年天然气销量16042万立方米，价差收入总额排名销售企业第五。

（施延吉）

【易捷服务】 2023年，贵州石油分公司做大易捷服务规模，统筹“养车节”“易享节”等主题营销活动落地执行，推进线上线下互动，其中“易享节”店庆日销售 1.05 亿元、创历史新高。开展工业尿素市场攻坚，落实客户分级协调机制，全年供应工业尿素 4.83 万吨。拓展新型无人值守洗车模式，延长洗车服务时长。240 多座便利店引入美团外卖业务，持续开展直播带货，丰富线上业态，线上业务销售额增长 80%。

（施延吉）

【传统及新能源网络发展】 2023 年，贵州石油分公司巩固传统油气网络，加快新能源布局，增强接续能力。新建加能站 60 余座，完成郑屯油库扩容改造、盘州油库返输改造，毕节油库油罐主体安装完毕，大龙油库改造完成 80%。成立新能源项目领导小组，建立统筹调度、定期沟通的工作机制，全年投营充电站 73 座，累计充电量 789 万千瓦·时，建成光伏项目 45 个，累计生产绿电 87 万千瓦·时。

（施延吉）

中国石化安顺城区北航路“石化易电”充电站

【安全环保】 2023 年，贵州石油分公司开展“安全管理强化年”行动，夯实 HSE 管理，企业安全平稳运行。组织实施“综合运行监督 + 专业线条监督”一体化考核监督，压实专业管理责任。推进隐患排查治理，全年完成埋地管线、新能源、燃气等隐患治理 23 项。实施施工检维修全过程监管，执行高风险作业报备，每日发布巡查日报，落实监管职责，杜绝违章行为。推进绿色企业创建，落实“绿色企业行动计划”，强化环境风险防控，严控废水、废气、固废排放。10 座油库、833 座加能站实现“绿色基层”创建，“绿色基层”覆盖率 78%。获评集团公司 A 级绿色企业。

（施延吉）

【数质量管理】 2023 年，贵州石油分公司以 ISO 9001 质量管理体系为主线，抓好“验收、接卸、储存、运输、销售”全过程数质量监督与控制。开展管输损耗专项治理，抓实交接流量计检定，全年管输损耗率 0.01%，排名销售系统前列。研制甲醇干燥、除水滤芯等装置设备，对甲醇供应商产品全流程质检跟踪，产品质量风险得到有效管控。油气质量、数量合格率 100%，获 2023 年中国石化油品分析工职业技能竞赛暨油品质量管理竞赛决赛团体三等奖。

（施延吉）

【深化管理】 2023 年，贵州石油分公司推动管理创新，提升治理效能。开展降本节费专项行动，吨油费用比预算节约 25 元，其中物流运行费比预算节约 2545 万元。协调取得西部大开发企业税收优惠政策，所得税率下调 10%，全年节税 1.12 亿元。完善破题解题机制，围绕转型发展、市场开拓、风险防控等关键事项，累计开展课题攻关 26 项，地方政府历史遗留问题、毕节油库建设等重大事项取得关键性进展。梳理闲置土地、房屋等资产，分类推进资产盘活创效 4143.5 万元，低效站减少 55 座，8 宗闲置土地启动“易捷 + 电”建设。

（施延吉）

【信息化建设】 2023 年，贵州石油分公司深化信息系统应用，做好重点项目建设和系统保障工作。完成工程项目管理系统一期开发，实现项目全过程建设资料档案化管理。完成全省在营油库综合管理平台的推广应用，打通双重预防系统通信链路，有效提升发油效率及安全防控水平。率先试运行新加油卡系统，支撑多种营销方式，提升业务效率，增强风险防控能力。开通加能站“零点自动日结”功能，实现为基层减负。

（施延吉）

【人才建设】 2023 年，贵州石油分公司强化队伍建设，推进人才强企工程。加大复合培养力度，实施干部系列培训、专业技术人员分级培训、技能人员重点培训，全年培训重点人才 4.5 万人次。落实人才发展规划各项举措，制定积分管理、员工自我培养激励等制度，专业技术人员中级及以上职称占比提升6%，选聘主任技师3人，评定五星级站长27人。加强充换电、光伏、加氢等人才培养，建立“人才储备库”，开展电工持证培训，持证人数375人。

（施延吉）

【党建工作】 2023年，贵州石油分公司党委坚持以习近平新时代中国特色社会主义思想为指导，发挥党委把方向、管大局、促落实作用，推进党的政治优势转化为发展优势。聚焦“学思想、强党性、重实践、建新功”总要求，将主题教育与中心工作紧密结合，各级领导干部围绕转型发展、优化投资等开展调查研究，提出助力高质量发展措施231条，推进党建项目攻关，177个项目取得明显成效。组织机关党员、团员开展帮扶行动，累计参与3700人次，形成“机关服务基层、基层服务员工、员工服务客户”的局面。开展“靠企吃企”、油品运输超耗、运距运费和油品预售未提等重点监督，深化大监督预警平台应用，预警经营业务有效风险30余项。开展庆祝中国石化成立40周年“中国石化在贵州”主题宣传，展现企业良好形象。

（施延吉）

【社会责任】 2023年，贵州石油分公司履行中央企业的社会责任，支持贵州省乡村振兴、社会公益等事业。主动协调承担省级成品油储备任务。捐赠帮扶资金300余万元，全年助力乡村振兴项目30余个。联合中国石化党组党校，启动对毕节三塘小学的教育帮扶，从硬件、软件方面落实帮扶措施，帮助改造校园操场、更换课桌椅、修缮教学楼墙面等。助推“黔货出山”，提振消费，带动销售超3亿元。建成司机之家172座，打造爱心驿站240座，其中5座获全国总工会最美劳动者综合服务站点称号。

（施延吉）

2023年，贵州石油分公司联合集团公司党组党校对贵州毕节织金三塘小学开展教育帮扶。图为织金三塘小学学生到北京研学

表1 贵州石油分公司主要经营指标

指标名称＼年份	2023	2022	2021	2020	2019	2018
成品油销售总量／万吨	628.50	553.00	559.20	571.40	573.90	559.90
零售量	474.40	411.90	425.40	434.10	423.30	418.10
销售收入／亿元	557.36	515.05	429.71	358.99	422.95	431.52
吨油费用／元	423.00	475.00	459.00	427.00	385.00	372.00
在营加油站总数／座	1 311	1 246	1 205	1 039	967	902

云南石油分公司

【概况】 中国石化销售股份有限公司云南石油分公司（简称云南石油分公司）本部位于云南省昆明市国贸路865号。其前身云南省石油总公司建立于1952年7月，1998年6月整体划转集团公司，2000年2月按照主辅分离、改制上市的要求，主营业务部分组成中国石油化工股份有限公司云

南石油分公司。2014 年 5 月按照销售公司改制上市有关要求，更名为中国石化销售有限公司云南石油分公司，2019 年 4 月更为现名。

云南石油分公司是中国石化设在云南的直属销售企业，主要从事汽油、柴油、润滑油、部分石化产品及易捷便利店的零售、直销和批发业务，是云南省内最具实力的成品油主渠道销售企业。截至 2023 年底，云南石油分公司本部设 14 个职能部门，下辖 16 个州市分公司和 90 个县分公司。在营加能站 1432 座，在营油库 11 座（库容量 65.5 万立方米）。有二级党委 17 个、党支部 199 个，党员 3155 人。资产总额 189 亿元，在岗用工 8704 人。

2023 年，云南石油分公司深入开展学习贯彻习近平新时代中国特色社会主义思想主题教育，围绕“十四五”规划确定的“10+3”发展目标和路径，抢抓疫后复苏、政策利好等机遇，增强争先创优意识，弘扬团结奋斗精神，全力开创云南石油高质量发展新局面，全年实现销售收入 613.91 亿元，报表利润 3.17 亿元。2023 年位列云南百强企业第 7 位。

云南石油分公司主要经营指标见表 1。

（徐长青）

【领导班子调整】 2023 年，集团公司党组对云南石油分公司领导班子进行调整：3 月 2 日，周麟任云南石油分公司代表、党委书记，杨惠明不再担任云南石油分公司代表、党委书记，到龄退休。4 月 26 日，李志华任云南石油分公司总经理、党委副书记。7 月 28 日，张学深任云南石油分公司副总经理、总会计师。调整后的云南石油分公司领导班子由周麟、李志华、刘踊林、杜嘉良、张学深、朱立群、张学 7 人组成。

（徐长青）

【总体思路】 2023 年，云南石油分公司聚焦思想、管理、营销、网络、人才等不能适应新阶段面临的形势、发展的变化的主要矛盾，制定高质量发展新阶段的总体思路，增强创先争优意识，弘扬团结奋斗精神，实施高质量发展三年行动，转方式、调结构，拓市场、增效益，聚合力、解难题，全力开创高质量发展新局面。

（徐长青）

【政策支持】 2023 年，云南石油分公司加强与地方财税部门沟通，向主管税务局发起税收优惠申请，同步发函到地方发展改革委协助确认主营业务符合国家鼓励类条款。2023 年 8 月取得政府部门鼓励类产业确认书，同意云南石油分公司自 2023 年起享受西部大开发优惠政策。

（徐长青）

【成品油业务】 2023 年，云南石油分公司深挖资源、市场、客户、营销、服务“五大要素”价值，适应新形势下的经营体系初步构建。围绕“东拒、北拓、南顶、西进、中稳”经营策略，明确划分竞争区域、明晰竞争方式。组建营销委员会，统筹谋划营销活动，实施“一路一策、一域一策、一站一策、一户一策”竞争策略。丰富战略客户开发内容，优化“两运”客户开发和维护的方式，加强客户开发。常态化开展定期问诊、零售督导，提升规范化服务水平。持续推动打非治违，协助侦破“8·26”专案，推动文山州、楚雄牟定县税控平台建设。

（徐长青）

【非油品业务】 2023 年，云南石油分公司持续提升易捷服务经营质量，基础品类营业额增长 10.2%，单店日均门店零售额增长 13.2%。以培育核心门店为重点，完善门店陈列标准、细化服务标准、强化培训和督导，打造核心门店 205 座、百万元门店 515 座。完善易捷选品选商制度，优化商品引入、淘汰流程，引入新品 848 个、上新率 25%，淘汰低效商品 877 个、淘汰率 26%，商品品类结构不断优化。完善汽服网络布局，洗车

云南石油分公司员工向顾客介绍特色产品

网点达 327 座，全年洗车 441 万台次。2636 块电子屏接入易捷广告系统。

（徐长青）

【新能源业务】 2023 年，云南石油分公司坚持“以自建自营为主，站内站外同步推进”，加快充换电业务发展，积极为中国石化建成中国头部充电运营商和第一直营平台贡献力量。截至 2023 年底，累计投营充电站 178 座（自营 92 座）、换电站 12 座。2023 年，服务电动汽车客户 140 万车次，充换电量 4133 万千瓦·时，日均充电量突破 8 万千瓦·时，实现营业利润 596 万元。云南石油分公司获评销售企业百日攻坚创效充电业务先进单位。

（徐长青）

云南石油分公司首座全液冷超充大型充电站——昆明宝海充换电站投营

【网络发展】 2023 年，云南石油分公司按照“12345”网建工作思路，以实施已支出未投营、空白区域补盲、资产有效盘活、库站升级改造、新能源布局“五大行动”为抓手，持续优化网络布局，新投营加能站 60 座，网络占有率 33%，提前完成“十四五”规划预定目标。已支出未投营行动，落实土地 8 宗，投营 10 座。空白区域补盲行动，发展空白区域网点 13 个。资产有效盘活行动，建设加油站 4 座、充换电站 2 座。库站升级改造行动，提质增效项目完工 144 个，改造智能化油库 2 座。新能源布局行动，自建投营充电站 92 座，其中大型充电场站 10 座。

（徐长青）

【安全管理】 2023 年，云南石油分公司以体系运行、隐患治理、作业管控、应急管理、绿色企业“五大重点”为抓手，扎实开展“安全管理强化年”行动，全年未发生上报等级事故事件，企业总体保持平稳运行。连续 3 年获评绿色企业 A 档，获评集团公司 2023 年节能降碳环保先进单位。调整完善专业分委会设置，编制全员安全生产责任清单和工作任务清单，推进岗位职责与安全环保职责深度融合。健全风险分级管控和隐患排查治理双重预防机制，全面排查库站隐患，分级分类实施治理。强化“2+2+1”现场监管，建立总值班室与督察队联合巡查机制，作业现场管控不断强化。扎实开展“强基工作法”。开展绿色低碳“补短板、强弱项”专项行动，持续规范排污许可管理，碳中和加能站认证工作、无废企业建设加快推进。

（徐长青）

【数质量管理】 2023 年，云南石油分公司以 ISO 9001 质量管理体系为主线，对油品、天然气、易捷商品、新能源等实施全面数质量控制管理，质量、数量合格率 100%。按照国家标准和销售公司最新内控追加检测指标，严格油品出入库质量检验，全年共检验入库油品 4610 批次、出库油品 4072 批次，所有油品均 100% 合格。着力抓实库站损耗管理工作，上线电子铅封管理系统，严格损耗索赔，完成年度损耗控制指标。完善自动化和智能化操作规程，充分融合温密在线设备、自动化付油系统、流量计、ERP 系统，提升计量自动化率，确保计量数据准确。

（徐长青）

【风险防控】 2023 年，云南石油分公司紧盯资金、发票、采购、销售、库存等重点领域和关键环节风险，扎实开展虚假贸易自查自纠、“管理回头看”专项工作，深化“靠企吃企”突出问题专项整治，持续完善风控内控体系建设。完成经济责任审计、专项审计 10 项，工程项目审结 977 项。强化重大项目、重大合同合法合规性审查和尽职调查，加强合同审核和履行情况监控。落实“一案一策”，推进纠纷案件“压存控增”。坚持“管业务必须管合规”，修订合规管理制度，持续推进公司合规体系建设。开展制度“立改废”，简化制度 86 项，进一步提升制度可操作性。持续规范股权与合资企业管理，完善股权与合资企业管理制度体系建设，严格合资企业“三会”管理。

（徐长青）

【绩效考核】 2023 年，云南石油分公司建立主要、辅助、专项三类指标模块化的州市公司绩效评价体系，公平合理的考核体系初步构建。细化对标世界一流企业工作措施，优化对标维度及指标，研究制定专项考核办法，加大先进经验做法的挖掘力度，全面提升经营管理质效。全面推行站级即时绩效考核系统，优化完善绩效系统运用工作机制，细化加油站薪酬考核分配，提高薪酬计发效率、强化站内激励。

（徐长青）

【改革转型】 2023 年，云南石油分公司围绕“优化机制、明确职能、理顺流程”三个目标，进一步理顺体制机制、厘清事权事责，逐步构建主体责任明确、职权划分清晰、权责利相匹配、运行顺畅高效的经营管理体制，全面梳理两级机关、县区公司机构设置。搭建会员及营销分析平台，助力精准营销。推进新零售平台、新能源系统实施，完成资产管理系统建设、营销小助手和智能安防系统建设，加快数智化转型。完成 2 座油库智能化试点改造，同步推进 2 座油库的应用，物流保障支撑能力进一步提升。

（徐长青）

【党的建设】 2023 年，云南石油分公司确立“123”党建工作思路，即围绕高质量党建引领保障高质量发展“一个中心”，充分发挥党组织旗帜引领、党员示范引领“两个引领”，扎实做好服务员工、服务客户、服务中心工作“三个服务”。实施党建赋能计划，开展“百站提效工程”，73 座低效站实现提效。强化政治监督，积极探索创建主营业务“8+1”监督模式，保障各项决策部署落实到位。扎实开展“靠企吃企”“酒驾醉驾”等专项整治，严肃查处违规违纪和微腐败问题。

云南石油分公司举办庆祝中国石化成立 40 周年企业文化故事会

（徐长青）

【队伍建设】 2023 年，云南石油分公司针对人才结构、数量、质量与实际需求存在的差距，实施人才招录、培训提升、选拔选聘、交流实践、考评管理“五大计划”。分梯队建立中层管理岗位培养人选储备库，持续实施“英才计划”，实施后备站长培养计划，逐步建立梯队培养机制。落实“百舸千帆计划”，规范轮岗交流，完成 47 人次青年骨干人才轮岗实践锻炼。编制员工教育培训体系规划，明确分级培训责任，打造精品培训项目。教育培训中心（实操基地）建成投用。出台中层管理人员任期制和契约化管理办法，严格落实专家年度、聘期考核。

（徐长青）

【运行管控】 2023 年，云南石油分公司持续深化运行管控，各项工作部署有序落地，闭环管控成为常态。抓实“双全”管理，强化预算牵引，明确管控标准，按月跟踪纠偏。完善运行管控机制，聚焦经营管理主要指标，改进重点工作督导机制，按月下达重点工作督导清单，推动重点工作运行管控工作在省市两级公司落实落地。

（徐长青）

【作风效能】 2023 年，云南石油分公司全面推进作风效能指数评价，围绕工作标准、工作效率、服务基层等方面完善优化作风效能指数评价体系，增加评价维度，加强管理机关效能建设，推动作风效能评价更加全面合理。坚持考用结合，把机关作风效能考评结果落实到管理监督、评奖评优、问责追责之中，依据考核排名建立定期约谈提醒机制，督促履职尽责，主动担当作为。

（徐长青）

表 1　云南石油分公司主要经营指标

指标名称 \ 年份	2023	2022	2021	2020	2019	2018
成品油销售总量 / 万吨	708.85	660.00	689.41	705.50	716.41	643.07
零售量	462.63	440.00	494.32	519.80	558.32	510.95
销售收入 / 亿元	613.91	593.03	510.66	422.40	511.58	488.67
报表利润 / 亿元	3.17	7.81	8.08	10.10	7.60	7.08
吨油费用 / 元	432.00	453.00	394.00	379.00	376.00	393.00
加能站总数 / 座	1 432	1 350	1 340	1 328	1 352	1 351

香港公司

【概况】 中石化（香港）有限公司（简称香港公司）成立于 1989 年 10 月，1999 年起开展香港机场航空煤油加注业务；2004 年进入香港加油站零售市场；2007 年中国石化并购华润在港油气资产业务，自此，香港公司在港有油库、油（气）站、船舶等全环节油气储运销资产，主要开展加油站零售、柴汽油批发直销、机场航空煤油加注、燃料油船加油、石油气销售等业务。2013 年，香港公司在海南建成的亚洲最大成品油保税库——洋浦油库正式投产，经营设施进一步完善。2014 年，香港公司进入新加坡机场拓展航空煤油加注业务，并于 2018 年进入新加坡零售市场，打造中国石化海外第一座加油站——义顺路加油站，武吉知马路站及儿兰五道站也于 2019 年、2021 年陆续投营，同时以新加坡子公司为成品油国际采销平台，逐步建成一个辐射亚太的终端销售网络；2020 年，香港公司在澳大利亚、菲律宾组建成立子公司，开展成品油油品贸易、批发及直分销业务；2021 年，香港公司中标香港观塘道等 3 座加油站并投营，在港加油（气）站数量达 54 座，成功打造香港地区最大成品油气零售网络。2023 年，香港公司在香港油气市场占有率近 41%，成为香港最大的油气能源成品供应商之一。2023 年 5 月，中国石化与泰国 SUSCO 合资项目交割仪式在泰国曼谷圆满举行，标志着完成中国石化第一个成建制发展海外终端网络项目，并于 2023 年 12 月、2024 年 2 月在泰国诞生 2 座中国石化新形象加油站；2023 年 5 月、6 月，香港公司先后在菲律宾、澳大利亚、老挝完成首单成品油贸易业务，进一步扩大中国石化海外销售版图。2023 年 9 月、11 月，香港公司先后在香港、新加坡成功投营首个“PIT”充电站，助力新能源业务开拓发展；2023 年 11 月，香港公司在香港新界凹头举办香港首座公众加氢站建设启动仪式，标志着中国石化在境外的加氢项目正式启动，为香港的氢能等绿色能源产业发展揭开崭新篇章。

2023 年，香港公司油气经营量完成 2045 万吨，实现营业收入 1354.67 亿港元，实现利润 16.88 亿港元。

截至 2023 年底，香港公司总资产 333.18 亿港元，资产主要包括香港地区油库 2 座（库容约 37.5 万立方米），亚洲最大成品油保税库——海南洋浦保税库 1 座（库容 205 万立方米，配套码头 4 个）；香港地区加油（气）站 54 座，新加坡加油站 3 座。

截至 2023 年底，香港公司用工总量 1276 人，其中在香港员工 988 人（外派员工 33 人、当地员工 955 人），在新加坡员工 122 人（外派员工 3 人、当地员工 25 人、新加坡油站 94 人），在内地员工 163 人（洋浦油库 72 人、深圳电商公司 59 人、宁波明港公司 32 人），在澳大利亚、菲律宾员工 3 人。

香港公司主要经营指标见表 1。

（刘昱琦）

【不断完善服务生态，持续提升市场份额】 2023年，面对俄乌冲突、油价震荡、香港经济回暖缓慢、存量竞争加剧等多重挑战，香港公司迎难而上，主动求变，稳健发展，各业务板块多点发力，成绩斐然，香港成品油零售板块实现利润6.9亿港元，增长20.3%，创历史新高，成为香港公司克服市场压力和攻坚创效“主力军”；航空煤油业务前瞻抢抓后疫情时代航空运输快速恢复契机，香港机场完成加注增加92万吨，增长124%，全年平均市场占有率创历史新高；直分销业务深挖本地存量需求和新增需求，柴油市场占有率提升5.3%，当进当销利润增加3亿港元；船加油业务拓宽经营量利，成功成为本港燃料油市场主要经营商；石油气全年销量取得历史性突破，增长幅55%，创历史新高，市场综合占有率近90%，创历史新高，市场主导地位进一步增强。

（刘昱琦）

【业务模式不断创新，保障集团产业链顺畅运行】 2023年，香港公司继续充分发挥洋浦油库大库容大码头优势，实现系统所有炼厂“属地报检、洋浦集中报关”快捷出口路径，全年承接系统内资源496万吨，保供香港及东南亚终端市场的同时，充分发挥系统内资源优势，运用“小进大出”的方式开展跨区销售，不断拓展业务半径，为集团产业链的顺畅运行筑牢基础；创新贸易业务方式，聚焦菲律宾、越南、澳洲等区域市场需求，开拓终端贸易销售；统筹内部保供及外部贸易需求，优化本港拼装，锁定航煤贸易销售季度长约；发挥新加坡公司贸易资源集中采购的平台作用，助力菲律宾、澳洲、老挝等新市场开拓，实现贸易销量1323万吨，为稳定销售企业经营总量和巩固产业链竞争能力贡献香港力量。

（刘昱琦）

【锚定国际化经营，海外市场全面突破】 在泰国，SUSCO合资项目于2023年5月31日完成资产等交割（含25座加油站及航空煤油业务），完成中国石化第一个成建制发展海外终端网络项目，合资项目运行良好，月均零售经营量3000余吨，月均航空煤油经营量2万余吨，交割后半年实现投资收益约799万港元，年化投资回报率约5.1%。

在澳大利亚、菲律宾，持续锁定中资矿产重点客户，着重推进澳洲柴油直销业务，2023年6月6日完成澳大利亚首单成品油直销业务，全年累计实现销售4.2万吨。菲律宾直分销于2023年5月26日成功完成首单销售，成功打开菲律宾直销批发市场。同时，成功中标马尼拉201填海项目供油需求，累计实现销售6.92万吨，为菲律宾市场的不断拓展奠定坚实的基础。

在老挝、缅甸，经过前期的持续努力，打通来料加工边贸复出口流程，第一批供应老挝1000吨成品油于2023年6月23日完成卸载、销售，成功实现香港公司在老挝市场零的突破，8月21日完成老挝子公司注册，并不断探索东线经越南、南线经泰国至万象的供油渠道，为进一步辐射柬埔寨、缅甸等市场寻找新的销售路径。同时，利用老挝地处中南半岛核心地缘优势，不断辐射周边市场，实现缅甸边贸销售1.16万吨。

（刘昱琦）

2023年10月25日，中国石化在泰国首座合资合作加油站——Ratchadapisek（叻差拉披色路）加油站在曼谷正式开业

【倡导新能源发展，探索绿色能源方式转变】 2023年，香港公司通过联合立法会、中联办、中企协能源委员会等渠道向政府宣传推广氢能新能源理念和技术，联合业界伙伴，主动培育码头工程用车、市政车辆、氢能发电机等氢能运用场景，助推海外第一座加氢站建设，于11月27日举行建设启动仪式，力争于2024年三季度前建成中国石化“境外第一座加氢站”。

香港公司紧跟电动车取代燃油车趋势进程，探索“停车场＋充电桩”等业务，打造“PIT”自有充电品牌，在香港、新加坡布局充电桩41个，并继续探索同港铁等第三方合作方以轻资产形式在其部分停车场物业加设充电桩，在香港会展中心打造标志性“超级充电旗舰站”，在部分加油站加装充电桩，以推动香港绿色能源运用方式多元转变。

（刘昱琦）

2023年10月20日，香港公司在新界凹头举办香港首座公众加氢站建设启动仪式

【聚焦强基固本，坚守风险底线】 2023年，香港公司坚持抓实安全环保管理，全面推行“会前安全教育5分钟”，开展事故案例分析分享交流会22场次，合计400余人次参加，全面提升全员安全意识。强化风险排查，积极开展“安全生产月”活动，编制并完成QHSE工作任务清单，进一步压实全员QHSE职责。扎实推进“三管三必须”真正落实落地，修订完善《生产安全事故事件管理规定》《用火作业安全管理办法》等7项受控文件，完成HSE体系管理评审和第三方换证审核；首次在香港创新性引进机械清罐技术，大幅缩短大型油罐检修工期，保障储罐本质安全。坚持合规导向，强化金融衍生品风险防控，全年未发生重大风险事件；强化基础管理，防范资金风险，以客户为核心，强化信用风险前置管理，严格授信，全面梳理4000多个账户，调整重点赊销客户信用额度和赊销策略，减少放账额度约15亿港元，未发生系统性风险。

（刘昱琦）

【聚焦精益管理，提升企业综合治理水平】 2023年，香港公司夯实制度基础，健全内控风控体系，扎实开展合规专项审查，合同合法合规审查4234项，重大制度合法合规审查18项，发布《境内外合规风险提示》12期，国际贸易涉制裁风险审查625项；完善价值管理，做好全面预算管控及滚动测算，拓宽分析广度，优化调整分析内容，紧跟业务发展，推动经营提升，各部门通过物流优化、船次拼装、多港装卸等手段降本增效1.2亿元。

（刘昱琦）

【着力打造重点系统，数智化水平持续提升】 2023年，香港公司全力推动智能充电系统项目建设，打造“PIT”手机应用；青衣油库DCS系统实现升级改造，全套系统经过2200条信号电缆、光缆铺设、25台机柜更换，14套控制系统组态2100点控制信号的更换，保障油库正常运转的同时，兼顾生物柴油陆上发油等后续功能的开发；零售会员App系统功能提升，新增零管会员App预购功能，抢抓节日营销热点，优化零售业务结构，截至2023年底，零售会员App积分总量达10.7亿分，积分价值达3200万港元；自主研发激发电商平台用户潜在价值，新增易捷国际凡泰小程序并成功嵌入支付宝，升级完善内购平台，有效扩展用户规模并激发客户潜在价值。

（刘昱琦）

【战略引领形象提升，中国石化境外品牌越擦越亮】 2023年，香港公司成功举办香港首座公众加氢站启动仪式、中国石化首座马鞍山PIT充电站开业仪式、西藏班戈助学捐赠等16场活动，积极宣传中国石化绿色转型及社会责任，获中联办、特区政府及社会各界的高度认可；出台《香港品牌规范手册》，规范海外分（子）公司品牌使用，举办海外品牌规范使用培训，持续改造提升香港新形象油气站25座，在泰国改造投营中国石化第一座新形象站，助力中国石化全新品牌亮相海外；加强品牌工作顶层设计，以媒体采访报道公司供应链总监、全国人大代表林至颖及其提出的“保障香港能源安全”建议为契机，积极引导媒体宣传，在全面展现公司在港践行社会责任的同时，侧面反映香港保障能源安全的建议，得到央视频和《人民日报》《南方都市报》等 60 余个媒体的采访及报道；以标杆模范推动公司“比学赶帮”文化建设，总部刊登报道 128 篇，外媒报道 240 篇，提升 96.5%，为发好中国石化海外之声，讲好中国石化海外故事奠定良好的舆论基础。

（刘昱琦）

【多维建设人才梯队，“人才强企”日臻完善】 2023 年，香港公司以年度考核结果为依据，结合业务发展需要，对表现突出的关键骨干和具有发展潜力的员工，大胆提拔使用，创造锻炼机会，提供专业培训。共调整中层领导人员 5 批次，提拔 4 人，增加选拔中层领导后备干部 6 人，切实补充完善干部队伍；坚持“以德为先、以能为先”选人用人导向，积极配合销售公司国际化人才培训班，组织二批学员共 15 人在香港公司挂职锻炼；打造专业化培训学习平台，参加总部举办的培训班 68 人次，公司内部管理类、专业类和职业基础类培训累计参训人数达 1500 人次，为业务发展、风险防控筑牢知识“动力池”。

（刘昱琦）

【夯实境外党建，党建廉洁及言商言政工作有效提升】 2023 年，香港公司切实抓好习近平总书记重要讲话精神及原文原著学习，深入组织学习贯彻习近平新时代中国特色社会主义思想、习近平总书记视察九江石化讲话精神等，将总书记的理论思想和讲话精神作为抓好工作的引领旗帜；切实抓好领导干部及党员的学习培训，组织党总支干部分批赴北京参加集团公司学习贯彻党的二十大精神专题研讨班、习近平新时代中国特色社会主义思想中国石化党员干部培训班等，全面提升党员干部的理论修养；全年组织理论中心组学习 30 余次，民主生活会 2 次、支部党员大会、主题党日等学习 80 余次；牢牢把握“学思想、强党性、重实践、建新功”的总要求，制订印发《中石化（香港）有限公司学习贯彻习近平新时代中国特色社会主义思想主题教育实施方案》，推动主题教育顺利完成；压实班子领导理论学习强度，每月组织不少于一次“贯彻习近平新时代中国特色社会主义思想主题教育”专题学习，采取“党总支委领读 + 党总支委谈体会 + 领导互评”的方式以研学加强理论素养，不断提升领导班子政治判断力、政治领悟力、政治执行力；组织香港公司 30 余名党员赴广西百色和贵州遵义开展红色主题革命教育实践活动和集中培训，不断加强党员的党性修养和政治意识；积极贯彻落实“重实践”的工作要求，到青衣油库、本港油气站、新加坡公司及深圳电商公司等部门开展主题教育调研，切实把调研成果转化为推动高质量发展的务实举措；严格执行香港公司“三重一大”决策制度实施细则，制定下发《党建暨高质量党建引领保障高质量发展任务分解表》《党总支落实从严治党主体责任和党员领导干部落实“一岗双责”融合清单》，组织签订党建责任书，提高全面从严治党质量；加强基层组织领导力量，探索形成境外党建工作运行机制，规范支部组织生活制度落实，教育引导当地骨干员工申请加入党组织，强化基层党建工作；扎实开展言商言政工作，持续与爱国爱党政党携手共建。继公司员工林至颖被选举为港区全国人大代表后，成功邀请香港民建联主席、立法会议员陈克勤、区议员陈檀丹、李启立加入香港公司，共同推进新能源发展和“言商言政”等工作；积极落实区议会选举助选工作，积极动员组织义工团队参与社会工作，积极参加“至美有你”“庆祝香港回归 26 周年”等活动，助力人心回归，维护香港和谐稳定。

（刘昱琦）

表 1　香港公司主要经营指标

指标名称 \ 年份	2023	2022	2021	2020	2019	2018
经营总量 / 万吨	2 045.00	1 820.00	1 912.00	1 967.00	2 624.00	2 602.00
零售量	40.00	36.00	36.00	32.00	34.00	32.00
本港直分销 / 万吨	510.00	355.00	433.00	515.00	808.00	803.00

续表

指标名称 \ 年份	2023	2022	2021	2020	2019	2018
国际贸易量 / 万吨	1 392.00	1 353.00	1 359.00	1 342.00	1 682.00	1 671.00
利润（总额）/ 亿港元	16.88	10.86	10.17	12.13	15.02	10.59
吨油费用 / 港元	82.78	99.98	93.80	80.60	61.42	56.61
本港加油（气）站总数 / 座	54	54	54	51	51	50
新加坡加油站总数 / 座	3	3	3	2	2	1
泰国加油站总数 / 座	25	—	—	—	—	—

燃料油公司

【概况】 中国石化燃料油销售有限公司（简称燃料油公司）是集团公司于 2010 年 5 月 27 日注册成立的燃料油经营专业化公司，负责股份公司燃料油的集中销售。2014 年 4 月 1 日，根据中国石化油品销售业务重组的总体部署，成为中国石化销售有限公司的全资子公司。

燃料油公司本部位于北京，截至 2023 年底设 9 个管理部门，4 个业务中心，下辖辽宁、天津、山东、江苏、上海、浙江、福建、广东、西南 9 个分公司和海南、广西、浙江舟山、新加坡、斯里兰卡、巴拿马、吉布提、中东、哈萨克斯坦 9 个全资子公司。截至 2023 年底用工总量 1111 人；在营油库 5 座，库容总量 37.19 万立方米，在中国沿海 80 多个港口、海外 50 多个重点港口具备供油服务能力；总资产 172 亿元。2023 年经营量 3493 万吨，营业收入 1531 亿元，成为全球排名第二的船加油企业。

燃料油公司主要经营指标见表 1。

（李俊春）

【国内保税油实现持续稳定盈利新模式】 2023 年，燃料油公司保税船供油经营量 905 万吨，占国内市场的 42%、处于领先地位。全年实现 19 家炼厂“全产全销”石化低硫船用燃料油 630 万吨、MGO 54 万吨，参与的“低硫重质船用燃料油成套技术开发及应用”获集团公司科技进步奖特等奖；统筹制定低硫船用燃料油、MGO、高硫船用燃料油 3 个品种专业化经营策略，发挥中国石化资源优势，坚持实纸配合、合理摆布结构，加大质量流量计推广，打造海上流动加油站，全年低硫船用燃料油现货贴水稳定在 40 美元 / 吨左右，走出一条符合市场规律、持续稳定盈利的新路子。

（李俊春）

【内贸业务实现提质增效新提升】 2023 年，燃料油公司内贸经营量 668 万吨。认真落实国务院国资委“十不准”要求，稳妥推进资源获取、原料供应、海警供油、内河船供油业务，实现江苏水上站当年划转、当年盈利、月经营保持在千吨以上，培育航运、科考、公务、船厂等内贸船加油稳定客户，新增终端客户 143 家。完成全国首座分布式甲醇现场制氢设备投营、全国首例 B5 生物柴油水上站加注示范、全国首例集装箱船对船生物燃料加注、全国最大规模船对船生物燃料加注，绿色低碳发展的成色越来越足。

（李俊春）

【天然气业务实现系统内一体化补链固链新突破】 2023 年，燃料油公司天然气经营量 119 万吨、增长 116%。发挥“自有 + 合资 + 合作”优势，打造 LNG 运输体系，与销售公司、天然气分公司达成的三方 LNG 一体化直供战略合作协议，构建形成“石化气—石化运—石化站”供应链，跨越板块、布局全国、协同创效，为 26 家省市石油公司、372 座 LNG 加气站统筹资源供应 100 万吨，占销售企业 LNG 零售比重的 51%，助力省市石油公司 2 座站点达到“2 万吨”规模，14 座站点达到“万吨”规模，为集团公司全产业链盈利贡献燃料油力量。

（李俊春）

【海外业务实现稳健跨越式新发展】 2023 年，燃料油公司海外经营量 1772 万吨、增长 41%。加快全球船供油“九大中心”布局，新加坡公司在当地船加油终端市场排名从年初的 19 名升至前 3 名，斯里兰卡公司船供油资源供应量占市场总量近 80%，巴拿马、吉布提、中东等网点实现新突破，与国勘公司成立哈萨克斯坦能源公司，探索架构中国石化海外资源“产销一体”上下游产业链，开拓海外石化资源协同创效新篇章。开创“以港拓陆”新模式，在斯里兰卡总统见证下，签订 150 座陆上加油站经营权及新建 50 座加油站投资权，仅用 3 个月打通油品储运、加油站接收及投营全流程，召开经销商大会，助力集团公司获得斯里兰卡新建炼厂项目、实现炼销一体化“走出去”。

（李俊春）

【船舶综合服务实现提质升级新亮色】 2023 年，燃料油公司船舶综合服务创收 1.87 亿元、创效 1083 万元。聚焦核心功能，采取“自营与合作”方式打造产业生态圈，集中精力拓展船舶综合服务，与南化公司、仪征化纤等兄弟企业合作研发生产船用缆绳，与上海石油化工研究院合作利用石墨烯技术开发船用油漆，与润滑油公司合作开展“燃润组合营销”，实现航道局等客户“燃油 + 滑油 + 油漆 + 缆绳 + 淡水 + 生活物资”打包供应，提升船舶一站式服务水平。开展数字化转型蓝图畅想工作坊，启动建设匹配国际化市场规则、运行体系和思维习惯的全球一体化数字运行管理平台。

（李俊春）

【风险防控实现系统规范新进展】 2023 年，燃料油公司扎实推进内控体系建设，建立金融衍生品动态监控机制，完善逾期应收账款、对手信用评级等信用管理体系，开展全员风险管理诊断调查，评估燃料油公司十大重要风险，建立常态化风险提示预警机制。组织开展合同管理专项治理、资金检查、异常贸易排查、衍生品业务自查，加强合资公司管理，重点针对外采外销业务，制定 10 条经营纪律红线，实施外采外销业务规范管理。大力强化“三基”工作，召开“三基”工作现场经验交流会，开展水上站劳动竞赛，持续夯实基层工作基础。

（李俊春）

【安全环保实现固本强基新进步】 2023 年，燃料油公司扎实开展“安全管理强化年”行动，压实以问题为导向、以责任为牵引的月例会机制，深入推广“一书两卡”“两个清单”等工作法，落实基层安全网格化管理，推进设备完整性体系建设，执行承包商安全量化记分考核、违约处罚和“黑名单”制度，发挥视频监控平台作用，固化提升“人人查隐患、时时保安全”活动成果，投入 3600 多万元、完成安全环保隐患治理 15 项，提升本质安全水平。

（李俊春）

【干部人才队伍建设实现改革发展新成效】 2023 年，燃料油公司作为集团公司 6 家单位之一入选国务院国资委“双百企业”，建立完善“干部能上能下、员工能进能出、收入能增能减”制度机制，推动干部任期制、契约化管理工作覆盖到所有中层管理人员。坚持政治标准、实干实绩导向，选聘 3 名副总师、新提中层正职 6 人及副职 5 人。加大紧缺人才引进力度，通过系统内外招聘、销售企业国际人才培训班招选等方式，引入各方面专业紧缺人才近 70 人，海外招聘人员超 30 人。

（李俊春）

【党建工作实现优势转化新局面】 2023 年，燃料油公司扎实开展学习贯彻习近平新时代中国特色社会主义思想主题教育行动，创新“班子讲专题、中层讲业务”，举办 3 期党的二十大精神培训班，累计讲党课 84 次、专题研讨 82 次，形成调研成果 38 项、解决问题 77 个，达到“以学铸魂、以学增智、以学正风、以学促干”预期效果。加强基层党建规范化、标准化建设，开展党建共建联建 80 余次，完成 36 个党组织新建和换届工作，强化境外党建工作和合资企业党建工作，提升基层班组党员力量覆盖质量。

（李俊春）

【党风廉政建设实现巩固提升新气象】 2023年，燃料油公司认真落实中央巡视反馈的问题对照检查，制订自查整改工作方案，梳理问题5个、制定整改措施13项。加大日常监督力度，深化“靠企吃企”等问题专项整治，对照6个方面、21项日常监督任务清单，开展“三商一户”、承运商及船舶、合资公司等重点领域监督管理，提升监督工作穿透力。持续强化“关键少数”监督，严肃执纪问责，处置问题线索10件，党纪政纪处分1人，批评教育2人，驰而不息纠“四风”、树新风，一体推进“三不腐”。

（李俊春）

【宣传思想工作实现凝心聚力新作为】 2023年，燃料油公司持续完善“人人都是宣传员”机制，创新“1+11”新媒体矩阵和“微信日报”机制，外宣发稿140余篇次，中国中央电视台、《人民日报》等国字号媒体刊载32篇次。大力实施品牌建设，持续提升中国石化船供油形象影响力。深入推进青年精神素养提升工程、“师带徒”及系列“青字号”品牌活动，建立统战工作联系交友机制，燃料油公司上下“心齐、气顺、劲足、家和”的氛围更加浓厚。

（李俊春）

表1　燃料油公司主要经营指标

指标名称 \ 年份	2023	2022	2021	2020	2019	2018
经营总量/万吨	3 493.00	3 059.00	3 015.00	2 387.00	2 304.00	2 191.00
保税油经营量/万吨	905.00	1 003.00	970.00	808.00	542.00	525.00
营业收入/亿元	1 531.00	1 071.00	1 140.00	767.00	802.00	761.00
报表利润/万元	80 107.00	66 192.00	33 157.00	40 054.00	35 019.00	30 654.00
资产总额/亿元	172.00	163.00	117.00	107.00	113.80	89.50

辽宁石油分公司

【概况】 中国石化销售股份有限公司辽宁石油分公司（简称辽宁石油分公司）成立于2009年12月18日，是国有大一型石油流通企业，其前身为成立于2002年的中国石化销售东北分公司，本部位于辽宁省沈阳市。省公司机关设14个职能部门，对外注册有14家地市分公司，其中7个地市公司实行一托二管理模式，经营范围覆盖全省所有地市；设有10家合资公司和1家全资子公司，主要负责辽宁地区成品油零售、直销、批发以及车用天然气、润滑油、燃料油、非油品销售等业务。授权管理辽宁经济开发公司、销售实业东北分公司2家存续企业。

截至2023年底，辽宁石油分公司共有员工1878人，辽宁石油分公司党委下设8个基层党委、40个党支部，党员总数762人，基层党组织覆盖率达100%；资产总额52.69亿元；自有在营成品油油库6座，总库容30.31万立方米；加油（气）站总数达456座，在营站425座。

2023年，辽宁石油分公司油气经营总量303.96万吨；成品油经营总量292.57万吨、增长14%，零售量175万吨、增长19%；天然气销量1.63亿立方米，增长85%；易捷基础品类营业额5.25亿元，增长20%；报表利润1.82亿元、增长11%，完成年度任务的100%；吨油费用311元，区外六大排名均为第1。销售企业绩效考核排名区外第2，获销售公司“优秀企业”“百日攻坚行动优秀组织单位”称号。再次获评集团公司安全生产先进单位，连续3年获评集团公司节能降碳环保先进单位。区外首家获得集团公司“无废企业”荣誉称号，在集团公司绿色企业复核评价中获“A档”评级；在集团公司建设项目环保合规核查中成为唯一一家获评“优秀”的销售企业。累计获得“比学赶帮超”红旗46面，其中年度红旗9面。沈阳、大连在区外地市公司综合竞争力分别排名第1和第10。

辽宁石油分公司主要经营指标见表1。

（王佳子）

【领导班子调整】 2023年2月28日，集团公司对辽宁石油分公司领导班子进行调整：周绍海不再担任辽宁石油分公司代表、党委书记，办理退休手续；李宁任辽宁石油分公司代表、党委书记。6月7日，集团公司任免决定：罗晓东任辽宁石油分公司总经理、党委副书记。调整后的辽宁石油分公司领导班子由李宁、罗晓东、孙维跃、王培亮、牟大志5人组成。

（王佳子）

【攻坚创效】 2023年，辽宁石油分公司全体干部员工上下同欲、接续奋斗、砥砺前行，一手抓高质量发展，一手抓全面从严治党，主要经营指标站上新的历史起点。资源方面，有效应对外采资源震荡，确保全省供应有序平稳。大力开展资源串换、互供和地付业务，努力打破资源瓶颈，缓解自有油库库存压力。强化“进销存”滚动平衡，统筹开展经营运作，全年实现资源创效8000余万元、物流节费5000余万元。零售方面，以“争当排头兵、零售建新功”主题行动及“百日攻坚创效”专项行动为抓手，量效统筹能力有效提升，压舱石作用愈发凸显。全年机出销量比重达42.1%，经营结构进一步优化，全口径零售量比重达59.8%，同比权重提高2.7个百分点。促进地市政府出台“打非治违”方案83件，持续净化市场环境。获得销售公司“百日攻坚行动成品油零售先进单位”荣誉称号。直分销方面，强化市场攻坚，大力开展百日竞赛“4320”行动，强力推行20条硬措施。持续推进终端客户开发，积极开展精准营销，优化经营结构，直分销终端客户数量达2371个、增幅3.5%，销量76.17万吨、增长11.3%。天然气方面，持续做好上游资源调度，不断加强客户开发，做大做精零售经营。全年天然气销量计划完成率175%，实现毛利4314万元，增长47%。易捷服务方面，聚焦门零销售提质增效，四项核心指标均超额完成。监狱项目顺利中标辽中和辽西片区两个标段，累计开设监狱线上门店24座，监狱城实体门店1座，易捷便利店开进辽宁石油化工大学和大连理工大学，高校门店3座，在辽宁石油大学开设易捷旗舰便利店和首座校园易捷咖啡店。

（王佳子）

沈阳长青南街加能站

【产业布局】 2023年，辽宁石油分公司网络建设发展有效推进。传统网络稳中提质，完成辽勤丹东二四一加能站、辽中兴达加能站、辽宁交投德胜服务区、白玉都服务区等6座加能站投营，成功续租鞍山文圣路加能站、朝阳桃花吐加能站、铁岭汇通加气站3座加能（气）站，摘得丹东凤城2宗土地，维护了网络稳定。积极推进历史遗留问题解决，葫芦岛龙兴加能站和大连花园路加能站顺利复营，有效盘活存量资产。新能源业务稳步发展，持续完善重点线路LNG网络，先后投营沈阳魏林子、沈阳观泉路、大连景航路3座加气站。坚持效益优先，完成光伏发电项目14座、充电站14座、充电枪132把，获得销售公司“百日攻坚行动充电业务发展先进单位”荣誉称号。重点项目有序推进，完成190项施工改造任务和17项油库安全环保隐患项目治理，稳妥关停北良、连山油库，坚决杜绝“带病运行”。

（王佳子）

【安全环保】 2023年，辽宁石油分公司持续深入学习习近平总书记关于安全生产重要论述和习近平生态文明思想，严格执行各项工作要求。积极践行有感领导，开展“一把手”HSE及数质量十大风险培训和安全主题宣讲。顺利完成全省 14 座地市公司危化证办理。扎实开展“安全管理强化年”专项行动，有效整合省公司应急指挥中心和视频督查职能，成立工作专班，压紧压实 HSE 主体责任。编制完成全员 HSE 岗位责任及工作任务“两个清单”，常态化开展全员查风险、找隐患，建立联合督查机制，实现对承包商强势监管，全面推行“会前安全教育 5 分钟”“一书两卡”工作法、“基层安全网格化”。成功举办油库安全和质量技术比武，建立省、市、基层单位极端天气三级预警机制，积极开展“无废企业”创建，完成首批 8 座“美丽基层”及 122 座“绿色基层”创建提升，试点完成 2 座“碳中和”加能站建设。获评辽宁省公安厅油气、“三电”设施安全保护先进集体。提升库站自动计量应用水平，加强油气计量风险防控，全年内外部油品质量抽检合格率 100%。

（王佳子）

【科技创新】 2023 年，辽宁石油分公司顺利完成销售公司级立式储罐 VOCs 减排项目；与辽宁省质检院合作的油品快检车顺利上线实现质量快速筛查；全年成功申报软著 1 项，获得实用新型专利证书 14 件，等待实用新型专利授权 3 件，申请实用新型专利 2 件；辽宁石油全资子公司福爱尔公司顺利通过 CNAS 国家实验室认可，是中国石化区外首家拥有 CMA 和 CNAS 双认证单位，完成国家级高新技术企业创建；配合公安部门开展“打非治违”油品检测 44 批次；承担大区公司在辽宁集统采油品前置检验任务 123 批次。定位数字化智能化转型，相继完成智慧油站改造投营，站点 AI 数字管理平台可直观展示车流分析、现场效率评估、异常报警等信息，实现整体运营管理情况全面导览，消费者可通过自助一体机，自行完成油品及便利店商品的支付结算、发票开具等操作，全面改善消费者加油、购物体验。

（王佳子）

【风险防控】 2023 年，辽宁石油分公司强化底线思维，全面防控各类重大风险。常态化开展“我为企业防风险、我为内控做诊断”工作，提高风险化解能力。梳理重大风险任务 10 项，细化全面风险任务 22 项，健全重大风险管控工作体系，确保重大风险防范化解工作有效落地。建立健全“管业务必须管合规，管业务必须管风险”责任制，深化合规管理运行保障机制，深入监管各专业领域合规风险。开展岗位职责修订，重新梳理岗位职责，推进 A、B 岗管理，推进敏感岗位交流，省市公司机关 11 个部门、31 人进行轮岗，14 人在省市公司之间交流锻炼，从源头上规避管理风险。深化业财融合，突出预算牵引，加强费用管控，推动高质量发展评价指标体系应用和财务分析模型应用。着力推进资产盘活创效，高效站占比达 69%。筑牢法律合规风险防线，顺利解决 5 件重点督办案件，严格合同审查，合同标准文本使用率、合同履行率超过 90%，集团公司给予合同管理综合评定为 A 级。

（王佳子）

【改革转型】 2023 年，辽宁石油分公司成立全面深化改革领导小组，明确三年改革目标，积极落实改革深化提升行动。深化干部人事制度改革，全面推行中层领导人员任期制和契约化管理。深化考核分配制度改革，构建“1436”绩效考核体系，将考核结果进一步与干部员工“面子、票子、位子”紧密挂钩，根据考核结果将 1 名中层领导人员调整为非领导职务。推动加能站薪酬改革落地，自营站建立了“4173”分配体系，委托站规范了“1532”核定体系，基本实现增量增效就增资、减量减效就减资。推进合资公司改革，对合资公司机关进行瘦身，推进属地化管理。大力推动数字化转型，加快推进直分销客户管理系统、绩效考核系统等信息项目建设，探索智慧加能站建设，推进数字化赋能。加强互联网运营力度，持续扩大线上营销规模，累计完成积分带动营业额 1866 万元，权益会员规模达 142 万人、净增 60 万人。推进传统业务与新业务协同发力的转型发展，深度融入辽宁省地方经济发展格局，与沈鼓集团签订全面战略合作协议，与锦州港达成战略合作。加快构建“人・车・生活”服务圈，向综合服务商快速转型，向外延伸拓展站外项目，先后探索汽车销售新模式、监狱线上采购项目、高校超市等。

（王佳子）

与沈鼓集团签订全面战略合作协议

【人才建设】 2023 年，辽宁石油分公司牢固树立“德才兼备、以德为先、注重实绩”的选人用人导向，营造风清气正的选人用人环境。形成三支人才队伍建设规划，拿出 12 个中层岗位开展公开竞聘，选拔培养优秀年轻干部，激励专业技术人员成长成才，高级专家、专家配备率提升 44.5%。组织省公司层面各类培训项目 49 期，累计培训 9589 人次，培训内容涵盖全面。借助结对帮扶契机，共享加操、储运高级工等 20 门在线课程，实现“五懂五会五能”考核率 100%，初级工职业技能等级认定覆盖率达 90.2%，高级工及以上职业技能等级认定覆盖率达 26%。持续开展基层岗位练兵和全员技能比武，在多项专业竞赛中打破近几年“奖牌荒”的局面。获集团公司油品分析工职业技能竞赛暨油品质量管理竞赛 1 银、1 铜；获销售企业税务管理专业技术竞赛决赛 1 银；获中国石化加油站操作员技能竞赛暨零售专业竞赛决赛 1 铜的成绩。

（王佳子）

【党建工作】 2023 年，辽宁石油分公司扎实开展学习贯彻习近平新时代中国特色社会主义思想主题教育，在“学思想、强党性、重实践、建新功”中扛稳政治责任，深入学习贯彻习近平总书记视察胜利油田、九江石化重要指示精神，不折不扣落实集团公司、销售公司部署要求，切实把通过主题教育激发出的干事创业精气神转化为企业高质量发展的生动实践。建立“四学四悟”研学机制，在集团公司部分直属单位主题教育座谈会上作书面交流，分类施策推进第二批主题教育，得到中央第 20 巡回指导组的肯定。加强党的理论武装，始终筑牢思想根基，严格落实“第一议题”制度，定期开展中心组学习。深入开展“铸魂强基”七大行动，持续增强政治功能和组织功能。组织 27 个党支部规范开展换届选举，加强 4 座万吨站党支部建设，夯实党建工作基础。实施“一支部一项目”等特色品牌建设，推动基层党建与中心工作深度融合互促。举办庆祝中国石化成立 40 周年企业文化故事会，累计在《中国石化报》《辽宁日报》等刊物发表稿件 62 篇，宣传工作位居区外第 2。全面加强从严治党，拥护“两个确立”、做到“两个维护”，具体化、精准化、常态化开展政治监督。持续净化优化政治生态，充分发挥巡视巡察整改牵引作用，标本兼治、系统治理，一体推进“三不腐”。统筹协调、同向发力，大监督格局优势不断突显。坚持一严到底的高压态势，深入推进正风肃纪反腐。高标准严要求实举措开展教育整顿，队伍建设更加坚强有力。

（王佳子）

【企业建设】 2023 年，辽宁石油分公司深刻领悟习近平总书记视察九江石化关于企业发展与员工利益关系重要指示精神，持续增强员工获得感、幸福感、安全感。常态化开展“我为群众办实事”“夏送清凉冬送温暖”活动，为基层员工核增一次性高温津贴，解决职工群众“急难愁盼”问题，基层一线加油员全年收入增长超过 10%，有力展现企业发展成果由员工共享，全员问卷调查结果显示，96.3% 的员工对公司发展充满信心。积极发挥品牌引领作用，着力塑造品牌竞争优势，印发辽宁石油品牌引领行动实施方案，围绕中心开展宣传和品牌工作，持续传播“能源至净 · 生活至美”的品牌理念，中国石化为新时代辽宁全面振兴发展贡献力量、辽宁石油分公司高标准高质量推进国企改革深化提升行动等相关经验做法在省内权威媒体《辽宁日报》平台刊发。

（王佳子）

【社会责任】 2023 年，辽宁石油分公司以实际行动诠释中国石化驻辽央企的责任与担当，持续扩大中国石化在辽宁地方的品牌影响力，有效动员广大干部员工奋进新征程、凝心聚力推动公司高质量发展。持续提升服务质量、展示窗口形象、做好关心关爱工作，作为窗口服务单位，着力解决户外劳动者“吃饭难、喝水难、休息难、如厕难”问题，完善132座“爱心驿站”、55座“司机之家”服务升级，全省63座“爱心驿站”授予地方工会挂牌服务站点，锦州凌海加能站“司机之家”获评全国AAAA级“司机之家”。与黑山科乡小学开展三年教育结对帮扶，全力办好“老百姓家门口的学校”，展示“党和人民好企业”的形象。

（王佳子）

与黑山科乡小学开展三年教育结对帮扶

表1　辽宁石油分公司主要经营指标

指标名称＼年份	2023	2022	2021	2020	2019	2018
油气经营总量／万吨	303.96	263.21	248.45	231.61	229.00	207.02
成品油零售量	175.00	146.69	147.97	132.50	148.00	135.90
成品油直销总量	117.57	110.15	94.47	95.53	79.00	68.66
吨油费用／元	311.00	330.00	311.00	303.00	301.00	308.00
报表利润／亿元	1.82	1.64	0.49	1.23	0.61	0.31
加油（气）站总数／座	456	451	451	442	435	414

四川石油分公司

【概况】 中国石化销售股份有限公司四川石油分公司（简称四川石油分公司）于2010年1月17日揭牌成立，本部设在四川省成都市。其前身是2002年成立的中国石化销售川渝分公司；2011年，四川石油分公司升格为大一型企业。

四川石油分公司主要负责中国石化在四川省境内的成品油、车用天然气、车用加氢、充换电、易捷服务（便利店、汽服、润滑油）等经营业务及仓储、销售网点建设工作。截至2023年底，公司机关设11个部室、5个直属机构，下辖21家地市级公司。拥有自营加能站549座，油库13座、库容34万立方米，充电终端807个，资产总额103亿元，用工总量2040人。

2023年，四川石油分公司实现油气经营总量339.2万吨，其中成品油销售316万吨、天然气销售3.15亿立方米，充电量41.7万千瓦·时，易捷服务营业收入8.3亿元。实现销售收入272.72亿元，报表利润3092万元。

四川石油分公司主要经营指标见表1。

（叶梦瑶）

【领导班子调整】 2023年9月7日，集团公司党组对四川石油分公司领导班子进行调整：肖毅任四川石油分公司代表、党委书记，赵大毅任四川石油分公司总经理、党委副书记。调整后的公司领导班子由肖毅、赵大毅、何刚、李国营、张展、冯臣6人组成。

（叶梦瑶）

【经营创效】 2023年，四川石油分公司做好配置、集采、自采资源统筹平衡，积极扩销拓市，挖潜增效。加强资源统筹运作，保障资源稳定供应，全年配置资源购进超年度计划 30%，集统采资源增长 45%。强化零售算账经营意识，深化异业合作，引入营销资源 3085 万元；精准制定营销措施，实施“司机之家”“柴油送餐”专项营销，柴油大客户客单量增加 0.7 万吨，汽油会员月活动期间达 120 万人。

（叶梦瑶）

【易捷服务】 2023 年，四川石油分公司落实“转方式、调结构、增效益”工作思路，优化门店品类，改善团购经营模式，打造易捷核心样板门店 40 座，门店零售额 5.1 亿元、增长 11%；自有品牌商品 2.5 亿元、增长 35%；易家香菜籽油销售额突破 1 亿元，成为系统内销售规模最大的省级开发自有品牌。

（叶梦瑶）

【天然气经营】 2023 年，四川石油分公司持续做优天然气业务，加大油改气客户开拓力度，加强沟通，提高 LNG 差价水平，天然气实现差价增长 18%；规范直批业务，系统治理无效负效气站，开展 LNG 加气站损耗专项治理，提高异常损耗处置能力，节约损耗费用 100 万元；全年完成零售 2.8 亿立方米、增长 16%。

（叶梦瑶）

【网络发展】 2023 年，四川石油分公司着眼转型发展大势，成立充电业务推进领导小组和工作小组，加强顶层设计，做好系统谋划，全面布局新能源业务，依法合规搭建充电“一张网”，全年新建充电站 43 座、充电终端 544 个。新增投营 3 座光伏发电项目，完成天府机场服务区加氢站项目立项。新增投营加油站 5 座、加气站 7 座。

（叶梦瑶）

【安全数质量】 2023 年，四川石油分公司大力推动 HSE 管理体系高质量运行，建立正向激励机制，组织开展“安全管理强化年”行动，落实“会前安全教育 5 分钟”，全力推行“基层安全管理网格化”和“一书两卡”安全作业法，规范专业分委会运行，公司保持安全平稳运行。加强油品全流程数质量管理，内外部抽检合格率达 100%，获得销售公司“数质量管理”年度进步红旗。

（叶梦瑶）

【环保管理】 2023 年，四川石油分公司深入开展绿色低碳“补短板、强弱项”专项行动，实现临江靠水库站排口规范化管理，完成 218 座加能站三次油气回收设备安装，357 座绿色基层和 2 座“碳中和加能站”创建，获评销售公司绿色标杆油库 2 座、绿色标杆加能站 2 座，年度绿色企业复核由 C 档提升到 B 档，实现进位升档目标。

（叶梦瑶）

【改革管理】 2023 年，四川石油分公司启动改革深化提升行动，34 项任务阶段性目标完成率 100%。根据工作需要，设立新能源管理部，规范省地两级公司党群、纪检监督部门名称。系统谋划人均劳效提升工作，推广运行 65 座自助加能站，公司站级人均零售量由 584 吨增加到 673 吨、增长 15%。

（叶梦瑶）

【信息化管理】 2023 年，四川石油分公司顺利完成新加油卡系统切换，有序推进即时绩效薪酬管理系统、数智平台（一键报表）项目建设，全面推广“便利店无感用券”和“加油卡加油赠 CRM 券”等新功能，企业运营数字化、管理信息化水平稳步提升。持续加强网络安全风险评估和隐患治理，完成重大保障时期和攻防演习保障任务，全年未发生重大网络安全事件；开展油库工控网络安全提升，初步构建起工控网安全管理体系和技术防护体系。

（叶梦瑶）

【人才队伍】 2023 年，四川石油分公司推进中层管理人员任期制和契约化管理，在职中层干部全部签订责任书和聘任协议。扎实推进人才强企工程，40 岁以下年轻干部占比达 60%，干部选拔任用工作总体评价为“好”的比例达 92%；拥有职称人数增加至 369 人，职业技能等级持证率提升至 73%；在各类竞赛比武中，6 名员工分别获得 2 金 2 银 2 铜，公司获得零售竞赛比武“银牌企业”。

（叶梦瑶）

【党建工作】 2023年，四川石油分公司深入开展学习贯彻习近平新时代中国特色社会主义思想主题教育，紧紧围绕“学思想、强党性、重实践、建新功”的总要求，以学铸魂、以学增智、以学正风、以学促干，扎实开展两批主题教育。规范执行党委决策议事制度，结合“三重一大”决策制度、内控权限及工作实际，统筹规范省市两级党委决策议事制度，修订《四川石油分公司党委会议事规则》《四川石油分公司党委前置研究讨论重大经营管理事项清单管理实施细则（试行）》，对两个事项清单进行联动调整。加强基层党支部组织建设，打造特色支部品牌48个，万吨站党支部从3个增加到10个。坚持以严的基调正风肃纪反腐，深化“靠企吃企”专项整治，抓好巡视巡察反馈问题整改，政治生态和管理生态趋稳向好的态势进一步巩固和发展。

（叶梦瑶）

【群团宣传工作】 2023年，四川石油分公司规范职代会运行程序，建立困难职工帮扶长效机制，组织青年创新创效大赛和职工运动会，干部员工凝聚力不断增强，省公司工会被评选为四川省工会系统先进集体。围绕中国石化成立40周年等大事要事主动发声亮相，累计在全媒体发稿2000余条。

（叶梦瑶）

【建成首座充换电站】 2023年，四川石油分公司加快打造现代化综合能源服务商的步伐，在巩固传统业务优势基础上，持续加快向新能源转型步伐，利用在川网络优势、品牌优势等，不断加快布局充换电业务。12月28日，四川石油分公司首座充换电站——中国石化必好大型充换电站在成都正式投入运营。该站配有120个充电车位和1座换电站，最快可实现充电10分钟续航400千米，满足各类车辆的充电需求。

（叶梦瑶）

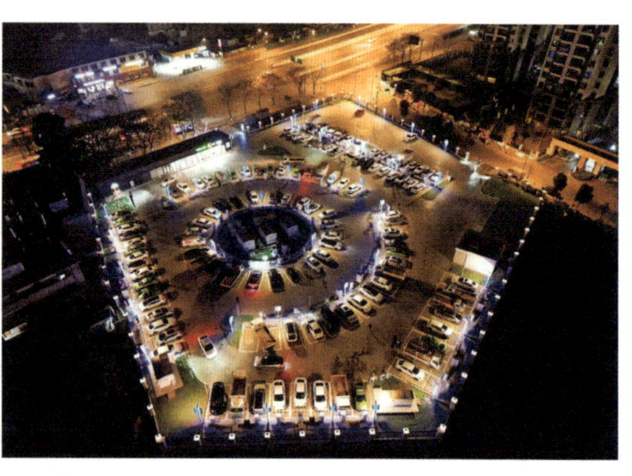

【社会责任】 2023年，四川石油分公司充分发挥中国石化资金、渠道、人才、管理、党建等优势，坚持“输血”与“造血”相结合，全力助力巴中市巴州区天马山镇狮子寨村乡村振兴工作，采购巴州区农产品16万元，购买帮扶村高山脆李1万斤（0.5万千克）、价值6万元，茶叶210盒、价值4.2万元，捐赠30万元实施50亩（3.33万平方米）高山青脆李种植项目；落实集团公司关于教育帮扶工作部署，同华蓥市占云小学开展结对帮扶工作，投入68万元帮助学校新建多功能录播室，助力学校建设智慧化、信息化“云课堂”，提升教育质量、完善教学条件，该校在2023年被教育部基础教育司评为全国第五批乡村温馨校园建设典型案例。

（叶梦瑶）

【能源保供】 2023年，四川石油分公司始终胸怀“国之大者”，坚决扛牢政治责任，全力保障能源安全稳定供应，持续为四川经济社会发展和人民出行服务。大运会期间，四川石油分公司坚持“当好东道主、服务大运会”理念，被纳入大运会成品油保供站点，圆满完成各项任务，有力支援了赛事成功举办，充分展现了“党和人民好企业”的良好形象。

（叶梦瑶）

表1 四川石油分公司主要经营指标

指标名称 \ 年份	2023	2022	2021	2020	2019	2018
成品油销售总量/万吨	316.00	303.48	297.66	291.50	288.00	268.00
零售量	181.30	164.34	167.30	162.80	168.00	156.00

续表

指标名称 \ 年份	2023	2022	2021	2020	2019	2018
销售收入 / 亿元	272.72	273.24	221.83	177.13	203.85	204.81
利润 / 亿元	0.31	0.18	1.37	1.48	1.25	0.10
吨油费用 / 元	457.00	463.00	415.00	420.00	412.00	422.00
加油（气）站总数 / 座	581	569	567	552	521	514

重庆石油分公司

【概况】 中国石化销售股份有限公司重庆石油分公司（简称重庆石油分公司）位于直辖市重庆，属中国石化下游销售企业之一，主要负责重庆及周边成品油、车用天然气、非油品销售，液化天然气生产、销售等业务。

重庆石油分公司前身为三川实业公司重庆分公司，成立于 1998 年 10 月，是负责重庆地区成品油经营的地方集体制企业。1999 年 5 月三川实业公司被中国石油化工股份有限公司收购后，更名为中国石化销售有限公司重庆三川分公司。2002 年 10 月成建制划归中国石化销售有限公司川渝分公司，更名为中国石化销售有限公司川渝重庆分公司。2009 年 11 月被调整为股份公司直属企业，更名为中国石油化工股份有限公司重庆石油分公司，按大二型企业管理。2012 年 10 月管理规格调整为大一型。2014 年 5 月，根据销售公司混改要求，更名为中国石化销售有限公司重庆石油分公司。2019 年 1 月，根据销售公司股改安排，更名为中国石化销售股份有限公司重庆石油分公司。

截至 2023 年底，重庆石油分公司本部机关下设 12 个综合管理部室、3 个专业中心，有 7 个分公司、7 个独立运行的控股合资公司。资产总额 90.44 亿元，在岗员工 3137 余人（其中党员 806 人）。在营加能站 374 座，在营油库 8 座、库容 22.44 万立方米。油气网络覆盖重庆市 38 个行政区县。在营 CNG 加气母站 1 座，最大日生产能力 20 万立方米，在营供氢中心 1 座，为西南地区最大供氢中心，日供氢量 3.6 万标准立方米；在营 LNG 工厂 1 座，最大日生产能力 100 万立方米。

重庆石油分公司主要经营指标见表 1。

（朱丽娟）

【领导班子调整】 2023 年 3 月 2 日，集团公司召开视频会议，宣布对重庆石油分公司等 7 家单位领导班子进行调整：因到龄退休，免去王红兵重庆石油分公司代表、党委书记职务，办理退休手续。王毕华任重庆石油分公司代表、党委书记，免去其重庆石油分公司总经理职务。王阖任重庆石油分公司总经理、党委副书记。6 月 15 日，重庆石油分公司召开干部大会，宣布集团公司党组关于重庆石油分公司领导班子调整的决定：唐顺武任重庆石油分公司副总经理、党委委员。

（朱丽娟）

【市场攻坚有力有效】 2023 年，重庆石油分公司锚定“站稳区外排头、争当新赛道头部企业”目标，准确识变、科学应变、主动求变、变中求胜，全年实现经营总量 325.54 万吨、增长 7%。其中，成品油销量 283.59 万吨、增长 6%（机出量 138.12 万吨、增长 11%，直分销 145.47 万吨、增长 2%）；天然气销量 5.79 亿立方米、增长 14%（机出量 2.11 亿立方米、增长 12%，直分销 3.68 亿立方米、增长 16%），量效规模居销售系统首位。易捷服务营业收入 5.7 亿元；氢气销量 267 吨，氦气销量 5.8 万立方米，售电量 551 万千瓦・时。

（朱丽娟）

【转型升级高效推进】 2023年，重庆石油分公司抓住中国石化与重庆市政府全面深化战略合作契机，率先与重庆高新区成立合资公司，提前锁定主城区新兴市场。深化与重庆高速、物流、地产等单位合作，新增优质高速干线站点资源35个。加大布点力度，新增投营加油站15座、LNG站5座，取得土地3宗。大力推进加气站转型，在21座CNG加气站新增充换电功能，1座L-CNG站转型为LNG标准站。引领成渝氢走廊建设，在营加氢网点占有率80%，日均加氢量由650千克提升至1100千克，氢能产供销体系初步形成。建成投营充电车位1053个，其中超充站2座、重卡充电站1座，投营换电站3座，充换电业务目标完成率排名百日攻坚创效竞赛重点组第一。

（朱丽娟）

【创效能力攻克挑战】 2023年，重庆石油分公司克服成本压力加大、汽油消费萎缩、柴油竞争增强、LNG获利显著下降等多重不利因素的影响，实现报表利润2.2亿元，报表利润连续13年居销售系统区外第一。

（朱丽娟）

【创新融合亮点纷呈】 2023年，重庆石油分公司利用数字化手段创造价值，依托主流媒体获取公域流量，权益会员达195万个、线上交易额突破130亿元，销售企业第1亿个权益会员在重庆“诞生”。推进易捷服务模式创新，在销售企业率先落地“易捷到家”。开发4个数字工具，实现加油站“自动日结”，全年释放劳动时长超5万小时。“经营决策辅助平台实施与应用”被评为销售企业2023年度“十大创新事件”。科技创新实现新突破，涪陵LNG工厂BOG尾气提氦“十条龙”项目通过技术鉴定，完成“出龙”考核任务目标，成功产出纯度达99.999%的高纯氦气。与重庆耐德共建氢能装备与智能控制实验室，完成液驱式氢气2级压缩机研发；与石油工程技术研究院共同提出45兆帕高压储氢井微渗漏整治方案，为储氢井技术规模化应用打下基础。

（朱丽娟）

【底线底板不断加固】 2023年，重庆石油分公司把想全、想细、想万一作为重要的安全文化，推行HSE例会前10分钟安全环保知识在线测试，通过全员应知推动全员应会；落实“三管三必须”要求，压实分委会落实“安全管理强化年”目标要求和风险隐患整治上的职责。牢记“上游责任”，6座临江临河油库水体污染风险防控升级，绿色基层创建达标251个；1座油库获评基层安全员竞赛先进油库、绿色标杆团队；1家分公司通过重庆市应急管理局安全生产标准化二级企业认证。重庆石油分公司所属中石化通汇能源有限公司被评为2023年度国家级绿色工厂。全年未发生上报等级安全环保事故、信访负面舆情事件。健全合规管理体系，筑牢依法依规治企意识，获评集团公司“十四五”中期法治建设及合规管理A类企业。

（朱丽娟）

中石化通汇能源有限公司被工业和信息化部评选为国家级绿色工厂

【基础管理更加夯实】 2023年，重庆石油分公司狠抓技能培训、比武竞赛、岗位练兵，稳固发展根基、提升管理水平，获销售公司零售专业竞赛比武金牌企业称号；夺得零售客户服务、新业务拓展、互联网业务拓展、加氢站发展、科技创新、企管法律工作6面年度先进红旗，加油站投营、内审监督2面年度进步红旗；在“庆祝40周年，百日攻坚创效”专项行动中，排名经营管理双提升百日竞赛区外第一；充换电业务排名销售公司百日攻坚专项重点组第一。作为集团公司品牌引领行动试点单位，积极打造以“渝快”服务、“渝悦”体验及“权益会员、不止加油”为主要内容的特色品牌，1个职工创新工作室被授予重庆市产业工会“劳模和工匠人才创新工作室”；涪陵

LNG 工厂获得重庆市“工人先锋号”荣誉称号。

（朱丽娟）

【党建质量稳步提高】 2023 年，重庆石油分公司认真学习贯彻党的二十大精神，扎实推进主题教育，工作成效得到党组第八巡回指导组高度认可，党建工作首次被集团公司评为 A 档。胜利召开第二次党代会，选举产生重庆石油分公司第二届党委和第二届纪委。制定并推进“党建登高计划”，积极推动打造新时代“红岩先锋”变革型组织。推进综合能源、综合服务与品牌建设“共生共融”，依托服务窗口打造爱心驿站 15 座、司机之家 16 个。稳妥有序推动组织变革，结合行政机构特点和改革安排，对 75 个党支部建设持续优化 69 个，1 个基层党支部被评为集团公司先进基层党组织。

（朱丽娟）

【涪陵 LNG 工厂二期项目奠基】 2023 年 2 月 8 日，重庆石油分公司涪陵 LNG 工厂二期项目正式奠基。二期项目将在一期 100 万米^3/ 日处理量基础上再日增产能 100 万立方米，建成后成为西南地区产能最大的液化天然气加工工厂。

（朱丽娟）

【投营重庆市首座碳中和油库】 2023 年 9 月 27 日，麻旺油库光伏发电项目正式并网投用，是重庆石油首座集“并网 + 储能”于一体的油库光伏发电站，也是重庆市首座“碳中和”油库，投营后年均发电量约 22.47 万千瓦・时，年均减排二氧化碳 198 吨。

（朱丽娟）

【投营西南地区最大的供氢中心】 2023 年 12 月 20 日，重庆石油分公司长寿加氢母站正式投营，该项目是西南地区的首个供氢中心，也是国内首个利用天然气副产氢气提纯的氢燃料电池供氢加氢一体化项目，由川维化工和重庆石油共同建设。长寿供氢中心设计装车压力 20 兆帕，日压缩氢气超 3000 千克，可依托重庆石油长寿综合能源站直接为加氢车辆供氢，同时可为 10 余辆管束车进行充装，预计全年实现减排二氧化碳 1 万余吨。

（朱丽娟）

【中石化通汇能源有限公司入选 2023 年度“国家级绿色工厂”】 2023 年 12 月，工业和信息化部公布 2023 年度绿色制造名单，重庆石油所属中石化通汇能源有限公司被评选为国家级绿色工厂。

（朱丽娟）

表 1　重庆石油分公司主要经营指标

指标名称 \ 年份	2023	2022	2021	2020	2019	2018
成品油销量 / 万吨	283.59	269.53	281.65	246.20	262.97	242.78
零售量	138.12	135.13	148.08	130.13	151.92	145.18
天然气生产加工量 / 亿立方米	3.98	3.51	3.47	2.75	2.12	3.08
天然气销量 / 亿立方米	5.79	4.90	4.68	4.30	3.88	2.69
零售量	2.11	1.82	1.79	1.56	1.62	1.43
非油品营业额 / 亿元	6.38	7.21	9.31	7.35	6.45	4.88
销售收入 / 亿元	248.63	248.11	209.99	151.12	187.13	179.42

续表

指标名称＼年份	2023	2022	2021	2020	2019	2018
利润 / 亿元	2.20	4.01	5.33	4.51	4.12	3.11
吨油费用 / 元	389.00	371.00	351.00	341.00	324.00	331.00
在营加能站总数 / 座	374	351	341	328	323	318
油库座数 / 座	8	8	8	8	6	6

陕西石油分公司

【概况】 中国石化销售股份有限公司陕西石油分公司（简称陕西石油分公司）本部位于陕西省西安市，是 2009 年底以原销售西北分公司机关为班底和原销售西北陕西分公司重组而成，2010 年 1 月 15 日正式揭牌成立，时称中国石油化工股份有限公司陕西石油分公司。2012 年 10 月，中国石化党组研究并征得中共陕西省委员会同意，决定将陕西石油分公司管理规格调整为大一型。按照中国石化混合所有制改革部署，2014 年 5 月更名为中国石化销售有限公司陕西石油分公司，2019 年 1 月更名为中国石化销售股份有限公司陕西石油分公司。

陕西石油分公司集仓储、物流、销售、服务为一体，全权负责中国石化在陕西省境内的成品油、天然气、非油品销售等经营业务和销售网络建设工作。截至 2023 年底，员工总数 2430 人；公司本部设有 14 个职能部门和 4 个附属机构，下辖 8 家地市公司及 29 个片区；在营加能站 387 座、便利店 380 座；自有油库 3 座，总库容 13.8 万立方米；资产总额 55.95 亿元。

陕西石油分公司主要经营指标见表 1。

（李文娟）

【经营情况】 2023 年，陕西石油分公司围绕“聚焦扭亏脱困、提升效益效率”主题，坚持“严”的工作主基调，锚定目标、真抓实干，公司政治生态、管理生态、经营规模、效率效益稳步向好、稳中有进。全年经营总量 174.44 万吨，成品油经营量 159.44 万吨，其中汽油零售机出增长 36%，直分销 80.22 万吨；天然气经营量 15 万吨，非油基础品类销售额 3.24 亿元，减亏 1.12 亿元。

（李文娟）

【资源优化】 2023 年，陕西石油分公司强化资源统筹和采销联动，实现降本 7436 万元；打通华中资源串换渠道，节约物流费用 52.4 万元；深挖物流优化潜力，配站平均运距减少 6.4 千米，实现全环节降费 1427 万元；配合执法部门查处非法经营站点 20 座，取缔黑窝点 71 处，查扣流动加油车 137 辆，回收非法油品 531 吨，控制涉案人员 109 名。

（李文娟）

【零售经营】 2023 年，陕西石油分公司以“毛利最大化”为原则，做好量价联动和量效统筹，零售价格不到位同比收窄 154 元 / 吨；持续开展汽油大站分级培育和“品牌会员日”活动，汽油增长 36%，在中秋、国庆“双节”首日，汽油机出零售量 3323 吨，创历史新高；积极开发本地集团客户，开展联合营销活动，落地异业营销资源 1095 万元。

（李文娟）

陕西石油助力中国 – 中亚峰会胜利召开（王　云　摄）

【直分销】 2023 年，陕西石油分公司优化考核办法和薪酬标准，加大对终端销售的激励力度，以“柴油入危”为契机，做大有效销售，新增客户 827 户，增量 14.6 万吨，其中终端客户及社会站 729 户、增量 10.4 万吨；年度直分销经营量首次突破 80 万吨，实现价差收入 3013 万元；运用“线上 + 线下”多种服务场景，深化运用“2+6+X”高价值服务模式，自有库“一键送油”上线率和实体卡转换进度均达 100%。

（李文娟）

【易捷业务】 2023 年，陕西石油分公司打造省、市、县（片区）级核心门店 32 个，以点带面提升门店运营水平；自有品牌核桃乳已销至全国 20 家省市公司，合计销售额 664 万元；不断丰富销售业态，开展“直播带货”5 场次，实现销售 175 万余元；开展“石化微集市”274 场次，实现销售额 46.56 万元；茶博会、品鉴会实现销售额 500 余万元；持续服务“三农”，做大团销业务，实现化肥销售额 3291 万元；工业尿素销售额 1444 万元；“黔货出山”项目销售额 1173 万元；全额承担油非互促后，实现毛利 1225 元；完成自建汽服立项 20 座，其中竣工投营 12 座；实现汽车销售额 251 万元。

（李文娟）

陕西石油员工向客户推介自有重点商品秦岭核桃乳

（王 云 摄）

【天然气业务】 2023 年，陕西石油分公司统筹资源降本和经营创效，努力提升直供资源覆盖率，实现资源创效 1000 万元；全省一手资源占比提高至 72%；优化询价模式，节省采购成本 50—80 元 / 吨，实现创效超 400 万元；通过市场谈判、价格博弈、精准营销等手段，着力提升市场话语权，致力区域市场秩序回归良性；协调职能部门对 CNG 零售限价进行调整，CNG 毛利额提高 150 万元；持续优化营销服务，采取一站一策、一路一策、区域联动策略，抢占终端市场，天然气零售量增长 53%，毛利增幅 55%。

（李文娟）

【网络发展】 2023 年，陕西石油分公司新增投营加油站 2 座、加气站 5 座，储备项目 5 座；租赁到期续租 22 座；聚焦充电业务，创新发展模式，全力推进项目落地，建成充电车位 254 个，新投营光伏发电项目 8 个。

（李文娟）

【深化改革】 2023 年，陕西石油分公司启动全面深化改革，完成机构优化、职责划分、全员竞争等工作，撤并市县公司、20 名中基层干部未能竞聘到原职级，44 人落聘，省市县三级机关机构精简率达 24%，劳动总定员优化比例实现 12%，中层职数编制在总部核定基础上节约 17%，机关与一线用工总量比例 1∶4.8；召开陕西石油分公司成立以来首次人才工作会，深入推进人才强企战略，构建“123”人才发展目标，实施大学生“2+3”培养计划，建立“1+3+N”制度保障体系，畅通各类人才成长成才通道；深入推进领导人员和中层干部任期制和契约化管理，构建考核结果强制分级、薪酬兑现拉开差距，在年度平均薪酬增长 15.6% 的基础上，薪酬差距最高达 2.5 倍。

（李文娟）

【HSE 管理】 2023 年，陕西石油分公司扎实推进“安全管理强化年”活动，时刻用身边违章事件开展警示教育，紧绷安全之弦，落实重大危险源安全包保责任制，推行安全网格化管理工作，推动“三管三必须”落实落地；持续加强“三基”工作，常态化开展“四不两直”和视频检查，推动库站“一书两卡”等基础工作执行，圆满完成 3 座自有库汽油储罐浮盘、埋地工艺管线防渗等 11 项销售公司级隐患治理项目改造；强化各环节损耗管理，全年商品降耗创效增长 8%。

（李文娟）

陕西石油创建黄河文化主题加能站（呼延月心　摄）

【合规管理】 2023 年，陕西石油分公司持续开展重点、热点、难点和敏感问题的法律研究，加强新出台法律法规的分析，识别外部法律环境变化带来的合规经营风险，针对重点业务印发风险法律提示、新规解读和合规的专刊累计 20 余篇，及时向公司决策层、职能部门、地市公司提示法律风险；秉承公正、廉洁、高效的原则进行招投标管理工作，围绕公司降本增效的经营目标，在综合考虑经济效益、技术要求的前提下，有序、规范开展招投标活动；常态化开展“我为企业防风险、我为内控作诊断”工作，进一步夯实管理基础；全年新增、修订制度 49 项，废止制度 15 项，确保各项管理制度宣贯到位、执行到位。

（李文娟）

【党建体系化建设】 2023 年，陕西石油分公司扎实开展主题教育，整改、整治两批问题清单事项 96 项。深化在完善公司治理中加强党的领导，修订完善“三重一大”决策制度及配套议事规则，推进落实“451”年度党建工作计划，加强全面从严治党主体责任闭环管理，建立党委班子成员落实“一岗双责”联络员机制，实行日常提醒督办和“双挂钩”；印发党的“三基本”建设与“三基”工作十项重点措施，明确融合落实的方法路径，创新“支部建在连上”方式，持续提高“两个覆盖”质量，不断优化党建融入中心载体路径，进一步丰富“党建 +”融合模式，凝聚“支委 +”团队合力。

（李文娟）

【和谐企业建设】 2023 年，陕西石油分公司录制形势任务教育微视频，牵头举办“中国石化在陕西”专项新闻发布会，升级开展公众开放日，策划“干部员工谈改革”等专题专栏，举办“我与企业共成长”企业文化故事会，打造红色文化主题加能站；完成陕西石油工会换届选举，深入推进“十四五”主题劳动竞赛，常态化开展“四季送”关爱行动，持续完善“司机之家”“爱心驿站”设施服务，接续助力乡村振兴；开展团员和青年主题教育，动员青年员工投身管理创新、营销创新、服务创新和技术创新。

（李文娟）

【正风肃纪】 2023 年，陕西石油分公司聚焦“靠企吃企”、基层违规违纪等重点领域加强监督，促进企业风险防控，一体推进“三不腐”综合质效；深入开展违反中央八项规定精神问题专项治理，制定出台“深入为基层减负二十项重点措施”，开展首问首办首稿质量提升行动，狠抓精文减会，全面推行签报模式，正式发文下降 22%，一般性事务报批时效提高 50% 以上；从严问责、倒逼履职，对违规违纪和履职不力行为“零容忍”。

（李文娟）

表 1　陕西石油分公司主要经营指标

指标名称 \ 年份	2023	2022	2021	2020	2019	2018
成品油销售总量 / 万吨	159.44	151.59	158.50	160.71	195.10	178.90
零售量	79.10	77.52	97.08	104.97	133.81	127.59
销售收入 / 亿元	134.98	134.46	112.41	93.38	126.38	121.49
利润 / 亿元	−1.45	−2.57	−4.29	−3.35	0.60	0.12
成品油吨油费用 / 元	562.00	617.00	595.00	566.00	470.00	487.00
加油（气）站总数 / 座	387	413	433	424	435	442

内蒙古石油分公司

【概况】 中国石化销售股份有限公司内蒙古石油分公司（简称内蒙古石油分公司）于 2001 年 2 月成立，主要在内蒙古地区从事成品油零售、直销和批发，以及润滑油、燃料油及非油品的销售等业务。内蒙古石油分公司下辖 9 个盟市分公司、12 个机关部室（中心）、1 个控股公司（内蒙古有限公司）、1 个参股公司（高速石化公司）。在全区有油库 8 座、库容 29.4 万立方米，有在营加油（气）站 371 座，其中加气站 53 座，营销网络覆盖全区 12 个盟市，资产总额 51.97 亿元，职工总数 2544 人。

2023 年，内蒙古石油分公司坚持“1155”战略目标要求和“五精五优”发展路径，全年油气经营总量 212.84 万吨，增长 21.99%；全口径零售量 117.87 万吨、增长 22.50%，其中机出零售量 114.53 万吨、增长 22.95%；直分销量 74.58 万吨，增长 14.38%；天然气 2.99 亿立方米，增长 56.75%；基础品类营业额 5.31 亿元，增长 21.51%；新投营加油站 5 座、加气站 9 座、加氢站 3 座，新增光伏项目 10 座、充电枪 129 把；报表利润 3040 万元。

内蒙古石油分公司主要经营指标见表 1。

（胡　旭）

【领导班子调整】 2023 年 7 月 21 日，张学深不再担任内蒙古石油分公司副总经理、总会计师、党委委员，调出另有任用。6 月 7 日，王爱国担任内蒙古石油分公司副总经理、党委委员。

（胡　旭）

【扎实推进物流优化】 内蒙古石油分公司统筹抓好油品资源保供，扎实高效推进物流优化，成功开通辽宁伊吗图油库和朝阳龙禹油库 2 条全新跨区提油通道，高效推进鄂尔多斯油库成品油管道建设项目。加快天然气产销一体化运作。协调华北油气分公司、天然气分公司内供 LNG 资源，自有资源供应比例提高 26%。

（胡　旭）

【稳步提升数质量管理水平】 强化油气损溢管理，油品零售溢余增长 19.39%，LNG 零售损耗下降 44.62%。狠抓出入库质量管控，接受内外部质量抽检 292 样次全部合格。

（胡　旭）

【常态化开展打非治违】 内蒙古石油分公司成立两级公司打非治违专班，协调政府部门整合执法力量，积极推动联合检查，2023 年向公安机关提供涉嫌违法线索 25 条，协助破获涉油案件 116 起，查获油品 1500 余吨，有效净化市场环境。

（胡　旭）

【牢固树立安全发展理念】 坚决守好祖国“北大门”，当好首都“护城河”，内蒙古石油分公司扎实开展“安全管理强化年”行动，强化安全生产主体责任落实，领导干部现场调研基层库站 318 座次，督促整改电气安全、设备设施等问题 3000 余项，整改率 94.3%，事故风险管控能力和安全生产管理水平稳步提升。

（胡　旭）

党委书记张华带队在呼和浩特白塔油库进行安全检查

【积极践行绿色低碳发展】 内蒙古石油分公司大力推进绿色低碳“补短板、强弱项”专项行动，累计实现 6 项环境风险源降级。持续加强环境保护专项经费投入，42 座库站完成年度绿色基层创建目标。狠抓黄河流域库站生态环境保护，107

座加能站实现持证取水，完成铁路接卸密闭改造等 15 项挥发性有机物治理。

（胡　旭）

【加快推进新能源业务】 加快壮大新能源产业，调结构、促转型、抢赛道，大力推进各项工作，站内站外同步发力抢占充电市场，2023 年建成充电站 29 座、新增充电枪 129 把。抢抓市场先机，开展加氢站建设，加氢站数量达 3 座。

（胡　旭）

内蒙古石油分公司首座加氢站——乌海纬七街加氢站开业

【持续提升服务质量】 着力优化设施运行和服务环境，实施加能站提量改造 14 座，完成治破治旧 684 项。加强现场和视频督导，逐日通报客户服务评价数据，客户满意度明显提升，2023 年新打造“司机之家”6 座，服务客户 850 万人次，客户评价排名上升 23 位。

（胡　旭）

【强化内部风险管控】 加强制度体系建设，修订内蒙古石油分公司“三重一大”决策制度和权限指引等 60 项，组织制度“大学习”800 余次；开展岗位练兵，零售、财务、直分销、安全数质量等竞赛比武参训 3068 人次。全面推进依法合规治企，优化完善内控流程，新增 138 个控制点，进一步明确管控责任。

（胡　旭）

【积极履行社会责任】 内蒙古石油分公司全力推进乡村振兴工作，全力推进库伦旗祥记村对口帮扶工作，公司主要领导现场调研对接维修灌溉机井、农产品消费帮扶、资助贫困学生等项目。积极采购助销乡村振兴商品，2023 年销售东乡藜麦、阴山优麦等商品 1000 余万元。牵头开展呼和浩特市土左旗二中教育帮扶，组织签订三方协议，开展“石化伴学”活动，帮助学生健康成长。

（胡　旭）

呼和浩特市土左旗二中教育帮扶签约仪式现场

表 1　内蒙古石油分公司主要经营指标

指标名称 \ 年份	2023	2022	2021	2020	2019	2018
成品油销售总量 / 万吨	192.45	161.43	162.26	159.61	181.87	191.36①
零售量	117.87	96.22	101.87	100.11	137.48	147.20①
销售收入 / 亿元	162.25	143.91	116.36	90.00	119.00	131.43
利润 / 亿元	0.30	0.01	0.31	−2.23	0.96	0.96
吨油费用 / 元	384.22	421.00	420.41①	384.00	357.00	363.00
加油（气）站总数 / 座	406	376	378	388	383	383

①数据有修正

新疆石油分公司

【概况】 中国石化销售股份有限公司新疆石油分公司（简称新疆石油分公司）本部位于新疆乌鲁木齐市新市区长春南路 466 号，主要负责中国石化在新疆地区的能源销售与营销网络建设，主营成品油、润滑油、天然气、易捷商品的零售、直销配送、批发、仓储业务。2010 年 1 月 1 日，集团公司为加快在新疆地区的发展，与驻疆油田、炼厂发展相配套，确保“疆油疆炼疆销”，推动新疆经济社会高质量发展，进行管理体制调整，新组建新疆石油分公司，隶属于中国石化销售股份有限公司直接领导。2012 年 10 月升格为大一型企业。

截至 2023 年底，新疆石油分公司设 12 个管理处室、3 个专业中心和 1 个运行保障机构，下辖 9 个地市分公司和 12 个控股公司、2 个全资公司和 1 个参股公司。在营加油（气）站 487 座、易捷便利店 468 座（含店外店）、油库 13 座。员工 2391 名，其中少数民族员工占员工总数的 33%；员工平均年龄 33.4 岁；党员 1109 名，占员工总数的 46.4%。

2023 年完成经营总量 424.8 万吨，增长 24.8%。其中，成品油销售 401.5 万吨，首次突破 400 万吨大关（机出零售 179.4 万吨、增长 36.8%，直批销售 222 万吨、增长 14.7%）；天然气销售 3.2 亿立方米，首次突破 3 亿立方米，增长 74.8%。非油品营业额 5.7 亿元，增长 57%。完成投资 3.24 亿元。营业收入 323.4 亿元，增长 16.7%，报表利润 2 亿元，增长 47%。全年未发生安全等级事故和舆情事故，企业安全平稳运行。

新疆石油分公司主要经营指标见表 1。

（朱伦干）

【领导班子调整】 2023 年 7 月 21 日，集团公司以视频会议形式召开干部大会，宣布干部调整相关文件，李新强暂主持新疆石油分公司党政全面工作，孟伟不再任新疆石油分公司代表、党委书记，调出另有任用。2023 年 10 月 11 日，集团公司任命于桃科为新疆石油分公司党委委员、副总经理、总会计师。2024 年 1 月 15 日，集团公司任命李新强为新疆石油分公司代表、党委书记。调整后的新疆石油分公司领导班子由李新强、谭毅、周涛、查云、于桃科组成。

（朱伦干）

【满载荣誉再创佳绩】 2023 年，新疆石油分公司对标先进、争创一流。获集团公司党建考核 A 档。完善合规体系，合规验收获集团公司 A 级评价；改革深化行动方案获集团公司 A+ 评价，居区外公司第一。新疆喀什油库成功争创国家级荣誉“全国青年文明号”。获新疆维吾尔自治区 2021—2022 年度“守合同重信用”企业称号。首次获销售公司标杆企业称号，也是销售公司历史上首次有区外单位获此殊荣，“比学赶帮超”综合排名销售公司第三，争创年度红旗 13 面，均创造新疆石油分公司历史。2 项党建融合案例入选销售公司融合互促优秀成果。销售企业 2023 年度区外地市级公司“两力”排名中，新疆石油分公司下属 5 家分公司进入综合竞争能力前 11 名、8 家分公司进入发展进步能力前 13 名。

（朱伦干）

【企业安全平稳运行】 2023 年，新疆石油分公司以“安全管理强化年”行动为抓手，修订完善 QHSE 考核办法，健全 HSE 责任、任务清单，制定重大作业及施工作业、油库“一书两卡”，严格落实记分问责和经济处罚双重考核，压紧压实安全责任。持续推进双重预防机制，强化隐患整改。强化施工安全教育培训，严格承包商考核，落实“7+1”直接作业环节安全管理办法，施工安全检查整改率 100%。扎实开展绿色低碳“补短板、强弱项”专项行动，全面整改 VOCs“应治未治”问题，顺利完成绿色基层创建复核。强化油品数质量管理，精准降耗增效，各项指标均在销售公司考核合格范围内，油样检测合格率 100%，践行质量承诺。

（朱伦干）

【资源创效活力增强】 2023年，新疆石油分公司强化市场分析研判，紧抓利好预期，主动推价稳效，动态调整经营策略，精准应对市场变化；跨区域多地筹措油源，保障能源供应，挖潜资源串换时空优势，串换量增长30.9%，节费额增长46.7%，创历史新高，集采资源量增长286%，创效金额突破1600万元。持续积极应对传统淡季不利影响，强化考核导向，连续2年打破市场规律，突破淡季困境，逆趋势实现大幅增长。

（朱伦千）

【零售基础持续夯实】 2023年，新疆石油分公司集中精力抓关键区域和重点市场，紧盯重点站、骨干站、沿边站、景区站和新建站，锁定农用油、工程用油客户圈，加大战略客户合作，深挖客户实际需求，细化精准营销对策，创新打造23座旅游驿站、180座农机驿站、36座服务新标杆汽油核心站，成品油机出零售量增长42%，排名销售公司第二，超额完成年度任务。

（朱伦千）

新疆石油分公司抓好现场服务，提升量效

【直分销稳量增效】 2023年，新疆石油分公司完善市场监控体系建设，统筹把控销售与保供节奏，持续提升创效能力，实现价差收入3.5亿元，增长17%，创历史新高，价差水平全国第一，提前3个月完成年度任务。依托“一键送油”优化配送工作流程，配送比提升10%。打造“2+6+4+X”高价值服务模式，高质量开展自查自纠、培训考核，“直分销经营管理双提升百日竞赛”排名区外第二。

（朱伦千）

【天然气规模迅速扩张】 2023年，新疆石油分公司利用资源地优势，引入4家优质供应商，贡献资源占比27.3%。与上、下游合作单位高层密集接洽，签订战略合作协议。着眼高质量发展提前布局，持续优化网点建设，多样化开展“气非互动”营销活动，提升服务质量，月度销售量6次创历史新高，总销售量突破3.2亿立方米，实现爆发式增长，经营规模总量排名由2022年的全国第九跃升至2023年的全国第四。

（朱伦千）

新疆石油分公司积极构建战略客户体系

【易捷服务蕴蓄新机】 2023年，新疆石油分公司独创合作共赢新模式，整合天然气、易捷服务，开展全国首家工业尿素“代加工”业务，销售额突破5100万元。实现亿元支柱品类新突破，紧盯烟草、环保化工、水饮料3大品类，与新疆烟草公司开展战略合作，有序把控烟草销售节奏，全年烟草品类销售1.7亿元，增长54%，完成年度任务的113%。优化尾气处理液、润滑油进销调存流程，降低采购成本，提高配送时效，做大团购规模，2项单品分别实现销售额增长103%、

新疆石油分公司积极拓展易捷服务市场

208%。加大活动营销力度，携手贵州赖茅酒业举办大型品鉴会，销售额大幅提升。打通扩销创效新渠道，面向中国邮政、西北石油局等企业完善订购渠道，首创企业团购小程序，高效实现销售渠道转化。拓展“阳光巴扎”“线上 + 线下”销售渠道，打造新疆特色专区，累计销售超 3300 万元，持续助力乡村振兴。

（朱伦千）

【营销网络持续拓展】 2023 年，新疆石油分公司始终把网络发展作为“饭碗工程”，抓住新疆“一带一路”核心区建设和“八大产业集群”高质量建设机遇，加快网点布局，全年投营加油站 51 座、增长 59%，贡献成品油销量 6.7 万吨、增长 118%。投营加气站 18 座、增长 800%，贡献天然气销量 1130 万立方米、增长 237%。加大存量站点挖潜，优化工作流程，提高工作效率，完成改造项目 200 个，增长 1400%，任务完成率 156%。清理项目 26 座，任务完成率 100%。锚定打造新疆地区充电业务主力军的目标，紧盯城市核心区、旅游黄金区、高速重点区拓展充电项目，全年投营充电站 25 座，充电车位 112 个，任务完成率 173%，全年贡献充电量 31 万千瓦・时；投营分布式光伏电站 8 座，任务完成率 400%，累计降碳减排 43 吨。

（朱伦千）

【深化改革活力迸发】 2023 年，新疆石油分公司深化财务引领，推进业财融合，坚持事前算赢，建立高质量发展指标体系，加强关键指标牵引力，完善考核制度，兑现考核利润 7879 万元。聚焦重点费用，深化协同联动，实现税收优惠 2197 万元，通过集中招投标方式，降低保安成本 688 万元；明确资产盘活目标，优化提质升档“工具箱”，高效站增长 25%。深化数字转型，积极推动现有系统深化应用和新系统开发使用，提升数智化水平。深化法治合规建设，强化制度“立改废释”运行，开展合同签订专项治理，29 块地遗留问题基本解决，合资公司涉法积案取得重大进展，避免重大权益损失。深化“三项制度”改革，实现中层领导人员任期制契约化管理全覆盖，有序推进 29 名基层领导人员岗位聘任和业绩目标试点工作，全年末等调整基层及以上领导人员 5 人，“能下”工作迈出实质性步伐。深化审计监督，开展高风险领域及薄弱环节审计监督，建立审计整改评价机制，审计问题到期整改率 100%；完成第 1 轮审计全覆盖，解决历史遗留项目 12 个。

（朱伦千）

【党建工作质效突出】 2023 年，新疆石油分公司高标准高质量推进主题教育，在“以学铸魂、以学增智、以学正风、以学促干”上取得明显成效。党员干部以主题教育焕发的热情和干劲践行宗旨意识、破解发展难题、推动攻坚创效，大力解决站库投（复）营等历史遗留问题，唤醒沉睡资产 5.5 亿元，低无负效站提质升档 46 座，开发战略客户 14 家，帮助基层解决实际困难 233 个，员工满意度 98.6%，归属感及主人翁意识持续增强。纵深推进党建“六大引领”行动，带动油品销量增加 25.6 万吨。宣传思想亮点纷呈，在区外公司连续 3 年排名第一，全年发布稿件数量增长 21%，在《中国石化报》头版发布稿件 22 篇，创历史新高。加强意识形态管控，开展形势任务教育，思政“微课堂”运行成效受到集团公司点名表扬。企业文化和精神文明建设取得实质性进展，2023 年创建区县级精神文明先进单位，首次举办中国石化青少年爱眼科普活动，乡村振兴工作成效被新疆维吾尔自治区党委评定等级为“好”，在新疆品牌效应持续提升。制定《新疆石油“好支部”建设三年行动方案》，开展制度大学习、实操大培训、技能大提升活动，首次举办支委培训班，支委持证实现全覆盖；坚持“五优化五倾斜”，全年发展党员 135 名，站点自有党员覆盖率 75.5%。搭建“党建 +”攻坚平台，成立各层级攻坚队实施分类攻坚；全面推进“四化”建设，打造标杆站 40 余座，党组织政治功能和组织功能持续增强。大力实施人才强企工程，建立年度人才队伍分析评价机制，专项考核排名区外第二。加快年轻干部选育，实施员工学习成长计划，本科及以上学历员工数提升 4%，中级及以上职称提升 4%，员工技能持证比例 98.8%，中级工及以上提升 10%，新增 9 名高级技师，技师、高级技师考评通过率居销售企业前列。政治生态持续好转，严格落实全面从严治党主体责任，强化政治监督，以“全周期管理”一体推进“三不腐”，违反禁令行为降至个位数。深入推进廉洁文化建设，打造学习和宣传阵地，拍摄警示教育片9部，支部书记讲廉洁“微党课”20次，持续推进加能站廉洁运营，首次开展加能站廉洁示范站创建活动，经验做法受到销售公司纪委高度肯定，并在全销售系统推广使用。持续深化“靠企吃企”问题专项整治，有效预防利益输送、涉租寻租等顽瘴痼疾。群团工作凝聚合力，在销售企业首家成立委托站联合工会并申请专项工会经费，扎实开展劳动和技能竞赛，征集“当好主人翁、低头捡黄金”“五小”创新建议350条，其中300条获新疆维吾尔自治区总工会通报表彰，100余条创新成果运用到工作中。累计建成“民族团结·爱心驿站”146个，完成率居销售企业第一，3座“爱心驿站”获新疆维吾尔自治区“最美驿站”称号，获得新疆维吾尔自治区总工会及销售公司奖励90余万元。两级团委扎实开展团青主题教育政治轮训，深化青字号品牌成效，得到集团公司团委高度认可。新疆石油分公司团委连续两届当选集团公司团委委员成员单位，是销售企业三家入选单位之一。

（朱伦干）

新疆石油分公司成功组织“中国石化光明号”进巴州系列活动，树立“党和人民好企业”形象

表1 新疆石油分公司主要经营指标

指标名称＼年份	2023	2022	2021	2020	2019	2018
成品油和天然气经营总量/万吨	424.80	327.20	363.24	312.65	330.55	273.20
成品油零售量	179.40	133.60	142.75	128.00	141.86	139.13
销售收入/亿元	323.40	277.00	238.00	165.00	205.00	183.02
利润/亿元	2.00	3.12	2.25	2.20	0.66	0.46
吨油费用/元	291.00	345.00	293.00	314.00	304.00	341.00
在营加油（气）站总数/座	487	420	382	382	360	407

吉林石油分公司

【概况】 中国石化销售股份有限公司吉林石油分公司（简称吉林石油分公司）位于吉林省长春市，是吉林省主要的成品油供应商、车用天然气供应商，主营汽柴油和天然气批发零售、易捷便利店、充换电、光伏功能站点、加氢站，致力于打造“油气氢电服”综合能源服务商。

吉林石油分公司的前身是中国石化销售股份有限公司东北吉林省分公司。2009年11月，根据集团公司调整区外油品销售企业管理体制决策，重组成立中国石油化工股份有限公司吉林石油分公司。2014年5月因集团公司对油品销售板块业务重组，公司更名为中国石化销售有限公司吉林石油分公司，2019年1月更名为中国石化销售股份有限公司吉林石油分公司。吉林石油分公司共设7个分公司，经营范围覆盖吉林省内长春、吉林、松原、四平、延边、通化、白城7个地市；拥有自有油库2座；天然气CNG母站2座。

2023年，吉林石油分公司下设9个机关职能部门、2个专业化中心、1个省级易捷分公司；有员工1481人，其中合同制818人、劳务22人、其他用工5人、委托用工636人，高级职称18人、中级职称105人；有高级技师13人、技师15人、高级工177人、中级工244人。

吉林石油分公司主要经营指标见表1。

（刘绍赟）

【主要经营指标】 2023年，吉林石油分公司油气经营总量154.2万吨。成品油经营总量142.77万吨、增长24%，排名区外销售企业第四；天然气经营量1.44亿立方米；易捷基础品类营业额3.94亿元，增长13%；报表利润1.45亿元，增长77%；吨油费用375元，比预算节约51元。获销售公司“比学赶帮超”年度红旗7面，包括利润先进、零售管理进步、新业务拓展先进、天然气经营进步、加气站投营先进、充电站投营先进、HSE综合管理先进。长春分公司获“百日攻坚行动50强地市公司”称号。长春、吉林、松原3个分公司进入区外地市公司“综合竞争能力”20强，延边、四平、松原3个分公司进入区外地市公司“发展进步能力”20强。

（刘绍赟）

【主营业务展现新作为】 精准研判市场、资源及考核政策走向，实现资源运作创效4021万元；深度优化一、二次物流，库站配送运价0.55元/（吨·千米），排名区外第一,一次物流优化创效708万元。精细化直分销客户分级维护，直分销柴油终端销售比例65.3%；强化汽油核心客户培育，易捷加油、加油卡和小程序会员全渠道会员客户391万户，增长17.6%。与天然气分公司东北公司开展LNG直供

吉林四平石油分公司环岭LNG加能站

业务，LNG销售5519万立方米，增幅140%。

（刘绍赟）

【非油品营销获新增长点】 发挥油服营销合力，挖掘门店潜力，做稳做实门店销售，营业收入、基础品类、常规品类零售额指标排名区外“六小”第一。互联网会员工作再上新台阶，2023年积分带动营业额402万元，排名区外“六小”第一。油非深度融合，优化便利店商品SKU，实施精准油非互促营销，带动汽油销量9万吨。“新商盟会员与权益模式的探索与实践”创新发展项目获销售公司互联网业务专项发展有为奖。

（刘绍赟）

【发展动能新突破】 坚持规划先行，效益为先，新增租赁油气站8座，完成长春市区、四平市区、九台城区、伊通城区汽油网点布局。完善LNG走廊建设，在公路G203、G202、G102布局加气站，新增投营加气站9座。积极推动与一汽解放“五位一体”战略合作项目，建成充电位26个，投营销售企业首座自建红旗城市巡游出租车换电站。盘活复营陶赖昭加能站，完成提质增效改造38座站，低无负效站减少18%，资产价值及品牌形象得到进一步提升。

（刘绍赟）

【安全环保取得新成效】 完善HSE管理体系运行绩效考核办法，设置安全环保固定项、加分项、减分项、否决项4个维度，强化HSE过程管理能力提升。通过ISO 9000质量管理体系第三方评审再认证，各级数质量抽检合格率100%，油品各环节损溢指标均优于总部考核指标，全环节损耗率下降0.2‰，数质量一体化管控平台使用率排名销售企业第四。在集团公司2023年数质量管理检查中获计量管理“优秀企业”评级。公共安全管理工作被吉林省公安厅授予“油气管道企业安全保卫先进单位”称号。安全环保形势稳定，2023年安全数质量“零”事故。

（刘绍赟）

【管理效能得到新提升】 业财协同提升价值管理效能，全链条降本减费成效明显，通过物流优化节

费、狠抓数质量管理，统筹隐患治理与提量改造、加强精细管理、科学规划开支等措施，实现管理创效 7958 万元。开展以移动为主的三方合作，引入资源 6000 余万元，吨油节省营销费用 155 元。抓实全环节数质量管理，精心挖潜品类升级，实现升级创效 87 万元。突出风险防控和价值创造，2023 年审计发现问题 72 项已全部整改，提出审计建议 43 条，问责 9 人次，审计创效 466 万元。

（刘绍赟）

【选人用人活力得到新释放】 坚持“能上能下”和“能进能出”的用人机制，2023 年提拔 2 名“80 后”中层领导人员，充实到分公司班子。重要敏感岗位人员轮岗交流 17 人，调整和不胜任退出 2 人。选聘高级专家 1 人，新增高级技师 5 人、技师 9 人，高级职称 4 人、中级职称 28 人，中级及以上职称人数达 120 人。深挖人力资源效能，“一站一策”做好站内员工配置动态管理，2023 年人均零售量 977 吨，排名销售企业前列。

（刘绍赟）

2023 年吉林石油分公司零售竞赛比武复赛

【党建质效实现新提高】 坚持把主题教育贯穿全年，举办中基层干部学习贯彻党的二十大精神暨主题教育专题研学班，开展劳模“三讲”、企业文化故事演讲等活动，主题教育成果转化为推动公司高质量发展的生动实践。推进基层党建“三基本”建设与“三基”工作有机融合，党支部建设进一步优化，自有党员班组覆盖率 91.19%，提升 14%，排名销售企业第三。严格落实“第一议题”制度，大力整治形式主义、官僚主义，全面筑牢专业部门业务监督、管理部门职能监督、纪检部门专责监督“三道防线”，风清气正政治生态持续巩固。改立并重巩固深化巡视巡察整改成果应用，常规巡视反馈的 39 个问题已完成整改 37 个；巡视“回头看”反馈的 18 个问题已完成整改 16 个，持续巩固扩大整改成果，推动净化政治生态取得新成效。

（刘绍赟）

党的二十大代表金文玲在基层宣讲党的二十大精神

【履行社会责任彰显使命担当】 配合本地政府推动市场整治，全省打非治违加油站涉税处罚超亿元，有力整治市场乱象，竞争环境渐趋理性。与多方协调沟通，成为区外唯一与国储油成功合作单位，获政府好评，进一步提升属地品牌影响力。抓和谐企业建设，发布吉林石油企业文化要旨，推进企业文化“七有机制”落地见效。举办公众开放日，唱响主旋律弘扬正能量。严抓平台管控，确保意识形态安全。及时排查处置各类纠纷，实现关键时期“零上访”。

（刘绍赟）

表 1　吉林石油分公司主要经营指标

指标名称＼年份	2023	2022	2021	2020	2019	2018
成品油销售总量 / 万吨	142.77	115.40	108.70	96.63	95.70	81.30
零售量	87.25	71.27	69.29	62.46	66.07	56.37

续表

指标名称＼年份	2023	2022	2021	2020	2019	2018
天然气销售量 / 亿立方米	1.44	1.04	1.27	1.23	1.26	1.28
非油品销售 / 亿元	3.94	3.47	3.27	2.59	1.87	1.28
销售收入 / 亿元	118.09	99.58	78.85	53.72	65.01	57.76
利润 / 万元	14 499.00	8 208.00	5 633.00	8 935.00	4 197.00	5 481.00
吨油费用 / 元	375.00	479.00	409.00	409.00	430.00	447.00
加油站座数 / 座	204	206	211	201	189	178

黑龙江石油分公司

【概况】 中国石化销售股份有限公司黑龙江石油分公司（简称黑龙江石油分公司）位于黑龙江省哈尔滨市道里区通达街 307 号。前身是中国石化销售有限公司东北黑龙江分公司，2010 年 1 月 1 日，根据中国石化发展战略需要，调整为石化股份公司直属企业，更名为中国石油化工股份有限公司黑龙江石油分公司；2014 年 5 月，总部进行资产重组，更名为中国石化销售股份有限公司黑龙江石油分公司，为国家大二型企业，是中国石化唯一驻黑企业，主要从事汽油、柴油、煤油、润滑油等成品油批发零售，天然气业务，非油品业务。

黑龙江石油分公司集仓储、物流、销售、服务于一体，全权负责中国石化在黑龙江省境内的成品油、天然气、非油品销售等经营业务和销售网络建设工作。截至 2023 年底，员工总数 1114 人；机关本部设有 9 个职能部门，下辖 6 家地市公司、1 家控股子公司和 1 家参股公司；在营加油（气）站总数 131 座，非油品易捷便利店 131 座；油库（含租赁、控股）4 座，总库容达 10.5 万立方米。2023 年非油品销售额 3.28 亿元。

黑龙江石油分公司主要经营指标见表 1。

（王华峰）

【领导班子调整】 2023 年 9 月 7 日，股份公司印发《关于解聘孙丽君职务的通知》（石化股份任〔2023〕147 号），解聘孙丽君的黑龙江石油分公司副总经理、总会计师职务，另有任用。

（王华峰）

【多项指标实现突破】 2023 年，黑龙江石油分公司成品油经营总量 133.49 万吨，其中自营机出 74.48 万吨、增长 21.3%，直分销 57.89 万吨、增长 3%；天然气销量 1.12 万吨、增长 68%；易捷服务 3.69 亿元、增长 13%。报表利润 8651 万元，完成全年预算的 142%。吨油费用 346 元，节约支出 12 元。获中国石化加油站操作员技能竞赛暨零售专业竞赛决赛比武银牌企业；获集团公司 2023 年度“A 级绿色企业”称号；累计获得销售公司“比学赶帮超”红旗 26 面。

（王华峰）

【以有效行动推进经营提质】 克服资源趋紧、监管趋严、市场趋乱不利局面，立足“零售做强做优、直销做实做强、分销做大做活、服务做实做细”总原则，充分挖掘中国石化品牌优势，不断提高经营质量。①市场把控能力持续巩固。合理化所有权库存，实现库存运作创效 858 万元。以“效益最大化”为原则，综合平衡串换、集统采、外采资源结构及运行奖励，全年累计实现创效 5116 万元。开拓市场，打通南北串换“新赛道”，实现资源创效和物流节费 428 万元。开辟汽运“新渠道”，实现创效 221 万元。运用“量价互动”策略模型，通过快推缓降、量效均衡，全年实现非机出价差收入7230万元。纵深推进“打非治违”，配合查扣非法油罐车、流动加油车39台，查处黑窝点3个，有效净化整治成品油市场。②营销服务能力持续提升。强化“零售七项基本工作法”落地，细化“一户一策”营销方案，优化走访成效，累计新拓展客户4.7万户。落实惠农助农，与农业农村厅开展深度合作，“一户一价”“一区一策”，农柴销售增长20%。汽油方面，坚持“以竞破点、以和稳面”，吨油提升毛利50元，提升汽油创效1048万元。柴油方面，全省分阶梯定价，省际站点稳价保量，北部站点稳量提效，机出柴油实现创效1.4亿元。深挖会员价值，全年新增权益会员40万户，会员规模突破100万户。通过积分兑换等活动，增强客户黏性，实现会员综合交易17.95亿元，提升21%。拓展增值服务，改造自助加能站16座，新建升级“司机之家”7座。③易捷品牌持续升级。坚持以“做实做大做优”门店零售为主要抓手，以实现易捷全额剔除油非互促后盈利为目标，全年获总部新春狂欢节蝉联奖等5项荣誉称号，报表利润、考核利润完成率区外排名第一。采销双向发力，创效能力大幅提升，净投入减少226万元，带动毛利增加2867万元，投入产出比提升至0.92，抵扣券首年实现盈利；成功打造“养车卡”IP，销量8万张，区外排名第一，实现增效827万元，全额剔除油非互促后毛利完成1750万元，增幅179%。拓宽门店销售半径，成功开发哈电集团、大庆油田等优质渠道客户，实现ToB端销售近千万元。持续发挥长板优势，联合捐赠农肥，助力乡村振兴，化肥销售2.5万吨。

（王华峰）

【以传统优势驱动发展转型】 强化仓储、物流、销售、服务一体化建设，紧跟集团公司打造“五个一流”发展步伐，以高度负责任的态度谋划好、落实好长远发展规划，加快构建综合能源服务格局。①综合能源服务场景持续完善。建立年度重点储备项目库，完成“十四五”中期发展规划调整，制订充电业务发展规划暨3年行动计划实施方案。建成投营充电站7座，充电车位24个，任务完成率120%；光伏发电项目建成11座，任务完成率220%。②传统网络竞争能力不断提升。灵活运用多种发展方式，抢占重点、关键、战略位置网点，全年实现新增开业加油站11座，任务完成率183%；新增开业加气站6座，任务完成率300%；完成1座加能站提前续租，取得2座提前续租项目销售公司批复。③有序完成建设施工项目。精细管理改造项目，合理压减控制投资，在确保安全和质量的前提下，完成提质增效改造23项，其中新增新形象12座、解决安全隐患2座、解决环保隐患9座，实现加能站品牌形象持续提升。

（王华峰）

【以破立并举释放创效活力】 统筹抓好深化改革，深挖人力资源潜能，做实“三能”机制，保障企业高效稳定健康发展。①推进领导干部能上能下。拓宽选聘方式，本着好中选优的原则，通过竞争上岗方式，改“相马”为“赛马”，常态化开展各级人员竞争上岗，2023年通过竞聘上岗方式，5名中基层人员走上领导岗位。严格执行干部末等调整、不胜任退出要求，完成2023年退出规定比例。②实现员工“能进能出”。按照“十四五”发展规划及年度用工计划目标，坚持提高全员劳动生产率为原则，严控总量、优化人员结构，结合总部下发规范员工招录管理的相关要求，坚持把好“入口”，畅通“出口”。对部门市分公司机关人员编制进行合理优化；积极向销售公司申请核增用工指标，赋予各市分公司员工流动自主权，结合经营实际，动态调配站间人员，切实提高人力资源使用效率。③执行收入能增能减。建立以绩效为导向的差异化薪酬分配机制，树立“严考核、硬兑现”的考核导向，打破“以岗定薪”的薪酬分配方式，运用绩效考核结果进行兑现，切实将工资向先进地市、关键岗位、骨干员工倾斜。各层级通过考核拉开收入差距1.24—4.81倍，2023年一线员工人均薪酬增幅13.5%，真正实现了优绩优酬和收入“能增能减”。

（王华峰）

【以强基赋能保障行稳致远】 不断完善HSE管理体系，强化安全硬措施，推进绿企创建，为公司安全环保平稳运行奠定坚实基础。深入推进“安全管理强化年”行动，坚决压实全员安全生产责任制，坚持领导承包管控最高安全风险，共计完成 2 座油库、129 座加能站及施工现场网格化建设工作，完成对 310 个岗位的安全责任清单和任务清单编制，全面落实定格定人定责。构建多层次、多层级、多角度的库站检查督查体系，重点抽查施工和库站直接作业环节。加强承包商管理和施工项目现场检查，叫停现场违章 10 余次，扣罚承包商安全责任金 4.25 万元。定期召开月度安全环保例会、安委会季度会议，省市两级全年开展安全督查 1307 座次，发现问题 9550 项，整改 9498 项，整改率达 99.45%。深化绿企提质增色，落实“一方案两清单”，打造完成 135 座绿色库站。深入开展污染防治，落实专项资金进行环保隐患治理，实现全年废气达标排放率 100%、危险废物利用率 96.18%、固废合规处置率 100%。持续开展生态红线区内库站全面排查，全年碳减排量 135.15 吨。加强全环节、全领域质量检测过程管理，接受系统内外抽检全部合格。持续强化质检室建设，投入资金 116 万元，更新质检设备 10 台，建立独立气瓶间。推动 LIMS 系统优化升级，提升实验室信息化管理水平。

（王华峰）

【以合规管理防范化解风险】 强化全要素驱动，抓实依法合规经营和信息化建设，风险防控能力实现大幅提升。①持续深化业财融合。制定公司战略财务管控目标，应用长期战略价值量化模型，开展高、中、低三种情境下测算预演，引导资源最优配置，推动公司战略落地。全面落实归口管控主体责任，以预算管控倒逼机制推动各项任务目标落地落实；拓宽分析维度，延伸分析触角，对资源、库存及成本等进行动态模拟测算及监控，发挥财务对经营管理的牵引及监督作用。树立降本减费目标导向，与各费用归口管理部门对接制定年度降费目标，强化费用目标管理，做好非生产性费用指标跟踪，在增站增费的基础上，实现可控费用降费 280 万元。积极争取税收优惠政策，各类财税优惠合计金额 64 万元。通过三级资金监管，每月清账率达 100%。“一站一策”跟踪推进低无负效资产盘活，提质增效 34 座，降本节费 14 座。②持续强化风险防范。坚持严肃财经纪律，严格落实贸易业务“十不准”，切实防控经营风险。加大财务风险专项排查力度，全年开展资金、税务、发票、内控等专项风险排查 64 次，风险防控水平持续提升。加强内控管理，进一步明确办理业务的权限范围、审批程序和相应责任，分级授权制度进一步落实。持续推进合规管理体系建设，主动诉讼维权，胜诉 4 件，稳固 2 座加能站租赁经营权，挽回和避免损失 2473 万元。实施审计项目 67 项，提出审计建议 50 条，出具审计提示函 8 份，完善业务流程 69 项，促进增收节支共计 359 万元。③持续推进信息化建设。落实“信息安全管理强化年”行动清单，顺利完成公司网络核心机房搬迁任务。通过更换发卡电脑硬件、升级 64 位系统等方式，前台发卡、充值、收银等业务办理效率增速 25%。对视频监控系统进行重新部署和改造升级，签署监控运维服务，提升线路带宽和接入方式，改善原有监控系统观看卡顿、不流畅等问题，为业务开展提供稳定高效的系统运行环境。完成“两重两特”时期安全值守，发现并修复安全漏洞隐患 157 处，保障信息和数字化业务平稳运行。

（王华峰）

【以主题教育凝聚奋进合力】 把主题教育作为加强党的建设、推进全面从严治党的重要抓手，坚持高站位谋划、高标准组织、高要求推进、高质量落实第一批、第二批主题教育有效衔接、一体推进。①主题教育见行见效。建立会议、学习、调研、宣传、督办、问题整改等工作机制，完成 65 期 62 名中基层管理人员主题教育研讨班，科学研究制定 16 项调查研究课题，提出 56 项解决措施，着力破解基层党建“上热中温下冷”、投资发展质和量双提升等难题。结合巡视和巡察“回头看”反馈问题、调查研究发现问题，边学习、边对照、边检视、边整改，把问题整改贯穿主题教育始终，巡视巡察和主题教育问题整改率达 100%。②党的建设质量持续提升。深化在完善公司治理中加强党的领导，细化“三重一大”、党委前置研究事项，有效发挥党委“把方向、管大局、保落实”和经理层“谋经营、抓落实、强管理”作用。以“党建 +”为创新项目，重点实施基层组织、书记、党员、活动、制度、培训、保障“七抓”工程，有效促进党建工作与经营管理深度融合。深入开展党员责任区、党员突击队、党建共建、一支部一品牌等创先争优特色活动，因地制宜打造建设“司机之家”30座、“爱心驿站”38座，在服务经营和履行央企责任担当中充分发挥党的政治优势。③全面从严治党向纵深推进。把全面从严治党贯穿于主题教育、教育整顿和巡视巡察问题整改等各项工作始终，严抓谋划部署、协调运行、一体治理，党风廉政建设和反腐败工作扎实有效开展。坚决落实巡视巡察问题整改，监督重难点问题取得突破性进展。一体推进“三不腐”，紧紧围绕推动党的二十大精神、党中央和集团公司重大决策部署贯彻落实开展政治监督。建立监督委员会“问题发现、分析研判、督导整改、责任追究、结果应用”5项工作机制，推动各方面监督有机贯通、相互协调。开展“靠企吃企”专项整治，形成合规管理“三张清单”。积极打造基层廉洁阵地，7座“廉洁运营示范加能站”正式挂牌。④和谐奋进氛围加速形成。开展庆祝中国石化成立40周年系列活动，展现广大干部员工传承石油精神、弘扬石化传统的良好风貌。组织业务竞赛“大比武”，有效推动全员岗位练兵。组织开展“安康杯”竞赛活动，获黑龙江省“安康杯”优胜单位。面向广大团员和青年开展学习贯彻习近平新时代中国特色社会主义思想主题教育，引领团员青年建功立业。2座加能站获黑龙江省“青年文明号”，1个团支部获2023年度黑龙江省“五四红旗团支部”称号。

（王华峰）

表1 黑龙江石油分公司主要经营指标

指标名称＼年份	2023	2022	2021	2020	2019	2018
成品油销售总量 / 万吨	133.49	118.30	110.38	122.04	132.98	111.81
零售量	74.48	67.50	65.87	61.62	88.22	72.89
销售收入 / 亿元	104.38	97.29	72.99	64.61	83.64	75.97
利润 / 亿元	0.87	0.78	0.66	1.36	0.87	0.50
成品油吨油费用 / 元	346.00	375.00	379.00	310.00	319.00	347.00
加油（气）站总数 / 座	131	163	162	162	166	161
油库数量 / 座	4	4	4	4	5	5

青海石油分公司

【概况】 中国石化销售股份有限公司青海石油分公司（简称青海石油分公司）前身为中国石化销售有限公司西北青海分公司，成立于2002年12月。2009年12月21日体制调整，青海石油分公司班子由集团公司党组进行管理，公司名称变更为中国石油化工股份有限公司青海石油分公司。2012年公司管理规格升级为大二型企业。青海石油分公司主营汽油、柴油批发零售、LNG零售，汽、柴油仓储服务及非油品销售等业务，是中国石化在青海地区唯一驻地企业。公司地址位于青海省西宁市城东区民和路58号。

截至2023年底，青海石油分公司机关设11个职能管理部门，下辖西宁、海东、格尔木、海西、青南5家地市级分公司，拥有加油（气）站206座，在营加油（气）站171座，易捷便利店157座，油库4座，分别为西宁大通油库（停用）、格尔木油库、海西柯柯油库、湟源中心油库，总库容达13.5万立方米。资产总额33.24亿元。员工总数1014人。设二级党委6个、基层党支部45个，党员515名，已实现基层党组织全覆盖。网点遍布青海省西宁市、格尔木市、海东市、海西州、海南州、海北州、黄南州，109、214、227、315国道沿线，京藏、张汶高速公路沿线和省道沿线。

青海石油分公司主要经营指标见表 1。

（刘得菊）

【领导班子调整】 2023 年，集团公司宣布关于调整青海石油分公司领导班子的决定：2 月 28 日，免去阚笲青海石油分公司代表、党委书记职务，另有任用。6 月 7 日，任命何继龙为青海石油分公司代表、党委书记，解聘其青海石油分公司总经理职务。10 月 11 日，任命杨震为青海石油分公司总经理、党委副书记（兼），解聘其青海石油分公司副总经理职务。

（刘得菊）

【主要经营指标】 2023 年，油气经营总量 77.34 万吨、任务完成率 108%、增长 38%。油品经营总量 72.89 万吨、任务完成率 106%、增长 34%，其中零售 57.56 万吨、任务完成率 99%、增长 36%，直分销 15.34 万吨、任务完成率 146%、增长 27%。LNG 销售 6453 万立方米、任务完成率 159%、增长 142%，其中 LNG 零售 5316 万立方米、任务完成率 135%、增长 107%，LNG 直分销 1137 万立方米、任务完成率 1137%、增长 1015%。非油品营业收入 1.8 亿元、任务完成率 107%、增长 16%。吨油费用 542 元，减少 141 元。零售吨油让利 398 元，减少 52 元，较 2021 年下降 66 元，较 2019 年下降 219 元。实现报表利润 800 万元，任务完成率 98%。在总部“比学赶帮超”活动中获得红旗 19 面。

（刘得菊）

【成立青海省氢能产业发展促进会】 2023 年，在青海省委省政府的大力支持和帮助下，青海石油分公司联合青海省内氢能领域的代表性企业和高校，历经数月完成氢能产业发展促进会的所有程序，成立青海省氢能产业发展促进会，青海石油分公司成为副理事长单位。9 月 28 日，青海省氢能产业发展促进会揭牌仪式在青海西宁举行。

（刘得菊）

【安全环保数质量】 2023 年，认真落实总经理 2 号令，以“安全管理强化年”行动为牵引，通过层层签订 HSE 责任书，动态修订《全员安全生产责任制》，编制《安全生产责任清单》《工作任务清单》，将安全生产责任细化为具体工作任务，将工作任务细化为具体工作措施，责任到单位、部门和岗位人员。开展 HSE 履职能力评估，组织新任职重点岗位中层干部共计 21 人完成 HSE 述职。充分利用内外部检查、现场督导和视频巡查，全年线上线下检查共发现问题 16913 个，整改率 99%。建立 HSE 管理正向激励机制，全年兑现正向激励 147 万元。风险管控和隐患治理安全风险总值由 260 降为 197，下降 24%。修订《环境保护责任制》，完成污染物达标排放监测、地下水监测井建设、油气回收在线监测设备试点安装等 17 类 71 项工作。82 座库站完成排污许可证变更，12 座加油站完成取水证办理，165 座库站完成危险废物暂存设施标识更新，90 座库站完成四季度噪声监测工作。绿色基层创建高质量完成 129 座绿色基层复核评价，考核摘帽 9 座，绿色基层覆盖率提升至 75%，青海石油分公司连续 3 年通过绿色企业复审。完成外部抽检 280 个批次、集团公司抽检 41 个批次，抽检合格率 100%。全年实现密度创效 6471 万元。完成 ISO 9000 质量管理体系第三方监督审核并取得证书，计量人员持证率由 28% 提升至 100%。

（刘得菊）

【队伍建设】 2023 年，加强省地两级班子及干部队伍建设，调整省公司领导班子分工 2 次、地市分公司班子分工 11 次。全年聘用高级主管 12 人、主管 12 人，引进 6 名区内骨干到青海石油分公司挂职，首批选拔 35 名青年骨干入库培养，推荐 8 名青年骨干外出跟班学习、3 名中基层干部参加“百舸千帆”挂职交流。参加学习贯彻党的二十大精神中基层干部培训班、青年骨干培训班、走进华为提升领导力培训班等各类培训 1063 人次，员工专业和技术操作能力明显提升。2 人考取国家注册安全工程师，1 人考取国家一级注册计量师，35 人取得中级及以上职称，326 人通过职业技能等级认定，其中高级工 73 人、高级技师 4 人、技师 4 人。

（刘得菊）

【深化改革】 2023年，印发《中层领导人员任期制和契约化管理实施方案》，实现31名中层领导人员任期制契约化管理全覆盖。全年省、地两级公司共开展8轮、152人次的岗位竞聘。管理层级由“四层三级”变为“三层两级”，精简区域公司编制68个，净减少管理人员50人、驾驶员9人、生产性用车9辆。全年新增委托站18座，其中家庭驻站式9座，全省委托站数量达72座，累计优化用工29人。油库大班组改革优化用工8人。物流体系将一次物流和二次物流统一到省公司集中调度，从业人员由6人减到3人。动态监控加能站用工情况，2023年净减少用工88人，同口径减少110人。兑现零售专项考核132万元、总经理奖励83万元、超任务奖励246万元。

（刘得菊）

【网络发展】 2023年，投营加油站5座、加气站5座，竞得土地1宗，落实2座拆迁站还建。按期完成提质增效28项、治破治旧106项、隐患治理19项、地坪专项维修11项、厕所改造13项，累计完成230余个施工项目。发展充电车位20个。发展光伏48座（结转14座，年度任务30座，超任务完成4座），总装机容量1.56兆瓦，投营后年发电量216万千瓦·时。纳入规划的储备站点25座，下属西宁分公司储备站点全部纳入青海省西宁市政府“十四五”规划。

（刘得菊）

【财务管理】 2023年，修订完善《内控权限指引》等制度，优化完善权限99条。全年运行合同400余份，合同审查时间缩短至2.6天，审查效率提升48%，标准文本使用率82%、提升39%。运用法律手段维护公司利益，避免和挽回损失共计1936万元；内部管理审计和经济责任审计共13项，工程项目结算审计57项，实现审减金额404万元，综合审减率13%。落实国储资源6000吨，实现价差收入和代储费直接创效318万元。完成质量优化升级1.16万吨，实现创效1124万元。物流吨油费减少7.15元，平均运距减少41.81千米，全年综合节省运费1545万元。在销售公司支持和帮助下，塔化公路运输结算运费划转到大区公司，节省一次物流费用687万元。非油品物流仓储费降低140万元、降幅27%，全省库存差异率降低6%，积压百货实现降库324万元。通过政策减免、改革优化、从严管理、降低贷款额度和利率等措施，吨油费用控制在542元，减少141元、较预算节约9元。盘活土地房屋资产3处。

（刘得菊）

【商务合作】 2023年2月10日，青海石油分公司与青海省消防救援总队签订战略合作协议，双方就消防人才培养、应急救援联动、安全风险防范、油品和易捷商品供应、共建共促等方面开展深度合作。2月17日，青海石油分公司与中国银行青海省分行进行座谈交流，双方就联合营销、资源共享、客户开发、非油品业务拓展等方面进行深入交流。2月20日，青海石油分公司与中国邮政储蓄银行海南州支行进行交流，双方就各自优势、业务拓展、党建共建、客户开发等方面进行深入探讨。5月18日，青海石油分公司与解放军联勤保障部队第941医院签订战略合作协议，双方就职业健康、医疗卫生、职工体检、油非商品供应、党建共建等方面深化军企交流合作。2023年，中铁物资、青藏铁路、盐湖集团、青海交控等战略大客户23家，贡献直分销量2.03万吨、零售量0.4万吨、非油品营业额1300万元，提前4个月完成全年直分销任务。

（刘得菊）

【荣誉表彰】 2023年4月3日，共青团中央、应急管理部联合下发通知，青海西宁石油分公司湟源油库一班获评2022年度全国青年安全生产示范岗。4月27日，青海格尔木石油分公司南山口加能站站经理张光亮获全国五一劳动奖章。9月，青海格尔木石油分公司南山口加能站获评二星级全国青年文明号。2023年，《沱沱河“4533”的守护》一文入围中央企业优秀故事，1篇电视新闻获得石化新闻三等奖，1条短视频获得石化短视频优秀奖。

（刘得菊）

【社会公益】 2023年4月3日，联合共青团青海省委开展“保护三江源、一路清洁行”环保公益活动。全年新增爱心驿站9个。结合中国石化成立40周年，10月27日，邀请当地主流媒体、客户召开“中国石化在青海”社会责任发布会。

（刘得菊）

【乡村振兴】 2023年3月27日，青海石油分公司联合青海互助天佑德青稞酒股份有限公司，举办中石化易臻选天佑德“山”系列青稞酒产品上市发布会，共同打造联标帮扶产品，助力青稞产业振兴，累计销售青稞酒650万元。6月29日，向青海省西宁市湟中区共和镇维新学校36名品学兼优学生发放奖学金1.8万元；6—8月，按照青海省委组织部第一书记和工作队调整轮换工作要求，重新选派6名优秀驻村干部，其中驻村第一书记2名、工作队员4名；9月，为帮扶村14名新考入大学的学生发放“金秋助学”奖学金2.8万元。全年通过以购代销，助力青海省消费帮扶工作，销售青海特色农副产品2100余万元；购买帮扶点庄科脑村农产品30.2万元。10月，积极参与青海省2023年“消费帮扶金秋行动”，累计消费帮扶192万元。

（刘得菊）

【抗震救灾】 2023年12月18日，甘肃省临夏州积石山发生6.2级地震。地震影响青海省海东市民和县、化隆县、循化县46个乡镇419个行政村。地震发生后，青海石油分公司迅速启动应急响应机制，公司主要领导第一时间分别带队赶往民和县和循化县临近震中地区的加能站组织开展抗震救灾工作。经全面排查，青海石油分公司无人员伤亡，但造成3家地市分公司35座站点的站房、地坪、围墙不同程度出现开裂现象，经抢修防护和安全评估，所有加能站全部恢复正常营业，保障供应；同时灾区24名员工家庭不同程度遭受地震影响，公司紧急发放救助金3.6万元。公司先后组织党员团员组建3支抗震救灾应急救援突击队，100多人次参加救援保障，在民和县、循化县、化隆县沿线20座加能站开通抗震救灾绿色通道，共计为救灾车辆提供油品保供515吨，累计向青海省海东市受灾地区捐赠油品23.14吨，帐篷、活动板房、矿泉水、方便面等物资共计206.3万元。

（刘得菊）

【党建工作】 2023年，青海石油分公司深入开展学习贯彻习近平新时代中国特色社会主义思想主题教育，制作主题教育“明白纸”，编发工作简报94期。完成年度重点工作87项。严格落实“第一议题”制度，全年党委理论中心组学习（扩大）23次，其中主题教育读书班14次，开展主题研讨26次。全年审议党委会、班子会议题146项。制定修订规章制度47个，出台长期性解决方案7个。省地两级落实调查研究共完成调研报告41份，形成大零售体系建设、区域公司改革等22个工作方案，解决员工和客户实际问题115项。建立整改整治、调查研究、我为群众办实事、民主生活会等4类检视整改清单，查摆问题203项，集中力量解决了24座站库取暖、17座站库健康饮水、69座厕所改造等问题，实现旱厕全部清零。围绕安全生产、服务提升、客户开发、深化改革、抗震救灾等重点工作，开展主题党日活动489次。完成25个党支部换届选举，调整党支部书记29人。省地两级机关新增党支部12个，调整基层党支部14个。组织党务干部参加“学习＋考试”大练兵120余人次，举办党务工作者能力提升培训班3期。

（刘得菊）

【举办青年联谊活动】 2023年2月13日，青海石油分公司举办“奋进新征程，携手向未来”青

年联谊活动，特别邀请13家单位、120余名青年职工参加活动，通过搭建各合作共建单位男女青年职工沟通交流、相识交友的平台，关心关爱青年职工生活，拓宽青年员工“朋友圈”，充分展现出了新时代青年职工追求幸福生活的精神风貌。

（刘得菊）

表1 青海石油分公司主要经营指标

指标名称＼年份	2023	2022	2021	2020	2019	2018
油气销售总量 / 万吨	77.34	54.3	64.51	69.17	77.22	75.39
成品油零售量	57.56	42.24	51.97	59.73	64.12	63.75
销售收入 / 亿元	60.7249	47.94	44.47	39.12	50.84	51.98
利润 / 亿元	0.08	0.18	0.09	0.02	—	0.51
吨油费用 / 元	542.00	715.00	608.00	560.00	508.00	460.00
在营加油（气）站总数 / 座	171	187	179	188	188	180

甘肃石油分公司

【概况】 中国石化销售股份有限公司甘肃石油分公司（简称甘肃石油分公司）本部位于甘肃省兰州市，主营汽油、柴油、天然气及易捷服务等业务。其前身为中国石化销售西北甘肃分公司，成立于2003年，2010年整体划转集团公司，2016年11月，甘肃石油分公司管理规格调整为大二型。

甘肃石油分公司下设总经理办公室、政工部（党委办公室、党委宣传部、党委统战部、工会、团委）、经营管理部（物流中心）、商业客户中心、零售管理中心、非油品中心、财务资产部、发展基建部、党委组织部（人力资源部）、企管法律（信息管理）部、安全数质量部、审计监督部12个职能部门，下辖酒泉、张掖、武威、白银、兰州、定西、天水、平凉、庆阳9家地市级分公司及7家合资公司。

截至2023年底，甘肃石油分公司资产总额28.41亿元。在营加油（气）站141座（加气站10座）、自有油库2座、自有铁路专用线2条；各类用工总数1194人，其中合同制员工919人、劳务派遣员工6人、委托站员工147人、后勤员工122人，党组管理干部5人，中层干部33人；设立2个二级党委、5个党总支、26个党支部，党员总数386人。

甘肃石油分公司主要经营指标见表1。

（安　鑫）

【资源竞争能力有效提升】 正视市场变化，区别制定竞争策略。积极抢抓优质资源，弥补仓储短板，2023年兑现串换资源占全部资源的17.6%。强化所有权库存及实物库存运作，成品油资源购进增长13.5%。

（安　鑫）

【汽柴油经营规模显著回升】 赓续“加能站服务提升百日竞赛”成果，以“零售专业竞赛比武”为载体，持续推进“百城万站·卓越服务”劳动竞赛走深走实。二季度“汽油攻坚创效”全员营销活动期间，汽油销量增长15%。三季度“庆祝40周年，百日攻坚创效”活动期间，天然气销售超进度39%，全口径年均单站销量增长16.3%。

（安　鑫）

【直分销量效水平明显提升】 适时调整销售价格，

严控贸易商购进阈值，低凝点资源增长76%，有效提高直批创效水平。推行“走访计划”“走访打卡”上线动态反馈机制，2023年走访客户覆盖率达90%以上。不断深化“一键送油”、非自有库“二维码提油”全域推广，二维码提油率增长41%；一键送油率增长43%。全面监测车辆出库、配送、收货等环节，实现直分销运费线上结算，规避运费、运距差异的问题。

（安　鑫）

【天然气业务取得实质突破】 加大统采力度，统采占LNG零售量的35%。结合加气站、终端客户需求，制定资源采购策略。提高天然气供应链能力，争取第一手资源。大力推动天然气站点投营，抢抓重卡市场需求，天然气零售增长67%，创历史新高。加强天然气直批客户走访和跟踪，紧盯稳定用气客户，2023年天然气直批任务顺利完成。

（安　鑫）

【易捷服务经营规模持续扩大】 2023年打造百万门店42座，千万级易捷服务地市公司6家。全年商品上新率24%，汰换率13%。与长城润滑油结对开发B端大客户，全年润滑油销售额增长31%。线上开展“超值换购”“爆款直降”等应季营销活动，“易捷到车”营业额增长115%。开展以地方特色为亮点的主题直播活动，“易捷商城”超额完成任务指标的22%。引入第三方营销资源带动油品交易额550万元，“积分商城”上线带动营业额209万元。多触点拉新，企业微信社群规模达2.2万人。

（安　鑫）

【易捷服务生态不断完善】 以二级经销模式进行汽车销售，通过连锁便利店及“司机之家”等场景优势与知名餐饮品牌合作开展早餐、快餐业务。加快加油机电子屏联网工作，实现全省加油机77块电子屏接入广告系统，非联网媒体广告位接入系统1319个。新增投营洗车网点4座、综合汽服1座，试点无人值守功能和现金支付的洗车项目2座。新建司机之家3座、爱心驿站3座，累计建成司机之家17座、爱心驿站17座。倾力打造“戈壁滩上的川菜馆”，为“司机之家”和旅途驾乘人员提供更便捷、更优质的服务。

（安　鑫）

【传统网络基础进一步夯实】 2023年完成投资1.38亿元，新增投营加油（气）站13座，建成待投营18座。有序推进公航旅合资项目落地见效，通过授权方式投营加油（气）站10座、建成待投营6座、在建4座。

（安　鑫）

【新能源业务全面提速】 合理布局区域充电网络，对下辖的所有低无负效站点和闲置土地资产进行清查摸底，2023年建成并投营充电车位84个，建成光伏项目13座，光伏项目建成率超过40%，累计发电超过110万千瓦·时（2023年发电76万千瓦·时），节约电费40余万元，实现二氧化碳减排超1000吨。

（安　鑫）

【安全生产屏障不断筑牢】 修订《建设工程施工HSE管理指导手册（正面清单）》《承包商及甲方人员量化考核记分事件清单（负面清单）》，扎实推进“安全管理强化年”行动，推行基层安全管理网格化及“一书两卡”安全确认工作，提级审查高风险施工方案，严格管控重大施工安全风险。对加能站、油库、施工项目等重点区域安全隐患进行全方位、无死角、无盲区的细致排查整治。加大油品计量管控力度，利用LIMS等信息化管控手段提升管控效率，严把进货油品质量关，2023年共检验油品4141批次，100%合格。

（安　鑫）

【环保合规底线有力坚守】 严格项目环保“三同时”管理，持续打好污染防治攻坚战，加强黄河干支流10千米周围14座站点土壤及地下水监测工作，并配备应急物资。开展2座油库8座内浮顶汽油罐浮盘上部油气浓度检测，配备泵吸式二合一检测仪125台、扩散式单一气体检测仪38台。落实库站环境风险评估及防控措施，确保环境风险受控。

（安　鑫）

【隐患排查治理步伐坚定】 7项公司级风险总值较2023年初降低28%，排查出的34项隐患均按期整改。组织开展承包商、承运商、燃气、触电等专项排查工作，对发现的问题制定防范措施、纳入隐患治理清单。制定《重大事故隐患专项排查整治2023行动任务清单》，开展危险化学品重大危险源安全专项检查6项，2座油库共计排查出19项问题，全部完成整改。

（安　鑫）

【财务风险防控纵深推进】 巩固“严肃财经纪律、依法合规经营”专项治理行动成果，梳理细化财务风险点15项，制定风险防范措施18项。突出前瞻预警防控，自动清账率提升至97%，综合清账率提升至99%。客户自助开票率由年初42%提升至96%，普票、专票手工开票率控制在2%以内，每月发票预警处理比例均实现100%，“系统预警、检查纠偏、考核问效”的风险防控机制进一步筑牢。

（安　鑫）

【成本管理取得实效】 推进战略性集约化财务管控体系构建，逐站对标寻找管理差距。紧盯资产盘活方案，建立“量、价、费”为中心的动态跟踪测算模型。2023年37座在营低无负效站点实现零售销量增长22%。4座关停歇业站点复营，1座出租，2座完成处置核销。聚焦费用压降、现金流创效、政策红利争取等方面，全年经营活动现金流2.3亿元，资金资产运作创效398万元，落实税收优惠285万元。加油站全员价值积分管理取得初步成效，通过试点员工价值积分管理，有序促进站级管理优化、薪酬挂钩细化、工作业绩可视化。

（安　鑫）

【内控合规风险有效防控】 修订46个业务流程、2799个内部控制点、1174项风险事项清单和136个不兼容岗位。建立业务部门日常合规管理、内控部门专项管理和审计监督部门合规监督的“三防”管理体系，协同推进“合规、风险、内控、制度、法律”五位一体总体布局。

（安　鑫）

【队伍建设取得新成绩】 牢固树立“重德才、重业绩、重基层”的鲜明用人导向，持续加大竞争性选聘力度，组织开展部分中层副职岗位公开招聘，通过“笔试＋面试”综合评价，提拔任用4名“85后”优秀年轻干部。充分发挥职称评审、职业技能等级认定对人才成长的导向与激励作用，2023年共评审（认定）中初级职称22人，认定高级技师及以下职业技能等级182人。

（安　鑫）

【主题教育取得新成果】 扎实推动学习贯彻习近平新时代中国特色社会主义思想主题教育走深走实，全系统组织集中学习研讨64次，讲授党课37次，举办2期读书班，完成调研课题数52个，召开调研成果交流会9次，动态建立“我为群众办实事”清单81项，制定措施95条并全部完成，制定58条检视整改措施，确保以良好的主题教育成效全力推动甘肃石油分公司高质量发展。

（安　鑫）

【企业形象取得新提升】 积极应对甘肃积石山县地震，开辟24小时应急加油绿色通道，紧急调运价值60万元的－20号柴油赶往积石山县进行免费流动加油，采购10万元的方便食品和50顶棉帐篷送达灾区，组建青年志愿者突击队助力地方政府抗震救灾。协助集团公司捐赠资金2000万元用于积石山县震后重建，捐赠资金1842万元用于支援金昌市金川区和西河灌区打抗旱机井85眼，进一步彰显“党和人民好企业”形象。助力中国石化乡村振兴产业示范园暨甘肃东芗藜

甘肃石油分公司助力积石山抗震救灾（免费流动加油）

食品公司二期项目投产运营，收购藜麦原粮 923 吨，2023 年帮助销售东乡藜麦及深加工产品金额 5233 万元，增长 37%。投入帮扶资金 85.73 万元，巩固拓展渭源县、文县等帮扶村脱贫攻坚成果同乡村振兴有效衔接。

（安　鑫）

表 1　甘肃石油分公司主要经营指标

指标名称＼年份	2023	2022	2021	2020	2019	2018
成品油销售总量 / 万吨	57.48	50.86	48.15	45.98	46.87	50.12
零售量 / 万吨	40.64	36.16	34.04	35.97	36.07	39.10
销售收入 / 亿元	48.74	45.11	34.63	27.98	32.58	35.93
利润 / 亿元	0.20	0.17	0.21	0.23	−1.49	—
吨油费用 / 元	535.00	591.00	586.00	604.00	580.18	591.23
加油（气）站总数 / 座	141	139	132	138	134	130

宁夏石油分公司

【概况】 中国石化销售股份有限公司宁夏石油分公司（简称宁夏石油分公司）位于宁夏回族自治区银川市兴庆区，主营汽油、柴油、润滑油和其他石化产品的零售、直销配送、批发和仓储业务以及加油站便利店非油品业务。

截至 2023 年底，宁夏石油分公司本部设办公室（企管、法律）、党群工作部（党委办公室、党委宣传部）、财务资产部、党委组织部（人力资源部）、审计监督部、发展规划部（信息）、安全数质量部、经营管理部、零售中心、非油品中心共 10 个职能部室（中心）；下设银川、石嘴山、吴忠、固原、中卫 5 个市公司；有中石化宁夏易捷石化有限公司、中石化石嘴山市常道石化有限公司、宁夏氢路新能源科技有限公司、宁夏氢捷新能源科技有限公司 4 家合资公司。宁夏石油分公司党委直辖 20 个基层党组织，党员总人数 331 人。有 2 座在营油库、1 座加气母站和 138 座在营加油（气）站；运营分布式光伏项目 31 个，建成充电站 15 座，充电桩 65 个，充电车位 123 个；资产总额 22.03 亿元。期末用工总量 981 人。

宁夏石油分公司主要经营指标见表 1。

（周婷婷）

【主要经营指标】 2023 年，宁夏石油分公司油气经营总量 91.47 万吨、增长 49%，年度计划完成率 136.9%。其中，成品油经营总量 74.72 万吨、增长 34.5%，年度计划完成率 124.5%；天然气经营总量 2.41 亿立方米（16.75 万吨）、增长 198.8%，年度计划完成率 251.2%。非油品基础品类营业额 2.27 亿元、增长 38.6%，年度计划完成率 116.8%。

全年总销售额达 74.5 亿元，其中社会消费品零售额 19.6 亿元，上缴税费 8378 万元。“一利五率”持续优化，报表利润 2609.59 万元，年度计划完成率 128.9%；净资产收益率 2.7%，完成率 143%；资产负债率 64.58%；全员劳动生产率 38.71 万元 / 人、增长 56.08%；研发经费支出总额 10.7 万元、增长 11.9%；营业现金比率 2.81%，预算完成率 94%；吨油费用 443 元、降低 83.33 元。

新投营加油站 6 座，年度计划完成率 200%；加气站 8 座，年度计划完成率 160%；新增光伏发电项目 10 座，年度计划完成率 100%；新增 84 个充电车位，年度计划完成率 140%。

（周婷婷）

【抓实“六强”措施保安全平稳运行】 从严抓好

“责任落实、风险管控、工程施工、绿色健康、保质降耗、科技创新”等“六强”措施，维护安全稳定大局。践行“有感领导”，深入学习贯彻习近平总书记关于安全环保重要论述和习近平总书记对“6·21”特别重大燃气爆炸事故的重要指示，按照宁夏回族自治区“1+37+8”“1+4”系列文件要求，狠抓“一法两条例”落实，扎实开展“安全管理强化年”专项活动，实现安全零事故。深入实施黄河流域生态环境保护与环境风险防治工作，“绿色基层”创建提前达100%，实现环境零污染，被评为2023年度B级绿色单位。修订质量管理体系手册，制订体系责任清单，完善外采油品直接入站、整罐交接流程和办法，油气损溢合理受控整体平衡，内外部抽检合格率100%，实现数质量零事件。发表科技论文2篇，积极申报分布式氨制氢－加氢灌装母站一体化设计与集成示范项目，提升科技创新能力。

（周婷婷）

【实现“六大创效”经营规模创新高】 2023年，宁夏石油分公司聚焦价值创造，“油气、易捷、资源、发展、资产、管理”六大创效全线发力。统筹优化进销两端合理匹配，资源考核创效1766万元；深耕“挖潜降本”，印发降本减费方案，推进措施28项，创效4651万元；优化股权投资管理，主导常道公司转型发展，2023年盈利123万元；“腾笼换鸟”加大资产盘活和亏损站治理力度，亏损站较2022年减少17座，推进11批次25座负效加能站出租，收取租金及保证金3445万元，年租金收入达889万元；深入开展成品油市场整治，优化油品“拼杀红海”策略，探索实施7个方面25条营销措施，全年成品油销量74.72万吨，增长34.5%，市场占有率提升4.5个百分点；实施LNG“三步走”，实现“三个效应转化”，全年LNG经营总量16.14万吨，增长310.1%，市场占有率提升6个百分点，新投营LNG站日均销量排名全国第一，吨气价差扩大71元。易捷服务实现规模和效益“双提升”，完成基础品类营业额2.27亿元，增长38.6%，完成毛利额4919.5万元，增长40.6%；控股合资公司宁夏易捷石化完成改革优化，研发以国内首款枸杞酱酒为主的10款“枸杞+”系列产品，全年销售额突破1亿元、增长132.5%，报表利润289万元。

（周婷婷）

【构建网络体系聚集发展动能】 传统能源提升，通过“三域分析”和“五力模型”，精准布局加能站14座；发展LNG站点8座，其中吴忠桃山加能站投营87天油气总量超1万吨，投营199天油气总量超3万吨，LNG最高单日销量236吨，为全系统第一大站。新型能源提速，抢抓电容资源，投营充电车位84个，累计充电车位达122个。升级改造提质，2023年统筹施策升级改造加能站22座，站点服务规范化、高效化、多元化全面提升，窗口形象、服务功能、基础设施全面升级。

（周婷婷）

【深化改革创新营造争先进位】 深化改革蹄疾步稳，实现省市公司干部任期制和契约化管理，配套完善13个年度绩效考核办法，推进落实22项高质量发展评价指标；优化两级职责332项，梳理岗位说明书1948个；创新开展HSE管理体系标准化建设，推行库站“一书两卡”，编发5类库站标准化手册，推行库站制度转化57项。争先进位势头更猛，“比学赶帮超”夺旗再创新高，2023年斩获红旗46面，排名销售企业区外第三，经管、非油、零售线条夺旗数量位列前三。“三能”机制落地开花，推进两级机关“双选”工作，6名基层领导人员转任非领导职位，末位淘汰24人（占比9.83%），53人实现薪酬标准能增能减。组织省、市两级158人开展专业技术职位选聘，89人专业技术职位得到提升。

（周婷婷）

【重塑干部员工队伍激发企业活力】 制定《宁夏石油“十四五”干部人才队伍建设现状、分析及规划》，推动结构整体优化，加强干部选拔任用体系建设，交流提拔中层领导人员31人，完成33名中层领导人员年度考核评价，并推进结果运用；优化地市公司领导班子结构，选优配齐5家地市公司安全总监、经理助理，选聘基层领导人员30人；探索实施地市公司审计、纪检特派员机制，有效推动监督工作向基层延伸；全面加强职称评审，2023年开展2次评定，27人取得职称，

5 人参加国家考试取得中级职称，快速补齐人才队伍短板；培训工作质效并重，西北培训中心承接承办项目 29 项 33 期，培训 1573 人次，创收 193.94 万元，超额完成目标任务；兼职讲师队伍不断壮大，达 55 人，2 项课程获集团公司党组党校 2023 年“三基”工作系列三等奖；关爱员工凝聚力量，深化实施员工 10 项特别优惠待遇规定，资助高考入学员工子女 31 人，帮扶村高考入学学生 19 人，“扶智 + 扶志”彰显国企担当；职工获得感、安全感、认同感不断提升，宁夏石油分公司工会获 2023 年宁夏能源化工冶金通信工会先进职工之家称号。

（周婷婷）

【打造“有感党建”品牌发挥党建引领作用】 坚持把主题教育贯穿全年，全面推开、纵深推进“有感党建”建设，首次制作省市公司宣传片 12 个，整理特色产品、本地资源等宣传片 17 个；党建工作和生产经营紧密融合，中卫甘塘加能站获集团公司工人先锋号称号；2023 年新发展党员 45 名，创建党员责任区 141 个、党员先锋岗 50 个、党员示范窗口 55 个、党员突击队 20 个；突出政治监督，强化日常监督，专项整治“靠企吃企”问题，强化作风建设，开展安全领域形式主义、官僚主义整治；强化警示震慑，加大线索查办力度，保持“不敢腐”的震慑效应；坚持“新官理旧账”，巡视问题整改向最难处攻坚，配强“揭榜挂帅”项目组，直面困难解决拖欠 10 年的拆迁补偿款和欠款共计 501 万元；切实担当社会责任，主动融入宁夏回族自治区“六特六优六新”产业发展，唱响“国杞天香”的金字招牌；选派 6 名驻村工作队员，累计投入 200 余万元推动帮扶村加快乡村振兴进程，彰显“党和人民好企业”形象；新建“司机之家”2 座、“爱心驿站”18 座，银川黄河路加能站“爱心驿站”获全国总工会 2023 年最美工会户外劳动者服务站点及宁夏回族自治区能源化工冶金通信工会先进职工之家称号。

（周婷婷）

表 1 宁夏石油分公司主要经营指标

指标名称＼年份	2023	2022	2021	2020	2019	2018
成品油（天然气）销售总量 / 万吨	91.47	61.40	45.91	53.25	66.36	62.57
零售量	70.29	45.53	32.08	42.24	50.95	43.58
销售收入 / 亿元	74.50	55.60	29.85	28.39	40.48	40.19
报表利润 / 万元	2 609.59	2 547.90	−19 999.56	−21 769.37	1 201.45	2 881.57
吨油费用 / 元	443.00	526.00	667.00	570.00	434.00	454.00
在营加油（气）站总数 / 座	138	141	138①	142①	149	141

①数据有调整

销售华北分公司

【概况】 中国石化销售股份有限公司华北分公司（简称销售华北分公司）是销售大区公司之一。其前身始建于 1950 年 3 月，是在接收国民党政府“中国石油有限公司天津营业所”和美孚石油、德士古石油、亚细亚火油等“三大油行”在天津资产的基础上组建而成。1985 年前隶属于商业部，1985 年 1 月划归中国石油化工总公司。

销售华北分公司主要承担“资源统筹中心、区域物流中心、运行调度中心、成本控制中心”的管理职能。委托管理销售企业应用技术研究院、销售公司计量管理站和质量管理站，新增“科技支撑中心”职能，形成“4+1”中心发展格局。本部位于天津新技术产业园区榕苑路 11 号，设有 10 个职能部门，下设天津储备库、营口油库管理处（沈阳管理处）等二级单位，下辖 4 座油库、总库容 50.2 万立方米，负责 24.60 千米汽柴油输油管道的运行管理，在华北区 10 个炼化企业设立办事处。辖区内省市包括华北地区六省市（北京、天津、河北、河南、山西、山东）和东北地区三省（黑龙江、吉林、辽宁），资源辐射范围除辖区内省市外还包括江浙沪、广东等沿海省市，安徽、湖南、湖北、四川等华中省市，内蒙古、陕西等西北省（自治区）。另有非上市企业天津金皇房地产有限公司，下辖金皇和金泽 2 家酒店，均为五叶级绿色饭店，登“2023 年绿色饭店领跑者 TOP100”榜单。

截至 2023 年底，销售华北分公司资产总额 141.10 亿元，用工总量 736 人，中共党员 200 人。

2023 年，销售华北分公司经营绩效考核位居销售大区公司第一，获评销售公司“优秀企业”称号。公司连续多年位列“天津企业百强”第 1 名，为促进地方经济发展作出了突出贡献。

销售华北分公司主要经营指标见表 1。

（郭伟玮）

【领导班子调整】 2023 年 2 月 14 日，集团公司党组对销售华北分公司领导班子进行调整：张毅任销售华北分公司代表、党委书记，吕新华任销售华北分公司总经理、党委副书记，荆孝民任销售华北分公司党委副书记、纪委书记、工会主席，戴兵任销售华北分公司党委委员、副总经理；王英杰任销售华北分公司党委委员、副总经理，潘峰任销售华北分公司党委委员、副总经理。

（郭伟玮）

【圆满完成全年各项任务目标】 2023 年，面对国际油价宽幅震荡、资源结构快速调整、地炼生产异常、极端天气多发、运力紧张等多因素冲击，销售华北分公司坚持从主题教育中汲取智慧力量，开展“统筹大资源、优化大物流、创造大效益”专项提升行动，持续攻坚创效，加快转型升级，坚决做到责任扛得住、业绩稳得住，集约化经营和一体化管控能力显著增强。全年实现经营总量 4759.3 万吨、增长 18.89%；实现销售收入 3608.06 亿元、增长 10.64%；利润总额 1.20 亿元、增长 46.93%；统采规模 556 万吨、增长 207%；统采占比 78.30%、提高 19.40%；辖区内吨油运杂费 56.12 元，较考核指标低 6.88 元；外部债权赊销比完成 64.41%，较预算指标低 35%；全口径资金创效金额 6035.65 万元、增长 76%。存续企业实现利润总额 1.60 亿元，增加 1.55 亿元，综合创效 10 亿元，为销售企业经营创效和产业链一体化升级提供了强有力的支撑。

（郭伟玮）

【获评多项荣誉称号】 2023 年，销售华北分公司开创了公司高质量发展新局面，圆满完成全年各项任务，多项考核指标位列大区第一、销售领先，共获得销售企业成品油经营运作、数质量管理、HSE 综合管理等 10 面“比学赶帮超”红旗，整体来讲，夺旗总数名列大区公司第一。各项考核指标实现强势增长，经营绩效考核位居大区公司第一，首次获评销售公司“优秀企业”称号。在天津市滨海新区 2023 年度“双中心”建设工作中，获先进集体称号。

（郭伟玮）

【积极承接集统采中心改革任务】 2023 年，销售华北分公司积极承接集统采中心改革任务，建机制、强队伍、树规范、闯市场，市场化经营创效机制不断完善，统采量效屡创新高。全年统采规模达 566 万吨、增长 207%；统采占比 78.30%，提高 19.40%；创效 5.8 亿元。①健全工作机制，向团队、向管理要效率。成立由公司主要领导为组长的“一个专班”，快速组建东营和盘锦“两个办事处”，形成“一脑双驱”运行机制。组织开展“强化价值引领，提升统采创效水平”专项提升行动，建立以价值创造为引领的经营分析机制，完善绩效考核体系和两级红旗夺标体系，建立督办考评与考核兑现硬挂钩机制，推动人力物力财力向集统采一线倾斜，高效落实改革任务。制定《集统采业务流程》等 5 项工作流程，协同各大区公司建立水运运力共享机制，建立市场分析、定期沟通、价效分析等工作机制，审批效率提高

40%，实现了集统采业务专业化运作高起点开局和高质量运行。②创新经营机制，向规模、向市场要效益。大力培育核心供应商，扩大直采地炼规模，采购量达 12 万吨以上的供应商 14 家，规模化采购量 348 万吨，占比提升至 66%。强化市场信息分析研判，建立周计划衔接机制，协同省市采销联动，主动采购比例由 39% 增长到 80%。话语权显著提升，全年采购均价低于市场均价 103 元 / 吨，实现向价差要效益。

（郭伟玮）

【大资源、大物流创大效益取得优异成绩】 2023 年，销售华北分公司大力推进产业链一体化运行和经营型创效，物流节费、统采增量等指标刷新历史纪录，累计创效 10.2 亿元，创历史新高。充分发挥全渠道资源统筹优势，密切衔接产销单位，调整资源计划、扩大串换规模、优化资源结构、减少高运价资源对流，资源调节能力和创效能力显著增强，精准应对地炼生产异常、铁路运力紧张、极端天气等复杂情况，保障了产业链稳定创效最大化。全年资源串换规模再创新高，累计完成 138 万吨、节费创效 1.9 亿元，分别增长 66%、35%，优化串换节费成效位居大区公司第一。积极构建效益最优型仓储体系，制订华北区仓储布局与全口径资源物流优化方案、汤阴油库“4+20”扩容方案，实现周村油库外采油上载管道。建立一、二、三级物流通道比对优化模型，新增 4 条跨省优化通道，管输量增加 35.8 万吨，物流优化节费创效 2.5 亿元、增长 26%。在优化模型遴选暨物流优化竞赛中获 1 金、1 银、3 铜的成绩。

（郭伟玮）

【“百日攻坚创效”专项行动取得显著成效】 2023 年 7—11 月，销售华北分公司聚焦价值创造，以“百日攻坚创效”行动为契机，深挖物流优化和票据创效潜力。同中国石油大区公司深化合作，加大互供规模。借助宝来检修期间东北省市互供资源需求大幅增加的契机，算好效益平衡账，合理加大互供规模，降低外调成本。累计完成中国石油大区互供 37.06 万吨、增加 13.57 万吨，实现节费 4348 万元、增加 150 万元。拓展跨省节费通道，提升物流优化规模。在稳定河北廊坊—天津大港等 3 条跨省配送通道的基础上，恢复河南商丘到安徽宿州油库跨省配送通道，累计完成跨省配送 4.51 万吨，节费 310 万元，完成量效均创近 3 年新高。加大炼厂地付规模，扩大一、二、三级优化成效。协调中国石油加大齐鲁地付提油力度，地付规模逐月提升。开通沧炼地付扩距供应山东德州优化通道，累计完成 0.25 万吨，一次节费 52 元 / 吨。统筹优化配置和集统采资源，优化船舶运力，降低运输成本。充分发挥 4 万吨级大船运费低廉、管理规范的优势，继续增加大船计划，释放万吨运力向集统采倾斜，累计完成大船运输 11 航次 41.4 万吨，节费 1128 万元，创 2023 年以来新高。打通电子承兑汇票在司库管理信息系统开票、锁定、入池、出池、背书、贴现等关键流程。衔接外采供应商、省市公司、专项客户、炼化板块、金融机构，搭建承兑汇票跨板块的流转平台，实现服务省市、专项客户回款、中油串换节费以及和外采供应商协同创效 4 个方面的提升，累计创效金额高达 5132.28 万元，创历史新高。

（郭伟玮）

【中国石化销售股份有限公司应用技术研究院正式成立】 2023 年，销售华北分公司积极融入国家创新体系，建设“油气氢电服”科研平台，深入实施信息化、数字化战略，创新能力加快提升。9 月 12 日，挂牌成立销售企业首家研究院，组建科技攻坚工作专班、技术顾问专家库、咨询专家委员会等机构，完善科技管理制度，建立科研交流机制，科技创新体系加快建立。销售公司应用技术研究院的成立是中国石化油品销售企业加快打造“油气氢电服综合能源服务商”战略目标落实落地的重要举措，将在政策情报研判、探索替代能源、产业数字赋能、汽服产品体系 4 个方面开展科研攻关，从行业发展、解决“卡脖子”问题、满足客户需求 3 个层面发力，从生物质能源、合成能源方面寻找新思路，从光电和氢能源运营模式上寻找新方法，从困扰企业发展的“卡脖子”问题入手，以应用技术创新支撑销售企业发展转型。

（郭伟玮）

【本质安全环保迈出稳健步伐】 2023年，销售华北分公司扎实开展“安全管理强化年”行动、绿色企业行动，实现零伤害、零污染、零事故目标。持续压实安全生产责任，修订HSE管理体系手册，优化部门HSE职责、岗位责任清单和任务清单，管理体系有效运行，“三管三必须”的安全责任进一步强化。深化双防平台应用，开展重大事故隐患排查整治等专项行动，完成库间管道柴油管线漏点隐患治理、埋地管线隐患治理、金皇电梯改造，消除了一批生产经营隐患，公司级风险总值下降44%。开展油库管理专项提升行动，建立施工现场5级监管机制、承运商三级监督检查机制，实施油库、管道、施工现场网格化管理，强化安全督查结果运用，整改问题200余项。深入开展“会前安全教育5分钟”1990次，组织罐区油品泄漏、水运船舶油品泄漏等突发事故应急演练，开展“安全生产月”竞赛、安全环保口号征集等活动，在销售企业油库安全技能比武中名列大区公司第一。实施绿色低碳“补短板、强弱项”专项行动，加强环保问题整改，机关办公楼光伏项目投产，生产经营持证按证排污，污染防治措施到位，固体废物管理规范有序，绿色发展能力稳步提升。

（郭伟玮）

【企业治理现代化根基持续巩固】 2023年，销售华北分公司扎实推进深化改革行动、价值创造行动、合规体系建设，改革成效日益凸显。聚焦高质量发展深化体制机制改革，坚持在完善公司治理中加强党的领导，“两个清单”制定、董事会建设更加完善，任期制和契约化管理向中层延伸，“三能”机制不断深化，管理制度、部门职责、议事机构系统优化，绩效考核体系、两级红旗夺标体系、督办评价与考核兑现硬挂钩等管理机制高效运行，工作效率稳步提升。聚焦价值创造推动企业转型创效，开展对标世界一流企业价值创造行动，经营创效分析机制日趋完善，资金资产创效能力进一步激活，承兑汇票跨板块流转创效6035.7万元，增值税留抵退税5.3亿元，闲置房产陆续盘活，西中环快速路跨海河桥工程土地置换有序推进。聚焦合规管理提升企业治理效能，“三重一大”决策制度体系持续完善，公司和金皇公司两级内控体系紧密贯通，存续企业合同系统上线，5起诉讼纠纷妥善处置，经济责任审计问题100%整改。积极协调管网集团完成《成品油管输下载计量交接协议》签订、管网历史遗留争议量问题处置、质量流量计在线检定，各项损耗指标大幅优于销售公司考核水平。开展集统采油品前置检测752批次，经营油品100%合格。从严投资计划、招投标、物资采购管理，15项投资项目如期完工，新开项目“零变更”，现场管理更加严格规范，物资采购管理考核实现较大提升。存续企业改革不断深入，悦泰公司平稳划转，金皇公司管理生态、经营业态实现良性提升，超额完成经营目标。

（郭伟玮）

【圆满完成新疆华迪公司制改革】 2023年，销售华北分公司2次赴新疆现场协调法院审理工作，如期取得财产分配裁定，确认华迪公司全部资产归属销售华北分公司所有。9次赴唐山解决玉田加油站产权瑕疵，大力协调规划、税务、不动产等政府部门和河北石油、天津石油、破产管理人等相关单位，逐项解决规划遗失、验收不全、地籍界定不清、报建人与取证人不一致等难题，成功补办加油站不动产权证，并将产权过户至销售华北分公司。通过完善产权，实现过户税费抵扣，在彻底解决产权瑕疵的同时，实现节费创效400余万元。

（郭伟玮）

【干部人才队伍“3321”工程初见成效】 2023年，销售华北分公司以学习贯彻习近平新时代中国特色社会主义思想主题教育为契机，全面贯彻落实习近平总书记关于新时代人才工作新理念新战略新举措，持续深化大区公司“四大中心”职能，推动实施干部人才队伍高质量发展“3321”工程，以每3年为一个周期，着力推进干部梯队培养、人才交流锻炼、技能工匠锤炼3项计划，强化激励与赋能2项支撑，着力完善20项工作、33项措施，人才强企考核位居大区公司第一。加强年轻干部选拔培养，落实“三能”机制，干部队伍结构持续优化；组织开展28个岗位公开竞聘，交流锻炼干部人才18人，科技人才加快引进，内生动力不断提升。建立专业技术自主提升和岗位技能提升激励机制，完善“师带徒”机制，组织2期“青年马克思主义者培养工程”培训班，加强以岗位练兵为主的基本功训练，各类人才素质稳步提升。在中国石化油品分析工技能竞赛暨油品质量管理竞赛中，荣获1金、1银、1铜，1个最佳裁判和2个团体第1名的优异成绩。

（郭伟玮）

【党建引领作用有效发挥】 2023年，销售华北分公司坚持主题教育贯穿全年、统领全局，坚定不移全面从严治党，凝聚了争创一流的强大合力。健全“第一议题”长效机制，打造党的二十大精神宣传长廊、“习语润心长廊”等理论学习阵地，精学深研习近平总书记重要论述和指示批示精神。召开党员大会，180名党员参与，选举产生中共中国石化销售股份有限公司华北分公司新一届委员会和纪律检查委员会。组织完成公司党委和基层党组织换届改选，完善联合党支部机制，修订党建工作“三个手册”，成立创新工作室、党员突击队、青创先锋队、巾帼建功队等11个创新创效小组，基层党组织战斗堡垒作用和党员先锋模范作用不断增强。成立教育帮扶工作领导小组，实施“党建共建、师资培训、结对帮扶、品牌活动、信息化提升、校园文化建设”的“六个工程”，为学校配备50台办公电脑和空调，捐赠1000余册书籍，开展名师精品课观摩、跟岗实践等活动，彰显了社会责任，擦亮了企业形象。高质量承办销售企业关心下一代工作经验交流会，推进“三个计划”和EAP建设，落实“我为群众办实事”两级清单23项任务，帮扶困难员工及家属44人次。加强宣传思想引领，选树先进典型，营造了积极向上、实干担当的工作氛围。坚持“三不腐”一体推进，发挥“大监督”效能，开展巡查反馈问题回头看专项行动、“靠企吃企”专项整治、公务性支出监督检查、廉洁教育“五个一”活动，从严落实中央八项规定精神，持之以恒纠“四风”树新风，政治生态风清气正，企业和谐稳定发展大局持续巩固。

（郭伟玮）

【安徽省岳西县莲云石化小学正式揭牌】 2023年11月29日，销售华北分公司结对教育帮扶的安徽省岳西县莲云石化小学正式揭牌。销售华北分公司深入贯彻落实习近平总书记关于乡村振兴重要指示批示精神，坚决落实集团公司党组部署要求，以实际行动彰显“党和人民好企业”形象。

（郭伟玮）

【营口油库顺利完成首船油品接卸任务】 2023年2月16日16时20分，从青岛而来满载9000余吨汽油的油船缓缓起锚靠泊。计量员和质检员登上油轮，为油库入库油进行卸油前的计量和化验取样作业。油品质量检验合格，开始启泵输油。20多个小时后，输油作业结束，阀门关闭，油库全工艺流程无油品渗漏，设备稳定运行，状态良好。2月19日2时10分，营口油库平稳完成时隔5年的首船油品接卸任务，标志着营口油库水路接卸正式再次投油启用。

（郭伟玮）

【天津储备库油罐自动计量系统顺利完成技术验收】 2023年8月14日，天津储备库业务、数质量管理部牵头，组织公司计量管理部、发展规划部及厂家相关技术人员，顺利完成 6 座在用油罐自动计量系统技术验收工作。至此，储备库全部在用油罐自动计量系统均通过验收，标志着天津储备库全面实现油罐计量自动化。油罐计量自动化，降低员工劳动强度，减少安全风险与计量风险，促进储备库油品计量管理水平的提升，为公司提质增效奠定了基础。

（郭伟玮）

【圆满完成综合应急演练暨水运船舶油品泄漏应急演练】 2023 年 12 月 19 日，销售华北分公司在天津、青岛两地联合举办 2023 年下半年综合应急演练暨水运船舶油品泄漏应急演练。演练模拟上海强辉海运有限公司“沪油 12”船舶执行青岛—广州航运计划时，船舶航行于青岛外水域发生触礁事故，导致油品泄漏。演练过程中，销售华北分公司和船务公司、承运船舶应急处置有序，指挥联动高效，在保障上下游企业生产运行和市场供应稳定的同时，及时有效完成应急处置，避免事态的进一步扩大，演练取得圆满成功，达到预期效果。

（郭伟玮）

【5G 技术应用助力公司油库智能化提升】 2023 年，销售华北分公司成立青创先锋队，开展“5G 无线数据传输技术对传统数据链路专线的替代性研究”，用心服务基层解难题。认真调研比选 5G SD-WAN、5G CPE 路由器、5G 定向传输等技术，落地实施架设定向天线技术路线架起港区外至港区内南疆二号库无线通道，采取“双防护”机制在无线通道两端部署防火墙、对传输数据设置加密协议，有效保障数据安全。8 月 29 日，项目投入使用，网络带宽由有线传输每秒 20 兆比特提升至每秒 100 兆比特，有效提高数据传输效率，通信费用由 12800 元 / 月降低至 3000 元 / 月，年度节约费用约 12 万元。

（郭伟玮）

【办公楼光伏发电项目建成投用】 2023 年，销售华北分公司积极践行绿色发展理念，探索建设公司机关大楼光伏发电项目。采取分区敷设方式，在办公楼两端设备区利用办公楼结构柱采用 550 瓦单晶单玻 BIPV 形式，面积约 600 平方米，组件转化率 21.29%；办公楼中区钢结构屋面采用 430 瓦柔性光伏组件，面积约 400 平方米，组件转化率 19.4%。8 月 31 日，项目建成投用，装机功率 144.1 千瓦，年发电量 17.19 万千瓦・时，节约电费 14.84 万元 / 年。

（郭伟玮）

【简道云应用案例摘获 2023 年零代码领航者大赛】 2023 年，销售华北分公司在高质量发展之路上注重数字化赋能，不断提升管理效率。自 2020 年引入简道云平台以来，依托该平台“极速搭建、随需调整、可视化开发”的特性，逐步将公司线下管理业务转移至平台线上流程化管理，持续提高工作效率。截至 2022 年底，累计开发应用 55 个，累计产生数据 26 万条，应用场景涵盖经营、安全、设备、工程、运维等管理业务。同时，建立培养机制，大力培养自主开发型人才，先后举办 6 次简道云应用培训班，开展优化案例评比，实施专项奖励，累计培训 138 人，覆盖公司机关、基层等 9 个部门单位，为后续公司数字化发展奠定专业人才基础。销售华北分公司《零代码推动企业数字化转型阶梯式提升》案例在 2023 年“第三届零代码领航者大赛”70 多家参赛企业中脱颖而出，摘获银奖。

（郭伟玮）

表 1　　销售华北分公司主要经营指标

指标名称＼年份	2023	2022	2021	2020	2019	2018
成品油销售总量 / 万吨	4 759.30	4 003.00	3 795.16	3 616.50	4 370.28	4 168.93
销售收入 / 亿元	3 608.06	3 261.00	2 423.97	1 859.34	2 691.81	2 719.67
利润 / 亿元	1.20	0.82	1.43	15.35	14.81	18.51

销售华东分公司

【概况】 中国石化销售股份有限公司华东分公司（简称销售华东分公司）系国有大一型企业，办公地址为上海市长宁区愚园路 819 号，内部资本金 51.78 亿元。公司前身始建于 1949 年 8 月，为中国石油运销公司。1950 年 10 月，改称中国石油公司华东区公司。1953 年 4 月，改组为中国石油公司上海石油采购供应站，为商业部直属企业。1985 年 1 月，划归中国石油化工总公司。1988 年 2 月，更名为中国石化销售公司华东公司。2002 年 10 月，更名为中国石化销售有限公司华东分公司。销售华东分公司资源管理辖区为江苏、浙江、福建和上海三省一市，职能定位为资源统筹、物流优化、运行调度以及成本控制“四大中心”。

截至 2023 年底，销售华东分公司设综合管理部（党委办公室、企管法律部）、党群工作部（党委宣传部、工会办公室、团委办公室）、经营管理部、安全设备部（数质量管理部、生产运行中心）、党委组织部（人力资源部）、财务资产部、审计监督部（纪委办公室）7 个职能部门和陈山油库 1 个二级单位。公司在华东区 7 家炼化企业设有办事处。

截至 2023 年底，公司用工总量 187 人，其中本部 79 人、二级单位 67 人、驻炼厂办事处 41 人，均为合同制员工。全体员工中，硕士、博士研究生学历 32 人，大学本科学历 75 人，专科学历 51 人。有各类专业技术人员 131 人，其中具有正高级职称的 1 人、高级职称的 19 人、中级职称的 55 人。

在营陈山油库库容 43.5 万立方米，拥有外海岛式码头 1 座，最大可靠泊 8 万吨级船舶。在营管道 2 条，分别为诸桐支线，管长 62 千米；淮盐支线，管长 117 千米。

销售华东分公司主要经营指标见表 1。

（刘　娜）

【领导班子调整】 2023 年 2 月 28 日，集团公司党组下文，免去张建平销售华东分公司党委副书记、委员职务；股份公司下文，解聘张建平销售华东分公司总经理职务，办理退休手续。9 月 7 日，集团公司党组下文，陈超任销售华东分公司党委副书记（兼）；股份公司下文，陈超任销售华东分公司总经理。

（刘　娜）

【各项经营指标取得新突破】 2023 年，销售华东分公司在复杂多变的经营市场和异常严峻的安全形势下，面对成品油市场“换挡降速”的压力，锚定高质量发展定位，动态把握资源格局，建强班子展活力，刀刃向内找差距，全方位推进提质增效。全年成品油销售 4521.33 万吨，增加 763.46 万吨；销售收入 3829.19 亿元，增加 429.67 亿元；统采合同量 727.50 万吨，增加 268.48 万吨；主要经营指标均创历史新高，获评销售公司百日攻坚优秀组织企业。

（刘　娜）

【持续筑牢“安全 + 绿色 + 低碳”底色】 2023 年，销售华东分公司深入学习贯彻习近平总书记关于安全生产的重要论述，积极开展“安全管理强化年”行动，坚持安全绿色发展，从严治标、着力治本，采取有力措施强化源头治理，HSE 体系手册换版、“两责”融合全覆盖，风险研判公告板、“安全探照灯”上线、光伏发电装置再投产、油库建设智能化，通过责任网格化、排查常态化、治理精细化、源头减量化、安全智慧化，筑牢安全、绿色、低碳底色，全年危险废物量下降 17.09%，获集团公司“无废企业”称号。

（刘　娜）

销售华东分公司陈山油库码头

【经营质效更加释放活力】 2023 年，销售华东分公司大力实施价值创造战略，主动作为、挖潜增效，灵活应对市场变化。创新与浙石化定价模式和长期合作机制，打通多家生产企业自提流程，做大做优统采增量；充分利用上海票据贴现的市场优势、大区公司的资源优势和物流统筹的运行优势，持续挖掘票据资金、物流优化的创效潜量；推动完成陈山油库水厂土地政府征收工作，盘活低无负效资产存量，多措并举实现全年综合创效 3.30 亿元，获销售企业成品油经营运作、物流优化、税务管理年度红旗。

（刘　娜）

销售华东分公司现场工作人员正在进行靠泊系缆作业

【部署新一轮改革路线和作战图】 2023 年，销售华东分公司深入开展改革深化提升行动，聚焦 6 个方面 32 项重点任务，在应对市场挑战、拥抱产业革命、完善治理结构、优化运营机制、推行契约化管理、抓实人岗匹配等领域持续深化改革。通过表单化台账式推动，把思想认识、组织领导、措施细化、责任落实统筹贯通。改革台帐经集团公司评估为 A 档，为后续强化每季更新、销号管理、督查督办、落地见效奠定坚实基础。

（刘　娜）

【启动首届“最强操作手”竞赛】 2023 年，销售华东分公司建立“最强操作手”比武训练机制，从单项目到全流程竞技，从精兵参与到全员练赛，全面推进岗位操作标准化，持续深入夯实“三基”工作。12 月 15 日，公司首届“最强操作手”竞赛历经 7 个月迎来总决赛，参赛选手比技能、赛水平，沉着应答，你追我赶，真正做到“赛中比、比中学”，充分展示基层一线员工的精神风貌和操作实力。

（刘　娜）

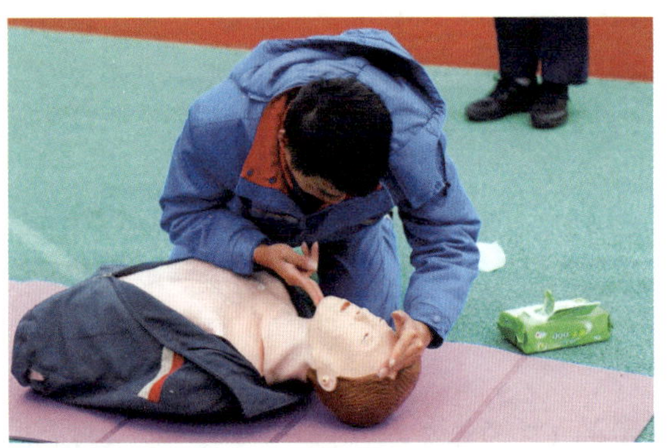

2023 年 12 月 15 日，销售华东分公司首届“最强操作手”竞赛决赛现场技能比武

【创新管线运营新模式】 2023 年，销售华东分公司因地制宜，创新开展管线管理。3 月，诸桐管道收归委托浙江石油管理；10 月，淮盐管道站场收归委托江苏石油管理，外管道收归销售华东管理，标志着公司顺利完成管网改革以来诸桐、淮盐支线的全面顺利接管。通过调整管理模式，协调优化诸桐管道和淮盐管道站场委托管理模式，在减少管理交叉界面的同时，每年节约成本 530 万元，实现管道管理创效，获销售企业管道管理年度红旗。

（刘　娜）

【持续推进数智化转型】 2023 年，销售华东分公司聚焦主营业务，成功上线运行智能化油库系统、“双防”系统和人员安全行为识别分析系统，发扬首创精神，在大区公司率先开展核心业务平台 ERP 及分析报表系统功能提升项目，成功研发 RPA 流程机器人，全面提升生产经营管理的自动化、集约化和数智化水平，公司营运更加智慧、高效，获评集团公司信息化水平评价 A 级企业。

（刘　娜）

【党建工作】 2023 年，销售华东分公司党委加强顶层设计，制定落实党建工作“1441”具体安排，以强烈的政治担当和高度的政治自觉，积极学习贯彻党的二十大精神、习近平总书记视察胜利油田及九江石化重要指示精神，扎实推进学习贯彻习近平新时代中国特色社会主义思想主题教育，构建“学研干改立”五字统筹推进机制，立足“五学联动”结合实际开展调查研究，认真落实检视整改，聚焦经营创效、聚焦转型发展、聚焦基层减负破解难题，办了一批公司发展所需、改革所急、群众所盼的难事实事好事，年度“我为群众办实事”36 个重点完成率 100%，在实干实践中将学习成果更好地转化为推动公司高质量发展的务实举措和动力。

（刘　娜）

2023 年 5 月 17 日，销售华东分公司参观中共一大会址和一大纪念馆

【打响建强华东品牌】 2023 年，销售华东分公司着力打造“小而精、小而特、小而美”的企业形象，“稳、进、立、破”并举推动各项工作百花齐放，在销售企业“比学赶帮超”工作中取得亮眼成绩，斩获 4 面年度红旗；奏响融合互促“协奏曲”，成立“支委 + 团队 + 项目”22 个，开展党建共建 22 次，通过支部联建、项目联推、难点联克、技术联研、企地联动等形式，加强资源共享、联手规划、互相借力，与嘉兴南湖革命纪念馆签署党性教育基地共建协议，成立浙北首家“成品油船舶安全监管实训基地”，“氢港红链”入选国家级“年度百佳园区党建品牌案例”，“两个作用”发挥更加显著，品牌建设初见成效。

（刘　娜）

2023 年 7 月 20 日，销售华东分公司、南湖革命纪念馆党性教育基地举行共建签约揭牌仪式

【着力锻造高素质干部人才队伍】 2023 年，销售华东分公司坚持正确的选人用人导向，修订完善领导人员选拔任用、能上能下、中层领导人员考核评价、专家管理等制度办法，让有为者有位、能干者上、优秀者优先，进一步激发了干事创业的激情。深入分析研判队伍建设情况，突出复合能力培养，通过全方位开展针对性专题研讨培训、华东大讲堂、专业培训等 181 班次 777 人次，进一步增强干部员工推动高质量发展本领、服务群众本领、防范化解风险本领；建立各级后备干部培养计划和个性化培养措施，加快优秀年轻骨干成长成才。

（刘　娜）

【持续提升“大监督”体系】 2023 年，销售华东分公司坚持把“大监督”融入全面从严管党、依法合规治企的各项工作。强化“一盘棋”理念，有效整合各部门合力，以“嵌入式”督促检查架构立体式“大监督”格局；强化“项目化”运行，按照项目模式有效推进“7+1”年度大监督计划，全方位统筹监督工作的实施、监督信息的共享、问题整改的跟进；强化“规范化”管理，修订完善制度，持续推动闭环工作机制，为公司高质量发展清除障碍、保驾护航。

（刘　娜）

【纵深推进企业文化建设】 2023 年，销售华东分公司探索推进企业文化顶层设计，制订公司企业文化建设方案，印发企业文化管理实施细则，开展上海市文明单位复评，聚焦中国石化成立 40 周年，举办“自信自强”为主题的“道德讲堂”、企业故事会等系列活动，引导干部员工见贤思齐、求真务实，凝聚新时期干事创业的精神力量。进一步加强宣传思想工作，在总部各大媒体发布报道 63 篇、增长 103.20%；扩大宣传阵地，创建公司官微视频号，发布微视频 10 期。策划公司保障能源供应、助力长三角一体化发展系列报道，在中国新闻网等 6 家外部媒体刊载，进一步彰显企业形象。

（刘　娜）

表 1　销售华东分公司主要经营指标

指标名称＼年份	2023	2022	2021	2020	2019	2018
成品油资源收购量 / 万吨	4 518.29	3 758.63	4 123.63	3 582.03	3 702.27	3 644.93
省市供应量 / 万吨	3 175.46	2 870.26	2 994.79	3 039.45	3 062.20	3 035.30
销售收入 / 亿元	3 829.19	3 008.17	2 565.26	1 852.71	2 355.25	2 408.77
利润 / 亿元	6.72	1.51	7.62	30.13	28.63	23.51

销售华中分公司

【概况】 中国石化销售股份有限公司华中分公司（简称销售华中分公司）成立于 1949 年，时称华中石油公司，坐落于湖北省武汉市。1985 年 1 月 1 日划归中国石油化工总公司，改名为中国石化销售公司中南公司；1988 年，中国石油化工集团公司成立后，更名为中国石化销售中南公司；1999 年 4 月，与湖北省石油公司实行资产重组；2006 年 10 月，所辖油品供应区域调整，更名为中国石化销售有限公司华中分公司。2019 年 3 月 29 日更名为中国石化销售股份有限公司华中分公司。

销售华中分公司主要履行“资源统筹、区域物流、运行调度、成本控制”四个中心职能，同时负责辖区内荆门、武汉、安庆、九江和长岭分公司的成品油收购，负责湖北、湖南、安徽、江西、四川、重庆的成品油供应，负责对华中、华东、华南、华北等地区的成品油跨区调拨，担负对部队、铁路、民航等专项用户的成品油供应工作。公司在营 3 条管道、5 座油库，库容 98.8 万立方米。公司下设 8 个机关处室、2 个输油管理处、1 个岳阳分公司、5 个驻厂办事处，共有员工 412 名。下设党总支 2 个、党支部 10 个，党员共计 163 人。

销售华中分公司主要经营指标见表 1。

（朱聪聪）

【领导班子调整】 2023 年 6 月 7 日，集团公司发文，任命陈井军为中共中国石化销售股份有限公司华中分公司委员会副书记（兼），聘任其为中国石化销售股份有限公司华中分公司总经理。

2023 年 9 月 15 日，集团公司下文，解聘张洪奎的中国石化销售股份有限公司华中分公司代表、党委书记职务，办理退休手续；免去张洪奎的中共中国石化销售股份有限公司华中分公司委员会书记、委员职务。

2023 年 9 月 7 日，集团公司发文，任命向浩萍为中共中国石化销售股份有限公司华中分公司委员会书记，委派其为中国石化销售股份有限公司华中分公司代表。

（朱聪聪）

【经营指标完成良好】 销售华中分公司克服国际油价宽幅震荡、新能源加速替代的外部挑战和生产经营攻坚创效、国企深化改革提升的内部压力，实现成品油销售量 2988 万吨，增长 26%，销售收入 2271 亿元、增长 17%，统采衔接资源 413 万吨、增长 90%，三项指标均创历史之最。实现当期利润 2.95 亿元，上缴税金 5.38 亿元，荣获集团公司安全生产先进单位，连续六年获得集团公司网络安全水平 A 级评价，获销售公司 2023 年 HSE 综合管理先进红旗、大区统采进步红旗、物流优化进步红旗，长岭油库作业一部荣获“中国石化工人先锋号”称号。

（朱聪聪）

【资源统筹能力持续加强】 加强市场预判，发挥一体化优势，强化产销协同，配置计划完成率 100%。发挥集统采优势，理顺需求提报机制，优化结算模式，及时向省市输送优质优价资源，统采量在 2022 年增长 7 倍的基础上，再次实现翻番。销售华中分公司发挥大区储备库潜力，油库周转率提高 12%。新增仓储 13.5 万立方米，在岳阳、九江地区构建三库联动新格局，提升资源运作保障能力。新增水路运输发运能力 100 万吨/年，用好国储油库储运设施灵活中转资源，江海联动、水陆枢纽能力显著提升。

（朱聪聪）

【安全基础得到持续夯实】 2023 年，销售华中分公司全面推进 HSE 体系建设，班子带头践行有感领导，全员落实安全岗位责任，形成了齐抓共管的良好局面，开展重大隐患排查整治行动以及燃气、消防、用电等专项隐患排查，完成大庄油库埋地管道可视化改造等 9 个隐患治理项目。承办集团公司大型成品油库突发火灾爆炸事故应急演练，有效提升区域联防单位的协同作战和应急保障能力。

（朱聪聪）

销售华中分公司承办集团公司大型成品油库突发火灾爆炸事故应急演练

【绿色低碳发展得到深化】 利用闲置土地发挥绿色经济效益，销售华中分公司九江油库完成 2.48MWP 的分布式光伏发电项目建设并投入运营，建成华中地区首个油库兆瓦级绿电项目，成为江西省首座“碳中和”油库。

（朱聪聪）

销售华中分公司九江油库光伏发电基地

【生产运行管理得到规范细化】 抓实“一书两卡”执行，落实“标准化交接班”要求，强化工艺报警和异常事件管理，加强“三大纪律”视频督查，开展公路发油作业专项治理和常态化调度备控切换演练，优化武汉、九江油库管线工艺，有效管控运行风险，完成九江码头上岸流速提升改造，上岸能力提高近 60%。

（朱聪聪）

【改革创新管理不断提升】 启动新一轮国企改革深化提升行动，制定 24 项改革任务，按期完成公司中层领导人员任期制和契约化改革，全面落实“一协议、两书”，历时近 3 年，圆满完成与国家管网资产的二次交易。对标世界一流价值创造行动有序推进，全年重点任务完成率 100%。

（朱聪聪）

【科技创新持续发力】 有序推进科技工作，以技术革新赋能信息化、数智化，公司获集团公司级科技项目 2 项、销售公司级科技项目 1 项，完成 6 件专利申请，专利数量排名销售企业第四，销售华中分公司青年创新工作室获湖北省青年创新工作室大赛三等奖。作为销售企业唯一一家单位完成北斗应用示范项目建设。完成长江成品油运价指数研究及预测模型搭建，开展成品油船舶装卸油监测预警研究。

（朱聪聪）

【投资建设有序实施】 按照“机关指导、基层主导”的管理思路，理顺项目管理工作机制，做好投资项目过程管控，2023 年全年完成投资约 4495 万元，完成率 100%。

（朱聪聪）

【扎实推动人才队伍建设】 2023 年，销售华中分公司开展干部人才盘点，出台公司《百人工程建设实施方案》，推进干部人才队伍赋能成长。健全人才工作机制，优化培训工作安排，举办各类培训班 63 个，有针对性补齐员工能力短板，年内 4 人取得中级注册安全工程师资格，11 名操作人员取得消防资格证。

（朱聪聪）

【从严从实推进党的建设】 2023 年，销售华中分公司胜利召开党员大会，完成党委和纪委换届工作，制订“12345”党建工作目标，凝心聚力，全面提升党建的引领力保障力。广泛开展党员责任区、示范岗创建，充分发挥党员在应急演练、隐患治理等急难险重任务中的先锋模范作用。

（朱聪聪）

【积极履行中央企业社会责任】 销售华中分公司始终牢记中央企业社会责任，持续做好乡村振兴，结对帮扶永河小学，捐赠专款助力“永河皮子”项目提档升级。乡村振兴工作连续 5 年获湖北省考核第一档“好”。

（朱聪聪）

表 1 销售华中分公司主要经营指标

指标名称 \ 年份	2023	2022	2021	2020	2019	2018
资产总额 / 亿元	99.75	79.66	82.41	89.66	128.79	129.00
成品油销售量 / 万吨	2 988.00	2 355.82	2 333.00	2 266.00	2 545.00	2 530.15
销售收入 / 亿元	2 271.00	1 927.98	1 488.00	1 180.00	1 606.00	1 695.62
利润 / 亿元	2.95	3.04	3.83	12.04	9.00	32.60
税金 / 亿元	5.38	4.01	5.04	5.59	10.81	14.34
吨油费用 / 元	71.50	84.33	89.28	72.28	56.23	59.24

销售华南分公司

【概况】 中国石化销售股份有限公司华南分公司（简称销售华南分公司）本部位于广东省广州市天河区体育西路 191 号中石化大厦，其前身是成立于 2000 年的中国石化销售西南分公司，2005 年与中国石化西南成品油管道项目部和珠三角成品油管道项目部合并重组。2006 年 11 月 24 日，在广州注册成立销售华南分公司，自 2007 年 1 月 1 日起正式运作，为国有大一型企业。

2020 年 10 月 1 日起，为配合国家石油天然气管网体制机制改革，公司 6072 千米成品油管道及其相关人员整体划转至国家管网华南公司，公司由管道运行与经营管理并重转变为以经营管理为主的企业。管网改革后，公司紧紧围绕“保障产销、服务经营”主线，高质量打造“资源统筹中心、区域物流中心、运行调度中心和成本控制中心”，探索构建成品油物流新发展格局，设有7个职能部门、3个区域中心（分别位于北海、茂名和湛江，总库容93万立方米）。截至2023年底，有在册员工198人，平均年龄37.1岁，大专以上学历占比96.5%。

公司主要负责中国石化华南区域广州分公司、茂名分公司、海南炼化、北海炼化和中科炼化（含湛江东兴公司）5家炼化企业的成品油出厂；负责中国石化在广东、广西、贵州、云南、海南五省（区）的成品油资源供应和物流优化，以及中国石化在四川、重庆、湖南、江西等省（市）部分地区的成品油资源供应。

销售华南分公司主要经营指标见表1。

（杨　畅）

【坚定打稳能源保供创效重任】 2023年，销售华南分公司积极发挥服务产销桥梁纽带作用，有效应对疫情转段后省市经营增量、炼厂集中检修和管网大面积长时间停输等复杂局面，全年成品油经营总量3844万吨，再创历史最高水平。①一体化统筹配置、互供、集统采、储备库及区外调入资源，供辖区省市汽柴油3211万吨，增长5.5%，有力保障重大节假日市场稳定供应。②实施海铁联运强链工程，增加川渝应急保供通道，提升沿海资源内送效率，西南港口水运上岸增长95%，华南铁路发运增长30%，顺利完成保供使命。③主动深化合作共赢，推动高运价地区资源就近供应，新增8条跨省配送通道。奋力推进“庆祝40周年，百日攻坚创效”专项行动，全年物流优化成效增长16.9%；辖区内一次配置吨油费用实现三连降，平均降幅3.5%。④落实集统采转型要求，打通跨区调拨流程，统筹采购渠道，优化采购节奏，降低采购成本，全年外采资源379万吨，增长36%，配置与外采串换优化创效增长35%。获评销售公司大区统采年度先进红旗、“优化模型遴选暨物流优化竞赛”金牌企业。

（杨　畅）

【全力夯实安全生产根基】 销售华南分公司扎实推进“安全管理强化年”行动，狠抓施工和“两商”安全管理，推动“智能化”油库和“双防”平台高质量运行，公司安全生产保持平稳。制定安全生产责任和工作任务“两个清单”133份，编制发布设备完整性管理手册、可靠性评估标准和检维修工法，推行基层安全管理网格化，制定“一书两卡”“5+4”施工作业许可工作法，落实“安全教育5分钟”和“3+1”日常检查机制。完成埋地管线改造、7台储罐大修和浮盘密封更换以及油库控制系统国产化改造，不断提升设备本质安全；积极推进信息化和信创工作，完成SCADA迭代升级、SIS系统扩容改造，持续深化应用设备管理系统和HSE管控平台。连续获评集团公司网络安全水平A档企业。

（郭晟南）

【持续巩固绿色健康成果】 销售华南分公司持续推进绿色企业建设，实现环保事件为零的目标。完成挥发性有机物专项提升治理，废水、废气排放达标率和危废合规处置率保持100%，绿色基层单位创建完成率100%。利用闲置土地，高效建成销售企业最大的光伏发电项目，于2月底投用，全年累计发电1281万千瓦·时，减少碳排放1574吨，发电量高出设计值9.77个百分点。开展全员个人急救知识培训和现场个人救护应急演练，实现岗前、在岗和离岗职业健康体检率100%，为公司机关及基层油库配备AED自动体外除颤仪。成为集团首家满足“碳中和”条件的企业，连续获评集团公司绿色企业A档、销售公司环保节能年度先进红旗。

（郭晟南）

销售华南分公司北海油库光伏发电项目

【大力推进科技创新工作】 销售华南分公司聚焦绿氢发展和储罐安全管控，在集团公司、销售公司新立项科技开发项目4项，全年申请专利11项。“具有紧急切断功能的新型罐根切断阀研制”项目通过集团公司成果鉴定，获专家组“国内领先，国际先进”评价。连续获评销售公司科技创新年度先进红旗。

（杨 畅）

【持续提升企业管理水平】 销售华南分公司全面启动对标一流企业价值创造行动和改革深化提升行动，全面完成加强“三基”工作78项任务。动态完善党委“两个清单”“三重一大”清单与内控权限指引，党的领导制度优势持续转化为治理效能。完成中层领导及以上人员任期制和契约化改革，用好岗位评估和绩效考核机制，加大“能下”“能出”“能减”刚性执行力度，“三项制度”改革在集团公司考评中获评A级。开展虚假贸易专项整治行动，常态化开展合规性评价，建立领导干部应知应会党规国法清单。

（杨 畅）

【高质量推进主题教育】 销售华南分公司紧跟集团公司党组步伐，第一时间启动学习贯彻习近平新时代中国特色社会主义思想主题教育，构建“1+3+5”读书模式，全面加强理论武装。按期召开专题民主生活会，推动23项检视问题整改和1个专项整治销号。深入开展正反面典型剖析，公司反面典型案例在集团公司主题教育研讨会上通报表扬，正面典型案例在石化新闻联播进行展播。领导班子成员分别带队前往四川石油、北海炼化等区内区外公司，3个区域中心等施工现场开展调查研究，紧扣扩大经营量、提高储运效能、绿色低碳发展等企业改革发展中心工作，形成9个课题研究成果。

（杨 畅）

【高标准推进人才强企战略】 销售华南分公司加快打造精干高效干部人才队伍，选优配强10名中基层领导干部，35岁及以下青年干部占比50%。开展湘江战役纪念馆党的二十大精神培训班、“三个务必”大讨论、主题教育读书班，持续提高党员干部的政治三力。建立“521”毕业生培养体系，签订5年“师带徒”协议，指定2名授业导师和1名陪伴导师，抓好年轻干部培养。开展“安全生产培训季”“最强油库操作”和油库全员安全技能比武，着力提升基层技能操作水平。

（杨 畅）

【高水准强化基层党建创新拓展】 销售华南分公司提炼“341”党建工作体系、“425”党委年度奋斗目标和“1+4”企业文化，持之以恒厚植文化基因。实施党支部“七抓”工程，持续推动公司党委级、党支部层级党建共建，发展党员4名，转正8名，全面实施党员责任区行动，党旗高高飘扬在攻坚创效、隐患治理、风涝抗险等主战场上。开展庆祝中国石化成立40周年系列活动，坚持人人讲好华南故事，《爱“管闲事”的人》入选中国石化奋进新征程，建功新时代优秀百篇，新华社等权威媒体上稿率提高42%，人均外宣上稿数0.61篇，位列销售企业前茅，意识形态持续向上向好。开展专项保廉工作，细化“四学六做七看”保廉措施。对标对表中央巡视党组反馈问题整改，所属区域中心全面接受销售公司党委巡察政治体检，推动反馈问题整改走深走实。

（杨 畅）

销售华南分公司基层党支部开展党建共建

【高站位助力帮扶振兴】 销售华南分公司积极履行央企社会责任。①6月，经集团公司党组批准，确定结对帮扶湖南泸溪县达岚镇中心完全小学。11月30日，分公司代表、党委书记刘胜率队赴达岚镇石化小学开展调研并为学校揭牌，谋划推动以名校领航、名师领教、名匠领学的“三领工程”，捐赠40余万资金。②积极投身广东省“百县千镇万村高质量发展工程”建设，11月选派1名中层干部纵向帮扶韶关市始兴县，助力广东省城乡区域高质量发展。③推动广东省茂名市鳌头镇潮利村撂荒土地复耕复种 211 亩（0.14 平方千米），打造鳌头丝苗香米品牌，镇村面貌焕然一新。

（杨 畅）

【高效能推进“我为群众办实事”】 销售华南分公司坚持为群众办实事，“基层组织提，机关主动为”收集制定的 39 条帮扶措施全部完成。坚持周四“基层无会日”制度，公司级会议数量与去年基本持平。打好“减合延融”组合拳，开展清单报表台账专项整治和“两高一低”作业方式优化。出台“五位一体”健康健身方案，引领员工争做“石化健康达人”。“我为群众办实事”测评满意度达 100%。

（杨 畅）

表 1 销售华南分公司主要经营指标

指标名称 \ 年份	2023	2022	2021	2020	2019	2018
成品油销售总量 / 万吨	3 844.29	3 550.61	3 503.34	3 083.06	3 018.23	3 088.68
销售收入 / 亿元	2 935.07	2 895.21	2 262.81	1 600.38	1 931.44	2 070.17
实现利税 / 亿元	2.11	9.79	4.86	35.29	32.54	42.29
利润 / 亿元	0.53	7.61	0.58	30.36	27.57	32.23

易捷公司

【概况】 中石化易捷销售有限公司（简称易捷公司）位于北京市朝阳区朝阳门吉市口路 9 号，主要经营食品、饮料、烟酒、百货及润滑油等商品批发零售，洗车、换油等汽车服务，场地租赁，电子商务等，是中国石化销售股份有限公司的全资子公司，受委托行使对销售企业易捷服务业务的经营管理职能。易捷公司创立于 2008 年，是中国石化非油品业务的运营主体。2014 年 3 月，中石化易捷销售有限公司揭牌成立，标志着中国石化非油品业务向市场化、专业化发展。多年来，易捷公司坚持“实体服务 + 平台增值”发展思路，致力于打造“美好生活服务商”，为消费者提供优质产品、贴心服务。

截至 2023 年底，易捷公司下设 11 家合资公司，分别为贵州赖茅酒业有限公司、西藏高原天然水有限公司、四川石化雅诗纸业有限公司、吉林省林海雪原饮品有限公司、长白天泉（北京）营销有限公司、中石化易捷宝利德投资发展有限公司、天水长城果汁集团有限公司、西藏宝元圣贸易有限公司、易捷咖啡（北京）有限公司、泸州三人炫酒业有限公司、恬梦饮品（上海）股份有限公司。

易捷公司便利店总数见表 1。

（曾钰婷）

【领导班子调整】 2023 年 7 月 17 日，聘任黄俊华为副总裁。截至 2023 年底，易捷公司领导班子由叶慧青、陈旭华、毛迪、曾涛、于波、袁海东、李宏、刘妍、黄俊华组成。

（曾钰婷）

【经营量效继续保持高质量发展】 2023 年，易捷公司聚焦主责主业，打造核心能力，优化全域营销，丰富多元业态，增强消费黏性，落实新发展理念，推动企业转型升级，构建“人·车·生活”高价值生态圈，打造现代化服务平台，奋力谱写易捷服务高质量发展新篇章。

（曾钰婷）

【易捷商城上线“特色中国”专区】 2023 年 3 月 1 日，“特色中国”专区在易捷商城上线，9 月 8 日第六届“易享节”启动仪式正式对外发布。易捷商城是一款满足消费者到家、到站、到车一站式购物需求的全国统一线上平台，“特色中国”全面整合易捷全国性采购资源，充分发挥省市公司优势挖掘地方特色商品，为消费者提供一站式购买全国地标特产好物的便捷服务，易捷公司联合省市公司全年统筹打造10场“特色中国”IP主题活动，助力地方农业发展，提升易捷品牌影响力。

（曾钰婷）

【获评“双百”标杆企业】 2023年4月28日，国务院国资委公布中央企业所属“双百企业”“科改示范企业”2022年度改革专项考核结果，易捷公司获评标杆企业。易捷公司自2018年入选国务院国资委“双百行动”改革试点单位以来，以市场化、专业化为改革导向，深入推进体制机制综合改革，做实“三能”机制，“一岗一策”建立全员绩效管理机制，刚性考核、刚性兑现，打造市场化、职业化、专业化队伍，易捷公司管理能力快速提升，活力效力全面激发。

（曾钰婷）

【易捷品牌价值首次突破200亿元】 2023年5月11日，由中国品牌建设促进会联合新华网、中国资产评估协会等单位举办的2023中国品牌价值评价信息发布。中国石化易捷品牌价值达206.97亿元，继续领跑中国零售业品牌榜。易捷品牌自2008年创建以来，致力于打造“美好生活服务者”，通过提升产品服务质量、培育孵化自有品牌、拓展多元服务业态、促进营销运营创新、积极服务国家战略等，大力提升品牌建设水平，品牌价值从2018年的25.69亿元到2023年的206.97亿元，实现快速增值，成为中国石化价值最高的子品牌。

（曾钰婷）

【自有品牌走出国门】 2023年7月5日，易捷·卓玛泉出口中东产品首发仪式在天津港举行，2250箱卓玛泉起航运往科威特，标志着中国石化易捷自有品牌水正式进军中东市场。易捷公司根据不同消费场景的差异化需求，精心培育自有品牌，孵化出卓玛泉、长白山天泉、鸥露纸、赖茅酒、三人炫酒、劲淳能量饮、海龙燃油宝等一批品质优、反响好的产品品牌，并形成以食品、酒水为主的“易甄选”系列，以粮油为主的“易家香”系列，以日化、百货为主的“易享家”系列的自有品牌建设思路。11月30日，易捷公司5项自有品牌产品获第七届全球自有品牌产品亚洲展金星奖。

（曾钰婷）

【第六届“易享节”再创销售佳绩】 2023年9月8日，易捷公司在江苏南京启动第六届“易享节”。“易享节”是易捷公司在2018年首创的全国性购物节，每年9月1日至10月31日，推出丰富的优惠活动，在全国“百城万店”掀起购物热潮，其中十月店庆日“加一元多一件”大促成为知名IP。经过6年的发展，“易享节”影响力持续提升、规模不断扩大、内容更趋多元，发展为国内备受瞩目的购物节。

（曾钰婷）

第六届“易享节”火爆购物现场

【推出“微光计划公益平台”】 2023年9月8日，易捷微光计划活动亮相南京“易享节”启动仪式，正式上线“易捷微光公益平台”，在全国发起“寻找百名优秀乡村教师走出大山看亚运”活动，开展2000+家门店“集光行动”，组织160名优秀乡村教师走出大山参与公益研修活动，共享亚运盛会。首创“集光行动”筹募百万公益金，将品牌、渠道、供应链与公益深度融合，全系统首次搭建人人可参与的“微光计划公益平台”，让微光计划成为人人公益、指尖公益、随手公益。微光计划获评2023年度十大华夏公益项目。

（曾钰婷）

【便利店“走出去”】 2023年，易捷公司采取自有商品进驻、门店进驻、联合开发、平台推广等方式不断探索尝试在外部市场开店，扩大门店规模，培育市场化竞争能力。9月28日，全国首座易捷校园综合服务体正式营业，该综合服务体建在长江大学（荆州）东校区，一期建设易捷便利店、易捷咖啡、石化易电充电桩等业态，为校园师生提供易捷综合服务全新体验。

（曾钰婷）

易捷校园店

【“易捷养车”门店数量位列汽车后市场维修保养行业第一】 2023 年 10 月 9 日，中国连锁经营协会发布“2022 年中国汽车后市场连锁企业 TOP50 榜单”，“易捷养车”在汽车后市场维修保养行业门店数量中位列第一。“易捷养车”是易捷公司旗下的汽车服务品牌，是中国最大的自营洗车平台。截至 2023 年底，易捷养车建成汽服网点 9500 个，“易捷养”车平台服务用户超 3000 万人次，年洗车 1.5 亿台次。

（曾钰婷）

“易捷养车”洗车服务

【易捷国际知名品牌餐饮合作项目网点突破百座】 2023 年 11 月 28 日，中国石化湖南湘西吉首中心加能站肯德基加盟项目正式投营，标志着包括肯德基、麦当劳、汉堡王、赛百味等在内的中国石化易捷国际知名品牌餐饮项目突破 100 座，易捷多元化餐饮服务水平再上新台阶。

（曾钰婷）

易捷国际知名品牌餐饮合作项目

【龙年春晚系列文创产品在易捷渠道首发销售】 2023 年 12 月 6 日，“龙行龘龘 欣欣家国”2024 年中央广播电视总台龙年春晚吉祥物暨系列总台文创新品发布仪式在京举行，正式宣布中石化易捷销售有限公司作为总台文创龙年春晚吉祥物龙辰辰文创衍生品唯一首发销售渠道。

（曾钰婷）

龙年春晚系列文创产品在易捷渠道首发销售

表 1 易捷公司便利店总数

指标名称＼年份	2023	2022	2021	2020	2019	2018
便利店总数 / 座	28 633	28 606	27 950	27 672	27 606	27 259

石油化工科学研究院

【概况】 中石化石油化工科学研究院有限公司（简称石油化工科学研究院）位于北京市海淀区，创建于1956年7月，1983年整体划归原中国石油化工总公司，是中国石化直属综合性科学技术研究开发机构。研发领域以石油炼制技术开发为主，注重油化结合，兼顾相关石油化工技术研发，并有重点地向新型替代燃料和新能源领域延伸，涵盖炼油、石油产品、化工、材料、新能源、环保、智能化、资源循环利用等方面。

石油化工科学研究院设有18个研究部门、11个管理服务部门、5个支撑服务部门，2个院属公司。职工总数1203人，各类专业技术人员1030人。其中，中国科学院、中国工程院院士4人，享受国务院政府特殊津贴专家11人，“百千万人才工程”国家级人选4人，中国石化首席科学家1人、首席专家2人、高级专家8人。

石油化工科学研究院有炼油工艺与催化剂国家工程研究中心、石油化工催化材料与反应工程国家重点实验室、国家能源石油炼制技术研发（实验）中心、工业产品质量控制和技术评价实验室，5个中国石化重点实验室，是国家石油产品质量检验检测中心、全国石油产品和润滑剂标准化技术委员会秘书处、中国石油学会石油炼制分会和中国化工学会烃资源评价加工与利用专业委员会的挂靠单位。编辑出版《石油学报（石油加工）》《石油炼制与化工》和《China Petroleum Processing and Petrochemical Technology》3个科技期刊。设研究生部和博士后流动站，有化学工艺、应用化学专业博士学位授权点以及化学工程、化学工艺、应用化学和工业催化专业硕士学位授予点。

截至2023年底，石油化工科学研究院共获国家级奖励134项、省部级及以上奖励的科技成果1065项。其中，国家最高科学技术奖1项、国家技术发明奖一等奖2项、国家科技进步奖特等奖2项、国家科技进步奖一等奖8项。累计申请国内专利12102件，获授权8963件；申请国外专利1996件，获授权1182件；获中国国家知识产权局和世界知识产权组织联合颁发的中国专利金奖9项、银奖1项、优秀奖21项。

2023年，石油化工科学研究院获日内瓦国际发明展最高奖项特别嘉许金奖1项，北京市科技进步奖一等奖1项，中国石化科技奖励6项，中国石油和化学工业联合会科技奖励6项，中国化工学会科技奖励4项，中国环境保护产业协会环境技术进步奖一等奖1项。通过技术鉴定8项、评议7项。申请中国专利777件，获授权812件；申请涉外专利194件，获授权117件。

石油化工科学研究院2023年度主要科研成果获奖情况及专利申请与获授权情况分别见表1和表2。

（杜诗画）

【一种脱硫催化剂、其制造方法及其应用获日内瓦国际发明展特别嘉许金奖】 该发明开发的S Zorb脱硫催化剂具有原料适应强、产品组成可调节、辛烷值损失小、活性稳定性高等特点，以该发明为技术核心的S Zorb吸附脱硫技术可以超深度脱除汽油中硫化物以生产清洁汽油，并具有较高的辛烷值保留率和液体产率，该方法氢耗少、能耗低、环境友好。

（杜诗画）

【新一代己内酰胺绿色生产成套技术入选中关村论坛重大科技成果】 该技术历经30年研发，实现新反应途径、新催化材料和新反应工程的集成创新，打破国外技术垄断，使中国成为世界第一己内酰胺生产大国。2023年5月，该技术入选中关村论坛“面向经济主战场”重大科技成果。12月，助力湖南石化己内酰胺产业链搬迁与升级转型发展项目全线贯通建成投产。

（杜诗画）

【重油高效催化裂解技术顺利投产】 2023年6月，采用石油化工科学研究院自主研发重油高效催化裂解（RTC）技术的国内最大规模催化裂解装置顺利投产，标志着中国石化完全掌握大型化快速流化床催化裂解工程技术。RTC 技术有效填补中国利用劣质重油生产丙烯、乙烯的空白，为炼化企业转型升级提供坚实技术支撑。8 月，该技术入选工信部《石化化工行业鼓励推广应用的技术和产品目录（第二批）》。

（杜诗画）

【全国首座分布式甲醇制氢加氢、氨分解制氢加氢一体站投用】 2023 年 2 月，中国首个甲醇制氢加氢一体站正式投用，该站采用石油化工科学研究院自主研发的分布式甲醇制氢系统及配套催化剂，装置占地面积小，系统制氢效率、自动化、智能化水平达到全国领先水平。12 月，中国首座商业化分布式氨分解制氢加氢一体站建成投产，该站采用石油化工科学研究院牵头研发的分布式氨制氢成套技术，制氢效率达到国内领先水平，大幅降低站内用氢成本。

（杜诗画）

【石油化工分子转化与反应工程全国重点实验室完成重组】 该实验室由石油化工科学研究院和华东师范大学共同组建，布局分子水平炼油、原子经济化工和绿色低碳能源等重点研究方向，以石油化工分子转化为核心，开展催化材料设计与合成、绿色化学与工程、绿色分离工程和绿色过程系统集成的应用基础研究，为构建中国独特的高效低碳绿色石油化工分子转化和绿色低碳能源体系提供科技支撑。

（杜诗画）

【牵头成立中国石油学会碳中和专业委员会】 2023 年 4 月，由石油化工科学研究院牵头发起的中国石油学会碳中和专业委员会正式成立。该专委会围绕石油石化行业绿色低碳高质量发展需求，打造石油石化“双碳”服务平台，开展行业碳足迹研究、碳达峰碳中和路径研究、碳减排诊断、低碳技术开发与应用、“双碳”知识普及与宣传等工作，为行业低碳发展提供政策建议、标准支撑、人才培养、数据支持及低碳技术等。

（杜诗画）

【废塑料化学循环利用产业技术创新中心正式启动】 该中心依托中国石油和化学工业联合会，由石油化工科学研究院牵头、10 余家单位联合发起，旨在推动有机废弃物化学循环技术的基础研究、应用基础研究及产业化研究，聚焦废弃塑料化学循环、循环经济及碳排放领域，联合产业链上下游单位协同创新，打造适用于不同塑料种类的废塑料资源化利用技术研发平台，开发废塑料定向高值转化技术。

（杜诗画）

【率先完成 ISO 56005 国际标准实施试点工作】 2023 年 4 月，中国石化作为国家知识产权局遴选的全国 3 家首批试点单位之一，率先完成 ISO 56005 的创新与知识产权管理能力评级，评级结果为“系统级（Ⅳ级）”，系迄今国内最高评价。试点工作由石油化工科学研究院具体实施。

（杜诗画）

【全面深化改革强化管理】 2023 年，石油化工科学研究院将一体化体系建设作为管理提效的重要抓手，全方位探索优化科研工作管理方式，协同推进体制调整、机制完善与管理提升。优化科研组织与管理模式，简化制度流程。深入推进门径管理，建立科研管理数据集成平台。制定出台减负措施，为科研人员减负赋能。

（杜诗画）

【兴普公司入选国家级专精特新“小巨人”企业】 2023 年 8 月，石油化工科学研究院下属北京兴普精细化工技术开发有限公司入选第五批国家级专精特新“小巨人”企业。该公司生产的多种特种润滑油脂和添加剂均为国内独有技术，部分产品填补国内特种润滑油脂领域空白，并通过权威技术鉴定及技术认证，准予使用，在中国航空航天等关键核心行业发挥出重要作用。

（杜诗画）

【中石化石科院（天津）科技发展有限公司正式开工建设】 2023 年 12 月，中石化石科院（天津）科技发展有限公司举行开工仪式。该项目总投资 15.89 亿元，占地面积约 360 亩，总建筑面积约 7

万平方米，计划建设低碳油化一体化、高端碳材料、氢能及电化学、资源循环利用 4 个科研中试平台及特种润滑油脂、石油产品 2 个中试生产基地，预计于 2025 年建成投产。

（杜诗画）

【深入推进创新文化建设】 2023 年，石油化工科学研究院深刻领悟习近平文化思想，组织举办创新文化建设推进会、创新文化故事会，汇编出版《价值引领 厚植创新根基——石科院创新文化系列故事》，为新员工设计“传承科学家精神 与石科院共成长”主题系列课程，组织开展“挖掘精神富矿 传承科学家精神”口述历史、《对话・传承》、新老座谈会、寄语赠书等活动，挖掘传播典型人物生动事迹，让创新文化理念成为全院上下一致的价值追求。

（杜诗画）

【聂红获第三届全国创新争先奖】 聂红长期致力于炼油加氢技术研发，成功主持多个国家重点和中国石化重大项目，带领团队创新开发出重油高效转化、清洁柴油生产等多项具有国际先进水平的技术并实现大规模工业应用，为石油资源高效利用和油品质量持续升级提供有力技术支撑。主持开发的生物航煤生产技术在国内首次工业化并实现国内外航线商业飞行，为中国航空业低碳减排奠定技术基础。

（杜诗画）

表 1　石油化工科学研究院 2023 年度主要科研成果获奖情况

序号	项目名称	奖项名称	获奖等级
1	一种脱硫催化剂、其制造方法及其应用	日内瓦国际发明展	特别嘉许金奖
2	面向国六汽油质量升级的重质油裂化催化剂研发及产业化	北京市科技进步奖	一等奖
3	高性能植物基润滑油关键科学技术的研究与实践	集团公司前瞻性基础性研究科学奖	一等奖
4	RAX-4000 型 PX 吸附剂研发及工业应用	集团公司科技进步奖	一等奖
5	低能耗、低生焦、高烯烃产品的 MFI 分子筛催化剂重油催化裂化技术	中国石油和化学工业联合会技术发明奖	一等奖
6	丙烯双氧水法制环氧丙烷成套技术及产业化	中国石油和化学工业联合会科技进步奖	一等奖
7	基于活性相和反应环境协同调控的高效低碳柴油加氢关键技术及应用	中国石油和化学工业联合会科技进步奖	一等奖
8	绿色高效高性能氧化铝载体材料平台构建与工业应用	中国化工学会科技进步奖	一等奖
9	纳米碳材料的非金属催化基础及在烷烃氧化中的应用	中国化工学会基础研究成果奖	一等奖
10	基于源头治理的催化裂化烟气及二次污染物绿色减排技术	中国环境保护产业协会环境技术进步奖	一等奖

表 2　石油化工科学研究院专利申请与获授权情况　件

年份	国内专利		国外专利	
	申请数	获授权数	申请数	获授权数
2023	777	812	194	117
2022	770	735.5	185	98
2021	733	578	181	78
2020	702	600	121	80
2019	706	532.5	96	56
2018	701	589	90	82

大连石油化工研究院

【概况】 大连石油化工研究院是中石化（大连）石油化工研究院有限公司、中国石油化工股份有限公司大连石油化工研究院、中国石油化工股份有限公司抚顺石油化工研究院的统称，创建于1953年4月，是新中国最早建立的石油研究机构，1983年7月划归新组建的中国石油化工总公司。建院初期位于辽宁省抚顺市望花区。2017年9月，主要研发部分搬迁至辽宁省大连市旅顺口区，启用大连石油化工研究院；加氢中试装置留在抚顺，保留抚顺石油化工研究院。2022年3月，注册成立中石化（大连）石油化工研究院有限公司并启动运行。

经过70年的发展，大连石油化工研究院形成“清洁炼油技术、新兴能源资源、公用技术、石化新材料、人工智能”五大技术领域，下设15个研究室，是石油化工环境污染防治技术国家地方联合工程研究中心、工业废水无害化与资源化国家工程研究中心、国家石蜡质量监督检验中心等28个省部级以上工程研究中心（重点试验室）的依托单位。设有博士后工作站，博士、硕士研究生培养基地。

截至2023年底，大连石油化工研究院正式职工总数732人，具有高级及以上职称人员345人，其中中国工程院院士1人、国家级领军人才10人、享受国务院政府特殊津贴专家7人、中国石化高级专家5人、中国石化突出贡献专家12人。截至2023年底，累计获国家级科技成果奖41项、省部级及以上科技成果奖531项，有中国石化专有技术517项，申请国内外专利10978件，获授权8026件。科研成果应用于俄日韩及中亚等“一带一路”多个国家以及全国30个省（直辖市、自治区）的900余套生产装置，是国内领先、国际知名的优质炼化技术供应商。

大连石油化工研究院2023年度主要科研成果获奖情况和2018—2023年专利申请与获授权情况分别见表1和表2。

（蔡文希）

【获中国石化绿色企业称号】 2023年1月16日，大连石油化工研究院正式获2022年中国石化绿色企业称号。大连石油化工研究院以此作为持续推动绿色发展的新起点，助力集团公司绿色低碳发展达到国际领先水平，建成企业与生态和谐共融、人与自然和谐共生的现代企业典范和生态文明建设标杆。

（蔡文希）

【获第一届“创青春”中国青年碳中和创新创业大赛全国金奖】 2023年1月，在第一届“创青春”中国青年碳中和创新创业大赛中，大连石油化工研究院1个项目进入全国决赛，5个项目斩获奖项，获全国1金、1银，东北赛区1银、2铜的成绩。

（蔡文希）

获奖证书

王蒙、张全、李澜鹏、孙启梅、谢采芸

你（们）的项目《基于碳中和的非粮生物质能源与材料技术》在第一届“创青春”中国青年碳中和创新创业大赛荣获创新组

全国金奖

特颁此证。

“创青春”中国青年碳中和创新创业大赛全国组委会

2022年12月28日

大连石油化工研究院获第一届“创青春”中国青年碳中和创新创业大赛全国金奖

【召开第一届职工代表大会第五次会议】 2023年2月15日，大连石油化工研究院第一届职工代表大会第五次会议召开，院长侯栓弟作题为《深入学习贯彻党的二十大精神 崇尚科学 团结实干 筑牢世界一流发展根基》的报告，党委书记乔凯作题为《深入贯彻党的二十大精神 推进“十四五”高质量发展取得新成效》的总结讲话。

（蔡文希）

第一届职工代表大会第五次会议现场

【9个项目获中国石化科技进步奖】 2023年2月16日，集团公司召开2023年科技进步工作会议。大连石油化工研究院主持或参与的成果获中国石化科技进步奖特等奖1项、一等奖1项、二等奖2项、三等奖5项，烟气脱硝技术创新团队获“中国石化优秀创新团队”。

（蔡文希）

【中国石化计划优化模型软件首次全面应用】 2023年3月，大连石油化工研究院全局资源优化软件（S-GROMS）首次全面应用，协助炼油事业部与30家炼油企业完成二季度生产计划排产对接，该软件具有中国石化自主知识产权，使用顺畅，优化效果良好，为石化行业计划优化软件国产化奠定基础。

（蔡文希）

【中国石化首批新型防水沥青试生产成功】 2023年3月1日，大连石油化工研究院、长岭炼化、炼销公司联合研发的新型防水沥青在长岭炼化港口部试生产成功，填补中国石化高标号防水沥青产品空白，补齐产业链短板，拓宽中国石化沥青应用场景。

（蔡文希）

中国石化首批新型防水沥青生产成功

【召开战略咨询委员会第一届委员会成立大会暨学术报告会】 2023年4月1日，大连石油化工研究院召开战略咨询委员会第一届委员会成立大会暨学术报告会。

（蔡文希）

【自主研发的污油泥清理防爆机器人在燕山石化完成工业试验】 2023年5月8日，大连石油化工研究院自主研发的污油泥清理防爆机器人在燕山石化 1 万立方米石脑油储罐完成工业试验，实现储罐密闭空间内机器人清理油泥作业，填补中国储罐内污油泥清理防爆机器人装备空白。

（蔡文希）

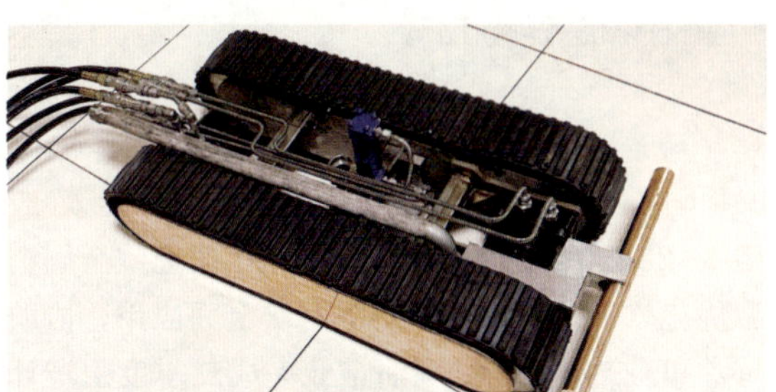

大连石油化工研究院自主研发的污油泥清理防爆机器人

【相变材料应用于天舟六号货运飞船】 2023 年 5 月 10 日，天舟六号货运飞船在海南文昌航天发射场成功发射升空，并与在轨运行的空间站组合体进行交会对接。大连石油化工研究院开发的航天相变材料在该次为空间站运载的试验物资中被采用，用于样品保藏，继 2022 年大连石油化工研究院相变材料用于“问天”实验舱，该产品在中国载人航天领域实现 5 次上天。

（蔡文希）

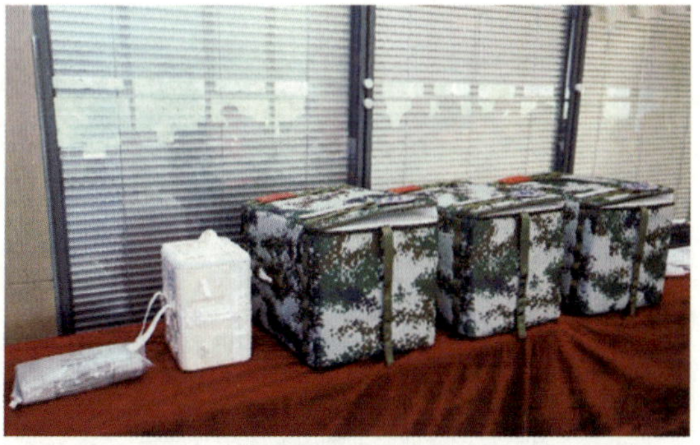

大连石油化工研究院开发的航天相变材料应用于天舟六号货运飞船

【参与攻关成果获评中央企业科技创新产品】 2023 年 5 月 20 日，国务院国资委发布《中央企业科技创新成果产品手册（2022 年版）》，其中，大连石油化工研究院参与的“加氢裂化 - 异构脱蜡生产高档润滑油基础油成套技术及产品”入选先进工艺领域科技创新成果。

（蔡文希）

【牵头的国家重点研发计划项目鉴定为国际先进水平】 2023 年 5 月 23 日，由大连石油化工研究院牵头、系统内外 20 余家单位参与实施的国家重点研发计划项目“长江经济带石化类场地污染治理技术研究与集成示范”通过集团公司科技部组织的鉴定，项目首次实现国内大型在产石化污染场地边生产、边管控、边修复，专家组认为整体技术达到国际领先水平。11 月 30 日，该项目通过国家科技部组织的项目综合绩效评价。

（蔡文希）

【牵头制定的行业标准 SY/T 7684 获批发布】 2023 年 6 月 19 日，大连石油化工研究院牵头制定的行业标准 SY/T 7684—2023《大型立式圆筒形钢制焊接储罐检测技术规范》予以发布，于 2023 年 11 月 26 日正式实施。

（蔡文希）

【3 人获第五届“闵恩泽能源化工奖”】 2023 年 6 月 30 日，由“闵恩泽能源化工奖”奖励基金会主办、大连石油化工研究院承办的第五届“闵恩泽能源化工奖”颁奖典礼暨学术交流会在大连举行。院士专家 100 余人参加交流，大连石油化工研究院党委书记乔凯等 3 人获第五届“闵恩泽能源化工奖”。

（蔡文希）

【“燃料电池车用氢气纯化及供应技术”项目通过集团公司技术鉴定】 2023 年 7 月 12 日，大连石油化工研究院首次作为组长单位承担的中国石化“十条龙”科技攻关项目“燃料电池车用氢气纯化及供应技术”通过集团公司技术鉴定。

（蔡文希）

【2023 年中国石化炼油加氢技术交流会召开】 2023 年 7 月 27—28 日，由炼油事业部主办，大连石油化工研究院和催化剂公司共同承办的“2023 年中国石化炼油加氢技术交流会”在石家庄召开。大会以“‘双碳’背景下，推进产品结构调整，临氢装置安全稳定运行”为主题，来自中国石化炼油企业、工程公司、研究院共 35 家单位近 120 位专家分享科研成果，开展技术交流和问题研讨，共谋未来前景，

为炼油企业转型发展、结构调整、提质增效，实现高质量发展发挥积极作用。

（蔡文希）

【入选中国石化第三批红色教育基地】 2023年8月4日，集团公司党组命名大连石油化工研究院“创新笃行、科技报国”红色教育基地（大连石油化工研究院展厅）为第三批中国石化红色教育基地。

（蔡文希）

【两项技术获工信部推广应用】 2023年8月7日，大连石油化工研究院“胺液脱硫系统节能与长周期稳定运行关键技术”“炼化企业氢气资源梯级利用与集成优化智能管控平台”入选工信部第二批石化化工行业鼓励推广应用的技术和产品目录。

（蔡文希）

【重大项目持续突破】 2023年8月，大连石油化工研究院牵头申报的可纺沥青及中间相沥青基碳纤维、生物基单体与材料，以及参与的集成电路电子化学品、高端酰胺材料攻关等4项中国石化重大项目成功获批立项。

（蔡文希）

【固定床渣油加氢催化剂累计实现100套次工业应用】 2023年9月，大连石油化工研究院完成茂名分公司200万吨/年固定床渣油加氢装置换剂开工，标志着大连石油化工研究院FZC系列渣油加氢催化剂在国（境）内外累计实现100套次工业应用。

（蔡文希）

【被认定为“2023年度辽宁省技术转移示范机构”】 2023年9月4日，大连石油化工研究院被辽宁省科学技术厅确定为“2023年度辽宁省技术转移示范机构”。

（蔡文希）

【举办成立70周年学术报告会】 2023年9月26日，大连石油化工研究院举办“能源化工新起点 碳路未来新前沿”70周年学术报告会，邀请8位院士及老领导专家围绕“碳达峰、碳中和”实施路径、炼油化工行业绿色低碳发展、新能源新材料产业高质量发展等话题，为加快能源化工领域关键技术攻坚指引方向。

（蔡文希）

2023年9月26日，大连石油化工研究院举办成立70周年学术报告会

【举办第二届暨抚顺院第二十届职工运动会】 2023年10月21日，大连石油化工研究院成功举办第二届暨抚顺院第二十届职工运动会。

（蔡文希）

【多项技术获中国化工学会科技进步奖】 2023年11月28日，在中国化工学会科学技术颁奖仪式上，大连石油化工研究院“分子炼油理念在高质量喷气燃料生产技术中的实践及应用”获中国化工学会科技进步奖一等奖，“基于正碳离子调控和能量耦合的低凝柴油低碳生产技术”“炼厂典型烟气污染物协同控制深度处理成套技术”“加氢催化剂高效生产技术开发及应用”获中国化工学会科技进步奖二等奖，于政敏获侯德榜化工科学技术奖“青年奖”。

（蔡文希）

【第十四研究室获评中国石化工人先锋号】 2023年11月29日，大连石油化工研究院第十四研究室被授予“中国石化工人先锋号”。第十四研究室有成员34人，其中硕士研究生及以上学历30人，中共党员24人，团队先后获新疆维吾尔自治区科技进步奖一等奖、大连市科技进步奖三等奖、中国石化“五四红旗团支部”、大连石油化工研究院“重大贡献团队”等一系列科技奖励和称号。

（蔡文希）

【获批为自然科学基金依托单位】 2023 年 12 月，从国家自然科学基金委员会获悉，大连石油化工研究院正式通过审核获批为国家自然科学基金依托单位，标志着大连石油化工研究院具备独立申报和承担国家自然科学基金项目的资格，是大连石油化工研究院科研工作和国家级科研依托平台建设上具有里程碑意义的大事。

（蔡文希）

【获批为国家知识产权信息公共服务网点】 2023 年 6 月 21 日，大连石油化工研究院入选 2023 年辽宁省专利导航服务基地建设单位；6 月 25 日，入选 2023 年度辽宁省知识产权信息公共服务网点；12 月 12 日，入选国家知识产权信息公共服务网点，标志着大连石油化工研究院知识产权获得国家知识产权局的高度认可，在系统内尚属首家。

（蔡文希）

表 1　大连石油化工研究院 2023 年度主要科研成果获奖情况

序号	项目名称	奖项名称	获奖等级
1	高效稳定的固定床渣油加氢技术体系的创制与实践	辽宁省科技进步奖	一等奖
2	劣质稠油协同转化生产高端特种油品技术开发及应用	辽宁省科技进步奖	二等奖
3	基于环状烃高效转化的劣质柴油加氢改质技术开发与应用	辽宁省科技进步奖	二等奖
4	分子炼油理念在高质量喷气燃料生产技术中的实践及应用	中国化工学会科技进步奖	一等奖
5	基于正碳离子调控和能量耦合的低凝柴油低碳生产技术	中国化工学会科技进步奖	二等奖
6	炼厂典型烟气污染物协同控制深度处理成套技术	中国化工学会科技进步奖	二等奖
7	加氢催化剂高效生产技术开发及应用	中国化工学会科技进步奖	二等奖
8	烃类大分子定向转化催化剂构建及其在高端特种油生产中的应用	石油和化学工业联合会技术发明奖	一等奖
9	SEAST 高效加氢催化剂制备技术开发及应用	石油和化学工业联合会科技进步奖	三等奖
10	长江经济带石化类场地污染治理技术研究与集成示范	集团公司科技进步奖	一等奖
11	燃料电池车用氢气纯化及供应技术	集团公司科技进步奖	一等奖
12	顺北油气田地面工程绿色智能关键技术研究与应用	集团公司科技进步奖	二等奖
13	燃气锅炉烟气高效 SCR 脱硝催化剂开发及工业应用	集团公司科技进步奖	三等奖
14	煤制氢污水低成本脱氮关键技术开发及应用	集团公司科技进步奖	三等奖
15	基于相变储热的油田井场新型加热技术	集团公司科技进步奖	三等奖
16	氧化铝晶面调控机制及定向生长关键技术	集团公司前瞻性基础性研究科学奖	二等奖
17	催化剂中金属晶粒尺寸调控策略及金属－载体界面结构形成机制	集团公司前瞻性基础性研究科学奖	三等奖
18	绿色高效加氢催化剂用硫化剂 FSA-55 创制及工业应用	大连市科技进步奖	二等奖
19	高效加氢催化反应分离生产优质化工原料技术开发及应用	江苏省科学技术奖	三等奖

表 2　大连石油化工研究院 2018—2023 年专利申请与获授权情况　件

年份	国内专利		国外专利	
	申请数	获授权数	申请数	获授权数
2023	769	690	144	53
2022	746.5	672	101	30
2021	704	635	66	30
2020	676	445	31	38
2019	670	626	23	41
2018	692	546	48	42

安全工程研究院

【概况】　中石化安全工程研究院有限公司（简称安全工程研究院）位于山东省青岛市，是中国石化直属的安全、环保和职业健康科研机构。其前身为成立于 1979 年的化学工业部化工劳动保护研究所，1999 年 7 月整体划归集团公司，2021 年 7 月，改制为中国石油化工股份有限公司全资子公司并更名为现名。2004 年 4 月，原国家安全生产监督管理总局依托安全工程研究院成立国家安全生产监督管理总局化学品登记中心，为中国危险化学品安全监管提供综合性技术支持，2018 年 12 月 4 日，更名为应急管理部化学品登记中心。2007 年 7 月，国家科技部依托安全工程研究院设立化学品安全控制国家重点实验室，2011 年 5 月 10 日通过国家科技部验收。2021 年 12 月，应急管理部与集团公司签署协议，依托安全工程研究院、化学品登记中心共建国家危险化学品安全（青岛）研究院（基地）。

截至 2023 年底，安全工程研究院下设 8 个职能管理部门，15 个研究所（室）、中心。用工总数 706 人（安全工程研究院 545 人，化学品登记中心 49 人，诺诚公司 112 人），其中正高级职称 48 人，副高级职称 298 人；博士 129 人，硕士 364 人，博士后工作站在站博士后 5 人，特聘院士 2 人，科技部部际联席会议特邀专家 2 人，国务院安委会专家咨询委员会和专业委员会委员 2 人，享受政府特殊津贴专家 5 人，国家科技安全生产等部级以上专家 29 人，中国化工学会会士 1 人，中国石化突出贡献专家 8 人、学术技术带头人 6 人；各类国家级 HSE 领域专家 50 余人，具有注册安全工程师、安全评价师、职业危害评价师、环境影响评价师、注册计量师等执业资格的员工 300 余人。建有博士后工作站、研究生工作站。

安全工程研究院 2023 年度主要科研成果获奖情况及 2018—2023 年专利申请与获授权情况分别见表 1 和表 2。

（胡秀丽）

【领导班子调整】　2023 年 6 月 14 日，安全工程研究院、登记中心召开干部大会，宣布集团公司党组对安全工程研究院领导班子调整的决定：刘坤任青岛安全工程研究院党委副书记、纪委书记、工会主席，安全工程研究院有限公司监事会主席。

（胡秀丽）

【“催化裂化装置绿色低碳平稳高效运行智能管控关键技术”通过验收】　2023 年 3 月 31 日，中国石化科技部在青岛组织召开“催化裂化装置绿色低碳平稳高效运行智能管控关键技术”项目验收会和“催化裂化装置工艺数字孪生、平稳操作与应急演练技术”等 3 项技术成果鉴定会。中国石化重大科技项目“催化裂化装置绿色低碳平稳高效运行智能管控关键技术”通过验收和技术成果鉴定。

（胡秀丽）

重大科技项目验收会现场

【获批政府间科技合作项目】 2023 年 10 月，国家科技部公布 2023 年度国家重点研发计划“政府间国际科技创新合作”重点专项评审结果，安全工程研究院牵头申报的中国和德国政府间科技合作项目“氢能工厂和车辆应用过程中氢气释放扩散研究及安全标准规范构建”获批。

（胡秀丽）

【通过青岛市 2022 年高新技术企业认定】 2023 年 2 月，安全工程研究院通过青岛市 2022 年高新技术企业认定，获得由青岛市科学技术局、青岛市财政局、国家税务总局青岛市税务局联合颁发的高新技术企业证书，由此正式迈入国家高新技术企业行列。

（胡秀丽）

【国家危险化学品（青岛）安全研究院（基地）年度工作推进会召开】 2023 年 3 月 7 日，国家危险化学品（青岛）安全研究院（基地）年度工作推进会在北京召开。

（胡秀丽）

第一届董事会第十次会议现场

【第一届董事会第十次会议召开】 2023 年 3 月 28 日，安全工程研究院在青岛召开第一届董事会第十次会议。

（胡秀丽）

【第一届董事会第十一次会议召开】 2023 年 7 月 20 日，安全工程研究院在青岛召开第一届董事会第十一次会议。

（胡秀丽）

【入选青岛市新经济新锐企业名单】 2023 年 7 月，经企业申报、区市推荐、专家审核、现场答辩、实地调研等程序，安全工程研究院成功入选 2022 年度青岛市新经济新锐企业名单。

（胡秀丽）

【石化安科完成注册登记】 2023 年 9 月 7 日，中石化（宁波）安全科技有限公司（简称石化安科）完成注册登记并取得营业执照。石化安科是由安全工程研究院独资设立的独立法人专业公司，是该院“1+3”科技创新体系的有效补充。

（胡秀丽）

【石化国评、石化认证通过高新技术企业认定】 2023 年 11 月 9 日，安全工程研究院所属石化国评、石化认证两家子公司通过高新技术企业认定，成功入选 2023 年青岛市第一批高新技术企业公示名单。这是安全工程研究院继研究院本部成功入选之后，在子公司层面高企认定工作中取得的又一项重要进展。

（胡秀丽）

【获国家知识产权优势企业称号】 2023 年 11 月 13 日，安全工程研究院获国家知识产权优势企业称号，是安全工程研究院作为全资子公司运行以来在知识产权创造、运用、管理和保护方面获得的国家级荣誉认可。

（胡秀丽）

表 1　安全工程研究院 2023 年度主要科研成果获奖情况

序号	项目名称	奖项名称	获奖等级
1	等离子体强化小分子化合物资源化利用技术	集团公司基础前瞻奖	二等奖
2	特异性 VOCs 高效吸附 MOFs 材料	集团公司基础前瞻奖	三等奖
3	大流量液氮泡沫灭火技术与装备	集团公司技术发明奖	二等奖
4	催化裂化装置安全高效运行智能管控关键技术及工业应用	集团公司科技进步奖	一等奖
5	基于多元数据融合优化模型的催化裂化清洁生产智能管控关键技术	集团公司科技进步奖	二等奖
6	典型炼化危险废物安全风险定量评估与智能管控技术	集团公司科技进步奖	二等奖
7	大型煤气化工艺装置安全防控关键技术及应用示范	中国化工学会科技进步奖	一等奖
8	阀门内漏声发射智能诊断方法与装备	中国石油和化工自动化应用协会技术发明奖	三等奖
9	硝酸铵溶液储运安全控制技术	中国职业安全健康协会科学技术奖	三等奖
10	天然气集输系统水合物堵塞动态抑制技术及应用	中国石油和化学工业联合会技术发明奖	三等奖
11	危险化学品生产装置风险动态感知与智能管控关键技术及规模化应用	山东省科技进步奖	二等奖

表 2　安全工程研究院 2018—2023 年专利申请与获授权情况　件

年份	国内专利		国外专利	
	申请数	获授权数	申请数	获授权数
2023	473	167	8	5
2022	365	179	11	2
2021	353	110	8	5
2020	321	84	8	0
2019	316	98	3	0
2018	314	200	1	0

化工和材料板块

燕山石化

【概况】 中国石油化工股份公司北京燕山分公司（简称燕山分公司）、中国石化集团北京燕山石油化工有限公司（简称燕山石化公司）统称燕山石化，位于北京市房山区燕山岗南路 1 号，占地 36 平方千米，是集团公司旗下特大型石油化工联合企业。其前身始建于 1967 年，成立于 1970 年，时称北京石油化工总厂，曾更名为北京燕山石油化学总公司、中国石油化工总公司北京燕山石油化工公司、北京燕山石油化工集团有限公司。北京东方石油化工有限公司（简称东方石化公司）为燕山石化公司全资子公司，中石化保定石油化工有限公司（简称保定石化公司）由集团公司划归燕山石化公司进行管理。

经过几代建设者的不懈奋斗，燕山石化发展成为一家千万吨级的炼化一体化企业。截至 2023 年底，燕山石化有生产装置 63 套、辅助装置 68 套，可生产 116 个品种、765 个牌号的石油化工产品，是中国石化炼化一体化核心骨干企业，也是中国重要的合成橡胶、合成树脂和高品质成品油生产基地。原油加工能力 1000 万吨 / 年，成品油生产能力超过 650 万吨 / 年，乙烯生产能力 80 万吨 / 年。

截至 2023 年底，燕山石化累计加工原油 3.799 亿吨，生产乙烯 2637.67 万吨，累计实现销售收入 15637.89 亿元，上缴利税 1907.77 亿元。有职能部门 16 个，直属二级单位 16 个，在岗职工 8205 人；直属党委 18 个，在职党支部 155 个，在岗党员 4227 名。

燕山石化主要技术经济指标及主要产品产量分别见表 1 和表 2。

（刘方旭）

【领导班子调整】 2023 年 12 月 5 日，集团公司党组、股份公司印发通知：鉴于年龄原因，免去程嘉猷燕山石化公司党委常委、委员职务；解聘程嘉猷的燕山分公司副总经理、总工程师职务，任二级协理员。

（刘方旭）

【生产经营稳中向好】 2023 年，燕山石化多专业协同抓好流程优化、物料平衡、隐患消除，三级及以上非计划停工数量下降 66.67%，实现平均报警率小于 0.4 的奋斗目标，17 项技术经济指标创历史最好水平。大型机组故障率、主要电机故障率、关键仪表故障率创历史最好水平，首次获评中国石化设备管理先进单位。炼油板块变压器油等 15 个产品完成 CMA 认证，航空煤油产量增加 44.4 万吨，HVI Ⅲ类 4cst 高端润滑油基础油产量达 2.4 万吨、创历史新高。增产高附加值化工产品，高端 EVA 产品产量突破 4 万吨，超高分子量聚乙烯在锂电池领域实现批量应用，合成树脂 15 个牌号产品完成首次工业化试生产，稀土顺丁橡胶、高等级 XLPE 电缆绝缘料、医用聚丙烯等产品产销量创历史新高，VAE 乳液 BJ-707H 销量提升 224%，1-己烯盈利超 1.5 亿元。13 项质量指标创最好水平，连续 2 年获评中国石化质量管理先进单位，首次获 2023 年全国实施卓越绩效先进组织奖。

（刘方旭）

【安全发展成效显著】 2023 年，燕山石化 HSE 体系建设成效显著，开展 ISRS 预评估，推进一级安全生产标准化创建，获评集团公司 HSE 大检查炼化企业 A 档。以视频督查曝光、月度绩效评比等方式推动网格化管理，公司领导引领推进每周“一三六”安全管控全面提升计划，累计开展安全引领活动 156 次、解决问题 428 项。扎实开展“安全管理强化年”行动，从严落实特别安全管控措施，大力实施安全风险治理和环保提升方案，深化推进双重预防数智化建设，完成328项老旧装置评估问题和5项公司级重大安全隐患治理，安全风险总值较2023年初下降42%。强化应急能力建设，获第三届全国危险化学品安全生产应急救援技术竞赛团体三等奖，入选国家卫健委健康企业建设优秀案例，获评北京市安全文化建设示范企业。

（刘方旭）

【绿色低碳提质发展】 2023年，燕山石化紧紧围绕“双碳”目标，全面加严环保管理标准，首次将环保突出问题与中层领导人员年度考核挂钩。深化推进绿色企业行动，入选2023“绿水青山就是金山银山”实践案例，获评石化行业绿色发展先进水平企业、2022年度水效“领跑者”标杆企业（乙烯），通过北京市节水型企业复验。各项污染物排放量均完成国家和集团公司考核指标，VOCs排放量连续6年下降10%，“无废企业”创建通过国家及集团公司现场验收。实施化工余热利用、分布式光伏发电项目，绿色低碳新材料首批应用示范获北京市高精尖发展产业资金奖励，连续3年成为北京市最大绿电交易用户，连续5年保持碳排放总量下降态势，降幅达5%以上，创历史最好水平，获评中国石化节能降碳环保先进单位。

（刘方旭）

【产业转型升级突破】 2023年，燕山石化成功完成二蒸馏隐患治理及减压塔更换、重油罐区热储罐改造等项目，高性能膜实验室初具雏形，ECMO膜两条中空纤维试验线完成安装调试，纳滤膜和苦咸水反渗透膜技术达到国内先进水平、产品在多个领域实现工业化应用。1万米^3（标准）/时氢气提纯设施完善项目进入实施阶段，兆瓦级PEM制氢装置完成标定，氢气年度出厂量达1163吨，成为集团公司首个年度氢气产品出厂量破千吨的企业。烯烃厂控制室隐患治理、储运厂包装自动化升级改造、220千伏主变增容改造等8项重点项目建成中交。催化裂化装置绿色低碳高效运行智能管控技术成功转化，完成高分子量聚异丁烯、支化丁基、EVA、VAE等集团公司高端A类、“揭榜挂帅”项目，顶替进口产品产量稳居系统内首位，新产品、专用料增效超9亿元，首次获中国专利奖优秀奖。“工业互联网+安全生产”项目、危险化学品运输监控、“信创门户”等上线运行，获2023年度智能制造优秀场景、2022年度中央企业5G创新联合体弘毅奖。

（刘方旭）

【改革管理效能凸显】 2023年，燕山石化扎实推进国企改革深化提升行动，深入推进领导人员任期制和契约化管理、“人力资源池”等工作，全面推行“劳动合同+上岗合同（协议）”管理模式，持续提升“三项制度”改革等实效。强化股权投资经营质量，燕山石化公司实现近年来首次盈利。扎实推进建设世界一流企业实施方案，管理现代化创新成果连续2年获国家级奖项，创省部级获奖数量新高，获评中国石化“三基”工作先进单位。扎实开展虚假贸易、金融板块业务风险专项治理，提升内控、风控体系有效性。配备首席合规官，开展合同管理专项提升行动，实施关键业务领域专项审计，“十四五”法治建设中期督导和合规管理体系有效性被集团公司评为A+类。

（刘方旭）

【氢能项目入选首届北京市企业社会责任优秀案例】 2023年1月18日，北京企业联合会和北京市企业家协会共同发布首届北京市企业社会责任优秀案例共20项，燕山石化公司《锚定“双碳”目标 融入首都发展 打造科技先导型氢能发展领军企业》案例位列其中，成为集团公司在京企业唯一入选案例。

（刘方旭）

【“西氢东送”：中国首个纯氢长输管道项目启动】 2023年4月10日，“西氢东送”输氢管道示范工程被纳入《石油天然气“全国一张网”建设实施方案》，标志着中国氢气长距离输送管道进入新发展阶段。中国石化“西氢东送”管道起点位于内蒙古自治区乌兰察布市，终点位于燕山石化，全长400余千米，是中国首条跨省区、大规模、长距离的纯氢输送管道。管道建成后，所输绿氢将用于替代京津冀地区现有的化石能源制氢，大大缓解中国绿氢供需错配的状况，对中国跨区域氢气输送管网建设具有战略性示范引领作用，助力中国能源转型升级。

（刘方旭）

燕山石化氢气新能源装置现场（李　雪　摄）

【燕山石化在 2023 中关村论坛发表主旨演讲】 2023 年 5 月 26 日，中关村新型储能及氢能产业发展论坛暨投资房山——海外招商推介大会在中关村示范区展示中心成功举办。燕山石化公司总经理曲宏亮应邀出席论坛，并发表题为《“氢”情奉献 绿色发展》的主题演讲，从安全绿色发展、形势与挑战、氢能发展现状、未来发展布局 4 个方面介绍燕山石化打造科技先导型氢能发展领军企业的总体规划和实施途径。

（刘方旭）

【燕山石化汽车衡无人值守智能出厂系统成功上线运行】 2023 年 5 月，燕山石化检验计量中心汽车衡无人值守智能出厂系统完成调试并成功上线运行，燕山石化成为集团公司系统内首家实现称重计量数据高度自动化集成的单位。

（刘方旭）

【第五届京津冀石墨烯大会在燕山石化举行】 2023 年 6 月 6 日，第五届京津冀石墨烯大会在燕山石化举行，来自京津冀地区相关政府机构、科研院所、石墨烯各应用领域产业链的 500 余名嘉宾齐聚一堂，分享前沿尖端新材料创新成果，交流石墨烯相关技术产业转化实践经验，共同探讨新材料产业创新发展之路。工业和信息化部原材料工业司副司长邢涛，北京市经济和信息化局、北京市房山区、燕山石化有关领导出席大会开幕式及多个环节的研讨交流活动。

（刘方旭）

第五届京津冀石墨烯大会现场（李　雪　摄）

【中国石化首台单程管裂解炉成功投运】 2023 年 6 月，燕山石化烯烃厂乙烯装置 BA-1103 裂解炉正式投料，标志着中国石化第一台单程管裂解炉在燕山石化乙烯装置投运成功，改造后的裂解炉以裂解乙烷和石脑油原料为主，增加裂解炉对原料的适应性。根据测算，单程管裂解炉投用后，BA-1103 出口裂解气乙烯收率可提升 1%，单台裂解炉运行成本每年可降低 1500 万元以上。

（刘方旭）

燕山石化烯烃厂单程管裂解炉投运现场（霍思雨　摄）

【国内首套 CHP 法量产环氧丁烷装置在燕山石化一次开车成功】 2023 年 11 月 3 日，燕山石化 4000 吨 / 年 CHP（过氧化氢异丙苯）法量产环氧丁烷装置一次投料开车成功，实现全流程贯通，并产出纯度达 99.98% 的合格环氧丁烷产品。该装置投产后，将大幅提升环氧丁烷国产化替代率，为中国环氧丁烷下游产业降低成本、提升质量、拓宽应用场景提供有力支撑。

（刘方旭）

【入选 2023 国家治理创新经验（高质量发展典型案例）】 2023 年 11 月 16 日，“第九届国家治理高峰论坛”在北京成功举办，在“治理现代化推进高质量发展——第九届国家治理高峰论坛经验交流会”平行论坛环节，“2023 国家治理创新经验典型案例”成果发布，燕山石化公司《党建引领高质量发展的燕山石化经验》入选 2023 国家治理创新经验（高质量发展）典型案例。

（刘方旭）

【燕山石化蓝翠鸟资源综合利用项目实现一次开车成功】 2023 年 12 月 7 日，北京市和中国石化重点环保项目——燕山石化蓝翠鸟资源综合利用项目实现一次开车成功，加速中国石化“无废集团”建设进程，有力推动首都地区经济社会和生态环境协调发展。

（刘方旭）

【先进典型不断涌现】 集团公司加氢裂化装置操作工技能大师、炼油厂刘劲松在第十六届全国高技能人才评选中获中华技能大奖；燕山石化公司首席技师、合成橡胶厂刘胜利获 2023 年度“国企楷模·北京榜样”敬业楷模；烯烃厂总工程师余仁杰获 2023 年全国五一劳动奖章；合成树脂厂李国华、化学品厂王剑获 2023 年首都劳动奖章。

（刘方旭）

【多项竞赛斩获佳绩】 在 2023 年全国行业职业技能竞赛——第十四届全国石油和化工行业职业技能竞赛中，郑晓薇获化工总控工个人金奖，渐明锡获机修钳工个人金奖；在 2023 年全国行业职业技能竞赛暨中国石油天然气集团有限公司职业技能竞赛中，燕山石化代表队获团体三等奖，汪晔晔获仪表维修工竞赛个人金奖，王进、孙诗阳获个人银奖；在 2023 年全国行业职业技能竞赛暨中国石油第二届职业技能竞赛中，燕山石化代表队获顺丁橡胶装置操作工竞赛团队金奖、丁苯橡胶装置操作工竞赛团体银奖，邢建颖获顺丁橡胶装置操作工竞赛个人铜奖，王大伟、封爽分获丁苯橡胶装置操作工竞赛个人银奖与铜奖；在 2023 年集团公司常减压蒸馏装置操作工竞赛中，燕山石化代表队获团体三等奖，石蓓、董金伟分获个人金奖与铜奖。

（刘方旭）

表 1 燕山石化主要技术经济指标 亿元

指标名称 \ 年份	2023	2022	2021	2020	2019	2018
原油加工量 / 万吨	790.40	773.99	775.53	779.64	936.51	911.33
工业总产值	532.44	593.64	521.22	586.09	694.23	629.03
燕山分公司	532.44	593.64	490.19	557.42	664.43	601.34
燕山石化公司	0	0	31.03	28.67	29.80	27.69
工业增加值	87.15	122.43	144.95	128.30	4.74	−12.39
燕山分公司	86.73	121.74	140.59	128.05	—	—
燕山石化公司	0.42	0.69	4.36	20.15	4.74	−12.39
资产总计	345.55	311.07	351.07	340.35	329.56	284.27
燕山分公司	230.22	212.68	227.58	210.77	205.22	177.98
燕山石化公司	115.33	98.39	123.49	129.58	124.34	106.29
流动资产	71.30	42.81	85.46	76.29	70.62	48.72
燕山分公司	55.66	39.86	55.90	58.13	51.57	43.48

续表

指标名称＼年份	2023	2022	2021	2020	2019	2018
燕山石化公司	15.64	2.95	29.56	18.16	19.05	5.24
固定资产原值	488.29	483.08	462.39	441.52	427.80	429.01
燕山分公司	452.44	446.83	424.64	359.74	345.48	345.82
燕山石化公司	35.85	36.25	37.75	81.78	82.32	83.19
固定资产净值	111.29	118.60	111.71	123.75	122.64	129.96
燕山分公司	99.49	106.61	96.18	86.59	83.51	88.99
燕山石化公司	11.80	11.99	15.53	37.16	39.13	40.97
营业收入	535.34	642.57	544.33	446.52	606.41	616.14
燕山分公司	530.50	600.95	502.61	395.52	551.37	562.32
燕山石化公司	4.84	41.62	41.72	51.00	55.04	53.81
实现利税	76.45	71.86	82.70	61.17	94.13	128.10
燕山分公司	79.06	79.06	94.30	63.66	101.93	134.99
燕山石化公司	−2.61	−7.20	−11.60	−2.11	−7.80	−6.89
综合能耗 / 吨标煤・万元 $^{-1}$	1.07	1.12	2.29	2.12	2.08	2.14
燕山分公司	1.07	1.12	1.03	0.84	0.68	0.74
燕山石化公司	0	0	1.26	1.28	1.40	1.40

表 2 燕山石化主要产品产量 万吨

产品名称＼年份	2023	2022	2021	2020	2019	2018
燕山分公司						
汽　油	210.31	201.69	227.31	207.83	285.45	276.21
航　煤	120.54	76.15	106.32	103.06	191.03	187.57
柴　油	153.71	169.55	139.96	160.41	173.10	159.77
商品燃料油	2.66	1.01	3.49	4.79	0.58	4.16
裂解料	186.08	195.50	200.83	239.88	232.72	228.88
商品液化气	27.37	30.78	22.27	11.85	11.62	8.32
纯　苯	16.60	17.79	18.39	20.54	18.51	16.13
乙　烯	69.76	71.13	71.19	81.70	81.46	79.40

续表

产品名称 \ 年份	2023	2022	2021	2020	2019	2018
丙　烯	33.22	33.10	32.74	37.95	37.48	37.18
丁二烯	9.15	9.54	9.44	9.69	10.57	10.62
间二甲苯	5.31	6.57	5.90	6.72	7.31	6.11
苯乙烯	0.59	2.90	6.52	7.39	7.13	6.77
乙二醇	0	0.39	3.84	3.77	2.03	4.62
苯　酚	14.45	17.58	15.90	17.59	17.01	15.77
丙　酮	8.75	10.66	9.64	10.66	10.25	9.52
低密度聚乙烯	20.37	19.88	25.38	36.14	41.50	39.13
高密度聚乙烯	14.35	15.14	15.81	18.19	17.59	17.64
顺丁橡胶	13.07	12.94	12.22	11.72	12.80	12.02
SBS	3.36	2.96	3.48	4.18	4.06	3.32
丁基橡胶	0.65	0.23	0.55	1.20	0.98	1.17
间苯二甲酸	4.31	4.16	4.15	4.75	4.74	4.84
1- 己烯	5.12	5.08	3.64	3.93	4.23	2.49
发电 / 千瓦・时	11 056.12	7 094.00				
燕山石化公司						
发电 / 千瓦・时	—	—	8 300.00	29 900.00	33 400.00	35 423.00

齐鲁石化

【概况】 中国石油化工股份有限公司齐鲁分公司（简称齐鲁分公司）、中国石化集团资产经营管理有限公司齐鲁石化分公司（简称齐鲁石化分公司）统称齐鲁石化，是集团公司直属的集石油加工、石油化工、煤化工、天然气化工、盐化工为一体，配套齐全的大型炼油、化工、化纤联合企业，位于山东省淄博市临淄区中南部，占地面积16.58平方千米。其前身胜利炼油厂始建于1966年4月，1972年6月更名为山东胜利石油化工总厂。1980年3月山东胜利石油化工总厂更名为齐鲁石油化工总公司。1983年7月划归中国石油化工总公司。1984年1月，齐鲁石油化工总公司更名为中国石油化工总公司齐鲁石油化工公司。1998年12月，齐鲁石油化工公司更名为中国石化集团齐鲁石油化工公司。2000年2月，成立中国石油化工股份有限公司齐鲁分公司、中国石化集团齐鲁石油化工公司。2007年10月，注销中国石化集团齐鲁石油化工公司，成立中国石化集团资产经营管理有限公司齐鲁石化分公司。2021年12月1日，按照中国石化生产经营型业务重组要求，齐鲁石化分公司热电、水务等业务及全部在职人员并入齐鲁分公司，齐鲁石化分公司仅保留土地、房产、少量股权投资和非在职人员管理功能。

截至2023年底，齐鲁石化有石油化工生产装置142套，炼油综合加工能力1250万吨/年，乙烯生产能力 80 万吨 / 年，化工产品年生产能力为合成树脂 130 万吨、烧碱 20 万吨、橡胶 30 万吨、苯类 50 万吨、醇类 32.58 万吨、丙烯腈 26 万吨、腈纶 5.4 万吨，热电装机容量 4.99 万千瓦。主要生产汽油、航空煤油、柴油、沥青、聚乙烯、聚丙烯、聚氯乙烯、合成橡胶、合成纤维、丙烯腈、丁辛醇、烧碱、苯类等各种牌号 120 多种石油化工产品。2023 年加工原油 1174.55 万吨，生产乙烯 75.64 万吨，实现营业收入 794.67 亿元，利税 123.98 亿元。截至 2023 年底，累计加工原油 4.17 亿吨，生产乙烯 2149.39 万吨，完成工业总产值 15488 亿元，实现利税 2410 亿元。

截至 2023 年底，齐鲁石化设机关部门 14 个、直属单位 21 个、专业机构 12 个，其中驻外机构 2 个。用工总量 14898 人，其中具有正高级职称的 49 人、副高级职称的 1755 人、中级职称的 1383 人、初级职称的 937 人。

齐鲁石化主要技术经济指标及主要产品产量分别见表 1 和表 2。

（徐江山　江海宁）

【领导班子调整】 2023 年 10 月 14 日，受中国石化党组组织部委托，齐鲁石化召开领导班子会议，中国石化副总工程师兼齐鲁分公司代表、党委书记韩峰宣读中国石化党组补充调整齐鲁石化公司领导班子决定：周强任齐鲁石化党委常委、齐鲁分公司总会计师。

（徐江山　江海宁）

【经营优化提效】 2023 年，齐鲁石化积极研判市场变化，及时调整经营思路和生产策略，全年加工原油 1174.55 万吨，生产成品油 595 万吨。推进百日创效专项行动，落实 225 项优化措施，全流程挖潜增效 13.08 亿元。恢复 660 万吨 / 年胜利原油资源，寻找“机会”油种开展库存运作，成功产出低排阳极用石油焦，并打通出厂流程，优化船用燃料油调和实现油浆零出厂，培育新的效益增长点。深化业财融合，构建高质量发展评价指标体系，发挥财务价值引领和预算牵引作用，形成战略与经营执行贯通、经营与财务协同配合的指标体系。

（徐江山　江海宁）

【成立原油评价工作组】 2023 年，为加大进口原油评价力度，形成定期原油评价机制，齐鲁石化成立原油评价工作组。为确保分析数据准确，更新原油分析设备并于 11 月投入使用。为确保原油样品纯度，协调码头及代理公司，先后从靠泊油轮上提取约翰、塔塔卢加、沙轻等原油样品，做原油全评价分析。组织炼油厂及相关专业部门赴广州石化、茂名石化调研学习原油采购及加工方面先进经验，并加以应用，提高原油采购及加工水平。

（徐江山　江海宁）

【创新驱动取得新突破】 2023 年，齐鲁石化锚定“基础 + 高端”目标，加快关键技术攻关和新产品开发，获国内专利授权 177 件，创历史新高。集中力量攻克关键技术，中国石化“十条龙”科技攻关项目“高硫高酸天然气短流程低碳化净化技术开发”实现工业化应用，“低硫重质船用燃料油成套技术开发及应用”项目获中国石化科技进步奖特等奖。加大定制化、高端化特色产品开发力度，新产品及专用料生产超计划 8.81 万吨，增利超亿元。坚持高端化、差异化路线，与怀柔国家实验室合作试产 500 千伏超高压电缆，解决国家“卡脖子”难题。特种橡胶性能达到国外同类产品先进水平，打破国外垄断。功能性纤维完成中国石化“揭榜挂帅”任务，打造干法腈纶新产品原创技术策源地。

（徐江山　江海宁）

【鲁油鲁炼转型升级技术改造项目】 2023 年 3 月，针对鲁宁管线存在安全环保隐患，按照中国石化“胜利原油流向调整”战略部署及满足国家乙烯能效约束要求，齐鲁石化加快推进鲁油鲁炼转型升级技术改造项目。3 月 6 日，项目调研组根据现场调研情况及特邀专家的意见，将项目二次加工路线调整为配套新建焦化、加氢裂化、连续重整等装置。3 月 29 日，组织各设计单位修改完成鲁油鲁炼技术升级改造项目方案，并上报集团公司总部，4 月底集团公司总部同意项目方案的主要内容。在可行性研究报告编制过程中，齐鲁石化组织调研多家科研院所拥有的先进可靠的工艺技术，进行技术比选，摸排炼油板块生产及公用工程、辅助设施现状，优化调整项目总图，确保项目投用后炼油各装置处于较优的运行模式，并配置合理的公用工程及辅助设施。其间，多次组织项目协调会及可行性研究报告内部审查会，研究技术路线，解决存在的问题，项目可行性研究报告初稿于6月25日编制完成，7月15日行文上报集团总部。7月17日，集团公司总部下发关于开展齐鲁分公司“鲁油鲁炼”技术升级改造项目可行性研究报告专项论证的函，启动项目“7+1”论证工作。11月8日，综合论证报告报送至集团公司总部。2024年1月8日中国石化董事会审议通过，1月10日可行性研究报告获批（石化股份计〔2024〕6号）。

（徐江山　江海宁）

2023年8月中国石化综合论证会（王　敏　摄）

【热电机组背压替代改造项目】 根据中央环保督察问题整改要求，齐鲁石化热电站3#—8#和炼油动力站1#—2#机组共8台机组须2023年底限期关停。为确保8台煤电机组关停后企业及地方热力有序替代接续，按照山东省“十四五”煤电转型升级工作部署，争取机组改造最优方案。2023年6月，经山东省发展改革委员会、能源局专题研究论证，3台8万千瓦高参数背压机组方案优于2台35万千瓦抽凝机组方案，同意齐鲁石化按程序规划建设3台8万千瓦背压机组。11月2日，山东省电力“十四五”规划正式发布，齐鲁石化上报山东省发展改革委员会关于项目核准的请示。2024年1月4日，1#—8#热电机组背压替代改造项目获山东省发展改革委员会核准批复。1月9日，齐鲁石化重新向集团公司总部上报1#—4#热电机组背压替代改造项目基础设计，1月31日集团公司总部批复1#—4#热电机组背压替代改造项目基础设计。

（徐江山　江海宁）

【高性能可交联聚乙烯电缆料项目】 2023年3月，集团公司总部批复齐鲁石化与青岛汉缆股份有限公司签署合资意向书。5月，齐鲁石化上报《齐鲁分公司关于参股淄博齐鲁高电压绝缘材料有限公司合资合同、公司章程及可行性研究报告报告的请示》。7月，集团公司总部发展计划部组织召开合资项目合同、章程、可行性研究报告等论证会，要求齐鲁石化组织推进项目合资合作文件修改完善和土地转让审批工作。

（徐江山　江海宁）

【中国石化首座“微管网”加氢站（淄博）投运】 2023年12月15日，中国石化山东淄博“微管网”加氢站正式投运，成为中国石化首座炼油销售一体化、山东省首座管道输氢到站示范站，为淄博城区及周边区县氢能车辆提供优质氢能，打通氢能产业链终端销售环节，示范引领企业产供销一体化融合发展，是“氢进万家”国家课题的亮点呈现。该站由齐鲁石化、山东石油分公司、化工销售公司等企业共同打造，利用齐鲁石化氯碱电解氢，架设燃料电池氢气管线至加氢站，较管束车输氢方式运费降低约80%。

（徐江山　江海宁）

【新建2台300吨/时燃气锅炉项目建成投用】 新建2台300吨/时燃气锅炉项目可行性研究报告于2022年12月13日获批（石化股份化〔2022〕287号），基础设计于2023年5月14日获批（石化股份计项〔2023〕37号），批准概算21314万元（不含税）。主要建设内容：热电站新建2台Ⅱ型燃气锅炉，配套新建锅炉除氧给水、烟风、定连排疏水系统和钢烟囱1座，设置烟气余热回收设施，新增燃气调压置1座。项目由山东齐鲁石化工程有限公司EPC总承包，山东昊华工程管理有限公司负责监理，山东胜越石化工程建设有限公司施工，石油化工工程质量监督总站青岛分站实施质量监督。项目于2023年5月16日开工建设，10月30日中交，11月24日2台燃气锅炉联合试运转全部完成，12月8日投料开车。项目投产后，接续退役8台煤电机组的蒸汽供应，确保齐鲁石化生产装置长周期稳定运行。

（徐江山　江海宁）

2023 年 10 月 30 日，新建 2 台 300 吨 / 时燃气锅炉项目建成中交（王　宜　摄）

【25 万吨 / 年聚丙烯合资项目基础设计获批】 2022 年 9 月 15 日，齐鲁石化与淄博市张店区合资 25 万吨 / 年聚丙烯合资项目基础设计上报中国石化，2023 年 3 月 10 日获中国石化批复（石化股份计项〔2023〕7 号），批复投资 104964.94 万元，建设地址为齐鲁石化乙烯预留地。主要建设内容为：新建 25 万吨 / 年聚丙烯装置，并建设配套包装及成品仓库等辅助生产设施。项目于 2023 年完成场地平整及考古文物勘探，并对发现的墓葬进行发掘，为后期建设创造条件。

（徐江山　江海宁）

【科鲁尔公司丙烯腈吸收塔尾气处理系统节能改造项目建成投用】 丙烯腈吸收塔尾气处理系统节能改造项目可行性研究报告于 2022 年 11 月 25 日获批（石化股份化〔2022〕270 号），基础设计于 2023 年 7 月 5 日获批（齐鲁分函〔2023〕61 号），批准概算 9365.14 万元（不含税）。主要建设内容：新建 1 套催化氧化处理设施，配套建设

2023 年 11 月 14 日，科鲁尔公司丙烯腈吸收塔尾气处理系统节能改造项目建成投用（许　可　摄）

选择性催化脱硝设施，尾气处理规模 151941 米^3（标准）/ 时，年操作时间为 8000 小时，操作弹性 30%—110%。项目于 2023 年 7 月 10 日开工建设，11 月 14 日实现一次投料开车成功并满负荷稳定运行。项目投用大幅降低丙烯腈装置能耗、减少污染物排放和碳排放，预计每年节约运营成本 7000 余万元。

（徐江山　江海宁）

【低排阳极用石油焦出厂】 2023 年 6 月 21 日，齐鲁石化举行“低排阳极用石油焦出厂”新闻发布会，齐鲁石化与炼油销售公司为首车低排阳极用石油焦出厂揭牌。2022 年 7 月 18 日，中国石化组建“油转化、高端材料及特种燃料”研、产、销攻关团队，齐鲁石化作为石油焦高端化升级利用攻关小组成员，参与到高端低排预焙阳极焦万吨级量产工作中。8 月 15 日，齐鲁石化与国内最大的预焙阳极石油焦生产企业开展技术交流，深入了解低排阳极用石油焦的加工过程以及指标参数。10 月开始，齐鲁石化先后组织 3 次低排阳极石油焦试生产，收集产品生产数据 48 批次，并根据试生产情况开展专项攻关，不断改进工艺指标，提升产品质量。2023 年 6 月 9 日，齐鲁石化与炼油销售公司签订低排阳极用石油焦质量协议书，低排阳极用石油焦具备出厂条件。

（徐江山　江海宁）

【二氧化碳输送管道建成投用】 齐鲁石化 - 胜利油田百万吨级 CCUS 项目配套工程——二氧化碳输送管道项目自 2022 年 8 月 25 日开工，历时 8 个月建设，实现全线贯通，对降低二氧化碳运输成本、提升生产运输本质安全、增强 CCUS 项目全产业链竞争力、助力“双碳”目标实现有着积极意义。2023 年 6 月 30 日 20 时 28 分，操作人员启动增压机，产自齐鲁石化的二氧化碳气体首次通过二氧化碳输送管道，直送 109 千米外的胜利油田。

（徐江山　江海宁）

【信息化建设】 2023 年，齐鲁石化推进 5G 建设，建成 8 座 5G 基站，与辖区周边 55 座公共基站形成信号补充，实现各生产厂区 5G 信号覆

盖。在塑料厂固体库房智能搬运、烯烃厂机器人智能巡检、电子作业票、移动“单兵”等场景落地应用。12 月，实施完成通信系统数字化改造（二期）项目，近 6000 部办公电话实现数字化应用，模拟通信系统存在的宕机隐患得以消除。部署信创计算机 500 余台，在胜利炼油厂建立“信创计算机”示范点。公文、邮件等 6 套信息系统完成信创改造，2000 余人使用 WPS 云文档。深化国产实时数据库应用，实时数据采集点数突破 25 万点，开发应用 3000 余个，覆盖 100 余套装置。

（徐江山　江海宁）

【推进深化改革】 2023 年，制定《齐鲁石化改革深化提升行动工作台账（2023—2025 年）》，确定 7 个改革目标、45 项改革任务，截至年底，2023 年进度目标所有改革任务全部完成。常态化推进腈纶业务改革，完成腈纶功能性纤维 9 轮试生产，全年生产功能性纤维 172 吨，在柴油脱氯工业化应用试验中取得明显脱氯效果。制定 14 项优化措施并细化责任清单，为有序做好热电厂本部及炼油 CFB 锅炉停产后过渡期间的人员优化、业务接续和稳定风险防控提供支撑。跟进齐美大酒店转型康养改造进程，监督指导改造现场落实安全环保措施，齐美大酒店院区康养改造基本完成。

（徐江山　江海宁）

【企业地方合作发展】 2023 年，齐鲁石化有全国、省、市、区各级人大代表和政协委员 30 人（全国人大代表 1 人、山东省人大代表 2 人、山东省政协委员 3 人、淄博市人大代表 2 人、淄博市政协委员 5 人、临淄区人大代表 7 人、临淄区政协委员 10 人），代表委员以高度的政治责任感，履职尽责、共商国是、建言资政，为经济社会发展贡献力量。齐鲁石化全年在淄博市物资采购金额达 39.46 亿元，占总采购额的 32.68%，促进地方相关产业健康快速发展，增添地方经济活力。向社会供应汽油、航空煤油、柴油 594.9 万吨，全部达到环保标准。向市场提供合成树脂 98.2 万吨、合成橡胶 35.9 万吨、合成纤维 2.8 万吨、沥青 107.9 万吨。

（徐江山　江海宁）

【履行社会责任】 2023 年，做好 2023 年度高校毕业生引进工作，共计 395 人，签约率 98.8%。加强高层次人才引进，按程序完成 5 名博士后进站。鲁中应急救援中心全年受理地方危险化学品事故报警 17 起，事故处置成功率 100%。4 月 27 日—5 月 5 日，对烧烤园进行防火巡查与应急服务，保障节日期间消防安全。4 月 29 日，历时 25 小时成功处置淄博峻辰苯罐闪爆着火事故，受到地方政府和企业的赞誉。落实党中央乡村振兴战略部署，积极开展山东省、淄博市“第一书记”选派工作，派出第 6 轮 2 名省派“第一书记”到沂源县燕崖镇南安乐村、北安乐村，第 6 轮 1 名市派“第一书记”到博山区源泉镇北崮山村开展帮扶工作，发展特色优势、推进基础设施建设，助力乡村脱贫振兴。

（徐江山　江海宁）

【扎实开展主题教育】 2023 年，深入扎实开展习近平新时代中国特色社会主义思想主题教育，累计组织读书班 158.5 天，宣讲党课 337 场，开展“党委书记访谈”21 次；领导班子完成调研课题 14 项，机关各部门、各直属单位共完成课题 164 项，开展正反案例典型剖析各 21 个，召开调研成果交流会 21 场；梳理问题 66 项，纳入专项治理 9 项，上下联动整改问题 21 项，全部完成封闭；健全完善“我为群众办实事”长效机制，累计服务 2200 余人次；实施“民生十件事”工程，办实事解难事 270 个，解决实际问题 420 项；印发 60 期《主题教育简报》，做好集中学习、调查研究及各单位主题教育开展情况的宣传引导，先后在中国石化各媒体刊发新闻报导及文章 256 篇。

（徐江山、江海宁）

表 1 齐鲁石化主要技术经济指标 亿元

指标名称 \ 年份	2023	2022	2021	2020	2019	2018
原油加工量 / 万吨	1 174.55	1 093.88	1 143.56	1 057.02	1 203.27	1 202.68
工业总产值	791.56	802.19	712.34	521.28	697.83	755.63
工业增加值	183.40	182.79	239.03	166.99	206.36	243.04
资产总计	278.49	272.39	326.56	269.35	267.31	232.31
流动资产	78.91	75.63	125.06	75.02	83.56	69.91
固定资产原值	509.66	497.50	479.79	468.45	460.28	459.61
固定资产净值	140.43	143.12	157.75	150.10	141.80	142.36
销售收入	794.67	811.16	724.78	532.20	714.82	768.63
实现利税	123.98	111.74	170.47	121.02	148.84	189.75
税　金	128.03	150.82	128.40	113.61	136.18	148.49

表 2 齐鲁石化主要产品产量 万吨

产品名称 \ 年份	2023	2022	2021	2020	2019	2018
汽　油	232.44	212.27	243.13	195.50	247.82	245.74
柴　油	302.26	277.76	256.37	255.46	294.18	301.96
煤　油	60.68	29.80	53.92	43.74	95.98	90.55
沥　青	108.12	93.60	88.73	97.00	102.02	90.03
硫　黄	13.94	13.30	13.55	12.19	14.36	14.06
乙　烯	75.64	72.51	68.33	85.02	85.65	86.85
丙　烯	33.85	31.01	28.17	35.53	35.57	37.88
聚乙烯	55.31	51.27	49.27	62.20	64.05	64.94
聚氯乙烯	33.79	32.48	28.01	33.10	23.90	23.22
聚丙烯	9.28	7.61	7.87	9.43	9.60	9.41
苯乙烯	15.80	17.82	18.38	19.40	21.65	21.90
合成橡胶	35.94	33.67	32.90	36.76	35.12	24.42
烧　碱	20.68	21.00	17.27	20.73	20.52	20.61
腈纶纤维	2.81	2.47	2.69	3.22	3.89	3.59
丙烯腈	22.85	20.42	8.08	12.62	15.74	14.92
丁辛醇	35.16	36.43	134.07	29.80	29.88	33.50
纯　苯	17.79	16.86	16.70	19.49	19.67	21.25
对二甲苯	0	0	1.01	7.18	8.54	9.59
发电 / 亿千瓦・时	26.51	27.12	29.15	34.42	33.94	38.69

镇海炼化

【概况】 中国石油化工股份有限公司镇海炼化分公司（简称镇海炼化分公司）是中国石化旗下的特大型炼油化工骨干企业，位于浙江省宁波市镇海区，前身是始建于1975年的浙江炼油厂，1983年划归原中国石油化工总公司。2018年，中国石化与宁波市合资成立中石化宁波镇海炼化有限公司，负责镇海炼化扩建1500万吨/年炼油、120万吨/年乙烯项目的建设及运营管理，按照“管理上一体化统筹、法律上独立法人运作”的定位与镇海炼化分公司实行一体化管理（合称镇海炼化）。其中，120万吨/年乙烯项目于2022年1月投产。习近平总书记曾对镇海炼化3次视察、2次批示，并提出“世界级、高科技、一体化”的殷切期望。

截至2023年底，镇海炼化有2700万吨/年原油加工、220万吨/年乙烯生产能力，负责管理码头吞吐能力约1.2亿吨/年、罐储能力约1700万立方米，资产总额916.15亿元。主要生产各种规格的汽油、柴油、航空煤油、液化气、道路沥青、苯类、乙烯、丙烯、丁二烯、环氧乙烷、乙二醇、环氧丙烷、苯乙烯、聚丙烯树脂、聚乙烯树脂等50余种优质石油化工产品。炼油绩效自20世纪90年代以来一直位居亚太地区炼厂第一群组；100万吨/年乙烯装置2010年建成投产后，国内唯一连续6次在所罗门全球乙烯绩效评价中位列世界第一群组。镇海炼化实行公司一运行部扁平化管理，设立15个管理处室（含党群部门）、9个业务中心（含消防支队）、18个生产运行（专业）部及中国石化镇海基地项目管理部（炼油老区结构调整提质升级项目管理部）。在岗职工7609人，其中具有高级职称的523人、中级职称的1405人。

2023年，镇海炼化扎实推进学习贯彻习近平新时代中国特色社会主义思想主题教育，在应变局中牢牢守住安全环保、依法合规、廉政建设、队伍稳定“四大底线”，在战危机中坚决打赢整体大优化、老区大检修、新区大建设、全员大练兵“四大战役”，在开新局中矢志打造精益管理、安全绿色、开放创新、红色党建“四张名片”。全年原油加工量、聚烯烃新专比、多个产品产销量等生产经营指标创历史新高，在复杂严峻的外部形势下取得宝贵的经营业绩；镇海基地二期第二步150万吨/年乙烯及高端新材料产业集聚项目（简称150项目）冲破稳评、环评、安评、能评、列规等层层难关，成功核准并全面开工建设；扎实推进“安全管理强化年”行动，率先提出构建“无废石化基地”“无废产业链”，完成史上最大规模检修改造并成功打造“六个样板”。镇海炼化获全国企业文化最佳实践企业、设备管理标准化建设标杆称号，获浙江省人民政府质量奖”，入选工信部《2023年5G工厂名录》、浙江省“未来工厂”等，镇海基地项目管理部获评中国石化第七届“感动石化人物”称号。

镇海炼化主要技术经济指标及主要产品产量分别见表1和表2。

（郝春瑶）

【中国石化与宁波市签署共建中石化宁波新材料高端创新平台合作框架协议】 2023年11月24日，中国石化与宁波市签署共建中石化宁波新材料高端创新平台合作框架协议。

（郝春瑶）

【中国石化、浙江省、宁波市共同启动镇海基地二期150项目开工建设】 2023年11月24日，中国石化和浙江省、宁波市在镇海基地共同举行150

中国石化、浙江省、宁波市共同启动镇海基地二期150项目开工建设（万 里 摄）

项目开工仪式，全面启动 150 项目建设。5 月 4 日，国家发展改革委、工信部联合下发《关于将镇海炼化 150 万吨 / 年乙烯项目列为石化产业规划布局方案规划项目的复函》；5 月 12 日，宁波市发展改革委出具关于 150 项目核准的批复，宁波市生态环境局出具 150 项目环境影响报告书批文。

（郝春瑶）

【生产经营创佳绩】 2023 年，镇海炼化累计加工原油 2340.67 万吨，创历史新高，生产乙烯 201.80 万吨；实现营业收入 1496.33 亿元、利税 190.07 亿元、利润 13.06 亿元，留存地方税收 30.17 亿元，完成固定资产投资 194.64 亿元，创历史新高。

（郝春瑶）

【完成史上最大规模检修改造任务】 2023 年 2 月 15 日—5 月 22 日，镇海炼化开展史上最大规模检修改造任务。该次检修改造以“1# 乙烯、1# 渣加、2# 催化”为主线，涉及 45 套装置（单元），总投资约 15.7 亿元，高峰期投入施工人数超万人，成功打造“安全绿色、过程管控、高效统筹、智慧检修、岗位练兵、清正廉洁”6 个样板，实现“经验输出”并为今后装置检修改造提供标准范式。

（郝春瑶）

【两装置运行创纪录】 2023 年 7 月 11 日，镇海炼化 260 万吨 / 年沸腾床渣油加氢装置（1# 渣油加氢装置）长周期运行纪录获专利商 Axens（阿克森斯）认证授奖，该装置自 2021 年 9 月 1 日—2023 年 2 月 20 日连续高负荷运行 538 天，刷新国内外同类装置长周期运行纪录。9 月 26 日，镇海炼化 10/65 万吨 / 年环氧乙烷 / 乙二醇装置（1#EO/EG 装置）MR2000 催化剂初始性能获专利商陶氏化学认证授牌，其选择性 92.16% 达到全球各批次 METERO EO-Retro 催化剂初始性能最佳纪录。

（郝春瑶）

【聚烯烃研发生产成效显著】 2023 年，镇海炼化加快推进聚烯烃创新创效工作，累计开发医用聚乙烯、单丝聚乙烯、耐堆码中空聚乙烯等 19 款聚烯烃新产品，累计增效超 1.5 亿元；新产品和专用料产量达 126.3 万吨，新专比达 74.22%，创历史新高；聚烯烃产品过程能力指数（CPK）为 1.66，连续 3 年位列中国石化合成树脂板块第一。

（郝春瑶）

【100LL 低铅航空汽油成功出厂】 2023 年 12 月 27 日，镇海炼化首次成功发运 30 吨 100LL 低铅航空汽油，直供山东多家航校。至此，镇海炼化正式具备航空汽油、生物航煤、传统航煤 3 种航油稳定供应能力。

（郝春瑶）

【国内首套 10 万吨 / 年生物航煤装置全系列产品亚洲首家通过全球 RSB 认证】 2023 年 9 月 11 日，由镇海炼化建成投产的国内首套 10 万吨 / 年生物航煤装置全系列产品（生物航煤、生物柴油、生物石脑油）在亚洲首家通过可持续生物材料圆桌会议 RSB（Roundtable on Sustainable Biomaterials）3 个系列认证。其中，生物航煤通过欧盟（RSB EU RED）、国际航空组织减排计划（RSB ICAO CORSIA）认证，生物柴油通过欧盟（RSB EU RED）和环球（RSB GLOBAL）认证，生物石脑油通过环球（RSB GLOBAL）认证。9 月 13 日，加注镇海炼化生物航煤的“绿色亚运”主题航班 GJ8987（杭州萧山—北京首都）成功首航。

（郝春瑶）

加注镇海炼化生物航煤的“绿色亚运”主题航班启航

（何　雯　摄）

【建成投产国内首套撬装式百吨级 β－苯乙醇分离提纯装置】 2023 年 11 月 9 日，国内首套撬装式

百吨级 β－苯乙醇分离提纯装置在镇海炼化开车成功。该装置采用中石化宁波新材料研究院自主研发的工艺技术，以自有 PO/SM 装置副产苯乙烯焦油为原料，经分离过程提取高纯 β－苯乙醇，不仅以较低成本实现低附加值苯乙烯焦油的高值化利用，而且为进一步打造大型高纯高净、超纯超净的分离平台积累经验。

（郝春瑶）

【成功研制 UL95 号无铅航空汽油】 2023 年 11 月 29 日，由镇海炼化和中国石化石油化工科学研究院联合研制的 UL95 号无铅航空汽油通过中国唯一航空汽油权威认证机构——中国民航总局第二研究所的测试，产品质量性能完全符合《航空活塞式发动机燃料（GB 1787—2018）》，可取代 UL91、UL94、95 号、100LL 等现有系列航空汽油，填补全球行业空白。

（郝春瑶）

【能效、水效管理获多项荣誉】 2023 年，镇海炼化在工信部组织的年度评审中，获 2022 年度重点用能行业能效“领跑者”（乙烯行业）、2022 年度石油炼制行业水效“领跑者”、2022 年度乙烯行业水效“领跑者”称号，分别为镇海炼化第 6 次、第 2 次、第 3 次获该荣誉。在中国石油和化学工业联合会年度评审中，获 2022 年度能效“领跑者”标杆企业（乙烯）称号，为镇海炼化连续 11 年获该荣誉；获 2022 年度水效“领跑者”标杆企业（乙烯）称号，为镇海炼化连续 3 年获该荣誉；第 2 次获评水效“领跑者”标杆企业（原油加工）称号。

（郝春瑶）

【中国石化和宁波市双首例危险废物“点对点”定向利用项目实施】 2023 年 3 月 24 日，镇海基地二期催化装置“点对点”定向利用中海石油宁波大榭石化有限公司（简称大榭石化）废催化剂项目获宁波市生态环境局批复，是中国石化及宁波市首例危险废物“点对点”定向利用项目。该项目将大榭石化约 3000 吨废催化剂作为镇海基地二期催化装置开工催化剂，预计节约成本 2500 万元，降低宁波市危险废物产生量约 3000 吨，实现危险废物的资源化利用，助推中国石化“无废集团”及宁波市“无废城市”建设。

（郝春瑶）

【镇海基地加氢示范站二期项目投用】 2023 年 7 月 6 日，镇海基地加氢示范站二期项目投用，成为浙江省规模最大的供氢中心和集车辆加氢、氢能充装、光伏发电等功能为一体的综合能源服务站。项目投产后首次为一辆标载 49 吨的氢能重卡加氢，实现沪甬“氢走廊”氢能重卡物流示范运行。

（郝春瑶）

【成立宁波大风江宁新材料科技有限公司】 2023 年 7 月 1 日，中石化宁波镇海炼化有限公司全资子公司宁波浙铁大风化工有限公司（简称大风化工）、宁波浙铁江宁化工有限公司（简称江宁化工）完成重组整合，正式成立宁波大风江宁新材料科技有限公司（简称大风江宁）。大风化工、江宁化工原为浙江交通投资集团旗下浙江交通科技股份有限公司的全资子公司，于 2022 年 2 月 28 日完成股东变更登记，成为中石化宁波镇海炼化有限公司下属全资子公司。

（郝春瑶）

【中国石化与新和成 18 万吨 / 年液体蛋氨酸项目启动建设】 2023 年 3 月 9 日，由中国石化与新和成以股比 50%：50% 合资成立的宁波镇海炼化新和成生物科技有限公司（简称镇新生物）完成工商设立登记。4 月 28 日，镇新生物举行揭牌暨 18 万吨 / 年液体蛋氨酸项目全面开工建设动员大会。该项目总投资约 28 亿元，充分利用镇海基地生产的丙烯及氢氰酸、硫化氢等副产物，建设全球单套规模最大、国内首套拥有完全自主知识产权的液体蛋氨酸装置。

（郝春瑶）

【世界级 ABS 生产基地在宁波开业运营】 2023 年 11 月 21 日，中石化英力士苯领高新材料（宁波）有限公司（简称镇英材料）开业运营。镇英材料由中国石化与英力士集团以股比 50%：50% 共同成立，中国石化所持权益委托镇海炼化分公司管理。股东双方锚定在宁波打造世界级 ABS 生产基地的目标，建设运营 2 套 30 万吨 / 年 ABS 生产装置。

（郝春瑶）

【连续 2 年参加“双百企业”专项考核均获评“优秀”】 2023 年 4 月 28 日，国务院国有企业改革领导小组办公室印发《关于印发中央企业所属“双百企业”“科改示范企业”2022 年度专项考核结果的通知》，镇海炼化连续 2 年参加“双百企业”专项考核均获评“优秀”。

（郝春瑶）

【“镇海炼化 5G 工厂”入选工信部《2023 年 5G 工厂名录》】 2023 年 11 月 17 日，镇海炼化联合中国移动通信集团浙江有限公司申报的“镇海炼化 5G 工厂”项目入选工信部《2023 年 5G 工厂名录》（化学原料和化学品制造业）。

（郝春瑶）

【“‘三领’行动”党建品牌入选（2023）全国企业党建优秀品牌】 2023 年 7 月 22 日，镇海炼化“‘三领’行动”党建品牌获《中国企业报》集团、北京大学马克思主义学院、红旗出版社、非公有制企业党建杂志授予（2023）全国企业党建优秀品牌称号。

（郝春瑶）

【获评全国企业文化最佳实践企业】 2023 年 8 月 11 日，中国企业联合会在镇海炼化召开 2023 全国企业文化（镇海炼化）现场会，授予镇海炼化分公司全国企业文化最佳实践企业称号。

2023 全国企业文化（镇海炼化）现场会（何　雯　摄）

（郝春瑶）

【获第 9 届浙江省人民政府质量奖】 2023 年 12 月 5 日，浙江省政府发布《浙江省人民政府关于表彰第九届浙江省政府质量奖获奖组织的决定》，镇海炼化获第 9 届浙江省人民政府质量奖（工业类别）。

（郝春瑶）

【镇海基地项目管理部青年项目管理团队获评 2022 年度全国青年安全生产示范岗】 2023 年 4 月 3 日，镇海基地项目管理部青年项目管理团队获共青团中央、应急管理部授予 2022 年度全国青年安全生产示范岗称号。

（郝春瑶）

【连续 14 年位居宁波市“纳税 50 强”榜首】 2023 年 7 月 14 日，宁波市制造业高质量发展大会暨 2022 创业创新风云榜颁奖仪式公布“2022 年度宁波市纳税 50 强企业”“2022 年度宁波市制造业纳税 50 强企业”名单。镇海炼化连续 14 年登上宁波市“纳税 50 强”企业和宁波市制造业“纳税 50 强”企业榜首。

（郝春瑶）

【积极承担中央企业责任助力乡村振兴】 2023 年，镇海炼化持续深化乡村振兴，与甘肃东乡布楞沟石化小学开展共绘“大手拉小手”校园文化墙、奖学奖教、研学活动，实施营养早餐、困难助学关爱行动，积极推进“携爱赴山”支教、“共赴山海”培训等工作。持续推进浙江省缙云县双溪口乡周扎村农旅综合开发项目栖嬉苑（二期）工程、四川省金阳县南瓦镇丝窝中心村中药材现代农业产业园区扩种滇黄精项目等。积极落实消费帮扶，先后向甘肃东乡、安徽岳西、江西赣州购买藜麦、山茶油、脐橙等农副产品，全年消费帮扶金额超 560 万元。

（郝春瑶）

表 1　镇海炼化主要技术经济指标①　亿元

指标名称＼年份	2023	2022	2021	2020	2019	2018
原油加工量 / 万吨	2 340.67	2 300.06	2 225.37	2 003.26	2 200.37	2 057.50
工业总产值	1 402.51	1 431.39	1 081.04	789.38	1 056.62	1 064.56
工业增加值	250.76	258.74	357.40	267.06	292.01	338.00
资产总计	916.15	784.88	852.09	614.07	511.34	468.18
流动资产	204.71	222.59	384.48	270.26	244.92	216.14
固定资产原值	764.45	728.43	579.20	458.37	447.32	396.97
固定资产净值	368.88	365.70	252.68	154.27	164.53	132.07
销售收入	1 496.33	1 568.97	1 177.90	847.50	1 134.77	1 137.87
实现利税	190.07	184.60	321.98	237.86	269.41	325.42
税　金	177.17	262.41	231.34	192.26	205.65	223.37
综合能耗 / 吨标煤・万元 $^{-1}$	0.83	0.68	0.80	0.55	0.52	0.52

① 2021 年、2022 年、2023 年数据中，资产总计、流动资产、固定资产原值、固定资产净值、销售收入、实现利税、税金数据均为合并报表口径

表 2　镇海炼化主要产品产量①　万吨

产品名称＼年份	2023	2022	2021	2020	2019	2018
汽　油	353.87	364.58	384.47	347.19	351.70	331.54
航空煤油	324.37	195.59	209.97	184.35	290.33	273.34
柴　油	552.43	568.37	557.17	561.73	600.34	574.00
石脑油	395.08	484.94	340.00	288.83	290.62	257.99
燃料油	46.84	51.53	47.37	39.82	20.65	36.68
液化气	91.27	108.02	102.39	89.79	110.82	111.73
沥　青	173.38	143.27	165.00	163.65	160.75	125.80
丙　烯	130.20	135.39	89.70	85.71	87.38	76.13
聚丙烯	80.81	81.66	60.11	57.38	59.40	50.57
苯	59.15	51.47	38.29	35.51	36.09	34.45
混合二甲苯	5.16	9.74	0	0	0	0
邻二甲苯	16.72	12.50	17.43	16.37	16.31	14.18

续表

产品名称 \ 年份	2023	2022	2021	2020	2019	2018
对二甲苯	68.09	34.81	51.84	51.61	56.71	54.54
硫　黄	35.13	37.04	34.39	25.24	24.65	21.90
石油焦	112.27	97.76	88.29	70.58	109.97	107.91
乙　烯	201.80	206.95	110.36	111.30	115.28	99.14
丁二烯	27.25	31.19	14.83	15.66	16.35	13.41
聚乙烯	89.25	78.92	47.15	49.86	51.57	42.67
环氧乙烷	32.28	30.67	18.87	17.46	17.12	13.75
乙二醇	78.50	106.20	44.47	45.41	48.86	43.20

① 2022 年、2023 年丙烯、聚丙烯、苯、混合二甲苯、邻二甲苯、对二甲苯、乙烯、丁二烯、聚乙烯、环氧乙烷、乙二醇产品产量数据，均为镇海炼化分公司与中石化宁波镇海炼化有限公司 2 家公司的对应产品产量加和

天津石化

【概况】 中国石油化工股份有限公司天津分公司（简称天津分公司）、中石化（天津）石油化工有限公司（简称天津石化公司）和中国石化集团资产经营管理有限公司天津石化分公司（简称天津资产分公司）合称为天津石化，是隶属于中国石化的国家特大型炼化一体化企业，位于天津市滨海新区，占地面积 16.4 平方千米，分大港和南港两个片区，与天津市区和塘沽新港有铁路、公路相通，与天津港南疆石化码头有输油管线相连，南港片区配备高等级石化码头，具有发展世界级炼化基地的优越环境。其前身为中国石化天津石油化工公司（由天津市石油化学工业公司和天津市石油化纤总厂组成），成立于 1983 年 12 月 28 日，2000 年分设为中国石化集团天津石油化工公司和中国石油化工股份有限公司天津分公司；2005 年，两个公司进行一体化重组整合，实现机构的统一管理；2007 年 5 月 22 日，注册成立天津资产分公司，10 月正式注销中国石化集团天津石油化工公司；2010 年 6 月，2 个公司实行一体化管理；2023 年 5 月 31 日，注册成立中石化（天津）石油化工有限公司。

天津石化有炼油、化工生产装置 71 套（含合资公司），原油综合配套加工能力 1250 万吨 / 年，乙烯生产能力 270 万吨 / 年（含合资公司），化工产品年生产能力为对二甲苯 30 万吨、聚酯 20 万吨、短纤 10 万吨、聚醚 14 万吨，热电装机容量 40 万千瓦，日供水能力 10 万吨，原油储存能力 27 万立方米。主要生产汽油、煤油、柴油、液化气、燃料油、道路沥青、工业白油、苯类、乙烯、丙烯、环氧乙烷、乙二醇、聚乙烯树脂、聚丙烯树脂等石油化工产品，其中成品油全部达到国Ⅵ质量标准，为地区市场提供车用乙醇汽油；涤纶短纤维、3# 喷气燃料为国优产品；“天仙”牌涤纶短纤维，“津港”牌轻柴油、车用汽油、3# 喷气燃料，“大港”牌工业用纯苯被评为天津市名牌产品。

截至 2023 年底，天津石化设 15 个机关部室、11 个生产单位、5 个支持中心单位、2 个科创团队，经授权持股或代管 13 家企业；正式职工总数为 6553 人，有专业技术人员 1716 人，其中有高级职称的 569 人、中级职称的 639 人。

天津石化主要技术经济指标及主要产品产量分别见表 1 和表 2。

（周克青　刘　剑）

【领导班子调整】 2023年6月7日，集团公司调整天津石化领导班子，根据党组安排，边晓亮任天津分公司副总经理、天津石化公司党委常委。8月25日，集团公司调整天津石化领导班子，根据党组安排，高云忠任天津分公司副总经理、天津石化公司党委常委。

（周克青　刘　剑）

【精心优化生产经营】 2023年，天津石化加工原油1185.43万吨，生产成品油627.4万吨、PX 34.5万吨，营业收入730.2亿元，账面利润-13.42亿元（炼油1.23亿元、化工-14.82亿元、存续0.17亿元）。坚持短流程、低成本，累计实施优化项目337项，增效超7亿元。适时停运1#延迟焦化、2#加氢裂化和2#制氢装置，提高催化重整装置负荷，丙烯、液化气、PX增产18%、8%和11.8%；开展催化裂化、重整、S Zorb等装置协同优化，汽油池基础油比例由56%提至70%。打通石脑油资源池上海保税异地通关流程，进口石脑油创历史新高。成品油对原油收率提高4.8个百分点；航空煤油、高标号汽油、低凝柴油产销量分别提高88%、31%和98%，军用航空煤油出厂量创历史新高；首次实现50#沥青生产出厂；完成燃料电池氢保供北京任务。开稳开好2#碳二回收装置，烷基化碳四资源、1#加氢裂化干气直送中沙石化。部分低温余热项目投用，高温热媒水系统实现有效益运行，热电首次实现夏季3台炉、冬季4台炉运行。

（周克青　刘　剑）

【持续夯实安全根基】 2023年，天津石化坚持以“识风险、除隐患，查短板、锻长板”为主线，深入开展“安全管理强化年”行动，滚动更新方案和具体措施，扎实推进113项重点工作任务、297项具体措施，全年未发生上报安全事故。做实“周风险提示”“月风险分析”，8项公司级、82项作业部级风险分级管控，如期完成5项集团公司重点监管安全隐患治理；常态化开展每周现场2小时、会前安全教育5分钟，刚性执行“30+N”硬措施，实现高风险作业视频监控全覆盖；79项生产异常完成溯源分析，小接管排查消除缺陷174项，3个技防措施避免突发故障34起，全年未发生上报安全事故。

（周克青　刘　剑）

【南港乙烯项目实现机械竣工】 2023年12月29日，除ABS、POE、HDPE装置外，天津石化南港乙烯项目其余10套装置实现机械竣工，进入联动试车阶段。项目建设期间，天津石化牢记集团公司党组打造“安全、精品、标杆”工程、“创新、效益、示范”项目殷切嘱托，形成100余项工法、技术、管理创新，创出1000余天安全纪录、5900万安全人工时，建立七方联动质量一体化管理模式，推行质量管控21条硬措施，桩基施工质量合格率100%，A级质量控制点一次合格率99.9%。

（周克青　刘　剑）

南港乙烯项目实现机械竣工（张训棣　摄）

【不断完善公司治理】 2023年，天津石化体制机制改革再获突破，10月30日，印发部分生产单位组织机构优化调整实施方案，炼油部、化工部、烯烃部内设机构实现优化调整，热电、水务完成区域化整合，机关定员、科级职数均压减22%。纵深推进薪酬分配制度改革，实施基于定员的工资总额核定机制，同层级收入差距有效拉开。

（周克青　刘　剑）

【扎实推进合资合作】 2023年，天津石化坚持用好国内国际两个市场、两种资源，以南港乙烯为龙头牵引，与英力士、道达尔、沙比克等国外公司加强技术融合，与渤化集团等地方国企强化产业协同，与河北诚信、浙江恒河、新和成等头部民企携手打造“单项冠军”。6月29日，设立合资合作办公室，加强合资合作工作统一管理，全过程统筹协调。8月1日，中石化英力士（天津）石化有限公司正式成立，中国石化与英力士集团股比50%：50%。8月31日，与英力士苯领公司完成ABS项目合作签约，为中国石化与英力士集团深化合作又一重大战略成果。

（周克青　刘　剑）

中石化英力士（天津）石化有限公司成立
（张训棣　摄）

【创新效能有效激发】 2023年，天津石化全面推进产学研融合平台建设，与15家企事业单位、高校组建创新联合体，与重点高校共建研究所工作站、联合培养基地。集团公司“揭榜挂帅”项目“聚丙烯热成型系列产品拓市增效”年度任务提前1个月完成，千吨级聚苯硫醚（PPS）成套技术完成全流程中试关键实验。ALL-PE成套技术开发基础设计获批；低芳损甲苯歧化催化剂工业试验等10个项目通过集团公司验收；X荧光光谱快速检测技术成功应用，大幅缩短渣油原料重金属、石脑油硅氯含量分析时长。完成聚丙烯格栅料、聚乙烯电缆料等12个新产品开发试产，辛烯产品在光伏胶膜、汽车改性料等领域推广应用，聚烯烃新品专用料比例达83.2%，排名集团公司前列，MP70首次出口印度尼西亚，“两聚”出口提升21%。

（周克青　刘　剑）

【坚决履行央企责任】 2023年，天津石化积极助力乡村振兴，累计采购助农产品799万元，向滨海新区慈善协会捐赠善款40万元，帮助结对帮扶和对口支援地区巩固脱贫攻坚成果。坚持用心用情办好农民家门口的优质学校，为泽库县第一民族中学2000余名学生增配营养餐，组织“春蕾班”师生来津游学；协调南开、耀华等重点中学优秀师资，帮助学校提升教学管理和师资水平，开展云上教研、理论引领等5个模块培训26次，参训教师500人次。

（周克青　刘　剑）

【绿色企业建设成效显著】 2023年，天津石化围绕“环保两清单”“基层作业文件”“环保奖惩考核”，制定“5+N”模式环保责任制，并在集团公司系统内推广；提质建设“无异味工厂”，“十大异味点”管控实施“一点一策”，“3+10”异味点全部消除；完成炼油部罐区含油污水地上化改造和化工部含油污水系统综合整治，获中央专项补助资金1470万元；固体废物资源综合利用率99.4%，获评集团公司“无废集团”先行先试A级示范企业，南港乙烯项目成为固体废物管理示范工地。“绿色企业复核”连续3年位列炼化板块首位，连续13年被评为集团公司环保先进单位，获天津市首批“无废工厂”、首批生态环境执法实战实训基地和绿色发展“领跑者”称号。

（周克青　刘　剑）

【CHP法制环氧丙烷技术国内首次工业化应用】 2023年1月14日，中国石化“十条龙”科技攻关项目——15万吨/年CHP法制环氧丙烷工业示范装置一次开车成功，产品达到国标优等品指标，实现该技术国内首次工业化应用，打破日本住友全球独家专利技术垄断。该项目采用集团内部“大兵团”作战模式，由天津石化、上海石油化工研究院、上海工程公司、安全工程研究院联合研发，技术指标达到国际领先水平，获国内外发明专利授权20件，申请中国发明专利46件，形成包括催化剂、工艺、反应器等关键设备的专利保护网。

（周克青　刘　剑）

【天津市批准中国石化在津石化化工产业聚集区纳入南港工业区一体化管理】 2023年3月2日，天津市政府审议通过《天津市石化化工产业高质量发展实施方案》，明确将中国石化现有在津石化化工产业聚集区（含天津石化、中沙石化、北京化工研究院大港片区）纳入南港工业区，实行规范化、一体化管理。至此，天津石化大港与南港片区享受同等产业政策，行政审批、环境容量等政策障碍有效化解，存量部分转型空间有效释放，“大园区”协同发展格局基本形成。

（周克青　刘　剑）

【中石化（天津）石油化工有限公司注册成立】 2023年5月16日，中国石化印发《关于天津分公司重组设立子公司的批复》，同意将天津分公司重组设立全资子公司。31日，中石化（天津）石油化工有限公司注册成立，年内达点实现资产注入，依法合规体系完成业务迁移。

（周克青　刘　剑）

【国内首创不相融催化剂在线切换技术实现工业化应用】 2023年5月17日，由中国石化与浙江大学共同研发的国内首创不相融催化剂在线切换技术在天津石化实现工业化应用，有效解决常规催化剂与茂金属催化剂不兼容问题，实现聚乙烯不同牌号产品在线不停工切换，较国内同类装置切换牌号周期压缩2/3以上。茂金属催化剂与常规催化剂相比具有催化活性高、共聚能力强、氢调性能好等特点，国内未有茂金属催化剂和常规催化剂相融合先例。该技术申请国家专利，推广应用后可大幅降低企业生产成本和安全生产风险，有效提升中国工业装置竞争力。

（周克青　刘　剑）

【全球首台超大口径裂解气阀实现国产化替代】 2023年6月18日，由中国石化与北京航天石化技术装备工程有限公司共同研发的60英寸全球最大硬密封裂解气阀在天津石化一次安装成功，实现大型乙烯装置超大口径裂解气阀国产化应用，成功打破石化核心装备国外垄断，为“大国重器”增添新成员。该阀门与首台国产20万吨/年单炉膛液体原料裂解炉配套使用，应用先进设计理念，实现多项制造工艺革新，阀门使用寿命、安全性、运行可靠性、可维护性等关键性能大幅提升。

（周克青　刘　剑）

【世界单套最大HDPE装置环管反应器完成安装】 2023年6月28日，由中国石化自主开发，世界单套最大环管反应器在天津石化南港乙烯项目50万吨/年HDPE装置一次安装成功。

（周克青　刘　剑）

世界单套最大环管反应器HDPE装置环管反应器一次吊装成功（董　波　摄）

【聚乙烯新品研发再结硕果】 2023年7月18日，天津石化自主研发、国内首次工业化生产PE-LF131-8四元共聚聚乙烯新产品，被中国石油和化学工业联合会评为化工新材料“2023年度创新产品”。该产品由乙烯、丁烯、己烯、辛烯共聚合成，具有高透明、高强度、高柔软的特性，与传统聚乙烯相比，吹膜雾度下降1倍，透明度、光学性能大幅提高，可使下游客户简化制膜工艺流程，装置能耗降低50%，有效降低加工成本和碳排放量，在透明包装、光伏胶膜等领域应用优势显著。

（周克青　刘　剑）

【低温热利用项目成效显著】 2023年11月1日，天津石化低温热利用供暖改造项目中交，实现行业内首次利用芳烃装置低温热为居民生活区供暖。项目施工历时6个月，利用炼油高温热媒水和芳烃装置低温余热替代自备电厂燃煤机组余热为居民区供暖，按供暖期120天计算，年可节约采暖用1.0兆帕蒸汽30万吨，降本增效7000余万元。

（周克青　刘　剑）

【党建工作全面加强】 2023年，天津石化力度不减实施“6+2”党建发展方略，党建工作连续8年保持A档。严格落实“第一议题”制度，创新运用“五环贯通”学研法，理论学习质效齐升；巩固完善意识形态风险“三单”运行机制，识别3类127个风险点，制定意识形态风险提示单21

份、基层风险管控措施 256 项。修订完善公司党委落实全面从严治党主体责任 6 张清单，持续优化“两单三书”机制运行；规范运行“三重一大”决策，党委（常委）会议决定和前置研究讨论重大经营事项 166 项，党委“把方向、管大局、保落实”领导作用有效发挥。

（周克青　刘　剑）

【从严从实抓好队伍建设】 2023 年，天津石化强化领导干部队伍建设，干部竞争性选聘比例 63.6%，中基层领导人员任期制和契约化管理实现全覆盖，梯队建设和动态调整机制日趋完善。召开首次人才工作会议，制订实施“十四五”及中长期人才发展规划和人才工作三年行动计划，全面系统谋划新时代人才工作布局。成功举办首届“朝阳工匠”竞赛，开展 5 个实操赛、1 场半决赛和 1 场总决赛，394 人参赛，推进“精英赛”向“全员赛”转变，打造天津石化特色竞赛品牌。

（周克青　刘　剑）

【着力打造一流政治生态】 2023 年，天津石化高质量推动中央巡视延伸对照整改，建立审验销账、督办问责、请示报告等 5 项整改机制，细化 7 个方面 22 项问题清单，打表推进、督查督办；建立“常规 + 机动 + 专项”巡察模式，对 2 家直属单位、2 个专业部室开展常规巡察、机动巡察，对重点作业部落实 HSE 管理体系进行专项巡察，发现并督促整改突出问题 149 项。创新构建“N+1+4+5”项目建设“大监督”体系，携手共建单位合力纠偏、防范风险。

（周克青　刘　剑）

【全力营造和谐企业氛围】 2023 年，天津石化隆重简朴庆祝集团公司成立 40 周年，座谈会、文艺晚会、职工长跑比赛、企业文化故事会、青年英语演讲比赛、关工委系列文化活动次第推开。“四个环境”焕然一新，实施食堂局部改造、消费系统升级，就餐率增长 6 个百分点；新增班车通勤线路 9 条，通过引入“车来了”App、周边区域设置共享电单车点位，方便职工出行；修缮 1.3 万平方米办公楼外立面，改造铺装 1.5 万平方米人行道、健步路、沥青路，规范 78 处交通标识。高标准推进“1 号民生工程”——于家堡订单式限价商品房建设，成功举办项目开工暨“聚龙湾 · 1 号”命名发布仪式，完成 6 个地块 18 栋楼地下土建部分施工、2 栋楼主体封顶，以及 2 批次住房选号发售工作。成功劝阻进京访 60 余人次，扭转信访工作被动局面，信访办公室被评为集团公司维护稳定工作先进集体。

（周克青　刘　剑）

表 1　天津石化主要技术经济指标①　亿元

指标名称 \ 年份	2023	2022	2021	2020	2019	2018
原油加工量 / 万吨	1 185.43	1 154.68	1 289.01	913.97	1 217.65	1 214.11
工业总产值	711.89	739.13	655.36	340.02	535.39	571.98
工业增加值	112.40	96.76	143.34	37.65	81.57	111.04
资产总值	386.30	448.74	377.75	334.61	334.67	308.79
流动资产	85.27	104.88	99.59	76.74	104.06	125.86
固定资产原值	406.65	396.90	385.59	368.58	319.63	317.43
固定资产净值	117.81	121.20	151.59	127.76	86.52	94.91
销售收入	725.40	760.55	684.62	356.73	559.81	595.01
实现利税	65.33	44.86	95.46	6.96	57.87	100.10
税　金	78.92	80.26	72.50	38.90	47.23	58.97

①均为分公司、子公司数据，不含存续部分数据

表 2 天津石化主要产品产量 万吨

产品名称 \ 年份	2023	2022	2021	2020	2019	2018
汽　油	239.00	226.74	289.03	131.09	137.68	133.81
煤　油	194.85	103.79	127.48	98.82	209.52	190.85
柴　油	193.60	221.39	180.11	200.69	266.73	263.07
化工轻油①	339.85	384.40	462.84	349.21	393.75	392.64
商品液化气	48.50	44.92	56.35	27.48	32.41	44.90
石油苯	39.50	40.65	48.21	33.58	40.74	41.41
对二甲苯	34.49	30.85	34.65	24.03	33.01	32.50
精对苯二甲酸	0	0	0	8.36	29.54	28.44
聚　酯	0	0.33	19.70	18.79	23.95	23.53
聚酯切片	0	0.08	10.95	11.32	14.57	14.42
涤纶短丝	0	0.42	8.43	7.34	9.22	8.87
聚醚多元醇	2.01	3.15	6.04	5.66	5.25	6.19
丙　烯	23.66	24.92	36.06	15.88	17.08	16.96
乙　烯	0	10.40	22.74	19.32	22.54	22.64
聚乙烯	11.92	11.48	11.67	10.43	11.85	11.89
聚丙烯	18.78	20.83	20.28	6.02	7.28	6.94
乙二醇	0	0.77	2.17	1.86	3.06	3.30
环氧乙烷	0	1.22	5.25	4.36	5.33	4.32

①化工轻油数据中含尾油产量

中沙石化

【概况】 中沙（天津）石化有限公司（简称中沙石化）是中国石化和沙特基础工业公司以50%：50%的股比共同出资设立的大型石油化工企业，于2009年10月20日成立，2010年5月11日投入商业运行，坐落于天津市滨海新区。截至2023年底，中沙石化资产总额241.77亿元；大港区域占地171.5公顷，有主生产装置9套，包括130万吨/年乙烯装置、65万吨/年裂解汽油加氢装置、30万吨/年高密度聚乙烯装置、30万吨/年线型低密度聚乙烯装置、11万/28万吨/年环氧乙烷/乙二醇装置、45万吨/年聚丙烯装置、35万吨/年苯酚丙酮装置、20万/12万吨/年丁二烯抽提/MTBE联合装置、3.5万吨/年苯乙烯抽提装置，以及配套公用工程和辅助设施。产品包括气体产品4种、液体产品17种、固体产品4类80个牌号。

26万吨/年聚碳酸酯项目是中沙石化二期项目，位于天津市滨海新区南港工业区，总占地面积66.1公顷，于2023年8月31日正式投入商业运营。该项目采用非光气熔融缩聚法生产工艺，包含2条生产能力均为13万吨/年的聚碳酸酯生产线，每条线均包括3万吨/年一氧化碳（CO）单元、5万/11万吨/年碳酸二甲酯/碳酸二苯酯（DMC/DPC）单元、12万吨/年双酚A（BPA）

单元、13 万吨 / 年聚碳酸酯（PC）单元，以及公用工程等配套设施。产品主要应用于航空航天、电子医疗、汽车、建材家居等领域。

截至 2023 年底，中沙石化有在册员工 1431 名，专科及以上学历占员工总数的 88.3%，各类专业技术人员 379 人，有中高级职称的员工占员工总数的 29.6%，技师及高级技师占员工总数的 9.4%。

中沙石化主要经济指标及主要产品产量分别见表 1 和表 2。

（孟永健　王　晶）

【总裁班子调整】 2023 年 8 月，中沙石化董事会对总裁班子进行调整：戴立起的中沙石化总裁任期于 2023 年 8 月 29 日终止；聘任高云忠担任中沙石化总裁，任期自 2023 年 8 月 30 日起，至董事会批准其任期届满之日止；聘任肖斌担任中沙石化副总裁，任期自 2023 年 8 月 30 日起，至董事会批准其任期届满之日止。

（王　晶）

【生产经营情况】 2023 年，面对经营效益持续承压的局面，中沙石化在坚守安全生产底线的基础上，大力开展优化创效，积极推动研发创新，高效抓好项目建设，稳步实施管理改革，较好完成各项任务。全年，大港厂区装置在线率 99.7%，南港厂区装置在线率 99.98%；实现工业总产值 227.22 亿元，主产品产量 475.73 万吨；营业收入 229.15 亿元，上缴税费 5.34 亿元。

（孟永健）

大港厂区中央控制室（曾媛丽　摄）

【安全环保再创佳绩】 2023 年，中沙石化认真贯彻习近平总书记关于安全生产论述和指示精神，坚决落实国家和集团公司安全环保工作要求，深入开展本质安全强化年行动，保持良好的安全环保业绩。全年 EHSS 事故率为 3%，远低于 25% 的目标值；员工安全工时累计 3042 万小时，承包商安全工时累计 3814 万小时，实现新的里程碑，各项外排指标明显低于国家及天津市排放标准。

（王　晶）

【持续推进绿色低碳发展】 2023 年，中沙石化在线型低密度聚乙烯等 5 套装置率先开展 LDAR 自行检测工作，有效提高漏点从发现到修复的时效；优化工艺，将聚丙烯等装置聚合残液送至乙烯装置，实现工业废物回收再利用；统筹区域蒸汽等公用工程资源，实现资源高效利用。

（王　晶）

【降本增效成效显著】 2023 年，中沙石化聚焦生产经营优化，在发展和研发、运营提升、资金优化、成本优化、节能减排等方面持续发力。大力开展“价值创造优化行动”，累计实施价值创造行动项目共 112 项。全年累计优化增效近 3 亿元，对创效先进集体和个人发放奖励 134 万元，充分激发全员优化创效的积极性、主动性、创造性。

（杨梦婷）

DMC/DPC 装置新增冷冻水板式换热器（郑大鹏　摄）

【扎实推进管理改革】 2023 年，中沙石化全面深入落实 OMS 体系，在本质安全、合规经营、生产运行、产品研发、客户满意等方面均达到预期目标。按照精简高效原则，调整优化组织架构，重新梳理部门职责，有效提升公司管理效能。组织开展部门经理、副经理、装置经理绩效考核，从“德、能、勤、绩、廉”5 个维度评价，激励“关键少数”切实履职尽责。

（孟永健）

【研发创新取得突破】 2023 年，中沙石化坚持“高端化、差异化、定制化”发展战略，聚焦新技术、新产品，努力补短板、填空白，研发创新取得优异成绩。全年开发并量产 26 个牌号高附加值产品，提高 21%；承担股东方新品开发任务，产量超额完成 39%，获中国石化化工新材料高质量发展工作体系专项奖励 25 万元。

（王　晶）

国内钛系双峰油箱料（邵平均　摄）

【数字化转型转入落地实施阶段】 2023 年，中沙石化坚持“业务主导、技术赋能”的数字化转型策略，依据调研结果和业务需求完善数字化转型实施方案。完成电子作业票、双预防、SAFER 等系统上线，在南港厂区完成人员定位项目试点，在大港厂区完成视频 AI 分析项目测试。

（王　晶）

【获多项荣誉】 2023 年，中沙石化获全国独立乙烯企业绿色发展先进水平称号，获天津市企业 100 强、天津市制造企业 100 强、天津市节水型企业（南港）、天津市 A 级纳税信用企业、天津市设备规范化管理 5A 级单位等称号。

（王　晶）

【聚碳酸酯项目商业运营仪式】 2023 年 8 月 31 日，中沙石化举办 26 万吨 / 年聚碳酸酯项目商业运营仪式。

聚碳酸酯项目商业运营仪式（王志磊　摄）

（王　晶）

【乙烯装置长周期安稳运行】 截至 2023 年底，乙烯装置连续 2955 天未发生非计划停工事故，实现安全稳定长周期运行，为公司降本增效、高质量发展打下坚实基础。

（王　晶）

【高密度聚乙烯装置大型机组长周期运行创纪录】 2023 年 4 月 28 日—2024 年 1 月 4 日，高密度聚乙烯装置挤压造粒机组实现连续运行 252 天，刷新公司造粒机组连续运行纪录，在同行业中处于领先水平。

（王　晶）

【队伍建设进一步加强】 2023 年，中沙石化狠抓“三基”工作，组织开展公司有史以来最大规模的员工技术比武，加大奖励力度，充分激发基层员工“比学赶帮超”的积极性。实施精准培训，全面提升员工胜任力，全年实施培训项目 130 个，培训计划完成率 100%。聚焦员工“急难愁盼”问题，先后实施全员体质测定、南港食堂硬件提升等 19 个“我为群众办实事”项目。关爱员工，适时开展各类慰问活动。积极开展员工喜爱的文化体育活动，累计 4900 余人次参加，营造温暖和谐的文化氛围。

（杨梦婷）

【全面从严治党】 2023 年，中沙石化党委坚持把转变作风与检视整改结合起来，将党风廉政建设工作纳入党委重要议事日程，同研究、同布置、同落实，重大事项集体讨论决策，有效保障党风廉政建设工作常态化；纪委积极参与提职考核、干部考核、商务采购等工作，对重点环节进行监督；学习中央重要会议精神和典型案例，加大对春节、国庆节等重大节假日期间的教育监督力度，严明纪律要求，进一步强化大局意识、担当意识、责任意识和廉洁意识。

（徐　荃　李晓晶）

表 1　　中沙石化主要经济指标　　亿元

指标名称＼年份	2023	2022	2021	2020	2019	2018
工业总产值	227.22	242.15	245.73	147.07	203.71	233.08
工业增加值	3.56	−3.56	33.04	24.52	40.08	63.18
营业收入	229.15	242.94	246.31	148.81	205.41	235.01
税前利润	−18.32	−22.47	14.15	9.54	21.78	39.16

表 2　　中沙石化主要产品产量　　万吨

产品名称＼年份	2023	2022	2021	2020	2019	2018
乙　烯	117.39	112.27	126.31	92.50	112.86	110.05
丙　烯	58.17	56.28	63.72	46.84	57.12	56.20
丁二烯	16.89	18.88	22.58	17.06	20.25	20.81
甲基叔丁基醚	14.07	13.90	16.53	13.16	15.67	15.56
1- 丁烯	5.00	5.51	6.34	4.96	6.41	6.94
线型低密度聚乙烯	33.05	30.75	38.24	27.32	30.58	29.96
高密度聚乙烯	31.05	28.65	31.61	26.33	31.47	30.22
聚丙烯	49.11	47.40	52.13	40.59	50.80	50.12
环氧乙烷	10.87	13.36	13.50	9.26	11.96	10.13
乙二醇	27.77	32.01	37.67	30.99	37.65	34.68
苯　酚	24.28	23.53	25.33	19.17	23.15	21.59
丙　酮	15.15	14.67	15.79	11.93	14.44	13.45
混合苯	47.09	51.00	61.55	47.22	47.00	42.20
苯乙烯	2.96	3.45	4.04	2.69	2.78	2.72
聚碳酸酯	22.89	—	—	—	—	—

上海石化

【概况】 中国石化上海石油化工股份有限公司（简称上海石化）位于上海市金山区，占地面积 9.40 平方千米，是一家集炼油、化工、塑料、化纤生产经营于一体的石油化工企业，也是中国首家在上海、香港、纽约三地同时挂牌上市的公司，2022 年 9 月从纽交所退市。其前身为创建于 1972 年的上海石油化工总厂，1993 年 6 月改制为上海石油化工股份有限公司。2000 年 10 月更名为现名。

上海石化下设炼油部、烯烃部、芳烃部、化工部、碳纤维事业部、合成树脂部、热电部、公用事业部（海堤管理所）、先进材料创新研究院、储运部、环保水务部及仪控中心、物资采购中心、销售中心、IT 服务中心、质量管理中心、行政事务中心、上海培训中心等单位，并由资本运营部管理对外投资企业。截至 2023 年底，总资产 396.58 亿元，主业在岗员工 7216 人。有原油综合加工能力 1600 万吨 / 年和乙烯 70 万吨 / 年、有机化工原料 407 万吨 / 年、合成树脂 90.8 万吨 / 年、合纤原料 52.5 万吨 / 年、合成纤维 3.55 万吨 / 年的生产能力。主要生产石油制品、中间化工原料、合成树脂、合纤原料及合成纤维 4 类产品。

上海石化主要技术经济指标及主要产品产量分别见表 1 和表 2。

（吴文华）

【领导班子调整】 2023 年 4 月 28 日，上海石化召开领导班子扩大会议，宣布集团公司党组调整上海石化领导班子决定：谢莉任上海石化党委副书记兼纪委书记，为工会主席人选；免去马延辉上海石化党委副书记、委员、纪委书记职务，不再担任工会主席职务，另有任用；谢莉为上海石化监事会监事、主席人选，马延辉不再担任监事会主席、监事职务。6 月 12 日，集团公司党组下文，免去金强上海石化党委委员职务；股份公司下文，建议金强不再担任上海石化副总经理职务，任二级协理员。7 月 5 日，集团公司党组下文，免去周纪军上海石化党委委员职务；股份公司下文，建议周纪军不再担任上海石化副总经理职务，任二级协理员。9 月 11 日，股份公司下文，金文敏任上海石化二级协理员。10 月 11 日，集团公司党组下文，李善涛任上海石化党委委员；股份公司下文，建议李善涛为上海石化副总经理人选。

（吴文华）

【金虹航油管道工程建成投运】 工程于 2018 年 4 月开工建设，2022 年 9 月建成，2023 年 12 月 12 日在上海石化举行建成投运仪式。该管道首站位于上海石化储运部二车间，末站位于上海国际虹桥机场油库，全长 73.7 千米，设计年输油约 150 万吨，远期设计年输油约 400 万吨，为 2022 年上海市重大建设项目。投运后，开辟上海石化生产的航空煤油管道输送出厂新渠道。

（吴文华）

【第三回 220 千伏电源进线工程建成投运】 项目于 2021 年 5 月 17 日开工，2023 年 8 月 23 日中间交接，8 月 26 日成功受电试运行，8 月 29 日在上海石化举行建成投运仪式。项目总投资 5.1 亿元，新建一回自亭卫 500 千伏变电站至热电二站 220 千伏电源线路，包括新建 220 千伏电力架空线 21.775 千米和电力电缆 0.152 千米，新建电力铁塔 83 基，改造和利旧国网金山公司同路径同塔四回电力铁塔 11 基。投运并网后，上海石化与上海电网电源联络线增加至 3 条，最大受电功率可达 520 兆瓦，提升公司电网稳定性与可靠性，满足公司改革发展和持续增长的生产用电需求，以及保障石化地区居民用电需求。

（吴文华）

【屋顶分布式光伏发电项目全面投运】 2021 年以来，上海石化按照“总体规划、分区域分步实施”的原则，稳步推进光伏发电项目。继 2021 年 8 月 400 千瓦光伏电站、2023 年 4 月首套兆瓦级光伏电站——环江路光伏电站投用并网后，6 月 30 日南随塘河光伏电站、7 月 3 日碳纤维事业部北区光伏电站、7 月 24 日碳纤维事业部南区光伏电站相继投运并网发电。至此，上海石化屋顶分布式光伏发电项目全面投运，共 5 座，总面积达 10.8 万平方米，总装机量约 16 兆瓦，年发电量可达 1886 万千瓦·时。2023 年，节约标准煤 2410 吨，减少碳排放履约费约 21.5 万元，节约外购电成本 739 万元。

（吴文华）

2023 年 6 月 30 日，上海石化南随塘河光分布式伏电站投用并网发电（曹　政　摄）

【2.4 万吨 / 年原丝、1.2 万吨 / 年 48K 大丝束碳纤维项目（一阶段）全面建成】 项目作为 2021 年上海市重大产业项目之一，于 2021 年 1 月 4 日正式开工建设，2022 年 10 月国内首套 48K 大丝束碳纤维国产线产出合格产品，2023 年 3 月 30 日项目（一阶段）中间交接，涉及 4 条原丝生产线和 1 条氧化炭化生产线，累计建成 8 条原丝（产能 2.4 万吨 / 年）、3 条碳纤维生产线（产能 6000 吨 / 年）。同时，2023 年上海石化集合碳纤维专业技术力量，成立攻关小组，协力解决安全生产、工艺技术、设备优化方面问题，9 月装置实现连续运行 390 小时目标。项目建成投产进一步提高上海石化原丝及碳纤维的单线产能，推动中国石化大丝束碳纤维从关键核心技术突破、工业试生产、产业化，逐步走向规模化生产和关键装备国产化，大幅降低碳纤维生产成本，推进关键核心技术自主可控，加快碳纤维产业发展。

（吴文华）

【百吨级高性能碳纤维项目完工】 项目于 2021 年 6 月 18 日开工，2023 年 4 月 25 日中间交接，8 月 23 日打通全流程，9—10 月实施运行优化、开展关键工艺技术攻关，10 月 8 日产出合格产品，达到 T800H 级水平碳纤维指标要求，在此基础上装置开展 72 小时性能考核和高强中模碳纤维应用研究。项目投资总额 5.66 亿元（不含税），采用二甲基亚砜（DMSO）作为溶剂的溶液聚合原液制备技术、湿法纺丝技术及氧化炭化技术。项目建设聚合原液产能 250 吨 / 年、1 条 250 吨 / 年 PAN 基原丝线、1 条 100 吨 / 年高性能碳纤维生产线。包括聚合、纺丝、炭化氧化、溶剂回收、尾气处理等单元。由中石化上海工程有限公司设计，上海中钱联合基础工程有限公司桩基施工，上海金山石油化工建筑有限公司负责土建施工，中石化第十建设有限公司安装，上海金申工程建设监理有限公司监理。项目的建成投产，为上海石化系统掌握高性能碳纤维规模化生产技术、突破产业化困局奠定基础，助推国家特种纤维及其复合材料应用研究不断向产业化发展。

（吴文华）

【碳纤维热塑性复合材料（CFRTP）试验线项目完工】 项目于 2022 年 3 月 4 日开工，8 月 12 日中间交接，8 月 28 日投料开车，制备出第一块大尺寸碳纤维增强聚苯硫醚（CF/PPS）板材，产品表观质量良好，将满足国产大飞机相关材料需求，标志着中国在 CFRTP 领域迈出重要一步。试验线采用模压成型技术，总投资 8768.23 万元，新建碳纤维增强聚芳醚酮（PAEK）单向带、碳纤维增强聚苯硫醚（PPS）板材 2 条碳纤维复合材料试验线，有力促进上海石化在航空先进制造技术、新材料技术方面的进步，对打破国外关键核心技术封锁、推动中国航空工业原材料研制生产技术的发展进步、服务国家战略需求有重要意义。

（吴文华）

【热电机组清洁提效改造项目桩基开工】 项目被列入上海市“十四五”重点能源建设项目、金山区 2023 年重大工程项目，于 2023 年 11 月 18 日桩基开工，总投资 37.5 亿元。新机组选用 4 台亚临界一次再热深度背压高效燃煤供热机组和 2 台燃气快速锅炉，替代现役全部“7 炉 7 机”燃煤机组。项目建设主要内容为：新建 4 台 570 吨 / 时亚临界一次再热燃煤锅炉，配套建设满足超低排放标准的电袋除尘、石灰石－石膏湿法烟气脱硫及 SCR 烟气脱硝设施；4 台 70 兆瓦亚临界一次再热深度背压双抽汽轮发电供热机组，额定中压供热 90 吨 / 时，额定低压供热 252 吨 / 时；2 台 260 吨 / 时中温中压燃气快速锅炉，配置满足燃气炉烟气污染物排放标准的超低氮燃烧器，配套新建 220 千伏、110 千伏变电站，移位改造 35 千伏配电室、燃料系统升级改造和智慧电厂建设等相关内容。工程项目建成后，将全面提升上海石化热电厂的生产技术和经营管理水平，大幅降低煤耗、能耗、大气污染物排放和碳排放量，改善周边环境，提升对周边居民区的供电稳定性、安全性，同时向上海碳谷绿湾产业园区供热，助力地方经济发展。

（吴文华）

2023年11月18日，上海市2023年度重大工程预备项目——上海石化热电机组清洁提效改造项目桩基开工
（李英豪　摄）

【1500吨/年碳纤维装置产量质量双达标】 2023年，上海石化以提高1500吨/年碳纤维装置产品性能和降低生产成本为目标，优化原丝工艺路线，首次实现24K碳纤维工业化批量生产，产品质量稳定，达到强度40级标准模（SCF40S）以上。同时，深耕细作，稳步推进各项瓶颈攻关，装置经济指标不断刷新最好水平，生产运行稳定性大幅度提高，全年小丝束（3K、24K、24K）碳纤维产量1101吨，产量质量均创历史新高。

（吴文华）

【开发大丝束风电专用料和Ⅳ型预氧丝产品】 2023年，上海石化在大丝束碳纤维生产线稳定运行的基础上，不断寻求技术突破，结合市场需求，强化产、研、销联动，成立风电专用碳纤维攻关小组。9月设计开发出第二代风电专用料产品，强度大于等于450兆帕，模量大于等于265吉帕，满足用户风电领域需求。10月，设计开发出Ⅳ型预氧丝产品，极限氧指数大于等于45%，最高大于等于49%，满足客户需求，拓宽大丝束产品应用范围。

（吴文华）

【碳纤维应用气承式膜结构索网系统】 2023年，上海石化自主研发的48K大丝束碳纤维筋制备的百米级国产大丝束碳纤维索，成功应用于中建八局长深高速项目气膜结构砂石料场，是碳纤维复合材料首次应用于气承式膜结构索网系统，也是中国土木工程领域迄今应用的最长碳纤维筋索。该工程制备的单根索体总长度为92米，重约65千克，较普通钢索减重约80%，可显著降低施工难度，有效节约大型施工吊装机械的使用。该次应用充分展现碳纤维筋、索独特的技术优势，拓展碳纤维复合材料在建筑结构领域应用的新场景，其具备轻质高强特性，为未来低能耗、超大跨度气膜结构建设奠定基础。

（吴文华）

【发布国内首个大丝束碳纤维产品标准】 2023年7月7日，由上海石化主持起草的团体标准《工业级聚丙烯腈基大丝束碳纤维纱》在全国团体标准信息平台正式发布，规范定义工业级聚丙烯腈基大丝束碳纤维纱的术语和定义、分类和代号、要求、试验方法、检验规则、包装、标志、运输和贮存等内容。该标准为国内首个关于大丝束碳纤维的产品标准，为大丝束碳纤维产业的发展奠定基础。

（吴文华）

【碳纤维冬奥火炬获第23届中国国际工业博览会大奖】 2023年9月19日，第23届中国国际工业博览会（简称CIIF）大奖正式揭晓，上海石化、核工业第八研究所、东华大学、云路复合材料（上海）有限公司及库贝化学（上海）有限公司合作的“碳纤维冬奥火炬首创应用及集成技术”获CIIF大奖。碳纤维冬奥火炬的成功研发和应用，创造北京冬奥会、冬残奥会火炬传递“零碳排放”“零熄灭”的佳绩，圆满实现北京冬奥会、冬残奥会火炬传递和开幕式点火仪式的精彩呈现，高质量完成重大政治任务，充分展现“科技冬奥、绿色冬奥”的理念，向世界展示中国的创新力量，对中国碳纤维等新材料产业的快速发展带来更大更多的辐射效应，更好地满足国家战略需求和经济社会发展。

（吴文华）

【首次参加绿电交易】 2023年，上海石化通过与上海电力公司、上海石电能源有限公司等密切沟通，广泛寻找绿电资源。6月，与中国广核集团有限公司达成绿电交易意向 538 万千瓦·时，历史首次购入绿电资源。年内，采购绿电 4600 万千瓦·时，可减少碳排放 1.93 万吨，降低购电、碳履约综合成本 80.2 万元。

（吴文华）

【发布首份 ESG 报告】 2023 年 3 月，上海石化协同上海社科院团队编制并发布《2022 年环境、社会、治理（ESG）报告》。在历年社会责任报告编制标准的基础上，参考《GRI 通用标准（2021 年版）》《气候相关财务信息披露工作组建议报告》等国际通用披露标准和指南，调整优化披露框架，完善应对气候变化、碳减排等方面的内容，帮助投资者更加清晰地了解公司在 ESG 方面的措施和成效，有效提高公司资本市场形象和透明度。该报告为上海石化首份 ESG 报告，也是第 15 份社会责任报告，在 2022 年度业绩路演及券商调研中，获贝莱德等机构投资者的充分肯定。

（吴文华）

【业务竞赛获奖】 2023 年，上海石化组队参加 2 项国家级、4 项集团公司级业务竞赛，获国家级竞赛个人 1 金、团体 1 银；集团公司级竞赛个人 3 金、3 银、1 铜，团体 2 银，并获优秀教练团队称号、优秀组织奖。

（吴文华）

【举办第一届“最强操作”竞赛】 2023 年 4—12 月，上海石化以“技·无止境 能·创未来”为主题，举办第一届“最强操作”竞赛，炼油部、烯烃部等 8 家单位组建 12 支队伍，超过 5000 名员工参加全员练兵赛、实操选拔赛、总决赛等各赛项竞赛。经过激烈角逐，合成树脂部 2 队、芳烃部 1 队、芳烃部 2 队分别获“最强操作”团体金奖、银奖、铜奖。通过“最强操作”系列竞赛，营造全员提思想、强精神、学技能、保安稳良好氛围，助力公司夯实安全生产根基。

（吴文华）

4—12 月，上海石化举办第一届“最强操作”业务竞赛。图为员工正在参加应急比赛（李英豪　摄）

【开发 5 套针对性工艺仿真】 2023 年，上海石化组织开发 3# 常减压蒸馏装置、航空煤油临氢脱硫醇装置、2# 乙二醇装置、3# 聚丙烯装置仿真培训系统、金阳腈纶装置聚合工段 5 套针对性工艺仿真软件。依据趣味性、易学性、真实性、功能性等基本原则，采用“分工段 + 全流程”的开发模式，包含开车、停车、事故、物料异常等仿真训练项目和事故组态项目，方便员工开展仿真训练。截至 2023 年底，上海石化累计开发 25 套针对性工艺仿真，每月超过 1000 名技能操作人员和“三大员”参加仿真训练。

（吴文华）

表 1　上海石化主要技术经济指标　亿元

指标名称＼年份	2023	2022	2021	2020	2019	2018
原油加工量 / 万吨	1 411.93	1 044.53	1 376.44	1 467.15	1 519.94	1 437.90
工业总产值	861.20	714.48	797.01	648.37	799.47	817.36
工业增加值	188.81	137.12	232.92	200.55	208.95	243.82
资产总计	396.58	412.43	470.39	447.40	456.36	445.40
流动资产	154.55	157.66	211.27	174.61	223.09	253.19

续表

指标名称＼年份	2023	2022	2021	2020	2019	2018
固定资产原值	553.42	518.97	496.46	485.92	470.76	468.18
固定资产净值	159.33	139.16	127.66	126.44	121.49	125.45
销售收入	930.14	825.18	892.80	747.05	1 003.46	1 077.65
利润总额	−17.15	−36.00	26.48	5.74	26.54	67.49
所得税	−3.06	−7.31	3.52	−0.66	4.29	14.72

表 2　上海石化主要产品产量　万吨

产品名称＼年份	2023	2022	2021	2020	2019	2018
汽　油	334.89	257.08	339.64	327.30	346.84	322.92
航空煤油	192.54	81.70	118.45	112.45	107.86	116.82
柴　油	339.23	252.02	338.80	398.21	384.50	373.08
乙　烯	64.11	59.81	71.28	82.52	84.13	77.78
丙　烯	48.05	43.58	49.80	53.34	54.04	50.99
纯　苯	37.27	30.32	30.67	37.21	37.33	34.86
对二甲苯	70.72	58.59	49.63	66.24	66.68	67.30
乙二醇	7.19	9.57	15.07	23.67	28.67	41.52
聚乙烯	52.56	39.12	49.62	58.12	53.73	41.79
聚丙烯	42.18	39.70	45.59	49.29	46.96	49.36
PTA	0	0	4.98	31.67	32.34	27.00
合成纤维聚合物	3.77	10.75	34.34	34.52	37.03	41.60
聚乙烯醇	0	0	0	0.53	1.13	0.95
聚　酯	3.77	10.75	34.34	33.99	35.90	40.65
合成纤维	2.31	2.04	9.76	14.95	17.67	16.12
涤　纶	0	0	2.62	3.37	3.94	4.77
腈　纶	2.14	1.96	7.10	11.55	13.69	11.32
碳纤维	0.17	0.08	0.04	0.04	0.03	0.03

上海赛科公司

【概况】 上海赛科石油化工有限责任公司（简称上海赛科公司）成立于 2001 年 10 月 29 日，是中国石油化工股份有限公司、中国石化上海石油化工股份有限公司、英国石油公司（bp）华东投资有限公司分别按 30%、20%、50% 的比例出资组建的中外合资公司。2017 年 10 月 26 日，由中国石化上海高桥石油化工有限公司完成对 bp 公司股权的收购。2022 年 12 月 7 日，由英力士投资（上海）有限公司收购部分中国石化和高桥石化股权。上海赛科公司成为中国石油化工股份有限公司、中国石化上海石油化工股份有限公司、中国石化上海高桥石油化工有限公司和英力士投资（上海）有限公司分别按 15%、20%、15%、50% 比例出资组建的合资公司。上海赛科公司位于上海化学工业区内，占地 204 万平方米，设运营部、销售部、供应链部、财务部、人力资源部、综合管理部、党群工作部、党委组织部、纪检监督部、规划部、信息技术部、内部审计部共 12 个职能部门。截至 2023 年底，员工总数 1256 人。有设计能力 109 万吨 / 年乙烯裂解装置、60 万吨 / 年芳烃抽提装置、18 万吨 / 年丁二烯抽提装置、65 万吨 / 年苯乙烯装置、30 万吨 / 年聚苯乙烯装置、60 万吨 / 年聚乙烯装置、25 万吨 / 年聚丙烯装置、52 万吨 / 年丙烯腈装置、58.4 万吨 / 年硫酸回收装置等 18 套装置，以及配套的动力中心等公用工程辅助设施。以石脑油和液氨为原料，生产乙烯、丙烯、丁二烯、芳烃、苯乙烯、丙烯腈、聚乙烯、聚丙烯、聚苯乙烯等产品。

2023 年，上海赛科公司销售产品 242.83 万吨，销售收入 171.96 亿元。

上海赛科公司主要产品产量见表 1。

（曹培利）

【调整组织结构】 2023 年 2 月，根据股东协议及双方股东协商结果，上海赛科公司调整组织结构和部门职责。重组生产部、安保质量部，设立运营部；撤销商务部，设立销售部和供应链部；并于 3 月 1 日经公司第二届第二次董事会确认和生效，完成公司总体组织结构调整。

（肖　娜）

【优化产品结构】 2023 年，上海赛科公司受原料供应和市场环境影响，各装置控制负荷运行，其中丙烯腈 2# 和苯乙烯抽提装置在大修后经济性停车。7 月起，烯烃转换装置停产丙烯产品，改产混合丁烯。

（颜小敏）

【全厂停车大检修】 上海赛科公司于 2021 年 4 月启动大检修准备，2023 年 5 月 21 日按计划实施，7 月 19 日实现开车一次成功。总体计划完成率 100%，其中大修项目 100% 完成，大修项目（数量）变更率 3.93%（小于 KPI5%），费用控制目标全部完成。大修资源计划符合率高，其中人力资源计划参检 6108 人、现场计划高峰期 4554 人、实际高峰 4302 人；吊机资源储备 82 台、计划高峰 74 台、实际高峰 69 台。大修全面、全过程应用大检修管理平台，进行项目立项（项目变更）、项目编制、方案管理、工作包编制、项目实施过程管控的审核、审批等，为过程管理及决策提供高价值数据支撑。

（张　辉）

【“高抗冲小中空专用料开发”聚乙烯项目通过评审】 上海赛科公司承担的 2022 年度上海化工区科技创新和成果转化专项扶持项目“高抗冲小中空专用料开发”项目于 2022 年 6 月立项，2023 年 7 月 31 日通过上海化学工业区管理委员会评审。项目根据客户要求和市场发展趋势，设计试验配方，模拟客户的使用情况，在实验室进行机械、加工、ESCR 等全性能评估，通过调整聚合工艺和共聚单体含量，在保持试验产品弯曲模量、拉伸屈服应力、拉伸断裂应变等力学性能优势的前提下，简支梁冲击强度较原先提高约 30%，比国内市场上其他原料综合机械性能更佳。该项目完成预期的技术指标、经济指标、知识产权指标和社会效益指标，项目实施期内，共计生产试验产品 14579 吨，实现销售额（不含税）逾 9866 万元。

（仲　华）

【优化锅炉运行模式降低蒸汽消耗成本】 2023 年，上海赛科公司分析各装置运行情况和用汽需求，利用大检修停车前的机会，于 5 月 8—20 日测试 3 台蒸汽锅炉改 2 台运行模式。同时引进外部高压蒸汽，进一步降低锅炉自身发汽量。大修开车后在前期测试成功基础上继续实施 2 台锅炉运行。截至 2023 年底，通过实施 2 台锅炉运行模式，引入低成本外部蒸汽替代锅炉部分自产蒸汽，共产生效益 1460 万元，显著降低全厂蒸汽消耗成本，有力推动降本工作落地见效。

（奚　喆）

【苯乙烯装置节能优化改造项目完工】　项目于2023年3月10日开工。该项目在保证苯乙烯产品精制塔T-4003和T-4103共用塔顶冷凝器及回流罐并稳定运行情况下，将苯乙烯产品精制塔T-4003和T-4103两塔分离，T-4103塔提供低浓度TBC（3毫克/升）的苯乙烯产品直送PS装置，增加T-4103塔运行稳定性。增加以T-4002塔顶气相为热源的降膜再沸器，全部取代T-4103的低压蒸汽，达到节能目的。项目总投资1850万元，由中石化上海工程有限公司设计，北京燕华工程建设有限公司施工。2023年3月项目详细设计完成，现场桩基施工完成，5月土建施工完成，6月完成现场安装施工，7月尾项整改完毕。项目部分投用后为满足苯乙烯低负荷下节能运行发挥重要作用。

（邵　聪）

苯乙烯装置节能优化改造现场吊装

【光伏二期工程完工】　项目于2021年立项，2022年12月5日开工，2023年2月25日完成安装，并网运行。项目由上海电气集团股份有限公司负责设计施工，采用“自发自用，余电上网”的运行模式，共安装924块光伏组件，装机容量为415.8千瓦。电气接入部分采用4台60千瓦、2台50千瓦、2台40千瓦光伏逆变器；并网部分由实验变电站A母新增1台低压开关柜，采用1路1250安培空气开关作为并网柜总断路器，4路215安培抽屉式开关，4路160安培抽屉式开关作为支路断路器。项目投用后预计年平均发电量43.99万千瓦·时。截至2023年底，发电36.62万千瓦·时，节省电费约26.3万元。

（于轩辕）

【获评上海市余热利用十大优秀案例】　在2023年全国节能宣传周活动中，上海赛科公司的“加热炉增设空气预热器项目”被上海市经信委评为上海市余热利用十大优秀案例。该项目对乙烯装置2台裂解炉、苯乙烯装置1台蒸汽过热炉增设空气预热器，充分利用装置内排污水或凝液的余热加热助燃空气，使入炉空气温度提高50℃左右，有效节约加热炉的燃料气，年节约5073吨标煤，同时减少化石燃料燃烧带来的二氧化碳排放。

（卢　艺）

【获产业绿色发展资金扶持】　2023年，上海赛科公司申报上海化学工业区产业绿色发展专项扶持资金，申报项目包括“AN2装置凝水系统流程优化项目”和“屋顶光伏项目（二期）”，2个项目分别于9月18日和11月28日通过节能量和投资额双重审核，节能量共5903吨标煤，并获上海化学工业区节能资金补贴。同时，上海赛科公司在节能方面的投入获上海化学工业区管委会高度赞赏。

（卢　艺）

【全厂储罐气相连通合规性改造项目完工】　项目总投资1913万元，由中石化宁波工程有限公司和众一伍德工程有限公司设计，上海石化金艺工业建设有限公司、镇海石化建安工程有限公司、北京燕华工程建设有限公司、上海华谊建设有限公司施工。项目涉及全厂6套装置的6个储罐区，包括公用工程罐区、苯乙烯抽提罐区、苯乙烯罐区、芳烃罐区、1#和2#丙烯腈罐区所涉及的气相连通系统。改造内容涉及增加限流孔板、储罐氮封管线改造、增加阻火器和现场压差表、新增独立压力变送器等。项目芳烃区域于2022年3月土建开工，5月开始设备及管道安装，8月主体施工完成并投运。苯乙烯区域于2022年6月土建施工完成，9月主体安装完成并投用。苯乙烯抽提区域于2022年7月土建施工完成，2023年6月开始现场主体安装，9 月具备投用条件。1# 丙烯腈、2# 丙烯腈区域于 2022 年 10 月土建施工完成，2023 年 2 月开始钢结构、管道安装，6 月 1# 丙烯腈、2# 丙烯腈区域安装完成，7 月完成单机试车，1# 丙烯腈区域于 9 月投用。公用工程区域于 2023 年 4 月安装施工完成并于 8 月投用。项目实施后满足中国石化储罐罐顶油气连通安全运行的技术要求。

（邵　聪）

全厂储罐气相连通合规性改造项目

【AN2 装置尾气热力焚烧系统进行节能改造】 项目于 2023 年 4 月开工，总投资 2398 万元；由众一伍德工程有限公司设计，北京燕华工程建设有限公司施工。2# 丙烯腈装置采用热力焚烧系统进行丙烯腈吸收塔尾气的处理，原设计排烟温度偏高。改造对丙烯腈吸收塔尾气热力焚烧废热锅炉、过热器、蒸发器、省煤器、二次风预热器模块和进口烟道、汽包等设备进行重新设计，以降低排烟温度。4 月主要设备到货，5 月完成旧设备拆装，7 月设备安装完成，清理现场，8 月进行项目三查四定，9 月进行烘炉，12 月现场施工完成，具备投用条件。

（邵　聪）

【召开一届四次职代会】 2023 年 2 月 9 日，上海赛科公司召开一届四次职工代表大会。会议审议行政工作报告、5 项专项报告，以及《公司工会工作报告》；民主评议公司领导班子和公司领导，民主测评党建工作和党风廉政建设及反腐败工作；听取 2022 年公司选人用人工作情况报告并开展公司 2022 年度干部选拔任用工作和新提拔任用干部民主评议；表决通过 3 项集体合同，并完成签约；表彰 2022 年度中国石化、上海市和上海赛科公司等各类先进集体和个人；表决通过《上海赛科石油化工有限责任公司一届四次职工代表大会决议》。

（刘　彦）

【召开一届四次党代会】 2023 年 3 月 16 日，上海赛科公司召开一届四次党代表会议。会议审议题为《提质增效深化五融合，固本强基加强五建设，为建设具有持续竞争力的世界级企业不懈奋斗》的党委工作报告，表决通过《中国共产党上海赛科石油化工有限责任公司一届四次代表会议决议（草案）》。上海赛科公司党委分别与安保质量党支部、工程服务党支部、供应链党支部签约党建责任书。

（刘　彦）

【党建工作提升“三步走”计划基本完成】 2019—2023 年，上海赛科公司党委深化落实习近平总书记全国国企党建会重要讲话精神，贯彻中国石化党组“1355”党建工作思路，建立完善“五大建设”的党建工作总体格局，积极探索市场化运行条件下的党建特色之路，着力打造 5 个工作体系，有力推进党建工作优势持续转化为企业发展优势，助力公司打赢安全翻身、疫情防控、污染防治攻坚、对标提升、全厂大修、发展项目落地、持续攻坚创效等战役，实现党建工作质的提升，为公司建设具有持续竞争力的世界级企业提供坚强保证。2019—2023 年，上海赛科公司连续 5 年在中国石化年度党建工作考核中获评 B 档。

（刘　彦）

【完成基层党支部任期届满换届选举】 2023 年 9 月底，上海赛科公司党委下属的 15 个党支部中，14 个党支部任期届满。12 个党支部根据《中国共产党基层组织选举工作条例》要求，于 9 月底完成换届选举工作，党支部书记、副书记和委员数量从换届选举前的 66 人增至换届选举后的 73 人，同步落实党支部书记与纪检委员岗位分设，以完善监督制约机制、有效发挥纪检委员监督作用。经公司党委会议研究，其他2个党支部因特殊情况延期换届。

（刘婉丽）

表1 上海赛科公司主要产品产量 万吨

产品名称＼年份	2023	2022	2021	2020	2019	2018
乙　烯	80.91	103.33	123.59	123.57	126.99	95.10
丙　烯	48.34	67.88	78.02	67.34	79.28	51.84
丙烯腈	25.37	44.00	54.56	52.44	57.35	45.29
苯乙烯	43.47	60.21	74.14	54.92	72.19	59.06
聚苯乙烯	24.58	30.26	35.72	31.32	34.86	26.64
聚乙烯	60.70	67.37	73.25	75.61	76.50	59.22
聚丙烯	23.30	27.63	28.18	29.27	29.83	22.46

（卢　艺）

扬子石化

【概况】 中国石化扬子石油化工有限公司（简称扬子石化有限公司）和中国石化集团资产经营管理有限公司扬子石化分公司（简称扬子资产分公司）统称扬子石化，占地面积12.43平方千米，位于江苏省南京市北郊，南临长江，北接京沪铁路，与国家级的南京化学工业园融为一体。扬子石化成立于1983年，与中国石化同龄，前身为30万吨/年乙烯工程（国家“六五”“七五”期间重点项目），于1984年开工建设，1990年全面投产。从1993年开始，扬子石化聚焦做强主业，坚持内涵挖潜与外延发展相结合、自我发展与合资合作相结合、产业发展与改革创新相结合，先后实施三轮大规模技术改造，截至2023年底，有1250万吨/年炼油、80万吨/年乙烯、140万吨/年芳烃、600万吨/年成品油等59套大型石油化工装置，以及配套齐全的公用工程和储运物流系统。扬子石化本部有15个职能部门、9个生产单位、7个业务中心，管理清江石化、泰州石化2家子公司，参股扬巴公司（化工）、扬子昕特玛（碳五树脂）、扬子英力士（醋酸）、扬子林德（工业气体）、中石化南京清江物流（仓储物流）5家合资企业，是国内重要的成品油、基础化工原料、合成材料生产商。

截至2023年底，扬子石化用工总量8215人，整体资产规模401.25亿元，累计获授权专利441件、获国家科技进步奖14项、省部级和集团公司科技进步奖147项，向社会提供商品2.64亿吨，实现营业收入近1.38万亿元，利税超1850亿元。扬子石化锚定打造现代化绿色新材料和高端化学品基地，大力推进安全发展、绿色发展、创新发展、智能发展，奋力建设绿色卓越奋进新扬子，为国家和地方经济社会发展作出积极贡献。

扬子石化主要技术经济指标及主要产品产量分别见表1和表2。

（徐啸峰）

【扬子石化成立40周年】 2023年7月，扬子石化“奋进向党”企业形象展厅成功入选第三批中国石化红色教育基地。9月27日，扬子石化迎来成立40周年，强化宣传思想文化建设，组织全员开展“两个面对、两个怎么办”大讨论，通过巡回图片展、慰问劳模先进代表、无偿献血、主题征文等系列活动庆祝“扬子石化成立 40 周年”，不断丰富新时代“扬子精神”内涵。

（孟文静）

【筑牢依法合规根基】 2023 年，扬子石化坚持依法合规治企，实施合规风险矩阵管理、常态监控，发布法律法规识别转化、合同审批等流程指引，全员法治合规意识不断增强，合规管理体系建设在总部中期督导考核验收中获评 A 档。在深化“大监督”工作领域，从严落实党委、纪委“两个责任”，有效发挥巡察政治监督、财务监督、审计监督职能，“1+2+N+ 模拟问责”整治工作法入选集团公司党建案例集，风清气正干事创业良好生态有力巩固。在强化消防合规意识上，举一反三开展 3 次消防隐患大整治大排查，现场消气防监护应急保障功能进一步增强。

（顾学峰）

【安全管理全面加强】 2023 年，扬子石化一体推进“安全管理强化年”行动和安全生产标准化一级企业创建，深化双重预防机制建设，扎实开展液化烃罐区、高危细分领域等主题隐患排查，按期完成 24 个责任状项目，安全风险总值下降 22%。推动 HSE 体系管理与“三基”工作深度融合，坚持以要素化管理、指标化评价为抓手，定期回顾 47 项 KPI 监测指标，组织开展 15 个车间体系全要素审核，全员体系化思维、要素业主化管理的意识显著增强。在压实安全生产主体责任方面，总经理办公会带头分享回顾历史事故事件，公司领导示范承包重大风险，修订全员安全责任和工作任务“两个清单”，建立基层车间 1308 个三级网格，“三管三必须”要求层层落实。在严管控承包商和直接作业环节上，推广应用电子作业票系统，建立“7+1”直接作业标准化程序，加大安全督查和实时视频监控巡查力度，严惩“十大黑名单行为”，全年扣罚承包商 173.5 万元、清退 42 人，炼油结构调整项目实现建设全过程 1800 万安全工时。为加强公共安全管理，完成厂区数智化封闭改造和安防综合管理系统建设，实现技防提升与降本增效“双丰收”。在安全文化建设领域，编制发布《安全文化手册》，打造“安环行者”“安环红黑榜”“阿海说安全”等文化品牌。

（孟文静）

【绿色环保再上台阶】 2023 年，扬子石化组织开展为期半年的现场“脏、乱、差”专项整治，发现问题 920 项、已整改 816 项。源头推进污染防治攻坚，完成循环水排污及节水减排、可燃性气体回收等 16 个环保治理项目，“大气减排绩效 A 级企业”通过预评审，“无废企业”通过总部达标验收，绿色低碳名片更加亮丽。在健康企业建设领域，关心关爱职工身心健康，精准识别管控职业危害因素，推行差异化健康体检、体检报告专家解读，成功创建“江苏省健康企业”。

（孟文静）

【生产经营平稳有序】 2023 年，扬子石化坚持生产运行统一指挥和统筹调度，强化工艺平稳性和设备完整性支撑，推动各专业协同发力，装置生产运行保持平稳有序。大力推行标准化操作和“手指口述”，对 638 起异常开展溯源分析，举一反三抓好问题整改及管理改进，非计划停工及异常次数下降 48%。工艺管理稳步提升，深化工艺规程修订和 PI 图一致性排查，从严工艺指标、联锁、盲板管理和变更风险防控，推进工艺报警专项治理，装置时均报警数降至 6 次以内。设备管理持续完善，建立动静电仪 KPI 指标监测促进机制，系统实施防腐蚀防泄漏治理，高标准完成 707 台高危泵隐患整治和 8 套生产装置检修开车，关键机组运行平稳率保持在 99.9% 以上。电仪管理改进加强，实抓运维管理规范和稳定性提升，完成 32 套黑匣子控制系统改造，仪表自控率 98.8%。质量管理向风险防控转变，产品出厂合格率和抽检合格率保持 100%，成品油质量控制水平迈向领先。全年加工原油 1237.84 万吨，生产成品油 645.65 万吨、乙烯 64.48 万吨、PX92.26 万吨、聚烯烃 100.22 万吨（含 EVA10.39 万吨）。

（孟文静）

【拳头产品生产销售屡获佳绩】 2023 年，扬子石化拳头产品生产销售成绩亮眼。2 月，首次出口 PDEB 产品至文莱。3 月，成功产出高熔指透明聚丙烯新品，填补扬子石化透明聚丙烯产品的空白。

5 月，聚乙烯锂电池隔膜料出口匈牙利，是国产锂电池隔膜料首次销往欧洲。12 月，EVA 系列产品年度产量超 10 万吨，创历史最好水平。

（孟文静）

【智能提升进展显著】 2023 年 9 月 19 日，扬子石化智慧扬子管控中心揭牌投用，充分利用移动互联、云计算、大数据、物联网、人工智能等新一代信息通信技术，实现对全公司 58 套大型石化装置的统一指挥、集中管控、分级负责、联动应急，全面支撑扬子石化由传统调度运营决策模式向新时代信息化条件下智能交互运营决策模式的转变。在推广应用智能新技术上，扬子石化先后引入无人叉车、基于 3D 视觉的机械臂等自动化设备，建设电子提货系统，推动管理效能持续提升，成功入选工信部 2023 年度国家智能制造示范工厂、2023 年江苏省智能制造示范工厂。

（孟文静）

扬子石化智慧扬子管控中心（李树鹏　摄）

【重点项目有序开展】 2023 年，扬子石化炼油结构调整项目高标准建成中交，为炼油绩效改善创造良好条件；顺丁提升项目投产，装置本质安全度和产品竞争力全面提升；PGA 新材料中试项目投料试车，绿色可降解和高端医用材料研发取得积极进展；建成投用中国石化最大分布式光伏电站，新能源业务发展迈出实质性步伐。扬子扬巴轻烃综合利用、聚烯烃新材料项目可研获批，南京扬子扬巴烯烃有限公司注册成立，芳烃重构、乙烯重构项目进入总部可研论证阶段，丁苯高固胶乳项目完成技术引进许可协议签署，老燃煤机组提标改造项目成功纳入地方热电联产规划。

（孟文静）

扬子石化炼油结构调整装置全景（李树鹏　摄）

【科技创新成果丰硕】 2023 年，扬子石化 YDA 中试任务全面完成，淤浆法聚乙烯中试项目开工建设，合成气制低碳烯烃项目完成第一阶段试验任务，锂电池隔膜料完成高分子量产品迭代升级，塑料新产品完成 8 个新牌号首次工业化试生产。

（孟文静）

【持续夯实“三基”】 2023 年，扬子石化出台“三基”工作管理办法和评价细则，推广优秀基层网格化管理经验，“三基”工作组织和制度体系不断健全；回归一体化体系开展联合岗检（内审），实施“外部审核专家 + 内审员”联合审核，发现并整改问题 1100 余项，基层管理标准化、规范化水平持续提升；扎实开展车间主任履职能力提升培训、“三大员”联合培养，做实“每日一题、每周一练、每月一考”，干部员工能力水平持续提升，全年各类技能竞赛取得 2 金、6 银优异成绩。

（孟文静）

【积极履行社会责任】 2023 年，扬子石化坚决贯彻落实习近平总书记重要指示批示精神，始终牢记政治使命，深刻领会定点帮扶工作的重大意义，不断深化定点帮扶工作，扎实有效开展产业帮扶、教育帮扶、消费帮扶，为巩固拓展脱贫攻坚成果、全面推进乡村振兴作出积极贡献，共实施帮扶项目 11 个，捐赠金额 366.7 万元，消费帮扶 412 万元，对口教育帮扶西卜沙中心小学投入捐赠资金 62 万元。

（孟文静）

表 1　扬子石化主要技术经济指标　亿元

指标名称 \ 年份	2023	2022	2021	2020	2019	2018
原油加工量[①]/万吨	1 237.84	929.08	1 196.83	1 320.09	1 357.70	1 337.54
工业总产值	763.17	709.09	787.73	661.33	844.80	845.63
扬子石化有限公司	736.63	684.39	765.00	638.78	825.25	823.33
扬子资产分公司	26.54	24.70	22.73	22.55	19.55	22.30
工业增加值	111.91	82.85	169.29	161.27	163.79	203.46
扬子石化有限公司	103.53	76.37	161.82	153.16	158.46	199.16
扬子资产分公司	8.38	6.48	7.47	8.11	5.33	4.30
资产总计	398.06	382.87	438.15	400.08	377.65	370.70
扬子石化有限公司	318.06	311.29	366.01	329.65	307.63	304.53
扬子资产分公司	80.00	71.58	72.14	70.43	70.02	66.17
流动资产	107.09	92.68	188.01	143.84	119.44	142.77
扬子石化有限公司	91.84	89.21	164.48	135.30	106.09	127.06
扬子资产分公司	15.25	3.47	23.53	8.54	13.35	15.71
固定资产原值	506.50	511.10	501.74	484.83	458.54	442.15
扬子石化有限公司	431.17	434.37	426.82	427.04	402.69	389.29
扬子资产分公司	75.33	76.73	74.92	57.79	55.85	52.86
固定资产净值	142.31	148.87	158.36	157.05	143.59	139.31
扬子石化有限公司	102.47	109.73	116.71	131.91	119.21	117.54
扬子资产分公司	39.84	40.14	41.65	25.14	24.38	21.77
营业收入	797.36	688.26	727.24	601.98	777.42	802.51
扬子石化有限公司	757.50	652.40	695.42	571.10	747.31	772.91
扬子资产分公司	39.86	35.86	31.82	30.88	30.11	29.60
利　税	71.82	40.76	131.22	106.09	114.24	153.46
扬子石化有限公司	70.04	40.79	129.58	101.89	110.96	149.31
扬子资产分公司	1.78	−0.03	1.64	4.20	3.28	4.15
税　金	103.92	107.85	107.82	102.81	91.51	102.03
扬子石化有限公司	101.21	106.66	107.21	102.23	90.86	101.25
扬子资产分公司	2.71	1.19	0.61	0.58	0.65	0.78
综合能耗[②]/吨标煤·万元$^{-1}$						
扬子石化有限公司	1.02	1.16	1.18	0.82	0.82	0.82
扬子资产分公司	1.85	2.07	2.53	2.73	2.62	2.77

①原油加工量统计包含清江石化和泰州石化

② 2021 年开始，综合能耗数据按 2020 年不变价计算

表 2 扬子石化主要产品产量[1] 万吨

产品名称 \ 年份	2023	2022	2021	2020	2019	2018
乙　烯	64.48	52.61	78.33	82.07	84.53	84.07
丙　烯	29.53	23.73	47.62	50.14	50.53	40.24
丁二烯	8.76	7.23	9.51	10.12	10.53	11.02
聚乙烯	49.33	38.54	46.32	51.09	51.77	48.75
聚丙烯	40.51	32.72	46.82	48.71	49.03	48.15
精对苯二甲酸[2]	0	25.55	55.57	81.50	101.17	44.03
乙二醇	0.93	3.26	13.92	16.02	16.64	30.02
纯　苯	39.34	29.91	42.54	43.67	44.18	43.64
对二甲苯	92.26	71.47	94.69	103.01	105.64	99.84
邻二甲苯	22.27	10.56	19.55	20.50	21.53	19.23
环氧乙烷	6.26	6.37	20.47	25.15	16.81	15.08
柴　油	252.03	206.29	205.70	256.90	219.64	223.93
汽　油	275.60	212.39	283.32	274.65	313.71	298.74
丁苯橡胶	8.63	9.10	5.70	10.14	9.55	8.59
顺丁橡胶[3]	1.42	0	0.46	9.58	8.59	7.54

①产品产量包含清江石化和泰州石化
② 2022 年 12 月停产
③ 2021 年 1 月停产，2023 年 10 月恢复生产

扬巴公司

【概况】 扬子石化—巴斯夫有限责任公司（简称扬巴公司）位于江苏省南京市江北新区新材料科技园内，由中国石化和德国 BASF 公司以 50%：50% 的股比共同投资建立。扬巴公司成立于 2000 年 12 月，2005 年 6 月正式开始商业运营，并先后于 2011 年、2014 年和 2023 年完成数次大型扩建，累计总投资约 390 亿元，占地 242 公顷。运营 38 套化工装置，包括 74 万吨 / 年蒸汽裂解装置、38 万吨 / 年环氧乙烷 / 乙二醇装置、40 万吨 / 年低密度聚乙烯 / 醋酸乙烯共聚物装置、30.5 万吨 / 年羟基醇—碳四装置、20 万吨 / 年聚苯乙烯装置、19 万吨 / 年丙烯酸和 21.5 万吨 / 年丙烯酸酯装置、13 万吨 / 年丁二烯抽提装置、8 万吨 / 年 2- 丙基庚醇装置、8 万吨 / 年新戊二醇装置、12 万吨 / 年丙酸装置、6 万吨 / 年非离子表面活性剂装置、5 万吨 / 年甲酸装置、4 万吨 / 年二甲基甲酰胺装置和 3.6 万吨 / 年甲胺装置等。所有装置均采用 BASF 的“一体化”理念，以高效、环保的方式生产和利用产品、副产品和能源，减少排放，降低物流成本，充分发挥协同效应。另外还有 1 座以天然气为主要原料的燃气—蒸汽轮机联合循环发电厂和数座国际码头，保证能源供应和物流运输。

扬巴公司的主要产品有低密度聚乙烯、醋酸乙烯共聚物、乙二醇、丁醇、丙烯酸、丙烯酸甲酯及丁酯、甲酸、丙酸、甲胺、二甲基甲酰胺、

扬巴公司一体化石化基地

苯、甲苯、混合二甲苯、聚苯乙烯、丁二烯、非离子表面活性剂、2- 丙基庚醇、超吸水性树脂等，广泛应用于农业、食品、卫生、医药、电子、电器、纺织、洗涤、建筑、汽车、皮革处理、光伏产业等领域。2023 年共销售 259 万吨化学品和聚合物，实现销售收入 194 亿元。截至 2023 年底，扬巴公司共有 2173 名员工。

（李时艳）

【与扬子石化成立合资公司】 扬巴公司和扬子石化以 50%：50% 股比成立新合资公司——南京扬子扬巴烯烃有限公司，并于 2023 年 12 月 14 日在南京召开首届股东会和首届董事会。

（李时艳）

【一体化 2.8 期扩建项目投产】 2023 年 11 月 10 日，扬巴公司 2.8 期扩建项目投产仪式在装置现场举办。该项目于 2022 年 4 月开工，建设过程中克服疫情、高温、供应中断等困难，安全、保质完成建设，如期投产。通过扩建，扬巴公司进一步提高丙酸、丙醛、乙烯胺、乙醇胺和精制环氧乙烷的生产能力，并新增 1 套丙烯酸叔丁酯（TBA）装置，同时通过使用可再生电力，进一步减少新建装置在生产过程中的碳排放，向市场提供低产品碳足迹（PCF）的化学品。

扬巴公司一体化 2.8 期扩建项目投产仪式

（李时艳）

【签署绿电长期采购协议】 2023 年，扬巴公司与国内电力企业签署 10 年绿电采购长期协议，不仅大幅提高可再生电力在外购电力中的占比，同时确保有足够的可再生电力用于未来的装置扩建及进一步电气化的目标，从而减少现有生产过程的碳足迹，预计将帮助扬巴公司在未来 10 年内减少 200 余万吨二氧化碳排放。

（李时艳）

【取得出色的 EHS 业绩】 2023 年，扬巴公司通过进一步完善安全管理体系、实施工艺安全精益六西格玛管理、提升工艺危害分析、加强应急管理、推广安全文化等手段，借助培训和研讨等多种形式的沟通教育，进一步提高全体员工和承包商的安全意识，培养良好的安全习惯，最终实现损失工时事件和工艺安全事件均为零的安全业绩，也是扬巴公司历史上首次实现该 EHS 目标。同时，扬巴公司电厂、苯乙烯装置和塑料物流、合成气装置 3 个装置均通过绿色审计，公用工程装置、超吸水性树脂装置、物流部门接受飞行检查，并取得维持原审计周期不变的结果。

（李时艳）

【在疫情期间全力保障布洛芬原料供应】 2022 年底和 2023 年初，随着疫情防控措施放开，新冠肺炎感染人数迅速增长，对布洛芬等退烧药的需求激增。布洛芬的主要原料是丙酸，也是很多退烧药的主要原料。扬巴公司作为国内丙酸生产能力最大的生产商，积极协调物料平衡和装置排产，克服困难全力增产增供，并安排运输资源，及时将生产出的丙酸送到急需的制药企业，同时针对节假日高速公路通行限制，提前与制药企业做好到货、备货计划的沟通，保证制药企业原料的平稳及时供应，保障药品生产不断供，在危急时刻展现出企业的社会责任感。

（李时艳）

【获评 5G 工厂】 2023 年 11 月，工信部发布 2023 年 5G 工厂名录，扬巴公司成功入选，标志着企业已初步建成生产单元广泛连接、信息运营深度融合、数据要素充分利用、创新应用高效赋能的先进工厂。扬巴公司持续开展技术攻关，于年内顺利上线 5G 专网项目，实现数字化转型的重要一步；同时积极探索 5G 新技术的工业化融合应用，基于公司的数字化路线图，在 2023 年又陆续开发上线苯乙烯脱氢催化剂数字监控平台、文档一体化项目、工程信息平台、电子采购系统等一系列数字化系统和平台，不断提升生产过程、供应链、资产全生命周期管理等方面的智能化程度。

（李时艳）

【获评江苏省绿色发展领军企业】 2023 年 9 月，扬巴公司因在大气绩效、环境治理、资源循环利用和节能低碳等多方面发挥着示范引领作用，获 2023 年度江苏省绿色发展领军企业称号。实施绿色发展领军企业计划是江苏省生态环境厅和江苏省工商联优化营商环境的重要创新举措，旨在激励龙头企业率先落实生产者责任延伸，打造全链条清洁生产示范，引领带动各行业绿色高质量发展。获评企业的环保信用将自动显示为“绿色”等级，“环保脸谱”颜色自动显示为“绿色”，在项目审批等方面享受“绿色通道”优质服务。

（李时艳）

【通过江苏省“四星级绿色港口”复审】 继 2020 年获评四星绿色港口之后，扬巴公司于 2023 年再次通过四星绿色港口的复审。作为获江苏省液体石化码头港口最高评定等级的 4 座码头之一，扬巴码头在管理能力、节能降碳、资源集约节约与循环利用、污染防治、生态保护、高效运输组织 6 个方面进行持续不断的优化，获政府部门的高度认可。

（李时艳）

【被评为南京市节水型企业】 扬巴公司响应江苏省工业水效提升行动，成立节水型企业创建小组，组织完成全厂范围的第一次水平衡测试，识别出不合理用水之处，并联合各生产装置评估用水和废水排放现状，制定节水减排措施 22 条，定期跟踪落实，提高公司的整体用水效率。2023 年，扬巴公司实现年废水减排 21.5 万吨，年节约新鲜水 21.9 万吨，被南京市水务局认定为 2023 年度节水型企业。

（李时艳）

【获第十届中国欧盟商会企业社会责任 3 项大奖】 2023 年 11 月 23 日，在中国欧盟商会第十届企业社会责任颁奖典礼上，扬巴公司获愿景伙伴奖、环境保护杰出奖、企业社会责任入围奖 3 个奖项，显示出欧盟商会对扬巴公司在社会责任领域取得卓越成绩的认可。

（李时艳）

【获多个国内家电龙头企业表彰】 2023 年，扬巴公司凭借聚苯乙烯产品的良好品质和优质的服务，获海尔智家质量引领奖、长虹集团最佳战略合作伙伴，以及海信集团质量卓越奖。

（李时艳）

【开展第 6 次员工调查】 扬巴公司于 2023 年 6 月 6—30 日期间开展第 6 次员工调查，自下而上收集员工的感受和建议。联合外部合作方美世公司进行调查，确保数据的保密性和可对比性，员工参与率达 94%，为历次调查最高。之后基于调查结果，结合公司使命、愿景和价值观进行全方位、多维度的分析，同时与国内外能源市场企业的数据进行对标，识别优势和不足，确定下一步的提升方向与具体措施。

（李时艳）

【举办安全周活动】 2023 年 11 月 27 日—12 月 1 日，扬巴公司举办主题为“我们的生活，与安全同行”的安全周活动，通过智能 SCBA 体验、急救体验、趣味安全知识竞答、防御性驾驶体验、MR 机械伤害事故体验、安全视频制作比赛、安全讲座、健康交流会等一系列活动，采用讲座、问答、现场讲解、亲身体验等各种形式传递安全理念，吸引千余名公司员工和承包商员工积极参与。该项年度活动旨在不断深化公司员工和承包商的安全意识，持续改善公司的安全文化，营造更加安全的工作环境。

（李时艳）

【致力于可持续发展】 2023 年，扬巴公司先后举办“可持续发展研讨会”“节能减碳分享会”等活动，聚焦节能减碳、可持续发展等主题，回顾节能减碳路径图的实践，从绿色供应、循环经济、碳管理等多方面进行分析和探讨；同时通过节能宣传周、净滩行动、光盘打卡等行动，进一步在员工中普及低碳节能的理念，号召全体员工践行绿色办公、低碳生活，并为扬巴公司的可持续发展建言献策。

（李时艳）

中韩石化

【概况】 中韩（武汉）石油化工有限公司（简称中韩石化）由中国石化和韩国 SK 综合化学株式会社以 65%：35% 的股比合资成立，注册资本 71.93 亿元，成立于 2013 年 10 月，2014 年 1 月 1 日正式运营；2019 年通过一体化合资项目完成对武汉石化炼油资产并购，7 月 1 日开始并表运营，成为中部地区最大的炼油化工一体化企业。

中韩石化有 2 个厂区。其中，炼油厂区投产于 1977 年，位于湖北省武汉市青山区，占地 188 公顷，炼油综合配套能力 850 万吨 / 年，共有 350 万吨 / 年 1# 常减压、500 万吨 / 年 2# 常减压、100 万吨 / 年 1# 催化裂化、100 万吨 / 年 2# 催化裂化、180 万吨 / 年催化原料加氢处理、180 万吨 / 年加氢裂化、150 万吨 / 年 S Zorb 汽油吸附脱硫等 26 套主要生产装置，可生产汽油、柴油、航煤、石脑油、聚丙烯、“三苯”、液化气、硫黄、石油焦等产品；化工厂区位于化学工业区，投产于 2013 年 8 月，占地 294.8 公顷，与炼油厂直线距离 9.8 千米，拥有 110 万吨 / 年乙烯、70 万吨 / 年裂解汽油加氢、15 万吨 / 年碳五分离、13 万吨 / 年丁二烯抽提、35 万吨 / 年芳烃抽提、12/4.5 万吨 / 年 MTBE/1- 丁烯、30 万吨 / 年高密度聚乙烯、30 万吨 / 年线型低密度聚乙烯、15/28 万吨 / 年 EO/EG、20 万吨 / 年 JPP 聚丙烯、20 万吨 / 年 ST 聚丙烯、2.7 万吨 / 年苯乙烯抽提、30 万吨 / 年 2# 高密度聚乙烯、30 万吨 / 年 3#ST 聚丙烯、6 万吨 / 年 2# 丁二烯共 15 套主体生产装置及相应的系统配套装置，生产聚乙烯、聚丙烯、环氧乙烷、乙二醇、丁二烯、苯乙烯、“三苯”等产品。

中韩石化实行两级扁平化管理，共设 14 个职能部门、6 个业务中心和 12 个生产运行部。截至 2023 年底，共有在岗员工 2872 人，其中包含股份公司委派 6 人、SKGC 委派 11 人。

中韩石化化工厂区夜景（付　松　摄）

中韩石化主要技术经济指标及主要产品产量分别见表 1 和表 2。

（刘　洋）

【领导班子调整】 2023年11月9日，股份公司下达委派意见书，李炎生不再担任中韩石化董事会董事、副总经理职务。

（刘　洋）

【生产经营总体维持良好局面】 2023年，中韩石化加工原（料）油880万吨、增长4.1%，乙烯产量101.73万吨、增长8.6%；实现工业总产值591.44亿元，增长2.2%；实现营业收入589.78亿元，增长1.9%；全年合并亏损10.1亿元，其中炼油盈利1566万元、化工亏损10.26亿元；上缴税金100.33亿元；炼油吨油完全费用278元，乙烯吨产品费用1473元；净资产收益率-7.59%，营业现金比率3.63%，研发经费投入强度0.03%，全员劳动生产率374万元/人，资产负债率60.84%，完成集团公司下达的各项生产经营目标任务。

（刘　洋）

【安全生产根基不断夯实】 2023年，中韩石化保持HSE体系持续有效运行，扎实开展"安全管理强化年"和重大事故隐患专项排查整治等行动。全力推进风险管控和隐患治理，深化双重预防机制运行，强化四级风险识别管控机制，11项公司级风险实现5个降值，风险总值下降14.5%。推进危险化学品安全专项整治和安全风险治理重点工作，深度排查评估6套老旧装置，制定并实施"一装置一策"，隐患整改率97.3%。强化直接作业和承包商安全管理，深化厂区风险"四色图"应用，制定《"7+1"特殊作业标准化管理指南》，实施9类标准化管理要求，开展"零违章工地"创建并达到预期目标。对12家外包业务承包商进行QHSE体系审核，建设完善安全一体化管理平台。强化事故预防和应急管理，完善现场处置应急预案，组织开展大型综合应急演练9次。中韩石化上报集团公司安全环保事故为零，炼油厂区实现连续安全生产4584天，化工厂区实现连续安全生产4021天，连续3年获评集团公司安全生产先进单位。

（刘　洋）

【绿色企业名片加快打造】 2023年，中韩石化持续推进绿色发展，加强节水减排和水体风险防控，达标污水回用率45%；彻底根治炼油南明沟水体风险隐患，对化工码头趸船大小围堰全面升级。深入开展VOCs治理工作，完成27台储罐改造及废气收集治理工作。推动全厂异味治理项目实施，9个污水池活性炭吸附设施、"原料罐区等废气进CFB锅炉协同治理"、"三苯"公路装卸鹤位改造项目投用。加强节能降碳管理，持续开展装置节能攻关，炼油能耗54.76千克标油/吨、下降0.5个单位，乙烯能耗降至630千克标油/吨以下。在湖北省碳市场碳履约盈余配额20万吨，在全国碳排放权注册登记系统率先完成2021年、2022年度碳履约工作。开展"无废企业"创建，推进危险废物减量化、资源化，实施装置清池油泥脱水后再外委处理，减少危险废物出厂120吨。中韩石化获评集团公司绿色企业A级、节能降碳环保先进单位、"无废企业"A级；获评武汉市第一批"无废工厂"示范企业，化工厂区被评为湖北省重污染天气绩效A级。

（刘　洋）

【全面优化增效创佳绩】 2023年，中韩石化积极调整产品结构，实时研判市场行情，优化调整产品结构，炼油努力增产高价值产品；化工利用低负荷运行时机适时调整裂解深度，优化产品流向，炼油、化工调整产品结构增效1.83亿元。积极优化装置运行，根据市场行情主动调整优化乙烯装置负荷，实现减亏1.18亿元。全年，炼油在集团公司专业竞赛累计排名第十，在中型炼厂排名第三，在沿江企业排名第二，炼油6套装置进入集团公司优胜行列。

（刘　洋）

【改革管理效能不断彰显】 2023年，中韩石化推进"三基"工作与专业管理深度融合，推动基础工作落地，统筹制订公司年度"三基"工作方案。烯烃部获评集团公司"三基"工作先进单位，炼油公用工程部2个案例被《中国石化炼化企业"三标"应用典型案例汇编》收录。编制《中韩石化价值创造行动工作清单》，跟踪32项工作任务落实情况。全面推进领导人员任期制与契约化管理，完善中层领导人员考核评价机制，推动任期制和契约化管理从党组管理领导人员向公司中层领导人员延伸。进一步研究岗位价值评估结果与薪酬等级匹配工作，统一炼油化工月度绩效奖标准。

（刘 洋）

【重点工程项目加快落地】 2023 年，中韩石化加快推进重点工程项目建设，炼油区域控制室隐患治理项目 9 月 30 日中交；炼油码头提升改造项目 6 月 30 日获核准批复、8 月完成基础设计审查并向湖北省交通厅和总部报批。三元共聚改造项目 11 月中交，具备投料条件；3[#]、4[#] 码头提升改造工程项目 12 月完成专项合同签订；EO/EG 装置少产 EG 改造项目 7 月完成方案编制，其余项目进度安全可控。全年完成投资 9.06 亿元，投资完成率为 99.99%。

（刘 洋）

【科技创新发展硕果累累】 2023 年，中韩石化持续加大科技投入强度，完成研发经费 1905 万元，增长 30%。申请专利 12 件，其中发明专利 6 件、实用新型 6 件，超额完成年度任务目标。研发中心表征实验室成功投用，HCPP 系列新牌号稳定生产，全年开发 8 个聚烯烃新产品，聚烯烃产品新 + 专总产量 101.3 万吨，新 + 专比例达 70.5%，顶替进口产量 19.1 万吨。

（刘 洋）

【智能工厂建设全面升级】 2023 年，中韩石化积极推进信息化建设，聚焦生产装置智能运营，完成报警推送系统建设，实现 24 小时分级分类监控管理。完成 5G 巡检系统整合升级，实现炼油、化工 5G 智能工艺巡检全覆盖。启动智能聚烯烃装置项目建设，完成加氢裂化装置等 4 套 APC 系统建设。持续提升系统深化应用水平，APC 综合应用水平持续保持在总部 A 类行列。通过“两化”融合管理体系认证，取得 AAA 级评定证书。获工信部和湖北省 5G 全连接工厂、湖北省智能制造试点示范企业等称号。基于 5G 和千兆光网的应用等案例受到工信部表彰。

（刘 洋）

【党建质量实效持续提升】 2023 年，中韩石化以贯彻落实新时代党的建设总要求，突出务实创新融合，提升党建引领保障作用，压紧压实全面从严治党责任，深入实施人才强企战略，推进高质量党建。扎实推进学习贯彻习近平新时代中国特色社会主义思想主题教育，把理论学习、调查研究、推动发展、检视整改贯通起来一体推进，第一批主题教育总体评价等 8 项测评满意率均为 100%，第二批开展情况受到中央第 20 巡回指导组充分肯定。高技能人才队伍不断壮大，新聘任首席技师 2 人、高级技师 8 人、技师 49 人。2 人当选 2023 年享受政府特殊津贴人员，8 人参加国家级、省市级和集团公司专业（工种）竞赛获奖。巩固深化党员责任区、党员示范岗、党员积分管理、支部分类定级等有效做法，持续提升深度融合质效。扎实开展对照“中央巡视反馈意见”检视问题整改。顺利完成集团公司对中韩石化原董事长离任审计和公司内控审计评价。开展为基层减负“回头看”。隆重简朴庆祝中韩石化投产 10 周年，凝聚干事创业磅礴动力。常态化落实“我为群众办实事”机制，完成炼油停车场建设、更新公用自行车、实施全员癌症筛查等 10 件惠民实事，幸福工厂建设稳步推进。

（刘 洋）

表 1 中韩石化主要技术经济指标[①] 亿元

指标名称 \ 年份	2023	2022	2021	2020	2019	2018
原油加工量 / 万吨	824.69	771.40	829.57	577.99	411.95	—
工业总产值	591.44	578.55	500.05	291.75	311.43	170.97
资产总值	246.40	267.05	281.46	258.26	269.03	153.63
资产负债率 /%	60.84	61.02	55.55	57.64	55.92	15.19
销售收入	589.78	578.57	502.08	287.02	310.16	171.33

续表

指标名称＼年份	2023	2022	2021	2020	2019	2018
利　润	−10.10	−15.11	20.97	−12.22	8.91	25.05
税　金	100.33	106.93	72.87	80.92	26.94	16.59
综合能耗 / 吨标煤・万元 $^{-1}$	1.179	1.125	1.1240	1.176	0.785	1.690

① 2019 年 7 月 1 日中韩石化一体化合资公司开始并表运营后，原武汉分公司、武汉资产分公司炼油生产经营相关业务并入中韩石化

表 2　　中韩石化主要产品产量[①]　　万吨

产品名称＼年份	2023	2022	2021	2020	2019	2018
汽　油	192.74	174.44	196.42	141.01	94.19	—
柴　油	223.20	218.38	202.91	187.03	125.44	—
航　煤	106.42	63.73	79.49	46.66	53.15	—
化工轻油	172.28	211.39	256.41	149.91	86.99	—
燃料油	33.83	23.89	17.44	7.55	2.46	—
液化气	33.33	34.28	31.90	20.69	16.75	—
硫　黄	5.96	5.82	6.21	4.29	2.99	—
焦　炭	58.79	54.62	58.24	42.79	29.23	—
丙　烷	0.18	0.44	0.16	0.24	0.28	—
环氧乙烷	17.44	18.07	25.65	12.34	17.05	16.55
乙　烯	101.73	93.71	106.39	69.78	88.95	88.40
丙　烯	63.01	60.62	68.62	44.74	50.55	46.20
1- 丁烯	3.68	3.74	4.06	2.34	3.08	2.93
丁二烯	14.42	14.14	17.06	9.93	12.77	12.12
异戊二烯	1.75	1.98	2.11	1.12	1.37	1.48
间戊二烯	1.91	1.99	1.93	0.89	1.17	1.48
双环戊二烯	1.88	1.85	1.82	0.55	0.76	1.12
苯	20.07	18.47	23.55	14.50	17.77	16.67
甲　苯	7.29	8.10	10.15	6.64	8.17	8.14
二甲苯	6.87	4.65	6.18	3.89	4.31	5.80
甲基叔丁基醚	13.95	11.18	10.24	8.21	9.76	7.49
高密度聚乙烯	48.83	36.27	36.94	26.09	29.82	29.59
线型低密度聚乙烯	33.35	35.05	37.23	26.03	30.04	30.98
聚丙烯	61.40	59.60	64.98	42.74	47.47	39.79
乙二醇	5.39	8.99	11.00	10.75	19.61	20.45

① 2019 年 7 月 1 日中韩石化一体化合资公司开始并表运营后，原武汉分公司、武汉资产分公司炼油生产经营相关业务并入中韩石化

巴陵石化

【概述】 中石化巴陵石油化工有限公司（简称巴陵石化），位于湖南省岳阳市云溪区和岳阳楼区，紧邻京广铁路、京广高铁、107 国道、京珠高速和随岳高速，西靠洞庭，北倚长江，厂区总面积 6.23 平方千米，是一家大型石油化工、煤化工联合企业，是国内最大的锂系橡胶、己内酰胺生产企业和重要的环氧树脂生产基地。

巴陵石化下辖炼油部、橡胶部、树脂部、己内酰胺部、煤化工部、热电部、水务部、储运部等单位，以及合资企业浙江巴陵恒逸己内酰胺公司、海南巴陵化工新材料有限公司、上海金山巴陵新材料有限公司。固定资产原值 188 亿元、净值 80 亿元；在册员工 8526 人（在岗 6635 人）；有主要生产装置 50 套，配套建有 2 个区域热电中心、3 个污水处理中心等公用工程。分为 5 条产品链：一是炼油产品链，包括年综合加工能力 200 万吨炼油（常压部分具备 350 万吨一次加工能力），年产 12 万吨苯乙烯、6 万吨聚丙烯、6 万吨 MTBE 等；二是合成橡胶产品链，总生产能力 38 万吨，包括年产 20 万吨 SBS、9 万吨 SEBS、4 万吨 SIS、2 万吨 SEPS、3 万吨 SSBR 等；三是环氧树脂产品链，包括年产 12 万吨环氧树脂、9 万吨烧碱、3.2 万吨氯丙烯、2.8 万吨氯丙烷等；四是己内酰胺产品链，主要包括年产 50 万吨己内酰胺（含合资企业 20 万吨）、45 万吨环己酮、80 万吨硫铵等；五是煤化工产品链，主要包括日投煤 2000 吨煤气化（年产氢气 10 万吨），年产 42 万吨合成氨、26 万吨双氧水等。主要产品有汽油组分油、柴油组分油、溶剂油、苯乙烯、MTBE、SBS、SIS、SEBS、SEPS、SSBR、聚丙烯、环氧树脂、液氯、盐酸、己内酰胺、聚酰胺、环己酮、硫酸铵、液氨、双氧水、氢气等 50 余种 170 余个牌号。

截至 2023 年底，巴陵石化获国家技术发明一等奖、国家科技进步一等奖、中国工业大奖各 1 项，国家科技进步二等奖 6 项，累计获国家、省部级科技进步奖 161 项，获授权专利 508 件。被评为中国石化创新型企业。建有中国石化重点实验室、博士后科研工作站等平台。一批新特产品填补国内空白，SIS、SEBS 被评为国家重点新产品。巴陵石化锂系橡胶生产技术及其催化剂综合技术居世界先进水平，品种牌号国内最全，质量最好；己内酰胺生产技术世界领先，且掌握环己酮氨肟化、酯化加氢制环己酮，浆态床双氧水等新一代工艺技术；环氧树脂综合技术居国内前列，率先研发行业领先的环保型环氧氯丙烷新工艺。

（吴　慧）

【领导班子调整】 4 月 28 日，巴陵石化召开党委会，宣布集团公司调整巴陵石化领导班子成员有关决定。公司党委书记、执行董事邬智勇在会上讲话，总经理颜刚主持会议并宣读集团公司有关任免文件，公司领导周立新、李建峰、李楚新、张红星参加会议。上海石化党委副书记、纪委书记，上海石化工会主席人选谢莉以视频方式参加会议。集团公司党组根据工作需要，经研究决定，李建峰任中共中石化巴陵石油化工有限公司委员会副书记兼纪律检查委员会书记，为中石化巴陵石油化工有限公司工会主席人选；并任中石化巴陵石油化工有限公司监事。免去谢莉的中共中石化巴陵石油化工有限公司委员会副书记、委员、纪律检查委员会书记职务，不再担任中石化巴陵石油化工有限公司工会主席和监事职务，另有任用。

（吴　慧）

【召开学习贯彻习近平新时代中国特色社会主义思想主题教育动员部署会】 4 月 18 日，巴陵石化召开动员部署会，贯彻落实中央主题教育工作会议精神和集团公司主题教育动员部署会精神，对开展学习贯彻习近平新时代中国特色社会主义思想主题教育进行安排部署。集团公司第十巡回指导组到会指导。

（吴　慧）

【一体化发展有力有序推进】 巴陵石化上下坚定信心决心，以挑战“不可能”的意志推动前期工作，实现乙烯项目纳规核准，创造同类项目最快纪录。6月11日，湖南省政府、中国石化联合印发《关于申请岳阳地区100万吨/年乙烯炼化一体化项目由储备项目转为规划项目的函》（湘政函〔2023〕67号），向国家发展改革委、工信部申请项目纳规。7月17—18日，受国家发展改革委产业司委托，《石化产业规划布局方案》实施工作小组办公室（石油和化学工业规划院）在岳阳组织召开中国石化岳阳地区乙烯项目储备转为规划项目评估会，认为项目方案科学可行，前期工作准备充分，具备储备转规划条件。9月12日，国家发展改革委正式印发《关于将中国石化岳阳地区100万吨/年乙烯炼化一体化项目由储备项目转为规划项目的复函》（发改办产业〔2023〕735号），岳阳乙烯项目正式纳规。9月16日，湖南省发展改革委正式下发《关于核准中国石化岳阳地区100万吨/年乙烯炼化一体化及炼油配套改造项目的批复》（湘发改工〔2023〕616号），岳阳乙烯项目正式核准。项目总体设计于4月完成编制，7月上报集团公司总部，12月完成炼油配套改造工程总体设计审查。

（殷智斌）

【一体化改革蹄疾步稳推进】 领导班子带头解放思想，各部门单位积极响应，全体员工顾全大局，“一家人、一条心、一起干”，全面推进两厂体制机制融合、队伍融合、信息化融合、文化融合。4月4日，《岳阳地区炼化一体化改革实施总体方案》及其5个子方案，经集团公司党组会审议并原则通过。4月25日，经集团公司董事会审议通过。5月18日，经职工代表大会全票通过。5月31日，湖南石化筹备组正式运行，召开第一次例会，建立湖南石化筹备组议事规则及例会制度。6月6日，中石化湖南石油化工有限公司经岳阳市云溪区市场监督管理局核准，完成工商注册登记，取得营业执照。7月完成第一批“5+1”综合管理职能部门和IT服务中心整合，12月完成第二批“7+3”经营管理职能部门和有关业务中心整合。

（殷智斌）

【年产60万吨己内酰胺产业链搬迁与升级转型发展项目建设】 面对全系统罕见的建新区、稳老区“双线作战”，巴陵石化上下齐心协力、密切协作，奋力打好攻坚战。扎实推进项目建设收尾，动态优化试车方案，加强整体统筹调度，实现A线全流程贯通开车。抓好新技术、新工艺、新设备应用，实现全球首创酯化法环己酮新技术工业化应用，浆态床蒽醌法制双氧水新技术首次工业放大，在中国石化系统内首次实现SE第三代水煤浆水冷壁气化工艺应用，设备国产化率达99.9%，中央控制系统全部实现国产化。抓好老区装置安稳运行和停车退出，煤气化装置实现高负荷A级联运266天，刷新同类装置长周期运行世界纪录。成立新区己内酰胺部、聚酰胺部，完善机构人员配置。

（吴　慧）

【安全环保】 巴陵石化狠抓HSE管理体系有效运行，深入实施“安全管理强化年”行动、环保三年行动计划，保持HSE平稳态势，获评湖南省安全生产先进单位。强化领导现场安全引领，健全项目“责任网格化、管理专业化、行为规范化”安全体系，狠抓承包商安全管理，持续压降“双边”作业总量。深入开展老旧装置隐患、重大事故隐患排查治理，抓好“双防”平台建设运行，安全风险降值目标有效完成。抓实基层管理人员、“三大员”上岗资格认证，组织技能操作人员上岗能力复核，常态化开展“四不两直”应急演练抽查，基层保安稳运行能力持续提升。强化环保依法合规管理，狠抓污水系统隐患治理，推进“无异味工厂”“无废企业”建设，实现污染物达标排放、减量排放。扎实推进碳达峰行动，通过总部绿色企业复评加强职业危害因素监测，抓好健康体检、健康筛查、高危人员健康服务，成功创建湖南省健康企业。

（吴　慧）

【生产经营】 深化炼油一体化运作，优化氢气供应安排，统筹煤炭等原燃料采购，一体化优化创效潜力初步释放。抓好工艺平稳性体系、设备完整性体系建设，强化报警、异常、泄漏等管理，高效完成热电10#炉和8#机大检修、橡胶中控室集中。统筹国内国际两个市场，出口产品 4.2 万吨、增长 26%。深入开展全口径成本管控，扎实推进百日创效专项行动，关键成本要素管控、重点提质增效措施落实落地。尽最大努力争取 30 万吨电煤长协资源，拓宽化工原辅料采购渠道，采购降本成效较好。加大政策研究力度，积极争取企业所得税退税、中央生态环境专项资金等政策资金支持。

（吴　慧）

【创新发展】 海南洋浦 17 万吨 / 年弹性体装置投产运行。上海金山 25 万吨 / 年弹性体装置开始设备安装，5 万吨 / 年环保型环氧氯丙烷项目土建交安，17 万吨 / 年高性能环氧树脂项目场平开工。牵头承担总部年度重大科技攻关“高端聚酰胺材料制备关键技术开发与产业示范”项目，完成万吨级聚己内酯等 5 个工艺包开发。建立重点化工新材料产品产销研用一体化攻关激励机制，全年开发新特产品 23 个、产销 13 万吨。成功创建湖南省热塑性弹性体技术创新中心，年专利申请总量创新纪录。

（吴　慧）

仪征化纤

【概况】 仪征化纤是中国石化仪征化纤有限责任公司（简称仪化有限公司）和中国石化集团资产经营管理有限公司仪征分公司（简称仪征资产分公司）的统称，位于江苏省仪征市，占地 10 平方千米，前身为仪征化纤工业联合公司，于 1978 年筹建，1981 年设立，1993 年股份制改组，1998 年加入中国石化。2014 年，重组成为中国石化全资子公司。

仪征化纤是中国石化中高端聚酯生产基地和特种纤维生产基地。有 400 万吨 / 年 PTA，260 万吨 / 年聚酯（含聚酯切片、短纤、中空、瓶片），3300 吨 / 年超高分子量聚乙烯纤维，1000 吨 / 年对位芳纶，12 万吨 / 年马来酸酐和 6000 吨 / 年熔喷布，16 万吨 / 年工程塑料（PBT），4.5 万吨 / 年聚酯薄膜（与日本东丽公司合资）和 1 亿米 ^{2}/ 年聚丙烯织物（与德国科德宝公司合资）生产能力。仪征化纤聚酯产品差别化率 99% 以上，质量处于国内领先地位。其中，膜级聚酯切片获全国制造业单项冠军称号；涤纶短纤产销量全球第一；PBT 技术及市场份额排在国内第一；有光短纤、膜级切片、中空、发泡瓶片等优势产品市场占有率居国内第一。超高分子量聚乙烯纤维和对位芳纶纤维为完全自主知识产权。高性能聚乙烯纤维采用国内唯一干法工艺技术。

仪征化纤实行一体化管理，下设 13 个机关部室、3 个直属机构和 17 个二级单位（含 2 个合资企业）。下辖 12 个基层党委、6 个直属党总支、3 个直属党支部，88 个基层党支部。截至 2023 年底，在岗员工 5702 名，在岗党员 2174 名。

仪征化纤主要技术经济指标及主要产品产量分别见表 1 和表 2。

（黄　斌）

【科学谋划仪征化纤“1235”战略部署】 2023 年，仪征化纤深刻感悟习近平总书记殷殷嘱托，深入学习贯彻习近平总书记视察九江石化重要指示精神，贯通落实习近平总书记视察胜利油田重要指示精神，坚持从习近平新时代中国特色社会主义思想中找方法、找答案，主动融入中国石化“一基两翼三新”产业格局，结合仪征化纤实际，不断加深对推动高质量发展的理解和认识，完善明确建设一个“新仪化”、打造“两大基地”、培育“三种能力”、加快“五个转型”的“1235”战略部署，得到集团公司党组的高度肯定和支持。

（黄　斌）

【攻坚奋进推动转型升级】 2023 年，仪征化纤全面贯彻新发展理念，牢记保障中国石化芳烃产业链安全的职责使命，加快芳烃产业链补链强链延链，确保产业链供应链战略安全，紧盯目标、聚力攻坚，只争朝夕、挂图作战，推进项目建设。300万吨/年PTA项目破难而进、如期中交；23万吨/年智能化短纤项目全面建成、满产满销；50万吨/年新一代瓶片、12万吨/年PBT项目快马加鞭、进展顺利，打造芳烃下游产业链示范基地扎实推进、初见成效。主动担当国家战略科技力量，4000吨/年芳纶工艺包通过总部审查，医用级超高分子量聚乙烯纤维生产线建成投用，特种纤维异地建设选址成功获批，万吨级特种纤维基地建设步入快车道。

（黄　斌）

年产300万吨PTA项目建设现场（刘玉福　摄）

【深化科技创新数“智”赋能】 2023年，仪征化纤持续强化自主核心技术攻关，国家级重点攻关任务高效推进，高附加值产品比例持续提升，改性共聚酯等一批重点项目实现突破。芳纶阻燃面料成功中标总部主采框架协议，实现销售17万米。生物可降解材料应用研究取得突破，成功在农用地膜领域推广。成功开发高端光学膜用聚酯、熔喷保暖絮片等新产品17个，2个产品年销量突破万吨。加快智能化数字化转型，自动化数据采集点增长34%。建成国内最大短纤智能立库，仓储岗位人均劳效提高12.7%。投用敏捷事务平台，开发AI智慧工地系统，管理效能持续提升。主持或参与10项国家、行业标准制（修）订，申请发明专利42件，获授权专利26件。完善科研创新机制，修订科学技术奖励细则，1项工信部、1项扬州市和3项公司级科研项目实施“揭榜挂帅”，发放各类科研奖励470万元。

（黄　斌）

超高分子量聚乙烯纤维生产线（刘玉福　摄）

【拼抢市场全力攻坚创效】 2023年，仪征化纤面对全产业链竞争的新常态，坚持以中国石化芳烃产业链整体效益最大化为原则，深入研判市场形势，测算芳烃全产业链效益，突出以效排产、以产促销，千方百计稳生产、抓优化、降成本、拼市场，产销量实现逆势上扬。全年生产聚酯商品总量232.72万吨、增加9.94万吨，销售233.55万吨、增加11.43万吨，产销率100.35%。做大有效益产品总量，中空产品销量创历史新高，结构优化创效1100万元。积极拓展新客户、新领域，低熔点短纤装置投产后实现产销平衡，PBT、高纤、MAH、聚酯等自销产品总量增加2.23万吨，新增客户294家。实施108项降本增效措施，创效2.48亿元，吨产品加工费用1593元，比集团公司下达指标低117元。仪征化纤全年销售收入184.99亿元，上缴税金5900万元。

（黄　斌）

23万吨/年智能化短纤生产线（刘玉福　摄）

【深化改革激活内生动力】 2023年，仪征化纤坚持问题导向，深化改革、精细管理，激发企业内生活力动力。制订国企改革深化提升行动方案，明确改革攻坚的方向、目标、路径和措施。优化调整信息化、质量监督等机构设置，管理流程更加科学。深化内部市场化改革，优化“赛马”机制考核指标和权重，加大激励考核力度，有效激发创效动力。持续深化劳动用工改革，建立“人力资源池”，推进“双契约”管理，探索实施“管理＋技术＋外包”用工模式，公司人均劳效提高8.8%。优化组织绩效考核体系，增设“创效能力提升”考核指标，完善销售人员市场化激励考核机制，核拨7100余万元经理（主任）奖励基金，投入506.6万元开展一线劳动竞赛，树立重实干、重业绩的鲜明导向。

（黄　斌）

【对标一流提升管理水平】 2023年，仪征化纤坚持强管理提效能，突出科学对标、精准对标，全面开展对标世界一流企业价值创造行动，建立可量化、可评估的价值创造指标体系。深化“三基”工作，修订部门职责，完成制度“立改废”57项。推进设备完整性管理体系有效运行，评选表彰96个“三标”示范典型。强化质量管理，广泛组织群众性质量活动，获江苏省质量信用AAA企业称号。多渠道多形式开展法治宣传教育，贯通法律、审计、内控、巡察等监督措施，提升合规管理水平。

（黄　斌）

【统筹发展和安全持续打造绿色企业】 2023年，仪征化纤坚持“发展决不能以牺牲安全为代价”这条红线，以“安全管理强化年”为抓手，深入开展危险化学品安全专项整治、老旧装置安全风险评估治理、承包商专项整治等工作，保持安全生产基本稳定态势。持续巩固绿色企业创建成效，推进“绿色企业行动计划”，通过强化源头减排、末端治理，开展污染物减排，COD、氨氮等主要污染物全部达标排放。持续实施“能效提升”计划，不断推进节能降耗各项工作，降低能源消耗成本，助力绿色低碳转型。全年耗能总量累计下降1.15%，单位产值综合能耗下降4.85%，连续实现用能总量和强度双降。仪征化纤获评江苏省重点行业绩效评价A级企业，被地方生态环境部门评选为环保示范性企业，连续5年通过江苏省秋冬季大气管控豁免，连续8年获江苏省企业环保信用评价最高等级，获评国家级绿色工厂。

（黄　斌）

【以高质量党建引领保障高质量发展】 2023年，仪征化纤党委深入学习贯彻习近平总书记关于党的建设的重要思想，坚定不移全面从严治党，着力强根基、聚合力、促发展，党建工作质效持续提升。分层分类开展党的二十大精神培训轮训，兴起学习宣传贯彻热潮。严格落实“第一议题”制度，及时跟进学习习近平总书记重要讲话和重要指示批示精神，学思想、用思想成为公司上下自觉行动。坚持以正确的用人导向选贤任能，强化年轻干部培养，各年龄段干部积极性得到充分发挥。完善人才发展机制，全面落实“人才八条”，开展人力资源盘点与岗位能力矩阵建设，引进180名高校毕业生，队伍接续得到改善，队伍素质得到增强。坚持抓基层打基础、抓两头带中间，多措并举强化党支部书记和党员教育培训，深入开展党员攻关、结对共建等“党”字号活动，深化“双示范”创建，打造“示范党支部书记行”党建工作品牌，严抓党支部分类定级，基层党组织政治功能和组织功能进一步增强。深化拓展“大监督”格局，实施新一轮党委巡察，加大警示教育力度，保持惩治腐败高压态势，一体推进“三不腐”，政治生态持续向好。深入开展形势任务教育，举办庆祝中国石化成立40周年企业文化故事会，“以奉献者为本，向奋斗者看齐，不让老实人吃亏”的思想共识愈发浓烈。讲好仪化故事，主题教育、重大项目建设等报道多次在《人民日报》、学习强国等平台刊发，“化生万物”亮相中国品牌展，入选中国石化红色教育基地和扬州市首批工业旅游区，展示良好企业形象。坚持党建带工建，深入开展劳动竞赛和技能竞赛，深化劳模（技师）工作室创建，2个工作室被授予中国石化示范性职工创新工作室称号。加强党对共青团工作的领导，深入推进青年精神素养提升工程，抓思想、重引领，建机制、搭平台，广大青年职工归属感、幸福感持续增强。

（黄　斌）

【多措并举关心关爱员工】 2023年，仪征化纤建立健全多层次常态化梯度帮扶长效机制，重点解决困难员工最急迫、最忧虑、最期盼的难题。修订《仪化公司职工困难帮扶救助管理细则》和《仪化公司职工帮困互助基金会实施细则》，优化捐助流程，提高捐助标准。全年累计帮扶救助1504人次，发放各类帮扶帮困基金342.86万元。优化体检项目，开展在岗职工健康异常人员排查，对排查出的158名健康高危人员制定“一人一策”健康干预措施，对11名职业禁忌人员进行妥善处理。创新职工疗休养模式，丰富疗休养内容，全年组织19批共918名职工疗休养，职工满意度显著提升。常态化开展“走基层、访万家”活动，为每名职工送上生日蛋糕，坚持高温现场慰问，职工获得感持续提升。年度思想状况问卷调查结果显示，广大员工对工作生活状态的满意度达95.02%，为近年新高。

（黄　斌）

【助学帮困切实履行社会责任】 2023年，仪征化纤认真落实中国石化部署，组织干部职工累计捐款69.5万元，定向帮扶三塬学校。通过实施教师“线上＋线下”培训、“1+1”结对辅导，组织20名学生参加暑期研学交流，安排37个党支部与优才贫困生“手拉手”结对帮扶，公司主要领导赴三塬学校走访调研、开展党建共建和捐赠慰问等，三塬学校教育教学工作取得较好水平。认真落实江苏省委省政府安排，投入100万元帮扶淮安市淮安区朱桥镇新华村发展经济、改善民生，高质量完成标准化厂房、村道路新建扩建、村小游园、健步道等项目建设，增加村集体收入，改善当地群众的生产生活条件。积极参加“消费帮扶新春行动”、中央企业消费帮扶兴农周等活动，全年累计向甘肃东乡、内蒙古、安徽、江西等帮扶地区购买消费帮扶产品326.38万元。

（黄　斌）

【深化文明创建展现良好形象】 2023年，仪征化纤坚持以社会主义核心价值观为引领，统筹推进社会公德、职业道德、家庭美德等文明实践。开展中国石化成立40周年和仪征化纤建厂45周年系列活动，弘扬石油精神、传承石化传统。组织435人次参与仪征创建全国文明城市交通志愿劝导活动。常态化开展岗位学雷锋活动，曹飞被评为江苏省岗位学雷锋示范标兵，苏福喜被评为仪征好人。连续第11年开展“‘5·19’一日捐”活动，累计募集善款189.71万元。承办中国石化全产业链业务投资者反向路演活动和“全国大学生暑期训练营”专场活动，取得良好效果。组织44次开放日活动，接待社会各方3464人次，增进公众对石油化工、化纤与人们衣食住行的认知认同。公司“添彩美好生活”教育基地被评为中国石化第三批红色教育基地、扬州仪征市级工业旅游示范区。

（黄　斌）

表1　仪征化纤主要技术经济指标　亿元

指标名称＼年份	2023	2022	2021	2020	2019	2018
工业总产值						
仪化有限公司	181.84	195.00	156.22	122.18	157.89	175.46
仪征资产分公司	—	—	22.80	9.94	10.40	9.50
工业增加值						
仪化有限公司	5.13	12.11	22.14	19.68	17.74	22.13
仪征资产分公司	—	—	3.10	1.22	1.16	1.70
资产总计						
仪化有限公司	138.90	113.38	91.00	84.83	83.72	80.41
仪征资产分公司	6.79	6.82	13.03	10.48	11.18	11.99

续表

指标名称 \ 年份	2023	2022	2021	2020	2019	2018
流动资产						
仪化有限公司	13.51	27.04	23.90	16.70	21.83	22.05
仪征资产分公司	5.11	5.10	11.26	0.87	1.46	2.44
固定资产原值						
仪化有限公司	198.80	184.01	183.62	175.25	160.96	154.99
仪征资产分公司	4.32	4.33	4.32	11.39	11.75	10.15
固定资产净值						
仪化有限公司	43.36	33.53	34.29	47.42	35.80	47.03
仪征资产分公司	1.57	1.61	1.65	4.57	4.96	6.21
销售收入						
仪化有限公司	183.98	194.22	179.09	131.85	164.84	180.12
仪征资产分公司	1.01	2.62	21.55	10.34	10.60	9.77
实现利税						
仪化有限公司	−14.38	−5.76	−10.11	2.67	2.52	4.67
仪征资产分公司	0.08	0.24	3.36	1.24	0.11	1.41
税　金						
仪化有限公司	0.52	2.14	2.79	2.62	2.48	3.66
仪征资产分公司	0.07	0.07	0.25	0.24	0.11	0.34
综合能耗 / 吨标煤・万元 $^{-1}$						
仪化有限公司	1.156	1.320	1.519	0.889	0.890	0.886
仪征资产分公司	—	—	0.208	0.095	0.099	0.103

表 2　仪征化纤主要产品产量　万吨

产品名称 \ 年份	2023	2022	2021	2020	2019	2018
涤　纶	232.72	222.79	221.70	254.52	250.70	238.08
聚酯切片	102.56	93.25	91.42	128.29	130.35	126.18
瓶级切片	30.90	37.08	30.83	35.09	35.97	34.36
涤纶短纤维	80.64	79.16	82.86	78.70	75.42	70.09
中空纤维	18.62	13.30	16.59	12.44	8.96	7.45
聚丙烯熔喷布	0.02	0.09	0.13	0.20	—	—
对位芳纶	0.09	0.08	0.06	0.05	—	—
高　纤	0.34	0.34	0.33	0.27	0.31	0.23
顺酐（MAH）	11.37	11.62	11.83	11.46	12.58	12.52
PTA	78.22	94.26	102.80	99.32	99.05	86.91
PBT 树脂	13.67	13.45	13.65	12.89	12.64	9.41
四氢呋喃	1.08	1.04	1.00	0.93	0.81	0.60

南化公司

【概况】 中国石化集团南京化学工业有限公司（简称南化公司）坐落于江苏省南京市六合区，占地面积3.79平方千米，由原南化公司与南京化工厂2005年重组成立。原南化公司的前身是近代著名爱国实业家范旭东先生于1934年创办的永利化学工业公司铔厂。南京化工厂的前身是始建于1947年的国民政府资源委员会中央化工厂筹备处京厂。原南化公司、南京化工厂分别于1998年、1999年进入集团公司。2005年，两个企业合并后，南京化工厂整体搬迁到江北南化公司厂区内，原厂2007年停产拆除。

南化公司是国内无机化工、有机化工、精细化工的生产基地。主要产品有三大系列：以煤、盐、硫黄为原料的无机化工产品，年产量分别为合成氨30万吨、氢气9万吨、硫酸50万吨、稀硝酸37.5万吨、浓硝酸22万吨、烧碱10万吨；以苯为原料的有机化工产品，年产量分别为苯胺25万吨、硝基苯35万吨、环己酮16万吨、氯化苯12万吨、硝基氯苯15万吨、环己胺6500吨、己内酰胺40万吨（合资）；以橡胶助剂为主体的精细化工产品，年产量分别为RT培司3万吨、防老剂TMQ 3万吨、防老剂6PPD/4010NA 3万吨、表面活性剂2000吨。

南化公司还是国内石油化工、精细化工科研与设备制造基地。有以气体净化、铜系催化剂研发为主的化工研究院；有以石油化工压力容器制造为主，被集团公司定位为“中石化大型非标设备制造基地”的化工机械厂。

南化公司下设15个机关部门。化工主业实行公司—运行部二级管理，下设煤化工、苯化工、橡胶化学品、环己酮、油田化学品5个生产运行部和检验、检维修、动力3个辅助生产运行部，储运1个业务运行部，销售、物资装备2个业务中心。非化工主业实行分、子公司管理，下设化工机械厂1个分公司和研究院公司、化机公司2个子公司。合资合作企业有南京福邦特东方化工有限公司。

截至2023年末，资产总额63.64亿元；在职员工4965人，离退休人员17038人，协解人员11609人。二级党委（直属党总支、直属党支部）18个，基层党支部82个（不含直属党支部）；党员总数1868人，其中在职党员1690人、离退休党员178人。

南化公司主要技术经济指标及主要产品产量分别见表1和表2。

（耿汉学）

【实现安全环保运行】 2023年，南化公司13个产品产量超年度计划，其中苯胺产量增加2800吨，RT培司产量增加140吨，6PPD产量增加200吨，TMQ产量增加100吨。实现不变价产值62.26亿元，比年度目标增加4.26亿元，未发生公司级及以上安全环保事故，完成集团公司和南京市下达的30项HSE指标。获评江苏省健康企业。

（耿汉学）

【全面动员决胜大修】 以学习贯彻习近平总书记视察胜利油田和九江石化重要指示精神为抓手，以“安全大修、绿色大修、优质大修、节约大修”为原则，以“一切为了大修、一切服务大修、一切保障大修”为要求，弘扬大庆精神、铁人精神，组建“党员先锋队、巾帼服务队、青年突击队、战士攻坚队、后勤保障队”，开展劳动竞赛，数十年以来首次全厂性大修及氢氨联合优化改造顺利完成。集团公司主题教育第六督导组第1期简报专题介绍。

（耿汉学）

南化公司全厂性大修现场（裴　昱　摄）

【抢抓机遇拓市增销】 全方位提质增效 4.2 亿元。因品施策，主要产品市场占有率 18.05%，提升 1.77 个百分点。苯胺增效 1.2 亿元；防老剂产品首次进入海外空白市场，新增出口 6000 吨，实现历史性突破。

（耿汉学）

【碳市场交易表现突出】 南化公司自行设计、建造的千吨级二氧化碳捕集示范装置实现一次试车成功。通过全国碳市场热电板块第三方碳核查，并完成履约，碳排放配额盈余 87498 吨二氧化碳当量。开展碳交易，出售 9400 吨，创效 764318 元。在首届碳市场模拟交易大赛中获突出交易表现单位奖。

（耿汉学）

【转型发展实质启动】 成立中石化南化（漳州）新材料有限公司。福建古雷苯胺—橡胶助剂产业链项目和延伸 3 万吨 / 年 MIBK 项目计划开工，一期 2 万吨 / 年 G4 级硫酸开工建设，新疆 5 万吨 / 年高纯多晶硅项目可研编制待总部批复，就地转型与异地发展“双轮驱动”基本形成。

（耿汉学）

【科技创新有新突破】 实现厂区 5G 网络全覆盖，入选工信部《2023 年 5G 工厂名录》。防老剂 TMQ 全流程连续化运行；贵金属催化剂连续加氢制备防老剂 6PPD 工业化应用，实现国内单套产能最大。建成中国石化首套 150 吨 / 年二氧化碳加氢制甲醇中试装置；开发成功低分压二氧化碳捕集新型高效溶剂、高端聚乙烯细旦化纤维，产品性能优异。开发全球最大 20 万吨 / 年硝基苯气相加氢制苯胺流化床工艺和 30 万吨 / 年苯胺成套技术。2023 年获授权专利 97 件，获评江苏省首届、南京市、石化联合会专利奖优秀奖，全力打造原创技术策源地。

（耿汉学）

【“三基”建设得到强化】 职工主动参与“提升‘三基’、建强班组”劳动竞赛，苯化工部苯胺作业区获评集团公司“三基”工作先进基层单位。培训赋能持续深化，举办培训班 34 个，倒班职工形势任务宣讲入选集团公司党建典型案例，教育培训 8240 人次；举办“周末大讲堂”42 期，培训 1882 人次。运用“易思培训”平台练兵、考试 78243 人次。抓好新进人员的培训培养，部分单位推进轮岗互学，为转型发展储备技能。

（耿汉学）

【深化改革见实效】 持续优化完善一体化管理体系，持续完善基于超额毛利分享的新型营销体系建设，推进核心装置稳定运行“包机”“包干”机制和专项考核。检验部调整三班运行模式，优化人力资源。获评中国石化深化改革三年行动先进单位。

（耿汉学）

【风险防控常态化】 开展安全环保投入管理情况、资金风险管理、特殊资金管理等专项审计，12 项问题全部完成整改。严肃落实执纪问责，规范处置 5 件信访件，立案审理“4·16”非计划停车事故，政纪处分 3 人，从严管理持续规范压实。

（耿汉学）

【扎实开展主题教育】 2023 年，南化公司分两批开展学习贯彻习近平新时代中国特色社会主义思想主题教育，系统学习党的创新理论，做实“五带五学”，做实“四下基层”41 个课题调研，做实 65 个问题整改和 17 件专项整治，做实“为民办实事”256 项，做实以学促干，举办“忆传统、强‘三基’、讲奉献、促发展”企业文化故事会，规定动作求实务实、扎实到位，成效显著。

（耿汉学）

【红色基地展现魅力】 完成“文化广场”改造，与厂史陈列馆一体开放，2023 年接待社会公众 279 场 6762 人次，全景式展示范旭东和侯德榜等科学家精神，获评全国科学家精神教育基地、江苏省第一批职工思想政治教育基地、南京市党史教育基地。举办“大学生科普行”活动，获评全国科普日优秀活动。

（耿汉学）

【着力提升品牌价值】 2项工程入选中国“超级工程研究”成果。“红三角牌”入选“南京老字号”，《构建以“四大信条”为核心价值观的企业诚信文化》案例获评2023年企业诚信建设实践优秀案例。

（耿汉学）

【选树典型示范引领】 6名职工获南京市五一劳动奖章，丁玉龙获评第七届南京工匠；尹春荣技能大师创新工作室获评首批中国石化技能人才创新工作室；陈海波获评第十五届南京市十大科技之星；南化公司评比表彰5名南化工匠，组织评选“季度之星”35名并送奖到岗位，展现先进典型的骨干和带头作用。

（耿汉学）

【精准为群众办实事】 持续开展“为群众办实事”活动，其中职工关注度最高的新华七村不动产权证书办理和发放完成1188户；2023年走访职工家庭1323户，解决实际困难59个，帮扶困难职工1521人次，发放帮扶救助金99.28万元，职工满意度持续增强。

（耿汉学）

表1 南化公司主要技术经济指标 亿元

指标名称＼年份	2023	2022	2021	2020	2019	2018
工业总产值	62.31	79.44	76.49	50.71	51.16	56.78
工业增加值	8.57	16.72	22.93	12.56	14.07	14.45
资产总计	63.64	65.52	56.09	51.37①	52.72	55.55
流动资产	19.33	22.59	21.57	14.75	12.76	13.94
固定资产原值	121.89	115.61	113.78	115.59	114.66	112.99
固定资产净值	51.80	49.10	50.55	53.60	55.99	57.49
销售收入	70.33	86.60	81.08	53.97	57.13	61.20
实现利税	−5.55	2.67	8.89	0.36	−1.43	−1.12
税　金	1.31	1.99	3.09	2.09	1.76	2.44
综合能耗／吨标煤·万元$^{-1}$	2.731	2.890	2.880	1.981	2.066	2.117

①数据有修正

表2 南化公司主要产品产量 吨

产品名称＼年份	2023	2022	2021	2020	2019	2018
硫酸（100%）	225 755	312 251	397 917	354 788	318 452	338 505
浓硝酸（100%）	206 636	212 337	205 401	203 297	207 061	182 913
稀硝酸（50%）	601 919	668 821	677 305	659 005	628 484	595 855
盐酸（31%）	117 970	124 203	129 539	117 378	81 590	74 216
烧碱（100%）	84 783	87 335	91 009	84 706	60 082	53 512
氢　气	39 914	53 327	60 457	69 107	72 446	68 648
合成氨	258 288	325 307	312 476	260 335	296 730	225 780

续表

产品名称 \ 年份	2023	2022	2021	2020	2019	2018
氯化苯	103 062	107 199	112 709	106 284	72 230	64 934
环己酮	76 488	125 747	136 867	153 731	149 447	149 941
苯　胺	219 874	221 963	218 483	217 059	208 113	197 726
环己胺	0	4 076	6 808	6 717	6 241	6 144
硝基苯	309 210	308 059	308 426	308 718	302 680	301 834
对硝基氯化苯	55 481	48 928	69 772	64 288	32 963	42 020
邻硝基氯化苯	30 563	26 739	38 028	34 882	18 107	22 788
RT 培司	15 254	16 024	15 027	13 748	12 918	11 201
防老剂 TMQ（RD）	33 724	34 010	34 403	31 077	31 072	30 535
防老剂 6PPD	20 908	19 624	19 296	18 114	17 232	14 903
防老剂 4010NA	867	2 938	2 038	3 075	1 204	1 007
橡胶防老剂总量	55 499	56 572	55 738	52 266	49 507	46 445
表面活性剂						
化工设备制造总量	17 399	20 024	14 602	11 908	13 079	13 744

安庆石化

【概况】 中国石油化工股份有限公司安庆分公司（简称安庆分公司）和中国石化集团资产经营管理有限公司安庆分公司（简称安庆资产分公司）统称安庆石化，始建于 1974 年 7 月，是安徽省最大的中央直属生产企业、最大的石化产品生产基地。

截至 2023 年底，安庆石化有年综合加工能力 800 万吨的炼油装置，日处理煤 2000 吨的壳牌粉煤气化装置，以及年产 33 万吨合成氨、21 万吨丙烯腈、30 万吨聚丙烯、7 万吨腈纶、50 万吨乙苯—苯乙烯等主要生产装置 47 套。同时有自备发电机组、吞吐能力 382 万吨 / 年的油品化学品码头、80 万吨 / 年的卸煤码头和日产 24 万吨的供水系统，以及全长 13 千米的厂内铁路专用线。在册员工总数 4007 人，固定资产原值 300.94 亿元、净值 152.77 亿元，累计上缴国家和地方税金超过 1310 亿元，为国家和地方经济的发展作出积极贡献。

安庆石化主要技术经济指标及主要产品产量分别见表 1 和表 2。

（杨众魁）

【领导班子调整】 2023 年 6 月 16 日，集团公司党组以视频会议的形式召开安庆石化干部大会，宣布对安庆石化领导班子调整的决定：朱兵任安庆分公司总经理，安庆石油化工总厂厂长、党委副书记。

（杨众魁）

【生产经营稳中向好】 2023 年，安庆石化发挥大优化办公室的统筹优化作用和炼油转化工结构调整项目投产后的竞争能力，开展全流程效益测算，紧跟市场变化及时调整产销方案。研判国际油价走势，把准原油采购节奏，降本增效 1.04 亿元。大力稳价拓市，应对化工市场下行，增产增销适销对路产品，全年航空煤油、硫黄、合成氨、互供饱和气产销量均创历史新高。聚丙烯实现出口，负极应用领域石油焦销量占集团公司总量超 50%。液化气、石油焦、硫黄价格稳居总部第一方阵。全年营业收入 522.94 亿元，首次突破 500 亿元大关，利润 1.07 亿元（炼油盈利 792 万元，化工盈利 5096 万元，安庆资产分公司盈利 4843 万元），完成总部下达的利润指标，进一步巩固来之不易的良好势头。

（杨众魁）

【安全环保总体受控】 2023 年，安庆石化全面开展“安全管理强化年”活动，不断深化 HSE 体系运行，狠抓全员安全生产责任制落实，全力推进绿色低碳行动。开展领导班子下基层安全督导机制，深入开展“会前安全教育 5 分钟”，强化重大危险源包保履职，建立完善全员岗位“两清单”，实施基层安全管理网格化。重大危险源持续受控，重大安全隐患治理率 100%，年度风险总值下降 36.1%。扎实推进绿色企业行动，深入推进绿色基层创建，抓好环保设施稳定运行和指标监测管控。持续开展 VOCs 排放源、雨污分流等排查治理，全年工业废水达标率、有控废气达标率、危险废物妥善处置率均为 100%。安庆石化成功创建安徽省健康企业，通过二级安全生产标准化企业验收评审，获国家级绿色工厂、集团公司安全生产先进单位、集团公司节能降碳环保先进单位、集团公司绿色企业 A 档等称号。

（杨众魁）

安庆石化被评为国家级绿色工厂

【专业管理持续深入】 2023 年，安庆石化扎实开展改革深化提升行动和价值创造行动，顺利完成全年目标任务。广泛开展“三基”管理专题调研，优化重构“三基”工作机制，做好“三标”手册深化应用，抓实班组“三基”竞赛，全员重视“三基”的良好氛围逐步形成，获评集团公司“三基”工作先进单位。坚持“务实、管用、高效”原则，动态开展制度整合优化精简。依托设备完整性管理体系，初步构建全生命周期标准化设备管理模式；推进现场“5S”管理，持续开展涡流扫查，大力整治“C、D 区”机泵，机泵预防性维修初步实现。狠抓节能降耗工作，炼油装置综合能耗大幅降低。规范生产波动及异常管理，抓实装置报警及联锁管理，装置生产总体平稳。坚持“收入向基层一线倾斜”的原则，构建全新绩效考核指标体系和全覆盖目标任务责任书体系。坚持依法治企、合规经营，安庆石化获集团公司“十四五”企业法治建设中期调研督导及合规管理体系 A 类评价。

（杨众魁）

【转型升级步伐稳健】 2023 年，安庆石化炼油转化工结构调整项目实现安全环保平稳一次开车成功，为国内炼油企业转型升级和高质量发展探索出一条新的发展路径。轻烃资源综合利用及高端材料项目可研编制工作全力推进；碳一板块安全环保提升及节能优化改造项目设备采购、工程施工顺利开展；液氨储运设施安全隐患治理项目基础设计获批；焦化装置安全节能提升改造项目可研获总部批复；新建 30 万吨 / 年 MTBE 装置项目开展基础设计；热电部 4# 机提质改造项目可研获批。全年科研经费实际支出 2703 万元，增长 10.5%；年度申请专利 10 件，数量创历史新高，获国家知识产权局授权专利 4 件，获集团公司科技进步奖一等奖、二等奖各 1 项。智能巡检提升、报警信息推送、物资无人值守仓库等多项信息化项目上线应用，安庆石化获集团公司网络安全和信息化水平评价双 A 级企业，高质量发展的根基更加稳固。

（杨众魁）

【党建工作坚强有力】 2023 年，安庆石化坚定不移把党的政治建设引向深入，深入学习贯彻习近平总书记视察九江石化重要指示精神，专题研究落实举措，切实把习近平总书记重要指示精神转化为推动安庆石化打造“五个示范”的具体行动。严格落实“第一议题”制度，全力配合完成集团公司党组巡视，开展安庆石化党委巡察整改“回头看”，上下联动、同题共答破解制约高质量发展的主要矛盾和突出问题。树牢大抓基层的鲜明导向，广泛开展党建共建，推动党建“三基本”与安庆石化“三基”工作相融互促，探索在“三基”工作中发挥基层党支部“一引两促三带”作用，充分发挥基层党组织的战斗堡垒作用。坚持党管干部原则，着力加强干部队伍建设，干部队伍结构进一步优化。强化意识形态阵地管理，传统媒体和新媒体矩阵发力，积极做好正面新闻宣传和负面舆情管控，全年在主流媒体发稿量增长16.18%，营造浓厚的干事创业氛围。有效提升“大监督”实效，创新开展项目监督共建，扎实开展反腐倡廉教育月活动，坚持“三不腐”一体推进，风清气正的干事创业氛围更加浓厚。

（杨众魁）

【刘晓华当选第十四届全国人大代表】 2023年1月17日，安徽省第十四届人民代表大会第一次会议选举产生安徽省出席第十四届全国人民代表大会代表111人，安庆分公司代表、党委书记刘晓华当选。

（杨众魁）

【炼油转化工结构调整项目开工投产】 2023年6月，安庆石化炼油转化工结构调整项目陆续开工投产，提前半年建成中交并实现一次开车成功。6月24日，30万吨/年聚丙烯装置打通全流程，实现一次投料开车成功；6月30日，中国石化“十条龙”科技攻关项目——安庆石化300万吨/年重油催化裂解装置一次投料开车成功，产出合格产品；7月6日，40万吨/年乙苯—苯乙烯装置一次开车成功，产出合格产品；7月11日，结构调整热电配套项目——新建7#深度背压汽轮发电机组一次冲转成功，顺利并网发电。

（杨众魁）

安庆石化300万吨/年重油催化裂解装置一次开车成功

【聚丙烯首次实现出口】 2023年10月7日，安庆石化4400余吨聚丙烯产品首批出口订单完成集港后，自上海港装箱出口，发往孟加拉和南美，首次实现出口。

（杨众魁）

【持续打造乡村振兴品牌】 2023年，安庆石化聚力实践“三园”帮扶理念，构建“四促”特色帮扶模式，持续加大产业帮扶，因地制宜发展特色产业，拓宽农民增收致富渠道，捐赠资金累计160万元。通过启动消费帮扶直通车、签订乡村振兴合作协议、联办展销会等方式，做细做实消费帮扶，为特色产业提质增效，累计投入消费帮扶资金465.36万元。深入开展党建帮扶，5家单位党组织与帮扶村（校）建立党建共建机制，以高质量党建赋能乡村振兴；聚焦校园文化、教师能力、学生素质“三提升”，不断深化教育帮扶，累计投入帮扶资金78万元。积极开展爱心义诊活动，捐资助学贫困学子，强化防止返贫动态监测，持续培育文明乡风，不断改善人居环境，群众幸福感和安全感日益巩固提升。

（杨众魁）

【和谐发展氛围更加浓厚】 2023年，安庆石化有效落实“我为群众办实事”长效机制，重视开展职工、先模疗休养工作，开展好“五个一”关爱活动，持续加大慰问力度，及时调整职工慰问金标准和范围，不断提升职工群众获得感和满意度。积极倡导健康生活理念，抓好职工健康管理，持续开展“普惠有约”，抓好走访慰问、夏送清凉、金秋助学、冬送温暖等工作。统筹抓好信访稳定、审计、保密、统战、人武、科协、政研、老干部、关工委等工作。以团员青年思想政治工作为引领，高质量开展团员和青年主题教育、“青马工程”培训班、青年文明号和青年安全生产示范岗创建等工作，激发广大青年干事创业热情，凝聚团结奋斗合力。

（杨众魁）

表 1　安庆石化主要技术经济指标　亿元

指标名称＼年份	2023	2022	2021	2020	2019	2018
原油加工量 / 万吨	773.36	578.99	752.00	710.40	658.13	727.46
工业总产值	544.55	442.17	449.02	403.46	394.68	451.14
炼　油	486.20	405.72	402.07	362.32	345.62	391.31
化　工	56.35	34.89	32.89	28.40	35.74	45.13
其　他	2.00	1.56	14.06	12.74	13.32	14.70
工业增加值	112.73	107.06	147.03	118.76	130.57	156.33
资产总计	232.67	211.68	179.74	153.79	141.44	132.62
流动资产	34.51	33.91	49.03	32.07	17.56	22.82
固定资产原值	300.94	233.68	229.03	231.27	224.32	220.84
固定资产净值	128.27	96.11	100.32	108.65	111.25	114.20
营业收入	522.94	448.24	473.22	340.89	401.63	464.23
实现利税	98.40	86.56	134.31	104.39	111.75	140.35
税　金	97.33	82.62	115.19	106.48	104.81	117.90
炼油综合能耗 / 千克标油・吨 $^{-1}$	71.48	79.67	73.75	76.70	76.98	76.93

表 2　安庆石化主要产品产量　万吨

产品名称＼年份	2023	2022	2021	2020	2019	2018
汽　油	262.98	219.28	283.87	256.16	249.15	269.61
柴　油	179.61	134.44	168.73	183.93	181.56	183.22
航空煤油	64.08	36.14	55.01	46.83	39.57	40.37
燃料油	20.63	24.45	23.65	13.64	5.66	3.37
原料油	71.91	28.25	39.27	23.78	19.09	28.23
液化气	75.79	56.31	78.34	70.34	64.58	75.07
石油焦	28.02	20.41	28.60	26.80	23.35	27.56
合成氨	31.83	28.06	31.84	26.80	25.73	26.30
丙烯腈	20.45	18.75	23.15	21.03	20.17	21.80
腈　纶	4.69	4.59	3.91	3.67	4.02	4.40
苯乙烯	19.99	7.54	10.09	10.20	9.17	10.08
聚丙烯	12.87	—	—	—	—	—

海南炼化

【概况】 中国石化海南炼油化工有限公司（简称海南炼化）位于海南省西北部洋浦经济开发区，是中东和非洲油气进入中国的第一节点，是中国距离南海石油天然气资源最近的油气储备加工基地；拥有天然的深水良港和避风港，地理和海运条件优越，同时享受保税港区、经济特区、开发区及自贸港的全部或部分优惠政策。其前身是始建于2003年10月31日的海南实华炼油化工有限公司，2006年2月28日，公司名称注册变更为中国石化海南炼油化工有限公司。一期炼油于2006年9月28日建成投产。2013年12月27日，海南炼化第一套芳烃也是首套采用中国石化自主技术的大型芳烃生产装置建成投产，打破欧美对芳烃成套技术长达40年的垄断，获2015年国家科技进步特等奖；2019年9月27日，运用中国石化芳烃技术2.0的第二套芳烃建成投产。2023年2月21日，乙烯项目一次投料开车成功，至8月11日，炼化一体化流程全部打通，形成炼油、芳烃、乙烯三大产业一体化并重的局面。

截至2023年底，海南炼化原油加工能力920万吨/年、芳烃生产能力160万吨/年、乙烯生产能力100万吨/年，拥有45套炼油化工生产装置及相应的油品储运设施、公用工程，30万吨级原油码头、10万吨级成品油码头及5万吨级乙烯码头各1座，以及海南巴陵新材料、海南聚酯新材料等合资公司；代管库容255万立方米的海南原油商储库及国家危险化学品应急救援洋浦基地；生产和销售各种规格的汽油、柴油、航空煤油、液化气、硫黄、燃料油、苯、对二甲苯、邻二甲苯、苯乙烯、聚丙烯、聚乙烯、乙二醇、环氧乙烷、1-丁烯、丁二烯、裂解碳五、裂解碳九和乙烯焦油等。海南炼化设有12个职能部室、12个基层单位，有员工2192人；累计实现工业总产值8179亿元，累计纳税额1267亿元、连续17年排名海南省首位（2007—2023年）。

海南炼化主要技术经济指标及主要产品产量分别见表1和表2。

（张九莎）

【生产经营刷新多项历史纪录】 2023年，海南炼化首次打通海南省进口石脑油流程，退税时间从131天降至59天，退税5.66亿元，降本约280万元；拓展保函应用场景，与中化石油、中银保险公司合作，开出系统内首笔中化原油进口增值税保单，降本0.15亿元。在乙烯开工年，海南炼化盈利1.51亿元，其中炼油盈利10.81亿元，连续4年获集团公司炼油“比学赶帮超”优胜单位称号；吨油完全费用139.39元，持续位列板块第1名，获集团公司2023年度全员成本目标管理工作炼油板块综合成本管理领先奖，是获该奖项的3家企业之一；全年实现销售收入693.22亿元，实现工业总产值699.46亿元，创历史最好水平，连续3年（2021—2023年）位居海南省企业100强榜首。

（张九莎）

【100万吨/年乙烯及炼油改扩建项目顺利投产】 2023年2月21日，海南炼化100万吨/年乙烯项目龙头装置——乙烯装置产出合格产品，标志着海南省乙烯工业实现“零的突破”。8月11日，260万吨/年加氢裂化装置一次开车成功，产出合格柴油。至此该项目14套装置全部开工完成，炼油、芳烃、乙烯一体化流程全部打通，取得“两最、双零”（主装置进入稳态运行最快、乙烯区项目打通全流程最短，试车过程零事故、动静设备零损坏）的良好业绩。该项目克服三年疫情影响，安全、质量、进度全面受控，从土建开

海南炼化100万吨/年乙烯项目投料开车一次成功
（刘海龙　摄）

工至预试车用时仅22个月，较定额工期提前2个月，创石化行业先进水平。

（张九莎）

【乙烯原料和产品运输通道全面贯通】 2023年1月17日，海南炼化100万吨/年乙烯及炼油改扩建项目配套码头工程1#—3#泊位等竣工验收合格，标志着打通乙烯全厂原料、产品运输的通道脉络。1月30日，首船570吨1-丁烯顺利靠泊1#泊位。3月1日，首个乙烯项目产品——丁二烯装船出厂。3月27日，乙烯单体出厂流程成功打通。4月11日，首批6600吨乙烯产品被销往印度，乙烯出口流程成功打通。6月27日，2673吨聚丙烯、聚乙烯在该码头完成“首船首吊”，打通固体产品水路出厂通道。8月25日，首船2000吨工业用裂解碳九销往华南地区。12月30日，650吨化工“三剂”首次接卸完成，成功打通化工“三剂”水运通道，极大提升化工“三剂”的保供能力。

（张九莎）

海南炼化乙烯码头（高仁泽　摄）

【17万吨/年苯乙烯类热塑性弹性体项目建成投产】 2023年4月5日，下属合资公司——海南巴陵新材料公司17万吨/年苯乙烯类热塑性弹性体项目一次投产成功，产出合格SBS产品，取得“虽比乙烯项目批复晚，但与其同步投产”的积极成果。该项目采用中国石化自主研发技术，发挥海南炼化原料资源优势、湖南石化技术创新优势和海南自贸港区位优势，延伸乙烯项目产业链，实现合作共赢。至10月6日，海南巴陵新材料公司顺利完成全部6条生产线投料试车，并实现乌拉圭等9个国家共计645吨产品的顺利出口，全年销售收入55794万元。

（张九莎）

【首次打通中国石油向海南炼化供应原油流程】 2023年7月11日，36吨中国石油南方勘探福山油田原油运达海南炼化炼油区，标志着中国石油向海南炼化首次供应原油流程顺利打通，也是海南炼化继2023年初与中国海油合作购销流花原油之后，继续拓宽与能源央企合作的具体行动，有利于提高海南石化产品的附加值、延长石化产业链，助力地方油气化工产业高质量发展。

（张九莎）

【安全环保“双先进”】 2023年，海南炼化强化领导引领力建设，首次实施全厂岗位责任制检查，助推公司由乙烯开工投运迅速转至常态化运行，获评2023年度集团公司安全生产先进单位、节能降碳环保先进单位和海南省应急管理工作考核优秀单位。

（张九莎）

【在全国危险化学品安全生产应急救援技术竞赛中斩获佳绩】 2023年11月10日，海南炼化消防队在第三届全国危险化学品安全生产应急救援技术竞赛中，获化工装置初期火灾处置团体项目二等奖、团体优秀奖，1人获最佳拼搏奖。该次竞赛由应急管理部国家安全生产应急救援中心主办，来自全国37支代表队，共500余名指战员参赛，海南炼化消防队第一次参赛。

（张九莎）

【五度蝉联全国对二甲苯行业能效“领跑者”企业称号】 2023年9月7—8日，中国石油和化学工业联合会发布2022年度石油和化工行业重点产品能效“领跑者”标杆企业名单，海南炼化获对二甲苯行业能效“领跑者”企业称号，也是自2018年以来，公司连续5年获该荣誉。

（张九莎）

【催化裂化装置烟气氮氧化物实现超洁净排放】 2023年5月，海南炼化开展催化裂化装置烟气中氮氧化物减排技术攻关，在中国石化系统内首家试用非氨基脱硝助剂，氮氧化物浓度由150毫克/米^{3}降至80毫克/米^{3}以下，创历史新低。

（张九莎）

【“三基”工作不断夯实】 2023年12月1—31日，海南炼化组织中层干部开展“当一天操作工”活动，活动执行跟班制，落实至少走一次标准巡检路线、至少参加一次交接班、至少参加一次夜班小课堂等班组活动或应急演练、至少组织一次谈心谈话、至少征集意见建议一件、至少与内外操各交一个朋友“六个一”，深入一线查找420项“三基”薄弱环节，并制定489项改进措施，已整改完成480项、完成率98.16%，提出338条为员工群众解难题的建议，已整改完成313条、完成率92.6%。

（张九莎）

【科技创新迈出新步伐】 2023年3月15日，海南炼化30万吨/年聚丙烯装置共聚反应器投入运行，产出高性能抗冲共聚聚丙烯产品PPB-EP02，也是中国石化应用3G+环管聚丙烯技术建成的首套装置，该产品性能处于同工艺世界领先水平。7月17日，该装置应用3G+技术开发出更具市场竞争力的聚丙烯新产品PPB-MP08，向产品差异化、高端化迈出关键一步。参与的RAX-4000型PX吸附剂研发及工业应用、纤维活化增强抗污染超滤膜制备技术开发及工业应用项目分别获集团公司2023年度科技进步奖一等奖、二等奖。

（张九莎）

【数字化转型、智能化发展多点突破】 2023年10月18日，海南炼化《基于5G网络构建项目建设“三化”管理模式的探索与实践》获中国石化第三十二届管理现代化创新成果优秀成果奖。11月14日，海南炼化《5G场景下PP仓库全智能仓储管理系统的应用》获评海南省工业互联网应用优秀案例。12月6日，工信部正式公布2023年度智能制造示范工厂揭榜单位，海南炼化获国家智能制造示范工厂称号。12月10日，海南炼化《基于企业内部产业链协同发展的5G+工程项目建设“三化”管理模式的探索与实践》获海南省企业管理现代化创新成果特等奖。

（张九莎）

【中共儋州市委党校海南炼化现场教学基地及研学基地正式揭牌】 2023年9月22日，海南炼化和儋州市委党校在市委党校校区和乙烯区顺利举行“市委党校海南炼化现场教学基地”“市委党校海南炼化研学基地”揭牌仪式，海南炼化成为儋州市委党校在企业的首家现场教学基地。揭牌仪式后，双方立即启动海南炼化2023年班组长能力素质提升培训班，探索干部教育培训新模式，着力打造一流现场教学基地。

（张九莎）

【应用新时代“枫桥经验”有效化解农民工讨薪风险】 2023年，海南炼化针对乙烯项目承包商单位多、用工总量大等实际，结合“我为群众办实事”，将“枫桥经验”融入项目建设，推动化解农民工讨薪问题30件次，办结率100%，构筑和谐劳动关系。海南炼化相关先进经验先后在集团公司《石化信息》《维稳工作》中刊发。

（张九莎）

【结对帮扶学校——抱罗村眉报小学正式开学】 2023年6月27日，集团公司确定海南炼化结对帮扶海南省乐东县抱罗村眉报小学。为“倾心办好老百姓家门口的学校”，围绕“9月1日高质量开学”目标，海南炼化投入290万元，仅用

海南炼化定点帮扶学校——抱罗村眉报小学正式开学

（吴淑汕　摄）

57 天高效完成眉报小学升级改造任务，就读学生从 17 名增加到学校满负荷运行的 130 名，超额完成招生入学计划。海南炼化教育结对帮扶先进经验在集团公司《石化信息》中刊发，并于 9 月 25 日在中国石化第二批教育帮扶工作交流会上作经验交流发言。海南炼化 2023 年度抱罗村定点帮扶工作成效再次被海南省评价为“好”。

（张九莎）

【党建工作卓有成效】 2023 年，海南炼化党委以主题教育为契机，联动整改安全生产、后勤服务等 128 项问题，两批主题教育评估满意率“好 + 较好”100%。认真落实集团公司“1355”党建工作总体思路，推动“两优”品牌做实做强，创建 46 个党员责任区、72 个党员示范岗，着力提升联系共建单位无党员班组质量，帮助承包商班组解决实际困难 38 项，共同消除生产隐患 137 项。党员积分亮相上榜，党员业绩、技能、作风指标提升 2.31%、6.39% 和 12%。2 个党支部获评海南省国资系统首批基层思想政治工作示范点。海南炼化党委获 2023 年度集团公司党建考核 A 档评价，连续 2 年获评 A 档，5 年内 4 次获评 A 档。

（张九莎）

【文化建设蓄势赋能】 2023 年，海南炼化以中国石化成立 40 周年、公司成立 20 周年为契机，举办企业文化故事会暨迎新年文艺汇演，发布《大潮奔涌》《勇立潮头》等系列企业文化宣传片，总结编写海南炼化厂史教育、石油石化成立史教育等石油石化传统教育教材，评选二十年·二十人及乙烯项目建设、装置开车一等功、二等功等 45 个集体、305 个先进个人，通过视频、海报等开展先进事迹线上展播。1 名员工获全国五一劳动奖章，1 名员工获海南省五一劳动奖章，1 名员工获评中国石化特级技师，共有 18 个集体、16 名个人获省级以上荣誉表彰。

（张九莎）

表 1 海南炼化主要技术经济指标 亿元

指标名称 \ 年份	2023	2022	2021	2020	2019	2018
原油加工量 / 万吨	934.32	716.30	940.48	932.40	927.63	865.74
工业总产值	699.46	512.51	573.95	374.30	494.76	502.89
炼　油	595.63	499.30	457.83	379.08	486.04	497.84
化　工	272.32	93.44	109.57	55.21	84.95	79.33
工业增加值	115.83	75.91	154.32	110.00	114.00	122.50
资产总计	469.26	457.28	400.40	306.51	304.26	212.39
流动资产	110.26	126.11	185.82	197.58	209.23	120.72
固定资产原值	471.56	306.19	188.54	185.52	183.65	154.27
固定资产净值	316.78	174.52	63.30	68.33	76.67	57.63
销售收入	693.22	449.31	543.39	368.85	497.13	485.74
实现利税	78.41	63.87	146.06	107.44	101.43	120.04
税　金	76.90	63.39	101.98	95.37	82.45	84.84
综合能耗 / 吨标煤·万元 $^{-1}$	1.053	0.428	0.506	0.505	0.317	—

表 2　海南炼化主要产品产量　万吨

产品名称 \ 年份	2023	2022	2021	2020	2019	2018
汽　油	240.47	197.62	269.82	245.25	270.05	254.24
柴　油	238.37	209.28	262.66	278.78	266.47	249.50
煤　油	131.93	88.52	126.86	113.39	157.07	142.25
液化气	78.48	40.00	62.75	54.53	62.04	59.26
燃料油	43.98	59.69	78.32	68.45	18.00	15.02
石脑油	114.94	27.37	24.30	26.35	19.53	20.28
硫　黄	6.62	5.43	6.54	7.22	5.91	6.51
对二甲苯	104.47	73.13	140.20	87.48	92.35	68.05
邻二甲苯	16.05	9.06	12.40	6.53	11.02	6.57
苯	36.46	6.98	17.92	7.99	13.23	14.23
聚丙烯	58.32	17.00	23.54	24.07	23.29	21.84
丙　烯	58.68	15.89	21.30	21.35	—	—
乙　烯	76.07	—	—	—	—	—
聚乙烯	49.03	—	—	—	—	—
丁二烯	10.04	—	—	—	—	—
环氧乙烷	0.69	—	—	—	—	—
乙二醇	36.87	—	—	—	—	—
1- 丁烯	2.99	—	—	—	—	—

川维化工公司

【概况】 中国石化集团重庆川维化工有限公司（简称川维化工公司）位于重庆长寿经济技术开发区（国家级），占地面积 280 余万平方米。前身为中国石化集团四川维尼纶厂，是 20 世纪 70 年代初引进的四大化纤项目之一，主要装置从英、法、德、日等国引进，1974 年破土动工，1979 年建成投产，1983 年竣工验收，同年整体进入中国石化，2017 年 11 月完成公司制改革。经过 50 年的改革发展，川维化工公司成为国内最大、中国石化唯一的天然气化工企业，也是重庆市制造业材料（化工）领军企业及高端聚烯烃产业链长企业。截至 2023 年底，川维化工公司主导和参与起草国际标准 2 项、国家标准 32 项、行业标准 17 项。

截至 2023 年底，川维化工公司下设 27 个二级机构，包括 12 个职能部门、5 个专业中心、1 个研究院、8 个生产运行部、重庆川维科技有限公司。在岗合同制员工 2561 人，其中具有正高级职称的 5 人、副高级职称的 194 人、中级职称的 475 人。

川维化工公司是国内最大的、最具代表性的天然气化工企业，天然气年加工能力 15.5 亿立方米（含合资企业），主要产能包括甲醇（MeOH）77 万吨 / 年、醋酸乙烯（VAc）50 万吨 / 年、精醋酸甲酯（MeOAc）21 万吨 / 年、合成氨 20 万吨 / 年等基础化工产品，以及聚乙烯醇（PVA）16 万吨 / 年、醋酸乙烯 – 乙烯共聚乳液（VAE）

12 万吨 / 年、维纶纤维 1.5 万吨 / 年等精细化工产品和新材料。截至 2023 年底，有 4 家在营合资企业，分别是扬子江乙酰化工有限公司、重庆川维林德气体有限责任公司、重庆华利维盛油田化学科技有限公司、重庆信维环保有限公司。

川维化工公司主要技术经济指标及主要产品产量分别见表 1 和表 2。

（朱晓丽　郑洵洵）

【领导班子调整】 2023 年 4 月 10 日，中国石化党组调整川维化工公司领导班子：免去杨宇桐川维化工公司总经理、党委副书记、委员职务。9 月 7 日，任命秦庆伟为川维化工公司总经理、党委副书记（兼）。

（朱晓丽　郑洵洵）

【醋酸乙烯 – 乙烯共聚乳液装车站建成投运】 2023 年 5 月 17 日，川维化工公司建成投运醋酸乙烯 – 乙烯共聚乳液装车站。

（朱晓丽　郑洵洵）

2023 年 5 月 17 日，川维化工公司新建醋酸乙烯 – 乙烯共聚乳液装车站建成投运

【中国石化西南危险废物处置中心揭牌成立】 2023 年 6 月 6 日，川维化工公司、重庆财信环境资源股份有限公司和重庆长寿经济技术开发区开发投资集团有限公司三方合资建设的工业废弃物终端处置中心——中国石化西南危险废物处置中心揭牌成立。该中心焚烧装置于 2022 年 9 月 21 日点火投运，是西南地区固体废物处置工艺最广、危险废物处置种类最全、建设规模最大的综合性工业废弃物处置中心。

（朱晓丽　郑洵洵）

【聚乙烯醇运行部东区自动包装线改造项目投运】 2023 年 1 月 3 日，川维化工公司聚乙烯醇运行部东区自动包装线改造项目开工，克服“边生产、边建设”安全管理难度大、施工场地受限等诸多困难，7 月 31 日实现中交。

（朱晓丽　郑洵洵）

【3000 米^3（标准）/ 时氢燃料电池供氢项目投运】 2023 年 5 月 23 日，川维化工公司建成投产西南地区最大的 3000 米^3（标准）/ 时氢燃料电池供氢项目，所产氢气纯度达 99.999%，日供氢能力 6.4 吨，同年实现商业化销售；12 月 20 日与重庆石油分公司共同建设的西南地区首个车用氢气供氢中心——3000 米^3（标准）/ 时氢燃料电池供氢加氢项目在重庆长寿正式投运。

（朱晓丽　郑洵洵）

2023 年 5 月 23 日，川维化工公司 3000 米^3（标准）/ 时氢燃料电池供氢项目投运，多家主流媒体现场报道

【设备国产化升级】 2023 年 10 月 13 日，川维化工公司完成乳液运行部 VAE 二列装置主要设备反应器循环泵 PU100S 和高压计量泵国产化更新改造，打破国外品牌的垄断。

（朱晓丽　郑洵洵）

【四大产品销量创历史新高】 2023 年，川维化工公司精甲酯、合成氨、醋酸乙烯 – 乙烯共聚乳液、聚乙烯醇产品销量分别达 18.65 万吨、17.61 万吨、12.25 万吨和 14.84 万吨，均创历史新高。

（朱晓丽　郑洵洵）

【市场营销】 2023 年，川维化工公司醋酸乙烯 – 乙烯共聚乳液市场占有率国内第一，产品连续 20

年获中国环境标志产品认证。

（朱晓丽　郑洵洵）

【环保治理项目】 2023年10月27日，川维化工公司厂区清净下水明管化改造项目中交；11月22日试车成功。项目建成后发挥循环水、化学水系统排污水明管化输送作用，实现雨污分流、污污分治，减少污水排放量。

（朱晓丽　郑洵洵）

【连续4年获重庆市环保诚信企业称号】 2023年8月3日，《重庆市生态环境局关于重庆市2022年度参与市级企业环境信用评价结果的公告》发布，川维化工公司在1355家市级参评企业中排名第一，连续4年获重庆市环保诚信企业称号。

（朱晓丽　郑洵洵）

【入选重庆市“无废城市”建设典型案例】 2023年10月24日，重庆市召开“无废城市”建设推进大会与2023成渝地区双城经济圈“无废城市”共建联合新闻发布会，川维化工公司“积极探索固危废循环利用途径”入选“无废城市”建设典型案例，并在全市推广。

（朱晓丽　郑洵洵）

【环境监测站获CNAS认可】 2023年5月9日，川维化工公司环境监测站收到中国合格评定国家认可委员会（CNAS）发出的实验室认可证书，也是国内实验室最高认可，标志着川维化工公司环境监测站检验结果具有很高的社会认可度，监测数据更为权威。

（朱晓丽　郑洵洵）

【举办首届“最强操作”业务竞赛】 2023年3月，川维化工公司启动首届“大练基本功——最强操作”业务竞赛；11月29日开展决赛，甲醇运行部参赛队获金奖；水务运行部、维纶运行部参赛队获银奖；乙炔运行部、乳液运行部和检验计量中心参赛队获铜奖，全员素质能力得到有效提升。

（朱晓丽　郑洵洵）

【重大活动】 2023年6月21日，川维化工公司成立50周年。年内通过组织系列群众性文体活动、制作专题片、表彰先进典型人物、开展“川维优良传统”全员大讨论、印发《川维印记》、组织老同志座谈会等方式开展成立50周年庆祝活动。

（朱晓丽　郑洵洵）

【成为重庆市首批特级（首席）技师评聘试点企业】 2023年8月3日，《关于公布重庆市首批特级（首席）技师评聘试点企业名单的通知》发布，川维化工公司成为重庆市首批特级（首席）技师评聘试点企业。2024年1月5日，《关于2023年重庆市首席技师特级技师名单的公示》发布，川维化工公司聚乙烯醇运行部黄勇获聘重庆市首批首席技师。

（朱晓丽　郑洵洵）

【获评重庆市首批商业秘密保护示范单位】 2023年4月7日，《重庆市市场监督管理局关于认定2022年重庆市商业秘密保护示范单位的通知》发布，川维化工公司被认定为2022年重庆市商业秘密保护示范单位。

（朱晓丽　郑洵洵）

【党建考核获评A档】 2023年4月28日，集团公司向川维化工公司反馈2022年度党建考核反馈意见，川维化工公司2022年度党建考核获评A档。

（朱晓丽　郑洵洵）

表1　川维化工公司主要技术经济指标①　亿元

指标名称 \ 年份	2023	2022	2021	2020	2019	2018
天然气加工量 / 亿立方米	9.56	10.46	13.50	11.01	11.07	10.42
工业总产值②	62.89	85.54	77.41	48.73	54.15	56.71
工业增加值	4.41	29.01	28.80	8.36	13.95	12.89

续表

年份 指标名称	2023	2022	2021	2020	2019	2018
资产总计	60.09	60.09	62.06	62.78	59.22	59.37
流动资产	8.39	8.39	6.55	8.74	6.46	6.24
固定资产原值	118.04	118.21	113.42	109.64	108.45	107.19
固定资产净值	49.03	51.44	51.05	50.33	51.87	54.20
营业收入	71.56	91.96	83.13	53.14	59.15	60.09
实现利税	−8.78	15.51	16.64	−1.45	3.19	4.62
税金及附加	0.90	3.77	3.57	1.35	2.07	3.57
综合能耗 / 吨标煤・万元 $^{-1}$	4.01	4.78	3.35	2.83	2.846	3.02

①数据不含合资企业
②工业总产值数据以现价计算

表 2　川维化工公司主要产品产量　万吨

年份 产品名称	2023	2022	2021	2020	2019	2018
甲　醇	69.23	74.16	79.18	80.49	80.62	74.07
醋酸乙烯	46.10	49.41	48.87	50.97	50.43	47.13
聚乙烯醇	15.90	15.43	14.09	14.58	14.72	15.74
醋酸甲酯	19.51	11.31	9.05	13.78	7.60	8.52
醋酸乙烯—乙烯共聚乳液	12.31	10.81	9.13	6.53	6.17	6.24
维纶纤维	1.00	0.88	1.25	0.89	1.18	1.98
液　氨	17.83	15.19	13.42	13.02	10.64	7.66

湖北化肥

【概况】 中国石油化工股份有限公司湖北化肥分公司（简称湖北化肥分公司）暨中国石化集团资产经营管理有限公司宜昌分公司（简称宜昌资产分公司）统称湖北化肥，位于湖北省枝江市，紧邻沪渝高速和 318 国道，南距长江约 1.5 千米，铁路专用线由枝江车站接轨至厂卸煤线站台，交通优势十分明显。湖北化肥前身为湖北省化肥厂，1974 年 10 月动工建设，1979 年 8 月投产，1983 年 7 月 1 日划入中国石油化工总公司。2000 年和 2006 年分别实施燃料、原料路线“煤代油”改造。2014 年 3 月，20 万吨 / 年合成气制乙二醇示范装置投产后，退出化肥业务。

2022 年 4 月 2 日，集团公司全面深化改革领导小组会议决定实施湖北化肥异地转型发展，与贵州能化业务整合、融合发展。在总部部门指导和兄弟企业支持下，湖北化肥明确打造集团公司转型发展“样板工程”的目标，全力做好思想引领、形势教育、政策宣传等工作，实现人员安置皆得所愿、资产处置按期收官、装置拆除有序推进。集团公司党组用“整个改革过程动作很大、动静很小，改革幅度很大、波动很小，打造了直属企业异地转型发展的样板”给予高度评价，表扬广大干部员工听党话、跟党走大格局高站位，领导班子攻坚啃硬、砥砺奋进的硬担当好作风。

湖北化肥主要技术经济指标见表 1。因湖北化肥 2021 年 11 月停产，无主要产品产量。

（张爱红）

【高票通过人员优化配置方案】 1 月 14 日，湖北化肥召开第十届第二次职工代表大会，高票通过异地转型发展人员优化配置方案。该方案经集团公司党组会审定通过，饱含“温度”凝聚各方智慧，承载党组真切关怀、总部部门真情关心和湖北化肥党委对全体干部员工的真挚情怀。

（张爱红）

【人员安置皆得所愿】 在总部部门指导和兄弟企业支持下，经“五下五上”五轮意向摸排、“逐人逐岗”精准匹配，湖北化肥 839 名员工得到妥善安置，实现总部既定人员分流安置目标。3 月 31 日，外部上岗员工完成人事调动、报到上岗。

（张爱红）

【精准发力助力乡村振兴】 湖北化肥坚持反哺农业，连续 2 年投入资金 52 万元，援建对口帮扶百里洲镇坝洲村 15 亩（1 万平方米）阳光蔬菜大棚、冷藏保鲜库，发展特色农业，带动务工 15 人，人均增收 6000 元；铺设 2 座过路桥涵，补齐基础设施短板；捐赠爱心书包和农技书籍，联合开展主题党日活动等，履行社会责任，助力乡村振兴。

（张爱红）

【成功转让 57 万吨 / 年尿素产能指标】 2023 年 7 月 28 日，湖北化肥与湖北三宁化工签署 57 万吨 / 年尿素产能指标转让协议，标志着湖北化肥尿素产能指标通过市场交易，实现资产处置价值最大化，也是中国石化系统内首例将尿素产能无形资产转让变现的案例。

（张爱红）

【启动装置拆除工作】 2023 年 11 月 2 日，湖北化肥召开装置拆除启动会，对装置安全拆除、依法合规管理和验收准备等各项工作提出要求。装置拆除是继装置工艺处理、人员优化配置后，湖北化肥转型发展又一里程碑事件。

（张爱红）

【启动“南泥湾”员工成长计划】 按照“异地发展、基地存续”发展规划，2023 年 12 月 20 日、12 月 24 日，湖北化肥分别举行“南泥湾”员工成长计划人选招聘笔试和面试，充分挖掘留守员工潜能，增强自主管理能力，综合培养基地存续所需党群管理、信息技术、电工等 11 个岗位人选，确保湖北化肥存续业务有效开展和岗位人员有序接替。

（张爱红）

【巡护班获中国石化工人先锋号称号】 在异地转型发展大考中，安全保卫部巡护班锚定“保安全、保稳定、保合规、保廉洁”目标，用作风形象一流、工作业绩一流、技能素质一流、团队建设一流较好完成工艺处理、维护看护、装置拆除等任务，实现队伍稳定“五个不发生”，HSE 工作“三个为零”，11 月底被授予中国石化工人先锋号称号。

（张爱红）

【资产处置按期收官】 2023 年 12 月 29 日，随着政府收储资产决策程序履行完毕，湖北化肥资产处置按期收官，完成原值 67.45 亿元资产、3272 万元存货、35 种化工物料和废旧物料处置，取得尿素产能指标市场化转让、废润滑油“点对点”资源化利用等一批系统内、省内首创性实践成果，实现依法合规、保值增值目标，得到集团公司党组和总部相关部门高度评价。

（张爱红）

表 1　湖北化肥主要技术经济指标　亿元

指标名称 \ 年份	2023	2022	2021	2020	2019	2018
工业总产值						
湖北化肥分公司	—	—	9.28	10.19	14.80	17.70

续表

年份 指标名称	2023	2022	2021	2020	2019	2018
宜昌资产分公司	—	—	3.74	4.36	5.72	5.99
工业增加值						
湖北化肥分公司	—	—	−0.38	0.19	−0.71	0.95
宜昌资产分公司	—	—	−3.29	0.44	0.96	0.87
资产总计						
湖北化肥分公司	5.30	7.33	10.28	13.33	21.66	20.47
宜昌资产分公司	0.99	1.04	1.77	4.95	5.24	5.50
流动资产						
湖北化肥分公司	0.15	0.38	3.14	3.00	4.36	2.68
宜昌资产分公司	0.19	0.15	0.85	0.86	0.73	0.80
固定资产原值						
湖北化肥分公司	22.83	55.84	56.17	56.18	55.82	53.73
宜昌资产分公司	2.98	11.14	11.07	11.17	11.16	10.08
固定资产净值						
湖北化肥分公司	1.21	30.14	30.35	30.54	31.54	30.68
宜昌资产分公司	0.79	3.81	3.70	4.08	4.56	3.89
销售收入						
湖北化肥分公司	0.04	0.40	12.53	12.26	18.39	21.38
宜昌资产分公司	0.10	0.42	3.99	4.84	7.67	8.19
实现利税						
湖北化肥分公司	−2.98	−3.23	−6.05	−10.40	−4.26	−2.10
宜昌资产分公司	−0.47	−0.19	−4.15	−0.18	0.16	0.05
税　金						
湖北化肥分公司	0.02	0.02	0.05	0.06	0.08	0.10
宜昌资产分公司	0.05	0.08	0.08	0.04	0.06	0.08
综合能耗 / 吨标煤・万元 $^{-1}$						
湖北化肥分公司		—	6.493	5.035	5.048	5.595
宜昌资产分公司		—	1.654	1.609	1.609	1.558

中原石化

【概况】 中国石化中原石油化工有限责任公司（简称中原石化）是股份公司控股的子公司，位于河南省濮阳市，占地面积 173 万平方米。1987 年国家批准立项建设，1996 年建成投产，1998 年 4 月划归集团公司，2005 年 1 月进入股份公司。

截至 2023 年底，中原石化有新、老 2 套生产系统，11 套化工生产装置。老系统为石油化工生产路线，先后进行 2 次技术改造，包括 20 万吨 / 年乙烯装置、26 万吨 / 年聚乙烯装置、6 万吨 / 年聚丙烯装置，以及 10 万吨 / 年汽油加氢、10 万吨 / 年苯抽提、10 万吨 / 年催化裂解制烯烃（OCC）、5 万吨 / 年混合碳四、2 万吨 / 年 PSA 制氢 5 套副产品深加工装置。新系统为煤化工生产路线，包括 60 万吨 / 年甲醇制烯烃（S-MTO）装置和配套的 10 万吨 / 年聚丙烯装置，以及乙烯单体外卖装置，分别于 2011 年 10 月和 9 月、2017 年 2 月投产。主要产品有聚乙烯、聚丙烯、苯、MTBE、氢气等。累计生产乙烯 556 万吨、聚乙烯 537 万吨、聚丙烯 290 万吨，实现销售收入 841 亿元，上缴税费 26.5 亿元。

中原石化实行两级扁平化管理，设 11 个机关部室、6 个运行部和 5 个业务中心。截至 2023 年底，用工总量 1108 人。

中原石化主要技术经济指标及主要产品产量分别见表 1 和表 2。

（郭永立　王月莹）

【生产经营优化提升】 2023 年，中原石化紧盯市场稳运行，生产经营刷新多项历史纪录。乙烯装置、聚乙烯装置关键核心机组连续稳定运行分别突破 1200 天和 760 天，创历史最长运行纪录；S-MTO 装置高效经济开车创最好水平；DA405 塔实现首次在线检修；乙烯装置首次实现大规模加工外购轻质原料；高端产品增效、价格对标整体完成情况创历史最好水平。全年生产乙烯 26.13 万吨、聚乙烯 23.16 万吨、聚丙烯 14.92 万吨，实现营收 41.51 亿元、利润 -1.98 亿元，完成集团公司下达的限亏目标，经营业绩好于预期。

（郭永立　王月莹）

【连续 24 年无上报安全事故】 2023 年，中原石化扎实开展“安全管理强化年”行动，严抓现场工作“两小时”，促领导引领力和穿透力提升；严抓班组安全培训、三大员培训、最强操作竞赛，促安全能力提升；严抓“一点一案、一线一案、一器一案”编练演复盘，促应急能力提升；严抓作业计划 JSA 分析，筑牢风险分析识别防控第一屏障；严抓会前事故警示，促安全意识技能增强；严抓全员网格化管理，加大全员查隐患激励力度，HSE 管理体系有效运行，公司级安全风险总值由 83 降至 62，实现连续 24 年无上报安全事故。

（郭永立　王月莹）

【绿色发展持续深化】 2023 年，中原石化深入推进绿色低碳发展，通过集团公司清洁生产现场审核和河南省清洁生产审核验收，绿色企业复审获评 B 档；稳步推进废渣填埋场合规整治，危险废物减量 1400 余吨；工业取水量较年度指标降低 14.6%，污水回用率提至 56.7%；万元产值综合能耗 2.87 吨标煤，完成年度指标；全年未受到行政处罚，绿色发展能力稳步提升。

（郭永立　王月莹）

【电工膜料研发创新取得重大突破】 2023 年，中原石化坚持科技自立自强，着力推进电工膜料“卡脖子”技术攻关。继 2022 年 10 月粗化膜料通过中国机械工业联合会组织的新产品技术鉴定后，2 月，聚丙烯金属化膜料通过由中国机械工业联合会组织的新产品技术鉴定。4 月，基于粗化膜料制成的全国产高压油浸式交流电容器、基于金属化膜料制成的全国产直流干式电容器陆续挂网运行，6 月开展二次大规模挂网，运行状况良好，实现电力电容器核心材料进口替代。锂电池隔膜料国内市场占有率超过 20%。

（郭永立　王月莹）

聚丙烯产品库人员进行料仓清点（张 伟 摄）

【创新发展成果显著】 2023年，中原石化坚持创新引领，“超洁净聚丙烯”项目被列入集团公司“产品小巨人”管理；单活性中心聚烯烃技术被列入集团公司原创技术策源地建设；参与的中国石化重大科技项目“单中心催化剂及其聚烯烃产品开发”中子课题“茂金属聚丙烯产品开发”取得重大突破、重大装备国产化项目“乙烯装置膨胀机国产化应用”稳定运行；锚定绿色化转型，生物轻油适应性改造顺利完成，获ISCC认证；加强信息化、智能化建设，完成“智能化操作”集控室建设，数据采集率提高35%，在线分析仪表取代率提至85.8%，网上定时巡检到位率100%；获河南省科学技术进步奖二等奖1项、安徽省科学技术奖二等奖1项、中国石化科学技术进步奖三等奖1项。

（郭永立 王月莹）

【完成多项产品标准制定】 2023年，中原石化参加完成2项国家标准《塑料聚丙烯树脂“鱼眼”测试方法》《工业用环戊烷》、2项行业标准《C_5—C_{10}混合烯烃中含氧化合物的测定气相色谱法》《工业用乙烯、丙烯痕量硫化物的测定气相色谱法》的制（修）订工作。牵头制定的《塑料电容器薄膜用聚丙烯（PP）专用料》《塑料锂离子电池隔膜用聚丙烯（PP）专用料》2项团体标准，经中国石油和化学工业联合会标准化工作委员会审查通过。

（郭永立 王月莹）

【筑牢员工健康防线】 2023年，中原石化积极开展健康企业建设，持续完善员工健康管理体系，工作场所职业病危害因素监测率100%，未出现超标岗位和（疑似）职业病，持续优化员工体检，健全员工健康档案，开展月度健康义诊，用好EAP工作平台，被评为首批河南省健康企业。

（郭永立 王月莹）

【改革管理协同推进】 2023年，中原石化落实“加快建设世界一流企业”部署，抓实改革深化和价值创造52项重点任务。全面实施管理人员任期制和契约化管理，完善中层“一人一表”考核，试点实施设备专业矩阵式管理、生产一线白班工程师机制，实施检验计量中心班组改革，推进非核心业务外包，人劳效能进一步提升。强化精准激励，收入分配向一线及高价值创造岗位倾斜，进一步激发队伍活力。深化业财融合，强化战略性集约化财务管控，年度预算费用压减8300万元，扎实落实亏损治理方案，63项措施促进增效8800万元。完善高质量指标评价体系，高质量发展指标评价提高11.2分。强化专业考核结果运用，开展对标式管理分析和精准帮扶，现场解决问题95项，提升“三基”管理水平。

（郭永立 王月莹）

【党建优势持续转化】 2023年，中原石化精心组织学习贯彻习近平新时代中国特色社会主义思想主题教育，深入学习习近平总书记视察胜利油田、九江石化重要指示精神，做到“五学联动”“学研查改”贯通，推动党的创新理论深化内化转化，以高质量党建引领保障高质量发展。坚持把党的领导融入公司治理各环节，公司董事会规范建设高效运作，党委“把方向、管大局、保落实”作用有效发挥。坚持强化组织建设，深化“三基本”与“三基”建设一体融合，推动基层党组织全面进步、全面过硬。坚持强化能力作风，扎实开展“能力作风深化年”活动，抓实“五型”班组、“稳保促”“最强操作”竞赛和标准化班组创建，聚焦“五懂五会五能”开展标准化培训，实施机关部门岗位“AB角”工作机制，高质量发展保障能力进一步增强。坚持以人为本，持续健全“我为群众办实事”长效机制，组织困难职工帮扶和慰问33.9万元，完成补充医疗保险改革，切实保障职工合法权益，凝聚职工群众干事创业强大合力。

（郭永立 王月莹）

中原石化主题教育读书班前往红旗渠研学（张 伟 摄）

【政治生态持续向好】 2023 年，中原石化坚持完善“大监督”体系，扎实推进常态化政治监督，从严运用监督执纪“四种形态”，严格执行中央八项规定精神，优化“提示 + 督导 + 问责”工作机制，一体推进“三不腐”；制订《中原石化公司党委巡察工作规划（2023—2027）》，开启第二轮党委常规巡察，实现第一轮巡察整改“回头看”全覆盖；以正反两个案例为抓手，靶向纠治安全环保领域形式主义、官僚主义问题，落实为基层减负工作措施，保持风清气正干事创业良好政治生态。

（郭永立　王月莹）

【积极履行社会责任】 2023 年，中原石化积极践行中央企业责任，积极参加社会公益活动。接续助力乡村振兴，通过开展党建共建、产业帮扶、消费帮扶、教育帮扶、爱心助学捐赠、防返贫监测等，巩固脱贫攻坚成果，进行“退林还耕”2 次，释放土地 150 余亩（10 万平方米）；利用“雷锋日”“六一儿童节”，捐助图书 400 余册，为 40 余名学生购买学习用品；完善村级台账及系统大数据，开展集中排查 2 次，未发生规模性返贫；累计购买扶贫产品 39.5 万元。连续 8 年开展“责任中原石化，青春志愿先行”主题学雷锋活动。128 人参加无偿献血，献血量达 51200 毫升。1058 人参加“慈善一日捐”活动，筹集善款 87150 元。

（郭永立　王月莹）

中原石化青年突击队“以雪为令”清除积雪
（张 伟 摄）

表 1　中原石化主要技术经济指标　亿元

指标名称 \ 年份	2023	2022	2021	2020	2019	2018
工业总产值	41.40	42.85	46.13	31.39	41.37	41.69
工业增加值	2.17	−1.87	4.94	3.37	4.70	4.70
资产总值	10.85	10.65	10.08	19.35	20.46	16.91
流动资产	3.38	2.79	3.29	3.51	3.08	3.06
固定资产原值	67.42	66.90	66.50	65.44	67.02	67.03
固定资产净值	4.10	3.57	20.44	20.20	21.23	22.43
销售收入	41.51	42.99	46.15	31.35	41.32	41.95
实现利税	−0.86	−4.58	−7.10	−0.44	1.10	1.37
税　金	1.13	0.39	1.05	0.75	1.05	1.32
综合能耗 / 吨标煤 · 万元 $^{-1}$	2.87	2.87	2.73	2.06	1.98	1.91

表 2　中原石化主要产品产量　万吨

产品名称 \ 年份	2023	2022	2021	2020	2019	2018
乙　烯	26.13	25.19	29.03	24.86	28.41	25.18
丙　烯	14.46	15.66	17.42	15.81	17.68	13.80
聚乙烯	23.16	22.64	23.65	21.16	22.01	17.23
聚丙烯	14.92	16.01	17.85	16.40	18.85	14.45
混合碳四	3.70	3.70	4.43	3.51	3.83	4.12
混合碳五	1.51	1.43	1.80	1.46	1.81	1.75
混合碳九	0.69	0.86	1.28	0.59	0.70	0.65
乙烯焦油	1.27	1.35	1.78	1.36	1.39	1.74
氢　气	0.26	0.17	0.21	0.13	0.16	0.16
1-丁烯	1.82	1.14	0.90	0.89	0.57	0.42
石油苯	4.25	3.59	3.74	2.67	2.88	3.31
3# 混合苯	1.44	1.83	2.39	1.68	1.69	2.00

长城能化

【概况】 中国石化长城能源化工有限公司（简称长城能化）是2012年8月27日注册成立的煤化工专业公司，是股份公司的全资子公司，业务归口化工事业部管理与指导，是中国石化煤化工业务平台，负责中国石化煤化工业务的投资和经营，组织协调煤化工项目建设，对煤化工企业进行专业化管理。

长城能化本部机关位于北京市经济技术开发区泰河一街4号院，设有综合管理部（党委办公室、外事办公室）、规划计划部、财务部、党委组织部（人力资源部、党群工作部、党委宣传部）、企管法律部、纪检监督部（审计部）、安全环保部、设备工程部、煤炭部、化工部和煤矿安全管理部11个部门；下设中国石化长城能源化工（宁夏）有限公司（简称宁夏能化）和中石化长城能源化工（内蒙古）有限公司（简称内蒙古能化）2个全资子公司，中国石化新疆能源化工有限公司（简称新疆能化）和中国石化长城能源化工（贵州）有限公司（简称贵州能化）2个控股公司，中天合创能源有限责任公司（简称中天合创）和中安联合煤化有限责任公司（简称中安联合）2个参股公司。截至2023年底，长城能化在宁夏、内蒙古、安徽、贵州和新疆等地规划布局6个煤化工项目。其中，宁夏能化、中天合创和中安联合3个项目建成投产并转入商业运营，贵州能化PGA项目启动场平工程建设，内蒙古能化煤制烯烃项目配套煤炭资源落实、在开展可研论证决策阶段，新疆准东煤制天然气项目处于前期工作阶段。长城能化本部机关、各全资及控股子公司和依托长城能化管理的中天合创及中安联合化工分公司用工总量为5593人。

2023年，长城能化深入学习贯彻党的二十大精神和习近平总书记视察胜利油田、九江石化等重要指示精神，认真落实党组决策部署，以开展主题教育强化思想引领、集聚奋进力量，以推进巡视整改补齐短板弱项、推动高质量发展，紧盯现场抓牢安全生产，紧贴市场优化生产经营，抢抓机遇推进重点项目建设，规范管理提升运营效率，全面从严管党治党推动各项重点工作落实，实现高质量的经营发展成果。

（成牧达）

【安全环保工作见到新成效】 2023 年，长城能化抓实 HSE 体系运行和工艺平稳性、设备完整性管理体系建设，细化落实岗位安全生产“两个清单”，全面排查整治风险隐患，狠抓操作、作业、施工“三大纪律”与过程监督，加快推进煤矿一级安全生产标准化和绿色企业创建，中天合创和宁夏能化设备完整性管理体系通过验收，宁夏能化 2 个煤矿保持安全生产标准化二级动态达标；中天合创、中安联合和宁夏能化均获绿色工厂，能效、水效“领跑者”标杆企业等称号；板块重大安全风险总值下降 34.4%，未发生上报集团公司级生产安全事故和突发环境事件。

（成牧达）

【生产经营优化得到新提升】 2023 年，长城能化深挖煤化一体化项目协同创效潜力，建立和应用煤化工全产业链价值优化模型，狠抓煤矿和化工装置稳产高产、产品结构调整优化、成本费用管控和高附加值新产品开发，煤矿和化工装置总体保持高负荷稳定运行，原煤和商品煤产量分别增长 4.6% 和 5.6%，主要化工产品产量和经营总量分别增长 2.6% 和 4%；主要化工产品单位生产成本降低 147 元 / 吨，提质增效项目取得丰硕成果。其中，宁夏能化宋新庄煤矿生产能力核增 30 万吨 / 年，BDO、聚四氢呋喃产量再创历史新高，精品醋酸乙烯项目成功投产并应用于 EVA 生产，化工产品出口量增长 42%；中天合创和中安联合聚烯烃新专料比例分别提高 4% 和 7%。

（成牧达）

【产业布局优化实现新进展】 2023 年，长城能化落实“十四五”煤化工发展规划，加快优质煤炭资源的获取和重点煤化工项目的落实落地，大路煤制烯烃项目完成可研“9+1”决策论证专项报告，并获取巴彦柴达木井田探矿权，取得勘查许可证，启动勘探工程；贵州能化 PGA 项目装置区场平施工完成，协调开展“PGA+X”项目产品方案的比选与优化，完成中城能源股权转让；新疆准东项目成立煤炭资源利用工作领导小组，调研制订煤炭资源保留优化和开发利用工作方案，完成煤制天然气项目可研编制及上报；中天合创绿色升级改造项目可研和总体设计获批复，加快施工准备工作。

（成牧达）

【做实专业化管理迈出新步伐】 2023 年，长城能化扎实开展深化国企改革三年行动和对标世界一流管理提升行动，梳理调整长城能化职能定位和部门职责分工，优化固化专业化管理流程和措施。组织开展“双碳”背景下中国石化煤化工高质量发展研究，修订完善长城能化议事决策机制，建立健全煤化工科技统筹管理、合资公司“三会”运作和煤化工企业支持服务等工作机制，通过深化全面预算牵引、组织对标评价分析、加强投资项目审查管控、开展安全环保和装置优化运行服务与监督等措施，充分发挥专业化管理职能作用。

（成牧达）

【中国石化亦庄智能制造研发生产基地建成投运】 2023 年，长城能化认真贯彻落实集团公司党组领导关于亦庄基地建成投运的指示精神，组建专项工作组解决亦庄基地建设各类矛盾问题，加快装修改造、功能完善、工程量清单验收和交接，落实员工班车通勤、就餐等服务保障，如期实现亦庄基地投运目标。长城能化本部全体员工于 2023 年底前顺利搬迁至基地办公，催化剂公司、石化盈科和易派客公司等单位员工 1200 余人陆续入驻。

（成牧达）

中国石化亦庄智能制造研发生产基地

【全面从严治党展现新气象】 2023年，长城能化党委深入学习贯彻习近平新时代中国特色社会主义思想和党的二十大精神，全力推动政治优势转化为治理优势、发展优势。深化巡视问题整改，全面接受党组巡视和集团公司专项审计，扎实做好整改“后半篇”文章，统筹推进各类问题整改落实见效。加强党风廉政建设，深化反腐倡廉教育，推进日常监督重点任务清单化落实，开展承包商安全管理、大路项目前期工作和亦庄项目投运专项监督，组建巡察组对4家基层党组织开展巡察。抓实基层党建工作，推动党建“三基本”和“三基”工作融合互促，宁夏能化优化调整基层班组设置及班组长配置，中天合创建立“三带三融三提升”工作机制，中安联合制定实施协作单位“三基”工作22项措施，贵州能化与参建单位组成联合安全观察组、开展“党建＋安全”主题党日活动。

（成牧达）

中天合创

【概况】 中天合创能源有限责任公司（简称中天合创）成立于2007年10月，是集煤炭、化工和电力生产为一体的大型煤炭深加工企业，由中国中煤能源股份有限公司（简称中煤能源）、中国石化长城能源化工有限公司（简称长城能化）、申能股份有限公司（简称申能股份）、内蒙古满世煤炭集团股份有限公司（简称满世煤炭）4家股东单位投资建设，股权比例为：中煤能源38.75%、长城能化38.75%、申能股份12.5%、满世煤炭10%。中天合创下设化工分公司和煤炭分公司，分别负责项目煤炭部分和煤化工部分的建设、运营与管理。

中天合创位于鄂尔多斯市乌审旗境内，总占地面积约525公顷，配置煤炭资源49.98亿吨、黄河水资源2677万米^3/年。总投资概算批复590亿元。中天合创建有2座煤矿及配套的洗煤厂，总生产能力2500万吨/年（葫芦素煤矿1300万吨/年、门克庆煤矿1200万吨/年）。化工部分有2×180万吨/年煤制甲醇装置、2×180万吨/年S-MTO装置、5套聚烯烃装置，总生产能力为360万吨/年甲醇（中间产品）和137万吨/年聚乙烯、聚丙烯产品。

中天合创于2016年基本建成，葫芦素煤矿第一个生产面于2016年1月投入试生产，门克庆煤矿第一个生产面于2016年10月投入试生产，化工装置第一个生产系列于2016年10月打通全流程，并产出合格的聚烯烃产品。中天合创于2017年9月转入全面商业运营。

2023年，中天合创化工分公司生产聚烯烃139.2万吨（还原预算口径）、MTO级甲醇432.8万吨；营业收入119.7亿元、利润6.3亿元（未经审计）。

中天合创化工分公司主要技术经济指标及主要产品产量分别见表1和表2。

（徐振楠）

【领导班子调整】 2023年10月11日，集团公司对中天合创领导班子作出调整：顾克荣不再担任中天合创能源有限责任公司总会计师、化工分公司总会计师职务，任中天合创能源有限责任公司化工分公司二级协理员。

（徐振楠）

【重点项目开工】 2023年2月6日，中国石化在北京、呼和浩特、鄂尔多斯三地“云举办”启动仪式，宣布鄂尔多斯风光融合绿氢化工示范项目开工。该项目是全球最大绿氢耦合煤化工项目，利用鄂尔多斯地区丰富的太阳能和风能资源发电直接制绿氢，年可制绿氢3万吨、绿氧24万吨，产出的绿氢和绿氧替代中天合创部分煤制氢，达到降碳减碳目的，形成氢能及可再生能源利用的产业新模式和发展新路径，助力实现“双碳”目标。

（徐振楠）

【液力透平项目成功并网发电】 2023年12月19日，甲醇部合成装置“高压甲醇液力透平”项目成功并网发电。该项目是中天合创技改重点项目之一，采用国产液力透平设备，通过液力透平发电机组吸收高压粗甲醇降至低压时产生的大量动能进行发电，达到增效降耗、减少外部用电目的。

（徐振楠）

【分质制盐项目成功开车】 2023 年 12 月 29 日，中天合创高含盐水分质制盐项目氯化钠干燥单元试生产开车成功，产出合格氯化钠结晶盐。该项目是中天合创 2023 年重点技改项目，投资近 1.5 亿元，高含盐水装置处理规模为 120 米 ^{3}/ 时，实现全年杂盐削减量约 6 万吨，产氯化钠 3.8 吨 / 时，产硫酸钠 2.17 吨 / 时，杂盐率由 100% 降至 25.28%。

（徐振楠）

【绿色转型升级】 2023 年，中天合创认真落实党组在内蒙古自治区煤化工产业部署，加快推动企业实现高质量发展，加速推进绿色降碳升级改造项目，12 月项目总体设计方案通过审查，绿电、绿氧、绿氢耦合碳减排发展迈出坚实一步；深化资源利用，推进合成余压发电、甲烷尾气资源化利用和 7000 吨 / 年氢气回收等项目；配合推进乌审旗风光融合绿氢化工示范项目，助力集团公司打造第一氢能公司。

（徐振楠）

【产品结构优化】 2023 年，中天合创成功试生产 LD650、LD160H、LD250 新产品，同步推进 K7927、LD258、F280M 新牌号试生产工作。其中，釜式聚乙烯装置首次成功生产注塑类新产品 LD650，填补该装置在注塑领域产品空缺，超纤料、耐候膜等产品量价同步提升，耐候膜专用料 34GL 通过中欧班列送往塔吉克斯坦，走向国外市场。

（徐振楠）

【安全环保稳定向好】 2023 年，中天合创以“安全管理强化年”为抓手，坚持严的基调和稳的前提，制定 7 个方面专项行动、20 项工作任务，有效推进会前安全教育 5 分钟、网格化管理、双清单制度、融入“三基”抓双重预防机制、安全风险专项排查等重点工作。风险识别管控和隐患排查治理主体责任进一步压实，重大安全风险总值下降 45.5%；强化承包商管理，骨干队伍流动性持续降低，稳定率 95%，现场违章率下降 0.37%；依法合规工作全面加强，消防验收取得突破性进展；浓盐水存量削减和废水装置优化同步推进，固体废物外委处置率和综合利用率大幅提高，绿色企业创建实现晋档升级。

（徐振楠）

【信息化建设】 2023 年 2 月，中天合创汽车衡无人值守系统正式投入运行，称重时间由过去的平均每辆车 3—4 分钟缩短到 30 秒，计量数据真实可靠，计量工作效率大幅提升；3 月 8 日，公用工程部包装装置叉车安全预警系统正式投入使用，标志着叉车安全运行实现新突破，智能化安全库房跃上新台阶；煤炭选运煤质中心智能化建设项目竣工，3 月 17 日央视 CCTV10《时尚科技秀》栏目以“智慧选煤工厂”为题对门克庆选煤厂智能化建设状况进行专题报道；加快电子产品国产化替代，完成 444 台信创电脑采购替换，替换率在炼化企业排名第一。

（徐振楠）

【首届“最强操作”劳动竞赛圆满完成】 2023 年 8 月，中天合创开展首届“最强操作”劳动竞赛，共 20 个装置的 1034 名一线运行技能操作人员参赛。竞赛活动充分利用企业内、外部资源，通过“以赛促练、以赛促学”方式，为全员营造学技能、提素质、保安稳、创效益的良好氛围。

（徐振楠）

【人才强企深入推进】 2023 年，中天合创中梯次推进基层领导人员任期制和契约化管理，深入落实“三项制度”改革和“三能”机制。全年提拔、调整干部 101 人次，40 岁以下中层年轻干部占比 22%；加强专业技术和技能操作队伍人才培养，144 名职工完成初、中、高级职称评定，54 名职工取得技师资格；加快高层次人才引进培养，社会化引进醋酸等相关领域专家人才 3 人。干部年龄结构持续改善，断层问题逐步缓解。

（徐振楠）

【5S 现场管理提升】 2023 年，中天合创深化构建基层党组织“三带三融三提升”工作机制，全

面开展5S现场管理提升行动，深化《基层单位“三标”工作手册》的推广应用，持续推进生产现场“低、老、坏”问题整治，推动现场管理规格化。通过打造标杆现场，以点带面持续开展全面推广，通过正向激励，稳扎稳打，标杆现场在保持中优化提升，其他现场逐步改善，最终实现全面提升。5月26日，中天合创典型做法被中国石化新闻网宣传报道。

（徐振楠）

煤化工企业“三基”工作现场交流会暨“安全管理强化年”座谈会

【主题教育深入开展】 2023年，在集团公司主题教育领导小组办公室及第十二巡回指导组的指导帮助下，中天合创党委牢牢把握“学思想、强党性、重实践、建新功”的总要求，坚持以学铸魂、以学增智、以学正风、以学促干，把开展主题教育与企业改革发展、生产经营等重点工作相结合，以“五学联动”推动学习走深走实，以“三进”调研破解生产经营中的重点难题，实现全年安全环保无事故，同时克服不利的化工市场形势，同期经营效益位列集团公司炼化板块前列。

（徐振楠）

【“我为群众办实事”项目】 2023年，中天合创围绕“生产经营重点难点、履行国企社会责任、转变作风减少基层负担、解决职工急难愁盼问题”4个方面，制定“我为群众办实事”项目共29项，全年项目实施率100%，完成21项，未完成项均在持续推进。其中，投用公寓净水设施、改善东区生活水质、新建安全实训基地、为基层配置电子显示屏及防爆手机、新建职工阅览室及青年之家、安装自行车充电桩等项目效果显著，得到职工广泛好评。

（徐振楠）

【企业品牌彰显】 2023年，中天合创被确定为内蒙古自治区现代煤化工产业链“链主”企业，8月牵头发起内蒙古现代煤化工产业链促进会，成为首任会长单位；5月，作为内蒙古唯一一家受邀的煤制烯烃企业，参加2023年中国品牌日活动；6月，受邀参加世界新能源新材料大会，向社会各界展示煤化工绿色低碳发展缩影；7月11日，承办鄂尔多斯市2023年节能宣传周启动仪式，全市24家企业及单位共计300余人参加启动仪式；8月，清华大学化工系20名本科生在中天合创开展暑期化工实践活动，中天合创获清华大学本科生实践教学基地称号。

（徐振楠）

2023年7月11日，中天合创承办鄂尔多斯市2023年节能宣传周启动仪式

【履行社会责任】 2023年，中天合创积极履行社会责任，实现“公众开放日”“司机之家”“为环卫工人献爱心”等社会公益项目常态化、品牌化、规模化，助力乡村振兴，持续开展消费帮扶275万元。7月，中天合创获2022年度鄂尔多斯市消费帮扶工作突出贡献企业称号。

（徐振楠）

【获得荣誉】 2023年3月，在鄂尔多斯市社会保障工作会议暨党风廉政建设工作会议上，中天合创获促进就业突出贡献企业称号；4月，获2021年度、2022年度全国煤炭行业技能评价工作先进单位称号；9月，获2022年度煤制烯烃水效“领跑者”、2022年度煤制烯烃能效“领跑者”称号，中天合创连续3年获水效“领跑者”第一名；9月5日，获尊师重教先进集体称号；10月，中天合创甲醇合成装置被评为集团公司“三基”工作先进基层单位，员工刘军锋获集团公司2023年度“三基”工作先进个人称号；11 月，烯烃部釜式聚乙烯装置被评为中国石化工人先锋号，也是该装置获得的第 3 个集团公司级荣誉。

（徐振楠）

【获得奖项】 2023 年 4 月，中天合创“上覆中高位关键层预裂减震技术研究及应用”成果获中国职业安全健康协会科学技术奖三等奖；6 月，中天合创李戈、王敏和康佳 3 名员工分别获中国石化炼化企业基层应急能力竞赛个人金奖、银奖和铜奖；9 月，中天合创“冲击地压风险智能判识与多参量综合预警技术”项目成果获内蒙古自治区科学技术进步奖二等奖；10 月，中天合创《大型煤化工企业以“四清单两记分”为核心的承包商诚信体系构建与优化》获中国石化管理现代化创新优秀成果奖；11 月，中天合创“积极探索心理健康‘EAP+’模式，为合资企业高质量发展提供‘心动力’”被中国企业文化促进会授予心理健康促进领域优秀成果二等奖。

（徐振楠）

表 1 中天合创化工分公司主要技术经济指标 亿元

指标名称 \ 年份	2023	2022
原煤加工量 / 万吨	653.27	659.51
工业总产值	116.39	133.03
工业增加值	59.99	70.65
资产总计	235.64	258.39
流动资产	118.27	10.73
固定资产原值	361.68	359.12
固定资产净值	203.68	253.28
销售收入	119.65	135.63
综合能耗 / 吨标煤・万元 $^{-1}$	6.52	6.19

表 2 中天合创化工分公司主要产品产量 万吨

产品名称 \ 年份	2023	2022
MTO 级甲醇	432.79	440.26
聚合级乙烯	67.23	68.48
聚合级丙烯	70.11	74.57
聚烯烃	136.42	141.85
其　他	48.42	49.85

中安联合

【概况】 中安联合煤化有限责任公司（简称中安联合）位于安徽（淮南）现代煤化工产业园区，是华东地区最大的煤化一体化公司、安徽省企业经营与管理研究会副会长单位、安徽省 3A 级信用企业。

中安联合成立于2010年12月，由长城能化与安徽省皖北煤电按50%：50%股比合资组建，下设煤化工和煤矿2个分公司。项目一期工程可研批复总投资267亿元，建设170万吨/年煤制甲醇及转化烯烃装置，配套400万吨/年朱集西煤矿，是中国石化重点建设项目、安徽省重点工程、淮南市“一号工程”。

2023年，中安联合全面贯彻落实党的二十大精神，团结带领6000余名中安人坚定发展信心、凝聚奋进力量，扎实开展主题教育，引导广大党员干部学思想、见行动，进一步增强坚决拥护“两个确立”、忠诚践行“两个维护”的政治自觉、思想自觉和行动自觉。大力弘扬“严细实”作风，攻坚克难勇毅前行，积极推动战略合作协议，跟进学习习近平总书记视察九江石化重要指示精神，全力落实二期项目前置条件，进一步坚定发展信心，明晰数字化、智能化、绿色化的发展方向。中安联合党委全面履行“把方向、管大局、保落实”职责，积极打造“五型中安”的发展蓝图，推动两大板块一体统筹协同发展，稳住中安联合生产经营基本盘，提升驾驭化工、煤矿两大板块生产经营的管控能力。各项工作取得新的进展，化工能效处于行业第一方阵，煤矿处于国家一级标准化矿井行列，中安联合被授予安徽省五一劳动奖状获评智能工厂。

中安联合主要技术经济指标及主要产品产量分别见表1和表2。

（张　峰）

【党建引领保障有力】 2023年，中安联合按照“学思想、强党性、重实践、建新功”总要求，分两批开展主题教育，同步将43家协作单位及团员青年一并纳入、一体推进。两级领导班子带头领题调研，深入装置现场、一线班组，召开基层座谈会23场、专题研讨会43次，形成调研成果74篇，推动7个方面46项重点工作全面落实。严格落实“第一议题”制度，组织党委中心组扩大学习26次，形成“八个结合”研学机制。强化党建与中心工作深度融合，发布实施《党建引领保障生产经营11项措施》，实施党员攻关项目55个。层层压实党建责任，出台支委履职能力提升实施方案，强化支委“五化”能力提升。《以党建共建为纽带，凝聚推动煤化一体化公司发展强大合力》被评为中国石化高质量党建引领保障高质量发展优秀案例，硫回收装置党支部被评为中国石化先进基层党组织。不断深化各项“青”字号品牌工作，激励广大团员青年奋发有为，培育创建全国优秀共青团员、全国青年文明号等典型个人和集体。强化党风廉政建设，一体推进“三不腐”，创新开展“会前廉洁教育五分钟”，全体干部员工的纪律规矩意识得到进一步增强。

（张　峰）

【胜利召开第二次党代会】 2023年9月，中安联合召开第二次党代会。会议深入分析当前形势，明确未来五年发展思路和重点任务，坚持以习近平新时代中国特色社会主义思想为指导，深入贯彻党的二十大精神，牢记习近平总书记“促进煤化工产业高端化、多元化、低碳化发展”和“再立新功、再创佳绩”的殷切嘱托，全面落实新时代党建工作总要求，紧扣新时代高质量发展这个鲜明主题，以实现装置“安稳长满优”运行为目标，严守安全环保廉洁底线，全面提升精细化管理水平，持续激发创新创效活力，强力推进二期项目建设，奋力打造清洁高效利用煤炭行业标杆。大会审议通过党委报告及纪委工作报告，选举产生两级党委委员和纪律检查委员会委员。

（张　峰）

【化工生产运行根基稳固】 2023年，中安联合成功实施合成催化剂撇头、换剂消缺等工作，化工产能逐步释放，甲醇、“两聚”（聚乙烯、聚丙烯）月度产量创历史新高。探索出甲醇、烯烃片区装置独立运行模式，有效增强装置运行弹性。强化生产异常管理，完善智能推送报警信息系统，及时消除异常，提升应急响应能力。推进设备完整性管理体系建设，加强大机组特护和高危泵专项治理，全年化工装置运行平稳率优于上级考核指标。围绕反应器压差高、冷凝器换热效率不足等瓶颈，实施技术攻关28项，解决制约高负荷运行问题。经第三方标定，甲醇、烯烃片区具备高负荷生产条件，实现化工大修的既定目标，为发展2.0版打下坚实基础。

（张　峰）

【煤矿安全运营稳中有进】 2023 年，中安联合持续开展矿压、地温、瓦斯等灾害治理，加强井下工作面和重点工程管理，13401 工作面提前贯通，11403 工作面提前回采，保障生产有序接替。成功应用盾构机，创造皖北煤电单进 402 米的最高纪录，推动一采区提前 6 个月具备瓦斯鉴定条件。深化“110 工法”应用，缩短 13 煤工作面断档时间近 8 个月，增加混煤 108 万吨。加快智能化矿井建设，相继投用智能化采掘、机电与运输等系统，各生产系统实现集中管控。煤矿继续保持国家一级安全标准化矿井行列，实现安全生产 7 周年，通过皖北煤电智能化矿井验收，处于接受安徽省一级智能化矿井验收阶段，向打造华东地区千米智慧标杆矿井目标迈进。

（张　峰）

【攻坚创效成果显著】 2023 年，中安联合持续开展攻坚创效行动，聚焦 8 类 36 项任务，实施项目化管理，压实创效主体责任。开展“确保稳定高负荷、力争降本减亏损”主题行动，召开生产运行、检维修、煤矿等五大专业降本对接会，制定 119 条重点措施，保障化工连续高负荷、煤矿多出煤出好煤。充分发挥成本效益模型作用，科学指导下网电、煤种掺烧、装置负荷调整等生产策略。强化对标管理，“两聚”物耗创历史最好水平，煤制烯烃综合能耗达到行业领跑者水平，热电专业在中国石化综合竞赛中排名第二。利用库容优势，优化烯烃片区生产经营，利用朱集西 11 煤的炼焦特性，开展煤炭易货贸易创效，中安联合生产经营总体保持稳中向好的态势。

（张　峰）

【科技创新持续加强】 2023 年，中安联合强化企业科技创新主体地位，牵头组建的安徽省先进煤基高分子材料产业创新研究院获批立项。实施耦合生物质气化技术研发，在行业内首次实现 15% 生物质掺烧，为二期用煤指标减量化替代探索出一条新路。加大新产品开发力度，“两聚”新专料占比 44%。分检中心取得国家实验室认证，“新型甲醇制烯烃催化剂研究及工业应用”“大型煤气化装置安全防控关键技术”分别获安徽省、中国石化科技进步奖二等奖。废水零排放技术入选国家鼓励的工业节水工艺、技术和装备目录，中安联合入选工信部首批数字化转型贯标试点企业。

（张　峰）

“耦合生物质能的 SE 粉煤气化关键技术研发及工业示范”取得阶段性成果（赵天奇　摄）

【不断释放人才活力】 2023 年，中安联合加大人才竞争选拔力度，实施 164 名中基层领导人员“全体起立”竞聘上岗，全面推行基层装置经济责任制考核，打破“干好干坏一个样”的大锅饭现象。与 170 余名中基层领导人员签订岗位聘任协议及业绩考核责任书，畅通干部“能下”出口，5 名中基层人员退出现职。大胆起用 36 名“80 后”“90 后”优秀年轻干部，选聘 93 名专家、主任师等专业技术人才，中安联合“哑铃型”人才结构有效改善。组织“中安之星”“最美奋斗者”评选，搭建多元化成长成才平台。实施人才一体化管理，启动中青年干部政治理论素养提升工程，对包含协作单位的 219 名班组长实施精准培训。与淮南联合大学合作办学，首批 20 名学员到岗实习，第二批 30 名学员完成招录。牵头组建的“淮南新材料产业学院”成为安徽省首批市域产教联合体培育项目，构建新型人才培养机制。

（张　峰）

筹建高分子材料安徽省产业创新研究院（赵天奇　摄）

【精细管理能力有效提升】 2023年，中安联合扎实推进国有企业新一轮改革深化提升行动，绿色发展、智能化建设、供应链管理等34项改革任务顺利完成。推动两个板块供销、煤炭质量计量一体化管理，实施ERP信息系统兼容共享，理顺业务流程，提升管理合力。加强与皖北煤电本部考核联动，把年度目标、效益指标、成本控制纳入煤矿考核范围，提高考核的精准性和实效性。抓实副班学习，中安联合领导带头示范，中层及以上管理人员882人次担任辅导员参加169个班组的副班学习。开展协作单位管理团队及核心骨干等关键岗位识别确认，建立包含管理团队、“三大员”、班组长共计471人的核心团队档案，纳入中安联合人才库。同时，国家安全与人民防线、信访维稳、统战、群团、档案、保密等工作也取得新成效。

（张　峰）

【干部队伍作风过硬】 2023年，中安联合实施“严细实”作风建设年行动，坚持问题导向，研究制定40项措施，专项督办推进工作。聚焦“三基”建设，开展合同倒签补签及独家谈判专项治理，合同倒签下降76%，独家谈判下降35%，工作规范性明显增强。聚焦安全环保领域形式主义官僚主义整治，将“安全管理强化年”、承包商安全管理、HSE大检查纳入督查范围，推动解决问题89项，有效整治“低老坏”现象。聚焦深化党建引领，重点推动与煤矿托管项目部党建共建方案落地，定期围绕煤矿产量提升、工作面接替、环境整治等开展党员联合攻关。持续发挥120名党员监督员作用，累计纠违章、查隐患7600余项。聚焦改进机关作风，开展“公文纠错”“精文减会”“请示报告”“执行力提升”等专项治理，不严不细不实的问题得到明显改善。强化机关服务基层意识，严肃整治拈轻怕重、躺平甩锅、得过且过等消极现象，推动机关作风持续向好。

（张　峰）

【治理能力有效提升】 2023年，中安联合实施“党建、文化、教育、产业、消费”乡村振兴五大助力工程，全年捐赠资金、消费帮扶、农产品促销等140余万元，黄岗村上榜首批安徽省“三变”改革典型示范村，并入选党建引领村集体经济发展十佳典型案例。积极参与地方文明创建，400余人次参加各类志愿服务，中安联合被评为安徽省文明单位。举办第四届京剧“走进淮南”慰问演出，组织6次“公众开放日”活动，扩大“朋友圈”，提升影响力。与6000余名中安人共享发展成果，坚持薪酬向一线倾斜，在经营严峻的情况下，保障一线员工收入，特别是煤矿员工收入增幅较大。投入280万元建成热电集控楼和气化框架电梯、厂前区自行车棚，投入近千万元对煤矿7号宿舍楼等进行维修改造，进一步改善员工工作和生活环境。投入86万元为员工投保商业险、职业健康检查，新购7台除颤仪，切实呵护员工身心健康。建立“职工书屋”，举办拔河、乒乓球等系列比赛活动，丰富员工业余文化生活。持续开展“我为群众办实事”活动，全年发生慰问费用500余万元，协调解决公租房燃气安全排查、班车线路优化、电动汽车充电等144项问题，广大职工群众的获得感、幸福感不断提升。

（张　峰）

开展职工拔河比赛活动（赵天奇　摄）

表1　中安联合主要技术经济指标　亿元

指标名称＼年份	2023	2022
原煤加工量/万吨	383.50	306.11
工业总产值	53.71	52.52

续表

指标名称 \ 年份	2023	2022
资产总计	246.35	258.47
流动资产	11.10	12.76
固定资产原值	220.56	218.33
固定资产净值	171.80	182.30
销售收入	54.12	52.45
综合能耗 / 吨标煤・万元 $^{-1}$	5.34	5.47

表 2　中安联合主要产品产量　万吨

产品名称 \ 年份	2023	2022
MTO 级甲醇	186.42	182.20
聚乙烯	31.83	24.64
聚丙烯	34.27	29.42
其　他	34.21	33.87

宁夏能化

【概况】 中国石化长城能源化工（宁夏）有限公司（简称宁夏能化）位于宁东能源化工基地现代煤化工产业园区，占地面积 8.43 平方千米，注册资本 68.07 亿元，在岗员工约 2000 人。其前身是成立于 2010 年 6 月的国电宁夏英力特宁东煤基化学有限公司，2012 年 12 月中国石化长城能源化工有限公司（简称长城能化）参股 50% 设立合资公司，2014 年 9 月打通全流程，2016 年 1 月转入商业运营，经过两次股权变更，2021 年 3 月成为长城能化下属全资企业，依法对国有资产进行经营、管理和监督，并承担保值增值责任。

截至 2023 年底，宁夏能化上游有银星二号、宋新庄 2 座现代化煤矿，年产原煤分别为 220 万吨和 150 万吨；化工以年产 62 万吨煤制甲醇和 75 万吨电石为双"龙头"，下游耦合形成年产 40 万吨醋酸、45 万吨醋酸乙烯、10 万吨聚乙烯醇和 44 万吨甲醛、22.1 万吨 1，4- 丁二醇、10 万吨四氢呋喃、9.2 万吨聚四氢呋喃两条产品线，同时配套 2 台 330 兆瓦亚临界发电机组、2 台 260 吨 / 时空分锅炉及水处理、环保治理等公用工程设施；末端形成年产 100 万吨电石渣制水泥固体废物综合利用平台。设 11 个部门、2 个专业中心和 11 个基层单位，有在册职工 2007 人。

宁夏能化主要技术经济指标及主要产品产量分别见表 1 和表 2。

（汪茹仙）

【高质量发展稳中有进】 2023 年，宁夏能化克服市场震荡下行、内生动力不足等不利因素，顶压攻坚、负重提质，深挖潜力、苦练内功，坚持以自身的确定性应对外界的不确定性，在十分不易的内外部条件下推动高质量发展稳中有进、进中提质，实现安全环保无事故，连续 3 年未发生集团公司一般 B 级及以上事故，完成总部下达的调整后效益任务，取得装置煤矿达产运行、产品产量持续提升、经营连续 3 年盈利、亏损企业摘帽的不凡业绩，各方面工作蒸蒸日上、向善向好。全年生产化工商品量96.97万吨，生产原煤340.09万吨，发电31.27亿千瓦·时；实现营业收入61.83亿元、利润639万元，完成集团公司“一利五率”指标任务。

（汪茹仙）

【强化安全环保管理】 2023年，宁夏能化认真学习习近平总书记关于安全生产的重要论述和指示批示精神，坚决贯彻落实党中央、国务院和集团公司、地方政府各项HSE部署，深入开展重大事故隐患专项排查整治2023行动和“安全管理强化年”行动。在统筹发展和安全的实践中，对安全环保生产的规律性认识不断深化细化，走出一条适合宁夏能化特色的新路子，为保障宁夏能化高质量发展、实现安全环保生产无事故目标奠定坚实基础。

（汪茹仙）

【全产业链实现达产】 2023年，宁夏能化坚持以装置“安稳长满优”运行和“做大总量”为导向强化生产运行管控，装置煤矿全面达产达标，完成“十四五”规划第一阶段任务，特别是BDO装置达标改造项目顺利投产，单台电石炉达产达标、6台电石炉日产量超2000吨以上达85天。化工生产总量274.53万吨，增加2.01万吨。PTMEG、THF、BDO、醋酸、聚乙烯醇和水泥6个产品产量创历史新高。甲醇装置创515天历史最长运行周期，单台气化炉烧嘴运行周期达120天。宋新庄煤矿克服顶板水害、巷道压力大等不利因素，超额完成年度计划任务，生产原煤140万吨，超年计划20万吨。

（汪茹仙）

【装置经济运行向好】 2023年，宁夏能化深入开展“对标提升”和“能效领跑”，单位甲醇综合能耗、单位醋酸乙烯综合能耗等9项指标达到国家单位产品能耗限额标准中的先进值。万元产值综合能耗6.44吨标煤、下降3.3%，万元产值水耗28.18立方米，均较2020年下降明显。再次获中国石油和化学工业联合会2022年度水效“领跑者”标杆企业（煤制甲醇）称号，获宁东基地2023年度节水型企业称号，水务管理获集团公司水务竞赛综合排名第一，热电、锅炉位列集团公司单项竞赛前列。

（汪茹仙）

2023年，BDO达标改造项目一次投产成功（王　鑫　摄）

【质量管理逐步规范】 2023年，宁夏能化依规设立三级质量官和产品工程师，强化大宗原材料源头管控，提升原煤质量，大宗原材料综合入库合格率提升0.87个百分点，关键质量控制点合格率提升3.72个百分点。政府监管部门和集团公司7次质量抽检合格率均为100%。PTMEG产品分子量波动缩小至5以内，质量稳定性继续保持行业领跑，产品竞争力和品牌影响力显著增强。

（汪茹仙）

【优化降本成效显著】 2023年，宁夏能化坚持“大抓优化，抓大优化”，各类优化创效3.35亿元。深化煤炭总体优化，实施动力煤矿点直采、热电自产煤掺烧创效超6300万元。狠抓生产运行优化，缩短PTMEG产品转产时间、推动“三剂”辅材降耗攻关等90个优化项目创效2.57亿元。强化预算牵引，化工吨产品完全加工费用、化工吨产品变动成本分别较长城能化下达的调整指标降低458元和607元，可控费用较年度指标节约1.42亿元，十二项非生产性费用管控进一步从紧。

（汪茹仙）

【供销管控不断深化】 2023年，宁夏能化狠抓拓市扩销推价，化工产品实现全产全销。PTMEG产品销量创历史新高，客户开发力度不断加大。BDO、PTMEG等出口量增长42%，出口总量再创新高。深化安全经济保供，平衡利库和改代利用物资利库 2743 万元，压降积压库存 565 万元，物资供应管理绩效考核位居化工板块前列。

（汪茹仙）

【“一体化”格局更加完善】 2023 年，宁夏能化推动煤矿生产能力核增，在银星二号煤矿生产能力核增 40 万吨 / 年基础上，宋新庄煤矿生产能力由 120 万吨 / 年核增至 150 万吨 / 年。

（汪茹仙）

【“高端化”发展步履坚实】 2023 年，宁夏能化推动优势产业链迈向高端，醋酸乙烯产品质量提升项目一次性开车成功并实现量产，产品纯度大于 99.99%，成功打入 EVA 市场；6 万吨 / 年 PTMEG 新材料化学品项目经反复推敲论证，可研（第四版）上报待批。打造产业链新动能、新优势，TPVA 产品销量实现十吨级突破，低甲醇含量 PVA 新产品开发实验完成并达标。高端研发投入持续加大，全年受理 5 件发明专利，完成集团公司专利 1 件。

（汪茹仙）

2023 年，聚乙烯醇运行部高端醋酸乙烯精制塔完成吊装

（王　鑫　摄）

【“绿色化”转型蹄疾步稳】 2023 年，宁夏能化扎实推进绿色发展，集团公司绿色企业复评达到 B 级水平，获石油和化工行业绿色工厂称号，2 个煤矿被评为宁夏回族自治区绿色矿山，“花园工厂”建设增绿显著。落实“双碳”部署，实施 14 个节能降碳项目降碳 11.4 万吨，提升绿电使用规模降碳超 8 万吨；万元产值碳排放量下降 4.5%，较 2020 年下降 19%。着力清洁生产管理，通过集团公司“清洁生产企业”验收，热电两机运行节能改造、水泥窑头窑尾余热回收利用等项目有序推进。

（汪茹仙）

【“智能化”建设初见成效】 2023 年，宁夏能化发布智能工厂规划，建立域长负责制运行管理机制。发力智能化改造升级，煤矿智能化建设有序推进，建成投用视频监控 AI 分析试点项目、报警信息推送系统等，“两化”融合在关键领域见到成效。

（汪茹仙）

【基层管理穿透力有力提升】 2023 年，宁夏能化完成设备完整性、计量、热电和乙炔运行部电气、大宗原材料采制样等专业架构及职责的优化调整，进一步补齐管理短板弱项。制订实施《基层班组设置及班组长配置方案》，班组由 101 个减少至 71 个，班组长由 244 人减少至 181 人。消灭无党员班组，班组设在党小组上的班长兼任党小组组长率 100%，一线班组长党员占比显著提升。常态化推进“三标”建设和班组共建，完善“三标”班组创建标准，运行类承包商人员稳定率提升 7.8 个百分点。

（汪茹仙）

【基础制度执行力有力提升】 2023 年，宁夏能化大抓体系建设，一体化管理体系涵盖的职业健康安全、环境、质量、能源、测量管理体系和实验室 CNAS 认可 6 个体系全部通过第三方认证，体系管理、规范管理迈上新台阶。建立“一把手”牵头检查制度机制，全年检查制度问题 6252 项，整改完成率 94%。编制 688 个岗位责任清单和工作任务清单，完成 7 个运行部“网格化”责任上墙，构建“横向到边、纵向到底”的三级安全网格责任体系。

（汪茹仙）

【员工岗位胜任力有力提升】 2023 年，宁夏能化大抓真抓“五懂五会五能”培训和六项基本功训练，举办“手指口述”等各类技能竞赛 38 项，实现班组长三年轮训全覆盖，员工履职能力评估“胜任”及以上比例提升至 99.8%，关键岗位人员 HSE 资格证和特殊工种人员依法合规持证率

100%。加强技能人才培养，完成甲醇装置操作工等 20 个工种的职业技能等级认定工作，认定通过技师 46 人、高级技师 16 人，技能等级持证率 80.6%。充分发挥“以赛促学、以赛促练”作用，在全国能源化工行业和宁夏回族自治区化工行业职业技能竞赛中获奖拔筹、取得佳绩。

（汪茹仙）

【政治判断力、政治领悟力、政治执行力持续提升】 2023 年，宁夏能化坚持以主题教育为契机，压实“主体责任”推动党建运行，深化推进党的政治建设重点措施落实，完善党委深入贯彻落实习近平总书记重要指示批示工作机制和党委向集团公司党组请示报告机制，常态化落实“第一议题”制度，贯通修订党委研究决定重大事项“两清单”和《“三重一大”决策制度实施细则》，推动党的领导与公司治理有机统一，党委“把方向、管大局、保落实”作用发挥更加突出。坚持用党的创新理论统一思想、统一意志、统一行动，贯彻落实党的二十大精神及宁夏能化第二次党代会重点任务清单 6 个方面 20 项工作 75 条措施打表式推进，贯彻落实集团公司及宁夏能化 2023 年重点工作部署任务清单 5 个方面 23 项工作 123 项措施清单化落实，确保上级党组织各类决策部署落实落地。在生动的政治实践中推动各级党组织政治功能和组织功能不断增强，各级干部政治判断力、政治领悟力、政治执行力持续提升。

（汪茹仙）

【风清气正、干事创业的良好氛围正在巩固发展】 2023 年，宁夏能化清单化推动“一把手”和领导班子监督、8 个专项监督落地实施，推动集团公司审计反馈问题到期全面整改，助力解决安全环保、销售采购等多个领域淤点梗阻问题。深入开展“六个一”廉洁教育活动，开展廉洁谈话 112 人次，梳理确定公司级廉洁风险点 14 个、运行部级廉洁风险点 110 个，建成 1 处公司级廉洁文化长廊。制订“五治五提”作风建设实施方案并从严推进实施，有力根治一批“懒怠粗散浮”问题。深化拓展“基层减负”，公文、会议数量分别下降 11.32% 和 12.23%，基层台账记录缩减 16.12%，各类工作群减少 17 个，管理效率和基层减负获得感有明显提升。

（汪茹仙）

【干部人才工作不断走深】 2023 年，宁夏能化坚持正确选人用人导向，选拔 40 名优秀年轻专业骨干到基层领导岗位，落实集团公司“百舸千帆”和煤化工人才实践锻炼计划，外派 6 名优秀人才实岗锻炼。修订宁夏能化《中层管理人员考核评价办法》，实现中层管理人员任期制和契约化全覆盖。对 2 名干部进行组织处理，进一步释放从严信号。制订“十四五”及中长期人才发展规划，实施“135”青年人才培养工程。加强三支人才队伍建设，发挥专家团队作用，“三大员”履职能力评估胜任及以上达 93.88%，高技能人才培养使用力度进一步加大。

（汪茹仙）

【党建融合创效不断走实】 2023 年，宁夏能化落实“七抓八有”机制，深化支部建品工作，规范完成 8 个党支部换届选举，进一步明确基层党政班子职责界面和议事清单，形成 29 个党建品牌典型案例并入册汇编。深化融合互促机制建设，共筑 140 个安全环保网格堡垒，党员干部带头包机 49 台。紧贴生产经营中心组织劳动竞赛 15 项，征集合理化建议 900 余条。积极争取并落实 3 个驻点村帮扶捐赠 198 万元，落实消费扶贫 61.5 万元，青年志愿者达成社会“微心愿”60 件。

（汪茹仙）

【密切联系群众更加走心】 始终聚焦民生实事“答题”，紧盯急难愁盼“解题”。用心做好困难职工慰问和医疗帮扶救助 32 人次，发放救助金 25.3 万元；“金秋助学”4.8 万元，帮助 10 名员工家庭解决子女就学难问题。为 39 名新入职员工开展职业生涯规划专题讲座，用心用情送 EAP 服务到基层 55 场次。开展篮球、排球、乒乓球、羽毛球比赛及朗诵、演讲、合唱、书法、绘画、摄影等 24 个项目的文艺文化活动，录制厂歌《让宁夏能化明天更美好》点亮员工心声。常态化向员工发放“暖心酸奶”“新鲜果蔬”，完善职工公寓“温馨驿站”，有力解决员工“停车难、乘车难”问题。

（汪茹仙）

表 1　宁夏能化主要技术经济指标　亿元

指标名称＼年份	2023	2022	2021	2020	2019	2018
产品总量 / 万吨	765.48	688.61	620.42	441.18	437.23	384.30
工业总产值	61.06	93.47	89.81	37.80	42.50	41.31
工业增加值	15.10	23.12	14.35	6.19	4.50	2.81
资产总计	133.96	140.13	143.84	147.75	174.84	183.87
流动资产	4.64	4.57	6.33	5.50	7.02	8.11
固定资产原值	248.71	244.71	240.69	217.68	216.00	212.97
固定资产净值	101.89	107.45	113.60	100.82	128.29	136.74
销售收入	61.82	93.94	90.77	37.79	44.24	41.13
利润	0.06	27.57	30.26	−34.65	−12.04	−16.20

表 2　宁夏能化主要产品产量　万吨

产品名称＼年份	2023	2022	2021	2020	2019	2018
甲　醇	63.77	69.08	63.04	61.68	63.66	52.20
电　石	61.41	63.96	51.40	56.54	55.95	48.51
乙　炔	80.35	19.82	14.10	14.09	17.21	15.88
醋　酸	43.35	43.11	34.32	35.39	34.24	23.64
醋酸乙烯	36.06	37.98	22.29	24.79	34.86	31.91
聚乙烯醇	8.68	8.66	6.64	7.46	7.25	5.48
1，4- 丁二醇	23.25	22.24	20.12	17.48	16.86	15.30
四氢呋喃	12.42	11.68	10.39	7.59	6.70	6.72
聚四氢呋喃	11.90	10.19	9.66	6.62	5.42	4.94
水　泥	84.20	59.44	70.03	69.44	79.04	58.19
煤　炭	340.09	342.45	318.43	140.10	116.04	121.53

化工销售公司

【概况】 中国石化化工销售有限公司（简称化工销售公司）是中国石化下属全资子公司。2005 年 5 月，中国石化党组实施化工产品销售体制重大改革，按照“六统一”（营销策略、市场开拓、物流优化、资源配置、销售业务、品牌战略）原则，组建化工销售分公司，承担中国石化化工产品营销工作的管理职能。2009 年 1 月，设立化工销售有限公司（与化工销售分公司一套班子、两块牌子）。2012 年 5 月，化工销售分公司和化工销售有限公司整合为化工销售有限公司。截至 2023 年底，境内设有华北、华东、华南、华中、江苏 5 家区域分公司，化销国贸公司、化工物流公司 2 家全资子公司，共设立 31 个经营网点、17 个服务点。化工销售公司本部业务部门包括合成材料部、烯烃部、芳烃部、基础化学品部、安全环保部（物流管理部），职能管理部门包括综合管理部、计划信息部、商情研究室、财务部、党委组织部（人力资源部）、合规管理部、监督审计部、战略合作部。化工销售公司坚持履行好服务生产企业的主责主业，主要负责中国石化统销化工产品的经营业务（包括进出口业务、系统内互供保供），以及仓储、物流管理业务，主要经营有六大类产品：合成树脂、合成橡胶、合成纤维及聚合物、烯烃、芳烃、基础化学品。同时，为应对日趋激烈的市场竞争，扩大市场话语权，坚持高质量开展自营贸易。

（武　晶）

【经营理念】 化工销售公司作为集团公司旗下全资子公司，经营与服务网络覆盖全球，积极发挥中国石化集团一体化资源优势，为全球客户提供一揽子的服务解决方案，实现与上下游产业链合作伙伴的合作共赢。“以客户为中心”作为始终坚持的核心文化和经营理念，作为开展一切业务的行为准则。充分依托中国石化品牌影响力，为全球客户及各行业合作伙伴提供及时、优质的，集化工生产、技术、商务、物流、金融、信息等一体化的综合服务，并时刻安全可靠地践行公司品牌承诺。致力于成为世界领先的化工贸易综合服务商，与合作伙伴一道，秉承高质量发展理念，顺应时代之势、市场之变，共同推动化工产业链可持续、健康稳定发展，共同打造覆盖全球的全链条产品供应体系、国际领先的高效率现代智慧物流配送体系、用户满意的高品质解决方案服务体系、绿色安全的高标准低碳营销体系。

（武　晶）

【客户服务】 坚持“以客户为中心”的经营理念，强化从“坐商”到“行商”转变，及时了解客户的共性需求，深入挖掘客户的潜在需求，以优质服务为客户创造价值。培育服务文化，落实客户服务标准化体系，基于客户视角，完善服务体系，理顺服务流程，优化多类型、不同场景客户服务规范。加强执行检查监督，查找客户需求传导和响应过程断点、堵点，畅通客户服务“高速公路”，充分发挥客户服务标准化体系在理念传导、素质能力提升、战略达成、绩效实现等方面综合功能。持续加强营销人才队伍建设，构建产品知识、商务交流、管理制度、信息系统等全覆盖基本功训练体系，提升窗口人员专业素养和知识能力，打造诚信、专业、善于倾听、值得信赖、客户至上职业形象。

（武　晶）

客户现场座谈

【深化改革】 认真落实党中央“建设全国统一大市场”和中国石化党组“六统一”要求，调整管理体制与组织架构，理顺业务管理关系，明确本部与各分（子）公司功能定位，厘清职责界面，构建“一体化统筹、垂直型管理、矩阵式运营”经营管理模式。制订《营销与组织模式优化调整方案》，坚持职能匹配、权责对等，建立简政放权工作清单，落实“放管服”措施，优化分工模式、提高运营效率，改革后一线业务人员占比提高24%，客户经理有效走访次数提升2.5%，40余个业务流程精简优化，重点业务审批效率大幅提升。实施国际贸易、化工物流专业化重组，组建成立化销国贸公司、化工物流公司2家全资子公司，强化统筹管理运营，打造“商品＋物流＋服务”综合竞争能力。

（武　晶）

【市场“雷达”】 注重发挥“雷达”作用，捕捉满足产业链需求。搞清楚客户真正需要什么，着力解决客户痛点、降低客户成本、增进客户满意度，探索个性化定制、柔性化生产新模式，深度发展客户关系，努力把服务做到极致。完善以客户为导向的产业链需求收集、分析和预测体系，为产销研协同、供应链协同提供足够保障。坚持以客户需求为牵引，降低客户交易成本，提高客户服务便捷性、针对性和有效性。以满足市场需求为出发点，完善高附加值产品分类逻辑，提高评价体系科学性，全力满足客户多样化需求。

（武　晶）

品牌展会

【石化 e 贸】 加快打造“石化 e 贸”电商生态圈，不断探索向“平台 + 支撑、线上 + 线下、产品 + 服务”电商新模式转型。完善线上营销模式和服务功能，打造数字化、标准化、智能化电商平台。发挥“石化 e 贸”平台服务支撑功能，加快数据整合、联通及可视化，建立线上需求反馈和沟通渠道，为新产品开发、产品质量提升、企业优化排产、产业链合作等提供支持。进一步完善运营、客服两大关键职能，加强金融和物流服务两大功能，为客户提供多样化价值创造和服务模式，改善用户体验。

（武　晶）

【高质量发展】 立足服务国家战略、服务集团发展、服务客户增值、服务企业转型、服务研究创新，编制完成《中国石化化工销售有限公司高质量发展行动方案（2023—2028）》，明确发展路径，聚焦关键任务，落地行动计划，构建新发展格局下的可持续竞争力。围绕 1 个战略定位“打造世界领先化工贸易综合服务商”，分为“改革筑基、统筹创效、成势释能”3 步走，提升“价值创造、供应链管理、全球资源配置、营销创新、可持续发展、管理和人才保障”6 种能力，实施“价值创造、改革聚力、国际深耕、物流再造、数字赋能、绿色可持续发展、人才及保障”7 个专项行动计划，争取用 5 年左右时间迈上高质量发展新台阶，全力支撑化工和材料板块打开高质量发展新局面。

（武　晶）

【物流管理】 持续加强营销过程 HSE 管理，强化危险化学品销售全流程跟踪管控，以“时时放心不下”的责任感从严从实狠抓安全环保。按照“三管三必须”原则，压实各部门、各单位主体责任，完善风险防控体系，自下而上组织开展风险识别管控和隐患排查治理，思想上丝毫不放松，行动上走深走实。强化安全资质管理，严禁与无资质或资质失效的供应商、承运商进行业务往来。发挥物流公司专业优势，持续强化危险化学品承运商管理，督促提高 HSE 自主管理水平，聚焦危险化学品装卸运输等重点环节，将安全压力层层传递至每一位驾押人员。关注守护员工健康，建立“健康高危人群”台账，强化公共安全保障。

（武　晶）

水路运输

【党的建设】 坚持把开展好主题教育作为首要政治任务，精心谋划周密部署，各级党员干部深学细悟笃行，推动主题教育走深走实。坚决扛稳全面从严治党责任，完善落实主体责任办法，建立落实情况跟踪台账。与改革同步调整基层党组织设置，强化支部委员业务培训，充分发挥战斗堡垒作用。大力推动培训体系建设，编纂涵盖产品、营销、服务及日常管理的内训教材13册250余万字，知识体系和服务标准化体系基本成型，打牢全员基本功训练基础。创新干部人才工作机制，初步形成“4+1”人才发展格局构建方案。拓展引才渠道，石化易贸公司实现多元化引才引智有益探索。制订党委巡察5年工作规划，聚焦决策部署落实“最先一公里”，完成22个职能部门15个党支部巡察任务。强化日常监督，注重系统集成，围绕公司重点任务确定18项监督要点，打表推进、逐项落实，实现“大监督”有形有效全覆盖。持续开展全员警示教育，廉洁从业意识不断提升。

（武　晶）

化销华北分公司

【概况】 中国石化化工销售有限公司华北分公司（简称化销华北分公司）于2005年5月10日成立，是根据中国石化化工销售体制改革需要而组建的区域性专业化经营公司，主要负责中国石化所属华北、东北、西北区域企业化工产品的资源统筹、市场营销、产品销售、物流运作和客户服务，以及企业生产所需相关化工原料的采购和供应工作。辖区包括华北、东北和西北的14个省（自治区、直辖市），在服务区内燕山石化、齐鲁石化、天津石化、青岛炼化、青岛石化、石家庄炼化、济南炼化、沧州炼化和塔河炼化9家系统内生产企业及中沙石化、中天合创和科鲁尔3家合资企业的同时，还与中油西北、中油华北、中煤化（天津）、中化化销、兖矿等中字号企业及天津大沽化、吉林化纤、汇丰石化、利和知信、齐翔腾达等国内化工企业建立战略合作关系，销售网点、中转仓库遍布市场各地。主要经营的合成树脂、合成橡胶、有机化工、合原合纤、特殊化学品等产品在区域市场内占有主导地位。

2023年，化销华北分公司坚持以习近平新时代中国特色社会主义思想为指导，在集团公司党组的坚强领导下，坚决贯彻化工销售公司决策部署，锚定“质的有效提升和量的合理增长”总体要求，全面打赢拓市扩销、深化改革、提质增效的大战大考，圆满完成各项目标任务。

（张小颖）

【领导班子调整】 2023年2月28日，徐善明任化销华北分公司党委书记，解聘王强化销华北分公司党委书记、委员职务，免去于士如化销华北分公司党委副书记、委员职务。委派徐善明为化销华北分公司代表；免去王强化销华北分公司代表职务，办理退休手续；免去丁士如化销华北分公司总经理职务。4月10日，聘任杨宇桐为化销华北分公司总经理、任化销华北分公司党委副书记（兼）。10月30日，免去尹凤兵化销华北分公司党委委员职务。

（张小颖）

【责任担当更加彰显】 坚持市场导向，深化落实“一企一制”服务方案，加强全产品链效益测算，协同企业调整装置负荷和产品结构，持续增加燕山医卫、中天超纤等高附加值、高端产品比例，实现价值创造超4亿元。稳步提高化工原料保供能力，坚持低成本保供与产品后路畅通协同推进，科学调配系统内外碳四、丙烯、MTBE等资源为企业降低原料成本。克服原料缺口、运力紧张等困难，快速打通MX铁路进九江石化流程，在保障芳烃供应链及产业链安全稳定中共同发挥“强国基石”作用。闻令而动、同舟共济，充分发挥中国石化一体化资源优势，有效应对区域内生产装置意外停车突发事件，以最快速度实现资源再平衡，确保核心客户资源供应，为企业复工复产奠定坚实基础。紧跟市场走势，精算一体化效益，坚决站在“提升板块整体创效能力”的大局高度想办法、作决策，与生产企业想在一起、干在一起，累计收到企业感谢信16封。

（张小颖）

【服务客户更加精细】 深化与战略客户协同合作，提高大客户服务和协调层级，进一步完善战略合作团队项目运行机制，多家大型客户采购量逐年增加，整体战略客户采购量提高 10%，其中与海尔集团年合作量实现突破。深化差异化客户服务，从客户需求出发，强化定制产品、定制技术、定制服务的一站式服务模式，通过为 79 家重点客户定制化生产专用料、为 25 家交易对手授信、协助 7 家客户获贷款额度，以及开辟 EVA 产品战略客户铁路自提、合成树脂散装料运输、医用聚丙烯定制化包装等措施，客户黏性不断增强。强化信息化赋能客户服务，狠抓关键节点运行效率改善，资源投放规范性、订单修改效率、资源投放成交率、自主运维率在区域公司位居前列。2023 年，化销华北分公司强化从“坐商”到“行商”转变，走访客户超 2000 家次，开发客户 400 余家，站在客户角度想问题、定政策的意识和能力持续提升，第三方客户满意度位居各区域公司前列。

（张小颖）

【经营质量更加扎实】 加强大势研判和细分产品市场分析预测，创建商情信息收集体系，组建产品营销团队，编制产品行情预测导图，2023 年市场预测准确率 81%，提升 7 个百分点，为精细化营销决策提供更加有力的支撑。深化企业周边市场占有、客户开发、量价配合、销售政策等专题分析，制定价差率优化提升措施，为百日创效专项行动和全年目标任务圆满收官“提档加速”。抢夺市场话语权和把控力，统筹自营渠道开发，加强优质供应商培育，全面提高资源获取能力，自营业务实现点扩量增，自营直采率超额完成，自营利润同比增长。强化金融衍生品工具使用，积极开展套期保值业务，有效规避市场价格波动风险，全年套保业务成交量增长 451%，其中甲醇、PTA、苯乙烯、乙二醇等产品均成功开展首次套期保值业务。加大疫情后国际化业务力度，全年进出口量达到历史最高，乙烯、邻苯、丙烯、辛醇等 6 种产品进口均实现零的突破，耐候膜专用料 34GL 首次走出国门。

（张小颖）

【发展后劲更加充足】 坚持“基础 + 高端”“化工 + 材料”发展战略，充分发挥产销研用桥梁纽带作用，加大新产品开发力度，持续推动产品迭代升级和应用拓展推广。全力推进 63 个 MPRC 项目，其中 30 个项目超额完成全年项目指标，高端 EVA、高压电缆、PERT Ⅱ 型管材料产品研发与产业化布局成效凸显，吸塑包装、耐候膜专用料、医用包装等多系列产品处于行业领先地位；中沙石化高光泽聚丙烯、燕山石化茂金属聚丙烯、齐鲁石化茂金属聚乙烯等材料顶替进口取得突破。加大重点应用领域的新产品开发力度，抗菌料、可降解料、再生料全部实现销售破冰，进入批量化生产阶段；燕山石化医用料突破关联评审瓶颈，实现 7 家重点客户稳定合作和出口海外的历史性突破；齐鲁石化特种橡胶在密封、传送带等行业销量实现节节攀高，填补中国石化特种橡胶领域空白。

（张小颖）

2023 年 7 月，医用料销售团队走访区域内战略客户，推广进口产品替代

【企业管理】 全方位开展组织模式和业务流程优化再造，分设市场营销和销售团队，“差异化”营销模式和服务机制创建迈出实质性一步。提前布局西北煤化工下游市场，成立西北代表处，营销网络布局更加优化。

（张小颖）

【党的建设】 强力推进党建工作与经营管理深度融合，深入开展“‘三新’跨越年”主题实践，“五色华北”党建品牌创建获评国企党建品牌建设优秀案例，连续 4 年保持全国企业文化建设示范单位称号，齐鲁经营部获评集团公司“三基”工作先进单位，青岛有限公司获中国石化工人先锋号称号。坚定不移正风纪，打造廉洁文化长廊，汇编形成《新时代廉洁文化建设案例集》，党组分管领导批示肯定公司“五力五关”模型经验做法。把接受党组巡视作为全面政治体检的宝贵契机，较真碰硬推动即巡即改问题整改，以巡促改、以巡促建、以巡促治持续推进。让员工群众共享改革发展成果，热烈庆祝中国石化成立40周年和化销华北分公司成立18周年，从细从实解决各类急难愁盼问题，累计发放慰问金4万元，承诺的“十件实事”件件落地，员工收入和福利待遇实现同步增长。

（张小颖）

【企业文化】 发挥渠道和资源优势，携手陕西、黑龙江、内蒙古、辽宁四省区多家易捷便利店，持续推进“化肥进易捷”扩点增量，搭建起直通“地头”的绿色农资通道，先后为藜麦、玉米等种植户提供定制化“藜麦专用肥”“玉米专用肥”等农用物资，为巩固拓展脱贫攻坚成果贡献积极力量；春耕备耕期间，主动协调生产企业加快排产农膜、化肥、农药等春耕物资原料，为稳定农业生产提供积极助力。扎实践行社会主义核心价值观，常态化开展青年志愿服务活动，连续多年开展阳光助学、关爱自闭症儿童、绿色低碳理念宣讲进社区等志愿服务，持续擦亮“党和人民好企业”形象。

（张小颖）

化销华东分公司

【概况】 中国石化化工销售有限公司华东分公司（简称化销华东分公司）是中国石化化工销售有限公司设在上海的分公司。2005年5月，中国石化党组实施化工产品销售体制重大改革，按照“六统一”原则，组建中国石油化工股份有限公司化工销售分公司，并在上海设立中国石化化工销售上海分公司。2009年3月，中国石化化工销售上海分公司更名为中国石化化工销售华东分公司，并按照大一型企业（正局级）管理。2012年2月顺应化工销售内外贸一体化改革的要求，更名为中国石化化工销售有限公司华东分公司。主要负责中国石化在上海、江苏、浙江、安徽、江西四

2023年4月，举办“学习贯彻二十大凝心聚力开新局”职工趣味运动会。图为职工大合照（宋 磊）

省一市所属企业生产的化工产品销售和市场管理，并负责区域内企业部分化工原料的采购与供应工作，同时开展自营贸易、进出口等业务。主要经营芳烃类、烯烃类、合成树脂、合成纤维及聚合物、基础化学品等产品。主要化工产品在华东市场占有重要份额，拥有较强的市场影响力。始终坚持中国石化“人本、责任、诚信、精细、创新、共赢”的核心价值观，以“服务客户，服务企业，服务员工”为宗旨，围绕助力集团公司构建“一基两翼三新”产业格局，开启内涵式高质量发展新征程，努力打造世界领先化工贸易综合服务商。

（陈　月）

【推进改革深化】 按照符合科学管理与市场营销现代化发展需要的原则，推进化销华东分公司体制机制改革，通过组织模式优化带动营销模式转型，提升市场营销能力，打造服务竞争优势。以专业化为原则重置组织架构，更加有利于服务企业生产装置一体化优化，有利于市场的统一维护和开拓。以客户为中心建立差异化营销模式，为客户提供“一对一、一站式、一揽子、全过程”解决方案；在客户集中地、资源集散地、信息交汇地设置销售网点，巩固和提升靠前服务、快速服务、精准服务的优势。

（陈　月）

2023 年 4 月，开展体制机制试点改革。图为在新系统开出第一张销售订单（宋　磊）

【以客户为中心】 用服务创造价值，根据客户类型和定位差异，从产品、技术、金融、物流等多方面为客户提供针对性的销售服务政策，满足个性化需求。强化客户服务的全过程管理，产销研联合走访，主动靠前服务，持续提高对客户现实需求及潜在需求的支持保障力度；一线销售人员及时收集和反馈客户诉求，通过闭环管理，改善用户体验。加强战略合作，与行业龙头客户建立集“生产—销售—客户”于一体的合作模式，以创新链、产业链的深度融合，帮助客户提升核心竞争力，实现合作共赢。

（陈　月）

化销华东分公司与上海石化、浙江万马签署三方战略合作协议（宋　磊）

【服务保障企业】 深化产销衔接机制，以“一企一制”提供定制化服务，全天候、全方位保障企业。服务生产运行，坚持优质、低价、及时原则开展原料保供，坚持适销、对路、高附加值原则引导排产优化，努力改善边际收益，提高装置负荷。保障后路畅通，强化统筹协同，克服装置异常波动、极端天气等特殊情况，实现产品全产全销。服务转型发展，刊发《化销华东快讯》123 期，将市场信息、客户需求传递给生产企业，引导企业产品结构调整、质量升级。

（陈　月）

【助力产业发展】 维护区域产业链平稳，加强市场研判，及时优化市场开发、库存运作、销售节奏、套期保值等经营策略，平衡市场供需，保障稳定运行。满足中高端市场需求，深化产销研用协同机制，成立 21 个专项小组重点攻坚中高端产品，高附加值产品销售量增长 38%。践行“双碳”要求，助力产业链绿色低碳发展，加大氢能车推广使用，累计行驶里程超 7 万千米；破冰再生市场，与行业头部客户成功打通业务流程，建立合作关系。

（陈　月）

【安全合规运行】 统筹法律、合规、内控、风控、制度“五位一体”职能，设立合规管理部。加强业务全链条风险监控，聚焦交易对手、资金信用、货权管理、换货等高风险业务实施监控预警。严格落实国务院国资委“十不准”要求，开展虚假贸易、金融衍生品业务等专项排查。在集团公司“十四五”企业法治建设中期调研督导及合规管理体系有效性评价工作中获评A级。统筹发展与安全，扎实推进安全管理强化年、安全生产月措施落实落地，全年安全“零”事故。

（陈 月）

【坚持党建引领】 加强政治建设，把学习宣传贯彻党的二十大精神作为贯穿全年、覆盖全员的首要政治任务，开展集中宣讲确保党的二十大精神直达基层；把学习宣传贯彻习近平总书记视察胜利油田、九江石化重要指示精神与当期重点工作相结合，围绕“五个深刻领悟”“五个坚定不移”，推进深化改革、增量创效、为职工群众办实事等各项工作。坚持体系化管理理念，形成“周提示、月安排、季激励、年考核”全周期基层党建工作管理模式。推进全面从严治党，化销华东分公司党委坚决扛稳扛牢全面从严治党主体责任，深化“12345”“大监督”体系，坚持项目化监督与日常重点监督相结合，发挥协同贯通效能；加强廉洁建设，推动廉洁理念进员工、进家庭、进客户，客户廉洁测评反馈满意率达99%。

（陈 月）

2023年9月，化销华东分公司向全体员工及家属征集廉洁作品。图为职工评选现场（宋 磊）

化销华南分公司

【概况】 中国石化化工销售有限公司华南分公司（简称化销华南分公司）成立于2005年3月16日，隶属中国石化化工销售有限公司，下设合成树脂市场部、合成树脂销售部、芳烃部、烯烃部、基础化学品部5个产品部，设综合管理部（党委办公室）、党群工作部（党委宣传部、党委统战部、工会、团委）、计划信息部、财务部、党委组织部（人力资源部）、合规管理部（安全环保部）、监督审计部（纪委办公室）7个职能部，并设有化工销售（广东）有限公司、化工销售（福建）有限公司（福州服务点）、化工销售（海南）有限公司、汕头经营部、茂名代表处（昆明服务点、贵阳服务点、南宁服务点）、黄埔代表处6个经营网点。截至2023年底，拥有员工345人（其中正式员工307人，业务外包人员38人）；设有基层党支部14个，有党员208人。化销华南分公司主要负责华南区内中国石化下属7家生产企业的主要化工产品的统一销售，并开展部分产品的自营业务，主要产品有合成树脂、芳烃、烯烃、基础化学品等500余个牌号（品种）；业务范围覆盖广东、广西、海南、福建、云南、贵州、西藏7个省（自治区）。2023年经营总量1559万吨，综合绩效考核得分在化工销售各区域分公司中实现“五连冠”。

（宋伟康）

【领导班子调整】 2023年9月18日，集团公司党组以视频会议形式组织召开化销华南分公司干部大会，宣布化销华南分公司领导班子调整决定：根据工作需要，经集团公司党组研究决定，邵勇青任化销华南分公司代表、党委书记，免去其化销华南分公司总经理职务。

（宋伟康）

【经营创效】 2023年，化销华南分公司以开展主题行动和“深化服务年”活动为契机，锚定“站排头、争第一”的目标，奋力拓市扩销，完成经营总量 1559 万吨，企业满意度和客户满意度测评首次实现“双第一”，综合绩效考核实现“五连冠”。深化“一企一制”管理，全力服务保障海南巴陵橡胶、海南炼化乙烯及炼油改扩建项目顺利投产。深入开展“扫市场”，编制《信息周刊》《企业周刊》，助力实现板块效益最大化。加大“MPRC+ 重点产品拓量 + 揭榜挂帅”复合模式推广应用，专精特新产品销售创历史最好业绩。持续推进战略合作一体化项目，加大直销客户开发力度，推动产业链整体效益最大化。积极推进再生料、可降解塑料的回收、生产、销售工作，促进绿色低碳可持续发展。

（宋伟康）

【国际化经营】 2023 年，化销华南分公司积极响应国家“一带一路”倡议，贯彻落实集团公司“加快销售业务走出去，增强国际影响力”的战略部署，统筹国内国际两个市场、两种资源，主动推进与沿线国家合作，成功将广州石化 DNDA2020、茂名石化聚丙烯透明料等高端树脂产品销往加拿大、墨西哥、希腊、南非、白俄罗斯等海外市场，外贸总量首迈百万吨台阶达 108 万吨、增长 41.8%。《化销华南打通集装箱出口 PTA 流程》《化销华南将中国石化油箱料打入全球最大汽车油箱供应商采购名录》等在“奋进石化”、《中国石化报》等刊发，国际影响力有效提升。

（宋伟康）

【安全物流】 2023 年，化销华南分公司认真学习贯彻习近平总书记关于安全生产的重要论述，树牢安全发展理念，深刻吸取安全事故经验教训，扎实开展“安全管理强化年”专项行动，推动本质安全不断提升。落细落实现场危险化学品车检培训、“安全员之家”创新成立及铝合金罐车清退等各项措施，实现安全环保“零失误”。大力推进“公转水”“公转铁”，与广铁集团合力开通海南等多条铁路班列，被广铁集团授予最佳战略合作伙伴称号。推广绿色新型包装，建立低碳运输体系，全年产品配送总量、人均物流运作量和固体产品配送比例在化工销售各区域分公司均排名第一，物流创效 4524 万元。

（宋伟康）

【风险防控】 2023 年，化销华南分公司认真贯彻落实集团公司法治合规工作会及化工销售公司合规管理工作会精神，分层级开展国务院国资委“十不准”解读和“7·22”等典型案例宣贯，抓实虚假贸易专项整治行动和金融板块业务风险专项治理，筑牢经营业务合规根基。加强风险事前防控，持续完善重大风险防控体系，动态更新全面风险管理清单及“两高一重”清单，建立交易对手风险排查长效机制，牢牢守住不发生系统性风险的底线。加强自营业务、期货套保等重点领域和关键环节的风险排查，完成专项检查 14 项，有力确保经营风险可控。狠抓内控制度执行有效性，修订完善内控实施细则，不断提升内控管理水平。年内获评集团公司合规管理体系有效性评价 A 类单位。

（宋伟康）

【管理创新】 2023 年，化销华南分公司持续深化“三项制度”改革，全面实施中基层领导人员任期制和契约化管理，真正破除平均主义和“大锅饭”。优化设置岗位奖金系数，同岗级人员奖金分配高低差超 30%，切实做到“收入凭业绩贡献”。盘活“人力资源池”，累计 3 人“入池”培训、4 名业务外包人员退出、9 名客户经理重新竞争上岗，人才队伍干事创业活力充分激发，“三项制度”改革评估获集团公司 A 档。贯彻落实“深化化工销售业务改革”各项部署，蹄疾步稳推进组织与营销模式优化调整，全力配合完成物流、国贸业务

2023 年 6 月 20 日，组织召开组织与营销模式优化调整动员会暨干部大会

改革，组织效力和专业化运作能力有效提升。

（宋伟康）

【人才强企】 2023年，化销华南分公司认真落实集团公司党组关于人才工作的各项部署，大力实施人才强企工程，统筹推进人才队伍建设，全面深化人才发展体制机制改革，人才创新创效活力持续释放。突出“兵王引航”作用，动态选聘首席、资深客户经理，开展“明星经理人”、制度大讲堂等专业培训，组织营销业务类重点制度集中宣贯与考试“全覆盖”，联合兄弟单位在延安、长沙等地开展党群干部大培训，分专题组织工会干部培训，锻造明星骨干队伍行动全方位启动，推动打造高素质专业化销售华南“野战军”，人才队伍专业素质持续强化，士气活力不断迸发。

（宋伟康）

【党建工作】 2023年，化销华南分公司牢牢把握“学思想、强党性、重实践、建新功”的总要求，扎实开展学习贯彻习近平新时代中国特色社会主义思想主题教育，在以学铸魂、以学增智、以学正风、以学促干取得实实在在的成效。打造“跟学”“研学”“讲学”课堂，推动党的创新理论深化内化转化。认真开展主题教育调查研究，聚焦难点精准“选题”，凝聚心声精细“破题”，突出实效精益“解题”，切实将调研成果转化为高质量发展强大动力。提出“五个建新功”“五个提升”“四确保一进位”的新要求，办成5件民生实事，取得一系列认识成果、实践成果、制度成果，得到集团公司主题教育督导组充分肯定。

（宋伟康）

【企业文化】 2023年9月2日，化销华南分公司举办“我们在一起，奋进新征程”第五届职工趣味运动会，干部员工发扬务实、团结、拼搏、争先的精神，营造“天南海北，我们心在一起；顺境逆境，我们情在一起；急难险重，我们奋斗在一起”的大团结大奋进新氛围，“我们在一起，就会了不起”成为员工新的价值认同。

（宋伟康）

2023年9月2日，举办“我们在一起，奋进新征程”第五届职工趣味运动会

【宣传工作】 2023年，化销华南分公司认真学习贯彻习近平文化思想，开展以“小宣讲”“小谈心”“小典型”“小关爱”为主要内容的思想政治工作，形成“聚心、润心、强心、暖心”的生动局面，为公司高质量发展打下坚实思想文化基础。小宣讲聚心：围绕公司深化业务改革等，编制“形势任务教育明白纸”，拍摄“形势任务我来讲”视频等，提升形势任务宣讲成效。小谈心润心：公司领导“敞开大门”办公，深入基层谈心，切实把温暖关爱传递给员工。小典型强心：积极搭建“星光大道”，通过劳动竞赛、“两优一先”等载体，评选先进典型，让先进集体、先进事迹“层出不穷”。小关爱暖心：开展“一对一”心理咨询服务、困难帮扶慰问等，不断提升员工幸福感、获得感。

（宋伟康）

【统战工作】 10月16—19日，化销华南分公司组织统战成员代表赴重庆开展“学习贯彻二十大，团结奋斗新征程”统战主题活动。组织召开“爱企业、献良策、作贡献”统战工作座谈会，公司主要领导传达学习习近平总书记关于统战工作的重要论述及习近平总书记视察九江石化重要指示精神，认真听取收集统战成员对公司高质量发展的意见建议。

（宋伟康）

【乡村振兴】 2023年，化销华南分公司深学细悟“千万工程”典型经验，立足雷州市松竹镇八龙村实际，聚焦“产业整合、消费帮扶、教育深化”三个维度开展“立体式帮扶”，大力推进“物流承运”“废旧塑料加工产业链”项目，协调成立农业集体合作社，购买东乡藜麦、八龙大米等消费帮扶产品 40 万元，深度激活集体经济造血能力，八龙村集体收入增长超 100%。开展“大手拉小手”微心愿、爱心游学等活动，为八龙小学捐建厕所、遮阳棚等，捐赠 20 万元改善八龙小学教学条件等，《办好“老百姓家门口的学校”》先后被新华网、中国新闻网、《南方日报》《湛江日报》等宣传报道。关心关爱货车司机群体，协调建立司机和押运人员休息室。聚焦民生保障，沟通协调做好农地膜、医卫产品等原料的保供，树立“党和人民好企业”形象。

（宋伟康）

2023 年 2 月 10 日，组织乡村振兴帮扶村孩子们到中科炼化开展爱心游学活动

化销华中分公司

【概况】 中国石化化工销售有限公司华中分公司（简称化销华中分公司）成立于 2008 年，位于湖北省武汉市洪山区，主要负责湖南、湖北、河南、四川、重庆四省一市除油品以外石化产品的资源统筹、市场营销、产品销售、物流运作、客户服务，以及中国石化所属企业生产所需相关化工原料的采购和供应工作，服务于中韩石化、湖南石化、川维化工公司、洛阳石化、中原石化、荆门石化、宁夏能化 7 家生产企业。

化销华中分公司经营范围涉及石油化工、天然气化工、煤化工 3 个领域，产品包括合成树脂、合成橡胶、芳烃及衍生物、烯烃及衍生物、基础化学品等。设有 6 个产品部门、7 个职能部室，在华中区域内各主要消费集中地和物流集散地设立 5 个营销代表处和 5 个服务点。化销华中分公司以“奉献卓越服务、共创美好生活”为使命，坚持“精诚合作，精心服务，精益管理，精准营销”的核心价值观，深耕华中市场、积极开拓西南市场，通过携手中国石化所属生产企业和科研院所，坚持为客户提供优质的产品和服务，用服务为客户创造价值。2023 年经营化工产品 816 万吨，年营业收入 439 亿元，有合作客户超 1200 家、供应商 100 余家。

（张康平）

【领导班子调整】 2023 年，集团公司党组对化销华中分公司领导班子作出调整：3 月，于士如任化销华中分公司代表、党委书记，免去赵振辉化销华中分公司代表、党委书记职务，办理退休手续；8 月，免去钟卫湘化销华中分公司党委副书记、纪委书记、工会主席职务，任二级协理员；10 月，陈凯任化销华中分公司党委副书记、纪委书记，为工会主席人选，免去林文选化销华中分公司副总经理、党委委员职务，另有任用。截至 2023 年底，化销华中分公司领导班子由于士如、刘云中、张德平、陈凯组成。

（张康平）

【坚持以客户为中心】 2023 年，化销华中分公司强化高质量客户服务提升渠道黏结力，坚持与客户共同打造事业共同体、利益共同体、命运共同体；创新把客户座谈会开到生产企业现场，产销共同为客户解难题 101 条；推进金融协同惠及公司近 20% 的客户，优化产品包装、订单修改、预约提货等“细微末节”提升客户体验；全力做好战略客户原料保供，战略客户经营量增加近 10 万吨，核心渠道进一步稳固。同时，助力下游多家客户成功入选国家第 5 批专精特新“小巨人”企业。

（张康平）

全力开拓树脂再生料市场

【助力企业高质量发展】 2023年，化销华中分公司与区内企业共同谋划推动“助力企业高质量发展”专项行动项目72条，助力企业降本0300万元、增效7100万元。其中，做好甲醇等低价优质资源保供企业、宁夏能化VAC在EVA领域应用推广、洛阳石化芳烃产品拓市扩销等成效明显，茂金属、MN系列和液体橡胶等新产品推广实现突破，得到企业充分肯定，先后收到多家企业感谢信。

（张康平）

【绿色低碳发展】 2023年，化销华中分公司积极践行绿色低碳发展理念，首次实现中国石化在华中区域正式启用氢能运输服务；持续深化散料罐车、水路循环运输、共享托盘、“公转铁”“公转水”等绿色物流项目应用，共开展低碳化物流运作65万吨、减排二氧化碳约3.9万吨，节约物流费用2700余万元。同时，与湖南2家再生料企业签署合作协议，实现树脂再生料销售破冰。

（张康平）

氢能车运输项目启动

【“卡脖子”产品稳中提质】 2023年，化销华中分公司聚焦“卡脖子”产品扩量增效，联合北京化工研究院、中原石化持续改进电工膜料产品品质，实施“一户一案”精准营销，打破国外在电力设备电工膜领域的垄断，销售电工膜料2.1万吨、增长243%，为化工板块增效超4000万元；成功将茂名石化生产的首批国产化高性能液体橡胶打入国内5G通信应用领域，实现开发推广新突破。

（张康平）

【服务洛阳、岳阳乙烯项目建设】 2023年，化销华中分公司主动服务，提前介入洛阳和岳阳两大乙烯新项目规划建设，组织成立物流设施及产品出厂方案工作组，牵头联合洛阳、岳阳地方政府分别召开两场大型招商推介会，帮助在化工园区引入8个下游延链补链项目，助力区内大型化工项目建设高质量推进；充分发挥市场雷达作用，全面开展华中区域化工园区调研工作，覆盖区内89家园区，形成调研报告18份，发现商机为乙烯产能释放储备动能。

（张康平）

重点客户座谈会暨湖南岳阳百万吨乙烯项目招商推介会

【国际贸易】 2023年，化销华中分公司坚持向国际市场要出路，以金砖国家、RCEP、“一带一路”沿线国家为重点，实现外贸业务量50.7万吨，创历史新高。其中，PTA、环己酮出口实现零的突破，SBC、精甲酯等产品出口持续放量，宁夏能化、川维化工公司PVA出口助力企业增效8286万元。会同化销香港首次实现1.6万吨进口储备石脑油保供中韩石化，为推动沿江企业开展石脑油储备发挥示范效应。

（张康平）

【深化改革】 2023 年，化销华中分公司按照化工销售公司统一部署，科学制订改革实施方案，细化 95 项重点工作任务，倒排工期、挂图作战，顺利完成树脂、芳烃、烯烃等产品线专业化重组，实现橡胶（SBS）业务接收和集中管理，平稳移交合纤、外贸、物流及驻厂办业务，圆满完成组织与营销模式优化调整各项工作任务。同时，深化“三能”建设，实行中基层干部契约化管理、专家项目攻关制及一般员工协议上岗，推动“人力资源池”管理，员工干事创业热情得到充分激发。

（张康平）

【精益管理】 2023 年，化销华中分公司坚持强保障、重支撑、促提升，精益管理根基不断夯实。扎实推进“安全管理强化年”行动，修订完善 HSE 责任制，组织开展“三个最不放心的 HSE 问题”隐患排查专项行动，保障各项业务安稳运行；扎实推进依法合规治企，再次获评集团公司法治建设 A 类企业；探索建立各业务条线“三基”工作标准，明确“三基”工作模块、业务环节、规范要求，夯实基础管理水平。

（张康平）

【队伍建设】 2023 年，化销华中分公司深入推进人才强企战略，完善干部选聘机制，强化“试用期”管理，建立“人力资源池”，优化专家项目制攻关机制，打造“专家讲堂”精品课程，梳理“朝阳工程”人才，开展青年员工“揭榜挂帅”创新创效活动，人才“队伍接续”工程取得良好成效。全年提拔重用中层干部 4 人，完成 26 名基层干部、主管级人员“试用期”考核，选派 2 名优秀年轻干部到代表处任职，3 名优秀年轻干部参与公司内部“千帆”挂职。2 人分别获聘化工销售公司行业总监、大客户总监。

（张康平）

【党建工作】 2023 年，化销华中分公司紧扣“学思想、强党性、重实践、建新功”总要求，突出理论学习全覆盖，建立“五学联动”机制；聚焦高质量发展瓶颈问题和员工群众急难愁盼开展调查研究，形成“我为群众办实事”“部门长·跑流程”“调研反馈意见建议”3 个成果转换清单，推动解决各类问题 80 多项；围绕推动发展合力攻坚，抢抓机遇，优化运作，百日攻坚 5 项指标总成绩位列化工销售各区域公司首位，提前 1 个月完成年度效益目标，实现利润进度逐季跃升。纵深推进从严治党，健全完善党建工作“三个清单”，严格落实请示报告制度，优化完善“三重一大”决策事项流程，及时选优配强基层支部班子，举办“四委一书记”培训班和党员集中轮训，党建体系化责任有效压实。强化政治监督，做好专项审计，一体推进廉洁提醒、教育警示、廉洁党课、专项监督，廉洁从业底线不断筑牢。

（张康平）

化销江苏分公司

【概况】 中国石化化工销售有限公司江苏分公司（简称化销江苏分公司）成立于 2005 年，是中国石化化工销售有限公司设在南京的区域分公司。本部位于江苏省南京市，在南通设有经营网点；在金陵亨斯迈、安庆石化、安庆曙光、巴陵恒逸、长岭炼化设有驻厂办事处。定位是“贸易 + 物流”，曾是化销唯一拥有危险化学品库区的区域性公司。主要负责集团公司所属部分企业生产所需化工原料的供应和部分产品的市场销售，以及社会第三方合作单位的部分原料供应和产品销售。经营有机化工、合成纤维、合纤原料、合成树脂、特殊化学品、化肥 6 个系列共 60 余种产品，为系统内 17 家企业保供化工原料，是中国石化己内酰胺和环氧丙烷指定的独家销售公司，辛醇贸易量连续 8 年全国第一。经营范围辐射全国各地，客户遍布五大洲 60 余个国家和地区，并持续开拓“一带一路”沿线国家市场。与国外轮胎、玻璃、纺织、饮料、薄膜等行业的细分市场龙头企业形成稳定的合作关系，涤纶短纤广泛应用于阿迪达斯、耐克等国际知名企业产品中，橡胶防老剂与世界TOP10轮胎公司里的8家都有供应业务，与米其林、普利司通、固特异、韩泰、佳通合作长达20年左右，参与国家苯胺加工贸易标准制定。

（杨彩丽）

【高质量发展】全年实现经营利润2.2亿元，完成经营总量约359万吨（销售系统内产品213万吨、自营产品146万吨），国际化经营总量32.5万吨。发挥差异化经营、特殊化学品专营优势，12个品种实现增量，MTBE、甲醇、异丁醛3个产品累计增量9.8万吨、增长7.7%，醋酸乙烯、辛醇市场占有率稳步提升；累计开展10个品种存货经营，实现创效625.8万元；以仅占16%的出口量实现化销出口利润总额的38%，其中N-甲基苯胺、瓶片实现首次出口，抢抓市场窗口期实现醋酸乙烯出口2.5万余吨、增长178%，为企业增效近500万元；战略客户业务占比23%，提升2%。自营、统销直销率、营业现金比率、出口单吨净毛利、石脑油中标率、可再生合成材料和可降解材料营销总量等多项指标取得化销区域公司排名第一的佳绩。

（杨彩丽）

己内酰胺产品推介会

【协同创效】全面推进物流全配送，提高物流价值创造能力。全年完成配送量97万吨（不含外贸），统销产品配送比例由65%增加到74%，首次完成己内酰胺配送业务，醋酸乙烯、甲醇、环氧丙烷、MTBE等产品配送比例均达97%以上；通过提供物流服务、管输降本、专船专用等多种途径，2023年实现物流优化创效2186万元。持续深化业财融合，全力抓好全面预算，把握各项优惠政策，统筹优化票据及外币结构创效，全年累计实现资金优化创效7884万元，降本减费创效355万元，政策红利创效500万元。

（杨彩丽）

【绿色营销】发挥可再生合成材料和可降解材料营销牵头作用，实现销售2172吨，业务链降碳9035吨（按经济技术研究院提供的计算方法，1吨物理再生约降碳4.16吨），化销排名第一。强化“产销研用”合作，全流程协助北京化工研究院200吨PBST中试孵化工作。联合北京化工研究院成功开发含PGA成分的可降解水稻田农地膜，完成200亩（13.33万平方米）水稻田和油菜田可降解农地膜铺设工作。发布中国石化首个全生物降解水稻用地膜团体标准，完成中国石化首个可再生市场调研报告，打通中国石化塑料循环利用从原料—制品—废弃物—原料闭环的全过程认证环节。与北京化工研究院合作创新研发推出rPP（再生聚丙烯）高值化均聚产品，为国际知名日化品牌企业高露洁定制化开发rPP牙刷柄专用料，小批量已通过其国内工厂和越南工厂测试，即将进入高露洁循环再生全球供应链。

（杨彩丽）

可降解再生料推广组现场开展农地膜应用铺设

【安全管理】强化企地联动，组织开展甲醇运输车辆转弯超速侧翻泄漏综合应急演练、环氧丙烷泄漏事故应急处置综合演练，应急处置能力有效提升。强化危险化学品管理，提升物流服务商安全管理的穿透性，制定并推行《驾押人员安全检查表》，发挥领导安全引领力，2023年开展危险化学品承运商“四不两直”安全检查 14 次，发现问题 45 项，做到检查整改全闭环。扎实开展“人人讲安全，个个会应急”安全生产月活动，公司主要领导带头给全员讲授安全课，组织全员参加应急疏散及灭火器使用专项消防应急演练，全员安全意识不断提升。推行会前 5 分钟安全教育活动，全年各部门累计分享 32 场次。抓实物流公司分离后的 HSE 管理着力点，公司安全环保部与物流公司区域中心合署办公，实现安全管理无盲区、全覆盖。

（杨彩丽）

赴金陵亨斯迈安全检查

【队伍建设】 全面完成中基层领导人员任期制与契约化管理，实现绩效与考核硬挂钩。加大年轻干部的培养力度，动态完善后备干部库，合理调配人力资源，推进复合型干部培养，2023 年岗位交流 15 人次。服务大局，全力支持化销改革，长期借调协助化销改革相关工作 24 人，向化销物流公司、化销国贸公司输送业务、财务、人力资源、法律、业务执行等骨干 66 人，为化销国贸公司提供异地业务执行支撑服务。

（杨彩丽）

【党建引领】 高质量开展主题教育，把“学思想”作为首要任务贯穿始终，建立《学习指引清单》，累计组织读书班 7 次分段学习和 1 次脱产集中学习。班子成员以上率下，坚持问题导向，以“推动公司实现高质量发展”为调研主线，采取“市场 + 现场”调研模式，累计调研走访 121 家单位，梳理问题 175 个，制定措施 205 项。开展“流动红旗党支部”创建活动，建立基层党建工作责任、工作标准、年度重点工作任务、年度述职考评指标等“四个清单”，切实将党的建设与攻坚创效、拓市扩销、风险防控、安全管理等中心工作紧密结合。开展“一月一主题”大讨论，2023 年共围绕 15 个主题开展 120 余场大讨论，为凝心聚力完成年度目标任务筑牢思想基础。发挥新闻宣传影响力，公司平台发稿 431 篇，《中国石化报》、中国石化新闻联播、奋进石化等集团平台上稿 22 篇，化销平台上稿 38 篇。

（杨彩丽）

催化剂公司

【概况】 中国石化催化剂有限公司（简称催化剂公司）是中国石化催化剂生产、销售和服务的责任主体。2004 年底，中国石化对系统内催化剂业务实施企业层面的专业化重组，组建中国石化催化剂分公司，并在 2013 年改制为中国石化的全资子公司。

催化剂公司是世界第二、亚洲最大、中国第一的炼油化工催化剂生产商、供应商、服务商，主营业务为催化剂的生产、销售与服务。产品涵盖炼油、聚烯烃、基本有机原料、煤化工、环保、吸附剂及助剂等 6 类近 300 个品种，年生产能力达 24 万吨。

截至 2023 年底，催化剂公司机关设置职能业务部门 11 个，有 10 家生产经营型单位、3 家直属机构和 1 家工程技术研究院，建有 10 个生产基地、3 个院士工作站（机关、长岭、大连）和 2 个博士后工作站（工程技术研究院、长岭）。生产经营型单位分布在北京、上海、天津、湖南、山东、江苏、辽宁 7 个省（直辖市）。催化剂公司用工总量 3332 人，有各类专业经营管理及专业技术人员 1629 人，其中具有教授级职称的 33 人、高级职称的 568 人，有博士 39 人、硕士 489 人，专（兼）职科研人员 500 余人。

催化剂公司主要生产经营指标见表1。

（马玉婷）

【领导班子调整】 2023年2月28日，焦阳任催化剂公司董事会董事长、党委书记；4月10日，鉴于年龄原因，刘志坚不再担任催化剂公司副总经理、总工程师职务，免去刘志坚催化剂公司党委委员职务；9月7日，根据工作需要，免去孟宪强催化剂公司党委副书记、委员、纪律检查委员会书记职务；10月11日，赵建航任催化剂公司党委副书记兼纪律检查委员会书记；11月9日，鉴于年龄原因，王涛不再担任催化剂公司常务副总经理职务，免去王涛催化剂公司党委委员职务。调整后的催化剂公司领导班子由焦阳、连嘉、张凯、赵建航组成，焦阳负责全面工作。

（马玉婷）

【生产经营情况】 2023年，催化剂公司坚持“稳中求进”工作总基调，严守安全环保底线、统筹生产优化、全力拓市扩销、强化改革管理、加快科技创新、推动转型发展，完成年度各项目标任务。全年实现利润10.7亿元，超额完成总部下达目标；生产各类催化剂20.74万吨，增长3.2%；销售各类催化剂21.5万吨，增长2.5%；营业收入118亿元，增长15%。

（马玉婷）

【践行绿色低碳发展】 2023年，催化剂公司以绿色低碳“补短板、强弱项”行动为主线，系统完成排污许可、环境监测、项目建设等依法合规风险排查，查出风险隐患662项，整改完成率96%；实施能效提升项目15项、碳减排项目23项，产生效益157万元，减少碳排放8351吨；推进13项清洁环保技术开发，其中3项实现工业应用、5项取得重大突破。全年危险废物产生量下降5%，“无废企业”通过集团公司评估验收，连续4年获集团公司绿色企业A档评级，新增大连有限公司获国家级绿色工厂称号。

（马玉婷）

【加快拓市扩销步伐】 2023年，催化剂公司实现安庆石化RTC、金陵石化梯级孔、燕山石化制氢电解水阳极铱等催化剂新产品工业应用，高质量完成中科炼化聚烯烃、上海赛科公司乙苯脱氢、镇海炼化沸腾床等催化剂国产化替代。精心组织广东石化催化裂化、惠州石化连续重整等项目催化剂首次装填及开工服务，优质高效保证国内大型炼化重点项目开工进度。充分发挥一体化优势和技术服务优势，大力实施空白市场“揭榜挂帅”，全年获43家系统外空白市场订单，系统外市场销售收入增长61%。丙烷脱氢、连续重整等催化剂首次获浙江石化、宁波中金等企业订单，实现对工艺捆绑进口催化剂首次国产化替代；液相乙苯催化剂首次在浙江石化PO/SM装置实现工业应用，煤焦油加氢催化剂先后中标陕西未来、国能宁煤等订单，为拓展新产品市场赢得先机。催化裂化催化剂、加氢催化剂、重整催化剂、聚烯烃催化剂、苯乙烯催化剂、丙烯腈催化剂、烟气硫转移助剂等16个品种进入欧美和东南亚20个新市场及埃克森美孚、雪佛龙等国际知名石油公司，全年境外销售收入增长112%，盈利增长136%。

（马玉婷）

【持续发挥创新领航作用】 2023年，催化剂公司主动融入国家科技战略需求，承担3项国家重点课题，聚力攻关刚性环结构聚合单体生物制造关键技术，助力新型绿色生物制造产业链创建；开发稀土分子筛催化新材料制备关键技术，实现FCC催化剂短流程生产工艺全流程贯通。持续开展科研课题攻关，完成“乙苯脱氢催化剂制备工程技术优化”等18项总部课题评议验收和5项关键核心技术攻关项目立项。获集团公司技术发明奖三等奖1项，科技进步奖二等奖2项、三等奖1项。持续加大科研成果转化力度，完成液化气脱硫吸附剂等新产品转化30个，其中17个新产品当年转化效益4648万元。特别是，新一代PST-200丙烷脱氢催化剂增利2077万元，成效明显。推进对外技术交流合作，与清华大学、中国科学院过程所等单位开展技术合作研究，在“纳米金催化剂”“银铈变价循环清洁提银”等新领域取得积极效果。与北京化工大学推进国家重点实验室建设，在电催化氧化/还原反应、环境催化及催化剂制造方法等方面取得阶段性成效。

（马玉婷）

【推进科改示范行动】 2023 年，催化剂公司创建世界一流专业领军示范企业方案获评国务院国资委 A+ 评级，连续 3 年获评国务院科改行动标杆，获评集团公司深化改革三年行动先进单位。启动实施创新产品运营团队试点，采取独立利润核算方式、“基薪 + 利润提成”分配模式，有力促进科技成果转化落地。对市场营销组织架构、营销网络、营销策略进行整体性重构，对销售队伍、销售市场、物流运输资源进行结构性调整，对产销关系、供销关系、客户关系进行协同性改善，实施市场化选人用人和激励分配机制，全面激发营销机制和营销人员活力，催化剂市场管控力、产品占有率、品牌影响力显著增强，持续创造“优于同行、好于预期、跑赢大市”的业绩。

（马玉婷）

【大抓党建推动政治生态建设】 2023 年，催化剂公司扎实开展主题教育，牢牢把握“学思想、强党性、重实践、建新功”总要求，坚持把“学思想”作为首要任务贯穿始终，构建领导带学、个人自学、集体研学、实践检学“四位一体”机制，借势推动调查研究，大力推进检视整改，中层及以上领导班子问题全面整改销号，学习成效充分转化为发展成效。全力推动政治监督，扎实开展廉洁风险防控，高风险点、中风险点较好落实防控措施和禁业要求。加强对巡视巡察整改工作的监督检查，党组巡视反馈问题全部整改完毕。开展重点领域重要敏感岗位轮岗交流，排查重点敏感岗位 682 个、轮岗交流 84 人，有效防范领导人员履职廉洁风险。推动作风建设走深走实，持续深化两级机关作风专项整治，用反向清单台账从制度上保证作风建设长管长严。

（马玉婷）

表 1 催化剂公司主要生产经营指标

指标名称 \ 年份	2023	2022	2021	2020	2019	2018
生产各类产品 / 万吨	20.70	20.10	19.70	18.30	20.40	18.20
销售各类产品 / 万吨	21.50	21.00	20.30	19.10	20.30	21.60
销售收入 / 亿元	118.00	102.60	89.80	87.40	87.50	79.50
资产总额 / 亿元	159.40	143.80	118.30	114.40	107.20	99.90

碳科公司

【概况】 中石化碳产业科技股份有限公司（简称碳科公司）成立于 2022 年 9 月 22 日，注册地为南京市江北新区研创园，注册资本 25 亿元。碳科公司是中国首个碳全产业链科技公司，是中国石化从事二氧化碳捕集、利用和碳资产管理运营的专业化经营实体；是中国石化面向国内外碳产业市场提供综合解决方案的一体化服务商；是以科技创新支撑和引领碳产业发展的高科技企业，是中国石化践行双碳战略的实践阵地。

碳科公司业务重点聚焦两大方向：①推进二氧化碳资源化利用。通过筛选、引进、开发等手段，推进二氧化碳捕集、化工利用、化学链矿化、油田驱油、地质封存产业化，推动石化传统产业存量降碳、增量低碳，新兴产业走向零碳、发展负碳，助力中国石化“双碳”目标实现。②碳资产价值挖掘。通过挖掘集团公司内外碳汇潜力，开发碳资产、实施碳交易、提升碳资产价值，引领碳利用技术产业化、商业化发展，支撑中国石化打造绿色低碳竞争力。

碳科公司锚定“科技 + 数字 + 资本”的专精特新企业发展定位，坚决扛牢绿色低碳技术孵化器、打造 CCUS 产业链动力源和构建碳产业生态圈探路者的神圣使命，聚焦高质量目标，加快锻造绿色竞争力，全力打造“双碳”战略新引擎，努力建设成为世界领先的碳资源公司。

（周　磊）

【组织人事】 2023 年 7 月 21 日，碳科公司领导班子正式组建，班子成员 3 人，叶晓东担任碳科公司党委书记、董事长。按照总部批复，碳科公司初期定员 100 人，截至 2023 年底，碳科公司共有市场化招聘员工 28 名；内设 9 个部门（综合管理部、党委组织部、财务资产部、战略规划部、资本运作部、技术开发部、碳资产运营部、碳数字化中心、项目管理中心），1 家直属控股公司［中石化碳科（天津）有限公司］。

（周　磊）

【资产经营】 2023 年，碳科公司资产总额 26.61 亿元，净资产总额 25.29 亿元，资产负债率 5.03%；营业收入 1.38 亿元，利润总额 3792 万元，全面完成总部下达经营指标。

（周　磊）

【夯实安全发展根基】 2023 年，碳科公司深入开展“安全管理强化年”行动，组织开展绿色低碳技术交流合作，大力推进绿色低碳技术产业化，积极开展碳资产开发和碳交易，为绿色低碳高质量发展提供坚强支撑。

组织开展“安全管理强化年”专项行动。组织制订《碳科公司安全行动方案》《碳科公司安全管理强化年行动重点任务工作措施清单》，对照方案和清单抓实工作推进。按照业务板块成立安全工作组，明确责任人和工作内容，各业务组根据不同业务，分别落实安全主体责任。

强化风险识别管控和隐患排查治理。鼓励全员识别排查身边隐患，积极落实油田联合项目部安全职责，在合作协议中明确安全生产费用条款；组织对江苏油田联合项目部二氧化碳驱油现场开展安全督导，确保现场作业安全。

提升干部员工合规意识和风险防范能力。结合集团公司年度 HSE 工作会议等，开展宣传教育引导，提升干部员工 HSE 意识；同时通过举办专题讲座，组织全员参加网络知识竞赛，开展事故案例警示教育等，提高干部员工风险隐患识别和防范能力，营造良好的安全合规氛围。

强化公共安全管理。编制印发《碳科公司公共安全管理细则》，进一步规范碳科公司公共安全管理；同时组织员工开展家庭燃气设备安全自查，引导员工规范使用燃气设备。

（周　磊）

【获奖情况】 2023 年，碳科公司参加首届全国碳市场模拟交易大赛获突出交易表现单位奖；获 2022 年度南京市江北新区研创园最具潜力奖；获 2023 年度南京市江北新区研创园卓越创新企业称号。

（周　磊）

【顶层设计统筹推进】 ①碳科公司机构设置和党组织架构获总部批复，治理结构基本完善。组织建立碳科公司制度、内控、风控、合规、法律等管理体系，编制发布制度 48 项。②启动《碳科公司 2024—2030 年总体规划及未来三年工作部署》编制工作。按照高起点、高标准要求，与中国石化经济技术研究院、国家发展改革委能源中心等机构通力合作，启动 1 个总报告、12 项专题研究。③开展交流调研，共同谋划发展，搭建干事创业的广阔舞台。先后与国家气候战略中心、中国循环经济协会、清华大学、北京绿色交易所、上海环境能源交易所等相关国家机构和高校交流。双方以共同成立工作组或签订战略合作协议等形式，围绕“捕碳、用碳等核心技术攻关”“促进二氧化碳的资源化利用和产业化发展”“推动循环经济项目支持政策出台”等方面，推动碳产业链发展落地见效。

（周　磊）

【碳产业链技术体系加快构建】 2023 年，碳科公司开展碳产业链布局，取得积极成果，初步形成“科技 + 数字 + 资本”融合发展的新模式。①初步搭建碳全产业链技术平台。制订 CCUS 科技发展规划，建立 CCUS 应用技术库，完成二氧化碳胺法捕集、制碳酸酯、化学链矿化利用等技术首批入库。烟气二氧化碳吸附耦合甲烷干重整技术申报江苏省碳达峰碳中和重大技术研发需求及重点技术方向。学习松山湖实验室经验，联合打造科研创新发展模式。与高校、科研机构和系统内外企业合作，推进“产、学、研、用”平台建设，与南化公司、江苏油田及常州大学联袂申报省创新联合体，与四川大学共建“碳管理与资源化利用研究中心”，与中国科学院过程所、龙子湖新能源实验室及松山湖材料实验室签署战略合作协议。②稳步推进方法学研究。编制完成《二氧化碳捕集与驱油封存项目碳减排量方法学研究》，并通过集团公司科技部验收，成果上报生态环境部；启动低碳碳酸钙和电子级碳酸酯碳足迹认证工作。③着力谋划国家高新技术企业认定申报。围绕知识产权、研发费用、高新技术收入等布局和推进各项工作。④积极参与行业交流。成为中国能源学会碳中和专业委员会副理事长、中国循环经济协会副会长、中国节能协会碳中和专业委员会副主任委员单位，成功举办中国石化碳产业发展战略研讨会，积极参与 COP28 国际论坛等。

（周　磊）

【二氧化碳资源化利用进展顺利】 二氧化碳化工和矿化利用项目前期工作加快推进。二氧化碳驱油与封存业务取得积极进展。组建联合项目部，分别以胜利油田百万吨级 CCUS 示范区、江苏油田部分区块作为示范项目合作区块。开展与胜利油田共同组建合资公司的前期工作，作为实施碳科公司上游业务的平台，开展国内外二氧化碳驱油及大规模封存业务。

（周　磊）

【碳交易业务取得积极成果】 ①碳交易业务快速发展。作为中国石化碳交易业务统一操作主体，完成全国温室气体自愿减排市场启动首日交易，带头支持 CCER 稳定健康发展。与系统内 32 家企业完成代理协议签订；布局国内自营碳交易市场，在北京、上海、重庆等交易市场开设账户，2023 年帮助系统内控排企业按时履约。②碳资产开发取得突破，中国石化首个 UER 项目获德国碳交易入场券，集团公司董事长马永生专门作出批示表扬。③推动绿色供应链体系建设及碳认证业务。与物资装备部合作，启动绿色供应链建设总体方案编制工作。与中国质量认证中心、石油化工科学研究院组建国内首个石化行业低碳认证合资公司，为宁夏能化、京博石化的产品提供碳足迹认证。④提出合同碳管理业务模式。开展古雷石化园区、兰州石化、沧州炼化和新疆库车园区等示范合同碳管理项目方案编制工作。⑤开展绿色低碳咨询服务。编制扬子—扬巴公司轻烃利用项目降碳方案。为易派客苏州年度会展、世界地热大会等提供碳中和服务。

（周　磊）

【多维度推进碳财融合】 ①探索形成碳自营、CCUS 合作项目等会计核算新模式，并得到毕马威会计事务所审计专业认可。②深入研究“双碳”财税政策，以 CCUS 联合项目部税务管理为突破口，成立税收专项研究团队，从收入来源、资金往来、成本划分等维度进行涉税风险分析，形成税收管理方案。③强力推进财务预算约束，出台执行《碳科公司资金管理实施细则》等 11 项财务制度。④积极开展碳价值管理财务课题研究，与南京大学会计学院等单位合作，启动“碳会计准则及应用指南”等研究课题。⑤强化业务管控，积极开展会计合规自查、资金风险全面排查整治等工作。深入剖析问题成因，逐项落实整改措施，切实提升会计信息质量，严肃财经纪律。

（周　磊）

【高标准坚持党建引领】 ①认真落实“第一议题”制度，把习近平总书记重要讲话和指示批示精神作为“第一议题”。认真学习贯彻习近平总书记视察胜利油田、九江石化重要指示精神，牢记绿色低碳发展责任。扎实开展主题教育，高质量完成专题民主生活会。②坚持在完善公司治理中加强党的领导，组织建立碳科公司党委会、董事长专题会等工作会机制，规范执行党委前置研究程序，统筹推进重点业务，确保决策科学有效、权力规范运行。③注重宣传思想文化建设，确定碳科公司子文化，策划发布企业宣传视频、宣传手册；积极宣传集团公司绿色低碳政策和碳科公司发展动态。

（周　磊）

中原油田

中原油田竞获南华北盆地等4个区块探矿权

普光气田1号增压站建成投产

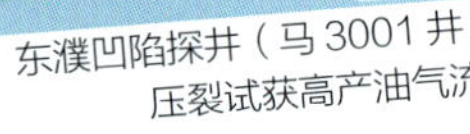

东濮凹陷探井（马3001井）压裂试获高产油气流

2024年，中原油田坚持以习近平新时代中国特色社会主义思想为指导，以党纪学习教育提振锐意进取、担当有为的奋进力量，紧扣集团公司高质量发展首要任务和“牢记嘱托、感恩奋进，创新发展、打造一流”主题行动，扎实开展“夯根基、优结构、严治理、创一流”攻坚提升行动和“深汲伟力争当先锋，攻坚啃硬争创一流”党建主题活动，以务实之举积极应对风险挑战，努力扩矿权增储量提产能、强科技优改革保安全，整体呈现稳进向好、趋优向新的发展态势。**“稳”的基础不断夯实，**把“拓矿权、增矿种”作为一字号工程，加强战略选区，排除万难获南华北盆地等4个区块，新增探矿权面积占集团公司总增量的32.7%；新增油气探明储量258万吨和250亿立方米，资源基础更加稳固。**“进”的态势持续稳固，**原油产量连续5年箭头向上，天然气生产保持高质高效稳产，原油盈亏平衡点连续4年大幅压减，盈利能力达“十四五”新高点。**“新”的势能加速积蓄，**三年科技攻关扎实推进，中国石化首家酸性气田开发重点实验室落户中原，酸性气、储气库两项技术同时获集团公司科技进步一等奖、创20年来新纪录；新质生产力加快培育，光伏发电、风力发电、余热综合利用等项目落实落地，绿氢制取实现量产。**“闯”的竞争力更加强劲，**践行中高端布局、全链条服务、特色化发展的外部市场创效途径，“中原服务”拓展至国内28个省市、自治区及海外6个国家，创收能力超17亿元。**“大”的担当日益彰显，**持续深化企地融合，与三门峡、巴中等能源城市加强战略协同，牵线濮阳市与达州市战略合作，火线驰援岳阳、商丘、东明抗洪救灾，以实际行动担当央企应尽职责、彰显“党和人民好企业”形象。

中原油田储气库群进入第二注采周期

国家危化救援中原油田队驰援岳阳抢险救灾

自主研发的旋转导向系统工具持续迭代升级，规模化应用 190 口井、进尺 22 万米，在胜利页岩油工区国产化替代率 77%、储层钻遇率 98%、综合成本降低 20% 以上；高温测井、套后测井等技术装备更趋成熟，为支撑保障“深地工程”建设提供了核心利器。

公司将立足保障国家能源安全，紧紧围绕国家能源安全新战略、“七年行动计划”部署，高水平推进一体化协同，聚焦油气藏价值最大化、工程消耗最小化，支撑油气增储上产降本；坚持技术立企、技术兴企，分区域、分勘探开发阶段集成攻关石油工程技术，锻造更多支撑增储上产、引领转型升级的技术利器，加快打造技术先导型油服公司，为中国石化高质量发展贡献石油工程力量。

中国石化
SINOPEC

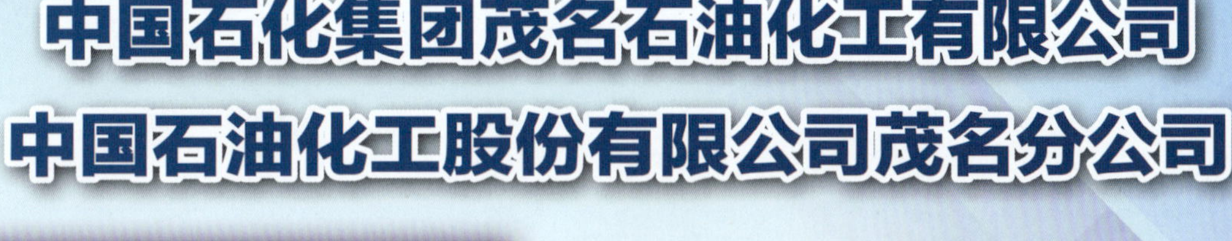

中国石化集团茂名石油化工有限公司
中国石油化工股份有限公司茂名分公司

2023 年 11 月 17 日，茂名石化总投资达 300.74 亿元的茂名石化炼油转型升级及乙烯提质改造项目开工建设

2023 年 12 月 11 日，液体橡胶装置产出国内首个柔性树脂版用液体丁苯橡胶新产品，填补国内空白

中国石化茂名石化公司位于广东省茂名市，始建于 1955 年 5 月，以开采油母页岩、加工“人造石油”起家，是新中国“一五”期间 156 个重点项目之一，是中国首家千万吨级炼油厂、首座百万吨乙烯厂。截至 2023 年底，茂名石化原油一次加工能力 1800 万吨 / 年，乙烯生产能力 100 万吨 / 年，有炼油和化工主体生产装置 89 套，主要生产汽煤柴油、石蜡、道路沥青、合成树脂、合成橡胶等 300 多种石油化工产品。

2023 年，茂名石化总投资达 300.74 亿元的茂名石化炼油转型升级及乙烯提质改造项目开工建设，公司开启第四次跨越式发展新征程。项目投产后，茂名石化将带动茂名市乃至华南石化产业集群高质量发展，可拉动下游石化产业生产总值增加 1500 多亿元。

2024 年，茂名石化坚持以习近平新时代中国特色社会主义思想为指导，发扬“安全为天、责任至上、事争第一、追求卓越”新时代茂名石化精神，加快推进公司第四次跨越式发展，为加快打造具有强大战略支撑力、强大民生保障力、强大精神感召力的中国石化作出新的更大贡献！

2023 年，茂名石化港口一区光伏项目并网发电

2023 年 6 月 3 日，公司被广东省生态环境厅授予“2022 年度广东省减污降碳突出贡献企业”称号

茂名石化公司

金陵石化

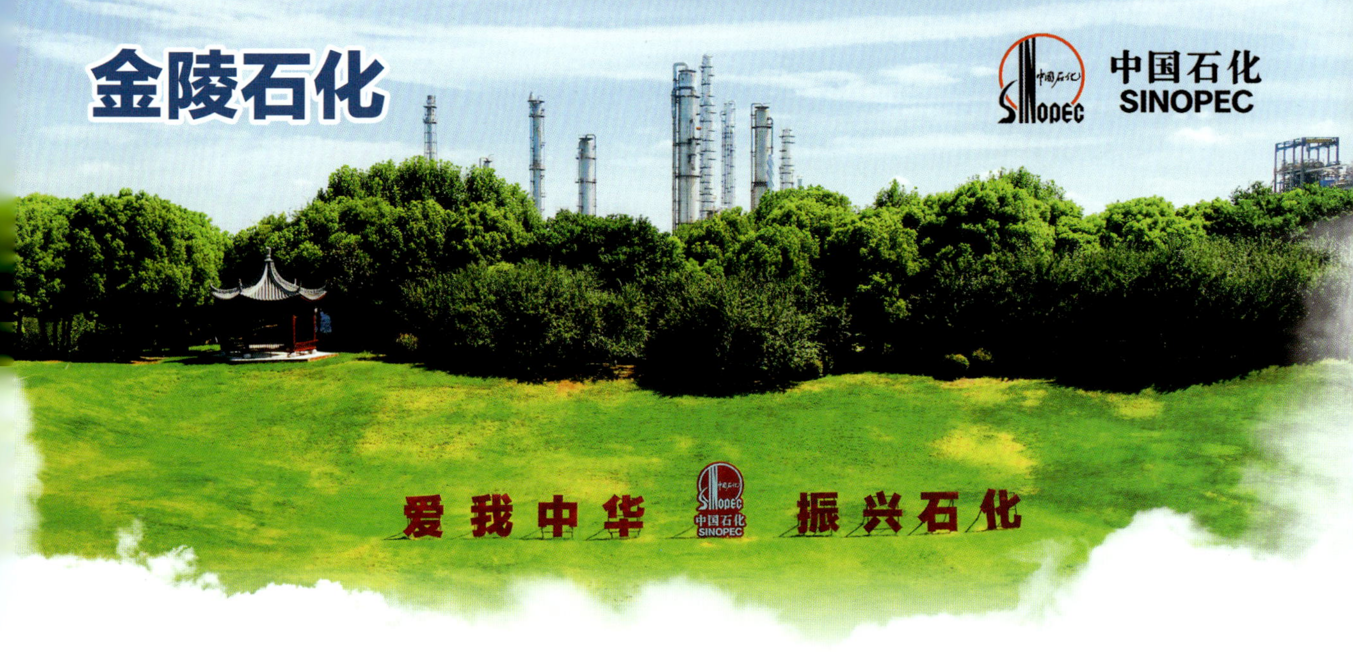

2023 年，金陵石化牢记习近平总书记殷切嘱托，完整、准确、全面贯彻新发展理念，认真落实集团公司各项决策部署，锚定“好优稳高强”新金陵建设目标，全力以赴创效益、快发展、防风险、夯基础、强党建，生产运行总体稳定，转型升级加力提速，奋力打造石化行业高质量发展的金陵标杆。全年加工原油 1778 万吨，实现营业收入 1188 亿元、利润 31.5 亿元，上缴税金 152 亿元，连续 2 年经营效益居中国石化炼化生产企业首位，连续 9 年获评中国石化党建考核 A 档，被评为国家石油炼制绿色发展先进水平企业、江苏省绿色领军企业、中国石化 A 档绿色企业及安全生产先进单位，入选工信部 5G 工厂名录，继续保持“全国文明单位”称号，在中国石化成立 40 周年之际交上了一份优异答卷。

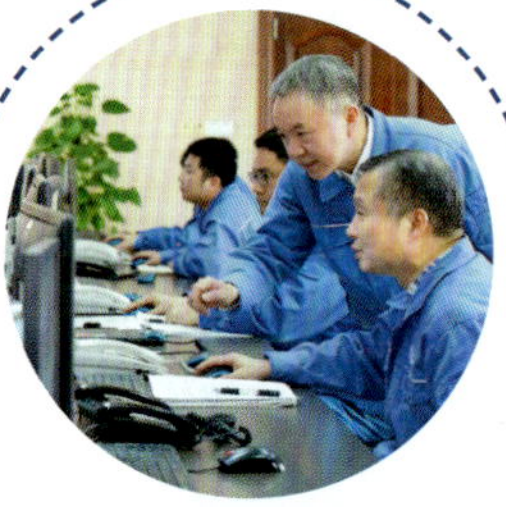
金陵石化公司生产指挥中心

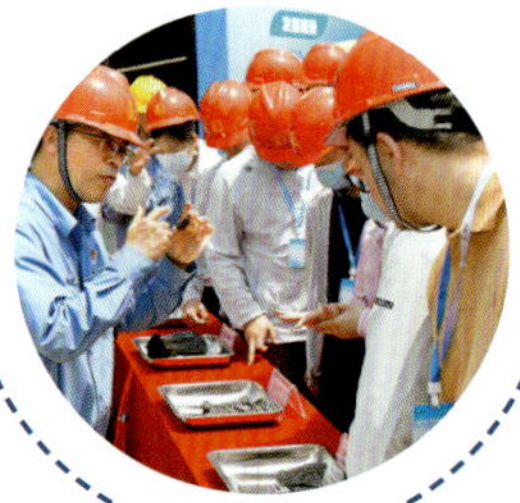
中国石化全产业链业务投资者反向路演走进金陵石化

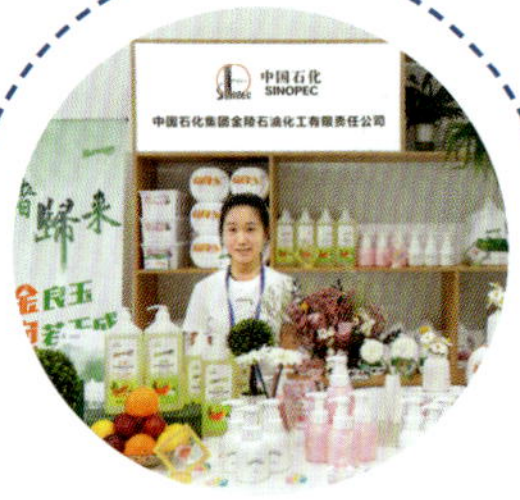
金陵石化“金宛”品牌全新绿色高端系列洗涤产品亮相中国石化第六届“易享节”

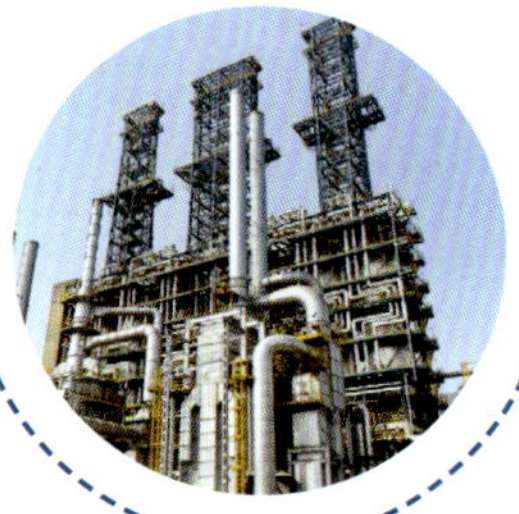
金陵石化高端石墨装置

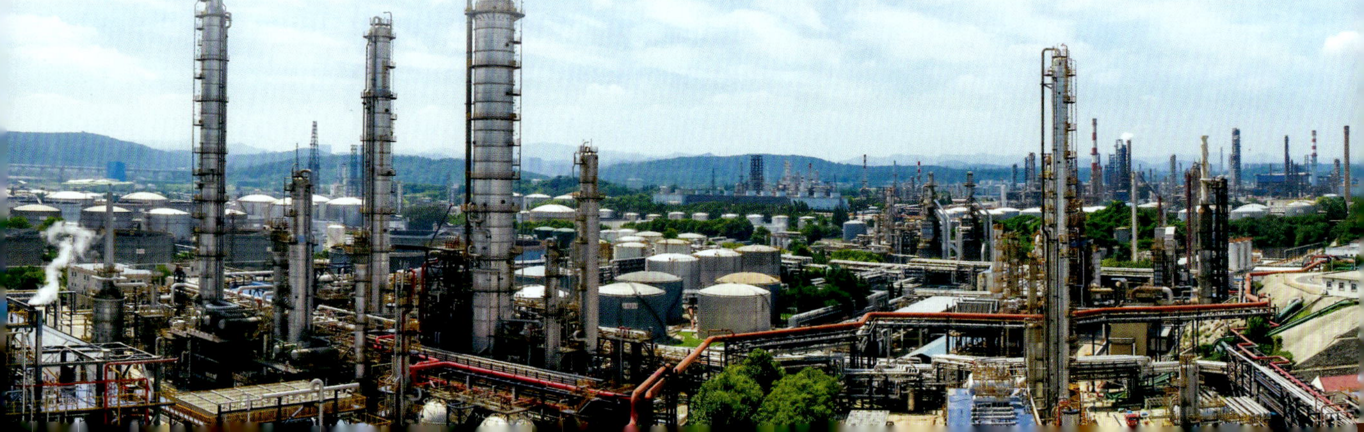

中国石化上海石油化工股份有限公司

SINOPEC SHANGHAI PETROCHEMICAL CO.,LTD.

4月19日，上海石化年产1500吨碳纤维装置批量化生产24K碳纤维一次开车成功，实现产量、质量双达标（万敏摄）

6月30日，上海石化南随塘河光分布式伏电站投用并网发电（曹政摄）

4—12月，上海石化举办第一届“最强操作”业务竞赛，图为员工正在参加应急比赛（李英豪摄）

中国石化上海石油化工股份有限公司（以下简称上海石化）是中国石油化工股份有限公司的控股子公司，位于上海市金山区，占地面积9.4平方千米，是中国主要的炼油化工一体化企业之一，也是中国第一家在上海、香港和纽约三地上市的公司，2022年9月从纽交所退市。上海石化的前身是创建于1972年的上海石油化工总厂。1993年6月改制为上海石油化工股份有限公司。截至2023年底，公司总资产达396.58亿元，主业在岗员工总数7216人。

上海石化的发展经历了六个阶段的大规模集中建设。截至2023年底，上海石化具有综合加工原油能力1600万吨/年和乙烯70万吨/年、有机化工原料407万吨/年、合成树脂90.8万吨/年、合纤原料52.5万吨/年、合成纤维3.55万吨/年的生产能力，并拥有独立的公用工程、环境保护系统，及海运、内河航运、铁路运输、公路运输、管道运输配套设施。公司是国内重要的成品油、中间石化产品、合成树脂和合成纤维生产基地，其汽煤柴油份额占中国石化在沪供应的主导地位。公司致力于碳纤维产业及其复合材料产学研用攻关，为中国第一家、全球第四家掌握48K大丝束碳纤维产业化技术的企业，建成投产中国首套48K大丝束碳纤维国产线，牵头研发生产的碳纤维复合材料应用于冬奥会火炬、大型风电叶片、航空航天、轨道交通、建筑桥梁、储氢气瓶等。截至2023年底，上海石化累计加工原油3.45亿吨，上缴利税2715.57亿元。

六五环境日前夕，上海石化环保水务部围绕“打造最美水质净化厂”主题，组织员工开展环保签名承诺（任星桥摄）

7月13日，上海石化举行学习贯彻习近平新时代中国特色社会主义思想主题教育红色教学——庆祝中国石化成立40周年职工合唱比赛决赛（李英豪摄）

9月15—22日，上海石化举办西藏那曲市班戈县中学“爱心加油”游学活动，图为班戈县中学师生参观上海石化展示馆（李英豪摄）

10月20日，上海金山巴陵25万吨/年热塑性弹性体项目精制单元首塔——异戊二烯吊装成功，标志着项目进入安装阶段（李英豪摄）

11月18日，上海市2023年度重大工程预备项目——上海石化热电机组清洁提效改造工程项目桩基开工（李英豪摄）

上海石化一向重视树立良好的公司形象，积极履行社会责任，为振兴中国石化工业而不懈努力；一贯坚持规范化运作，致力于用良好的经营业绩回报股东；一直以为顾客提供优质的石化产品和良好服务为己任，多次获社会各界的嘉奖。连续六届获全国文明单位，先后获全国绿化先进单位，全国思想政治工作优秀企业，全国“重合同、守信用”单位，全国用户满意企业，全国厂务公开先进单位，全国爱国拥军模范单位，中华环境友好企业，全国模范劳动关系和谐企业，智能制造试点示范企业，全国花园工厂，北京冬奥会、冬残奥会突出贡献集体，中国石化绿色企业等一系列荣誉称号。

9月19日，上海石化牵头研制的“碳纤维冬奥火炬首创应用及集成技术”荣获第二十三届中国国际工业博览会CIIF大奖，高性能燃气用聚乙烯管材专用料荣获新材料产业展优秀产品奖（李英豪摄）

中国石化 SINOPEC

中沙（天津）石化有限公司

SINOPEC SABIC Tianjin Petrochemical Co.Ltd.

中沙（天津）石化有限公司（简称中沙石化），是中国石化和沙特基础工业公司以 50:50 的股比共同出资设立的大型石油化工企业，坐落于天津市滨海新区，雄踞京津冀协同发展战略合作功能区的核心位置，占地面积 237.68 万平方米，总投资 313.12 亿元人民币，注册资本 105.20 亿元。公司于 2009 年 10 月 20 日成立，2010 年 5 月 11 日投入商业运行。

公司主要业务包括乙烯及其衍生品的生产、销售和研发，大港区域拥有包括年产 130 万吨乙烯装置等 9 套世界级规模、工艺技术先进的主要生产装置，南港区域拥有 26 万吨 / 年的聚碳酸酯生产线，产品包括有机化工产品 22 种，以及 LLDPE、HDPE、PP、PC 四大类聚合物，借助股东双方强大的营销网络，供应国内各主要市场。自成立以来，公司不忘初心、牢记使命、主动作为，取得了优异的生产经营发展业绩，累计实现营业收入 3129.19 亿元，回馈双方股东 117.58 亿元，上缴税费 146.87 亿元，为国家和地方经济作出了贡献。

未来，公司将继续秉承以人为本、诚实求信、员工与企业共成长的核心价值观，全面贯彻新发展理念，奋力谱写中沙石化高质量发展新篇章，努力打造世界一流的国际化石油化工企业，并做到基业长青。

2023 年 8 月 31 日，26 万吨年聚碳酸酯项目正式投入商业运营

聚碳酸酯产品

PC 水桶料，产品满足 GB 4806.7-2023 食品接触用塑料材料及制品要求，具有良好的加工性能

HDPE PN049-030-122LS，应用于 PE100 级大口径管材生产，具有良好的挤出加工性能，较高的熔体强度，优良的抗熔垂性能

中国石化扬子石油化工有限公司
中国石化集团资产经营管理有限公司扬子石化分公司

庆祝公司四十周年文艺汇演

智慧扬子管控中心揭牌投用

中国石化单套最大光伏发电项目

大美扬子湾

中国石化扬子石油化工有限公司（简称扬子石化有限公司）和中国石化集团资产经营管理有限公司扬子石化分公司（简称扬子资产分公司）统称扬子石化，占地面积12.43平方千米，位于江苏省南京市北郊，南临长江，北接京沪铁路，与国家级的南京化学工业园融为一体。扬子石化成立于1983年，与中国石化同龄，前身为30万吨/年乙烯工程，于1984年开工建设，1990年全面投产。从1993年开始，扬子石化聚焦做强主业，坚持内涵挖潜与外延发展相结合，自我发展与合资合作相结合、产业发展与改革创新相结合，先后实施三轮大规模技术改造，截至2023年底，拥有1250万吨/年炼油、80万吨/年乙烯、140万吨/年芳烃、600万吨/年成品油等59套大型石油化工装置，以及配套齐全的公用工程和储运物流系统。公司本部共有15个职能部门、9个生产单位、7个业务中心，管理清江石化、泰州石化2家子公司，与德国巴斯夫等国际知名企业成立5家合资公司，是国内重要的成品油、基础化工原料、合成材料生产商。截至2023年底，公司资产规模超过400亿元，用工总量8215人，向社会提供商品2.64亿吨，实现利税超1850亿元。近年来，扬子石化锚定打造现代化绿色新材料和高端化学品基地，大力推进安全发展、绿色发展、创新发展、智能发展，奋力建设绿色卓越奋进新扬子，为国家和地方经济社会发展作出了积极贡献。

中国石化
SINOPEC

中国石化催化剂有限公司

中国石化催化剂有限公司是中国石化旗下唯一的催化剂专业公司，自2004年成立，全力锻造人无我有、人有我优的民族石油化工“芯片”，现已发展成为全球第二、亚洲最大、中国第一的国际知名炼油化工催化剂生产商、供应商和服务商。

目前，公司拥有11个机关职能部门，3家直属机构，10家生产经营型单位和1家工程技术研究院；其中，生产经营型单位分布在北京、上海、天津、湖南、山东、江苏、辽宁等7个省市。截至年底，公司现有在岗合同制员工3332人，管理、专业技术和技能操作三支队伍的比例分别为15%、35%、50%。拥有各类管理及专业技术人员1148人，其中正高级职称34人，副高级职称557人，副高级及以上职称占比达到34%；博士41人，硕士417人。技能操作队伍中取得高级工及以上职业资格的高技能人才超过85%。

“国家级绿色工厂”
上海立得催化剂有限公司

催化剂天津有限公司聚烯烃催化剂联合车间 BCND-BCM 催化剂联合装置

公司既是催化剂生产、销售和管理的责任主体，也是中国石化科技成果孵化转化的平台，承担着石油化工行业“科研成果转化、生产组织优化、产品技术服务”三大核心职责，以先进的技术、优质的服务，在助力炼化行业提质增效中发挥了“催化剂”作用。

公司产品涵盖催化裂化催化剂、加氢催化剂、芳烃产业链催化剂、烯烃产业链催化剂、环保催化剂和吸附剂、新材料和新能源领域催化剂等六大类近300个牌号的催化剂品种，截至年底，年生产能力24万吨。通过持续推进国产化攻关及空白市场揭榜挂帅等行动，销售业绩连年攀升，国内石化行业综合市场占有率达56%以上，海外客户遍布亚非欧美43个国家和地区，已实现30余个催化剂品种销售到境外100多家客户，正在筹备北美、南美、欧洲、非洲、亚太、俄罗斯、中东等多地销售中心的国际化战略布局，已然成为中国石化产品走向海外的一张靓丽“名片”。

催化剂公司国际先进的化验设备

催化剂产品实物图

催化剂工程技术研究院实验室

太阳能树

废聚烯烃塑料催化裂解

废旧高分子材料资源化利用

锂电池隔膜

PBST 高耐候长效地膜

截至 2023 年底，累计获省部级及以上科技奖励 534 项，其中国家级科技奖励 88 项，中国石化奖励 268 项。累计申请中国发明专利 9682 件、授权 5823 件，申请境外发明专利 1804 件、授权 1036 件，拥有专有技术 93 项，获中国专利金奖 2 项、银奖 4 项、优秀奖 12 项。

北京化工研究院将以习近平新时代中国特色社会主义思想为指导，深入落实习近平总书记视察胜利油田、九江石化重要指示精神，坚持“四个面向”，推进关键核心技术攻关，深化科技体制机制改革，助力打造具有强大战略支撑力、强大民生保障力、强大精神感召力的中国石化，为加快实现高水平科技自立自强作出更大贡献！

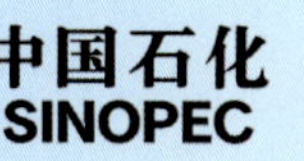

中石化碳产业科技股份有限公司

为贯彻落实国家“双碳”战略，中国石化秉承绿色低碳发展理念，不断开拓创新，整合全集团碳产业资源，于 2022 年 9 月 22 日，在江苏南京成立了中国首个碳全产业链科技公司——中石化碳产业科技股份有限公司（简称“碳科公司”）。

碳科公司注册资本 25 亿元，隶属中国石油化工股份有限公司。是中国石化从事二氧化碳捕集、利用和碳资产运营的专业化经营实体；是中国石化面向国内外碳产业市场提供综合解决方案的一体化服务商；是以科技创新支撑和引领碳产业发展的高科技企业；是中国石油石化行业践行“双碳”战略的实践阵地。

碳科公司重点业务：一是推进二氧化碳资源化利用。通过筛选、引进、开发等手段，推进二氧化碳捕集、化工利用、化学链矿化、油田驱油、地质封存产业化，推动石化传统产业存量降碳、增量低碳，新兴产业走向零碳、发展负碳，助力中国石化“双碳”目标实现。二是碳资产价值挖掘。通过挖掘中国石化集团内外碳汇潜力，开发碳资产、实施碳交易，提升碳资产价值引领碳利用技术产业化、商业化发展，实现由减碳、控碳、负碳向碳价值创造转型，支撑中国石化打造绿色低碳竞争力。

2023 年 7 月 20 日，碳科公司筹备结束，领导班子正式组建。当年，营业收入 1.38 亿元，利润总额 3792 万元，全面完成总部下达经营指标；实现碳交易 674 万吨；首次获得德国 UER 项目碳交易入场券；参加首届全国碳市场模拟交易大赛获“突出交易表现单位”奖；南京市人民政府授予“南京市总部企业”；获“2022 年度南京市江北新区研创园最具潜力奖”。

碳科公司成立

2023.3.18 碳科公司参加第七届 CCUS 国际论坛

2023.12.26 与上海环交所签署战略合作协议

2023.12.15 与炼化工程签署战略合作协议

中石化广州工程有限公司

温州 LNG 接收站项目建成投产

新疆库车绿氢示范项目建成投产首次贯通氢能利用全产业链

结对教育帮扶，彰显社会责任

加氢裂化装置大型化及节能优化成套技术实现工业应用

中石化广州工程有限公司是炼化工程集团全资子公司，前身为石油工业部抚顺设计院、中国石化洛阳石化工程公司，成立于 1956 年 10 月，是国内能源化工领域集技术专利商与工程承包商为一体的高新技术企业，拥有国家工程设计综合甲级资质，是国家级企业技术中心。

截至 2023 年底，该公司承担完成炼油、油气储运、新型煤化工、新能源等领域科技攻关课题 500 余项，创造多项中国第一和世界第一，累计获国家级科技进步奖和发明奖 55 项、省部级科技进步奖和发明奖 356 项、国家有效授权专利 991 件；完成石油炼制、石油化工、油气储运、现代煤化工、新能源等领域大中型工程建设项目 5000 余项，传统业务与新能源新材料业务实现同步增长，业绩遍及亚洲、非洲等国家与地区。

2024 年，该公司聚焦“牢记嘱托，感恩奋进，创新发展，打造一流”主题行动，全力打造“三大五新”技术优势，以科技创新驱动业务转型升级，以全员经营、拓市增效做稳合作信赖的伙伴，以铸就精品工程建设业主自豪的工程，不断开创高质量发展新局面，以优异成绩庆祝新中国成立 75 周年。

科威特 KIPIC Al-Zour 炼厂项目

海南乙烯项目

燕山石化全球首套 4000 吨年 CHP 法制环氧丁烷装置

中石化炼化工程（集团）股份有限公司

中石化炼化工程（集团）股份有限公司（炼化工程集团，简称 SEG）是由中国石油化工集团有限公司控股的，面向境内外炼油化工工程市场的大型综合一体化工程服务商和技术专利商，是目前国内最大的能化工程建设企业之一。

炼化工程集团于 2012 年重组，2013 年在香港上市，成为国内规模最大、历史最悠久、综合能力最强的工程公司。炼化工程集团拥有 10 余家境内分子公司，多家境外分子公司。截至目前，现有员工 1.6 万人，其中中国工程院院士 2 人、全国工程勘察设计

山东 LNG 项目

天津 LNG 项目

天津南港乙烯项目全景

安庆 RTC 项目

库车绿氢项目

巴陵石化己内酰胺产业链搬迁项目

大师 7 人，拥有 4000 余名各专业注册类工程师，为推进高质量发展提供了坚实保障。

2023 年，炼化工程集团聚焦新使命新任务，做好顶层设计，在高质量发展的道路上持续推进“强化战略统筹一体化、立足主业扛稳主责、持续推动科技创新、引领行业新型工业化、推进企业运营国际化、实现价值创造多元化”，全年实现营收增长 6.7%，利润总额增长 4.9%，新签境内合同额完成全年指标的 113%，境外中标 + 新签合同额创历史新高，以稳健的经营业绩与切实的责任担当努力回报社会、回馈股东。

展望未来，炼化工程集团将充分发挥全产业链一体化优势、市场优势、品牌优势、技术优势、人才优势，全力推进高质量发展，助力中国石化扛稳扛好“三大核心职责”，奋力建设世界领先技术先导型工程公司。

北京化工研究院

【概况】 中石化（北京）化工研究院有限公司（简称北京化工研究院）成立于1958年6月，是中国最早从事石油化工综合性研究的科研机构，曾隶属化学工业部。1998年9月转制进入集团公司。2010年，按照集团公司整体部署，燕山石化研究院成为北京化工研究院燕山分院，燕山树脂所、齐鲁石化研究院、扬子石化研究院成为北京化工研究院挂牌分院。2019年，中石化宁波新材料研究院作为北京化工研究院宁波分院挂牌成立。2021年7月29日成立中石化（北京）化工研究院有限公司，成为具有独立法人资格的科技型企业。2023年8月，燕山分院调整为北京化工研究院燕山分公司。

北京化工研究院已形成一院多地的发展格局，设有14个研究所、4个专业中心、11个机关职能部门和1个项目指挥部，1家分公司（燕山分公司）、4家子公司、4家挂牌分院。本部位于朝阳区北三环内，占地面积9.7万平方米，建筑面积6.0万平方米。截至2023年底，在职员工1166人，其中中国工程院院士2人，集团公司首席科学家1人，享受政府特殊津贴4人，“百千万人才工程”国家级人选1人，国家万人计划专家1人，集团公司首席专家2人、高级专家2人、突出贡献专家12人，集团公司科技创新功勋奖1人，高级职称人员、硕士以上学历人员、45岁以下科研人员占比均达60%。

北京化工研究院共承担聚烯烃国家工程研究中心、橡塑新型材料合成国家工程研究中心、国家基本有机原料质量监督检验中心、工业废水无害化与资源化国家工程研究中心、国家先进高分子材料测试评价平台、国家化学建材测试中心等11个国家级和行业性技术中心，国际标准化委员会（ISO）塑料—力学性能分会等5个国内外行业协会秘书处职能；设有5个中国石化技术中心、2个中国石化联合研发（创新）中心和8个中国石化重点实验室，拥有7项设计制造资质；建设配备聚烯烃中试技术中心（PPC）、塑料技术中心（PTC）、橡胶技术中心（RTC）、高通量研发技术中心（HTC）等专业技术平台；创办《石油化工》《化工环保》和《国内外石油化工快讯》3个学术期刊和行业性杂志；拥有化学工程与技术、材料科学与工程2个一级学科硕士学位授权点，具有联合培养博士研究生资格，设有博士后科研工作站。

截至2023年底，北京化工研究院共获省部级以上科技奖励534项，包括国家技术发明奖10项，国家科技进步特等奖1项、一等奖2项、二等奖9项，中国专利金奖2项、银奖4项。其中，2023年度获集团公司前瞻性基础性研究科学奖2项、技术发明奖3项、科技进步奖9项，石化联合会科学技术奖励1项，中国化工学会科学技术奖励3项。累计申请国内发明专利9682件、获授权5823件，申请境外发明专利1804件、获授权1036件，拥有专有技术93项。

北京化工研究院2023年度主要科研成果获奖情况和2018—2023年专利申请与获授权情况分别见表1和表2。

（叶杰铭）

【领导班子调整】 2023年7月3日，集团公司党组对北京化工研究院领导班子进行调整：免去王建民北京化工研究院党委副书记、纪委书记职务，任二级协理员。10月11日，集团公司党组对北京化工研究院领导班子进行调整：师巍任北京化工研究院党委副书记兼纪委书记。

（叶杰铭）

【国家新材料测试评价平台（先进高分子材料行业中心）项目通过验收】 2023年2月21日，工信部组织专家组对国家新材料测试评价平台（先进高分子材料行业中心）项目进行验收评审，专家组一致认为，国家新材料测试评价平台符合验收要求，同意通过验收。

（叶杰铭）

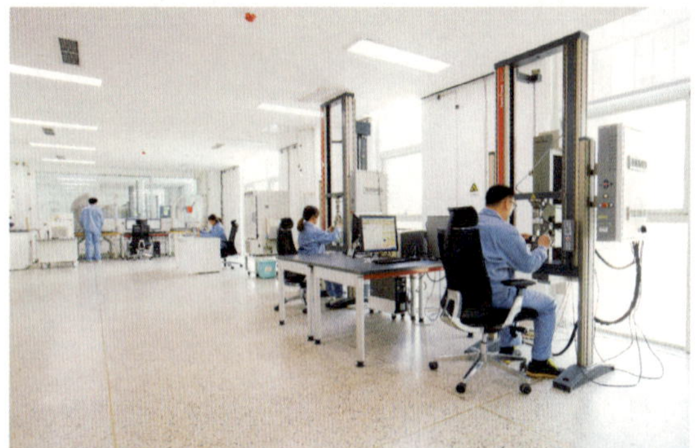
国家新材料测试评价平台全面完成建设工作

【耐候地膜专用料放量生产推广】 2023年2月，北京化工研究院和中天合创等联合开发的耐候地膜专用料放量生产推广，用于春耕生产可回收地膜铺覆超200万亩（1333.34平方千米），为实现农膜全回收打下坚实基础。

（叶杰铭）

试制地膜等不同应用领域的 PBST 树脂专用料产品

【中国石化首套3G+环管聚丙烯装置开车成功】 2023年3月，应用北京化工研究院3G+环管聚丙烯技术建成的海南炼化30万吨/年聚丙烯装置投入运行，产出高性能抗冲共聚聚丙烯产品，产品橡胶相含量超过30%，是世界上采用环管聚丙烯工艺生产的橡胶相含量最高的产品。

（叶杰铭）

【BSQ-2催化剂在中科炼化成功完成工业应用】 2023年5月5日，北京化工研究院自主研发的超高氢调敏感性、高立构定向性、无塑化剂BSQ-2催化剂在中科炼化20万吨/年多区气相循环聚丙烯装置成功完成工业应用，实现该类型催化剂在国内该工艺装置的首次工业应用及稳定运行，进一步打破进口催化剂垄断局面。

（叶杰铭）

【官能化溶聚丁苯橡胶技术等4项成果获评中央企业科技创新产品】 2023年5月20日，国务院国资委发布《中央企业科技创新成果产品手册（2022年版）》，中国石化共7项科技创新成果入选。其中，官能化溶聚丁苯橡胶技术、乙烯齐聚制 α－烯烃技术、氢化丁腈橡胶成套工业技术，以及20万吨/年精环氧乙烷成套技术的核心——高选择性YS-9010银催化剂技术均由北京化工研究院自主开发。

（叶杰铭）

【受邀为第七届国际烯烃及聚烯烃大会作开场报告】 2023年5月25—26日，2023年（第七届）国际烯烃及聚烯烃大会（IOPC）在宁波成功举办。集团公司首席科学家、北京化工研究院院长吴长江受邀作题为《我国聚烯烃产业技术的现状与发展建议》的大会开场报告，聚焦世界科技前沿介绍国内外聚烯烃产业发展的最新趋势，分析中国聚烯烃产业技术现状及发展中遇到的瓶颈与挑战，并从技术创新和机制创新2个方面提出建议，着力推动中国聚烯烃行业高质量发展。

（叶杰铭）

【参与中关村论坛高峰对话】 2023年5月28日，集团公司首席科学家、北京化工研究院院长吴长江在2023年中关村论坛的“国企发现与发明论坛”上参与高峰对话，分析当前原创技术研究的痛点、难点、堵点，聚焦人才队伍建设、平台建设、发展规划、学术环境等与现场嘉宾进行交流。

（叶杰铭）

【获评国务院国资委科改示范企业标杆】 2023年5月，国务院国资委组织对中央企业所属“双百”企业、科改示范企业2022年度改革创新情况进行专项考核并印发考核结果，北京化工研究院在439家科改企业考评中以中央企业排名第七的考核成绩获评2022年度国务院国资委科改示范企业标杆。

（叶杰铭）

【中国石化重大科技项目取得重要进展】 2023年5月，北京化工研究院牵头承担的中国石化重大科技项目“特种橡胶关键技术开发”全面完成攻关任务，开发耐低温密封材料、锂电池黏结剂、高性能轮胎产品，在航空航天、新能源领域拓展应用。9月，牵头承担的中国石化重大科技项目“医用防护高分子材料关键技术攻关”通过集团公司鉴定，开发口罩基材、防护服面料、隔离舱材料共计12类54个新牌号，产品总体达到国际先进水平；牵头承担的中国石化重大项目“单中心催化剂及其聚烯烃产品开发”在京启动。

（叶杰铭）

【开展建院65周年系列活动】 2023年6月，隆重简朴庆祝中国石化成立40周年、北京化工研究院建院65周年，举办“化工新材料高质量发展学术报告会”，开展“公众开放日”“大学生职场体验”“中学竞赛班科普实践”等系列活动。

（叶杰铭）

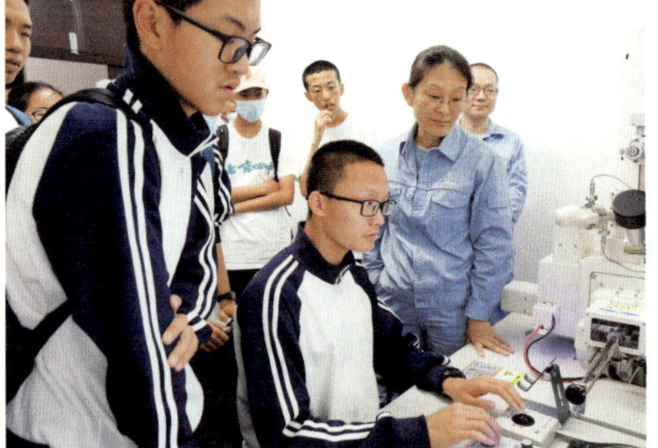
邀请北京四中学生走进科研一线

【中国石化首台单程管乙烯裂解炉开车成功】 2023年6月，北京化工研究院与工程建设公司、南京天华院合作开发的中国石化首台单程管裂解炉在燕山石化一次投料开车成功。该炉型相比其他裂解炉型停留时间更短、裂解温度更高、目标产物选择性更高，在开发设计上难度更大。装置开车成功标志着高乙烷转化率单程管裂解炉实现国产化。

（叶杰铭）

【增强型超滤膜研究项目通过鉴定】 2023年6月，北京化工研究院牵头的“增强型超滤膜亲水改性与应用性能研究”项目通过集团公司科技部组织的鉴定。该项目打造出中国石化自主知识产权增强型抗污染中空纤维超滤膜制备技术，为实现抗污染中空纤维超滤膜国产化替代提供有力支撑。

（叶杰铭）

【高熔体强度聚丙烯用催化剂技术通过鉴定】 2023年7月，北京化工研究院“基于新结构内给电子体的高熔体强度聚丙烯用催化剂”技术通过集团公司科技部组织的鉴定，整体技术达到国际领先水平。该催化剂在上海赛科公司25万吨/年Innovene气相装置上成功应用，可实现在反应器中直接生产高熔体强度聚丙烯。

（叶杰铭）

【“一种多管程乙烯裂解炉”获中国专利银奖】 2023年7月21日，国家知识产权局公布第24届中国专利奖获奖名单，北京化工研究院与其他单位联合申报的中国石化CBL气体原料裂解技术“一种多管程乙烯裂解炉”获第24届中国专利银奖。

（叶杰铭）

【项目跟投公司中石瑞材注册成立】 2023年7月26日，北京化工研究院注册成立控股企业“北京中石瑞材科技有限公司”，加快聚丙烯釜压发泡技术孵化，充分体现知识、技术等创新要素价值，营造共担市场风险、共享发展成果的良好生态，充分激发科技人员创造创新活力动力。

（叶杰铭）

【高性能液体橡胶实现国产化】 2023年10月，北京化工研究院自主研发的高性能液体橡胶技术在茂名分公司5000吨/年液体橡胶装置成功产出合格产品——高频覆铜板用液体橡胶。该装置的顺利投产标志着中国高性能液体橡胶实现国产化，为中国信息产业安全提供关键原材料支撑。

（叶杰铭）

【召开第十二届科技委第三次会议】 2023 年 12 月 7 日，北京化工研究院召开第十二届科技委第三次会议，深入学习贯彻集团公司科技委会会议精神，总结回顾第十二届科技委工作进展，研究讨论化学工程技术领域和有机化工技术发展报告，全面探讨北京化工研究院基础研究中长期发展规划。

（叶杰铭）

【聚烯烃隔膜材料打破国外技术垄断】 2023 年 12 月，北京化工研究院 H 系列催化剂在中原石化成功生产超纯净电容器膜料 FC03，打破超纯净聚丙烯树脂国外技术垄断，合作开发的电容膜成功应用于直流干式电容器，并在世界首个 ±800 千伏特高压龙门换流站投运。12 月，BCC 催化剂在扬子石化成功量产出高端湿法锂电池隔膜专用树脂新牌号，各项性能达到进口高端产品水平，助力实现高端锂电池隔膜国产化。

（叶杰铭）

【重要荣誉】 2023 年，北京化工研究院被认定为“国家高新技术企业”，在国务院国资委“科改行动”专项考核中以央企排名第七的成绩获评标杆称号，在国务院国资委内控体系有效性检查中获评 A 级，被评为集团公司深化改革三年行动先进单位、“三基”工作先进单位、绿色企业 A 级单位、“三项制度”改革 A 级单位。

（叶杰铭）

表 1　北京化工研究院 2023 年度主要科研成果获奖情况

序号	项目名称	奖项名称	获奖等级
1	限构型乙烯四聚催化剂的设计开发与应用	集团公司前瞻性基础性研究科学奖	二等奖
2	5G 通信用高端工程塑料及应用技术开发	集团公司前瞻性基础性研究科学奖	三等奖
3	****VD21 关键技术	集团公司技术发明奖	一等奖
4	高熔体强度高韧聚丙烯技术及应用	集团公司技术发明奖	二等奖
5	基于新结构内给电子体的高性能聚丙烯催化剂开发	集团公司技术发明奖	三等奖
6	医用防护高分子材料关键技术开发及应用	集团公司科技进步奖	一等奖
7	长江经济带石化类场地污染治理技术研究与集成示范	集团公司科技进步奖	一等奖
8	纤维活化增强抗污染超滤膜制备技术开发及工业应用	集团公司科技进步奖	二等奖
9	基于统一平台的新一代公文系统及综合办公生态建设	集团公司科技进步奖	二等奖
10	核电用聚乙烯管材料的开发及评价体系的建立	集团公司科技进步奖	三等奖
11	新型乙烯氧氯化催化剂的开发及应用	集团公司科技进步奖	三等奖
12	新型油田稠油低温破乳剂的开发与应用	集团公司科技进步奖	三等奖
13	聚烯烃分子链结构多分散性的表征技术开发及应用	集团公司科技进步奖	三等奖
14	高附加值聚乙烯树脂专用催化剂技术开发	集团公司科技进步奖	三等奖
15	有机气体分离膜及膜法 VOCs 回收处理技术开发	中国化工学会技术发明奖	二等奖
16	新型抗静电材料制备技术及其结构设计	中国化工学会基础研究成果奖	三等奖
17	晶体诱导生长调控 MOF 分离膜内分子传递通道的创新研究	中国化工学会基础研究成果奖	一等奖
18	石油石化企业全产业链绿色企业行动计划及评价体系研究与实践	石化联合会科技进步奖	三等奖

表 2　北京化工研究院专利申请与获授权情况　件

年份	国内专利		国际专利	
	申请数	获授权数	申请数	获授权数
2023	814	620	259	110
2022	767	622	174	77
2021	706	510	115	65
2020	647	476	122	101
2019	640	430	73	96
2018	635	461	63	68

上海石油化工研究院

【概况】 中石化（上海）石油化工研究院有限公司（简称上海石油化工研究院）位于上海市浦东新区，创建于1960年（时称上海市石油化学研究所），1984年转隶原中国石油化工总公司，1990年更名为上海石油化工研究院。2004年12月科技资源整合，上海石化科技开发公司催化剂业务整体并入上海石油化工研究院，2010年4月集团公司完善科技体制机制，在相关企业增设上海石油化工研究院南化分院、仪征分院、天津分院、巴陵分院和川维分院5家分院。2020年12月，“中石化新材料科技（上海）有限公司”注册成立，为新领域技术培育与孵化转化提供良好条件。2022年10月，“中石化（上海）石油化工研究院有限公司”注册成立，进一步完善研究院法人治理结构。截至2023年底，设置1个党委、22个党支部，11个职能管理部门、1个直属机构、20个研究及支撑部门、1家全资子公司（孵化器公司）。主要从事有机原料（烯烃、芳烃及其大宗衍生物）、碳一化工、合成材料、油气助剂、精细化工等领域的技术创新与成果转化，研究领域涵盖石油化工及煤化工产业链的主体技术。有“基本有机原料催化剂国家工程研究中心”“绿色化工与工业催化全国重点实验室”等国家级研发基地，建有甲醇转化技术等9个中国石化重点实验室，以及中国石化合成纤维加工应用中心（FTC）等技术创新平台；是全国化学标准化技术委员会石油化学分技术委员会的依托单位，有国家人社部博士后工作站。

截至2023年底，有正式职工793人，其中具有高级职称以上的骨干399人。成长出中国工程院院士2人、中国科学院院士1人，有享受国务院政府特殊津贴专家38人。

截至2023年底，累计获省部级及以上奖励339项，其中国家科技进步奖特等奖1项、一等奖2项、二等奖10项，国家技术发明奖二等奖5项，中国专利金奖5项，中国石化科技创新功勋奖2项、科技进步奖特等奖4项，科技进步奖、技术发明奖及前瞻性基础性研究科学奖等一等奖39项。累计申请中国专利9454件、获授权5970件，累计申请涉外专利1138件、获授权663件。

上海石油化工研究院2023年度主要科研成果获奖情况和2018—2023年专利申请与获授权情况分别见表1和表2。

（班楚婕）

【天津石化15万吨/年CHP法制环氧丙烷工业示范装置开车成功】 2023年1月14日，中国石化“十条龙”科技攻关项目——15万吨/年CHP法制环氧丙烷（CHPPO）工业示范装置在天津石化一次开车成功，打通全流程，产出达到国标优等品指标的PO产品。该项目由上海石油化工研究院牵头，联合多家单位，成功开发具有自主知识产权的 CHP 法制环氧丙烷成套技术，打破国外技术垄断，为中国环氧丙烷产业链提供安全环保、绿色节能、经济性好的生产技术。该装置成功开车标志着中国石化 CHP 法制环氧丙烷技术取得重大突破，对石油化工产业链延伸和丙烯资源增值创效利用具有重大意义。

（班楚婕）

天津石化 15 万吨 / 年 CHP 法制环氧丙烷工业示范装置

【全球首套 4000 吨 / 年 CHP 法制环氧丁烷工业装置开车成功】 2023 年 10 月 29 日，燕山石化 4000 吨 / 年 CHP 法制环氧丁烷（BO）工业装置一次开车成功，达满负荷运行，各工艺控制系统运行平稳，产出合格 BO 产品，纯度达 99.99%，指标优异。该装置是全球首套 CHP 法制 BO 高附加值精细化工品装置，采用上海石油化工研究院研发的成套技术，该技术具有工艺路线简洁高效、产品质量优、“三废”少等优势。该装置的开车成功，标志着 CHP 法制 BO 成套技术工业化进程迈出坚实的一步，进一步拓展中国石化在精细化工领域的技术版图。

（班楚婕）

燕山石化 4000 吨 / 年 CHP 法制环氧丁烷工业装置

【国内最大规模 40 万吨 / 年干气制乙苯 / 苯乙烯装置开车成功】 2023 年 7 月 6 日，采用中国石化 SGEB 干气制乙苯和 SSMT 乙苯负压绝热脱氢制苯乙烯成套技术建成的 40 万吨 / 年乙苯 / 苯乙烯装置在安庆石化一次开车成功，产出合格乙苯 / 苯乙烯产品，达到国家优等品要求。该装置是国内最大规模的干气法制乙苯 / 苯乙烯装置，其成功开车标志着中国石化乙苯 / 苯乙烯技术实现从“清洁化技术集成创新”到“原料多样化和装置大型化技术引领创新”的突破，为“油转化”提供有力的技术支撑。

（班楚婕）

安庆石化 40 万吨 / 年乙苯 / 苯乙烯工业装置

【新型裂解汽油加氢催化剂在海南炼化百万吨乙烯装置上实现工业应用】 2023 年 2 月 21 日，由上海石油化工研究院开发的裂解汽油加氢催化剂在海南炼化新建 100 万吨 / 年乙烯项目配套的 55 万吨 / 年裂解汽油加氢装置上实现工业应用，一次开车成功。该催化剂具有加氢活性高、双烯加氢选择性高、较强的耐杂质能力、入口温度低、长周期稳定性好等特点。海南炼化乙烯项目的成功投产标志着海南乙烯工业实现零的突破，是中国石化乙烯成套技术的又一次成功应用，项目投产后可拉动超千亿元的下游产业发展，助力海南自由贸易港建设，为中国乙烯工业实现高质量发展贡献科技力量。

（班楚婕）

【新型甲苯歧化催化剂综合性能处于国际领先水平】 2023 年 8 月，上海石油化工研究院牵头的“低芳损甲苯歧化催化剂工业试验”项目通过集团公司科技部鉴定。该项目开发的低芳损甲苯歧化催化剂具有低氢耗、低芳损及高二甲苯收率的特点，综合性能处于国际领先水平。该催化剂在天津石化和上海石化芳烃联合装置上实现工业化应用，运行正常，标定结果良好。该项目申请发明专利 10 件、获授权 6 件。该技术的成功开发，可为芳烃产业降本增效及绿色低碳发展提供有力支撑。

（班楚婕）

【新型 PTA 钯炭催化剂实现首次海外应用】 2023 年 9 月 16 日，上海石油化工研究院研发的 CTP-Ⅳ型 PTA 钯炭催化剂在俄罗斯西布尔（Sibur）公司 PTA 装置一次投料开车成功，产品达到优级品水平，标志着 CTP-Ⅳ型 PTA 钯炭催化剂成功实现首次海外应用。截至 2023 年底，该装置实现稳定运行，各类技术参数及技术指标均满足相关要求，且催化剂性能优于上一批国外催化剂水平，受到海外技术专家的认可和肯定。

（班楚婕）

【“绿色化工与工业催化全国重点实验室”重组方案获批】 按照国家科技部关于全国重点实验室重组的要求，聚焦加强工业催化与化学工程领域技术力量，上海石油化工研究院与华东理工大学携手共同开展“绿色化工与工业催化全国重点实验室”重组共建，并于 2023 年 4 月获国家科技部批准建设。依托上海石油化工研究院的“绿色化工与工业催化国家重点实验室”于 2015 年获批建设。该次重组后的“绿色化工与工业催化全国重点实验室”将面向中国能源化工产业重大需求，以“资源多元化、过程绿色化、产品高端化”为总体思路，围绕凝练关键科学问题、发展高效研发范式、突破关键共性技术，推动形成系列绿色化工与工业催化新技术，着力解决传统化学品制造过程中资源利用率低、高能耗/物耗、碳排放大、高端化学品自给率低等问题，进一步支撑中国能源化工行业的绿色高质量发展。

（班楚婕）

【成功揭榜国家第一批生物医用材料创新任务】 2023 年 8 月，经工信部、国家药品监督管理局公布生物医用材料创新任务“揭榜挂帅”（第一批）入围揭榜单位名单，该名单涵盖高分子材料、金属材料、无机非金属材料三大方向，其中高分子材料方向包括 22 种材料的 47 家牵头单位。上海石油化工研究院作为牵头单位，依托优势技术资源，积极组织开展生物医用材料创新任务揭榜准备工作，联合医疗器械生产企业、科研单位、医院等共同成功揭榜“聚乙醇酸材料”任务。

（班楚婕）

【主导起草的 2 项 ISO 国际标准正式发布】 2023 年 6—7 月，ISO 国际标准化组织发布公告，上海石油化工研究院主导起草的 2 项国际标准：ISO 7382：2023《Ethylene for industrial use — Sampling in the liquid and the gaseous phase》（《工业用乙烯－液态和气态采样法》）和 ISO 8563：2023《Propylene and butadiene for industrial use — Sampling in the liquid phase》（《工业用丙烯和丁二烯－液态采样法》）正式出版发行。这是上海石油化工研究院首次主导 ISO 国际标准的制（修）订工作，标志着中国石化在石油化工有机原料领域的国际标准制（修）订工作实现零的突破。

（班楚婕）

【2 项分子筛催化技术获日内瓦国际发明展金奖】 2023 年 4 月 26—30 日，在由世界知识产权组织（WIPO）、瑞士联邦政府等主办的第 48 届日内瓦国际发明展上，上海石油化工研究院参展的 2 项技术“苯与乙醇烷基化制乙苯”“一种分子筛，其合成方法及应用”均获金奖。中国石化参展的 5 个项目共获 4 项金奖和 1 项铜奖。

（班楚婕）

【“用于制备醋酸乙烯的催化剂”获中国专利优秀奖】 2023 年 8 月，国家知识产权局发布第 24 届中国专利奖授奖决定，上海石油化工研究院发明专利“用于制备醋酸乙烯的催化剂”获中国专利优秀奖。该新型催化剂具有催化活性高、运行寿命长、制备成本低、能耗低、碳排放低等优势，打破国外公司对乙烯法催化剂的垄断，实现乙烯法醋酸乙烯催化剂的国产化。该发明技术在国内多套乙烯法醋酸乙烯装置上实现工业应用，其中在上海石化的工业装置上连续运行超过 3 年，创下醋酸乙烯催化剂最长运行周期纪录。

（班楚婕）

【俄罗斯总理米舒斯京到上海石油化工研究院参观】 2023 年 5 月 23 日，按照上海市政府外事办安排，上海石油化工研究院接待俄罗斯总理米哈伊尔·米舒斯京带队的俄罗斯访问团组。该团组参观上海石油化工研究院成果展示厅、高通量实验室、表征分析实验室和催化剂评价中心，了解自主开发的苯乙烯、甲苯歧化等部分石油化工催化剂及成套技术转化应用情况。俄罗斯副总理诺瓦克及西布尔公司董事长科诺夫等企业代表随行参观，上海石油化工研究院党委书记王岚、副院长李应成等人员陪同参观。

（班楚婕）

【集团公司高级专家高焕新获第三届全国创新争先奖】 2023 年 5 月 30 日，庆祝全国科技工作者日暨全国创新争先奖表彰大会在国家科技传播中心举行。集团公司高级专家、上海石油化工研究院正高级工程师高焕新获第三届全国创新争先奖。

（班楚婕）

【碳纤维创新团队获评中央企业青年文明号】 2023 年 5 月，中央企业团工委作出表彰决定，上海石油化工研究院碳纤维创新团队获评中央企业青年文明号。该团队成立于 2007 年，积极开展高性能碳纤维关键制备技术攻关，获中国石化前瞻性基础性研究科学奖二等奖、三等奖。

（班楚婕）

【多项技术产品亮相国际塑料橡胶工业展览会】 2023 年 4 月 17—20 日，第 35 届中国国际塑料橡胶工业展览会——“CHINAPLAS 2023 国际橡塑展”在深圳国际会展中心举办。上海石油化工研究院以“塑说科技，共创未来”为主题展示多类功能性创新型新产品技术，其中高氧气阻隔包装热塑性聚乙烯醇功能膜材料作为重点推介材料之一，在中国石化展台开展产品推介与应用展示，获 30 余家潜在新客户关注并初步达成试用方案。

（班楚婕）

表 1　上海石油化工研究院 2023 年度主要科研成果获奖情况

序号	项目名称	奖项名称	获奖等级
1	用于制备醋酸乙烯的催化剂	中国专利奖	优秀奖
2	苯与乙醇烷基化制乙苯	第 48 届日内瓦国际发明展	金奖
3	一种分子筛，其合成方法及应用	第 48 届日内瓦国际发明展	金奖
4	高收率烯烃催化裂解技术的创制与工业应用	集团公司科技进步奖	一等奖
5	绿色低碳乙苯脱氢催化剂技术创新及应用	集团公司科技进步奖	二等奖
6	碳四烯烃与乙烯歧化制丙烯双功能催化剂开发及工业应用	集团公司科技进步奖	二等奖
7	高稳定性甲醇制芳烃催化剂及成套技术开发	集团公司前瞻性基础性研究科学奖	二等奖
8	先进复合材料专用树脂结构设计及开发	集团公司前瞻性基础性研究科学奖	三等奖
9	钠离子电池正极材料一体化绿色制造及应用关键技术	中国石油和化学工业联合会技术发明奖	一等奖
10	新型甲醇制烯烃催化剂研究及工业应用	安徽省科技进步奖	二等奖

表 2　上海石油化工研究院专利申请与获授权情况

年份	国内专利		国外专利	
	申请数	获授权数	申请数	获授权数
2023	637	649	243	93
2022	625	441	142	100
2021	608	451	110	71
2020	581	514	93	57
2019	603	382	46	41
2018	567	403	45	41

炼化工程公司

【概况】 按照集团公司专业化重组的总体部署，中石化炼化工程（集团）股份有限公司（简称炼化工程公司，英文缩写 SEG）于 2012 年 8 月 28 日在北京注册成立，9 月 3 日举行揭牌仪式。2013 年 5 月 23 日在香港联合交易所挂牌上市，股票简称：中石化炼化工程，股票代码为 2386。

作为中国石化炼化工程领域唯一运营主体，炼化工程公司具备包括工程设计综合甲级资质、全国石油化工工程施工总承包特级等最高等级的业务资质。可以为海内外客户提供石油炼制、石油化工、芳烃、煤化工、无机化工、医药化工、清洁能源、储运设施、环保节能等行业的整体解决方案。炼化工程公司是能源化工行业全产业链、全生命周期综合服务商，可以提供包括工程咨询、技术许可、项目管理承包、协助融资、工程总承包以及设计、采购、施工安装、大型设备吊装和运输、预试车和开车等全产业链服务。

炼化工程公司在境内包括 12 家分子公司，分别为：中国石化工程建设有限公司、中石化广州（洛阳）工程有限公司、中石化上海工程有限公司、中石化宁波工程有限公司、中石化南京工程有限公司、中石化第四建设有限公司、中石化第五建设有限公司、中石化第十建设有限公司、中石化重型起重运输工程有限责任公司、中石化节能技术服务有限公司、炼化工程集团洛阳技术研发中心、炼化工程集团信息中心。境外有 8 家直属机构。

截至 2023 年底，炼化工程公司共有合同制员工 16085 人，其中两院院士 3 人、全国工程勘察设计大师 7 人、集团公司首席专家 2 人、集团公司高级专家 16 人、集团公司技能大师 6 人和 4000 余名各专业注册类工程师。

炼化工程公司保持着国内行业领先地位，在国际工程市场上具有较强竞争力，位列全球 250 强工程承包商排名第 55 位（2023 年美国《工程新闻记录》ENR 排名），稳固占据能源工程行业第一族群。

（刘红叶　张　瑜）

【生产经营任务全面完成】 2023 年，炼化工程公司以开展学习贯彻习近平新时代中国特色社会主义思想主题教育为动力，以迎接庆祝中国石化成立 40 周年为契机，深入实施高质量发展行动，全力优化生产经营，全方位推进提质增效稳增长，纵深推进全面从严治党，在“产品卓越、品牌卓著、创新领先、治理现代”之路上跑出加速度。全年收入 562.21 亿元，净利润 23.36 亿元，新签合同额 802.52 亿元，向党组交上一份满意的答卷。

（刘红叶　张　瑜）

【全力保障集团公司重点工程项目顺利实施】 2023 年，炼化工程公司坚持安全生产常抓不懈，全面强化质量管理，安全生产总体平稳，参建的集团公司重点工程项目均顺利推进。服务国家战略，发挥“大兵团”作战优势，坚持高标准、高质量、高效率抓好重大项目执行，建设一批具有重要战略意义的行业标杆工程。世界最大、国内首台27万立方米LNG储罐山东LNG三期提前中交并成功投用。连云港商储等一批能源保供项目有序实施。天津南港乙烯项目各单位坚持一体化协同和可施工性优化，积极实践模块化建造，成为中外业主参观的样板工程，成为“干好项目就是最好的市场开发”的生动实践。海南炼化乙烯项目全面投产，巴陵石化己内酰胺项目顺利中交，仪征化纤PTA、镇海基地二期等项目高质量推进，为中国石化打造“世界级、高科技、一体化”炼化基地贡献工程力量。中国首个万吨级绿氢项目新疆库车绿氢示范工程正式投入运营，助力中国石化打造世界第一氢能公司。

（刘红叶　张　瑜）

天津南港乙烯项目建设现场

【项目统筹保障能力不断增强】 炼化工程公司适时启动并扎实开展“保安全、优质量、降成本、增效益，大干一百天”行动，眼睛向内、苦练内功，开源节流、增收创效，取得好于预期的经营业绩。重点项目里程碑考核的牵引作用有效发挥，本部对668个里程碑节点进行跟踪考核，确保进度；各单位加强协作，对镇海基地二期、燕山石化固体废物、沙特MARJAN等项目开展实施计划评审，确保现场资源统筹，高效实施。以收入和进度为核心的“预警”机制成效显著，对南港乙烯、龙口LNG、AGCC等项目进行重点管控，动态管理，确保项目执行提前策划、风险提前防控。总结马来西亚RAPID渣油加氢、科威特K031、GC32施工等项目经验教训，形成知识共享。推动标前协议模式的应用，境外项目采购绩效明显提升。修订完成分包管理体系文件，实现境内外分包管理程序一体化；深化战略分包商培育和管理，系统内重点项目战略分包商占比提高3个百分点，保证优质资源优先使用。

（刘红叶　张　瑜）

【推进先进工装应用，提升效率效益】 加大自动焊装备应用，自动焊应用率提升3个百分点，有效保障工程建设工效和质量。加强焊接机器人研发和应用，无导轨爬行焊接机器人、九轴及六轴管道打底焊接机器人等工艺先后在茂名石化、扬子石化、青岛炼化顺酐、连云港商储等项目上实现工业化应用，实现行业领先。推动定力矩装备应用，助力工程项目“五化”建设。加强管道预制工厂建设和能力提升，海南炼化、镇海炼化、天津石化等项目管道工厂化预制业务成效显著。开展智能化工厂车间技术研发，为下一步智能化预制工厂建设打下基础。

（刘红叶　张　瑜）

【境内市场实现量质齐增】 2023年，面对新形势新任务，炼化工程公司积极研判，调整重心，上下同心，全力拓市。为系统内重点工程做好服务，积极承担四大乙烯、石家庄炼化油转化等重点项目的前期工作，陆续签订总体及基础设计合同，签署镇海二期、长岭炼化连续重整、茂名石化POE、青岛炼化顺酐等重点EPC总承包合同。直面外部市场竞争，下大力气强化外部战略合作和内部全面协同，成功签署中海壳牌全厂工程设计、华锦阿美主要标段总承包等重量级合同，获延长中煤轻烃裂解、巴斯夫污水、万华乙烯施工总承包等代表性合同。发挥技术牵引带动作用，在中国石油独山子聚乙烯、中国海油大榭聚丙烯等项目完成多项技术许可，并获后续工程设计和EPC合同。持续拓展新兴市场，签署“三新”合同230个，合同额76.7亿元，为客户提供“含绿量”十足的节能环保、CCUS等咨询设计服务和合同能源管理服务，新兴动能得到进一步培育。

（刘红叶　张　瑜）

【境外市场实现新突破】 紧抓市场机遇，做好系统规划，明确企业运营国际化的发展思路，锚定国际业务占比达 1/3 的奋斗目标。抓好统筹，优化境外市场布局，中东、中亚、东南亚、美洲、非洲五大区域中心正式成立，国际化运营机制进一步理顺，炼化工程整体走出去的步调更加统一。全年境外中标 + 新签合同额创历史新高。合同结构进一步优化，由过去的施工为主转向 EPC 总承包，EPC 合同占比 90% 以上。坚持技术引领，大力推介技术产业链优势，中标沙特阿美蒸汽处理项目 PMC 服务，在迈向产业链前端方面取得重大突破。依托中国石化上下游一体化优势，全方位参与集团公司投资的境外项目，在沙特西部石化基地、哈萨克斯坦乙烷裂解制乙烯等项目中取得先发优势。阿尔及利亚 LNG 储罐和 MTBE 项目克服挑战、努力纠偏，沙特项目群一体推进、提质创效，新加坡 CRISP 项目模块化施工顺利推进。

（刘红叶　张　瑜）

【重点科技攻关项目顺利推进】 坚持以高水平科技自立自强为己任，主动融入国家和集团公司科技创新体系，承担的 24 项国家级课题、31 项“十条龙”攻关项目和 20 项集团公司重大专项进展顺利。“在龙”项目达 33 项，创历史新高。天津石化 CHPPO、库车绿氢、安庆石化 RTC、燕山石化 CHPBO 等 6 个新领域技术攻关项目先后建成投产。其中，安庆石化 RTC 装置一次开车成功，标志着快速流化床催化裂解反应工艺及工程技术开发成功，实现中国催化裂解技术的跨越式进步。推动炼化工程业务域建设与应用，完成信息化应用构架 2.0 设计和标准流程清单，全面启动运营管理和业务运营两级平台建设，天津南港、镇海基地、扬子石化、仪征化纤等项目智能工厂设计、智慧工地建设持续升级，煤气化装置、设备防腐等领域智能化运维展开试点。

（刘红叶　张　瑜）

【技术管理和科技开发创效工作持续加强】 梳理炼化工程公司技术链 / 产业链并发布，为科技创新、技术推广、市场开发等工作提供有效支撑。深入推进“揭榜挂帅”，6 项课题按计划顺利推进，持续总结完善机制，整合优势力量，加快关键核心技术攻关。围绕设计、施工、制造和研发 4 个体系，高效推进技术标准一体化工作，全年共发布新编及修订标准 189 项。承担集团公司各类技术开发和技术服务项目 317 项，科研收入新签合同额 4.2 亿元，技术许可和转化合同额 4.1 亿元，实现历史新高。

（刘红叶　张　瑜）

【数字化建设再上新台阶】 数字化交付能力持续提升，中科炼化、古雷石化、镇海炼化一期等数字化交付项目顺利验收。业务域建设全面推进，完成信息化应用构架 2.0 及全域 App 设计，3 家单位通过工信部“两化”融合管理体系 AAA 级评定；关键业务流程标准化重点突破，深化管理体系、内控权限、制度流程与运营管理平台一体化融合。“上云用数赋智”成效显著，2 项数据治理成果入选中国石化百项优秀数据应用案例。负责的工信部设计仿真工业软件适配验证中心项目通过验收。

（刘红叶　张　瑜）

【改革管理取得新进展】 聚焦新使命新任务，谋篇布局、对标一流，做好顶层设计，确定以“强化战略统筹一体化、立足主业扛稳主责、持续推动科技创新、引领行业新型工业化、推进企业运营国际化、实现价值创造多元化”为核心内容的炼化工程公司高质量发展方向，明确未来一段时间的总体发展思路。完成“十四五”中长期规划评估，面向市场、面向高端，调整发展目标、优化发展举措。聚焦效益效率，全面推行精细化管理，加大“一利五率”等发展质量考核权重，财务预算牵引和管控作用持续发挥。牢固树立“现金为王”的理念，紧盯“两金”压降，资金管控更加有效。优化完善董事会结构，增补 1 名化工科研专家和 1 名化工安全专家担任董事。积极发挥上市平台功能，走访包括阿布扎比投资局在内的重要潜在投资者，在天津项目群组织反向路演，启动上市 10 年以来首次股份回购，股价逆市上涨。

（刘红叶　张　瑜）

【党建工作扎实推进】 2023年，炼化工程公司各级党组织深入开展主题教育，扎实推进理论学习、调查研究、推动发展、检视整改，取得显著成效。加强干部人才队伍建设，持续实施“墩苗计划”，积极参与集团公司社会成熟人才引进试点，构建队伍接续“外循环”。传承石油石化精神，5家成员单位迎来成立70或60周年荣耀时刻，奋斗故事催人奋进，发展动力更加强劲。党建工作与生产经营深度融合，开展“保安全、优质量、降成本、增效益，大干一百天”专项行动、天津南港乙烯项目“奋战100天，决胜‘11·30’”劳动竞赛。本部持续加强能力建设，组织中层干部走进华为进行学习，拓展管理视野；组织干部员工开展PMP培训取证，提升项目管理技能。深化“大监督”格局，持续释放监督效能。发布党委巡察五年工作规划，高质量开展常规巡察，利剑作用更加彰显。坚持以严的基调正风肃纪，企业政治生态持续向好。

（刘红叶　张　瑜）

工程建设公司

【概况】 中国石化工程建设有限公司（简称工程建设公司，英文缩写SEI）成立于1953年，1983年并入中国石油化工总公司，1999年完成改革重组，本部位于北京市朝阳区。工程建设公司有工程设计综合甲级、工程咨询甲级、工程监理甲级等国家顶级资质证书，是国家认定的高新技术企业、国家级企业技术中心和国家知识产权示范企业。可提供从工程研发、技术许可、工程咨询、工程设计、智能工厂建设、园区规划、项目管理到工程总承包一站式整体解决方案，业务范围涵盖石油炼制、石油化工、煤炭清洁利用、天然气净化与液化、油品及天然气储运、新能源新材料等领域。

截至2023年底，工程建设公司内设机构36个，其中职能管理部门10个、生产经营管理及支持部门15个、专业室11个、境内外分（子）公司10家。有在职员工2400余人，其中中国工程院院士2人，全国工程勘察设计大师3人，石油和化工行业工程勘察设计大师9人，集团公司首席专家1人、高级专家8人，享受国务院政府特殊津贴人员18人，具有正高级职称的175人，高级及以上职称员工占比近70%。

70年来，工程建设公司先后完成上百家企业3000余套装置的工程咨询、工程设计和工程总承包，成为推动中国能源化工工业高质量发展的重要保障力量。2023年，营业收入169.45亿元，利税总额16.74亿元，完成各类工程项目404项，相关装置均一次开车成功。获省部级及以上奖励34项，其中国家优质工程金奖1项、中国专利银奖1项，获评集团公司年度经营业绩考核A+评级、党建考核A档、合规有效性评价A类企业、“三项制度”改革评估A级企业、节能降碳环保先进单位、“大监督”先进单位。获专利授权67件，其中发明专利64件，工程建设公司累计有有效专利884件、专有技术291项。

工程建设公司主要生产经营指标见表1，2023年开车及中交项目情况和获奖情况分别见表2和表3。

（门宽亮）

【领导班子调整】 2023年4月，集团公司党组决定：吴德飞任工程建设公司执行董事、党委书记；6月，尉雷任工程建设公司总经理、党委副书记。

（门宽亮）

【海南炼化乙烯装置一次开车成功】 2023年2月16日，由工程建设公司实施EPC工程总承包的海南炼化100万吨/年乙烯及炼油改扩建工程龙头装置——100万吨/年乙烯装置投料试车一次成功。该装置采用中国石化自主研发的百万吨级乙烯成套技术，其中裂解炉采用中国石化CBL技术，分离流程采用中国石化低能耗乙烯分离技术（LECT），关键技术经济指标均处于国际先进水平。

（门宽亮）

【三江化工 EO/EG 装置一次开车成功】 2023 年 5 月 21 日，由工程建设公司承担工程设计的三江化工有限公司 100 万吨 / 年 EO/EG 装置一次开车成功，生产出合格的环氧乙烷、乙二醇产品。该装置设计年产 30 万吨环氧乙烷、100 万吨乙二醇，其中环氧乙烷生产能力为国内单装置最大。

（门宽亮）

【北京化工研究院天津科学试验基地项目陆续中交】 2023 年 6—11 月，由工程建设公司实施工程总承包的北京化工研究院天津科学试验基地项目 10 套中试装置陆续中交，这是工程建设公司首次承担全厂性、系统化、综合性的化工中试研究基地建设项目。

（门宽亮）

【海南炼化逆流连续重整装置一次开车成功】 2023 年 6 月 15 日，由工程建设公司承担工艺包编制及工程总承包的海南炼化 260 万吨 / 年逆流连续重整装置一次投料成功。该装置采用由工程建设公司牵头开发的逆流连续重整技术，有关技术成功入选 2023 年度石油石化好技术。

（门宽亮）

海南炼化 260 万吨 / 年逆流连续重整装置

【安庆石化重油催化裂解装置一次开车成功】 2023 年 6 月 29 日，由工程建设公司设计建设的安庆石化 300 万吨 / 年重油催化裂解（RTC）装置一次开车成功。该装置采用工程建设公司与北京化工研究院共同开发的以快速床反应器为核心的 RTC 技术，利用“多产烯烃和芳烃的炼化绿色耦合新工艺”一体化解决方案，解决重油等资源高效低成本转化为化工基础原料的难题，是国内首个传统炼油厂向化工型炼厂转型发展的成功实践。

（门宽亮）

安庆石化重油催化裂解装置

【天津 LNG 二期项目全面建成投产】 2023 年 10 月 20 日，由工程建设公司实施工程总承包的中国石化天津液化天然气（LNG）项目扩建工程（二期）接收站工程 5 台 22 万立方米全容式 LNG 储罐施工全部建成投产，成为中国首座具有双泊位运行和首个超千万吨级的 LNG 接收站。

（门宽亮）

【国内首台 27 万立方米 LNG 储罐投产】 2023 年 10 月 24 日，由工程建设公司实施工程总承包的中国石化山东液化天然气（LNG）项目三期工程世界有效容积最大 27 万立方米全容式 LNG 储罐建成投产。该储罐采用工程建设公司自主开发的 LNG 储罐成套技术设计建设，在国内首次采用六扶壁集成 U 型系统的预应力体系，是国内穹顶跨度最长、荷载最大的 LNG 储罐。

（门宽亮）

【天津南港乙烯项目实现机械竣工】 2023 年 12 月 29 日，由工程建设公司实施工程总承包的天津南港乙烯项目 120 万吨 / 年乙烯装置、35 万吨 / 年聚丙烯装置、固体产品包装及仓库等装置实现机械竣工。该项目建设过程中，创造世界首台 60 英寸乙烯裂解气大阀、国内在建最大单体容量装配式立体仓库和世界最大环管反应器整体到货即安装等纪录。

（门宽亮）

天津南港 120 万吨 / 年乙烯装置

【中标沙特阿美 VHRT PMC 项目】 2023 年 12 月，工程建设公司中标沙特阿美 RAS TANURA 海岛蒸汽处理设施（VHRT）PMC 项目，实现中国炼化工程企业在境外主流市场高端工程业务零的突破。

（门宽亮）

【国产化乙苯 / 苯乙烯装置四联换热器出厂】 2023 年 2 月，由工程建设公司负责研发和工程设计的国产化最大换热器、国产化首台套——裕龙石化 50 万吨 / 年乙苯 / 苯乙烯装置四联换热器完成制造并出厂。该换热器总重超过 1000 吨。

（崔丹玫）

首台国产化四联换热器出厂

【3G+ 环管聚丙烯技术开发成功】 2023 年 3 月，采用工程建设公司与北京化工研究院共同开发的 3G+ 环管聚丙烯技术的海南炼化 30 万吨 / 年聚丙烯装置实现全流程一次开车成功，产出高性能抗冲共聚聚丙烯产品。

（崔丹玫）

【废碱液湿式氧化工艺技术通过鉴定】 2023 年 7 月 5 日，由工程建设公司、镇海炼化等多家单位共同完成的中国石化“十条龙”攻关项目——“百万吨级乙烯配套含硫废碱液湿式氧化技术开发及工业试验”通过中国石化科技部组织的技术鉴定。

（崔丹玫）

【CBL 裂解技术获中国专利银奖】 2023 年 7 月 21 日，由工程建设公司参与联合申报的“一种多管程乙烯裂解炉”获第 24 届中国专利银奖，该专利为 150 万吨级及以上乙烯成套技术的研发及工业应用提供关键技术创新支撑点。

（崔丹玫）

【成功申报全国重点实验室】 2023 年 1 月，由工程建设公司与合肥通用机械研究院有限公司等 4 家单位联合申报的“高端压缩机及系统技术全国重点实验室”正式获批。该实验室是工程建设公司申报的首个全国重点实验室，旨在推动高端压缩机设计制造、压缩机及系统节能、智能化运维、核心部件等方面关键技术攻关，打造全国乃至世界领先的高端压缩机及系统技术的研究团队及科研平台。

（门宽亮）

【获评国家知识产权示范企业】 2023 年 12 月，工程建设公司获评国家知识产权示范企业，是国家授予企业知识产权管理工作的最高荣誉和评价。

（崔丹玫）

【成为国家自然科学基金依托单位】 2023 年 12 月，工程建设公司获批成为国家自然科学基金依托单位，自此公司可独立申报和承担国家自然科学基金项目。

（崔丹玫）

【获埃克森美孚全球项目安全总裁奖】 2023 年 3 月，由工程建设公司总承包的埃克森美孚惠州乙烯一期项目获业主埃克森美孚（ExxonMobil）公司颁发的全球项目安全总裁奖。该奖项是埃克森美孚公司对全球在执行项目颁发的最高荣誉，在全球执行的 30 个项目中仅有 7 个项目获此殊荣。

（门宽亮）

【获评“两化”融合管理体系 AAA 级】 2023 年 8 月 11 日，工程建设公司通过信息化和工业化融合管理体系认证，获由工信部授权评定机构颁发的“两化”融合管理体系 AAA 级评定证书，也是可申请的最高认证等级。

（门宽亮）

【获全国巾帼文明岗称号】 2023 年 3 月，工程建设公司数字工程部被中华全国妇女联合会授予全国巾帼文明岗称号。

（崔丹玫）

【提出打造“最强工程”新理念】 2023 年，工程建设公司新一届领导班子深化拓展学习贯彻习近平新时代中国特色社会主义思想主题教育成果，结合发展实际，创新提出打造“最强工程”理念，发布《打造“最强工程”实施方案》，明确“1234”总体工作思路，即锚定打造“最强工程”一个目标，按照两年和八年分“两步走”，着力强化党建引领、人才强基、数智赋能“三大支撑”，重点提升工程建设、科技创新、经营管理、企业治理“四大能力”。

（门宽亮）

【通过合规管理体系认证】 2023 年 1 月，工程建设公司成功通过合规管理体系认证，成为中国石化系统内首家通过该认证的工程公司。经过劳盛质量认证公司全面审核，认为工程建设公司的合规管理体系满足 ISO 37301：2021《合规管理体系要求及使用指南》及 GB/T 35770—2022《合规管理体系要求及使用指南》的要求，得到有效实施。

（门宽亮）

【举办“时光讲堂”活动】 2023 年 5 月，在工程建设公司成立 70 周年之际，举办“时光讲堂”活动，邀请 9 位在石化行业耕耘多年的两院院士和嘉宾，共同探讨石化行业绿色低碳发展之路。

（门宽亮）

表 1　工程建设公司主要生产经营指标

指标名称 \ 年份	2023	2022	2021	2020	2019	2018
资产总值 / 亿元	265.33	264.06	209.21	193.62	164.09	179.78
设计投资额 / 亿元	397.92	415.45	358.28	328.49	322.05	340.15
主营业务收入 / 亿元	169.45	150.31	156.65	134.31	125.45	120.03
利税总额 / 亿元	16.74	22.25	17.22	16.32	16.61	21.10
承接合同数量 / 项	212	310	286	192	217	186
获授权专利数量 / 件	67	93	62	65	69	56

表 2　工程建设公司 2023 年开车及中交项目情况

序号	项目名称	开车日期（中交日期）	备注
1	海南炼化 100 万吨 / 年乙烯及炼油改扩建工程 30 万吨 / 年 HDPE 装置	1 月 1 日	EPC
2	海南炼化 100 万吨 / 年乙烯及炼油改扩建工程 30 万吨 / 年 FDPE 装置	1 月 5 日	EPC
3	中海油惠州石化有限公司产品结构优化及质量升级项目 160 万吨 / 年蜡油加氢裂化装置	1 月 11 日	
4	海南炼化 100 万吨 / 年乙烯及炼油改扩建工程 100 万吨 / 年乙烯装置	2 月 16 日	EPC

续表

序号	项目名称	开车日期（中交日期）	备注
5	茂名分公司 100 万吨 / 年汽油轻馏分优化利用装置	5 月 1 日	
6	镇海炼化 1# 乙烯扩能改造	5 月 15 日	
7	三江化工有限公司 100 万吨 / 年 EO/EG 项目	5 月 21 日	
8	燕山石化乙烯装置 BA-1103 裂解炉高乙烷转化率的单程管裂解炉工业应用项目	5 月 26 日	
9	中海油惠州石化有限公司产品结构优化及质量升级项目 130 万吨 / 年逆流连续重整装置	6 月 12 日	
10	安庆石化炼油转化工结构调整项目 70 万吨 / 年裂解汽油加氢装置改造	6 月 14 日	
11	海南炼化 100 万吨 / 年乙烯及炼油改扩建工程 260 万吨 / 年逆流连续重整装置	6 月 18 日	EPC
12	海南炼化 100 万吨 / 年乙烯及炼油改扩建工程 2# 对二甲苯装置改造	6 月 21 日	EPC
13	中海油惠州石化有限公司产品结构优化及质量升级项目 150 万吨 / 年芳烃联合装置	6 月 23 日	
14	安庆石化炼油转化工结构调整项目 30 万吨 / 年聚丙烯装置	6 月 23 日	
15	安庆石化炼油转化工结构调整项目 300 万吨 / 年重油催化裂解（RTC）装置	6 月 29 日	
16	上海赛科公司乙烯装置 2023 年大修项目	7 月	
17	安庆石化炼油转化工结构调整项目 160 万吨 / 年气分装置	7 月 5 日	
18	安庆石化炼油转化工结构调整项目双脱装置	7 月 5 日	
19	北京化工研究院天津科学实验基地项目公用工程及配套	7 月 30 日	EPC 中交日期
20	宁夏宝丰能源集团 50 万吨 / 年煤制烯烃及 50 万吨 / 年 C_2–C_5 综合利用制烯烃项目 50 万吨聚丙烯装置及仓库	8 月 21 日	
21	中韩石化碳四炔烃选择加氢装置	8 月 29 日	
22	宁夏宝丰能源集团 C_2–C_5 综合利用制烯烃项目 40 万吨 / 年聚乙烯装置	9 月 4 日	
23	宁波金发 120 万吨年聚丙烯热塑性弹性体（PTPE）及改性聚丙烯新材料一体化项目	1 线：9 月 16 日 2 线：11 月 15 日	
24	中国石化天津液化天然气（LNG）项目扩建工程（二期）接收站工程	10 月 20 日	EPC
25	中国石化山东液化天然气（LNG）项目三期工程储罐工程	10 月 24 日	EPC
26	西南石油局元坝天然气净化厂净化装置尾气治理项目	11—12 月	EPC 中交日期
27	扬子石化医用级 PGA 新材料中试项目	11 月 28 日	中交日期
28	四川德阳新场气田雷四气藏产能建设工程脱硫站	11 月 29 日	EPC
29	北海炼化 PDH 中试装置设计项目	12 月 6 日	
30	中海壳牌二期 100 万吨 / 年乙烯工程产能调整为 120 万吨 / 年改造项目乙烯裂解装置改造	12 月 3 日	
31	中海壳牌二期 100 万吨 / 年乙烯工程产能调整为 120 万吨 / 年改造项目丁二烯装置改造	12 月 3 日	

续表

序号	项目名称	开车日期（中交日期）	备注
32	中海壳牌二期 100 万吨 / 年乙烯工程产能调整为 120 万吨 / 年改造项目公用工程和辅助设施	12 月 3 日	
33	天津石化南港 120 万吨 / 年乙烯及高端新材料产业集群项目 120 万吨 / 年乙烯装置	12 月 29 日	EPC 中交日期
34	天津石化南港 120 万吨 / 年乙烯及高端新材料产业集群项目 35 万吨 / 年 PP 装置	12 月 29 日	EPC 中交日期
35	天津石化南港 120 万吨 / 年乙烯及高端新材料产业集群项目公用工程及辅助设施	12 月 29 日	EPC 中交日期
36	中国石油广东石化炼化一体化项目 20 万吨 / 年聚丙烯装置 II	12 月 31 日	

表 3　工程建设公司 2023 年获奖情况

序号	项目名称	奖项名称	获奖等级
1	中化泉州 100 万吨 / 年乙烯及炼油改扩建项目	国家优质工程奖	金奖
2	一种多管程乙烯裂解炉	中国专利奖	银奖
3	天津液化天然气（LNG）项目码头及接收站工程	国家优质工程奖	国家奖
4	低能耗、低生焦、高烯烃产品的 MFI 分子筛催化剂重油催化裂化技术	中国石油和化学工业联合会技术发明奖	省部一等
5	重大承压设备分布式热源局部热处理技术、装备及应用	中国石油和化学工业联合会科技进步奖	省部一等
6	高端石化流程泵关键技术及产业化	中国石油和化学工业联合会科技进步奖	省部一等
7	基于活性相和反应环境协同调控的高效低碳柴油加氢关键技术及应用	中国石油和化学工业联合会科技进步奖	省部一等
8	液化烃储罐区安全提升技术研究与工程示范	中国安全生产协会安全科技进步奖	省部一等
9	一种烃类蒸汽裂解制乙烯裂解炉	中国石油和化学工业联合会专利奖	省部一等
10	高酸性气田长周期安全生产关键技术研究与应用	集团公司科技进步奖	省部一等
11	中化泉州 100 万吨 / 年乙烯及炼油改扩建项目	中国施工企业协会优秀工程设计奖	省部一等
12	裕龙岛炼化一体化项目（一期）可行性研究报告	全国优秀工程咨询成果奖	省部一等
13	中石化新星内蒙古绿氢新能源有限公司鄂尔多斯市乌审旗风光融合绿氢化工示范项目可行性研究报告	全国优秀工程咨询成果奖	省部一等
14	《炼油结构绿色低碳转型》	中国石油和化学工业联合会优秀出版物奖（图书奖、教材奖）	省部一等
15	《炼油结构绿色低碳转型》	石油石化企业管理现代化创新优秀著作	省部一等
16	原油催化裂解生产化学品（CCPP）技术开发与应用	集团公司技术发明奖	省部二等

续表

序号	项目名称	获奖名称	获奖等级
17	芳烃核心卡脖子技术替代升级成套技术开发及应用	中国石油和化学工业联合会科技进步奖	省部二等
18	50 万吨 / 年中低温煤焦油定向转化制环烷基特种油品关键技术及工业应用	中国石油和化学工业联合会科技进步奖	省部二等
19	《危险化学品安全丛书》（第二版）	中国石油和化学工业联合会科技进步奖	省部二等
20	加氢反应产物空冷系统安全稳定运行关键技术研发及应用	集团公司科技进步奖	省部二等
21	中国石化股份有限公司石家庄炼化分公司绿色转型发展项目	全国优秀工程咨询成果奖	省部二等
22	新型工程技术研发管理模式的构建与实践	中国石化管理现代化创新成果奖	省部二等
23	聚烯烃装置用循环气压缩机系列研制及产业化应用	中国石油和化学工业联合会科技进步奖	省部三等
24	48 寸裂解气大阀研制与工业应用	中国石油和化学工业联合会科技进步奖	省部三等
25	60 万吨 / 年高纯异丁烷成套技术	集团公司科技进步奖	省部三等
26	茂名分公司炼油转型升级及乙烯提质改造项目可研	全国优秀工程咨询成果奖	省部三等
27	中国石化天津液化天然气（LNG）项目三期工程可行性研究	全国优秀工程咨询成果奖	省部三等
28	液化天然气接收站技术创新团队	集团公司优秀创新团队	省部优秀
29	劣质原料绿色低碳高效催化裂化成套技术	2023 石油石化好技术	
30	工业炉整炉模块化运输技术	2023 石油石化好技术	
31	炼油加热炉绿色节能降碳成套技术	2023 石油石化好技术	
32	低碳高效逆流连续重整成套技术	2023 石油石化好技术	
33	清洁高效油氢合建加氢站技术	2023 石油石化好技术	
34	MIP 技术开发特别贡献企业	中国化工学会单位奖	

广州（洛阳）工程公司

【概况】 中石化广州（洛阳）工程有限公司［简称广州（洛阳）工程公司］是炼化工程公司全资子公司，前身是石油工业部抚顺设计院，成立于 1956 年 10 月，是国内能源化工领域集技术专利商与工程承包商为一体的高新技术企业，是国家级企业技术中心，有国家工程设计综合甲级资质，有工程总承包、工程设计、工程监理、工程咨询和环境影响评价等甲级资格证书。2012 年，根据集团公司华南战略布局需要和炼化工程板块重组改制要求，成立中石化广州工程有限公司，与中石化洛阳工程有限公司实行一体化管理。2021 年 9 月，中石化洛阳工程有限公司综合甲级设计资质转移至中石化广州工程有限公司。

截至 2023 年底，广州（洛阳）工程公司设运营管理部门、项目执行部门和设计专业室共 31 个部门。有在册职工 1668 人，其中广州本部 1306 人、洛阳基地 362 人，有中国炼油催化裂化工程技术的奠基人、中国科学院院士陈俊武和 4 名国家设计大师、8 名石油化工行业设计大师，享受政府特殊津贴专家 25 人，有突出贡献的科技和管理专家 25 人；正高级（教授级）专业技术人员 61 人、高级专业技术人员 1024 人、各类注册工程师 402 余人。

广州（洛阳）工程公司在石油炼制、油气储运、新型煤化工、新型化工、氢能、节能环保等多个领域形成独具特色的工程技术优势和工程承包能力，创造多项“共和国第一”和“世界第一”。先后承担完成流化催化裂化、渣油加氢处理、超低压连续重整、重油催化裂化、干气制乙苯、甲醇制低碳烯烃（DMTO）、柴油液相加氢、新型硫酸法烷基化、安全环保型延迟焦化密闭除焦输送及存储成套技术、移动床芳构化、绿氢工程技术开发及绿氢炼化示范等国家和集团公司的科技攻关课题 500 余项。累计完成国内大中型工程建设项目 5000 余项，其中炼油工程设计市场份额达到半数以上。

广州（洛阳）工程公司连续多年荣登中国工程设计企业 60 强榜单，先后获国家级优秀设计奖 25 项、省部级优秀设计奖 138 项，获国家级优质工程奖 15 项、省部级优质工程奖 50 项，全国优秀总承包项目金、银钥匙奖 9 项。累计获国家级科技进步奖和发明奖 55 项、省部级科技进步奖和发明奖 352 项，国家有效授权专利 991 件。先后获全国五一劳动奖状、全国模范劳动关系和谐企业、全国模范职工之家、广东省五一劳动奖状、广东省工业系统职工服务站示范点、河南省五好基层党组织、新时代党建 + 企业文化先进单位等荣誉，陈俊武院士被授予新中国成立 70 周年“最美奋斗者”和国家“时代楷模”等称号，公司品牌美誉度持续提升。

广州（洛阳）工程公司主要生产经营指标和 2023 年主要中交或投产工程项目分别见表 1 和表 2。

（甘又伊）

【领导班子调整】 2023 年 2 月 28 日，经集团公司党组研究决定：韩卫国任广州（洛阳）工程公司执行董事、党委书记，免去其总经理职务；周成平不再担任广州（洛阳）工程公司执行董事，办理退休手续；免去周成平广州（洛阳）工程公司党委书记、委员职务。6 月 7 日，经集团公司党组研究决定：杨旭东任广州（洛阳）工程公司总经理、党委副书记（兼），免去其担任的总工程师职务。9 月 7 日，根据工作需要，经集团公司党组研究决定：免去师敬伟广州（洛阳）工程公司副总经理职务，另有任用；免去其广州（洛阳）工程公司党委委员职务。调整后的广州（洛阳）工程公司领导班子成员由韩卫国、杨旭东、杨洪斌、郑曙阳、王晓伟、刘辉组成。

（甘又伊）

【改革效能持续显现】 2023 年，广州（洛阳）工程公司全力推进集团公司重大改革专项行动，结合实际编发“对标世界一流企业价值创造行动”“改革深化提升行动”三年滚动台账，蹄疾步稳推进一流企业创建。进一步深化两地运行管理机制改革，完成两地重组改革建议方案，优化调整部分中层机构职责，广州办公空间置换及洛阳科研用地置换工作稳步推进。制定中基层领导人员任期制和契约化管理配套制度，全面完成中层领导干部契约化签订；落实“大用工”理念，属地化用工率进一步提升，“三项制度”改革持续深化。成立工程力学中心，《炼油技术与工程》入选行业期刊 100 强，搭建石化行业数字碳中和工程中心等多个创新平台，创新创造活力持续彰显。

（甘又伊）

【工程项目建设高效协同推进】 2023 年，广州（洛阳）工程公司全方位服务能源转型发展，率先建成全球规模最大、国内首个万吨级光伏绿氢示范项目——新疆库车绿氢示范项目，高质量建成安阳加能站、濮阳新能源站等一批新能源项目，温州 LNG 项目投产，广西 LNG 项目顺利推进。发挥优势助推炼厂升级改造，九江石化、洛阳石化、茂名石化、古雷石化、湖南石化等一批炼油结构调整、转型升级项目有序推进，海南炼化炼油改扩建、安庆石化乙苯等一批项目装置建成投产。通过完善进度考核机制、细化项目执行规定、强化变更管理等措施，持续提高设计执行效率和本质安全水平，完成前期项目 236 项、基础设计 61 项、详细设计 163 项，实现 15 个项目 32 套装置（单元）一次开车成功。

（甘又伊）

【科技攻关进展顺利】 2023 年，广州（洛阳）工程公司承担的 6 项国家重点研发计划项目、6 项中国石化重大科技攻关项目、7 项“十条龙”攻关项目及 8 项公司“揭榜挂帅”项目等顺利推进。“可纺沥青及中间相沥青基碳纤维成套技术开发”联合申报中国石化重大科技攻关项目。新疆库车 2 万吨 / 年绿氢、宁夏 280 万吨 / 年 DMTO-Ⅲ、温州 20 万立方米 LNG 储罐、山东覆土式液化烃罐组等一批核心技术攻关项目建成投产。全年开展的科技开发项目和申请专利数量持续攀升，在研项目 203 项，申请专利 130 件；通过省部级及以上立项课题 32 项，技术鉴定（评议或验收）13 项；获集团公司科技进步奖 6 项，教育部技术发明奖 1 项，北京市科技进步奖 1 项，行业学会、协会科技奖 3 项。

（甘又伊）

【境内外市场开拓成效显著】 2023 年，境内市场方面，广州（洛阳）工程公司新签境内工程总承包、设计及四技合同 284 份，合同额 121.2 亿元，完成炼化工程公司下达目标的 127.6%，实现逆市有为；联动各项目及设计中心，在巩固境内优势领域市场的同时，大力开拓新型化工、化工新材料、工程咨询、数字化交付、节能环保、绿氢等新能源及碳中和领域市场份额，成功打入高端市场。境外市场方面，广州（洛阳）工程公司首次进入沙特市场，成功中标沙特阿美 EPC 项目，合同份额约 11.73 亿美元；全年新签境外项目合同额完成炼化工程公司下达目标的 235%，境外市场份额再创新高；加快境外“市场根据地”建设步伐，陆续完成印度尼西亚、阿布扎比、沙特等分公司注册，高标准启动阿曼、哈萨克斯坦等分公司设立，境外市场发展势能更加稳固。

（甘又伊）

【湛江东兴公司中间罐区搬迁项目顺利投油】 2023 年 2 月 13—14 日，由广州（洛阳）工程公司 EPC 总承包的湛江东兴公司中间罐区搬迁项目污油罐区、中间原料罐区顺利投油，标志着中科炼化东兴分部储运系统自动化水平的全面提升，油品周转的灵活性和集中管理的便利性大大增强，原有 4 个罐区储运运行安全问题得到有效解决。

（甘又伊）

湛江东兴公司中间罐区搬迁项目顺利投油

【非光气法制备特种异氰酸酯（XDI）成套技术工艺包通过审查】 2023 年 2 月 14—16 日，非光气法制备特种异氰酸酯（XDI）成套技术工艺包审查会在广州（洛阳）工程公司召开。审查会专家认为该工艺包可行性、安全性、技术经济性均处于国际领先水平，一致同意该技术通过审查，建议尽快推进项目工业化进程，并加快特种异氰酸酯下游产业链的应用开发。

（甘又伊）

【大型覆土式液态烃储罐安全投入运营】 2023 年 3 月，由广州（洛阳）工程公司开发并设计的大型覆土式液态烃储罐组投入运营。该罐组由 10 台 3300 立方米的全地上覆土卧式储罐组成，其中 8 台为丙烯储罐、2 台为催化稳定轻汽油储罐。山东京博项目是大型覆土式液化烃储罐在国内的首次应用，如此大规模的液态烃储罐组应用在世界上也属首次。

（甘又伊）

【被认定为广东省能源化工数字化工程技术研究中心】 2023 年 4 月，广州（洛阳）工程公司获广东省科学技术厅正式授牌，被认定为“广东省能源化工数字化工程技术研究中心”。“广东省能源化工数字化工程技术研究中心”是广东省科学技术厅主持认定的以企业为主体、市场为导向、产学研用深度融合的重要科研平台，是对企业工程研发创新能力和科研成果转化能力的高度认可。广州（洛阳）工程公司将充分发挥研究中心作用，点亮“数字化工程”新名片，加大外部交流合作和信息技术创新，打造以公司为中心的智能工厂建设生态圈。

（甘又伊）

【温州 LNG 项目首船气接卸成功】 2023 年 8 月 12 日，首艘来自印度尼西亚的 YARI（雅锐）号 LNG 船在温州 LNG 接收站码头安全平稳完成 15.4 万立方米液化天然气接卸，标志着广州（洛阳）工程公司在国内首次 EPCC 总承包建设的“交钥匙工程”投料成功。

（甘又伊）

温州 LNG 项目首船气接卸成功

【新疆库车绿氢示范项目全面建成投产】 2023 年 8 月 30 日，由广州（洛阳）工程公司总承包建设的国内首个万吨级光伏绿氢示范项目、全球规模最大的光伏发电生产绿氢项目——新疆库车绿氢示范项目全面建成，正式投入运营。绿电经过万吨级电解水制氢工厂转化为绿氢后，直供塔河炼化氢气管网，成功助力企业绿色低碳发展。该项目是中国石化践行“双碳”目标、推动能源转型的重点项目，项目建成将积极助力中国石化打造第一氢能公司。

（甘又伊）

新疆库车绿氢示范项目全面建成投产

【中国石化首套大型化沸腾床渣油加氢装置通过创优复查】 2023 年 9 月 5—7 日，中国石化专家组对由广州（洛阳）工程公司总承包建设的中国石化首套大型化沸腾床渣油加氢装置——镇海炼化 260 万吨 / 年沸腾床渣油加氢装置进行创优复查，同意推荐该项目参评中国石化优质工程。镇海炼化 260 万吨 / 年沸腾床渣油加氢装置是中国石化引进法国 AXENS 专利技术建设的第一套沸腾床加氢装置，也是镇海炼化炼油老区结构调整项目的核心装置，于 2019 年 12 月 20 日一次性开车成功。该装置实现催化剂的国产化试用，成功扩展 30 余种油种的加工；创立以沸腾床渣油加氢装置为主、有镇海炼化特色的重油加工路线，并使原油硫含量从 1.7% 提高至 2.1%，实现镇海炼化总体效益的最大化。

（甘又伊）

【《炼油技术与工程》入选全国石油和化工期刊百强榜】 2023 年 9 月 13 日，第二届全国石油和化工期刊百强榜在宁波发布，广州（洛阳）工程公司期刊《炼油技术与工程》入选行业期刊 100 强排行榜，入选技术期刊 60 强（第 15 名）。

（甘又伊）

【广东省压力管道 PDMS 三维智能设计职业技能竞赛成功举办】 2023 年 11 月 20—21 日，广东省压力管道 PDMS 三维智能设计职业技能竞赛在广州（洛阳）工程公司举办。竞赛由广东省总工会、广东省人力资源和社会保障厅、广东省工业和信息化厅、广东省科学技术厅联合主办，广东省工业工会和广州（洛阳）工程公司承办。该次技能竞赛是广州（洛阳）工程公司在广东省首次承办的省级比赛，为从事压力管道设计工作的职工提供一个切磋技艺、展示风采的平台，激励广大职工为谱写中国式现代化石化新篇章作出新的更大贡献。

（甘又伊）

【天津南港 120 万吨 / 年乙烯及下游高端新材料产业集群项目机械竣工】 2023 年 12 月 29 日，中国石化天津南港乙烯项目机械竣工暨中间交工验收工作动员会及交工验收工作安排会在天津召开。建设单位向广州（洛阳）工程公司颁发 EPC 的“丁二烯及汽油加氢装置”“污水处理合资公司”

中间验收证书和奖牌，标志着项目进入全新的预试车阶段。

（甘又伊）

【连续 5 年获集团公司党建考核 A 档】 2023 年 5 月，集团公司发文通报 2022 年度党建考核情况，广州（洛阳）工程公司 2022 年度党建考核结果被评定为 A 档，也是公司连续 5 年获集团公司党建考核 A 档。

（甘又伊）

【“榜样的力量——时代楷模陈俊武陈列室”挂牌洛阳市直机关主题党日活动基地并入选首批河南省科学家精神教育基地】 2023 年 2 月 8 日，“榜样的力量——时代楷模陈俊武陈列室”洛阳市直机关主题党日活动基地揭牌仪式在广州（洛阳）工程公司成功举行。6 月 9 日，河南省科协、教育厅、科技厅、国资委、省委军民融合办五部门联合发布河南省科学家精神教育基地认定名单，“榜样的力量——时代楷模陈俊武陈列室”在列。陈列室自 2021 年 10 月 16 日建成投用以来，持续发挥红色载体作用，开展多种形式的教育活动，接待社会各界党员群众 100 批次 2000 余人次的参观学习，在传承石油精神、弘扬石化传统、用好红色资源、传承红色基因中发挥重要作用。

（甘又伊）

【2023 年企业文化故事会暨卓越企业文化节闭幕式成功举办】 2023 年 12 月 8 日，广州（洛阳）工程公司成功举办 2023 年企业文化故事会暨卓越企业文化节闭幕式。超过 3 万人次通过奋进石化平台直播观看故事会。卓越企业文化节自 2023 年 4 月启动以来，通过文化故事宣讲、主题演讲征文、视频图文征集、群众性文体活动等多种形式，助力广州（洛阳）工程公司在转型发展的新征程上树立国际化形象、打造“百年老店”品牌、展现员工良好精神风貌。广大干部员工在积极参与活动的过程中，提升对公司卓越企业文化的认同感和对公司大家庭的归属感，达成“以卓越文化创卓越品牌，以卓越行动树卓越形象”的目标和初衷。

（甘又伊）

【教育帮扶用心用情】 2023 年，广州（洛阳）工程公司积极响应国家政策要求，把助力青少年教育作为乡村振兴基础工作来抓，开展教育帮扶切实支持乡村教育事业发展。①大力助推庙湾村教育振兴。修订发布《公司对外捐赠管理规定》，签订《教育振兴专项资金使用协议》，制定《庙湾村教育振兴专项资金使用办法》，明确资金设立账户及使用审核办法，确保专款专用，保障庙湾村教育振兴工作的连续性；广州（洛阳）工程公司累计向庙湾村捐赠教育振兴专项资金 9 万元。②成功结对帮扶安徽省岳西县冶溪石化初中。制订《教育结对帮扶工作实施方案》，形成详细的三年实施规划，并与岳西县教育局签订《中国石化教育帮扶学校协议》；集团公司直接划拨由广州（洛阳）工程公司实施捐赠心理咨询设备、教师办公电脑、学生宿舍床铺和校园宣传栏等设施，共计约 50 万元。

（甘又伊）

【获得荣誉】 2023 年，广州（洛阳）工程公司获集团公司科技进步奖一等奖 4 项、二等奖 1 项、三等奖 1 项，获评集团公司“三基”工作先进单位、2022 年度网络安全水平 A 级企业评定、2023 年度 A 级绿色企业、“十四五”法治企业建设中期调研督导及合规管理体系有效性评价 A+ 类评定、综合成本管理领先奖和财务管理先进单位等多项荣誉；获工信部“两化”融合管理体系 AAA 级评定。多个部门获集团公司工人先锋号、2022—2023 年度审计工作先进集体等称号；获广东省工人先锋号、洛阳市青年文明号等市级以上集体荣誉称号 9 项。

（甘又伊）

表 1　广州（洛阳）工程公司主要生产经营指标

指标名称 \ 年份	2023	2022	2021	2020	2019	2018
资产总值 / 亿元	113.70	109.12	99.70	103.20	110.80	123.30
工程设计投资 / 亿元	296.40	423.50	438.87	477.90	472.30	489.70

续表

年份 指标名称	2023	2022	2021	2020	2019	2018
EPC 工程建设投资 / 亿元	72.00	90.30	78.73	103.50	126.90	113.90
主营业务收入 / 亿元	60.20	71.71	97.10	109.50	123.10	107.10
实现利税 / 亿元	8.40	8.66	11.10	8.10	12.40	13.02
获授权专利数量 / 件	71	113	58	58	39	68

表 2　广州（洛阳）工程公司 2023 年主要中交或投产工程项目

序号	项目名称	中交或投产日期
一	EPC 中交项目	
1	广州石化制水场异地改造项目 3# 制水场工程建设规模 3000 米 ^{3}/ 时	3 月 10 日
2	安阳加能站项目 500 千克 / 日综合加能站	5 月 30 日
3	新疆库车绿氢示范项目制氢厂区、光伏厂区	6 月 30 日
4	成都艾尔普制氢改造工程项目	10 月 25 日
5	广州石化炼油二站循环水场改扩建项目炼油区二站循环水场改造	12 月 12 日
6	天津石化高端新材料工程项目 60 万吨 / 年裂解汽油加氢装置、15 万吨 / 年丁二烯抽提装置、污水处理场	12 月 29 日
二	设计一次投产项目	
1	广东石化 420 万吨 / 年蜡油加氢装置、360 万吨 / 年催化裂化、60 万吨 / 年烷基化、110 万吨 / 年气体分馏	2 月 2 日
2	广东石化催化产品精制、催化烟气脱硫	2 月 2 日
3	宁波大榭石化 340 万吨 / 年歧化装置、160 万吨 / 年芳烃装置异构化单元	1 月 14 日
4	盛虹炼化一体化 320 万吨 / 年沸腾床渣油加氢裂化装置、350 万吨 / 年柴蜡油加氢裂化装置、310 万吨 / 年 2# 连续重整装置、350 万吨 / 年 2# 歧化装置、350 万吨 / 年 2# 芳烃抽提装置、280 万吨 / 年 PX 装置 II 系列	1 月 10 日
5	海南炼化 100 万吨 / 年乙烯及炼油改扩建工程轻烃回收装置、260 万吨 / 年加氢裂化装置	8 月 11 日
6	大榭石化芳烃联合装置	4 月 8 日
7	浙石化炼化一体化项目 20 万标准立方米制氢装置、2#60 万吨 / 年苯乙烯装置	8 月 22 日
8	科威特 MAA 炼厂加热炉改造项目	6 月 20 日
9	安庆石化炼油转化工结构调整项目 40 万吨 / 年乙苯苯乙烯装置乙苯单元	7 月 9 日
10	宝丰能源集团 50 万吨 / 年煤制烯烃甲醇净化装置	8 月 20 日
11	新疆库车绿氢示范项目	8 月 30 日
12	中国石油四川石化有限责任公司重油催化联合装置大检修项目、重油催化联合装置大检修第二批次项目、催化裂化满负荷瓶颈改造项目	11 月 16 日
13	成都艾尔普制氢改造工程项目	11 月 2 日

上海工程公司

【概况】 中石化上海工程有限公司（简称上海工程公司）是炼化工程公司全资子公司，坐落于上海市浦东新区张杨路 769 号，位于中国（上海）自由贸易试验区内。上海工程公司前身是上海医药工业设计院，成立于 1953 年，是国内最早从事石油化工、医药、化工工程设计和工程总承包的大型综合性工程公司之一。曾先后归属轻工业部、化工部、国家医药管理总局领导，2000 年 12 月整体划归集团公司。2002 年 6 月，按照集团公司结构调整、专业化重组的部署，以上海医药工业设计院为核心，联合中石化上海金山工程公司和上海高桥石化设计院进行重组，并于 2003 年 4 月更名为中国石化集团上海工程有限公司。2012 年，按照集团公司炼化工程板块重组上市部署，更名为中石化上海工程有限公司。

上海工程公司是国内首批获住建部颁发的“工程设计综合甲级资质”证书的单位之一，完成一批作为中国“第一”的石化、化工、医药、环保等领域的开创性装置、项目。主要业务领域分为三大类：石化、化纤、炼油化工等，医药化工和生物能源化工等，环保、电子、轻纺食品、天然气储运工程等。上海工程公司重组以来，连年名列全国工程勘察设计、工程项目管理、工程总承包企业营业额百强前列，获全国创新型优秀企业、国家医药产业脊梁企业等称号。

截至 2023 年底，有在岗员工 1116 人，从事工程设计和服务的工程技术人员占 92%；有国家级设计大师 3 名、石油和化工行业工程勘察设计大师 10 名，具有高、中级职称的人员 744 人，各类职业资格人员 229 人。

2023 年，上海工程公司扎实推进学习贯彻习近平新时代中国特色社会主义思想主题教育，全面贯彻落实党的二十大精神，贯彻落实习近平总书记视察胜利油田、九江石化重要指示精神，在集团公司党组坚强领导下，更好统筹发展和安全，更好聚焦质量和效益，接续奋斗、全面超越，推动生产经营取得新成绩，在高质量发展征程上迈出坚实步伐。

上海工程公司主要生产经营指标及 2023 年完成的主要项目分别见表 1 和表 2。

（陈　儒）

【领导班子调整】 2023 年，集团公司党组对上海工程公司领导班子进行调整。4 月 10 日，王江义不再担任上海工程公司党委委员、副总经理、总工程师职务，任二级协理员。4 月 28 日，张新明不再担任上海工程公司董事长、党委书记、党委委员，另有任用；上海工程公司党政全面工作暂由沙裕主持。6 月 7 日，吕世军任上海工程公司党委委员、副总经理、总工程师。9 月 7 日，沙裕任上海工程公司执行董事、党委书记，师敬伟任上海工程公司总经理、党委副书记，唐长福任公司监事。上海工程公司共有领导班子成员 6 人。

（陈　儒）

【党建引领深化提升】 2023 年，上海工程公司党建考核成绩保持 A 档。在完善公司治理中加强党的领导，撤销董事会、监事会，设立执行董事、监事，修订公司章程。公司党委扎实开展主题教育，深入学习贯彻习近平总书记视察九江石化重要指示精神并制定 15 个重要行动项，抓实中央巡视、党建考核、审计、巡察问题一体整改，坚定不移推进高质量发展。纵深推进全面从严治党，一体推进“三不腐”，深化作风建设，持续巩固风清气正的政治生态。

（陈　儒）

【市场开发稳步突破】 2023 年，上海工程公司坚持以客户为中心，深耕传统石油化工和医药化工、新材料和新能源两大领域，新签境内合同额 86.92 亿元，新签合同额、新签系统外合同额、设计服务合同额、设计服务收入等指标创历史新高。积极融入共建“一带一路”，推进阿美冠军计划，组建沙特合资工程公司，中标境外预可研项目，首接蒙古国 Monos 医药项目，境外项目储备不断壮大。

（陈　儒）

【技术创新聚智登高】 2023年，上海工程公司坚持高水平科技自立自强，承担3项“1025专项”工程、10项“十条龙”科技攻关、4项重大专项，VD21装置二阶段开车成功，高性能碳纤维项目完成工业化装置建设，新型环保高性能阻隔材料EVOH中交。全球首创巴陵石化酯化加氢制环己酮装置开车，浆态床蒽醌法制双氧水装置首次成功放大应用。全球首套CHP法制环氧丁烷装置在燕山石化开车。发布百万吨级绿色高效蒸汽裂解制乙烯工艺包。新签技术许可合同额1.01亿元，创历史最好水平。

（陈　儒）

【全年完成各类项目160项】 2023年，上海工程公司完成各类项目160项，完成工程设计投资额220.15亿元。始终把国家和集团公司重点项目建设作为头号任务，落实保障国家能源安全项目，天津石化CHP法制环氧丙烷、海南炼化EG和LPG、华谊苯酚丙酮等项目开车，天津南港项目机械竣工，一批重大项目稳步推进。深入开展“安全管理强化年”行动，获评集团公司2023年度安全生产先进单位，绿色企业、绿色工地获集团公司A档评级。

（陈　儒）

【高性能碳纤维装置建成投产】 高性能碳纤维装置于2023年4月25日建成中交，采用DMSO溶液聚合原液制备技术、湿法纺丝技术及氧化碳化技术，建设250吨/年PAN基原丝、100吨/年高性能碳纤维/石墨化纤维装置。10月8日，上海工程公司设计的高性能碳纤维装置打通全流程，在上海石化碳纤维产业基地投料开车，产出合格产品，产品性能达T800，助力中国石化实现碳纤维全谱系开发，有力推动国产碳纤维产业跻身世界前列。

（陈　儒）

【全球首创酯化加氢制环己酮、国内首套浆态床蒽醌法制双氧水装置开车】 2023年12月15日，全球单套产能最大、技术领先的巴陵石化年产60万吨己内酰胺产业链搬迁与升级转型发展项目建成投产。其中，上海工程公司承担巴陵石化己内酰胺搬迁转型项目总体及公辅设施、2套20万吨/年酯化环己酮装置、2套12万吨/年双氧水装置设计工作。酯化加氢制环己酮装置为全球首创工业化装置，具有碳收率高、“三废”排放少、清洁高效等优势；浆态床蒽醌法制双氧水技术首次成功放大应用，是国内单套装置技术第一、规模第二的装置。

（陈　儒）

巴陵石化酯化加氢制环己酮、浆态床蒽醌法制双氧水装置全景

【国内首套CHP法制环氧丁烷装置开车】 2023年11月3日，上海工程公司设计的中国首套4000吨/年CHP法制环氧丁烷装置在燕山石化一次开车成功，产出合格的高纯度环氧丁烷产品。装置采用中国石化自主研发技术，进一步拓展中国石化精细化工领域的技术版图，投产后将大幅提升环氧丁烷的国产化替代率，为中国环氧丁烷下游产业降低成本、提升质量、拓宽应用场景提供有力支撑。

（陈　儒）

燕山石化4000吨/年CHP法制环氧丁烷装置一次开车成功

【天津石化 15 万吨 / 年 CHP 法制环氧丙烷项目开车】 2023 年 1 月 14 日，上海工程公司 EPC 总承包的天津石化 15 万吨 / 年 CHP 法制环氧丙烷（CHPPO）装置一次开车成功，产出环氧丙烷合格产品，标志着中国石化自有 CHP 法环氧丙烷技术实现首套大型工业化示范应用，成为全球第三家 CHPPO 技术专利商。该项目是中国石化“十条龙”攻关项目，于 2020 年 7 月 16 日开工，2021 年 11 月 30 日中交，装置生产能耗低、绿色环保、操作安全性高。

（陈　儒）

天津石化 15 万吨 / 年 CHP 法制环氧丙烷装置全景

【海南炼化 EG 和 LPG 装置建成投产】 2023 年 2 月 15 日，上海工程公司 EPC 总承包的海南炼化 80 万吨 / 年 EG（乙二醇）装置一次开车成功，产出合格环氧乙烷、乙二醇等产品；5 月 12 日，12 万立方米 LPG 低温罐建成投产。20 万吨 / 年 JPP（气相法聚丙烯装置）于 2022 年 12 月 20 日一次开车成功。3 套装置开车投产，为海南打造首个千亿级石化产业集群贡献力量。

（陈　儒）

【天津南港乙烯 3 套装置机械竣工】 2023 年 12 月 29 日，上海工程公司牵头 EPC 总承包的天津南港乙烯 30 万吨 / 年 LLDPE、10 万吨 / 年 UHMWPE、凝结水和化学水处理站 3 套装置实现项目机械竣工，为天津南港乙烯项目高质量建设，加快打造现代化的产业集群，打造环渤海及北方重要石化基地进一步奠定基础。

（陈　儒）

【中国石化首套醋酸乙烯技术工业应用装置在山东联泓中交】 2023 年 10 月 31 日，上海工程公司 EPC 总承包的山东联泓 9 万吨 / 年醋酸乙烯装置中交。该装置是中国石化醋酸乙烯技术首套工业应用装置，具有催化剂活性优异、寿命长、反应稳定、核心工艺设备全部国产化、能耗物耗达国际一流水平、安全性能高等特点。

（陈　儒）

【获省部级重要奖项 45 项】 2023 年，上海工程公司获 45 项省部级奖项。其中，丙烯双氧水法制环氧丙烷成套技术及产业化获中国石油和化学工业联合会科技进步奖一等奖，江阴天江药业有限公司 3000 吨中药配方颗粒产业化项目获工程勘察优秀勘察设计奖（工业奖）一等奖，高收率烯烃催化裂解技术的创制与工业应用获中国石化科技进步奖一等奖，精细化学品重要单体关键技术获中国石化重大科技项目奖励。上海工程公司获集团公司 2023 年度“三基”工作先进单位、物资供应管理先进单位、财务综合考评先进单位、司库管理先进单位、工程建设优秀建设单位等称号。

（陈　儒）

【参建的中化泉州乙烯项目获 2022—2023 年度国家优质工程金奖】 2023 年 12 月 9 日，中化泉州 100 万吨 / 年乙烯及炼油改扩建项目获国家优质工程金奖。其中，上海工程公司 EPC 总承包中化泉州乙烯项目中 40 万吨 / 年高密度聚乙烯装置，采用淤浆双环管工艺生产双峰茂金属聚乙烯产品，为国内采用此工艺的最大规模装置。

（陈　儒）

【“两化”融合管理体系获工信部 AAA 级认证】 2023 年，上海工程公司“两化”融合管理体系贯标通过工信部评定审核，获“两化”融合管理体系评定 AAA 级证书，是中国石化首家获 AAA 评级的工程公司。

（陈　儒）

【加快推进人才强企】 2023 年，上海工程公司全面实施经理层和中层管理人员任期制和契约化管理，强化中基层干部组织选拔和竞争上岗。召开人才工作会议，围绕产业链布局，规划建立13个领域专家培养梯队，组建碳纤维青年英才团队，选拔推荐国际化人才171人。深入实施“三大工程”，开展第三届“最强工程师”竞赛，加快“卓越工程师”队伍建设，选树第一届“匠心传承”优秀导师典型。成为集团公司社会成熟骨干人才引进试点单位，完成劳务用工形式转换。实施综合管理考核改革，完善奖金分配机制，激发创新创效活力。

（陈　儒）

【开展庆祝中国石化成立40周年、上海工程公司成立70周年活动】 2023年是中国石化成立40周年、上海工程公司成立70周年。上海工程公司有关内容入选《中国石化简史》《中国石化大事记》，工程图片入选中国石化成立40周年展示厅内容。以“秉初心 创卓越 赢未来”为主题，简朴开展成立70周年系列纪念活动，继往开来，守正创新，以实际行动和优异成绩贯彻落实党的二十大精神，奋力打造世界领先技术先导型工程公司。

（陈　儒）

表1　上海工程公司主要生产经营指标

指标名称 \ 年份	2023	2022	2021	2020	2019	2018
主营业务收入／亿元	65.04	55.01	64.73	43.00	40.04	31.67
完成工程投资额／亿元	220.15	205.13	151.16	134.74	125.90	121.00
完成工程项目／项	160①	265	217	253	286	394
获授权专利数量／件	382	382	367	337	327	301

① 2023年起，“完成工程项目”按新口径统计

表2　上海工程公司2023年完成的主要项目

序号	项目名称	中交或完工日期
一	EPC总承包项目	
1	天津石化15万吨／年CHP法制环氧丙烷项目	1月14日投产
2	海南炼化100万吨／年乙烯及炼油改扩建工程EPC总承包80万吨／年EG装置	2月15日投产
3	广西华谊75万吨／年丙烯及下游深加工一体化项目苯酚丙酮总承包项目	2月28日投产
4	海南炼化100万吨／年乙烯及炼油改扩建工程LPG低温罐EPC总承包项目	5月12日投产
5	天津南港凝结水处理站、化学水处理站EPC总承包项目	6月30日 机械竣工
6	联泓9万吨／年醋酸乙烯装置EPC总承包项目	10月31日中交
7	天津南港30万吨／年LLDPE装置EPC总承包项目	12月29日 机械竣工
8	天津南港10万吨／年UHMWPE装置EPC总承包项目	12月29日 机械竣工
二	设计项目	
1	广州市联瑞制药有限公司生产基地	1月
2	山东丰金生物医药厂区建设项目	1月
3	川维化工公司1.2万吨／年EVOH树脂工业示范装置建设项目工程设计项目	1月
4	南京中科康润年产3万吨高性能乙烯基新材料项目（一期）详细设计	3月

续表

序号	项目名称	中交或完工日期
5	青岛炼化液化气安全提升（丁二酸）项目基础工程设计项目	3月
6	福建古雷炼化一体化工程二期项目 EVA 装置总体设计	4月
7	广西华谊甲醇制烯烃深加工一体化项目醋酸乙烯装置工艺包编制及基础设计项目	4月
8	裕龙 30 万吨 / 年 JPP 装置 10 万吨 / 年超高分子量聚乙烯装置和 30 万吨 / 年 HDPE 装置工程设计项目	5月
9	万华 20 万吨 / 年顺酐工程设计项目	5月
10	天津石化 9 万吨 / 年 PBST 连续聚合装置项目基础设计项目	5月
11	联泓 2 万吨 / 年超高分子量聚乙烯和 9 万吨 / 年醋酸乙烯联合装置项目工程设计	6月
12	神马股份厂区“退城进园”暨产业升级改造项目 4 万吨连续聚合尼龙 66 切片工程设计	6月
13	中科炼化 10 万吨 EVA 项目基础设计项目	6月
14	江苏正大丰海口服制剂综合生产项目	7月
15	中石化宁波镇海炼化有限公司扩建 150 万吨 / 年乙烯及下游高端新材料产业集聚项目总体设计项目	8月
16	海南 320 万立方米地上库基础设计	8月
17	北方华锦 30 万吨 / 年环氧丙烷装置基础设计项目	8月
18	深圳华润九新与罗氏集团单抗高端制造合作设计项目	9月
19	茂名石化炼油转型升级及乙烯提质改造基础设计项目	9月
20	青岛诚志华青 4 万吨超高分子量聚乙烯装置专有技术、工艺包编制及基础设计项目	10月
21	青岛诚志新材料产业园项目公辅设施总体设计、超高分子量聚乙烯装置详细设计项目	10月
22	广州分公司安全绿色高质量发展技术改造项目（公辅工程）基础设计	10月
23	北方华锦 20 万吨 / 年聚醚多元醇装置基础设计项目	11月
24	洛阳石化百万吨乙烯项目 35 万吨 / 年 HDPE 装置、20 万吨 /年 EO 装置基础设计项目	12月
25	燕山石化环氧丁烷新技术转化研发项目	12月

宁波工程公司

【概况】 中石化宁波工程有限公司（简称宁波工程公司）是炼化工程公司全资子公司，2003 年经中国石化批准，由原中国石化集团兰州设计院和中国石化集团第三建设公司重组设立，注册地为浙江省宁波市高新区。宁波工程公司是以技术为先导，价值创造为引领，工程项目管理为主体，以人为本，创新驱动，聚焦能化，绿色发展，为全球客户提供高品质的一站式整体解决方案的国际工程公司。

宁波工程公司是国家高新技术企业，有国家级企业技术中心，持有工程设计综合甲级资质证书，石油化工工程施工总承包特级资质证书，工程咨询单位甲级资信证书，压力容器设计、制造许可证，压力管道设计、安装许可证，锅炉安装、修理、改造许可证，美国 ASME 压力容器“U”钢印证和动力锅炉“S”钢印证等资质。宁波工程公司先后完成炼油、乙烯及烯烃后加工、合成氨及尿素、煤气化、甲醇、醋酸、丙烷脱氢、丙烯腈、聚烯烃、热塑性弹性体、有机硅、合成橡胶等1000余套装置的工程设计、工程总承包及施工建设。有700余项专利和专有技术，在天然气化工、石油化工、煤化工及合成气化工等领域具备独有的核心技术优势和施工安装能力，是中国石化大型非标设备制造基地。

截至2023年底，宁波工程公司设有9个机关管理部门、11个直属机构、6个专业设计室、7个分公司、1个专业公司、4个子公司及11个EPC项目部（在建）。在册职工2246人，其中行业设计大师3人，享受国务院政府特殊津贴5人，具有正高级职称的32人、高级职称的720人、中级职称的627人，各类注册工程师542人。

宁波工程公司主要生产经营指标及2023年完成的主要工程项目分别见表1和表2。

（甘万里）

【领导班子调整】 2023年12月，集团公司党组对宁波工程公司领导班子作出调整：郑立军任宁波工程公司执行董事、党委书记，免去其宁波工程公司总经理职务。

（甘万里）

【全面完成生产经营任务】 2023年是全面贯彻党的二十大精神的开局之年，宁波工程公司深入学习贯彻习近平总书记视察胜利油田、九江石化重要指示精神，牢牢把握新时代高质量发展鲜明主题，以学习贯彻习近平新时代中国特色社会主义思想主题教育为统领，抢抓机遇、苦干实干，深入打好科技创新、拓市增量、项目筑基、风险防控“四大攻坚战”，全方位推进提质增效，各方面工作取得新进展新成效，高质量发展稳步推进，全面完成年度生产经营任务。全年利润1.32亿元，营业收入49.46亿元，工程质量验收合格率100%，EPC总承包项目一次投料试车成功率100%，企业总体保持和谐稳定。

（甘万里）

【境内市场开发成绩显著】 2023年，宁波工程公司承接镇海炼化基地二期油制氢和丙烯腈、天津石化南港丙烯腈、华北石油局东胜天然气提氦、中天合创分质制盐、巴陵石化己内酰胺搬迁和浙江石化（二期）天然气制氢等多个项目，新签合同额累计完成77.85亿元，全面完成上级下达的目标。

（甘万里）

巴陵石化己内酰胺产业链搬迁项目煤气化装置

【国内整体制造最长设备交付】 2023年4月，由宁波工程公司所属宁波天翼制造公司承接制造的烟台万华高性能新材料一体化项目产品分离塔，在象山西泽码头启运交付。该设备直径10.8米，长138.6米，制造加工总重达2558吨，刷新整体制造、整体运输、整体交付的全球纪录。

（甘万里）

烟台万华分离塔起运出港

【2套丙烷脱氢装置一次开车成功】 2023年5月，宁波工程公司承接的东莞巨正源二期60万吨/年丙烷脱氢装置与延长中燃60万吨/年丙烷脱氢装置一次开车成功，2套装置均采用鲁姆斯CATOFIN丙烷脱氢工艺。2套装置的成功开车为后续执行的丙烷脱氢装置开车积累宝贵的经验，同时为进一步的市场开发奠定扎实的基础。

（甘万里）

【中天合创高含盐水分质制盐项目中交】 2023 年 12 月，宁波工程公司承接的中天合创高含盐水分质制盐项目中交。该项目是结合国家高盐水资源化利用和中国石化“绿色企业行动计划”的要求，对中天合创化工分公司高含盐水装置进行技术改造，建成后可保证高含盐废水近零排放，实现装置的进出水量平衡，同时分离出的产品盐符合煤化工副产结晶盐质量标准，可作为工业原料再利用。

（甘万里）

【天津石化南港乙烯项目丙烯腈装置机械竣工】 2023 年 12 月，宁波工程公司承接的天津石化南港乙烯项目丙烯腈装置机械竣工。该装置使用中国石化自有成套工艺包技术，可减少废水处理量，延长废水焚烧炉运转周期，提高装置整体环保水平，丙烯腈精制回收率达 95% 以上。项目实施过程中，宁波工程公司优质高效完成各个控制节点，连续 18 个月获评优秀 EPC 总承包单位，以及年度优秀 EPC 总承包单位、优秀设计单位，并在业主牵头组织的各个劳动竞赛中，均获优秀单位称号。该项目为天津石化建设世界一流化工新材料基地，加速传统石化产业向“智能化、绿色化、一体化”转型打下坚实基础。

（甘万里）

天津石化南港乙烯项目丙烯腈装置机械竣工

【科技创新蓄势赋能】 2023 年，宁波工程公司积极融入和服务中国石化产业链布局，梳理形成“宁波工程公司技术链和产品链”，部署建立九大技术领域攻关组，加快推进技术研发全链条建设，有序推进“十条龙”项目镇海重油气化技术研发，中国石化重大科技专项镇海炼化 GTO 中试装置顺利开车；240 万吨 / 年甲醇合成、高温甲烷化 2 项技术的示范装置建设及应用，提升中国石化在煤制天然气和大型甲醇合成领域的技术实力；巴陵石化和中安联合粉煤气化装置顺利完成 10% 和 15% 生物质掺烧试验，对气化技术节能降碳具有积极示范意义；紧跟绿色低碳发展大势，合作开发新型绿色碳化硅生产、锂电池回收等新材料和资源循环技术、万吨级烟气二氧化碳捕集相变回收等节能减碳技术。

（甘万里）

【数智化建设不断深化】 2023 年，宁波工程公司承担中国石化数字化领域 7 项科技开发课题，“数字化交付工厂对象扩展研究”完成验收，“煤气化装置工艺管理与远程技术服务平台”实现上线试运行，搭建国内首个由工程企业自主研发的数字化运维平台；持续推进智能化设计研发与应用，优化参数化循环水场智能建模、模型规范化自动检测工具等应用系统，设计质量和效率不断提升；以咨询设计和造价费控两个业务域为试点应用场景，明确数据治理平台的功能需求，为全面开展数据治理工作提供示范。

（甘万里）

【改革管理工作持续深化】 2023 年，宁波工程公司以强基础、促经营、防风险为主线，实施对标世界一流企业价值创造行动；不断优化工作流程，管理效率不断提升；修订发布党委“两个清单”和“三重一大”决策事项清单，与内控权限指引实现有效衔接，保障企业决策的民主化、科学化；以严细精实、规范高效为切入点，逐步建立与业务特点相匹配的“三基”工作体系；深挖管理创效潜能，战略财务管控体系更加优化；“大经营”体系建设纵深推进，资产盘活创效成果良好；“两金”清理持续攻坚，资金运营成效明显，切实扭转资金倒挂局面，企业运营能力指标不断向好。

（甘万里）

【党建工作全面加强】 2023 年，宁波工程公司坚持大抓基层鲜明导向，深入推进基层党支部“示范强基工程”，党群干部基层行、示范党支部书记交流行、优秀党员先锋行等活动扎实开展，推动各级领导班子、党员骨干在攻坚创效关键时期发挥关键作用；坚持严管厚爱相结合，扎实推进中基层领导人员末等调整、不胜任退出工作；滚动实施“三个三年”青年人才培养工程，推动人才培养工作有机衔接、层层递进；常态化落实“我为群众办实事”，用心助力中国石化教育帮扶、乡村振兴事业；提升青年精神素养，引领青年岗位建功，积极推进绿色文明办公；大力抓好意识形态、统战、保密、维稳等工作，企业发展合力不断增强。

（甘万里）

【多项工程技术获奖】 2023年，宁波工程公司承建的中化泉州100万吨/年乙烯及炼油改扩建项目获国家优质工程金奖；水煤（焦）浆与含碳废物协同高效气化技术开发与应用、大型煤气化工艺装置安全防控关键技术及应用示范、水煤焦浆与污染物协同高效气化技术开发与应用3项科研成果获中国化工学会科技进步奖一等奖；重大承压设备分布式热源局部热处理技术、装备及应用项目获2023年中国石油和化学工业联合会科技进步奖一等奖。

（甘万里）

【管理工作获多项荣誉】 2023年，宁波工程公司获评2021—2022年度中国石化物资供应管理先进单位；水煤浆气化技术创新团队获中国石化优秀创新团队称号；林春工作室获评浙江省和中国石化示范创新工作室；宁波天翼制造公司获评中国石化“三基”先进基层单位；工厂设计组获评中国石化工人先锋号；安全管理团队在2023年中国石化炼化工程板块基层安全员竞赛中获团体第一。

（甘万里）

【精准开展教育帮扶】 2023年，宁波工程公司为甘肃省东乡县龙泉学校“一企一校”结对帮扶，在两次进校开展深度调研的基础上，提出“九送三助力”教育帮扶总体工作思路，联系宁波新蓝青学校与龙泉学校结对建立“姊妹校”帮扶机制，并组织龙泉学校50余名师生前往兰州开展“追寻石化记忆”暑期文化游学活动，得到中国石化乡村振兴办的充分肯定。

（甘万里）

教育帮扶——组织暑期文化游学活动

表1　宁波工程公司主要生产经营指标

指标名称 \ 年份	2023	2022	2021	2020	2019	2018
资产总值/亿元	49.61	48.82	63.88	80.14	79.15	76.34
设计投资额/亿元	76.91	128.92	205.42	120.42	103.11	93.14
主营业务收入/亿元	48.77	42.09	75.50	67.29	61.96	52.91
利税/亿元	1.71	1.72	1.46	1.06	3.88	5.64
承接工程数量/项	358	382	349	342	312	385
工程总承包	11	15	19	23	25	25
工程设计	137	147	125	132	111	135
工程咨询	90	112	93	76	70	91
工程建设及制造	120	108	112	111	106	134
获授权专利数量/件	117	97	57	37	36	42

表 2　　宁波工程公司 2023 年完成的主要工程项目

序号	项目名称	中交或完工日期
一	EPC 总承包项目	
1	宝武清能韶钢产业园焦炉煤气制氢（一期）工程 EPC 项目	1 月
2	安庆石化煤炭存储及输送设施改造项目	7 月
3	中天合创高含盐水分质制盐项目	12 月
4	天津石化南港乙烯项目丙烯腈装置	12 月
二	设计项目	
1	中原油田 30 兆瓦分布式光伏发电项目	3 月
2	兰州中陆铁建环保有限公司丙烯腈装置焚烧炉达标项目	4 月
3	山东裕龙石化有限公司裕龙岛炼化一体化项目 2×40 万吨 / 年 PP 装置	5 月
4	金陵石化煤化工净化装置技术改造项目	5 月
5	江苏斯尔邦 MMA 装置、SAR 装置、配套工程（第四套）工程设计及技术服务	6 月
6	灵谷化工大化肥合成车间 CO 变换装置新增等温变换炉改造项目	11 月
7	江苏斯尔邦二氧化碳回收再利用和 EOD 扩建项目	12 月
8	辽宁金发新材料有限公司年产 1 万吨生物基 1，4- 丁二醇项目	12 月
9	浙江赞昇新材料有限公司 5000 吨 / 年氢化丁腈橡胶项目	12 月
三	施工及制造项目	
1	江苏嘉通能源 PTA-2 主装置安装工程	2 月
2	浙江石化（二期）20 万米 ^{3}（标准）/ 时天然气制氢装置建安工程	3 月
3	上海高桥石化气柜检修项目	3 月
4	浙江石化（二期）ABS 装置及仓库建安工程	7 月
5	高桥石化氢能源技术改造项目	8 月
6	镇海炼化炼油老区乙烯原料适应性改造项目	8 月
7	镇海炼化硫黄联合装置工贸聚丙烯气柜拆除工程项目	8 月
8	新浦化学 24 万立方米丙烷罐扩建项目工程	10 月
9	镇海岚山商储储罐修理项目	11 月
10	浙江石化（二期）超高压电缆料 XLPE 单元建安工程	12 月

南京工程公司

【概况】 中石化南京工程有限公司（简称南京工程公司）是炼化工程公司全资子公司，2009 年 6 月由中国石化集团第二建设公司和中国石化集团南京设计院重组成立，位于江苏省南京市栖霞区仙林大道 16 号，注册资本 5.56 亿元。

南京工程公司是以设计为先导，以专利、专有技术、工艺包开发为核心，以工程总承包和项目管理、专业施工为主体，面向国内外市场提供技术和管理服务的综合性、一体化的国际工程公司。南京工程公司专业门类齐全，技术力量雄厚，设置有工艺系统、管道工程、环境工程、设备机械、电气自控、热能工程、粉体工程等 25 个设计专业，基本包括所有的工科门类。专业领域涉及石油化工和苯化工、硫酸磷肥和催化剂、现代煤化工、天然气化工、环境工程、新能源（硅、氢、锂业务）、新材料、“双碳”及公用工程、工业民用建筑，在中国石油化工、精细化工、无机化工和基础化工领域具有重要的地位。具有以大型机组安装、大型储罐安装、大型 DCS/ESD 安装调试、特殊材质焊接等为核心的施工及施工管理能力，在催化裂化、加氢裂化、重整、乙烯、PX、PTA、EO/EG、EVA、大型储罐、低温储存、长输管道等专业施工优势明显。

2023 年，南京工程公司下设职能部门 14 个、专业设计室 6 个、专业分公司 3 个、全资子公司 1 个。在册职工 2734 人，其中经营管理、专业技术和工程项目管理人员 2136 人，各类技能操作人员 598 人，具有本科及以上学历 1949 人，拥有中、高级专业技术职称的 1508 人。

南京工程公司主要生产经营指标及 2023 年完成的主要工程项目分别见表 1 和表 2。

（毕　华）

【市场开发成果显著】 2023 年，南京工程公司大力实施营销体制、激励机制改革，传统市场稳中有进，新兴市场增量明显，海外市场厚积薄发。新签合同额 104.8 亿元，“设计 +EPC+ 海外项目”占比 81%，创历史新高。

（毕　华）

【安全生产平稳可控】 2023 年，南京工程公司牢固树立红线意识和底线思维，常态化开展安全警示教育，深入推进“安全管理强化年”各项工作，全面落实《加强工程建设项目安全管理的硬措施》。开展新任“一把手”安全述职，以“班组安全绩效提升”为抓手，强化直接作业环节监管。完成班组日记、操作规程和岗位职责修订，规范班组安全经验分享，严格班组长面试培训、量化考核和正向激励，做实“三标”班组建设，夯实管理基础，班组安全绩效和安全意识得到有效提升。

（毕　华）

【项目执行优质高效】 2023 年，南京工程公司高标准、高质量、高效率执行镇海基地二期、惠州埃克森美孚、中国海油大榭、台化 PTA 及沙特阿美泵站、MARJAN 等重点工程项目建设，天津南港乙烯、扬子石化 PGA、贵州磷石膏资源化利用等 164 个项目实现高标准中交，集团公司重点工程里程碑节点保障率 100%。

（毕　华）

【经营业绩企稳向好】 2023 年，南京工程公司积极开展“结算攻坚”行动，强化过程经营管控，压实经营经理责任，建立工程量数据库，提高对外签证质量。开展经营经理大讲堂、非经营人员培训班，全员经营意识有效提升。锚定“一利五率”，强化预算引领，压实月度考核，主要经济指标均超额完成，现金流连续 3 年转正并逐年攀升。

（毕　华）

【技术成果不断涌现】 2023 年，南京工程公司把特色化、差异化作为高质量发展的战略支撑，瞄准行业走势和市场需求，加大自主创新和联合攻关，与清华大学、四川大学、郑州大学、中国科学院兰州化物所、山西煤化所等高校院所开展技术交流、协同创新，技术开发工作呈现重点突破、系统提升的良好态势，被认定为江苏省碳捕集利用与封存工程技术研究中心、江苏省碳原子经济性绿色化工工程研究中心。全年运行技术开发项目 56 项，计划结题 35 项，实际完成 35 项；开发工艺包 8 项；完成专利申请 81 件，其中发明专利 25 件，获授权专利 39 件；形成企业级工法 12 项；主编参编国家标准和行业标准 28 项，主编中国石化标准 11 项、炼化工程公司标准 55 项，发布企业技术标准 42 项。

（毕　华）

【组织机构持续优化】 2023 年 10 月，南京工程公司本着“科学设置、职能清晰、管理高效”的原则，对机关部门设置和职能分工进行调整，调整项目管理部、安全环保与质量部和技术与信息化部职能，新组建项目管理部、施工管理部、健康安全环保部、技术质量部、信息和数字化部。对部分二级生产经营单位进行整合，强化“业务集中、人员集中、资源集中”，做强“安装工程分公司”，撤销“管道自动焊接中心”，调整“昆明分公司”管理模式。巩固国际化经营成果，持续提升国际化经营能力，变更沙特分公司为“子公司”，成立“阿布扎比分公司”。

（毕 华）

【组织“一带一路”国际人才培养订单班】 2023年10月17日，南京工程公司依托正在沙特阿拉伯国家石油公司执行的沙特阿美泵站项目，与沙特阿美旗下 Maharat 培训中心、南京邮电大学联合举办的“一带一路”国际人才培养订单班在南京开班，旨在通过深化合作，打造国际化人才高地，进一步强化中沙文化交流与人才培养。

（毕 华）

“一带一路”中沙校企合作国际人才培养订单班开班仪式

【氢基直接还原铁技术助力“双碳”目标实现】 2023年2月，南京工程公司参与设计的中晋太行矿业有限公司30万吨/年氢基直接还原铁工业示范装置成功生产出合格的热压快（HBI）产品，标志着全球首套以100%焦炉煤气为气源的氢基竖炉直接还原铁工艺正式实现商业运行。氢基直接还原铁技术填补国内技术空白，相比传统高炉炼铁工艺能耗降低20%，是中国绿色低碳冶金技术的重大突破。

（毕 华）

【离休老党员当选感动石化人物】 2023年7月6日，中国石化第七届感动石化人物颁奖典礼正式举行，南京工程公司离休老党员周奇君在建党100周年之际，交纳100万元特殊党费，耐得清贫、守得初心，诠释赤诚的信仰，当选感动石化人物。

（毕 华）

离休老党员周奇君当选感动石化人物

【扬子石化医用级 PGA 新材料中试项目中交】 2023年11月28日，南京工程公司承建的扬子石化医用级PGA新材料中试项目准点中交，标志着中国石化首套医用级PGA新材料中试装置建成，打破该类高端医用材料被国外垄断的局面，提高中国自主高端医用材料国际竞争力迈出重要一步。

（毕 华）

【磷石膏制酸循环经济装置机械竣工】 2023年12月28日，南京工程公司EPC总承包的全球最大磷石膏制酸循环经济装置，贵州磷石膏资源化利用项目举行机械竣工仪式。该项目建成后每年可消纳140万吨磷石膏，用于制备65万吨硫酸，并联产60万吨水泥熟料，无新的废气、废水、废渣产生，在延长磷化工产业链的同时，提高固体废物综合利用和处置效率，推动磷化工产业高质量发展。

（毕 华）

贵州磷石膏资源化利用项目

【天津南港项目群11个单元机械竣工】 2023年

12 月 29 日，南京工程公司承揽的天津南港 120 万吨 / 年乙烯及下游高端新材料产业集群项目 11 个单元实现机械竣工。该项目建成投产后，将进一步推动传统石化产业高端化、智能化、绿色化、一体化转型升级，并可提供大量特色化工材料和高端专用化学品，带动千亿级的下游产业发展。

（毕　华）

【2 个项目获国家级优质工程奖】 2023 年，南京工程公司承建的中化泉州 100 万吨 / 年乙烯及炼油改扩建项目获国家优质工程金奖，日照—濮阳—洛阳原油管道工程获国家优质工程奖和石油优质工程金奖。

（毕　华）

【年产 23 万吨熔体直纺智能化短纤一期项目获评国家级“一星奖”】 2023 年 12 月 22 日，南京工程公司承建的仪征化纤年产 23 万吨熔体直纺智能化短纤一期项目，获评中国施工企业管理协会 2023 年第二批工程建设项目绿色建造施工水平评价国家级“一星奖”，南京工程公司也是中国石化首家获工程建设项目绿色建造施工水平评价国家级星级奖的单位。

（毕　华）

表 1　南京工程公司主要生产经营指标

指标名称 \ 年份	2023	2022	2021	2020	2019	2018
资产总值 / 亿元	55.25	52.90	51.85	53.36	55.29	55.87
设计投资 / 亿元	83.45	95.61	81.70	60.36	64.17	90.20
营业收入 / 亿元	65.69	61.61	58.84	58.81	67.02	55.98
承接工程数量 / 项	257	283	286	257	239	196
获授权专利数量 / 件	39	68	65	54	37	48

表 2　南京工程公司 2023 年完成的主要工程项目

序号	项目名称	中交或完工日期
一	EPC 总承包项目	
1	中安联合 1.86 兆瓦屋顶光伏发电项目	2 月
2	销售华东分公司陈山油库光伏发电项目	2 月
3	埃克森美孚惠州乙烯一期项目水电、道路围墙施工、一级地管施工工程	3 月
4	福建联合石化 S Zorb 和烷基化装置区增设阴极保护项目	3 月
5	巴陵石化己内酰胺产业链搬迁与升级转型发展项目动力锅炉脱硫工程	3 月
6	巴陵石化己内酰胺产业链搬迁与升级转型发展项目硫酸装置低温热回收工程	3 月
7	巴陵石化炼油部硫化氢湿法制酸工程	4 月
8	瓮福磷石膏资源化分解制硫酸联产水泥熟料项目	12 月
9	天津石化天津南港 120 万吨 / 年乙烯及下游高端新材料产业集群项目（七标段）	12 月
二	施工项目	
1	沙特阿美哈维亚压气站工程项目	1 月
2	沙特拉比格 100 兆瓦光伏项目	1 月

续表

序号	项目名称	中交或完工日期
3	国家管网广东省天然气管网新丰专线项目线路施工项目	3月
4	万华化学（福建）有限公司扩建 25 万吨 / 年 TDI 项目标段二土建安装工程	5月
5	国家管网鲁宁线曲阜城区段管道改线工程线路工程施工项目	5月
6	巴陵石化己内酰胺产业链搬迁与升级转型发展项目第二批第四标段（全厂外管）工程	5月
7	国家管网西气东输三线中段枣阳 – 仙桃段站场施工二标段建设工程	6月
8	镇海炼化宁波成品油基地一期项目安装工程	7月
9	扬巴公司 IPS2.8 期扩建项目二区地管、土建、建筑施工工程	9月
10	仪征化纤年产 23 万吨熔体直纺智能化短纤一期项目	10月
11	江汉盐化工集控中心建设工程施工项目	11月
12	扬子石化医用级 PGA 新材料中试项目	11月
13	镇海基地二期项目给水、排水及消防管网等 3 个主项土建及安装工程（一标段）施工项目	12月
14	天津石化天津南港 120 万吨 / 年乙烯及下游高端新材料产业集群项目（六标段）丙烯腈装置	12月
15	天津石化天津南港 120 万吨 / 年乙烯及下游高端新材料产业集群项目（三标段）LLDPE 装置	12月
16	天津石化天津南港 120 万吨 / 年乙烯及下游高端新材料产业集群项目（二标段）罐区项目	12月
三	设计项目	
1	湖北宜化磷化工有限公司 20 万吨年精制磷酸、65 万吨 / 年磷铵搬迁及配套升级改造项目基础设计	2月
2	贵州磷化集团开磷股份有限公司磷石膏资源化利用项目基础设计	3月
3	内蒙古大全新能源有限公司 1000 吨 / 年半导体硅基材料详细设计	4月
4	宜昌邦普宜化新材料有限公司公用工程辅助设施及 30 万吨 / 年湿法磷酸项目详细设计	5月
5	南化公司福建古雷苯胺 – 橡胶助剂产业链项目总体设计	5月
6	催化剂公司天津新材料生产基地（一期）详细设计	7月
7	宁夏润阳硅材料科技有限公司 5 万吨 / 年多晶硅项目详细设计	7月
8	中国石化催化剂（天津）有限公司 200 吨 / 年球形聚丙烯催化剂及 500 吨 / 年载体装置建设项目基础设计	7月
9	茂名分公司 8000 吨 / 年异壬酸装置基础设计	7月
10	中国石化江汉盐化工湖北有限公司精细化工及配套工程基础设计	9月
11	山东裕龙石化有限公司碳四综合利用项目 3.5 万吨 / 年废酸再生装置详细设计	12月
12	浙江嘉化能源化工股份有限公司脂肪醇二期装置基础设计	12月

第四建设公司

【概况】 中石化第四建设有限公司（简称第四建设公司）是炼化工程公司全资子公司，成立于大庆石油会战时期的1963年1月，1965年迁至湖南长岭参加“三线建设”，1974年参加天津炼油厂建设，落户天津滨海新区。2012年4月改制为公司制企业，由中国石化集团第四建设公司更名为中石化第四建设有限公司。

第四建设公司拥有石油化工工程施工总承包一级资质，业务涵盖炼油、石油化工、煤化工、储运工程、海洋工程、吊装工程、环境工程等多个领域，为客户提供工程项目管理咨询、大型项目施工总承包、项目试运行及开车、工程项目监理、职业技术培训等服务，在LNG低温存储工程、特种材料焊接、模块化建造等方面形成国内领先的技术优势。

截至2023年底，第四建设公司本部设有15个职能部门，下设8个二级单位，其中3个综合型工程公司、3个专业工程公司、1个以PMC业务为主的工程项目管理公司和1个工匠学院。在册员工3712人，其中管理与专业技术人员2587人、技能操作人员1125人，拥有中、高级专业技术职称的1203人，享受国务院特殊津贴及突出专家7人，取得国家注册一级建造师等各类国家注册资质580人。

第四建设公司主要生产经营指标和2023年完成的主要工程项目分别见表1和表2。

（张昊年）

【市场开发再上新台阶】 2023年，面对新一轮市场机遇期，第四建设公司主动作为，以全力打造“三大业务发展引擎”为主线，聚焦关键客户和重点项目，持续优化完善市场营销策略，超额完成年度市场承揽目标。优势施工业务保持延续，继海南炼化、天津南港乙烯项目之后，年内又获华锦等重点项目乙烯装置，保持了大型项目的延续性；巴斯夫项目以现场拓市场，合同额增加超8亿元。价值提升业务持续突破，工程总承包业务总量不断攀升，设计业务总量增长迅速，工匠学院七大核心业务市场影响力不断扩大，数字化工程业务成功在镇海炼化、埃克森美孚、华锦等项目打开市场，形成新的效益增长点。国际化经营业务持续向好，新签境外合同额2.36亿美元，与20余家国际工程公司联合参与海外市场开发，海外“朋友圈”进一步扩大。

（张昊年）

【项目执行屡获好评】 2023年，第四建设公司深入贯彻“建精品、树丰碑、站排头”的核心理念，加强新开工项目策划，优化生产组织模式，统筹协调资源，强化管理创新，全年57项工程顺利开工、54项工程机械竣工。天津南港乙烯项目广泛应用模块化、信息化等领先工艺，安全质量进度管理位于行业前列，项目建设过程中形成的“三基”工作经验、大型乙烯装置建设经验均被集团公司树为标杆，在全系统推广；巴陵石化己内酰胺项目深入推进标准化、信息化管理，将聚合装置试车时间缩短15天，创造同类装置试车工期新纪录；龙口南山LNG接收站项目创造国内卸料臂安装最短工期纪录；俄罗斯乙烯项目复工后迅速统筹资源，优化现场组织，进度始终领先计划节点，各项考核指标排名第一。年内收到感谢信、锦旗56件（次），市场美誉度不断提升，企业的新形象得到各方好评。

（张昊年）

天津南港乙烯装置全景

【安全管理平稳可控】 2023年，第四建设公司立足实操性、有效性，深入开展“安全管理强化年”行动。扎实开展体系有效性评价，不断夯实管理基础，顺利通过集团公司及第三方外审机构的评审。抓实风险管控，确定年度安全危险源和作业环节质量风险清单，通过视频连线，对项目高风险作业环节进行风险提醒。强化责任落实，加强过程管控，建立常态化案例分享机制，实行三级网格化管理模式，以案促改、压实责任。全年无上报安全、环保、职业卫生和公共安全事故事件，连续3年被评为集团公司安全管理先进单位，绿色企业复核评价为A档。

（张昊年）

【企业管理持续提升】 2023年，第四建设公司根据改革发展需要，持续开展制度体系评估，制度建设更加规范完善；编印《工程项目管理标准》，管理标准化建设深入推进。聚焦“一利五率”的全面优化，推进财务管理创新和业财融合，全年完成挖潜增效、降本减费5112万元；通过有效规避汇率风险，实现汇兑收益3541万元；积极争取财税优惠政策，实现节税、退税2400余万元；年内9次获集团公司司库管理流动红旗，被评为集团公司年度司库管理先进单位。聚焦项目成本管控，实现重点项目过程成本分析全覆盖；加快合同结算，创新实施分包结算现场联审机制，全年完成分包结算52亿元，创历史新高。坚持依法合规经营，风险控制关口前移，不断健全内部控制体系和风险防范机制，年内被集团公司评为审计工作先进单位，通过法律手段维护权益，避免、挽回损失4000万元，防控重大风险取得明显成效。

（张昊年）

【技术创新成果不断显现】 2023年，第四建设公司坚持创新驱动，加大技术研发投入力度，推进技术装备升级，推动创新技术应用于项目实践，全年申请专利35件（其中发明专利2件）、软件著作权3项，完成技术积累成果18项，开发企业级工法18项，完成焊接工艺评定156项。LNG储罐内罐纵缝自动焊、大口径工艺管道STT半自动焊打底、大型立体库模块化施工等多项行业领先技术在天津南港乙烯、巴斯夫、埃克森美孚等项目成功应用，成效明显。推进数字化平台建设，基本建成“1个数据池+2个平台+4类应用”的信息化架构，加大信息化管理软件推广应用，为提升管理增效赋能。

（张昊年）

中国石化首台22万立方米LNG储罐高效振动氩弧自动焊成功应用

【人才强企战略有序推进】 2023年，第四建设公司坚持“人才优先、引领发展”的理念，深入推进人才强企战略，通过完善制度、优化薪酬福利、加大人才引进与培养力度等措施，全面激发人才队伍活力，为企业高质量发展提供有力支撑。年内修订完善《海外员工薪酬福利管理办法》等6个基础制度。人均收入保持稳步增长，688名员工基本薪酬获常态化晋级、晋档、上调。年内各类用工总量达1.9万余人，引进各类社会成熟人才364名，自有管理及专业技术人员中，大学本科以上学历人员占比达41.1%，连续3年提升；技能操作人员中，具有高级以上技能水平的占比68.5%，在板块排名靠前。推进干部队伍年轻化建设，启动年轻人才成长“雏鹰计划”，补充了一支结构合理、数量充足的近、中、远三级后备干部人员库，选拔培养具有潜力的年轻人才，为企业发展储备力量。

（张昊年）

【改革提升注入新动力】 2023年，第四建设公司在及时调整、优化改革发展思路的同时，坚持结合行业、板块实际，在打造差异化发展优势上持续发力。①坚持突出特色建设，努力打造低温储存、智慧电仪施工、项目管理等方面的差异化优势，管理和绩效水平处于同行业前列。②大力推动设计业务发展，实现“闯市场、树品牌”既定目标，“施工 + 设计 + 项目管理 + 制造”的协同效应在市场开发和项目执行上初步显现。③数字化工程业务稳步推进，完成 PMC 管理系统开发测试和应用，管道焊接管理系统在多个项目取得新的应用业绩。④工匠学院获评国家级高技能人才培训基地，是天津市唯一一家企业培训基地。年内与多个海外政府机构、大学开展培训取证合作；连续协办全国第一届、第二届职业技能竞赛天津赛区比赛，成功承办第 16 届全国工程建设系统职业技能竞赛。

（张昊年）

【党建质量持续提升】 第四建设公司党委坚定不移落实全面从严治党主体责任，为改革发展汇集强大合力。学习贯彻习近平新时代中国特色社会主义思想主题教育有序有效，在打造党的创新理论联学共建样板、高标准召开领导班子专题民主生活会等方面，得到集团公司巡回指导组的高度评价。持续推进企业文化建设，紧扣“奋进六十载，阔步新征程”主题，总结 60 年发展经验，转化为奋进新征程的感召力量。年内保持全国文明单位称号，被评为全国石油和化工行业企业文化示范单位、中国石化宣传思想工作先进单位，“铁军风采红色教育基地”入选“中国石化红色教育基地”，团委获评天津市五四红旗团委，新时期新铁军文化深入人心。抓实党风廉政建设和反腐败工作，强化重点领域、关键环节的监督，探索外埠项目干部职工“八小时外”监督，试点开展网格员管理机制。扎实开展民生保障工作，呼应干部职工的需求和期待，实施新增充电桩、“亮化”办公楼、修缮职工体育场等多项民心工程，深化困难职工慰问帮扶，年内获全国模范职工之家称号。

（张昊年）

表 1　第四建设公司主要生产经营指标

指标名称 \ 年份	2023	2022	2021	2020	2019	2018
资产总值 / 亿元	57.85	52.24	47.90	41.66	38.60	44.62
主营业务收入 / 亿元	55.83	58.58	60.06	52.69	39.64	38.51
利税 / 亿元	0.68	1.62	2.09	2.01	−2.26	1.20
承接工程数量 / 项	129	206	219	287	173	192
获授权专利数量 / 件	35	44	37	28	21	22

表 2　第四建设公司 2023 年完成的主要工程项目

序号	工程名称	竣工日期
1	山东储运工程鲁皖二期成品油管道东线 4 处穿越河流隐患治理工程	1 月
2	青岛海工 LNG Canada 项目管线总装工程	2 月
3	中科合资广东炼化一体化项目（2021 年）施工用水用电工程	3 月
4	扬子石化芳烃厂场地整治项目	3 月
5	万华化学（宁波）150 万吨 MDI/HDI 项目配套安装工程	3 月
6	高桥石化管配件仓库改造项目	3 月
7	巴陵石化己内酰胺产业链搬迁与升级转型发展项目中央控制室工程	3 月
8	唐山 LNG 项目接收站一阶段、二阶段工程接收站安装工程	3 月

续表

序号	工程名称	竣工日期
9	中石化南京催化剂有限公司 2000 吨 / 年吸附剂生产装置建设项目	3 月
10	大湘西天然气管道支干线项目（龙山—花垣县）、保靖县境内线路应急抢险及隐患治理工程	3 月
11	鲁宁线曲阜城区段管道改线工程旧管道处置项目	3 月
12	中原工程 2021 年静设备、管线保运修理二标段	3 月
13	万华化学（宁波）年产 5 万吨水性树脂项目安装工程	4 月
14	足虎线输气管道足 202 脱水站—重燃虎溪门站输气管道工程	4 月
15	石油化工科学研究院监测楼搬迁施工	4 月
16	福建华星石化有限公司增建液化石油气储罐项目	4 月
17	中石化宁波镇海炼化有限公司烯烃和 POSM 高架火炬优化完善项目	4 月
18	燕山石化热电厂 35—110 千伏输电线路维保	4 月
19	青岛航油管道怡海路石油管线迁改项目	4 月
20	董东线及东黄复线改线工程东黄复线支脉河定向钻改线工程施工	4 月
21	兰郑长管道新伊高速交叉段迁改工程	4 月
22	福建聚丙烯工程 66 万吨 / 年丙烷脱氢（PDH）及 45 万吨 / 年聚丙烯（PP）项目 PP ISBL 机电安装工程	5 月
23	南京处鲁宁线怀洪新河至象山段管道改线工程定向钻施工	5 月
24	重庆石油分公司长寿晏家供氢母站工程	5 月
25	川维化工公司年产 6 万吨 VAE 产品技术升级改造项目增设 VAE 产品槽车系统建筑安装工程项目	6 月
26	中沙石化 HDPE 装置增加反应器工程	6 月
27	北京化工研究院 PTC 项目仪器搬迁施工	6 月
28	燕山石化维保	6 月
29	鲁宁线穿越联运河、中运河、伊家河段管道改线工程线路工程	6 月
30	恒力石化（大连）新材料科技有限公司 80 万吨 / 年 BDO 及配套项目 BDO 装置区、160 万吨 / 年高性能树脂及新材料项目环氧乙烷装置、乙撑胺装置、乙醇胺装置土建工程施工	6 月
31	北海炼化 PDH 中试项目	7 月
32	江苏滨海液化天然气（LNG）一期扩建工程接收站扩建项目——5#、6# 混凝土外罐及预应力施工工程	7 月
33	大庆石化公司 2023 年炼油区部分装置大检修	7 月
34	恒力石化（大连）新材料科技有限公司 160 万吨 / 年高性能树脂及新材料项目系统管廊（B 标段）安装工程	8 月
35	辽宁海航实业有限公司仓储项目低温液氨罐组	8 月
36	恒力石化（大连）新材料科技有限公司 160 万吨 / 年高性能树脂及配套项目 2×30 万吨 / 年环氧乙烷标段、20 万吨 / 年乙醇胺标段安装工程	8 月

续表

序号	工程名称	竣工日期
37	扬子橡胶顺丁装置安全整体提升项目（建筑安装工程）	8月
38	中国石化天津液化天然气（LNG）项目扩建工程（二期）接收站工程设计采购施工（EPC）	9月
39	天津石化天津南港120万吨/年乙烯及下游高端新材料产业集群全厂给排水管网	9月
40	天津渤化化工发展有限公司2023年MTO装置停车检修	9月
41	国家管网华中江西成品油二期管道抚州东临新区段改线工程	10月
42	龙口南山LNG一期工程接收站工程1#—4#储罐安装－标段1工程	10月
43	天津LNG二期项目储罐土建工程标段二	11月
44	中缅管道50#阀室－荔波支线管道工程、三都支线管道工程	11月
45	川西气田雷口坡组气藏开发建设项目5#脱硫站土建、安装工程	11月
46	青岛海工黄岛油库生产设施综合整治工程防渗标段三项目	11月
47	巴陵石化己内酰胺产业链搬迁与升级转型发展项目第一批第四标段（己内酰胺装置、氨肟化装置等）工程	12月
48	华瀛液化天然气股份有限公司潮州华瀛液化天然气接收站项目LNG储罐工程项目储罐土建、安装工程	12月
49	天津南港120万吨/年乙烯及下游高端新材料产业集群项目	12月
50	天津LNG二期接收站项目接收站EPC接收站施工工程	12月
51	天津南港LNG接收站北京燃气天津南港LNG应急储备项目冷能利用配套管道工程、储罐二阶段四（4）座薄膜罐罐外及管廊安装工程	12月
52	贵州页岩气工程正安页岩气勘查区块12平台–7平台集输管网建设土建安装工程	12月
53	合肥庐北至池州高压天然气管线工程庐江至枞段（罗河－枞阳）管道安装及阀室建设	12月
54	正安至务川天然气输气管道项目（1标段）施工	12月
55	天津石化炼油部2023年新老区装置高压系统设备维保	12月
56	中原石化烯烃一部等单位日常检修（22–23年）	12月
57	高桥石化2021年大修同步实施技改技措项目	12月
58	高桥石化炼油区域雨污分流改造工程项目	12月
59	中科炼化2022年技改技措及隐患治理项目	12月
60	天津LNG二期接收站项目接收站EPC接收站施工工程（II）施工	12月
61	濮鹤天然气管道工程濮阳—鹤壁天然气输气管道工程线路及站场二标段	12月
62	2023年湛江中冠石油化工有限公司大修工程	12月

第五建设公司

【概况】 中石化第五建设有限公司（简称第五建设公司）是炼化工程公司全资子公司。第五建设公司成立于1953年，2010年12月18日根据集团公司的战略部署，从甘肃省兰州市西固区迁址到广东省广州市荔湾区中山七路 81 号。2012 年 4 月，根据炼化工程板块实施重组上市要求，由中国石化集团第五建设公司更名为中石化第五建设有限公司。

第五建设公司是中国最早从事石油化工建设的大型施工企业，也是集团公司直属大型综合性施工企业。具有石油化工工程施工总承包一级企业资质，钢结构工程专业承包一级资质，环保工程专业承包一级资质，建筑工程施工总承包、机电工程施工总承包、电力工程施工总承包二级资质，消防设施工程专业承包二级资质，市政公用工程施工总承包三级资质，国外工程承包资质、对外经济合作经营资格资质和建筑行业（建筑工程）乙级、石油化工医药行业（化工工程、石油及化工产品储运）专业乙级设计资质等。

第五建设公司具备 70 亿元 / 年以上的施工生产能力，能独立承担炼油、化工、化肥、化纤、橡胶、电力、医药、冶金、军工等大中小型装置及配套工程建设任务。在大型传动设备（机组）安装、大型储罐安装运输、大型 DCS 自动化集散控制系统安装与调试和特种材料焊接，以及大型锅炉、大型空分、炼油、聚烯烃、甲醇、煤化工、土壤修复、安全技术、机械清罐等方面，形成独具特色的技术优势。第五建设公司在做好传统业务的同时，在安全技术研发、土壤修复处理、油罐机械清洗、无轨导爬行焊接“机器人”等方面创新求变发展转型业务，培养一大批高级工程技术人员和各专业高级技师。在国家许多重大项目建设中，充分体现在工程管理、机具装备、专业人才、新技术开发应用等方面的实力和优势。

截至 2023 年底，第五建设公司本部共设 15 个职能处室；下辖区域分公司、专业分公司等 13 个二级单位。有 82 个项目（国内 78 个，国外 4 个），分布在全国各地炼化企业和海外。

截至 2023 年底，第五建设公司有在岗人员 2711 人，其中管理人员 311 人、专业技术人员 1970 人、技能操作人员 430 人。具有高级职称的人员 310 人、中级职称的人员 518 人，初级职称的人员 1071 人；高级技师 43 人，技师 97 人。国家一级建造师 132 人，二级建造师 16 人，国际认证的项目经理 PMP104 人。持证起重工 54 人，铆工 97 人，管工 116 人，钳工 104 人，电工 193 人，仪表工 103 人。

第五建设公司主要生产经营指标及 2023 年完成的主要工程项目分别见表 1 和表 2。

（于维娜）

【生产经营业绩再创新高】 2023 年，第五建设公司经营业绩创历史最好水平，营业收入 66.88 亿元、完成年度目标的 121.6%、增长 19.2%，利润总额 1.28 亿元、完成年度目标的 106.6%，净利润 1.13 亿元、完成年度目标的 100.4%；全年境内累计新签合同额 49.11 亿元（其中中标未签额 1.79 亿元）、完成年度目标的 109.1%，境外累计新签合同额 2.55 亿美元、完成年度目标的 127.5%。

（于维娜）

【重点工程建设保障有力】 第五建设公司 2023 年境内外在建项目 82 个，实现近 2 万人的作业人员稳定，巴陵石化己内酰胺、川西气田、安庆石化炼油结构调整、烟台万华顺酐等 28 个项目高标准中交，扬子石化炼油结构调整、连云港商储、镇海基地二期、天津南港乙烯、埃克森美孚惠州乙烯等 51 个境内项目有序推进，新加坡 Crisp、沙特 Berri、沙特 Marjan3 个境外项目平稳运行。作为联合总承包建设的新能源项目——新疆库车绿氢示范项目助力中国首次实现万吨级绿氢炼化项目全产业链贯通。连续 4 年被评为建筑业 AAA 级信用企业，承建的工程项目获国家优质工程金奖、全国优秀焊接工程一等奖、经典吊装工程等荣誉。

（于维娜）

镇海基地油制氢项目

【改革治企效能不断释放】 第五建设公司优化公司治理体系，完成“十四五”规划中期评估，制订推动高质量发展行动方案，全面强化风险管控，大力夯实“三基”工作，新加坡炼化一体化项目部被评为集团公司“三基”工作先进基层单位。中层领导人员任期制和契约化管理实现全覆盖，绩效考核体系和薪酬总额核定机制不断优化，“三能”机制建设卓有成效。全面提升高质量发展指标运营评价机制，扎实开展战略财务与战略成本管理工作，一体化推进境内外资金、信用和“两清欠”风险管控，财税政策和资产盘活创效持续发力，战略型集约化财务管控效果显现。

（于维娜）

【经营管理水平持续提升】 第五建设公司创新制订安全工作计划管理方案，推行安全“责任清单＋网格化”相融合的管理模式，开展三标建设，严抓关键环节、关键专业和关键领域，实行“检查＋培训＋提升”模式的监督检查，安全形势总体平稳。建立项目成本分析机制，开展“违规违法获得工程项目问题专项整治工作”，经营效果得到体现。不断完善质量管理体系，加强特种设备管理，开展“交互式”质量大检查，有重点地开展专项质量治理活动，质量品牌持续擦亮。开展项目管理标准化数据治理，推进施工数字化经验交流和平台试点，数字化建设取得突破。规范采购和租赁业务，盘活设备资产，开展设备管理专项检查，加强项目仓储管理，物资管理水平持续提升。做实审计发现问题“销号”机制，促进增收节支。

（于维娜）

【科研技术作用日渐凸显】 第五建设公司强化工程技术应用创新和新型业务实质发展，获授权国家专利 17 件，工法立项 27 项，3 个科研开发项目分别获集团公司技术发明奖三等奖、教育部科技进步奖一等奖、北京市科技进步奖一等奖，自主研发的滑升倒模浇筑、无轨导全位置爬行焊接机器人等 4 项新技术在工程项目进行首次应用并取得良好效果。安全技术方面，实操培训基地入选全国首批“石油化工行业安全技能实训基地”，并成为广东省工业系统产业工人培训示范点，获中国石化工人先锋号称号，提升第五建设公司在集团公司内和社会上的品牌形象。环保节能方面，为推进“无废集团”建设作出积极贡献，“智能化拆除、资源化利用、专业化处置、精准化修复、常态化监测”一体化产业链逐步健全。专业 EPC 方面，确定“一二三四”发展战略，污泥干化项目中交，数字化设计转型目标更加明晰。

（于维娜）

【全面从严治党纵深推进】 第五建设公司成功召开成立 70 周年纪念大会，广大干部员工的理想信念更加坚定。完善人才引进和培训、干部培养和梯队建设机制，开展中层岗位竞聘上岗，机关和基层单位双向交流占比 58.8%，40 岁以下中层干部比例由 9.3% 提升至 15%，专家职数使用率由 10.6% 提升至 31.9%，人才“纵向畅通、横向贯通”的成长通道基本形成，员工队伍进一步保持稳定。加强对“关键少数”的监督检查，对安全生产、工程质量和农民工工资支付情况开展专项监督，开展安全环保领域形式主义、官僚主义问题排查整治，“马上就办”连续 32 个月零报告。成立“王志伟劳模创新工作室”，“杨继民劳模创新工作室”被命名为中国石化示范性职工创新工作室，开展“学习二十大、永远跟党走、奋进新征程”主题实践活动，推进青年精神素养提升工程，企业凝聚力向心力进一步增强。持续深化“三化”党建工作管理体系，建立基层党支部工作体系，推动党建工作与生产经营全方位融合。

（于维娜）

表 1　第五建设公司主要生产经营指标

指标名称＼年份	2023	2022	2021	2020	2019	2018
资产总值 / 亿元	44.80	42.89	41.14	38.66	36.60	44.54
主营业务收入 / 亿元	65.85	55.50	50.07	47.22	48.99	41.27

续表

指标名称 \ 年份	2023	2022	2021	2020	2019	2018
利税 / 亿元	2.62	2.78	2.12	2.06	1.56	1.86
承接工程数量 / 项	82	87	82	91	100	105

表 2　第五建设公司 2023 年完成的主要工程项目

序号	项目名称	竣工时间
1	安庆石化炼油转化工结构调整项目第三批次（新厂区罐区及装卸区等）三标段	3 月
2	湖南省天然气管网邵阳—洞口—新宁输气管道工程线路及场站施工项目	4 月
3	新星公司新疆库车绿氢示范工程项目	5 月
4	川西气田雷口坡组气藏开发建设项目 3#、4# 脱硫站工程土建、安装工程	7 月
5	巴陵石化己内酰胺产业链搬迁与升级转型发展项目第一批第五标段（酯化法环己酮装置、第二循环水场等）施工总承包项目	7 月
6	中国石化天津液化天然气（LNG）项目扩建工程（二期）接收站工程 7#LNG 储罐建筑安装工程	7 月
7	巴陵石化己内酰胺产业链搬迁与升级转型发展项目第一批第三标段（动力站装置及化学水处理装置等）施工总承包项目	7 月
8	巴陵石化水务部污泥干化装置建设项目设计采购施工（EPC）总承包项目	8 月
9	新场气田雷四气藏产能建设工程脱硫站项目	8 月
10	新星公司新疆库车绿氢示范项目光伏发电单元安装工程第（四）标段	8 月
11	万华烟台工业园电网可靠性提升项目部分土建及安装工程	8 月
12	斯尔邦二期丙烷产业链项目土建、安装工程一标段	8 月
13	石家庄炼化二催化装置拆除及拆除物处置施工总承包项目	9 月
14	沙特哈拉德项目	9 月
15	茂名石化炼油 2#、3# 常减压装置“拆卖一体”工程施工总承包项目	10 月
16	万华化学集团股份有限公司 20 万吨 / 年顺酐等项目土建及安装工程	10 月
17	湖南石油分公司怀化中方油库隐患治理工程安装工程施工总承包项目	11 月
18	广州石化安全绿色高质量发展技术改造项目——动力站改造（厂外输焦栈桥改造部分）单元工程施工总承包项目	12 月
19	川维化工公司 1.2 万吨 / 年 EVOH 树脂工业示范装置建设项目主体装置建筑、安装工程	12 月
20	中天合创高含盐水分制盐项目建筑、安装施工总承包项目	12 月
21	中石化广元天然气净化有限公司元坝净化厂装置尾气治理项目土建工程、安装工程施工总承包	12 月
22	天津石化天津南港 120 万吨 / 年乙烯及下游高端新材料产业集群（十标段）工程（空压站）	12 月

续表

序号	项目名称	竣工时间
23	天津石化天津南港 120 万吨 / 年乙烯及下游高端新材料产业集群项目（非合资公司部分）施工总承包合同（三标段）（辅助锅炉、消防站）	12 月
24	天津石化天津南港 120 万吨 / 年乙烯及下游高端新材料产业集群（储运合资公司部分）工程（三标段）（中心化验室及环境监测站、热力站）	12 月
25	茂名港博贺新港区东区化工码头附属设施项目（标段一）施工	12 月
26	茂名港博贺新港区东区化工码头附属设施项目（标段二）施工	12 月

第十建设公司

【概况】 中石化第十建设有限公司（简称第十建设公司）是中国石化直属的大型综合性工程建设企业，成立于 1953 年 1 月，前身为重工业部化学工程管理局太原工程公司，1970 年 10 月分建山东淄博部分成立山东省化学石油建设公司，1978 年更名为化学工业部第十化工建设公司，1983 年由化工部划入中国石油化工总公司，更名为中国石化第十建设公司，1998 年更名为中国石化集团第十建设公司，2012 年完成公司制改制并变更为现名，2014 年 8 月本部迁址山东青岛。

第十建设公司在能源、化工等诸多领域为境内外客户提供优质服务，主要承建炼油、石油化工、煤化工、精细化工、油气储运、医药、市政、环保、锅炉、电站及送变电等新建、改扩建、检维修工程，同时开展设备制造、大型设备吊装与运输、特种机械修造及工程项目管理与监理业务，是国内承建炼油、乙烯、煤化工、化纤、大型 LNG 与原油储罐、大型设备吊装等工程最具竞争力的工程企业。第十建设公司所建工程获国家和省部级荣誉近 200 项，其中鲁班奖 6 项、国家优质工程金质奖 7 项、国家优质工程奖 24 项、新中国成立 60 周年“百项经典暨精品工程”3 项、改革开放 35 周年“百项经典暨精品工程”3 项、改革开放 40 周年“百项经典工程”3 项，为国家能源安全、中国石化主业发展和地方经济发展作出重要贡献。

第十建设公司有石油化工工程施工总承包一级等资质，在大型储罐安装、大型设备吊装、大型压缩机组安装调试、大型电气仪表控制系统安装与调试、大型起运机械修造、特种材料焊接等方面，形成国内领先的核心技术优势，被认定为国家高新技术企业。

截至 2023 年底，第十建设公司下设 15 个机关部室及安装、仪电、储运、重机、建筑工程、齐安工程（管道结构工程）、金海湾项目管理公司等 15 个专业分公司，北京金海湾工程建设监理有限公司等 3 个全资子公司。在册员工 2353 人，其中在岗经营管理与专业技术人员 1800 人、技能操作人员 479 人，有高级职称及以上的人员 530 人、中级职称的人员 504 人、技师及高级技师 110 人。

第十建设公司主要生产经营指标和 2023 年完成的主要工程项目分别见表 1 和表 2。

（杜 禹）

【“六大战略”引领航向】 2023 年，第十建设公司坚持以习近平新时代中国特色社会主义思想为指引，践行社会主义核心价值观，坚定文化自信，经过广泛充分地研讨和交流，明确“客户至上、创新驱动、数智赋能、国际经营、价值创造、人才强企”的企业发展战略，在境内外市场开发、数智化转型升级、技术创新、价值创造、人才队伍建设等重点领域靶向发力、创新突破，积极采用新的技术、新的管理、新的装备突破高质量发展瓶颈，切实为全面可持续发展树立航标导向，注入强劲动能，赋予时代内涵。

（杜 禹）

【强化“三基”助推提质】 2023 年，第十建设公司以“三基”强化年为年度主题，着力固本强基助推发展。聚焦目标任务提升抓“三基”，细化 165 条具体措施，下发工作规划、管理办法和评价办法，总结出“三基”工作“十个一”、安全管理八步法等优秀经验做法并予以推广。聚焦项目管理提升抓“三基”，推行施工管理部和质量管理部分设，天津项目部获集团公司“三基”工作先进基层单位称号、茂名项目部获评炼化工程公司“三基”工作安全标准化班组示范建设优秀班组。聚焦素质能力提升抓“三基”，举办各类培训班 335 个、培训 7235 人次，业务练兵广泛开展，岗位责任制和基础工作进一步压实。

（杜　禹）

【市场开拓优势稳固】 2023 年，第十建设公司坚定服务国家能源发展战略，新签国内合同额 76.38 亿元。树立“全员营销、过程营销、口碑营销”理念，贴近集团公司主责主业，系统内市场保持竞争优势，主要中标广西 LNG 三期扩建接收站、茂名石化乙烯提质改造提前实施工程、上海金山巴陵新材料热塑性弹性体等项目；贴近服务地方经济责任，系统外主要中标吉化乙烯、万华乙烯、山东裕龙浆态床渣油加氢装置等项目；贴近战新产业发力开拓，持续拓宽绿氢绿电、设计和 EPC 项目信息来源及合作渠道。全年市场开发稳中有进，为生产经营可持续、高质量发展奠定坚实基础。

（杜　禹）

【项目执行稳健有力】 2023 年，第十建设公司全力服务中国石化主业发展，推动青岛炼化丁二酸、巴陵石化己内酰胺等“十条龙”项目有力执行，共计交工项目 51 项。打赢镇海炼化、青岛炼化、青岛石化检修硬仗，高标准交付世界最大、国内首台 27 万立方米 LNG 储罐，有效服务能源保供。优化国际业务运行机制，俄罗斯 AGCC 项目重启实施，沙特 MARJAN 项目执行有力，泰国石油清洁油品项目进展顺利，境外市场赢得良好口碑。提炼共享 27 万立方 LNG 储罐、土建工程专业化管理、定力矩紧固业务等方面的案例经验及提升措施，修订项目管理标准和手册，助推经验传承和标准执行。

（杜　禹）

【国际经营步伐坚定】 2023 年，第十建设公司聚焦“国际经营”战略，围绕“境外市场开拓与项目执行、优秀经验总结复盘、境外机构设立与管理、境外人才队伍培养、考核激励政策”等方面展开火热深入研讨并制订相关制度方案，坚定“中东、中亚、东南亚”三条主线不动摇，不断优化国际业务运行机制。围绕泰国石油、俄罗斯 AGCC 等境外项目展开二次经营，新增合同额 1.64 亿美元。10 月，中石化第十建设有限公司泰国公司成立，为“聚焦泰国、辐射东南亚”的市场战略和业务拓展奠定良好基础。全年重点跟踪俄罗斯 AGCC 聚丙烯、沙特贾夫拉天然气处理厂等项目，多措并举坚定境外业务“走出去、走进去、走上去”的信心活力。

（杜　禹）

第十建设公司承建的沙特 MARJAN 工程项目

【创新赋能成果显著】 2023 年，第十建设公司实施创新赋能战略，成功研发九轴全位置智能焊接机器人，高效完成天津南港乙烯立体仓库预制柱施工、顶部钢网架整体提升，引领石化工程施工新方向。创建各层级创新工作室 24 个，开展技术革新 57 项，取得专利授权 21 件，推动形成集智创新、合力攻关的“雁阵”格局。全年加速迭代完善工程建设数字化管理平台，在国内外 40 余个项目上线应用，实现对工程建设进度、质量、安全、人力等关键要素的有效管控。持续发力数智驱动，全年取得软件著作权 20 项，获评 2023 年度中国石化网络安全 A 级企业，取得国家能源企业信息化管理创新成果，入选 2022 青岛市年度数字经济发展典型案例。

（杜　禹）

【安全环保护航发展】 2023年，第十建设公司纵深推进HSE管理强化年行动，73项细化措施按期完成。深入开展警示教育反思，研讨“双边”工程专业安全管理，加强作业环节风险识别分析，提级管理检维修等高风险作业，推广班前会“八步法”，助推HSE意识和能力的提升。全力推动科技强安，3月10日，第十建设公司与中国石油大学（华东）共同研发的安全教育培训VR实验室建成揭牌并正式投用，是落实科技强安，坚持技术先导，借助虚拟现实和智能交互技术，持续提升安全培训和管理能力的一次积极探索，全年累计培训体验189人次。常态化开展绿色企业、绿色工地建设，守好环保依法合规底线。

（杜　禹）

【文化润心助力品牌增值】 为庆祝中国石化成立40周年、公司成立70周年，2023年4月24日，第十建设公司举行企业文化揭牌暨发布仪式，明确“勇立潮头 追求卓越”的企业精神，“建设精品工程 服务能源发展”的企业使命，“打造世界领先能源化工工程建设公司”的企业愿景，“守正创新笃行致远”的核心价值观，“实干 专注 开拓 奉献”的企业作风，“客户至上 创新驱动 数智赋能 国际经营 价值创造 人才强企”的企业发展战略，切实为公司企业文化注入新的动力、滋润职工心田。此后接续启动2023年公众开放日品牌活动，举办公司成立70周年庆祝活动和中英文演讲比赛，进一步唱响主旋律，传递正能量。2023年，第十建设公司被青岛市认定为市级总部经济企业，2项成果入选2022青岛年度经济成就，进一步助力公司品牌增值。

（杜　禹）

【世界最大、国内首台27万立方米LNG储罐高标准中交】 2023年8月22日，由第十建设公司承建的山东LNG项目三期储罐工程举行中间交接验收签字仪式，标志着世界最大、国内首台27万立方米LNG储罐高质量建成并完成交付，比原计划提前130天完工中交。自2021年9月项目开工以来，第十建设公司高站位、高标准、严要求扎实推进各项施工建设工作。项目执行过程中，克服诸多不利因素，在首创设计实践、首创施工管理和技术创新等方面练兵比武、大展作为。该工程填补国内27万立方米LNG储罐施工建设的空白，充分展现第十建设公司“实干、专注、开拓、奉献”的作风，为保障华北地区能源安全贡献第十建设公司力量。

（杜　禹）

第十建设公司承建的山东LNG项目三期世界最大、国内首台27万立方米LNG储罐

【国内首台九轴全位置智能焊接机器人成功研发并投入使用】 2023年5月6日，由第十建设公司和南京理工大学共同研发的九轴全位置智能焊接机器人正式投入使用。该机器人具有6米超大臂展，能够实现自由度精准控制，是国内首次实现基于视觉三维逆向重构技术的智能化焊接机器人，也是石化建设行业从传统“机动焊”到“机器人自适应焊”的重要转变。据测算，该机器人能够节省75%的焊工使用量，焊接质量平均合格率99.6%，焊接效率是传统手工焊接技术的3—4倍，为高质量推进重点项目建设提供强有力的技术保障。

（杜　禹）

第十建设公司成功研发国内首台九轴全位置智能焊接机器人

【各类技能竞赛成绩喜人】 2023年，第十建设公司扎实推进实施“人才强企”战略，不断夯实人

才高地，积极组织技能人才参加国家级、省部级等各类技能竞赛，斩获优异成绩。3 月 31 日，在第一届全国化工石油建设行业职业技能电气设备安装竞赛中，获团体、个人双冠军，展现第十建设公司电气设备安装的专业水平；8 月 9—11 日，在 2023 年中国石化基层安全员竞赛（炼化工程板块）中，获团体二等奖，个人类金银铜奖均有斩获，展现第十建设公司在安全管理上的实力和底蕴；10 月 26 日，在 2023 年度中国石化炼化工程焊接质量检查员职业技能竞赛中，获团体、个人双冠军。第十建设公司持续坚持以赛促练、以赛促干，将岗位练兵代入日常管理工作，切实以竞赛成绩检验实战能力，夯实高质量发展人才高地。

（杜　禹）

【高质量党建引领高质量发展】 2023 年，第十建设公司扛稳党建引领的政治责任，深入开展主题教育，公司党委和各二级单位党委（党总支）累计举办专题读书班 91 天，两级领导班子成员带头讲专题党课 75 次，形成 76 篇高水准调研报告、26 篇正反案例解剖式调研报告，检视整改问题 76 项，办好惠民实事 68 件，推进第十建设公司六大战略各项部署落地。全面推进中基层领导人员任期制和契约化管理，健全培养选拔年轻干部常态化工作机制，实施中基层领导人员竞争性选聘，干部能上能下改革取得突破。大力落实“新八级工”制度，年度评定首席技师 1 人、特级技师 3 人、高级技师 16 人，技能人才队伍建设进一步加快。

（杜　禹）

表 1　第十建设公司主要生产经营指标

指标名称 \ 年份	2023	2022	2021	2020	2019	2018
资产总值 / 亿元	47.73	53.65	48.89	39.09	41.93	42.01
主营业务收入 / 亿元	77.44	84.08	81.32	69.01	67.38	53.60
利税 / 亿元	1.81	2.80	3.71	2.55	2.00	1.65
承建工程数量 / 项	66	63	62	60	60	70
获授权专利数量 / 件	131	122	107	95	84	80

表 2　第十建设公司 2023 年完成的主要工程项目

序号	项目名称	竣工日期
1	国能包头煤化工有限责任公司甲烷尾气中轻烃回收施工总承包项目	1 月
2	山东联泓新科 10 万吨 / 年锂电碳酸酯项目	1 月
3	济南炼化 VOCs 气体治理项目	1 月
4	高桥石化热电部供电煤耗达标优化改造施工总承包项目	3 月
5	福建万华工程项目 80 万吨 / 年 PVC 装置	3 月
6	万华化学催化剂制备三期工程项目	3 月
7	科威特 GC-32 工程项目	3 月
8	齐鲁炼油厂部分操作室及机柜间抗爆隐患治理施工总承包项目	3 月
9	济南分公司航煤罐防腐保温维修	4 月
10	宁夏能化工 BDO 装置达标改造施工总承包项目	4 月
11	上海石化百吨级高性能碳纤维装置施工总承包项目	4 月
12	镇海炼化 1#EO/ EG 装置产品结构调整项目安装工程	4 月
13	宁夏能化 100 万吨 / 年电石渣制水泥超低排放环保治理项目	4 月

续表

序号	项目名称	竣工日期
14	镇海炼化 1# 乙烯装置、1#EO/EG 检修装置	5 月
15	浙江石化二期项目 1 号 27/60 万吨 PO（环氧丙烷）/SM（苯乙烯）联合装置部分建安工程	5 月
16	东莞巨正源第二套丙烷脱氢装置及各类公用设施施工总承包项目	5 月
17	东华能源（茂名）烷烃资源综合利用一期（Ⅰ丙烷脱氢）施工总承包项目	5 月
18	巴陵石化己内酰胺产业链搬迁与升级转型发展施工总承包项目	6 月
19	茂名石化炼油含氢干气提纯回收氢气装置建筑安装施工总承包项目	6 月
20	茂名石化合成橡胶装置生产液体橡胶改造施工总承包项目	6 月
21	青岛石化 2023 年装置大检修及技改施工总承包项目	6 月
22	青岛炼化催化裂化装置消除瓶颈改造和余热锅炉安全隐患治理项目工程	6 月
23	仪征化纤 23 万吨年熔体直纺一期安装施工总承包项目	6 月
24	安庆石化炼油转化工结构调整新厂区罐区、装卸区等施工总承包项目	8 月
25	山东液化天然气（LNG）三期储罐工程	8 月
26	万华福建 MDI 项目 2# 能量回收装置土建安装施工总承包项目	8 月
27	济南分公司炼油三部办公楼抗暴改造项目和济南分公司污水处理场控制室抗暴治理项目	8 月
28	茂名分公司 4# 催化液化气脱硫设施改造项目建筑安装工程	8 月
29	川西气田 6# 脱硫站	9 月
30	万华化学柠檬醛及其衍生物一体化 PLS 装置安装施工总承包项目	9 月
31	上海亨斯迈聚氨酯特种材料年产 3 万吨聚酯多元醇施工总承包项目	9 月
32	宁夏煤业煤制油合成气净化装置低温甲醇洗单元尾气脱硫施工总承包项目	10 月
33	青岛 LNG 储罐干燥置换及附属管线干燥置换预冷施工	10 月
34	大连西太催化裂化装置烟气达标技术改造安装施工总承包项目	10 月
35	扬子石化 IPS 2.8 期扩建施工总承包项目	10 月
36	大连扬巴 IPS2.8 期扩建一区安装施工总承包项目	10 月
37	大连 3000 吨 / 年沸腾加氢催化剂场平施工总承包项目	11 月
38	青岛石化检修 160 万吨 / 年延迟焦化装置检修	12 月
39	齐鲁石化二化动力站至炼油厂南区新增 4.0 兆帕中压蒸汽管线项目	12 月
40	大唐二期续建低温甲醇洗绕管换热器检修施工总承包项目	12 月
41	扬子石化炼油结构调整项目催化裂化装置等工程施工总承包项目	12 月
42	万华化学气化装置 3#CO 深冷分离及增加解析气压缩机 K1602C 项目	12 月
43	镇海炼化 1# 乙烯装置原料轻质化适应性改造施工总承包项目	12 月
44	天津催化剂生产装置施工总承包项目	12 月
45	天津分公司 120 万吨 / 年乙烯及下游（三标段）施工总承包项目	12 月
46	天津分公司 120 万吨 / 年乙烯及下游（四标段）施工总承包项目	12 月
47	天津分公司 120 万吨 / 年乙烯及下游（九标段）施工总承包项目	12 月
48	天津南港 120 万吨 / 年乙烯及下游高端新材料产业集群施工总承包项目	12 月
49	天津南港立体仓库施工总承包项目	12 月
50	烟台万华 P 醇扩能、催化剂技改装置	12 月
51	山东裕龙石化产业园公共管廊项目	12 月

项目管理公司（南京项目管理中心）

【概况】 中石化项目管理有限公司（简称项目管理公司）于2018年9月28日在江苏省南京市江北新区注册成立，12月28日正式揭牌运营，是股份公司全资子公司，是中国石化建设工程项目管理的专业技术服务公司，主要从事石油化工工程项目管理、工程技术咨询、工程招标代理、工程造价咨询、贸易经纪与代理、税务代理、审计服务、工程监理、设备监造服务、面向成年人开展的培训（不含国家统一认可的职业证书类培训）等业务，注册资金1亿元，业务归口集团公司工程部管理，与中国石化工程部南京项目管理中心（简称南京项目管理中心）合署办公，实行“一套班子，两块牌子”。南京项目管理中心是中国石化2007年6月批准成立的工程部南京派出机构，作为工程部管理职能的延伸，代表中国石化履行重点工程项目管理、制度修订、技术支持、专项培训等职能。自成立以来，向中国石化武汉80万吨/年乙烯工程（简称武汉乙烯工程）、中天合创鄂尔多斯煤炭深加工示范项目、中安联合煤制170万吨/年甲醇及转化烯烃项目（简称中安项目）、福建漳州古雷炼化一体化项目（简称古雷项目）、中国石化扬子油品质量升级及原油劣质化改造项目（简称扬子炼油改造项目）、福建炼化炼油乙烯一体化项目、镇海炼化100万吨/年乙烯工程、中国石化青岛1000万吨/年炼油项目、南京扬子石化碧辟乙酰有限责任公司50万吨/年醋酸合资项目、扬子石化50万吨/年醋酸装置配套工程、扬巴公司IPS二期改造项目等重点项目派出管理团队，其中以南京项目管理中心团队为管理核心的武汉乙烯工程获国家优质工程金奖、扬子炼油改造项目获国家优质工程奖。2020年9月20日，项目管理公司整体搬迁至南京市建邺区南京金融城9号楼8—9层。

项目管理公司在南京项目管理中心职能的基础上，按照专业化、市场化的要求，增加经营管理、市场开发、工程技术服务，以及部分人力资源协调管理等职能，对中国石化合资合作项目、系统内石油化工工程建设项目开展工程管理服务，最大限度地维护和保障中国石化的整体利益，逐步成为独立的市场化运作的项目管理公司。自成立以来，先后承接中国石化自贸大厦项目（简称自贸大厦项目）、贵州能化50万吨/年聚乙醇酸（PGA）项目一期20万吨/年工程（简称贵州能化PGA项目）、新星公司新疆库车绿氢示范项目（简称新疆绿氢项目）工程管理服务，以及华北油气分公司大牛地气田天然气乙烷回收工程、连云港原油商业储备基地项目（简称连云港商储项目）、中石化工程院油田化学剂成果转化中心（天津）建设项目工程管理咨询服务。2023年，先后承接茂名炼油转型升级及乙烯提质改造项目（简称茂名乙烯项目）、中国石化岳阳地区100万吨/年乙烯炼化一体化及炼油配套改造项目（简称岳阳乙烯项目）工程管理服务、福建古雷150万吨/年乙烯及下游深加工联合体项目（简称中沙古雷项目）工程管理咨询服务。以项目管理公司名义管理的中安项目先后获中国石化优质工程奖、中国施工企业管理协会“工程建设项目设计水平评价一等成果”、国家优质工程金奖。

项目管理公司设综合管理部（党群工作部）、经营管理部、工程技术部、工程财务部、工程管理部、质量安全部6个职能部门。截至2023年底，现职中层干部9人，首席专家1人、高级专家1人、专家2人。在职员工大多数是石油化工工程及相关专业的项目管理技术骨干，持有PMP、IPMP、建造师、监理工程师、造价工程师等各类资质证书和注册执业证书的人员50人，本科及以上学历76人，具有正高级职称的3名、高级职称的19名、中级职称的39名。项目管理公司有造价咨询暂定乙级资质，2020年取得质量、环境和职业健康安全管理体系认证证书。

（姜　喆）

【领导班子调整】 2023年6月，任晓敏任项目管理公司党委副书记、纪委书记、监事，为工会主席人选。

（姜　喆）

【重点工程管理】 2023年，项目管理公司持续抓好重点工程项目管理，安全、质量、进度、投资、合同、廉洁六大目标全面受控。①贵州能化PGA项目。项目管理公司贵州能化PGA项目管理团队克服复杂喀斯特地貌特殊地质条件、现场施工单位多、工程量大、工序繁杂、交叉作业频繁等困难，全力推动场平工程高效施工。自2021年12月21日首次爆破到2023年4月28日收官，共计实施爆破作业487次，使用炸药1962吨、雷管67586发，完成土石方爆破858万立方米，无安全事故发生，创集团公司历史之最。2023年9月26日，项目主厂区南北边坡支护工程中交，标志着厂区场平工程建设基本完工。②茂名乙烯项目。2023年1月，项目管理公司成立茂名项目管理团队，选派精兵强将参与项目建设，探索项目前期策划与两阶段招标相结合新模式，一手抓项目前期策划，一手抓拆还建工程管理，通过开展多样化培训、体系化建设、围绕特殊作业环节开展有针对性的推演等，强化人员到位、管控到位、责任到位。2023年11月17日，茂名乙烯项目正式开工建设。③古雷项目。项目管理公司古雷项目管理团队克服甲供物资到货严重滞后、施工过程中连续阴雨天等因素的影响，优化调整组织机构，高效统筹各项事务，全力配合古雷石化生产部门完成EVA装置开车及零星施工尾项整改，全面推进工程结算，全力配合协助档案验收、竣工决算和审计等工作。2023年1月16日，新增石脑油储罐及配套设施“零”尾项完成中交任务；5月11日，EVA装置安全一次投料开车成功产出高压聚乙烯产品；6月8日，厂前区竖向景观绿化工程中交。④新疆绿氢项目。项目管理公司新疆项目管理团队克服疫情结束后熟练工人流失、风灾现场清理、自然环境恶劣、工期压力倍增等不利因素，强力推进项目建设，在保证安全、质量和维稳的前提下，2023年8月30日项目全面建成，发出绿电、产出绿氢并送至塔河炼化应用。⑤扬子石化炼油结构调整项目。项目管理公司扬子项目管理团队围绕“实现项目安全、零事故、高质量建成，一次开车成功、经济运行”三大目标，坚守项目建设依法合规、安全环保、质量底线，坚持一手抓资源组织，一手抓现场实施组织管理，推进项目实体建设，密切协助开车准备工作。截至2023年底，项目总体进度累计完成100%，累计实现1800万连续安全人工时，20万人工时可记录伤害率为零。⑥自贸大厦项目。项目管理公司海南项目管理团队克服作业环境复杂、人员流动性大、高风险作业多等不利因素，于2023年8月15日实现地下室工程全面封顶，完成地下整体出±0.000的重要节点；12月7日，提前23天完成塔楼核心筒结构封顶的重要目标。该项目获评海口市及江东新区2023上半年项目建设“红榜”、全国“AAA级”安全文明标准化诚信工地。2023年11月，海南项目管理团队获中国石化工人先锋号称号。⑦岳阳乙烯项目。2023年1月，项目管理公司成立岳阳项目管理团队，参与岳阳乙烯项目前期建设准备，重点围绕总体设计、行政许可办理、项目制度建设、项目管理策划等方面开展工作。

（姜　喆）

贵州能化PGA项目场平工程

茂名乙烯项目化工区新建第一循环水场

自贸大厦项目塔楼核心筒封顶

【安全管理】 深入贯彻落实习近平总书记关于安全生产重要论述和重要指示批示精神，按照集团公司部署要求，深入开展“安全管理强化年”行动、“安全生产月”活动，专项部署强化项目现场高温天气作业管理和防暑降温工作，围绕重点工程项目开展 HSE 交叉互检及合规性专项检查等，压紧压实安全责任，落实落细防范措施，扎实推动问题整改，坚决做到从根本上消除事故隐患，全面提升本质安全水平。截至 2023 年底，项目管理公司累计实现 2.9 亿连续安全人工时。

（姜　喆）

【经营管理】 2023 年，项目管理公司营业收入 9135 万元，利税总额 745 万元，其中利润总额 446 万元、税金及附加 299 万元。认真贯彻落实习近平总书记关于深化国有企业改革的重要论述，高标准启动改革深化提升行动，明确 23 项任务清单，制定工作台账，强化跟踪问效。与中安联合、连云港商储、贵州能化、新星石油、中沙古雷等公司签订多份服务合同，咨询业务客户从中国石化系统逐步扩展到系统外部，项目管理公司综合竞争力和可持续发展能力进一步提升。深化全面风险管理及内部控制体系建设，修订《项目管理公司内控手册实施细则》(2023 年版)，印发信用风险管理实施细则，每季度更新风险清单及风险登记册，成立依法治企领导小组，顺利完成 2023 年 QHSE 管理体系内部审核及证书更新外部审核工作，全年发布制度 15 项，其中承接总部新立制度 4 项、公司新立制度 7 项、修订制度 4 项。项目管理公司规范化精细化管理迈上新台阶。开展项目管理策划指南编制，全面系统总结多年来大型建设项目积累的管理经验及各阶段管理策划的主要内容和工作重点，助力中国石化工程建设整体效能提升。大力推进信息化项目建设，实现项目管理数字化、标准化、可视化，促进工程经验数据资产化，工程建设项目信息管理平台在海南、茂名、贵州、岳阳等项目有效运行并得到认可。

（姜　喆）

【队伍建设】 组织完成 1 名中层副职提正和 1 名中层正职进一步使用的提拔工作，干部队伍建设规划科学、梯次结构合理。引进应届硕士毕业生 6 名，开展多方位入职培训，帮思想、传经验、带业务、解难题，促进加快角色转变，适应职场新生活，不断提升履职能力。

（姜　喆）

【党风廉政建设】 及时召开党风廉政建设和反腐败工作会暨警示教育大会，制发年度重点任务分工方案和季度日常监督重点任务清单，组织签订党风廉政建设责任书和廉洁自律承诺书；定期召开监督委员会会议，及时部署推动重点领域、重大项目的日常监督和专项监督；组织对新疆绿氢、海南自贸大厦等重点项目开展 HSE 交叉互检及合规性专项检查、分包商管理和农民工工资专用账户专项检查、项目管理团队“一把手”专项监督；及时更新完善中层领导人员廉洁情况“活页夹”，开展经常性谈心谈话；重大节日、敏感时点及时廉洁提醒，督促干部员工自觉遵守廉政建设各项要求。扎实开展反腐倡廉教育月“五个一”活动，持续深化廉洁文化“一线行”，干部员工纪律规矩意识持续增强，项目管理公司始终保持违法违纪和信访举报“零记录”。

（姜　喆）

【宣传与文化建设】 聚焦“打造标杆工程、样板工程、创纪录工程”，突出“专业的人做专业的事”，大力推进品牌引领行动。策划组织“我想成为这样的您”企业文化故事会，以优秀干部员工的奋进事迹、重大项目管理实绩为主线，从坚守、奉献、创新、传承 4 个篇章依次展开，通过有声讲述、情景剧、沙画演绎、歌曲改编等多种形式线上线下展播，多渠道多层次宣贯中国石化及项目管理公司核心价值理念，深入落实“七有机制”推进石油精神石化传统落地生根。扎实开展员工思想动态调研，领导班子经常深入项目一线，了解掌握员工思想新动向、新变化、新需求，切实做好“一人一事”思想政治工作。常态化开展“EAP 一线行”活动，关注提升员工生活质量和幸福感。坚持“内聚人心、外树形象”，强化项目管理公司新闻宣传，加强兼职宣传员队伍培训及考核，持续完善企业微信公众号功能，充分发挥项目管理公司记者站职能，2023 年公司内外平台发布新闻稿件 124 篇，参与“中国石化在当地”主题宣传活动，各驻外项目纷纷在地方媒体发布新闻报道多次，有效提升项目管理公司知名度和影响力。2023 年，项目管理公司获集团公司（省部级）荣誉 5 人次、团体荣誉 2 次，获总部部门（地市级）荣誉 13 人次、团体荣誉 2 次。

（肖子雅）

【党建工作】 坚持以党的政治建设为统领，统筹推进落实全面从严治党各项工作。制定党委 2023 年工作安排、关于落实项目管理公司 2023 年重点工作的意见，全面修订“三重一大”决策制度实施细则、党委讨论和决定重大事项清单。扎实开展学习贯彻习近平新时代中国特色社会主义思想主题教育，线上评估总体评价满意率 100%；制发主题教育长效机制实施方案，持续巩固深化主题教育成果。严格落实“第一议题”制度，严格执行重大事项请示报告制度，持续深化“我为群众办实事”实践活动。结合实际按照“机关 + 项目”模式完成 3 个党支部和 1 个党小组的优化调整；安排 6 名兼职党务政工人员参加集团公司基层党支部书记能力提升在线培训；修订项目管理公司党支部分类定级考评细则，从严从实开展支部考评及党支部书记述职，基层党组织政治功能和组织功能不断增强。坚持以系统思维推动党建与中心工作深度融合，制发关于在项目建设管理中开展“六联六强”党建共建指导意见、“三比三创三争”主题竞赛实施方案，深化各基层党组织与业主单位的党建共建，推进与承包单位的结对共建，创新与地方政府的联学联建，实现目标同向、部署同步、工作同力。

（姜　喆）

【群团统战工作】 加强工会自身建设，完成 3 个分工会的优化调整，开展工会委员会届中调整，实现工会经费财务共享上线。认真落实“依靠”方针，持续完善民主管理、民主监督、厂务公开、慰问帮扶等工作机制，从源头上维护员工的合法权益；领导帮助海南项目管理团队深入开展“攻坚克难一百天 力保大厦封金顶”专项劳动竞赛、茂名项目管理团队开展“三大仗”劳动竞赛，营造“比学赶帮超”氛围，激发广大员工干事创业的热情；建强“健康驿站”，及时深入开展“五必访”“送温暖”“送清凉”等活动。积极履行公益责任，持续开展乡村振兴、义务植树、义务献血、“雷锋月”等公益活动，向阿克提其小学捐赠体育用品、看望当地农村“四老人员”，前往茂名市特殊教育学校捐赠中国石化文创图书及文具用品等，自项目管理公司成立以来累计支出帮扶资金近 30 万元。坚持党建带团建，深化青年精神素养提升工程，扎实开展团员和青年主题教育，持续推进项目管理策划大赛、企业文化故事会、青工人人上讲台、“油此遇见”交友平台、青年思想动态调研、青年志愿者服务等“青字号”品牌活动，充分发挥团员青年生力军作用。按照集团公司统战工作安排，持续开展“爱企业、献良策、作贡献”主题活动，做好年度统战工作会、统战座谈会、联谊交友等工作，为推动项目管理公司高质量发展凝聚思想共识、发展合力。

（姜　喆）

项目管理公司向库车市阿克提其小学捐赠体育用品

资本金融和支持板块

资本公司

【概况】 中国石化集团资本有限公司（简称资本公司）是由集团公司和股份公司共同出资设立，初期实缴注册资金 100 亿元人民币，于 2018 年 7 月 10 日在河北雄安新区注册成立。其中，集团公司出资 51 亿元，占股 51%；股份公司出资 49 亿元，占股 49%。

2023 年，资本公司累计完成投资 30.72 亿元（其中直投业务完成项目立项 34 个；投决 20 个，增长 54%；交割 18 个、增长 64%，交割金额 29.49 亿元）；恩泽基金三期完成出资 1.194 亿元；实现利润总额 11.6 亿元、净利润 8.88 亿元。

[综合管理部（党委办公室、纪委办公室）]

【领导班子调整】 2 月 7 日，集团公司党组研究决定：邬智勇任资本公司党委副书记、副董事长，为资本公司总经理建议人选。调整后的领导班子由周美云、邬智勇、邓群伟组成。

[党委组织部（人力资源部）]

【直投业务稳步发展】 聚焦集团公司加快构建“一基两翼三新”产业格局，新能源领域初步形成覆盖氢能、动力电池、光伏 3 条产业链的投资布局，新增 7 家企业纳入公司新能源投资版图，交割金额 11.1 亿元。其中，中科富海项目获央企投资协会创新投资优秀案例奖。新材料领域积极布局碳纤维材料、特种高分子材料、湿电子化学品等细分赛道的 9 家企业，交割金额 16.89 亿元。其中，投出 8.5 亿元的“大手笔”苏州瑞红项目，有效助力国家层面加速攻关“卡脖子”技术。对标国务院国资委“9+6”战略性新兴产业和未来产业布局，将“节能环保”赛道及时调整为“生物技术及其他”领域。高端智能制造领域、大数据和人工智能领域紧紧围绕集团公司“高端化、智能化、绿色化”转型发展方向,2 个项目完成投决，交割金额 1.5 亿元。所投中科富海项目获央企投资协会“创新投资优秀案例奖”。

（基金管理部）

【基金业务务实推进】 紧跟基金行业政策变化，修订完善 16 项管理制度，明确涵盖不同投资阶段、不同投资领域基金体系的设立路线图。恩泽基金累计交割项目 8 个，交割金额 3.16 亿元，实现利润 1.83 亿元，和直投互相推荐项目 7 个，顺利实施减资并完成第三期缴款，有效发挥撬动和互补作用。氢能基金设立框架方案通过内部立项，合作方案和核心条款获潜在投资人高度认可，积极推进返投项目落地。朝阳基金先后接洽 98 家意向投资人，重点跟进 7 个募资条线，募资工作进展良好。

（基金管理部）

【科技孵化成效显著】 充分发挥“内部投行”功能助推科技成果转化，已投的安工装备、安工数联 2 家项目公司运转良好，新投石工智控项目顺利起步。积极探索“内 + 内 + 外”项目挖掘和孵化策略，北京化工研究院 EPP 技术孵化顺利交割并完成公司设立，合资方对新公司完成注资；石油化工科学研究院 PEM 制氢技术孵化顺利完成投决；废旧塑料回收等 6 个集团内部科技成果转化重点项目和多个外部重点项目持续跟进；对 14 家研究院和企业提报的 60 余个项目进行初筛，确定 10 个项目作为下一步科技孵化的密切关注对象。

（战略投资部）

【人才高地建设提速】 市场化招聘高素质人才 14 人，3 名总监级职业经理人正式到位，员工规模稳定在 100 人以上，对总监试用期满考核和 MD 续聘增加述职和测评环节，市场化人才管理机制不断优化。集团公司“一报告两评议满意度测评”中，选人用人部分、干部的管理监督部分平均提升 20%，达到优秀标准以上，在集团公司内部提升度排名靠前。以公开竞聘和组织考察相结合方式，提拔晋升 1 名 MD 级员工、1 名 SVP 级员工、4 名 VP 级员工，30 名 SM 级及以下员工通过积点累积得到晋升，依据个人业绩终止劳动合同 3 人，根据工作需要开展内部竞聘 2 批次，在纵向和横向上扎实推进人才成长通道的双向贯通。经集团公司党组组织部批复，明确综合管理部和党委组织部 2 个部门负责人岗位，从系统内选拔优秀干部任职，创新了党委工作机构负责人选聘管理方式，配强了中层骨干力量，市场化和体制内人才交流实现“双开门”，渠道更加丰富。擦亮“资本讲坛、员工讲堂”培训充电品牌，员工业务能力和政治素养有效提升。

[党委组织部（人力资源部）]

【基础管理不断加强】 创新探索建立首家央企股权投资员工跟投制度，8 个项目完成股权或虚拟跟投落地，中长期激励约束机制有效建立，实现公司与员工价值共创、收益共享、风险共担。成功办理系统内首笔转融通证券出借业务，年化收益率 17%。加大产业研究力度，初步建立“1+N”产业投资策略，特有的投资图谱和全产业链思维基本形成。改进立项工作流程，制定清晰的节点管控，以挂图作战强化项目进程管理。建立投决后交割前复核机制及与集团部门定期对接交流机制，不断提升投资管理质量实效。启动改革深化提升行动，制定 2023—2025 年 6 个方面 61 项具体措施，改革管理迈出坚实步伐。狠抓“三基”工作，推动“三基”与支部建设、投资工作深度融合，高质量发展根基得到夯实。制定数字化转型路线图，推动核心业务系统优化升级，信息化保障能力有力提升。召开 8 次董事会，审议 22 项议案，听取 4 个专项报告，董事会建设进一步加强。

[综合管理部（党委办公室、纪委办公室）]

【风险防控更加精准】 坚守“不合规的钱一分不赚，不合法的钱一分不要”，成功开发涵盖 6 个一级风险因子及 21 个二级风险因子的 PE 投资风险量化评估模型，进一步优化和完善具有央企特点、石化特色的投资风险防控体系。积极开展金融板块业务风险专项治理和违反中央八项规定精神专项治理，内部监管和刚性约束能力大幅提升。实施在管项目风险排查，对 34 个直投项目和 14 个基金项目逐一排查、评级，针对高风险和中风险项目，成立联合工作组，明确管控难点，拟订管控方案，风险管控体系得到强化。优化风险评估方法，重新评估出十大风险，为更好防范和应对风险事件奠定坚实基础。积极参加中国石化第二届风控内控竞赛，获团体赛鼓励奖。

[风控合规部（审计部）]

【党建质效大幅提升】 高标准启动、高质量推进学习贯彻习近平新时代中国特色社会主义思想主题教育，坚持以上率下、创新方式方法、做好学用转化，不断提升党建引领力、支撑保障力、拓市创效力、风险防控力。发布资本公司核心价值理念，大力传承石油精神弘扬石化传统，不断凝聚全员攻坚克难、奋勇前行的思想共识。优化党支部设置，选优配强党支部书记，抓实党建述职考核，大力开展党建互联共建，不断夯实和强化党支部工作。发展 3 名骨干员工入党，2 名预备党员转正，累计确定 10 名积极分子、5 名入党申请人，不断完善以党支部建设为核心的基层组织体系。强化意识形态工作，抓好形势任务教育，大力宣传先进典型，做好舆论正面引导，不断唱响凝聚正能量的主旋律。风控合规部（审计部）被评为集团公司工人先锋号。成功召开第二次团员大会，设立 5 个团青小组，不断强化共青团和青年工作。

[综合管理部（党委办公室、纪委办公室）]

财务公司

【概况】 中国石化财务有限责任公司（简称财务公司）是由原中国石油化工总公司独家发起，经中国人民银行批准于 1988 年 7 月 8 日成立，以加强集团公司资金集中管理和提高集团公司资金使用效率为目的，为集团公司成员单位提供金融服务的非银行金融机构。财务公司注册资本 180 亿元（内含 6000 万美元），其中集团公司出资 91.8 亿元，占注册资本的 51%；股份公司出资 88.2 亿元，占注册资本的 49%。

财务公司股东会是公司的最高权力机构，董事长为法定代表人。财务公司位于北京市朝阳区朝阳门北大街 22 号，设综合管理部（党委办公室、董事会办公室、企业管理部）、人力资源部（党委组织部）、党群工作部（党委宣传部、企业文化部）、纪检监督部、风险控制（法律事务）部、财务会计部、稽核部、资金计划部、信贷部、票据业务部、国际业务部、投资银行部、结算部、信息部、金融研究开发部 15 个总部部室；京外设上海、南京、广州、山东、郑州、武汉、成都、新疆、天津 9 家分公司。截至 2023 年底，财务公司干部职工共 352 人，其中总部 112 人、分公司 240 人。

2023 年，财务公司营业收入 59.88 亿元，利润 28.14 亿元，年末自营资产 2141.19 亿元，所有者权益 337.55 亿元。全年通过充分发挥金融专业优势，提供结算、票据、结售汇、存贷款、保函和委托贷款等各项服务，为集团公司协同创效超过 22.12 亿元。

财务公司资产负债损益情况见表 1。

（张　贝）

【服务司库体系建设取得新进展】 2023 年，财务公司组建建模团队，初步搭建完成人民币利率分析、司库资产配置评价等 6 个量化模型，参与构建票据集约化管理平台，上线新一代票据业务系统和网上金融服务平台 2.0，设计实施专项资金集中管理方案，简化分账户管理流程，打通司库应急支付渠道，提升集团司库体系运行质效，保持“三零”目标。

（张　贝）

【服务集团公司主业转型升级取得新成效】 2023 年，财务公司两级班子成员全覆盖走访上中下游主要成员企业，推动“一企一策”金融服务落地见效。创新开发项目前期贷，探索开展合同能源管理绿色贷，开办首笔分离式保函，制定绿色信贷指引，为成员企业提供贷款、保函、委贷等一揽子信贷服务，全力保障“一基两翼三新”产业发展资金需求，全年贷款日均突破千亿元大关。打通贸易背景和增值税发票查验通道，增强财务公司承兑汇票流通度，提升票据资产流动性，贴现规模稳中有升，承兑规模创历史新高。

（张　贝）

【服务国际化经营实现新突破】 2023 年，财务公司发挥集团公司境内购汇主渠道平台作用，推动本外币跨境资金池全业务落地，实现分公司协理外汇业务“零突破”，外汇资金集中运营入池成员企业扩增至 30 家，办理集团公司首笔境外放款。稳妥开拓外汇衍生品业务，服务企业资本金购汇。深化 CIPS 应用，办理人民币跨境收付增长超 4 倍。

（张　贝）

【金融专业核心能力全面提升】 2023 年，财务公司完善市场分析机制，定期发布利率追踪及外汇市场、票据市场分析等研究报告 100 余期，及时为集团公司发债融资、股份公司信用风险分析提供专研专报，研究成果应用范围、影响力度持续扩大。资产负债管理更加科学，完善流动性风险、利率风险管理体系，资产负债实现规模与结构、期限与利率、收益与风险等多重因素叠加的平衡优化。建立债券二级市场量化交易、固收类资产交易和量化体系，成功转型固收类 FOF 组合资管模式，按计划完成非固收类证券资产清退任务，投资业绩全面跑赢大市。

（张　贝）

【风险防控合规管理巩固深化】 2023 年，财务公司修订风险管理办法、风险控制基本准则，发布 2023 年版内部控制管理手册，建立涵盖三级风险清单的风险预警和报告机制。构建“1+1+1”贷后管理体系，优化信用评级模型，搭建汇率风险计量模型，重点领域风险识别管控措施更加精准有效。开展“制度执行力”提升行动，制度“立改废”63 项，常态化开展“我的制度我来讲”，宣贯制度 270 余次。建立专业题库，开展全员“每日一练、每周一测”岗位大练兵、“经营合规不受处罚”全员大讨论，全员依法合规经营意识和能力持续提升。

（张　贝）

【信息化建设稳步推进】 2023年，财务公司精心组织系统运维，高效处置预警监控事件，持续开发系统新功能，信息系统保持安全平稳高效运行。有序推进新一代信贷客服系统、票据系统融合、网上金融服务平台提升等5个信息化项目并行建设，稳步开展数据治理工作。强化信息安全管理，组织“网络安全周”活动，组织网络攻防演习，全年未发生网络安全事故。

（张　贝）

【深化改革蹄疾步稳】 2023年，财务公司制定实施新一轮三年改革深化提升行动具体措施，持续完善权责法定、权责透明、协调运转、有效制衡的治理机制，初步形成具有财务公司特色的运营型董事会“123+N”公司治理制度体系，在财务公司行业公司治理评级中被评为A级；纵深推进“三项制度”改革，在集团公司范围内率先实现中层领导人员任期制和契约化管理全覆盖，实施绩效薪酬延期支付及追索扣回管理暂行办法，真正实现强考核、硬兑现。

（张　贝）

【党建引领保障作用有效发挥】 2023年，财务公司推进两批主题教育走深走实、见行见效，形成调研成果42份，完成2个层面107个问题整改、65个办实事项目。严格落实“第一议题”制度，全面贯彻“两个一以贯之”，认真落实“三重一大”决策制度，确保党委对重大经营决策全面参与、全程把关。探索实施“一支部一方案”，优化党支部考核评价体系，开展“1+N”“3+N”党建共建活动26次，基层党建务实有效。制订巡察工作五年规划，修订贯彻落实中央八项规定精神具体措施，完善廉洁风险清单，开展“以案四说、以案四改”警示教育，不断擦亮“廉明立身、融信立业”廉洁文化品牌。

（张　贝）

【企业文化建设取得成效】 2023年，财务公司以庆祝中国石化成立40周年、财务公司成立35周年为契机，通过宣传片、成果展、“企业文化我来讲”、员工风采大赛等多种方式，引导干部员工从财务公司发展历程中寻找智慧、汲取力量、获得启示。扎实开展团员和青年主题教育、青年精神素养提升工程以及“青马工程”集中培训，青年员工积极参与集团公司青年外语风采大赛、世界地热大会志愿者活动，广泛汇聚干事创业合力。

（张　贝）

2023年8月19日，财务公司在成都举办第五届员工风采大赛

【获得荣誉】 2023年，财务公司获集团公司颁发的2023年中国石化第二届风控内控竞赛团体二等奖；获中国外汇交易中心发布的2022年度最佳人民币外汇非银会员奖；获上海票据交易所颁发的2022年度优秀综合业务机构称号；获第六届金融业年度品牌案例大赛绿色金融年度案例奖。

（张　贝）

表1　财务公司资产负债损益情况　　亿元

指标名称＼年份	2023	2022	2021	2020	2019	2018
流动资产	1 480.26	2 128.50	1 944.58	1 751.39	1 803.83	2 098.37
非流动资产	660.93	573.94	550.86	530.08	189.13	163.59
资产总计	2 141.19①	2 702.45	2 495.44	2 281.47	1 992.96	2 261.96

续表

年份 指标名称	2023	2022	2021	2020	2019	2018
自营资产总额	2 141.19	2 129.10	1 732.00	1 522.00	979.30	1 335.08
流动负债	1 794.70	2 368.40	2 179.87	1 978.72	1 706.21	2 004.02
非流动负债	8.95	6.74	6.02	5.14	5.69	3.32
所有者权益	337.54	327.31	309.55	297.61	281.06	254.62
实收资本	180.00	180.00	180.00	180.00	180.00	180.00
资本公积	0.19	0.19	0.19	0.19	0.19	0.19
盈余公积	35.12	32.92	30.58	28.41	26.38	24.15
未分配利润	94.56	85.69	76.28	69.39	53.89	33.79
负债及所有者权益	2 141.19	2 702.45	2 495.44	2 281.47	1 992.96	2 261.96
营业收入	59.88	56.36	51.77	34.67	37.63	29.45
营业支出	8.42	1.83	9.20	7.92	9.50	5.03
税金及附加	0.32	0.31	0.35	0.36	0.30	0.23
利润总额	28.14	29.39	27.23	26.75	28.13	24.41
净利润	22.04	23.38	21.68	20.27	22.34	18.68

①根据监管要求，代理业务资产调整为表外业务

盛骏投资公司

【概况】 中国石化盛骏国际投资有限公司（简称盛骏投资公司）是1994年底经原中国石油化工总公司党组同意，1995年3月以收购方式设立的有限责任公司，原名豪锐投资有限公司，收购完成后更名为盛骏国际投资有限公司。2007年11月，公司更名为“中国石化盛骏国际投资有限公司”。2008年6月，集团公司印发《中国石化境外资金管理办法》，明确以盛骏投资公司为境外资金平台在集团范围内全面实施境外资金集中管理，承担集团公司境外结算、筹融资、现金和外汇管理、境外账户资金监控等职能。盛骏投资公司作为集团公司境外资金归集平台、资金结算平台、资金监管平台和金融服务平台，为境外企业提供全方位资金服务。盛骏投资公司持有香港特区政府颁发的放债人牌照，注册资金16.3亿美元，获穆迪公司“A2”、标普公司“A”信用评级。

盛骏投资公司设有董事会和监事会，分别由总部相关部门领导和财务公司、盛骏投资公司主要负责人组成。有董事5人、监事3人。

盛骏投资公司有干部员工66人（含管理层4人），其中香港本部43人、所属子公司23人。本部设在香港，内设9个部门，包括企业结算部、信贷业务部、银行业务部、全球市场部、投资战研部、风控法律部、信息科技部、财务会计部、综合管理部。盛骏投资公司在新加坡、英国伦敦、美国休斯敦、阿联酋迪拜、中国深圳等设有6家全资子公司，分别负责东南亚区域、欧洲及非洲区域、美洲区域、中东及中亚区域和跨境的相关资金和金融业务。此外，盛骏投资公司持有9.7%中科炼化股权。

2023年末，盛骏投资公司资产总额3209亿元，所有者权益303亿元。

（李　贝）

产融控股公司

【概况】 中石化产融控股有限公司（简称产融控股公司）于2022年6月6日在深圳注册成立，首期注册资本金93亿元（现金出资35亿元），系集团公司直属全资子公司。产融控股公司旨在对中国石化所属保险、期货、租赁、企业年金、供应链金融和产业金融科技等业务进行集中统筹管理。为集团公司产业金融发展提供综合管理职能支持、专业风险防控保障和事业发展依托，通过股权管理和综合管理职能的集中化管理，全面贯彻集团公司发展战略，落实专业化管理要求，依法合规推动产融结合、融融结合。

产融控股公司参（控）股中国石化所属期货经纪、风险管理、商业保理、融资租赁、经营性租赁、保险经纪、自保、企业年金、个人养老金、金融科技等金融产业，所属公司包括上海浙石期货经纪有限公司（简称浙石期货公司）[下设中石化朝阳风险管理有限公司（简称风险管理公司）]、易派客商业保理有限公司（简称保理公司）、中石化保险经纪有限公司（简称保险经纪公司）、中石化保险有限公司（简称自保公司）、太平石化金融租赁有限责任公司（简称太平石化金租公司）（参股）、实华国际租赁有限公司（简称实华租赁公司）（参股）、中石化产融养老有限公司（简称产融养老公司）、中石化产融数字智能科技有限公司（简称产融数智公司）8家企业。产融控股公司本部下设综合管理部（党委组织部、人力资源部）、党群工作部（党委办公室、纪检监督部、党委宣传部、党委统战部）、财务资产部、风控和审计合规部、计划运营部5个职能部门，员工人数212人。

（鲍之珺）

【主要经营指标】 2023年，产融控股公司深入学习贯彻党的二十大精神，扎实开展主题教育，坚持守正创新、砥砺奋斗，全年利润总额6.58亿元，超预算指标1.12亿元，超奋斗目标20.4%；净资产收益率5.67%，超预算指标0.97个百分点；资产负债率26.9%，全员劳动生产率520万元/人，均完成年度目标；为集团企业协同降本0.95亿元，产业金融服务主责主业的能力水平得到进一步锤炼提升。

（鲍之珺）

【期货业务】 2023年，浙石期货公司经纪业务累计成交金额3622亿元，增长6.56%，集团主业企业国内期货交易份额提升至73%；积极履行社会责任助力乡村振兴，浙石期货公司实现BBB评级。风险管理公司探索形成化工品下游客户点价、锁价、期货市场交割、产业链套保4种业务模式，为产业金融服务实体经济蹚出新路子；服务范围扩大到仪征化纤、镇海炼化等8家炼厂，化工销售公司4大区域分公司和燃料油公司，产品类别覆盖4类8个石油化工品种，将风险管理的理念和模式引入中国石化产销体系并首次运营成功，初步建立风险管理业务市场基本盘。

（鲍之珺）

【保理业务】 2023年，保理公司强化供应链金融支撑，扩大服务主业范围，累计放款72.99亿元，增长30%，放款余额20.87亿元；新增石油工程、炼化工程、油品销售相关8家主业企业客户；挖潜智能制造企业合作机会，先后与浙江中控、康吉森、石化机械公司等企业开展商业保理融资13.52亿元，为高端设备发展提供保障；未发生风险事项，投放不良率为零，获评天津市地方金融监督管理局最高评级A级。

（鲍之珺）

【保险业务】 2023年，保险经纪公司新疆库车项目、“杜苏芮”台风赔付完美收官，收回赔偿金近2.42亿元，诠释小投资大保障内涵，得到客户和总部相关部门的认可；全年累计为企业降低保费6019万元，协助自保公司增加承保保费5808万元，协助企业取得赔款4.19亿元。量身定制“石化易企保”等保险产品，服务石化员工及家属超3.4万人。自保公司深化境外业务统筹力度，在与香港保监局充分沟通的基础上，直接参与承保国勘公司巴西 PB、英国 RSRUK 等非作业者项目；扩大境内外保险协同，为销售公司预付卡保证保险及中沙石化超赔责任险提供承保能力支持，弥补国内市场承保能力缺口，为国勘公司能源大保单、加拿大油砂、冠德合资码头等项目节约保费 3140 万元。

（鲍之珺）

【租赁业务】 太平石化金租公司主动加大“新基建”“双碳”“专精特新”等领域支持力度，签约建造 2 艘 LNG 船，成功落地“新胜利三”海上钻井平台，开展中国石化起运工程设备跨境租赁战略合作，落地重塑科技项目等，2023 年为中国石化产业链投放金额超 30 亿元，持续提升服务中国石化主业资金占比，为中国石化战略新兴产业发展提供支持。实华租赁公司积极围绕中国石化参股企业及产业链企业，新增投放 7.19 亿元，完成年度预算的 199%，在执行项目 38 个，债权余额 11.7 亿元。

（鲍之珺）

【年金业务】 产融养老公司全力提升集团公司年金投资收益水平，初步构建具有中国石化特色的资产配置体系，确立年金委托投资 MOM 管理模式，多维度管控年金投资风险，建立宏观经济和资本市场跟踪研究机制，投资研究能力不断提升；个人养老金正式开户超 14700 人，累计为员工节省个税超 500 万元。

（鲍之珺）

【数智业务】 产融数智公司制订 5 年发展规划、固化 4 类业务模式，助力板块数字化转型顶层设计，协助开展部分金融业务流程标准化试点，促进线上产业金融场景融合，累计线上支付金额 1.98 亿元，支持互联网保险 1034 万元、线上保理业务 10.08 亿元，实现下游信用贷首单落地。

（鲍之珺）

【改革深化提升行动】 编制产融控股公司改革深化提升行动工作台账，倒排工期，挂图作战，有序推进。平稳实施浙石期货公司改革深化提升专项行动，纳入事业部改革深化重点工作谋划部署。压减基层机构，优化岗位设置，组织全员起立重新竞聘上岗，2 名部门负责人落聘，完成系统内员工职业化身份转换，协议解除劳动合同 11 人。包括总经理在内的 33 名员工均被纳入职业化员工管理，全部签订上岗协议，建立制度化退出机制。

（鲍之珺）

【坚决推进中后台集约共享】 一体化推进事业部、产融控股公司及各所属企业中后台职能集约、资源共享，首创“5+5”（五大职能中心 + 五项配套机制）中后台集约共享管理模式，通过“职能中心—业务条线—业务单元—业务场景”逐级细化落实，明确集约共享工作思路和实施路径，集约共享取得阶段性成果。

（鲍之珺）

【加快推动资本金融人力资源池建设】 制定人力资源池管理办法及“中转池”“充电池”“蓄水池”实施细则，配套实施薪酬、个税、五险两金等管理服务，建立支持保障措施，解决一系列长期困扰事业部下属企业间或派往境外单位工作干部员工的实际问题，有 7 人正式“入池”。

（鲍之珺）

【推进“三项制度”改革落地实施】 坚持“一企一策”“一人一表”，差异化设置考核指标和权重，落实 8 家所属企业组织绩效考核责任书，推动领导人员任期制和契约化管理提质扩面。对 3 名子公司经理层成员实施递延支付，对考核排名首位和末位的单位和个人，分别奖励或扣减绩效奖金。

（鲍之珺）

【贯彻“两个一以贯之”】 坚持高质量党建工作与公司治理深度融合，出台“三重一大”决策实施细则、党委会议事规则、总经理工作规则，完善党委决定和党委前置研究讨论重大经营管理事项“两个清单”。建立党委领导、董事会战略决策、管理层执行落实的运行体系，2023 年召开党委会 25 次，审议议题 156 项，新建、已划转子公司重大经营管理事项均履行产融控股公司党委会前置研究程序，充分发挥党委“把方向、管大局、保落实”领导作用。

（鲍之珺）

【健全子公司董监高配备】 系统制订所属企业董事会、监事会换届调整方案，全部完成所属企业董事、监事调整，优先从总部部门和专业公司遴选优秀人才担任所属企业外部董监事，外部董事履职和作用发挥更加充分。先后完成保险经纪公司、浙石期货公司、保理公司、自保公司、实华租赁公司5家公司股权划转、收购，以及产融养老公司、产融数智公司、浙石期货公司经理层配备，高管团队建设稳步运行。

（鲍之珺）

【打造金融特色风控管理体系】 以“强内控、防风险、促合规”为目标，成立全面风险管理领导小组，印发《全面风险管理办法》，坚持“管业务必须管风险”，守住不发生系统性风险的底线。识别评估产融控股公司面临的重大风险清单，细化压实风险管理主体责任、管理责任、监督责任，筑牢三道防线，提升风险识别评估监测预警能力。按月监测风险预警指标，落实风险预警机制。加强制度、内控体系建设，产融控股公司本部及子公司全年制（修）订制度102项。

（鲍之珺）

【创新党建工作开展模式】 实施党委委派党建协调员工作机制，指导党支部加强自身建设，协调解决存在的重点难点堵点问题，帮助构建“支委+团队”党建工作模式，发挥沟通协调、服务辅助作用，着力实现基层党建工作的闭环管理、螺旋提升。

（鲍之珺）

【推动人才队伍建设】 2023年，产融控股公司用工规模达212人，其中职业化用工100人、占比47%。人才引进重点向前台部门倾斜、向重点业务发力，共引入系统内员工48人、系统外人才43人，前台人员占73%；研究生及以上占比86%，人才结构持续优化；拓宽选人视野，通过猎头引入3名职业经理人，高层次成熟人才引育取得突破；坚持全员参与全业态覆盖，选送本部员工到所属企业交流锻炼，覆盖率100%。

（鲍之珺）

【持续强化作风建设】 成立产融控股公司监督委员会，建立公司“一把手”和领导班子监督清单、“两高一重”清单，深入开展廉洁风险隐患排查，组织反腐倡廉教育月活动，建立领导人员廉洁活页夹，定期开展作风建设检查，常态化做好重大节日廉洁提醒，“大监督”工作格局初步构建。

（鲍之珺）

【营造“产融一家”文化氛围】 组织石油精神石化传统教育活动，突出石化基因、金融思维，开展员工思想动态分析和形势任务教育，强化员工文化融合，淡化身份概念，大力宣传“守正创新、集约高效、以融促产、以融强产”的企业文化，增强全员归属感认同感，统一的话语体系、文化体系、责任体系逐步建立。

（鲍之珺）

百川公司（总部后勤服务中心、离退休人员服务中心）

【概况】 百川经济贸易有限公司（简称百川公司）成立于1993年2月，是集团公司直属专业公司、全资子公司，前身为原中国石油化工总公司机关事务部。2021年11月，为进一步理顺总部后勤管理职能，集团公司成立总部后勤服务中心。2023年5月，集团公司在百川公司加挂“离退休人员服务中心”牌子，与总部后勤服务中心为一套机构、三块牌子。

百川公司主要负责为中国石化总部部门及专业公司提供后勤服务保障，管理部分在京宾馆酒店。服务保障方面，主要负责为总部部门及部分专业公司提供餐饮、会议、安保、公务用车、医疗、设备维护维修和员工公寓的物业管理等服务。服务区域主要包括朝阳门办公区、小营办公区、蒋宅口办公区、沙河办公区、亦庄办公区，以及化销华北分公司（实华饭店）、北京石油分公司、管理干部学院、石油物探技术研究院、中办 318 等系统内外物业项目。在京宾馆酒店管理方面，主要经营管理会议中心、和园酒店、胜利饭店、塔河宾馆、春成宾馆。

总部后勤服务中心负责集团公司总部后勤服务管理，对集团公司后勤服务工作进行业务指导。

离退休人员服务中心负责总部和委托管理离退休人员的日常服务及离退休老领导、离休人员服务保障。

百川公司下设 20 个部门（单位），包括综合管理部（办公室）、党群工作部（党委办公室、纪检监督部、党委宣传部、党委统战部、工会、团委）、人力资源部（党委组织部、外事办公室）、财务经营部、安全环保部、企改和法律部（审计部）、市场开发运营部、离退休服务一部、离退休服务二部、餐饮服务分公司、交通运营服务分公司、小营分公司、井田公司、房产管理运营中心、设备工程管理运营中心、健康服务中心、物资采购中心、实华饭店、会议中心、和园酒店。截至 2023 年底，百川公司共有职工 191 人。

百川公司（总部后勤服务中心、离退休人员服务中心）以“为中国石化加快建设世界一流企业提供坚强服务保障”为使命，以“建设特色鲜明、效益良好、国内领先的办公综合服务提供商”为愿景，以“客户至上、服务至诚、管理至精、经营至信”为核心价值观，坚持人人用心、时时用心、事事用心的服务理念，精益、规范、务实、高效的管理理念，诚信、合规、创效、共赢的经营理念，努力为客户提供专业、优质、高效的服务。

（郭保红）

【加强政治建设】 组织开展学习贯彻习近平新时代中国特色社会主义思想主题教育。一体推进理论学习、调查研究、推动发展、检视整改，确保 7 个方面 34 项重点措施落地见效，在集团公司组织的主题教育测评中，9 个方面的满意率均为 100%，《持续提升服务质量，着力打造服务品牌，为中国石化高质量发展提供坚强服务保障》案例入选集团公司主题教育整改整治案例选编。认真学习贯彻习近平总书记视察九江石化重要指示精神，制定《百川公司学习贯彻习近平总书记视察九江石化重要指示精神重点任务清单》，细化措施 69 项。高标准配合中央巡视和党组巡视，认真落实中央巡视组和党组第六巡视组的部署要求，积极配合做好动员部署、个别谈话、专题汇报、资料查验、下沉调研、生活保障等各项工作，聚焦巡视组反馈意见，即知即改、立行立改，真改实改、彻底整改，高标准做到同频共振、同向发力、同题共答。

（郭保红）

【打造服务品牌】 坚持以服务保障为根本，深刻践行“人人用心、时时用心、事事用心”的服务理念，持续提升服务质量。以专业的服务抓好重点保障，高质量完成国务院国资委中央企业负责人会议、世界地热大会、庆祝中国石化成立 40 周年大会等一系列重要会议、重大活动，以及中办 318 等重要项目的服务保障任务。赴岳西等地为 300 余名群众开展义诊，与冶溪石化小学结对帮扶，持续推进消费帮扶。以不变的初心提升服务品质，全年提供餐饮服务 332 万人次、会议服务 63.4 万人次、前台接待服务 9.5 万人次、设备维修服务 3.7 万次、医疗服务 2 万余人次、公务用车保障 2.7 万台次，向员工交付科华新城住宅 2800 余套。以满满的温情提供为老服务，坚决拥护党组关于离退休职能调整的决定，积极落实党组领导提出的“两个不会变、三个不能变”要求，理顺职责界面，整合利用百川公司服务资源，高质量举办 70 岁集体生日会、摄影展等活动，开办老年大学，让离退休老同志充分感受企业的温情、组织的关怀。以信息化手段推进智慧赋能，持续优化完善“百川星服”App 功能模块和使用体验，在 4 个办公区上线运行，惠及更多员工。深化沙河智慧园区建设，集成智慧安全等 8 个板块、23 个功能模块，开发投用“科华家园”小程序，全方位多角度实现专业化和互动式管理。以深入的宣传推广提升品牌形象，完成“百川星服”商标注册和宣传片拍摄，在所辖区域及承办的各类活动中积极展示品牌形象，“百川星服”品牌融入服务日常。

（郭保红）

【大力拓市创效】 牢牢把握市场回暖机遇，多措并举挖潜增效，2023 年实现利润 9314 万元，再创历史新高。市场开发成绩喜人，全年新签续签合同总额 2.54 亿元，实华饭店成功转型办公物业，亦庄办公区开办入驻，上海赛诺佩克项目、三元桥项目、和平里项目对接有序推进。酒店经营展现活力，统筹开展酒店板块新媒体营销，扩大会议、培训业务，立足自身特色，深耕婚庆亲子散客市场，收入利润基本恢复至 2019 年水平，和园酒店荣登 2023 年中国酒店品质服务 Top100 榜单。资产运营释放创效潜力，以中国石化档案馆、展示中心建设改造为契机，成功盘活沙河科研中心书库及 2 号楼部分房产，推进和园酒店别墅出租及运营，全年租金收入 5.4 亿元，增加 3200 余万元。新业务实现快速增长，开发建设“百川商城”购物平台，拓展员工生活服务、对公采购两项业务，收入超 1200 万元。成本管控实现效益转化，物资集中采购率达 81%，议价能力进一步提升。完成春成宾馆、阳明公寓产权过户，节约税费近亿元。优化资金管理，减贷降息，节省财务成本 191 万元。严格工程费用审减，节约资金超 1000 万元。

（郭保红）

【履行总部后勤服务中心职能】 践行集约、共享、服务理念，履行对全系统后勤业务进行指导职能。广泛调研交流，组织竞赛培训。对上海石油分公司、西南石油局等 10 余家直属单位开展后勤业务调研，组织中国石化后勤服务业务培训。成功举办 2023 年中国石化后勤服务职业技能邀请赛，20 家直属企业派队参赛，300 余名选手围绕厨艺、餐厅、会议、客房、电气 5 个项目同台竞技。推进战略合作，整合服务资源。与江苏油田、胜利油田等单位建立战略合作关系，整合后勤服务人力资源，在亦庄、上海赛诺佩克等项目及会议中心、和园酒店服务工作中实现优势互补、合作共赢。完善制度机制，规范办公区管理。大力整治不文明就餐行为，推动成立中国石化大厦管理委员会，形成共商、共管、共享的工作机制。制定完善《朝阳门办公区机动车停车场管理规定》《总部办公区办公用房管理规定》等系列制度，实现服务管理两手抓、两促进。

（郭保红）

2023 年中国石化后勤服务职业技能邀请赛

【深化改革、提升管理】 改革范围持续扩大，积分制管理在和园酒店成功运行，员工职业发展规划在全公司范围推行，45 岁以下基层人员职业发展规划覆盖率 100%。制定《百川公司中层领导班子经营业绩考核管理办法》，根据职能定位分类排名，考核兑现更加科学精准。管理基础不断夯实，连续两年举办“三基”工作暨《后勤服务标准化手册》培训班，首次评选 3 个标杆班组。制（修）订《百川公司工程管理办法》《百川公司物资采购管理办法》等 26 项制度，组织专题宣贯，开展制度执行情况检查。经营风险有效防范，组建酒店工作检查指导组，创新模式强化对胜利饭店、春成宾馆等业务承揽酒店的监督管理，实现塔河宾馆并轨管理，完成和园酒店负责人任中经济责任审计等专项审计工作。安全环保筑牢底板，完成 HSE 体系内审工作，举办消防技能竞赛和应急演练，以“四不两直”方式开展安全检查自查，发现问题 940 余项。深刻吸取“9·6”触电轻伤事故教训，强化警示教育，完善低压电气设备等工作流程。加强环保工作，实现绿电入楼，严格污废排放，践行绿色低碳。

（郭保红）

【推进人才强企】 坚持重实干、重实绩、重担当的选人用人鲜明导向，开展系统性选人用人工作，完善人才梯队，中基层两级干部队伍年龄结构得到持续改善，年轻干部选聘比例 88.5%，2022 年干部选拔任用工作总体评价为“好”的比例达 97.37%。畅通人才引进渠道，搭建校企合作平台，推进订单式人才培养，放宽应届毕业生学历条件，扩大人才选择面，大力引进系统内成熟人才等各类优秀人才。推进轮岗交流，用好集团公司“百舸千帆”实践锻炼计划，选派 7 名年轻干部跨企业、跨专业、跨板块交流锻炼。严格干部考核监督，制定《百川公司中层领导班子和领导人员综合考核评价管理办法》等 3 项干部考核评价制度。高度重视培训和技能认定，举办创新思维培训班、百川大讲堂，首次开展职业技能等级认定，18 人取得中式烹调师、中式面点师、电工等技师级职业技能等级。

（郭保红）

【高质量党建引领】 坚定不移推进全面从严治党，党建工作规范化、实效性进一步提升。将责任清单变任务清单，分级签订印发党建责任书及工作清单，制定《百川公司 2023 年党的建设工作要点》，开展党支部书记述职评议，党建责任体系更加清晰明确。用实的举措确保实的成效，持续开展“党旗在一线高高飘扬、党徽在胸前闪闪发光”“一支部一品牌”等活动，涌现出“百川味道”“百川安居”“平安百川”等一批有特色、有成效的基层党建品牌。深化“五抓五看五提升”高质量党建推进体系，与 18 家党支部逐一对接制订年度提升计划，创新“2+1”结对帮扶模式，每季度组织党建联盟小组活动，进一步提升基层党建水平。以从严监督强化严的氛围，坚持政治监督定位，完成对实华饭店等 4 家党支部巡察整改情况监督检查和对综合管理部等 6 家职能部门党支部巡察，实现 3 年巡察全覆盖。扎实开展纪检监督干部教育整顿，抓实反腐倡廉教育月活动。加强作风建设，坚决反对“四风”，制止不文明就餐行为，明确作风建设“八大禁令”，队伍作风进一步强化。做实群团工作服务员工群众，百川公司工会第二次会员代表大会胜利召开，“走基层、访万家”“送温暖”“送清凉”等活动纾难解困，“爱党爱国爱企 奋发奋斗奋进”歌咏比赛、健步走等群众性文体活动振奋人心，员工队伍凝聚力、战斗力进一步增强。充分发挥群团组织作用，连续 28 年开展学雷锋社区便民志愿活动。

（郭保红）

【获得荣誉】 百川公司在 2021—2023 年度中国石化党建考核中蝉联 A 档，部分工程项目、集体及个人获中国建设工程鲁班奖（国家优质工程）、全国团餐大赛特金奖、中国石化职业技能邀请赛团体一等奖及个人 7 项金奖、中国石化工人先锋号、中国石化“三基”工作先进基层单位等多项荣誉。

（郭保红）

共享服务公司

【概况】 中国石化集团共享服务有限公司（简称共享服务公司）于 2017 年 5 月 20 日设立，8 月 25 日正式完成工商注册，是集团公司全资子公司，也是中央企业成立的首家一体化共享服务专业公司。业务范围主要涵盖财务、人力资源、IT 共享，商旅平台和石化党建平台，同时积极拓展法律、内控、税务、档案等共享新领域。

财务共享业务范围主要包含：主数据管理、核算报表、涉税业务、资金结算、会计档案管理、产（股）权业务和风险提示等业务。人力资源共享业务范围主要包含：员工关系、薪酬计发、HR 数据分析、企业年金、社保办理、人才招聘、职称评审、培训考试、人才盘点等业务。IT 共享业务范围主要包含：一体化运维、风险与安全、数据、项目技术、云平台等业务。商旅共享业务范围主要包含：差旅申请、国内外机票、国内外酒店、国内火车票、网约车、因私旅游、会议团组等全流程商旅服务。石化党建平台业务范围主要包含：数据服务、业务支持、教育资源和专家咨询等服务。

共享服务公司组织架构包括本部机关、东营和南京两个分公司（按大二型企业管理）及中国石化集团国际旅行社有限责任公司（全资子公司）（简称石化国旅），其中东营分公司下设淄博、濮阳服务部，南京分公司下设武汉、扬州服务部，由分公司按业务单元统一管理。截至 2023 年末，共享服务公司用工总量 4879 人，平均年龄 42.4 岁，本科及以上占比 84.8%。

共享服务公司主要经营指标见表 1。

（席凯鹏）

【领导班子调整】 集团公司党组对共享服务公司领导班子进行调整：2023 年 4 月 28 日，王安不再担任共享服务公司党委副书记、总经理，另有任用。9 月 13 日，贾益群任共享服务公司总经理、党委副书记。

（席凯鹏）

【加快迈向世界一流企业】 锚定加快建设世界一流企业，共享服务公司制定改革深化提升 6 个方面 17 项任务的工作清单（2023—2025 年），圆满完成 2023 年各项任务，在集团公司改革深化提升行动、“三项制度”改革、法治合规管理、信息化水平、网络安全水平和党建考核中均取得 A 类排名，获省部级及以上管理创新成果 12 项。扎实开展“夯基固本强化年”行动，初步形成“1+1+3”“三基”工作规范。一次性取得合规、环境、职业健康安全管理体系 3 项 ISO 国际化标准体系认证（ISO37301、14001、45001），成为共享行业第一家取得合规管理认证资质的企业，ISO 认证资质数量达 6 个。加强财务管理，2023 年节约非生产性费用 408 万元，争取落实各类税务优惠政策 1248 万元；第 5 次获评集团公司财务管理先进单位，获评集团公司司库管理先进单位。

（席凯鹏）

【财务共享服务】 财务共享业务差错率降至百万分之 30 以下，自动制证率超过 80%，报表出具自动化率提升超 10 个百分点，业务质量和自动化率创“十四五”以来最好水平。完善重大风险隐患常态化排查与反馈机制，构建共享服务模式下的企业内控风控新型防护网。控（参）股上线 114 家企业，超计划 34 家；工会经费实现 148 家企业全面上线。完成境外企业财务共享全面上线，初步形成 28 个国家外账标准建设成果，高频场景凭证自动化率达 70%。创新成果竞相涌现，发表论文 53 篇，首次承接电子凭证会计数据标准国家级课题；物资采购结算业务智能管控项目获国务院国资委首届国企数字场景创新专业赛三等奖，智能收单机获授权 10 件专利，4 个项目获共享服务公司技术创新优秀成果奖，成为集团公司第一个掌握辰光平台数据直联、模型设计和平台部署全流程能力的单位。参加集团公司会计人员职业道德系列活动，获优秀组织奖，优秀作品报送国务院国资委。

（席凯鹏）

2023 年 12 月 7 日，财务共享一体化专业委员会在京召开。图为新会员入会仪式

【人力资源共享服务】 人力资源共享编发《人力资源域数据维护标准》，业务及时率 99.99992%、准确率 99.99995%，质量考核综合得分 95 分，服务满意度综合得分 99.92 分。在 8 家企业试点实施 HRBP 模式，推进服务端前移。完成 2023 年企业年终奖发放，为 52 家企业提供个税筹划。成功承办 11 期集团层面培训班，实施 10 个集团层面人才盘点项目；完成薪酬对标“1+1+7”报告，为集团和板块薪酬分配工作提供决策支持；顺利实施中粮集团 HR 系统外部市场项目，成为服务央企信息化建设的最大一单。确定 8 个区域中心业务重点，召开企业座谈暨人力资源产品发布会；与中国石油签订合作框架协议，国务院国资委官网予以报道。薪酬支付银企直连功能上线 125 家直属单位，覆盖率达 87%；完成人力资源域业务应用架构梳理，形成集团人力资源域标准化流程体系手册 2.0 版。

（席凯鹏）

【IT 共享服务】 IT 共享顺利完成一体化 IT 运维服务系统在境内企业的全面实施，初步建成一体化运维服务模式，纳管 IT 资产信息 16.6 万项，支撑运维活动 14.4 万次。为 4 家企业 8 个业务系统开展数据治理服务，形成标准2360余项，助力金融域成为第三个通过集团公司数据标准评审的业务域。获集团公司首家软件造价资质认证，为26个总部统建项目提供软件造价评估服务；完成财务管理、金融服务等9个业务域共计39个项目质量检测，差错率控制在0.47%；优化软件测试服务解决方案，完成12个项目评测服务。为26家企业提供网络安全促优服务，服务企业的安全水平评价均达到B级及以上；开展境内142家企业的常态化安全检测，整改292个高危漏洞；完成5家企业工控边界安全加固项目集成，获选工控中国2023年十佳优秀解决方案。

（席凯鹏）

【石化党建平台】 石化党建平台完成4项新功能部署、42项功能优化完善，采编发布教育资源9674项，及时率、准确率保持100%；在线咨询答疑和问题处理24346项，全覆盖开展数据质量检查和督促整改，各子系统信息完整率均提升至99%以上。全面承接集团公司各项党内统计分析任务152项，举办3期直属单位入党积极分子培训班，为14家直属单位781个基层党支部提供线上组织生活记录检查，为8家单位提供"送教上门"服务，2023年培训6000余人次。首次承办中国石化第二届国企党建创新论坛，全力做好集团公司主题教育服务保障支持，相关特色做法得到中组部、中央主题教育第二十巡回指导组的充分肯定。

（席凯鹏）

【商旅平台】 商旅平台机票、火车票、酒店使用率分别达96%、90%和80%，机票自营出票率达84.9%，2023年服务员工382.9万人次，助力集团公司节约差旅成本1.66亿元。推动千余家酒店实现"固定价＋折扣价"双价格体系，酒店资源覆盖率达80%。做实"全员客户经理制"，打造金牌客服团队，开展"走进企业 贴身服务""商旅服务日""石化商旅节"等活动，全新发布400-818-6000服务热线，服务客户能力不断提升。有序开展项目三期建设，建成集团差旅管控可视化大屏。试点"预收预付"结算模式，开发逾期未报销功能，提升资金结算效率。推进火车数电票应用上线，成为集团电子凭证项目首个数电票应用案例。

（席凯鹏）

【积极推动大共享实施】 坚决贯彻集团公司关于创造条件实施大共享的部署要求，推动可"管办分离"业务共享化，助力集团各领域管理效能不断提高。法律共享积极开展工商族谱、信用监测、法律识别、制度评估、普法宣传等服务，工商年报自动化出具取得试点突破。税务共享试点承接10家企业纳税申报，实现股份公司所得税计算等3项业务应上尽上。档案共享新增中科炼化等多家企业会计档案托管服务。内控共享承办第二届集团公司风控内控大赛，协助总部开展内控手册修订和内控风控专项检查。产股权服务成功向天然气分公司、福建石油分公司拓展实施。帮助海投公司、碳科公司等新设企业管理体系快速搭建，为湖南石化、湖北化肥等改革重组企业平稳过渡提供支撑，完成中石化人才发展（天津）有限公司设立运行，服务支持集团战略和企业高质量发展作用进一步彰显。

（席凯鹏）

【服务价值实现稳步提升】 共享服务公司两级领导班子带头走访接待310家内外部客户，举办10次客户座谈会，解答客户问题800余项，问题解答率提升13%，客户满意度99分。与267家企业签订内部增值服务协议，中国电子财务共享咨询、中粮集团人力资源系统建设、中国融通RPA开发

2023年5月19日，集团公司"心手相连 消费助农"2023年乡村振兴产品展览推介会在安徽岳西举办，共享服务公司应邀参加文旅产品推介

应用等项目落地实施，公司增值和外部收入占总收入比重超 20%。深化产品体系建设，建立 8 类 92 款产品目录，统一产品定价，实行产品线上管理，完成 20 款产品提炼、10 款产品包装，产品谱系更加契合客户需求。成功亮相 2023 年中国国际服贸会，参加进博会、乡村振兴产品推介会等大型活动。组织召开一体化专委会年度会议及专题交流会，会员规模扩大至 42 家，石化共享知名度和影响力进一步提升。

（席凯鹏）

【技术创新能力不断增强】 深化创新驱动，加大创新投入，研发强度达 4.87%，申报专利 6 件，取得软件著作权 57 项，共享服务公司获取第二个三年国家高新技术企业认证。RPA 平台探索流程挖掘技术（RPM）应用，开发效率提升 30%；上线 RPA 应用商城，发布 76 个流程，新开发 300 余个内外部应用，“享当当”生态圈进一步扩大。网络安全联合实验室形成工业互联网安全评测体系等 5 项成果，技术实验室获取软件测试 9 个全要素 CNAS 认可资质证书，数据实验室完成 TCP 端口扫描分析等 3 个模型研发和试运行。自主研发智能审核平台，实现业务自动预警提醒 40 余万条。国家电子凭证会计数据标准深化应用，商业银行电子回单自动匹配率超 99%。承接集团司库体系建设子项目，应用辰光平台开展数据建模，数据分析产品在 20 余家企业拓展，有力促进集团公司数字化转型。

（席凯鹏）

中国合格评定国家认可委员会

实验室认可证书

（注册号：CNAS L17676）

兹证明：

中国石化集团共享服务有限公司技术实验室

（法人：中国石化集团共享服务有限公司）

北京市朝阳区朝阳门北大街 22 号，100010

符合 ISO/IEC 17025：2017《检测和校准实验室能力的通用要求》（CNAS-CL01《检测和校准实验室能力认可准则》）的要求，具备承担本证书附件所列服务能力，予以认可。

获认可的能力范围见标有相同认可注册号的证书附件，证书附件是本证书组成部分。

生效日期：2023-02-03

截止日期：2029-02-02

中国合格评定国家认可委员会授权人

中国合格评定国家认可委员会（CNAS）经国家认证认可监督管理委员会（CNCA）授权，负责实施合格评定国家认可制度。CNAS是国际实验室认可合作组织（ILAC）和亚太认可合作组织（APAC）的互认协议成员。本证书的有效性可登陆www.cnas.org.cn获认可的机构名录查询。

2023 年 2 月 3 日，共享服务公司通过 CNAS 认证

【深化干部人才队伍建设】 围绕建设堪当重任的高素质干部队伍，组织全体中层和专家参加党的二十大精神轮训；按照好干部“20 字”标准选拔配备中基层管理人员，8 人推荐纳入集团公司后备干部库。选派 62 人在共享服务公司内外部挂职交流，强化专业训练和实践锻炼。全面实施人才强企战略，2024 年毕业生引进指标 80 人，较 2023 年翻一番；积极开展专家选聘，专家达 34 人，4 人通过正高级职称评审；开展“领军、精英、高潜”三级人才库建设，评审入库 348 人。修订专业技术人员管理办法，调整各职位层级职数设置与任职条件，拓宽人才成长空间；借鉴华为公司先进管理理念，有序开展任职资格体系建设。2023 年，共享服务公司在集团第二届风控内控竞赛中获个人金奖和团体三等奖，在第三届中国 RPA+AI 开发者大赛中获企业组钻石奖。

（席凯鹏）

2023 年 6 月 26 日，共享服务公司斩获第三届中国“RPA+AI”开发者大赛钻石奖

【以高质量党建引领保障高质量发展】 扎实开展学习贯彻习近平新时代中国特色社会主义思想主题教育，牢牢把握“学思想、强党性、重实践、建新功”总要求，一体推动理论学习、调查研究、推动发展、检视整改等重点措施落地见效，得到集团公司巡回指导组高度肯定，总体评价为“好”的比例为 100%。纵深推进“13356”党建质量

提升行动，形成党支部带“三基”、“双细胞”融合、党建共建、“2+X”先锋指数等措施机制，“融合共赢、梦享远航”党建品牌建设成效初显。举办共享服务高峰论坛，编制共享发展纪实，全方位宣传展示共享十年发展成就。深入推进政治监督具体化精准化常态化，健全完善“一架构一体系三清单”“大监督”运行机制；持续深化作风建设，扎实推进纪检监察干部队伍教育整顿，风清气正、实干担当的政治生态不断巩固。

（席凯鹏）

2023 年 3 月 21 日，中国石化共享服务高峰论坛在北京举行

【共享东营分公司】 中国石化集团共享服务有限公司东营分公司（简称共享东营分公司）聚焦“三篇考卷”奋力攻坚，2023 年经营效益、运营指标创历史最高水平。财务业务附件标准化项目率先在胜利片区实施推广，智享会计核算平台实现对公业务手工凭证智能生成全覆盖。HR 共享推行“小军团”、服务端前移、HRBP 服务“三新模式”，社保共享服务管理信息平台顺利测试应用。IT 共享安全促优服务范围增加 36%，打造呼叫中心“服务台 +3 线”一体化运维模式，提供 7 × 24 小时一站式服务。优化市场“六大保障体系”，打造呼叫定制、培训设计与实施等 4 项千万元级，造价咨询、财务报表开发等 6 项 500 万元级，人才盘点、档案保管等 5 项 300 万元级的明星产品。智能化凭证模板应用率和自动制证率分别达 97% 和 56%，获山东省、石油石化协会创新成果 8 项，完成 6 件专利、54 项软著申报。积极推进改革，加强“三基”工作，抓实安全管理。推动“13356”党建质量提升行动落地见效，形成党委统一领导、党政齐抓共管、群团共同参与的大党建格局。

（席凯鹏）

【共享南京分公司】 中国石化集团共享服务有限公司南京分公司（简称共享南京分公司）深入实施“六大工程”，全面完成 2023 年工作任务，经营指标创历史最好水平。财务共享业务准确率 99.9967%，自动化率升至 79%，销售大合并报表再提前 12 小时。境外财务共享超额完成 10 家企业 78 个公司代码上线。人力资源共享全流程贯通人事与薪酬业务，人均劳效提升 6%。IT 共享建成运营一体化运维平台，完成 56 家企业推广。组建十大军团，上线 70 家工会经费业务，法律共享工商年报自动化出具取得试点突破，为碳科公司、化工销售公司等新设企业提供一体化服务，实施 32 个外部项目，市场化收入突破亿元大关。新增软件著作权 17 项，申报专利 1 件，获 2 项全国行业职业技能竞赛三等奖、4 项南京市企业管理现代化创新成果一等奖，获命名 1 个“中国石化示范性职工创新工作室”。落实改革深化提升行动，完善公司治理体系。开展机关竞聘上岗和末尾淘汰，队伍结构更加优化。坚持党建引领，深化双融互促，形成上下一心、真抓实干、奋发进取的磅礴力量。

（席凯鹏）

【石化国旅】 中国石化集团国际旅行社有限责任公司承办“院士行”、世界地热大会科考活动等服务保障，获广泛好评。上线“文旅 + 乡村振兴”板块，新订湘西凤凰县文旅合作协议，助力集团服务乡村振兴国家战略。围绕中东及香港驻点定向拓展商旅资源，建立国际商旅资源库。与 21 家企业开展对外交流，成功开拓中国系统、中国化学品协会等客户。改革管理走深走实，“三能”机制有效落地，初步建立市场化岗位、薪酬、绩效三大体系。多措并举加大催收催报力度，员工当月报销率提升至 57%，一年以上未报销金额降幅 89.5%，首次实现正现金流入。推动党建工作与生产经营深度融合，举办“商旅大讲堂”42 场，持之以恒正风肃纪，加强员工关怀，传递组织温暖，获评集团公司优秀基层工会组织。

（席凯鹏）

表 1 共享服务公司主要经营指标[1] 万元

指标名称 \ 年份	2023	2022	2021	2020	2019	2018
收　入	139 130.00	126 158.00	115 196.00	104 729.00	98 691.00	65 809.00
利　润	1 779.00	1 599.00	1 611.00	3 935.00	1 693.00	723.00

① 石化国旅按净额法确认收入

审计中心

【概况】 中国石油化工集团有限公司审计中心（简称审计中心）于 2021 年 6 月完成工商注册，7 月 12 日正式成立，是集团公司唯一一家直属分公司（按大一型直属单位管理）。

审计中心以审计部原北京分部为基础组建，审计部原南京分部、武汉分部、广州分部、境外分部分别更名为南京审计中心、武汉审计中心、广州审计中心、境外审计中心，作为审计中心的派出机构，境外审计中心编制从国勘公司编制序列划入审计中心管理。审计中心本部设综合室（党群工作部、纪检监督部）、党委组织部（人力资源室）、大数据审计室和审计业务一室、审计业务二室、审计业务三室 6 个部室。截至 2023 年底，审计中心在册员工 188 人。

审计中心接受审计部（党组审计办）的业务指导和专业管理，主要履行审计监督职能，负责按时按质按量完成集团公司年度审计计划，负责督促审计发现问题的整改等职责。审计部（党组审计办）和审计中心实施一体化运行、一体化管理、一体化考核，形成“界面清晰、责权分明、管办分离、协同有序”的高效运行审计管理体制。

（梁建帅）

【中国石化在国务院国资委内审质量评估中被评为 A 级企业】 按照《关于开展中央企业内部审计工作质量评估的通知》（国资厅发监督〔2021〕37 号）要求，国务院国资委组织开展 2022 年度中央企业内部审计工作质量评估，中国石化被评为 A 级企业，并位居 A 级企业前列。

（梁建帅）

【党组领导在国务院国资委介绍中国石化境外审计经验】 2023 年 4 月 6 日，集团公司党组成员、总会计师张少峰代表中国石化在中央企业内部审计工作会议上，以《提高政治站位 强化使命担当 为公司国际化经营提供审计保障》为题，介绍中国石化境外审计工作的典型经验做法。

（梁建帅）

【圆满完成全年审计监督任务】 审计中心高效统筹全年审计项目计划，开展各类审计项目 111 个，在审计任务连续 3 年平均增幅超过 30% 的基础上，圆满完成 2023 年审计监督任务，促进增收节支直接创效 4.43 亿元，有效发挥审计监督效能。

（梁建帅）

【聚焦重大政策和决策的跟踪落实开展审计监督】 审计中心密切关注高质量发展、保障国家能源安全等国家重大战略和国资监管重点等重大方针政策落实情况，密切关注集团公司“三新”业务产业布局等重大决策落实情况，组织开展安全环保投入管理情况、金融衍生品业务、金融子企业新开展业务风险管理、资金风险管理 4 项专项审计，向党组及相关事业部提交签报和专题报告，有效发挥政策落实的推动作用。

（梁建帅）

【聚焦重大风险化解和防控开展审计监督】 审计中心坚持法治思维、底线思维，密切关注重大风险化解和防控，紧扣现金流、投资、成本管控等重点领域，组织开展 41 项风险内控审计。

（梁建帅）

【聚焦权力运行和责任落实开展审计监督】 审计中心密切关注领导人员的权力运行和责任落实情况，紧盯“关键少数”，坚持把企业重大经济事项作为审计监督的重点，组织开展 49 项经济责任审计，督促企业领导人员树立正确的政绩观和业绩观。

（梁建帅）

【聚焦问题整改推动建立健全长效机制】 审计中心认真贯彻落实习近平总书记关于“审计整改是有效发挥审计监督作用的重要一环”的重要指示精神，大力提倡“三抓四边法”，即抓源头协同、抓现场提醒、抓审后督促，做到边审计、边整改、边规范、边提高，当年审计发现问题到期整改率保持 100%。通过整改，促进企业制（修）订制度 503 项，补办手续 279 项。

（梁建帅）

【审计项目组织运行持续优化】 审计中心首次采用“揭榜挂帅”方式，分解审计项目计划，把项目由“派任务”变为“抢资源”。优化“三早六定”细化责任，定分管领导、定牵头处室、定组长、定主审、定批次、定时间，实现全年一盘棋高效统筹。探索完善集约化审计，深化“1+N+X”组织模式，实现“一审多果”。审计中心领导班子成员深入一线常驻项目，全程指导，“调焦距、对光圈”，确保审计工作方向始终与党中央方针政策及党组决策部署，同频共振、步调一致。全面传承创新“小兵团”作战、“五前三包”和“三平台两渠道”等好的经验做法，不断提高审计项目的组织、运行和管理效率。

（梁建帅）

【研究型审计取得新进展】 审计中心以审计项目为载体，把研究型审计贯穿项目实施全过程。以高质量内审工作服务公司高质量发展的经验做法在《中国审计报》刊发推广。3 篇论文获中国内审协会表彰。以管理创新为载体，《数据分析赋能审计项目提质增效的探索与实践》《“四个同步”推动审计工作高质量发展》分获集团公司管理现代化创新成果评选二等奖和三等奖。《用大数据“读懂”数据背后的审计价值案例》入选 2023 年中国石化百项数据应用优秀案例。

（梁建帅）

【科技强审开拓新局面】 审计中心持续探索开展信息化项目决算审计，揭示网络和信息安全、数据治理及质量等方面的问题隐患，形成的专题签报获党组领导肯定。以江西石油分公司经济责任审计项目为载体，探索开展大数据审计，为开展平台式审计积累有效经验。开展审计模型迭代升级，协同审计部动态完善审计模型 51 个，组织收集梳理模型建设需求 14 项。继续探索大数据应用支持，累计推送线索 182 条，形成 24 个典型应用案例，组织编写 6 项成熟数据模型操作手册和方法，辐射带动效应充分发挥。大数据审计团队获评工信部 IT 新治理年度影响力团队。

（梁建帅）

【人才强审增添新动能】 坚持党管干部、党管人才，选优配强中心各级班子和干部。中央企业首家对标审计署，在南京审计大学组织首期计算机审计中级培训，53 人通过认证，通过率 87%，43 人获 CDA 资格认证，储备一批“大数据审计尖兵”，得到集团公司党组的充分肯定。鼓励员工参与各类资格考试，审计中心持有各类国家职业资格证书 119 人次，占比 63%；具有副高级职称以上人员 132 人，占比 70%；党员 170 人，占比 90%。参加集团公司内控风控业务竞赛，系统内 140 家单位 1067 名选手参赛，审计中心获集团公司总决赛团体第二名，1 人获个人金奖，1 人获个人银奖。审计中心全年借用审计专员、兼职审计专家、企业人员 456 人次，发挥“以审代培”和统筹审计“三支队伍”的重要作用。同时选派精兵强将 25 人次支援审计署、国务院国资委及总部部门、兄弟企业开展各类审计检查等专项工作，得到一致好评和表扬。

（梁建帅）

【召开中心四会】 2023 年 2 月 14—15 日，组织召开中国共产党中国石油化工集团有限公司审计中心党员大会、中国石化审计中心 2023 年工作会议、中国石化审计中心第一届职工代表大会第二次会议、中国石化审计中心工会第一届会员代表大会，选举产生党委委员、纪委委员、工会委员会，进一步健全组织体系。

（梁建帅）

【党建工作】 2023年4月17日，集团公司直属党委印发《2022年度党建工作考核反馈意见》，审计中心党委在2021年度获评A档的基础上，连续2年被评为A档。

按照党组领导“聚焦一类项目、找准一个问题、取得一个成效”要求，针对集团公司股权管理存在的突出难题，探索监督部门和被监督部门跨部门解决问题党建新实践，形成以政治建设为统领、以目标同向为基础、以工作同步为抓手、以组织同力为保障、以实效同保为目标的“一统四同”党建共建模式。“一统四同”攻坚克难的党建共建模式得到多位党组领导的批示肯定，被纳入集团公司党组党校典型教学案例，拟在全集团公司范围内推广。在集团公司成立40周年之际，《“四个融合”提升审计工作质量》被评为集团公司庆祝成立40周年党建工作优秀典型案例。

组织完成首次基层党支部分类定级，先进带后进，提高基层党组织建设质量。完善审计中心党建工作“单、责、图、册”，制作《审计中心党群组织职责架构流程》。开展党建“三基本”建设专项整治，3个方面13项整改措施全部有效落地，完成闭环整改。组织举办党务人员培训班，基层党建工作的标准化、规范化水平不断提升。制定《审计中心主题党日实施细则》《信访举报和问题线索归口管理处置实施细则（试行）》《审计查证方法冠名实施办法》《典型审计案例征集实施办法》等，党建工作制度体系更加完善。

（梁建帅）

【构建形成“1+4”廉洁作风建设体系】 审计中心纪委构建形成“1个宣讲提纲，即《审计组审计现场作风、廉洁等事项提示宣讲参用提纲》；2项评价反馈，即审计人员廉洁纪律执行情况意见反馈表、队伍状况及协作配合情况评价表；2个责任承诺，即廉洁责任书、保密责任书”的“1+4”廉洁作风建设体系。审计中心纪委采用“四不两直”形式，先后到北京、天津、甘肃等7个审计项目现场检查调研。《构建具有审计特色的纪检监督体系》典型经验在《中国石化报》刊发，纪检工作6篇特色做法在《监督工作动态》刊发交流。

（梁建帅）

经济技术研究院（咨询公司）

【概况】 中国石化集团经济技术研究院有限公司（简称经济技术研究院）是中国石化直属的软科学研究机构，位于北京，主要从事行业发展、公司发展战略、宏观经济政策、国际化经营、金融证券、公司管理及市场营销战略等领域研究，并为重大项目提供决策支持。1999年12月底，中国石化为加强发展战略、宏观经济与政策、市场营销及科技信息研究，并为决策层提供决策咨询，决定将原中国石化石油化工规划院和原中国石化信息中心的经济技术信息部分合并，设立中国石油化工集团公司经济技术研究院。经中央机构编制委员会办公室批复同意，经济技术研究院仍为事业单位。2015年，经济技术研究院获全国博士后管委会批准设立博士后科研工作站。2017年，经济技术研究院入选中国社会科学评价研究院《中国智库综合评价研究报告（2017）》核心智库榜单，跻身十大国有企业智库之列。2020年，原中国石油化工集团公司经济技术研究院由事业单位改制为企业，中国石化集团经济技术研究院有限公司注册成立。

中国石化咨询有限责任公司（简称咨询公司）的前身是于1985年批准成立的中国石化咨询公司，原与中国石化规划院、现与经济技术研究院合署办公，主要职责是对中国石化固定资产投资项目进行可行性研究的前评估和后评价，是中国石化的直属专业公司。1994年，咨询公司获中国首批甲级工程咨询资质，成为中国工程咨询协会理事单位，2004年获首批承担国家发展和改革委员会投资咨询评估任务的咨询机构资格并始终保持。2017年，按照中央企业公司制改制的总体部署，咨询公司完成改制工作，正式更名为“中国石化咨询有限责任公司”。

截至2023年底，经济技术研究院（咨询公司）用工总量214人，其中205人具有专业技术职务任职资格、占职工总数的95.79%，具有正高级技术职称的13人、副高级技术职称的90人，45人具有博士学位、129人具有硕士学位。

2023年，经济技术研究院（咨询公司）以扎实开展学习贯彻习近平新时代中国特色社会主义思想主题教育为推动力，锚定世界一流能源化工高端智库战略目标，紧抓国务院国资委大力推进中央企业新型智库建设的机遇，不断完善顶层设计，在夯实研究体系、强化数智化支撑、加强品牌建设、深化交流合作等方面持续加力，推动一流高端智库建设取得新成效。

经济技术研究院（咨询公司）2023年主要研究成果获奖情况见表1。

（陈丹妮）

【聚焦“五条主线”开展课题研究】 2023年，经济技术研究院（咨询公司）恪守服务国家、服务集团、服务企业发展宗旨，聚焦中国石化乃至中国能源化工产业绿色低碳转型高质量发展中的重点、热点、难点问题，深入开展各类支撑性研究，收到来自国家发展改革委、国务院国资委、国家能源局等委托方发来的感谢信、表扬信17封，实现课题研究量质齐升。

聚焦国家重大战略需求和保障能源安全开展研究。围绕“四个革命、一个合作”能源安全新战略、国际形势重大变化、国资央企重要改革发展方向等深入分析，为中国加快推进新型能源体系建设、推动能源绿色发展、维护能源安全，为中央企业准确把握能源化工领域战略性重大科技攻关方向、加快关键产业开发布局、提高核心竞争力提供智力支撑。

聚焦新形势下转型升级开展研究。围绕落实国家区域重大战略、构建现代化产业体系和绿色低碳产业体系、资本金融业务功能的充分发挥等开展研究，为中国石化夯实产业研究基础、优化区域业务布局、加快转型升级、增强绿色引领力、有效利用金融手段服务提升主责主业提供智库支撑。

聚焦生产经营管理开展研究。强化宏观环境研判、生产经营优化、重大投资决策分析、国际化经营发展研究、企业生产经营管理与优化，为中国石化及相关企业研判形势、把握机遇、优选路线、打造产业竞争新长板提供科学依据。

聚焦打造一流公司治理开展研究。围绕提升科技创新能力、增强管理效能、加强经营风险防范深入研究，助力中国石化大力推进科技自立自强、持续提升改革管理水平和抗风险能力。

持续夯实基础性建设。优化区域国别投资策略、中国石化主要石油石化产品市场预测等研究体系建设，强化《中国石化风光发电项目可研编制细则》等标准规范研究，完善乙烯、炼油等绩效评价方法，不断夯实智库研究根基。

（陈丹妮）

【多措并举推进智库建设】 持续完善顶层设计，印发实施第3版《打造世界一流能源化工高端智库战略行动方案》，研究制订《争创中央企业新型智库建设工作方案》，进一步明确智库学科建设发展目标和重点改革举措。

持续提升数智化水平，中国石化能源化工产业研究应用系统、课题平台二期上线试运行，数据库、方法库、成果库、专家库等核心知识资产归集建设步入快车道。

持续拓展交流合作，创建“深研求是论坛”“智享论坛”等业务交流机制，积极与国家能源局、国务院国资委中央企业智库联盟等合作开展研究。

持续强化品牌影响。强化信息报送工作，2023年累计上报77篇，其中获中央领导批示1篇，被中共中央办公厅、国务院办公厅采用5篇，被国务院国资委采用12篇，获党组领导批示6篇。高质量完成《当代石油石化》《石油石化绿色低碳》《能源化工财经与管理》期刊编辑出版工作。高质量编制《2024中国石化智库报告》；成功举办《中国能源展望2060（2024年版）》《中国氢能产业展望报告》发布会暨2024年能源化工产业发展论坛，首次发布氢能分报告；成功承办“双碳”目标下石化产业高质量发展论坛、第四届中央企业智库联盟“六铺炕能源论坛能源化工转型分论坛”，充分展示智库形象。

（陈丹妮）

《中国氢能产业展望报告》发布现场

【以“两大行动”为抓手，深化改革攻坚创效】 一体推进“两大行动”。制定实施《改革深化提升行动工作台账（2023—2025年）》《“对标世界一流企业价值创造行动”实施方案》，实现“两大行动”2023年任务完成率100%。

持续深化市场化改革。狠抓合同创效，2023年实现咨询服务合同额增长39.5%，再创新高。强化部门绩效考核，修订完善《绩效考核管理办法》，进一步健全激励约束机制。

持续提升管理质效。强化课题管理，常态化推行项目经理负责制，建立课题打磨研讨提升机制、优秀课题成果奖预评价机制。强化合规管理，将法律、合规、风控、内控、制度一体化工作纳入合规建设方案。强化财务管理，开展月度经营活动分析，实现连续6年无亏损的良好成绩。强化信息学会管理，成功举办2023中国石油炼制科技大会。强化期刊管理，修订实施《中国石化期刊管理办法》《中国石化刊型内部资料性出版物管理办法》。强化后勤服务管理，高质量完成“安全管理强化年”行动，保障企业安稳运行。

（陈丹妮）

2023中国石油炼制科技大会现场

【持续推进人力资源“十四五”及中长期规划落实落地】 纵深推进“三项制度”改革。实现任期制契约化管理全覆盖，修订领导人员绩效考核管理办法、薪酬管理办法，以及中层领导人员任期制和契约化管理办法、推进中层领导人员能上能下实施办法等制度，强化绩效考核和反馈指导。稳步实施薪酬和职级管理改革，制订实施《职工薪酬分配及职位层级管理优化方案》，调整职级37人，调整薪酬档级116人，提高员工尤其青年职工即期收入的获得感，适度加快基层级岗位和基本薪酬的晋升速度，进一步优化人才成长通道。

加强人才梯队建设。持续完善人才成长机制，打造风清气正的选人用人环境；严格执行干部选拔任用程序选贤任能，提拔中层正职1名、中层副职4名，不断壮大中层领导人员队伍；科学设置、严格把关职位晋升条件，开展专家竞聘，新聘专家6名，进一步充实中坚力量。不断优化员工培训体系，2023年选送干部员工参加各类培训超200人次，较2022年增加1倍；高质量举办“守正创新 接续奋斗”讲座，编制《员工手册》，人才梯队建设得到持续完善。

加大引才聚才力度。2023年引进应届毕业生15人、成熟人才7人，有效补充新兴业务和重点研究领域研究力量。首次探索开展引进人才质量评估工作，不断提升引才质效。

（陈丹妮）

【全面提升党建工作规范化体系化精细化水平】 完善公司治理中加强党的领导，组织修订党委“两个清单”，推动与“三重一大”决策事项清单有效衔接；严格落实重要事项党委会前置研究审议程序，不断提升决策水平。持续提升基层党建工作质效，持续完善月度党支部工作例会制度，创建“一支部一品牌”，抓实党建共建，以“庆七一”表彰座谈会、“两优一先”评选表彰为抓手，抓实先进典型表率示范作用发挥。

（陈丹妮）

【完成党组巡视、党建考核、审计问题整改】 全面完成2022年党组巡视“回头看”反馈意见整改工作，抓好26个问题、33条整改措施的落实工作，实现整改完成率100%、群众满意率98.8%。全面完成党建考核反馈意见整改工作，制定 9 条重点整改措施，实现整改完成率 100%。全面完成任中经济责任审计和内控审计整改工作，围绕 15 个审计发现问题，制定整改措施 49 项，截至 2023 年 11 月底，审计发现问题整改工作全部完成。

（陈丹妮）

【全面加强党风廉政建设和反腐败工作】 组织召开党风廉政建设和反腐败工作会议，组织签订党风廉政建设责任书、廉洁从业承诺书、家庭助廉承诺书，以明责促履责，探索构建“大监督”工作体系，加强对“关键少数”和重点领域监督，开展公车使用、费用报销、“光盘行动”等专项监督，监督推动党支部建立月度纪律学习机制，健全完善整治靠企吃企工作机制，举办反腐倡廉教育月、组织赴北京市反腐倡廉教育基地参观、学党章知识竞赛等活动，筑牢廉洁思想根基。

（陈丹妮）

【用心用情发挥群团桥梁纽带作用】 抓实工会工作，组织召开职代会；首次选树经济技术研究院（咨询公司）“劳动模范”、表彰经济技术研究院（咨询公司）“三八红旗手”“优秀工会干部”；组织开展丰富多彩的文体活动，完善“职工书屋”“母婴室”建设，配备 AED 并普及急救知识，用好绿色就医通道，建立职工疗养机制，不断提升职工获得感、幸福感、安全感。抓实统战工作，召开统战人士代表座谈会，鼓励统战人士参加“同心圆”云工作室，集智聚力助推智库发展。抓实共青团工作，以团总支升格团委为契机，扎实开展团员和青年主题教育，受托完成中国石化青年员工思想动态调研，完成青年精神素养提升工程阶段性总结并持续推进，多样化开展团建共建、主题团日，优化提升青年论文交流会、“青研说”品牌质效，助力青年成长成才。

（陈丹妮）

表 1 经济技术研究院（咨询公司）2023 年主要研究成果获奖情况

序号	课题名称	奖项名称	获奖等级
1	一体化投资管理的实践与创新	中国石化第三十二届管理现代化创新成果	二等奖
2	充分发挥资本和金融作用、助力集团公司落实“双碳”战略目标的实践创新探索	中国石化第三十二届管理现代化创新成果	三等奖
3	中国石化“三新”业务科技孵化模式创新	中国石化第三十二届管理现代化创新成果	优秀成果
4	中国能源展望 2060	中国石油和化学工业联合会 2023 年石油和化学工业优秀出版物图书类	一等奖
5	能源化工行业企业数字化运营体系研究	中央企业智库联盟 2022 年度重点课题	一等奖

石化报社

【概况】 中国石化报社（简称石化报社）成立于 1988 年 7 月，是集团公司直属事业单位，主营业务是新闻报刊的出版与发行，注册资本 1000 万元，社址位于北京市朝阳区吉市口路 9 号。

石化报社 1988 年成立时仅出版《中国石化报》，定位是集团公司党组机关报，也是石油石化行业经济报。1992 年，由原中国石油化工总公司企业管理部主办的《中国石化企业管理》杂志（1994 年更名为《中国石化》杂志）划入石化报社。2000 年，原中国石化信息中心声像业务整体划入石化报社。2016 年，集团公司官网、股份公司官网的管理和维护职能及总部办公门户要闻栏目更新维护工作移交石化报社。2022 年 10 月，集团公司将党组宣传部维护和运营的中国石化微博、微信等中国石化官方新媒体的具体职能调整到石化报社，相关新媒体一并移交。

截至 2023 年底，石化报社所属媒体有《中国石化报》《中国石化手机报》《中国石化》杂志、石化 V 视、中国石化新闻联播（电视，含网络视频）、中国石化新闻网、中国石化报微信公众号、中国石化新闻图片网、石化新闻客户端等。同时石化报社还负责管理维护中国石化 2 个官网，管理运营中国石化微博、微信等中国石化官方新媒体账号。

石化报社有员工 144 人，其中具有硕士研究生及以上学历的 66 人、本科学历的 72 人，具有副高级和高级技术职称的 72 人、中级技术职称的 56 人。内设 15 个机构，其中机关职能部门 4 个、直属机构 11 个。石化报社有驻省记者站 26 家。

石化报社主要媒体运营数据及中国石化官方新媒体运营数据分别见表 1 和表 2。

（庞　炜）

【再获中国新闻奖】 2023 年 11 月，由徐徐、戴安妮、王福全采写，徐徐编辑，刊发在《中国石化报》的新闻作品《“向地球深部进军”：我国油气领域“深地一号”项目横空出世》在第 33 届中国新闻奖（2022 年度）评选中获消息二等奖，是继 2011 年首次获奖之后，石化报社新闻作品第二次获中国新闻奖。

（庞　炜）

中国新闻奖

徐徐 戴安妮 王福全 同志

你们的作品：“向地球深部进军”：
我国油气领域“深地一号”项目横空出世
在第33届中国新闻奖（2022年度）评选中获得
消息二等奖
特颁发证书

中华全国新闻工作者协会
二〇二三年十一月

中国新闻奖

徐徐 同志

你编辑的作品：“向地球深部进军”：
我国油气领域“深地一号”项目横空出世
在第33届中国新闻奖（2022年度）评选中获得
消息二等奖
特颁发证书

中华全国新闻工作者协会
二〇二三年十一月

中国新闻奖获奖证书

【开展大型采访活动】 2023 年 5 月，石化报社策划“致敬 40 年・服务国之大者”全媒体系列采访活动，讲好中国石化心怀“国之大者”、服务党和国家发展大局、践行中央企业责任担当的故事。先后派出 5 路记者，历时 1 个多月，跨越 10 多个省份，深入京津冀、黄河流域、长江流域、粤港澳大湾区、海南自贸港等区域企业基层一线深入采访，形成文字稿件 10 余篇、新媒体作品 30 余件、电视视频 5 条、专题网页 5 个，形成“报、台、网、端、微、屏”“六位一体”的传播矩阵，作品被国务院国资委官网、“学习强国”等平台转发。11 月 6—17 日，开展“建设绿色智能炼化企业助力长江经济带高质量发展系列观察”报道，组织 5 路记者走访长江经济带 7 个省市，对川维化工公司、荆门石化、金陵石化、扬子石化、中韩石化、安庆石化、湖南石化、九江石化、镇海炼化等沿江炼化企业进行全媒体采访，通过电视、石化 V 视等新媒体平台进行播发。

（庞　炜）

2023 年 5 月 10 日，石化报社记者在广州石化采访
（胡庆明　摄）

【举办感动石化人物评选及颁奖活动】 2023 年 7 月 6 日，由石化报社主办的“致敬 40 年感动石化”颁奖典礼在集团公司总部举行。10 个获奖人物和团队分别是中国工程院院士毛炳权、胜利油

田王延光、中原石油工程公司程献彬、西藏石油分公司普布卓玛、南京工程公司周奇君、天津石化吴文清、中原油田张卫华、广东石油分公司徐静静、镇海基地项目管理部、全国首个百万吨级CCUS项目攻关团队。集团公司领导和来自中央主题教育第四十四指导组、国务院国资委宣传工作局、中国行业报协会、央视感动中国栏目组的嘉宾为获奖人物和团队颁奖。2023年，石化报社还出版纪念“感动石化”活动举办10周年的书籍《感动石化》。石化报社塑造“感动石化”品牌做法入选中国石化党建创新案例。

（庞　炜）

2023年7月6日，第七届“感动石化”获奖人物和团队合影（胡庆明　摄）

【更好地发挥内参专报作用】 2023年，石化报社报送《石化内参》18期，董事长马永生在《“11·22”事故对驻青岛炼化企业的影响及应对》等多篇内参上作出批示，《胜利油田首个UER项目获准进入德国》通过集团公司政研室报送中共中央办公厅和国务院国资委。

（庞　炜）

【将“三基”工作经验汇编成册】 2023年，石化报社将长期工作积淀下的好经验、好做法，汇编成《新闻采编基本功训练手册》和《新闻采编工作手册》，印发给全体员工学习，同时定期推送新闻宣传规范表述提示，推动“三基”工作落实落地。

（庞　炜）

【积极发挥专家作用】 2023年，石化报社安排2名首席专家协助领导班子加强媒体质量把关，协助社领导做好《中国石化报》一版大样的终审工作；2名首席专家分别牵头负责“石化V视”“周油列国”等工作室，加强业务研讨和创新攻关，加快推进媒体融合发展；还承担重大新闻宣传项目的组织实施，以及牵头负责庆祝中国石化成立40周年特刊报道、感动石化人物评选、中国石化展示中心8K宣传片摄制等重大项目。

（庞　炜）

【加强教育培训】 2023年，石化报社深入开展学习贯彻党的二十大精神专题培训、新闻采编业务培训、能源化工行业知识培训、心理健康教育、信息安全和国家保密培训等培训工作。特别是根据发展需要，开展全媒体业务培训、新入职员工培训和通联队伍培训，精心组织报刊、新媒体、电视、短视频、摄影、国际传播等新闻业务培训班，邀请中国记协、行业报协会、新闻院校及抖音和快手的专家学者授课，创意组织学员实战研讨、团建交流，学员普遍反映培训课程更系统，讲授内容更专业，新闻视野更开阔。

（庞　炜）

【推进合规管理】 2023年，石化报社认真落实集团公司合规管理要求，结合检查考核、审计反馈问题整改，不断提升标准化、制度化、规范化管理水平。修订内控手册，制定修订合规管理、对外合作、媒体经营、固定资产、网络安全及印章管理等18项制度，在升级后的内部办公平台嵌入制度管理模块，方便宣贯和执行。成立项目办公室统一开展对外合作，严格管控、监督和考核对外合作业务，全年审批合同180余份，开展商务谈判30余次，保障业务合法合规运行。

（庞　炜）

【全面从严加强党建工作】 石化报社党委坚持把学习习近平新时代中国特色社会主义思想作为“第一议题”，扎实开展学习贯彻习近平新时代中国特色社会主义思想主题教育，进一步增强坚定拥护“两个确立”、坚决做到“两个维护”的政治自觉。严格落实民主集中制原则，做到集体决策、科学决策、民主决策，党委“把方向、管大局、保落实”作用有效发挥。认真落实集团公司人才工作会议精神，以忠诚干净担当为标尺，与中央企业领先媒体相匹配，依靠制度选人、全面立体育人、人岗匹配用人、严爱相济管人，干部人才队伍活力有效激发。配强支部班子，规范“三会一课”、主题党日、谈心谈话制度落实，注重在集团公司年度工作会、“感动石化”等重要报道，党建考核、接受审计等重要任务中，检验党员、历练队伍，15 个党支部战斗堡垒作用、党员先锋模范作用进一步体现。修订《深入贯彻落实中央八项规定精神实施细则》，深入宣贯《中国石化职工处分规定》《总部员工文明礼仪行为规范》，紧盯石化报社年度重点任务、建设项目、资产采购、对外合作，以及形式主义、官僚主义监督，扎实开展纪检监察干部队伍教育整顿，廉洁名片更加亮丽。党建带工建、带团建，工团组织服务报社大局、服务干部员工的意识进一步增强、水平进一步提高。

（庞　炜）

表 1　石化报社主要媒体运营数据

指标名称 \ 年份	2023	2022	2021	2020	2019	2018
《中国石化报》①/ 万份	12.20	12.40	12.22	12.60	12.56	12.90
《中国石化》杂志②/ 万份	2.80	2.88	2.80	2.82	2.81	2.80
《中国石化手机报》③/ 万份	1.95	2.07	2.01	1.86	1.86	1.83
中国石化新闻网④/ 万次	1.50	1.30	1.00	2.00	2.00	3.00
中国石化报微信公众号⑤/ 万人	28.29	16.22	15.16	4.68	2.52	2.28
石化新闻客户端⑥/ 万次	24.40	22.86	22.72	22.69	22.50	11.00
石化 V 视⑦/ 万次	10.56	9.89	9.86	9.70	—	—

注：中国石化新闻网微博于 2023 年停止更新，故不再收录；
①②③发行量；
④日均页面浏览量（2021—2023 年数据为内容页日均浏览量）；
⑤关注人数；
⑥累计下载量；
⑦日均浏览量

表 2　中国石化官方新媒体运营数据　万人

指标名称 \ 年份	2023	2022	2021	2020	2019	2018
中国石化微信公众号①	1 065	—	—	—	—	—
中国石化微博②	154	—	—	—	—	—
中国石化国内资讯平台账号③	572	—	—	—	—	—
中国石化国内短视频平台账号④/ 万次	208	—	—	—	—	—
中国石化海外社交媒体账号⑤	566	—	—	—	—	—

①关注人数；
②新浪微博关注人数；
③学习强国、今日头条、知乎、百度百家、同花顺、澎湃等国内资讯平台账号关注人数总和；
④抖音、快手、微信视频、央视频、哔哩哔哩等国内短视频平台账号日均浏览量总和；
⑤ Facebook、X（原 Twitter）、Youtube、Instagram、VK 等海外社交媒体账号关注人数总和

石化出版公司

【概况】 2015 年 9 月，集团公司印发《关于中国石化出版社有限公司中国经济出版社整合的通知》（中国石化企〔2015〕471 号），决定对中国石化出版社、中国经济出版社进行整合，实行“一套班子、两块牌子”，整合后保留两家出版社名称，对内称石化出版公司，对外分别使用中国石化出版社有限公司、中国经济出版社有限公司开展业务。

石化出版公司坚持以习近平新时代中国特色社会主义思想为指导，深入学习贯彻党的二十大精神、习近平文化思想、习近平总书记视察胜利油田、九江石化重要指示精神，以建设国内知名文化品牌和国内一流的知识、文化、智库服务提供商为目标，把社会效益放在首位，坚持以服务集团、服务行业、服务国企、服务社会为己任，紧紧围绕中国石化战略与业务发展、品牌文化建设、队伍建设和党建等各方面工作需要，实施价值创造战略、创新驱动战略、资源开拓战略、差异化运营战略、平台化战略、人才强企战略，立足全面提升传统出版，积极拓展数字与融合出版和知识服务等新业务，大力提升品牌影响力和市场竞争力，努力实现更高质量、更高水平的快速发展，加快把两个出版社打造成为中国石化“文化名片”。

截至 2023 年 12 月末，石化出版公司用工人数 189 人，设置中层机构 20 个，其中业务部门 16 个、职能部门 4 个，党支部 17 个，党员 141 人。

（综合管理部）

【生产经营】 在集团公司党组的坚强领导下，石化出版公司党委团结带领全体干部员工深入开展主题教育，认真学习贯彻习近平总书记视察胜利油田、九江石化重要指示精神，完整、准确、全面贯彻新发展理念，以打造中国石化“文化名片”为牵引，全面增强公司核心能力，持续提升“四个服务”的水平和成效，继续创造出可喜成绩，圆满完成全年生产经营各项目标任务，多项指标创历史新高。全年共出版图书 1880 种，其中新书 1131 种、重印书 749 种；图书出版码洋 5.31 亿元，其中新书 3.84 亿元、重印书 1.47 亿元；营业收入 3.88 亿元，净利润 1877 万元；4 家子公司整体经营情况良好。与上年同比：取得出版码洋增长 9.3%、营业收入增长 41.1%、利润增长 17.2% 的良好业绩。其中石化出版社：全年出版图书 966 种，出版码洋 3.44 亿元，营业收入 2.04 亿元，净利润 1313 万元。与上年同比，取得出版码洋增长 2.7%、营业收入增长 37%、利润增长 23% 的良好业绩。经济出版社：全年出版图书 914 种，出版码洋 1.87 亿元，营业收入 1.84 亿元，净利润 564 万元。与上年同比，取得出版码洋增长 25%、营业收入增长 46%、利润增长 12.8% 的良好业绩。

（综合管理部）

【图书出版品牌影响力获新提升】 按照调结构的总体思路，聚焦主题出版和科技与专业学术、经济社会热点和大众阅读需求打造精品图书，出版一批重点、热销图书，重点产品线建设取得新成效。围绕党之大计、国之大者，推出《旗帜引领 担当》《新时代铁人精神之光》《构建关键核心技术攻关新型举国体制研究》《新文明的诞生》《新视野：共建“一带一路”高质量发展》等一批主题出版物。全年主题出版图书品种达 54 种，占新书品种的 7.3%，增加 8%。围绕 14 条重点专业产品线，精心组织滚动修订“一三五”选题规划，重点抓好“四个十”精品工程和“百种万册”工程建设。石化出版社在炼油、石油化工装备、石油化工安全及油气勘探开发等专业板块巩固优势地位，出版《乙烯装置分离工艺与工程》《石油化工加热炉设计手册》等图书；经济出版社在国企改革发展、金融理财、高端学术等专业板块持续发力，出版《中央企业改革发展研究 2》《不亏》等图书。组建大众出版分社，做强市场类竞品，实现高起点起步。全年引进图书选题 67 种，出版图书 13 种，积极推进版权输出，助力讲好中国故事、央企故事。全年获评国家级图书规划项目、基金项目 5 个，65 种图书获省部级以上奖励。全年共评出“月度好书”116 种、“年度好书”22 种，实现“百种万册”图书 83 种、增长 45.6%，品牌影响力更加显著。

（综合管理部）

【着力统筹“四个服务”，持续增强综合实力】 2023 年，石化出版公司坚持把服务集团作为首要任务，推进做好服务国资央企、服务行业和服务社会工作。围绕主责主业，进一步拓展“书展会片刊”业务格局，在提升服务能力和服务质量上久久为功，扩大了品牌影响力，增强了综合实力。①中国石化成立 40 周年的契机，充分展示履行核心职责的能力和成效。高标准完成集团公司主题展厅项目建设，累计接待服务参观人员 6000 余人次；高质量出版《中国石化简史》《中国石化大事记》等一批服务集团 40 周年的高质量图书；开创性举办中国能源化工领域首个互动探秘科普展——“一滴油的奇妙旅行”；成功举办中国石化科技创新未来发展论坛；在《国资报告》杂志上刊发党组署名文章《四十年再出发》，在国资央企全系统展示中国石化取得的辉煌成就和宏伟蓝图。超计划完成其他常态化服务集团的项目：成功承办中关村论坛平行论坛和清华大学碳中和论坛；为总部 10 余家部门和企业策划服务大型项目 30 余项；积极推进智能共享书柜项目各项技术优化和市场价值转化，在系统内完成 120 余个办公区域 200 余台书柜建设服务；开展中国石化首届职工全民阅读书集活动，助力集团公司打造“书香石化”；配合集团公司开展“丝路书屋 - 中国书架”项目，获中宣部高度认可，增强了中国石化国际影响力。②聚焦服务国务院国资委中心工作，助力做强做优做大国资国企成效显著。围绕国务院国资委中心工作，整合服务国资央企多种资源，巩固了国资央企出版基地，扩大了石化出版公司的影响力。全年完成服务国务院国资委机关项目 72 个、重点摄制工作任务 46 次。其中，完成《中国国有资产监督管理年鉴》等 7 种图书出版项目；出版发行《国资委公告》4 期近 4 万册；出版发行《国资报告》杂志 12 期 18 万册；承办第十届“国企好新闻”训练营及“国企好新闻”评选工作；协助承办第六届中国企业论坛，承办“企业数智融合创新”分论坛。全年完成国资央企系统项目 45 个，出版《中国化学工程集团有限公司年鉴 2023》等中央企业志鉴板块图书 27 种；积极贯彻落实中国文化“走出去”战略，服务国资央企参与“中国书架”项目，累计为 7 家中央企业建设 25 个书架。③聚焦服务行业、服务社会，品牌影响力不断提升。发挥专业优势，出版《炼油专业管理实践》等专业图书，为科技行业发展提供技术支持；持续加强国企改革文库、乡村振兴文库等 17 个文库的内容建设，为国家战略的落地实施提供政策参考；出版“银河少年”科幻名家、世界名著美绘等 10 余种大众图书投放市场，开拓大众阅读市场，提升市场化图书占比。《服务构建新发展格局 高质量推进现代流通体系建设研究》获国家出版基金资助，“中国经济新发展阶段”丛书入选国家“十四五”重点图书出版规划项目（增补），《乙烯装置分离工艺与工程》获 2023 年度国家科学技术学术著作出版基金资助，《会计基础》《石油加工工艺学（第二版）》入选首批“十四五”职业教育国家规划教材。全年累计获各类奖项和荣誉图书 78 种，增加 10 种。

（综合管理部）

【数字化转型融合发展取得新进展】 坚持创新驱动发展，以“图书 +”业务模式为基础，积极开拓新业态新业务，创新业务形成新的增长点，知识服务和数字化转型加快推进，成效显著。①“书展会片刊”融合创新业务发展格局进一步稳固。“书展会片刊”各业务模块逐步形成一定规模。2023 年，图书项目收入占总收入的 49%；其他业务收入占总收入的 51%。展览业务全年共完成 22 项；各类会议论坛 32 项；《国资报告》《中外能源》杂志影响力不断扩大；拍摄各类纪录片、专题片 50 部；完成各项培训任务 18 项。②三个新业态项目助力数字化转型发展成效显著。实现中国石化知识服务平台（易牍）正式上线推广使用，提供 12 万种电子书、1600 多种（3 万多集）有声书等内容，涵盖经济管理、能源化工等多个领域，平台荣获中国新闻传媒行业唯一科技进步奖——“王选新闻科学技术奖”项目奖。升级完善中国石化图书采购平台，已拥有百万种图书，覆盖 2000 余家出版社和供应商，全年销售额 151.98 万元。智能共享书柜推广转化取得显著成效，实现在京单位全覆盖，拓展至全国 9 省市，累计服务 36 万人次，实现收入 683.52 万元。③“四个数字化”建设取得新成果。内容数字化规模初现。完成自有资源数字化转化 6500 种，上架电子书 3200 种，上线能源化工、标准和年鉴 3 种专业数据库，引进开发课程近 6000 分钟。传播数字化取得实质性成果。现有用户 4.2 万个，受到业内广泛关注。深入推动生产数字化应用。已形成图书审稿、编辑加工、校对、印刷等环节全流程数字化生产服务系统初步方案。④创新业务多元化发展势头迅猛。积极推进文创产品开发力度，共开发各类文创产品 244 种。其中，融合出版中心策划出品主题 IP“UDI”系列文创产品 160 余种，稳妥推进科普文创商店建设；销售中心形成涵盖平台、书柜、运动鞋服、文创产品、茶叶礼盒等多品类的文创产品库，项目收入 1452.22 万元；文创产品收入已达 2213 万元，占总收入的 5.49%。

（综合管理部）

【深化改革工作成效显著】 作为集团公司综合改革试点单位，高质量完成深化改革三年行动各项任务，在集团公司“三项制度”改革评估中获评 A 级。高标准启动改革深化提升行动，制定工作台账，2023 年 21 项改革任务和举措全面完成。持续推进制度性改革走深走实，对公司领导人员全面推行任期制和契约化管理。组织开展中层职业经理人招聘。严格落实中层管理人员契约化管理，实施中层管理人员末等调整不胜任退出。进一步完善公司绩效考核办法及各部门绩效考核指标。制定员工综合考核评价、“人力资源池”等配套制度，组织开展全员竞争上岗，通过签订责任书明确业绩目标及考核要求，实现“一人一表”契约化管理全覆盖。

（综合管理部）

【扎实开展主题教育】 石化出版公司党委统筹部署，周密安排，迅速召开动员部署会，制订实施方案和运行计划表，压实责任，挂图作战。举办主题教育读书班，坚持每周班子碰头会后开展“理论学习一小时”，领导班子聚焦主题带头领学、带头研讨交流、带头讲党课。党员干部赴香山革命纪念馆、井冈山等红色教育基地实地进行研学。与党组宣传部前往中国国家版本馆共建联学。深入调查研究，领导班子带队前往人民日报社、人民卫生出版社等地开展调研 30 余次，形成调研成果 6 项。健全“我为群众办实事”长效机制，开展公司层面“办实事”两批 15 项。督促落实整改，高质量召开专题民主生活会、组织生活会，进一步统一思想、深化认识、增进团结。推进建章立制，全面梳理完善制度文件，制定《关于深化“三个三”党建模式的实施意见》等制度 21 项。在公司党员干部和员工代表参加的测评中，公司主题教育满意率达 100%。

（综合管理部）

【党建工作持续提升】 2023 年，石化出版公司党委认真落实集团公司党组对党建工作的各项要求，党建系统化、规范化、制度化水平进一步提升，党组织两个功能进一步强化。①全面从严治党责任进一步压实。圆满召开党员大会，选举产生新一届“两委”委员。在完善公司治理中加强党的领导，制定执行董事专题会会议制度、总经理工作规则、总经理办公会制度，健全完善议事决策机制。修订《党委会议事规则》、完善“两个清单”，推动党的领导和公司治理深度融合。②党风廉政建设进一步加强。深入学习贯彻集团公司党风廉政建设和反腐败工作会议精神，明确重点任务、具体措施。加强对“一把手”和领导班子监督，推动对两级“一把手”的监督融入日常、严在经常。建立处级领导人员廉洁从业“活页夹”。对重点领域、关键岗位人员开展谈话提醒。持续深化“三不腐”一体推进，修订深入贯彻落实中央八项规定精神实施细则等制度。开展“反腐倡廉教育月”活动，制作“两节”廉洁过节倡议书。创新开展覆盖各部门、全岗位的廉洁风险排查工作，分等级分层分类开展监督，压实各监督主体责任。强化政治监督和日常监督，制定季度重点任务清单 47 项，运用线上与线下相结合的方式，持续开展业务巡查，“大监督”实效不断凸显。③宣传思想工作更加有力。深入推进形势任务教育，对深入学习贯彻习近平总书记视察九江石化重要指示精神作出部署安排。持续编发《学习选编》11 期，组建公司宣讲团。深入开展一人一事思想政治工作，组织员工思想动态问卷调研，增强思想政治工作的针对性、实效性。配合完成网络信息安全及保密工作抽查，进一步压实意识形态责任，强化意识形态阵地管控。加强新闻舆论引导，构建内外宣有效联动的宣传舆论格局，内部媒体刊发转发新闻报道262条，外部主流媒体刊发有关石化出版公司重要新闻百余篇。落实“文化名片”实施意见，制订品牌引领行动实施方案，持续推进企业文化建设、品牌建设。④统战群团工作取得更好实效。围绕“编辑能力提升”“编校质量提升”等开展主题竞赛活动，引导员工立足岗位建功立业。持续关心关爱员工，开展帮扶慰问，不断增强员工幸福感、获得感、安全感，公司工会获评全国模范职工之家。成立党外代表人士建言献策工作室，领导干部与党外人士主动联谊交友，定期听取统战对象建议。举办青年精神素养提升工程成果展示汇报会，展现公司青年员工昂扬向上、团结拼搏的青年风貌。连续第7年配合集团公司团委开展“学雷锋”活动。制订青年编辑加快成长实施方案，开辟青年人才成长快车道。

（党群工作部）

【人才强企战略持续推进】 坚持新时代党的组织路线，树立重实绩、重实干、重担当的鲜明导向，对中层管理岗位进行调整优化，全年共调整中层干部职务或岗位16人次，配备石化出版公司总法律顾问。加大优秀年轻干部培养选拔力度，进一步充实以“90后”年轻员工为主体的优秀年轻干部储备库，在部分部门设置业务总监和部门助理职位，选聘优秀年轻干部7人。开展中层干部轮训，强化理论武装、坚定理想信念、提升履职能力。认真学习贯彻中央和集团公司人才工作会议精神，积极推进人才队伍建设和“生聚理用”机制建设。制订实施年度培训计划，参加培训员工达600余人次。组织开展公司成立以来规模最大的编辑业务培训，举办编校技能竞赛，开展常态化、周期化、个性化的新编辑集中培训。落实部门人才培养职责，做好员工日常学习和业务培训，实现岗位练兵和业务竞赛常态化。推进人才成长通道建设，选聘首席专家2人。继续加大成熟人才引进力度，全年共引进31人。

（人力资源部）

【136种图书面向全球输出版权】 2023年，石化出版公司面向全球输出图书版权136种，《碳达峰·碳中和：国家战略行动路线图》等32种图书实现中文繁体版全球发行；《爆品法则：企业打造爆品的底层逻辑与工具》等13种图书实现越南文、蒙古文等商业输出；《中医文化》等3种图书与施普林格·自然等国际一流学术出版社合作出版英文版并进入高校数据库；设立“中华书籍海外电子文库”，实现《最美的二十四节气诗词》等88种图书韩国本土转化上架。

（总编室）

石化出版社（展览办公室）

【概况】 中国石化出版社有限公司（简称石化出版社）是中国石化主管和主办的中央级科技出版社。其前身为经文化部批准于1984年12月成立的烃加工出版社，先后与原中国石化情报所、中国石化信息所、中国石化信息中心合署办公，1992年更名为中国石化出版社，1999年3月与原中国石化信息中心分离单列，成为中国石化直属独立的事业法人。2010年12月转制为企业，设立中国石化出版社有限公司。中国石化展览办公室（简称展览办公室）经中国石化批准成立，负责中国石化境内外展览业务，与石化出版社合署办公。

截至2023年底，石化出版社有在岗员工81人，其中硕士研究生以上学历33人，本科学历47人；取得高级专业技术职称的40人、中级专业技术职称的19人。

石化出版社主要出版石油勘探开发、石油炼制、石油化工、安全环保、企业文化与管理等方面的图书，以及相关的行业标准、辞典、手册工具书、石油及石化系统教材和职工培训教材的出版及电子、音像制品的出版；同出版范围相一致的互联网图书出版，设计、制作图书广告，利用出版的图书发布广告；图书、期刊、电子出版物、音像制品批发、零售、网上销售；负责集团公司年鉴、年报的编辑出版工作；负责承办集团公司暨股份公司在国内外举办的各种展览业务、会议服务，承办展览展示。石化出版社与多家国际知名的出版机构开展版权贸易和业务合作活动，引进国际石油化工、勘探开发等专业科技书籍版权并组织翻译出版；坚持以为石油石化工业科技进步服务为宗旨，逐步摸索出一套具有行业特色、适合自身发展、规范稳健的管理模式。

石化出版社 2023 年重点图书目录见表 1 。

（综合管理部）

【1 个项目获国家科学技术学术著作出版基金资助】 根据科技部发布的《2023 年度国家科学技术学术著作出版基金资助项目公示》，经专家评审、国家科学技术学术著作出版基金委员会批准，《乙烯装置分离工艺与工程》被确定为 2023 年度国家科学技术学术著作出版基金资助项目。

（总编室）

【2 个项目入选首批“十四五”职业教育国家规划教材】 根据教育部《关于公布首批“十四五”职业教育国家规划教材书目的通知》，由石化出版社出版的《石油加工工艺学》（第二版）、《会计基础》入选首批“十四五”职业教育国家规划教材。

（总编室）

【1 部科技著作顺利通过集团公司科技成果鉴定】 4 月 26 日，《硫黄回收技术进展与应用》一书的科技成果鉴定会在石化出版社顺利召开。经鉴定，专家组取得一致意见，认可该书是国内外硫黄回收领域的高水平技术专著，对安全环保技术提升、资源化利用、绿色低碳发展起到积极的推动作用，对相关领域的理论研究、技术开发、工程设计、生产操作、人才培养等具有很强的指导作用，系统全面，具有科学性、新颖性、权威性和实用性，是一部具有国际先进水平的优秀著作。

（总编室）

【5 个项目获 2023 年度全国石油石化企业管理现代化创新优秀著作奖】 根据中国石油企业协会《关于发布和推广 2023 年度石油石化企业管理现代化创新优秀成果、优秀论文、优秀著作的通知》，由石化出版社组织申报的 5 个项目获优秀著作奖，1 篇论文获优秀论文奖，1 人获优秀编辑奖。

（总编室）

【31 个项目获 2023 年度中国石油和化学工业联合会优秀出版物奖】 根据中国石油和化学工业联合会《关于公布 2023 年石油和化学工业优秀出版物奖（图书奖、教材奖）的通知》，由石化出版公司组织申报的 31 个项目获 2023 年度石油和化学工业联合会优秀出版物奖，其中图书奖 19 项（一等奖 7 项、二等奖 12 项）、教材奖 12 项（一等奖 5 项、二等奖 7 项）。

（总编室）

【10 个项目获 2023 年度中国石油和化工自动化行业科学技术奖】 根据中国石油和化工自动化应用协会发布《关于 2023 年度中国石油和化工自动化行业科学技术奖的授奖决定》，石化出版社组织申报的 10 个项目获优秀科技著作奖，其中一等奖 3 项、二等奖 5 项、三等奖 2 项。

（总编室）

【第 20 届高等院校专业教材协作组会议召开暨“石油和石化工程教材出版基金”评选结果公布】 7 月 28—30 日，由石化出版社主办的高等院校专业教材协作组第 20 届年会在太原召开。来自中国石油大学、华东理工大学、沈阳化工大学、广东石油化工学院、陆军勤务学院、中国民用航空飞行学院等 20 余所院校的 40 余名代表，以及石化出版社相关出版分社人员参会。会议总结协作组一年来的工作，代表们交流教材建设、教学改革等方面的经验，讨论下一步教材编写及出版计划。根据《中国石油和石化工程教材出版基金管理及实施办法》，中国石油和石化工程研究会、石化出版社组织协作组参会专家对各院校申报的

2023年度中国石油和石化工程教材出版基金资助项目进行评审，确定25个资助项目。

（总编室）

【“第十二届炼油与石化工业技术进展交流会”“2023中国智慧石油化工产业发展大会暨绿色石化产业智能化装备技术展示会”举办】 4月13日，石化出版社联合中国石油和石化工程研究会、中国科协企业创新服务中心、中国化工学会、宁波市石油和化工行业协会、宁波绿色石化产业集群发展促进中心在宁波举办“第十二届炼油与石化工业技术进展交流会”“2023中国智慧石油化工产业发展大会暨绿色石化产业智能化装备技术展示会”。会议以“绿色·智慧·升级”为主题，重点研讨中国炼油技术与石化工业进入大转型、大重构时代下，如何推动产能整合升级，达成集群化、智能化及绿色低碳目标。全国石油石化行业近500人参与现场活动。

（炼油化工分社）

【“中国炼油创新技术MIP工业化20周年研讨会”举办】 4月28日，在中国科协企业创新服务中心指导下，中国化工学会、石化出版社和《科技创新与品牌》杂志社联合主办的“中国炼油创新技术MIP工业化20周年研讨会”在上海举办。研讨会回顾了中国仅用十多年时间完成国外二三十年才能完成的油品质量升级任务，实现加快改善环境空气质量的重大意义。来自行业相关从业者和MIP工业化贡献者近100人参加现场交流。

（炼油化工分社）

【“化工新材料高质量发展学术报告会”举办】 6月1日，北京化工研究院联合石化出版社举办“化工新材料高质量发展学术报告会”。会议邀请7位院士作学术报告，与会的13位院士及120余位专家、科研人员共商化工新材料高质量发展的路径和方法。

（炼油化工分社）

【“能源化工新起点，碳路未来新前沿”学术报告会举办】 9月26日，中石化（大连）石油化工研究院有限公司和石化出版社以“能源化工新起点，碳路未来新前沿”为主题共同举办大连石油化工研究院成立70周年学术报告会，旨在贯彻落实创新驱动发展战略，加快打造体现国家意志、服务国家需求、代表国家能源化工技术水平的战略科技力量，推动能源化工领域高质量发展。来自石化行业从业者200余人参加会议。

（炼油化工分社）

【2023中国石化科技活动周系列活动在京举办】 在中国石化科学技术协会指导下，石化出版社、《科技创新与品牌》杂志社、页岩油气富集机理与高效开发全国重点实验室联合主办，2023中国石化科技活动周暨《探寻能源宝藏系列科普读物》发布会于6月3日在北京中国石化科学技术研究中心举办，同时还举行页岩油气富集机理与高效开发全国重点实验室公众开放日活动。中国工程院院士李阳、郭旭升等出席活动并与青少年互动交流。《探寻能源宝藏系列科普读物》是石化出版社首次面向社会公开出版发行的科普绘本丛书，采用中国石化生产的树脂加上石头制成的环保新材料——“石头纸”印刷制作，装帧精美形式新颖，让孩子在乐趣中学习石油石化的相关知识。图书首发现场有近130组亲子家庭共计400余人参加活动。《科技日报》《中国科学报》《中国日报》央视网读书频道、北京卫视等多家媒体争相报道。

（炼油化工分社）

【“石油石化企业电气设备预防性维护及检修技术”等7个培训班成功举办】 “石油石化企业电气设备预防性维护及检修技术培训班”“管道腐蚀与防护从业人员阴极保护培训班”“石油化工设备状态监测及故障诊断技术培训班”“石油化工行业碳排放管理工作培训班”“第二期石油石化企业防雷防静电安全管理及技术线上培训班”“催化裂化装置设备安全运行与管理培训班”“石油石化设备润滑安全管理培训班”由中国化工学会石化设备检维修专业委员会、石化出版社装备综合出版分社主办。培训班采用线上、线下相结合的方式，邀请石油石化行业的专家，紧紧围绕电气设备预防维护、设备检修、腐蚀防护、润滑、安全与管理等方面进行技术培训。系列培训班为石油石化行业技术人员提供一个交流和分享的平台，有利于学员深入、系统地学习相关技术，激励学员在实际工作中应用所学技术进行创新实践，推动石油石化行业技术的不断进步。

（装备综合出版分社）

【第二届石油石化仪器仪表及自动控制技术交流会成功举办】 第二届石油石化仪器仪表及自动控制技术交流会是 2022 年全国石油石化仪器仪表及自动控制技术交流会的延续和提升，由中国化工学会石化设备检维修专业委员会、石化出版社装备综合出版分社主办。会议邀请中国石化、中国石油、中控等单位的仪器仪表专家行业专家，围绕石油石化仪表设备完整性与预测性维修、安全管理的全生命周期、智能控制与运维，多气源天然气管网气质跟踪系统，SAMS 系统在仪控设备智能运维，智能储罐在线监测等方面进行深度探讨交流。来自全国石油石化行业的多名代表参加会议。交流会首次与《石油化工自动化》杂志合作，对会议成果进行发布。

（装备综合出版分社）

【第二届石化行业节能低碳技术交流会成功举办】 为贯彻落实“加快节能降碳先进技术研发和推广应用”的要求，深入推动能源利用效率和减碳水平提升，助力实现“双碳”目标、推动能源转型，促进石化企业高质量发展，石化出版公司积极与集团公司能源管理与环境保护部策划组织“石化行业节能低碳技术交流会”。会议充分发挥科技引领作用，分析研判石化行业节能降碳政策和发展趋势，探讨相关技术难题和攻关方向，交流分享节能低碳成熟技术应用，并作新技术和新成果展示。大会为节能低碳产业链上下游企业搭建桥梁，提供交流平台，从政策标准、研究进展、工程服务、技术解决方案、应用实践等方面展开深入探讨，为企业在实施碳达峰碳中和目标及能源低碳转型中提供有价值的信息与指导，助力“双碳”目标实现。会议得到中国石化能源管理与环境保护部、中国石油质量健康安全环保部的大力支持，来自石油石化企业的管理人员和技术人员、科研院所和大专院校专家教授、节能低碳服务企业相关技术人员等数百名嘉宾以现场或视频方式参会。

（装备综合出版分社）

【SH/T 3501《石油化工有毒、可燃介质钢制管道工程施工及验收规范》标准宣贯培训班、GB 50517—2010《石油化工金属管道工程施工质量验收规范（2023 年版）》宣贯培训班成功举办】 为加强对新版标准的学习和理解，满足工程建设的需求，在集团公司工程部的指导下，石化出版社 2023 年成功举办 SH/T 3501《石油化工有毒、可燃介质钢制管道工程施工及验收规范》、GB 50517—2010《石油化工金属管道工程施工质量验收规范（2023 年版）》宣贯培训班。培训班邀请行业知名专家，相关标准的起草人，对石油石化相关标准的难点、热点问题，结合岗位实践，进行深层次的讲解。

（装备综合出版分社）

【第十四届（2023）石油化工设备维护检修技术交流会召开】 为了加强石化企业设备管理工作，提高设备维护检修水平，确保炼油化工装置安全、稳定、长周期运行，在中国石化、中国石油、中国海油、中国中化和国家能源集团等总部设备管理部门的支持下，在中国化工学会石化设备检维修专业委员会的指导下，由石化出版社举办的第十四届（2023）石油化工设备维护检修技术交流会于 6 月 15—16 日在黑龙江省哈尔滨市召开。来自以上五个集团的总部领导、生产企业，以及地方炼化企业、检维修企业、研究机构、高等院校、制造企业的 300 余名代表参加会议。会议交流的内容涵盖如设备检维修管理、装置腐蚀管理、设备完整性管理、装置长周期运行管理、设备智能监测、设备运维管理、设备检修质量管控、设备安全风险控制、检维修新技术等石化设备领域的多个方面，，既有传统检维修管理技术的经验分享，也有设备管理与新技术融合的积极探索，达到技术交流、互相学习、经验共享、提升石油化工、煤化工行业设备检维修水平的目的。

（装备综合出版分社）

【第二届石油石化腐蚀与防护技术交流大会召开】 由石化出版社举办的第二届石油石化腐蚀与防护技术交流大会暨防腐蚀新技术、新材料、新设备展示会于 3 月 29—31 日在四川成都召开。来自中国石化、中国石油、中国海油、地方炼化企业、高等院校，以及腐蚀防护服务企业的领导、管理人员、技术人员共150余位代表参加会议。会议邀请中国石化工程建设有限公司、青岛安全工程研究院、中国腐蚀与防护学会、中国石油大学、深圳格鲁森科技有限公司等企事业单位、优秀服务商的18名专家作精彩技术报告，围绕石油石化行业腐蚀现状与防护需求、腐蚀风险控制关键设计技术、阴极保护及热点问题、腐蚀监检技术、腐蚀控制技术体系、典型腐蚀案例分析等进行解读、咨询交流。

（装备综合出版分社）

【《中国海油四十年十大成就》获评2023年度石油石化企业管理现代化创新优秀著作特等奖】《中国海油四十年十大成就》一书由中国海油组织编撰，汪东进任编委会主任。该书被评为2023年度石油石化企业管理现代化创新优秀著作特等奖。是国内首套对中国海油集团四十年来发展历程进行系统梳理的书籍，对于中国海洋油气事业在科研、技术及企业管理等方面取得的辉煌成就进行全面展现。丛书作者团队编纂经验丰富、对中国海油发展历程研究深入，著书过程中调研大量企业发展史料，有力保障书中所述内容的真实性、全面性、可读性。

（勘探开发分社）

【2023年中国石化企业志鉴业务研讨班召开】 为进一步提升中国石化志鉴工作者综合素质，努力打造石化企业志鉴精品和文化名片，做好志鉴编撰和出版工作，提高志鉴编撰质量和宣传效果，充分发挥志鉴存史、资政、教化作用，更好地服务于领导决策、生产科研、文化建设和社会公众，10月25—28日，中国石化企业志鉴协作组在江苏省扬州市举办2023年中国石化企业志鉴业务研讨班。来自系统内130余家企业的近150人参会。该次研讨班也是新冠肺炎疫情后协作组第一次组织举办的研讨班，主要内容包括重要文件学习、中国石化企业志鉴工作部署、志鉴编撰知识讲授、志鉴工作业务研讨等。

［企业文化与教育出版分社（年鉴出版分社）］

表1 石化出版社2023年重点图书书目

序号	书名	著译者
1	深部煤层开采承压水害致灾机理及防治技术	胡彦博
2	层状土质边坡稳定性态与锚固机制	郭双枫　张　鹏　李　宁
3	氢能技术导论（第2版）	林　伟
4	重磁位场线性化稳定正反演理论体系	安玉林　张春灌
5	润滑油生产工艺和设备	周利勤
6	特殊类型气田高效开发技术与实践	石兴春　孙　伟　胡向阳
7	中国能源展望2060	中国石化集团经济技术研究院
8	长北低渗透砂岩气藏高效开发技术	张　娟
9	油藏工程数据分析	卜亚辉
10	矿物学基础	张　雁　张金凤
11	炼油专业管理实践	凌逸群
12	鄂尔多斯盆地南缘陆相致密油储层精细表征	刘传喜
13	乙烯装置分离工艺与工程	王子宗
14	中国石化西南油气销售中心志（2012—2022）	《西南油气销售中心志》编纂委员会
15	西南石油年鉴. 2022	《西南石油年鉴》编纂委员会

续表

序号	书名	著译者
16	胜利油田年鉴. 2022	《胜利油田年鉴》编纂委员会
17	江汉油田年鉴. 2021	《江汉油田年鉴》编纂委员会
18	中原油田年鉴. 2022	中原油田史志编纂委员会
19	江苏油田年鉴. 2022	《江苏油田年鉴》编纂委员会
20	广州石化年鉴. 2022	《广州石化年鉴》编纂委员会
21	齐鲁石化年鉴. 2022	齐鲁石化史志编纂委员会
22	中国石化销售企业 HSE“五懂五会五能” 施工现场线条训练手册	中国石化销售股份有限公司
23	中国石化销售企业 HSE“五懂五会五能”光伏及充换电线条训练手册	中国石化销售股份有限公司
24	中国石化销售企业 HSE“五懂五会五能”成品油管道线条训练手册	中国石化销售股份有限公司
25	中国石化销售企业 HSE“五懂五会五能”油库线条训练手册	中国石化销售股份有限公司
26	工科物理化学	陈　泳　徐　惠
27	有机合成及设计 Organic Synthesis & Design	吴　亚　吴　丽
28	地铁工程设计与创新实践	张兆元
29	过程装备控制技术	赵东亚　邵伟明　蒋秀珊　张　兰
30	工业润滑油一点通	龙蟠科技研究院
31	新型微生物水泥	李振方　翟浩然
32	工艺安全管理手册	徐　智
33	会计英语	刘　可
34	润滑剂生产与应用（第二版）	张远欣
35	压力管道等承压设备安全技术研究进展精选集（2023）	中国腐蚀与防护学会承压设备专业委员会　中国特种设备检测研究院　中特检管道工程（北京）有限公司
36	铁路工程项目管理与信息化建设应用	薛卫星
37	化工厂虚拟仿真操作	侯　侠
38	鄂尔多斯盆底坪北特低渗油田效益开发技术与实践	甘振维
39	天然气长输管道安全生产培训教材	郑小银　王少一
40	石油化工专业英汉实用词汇必备	孙渝红
41	石油工程公司大事记（2012—2022）	《石油工程公司大事记》编委会
42	校园安全教育	陈德波
43	青岛石化志（1962—2022）	中国石化青岛石油化工有限责任公司
44	新能源与发电站建设实践	金怀锋
45	石油化工设备维护检修技术（2023 版）	《石油化工设备维护检修技术》编委会
46	超音速汽液两相流升压装置性能研究及其优化	李文军

续表

序号	书名	著译者
47	路桥工程施工技术与安全管理	左　智
48	水下控制系统工程化技术及设备	周学军
49	钻杆材料的疲劳寿命预测与断裂机理	雒设计　韩礼红
50	大学生就业指导与实务	王成家　姜　维　杨海霞
51	石油炼制与化工常用数据手册（第二版）	罗家弼
52	阿拉善地块北缘石炭纪—二叠纪盆地地质特征与后期改造	张少华
53	电动钻机自动化技术	刘光星
54	炼油总流程专家培训班大作业选集（第二期）	赵日峰
55	石油化工建设项目文档管理实务	渭　璟
56	化学新概念拓展	韦吉崇
57	GB 30871-2022《危险化学品企业特殊作业安全规范》应用问答（第二辑）	中国化学品安全协会
58	油气田企业典型违章行为汇编	王和琴　付允杰
59	蜂窝骨架纳米流控封隔器胶筒	章娅菲
60	消防员必读（第四版）	中国石油化工集团有限公司安全监管部
61	石油石化设备腐蚀与防护技术（2022）	中国化工学会石化设备检修专业委员会
62	海洋酶工程实验教程	朱本伟
63	大牛地气田上古生界储层构型及单砂体精细描述	雷　涛　闫淑红　李晓慧　任广磊
64	沙盘游戏卡牌	魏广东
65	石油化工自控工程设计与施工常用标准手册（上、下册）	中国石油化工集团有限公司自动控制设计技术中心站
66	压力管道设计与施工常用标准规范手册 第一篇 法律法规	中国石油化工集团有限公司自动控制设计技术中心站
67	财经基本技能实训	张雪梅
68	高速公路施工与养护管理	贺　伟
69	人体行为的特征表示与识别	甄先通
70	典型危险化学品应急处置指导手册	国家安全生产应急救援中心
71	工程流体力学	李福宝
72	基于可供性的交互式产品形态设计理论与方法	宋　红
73	油液磨粒在线监测传感器技术及其应用	李　博
74	中国油气产业发展分析与展望报告蓝皮书（2022—2023）	王志刚　蒋庆哲　董秀成　高潮洪
75	十年奋斗历程——华北石油工程有限公司志（2012—2022）	《华北石油工程有限公司志》编纂委员会
76	CorelDRAW 在地图与规划制图中的应用教程（第二版）	孟万忠
77	燃煤工业区土壤污染评价与修复	李　强
78	筑起能源“大动脉”：石油是怎么运输的?	石油 Link

续表

序号	书名	著译者
79	看石油“72”变：石油是怎么加工的?	石油 Link
80	邂逅地下“气精灵”：天然气是怎么崛起的?	石油 Link
81	唤醒沉睡的“黑巨人”：石油是怎么开采的?	石油 Link
82	河南油田年鉴. 2022	河南石油勘探局年鉴编纂委员会
83	江汉石油工程志（2012—2022）	《江汉石油工程志》编纂委员会
84	中国海油四十年十大成就	本书编写组
85	传统体育理论与实践	王合霞
86	新时期企业“三基”管理新实践	中国石化催化剂有限公司
87	催化剂工程技术：基础和应用	中国石化催化剂有限公司
88	项目咨询评估方法与实务	中国海油集团能源经济研究院
89	诗画铁人	张　伟
90	海洋油气钻采装备安全评估	张士超　陈小伟　葛伟凤　徐彦荣
91	科技报告与书稿写作	王中华
92	润滑油脂性能试验技术应用与管理	张晨辉　陈　东　戴瑞群
93	中国加油（能）站发展蓝皮书（2022—2023）	本书编委会
94	机械可靠性设计基础	许爱荣
95	中国石油石化安全生产与应急管理行业发展蓝皮书（2022—2023）	中国应急管理学会　中国石油集团安全环保技术研究院有限公司　中国应急管理学会石油石化安全与应急工作委员会
96	压力管道设计与施工常用标准规范手册 第二篇 GA 类长输管道	张德姜
97	中国石化北京化工研究院科技成果汇编（2018—2022）	中国石化北京化工研究院
98	石化智云工业互联网平台 2022 版系列规范	信息和数字化管理部
99	城镇污水资源化及低碳技术	李大鹏
100	碳中和与氢能社会	王　震　张　岑
101	连续重整装置隐蔽项目检查方法	中国石油化工股份有限公司炼油事业部
102	鄂尔多斯盆地煤层气富集规律	牛海青
103	鄂尔多斯盆地延长组下组合石油成藏机理及主控因素	李元昊
104	致密砂岩气藏水平井分段压裂技术	陈　作
105	物理情境教学的研究与实践	郑玉峰
106	传承石油精神　弘扬石化传统	中国化工学会石油化工档案专业委员会
107	制氢装置隐蔽项目检查方法	中国石油化工股份有限公司炼油事业部
108	微纳尺度下的核壳结构	夏　缘
109	坚持探索	蔡勋育
110	领导干部学哲学用哲学简说	肖汉忠

续表

序号	书名	著译者
111	江苏石油志（2013—2022）	《江苏石油志》编纂委员会
112	华东石油年鉴. 2022	《华东石油年鉴》编纂委员会
113	煤炭服务供应链系统动力学仿真及评价研究	窦园园
114	硫黄回收联合装置技术问答（第二版）	肖　锋　刘　洋　杜　君
115	有交联结构的聚碳酸酯类树脂的合成及其吸附性能研究	周　瑞
116	《蓝海经济》第 1 辑	中国海油集团能源经济研究院
117	无损检测技术（第二版）	魏坤霞　魏　伟
118	中国城镇智慧燃气发展报告（2022）	中国城市燃气协会智能气网专业委员会
119	奋进新征程、建功新时代——中国石化优秀故事 100 篇	中国石化党组宣传部
120	健康安全环境（HSE）概论	李雪琴　张秀兰　张海洋
121	压力管道设计与施工常用标准规范手册 第五篇 工业管道—GCD 类动力管道	张德姜
122	油气田集输场站典型安全隐患图集	刘　勇
123	新时代铁人精神之光	周洪成　曲晓论　杨荣才
124	油气田注采现场典型安全隐患图集	邹京伦
125	油气井下作业现场典型安全隐患图集	江少波
126	科学与工业之间的桥梁：化学工程学科史	胡　鸣
127	延迟焦化装置技术问答（第三版）	瞿　滨
128	能源化工行业节能与碳减排	陈安民
129	压力管道设计与施工常用标准规范手册第三篇 GB 类公用管道	张德姜
130	财经情怀	樊晓民
131	工业水处理技术（第十九册）	秦　冰
132	图说大学生活	尤长军
133	中国石化简史	《中国石化简史》编写组
134	环境工程设计（第二版）	孔繁鑫
135	超深层油气藏钻完井复杂故障处理：钻井分册	张　煜
136	复杂致密含水气藏渗流机理及产能评价	雷　涛　陈　奎　吴建彪　郭　辉　丁景辰
137	化学分析	牟晓红
138	旗帜引领担当	中国石化党建工作领导小组办公室
139	催化裂化油浆静电脱固技术	李　强　许伟伟
140	压力管道设计与施工常用标准规范手册 第四篇 工业管道—GC 类工艺管道（上、下册）	张德姜
141	氢能概论	李汉勇
142	中国石化风控内控征文与案例	中国石化企改和法律部
143	综合化学实验	周中高　罗国添　李　勋

续表

序号	书名	著译者
144	新时代石油精神和石化传统研究	本书课题组
145	油气工业数字化架构与生态	孙旭东
146	清单管理	高长忠
147	液化天然气泄漏扩散及抑制方法	张亦翔
148	新能源专业英语	本书编委会
149	致密砂岩油藏注水提质提效关键技术——以红河油田为例	罗　懿
150	大学图书馆文化理论研究与实践	孙　琳
151	油田采出水资源化处理技术与矿场实践	荆少东　陶建强　王　智　李　毅　徐　辉　杨元亮
152	国有企业党建创新实践路径研究	孙永壮
153	密封技术	冯子明
154	石油石化企业管理现代化创新优秀论文选编（第十八集）	中国石油企业协会
155	石油石化企业管理现代化创新优秀成果选编（第三十集）	中国石油企业协会
156	江汉油田年鉴 .2022	《江汉油田年鉴》编纂委员会
157	埕岛油田隐蔽油气藏精细勘探技术与实践	王志伟　武群虎　周红科
158	钻井井控标准整编手册	《钻井井控标准整编手册》编写组
159	含噪信号的相位差测量方法及应用	沈廷鳌
160	油品分析实训（第二版）	甘黎明
161	化工安全与环保	杨　帆
162	高分子材料分析与性能检测	陈绍军
163	地震资料解释原理及实践	胡伟光
164	解锁长北本质安全——中国石油长庆油田长北项目本质安全理论与实践	张　昆　李战平
165	深层页岩气水平井高导流立体缝网压裂技术	蒋廷学
166	钻井工程技术手册（第四版）	张桂林
167	白云石成因、特征与环境影响	张　友
168	深层地震勘探技术陷阱与对策典型案例	曲寿利　孙振涛　蔡杰雄
169	碳达峰和碳中和——工业高质量发展之路	凌逸群
170	废加氢处理催化剂手册	中国石化催化剂有限公司
171	科氏流量计信号处理算法及应用	沈廷鳌
172	无机及分析化学实验	朱志彪　郑　冰
173	尺子精神	中国石化共享服务有限公司东营分公司
174	化工热力学（第二版）	班玉凤
175	超高强度抽油杆应用技术	蔡文斌
176	叠前地震反演技术及应用	孙振涛　胡华锋　朱　童

续表

序号	书名	著译者
177	新能源及其军事应用	王　帅
178	碳捕集、利用与封存（CCUS）安全风险管理基础	中国石油化工股份有限公司胜利油田分公司 CCUS 项目部
179	二氧化碳地质封存与利用监测基础	赖枫鹏
180	检测及控制工程基础	徐向前　周好斌
181	陆相断陷湖盆坡移扇形成机制及富集规律	刘鑫金
182	会计基础实务	苏　勇
183	过渡金属二硫属化合物纳米复合材料的制备及应用	李　钊
184	常减压蒸馏装置技术问答（第三版）	王　宾
185	对外汉语词汇教学案例研究	王　川
186	储气库运行岗位技能操作标准化培训教程	陈东升
187	城市轨道交通施工技术	本书编委会（基建）
188	老化装置设备设施处理	Center for Chemical Process Safe
189	石油化工生产过程碳足迹评价	凌逸群
190	新技术在环境监测中的应用与展望	李冠华
191	分子内电荷转移——理论与应用	拉姆普拉萨德・米斯拉
192	建筑结构设计与施工	本书编委会（基建）
193	加氢精制装置操作指南	艾中秋
194	地球化学：概念与应用	孟庆明
195	石油化工加热炉设计手册	张海燕
196	加氢裂化装置技术问答（第三版）	王建伟
197	油气产业机器人概论	郭岩宝
198	氢安全技术及其应用	赵　杰
199	过程安全导论——适用于本科生与工程师	Center for Chemical Process Safe
200	石油勘探测量工	张延同
201	石油地震勘探工	陈治庆
202	钻井柴油机工	张吉平
203	石油钻井液工	郭　良
204	石油钻井工	王建军
205	带压作业	石油工程公司
206	连续油管作业	石油工程公司
207	压裂酸化作业	石油工程公司
208	试油（气）作业	石油工程公司
209	修井作业	石油工程公司
210	测井工	李　军

续表

序号	书名	著译者
211	石油工程基础	石油工程公司
212	综合录井工	明晓峰
213	学工宝典 一名老辅导员的“实话实说”	杨庆实
214	电能计量装置检修岗技能操作标准化培训教程	陈东升
215	人工智能电站典型技术应用 -- 国家能源集团智能电站案例集	刘国跃
216	往复天然气压缩机组技术培训教程	陈东升
217	化工技术经济学	潘传艺
218	太极拳科学原理	闫卫东　张　良
219	公路路面施工与养护	贾广平
220	高速公路施工技术与质量管理	强　波
221	康复推拿技术	舒　炼
222	继电保护工技能操作标准化培训教程	陈东升
223	轻烃回收装置操作工技能操作标准化培训教程	陈东升
224	石油化工工程质量监督手册（2023 年版）乙烯裂解装置分册	翁必生
225	脚手架使用与安全检查	国家管网集团东部原油储运有限公司
226	吊篮使用与安全检查	国家管网集团东部原油储运有限公司
227	正压式空气呼吸器使用与安全检查	国家管网集团东部原油储运有限公司
228	沟下作业安全检查	国家管网集团东部原油储运有限公司
229	动土作业安全检查	国家管网集团东部原油储运有限公司
230	盲板抽堵作业安全检查	国家管网集团东部原油储运有限公司
231	临时用电作业安全检查	国家管网集团东部原油储运有限公司
232	起重吊装作业安全检查	国家管网集团东部原油储运有限公司
233	高处作业安全检查	国家管网集团东部原油储运有限公司
234	受限空间作业安全检查	国家管网集团东部原油储运有限公司
235	动火作业安全检查	国家管网集团东部原油储运有限公司
236	超深层油气藏钻完井复杂故障处理：完测分册	陈宗琦
237	项目投融资与财务风险评估管理	王明航
238	中原油田基层党支部标准化建设与实践创新教程	陈东升
239	致密砂岩油藏渗吸特征及微观机制	程志林
240	中原油田基层党建优秀创新案例	孟　立
241	中石化测录井解释评价典型案例集（第一册）	吴柏志　慈兴华　张晋言　葛　祥
242	新时代中国石化思想政治工作指导手册	中国石化党组宣传部

续表

序号	书名	著译者
243	基于声发射与显微 CT 的复合材料损伤表征	周 伟 刘 佳
244	储罐全生命周期管理	刘春祥
245	国外油气管道标准现状及发展趋势分析	国家石油天然气管网集团有限公司科学技术研究总院分公司
246	过程模拟热力学	王英龙
247	天然气管道输送技术	牛化昶
248	中国石化综合加能站形象标准手册 2023	中国石化销售股份有限公司
249	能源转型中国故事	中国电力技术市场协会综合智慧能源专业委员会
250	脆性岩石宏细观断裂力学方法	李晓照
251	石化产业数字化转型实践	王子宗
252	油料计量器具检定	刘君玉
253	《蓝海经济》第 2 辑	中国海油集团能源经济研究院
254	胜利油田东胜公司志	《胜利油田东胜公司志》编审委员会
255	房屋使用安全典型案例汇编	叶小锋
256	碧海长歌	本书编写组
257	环境工程专业实验	赵国华 徐 劼 王 娟 方应森
258	激光诱导击穿光谱技术在煤炭工业中的应用	闫春华
259	稠油高效开发技术新进展	孙焕泉 李兆敏 杨 勇 刘慧卿 曹绪龙 伦增珉
260	氢能产业技术与发展	张 钊 师菲芬
261	页岩气高效开发井筒工艺技术	本书编委会
262	重点行业环境评估报告（2022 年）	生态环境部环境工程评估中心
263	土壤淋洗与热脱附修复技术研究及工程应用	丁 宁
264	公路隧道工程设计与施工技术	本书编委会（基建）
265	路桥工程施工技术与质量管理	粟学平
266	济阳坳陷东营凹陷八面河油田勘探开发技术与实践	胡德高
267	沉积构造（第四版）	李元昊
268	深层碳酸盐岩缝洞型油藏开发中的人工智能技术	康志江
269	超快激光局域调控光热敏折变玻璃及其应用	王 旭
270	土壤污染修复技术与应用	赵 远 林才顺 马伟芳

经济出版社

【概况】 中国经济出版社有限公司（简称经济出版社）由原国家经济委员会创办于 1985 年 1 月，先后隶属国家计划委员会、国家经济贸易委员会、国务院国有资产监督管理委员会。2010 年完成转企改制，2013 年 1 月经财政部批准整体划转中国石化，2017 年 11 月改制为中国经济出版社有限公司。

截至 2023 年末，经济出版社有在岗员工 108 人，其中硕士研究生以上学历 39 人，本科学历 58 人；取得高级专业技术职称的 42 人、中级专业技术职称的 26 人。

经济出版社为中央一级出版社。30 多年始终坚持多出书、出好书，形成以热点经济、经济管理、财政金融、人文社科和教育教材为主营方向的业务板块，在经济界和社会上赢得良好声誉。经济出版社整体组织结构分为出版社主体和子公司两部分，主体功能涵盖图书的出版、发行、批发、零售业务。经济出版社下属 4 家子公司：中国经济图书进出口有限公司，主营出版物进出口贸易、国际出版合作等业务；中经录音录像中心有限公司，主营音像制品的出版业务；中国经济书店有限公司，主营书刊、音像制品、文化用品等的销售业务；《国资报告》杂志社有限公司，由经济出版社与国务院国资委新闻中心共同主办，出版《国资报告》杂志（月刊）。

经济出版社 2023 年重点图书目录见表 1。

（综合管理部）

【1 个项目被确定为 2023 年度国家出版基金资助项目】《服务构建新发展格局，高质量推进现代流通体系建设研究》被确定为 2023 年度国家出版基金资助项目。

（总编室）

【1 个项目获新浪十大金融图书品鉴活动最受欢迎图书奖】《新时代银行金融服务创新》获新浪十大金融图书品鉴活动最受欢迎图书奖。

（总编室）

【3 个项目被评选为“财资中国 2023 年度好书”】《企业数字化转型：拥抱变化与优势再造》《数字孪生变革：引爆企业数字化发展》《新时代银行金融服务创新》被评选为“财资中国 2023 年度好书”。

（总编室）

【让书连起我们的心——4·23 世界读书日亲子阅读暨图书捐赠活动】 4 月 16 日，教育教材出版分社举办“让书连起我们的心——4·23 世界读书日亲子阅读暨图书捐赠活动”。活动旨在推广亲子阅读、普及科学的养育观，让阅读融入孩子的生活和学习，让亲子共读助力家庭教育和亲子沟通，让书籍连接起北京小学生和云南小学生的心。活动中，多位亲子阅读推广人做了主题演讲和专题分享，并就亲子共读问题进行沙龙交流。

（教育教材出版分社）

【《国资年鉴（2023）》编纂出版工作会】 5 月 9—11 日，由经济出版社主办的《国资年鉴（2023）》编纂出版工作会议暨业务培训班在成都召开，来自国务院国资委各厅局、各中央企业、各省份国资委的 120 余名代表参会。2023 年逢国务院国资委成立 20 周年之际，《国资年鉴》也即将出版第 20 卷，编辑部特别制作专题宣传片，总结回顾 20 年来《国资年鉴》的编辑出版工作。会议总结 2022 年度《国资年鉴》编辑出版、发行等各项工作，并对 2023 年的编纂出版工作提出要求，同时进行年鉴编纂质量提升专题业务培训。会后，开展“踏寻先烈足迹、传承红色精神”党建共建研学教育，组织会议代表前往建川博物馆参观学习，感受伟大抗战精神。

（年鉴综合分社）

【“一滴油的奇妙旅行”互动科普展】 7 月 10 日—10 月 11 日，由中国石化与中国科协共同主办，经济出版社与中国科技馆联合承办的“一滴油的奇妙旅行”互动科普展在中国科技馆成功举办。展览得到国务院国资委和中国科协的大力指导。开展期间，集团公司3000余名干部员工及首都各界干部群众约18万人次现场参展，各单位依托展览开展党建共建和学术交流活动50余场。展览受到媒体的广泛关注，央视新闻联播等十余家媒体争相报道，网络点击量超千万次。作为中国能源化工领域首个互动探秘科普展，展览以石油全生命周期为主线，向社会公众系统展现石化能源产业链全貌，彰显“双碳”背景下中国能源行业科技创新的魄力与研发成果，生动展示中国石化负责任央企的良好社会形象和品牌美誉度，同时还为各界干部群众搭建沟通互动的研学平台，达到预期目标。展览获评中国科协“典赞·2023科普中国”科普展览提名，获北京科协“典赞时刻·2023首都科普”年度科普展览提名。2023年全国科普日活动期间，展览得到中共中央政治局常委、中央书记处书记蔡奇充分肯定。

[中经录音录像（融合出版）中心]

【“2023碳中和经济”论坛成功举办】 12月22日，以“碳中和助力高质量发展”为主题的第三届“2023碳中和经济论坛”在清华大学大礼堂顺利举办。来自生态环境部、国家发展改革委、中国石油、中国石化、中国海油、清华大学、隆基绿能、华为公司、康明斯公司、沈鼓集团、卧龙电气的近30位嘉宾发表演讲，包括多位两院院士。嘉宾们分享各自领域的研究成果与实践创新，展现产学研政各界在“双碳”议题上的钻研求索与实干精神。论坛吸引500余位观众参会，其中包括高校师生、行业专家和相关机构从业人员，会场座无虚席。论坛期间，新华网、人民网、总台中国交通广播、新浪财经、新浪微博、网易财经、搜狐网、网易新闻、凤凰网、21世纪报道、《新京报》《界面》财联社、36氪、《经济观察报》《财经》、中国报道、中国新闻网、《证券日报》《能源杂志》《中国能源报》《中国石油石化杂志》等中央媒体、主流媒体和专业媒体到场，记录论坛盛况。清华大学碳中和研究院、清华大学经济管理学院通过官方视频号、公众号、抖音、微博、B站等新媒体渠道，也对论坛进行视频直播。全网累计观看量达170.8万次。

[中经录音录像（融合出版）中心]

【2023年第六届进博会中国石化专场论坛直播及系列宣传片十余部】 11月4日，第六届中国国际进口博览会中国石化主题论坛暨中国石化交易分团签约仪式在上海举办，论坛以“开放合作，推进能源转型”为主题，集团公司董事长、党组书记马永生出席并致辞，集团公司董事、总经理、党组副书记赵东，集团公司党组成员、副总经理李永林分别主持论坛和签约仪式。论坛播放了由中经录音录像（融合出版）中心策划制作的开场宣传片、中国石化交易分团签约启动片，系列宣传片介绍中国石化保障全球能源安全，面向世界，推动绿色发展的决心和成绩，提升了中国石化的品牌专业度。音像中心团队还负责论坛现场直播的设备搭建与执行工作，领导的全程跟拍工作，助力中国石化积极践行“让中国市场成为世界的市场、共享的市场、大家的市场”的理念，促进国际交流合作，共议绿色低碳发展新路径，提高了论坛暨签约仪式的国内和国际影响力。2023年，音像中心服务集团公司总部部门和兄弟单位共计十余家，为其策划制作企业宣传片、主题活动视频片十余部及短视频二十余条，得到集团内外广泛的认可与好评。

[中经录音录像（融合出版）中心]

【“在希望的田野上”首届中国石化乡村振兴论坛】 3月1日，“在希望的田野上”首届中国石化乡村振兴论坛在北京举行。论坛由中国石化主办，经济出版社和中国石化乡村振兴办公室联合承办，集团公司董事、总经理、党组副书记赵东出席并致辞。20余位政产学研专家学者围绕“巩固拓展脱贫攻坚成果，推动实施乡村振兴战略”进行交流，为推动实施乡村振兴战略提供智慧和力量。论坛以打造中国石化“文化名片”为牵引，在传播方面综合布局，中国新闻网等4家中央权威媒体进行媒体报道，中国财富网等18家媒体进行论坛实时报道，相关报道阅读量超78万次；论坛通过光明网、中国财富网及相关媒体矩阵、中国石化官方视频号等进行视频直播，各平台直播观看量总计169万次。

[中经录音录像（融合出版）中心]

【2023年中关村论坛—国企发现与发明论坛】 5月28日，2023年中关村论坛——国企发现与发

明论坛在北京召开。论坛是国务院国资委首次在中关村论坛主办的平行论坛，中国石化承办。论坛以“汇聚原创力量·共享未来能源”为主题，邀请国务院国资委、科技部、工业和信息化部、教育部、中国科学院、中国工程院、国家能源局、中国科协、国家国防科工局、国家自然科学基金委等相关单位代表，36 家央企、部分地方国企代表出席论坛。集团公司董事长、党组书记马永生出席并发表主旨演讲，集团公司党组成员、副总经理李永林出席会议并参与“加强基础研究全球合作，支撑构建人类命运共同体”倡议书发布仪式。参与论坛的各方代表聚焦原创技术策源地建设，探讨科学问题、交流原创发现、共享最新成果，集中展示中央企业加快实施创新驱动发展战略的最新实践。

[中经录音录像（融合出版）中心]

【中国石化科技创新未来发展论坛】 7 月 8 日，以“科技引领石化发展，创新筑就能源未来”为主题的科技创新未来发展论坛在京举办，论坛由集团公司主办，集团科技部、石化出版公司承办，集团公司党组书记、董事长马永生致辞，集团公司董事、总经理、党组副书记赵东主持，集团公司党组成员、副总经理李永林作会议总结。论坛邀请 12 位来自中国科学院、中国工程院、中国石化、相关高校的院士和专家学者，围绕未来能源转型、绿色低碳发展、高端化工材料等领域前沿创新进行交流，展望重点领域科技发展前景，为中国石化更好担当国家战略科技力量、为能源化工行业高质量发展、为实现强国建设民族复兴伟业贡献更多智慧和力量。

[中经录音录像（融合出版）中心]

【2023 年第七届中国石化网络安全宣传周】 9 月 14 日，以“强化网络安全意识，筑牢网络安全屏障”为主题的中国石化网络安全宣传周活动在燕山石化正式启动。中经录音录像（融合出版）中心团队配合完成中国石化网络安全宣传周开幕式活动，旨在强化公司网络安全防护，推进员工网络安全培训，普及网络安全知识，以及推广网络安全技能，为确保网络安全“主阵地”奠定坚实基础。活动的成功举办，是贯彻落实习近平总书记关于网络强国重要思想的重要举措，也是贯彻落实国家网络安全宣传周相关精神，持续推动信息化工作和网络安全发展的实践行动。

[中经录音录像（融合出版）中心]

表 1　经济出版社 2023 年重点图书书目

序号	书名	著译者
1	大国顶梁柱——“央企楷模”报告文学作品集 2021	国务院国资委党委宣传部
2	知名学者纵论共同富裕	程恩富
3	中央企业党建思想政治工作优秀研究成果文集（2022）	中央企业党建思想政治工作研究会
4	新视野：共建“一带一路”高质量发展	中国国际经济交流中心课题组
5	健全关键核心技术攻关新型举国体制研究	张晓强　李　锋
6	服务构建新发展格局，高质量推进现代流通体系建设研究	陈文玲
7	中国中铁年鉴（2022）	《中国中铁年鉴》编委会
8	诚通 30 年	中国诚通控股集团有限公司
9	中央企业改革发展研究 2	国务院国资委研究中心
10	售罄 3	邓小华
11	包头煤化工公司志	包头煤化工公司志
12	中国经济增长报告 2021	苏　剑
13	零碳中国	Henry Lee

续表

序号	书名	著译者
14	走向本质合规	杜江波
15	中国消费金融发展研究	杨运杰
16	探索与研究——国有资产监管和国有企业改革研究报告（2020—2021）	国务院国资委综合研究局
17	中国核电核安全文化建设历程	中国核能电力股份有限公司
18	岁月的维度	于　勇
19	2021 年度中央地勘企业政策与经济研究成果	中国煤炭地质总局
20	智本论・债务危机	智本社
21	智本论・经济周期	智本社
22	智本论・大城楼市	智本社
23	新时代中央企业思想政治工作创新案例选编（2022）	中央企业党建思想政治工作研究会
24	用初心照亮荧屏——国企电视战线上的优秀党员	李　鹏　沙　凡
25	混合所有制改革背景下建设具有全球竞争力的世界一流企业	王祯敏
26	国土空间功能“双评价”及分区优化研究	王璐瑶
27	中国石化共享服务公司产品手册	中国石化共享服务有限公司
28	人口老龄化对进出口贸易结构的影响研究	秦敏花
29	感动石化	中国石化报社
30	亚洲经贸合作研究	中国国际经济交流中心课题组
31	破缠而出	高　翔
32	牢记殷切嘱托，书写奋斗青春	中国石化石油工程公司团委
33	基金风云录 3	沈　良
34	私募股权	陈雪涛
35	现代经济学理论与方法创新论坛（十六）	高　煜　王　聪
36	厚雪长坡	雪　球
37	胜利新篇：胜利油田摄影美术作品选	胜利油田管理局有限公司群团工作部 胜利油田管理局有限公司文学艺术界联合会
38	胜利答卷——胜利油田东营原油库迁建纪实	胜利石油管理局有限公司群团工作部 胜利石油管理局有限公司文学艺术界联合会
39	影像胜利：胜利油田摄影艺术作品暨“快拍胜利”获奖作品集	胜利石油管理局有限公司群团工作部 胜利石油管理局有限公司文学艺术界联合会
40	为价值而生——决策者财务新思维	黄旭斌
41	K 线动能理论	宋建毅
42	外国经济学说与中国研究报告（2022）	程恩富　朱安东
43	数字经济赋能城市高质量发展：北京数字经济发展的综合考察与评价	葛红玲

续表

序号	书名	著译者
44	东方风来：从欧美奢侈品牌到中国高端品牌	欧家锦
45	绿色金融百科知识	顾　蔚
46	反向成交	尹淑琼
47	持续改善 追求卓越：中国核电精细化运行管理之道	中国核能电力股份有限公司
48	数字孪生变革	马　特
49	青少年智谋防骗 36 计（上、中、下）	李澍晔　刘燕华
50	中国石油流通行业发展蓝皮书（2022—2023）	邸建凯　董秀成　孙仁金
51	中国金融中心指数（CDI CFCI) 报告（第十四期）：走进重庆	综合开发研究院（中国・深圳）
52	细讲使命与发心	李柏映
53	铸牢中华民族共同体意识视域下西部地区地方政府能力研究	王永明
54	阿米巴团队激励（修订版）	胡八一
55	培养一流人才 建设经济强国	叶连松
56	乡村振兴与均衡发展	中国公益慈善项目交流展示会组委会办公室
57	中国特色社会主义政治经济学简史	宋　宇
58	江苏产业发展报告（2021）	宣　烨
59	中国互联网企业社会责任报告与创新案例	李　韬
60	现代化视野下高新技术园区社会发展研究	周琳琳
61	公共机构能源费用托管服务实操指南	法之声（北京）网络科技有限公司
62	现代管理理论与方法创新论坛 (2022)	李纯青　刘　伟
63	中国清洁供热发展报告 2023	清洁供热产业委员会
64	危机中的希腊资本主义：以马克思主义视角分析	[希] Stavros Mavroudeas
65	绝对成交	马丁・林贝克
66	大学生应该知道的事	丁志伟
67	全链路管理：电商供应链运营实操要领及案例	陈凤霞
68	企业合规管理实务	孟　博
69	黄河流域低碳论	宋　敏
70	玩赚 ChatGPT：人人都能用的工作好帮手	唐振伟
71	AIGC 新纪元：洞察 ChatGPT 与智能产业革命	刘　通　陈梦曦
72	中国经济安全展望报告 (2023)	苏　剑　戚自科
73	基于股评信息的个股投资者情绪指数与股票市场的关系研究	樊鹏英
74	逆境突破	李柏映
75	对外开放新格局下陕西跨境电商生态体系构建与优化研究	杨　静

续表

序号	书名	著译者
76	京津冀一体化物流发展报告（2019—2020）	王可山　郝玉柱
77	数字营销前沿探析	李纯青　刘　伟
78	共建“一带一路”经济走廊研究	陈文玲
79	不亏：职业投资人的股市生存之道	孙翼舟　刘相扬
80	国际氢能技术与产业发展研究报告 2023	中国产业发展促进会氢能分会
81	国家能源集团年鉴 .2022	《国家能源集团年鉴》编委会
82	底层逻辑	慕　白
83	华夏银行志 1992—2022	华夏银行股份有限公司
84	教育领导的艺术	楚红丽
85	从秒赞到疯传：文案力教练 Elton 的 20 堂爆款文案课	林郁棠
86	中国碳中和 50 人论坛文集（2022）	三零六零（北京）咨询服务有限公司
87	创新经济的内生驱动机制	程　郁　崔静静
88	领导胜任力提升精讲精练	刘绪义
89	牢记嘱托 砥砺奋进	中国石油化工集团公司团委
90	中国油气与新能源产业发展报告（2022—2023）	中国国际石油化工联合会有限责任公司
91	中国信托业发展报告（2023）	清华大学法学院金融与法律研究中心
92	心向苍穹	北京航天长征科技信息研究所
93	北交所案例解析	李　浩
94	020 模式下在线回收商再售策略研究	李增禄
95	中国乡村儿童阅读调查报告	深圳大学语言文字工作委员会
96	向上学习	安　妮
97	2022 年中国可再生能源绿色电力证书发展报告	水电水利规划设计总院
98	给忙碌者的价值投资	吴文涛
99	涨停盘口	麻道明，又名邵道明
100	对外开放新格局下中欧班列高质量发展研究	王　丹
101	社区治理与物业管理百问百答	毕文强
102	战略石油储备法律制度研究	田　磊
103	云南大山包黑颈鹤国家级自然保护区鸟类图鉴	吴太平
104	2023 中国房地产年鉴	中国房地产业协会
105	数字经济促进共同富裕的机理分析与优化路径	何　春
106	对外开放新格局下陕西现代幸福服务业高质量发展研究	刘俊霞
107	为 3~6 年级小学生量身打造的 1008 个思维游戏	吕海波
108	炒股就炒强势股①	明发（原名温明伐）
109	炒股就炒强势股②	明发（原名温明伐）
110	炒股就炒强势股③	明发（原名温明伐）

续表

序号	书名	著译者
111	炒股就炒强势股④	明发（原名温明伐）
112	炒股就炒强势股⑤	明发（原名温明伐）
113	通胀度量的政治经济学——基于法国案例的分析	弗洛朗丝・雅尼－卡特里斯
114	国学日历：2024 甲辰年	李阳泉
115	国学教养智慧：让孩子从此爱上学习	苏　兴
116	通达 C 端模式	中通研究院
117	高绩效心智	安　妮
118	中国化学工程集团有限公司大事记	中国化学工程集团公司
119	铁军风采	中石化石油工程技术服务股份有限公司
120	老板必知的十大财务管理工具	张能鲲　沈佳坤
121	从“专精特新”到“北交所”	李　浩
122	一年十倍的期货操盘策略（九）	无　形
123	新的历史条件下马克思政治经济学研究	李　翀
124	丝绸之路经济带文化旅游与城市经济协调发展研究	刘　洋
125	新时期国家治理与经济发展	苏　剑
126	底线思维	章　程
127	投资改变人生（第三辑）	雪　球
128	国资航母——国有资本投资公司改革探索与实践	张　军
129	闭环思维	慕　白
130	中国少数民族地区经济发展报告（2020）	郑长德
131	中国创新设计发展报告（2022）	王晓红　陈能军
132	全新中学生作文宝典	李相召　焦庆锋
133	中国经济增长质量发展报告 2023——数字经济驱动经济结构升级	任保平
134	开个小店	沈帅波
135	“一带一路”倡议的关注度与效果评价研究	胡　健　胡留所　王命宇
136	数字人民币（DC/EP）对人民币国际化的影响	沈春明
137	大数据经济学	韩　松
138	读懂中国保险	陈　辉
139	以文化交流助推“丝绸之路经济带”合作发展研究	姚　宇
140	被忽略的投资秘籍	邓　早
141	AIGC 的未来：探索前景与市场机会	陈雪涛　张子烨
142	阿米巴组织划分（修订版）	胡八一
143	阿米巴经营会计（修订版）	胡八一
144	老板必知的十大税务管理工具	张能鲲　沈佳坤

续表

序号	书名	著译者
145	老板必知的十大风控合规工具	张能鲲　沈佳坤
146	漫书保密	北京航天长征科技信息研究所
147	影响力投资与乡村振兴	德勤华永会计师事务所
148	中国烟草年鉴.2022	《中国烟草》杂志社有限公司
149	老板财务基本功	张金宝
150	中国铁建年鉴 2022	《中国铁建年鉴》编委会
151	阅读树（亲子版）	徐玉贞
152	中国经济高质量发展的生发性探索	许广月　师小静等
153	能源转型：汽油需求的“突变与预测”	孙仁金　李　喆
154	顺势 精准 赋能：绩效考核助力银行服务乡村振兴探索与实践	天维信息银行绩效管理研究所
155	活在你的优势上	谭　璐
156	故宫太有趣了	向　斯
157	底层逻辑	程东升工作室
158	极限思维	程东升
159	回归常识	程东升
160	认知赋能	祝朝晖
161	价值共生	余铭一
162	共同富裕战略与实践（第二辑）	尤元文　徐兆东
163	2023 年中国信托公司经营蓝皮书	清华大学法学院金融与法律研究中心
164	新公共物品原理与全球碳中和解决方案	杨宝明
165	组织的演进	邢艳平
166	中国中铁年鉴（2023）	《中国中铁年鉴》编委会
167	跟老子学管理	张易发
168	中国证券投资基金年鉴 2020—2023	中国证券投资基金年鉴编委会
169	中冶宝钢产业工人之歌	中冶宝钢技术服务有限公司
170	华人创业家	全球华商人物志编辑委员会
171	歌以咏志	启　功　李　强
172	千年文脉	启　功　李　强
173	千里之境	启　功　李　强
174	笔墨风骨	启　功　李　强
175	新变局下的中日韩经贸合作研究	张永军　逯新红　刘向东
176	外国经济学说与中国研究报告（2023）	程恩富　张　衔
177	东方习酒：酿造美好生活的领创与实践	贵州习酒

续表

序号	书名	著译者
178	中国式现代化开启新篇——蓝迪国际智库年度报告（2022）	赵白鸽　吕红兵
179	中国式现代化的企业力量——蓝迪平台企业发展报告（2022）	赵白鸽　黄奇帆
180	未来产业与创新生态：理论赋能与实践启示	伍建民
181	中国少数民族地区经济发展报告（2021）	中国少数民族地区经济发展报告编写组，郑长德
182	能源转型背景下的中国能源国际合作研究	胡　健　张文彬　焦　兵
183	2022 中国光伏发电行业发展报告	水电水利规划设计总院
184	2023 中国企业跨境并购年度报告	易界（DealGlobe）工业和信息化部国际经济技术合作中心
185	中国保险业可持续发展报告（2023）	陈　辉　董洪斌
186	缠论操盘：低风险交易模式与案例解析	罗喜全
187	中国城市科创金融指数（2023）	中国（深圳）综合开发研究院
188	国有企业改革深化提升行动百问	国务院国有资产监督管理委员会
189	中国创意产业发展报告（2023）	张京成
190	做善于推销自己的中央建筑企业	刘永奎
191	巩固拓展脱贫攻坚成果同乡村振兴有效衔接：理论探索、政策分析与案例研究	白永秀
192	微纪元（全彩插图精装版）	刘慈欣　王晋康
193	吞食者（全彩插图精装版）	刘慈欣　王晋康
194	流浪地球（全彩插图精装版）	刘慈欣　王晋康
195	地火（全彩插图精装版）	刘慈欣　王晋康
196	对外开放新格局下陕西金融业改革与开放发展研究	李平女
197	资本的温度	王炳荣
198	认同与自信：中华优秀传统文化概论	丁　蕾
199	趋势投资的秘诀	胡总旗

集团公司党组党校（管理干部学院、网络学院）

【概况】 中国共产党中国石油化工集团有限公司党组党校（石油化工管理干部学院、中国石化网络学院）[简称集团公司党组党校（管理干部学院、网络学院）]，作为集团公司直属的教育培训单位，承担着党建培训、集团公司高层管理人员培训、高层次技术人才和国际化经营人才培训、网络培训，党建、品牌与文化、人力资源研究的重任。2011 年，被评为国家级专业技术人员继续教育基地。2010 年以来，多次获评中央党校国资委分校优秀办学单位。管理干部学院于 1985 年筹建，1987 年正式成立，1998 年在学院的基础上成立集团公司党校，2020 年成立中国石化网络学院。2021年，党校更名为集团公司党组党校，并挂牌5家分校。截至2023年底，党校（学院）设15个部门，主要业务部门包括党建培训部、技术培训部、国际化经营培训部（管理培训部）、网络培训部、教务部（外事办公室）、党校分校办公室、科研管理部、党建研究所、品牌与文化研究所等。

集团公司党组党校（管理干部学院、网络学院）本部占地103亩（68667平方米），建筑面积5.31万平方米，可容纳近700名学员在校学习。拥有教室22间，研讨室8间，容纳100人左右报告厅2个，容纳200—300人左右报告厅2个，网络课程录播控制室和录制室各1个；学员餐厅3个，职工餐厅1个；学习资源中心馆藏纸质图书4万多册，以及中国知网、中国共产党思想理论资源数据库、人大报刊、国研网、EBSCO外文数据库、读秀等丰富的电子学习资源。文体中心设有游泳馆、羽毛球馆、篮球馆、健身房、多功能演播厅等。另外，在朝阳区安翔北里（健翔桥）设有分部，建筑面积1.6万平方米，可容纳近100名学员在校学习。

截至2023年底，集团公司党组党校（管理干部学院、网络学院）有员工157人（合同制员工141人、劳务派遣员工16人）；其中院领导班子4人，现职中层干部25人（中层正职13人、副职12人）；集团公司首席专家（二级协理员）1人，直属单位专家17人（其中首席专家1人、高级专家3人、专家13人）；硕士研究生及以上101人（其中博士研究生18人），具有高级及以上职称的85人（其中正高7人）。另外，与百川公司、华威保安公司签订后勤服务部分业务外包协议，两家公司聘用员工267人。同时，建立较为完备的兼职师资库，每年聘请的兼职教师包括集团公司党组领导，两院院士，高层管理人员和技术专家，国内外著名高校、教育培训和科研机构的专家学者等1000余人次。

集团公司党组党校（管理干部学院、网络学院）主要履行以下职责功能：①党建类培训，重点开展党的理论教育和党性教育。②高层管理及后备人才培训，重点培训总部职能部门和直属企事业单位的领导干部、中青年后备干部及部分中层干部。③高层次专业技术人才培训，重点培训油气勘探开发、炼油化工、工程建设、科研、销售等领域的各类专家及青年骨干人才。④国际化经营人才培训，重点培训国际勘探开发、国际石油工程、国际炼化工程、国际贸易等领域的经营管理、专业技术人员和优秀外籍骨干员工。⑤网络培训。依托中国石化网络学院，为集团公司和各企业提供在线学习、岗位培训、分享交流、资源管理、培训管理等平台及服务。⑥科研咨询。为集团公司党组党校（管理干部学院、网络学院）和直属企业培训机构培训业务发展提供智力支持，为集团公司和直属企业经营管理提供咨询服务。同时，承担培训各直属企业的培训管理人员和培训机构的专兼职骨干教师相关任务。

经过多年的发展，集团公司党组党校（管理干部学院、网络学院）的功能定位逐步完善，核心竞争力明显提升。形成“建设一流集团公司党组党校（管理干部学院、网络学院）”的目标愿景，“训战结合、学用转化”的培训理念，干部教育培训工作获得中组部干教局“有灵魂、有传承、有特色、有实效”的高度评价，综合实力位于央企一流党校行列。多次获中央党校国资委分校优秀办学单位等多项荣誉，以及世界继续教育工程协会、人才发展协会（ATD）卓越实践奖等行业大奖。

（姚晓宇）

【党建工作】 2023年，集团公司党组党校（管理干部学院、网络学院）坚守“围绕中心、服务大局”的党校政治站位、“为党育才、为党献策”的党校初心，落实集团公司干部人才队伍“六大方阵”、“六大工程”战略部署，以卓越的培训科研工作成效，打赢一场主责主业攻坚战，切实履行传播党的理论的“擎旗手”、提升治企本领的“布道者”、服务支撑战略的“智囊团”的职责使命。组织实施培训班341个，培训38.8万人・天。其中，线下培训班262个，14.6万人・天；线上培训班79个，24.2万人・天。集团公司重点人才培训计划全部完成。“训战结合、学用转化”的培训理念逐步成型，质量立校的根基更加扎实，8期集团公司领导人员学习贯彻党的二十大精神专题研讨班获好评，催化裂化等炼油核心装置专家班、海外项目经理能力提升培训项目、国际贸易经理培训项目连续斩获 ATD 卓越实践奖。“教研结合、研用结合”的科研工作原则落地生根，涌现出一批具有现实指导意义、决策参考价值的高水平研究成果。“新形势下混合所有制企业党建工作创新研究”等 3 项科研课题获中央企业党校智库优秀成果一等奖。以“数字化赋能智慧党建”为主题的第二届国企党建创新论坛，在央企系统再次引起强烈反响。收到党群工作部、石油工程公司、石家庄炼化等总部部门和直属企业的 7 封感谢信，以及培训班赠送的锦旗 2 面。

集团公司党组党校（管理干部学院、网络学院）坚持“党校姓党、质量立校、从严治校”重要原则，在高质量发展的进程中，不断探索、勇毅前行，对未来充满信心。研究出一套“一线六链”特色方法论，找到解码初心使命的路径和措施，深入挖掘培训需求，深度对接集团战略。构建一套完备的项目体系，绘制覆盖集团公司全体员工、全业务领域、全发展阶段的培训项目全景图。形成一套系统的高质量发展行动方案，谋划出三步走的新工作目标。

（姚晓宇）

【管理与党建类培训】 2023 年，集团公司党组党校（管理干部学院、网络学院）坚持把政治标准放在首位，提升领导干部履职能力，锻造满足中国石化发展需要的企业家队伍。分板块、分线条、分专题举办特定管理岗位人员专业管理能力提升培训、管理岗位能力提升专题培训，重点开发举办新任领导人员培训班、中层副职解决实际问题能力提升班、组织部长培训班、财务经理培训班、品牌管理部门负责人培训班等项目。对企业中高级管理人员专业管理能力提升和管理效能提高发挥积极作用。

（姚晓宇）

【技术类培训】 2023 年，集团公司党组党校（管理干部学院、网络学院）围绕“三大核心职责”、新“三步走”等战略部署，聚焦科技创新，培育高层次技术人才队伍。面向战略科学家、科技领军专家、氢能战略预备队及新材料战略预备队等重点人群，举办领导人员科技体系效能与创新活力等专题培训班，地质工程一体化训练营等科技领军系列专题培训班，以及中冰地热技术培训、氢能开发战略预备队训练营等项目，为科技创新驱动战略、“三新”产业发展提供强有力支撑。举办炼油核心装置专家班等卓越工程师塑造能力提升系列项目，促进学员在“真刀真枪”实践中磨砺突出技术创新能力和复杂工程问题解决能力。围绕基层人员岗位应知应会，开发实施勘探等方向 23 个在线培训项目，为提升企业员工业务能力、夯实安全生产根基提供有效支持。

（姚晓宇）

【国际化经营类培训】 2023 年，集团公司党组党校（管理干部学院、网络学院）围绕集团公司国际化发展战略，全面加强国际化干部人才培训，满足整建制国际项目团队派出需求。持续优化举办领导人员英语在线学习班、海外项目经理培训班，提升高端人才国际化管理能力。开发实施国际市场一体化协同、境内外营销贸易业务联动提质提效等专题研讨班，助力一体化战略落地。创新性举办“一国一策”系列培训班，围绕沙特阿拉伯、哈萨克斯坦当地营商环境等方面开展在线研学，助力国别战略落地。开发实施首批“百舸千帆”计划境外实践锻炼人选集中强化培训班，为外派干部队伍转身接续提供支持。疫情后首度重启优秀国际员工培训班，培养境外业务本土化发展的生力军。首次开发实施国际物流采办经理、国际化单位财务主管网上专题班，进一步满足境外关键管理岗位培训需求。首次举办小语种（俄语、西语、阿语）在线培训班，满足俄罗斯、中亚、中东、北非、拉丁美洲等重点区域业务发展和人才需要。组织 2 次大规模英语测试、4 次企业定制化测试，考生达 1.5 万人，助力国际化人才选拔与培养。

（姚晓宇）

【网络培训】 2023 年，集团公司党组党校（管理干部学院、网络学院）发挥平台优势，按照“服务集团公司党组、总部部门、企业”定位，持续支撑集团公司开展大规模、高效能地提升员工岗位素质能力的需求。圆满保障集团公司内控风控大赛在线练兵，全系统超 50 万人次参与，创造平台新纪录。依托网络学院助力胜利油田、SEI 等多家企业开展基层员工岗位学习和练兵，打造以岗位学习地图为基础的智能化“学练考评”循环赋能模式。举办新媒体宣传创作、公文写作等在线培训项目，满足员工提升岗位素质能力的迫切需求。举办数据治理、数据思维与数字化素养等培训班，为企业数字化转型提供基础支撑。

（姚晓宇）

【坚持科研引领，“献策”工作更有实效】 2023 年，集团公司党组党校（管理干部学院、网络学院）贯彻教研结合、研用结合的原则，以教育培训研究为基础，以党建、品牌与文化研究为特色，以智库建设为抓手，推动理论实践创新研究，服务企业服务集团，献言献计献策。

开创科研工作新局面。项目来源进一步拓展到中组部、国务院国资委、国企党建专委会、央企党建政研会、中央企业党校智库等，科研成果受众面更为广泛。研究专业领域由教育培训为主拓展到党建、品牌文化、党校建设、专业技术管理、人才发展等多个领域，形成“横向拓展、纵向延伸”的研究体系。研究规模进一步扩大，在研集团公司级项目达 23 项、国务院国资委委托课题 2 项、中央企业党校智库课题 4 项、直属企业委托咨询项目 1 项，经费金额近 2300 万元，实现项目数量和经费额倍增的科研工作新局面。

重点课题研究成果丰硕。集团公司级科研项目取得新突破，完成“中国石化高质量党建引领保障高质量发展研究”等课题 13 个，为推动国企党建高质量发展、品牌价值增值、人才队伍建设提供智力支持。积极承担中央企业党校智库研究任务，《中国石化转型机制发展研究》等 2 项成果在中央企业系统展示交流，成果数量与质量在中央企业名列前茅。聚焦培训研究，完成“中国石化勘探技术人才能力素质模型构建与应用”等 13 个院级课题，编写 1 本教材、10 个案例，发布炼油核心装置专家班培训教材，在数字化学习、课程体系建设、素质能力模型研究、经验萃取等方面形成自主性、特色化成果。《专业人才发展模式构建与实施》课题成果获集团公司科技进步奖三等奖。3 项成果获中国石油企业协会管理现代化创新成果一、二等奖。炼油核心工艺技术进展与应用丛书，获中国石油和化学工业联合会评选的科技进步奖二等奖。

智库作用明显提升。党建研究所高起点谋划，高质量推进，编辑出版《旗帜引领担当——中国石化高质量党建引领保障高质量发展案例》，汇集特色优秀党建案例 116 个，为各直属单位提升党建工作质量提供重要参照，献礼中国石化成立 40 周年。承办第二届国企党建创新论坛，助力集团公司彰显中国石化党建工作成效和引领作用。高质量办好《学报》，建设理论研究交流的重要阵地。品牌与文化研究所完成《中国石化品牌引领行动实施方案》等编写工作，为中国石化品牌引领行动落地提供指南；完成《强化中央企业文化（品牌）积累考核机制研究》，为品牌考核纳入中央企业经营业绩考核体系提供理论依据。

学科建设正式启动。着眼长远、立足当下，着手布局一流学科方阵，夯实能力建设。明确学科建设宗旨和定位，初步拟定国有企业党的建设等 8 个学科方向，同步组建学科建设小组。制定学科建设推进机制，按照“学院管总、部门管建、教学管战”的总体思路，聚焦输出课程，推动开发讲授有“油味”、接地气、冒热气的课程和案例，提升教师培训教学能力，夯实集团公司党组党校（管理干部学院、网络学院）高质量发展的核心能力。

（姚晓宇）

【坚持强化牵引，管理服务基础更加坚实】 2023 年，集团公司党组党校（管理干部学院、网络学院）以强“三基”为主要抓手，从工作机制建设、工作流程完善、岗位责任落实等方面发力，推动实现管理赋能，提升服务保障水平。

工程建设打造精品项目。按照党组要求，抓住疫情期间无线下培训的时机，仅用一年完成综合楼等楼宇改造项目，并于 2023 年 4 月正常开班。在“精品工程、按期完成”总目标的引领下，举全院之力统筹设计、施工、安全、质量、进度、费用、招投标等各方面管理，实现疫情期间不停工、安全零事故、竣工时间提前，也积累丰富的工程项目建设经验。

管理和服务保障规范精细高效。始终将 HSE 工作放在首位，紧盯隐患排查整治、现场教学管理、员工和学员健康管理等重点环节，全年未发生安全责任事故。深化落实“三定”“三程三练”等具体措施，进一步完善部门职能，健全业务流程、操作规程、监管规程，奠定扎实的管理基础。推进依法合规建设，着力提升招投标、合同管理、审计等规范化水平，切实发挥内控约束作用，完成审计迎检和整改，促进日常管理逐步精细化规范化。深化业财融合，推进实施滚动预算管理，努力增收节支，实现盈亏平衡经营目标。持续优化外包服务管理，不断为学员提供满意周到的培训服务和后勤保障，服务工作的质量稳步提升。

数字化发展基础进一步夯实。大力推进“石化 e 学”与“智慧学院”两大平台建设，初步建立平台融合运营机制。通过深度开展数据治理、优化线下培训管理流程等手段，提升两大平台支撑赋能作用。聚焦改善用户体验，完成高速无线互联网、报告厅视音频系统等十大信息基础设施建设，解决多年来的难题。全面推广应用校园一卡通系统，校园智能化程度进一步提升。

（姚晓宇）

【坚持党建引领，高质量发展保障更加坚强】 2023 年，集团公司党组党校（管理干部学院、网络学院）按照集团公司“1355”党建工作总体思路，持续提升党建质量，抓实党建基础工作，强化政治功能和组织功能，以高质量党建引领保障高质量发展。

党建工作体系持续健全。健全工作机制，以月度党群例会、教学科研办公例会、管理例会为抓手，推动党的建设“5+2”布局在支部层面具体落地，从思想方法、工作方法和日常运行等方面促进党建与业务重点工作顺利完成。完善制度流程，编写《党支部标准化规范化建设工作指南》等 6 项制度，丰富党建制度体系。细化完善党建考核指标，为支部工作改进升级提供指挥棒。

大抓基层取得实效。建强基层组织，先后 2 次对党支部、党小组建设进行优化完善，持续加强培训班临时党支部建设，组织建设更加完善。严格规范党员发展和党籍管理工作，9 名预备党员转正，2 名入党积极分子参加培训通过考试。规范管理“三会一课”、主题党日等组织生活，采取每日线上巡检方式，加强日常督办督导，党建基础工作水平明显提升。组织 2 次支部书记、党建管理员培训，增强党务工作能力。激励奋进创效，开展“两优一先”评选表彰工作，形成一个支部一座堡垒、一个党员一面旗帜的生动局面。

宣传思想文化工作持续加强。守牢宣传阵地，高质量做好新闻宣传，积极在《学习时报》《中国石化报》、学院微信公众号等媒体平台传递集团公司党组党校（管理干部学院、网络学院）好声音、讲述好故事。严管意识形态，针对课堂、网络课件、科研课题、新闻宣传等重点领域，着力完善加强分级管理与审核，未出现意识形态领域有关问题。加强校园文化建设，组织开展迎庆中国石化成立 40 周年一系列工作，出台“1 片 5 册”，统筹设计校园文化景观，进一步提升党校形象美誉度。

党风廉政建设有序推进。落实“从严治校”要求，着力做好政治监督、日常监督，大力弘扬学习之风、朴素之风、清朗之风。扎实做好巡视整改“后半篇文章”，整改完成率 100%。规范“大监督”运行机制，开展综合楼等楼宇改造项目专项监督，常态化做好培训纪律监督，坚持重要节假日廉洁提醒，扎实做好信访举报线索核查和执纪问责，全面落实监管责任。结合集团公司党组党校（管理干部学院、网络学院）工作实际，圆满完成纪检干部队伍教育整顿。

统战群团工作不断深化见效。发布《关于进一步加强和改进统一战线工作的意见》，促进党外人士、知识分子积极履行“为党育才、为党献策”使命。发挥工会桥梁纽带作用，组织主题劳动竞赛，开展职工趣味运动会、职工书法美术摄影展等系列团体活动，及时进行职工日常慰问和就医帮扶，办实事、暖人心、促和谐。深入推进青年精神素养提升工程，加强团员青年学习贯彻习近平新时代中国特色社会主义思想教育，围绕培训主责主业搭建青年成长成才平台，激发青年爱校爱岗、干事创业的责任感、使命感。

（姚晓宇）

石化盈科

【概况】 石化盈科信息技术有限责任公司（简称石化盈科）成立于2002年，是由股份公司、香港电讯盈科企业资源有限公司（简称电讯盈科）共同出资成立的合资公司，股东由中国石化、电讯盈科、中控技术三方组成，持股比例分别为55%、23%、22%，注册资本5亿元。石化盈科本部设在北京，在北京、上海、广州、南京、西安、武汉、沈阳、香港等地设有分支机构。

石化盈科专注于将先进的ICT技术与传统产业结合，为能源化工行业提供全产业链信息化解决方案及产品。面向未来产业互联趋势，以市场为导向，构建起咨询、设计、研发、交付、运营的完整服务价值链，形成覆盖咨询规划、智慧经营、智能制造、商业新业态、新基础设施、智能硬件等多个领域的核心业务，为客户提供优质和专业的信息技术服务。

石化盈科是国家鼓励的重点软件企业和高新技术企业，有信息系统建设和服务能力评价优秀级（CS4）、CMMI5级、信息系统服务商交付能力一级五星、电子与智能化工程专业承包一级、建筑智能化系统设计专项甲级、安防工程企业设计施工维护能力一级、国家首批ITSS认证等多项顶级资质，通过多个国际标准管理体系认证，是中国软件行业协会常务理事单位、中国智能制造系统解决方案供应商联盟副理事长单位。

截至2023年底，石化盈科正式员工总数2563人，其中硕士生716人、博士生25人，具有正高级职称的12人、高级职称的145人、中级职称的421人。

石化盈科主要经营指标、软件著作权及专利获授权情况、2023年主要技术成果获奖情况分别见表1、表2和表3。

（艾　丹）

【董事会、监事会成员及领导班子调整】 2023年3月7日，集团公司党组发文，杜道林担任石化盈科纪委书记。7月21日，股份公司发文，王子宗不再担任石化盈科董事会董事长、董事职务。8月24日，股份公司发文，提名景帅担任石化盈科董事会董事。9月7日，股份公司发文，周昌为石化盈科董事会董事长人选，不再担任石化盈科首席执行官职务，陈学不再担任石化盈科监事会主席、监事职务，杜道林为石化盈科监事会主席人选。9月13日，集团公司召开视频会议，宣布周昌担任石化盈科董事长、仍担任党委书记，杜道林担任石化盈科党委副书记、工会主席、监事会主席，仍担任纪委书记。

（徐海娟）

【经营质量持续向好】 2023年，石化盈科新签销售合同43.56亿元、增长5%，营业收入38.39亿元、增长13%，利润总额3.04亿元、增长14%，实现EVA 4.36亿元，全级次法人主体均实现盈利，全面完成股份公司下达的各项经营指标，经营质量和盈利能力持续提升。

（徐海娟）

【重大项目有序推进】 2023年，石化盈科聚焦主业、强化担当，支持总部“域长负责制”“数据+平台+应用”模式落地，全力保障重大项目如期高质量交付。完成财务域、人事域、物资域、风险和监督域等重点业务领域的信息化深化应用，新加油卡系统全国切换上线，建设服务总部、化销、润滑油、易派客、产融数智、商旅等12家单位的智能客服系统，实现多业态大物流平台一期、“石化e学”平台、贵州石油分公司油库综合管理平台上线。助力海南炼化、古雷石化、广州石化3家企业获工信部2023年智能制造试点示范，实现天津南港、海南炼化和海南巴陵SBC等智能工厂全面上线，完成3家企业APC、7家智能油库、古雷石化等一批项目验收。资源扩容及应用迁移、一体化IT运维服务、香港区域中心互联网统一出口等项目通过验收，上游信息基础设施云资源扩容、融合通信系统等完成设计评审，高水平交付燕山石化、天津石化5G基础设施及应用项目。

（徐海娟）

【创新发展步伐加快】 2023 年，石化盈科积极打造核心智库能力，开展信息和数字化后评价体系研究，优化全厂信息化设计方法论，升级信息化标准工艺包，开展信息技术发展趋势研究，编制《数字化转型指南》《石化行业信息技术应用发展研究报告》和《数字石化孪生制造》白皮书，出版能源化工行业数字化转型专著《驭势》。持续提升标准高地建设，参与制定 5 项国家标准，累计研制 40 余项行业标准草案，牵头建成石化行业智能制造公共服务平台，完成中国石化行业数据分类分级标准编制。多项创新研究取得突破，工信部“建设智能制造标准试验验证公共服务平台”课题通过验收，承担“面向石化行业的流程模拟软件”等国家科研课题 3 项、省部级科研课题 21 项。牵头智能工厂 3.0 研究，探索百亿参数石化人工智能大模型，率先构建多模型协同的乙烯工厂数字孪生体。积极培育创新业务，全力推进亦庄基地智能硬件产线建设，5G 防爆智能终端全年销售超 8000 台，近 1.1 万台新基础设施 5G 设备顺利交付，工业巡检机器人在新星公司、沙河数据中心试用。完成“多湖一中台”建设方案，助力总部成为行业首个通过数据管理成熟度评估（DCMM）五级最高认证企业。协助制订信创总体实施方案，完成主数据、信访管理、电子邮件等多个应用系统适配改造。石化盈科 2023 年获软件著作权 55 项、获授权专利 40 件。

（徐海娟）

【管理效能持续释放】 2023 年，石化盈科有序推进 34 项对标一流价值创造行动，搭建“三基”工作体系框架，将 4 类 101 个基层单位纳入规划和建设，试点落实“五个经理”责任制，修增订制度 138 项。突出预算刚性约束和分层管控，“两金”占用整体压降 21%。建立客户回访机制，开发 MOS 客户系统运行支持平台，开展第三方满意度调查，多措并举提高项目管理水平。建立采购量化指标体系，发布 108 项采购标准规范。引进“揭榜挂帅”机制，“统一交付平台”“智能物联知识系统”聚力攻关大模型、人工智能等新技术。设立首席合规官，健全合规管理组织。推进 HSE 体系有效运行，标本兼治提升本质安全水平。

（徐海娟）

【改革深化纵深推进】 2023 年，石化盈科党组织关系由中关村科学城综合党委整建制划转至集团公司直属党委，党建工作被纳入集团公司系统化管理。集团公司调整资本金融和支持板块部分单位管理关系，石化盈科归口信息和数字化管理部管理。石化盈科制订实施改革深化提升 29 项行动方案，争取纳入集团公司混改重点单位，探索推进与股东的战略协同机制。党的领导融入公司治理全面加强，“三重一大”决策管理机制有效运行。持续优化机构设置，纵深推进“三项制度”改革。

（徐海娟）

【党建工作显著加强】 2023 年，石化盈科以全面学习贯彻习近平新时代中国特色社会主义思想主题教育和配合集团公司党组常规巡视为抓手，积极推进规范和加强党建各项工作。举办集中理论学习研讨 9 次，各级党组织讲授专题党课 28 次，形成调研报告 43 份，形成问题清单 46 项。全面推进和落实《规范和加强石化盈科公司党建管理实施方案》的有关工作任务，举办领导干部“传承延安精神、弘扬优良作风”培训班和党务干部履职能力提升培训班，动态优化调整党支部设置，配齐配强支委班子，认真落实“三会一课”等制度。坚持党管干部、党管人才原则，全年调整干部 44 人，实施中层管理人员领导力赋能研修项目，选拔 30 名优潜人才参加潜力人才培养计划。充实纪检监督干部，举办纪检监督业务培训，宣贯《中国石化职工处分规定》，加大问题线索处置，严肃执纪追责问责。

（徐海娟）

【品牌形象不断提升】 2023 年，石化盈科建成全新品牌展厅，针对性开展市场活动近 30 场，全方位展示“数字化转型使能者”品牌形象。自主开发的工业互联网平台 ProMACE 获工信部“工业互联网平台 + 绿色低碳”试点示范，连续 10 年获高新技术企业和国家鼓励的重点软件企业认定，软件和服务综合能力全国排名升至第 68 位，在 2023 世界数字经济大会中获评年度软件和信息技术服务名牌企业。根据集团公司“十四五”助力乡村振兴计划，作为第二批教育帮扶单位，与销售华中公司共同结对帮扶湖北省红安县永河小学，制订三年帮扶实施方案，着力在校园建设、师资水平、学生成长等方面助推教育帮扶工作，品牌形象越擦越亮。

（徐海娟）

表 1　石化盈科主要经营指标　亿元

指标名称＼年份	2023	2022	2021	2020	2019	2018
资产总值	37.19	36.94	30.26	40.09	43.97	39.82
主营业务收入	38.39	34.09	30.19	27.05	31.23	29.52
利　税	3.91	3.22	3.21	2.77	3.27	2.89

表 2　石化盈科软件著作权及专利获授权情况

指标名称＼年份	2023	2022	2021	2020	2019	2018
软件著作权 / 项	55	58	14	31	55	43
获授权专利 / 件	40	10	28	23	20	11

表 3　石化盈科 2023 年主要技术成果获奖情况

序号	项目名称	奖项名称	获奖等级
1	中国石化一体化的全面预算数智化管理平台建设	集团公司科技进步奖	二等奖
2	智慧化工经营优化平台	集团公司科技进步奖	二等奖
3	智能油气田关键技术研究与应用	集团公司科技进步奖	二等奖
4	基于双碳战略构建现代数字环保的研发与工业应用	集团公司科技进步奖	三等奖
5	油田电网安全经济运行保障技术	集团公司科技进步奖	三等奖
6	基于数字孪生的智能乙烯工厂创新应用实践	第二届中国大数据大赛	一等奖
7	能源化工行业绿色低碳智造融合解决方案	第五届中国工业互联网大赛	最佳服务能力奖

工程质量监督总站（工程质量监测公司、招标公司）

【概况】 石油化工工程质量监督总站（简称工程质量监督总站）、中石化工程质量监测有限公司（简称工程质量监测公司）和中国石化集团招标有限公司（简称招标公司）位于北京市朝阳区北苑路 86 号，按照“一个党委、一体化管理，三个机构法人单设、业务独立运行”的运营模式，为集团公司工程建设项目和重点大修改造项目，提供工程质量监督、压力管道施工监检、工程质量监测、特种设备检验、工程采购服务等工程质量监管和技术、咨询服务。

工程质量监督总站于 1987 年批准成立，在中央编办注册为事业单位法人，1991 年国家建设部颁发《建设工程质量监督站证书》，2010 年国家发展和改革委员会在《关于印发〈石油石化建设工程质量监督工作规程〉的通知》中，明确“总站作为受国家发展改革委委托机构，依法对石油石化专业建设工程质量进行监督”。主要从事工程质量监督、压力管道施工监督检验和工程质量管理等业务。注册资金 6000 万元，资产总额 8.03 亿元，下设天津、上海等 11 个区域监督站。

工程质量监测公司原名中石化工程质量监测中心，于 2001 年由国家工商行政管理总局核定注册批准成立，2017 年更名为中石化工程质量监测有限公司。主要从事工程建设项目的质量监测、无损检测监管、装置检修监管服务和特种设备定期检验业务，按照国家市场监管部门要求开展压力管道设计、安装许可资质评审和压力容器设计单位许可资质评审。注册资金 6000 万元，资产总额 3.5 亿元，下设北京、南京等 11 个分公司和中石化工程造价有限公司（简称造价公司）、北京胜利金梧桐工程技术咨询有限公司（简称金梧桐公司）2 个子公司。其中，造价公司（定额站）前身为化工部合同预算技术中心站，主要从事炼化工程定额管理、造价咨询服务及竣工决算审计工作。金梧桐公司于 2020 年 5 月由百川公司划转，主要从事工程技术服务、人力资源服务、后勤保障服务等工作。

招标公司于 2003 年 6 月经集团公司批准成立，持有国家发展和改革委员会“中央投资项目招标代理机构”及住房和城乡建设部的“工程招标代理机构”2 项甲级资质。招标公司于 2021 年 6 月通过 QHSE 三体系认证。主要从事招标代理、电子招投标交易平台管理、交易中心管理等业务。注册资金 5000 万元，资产总额 2.5 亿元，下设北京、南京等 4 家分公司。

（马　宁）

【保障服务再创新业绩】 2023 年，工程质量监督总站组织开展重点工程项目综合性质量检查 122 次、专项质量检查 285 次，发现各类质量问题 10088 项，其中行为质量问题 3235 项、实体质量问题 5508 项、资料质量问题 1345 项。配合工程部组织开展重点工程质量安全督查 10 次，提出质量问题 1049 项。总站本部、现场监督组分别对参建单位、项目部约谈 20 次。远程视频监督共发现问题 3107 项，监督记录仪记录停监点 2118 个、质量问题 8793 项，无人机飞行检查 20 个重点项目 1.1 万分钟，记录建设形象进度 68 次。单台视频监控发现问题平均数量每季度呈下降趋势，远程监督威慑作用初步显现。

工程质量监测公司在上海赛科公司、洛阳石化等 16 个项目开展特种设备检验和储罐检验，受检压力容器 2878 台，受检压力管道近万条（约 526.3 千米），储罐检验 139 台，发现实体缺陷问题 251 项。在巴陵石化己内酰胺等 29 个项目开展工程监测，参与茂名石化等工程物资质量检验，发现问题 1814 项。中标中科炼化特种设备首检项目，签订合同额 1300 万元，实现历史新高。造价公司市场开拓中标 5973 万元，市场份额再度提升。金梧桐公司与北京站（分公司）配合，以自有队伍在青岛石化开展无损检测，在石家庄炼化探索“质量监督 + 质量管理”模式，促进质量管控升级。

招标公司完成招标采购标段 1392 个，累计成交金额 550 亿元，其中一类及以上项目标段 387 个，涉及一类及以上项目 87 个。外部市场经营实现重大突破，开拓北方华锦招标代理项目，承接工作难度最大、技术最复杂的主装置 EPC 标段招标任务，实现零投诉异议，定标金额 260 亿元，占招标公司全年总招标金额的 47%，实现“走出去”良好开局。

（马　宁）

【保障能力实现新突破】 拓展质量管控新领域。加快推动工程检试验等 4 个中心建设，为转型发展提供新动能。试点检修监管服务。在湛江东兴公司开展阀门检修质量监管、焊接管理、定力矩管理等 21 次专项检查，发现各类问题 377 项，确保检修质量。做实工程检试验。在天津南港试点阀门检试验，推广到镇海炼化乙烯等项目。2023 年完成阀门一次试压 16 万台，检出不合格 291 台；抽检 7934 台，检出不合格 17 台。结合现场需求，策划石家庄炼化等阀门检试验中心建设，提供更优服务，增强影响力。探索工程测量。在天津南港、扬子石化炼油调整项目开展基础控制坐标复核、勘探孔坐标复核等专项测量和抽检，把关工程施工的首要工序。启动无损检测中心建设。在青岛石化进行试点，培养自有无损检测队伍，促进无损检测业务专业化。工程质量监测公司拓展专业维度，承接 EPC 在建项目工程监测技术服务，取得 9 项检测项目认定证书（国家级 CMA），获“北京市‘创新型’中小企业”证书。

推行质量管控新措施。深化信息化平台和智

能工具应用。招标交易平台 3.0 正式上线，在 8 个区域组织应用培训，累计交易额突破 5000 亿元。远程视频巡查开评标 1306 项，覆盖全部标段。可视化平台实现重点项目全覆盖。推动标准规范数字化查询平台建设。在天津南港、镇海基地试点应用大体积混凝土温度监测等智能工具，实现质量过程数据实时、连续监测。开展 18 个视频识别模型素材模拟仿真，完成混凝土掉角等 8 个模型训练。在天津南港完成 19 万个阀门全生命周期试点应用。打造样板工程。牵头启动过程评优，组织优质工程过程评审、阶段性验收和现场复查，初步审查 19 个申报项目，现场复查 14 个通过初审项目。统一工程建设标准。按照“统一、先进、全球认可”的要求，推动炼化工程建设标准提升研究，主导编制《中国石化炼化工程标准执行表》，统一项目设计、施工标准。推动招标代理标准化。持续完善《招标代理业务工作手册》和招标标准文件，修订 EPC、施工、勘察等 20 项标准合同文本，夯实招标代理合规管控基础。

（马　宁）

【创新驱动注入新动能】 科技创新取得新进展，立项企业级科研项目 8 项，申报集团公司级课题 2 项，科研投入达 2000 余万元。新申请专利 13 件（发明专利 6 件），获 9 件专利授权、1 项软件著作权。推动科研成果转化，推广应用移动检测实验室、混凝土相控阵检测、压力管道腐蚀成套检测、招标采购围串标行为识别等科研成果。在天津、海南、巴陵项目进行底片数字化处理，开展热成像技术、数字化底片智能评定等技术试验验证。营造科技创新氛围，以“热爱科学、智慧赋能”为主题，举办第三届科技周系列活动，开展第一届科技论文征集评优，134 篇论文结集出版。

“两化”融合取得新突破。加强顶层设计，经过艰苦努力和积极争取，工程质量管理子域项目正式批复，启动管道质量、工程检试验、无损检测等模块初步设计。落实集团公司北斗发展三年滚动计划，在宁波监督站开展桩基坐标定位应用试点。提升平台应用水平，可视化平台接入 524 路信号，配置监督记录仪 289 台、无人机 15 台，提升平台应用广度和深度。优化检验系统 25 项移动端功能，为青岛石化、洛阳石化检修提供支持服务。仿真实验室实现 20 个模拟场景搭建，投用 12 个智能识别模型。完成交易中心及 4 个交易分中心标准化、智能化建设，实现一体化管控。电子化交易平台 3.0 于 2023 年 8 月 1 日正式上线。招标交易平台获国务院国资委首届“国企数字场景创新专业赛”三等奖，被中国物流与采购联合会评为 2023 年度全国公共采购优秀案例。加强网络安全管理，落实集团公司网络安全管理要求，强化日常管控及重保防护，加强互联网暴露面管控，重构工程造价系统，完成信创工作指标，全年未发生网络安全事件。

（马　宁）

【改革管理取得新成效】 完成招标公司改革。按照集团公司党组要求，6 月底撤销 9 个招标分部，高效组建 4 家分公司，平稳有序推进业务移交，11 月底全部完成分公司人员入职、场所智能化改造等重点任务，有力保证招标进度和用户满意度。武汉分公司、郑州分公司分别与胜利油田、西北油田组建联合项目部，确保对重点企业的高效快捷服务。

持之以恒强“三基”。结合党政机构设置，界定 16 个基层单位，发布“三基”工作管理实施细则，开展自评与评价，推广宁波、胜利监督站经验，组织召开“三基”工作现场交流会，调动基层单位补短板、强基础的积极性。通过专家讲堂、送教上门、轮岗实训等方式，常态化组织员工业务培训。建立专人帮扶提升机制，开展“师带徒”。举办第一届“师徒比武”竞赛，组织 21 对师徒比拼理论和实操，以赛代训促提升。

（马　宁）

【党建质量实现新提升】 主题教育成效明显。牢牢把握主题教育总要求，坚持学习打头、调研开路、实干开局，高效完成各项任务目标。两级班子积极参加主题教育读书班，领题调研，建立调研成果转化应用清单、逐项落实，带头讲授专题党课。各党支部组织 107 次专题研讨，讲授 28 次专题党课。结合中国石化成立 40 周年，建成“奋进展厅”。推动各级党组织与 30 余家参建单位联学共建，提升主题教育实效。

基层党建质效提升。着力增强基层党组织政

治功能和组织功能，制定“三基本”工作手册，完成 12 个党支部换届，同步开展 4 个招标分公司党建工作。着力打造“一支部一特色”党建工作格局，天津站党支部“四联四促”工作法、胜利站党支部党员干部一线轮值服务等特色做法，有力促进融合互促。

（马　宁）

【干部人才更有活力】 巩固选人用人“基本盘”，加大中基层干部选配力度，提高竞争性选聘比重，基层干部配置基本到位，中层干部年龄结构持续优化。推动年轻干部多岗位、多领域实践锻炼，提高综合素质。持续深化人才强企工程，完善党委联系专家机制，推动 T4、T5 专业技术人员竞聘上岗，加大引才引智力度，推进内、外部轮岗交流，增强人才队伍活力。聚焦业务需求，扩大培训范围，2023 年开展培训项目 25 个，1000 余人次参加培训。强化考核牵引，中层领导人员任期制和契约化管理全覆盖，加强干部能上能下硬约束，完善业绩考评办法，严格实行考核与奖金 100% 挂钩。强化分配导向，坚持工资增量向基层一线、关键岗位和骨干人员倾斜，员工收入连续 4 年正增长，员工与企业共享发展成果。

（马　宁）

【员工队伍凝心聚力】 搭建内宣矩阵，刊发稿件 500 余篇。参加中国质量大会分论坛，开展重点项目一线行，刊发外宣稿件 50 余篇，增长 25%。发挥“奋进展厅”“窗口”作用，讲好总站“故事”。坚持群团共建，组织“贯彻二十大精神、守护工程生命线”主题劳动竞赛，广泛开展“走基层、访万家”，组织多样化文体活动，丰富员工群众业余文化生活。加强统战工作，扩大统战对象，推进吉章红建言献策工作站建设。团总支顺利升格团委，成功召开第一次团代会。推进青年精神素养提升工程，创建 5 个青年安全示范岗，组织青马培训和青工政治轮训，举办第一届青年英语风采大赛，输送 2 名优秀人才到外资监督项目，受到充分肯定。

（马　宁）

【政治生态持续向好】 强化政治监督，督导落实“第一议题”制度，制定政治监督任务清单，推动年度重点工作落实落地。坚决纠治“四风”，建立中央八项规定精神问题专项治理工作机制，推进精准整治形式主义、官僚主义，持续为基层减负。一体推进“三不腐”，建立贯通协调的“大监督”工作机制，推动主营业务廉洁控制，做好“第一种形态”后半篇文章。以纪检监察队伍教育整顿为契机，加强专（兼）职纪检监督人员培训，增强业务本领、锤炼作风操守。

（马　宁）

人 物

关兴亚院士逝世 | 全国五一劳动奖章获得者 | 全国三八红旗手

全国巾帼建功标兵 | 全国五一巾帼标兵

关兴亚院士逝世

【中国工程院院士关兴亚逝世】 中国知名的石油化工专家、中国工程院院士、绿色化工与工业催化国家重点实验室学术委员会顾问委员、集团公司科学技术委员会顾问、中国石化上海石油化工研究院技术顾问关兴亚院士因病医治无效，于2023年5月23日22时59分在上海逝世，享年92岁。关兴亚院士长期从事丙烯腈生产工艺及催化剂的研究开发，填补中国氨氧化技术空白，技术成果得到广泛工业应用，为形成具有中国自主知识产权的丙烯腈成套技术作出巨大贡献，是中国丙烯腈催化剂及成套工艺技术的开拓者和奠基人。曾获国家科技进步奖一等奖和二等奖各1项，取得国内外专利40余件；获香港亿立达奖、上海市先进科技工作者、国家有突出贡献的中青年专家、中国石化劳动模范等荣誉，1991年成为首批享受国务院政府特殊津贴人员。

（班楚婕）

全国五一劳动奖章获得者

【余仁杰】 男，中共党员，燕山石化烯烃厂总工程师。余仁杰硕士毕业后一直扎根基层，多次完成驻厂保供任务，围绕装置继续深耕细作，不断进行工艺优化调整，乙烯高附能耗、损失率等技术经济指标连续3年刷新历史最优，让老装置开出新水平。他矢志奋斗，开拓进取，主持烯烃厂技术工作，立足岗位大胆创新，建立科技管理新机制，装置竞争力持续提升，烯烃厂获燕山石化科技进步奖2项、科研成果奖2项，乙烯装置蝉联工信部全国乙烯行业水效“领跑者”。他潜心学习乙烯装置专业知识，探索装置难题，组织乙烯团队不断优化工艺操作，攻克装置运行瓶颈，成功克服乙烯精馏塔冻堵、氢气干燥器分子筛内漏等诸多运行难题，实现5年长周期运转，乙烯装置连续4年实现非计划停工为零。乙烯、丙烯产量不断创造历史佳绩，为攻坚创效和首都疫情防控奠定坚实的原料基础。他立足装置安全环保稳定运行，不断开展能源介质攻关优化，积极推行能源介质精细化管理，装置竞争力持续提升，2021年烯烃厂降本减费增效总额超过6000万元；2022年，为全力以赴保障北京冬奥会用氢，他带领团队积极摸索裂解炉最优运行条件，对裂解原料进行实时模拟计算，最大程度发挥乙烯装置氢气产能，为缓解氢气平衡压力、助力绿色冬奥作出积极贡献。

（谢梓峰）

【杜世强】 男，中共党员，天津石化南港乙烯项目管理部执行经理。杜世强扛稳扛牢核心职责，以干为先、以成为要，在谱写天津石化“十四五”规划及中长期发展战略、推动天津南港120万吨/年乙烯及下游高端新材料产业集群等重点项目建设、构建合资合作创新平台等方面立新功创佳绩，为高质量建设世界一流环渤海炼化一体化产业基地作出杰出贡献。他积极融入国家和地方产业规划，天津市化工园区认定完成审核，“大园区”协同发展格局加速构建。他锚定打造沿海城市型炼化企业典范，南港乙烯项目超进度建设，圆满完成“199661”年度建设目标，世界级炼化基地布局加快，成为地区经济增长的重要牵引。他以高效执行力促成合资合作频结硕果，南港乙烯项目引入世界知名企业瑞士英力士公司作为战略投资者，合资协议完成签署，引进利用外资迈出历史性一步；一批乙烯下游合资项目加快推进，4个“专精特新”合资公司注册成立，为天津市高质量发展作出突出贡献。

（谢梓峰）

【刘春林】 男，中共党员，扬子石化热电厂锅炉装置运行班长，公司首席技师。自2019年绿色供汽中心项目建设以来，刘春林深度参与项目锅炉建设的设计配合、现场验收、系统试车、试运投产等工作。编制绿色供汽中心《锅炉运行操作卡》《锅炉启动试车方案》等技术文件，主动介入设计图纸审核、保护逻辑讨论、调试措施方案讨论、技术资料审查等工作，发现主汽门位置、系统配置等重大设计、逻辑等问题数十项，办理设计变更5项，深入施工现场，发现施工问题730余项。针对锅炉启动过程中的环保排放超标、磨煤机切换对主汽压力影响大等问题，他组织团队攻关，通过优化锅炉启动操作、解决现场隐患、细化锅炉燃烧调整方案等措施，解决运行中存在的瓶颈问题，保证了锅炉的安全、环保运行，实现SS管安全保供，为装置长周期稳定运行作出突出贡献。日常工作中，他熟练掌握锅炉系统设备的工艺原理、锅炉燃烧调整、锅炉脱硝系统调整及经济运行方案。组织锅炉装置设备改造及提效达标工作的各项验收、调试及运行调整工作，作为主要负责人先后主持锅炉低负荷燃烧调整、锅炉提效达标燃烧调整、锅炉DCS改造、锅炉脱硝改造工程等，均取得圆满成功。

（谢梓峰）

【孟向明】 男，中共党员，胜利油田现河采油厂特级技师，集团公司技能大师、山东省首席技师。孟向明始终坚守“我为祖国献石油”的初心，奋力担当“保障国家能源安全”的使命，三十年如一日扎根储量上亿、构造复杂、类型多样的大型稠油油藏开发一线，秉持甘于奉献的劳动精神、发扬精益求精的工匠精神，从普通技工成长为技能专家、从产业工人炼成为行业巧匠。先后完成创新成果、合理化建议300余项，其中获授权国家发明专利4件、国家实用新型专利83件，省部级以上成果奖48项、局级成果奖83项，发表技术论文42篇，编写石油行业书籍教材10部，研究总结“望闻问切”油井故障诊断法等11项绝招、操作法，累计创效1亿余元。连续12年被评为胜利油田劳动模范，获中央企业“大国工匠”培养支持计划、泰山产业领军人才、山东省首席技师、山东省五一劳动奖章、山东省职业道德建设先进个人、齐鲁大工匠、齐鲁工匠、齐鲁最美职工、中国技能大赛最佳裁判奖、全国第四届油气开发专业采油工技能竞赛优秀裁判、中国石化劳动模范、中国石化优秀共产党员、中国石化技术能手等10多项省部级荣誉，被评为全国五一劳动奖章、全国技术能手和国家技能人才培育突出贡献个人3项国家级荣誉。个人事迹在“学习强国”《工人日报》《大众日报》《支部生活》《山东工人报》《中国石化报》《胜利日报》及全国各大网站、电视台、网络媒体被专题报道。

（谢梓峰）

【耿　磊】 男，中共党员，齐鲁石化塑料厂聚丙烯车间值班长、公司合成树脂专业首席技师。耿磊曾夺得中国石化职业技能大赛聚丙烯操作专业第一名，先后获集团公司技术能手、山东省首席技师、首届齐鲁工匠等称号，获国务院颁发的政府特殊津贴。他领衔的“齐鲁工匠”创新工作室积极参与完成聚丙烯高刚韧汽车专用料等多个新产品开发项目，形成齐鲁聚丙烯的拳头产品，实现供给侧的产品定制化开发，每年创造经济效益900万元。他利用“工匠讲堂”带领创新班组不断提升技能，被授予全国职业道德建设先进班组称号。他始终坚持学习，创新性地提出并实施多项优化措施，承担的装置控制系统升级改造、SIS系统升级效果出色，为装置顺利开工奠定基础。他针对尾气回收压力高、流量不足提出的压缩机出口改造建议，使回收量每小时增加100千克，消除了尾气排放，降低了装置物耗和能耗。他建立多种聚丙烯装置操作法并推广应用，提出的聚丙烯装置气相共聚开车优化操作法，避免了旋风分离器堵塞问题；提出的反应器环管系统置换操作法，降低了丙烯消耗等。他凭借精湛的操作技能实现装置异常状态精确诊断和快速处置，先后避免反应器爆聚、螺杆压缩机等关键设备损坏，被同事们亲切称作“装置守护神”。

（谢梓峰）

【龚成香】 男，中共党员，四机赛瓦石油钻采设备有限公司机械制造钳工组班长。在公司承担的“十三五”国家科技重大专项“长水平井分段压裂工具研制”的可溶桥塞项目等重点研发项目研制中，龚成香带领团队参与研发设计与制作，通过改善工艺流程，缩短生产周期36%，保证了产品交期，为地区经济和企业创造良好的经济效益。在钳工技能提升的同时，他不断钻研掌握新的专业理论和技术，多次参加各种技术比武、技能大赛，均取得优异成绩，2022 年获湖北省五一劳动奖章。他通过设计与制作工装、改进刀具和机床参数，使新型减速箱生产效益提升 50%，同时为公司节约成本 10.8 万元。针对公司开发的新型过管封隔器产品，他带领团队参与研发设计与制作，完成钢带成型机构制作、钢带排序工装设计、钢带焊接定位工装设计等工作，确保产品研制成功，填补国内空白。2020 年受疫情影响，生产工作更显艰难，公司海外泵壳产品由于市场需求量非常大，生产周期非常紧张，他通过参与设计工装、改进刀具和机床参数等措施，使生产周期缩短 30%。近 15 年来，他通过工艺改革、精益改善共创造节创价值 46.8 万元。他特别重视工作中的“传、帮、带”作用，通过技术传授，带出一大批年轻有为、能够独当一面的专业技术人才，2014 年至今培养中级技师 7 人、高级技师 3 人。

（谢梓峰）

【王宏图】 男，中共党员，江汉油田涪陵页岩气公司采气一区油田采气首席技师，全国五一劳动奖章获得者。从事采油采气工作 26 年来，王宏图勤学苦练、巧解难题、争创一流，完成从“采油大拿”跨界转行到“采气尖兵”的华丽蜕变，书写了“拼搏进取永不息、再展宏图正当时”的人生精彩华章。2016 年，手握 13 件国家专利的采油高级技师王宏图，主动请缨加入涪陵页岩气田建设队伍中。凭着“不破楼兰终不还”的拼劲和钻劲，他的技术水平迅速提高，成为涪陵气田开发史上用最短时间从“门外汉”变身“采气站长”的第一人。2018 年，王宏图调任生产运行中心设备管理岗，负责焦石工区 1000 余台设备管理工作。6 年间，他跑现场、勤分析，建立“一机一档”台账，焦石采气服务部设备综合完好率、运转时率均高于涪陵页岩气公司规定指标；完成创新成果 160 余项，获授权国家发明专利 2 件、实用新型专利 32 件，解决现场生产难题 180 余个，累计创效达 5000 余万元。2020 年，在第二届全国油气开发专业采气工竞赛中，王宏图不畏强手、沉着应对，在来自两大石油公司的 73 名选手中脱颖而出、夺得银牌，被评为集团公司技术能手。在他的带领下，团队涌现出一大批技术能手，培训采气学员 1000 余名；他本人先后获中央企业劳动模范、荆楚工匠等称号。

（谢梓峰）

【薛文刚】 男，中共党员，海南炼化炼油一部常减压二班班长。薛文刚长期从事在常减压及硫回收装置一线，擅长常减压和硫回收装置产品调控，在预防事故、排除隐患等工作中作出重要贡献。他至今发现安全隐患 21 处，其中重大安全隐患 11 处、高浓度硫化氢泄漏 10 处、工艺介质泄漏着火 1 处，成功处理 P-304 漏油着火、E-303E/F 管箱漏油着火等事件。他优化运行设备构造，对泵入口阀门进行“微创手术”，成功解决常顶循环回流机泵入口过滤器堵塞严重问题，减少经济损失 600 万元，探索出处理阀门内漏关不严的成功经验，成为公司“检漏王”。在停工检修任务中，他为保证全厂密闭排放平衡，维持轻烃系统晚停工 48 小时，带领班组成员优化停工吹扫方案，首次使用密闭吹扫，攻克难点，实现绿企排放目标。他组织螺栓定力矩紧固技术在装置的首次使用，提高静密封管理质量、降低系统 VOCs 排放，开车过程中装置气密一次通过，起到标杆作用。

（谢梓峰）

【张凤霞】 女，中共党员，西南油气分公司采气二厂主任技师兼元坝采气管理区大坪中心站站长。张凤霞时刻践行习近平总书记“能源的饭碗必须端在自己手里”重要指示精神，工作 10 多年来一直扎根天然气开采基层一线，精通含硫气田“四精”管理，每年实现硬超产，负责班站累产天然气超 61 亿立方米，筑牢西南地区“气大庆”建设基层堡垒。她个人近 4 年现场监护超 1000 次，组织开展站级应急演练超 500 次，形成“班组五长”机制，打造安全示范标杆，获评四川省职工民主管理示范班组。她苦练天然气开采技能，是输气、仪表、采气“三料技师”，作为四川省“十佳”和中国石化示范性创新工作室核心成员，带领巾帼创新工作室深化“三创”，创造经济效益超千万元。2022 年在元坝气田急难险重任务中，她带领班组员工战高温斗酷暑，提前 6 天完成所管辖的元坝 102-1H 等 7 口井检维修工作，增产天然气超 1600 万立方米。她担任“金牌带金牌”教练，学员连续 3 届蝉联四川省采气工技能竞赛团体和个人冠军，2 人获评四川工匠。形成“五个一”练兵法，推动员工提质赋能，培训超 4600 人次，晋升技师 18 人，为技能人才提升、发展、创新作出突出贡献。获全国青年岗位能手、四川省优秀共产党员等称号。

（谢梓峰）

【张光亮】 男，中共党员，青海格尔木石油分公司南山口加能站经理。在海拔 4533 米的的沱沱河加能站，张光亮用青春和汗水坚守了 4 年，精心服务往返西藏运输车辆 68 万辆，救助高原反应司机、游客 1200 余人，开展志愿服务活动 40 余次，清理河道垃圾 7 吨左右，接到过无数个寻求救助电话，切实担负着“生命线上守护人”的角色。面对严峻的经营形势，他转变坐等观念，克服恶劣环境因素，步行近千千米走访客户，每年向社会供应成品油约 1.1 万吨，对青海和西藏两省的经济发展、民生保障起到重要的服务支撑作用。新冠肺炎疫情暴发后，大量外地车辆滞留加能站附近，他带领员工奋力投入“防疫阻击战”，每日严格消杀，并及时给滞留人员提供热水和生活用品，解决 7000 余人基本生活问题，赢得众多司机和旅客赞誉。2022 年，该站获青海省五一劳动奖状，张光亮被评为中国石化劳动模范。他深入学习贯彻习近平生态文明思想和习近平总书记视察青海重要讲话精神，带领全体员工开展“守护三江源，保护母亲河”志愿行动，长期在三江之源生态保护区、可可西里自然保护区周边清理垃圾，切实贯彻绿色发展理念。

（谢梓峰）

全国三八红旗手

【张　乐】 女，中共党员，集团公司高级专家，石油化工科学研究院科研管理部经理兼党支部书记。作为一名科研工作者，张乐以实现国家重大需求和科技自立自强为己任，长期扎根在科研一线，在加氢技术领域耕耘 20 余年，先后主持、参与多项国家和省部级重大研发课题。她带领团队以深入认识加氢催化剂失活规律及加氢脱硫和芳烃饱和反应过程化学为基础，发明高性能活性相构建技术和高分散活性相稳定技术，成功研发具有国际先进水平的系列高效加氢催化剂 RS-2100、RS-2200 和 RS-3100，解决柴油质量升级导致装置运转周期缩短的关键性科学技术难题，优化了加氢反应动力学过程，应用于国内外市场的 46 套次加氢装置，总加工能力超过 5000 万吨 / 年，为炼油企业带来显著经济效益；同时推动中国石油炼制行业柴油质量持续升级的技术进步，对减少中国柴油污染物排放、改善环境质量发挥重大作用。她先后发表论文 50 篇，获授权国内外发明专利 104 件，善于团队合作和培养新人，培养及协助培养研究生 9 人。

（谢梓峰）

全国巾帼建功标兵

【郭　蓉】 女，中共党员，大连石油化工研究院首席专家。郭蓉一直从事清洁汽柴油生产技术研发，承担 3 项国家科技支撑课题子课题、1 项国家重点研发计划子课题、中国石化“十条龙”科技攻关项目 2 项，先后获国家技术发明二等奖 2 项、国家专利优秀奖 2 项，获授权专利 100 余件。获中国青年科技奖，中国石化劳动模范、突出贡献专家称号，享受国务院政府特殊津贴。她在中国汽柴油质量升级的不同阶段，主持开发 16 个牌号具有国际先进或领先水平的加氢精制催化剂，已生产应用超过 2 万吨，成功应用于国内外 50 余家企业的 300 多套次工业装置，总加工能力超过 1.2 亿吨 / 年，创造经济效益超过 30 亿元。她勇于创新，在柴油深度脱硫系列催化剂开发和应用中，从柴油超深度脱硫反应机理入手，通过特殊酸性载体制备技术等突破，研发出有效克服大分子硫化物空间位阻效应、具有烷基转移脱硫功能的 FHUDS-5 催化剂，解决大分子硫化物高效脱除的世界性难题，率先将烷基转移理念应用于国Ⅴ柴油生产实践，氢气成本降低约 15%。FHUDS 系列共计 8 个牌号的柴油深度加氢脱硫催化剂已在国外 5 套、国内 150 余套次柴油加氢装置工业应用，加工能力超过 8000 万吨 / 年，为中国柴油质量升级、与欧美发达国家标准快速接轨提供重要技术支撑。

（谢梓峰）

全国五一巾帼标兵

【刘　莉】女，中共党员，江汉油田勘探开发研究院天然气开发所所长。参加工作 17 年来，刘莉一直从事天然气勘探开发地质研究与技术管理工作，承担开发地质全流程现场支撑工作。她聚焦现场难题，牵头和参与起草相关行业标准 7 项，发布国内首个页岩气立体开发行业标准。牵头编制立体开发产建方案 29 个，提出分区间开井关井制度优化建议，有力支撑气田的稳产。首创页岩气三层立体开发新模式，项目“涪陵页岩气田立体开发关键技术”获集团公司科技进步一等奖。她带领团队攻克建模数模一体化页岩气定量评价技术，填补国内页岩气藏剩余气三维可视化技术空白，成果获股份公司油气开发理论与技术奖。牵头编制国内第一批页岩压后取芯井的先导试验方案，负责和参与的多项科研成果被评定为国际先进或领先水平，在核心期刊上发表论文 13 篇，参与编撰专著 6 部，获授权发明专利 3 件、软件著作权 9 项。她树立“技术攻关—关键领军人才培养”一体化示范样板，近 5 年团队获油田级以上成果、荣誉 39 项。她先后获全国五一巾帼标兵、湖北省国有企业党员先锋模范、湖北省巾帼建功立业标兵、江汉油田劳动模范、江汉工匠、科技明星等称号。

（谢梓峰）

【石文娜】女，中共党员，天津石油分公司天塔加油站站长。石文娜扎根于天津市成品油保供市场一线近 20 年，从加油员做起，刻苦钻研业务技能，成长为中国石化主任技师。在她的努力下，天塔加油站成为所在地区窗口服务的样板站。新冠肺炎疫情期间，她带领天塔站全站员工，在做好油品供应的同时，不惧风险，坚持服务客户，将商品送到小区门口，满足周边居民生活的物质需求，为周边居民提供物资保障，以实际服务彰显石化员工服务大众、勇担社会责任的良好品格，受到顾客、员工的一致好评，便利店销售额上涨 127%。她加大对员工形势任务教育的力度，激发员工慢不得的危机感、等不起的紧迫感和只争朝夕的参与感，激发主观能动性，引入竞争机制，细化分解指标，提高贡献与收入匹配度，打造公平、公正二次分配模型，合理拉开员工收入差距，形成“没事找事干、有事抢着干”的浓厚干事创业氛围。每次站里来了新员工，她都是一项项做示范，然后再让新员工复述，复述不对的地方再慢慢讲解，连续一个月风雨无阻地坚持到站，手把手地教新员工接卸油，随后让员工放手操作，做的不对的地方逐一指正。每一个交接班，石文娜都会带领大家在泵岛上强化“加油六步法”“室内收银五步法”“五懂五会五能”及当期重点工作，以身作则成为站内员工心服口服的“大家长”。

（谢梓峰）

【王　卿】女，中共党员，沧州分公司操作工，中国石化技能大师。王卿勤于学习并注重积累总结，结合实际生产经验，编写《汽煤柴加氢精制装置应急知识问答》《加氢装置技术改造及优化案例》等专业书籍。发表“国内首套半再生重整改造逆流连续重整装置开工及标定”等多篇技术论文。其中，《汽煤柴加氢精制装置应急知识问答》获河北省 2012 年度安全生产科技成果二等奖。她曾先后在沧州分公司加氢精制、催化重整、S Zorb、连续重整等多个岗位工作，多次参加装置的开、停工，操作经验丰富。在保证装置安全、长周期运行的前提下，优化操作参数，降低装置能耗，提高生产水平。克服连续重整装置工艺复杂、利旧设备多等困难，成立平稳率提升攻关小组，对各参数及问题回路进行优化，装置运行平稳率达 99.7% 以上。她扎根一线，解决多项技术难题，成立“降低连续重整装置能耗”QC 小组，带领员工优化操作，实施 26 项降本增效措施，创新连续重整装置再生系统间断运行操作方法，2020 年装置动力费用比预算节约 504.6 万元。她依托“王卿创新工作室”平台，优化装置运行，解决装置出现的操作难题，带动员工整体技能水平提升，建立“班组小课堂”，讲授自己生产中的操作经验和操作心得，利用连续重整装置仿真软件对全员进行培训，提高员工操作水平。在她的带动下，炼油二部达到“一岗精、两岗通、多岗行”的员工超过 70%，2021 年运行部获评中国石化标杆基层单位。她先后获中国石化技术能手、燕赵金牌技师、中国石化劳动模范等称号和河北省五一劳动奖章。

（谢梓峰）

统计资料

表 1 集团公司主要经济指标 亿元

项目	2023 年	2022 年	2021 年	2020 年	2019 年	2018 年
工业总产值（现价）	21 730.64	22 265.42	18 468.71	13 557.52	17 376.99	18 096.03
实现利税总额	4 325.09	4 371.34	4 297.77	3 477.23	3 894.68	4 168.76
利　润	1 170.72	1 204.74	1 165.85	726.22	1 008.74	967.38
年末职工总数 / 万人	51.31	52.90	54.74	55.88	58.72	61.58
营业收入	32 453.88	33 668.66	27 894.99	21 423.32	30 034.17	29 368.41
资产总值	27 162.43	25 433.46	24 180.83	22 399.60	22 117.19	22 600.94
负债总值	13 884.75	12 302.87	11 844.45	10 778.47	10 929.53	11 714.91
流动负债	9 092.54	8 626.28	8 277.53	7 207.07	7 297.38	7 838.01
非流动负债	4 792.21	3 676.59	3 566.92	3 571.40	3 632.15	3 876.89

注：数据来自集团公司财务部

表 2 集团公司主要能源产品产量及占比 万吨

项目	2023 年	2022 年	2021 年	2020 年	2019 年	2018 年
原　油						
集团公司	3 544.14	3 532.26	3 515.44	3 514.39	3 513.07	3 506.03
全行业	20 891.50	20 473.40	19 888.11	19 476.86	19 162.83	18 932.42
占比 /%	16.96	17.25	17.68	18.04	18.33	18.52
天然气 / 亿立方米						
集团公司	378.05	352.65	338.77	302.79	295.86	275.75
全行业	2 297.10	2171.00	2 075.84	1 924.95	1 753.62	1 601.59
占比 /%	16.46	16.24	16.32	15.73	16.87	17.22
原油加工量						
集团公司	25 752.38	24 227.32	25 527.64	23 859.64	25 040.82	24 596.39
全行业	73 477.80	67 224.80	70 355.00	67 440.80	65 503.00	60 575.60
占比 /%	35.05	36.04	36.28	35.38	38.23	40.60
成品油总量						
集团公司	15 600.11	14 014.81	14 621.28	14 150.13	15 999.62	15 479.77
全行业	42 835.80	36 781.30	35 460.50	33 126.00	36 050.00	35 957.10
占比 /%	36.42	38.10	41.23	42.72	44.38	43.05
汽　油						
集团公司	6 250.90	5 905.34	6 521.05	5 791.08	6 276.97	6 115.93
全行业	16 138.40	14 652.10	15 316.00	13 171.70	14 120.68	13 964.69
占比 /%	38.73	40.30	42.58	43.97	44.45	43.80
煤　油						
集团公司	2 894.83	1 800.73	2 114.81	2 037.80	3 116.48	2 891.45

续表

项目	2023 年	2022 年	2021 年	2020 年	2019 年	2018 年
全行业	4 968.40	2 951.80	3 926.50	4 129.40	5 322.60	4 770.30
占比 /%	58.26	61.00	53.86	49.35	58.55	60.61
柴　油						
集团公司	6 454.38	6 308.75	5 985.42	6 321.26	6 606.17	6 472.39
全行业	21 729.00	19 177.40	16 218.00	15 904.90	16 638.27	17 360.07
占比 /%	29.70	32.90	36.91	39.74	39.70	37.28
燃料油						
集团公司	991.37	1 202.98	1 189.12	815.26	235.81	223.44
全行业	5 364.70	5 115.30	4 386.10	3 406.30	2 470.00	2 074.70
占比 /%	18.48	23.52	27.11	23.93	9.55	10.77

注：全行业数据来自国家统计局，2022 年数据有调整

表 3　　集团公司主要产品产量　　万吨

项目	2023 年	2022 年	2021 年	2020 年	2019 年	2018 年
乙　烯	1 431.42	1 343.66	1 338.00	1 206.00	1 249.28	1 151.15
纯　苯	504.12	460.23	469.84	432.38	448.34	425.30
精甲醇	752.70	765.89	774.81	760.22	602.43	504.43
醋　酸	43.35	43.11	41.87	43.50	38.99	24.20
合成氨	136.02	112.16	135.61	134.41	118.43	102.60
塑　料	2 065.29	1 857.53	1 909.92	1 768.65	1 754.75	1 624.37
聚乙烯	910.57	771.20	823.97	801.34	807.94	730.92
聚丙烯	944.78	893.31	906.82	803.99	789.48	747.59
聚苯乙烯	54.83	59.45	67.71	62.00	67.44	58.26
聚氯乙烯	33.79	32.48	28.10	33.10	23.90	23.22
合成橡胶	142.42	128.37	125.15	138.81	136.26	117.91
合成纤维原料	521.54	618.45	620.53	612.90	702.11	639.77
合成纤维聚合物	280.98	285.59	327.27	319.90	326.96	318.99
合成纤维	112.29	112.03	136.94	132.17	130.09	123.75
涤　纶	101.06	101.63	121.28	112.02	106.73	101.97
腈　纶	9.64	9.02	13.70	18.44	21.60	19.32
维　纶	1.00	0.88	1.26	0.89	1.18	1.98
丙　纶			0.27	0.46	0.24	0.22

表 4

中国原油与石油产品进口数量与金额

项目	2023 年		2022 年		2021 年		2020 年		2019 年		2018 年	
	数量 / 万吨	金额 / 百万美元	数量 / 万吨	金额 / 百万美元	数量 / 万吨	金额 / 百万美元	数量 / 万吨	金额 / 百万美元	数量 / 万吨	金额 / 百万美元	数量 / 万吨	金额 / 百万美元
原　油	56 399.38	337 494.05	50 824.84	365 577.15	51 297.78	257 331.16	54 206.11	176 048.25	50 570.28	241 820.90	46 189.04	240 361.26
成品油	1 556.71	11 957.43	1 311.57	11 907.60	1 311.97	9 843.78	1 549.20	7 227.98	1 546.80	10 050.93	1 653.03	12 247.34
车用、航空汽油	0	0.11	2.01	20.41	35.77	243.34	48.05	181.32	33.34	208.79	44.54	313.44
石脑油	1 271.18	8 368.05	926.24	7 112.86	760.97	4 863.43	788.70	3 076.10	702.22	3 827.79	747.21	4 802.37
橡胶等溶剂油	3.26	47.97	3.59	55.54	3.86	48.11	3.69	42.37	3.77	46.43	3.44	43.70
壬　烯	4.38	59.34	4.40	90.76	5.12	68.97	4.66	44.94	4.36	52.02	5.45	82.99
其他轻油及制品	8.82	87.70	4.55	60.65	23.67	166.06	35.62	158.51	19.29	148.19	73.00	560.03
航空煤油	34.17	288.71	86.79	845.71	137.36	805.34	255.23	920.25	358.34	2 236.03	406.19	2 796.98
其他煤油馏分	13.62	103.78	27.51	243.60	19.88	144.80	10.48	69.72	8.41	81.35	6.47	68.00
柴　油	13.08	96.27	43.84	423.41	76.18	437.69	119.17	428.69	119.02	693.46	71.12	469.21
润滑油	30.95	891.06	31.83	930.01	33.70	849.80	28.95	678.98	29.15	726.50	33.51	840.47
润滑脂	1.90	116.22	2.21	129.82	2.34	134.74	2.26	116.29	2.24	114.54	2.40	119.38
润滑油基础油	175.35	1898.22	178.60	1 994.84	213.13	2 081.50	252.40	1510.81	266.66	1 915.82	259.70	2 150.75
燃料油	3 201.63	15 852.16	1 320.17	7 547.53	1 390.96	6 766.49	1 262.59	4 479.51	1 493.23	6 867.88	1 674.80	7 693.35
石　蜡	8.33	113.12	6.44	108.10	10.53	134.95	11.34	122.97	9.86	124.50	9.48	129.88
石油沥青	303.43	1 425.10	293.37	1 544.84	320.83	1 294.27	476.42	1 550.97	428.39	1 771.96	460.32	1 762.19
石油焦	1 619.88	3 726.30	1 509.07	4 942.82	1 274.10	2 491.99	1 027.66	1 002.00	830.52	1 581.77	982.61	1 674.67
液体石蜡	10.39	115.07	10.64	133.86	9.27	81.99	14.70	101.15	15.85	153.62	20.23	206.07
液化石油气	3 219.22	19 817.69	2 659.71	20 441.62	2 442.69	16 079.89	1 965.79	8 451.56	2 060.55	10 131.75	1 899.30	11 128.71

注：数据来自海关总署

表 5

中国原油与石油产品出口数量与金额

项目	2023 年		2022 年		2021 年		2020 年		2019 年		2018 年	
	数量 / 万吨	金额 / 百万美元	数量 / 万吨	金额 / 百万美元	数量 / 万吨	金额 / 百万美元	数量 / 万吨	金额 / 百万美元	数量 / 万吨	金额 / 百万美元	数量 / 万吨	金额 / 百万美元
原　油	142.08	843.80	205.20	1 438.10	261.08	1 010.39	163.81	48.1625542	81.00	361.76	262.66	1 270.42
成品油	4 276.97	35 727.77	3 485.28	33 450.36	4 063.31	22 688.30	4 593.15	19 440.22	5 561.47	33 277.96	4 628.36	30 454.15
车用、航空汽油	1 228.50	9 984.01	1 257.16	11 660.76	1 454.27	8 638.38	1 600.00	6 487.79	1 637.05	9 424.75	1287.94	8 436.72
石脑油	36.20	223.28	4.34	26.53	0	0	0	0	0	0.01	4.40	25.71
橡胶等溶剂油	0.72	8.95	0.64	8.11	0.39	3.77	0.31	2.52	0.26	2.57	0.30	2.94
其他轻油及制品	0.01	0.14	0.48	5.84	0.62	5.87	1.37	10.66	8.56	57.48	0.63	6.85
航空煤油	1 584.78	13 332.45	1 090.70	10 521.48	855.80	4 939.02	997.48	4 758.55	1 761.21	11 254.13	1 467.00	10 155.13
其他煤油馏分	8.45	51.71	4.16	24.45	1.70	6.92	0.02	0.16	0.28	1.68	0.01	0.09
柴　油	1 377.27	11 451.61	1 092.85	10 631.17	1 720.51	8 677.65	1 976.30	7 915.51	2 138.23	12 278.05	1 853.24	11 575.53
润滑油	21.98	448.63	18.34	359.13	17.06	286.04	13.43	217.62	11.25	198.02	10.81	195.92
润滑脂	3.15	77.33	2.26	61.80	1.81	41.65	1.62	29.70	1.79	38.49	1.60	35.06
润滑油基础油	15.91	149.66	14.36	151.10	11.14	88.99	2.62	17.72	2.84	22.78	2.43	20.20
燃料油	1 976.50	12 309.19	1 876.17	14 622.62	1 962.89	9 666.61	1 584.50	6 072.50	1 119.14	5 097.25	1 234.58	5 431.14
石　蜡	80.66	956.76	79.26	1 070.66	84.09	903.71	66.00	516.12	60.17	541.20	52.86	547.73
石油沥青	57.35	408.82	56.36	398.48	55.27	255.49	56.74	211.53	65.62	295.80	77.50	283.21
石油焦	157.99	892.99	162.91	1 356.27	186.17	877.03	178.36	462.36	228.96	749.83	248.87	1 046.16
液体石蜡	14.65	284.91	6.60	140.73	4.30	59.63	3.54	41.83	4.07	47.19	0.83	8.12
液化石油气	91.16	589.68	86.91	692.83	98.58	666.73	94.86	446.18	140.86	707.78	114.28	694.37

注：数据来自海关总署

表 6　中国主要石化产品进口数量与金额

项目	2023 年		2022 年		2021 年		2020 年		2019 年		2018 年	
	数量 / 万吨	金额 / 百万美元	数量 / 万吨	金额 / 百万美元	数量 / 万吨	金额 / 百万美元	数量 / 万吨	金额 / 百万美元	数量 / 万吨	金额 / 百万美元	数量 / 万吨	金额 / 百万美元
一、五大合成树脂	1 835.63	19 515.33	1918.71	24 617.80	2 128.06	27 673.23	2 760.48	26 691.82	2 438.43	26 905.57	2 140.80	28 256.56
1. 聚乙烯	1 344.11	13 968.47	1 346.54	16 660.18	1 458.57	17 345.92	1 853.64	16 578.06	1 666.44	17 124.37	1 402.48	17 512.78
低密度聚乙烯	826.84	8 757.77	753.12	9961.27	795.47	9 970.70	943.84	8 627.31	866.72	8 849.49	729.45	8 682.89
高密度聚乙烯	517.27	5 210.70	593.42	6 698.92	663.10	7 375.22	909.80	7 950.75	799.72	8 274.88	673.03	8 829.89
2. 聚丙烯	269.72	2 792.84	293.20	3 565.37	318.05	4 049.18	450.46	4 542.27	349.10	4 045.71	327.96	4 193.17
3. 聚苯乙烯	63.38	708.29	90.47	1 174.55	119.85	1 619.46	135.99	1 436.36	131.00	1 595.99	115.27	1 628.92
可发性聚苯乙烯	0.96	16.99	1.59	40.23	2.97	64.11	3.74	56.46	6.42	88.39	9.16	125.02
其他聚苯乙烯	62.42	691.30	88.88	1 134.32	116.87	1 555.35	132.26	1 379.90	124.59	1 507.60	106.11	1 503.91
4.ABS 共聚物	107.81	1 543.33	137.37	2 508.63	175.50	3 775.50	201.71	3 070.87	204.48	3 278.98	201.28	3 923.51
5. 聚氯乙烯	50.60	502.40	51.13	709.06	56.09	883.17	118.68	1 064.26	87.41	860.52	93.81	998.18
纯聚氯乙烯	44.02	382.00	44.00	546.70	48.35	705.67	107.69	897.66	75.15	681.63	83.88	807.64
未塑化聚氯乙烯	1.23	17.89	1.46	23.23	1.45	31.95	1.92	30.79	2.35	27.30	1.93	28.09
已塑化聚氯乙烯	5.35	102.51	5.67	139.13	6.30	145.54	9.08	135.81	9.91	151.59	8.00	162.45
二、合成橡胶及胶乳合计	517.59	8 029.94	469.75	8 866.08	434.49	8 194.24	512.81	7 447.26	408.00	6 614.16	437.95	7 551.45
1. 丁苯橡胶	20.54	412.21	17.36	452.82	22.25	476.06	21.95	335.14	19.25	360.43	20.92	441.64
丁苯胶乳	9.62	210.28	10.28	282.77	11.75	252.25	10.53	162.72	9.59	163.47	10.12	198.05
2. 顺丁橡胶	9.81	157.29	6.58	140.04	5.93	132.96	7.05	99.08	6.14	116.09	6.54	139.75
3. 丁基橡胶	1.40	29.95	0.99	26.37	0.88	22.92	1.88	37.25	1.49	37.52	1.78	48.35
4. 氯丁橡胶	1.21	58.41	1.68	84.05	1.94	81.78	1.76	69.84	1.73	75.52	2.15	94.99
5. 丁腈橡胶	16.20	185.00	12.83	207.48	19.44	443.84	13.64	195.77	11.48	165.57	8.85	159.43
6. 异戊二烯橡胶	1.00	17.22	1.39	25.38	0.54	12.52	1.53	23.82	0.58	14.70	0.56	20.43

续表

项目	2023 年		2022 年		2021 年		2020 年		2019 年		2018 年	
	数量 / 万吨	金额 / 百万美元	数量 / 万吨	金额 / 百万美元	数量 / 万吨	金额 / 百万美元	数量 / 万吨	金额 / 百万美元	数量 / 万吨	金额 / 百万美元	数量 / 万吨	金额 / 百万美元
7. 乙丙橡胶	7.46	147.62	5.98	160.85	6.19	144.31	9.14	131.88	11.44	186.29	10.37	210.89
8. 其他合成橡胶	459.98	7 022.24	422.94	7 769.09	377.32	6 879.86	455.86	6 554.48	355.89	5 658.04	386.78	6 435.97
其他胶乳	0.53	26.70	0.65	32.09	0.65	26.16	0.35	7.23	0.40	6.99	0.50	8.71
三、合成纤维	37.04	1 383.33	35.23	1 534.86	53.27	2 039.02	50.25	1 631.66	62.68	2 070.86	71.05	2 438.94
1. 锦　纶	6.07	461.10	7.29	580.70	9.02	657.93	8.31	580.59	10.83	683.75	14.00	769.35
长　丝	5.09	378.60	6.29	486.83	7.75	551.88	7.26	490.88	9.74	590.15	12.79	670.58
短纤维及纤维条	0.98	82.50	1.00	93.87	1.28	106.06	1.05	89.71	1.09	93.60	1.21	98.77
2. 涤　纶	17.13	323.14	17.90	369.45	28.66	516.38	27.49	458.67	33.07	565.26	31.90	636.02
长　丝	7.01	202.43	8.87	248.91	12.36	328.08	8.86	267.26	11.22	316.20	13.01	356.42
短纤维及纤维条	10.12	120.70	9.03	120.54	16.30	188.30	18.63	191.41	21.85	249.06	18.89	279.60
3. 腈纶短纤维及纤维条	5.10	144.56	4.56	163.30	7.49	223.26	6.78	171.35	8.95	249.32	14.95	423.72
4. 丙　纶	0.21	8.41	0.16	7.99	0.23	7.36	0.51	11.28	0.39	8.25	0.32	7.50
长　丝	0.11	5.94	0.05	5.11	0.08	3.50	0.20	4.53	0.13	2.60	0.08	2.55
短纤维及纤维条	0.10	2.47	0.11	2.88	0.15	3.87	0.31	6.75	0.26	5.65	0.23	4.95
5. 氨纶长丝	4.80	258.00	2.59	226.79	3.68	375.15	2.94	176.97	2.80	202.35	3.09	232.94
6. 其　他	3.73	188.12	2.73	186.63	4.19	258.94	4.22	232.80	6.64	361.93	6.79	369.41
长　丝	0.99	92.27	0.85	90.25	1.25	117.93	1.47	110.32	1.47	131.67	1.46	132.05
短纤维及纤维条	2.74	95.86	1.88	96.38	2.94	141.01	2.75	122.48	5.17	230.26	5.33	237.36
四、制成肥料	1 324.04	5 601.15	898.50	4 942.87	963.07	2734.24	1 101.79	2 943.95	1 097.15	3 491.58	936.60	2681.82
尿　素	0.37	2.79	0.48	3.43	5.37	28.39	0.16	1.70	18.15	46.54	16.39	45.43
五、有机化学品												
（一）乙烯、芳烃												
乙　烯	212.66	1 863.07	206.75	2 165.95	206.78	2 201.04	197.78	1 457.10	250.97	2 373.95	257.59	3 302.38

续表

项目	2023 年		2022 年		2021 年		2020 年		2019 年		2018 年	
	数量 / 万吨	金额 / 百万美元	数量 / 万吨	金额 / 百万美元	数量 / 万吨	金额 / 百万美元	数量 / 万吨	金额 / 百万美元	数量 / 万吨	金额 / 百万美元	数量 / 万吨	金额 / 百万美元
纯　苯	336.44	3 126.31	332.17	3 444.94	296.09	2 787.76	209.79	989.98	193.92	1 228.04	257.25	2 184.13
甲　苯	5.48	50.42	6.77	64.42	20.62	157.01	45.24	195.23	33.14	220.97	32.73	257.46
混合二甲苯	0	0.03	0	0.16	0.01	0.29	0.01	1.56	14.58	105.63	1.26	9.73
邻二甲苯	6.81	73.78	6.10	64.55	17.80	132.32	18.74	100.39	8.44	71.02	26.23	225.18
对二甲苯	909.63	9 465.26	1 058.24	11 530.92	1 365.04	11 572.12	1 386.08	8 144.95	1 493.80	13 809.90	1 590.82	16 918.33
苯乙烯	79.05	825.33	114.32	1 355.68	169.14	1 968.98	283.04	2 096.55	324.31	3 306.05	291.35	3 957.03
乙　苯	0	0.01	0	0	0.99	5.90	0.50	2.31	2.38	18.23	17.91	186.75
（二）主要有机原料												
甲　醇	1 455.29	4 171.78	1 219.30	4 165.22	1 119.80	3 860.63	1 294.48	2 684.77	1 089.52	2 909.34	742.86	2 921.00
丁　醇	27.54	256.03	24.97	269.82	25.15	345.87	35.06	226.32	31.21	235.26	30.74	278.22
辛　醇	32.37	424.44	16.14	252.55	24.04	446.30	27.72	236.52	20.88	219.19	19.77	251.97
醋　酸	4.80	21.18	0.02	1.61	0.04	1.32	5.78	16.45	0.62	3.58	1.43	8.41
苯　酚	36.69	355.23	40.93	525.05	52.23	567.11	70.99	490.43	46.76	460.20	41.87	530.45
丙　酮	42.04	309.13	71.53	491.42	62.26	542.43	70.30	534.87	77.92	336.77	67.77	428.58
丁　酮	0.06	1.02	0.04	0.88	0.12	1.97	0.10	1.47	0.04	0.84	0.11	1.81
（三）主要合纤原料及聚合物												
乙二醇	714.80	3 467.16	751.07	4 494.27	842.64	5 660.77	1 054.79	4 889.27	994.70	5 818.61	979.99	9 009.68
对苯二甲酸	2.67	16.58	7.22	56.58	7.87	50.79	61.66	283.59	103.69	770.73	78.28	667.90
尼龙 66 盐	0.29	10.32	0.64	20.60	0.44	9.72	0.43	9.75	0.38	9.53	0.41	11.29
丙烯腈	19.58	236.70	10.42	180.78	20.38	413.26	30.66	330.13	30.91	487.03	37.00	742.30
己内酰胺	15.38	228.66	8.65	148.63	10.58	174.37	26.80	288.34	20.21	306.23	17.36	349.42
聚酯切片	48.66	467.18	42.48	517.52	49.08	530.00	49.63	444.50	63.71	607.55	43.35	527.44

表 7

中国主要石化产品出口数量与金额

项目	2023 年		2022 年		2021 年		2020 年		2019 年		2018 年	
	数量 / 万吨	金额 / 百万美元	数量 / 万吨	金额 / 百万美元	数量 / 万吨	金额 / 百万美元	数量 / 万吨	金额 / 百万美元	数量 / 万吨	金额 / 百万美元	数量 / 万吨	金额 / 百万美元
一、五大合成树脂	538.41	5 912.72	475.78	6 951.37	418.26	6 156.38	173.72	2 182.80	167.82	2 065.24	168.66	2 186.58
1. 聚乙烯	83.48	1 090.71	72.19	1 173.57	51.11	815.52	25.23	361.42	28.24	407.69	22.77	358.30
低密度聚乙烯	39.31	570.09	39.71	716.14	23.26	443.31	12.03	205.77	11.76	177.99	9.78	154.31
高密度聚乙烯	44.18	520.62	32.48	457.43	27.85	372.22	13.20	155.65	16.48	229.70	12.99	203.99
2. 聚丙烯	114.67	1 372.50	115.66	1 737.54	127.36	1880.51	36.35	522.09	34.32	472.70	31.17	463.15
3. 聚苯乙烯	52.51	718.61	39.34	670.34	22.31	379.95	21.18	251.86	30.12	391.75	31.98	507.92
可发性聚苯乙烯	33.94	432.35	27.46	431.67	15.50	221.31	17.26	160.88	26.18	307.46	28.00	414.08
其他聚苯乙烯	18.57	286.27	11.88	238.67	6.80	158.63	3.92	90.98	3.94	84.29	3.98	93.84
4.ABS 共聚物	13.94	259.68	8.10	221.01	8.08	240.48	4.94	109.56	3.78	82.62	4.77	109.02
5. 聚氯乙烯	273.81	2 471.22	240.49	3 148.91	209.41	2 839.92	86.02	937.87	71.36	710.48	77.97	748.19
纯聚氯乙烯	241.97	1 946.36	207.21	2 474.23	183.14	2 353.09	65.35	588.26	54.86	465.92	62.73	543.41
未塑化聚氯乙烯	9.37	127.80	11.53	238.35	6.40	109.62	5.35	84.83	5.08	66.93	5.47	78.98
已塑化聚氯乙烯	22.47	397.06	21.75	436.33	19.86	377.22	15.32	264.78	11.42	177.63	9.77	125.80
二、合成橡胶及胶乳合计	89.23	1 732.76	70.65	1 691.51	59.81	1 340.86	38.27	716.88	31.97	683.77	29.74	699.76
1. 丁苯橡胶	18.96	291.06	16.38	306.37	9.21	162.04	6.70	96.77	6.97	116.25	6.06	118.69
丁苯胶乳	4.71	46.74	2.73	33.09	2.00	26.01	2.17	20.51	2.42	24.25	1.76	19.84
2. 顺丁橡胶	13.57	217.83	12.72	259.39	7.86	135.65	5.05	68.30	3.32	55.83	2.90	58.76
3. 丁基橡胶	8.60	192.78	5.87	150.31	3.22	66.22	1.44	30.96	0.75	22.38	0.05	2.13
4. 氯丁橡胶	2.51	113.19	2.24	114.11	1.49	60.54	1.08	37.51	1.22	49.34	1.18	57.84
5. 丁腈橡胶	3.93	70.57	5.14	90.91	14.89	336.83	5.75	123.64	2.66	38.87	3.40	60.00
6. 异戊二烯橡胶	1.32	25.84	1.15	37.35	0.40	14.38	0.10	3.47	0.05	1.72	0.08	4.32
7. 乙丙橡胶	3.05	70.79	2.98	81.85	3.03	78.54	1.04	20.90	0.39	7.51	0.57	12.14

续表

项目	2023年		2022年		2021年		2020年		2019年		2018年	
	数量/万吨	金额/百万美元	数量/万吨	金额/百万美元	数量/万吨	金额/百万美元	数量/万吨	金额/百万美元	数量/万吨	金额/百万美元	数量/万吨	金额/百万美元
8. 其他合成橡胶	37.30	750.70	24.17	651.23	19.71	486.67	17.11	335.33	16.61	391.87	15.50	385.88
其他胶乳	0.39	9.07	0.50	8.23	0.61	9.34	0.48	5.17	0.64	7.56	0.70	9.13
三、合成纤维	671.87	11 450.43	587.27	12 018.52	532.50	10 649.39	465.28	7 384.17	515.48	9 250.58	448.65	9 568.37
1. 锦　纶	40.40	1 434.11	39.30	1 593.87	34.58	1 358.03	25.53	786.20	27.74	1 000.11	24.69	994.24
长　丝	39.49	1 363.19	38.38	1 519.60	33.88	1 306.98	25.07	753.73	27.19	957.76	24.14	945.05
短纤维及纤维条	0.91	70.92	0.92	74.27	0.71	51.06	0.46	32.47	0.55	42.35	0.55	49.19
2. 涤　纶	526.44	6 589.29	437.10	6 223.57	399.79	5 354.25	354.98	3 871.22	371.61	5 062.56	333.53	5 195.18
长　丝	405.05	5 361.68	336.71	5 095.43	306.19	4 387.36	274.84	3 167.72	273.09	4 002.65	230.22	3 942.54
短纤维及纤维条	121.39	1 227.61	100.39	1 128.14	93.60	966.89	80.14	703.50	98.52	1 059.91	103.31	1 252.64
3. 腈纶短纤维及纤维条	4.21	80.27	6.68	163.29	2.27	61.33	3.11	53.59	2.58	55.48	1.94	47.99
4. 丙　纶	7.75	226.28	6.03	197.06	5.84	184.48	3.61	118.19	3.64	128.05	3.42	119.83
长　丝	2.94	156.89	2.68	139.96	2.87	133.86	2.35	98.57	2.18	104.84	2.05	96.19
短纤维及纤维条	4.81	69.39	3.35	57.10	2.98	50.62	1.26	19.62	1.46	23.21	1.37	23.64
5. 氨纶长丝	8.00	387.74	8.74	644.44	9.60	800.35	7.85	365.54	7.40	366.72	6.46	355.42
6. 其　他	85.07	2 732.73	89.42	3 196.29	80.41	2 890.94	70.20	2 189.43	102.51	2 637.66	78.61	2 855.71
长　丝	14.09	672.92	13.32	741.84	13.14	680.47	11.50	544.09	38.28	571.17	10.73	536.35
短纤维及纤维条	70.98	2 059.81	76.10	2 454.45	67.27	2 210.47	58.70	1 645.34	64.23	2 066.49	67.88	2 319.36
四、制成肥料	2 621.45	8 052.13	2 148.69	9 738.01	2 608.99	9 222.69	2 226.25	5 076.60	2 112.45	5 618.41	2 080.25	6 050.30
尿　素	425.10	1 611.43	282.93	1 570.29	529.47	2 146.67	545.01	1 421.08	494.46	1 404.72	244.30	773.95
五、有机化学品												
（一）乙烯、芳烃												
乙　烯	15.91	131.65	15.39	161.88	19.13	188.02	9.41	64.12	1.22	10.11	0.02	0.61

续表

项目	2023年		2022年		2021年		2020年		2019年		2018年	
	数量/万吨	金额/百万美元	数量/万吨	金额/百万美元	数量/万吨	金额/百万美元	数量/万吨	金额/百万美元	数量/万吨	金额/百万美元	数量/万吨	金额/百万美元
纯　苯	3.05	24.92	0.66	5.83	1.18	11.43	0.31	1.58	3.58	22.20	4.11	31.52
甲　苯	50.80	472.06	64.87	712.05	9.67	73.42	7.52	33.27	3.69	23.70	1.50	11.63
混合二甲苯	0.43	5.52	1.29	16.12	0.15	1.61	0.04	0.30	0.07	0.72	0.61	4.91
邻二甲苯	6.34	67.02	3.41	41.07	0.50	3.80	0	0.01	2.48	22.97	0.63	6.01
对二甲苯	1.00	9.58	7.86	92.19	0.01	0.24	0	0.10	0.01	0.15	0.01	0.17
苯乙烯	36.59	377.83	56.25	745.65	23.48	290.03	2.70	24.89	5.24	55.48	0.52	7.27
乙　苯	0.07	1.10	0.05	0.95	0.09	1.30	0.04	0.45	0.56	4.74	0.07	1.07
（二）主要有机原料												
甲　醇	14.92	48.79	17.28	65.21	39.29	138.28	12.12	29.23	17.10	62.02	31.64	133.91
丁　醇	1.48	18.43	3.57	46.45	4.78	69.90	2.14	16.11	2.09	18.37	1.77	20.71
辛　醇	2.70	37.59	7.26	106.89	2.93	52.05	0.96	9.81	2.02	21.81	2.40	29.27
醋　酸	83.96	325.41	109.62	595.43	98.42	797.71	40.04	131.18	63.83	259.50	70.98	431.27
苯　酚	2.86	28.68	3.62	50.71	13.51	163.21	1.60	14.08	0.64	8.12	4.40	56.93
丙　酮	2.66	24.93	0.35	3.74	6.62	68.06	0.02	0.35	0.21	1.08	0.37	2.75
丁　酮	13.74	139.45	25.50	385.19	14.24	158.75	19.05	177.37	16.48	163.79	14.97	192.96
（三）主要合纤原料及聚合物												
乙二醇	10.17	57.08	4.04	29.15	12.36	80.40	6.08	32.26	1.17	14.26	0.45	13.04
对苯二甲酸	350.95	2 700.68	344.68	2 920.31	257.55	1 677.40	84.74	395.52	69.17	517.35	84.04	714.61
尼龙 66 盐	0	0	0	0.02	0	0	0	0.01	0	0.01	0	0.01
丙烯腈	17.40	204.33	21.74	336.64	21.02	440.32	7.28	78.32	4.28	66.68	0.49	11.99
己内酰胺	9.44	152.95	4.78	83.42	0.36	7.52	0.05	0.78	0.02	0.43	0.01	0.31
聚酯切片	540.62	5 061.04	509.86	5 744.25	387.24	3 579.41	273.47	2 049.33	344.00	3 495.80	317.49	3 826.49

表 8 中国石化在《财富》杂志世界 500 强企业中排名

年度	排名
1999	73
2000	58
2001	68
2002	86
2003	70
2004	54
2005	31
2006	23
2007	17
2008	16
2009	9
2010	7
2011	5
2012	5
2013	4
2014	3
2015	2
2016	4
2017	3
2018	3
2019	2
2020	2
2021	5
2022	5
2023	6

附　录

中国石化
SINOPEC
H2
中国石化 SINOPEC
H2
压缩氢气
400-155-0001
中氢气体
SINOH2
严禁烟火
氢能车
检查处

附录 1

企事业单位名录

序号	单位名称	地址	邮政编码	电话	传真
● 油气和新能源板块					
1	中国石化集团胜利石油管理局有限公司 中国石油化工股份有限公司胜利油田分公司	山东省东营市济南路 125 号	257001	(0546) 8552074	(0546) 8221719
2	中国石化集团中原石油勘探局有限公司 中国石油化工股份有限公司中原油田分公司	河南省濮阳市华龙区中原路 277 号	457001	(0393) 4822151 (0393) 4822301	(0393) 4828300
3	中国石化集团河南石油勘探局有限公司 中国石油化工股份有限公司河南油田分公司	河南省南阳市宛城区油田五一路中段	473132	(0377) 63830011	(0377) 63830027
4	中国石化集团江汉石油管理局有限公司 中国石油化工股份有限公司江汉油田分公司	湖北省潜江市广华江汉路 1 号	433124	(0728) 6501000	(0728) 6501000
5	中国石化集团江苏石油勘探局有限公司 中国石油化工股份有限公司江苏油田分公司	江苏省扬州市文汇西路 1 号	225009	(0514) 87761792	(0514) 87761111
6	中国石化集团上海海洋石油局有限公司 中国石油化工股份有限公司上海海洋油气分公司	上海市浦东新区商城路 1225 号	200120	(021) 20896523 (021) 20896811	(021) 68769284
7	中国石化集团西北石油局有限公司 中国石油化工股份有限公司西北油田分公司	新疆乌鲁木齐市长春南路 466 号中国石化西北石油科研生产园区	830011	(0991) 3166567	(0991) 6637597
8	中国石油化工集团有限公司西南石油局有限公司 中国石油化工股份有限公司西南油气分公司	四川省成都市高新区吉泰路 688 号中国石化西南科研办公基地	610041	(028) 65285555	(028) 65285666
9	中国石化集团东北石油局有限公司 中国石油化工股份有限公司东北油气分公司	吉林省长春市绿园区西安大路 4936 号	130062	(0431) 87958808	(0431) 87974693 (0431) 87973631
10	中国石化集团华北石油局有限公司 中国石油化工股份有限公司华北油气分公司	河南省郑州市中原区陇海西路 199 号	450006	(0371) 68629268	(0371) 86002220

续表

序号	单位名称	地址	邮政编码	电话	传真
11	中国石油化工集团公司华东石油局 中国石油化工股份有限公司华东油气分公司	江苏省南京市建邺区江东中路 375 号金融城 9 号楼	210019	（025）66201000	（025）66201111
12	中国石油化工股份有限公司勘探分公司	四川省成都市高新区吉泰路 688 号中国石化西南科研办公基地	610041	（028）85164709	（028）85164600
13	中国石油化工股份有限公司天然气分公司	北京市朝阳区惠新东街甲 6 号	100029	（010）69166019	（010）69196617
14	中国石化集团国际石油勘探开发有限公司	北京市朝阳区惠新东街甲 6 号	100029	（010）69165038	（010）69165140
15	中石化石油工程技术服务股份有限公司	北京市朝阳区吉市口路 9 号	100020	（010）59965795	（010）59965899
16	中国石化集团国际石油工程有限公司	北京市朝阳区吉市口路 9 号	100020	（010）59965556	（010）59760955
17	中国石化石油工程建设有限公司	北京市朝阳区吉市口路 9 号	100020	（010）59965321	（010）59760975
18	中石化石油工程地球物理有限公司	北京市朝阳区吉市口路 9 号 24 层	100020	（010）59963015	（010）59760901
19	中石化经纬有限公司	山东省青岛市市南区台湾路 4 号胜利油田科技交流中心	266071	（0532）58288880	（0532）58288990
20	中石化胜利石油工程有限公司	山东省东营市东营区济南路 125 号	257001	（0546）8710018 （0546）8555613	（0393）8555026
21	中石化中原石油工程有限公司	河南省濮阳市华龙区中原路 277 号	457001	（0393）4816077	（0393）4826997
22	中石化江汉石油工程有限公司	湖北省潜江市广华江汉路 1 号	433124	（027）59806731	（027）59800871
23	中石化西南石油工程有限公司	四川省成都市高新区吉泰路 688 号中国石化西南科研办公基地	610041	（028）65285566	（028）65285577
24	中石化华北石油工程有限公司	河南省郑州市中原区中原西路 188 号	450006	（0371）60197620	（0371）60197619
25	中石化华东石油工程有限公司	江苏省南京市建邺区江东中路 371 号金融城 9 号楼	210019	（025）66202327	（025）66202300

续表

序号	单位名称	地址	邮政编码	电话	传真
26	中石化海洋石油工程有限公司	上海市浦东新区商城路 1225 号	200120	(021) 20896523	(021) 68769284
27	中国石油化工股份有限公司石油勘探开发研究院 中国石化石油勘探开发研究院有限公司	北京市昌平区百沙路 197 号	102206	(010) 56609118	(010) 56607519
28	中国石化集团石油工程技术研究院有限公司 中石化石油工程技术研究院有限公司	北京市昌平区沙河镇百沙路 197 号中国石化科学技术研究中心 1 号楼西区	102206	(010) 56606340	(010) 56606666
29	中国石油化工股份有限公司石油物探技术研究院 中石化石油物探技术研究院有限公司	江苏省南京市江宁区上高路 219 号	211103	(025) 68109928	(025) 69109900
30	中石化石油机械股份有限公司	湖北省武汉市东湖新技术开发区光谷大道 77 号金融港 A2 座 12 层	430223	(027) 52306800	(027) 52306868
31	中国石化集团新星石油有限责任公司	北京市海淀区北四环中路 263 号	100083	(010) 82335563	(010) 82335152
● 炼油和销售板块					
32	中国石化集团茂名石油化工有限公司 中国石油化工股份有限公司茂名分公司	广东省茂名市茂南区双山四路 9 号大院	525000	(0668) 2243941	(0668) 2269317
33	中国石化上海高桥石油化工有限公司 中国石油化工集团公司	上海市浦东新区利津路 78 号	200129	(021) 58711001	(021) 58712207
34	中国石化集团金陵石油化工有限责任公司 中国石油化工股份有限公司金陵分公司	江苏省南京市栖霞区甘家巷街 388 号	210033	(025) 58978070	(025) 85592004
35	福建炼油化工有限公司	福建省泉州市丰泽区安吉路福炼大厦	362011	(0595) 27355053	(0595) 27355000
36	中国石化集团资产经营管理有限公司广州分公司 中国石油化工股份有限公司广州分公司	广东省广州市黄埔区石化路 239 号	510726	(020) 62121666	(020) 82396591

续表

序号	单位名称	地址	邮政编码	电话	传真
37	中国石化集团资产经营管理有限公司洛阳石化分公司 中国石油化工股份有限公司洛阳分公司	河南省洛阳市孟津区大庆路 1 号	471012	（0379）66992300	（0379）66991882
38	中国石化青岛炼油化工有限责任公司	山东省青岛市经济技术开发区千山南路 827 号	266500	（0532）86915983	（0532）86915988
39	中国石化集团资产经营管理有限公司石家庄分公司 中国石油化工股份有限公司石家庄炼化分公司	河北省石家庄市裕华区石炼路 1 号	050099	（0311）80862314	（0311）80861234
40	中国石化集团资产经营管理有限公司荆门分公司 中国石油化工股份有限公司荆门分公司	湖北省荆门市掇刀区炼厂路 9 号	448039	（0724）2274984	（0724）2271677
41	中国石油化工股份有限公司九江分公司	江西省九江市浔阳区滨江东路 230 号	332004	（0792）8495259 （0792）8493204	（0792）8617006
42	中国石化集团资产经营管理有限公司济南分公司 中国石油化工股份有限公司济南分公司	山东省济南市工业南路 26 号	250101	（0531）88832202	（0531）88983622
43	中国石化集团资产经营管理有限公司沧州分公司 中国石油化工股份有限公司沧州分公司	河北省沧州市交通北大道 50 号	061000	（0317）3552095	（0317）3552688
44	中国石化润滑油有限公司	北京市海淀区安宁庄西路 6 号	100085	（010）62949196	（010）62917732
45	中国石化青岛石油化工有限责任公司	山东省青岛市李沧区滨海路 8 号	266043	（0532）66762212	（0532）84816954
46	中国石化北海炼化有限责任公司	广西北海市铁山港区 4 号路	536016	（0779）8528168	（0779）8528888
47	中国石化塔河炼化有限责任公司	新疆库车市天山东路 60 号	842000	（0997）7979856	（0997）7979016
48	中国石化炼油销售有限公司	上海市长宁区延安西路 728 号 22 层	200050	（021）60863317	（021）52381680
49	中科（广东）炼化有限公司	广东省湛江市经济技术开发区中科大道 1 号	524076	（0759）8936026	（0759）8936000

续表

序号	单位名称	地址	邮政编码	电话	传真
50	中国国际石油化工联合有限责任公司	北京市朝阳区朝阳门北大街 22 号	100728	（010）59966623	
51	中石化石油销售有限责任公司	北京市朝阳区朝阳门北大街 22 号 2 号楼 14 层	100728	010–59965092	
52	中国石化销售股份有限公司北京石油分公司	北京市东城区广渠家园 6 号楼	100022	（010）67006700	（010）67006900
53	中国石化集团资产经营管理有限公司天津石油分公司 中国石化销售股份有限公司天津石油分公司	天津市南开区南京路 338 号	300100	（022）27201588	（022）27201555
54	中国石化集团资产经营管理有限公司河北石油分公司 中国石化销售股份有限公司河北石油分公司	河北省石家庄市槐安东路 106 号 /6 号	050021	（0311）87182293	（0311）87182888
55	中国石化集团资产经营管理有限公司山西石油分公司 中国石化销售股份有限公司山西石油分公司	山西省太原市万柏林区大王路 8 号	030024	（0351）2217032	（0350）2217029
56	中国石化销售股份有限公司上海石油分公司	上海市黄浦区中山东一路 24 号甲	200002	（021）63219490	（021）63210762
57	中国石化销售股份有限公司江苏石油分公司	江苏省南京市鼓楼区中山北路 395 号江苏石油大厦	210003	（025）58808888	（025）58803729
58	中国石化销售股份有限公司浙江石油分公司	浙江省杭州市上城区望江街道富春路 158 号 A 座昆仑中心	310016	（0571）87818833–1526	（0571）87818822
59	中国石化销售股份有限公司安徽石油分公司	安徽省合肥市屯溪路 188 号	230009	（0551）62212612	（0551）62212900
60	中国石化销售股份有限公司福建石油分公司	福建省福州市鼓楼区五四路 109 号东煌大厦 19 楼	350003	（0591）87761085	（0591）87803099
61	中国石化集团江西石油总公司 中国石化销售股份有限公司江西石油分公司	江西省南昌市洪都北大道 102 号	330046	（0791）88512108	（0791）88511107

续表

序号	单位名称	地址	邮政编码	电话	传真
62	中国石化销售股份有限公司山东石油分公司	山东省济南市经十路 13777 号 9 栋中国石化山东石油大厦	250014	（0531）85857777	（0531）85856789
63	中国石化销售股份有限公司河南石油分公司	河南省郑州市郑东新区正光路 16 号	450016	（0371）87520290	（0371）87520299
64	中国石化集团资产经营管理有限公司湖北石油分公司 中国石化销售股份有限公司湖北石油分公司	湖北省武汉市硚口区解放大道 606 号	430030	（027）68837019	（027）68837267
65	中国石化销售股份有限公司湖南石油分公司	湖南省长沙市湘春路 113 号	410008	（0731）84841848	（0731）84841801
66	广东省中石化石油有限公司 中国石化销售股份有限公司广东石油分公司	广东省广州市天河区体育西路 191 号中石化大厦 A 塔	510620	（020）38084610	（020）38081618
67	中国石化销售股份有限公司广西石油分公司	广西南宁市桃源路 67 号石油大厦	530021	（0771）6757886	（0771）6757889
68	中国石化销售股份有限公司海南石油分公司	海南省海口市秀英区 177 号中国石化海南石油分公司 5 楼	570100	（0898）68680800	（0898）68680909
69	中国石化销售股份有限公司贵州石油分公司	贵州省贵阳市南明区解放路 21 号贵州石化大厦	550000	（0851）85986622	（0851）85985810
70	中国石化集团资产经营管理有限公司云南石油分公司 中国石化销售股份有限公司云南石油分公司	云南省昆明市国贸路 865 号	6500299	（0871）63115300	（0871）63115210
71	中国石化燃料油销售有限公司	北京市朝阳区惠新东街甲 6 号中国石化大厦 1 号楼	100029	（010）69166392	（010）69168888
72	中石化（香港）有限公司	香港湾仔港湾道 1 号会展广场办公大楼 19 楼		21376200 852-28633487	
73	中国石化销售股份有限公司辽宁石油分公司	辽宁省沈阳市皇姑区崇山东路 51 号	110032	（024）86629533	（024）86860772
74	中国石化销售股份有限公司四川石油分公司	四川省成都市高新区吉泰路 688 号中石化西南科研基地	610041	（028）65286820	（028）65286822

续表

序号	单位名称	地址	邮政编码	电话	传真
75	中国石化销售股份有限公司重庆石油分公司	重庆市渝中区民族路 188 号环球金融中心 48 楼	400010	(023) 63107555-6103	(023) 63106320
76	中国石化销售股份有限公司陕西石油分公司	陕西省西安市莲湖区北大街 29 号中天国际大厦 10 层	710003	(029) 87257291	(029) 87403810
77	中国石化销售股份有限公司内蒙古石油分公司	内蒙古自治区呼和浩特市如意工业园区如意和大街 28 号万铭总部基地综合楼 5 楼	010000	(0471) 5289803	(0471) 5289808
78	中国石化销售股份有限公司新疆石油分公司	新疆乌鲁木齐长春南路 466 号中国石化西北石油科研生产园区 4 楼	830011	(0991) 5099002	(0991) 5099003
79	中国石化销售股份有限公司吉林石油分公司	吉林省长春市南关区人民大街 10606 号东北亚国际金融中心 3 号楼	130000	(0431) 81332966	(0431) 81332966
80	中国石化销售股份有限公司黑龙江石油分公司	黑龙江省哈尔滨市道里区通达街 307 号中国石化	150000	(0451) 51530813	(0451) 51530991
81	中国石化销售股份有限公司青海石油分公司	青海省西宁市城东区民和路 58 号	810007	(0971) 6233926	(0971) 5161973
82	中国石化销售股份有限公司甘肃石油分公司	甘肃省兰州市城关区天水中路 2 号	730000	(0931) 8520672	(0931) 8833795
83	中国石化销售股份有限公司宁夏石油分公司	宁夏回族自治区银川市兴庆区清和北街 1143 号	750000	(0951) 3803513	(0951) 3859299
84	中国石化销售股份有限公司华北分公司	天津市新技术产业园区华苑产业园区榕苑路 11 号	300384	(022) 23059516	(022) 23059522
85	中国石化销售股份有限公司华东分公司	上海市长宁区愚园路 819 号	200050	(021) 62119325	(021) 62119327
86	中国石化销售股份有限公司华中分公司	湖北省武汉市江汉区常青路 39 号	430023	(027) 65798146	(027) 65798015
87	中国石化销售股份有限公司华南分公司	广州市天河区体育西路 191 号中石化大厦 A 塔 39 楼	510620	(020) 38083999	(020) 38083909
88	中石化易捷销售有限公司	北京市朝阳区朝阳门吉市口路 9 号	100728	(010) 59964590	–
89	中石化石油化工科学研究院有限公司	北京市海淀区学院路 18 号	100083	(010) 62310806	(010) 62311290

续表

序号	单位名称	地址	邮政编码	电话	传真
90	中石化（大连）石油化工研究院有限公司	辽宁省大连市旅顺口区南开街 96 号	116045	（0411）39699990	（0411）39699000
91	中石化安全工程研究院有限公司	山东省青岛市崂山区松岭路 339 号	266100	（0532）83786202	（0532）83861318
● 化工和材料板块					
92	中国石化集团北京燕山石油化工有限公司 中国石油化工股份有限公司北京燕山分公司	北京市房山区燕山岗南路 1 号	102500	（010）69337800 010-69345930	（010）69345087
93	中国石油化工股份有限公司齐鲁分公司	山东省淄博市临淄区桓公路 15 号	255408	（0533）7588336	（0533）7586888
94	中国石油化工股份有限公司镇海炼化分公司	浙江省宁波市镇海区蛟川街道	31527	（0574）86445988	（0574）86270077
95	中国石化集团资产经营管理有限公司天津石化分公司 中国石油化工股份有限公司天津分公司	天津市滨海新区大港北围堤路（西）160 号	300271	（022）63805598	（022）25991000
96	中沙（天津）石化有限公司	天津市滨海新区（大港）北围堤路（西）235 号	300271	（022）63809018	（022）63809000
97	中国石化上海石油化工股份有限公司	上海市金山区金一路 48 号	200540	（021）57941941	（021）57942267
98	上海赛科石油化工有限责任公司	上海市化学工业区南银河路 557 号	201507	（021）37990088-2061	（021）67250866
99	中国石化扬子石油化工有限公司	江苏省南京市沿江工业开发区（大厂）新华路 777 号	210048	（025）57782303	（025）57784389
100	扬子石化—巴斯夫有限责任公司	江苏省南京市六合区乙烯路 266 号	210048	（025）57770888	
101	中韩（武汉）石油化工有限公司	湖北省武汉市化学工业区八吉府大街特 1 号	430070	（027）86595153 （027）86595156	（027）86595188
102	中国石化集团资产经营管理有限公司长岭分公司 中国石油化工股份有限公司长岭分公司 中石化湖南石油化工有限公司	湖南省岳阳市云溪区	414012 414000	（0730）8493316	（0730）8451824 8481456

续表

序号	单位名称	地址	邮政编码	电话	传真
103	中国石化仪征化纤有限责任公司	江苏省扬州市仪征市长江西路 1 号	211900	（0514）83231693	（0514）83233880
104	中国石化集团南京化学工业有限公司	江苏省南京市江北新区大厂葛关路 268 号	210048	（025）57765017	（025）57792812
105	中国石化集团资产经营管理有限公司安庆分公司 中国石油化工股份有限公司安庆分公司	安徽省安庆市石化四路 20 号	246002	（0556）5375133	（0556）5378299
106	中国石化海南炼油化工有限公司	海南省洋浦经济开发区	578101	（0898）28820068	（0898）28820099
107	中国石化集团重庆川维化工有限公司	重庆市长寿区维江路 36 号	401254	（023）68976911	（023）68974009
108	中国石化集团资产经营管理有限公司宜昌分公司 中国石油化工股份有限公司湖北化肥分公司	湖北省枝江市迎宾大道 15 号	443200	（0717）4232262	（0717）4212660
109	中国石化中原石油化工有限责任公司	河南省濮阳市胜利西路	457001	（0393）4471167	（0393）4416227
110	中国石化长城能源化工有限公司	北京市经济开发区泰河一街 4 号院	101102	（010）21532018	
111	中天合创能源有限责任公司化工分公司	内蒙古自治区鄂尔多斯市乌审旗图克镇工业园区	017300	（0477）2247071	–
112	中安联合煤化有限责任公司	安徽省淮南市潘集区祁集镇煤化工大道经六路	23200	（0554）4328151	（0554）4618888
113	中国石化长城能源化工（宁夏）有限公司	宁夏回族自治区灵武市宁东能源化工基地煤化工 C 区	750411	（0951）3098899	（0951）3098833
114	中国石化化工销售有限公司	北京市朝阳区朝阳门北大街 22 号	100728	（010）59966917	（010）59760728
115	中国石化化工销售有限公司华北分公司	北京市北三环东路西坝河东里 14 号	100029	（010）51586858	（010）51586876
116	中国石化化工销售有限公司华东分公司	上海市长宁区延安西路 728 号 19F、20F、21F	200050	（021）22196888	（021）52385009
117	中国石化化工销售有限公司华南分公司	广东省广州市天河区体育西路 191 号中石化大厦 A 塔 10–15 层	510620	（020）22389716	（020）22389600
118	中国石化化工销售有限公司华中分公司	湖北省武汉市洪山区徐东大街 73 号湖北能源大厦 23–25 层	430063	（027）59356975	（027）59356500

续表

序号	单位名称	地址	邮政编码	电话	传真
119	中国石化化工销售有限公司江苏分公司	江苏省南京市秦淮区龙蟠中路 218 号中航科技大厦 27 层	210000	（025）84765969	（025）84765911
120	中国石化催化剂有限公司	北京市经济技术开发区泰河一街 4 号院	100176	（010）21537600	（010）21537777
121	中石化碳产业科技股份有限公司	江苏省南京市建邺区江东中路 375 号金融城 9 号楼（中石化华东局）7 楼	210019 210004	（025）66202279	（025）66202298
122	中国石油化工股份有限公司上海石油化工研究院 中石化（上海）石油化工研究院有限公司	上海市浦东新区浦东北路 1658 号	201208	（021）68462197	（021）68462283
123	中国石油化工股份有限公司北京化工研究院	北京市朝阳区北三环东路 14 号	100014	（010）64211993	（010）64228661
124	中石化炼化工程（集团）股份有限公司	北京市西城区安德路甲 67 号	100120	（010）56730537	（010）5673050
125	中国石化工程建设有限公司	北京市朝阳区安慧北里安园 21 号	100101	（010）84879999	（010）64963395
126	中石化广州（洛阳）工程有限公司	广东省广州市天河区体育西路 191 号 A 塔 河南省洛阳市中州西路 27 号	510620 471003	（020）22193318 （0379）64887749	（020）22193355 （0379）64887756
127	中石化上海工程有限公司	上海市浦东新区张杨路 769 号	200120	（021）58358142	（021）58358142
128	中石化宁波工程有限公司	浙江省宁波市高新区院士路 660 号	315103	（0574）87975494	（0574）87915111
129	中石化南京工程有限公司	江苏省南京市栖霞区仙林大道 16 号	210049	（025）85935263	（025）85561051
130	中石化第四建设有限公司	天津市滨海新区（大港）世纪大道 180 号	300270	（022）63862215	（022）25990156
131	中石化第五建设有限公司	广东省广州市荔湾区中山七路 81 号	510145	（020）28348125	（020）28348169
132	中石化第十建设有限公司	山东省青岛市黄岛区漓江西路 677 号	266555	（0532）55681666	（0532）55681000
133	中石化项目管理有限公司 中国石化工程部南京项目管理中心	江苏省南京市建邺区江东中路 375 号金融城 9 号楼 8—9 层	210019	（025）66202700	（025）66202726

续表

序号	单位名称	地址	邮政编码	电话	传真
● 资本和金融支持板块					
134	中国石化集团资本有限公司	北京市朝阳区东三环中路 1 号环球金融中心东塔 22 层	100026	（010）56633668	
135	中国石化财务有限责任公司	北京市朝阳区朝阳门北大街 22 号	100728	（010）59966700	（010）59760508
136	中国石化盛骏国际投资有限公司	香港湾仔港湾道 1 号会展广场办公大楼 24 楼	999077	+852 28373336 +852 28373300	+852 28272630
137	中石化产融控股有限公司	深圳市前海深港合作区南山街道梦海大道 5035 号前海华润金融中心 T5 写字楼 1801	100000	010–59960825	
138	中国石化集团百川经济贸易有限公司（总部后勤服务中心、离退休人员服务中心）	北京市朝阳区朝阳门北大街 22 号	100728	（010）59960509	（010）59960901
139	中国石化集团共享服务有限公司	北京市朝阳区吉市口路 9 号	100020	（010）59965596	
140	中国石油化工集团有限公司审计中心	北京市朝阳区吉市口路 9 号中石化大厦 2 号楼	100020	010–59963801	
141	中国石化集团经济技术研究院有限公司（中国石化咨询有限责任公司）	北京市朝阳区安外小关街 24 号	100029	（010）52826100	（010）52826200
142	中国石化报社	北京市朝阳区吉市口路 9 号	100020	（010）59963283	（010）59762243
143	中国石化出版社有限公司	北京市东城区安定门外大街 58 号	100011	（010）57512507	
144	中国经济出版社有限公司	北京市东城区安定门外大街 58 号	100011	（010）57512507	
145	中国共产党中国石油化工集团有限公司党组党校（石油化工管理干部学院）	北京市朝阳区立水桥北甲 1 号	100012	（010）61601821	–
146	石化盈科信息技术有限责任公司	北京市东城区东四十条甲 22 号南新仓商务大厦 12 层	100007	（010）84191188	–
147	石油化工工程质量监督总站 中石化工程质量监测有限公司	北京市朝阳区北苑路 86 号	100101	（010）89651170	（010）89651001
148	中国石化集团招标有限公司	北京市朝阳区惠新东街甲 6 号	100029	（010）69166487	–

附录 2

2023 年总部制度清单

序号	制度名称	制度文号	管理部门
1	中共中国石油化工集团有限公司党组深入贯彻落实中央八项规定精神实施细则	中国石化党组制〔2023〕1 号	综合管理部（党组办公室）
2	中国石化“同心圆”云工作室管理办法	中国石化党组制〔2023〕2 号	党群工作部
3	中国石化党组管理的领导人员任期制和契约化管理办法	中国石化党组制〔2023〕3 号	党组组织部（人力资源部）
4	中国石化领导人员选拔任用工作监督检查和责任追究办法	中国石化党组制〔2023〕4 号	党组组织部（人力资源部）
5	中国石化放射管理办法	中国石化制〔2023〕1 号	能源管理与环境保护部
6	中国石化因公出国（境）费用管理办法	中国石化制〔2023〕2 号	国际合作部
7	中国石化生产安全事故事件管理规定	中国石化制〔2023〕3 号	安全监管部
8	中国石化安全生产费用财务管理办法	中国石化制〔2023〕4 号	集团公司财务部
9	中国石化物资采购十条禁令	中国石化制〔2023〕5 号	物资装备部
10	中国石化亏损企业治理管理办法	中国石化制〔2023〕6 号	集团公司财务部
11	中国石化合规管理办法	中国石化制〔2023〕7 号	企改和法律部
12	中国石化直属单位纪检机构案件审理工作办法	中国石化制〔2023〕8 号	纪检监察组
13	中国石化资金管理办法	中国石化制〔2023〕9 号	集团公司财务部
14	中国石化环境监测管理办法	中国石化制〔2023〕11 号	健康安全环保管理部
15	中国石化土地管理办法	中国石化制〔2023〕12 号	集团公司财务部
16	朝阳门办公区门禁管理规定	中国石化制〔2023〕13 号	综合管理部（党组办公室）

续表

序号	制度名称	制度文号	管理部门
17	中国石化信访维稳督查工作组运行规则	中国石化制〔2023〕14 号	综合管理部（党组办公室）
18	中国石化碳交易管理办法	中国石化制〔2023〕15 号	健康安全环保管理部
19	中国石化“三基”工作管理办法	中国石化制〔2023〕16 号	企改和法律部
20	中国石化债券发行管理规定	中国石化制〔2023〕17 号	集团公司财务部
21	中国石化总师级领导人员绩效考核管理办法	中国石化制〔2023〕18 号	党组组织部（人力资源部）
22	中国石化总部部门（机构）领导人员绩效考核和薪酬管理办法	中国石化制〔2023〕19 号	党组组织部（人力资源部）
23	中国石化信息系统运营管理规定	中国石化制〔2023〕2C 号	信息和数字化管理部
24	中国石化网络安全和信息化水平评价与考核管理规定	中国石化制〔2023〕21 号	信息和数字化管理部
25	中国石化油气输送管道安全管理规定	中国石化制〔2023〕22 号	健康安全环保管理部
26	中国石化域长负责制运行管理规定	中国石化制〔2023〕23 号	信息和数字化管理部
27	中国石化信息和数字化培训管理规定	中国石化制〔2023〕24 号	信息和数字化管理部
28	中国石化物资供应质量管理办法	中国石化制〔2023〕25 号	物资装备部
29	中国石化设备材料监造管理办法	中国石化制〔2023〕26 号	物资装备部
30	中国石化信息基础设施运营管理规定	中国石化制〔2023〕27 号	信息和数字化管理部
31	中国石化物资质量验收检验管理办法	中国石化制〔2023〕28 号	物资装备部
32	中国石油化工集团有限公司职工处分规定	中国石化制〔2023〕29 号	纪检监察组
33	中国石化信息化标准管理规定	中国石化制〔2023〕30 号	信息和数字化管理部
34	中国石化信息工作考核评比办法（试行）	中国石化制〔2023〕32 号	综合管理部（党组办公室）

续表

序号	制度名称	制度文号	管理部门
35	中国石化信息工作办法	中国石化制〔2023〕33 号	综合管理部（党组办公室）
36	中国石化信息和数字化检查与监督管理规定	中国石化制〔2023〕34 号	信息和数字化管理部
37	中国石化信息和数字化管理办法	中国石化制〔2023〕35 号	信息和数字化管理部
38	中国石化信息和数字化规划计划管理规定	中国石化制〔2023〕36 号	信息和数字化管理部
39	中国石化网络安全管理规定	中国石化制〔2023〕37 号	信息和数字化管理部
40	中国石化信息化项目建设管理规定	中国石化制〔2023〕38 号	信息和数字化管理部
41	中国石化物资采购招标投标管理办法	中国石化制〔2023〕39 号	物资装备部
42	中国石化物资采购招标操作规范	中国石化制〔2023〕40 号	物资装备部
43	中国石化物资采购招标投标监督管理办法	中国石化制〔2023〕41 号	物资装备部
44	中国石油化工集团有限公司石油工程技术服务企业及施工作业队伍资质管理办法	中国石化制〔2023〕42 号	油田勘探开发事业部
45	中国石化水务装置应急处置管理规定	中国石化制〔2023〕43 号	化工事业部
46	中国石化水务系统固体废物管理规定	中国石化制〔2023〕44 号	化工事业部
47	中国石化审计项目计划管理办法	中国石化制〔2023〕45 号	审计部
48	中国石化审计项目质量管理办法	中国石化制〔2023〕46 号	审计部
49	中国石化兼职审计专家管理办法	中国石化制〔2023〕47 号	审计部
50	中国石化期刊管理办法	中国石化制〔2023〕48 号	经济技术研究院
51	中国石化刊型内部资料性出版物管理办法	中国石化制〔2023〕49 号	经济技术研究院

续表

序号	制度名称	制度文号	管理部门
52	中国石化审计发现问题整改管理办法	中国石化制〔2023〕50 号	审计部
53	中国石化境外审计管理办法	中国石化制〔2023〕51 号	审计部
54	中国石化委托审计管理办法	中国石化制〔2023〕52 号	审计部
55	中国石化优秀审计项目评选办法	中国石化制〔2023〕53 号	审计部
56	中国石化经济责任审计办法	中国石化制〔2023〕54 号	审计部
57	中国石化内部审计工作规定	中国石化制〔2023〕55 号	审计部
58	中国石油化工集团有限公司法律纠纷管理办法	中国石化制〔2023〕56 号	企改和法律部
59	中国石油化工集团有限公司资产管理办法	中国石化制〔2023〕57 号	集团公司财务部
60	中国石化空分专业管理规定	中国石化制〔2023〕58 号	化工事业部
61	中国石化炼化装置设备检修管理细则	中国石化制〔2023〕59 号	化工事业部
62	中国石化炼化装置设备更新管理细则	中国石化制〔2023〕60 号	化工事业部
63	中国石化数据资源管理规定	中国石化制〔2023〕61 号	信息和数字化管理部
64	中国石化会议管理办法	中国石化制〔2023〕62 号	综合管理部（党组办公室）
65	中国石化工业循环水冷却塔测试管理规定	中国石化制〔2023〕63 号	化工事业部
66	中国石化直属单位厂务公开实施办法	中国石化制〔2023〕64 号	党群工作部
67	中国石化办公用房租赁管理办法	中国石化制〔2023〕65 号	集团财务部
68	中国石化绿化管理规定	中国石化制〔2023〕66 号	健康安全环保管理部
69	中国石化境外项目全周期风险管理办法（试行）	中国石化制〔2023〕67 号	国际合作部

续表

序号	制度名称	制度文号	管理部门
70	中国石化炼化企业计量管理规定	石化股份制〔2023〕1 号	炼油事业部
71	中国石化油气企业“五项劳动竞赛”管理办法	石化股份制〔2023〕2 号	油田勘探开发事业部
72	中国石油化工股份有限公司募集资金管理办法	石化股份制〔2023〕3 号	集团公司财务部
73	中国石油化工股份有限公司职工处分规定	石化股份制〔2023〕4 号	纪检监察组
74	中国石油化工股份有限公司投资者关系管理规定	石化股份制〔2023〕5 号	综合管理部（党组办公室）
75	中国石化进口及储备石脑油管理办法	石化股份制〔2023〕6 号	化工事业部
76	中国石油化工股份有限公司资金管理办法	石化股份制〔2023〕7 号	股份公司财务部
77	中国石油化工股份有限公司法律纠纷管理办法	石化股份制〔2023〕8 号	企改和法律部
78	中国石油化工股份有限公司董事会审计委员会工作规则	石化股份制〔2023〕9 号	综合管理部（党组办公室）
79	中国石油化工股份有限公司独立董事工作规则	石化股份制〔2023〕10 号	综合管理部（党组办公室）
80	中国石化炼化企业电气专业管理规定	石化股份制〔2023〕11 号	化工事业部
81	中国石油化工股份有限公司探井核销管理规定	石化股份制〔2023〕12 号	油田勘探开发事业部
82	中国石油化工股份有限公司资产管理办法	石化股份制〔2023〕13 号	股份财务部
83	中国石化总部帮扶救助工作管理办法	中国石化直党〔2023〕5 号	党群工作部
84	共青团中国石油化工集团有限公司委员会工作规则	中国石化团委〔2023〕39 号	党群工作部

中国石化
SINOPEC

索 引

企事业单位主题词索引 | 表题索引

企事业单位主题词索引

使用说明

1. 本索引引用主题词分析索引法编制。
2. 本索引按汉语拼音音序排列。具体如下：以英文字母开头的，排在最前面；汉字标目则按首字的音序、音调依次排列，首字相同时，则以第二个字排序，并依次类推。
3. 在索引中，索引标目之后的数字表示主题内容所在年鉴正文的页码；英文字母 a、b 分别表示左、右两个栏目。
4. 为反映索引款目的逻辑关系。对于二级目录，采取在上一级标目下缩两格的编排形式予以体现，之下的索引款目仍按上列排序方法依次排列。

A

B

C

D

F

G

H

M

N

Q

T

X

Y

Z

表题索引

使用说明

1. 本索引采用表题索引法编制。年鉴中所有表题均在标引范围内。
2. 本索引基本上按汉语拼音音序排列。具体如下：以数字开头的，排在最前面；汉字标目则按首字的音序、音调依次排列，首字相同时，则以第二个字排序，并依次类推。
3. 在索引中，索引标目之后的数字表示主题内容所在年鉴正文的页码。

0~9

A

B

C

D

F

G

H

J

K

L

M

N

Q

R

S

T

X

Y

Z